ALEXANDER GOTTLIEB BAUMGARTEN

Ästhetik

Übersetzt, mit einer Einführung,
Anmerkungen und Registern
herausgegeben von

DAGMAR MIRBACH

Band 1

Lateinisch-deutsch

FELIX MEINER VERLAG
HAMBURG

PHILOSOPHISCHE BIBLIOTHEK BAND 572a

Bibliographische Information der Deutschen Nationalbibliothek

Die Deutsche Nationalbibliothek verzeichnet diese Publikation in der Deutschen Nationalbibliographie; detaillierte bibliographische Daten sind im Internet über http://dnb.d-nb.de abrufbar.

ISBN 978-3-7873-1772-1

www.meiner.de

 Satz: Type & Buch Kusel, Hamburg. Druck: Strauss Buch, Mörlenbach. Bindung: Litges & Dopf, Heppenheim. Werkdruckpapier: alterungsbeständig nach ANSI-Norm resp. DIN-ISO 9706, hergestellt aus chlorfrei gebleichtem Zellstoff. Printed in Germany.

INHALT

Band 1

Band 2

Aestheticorum pars altera / Der Ästhetik anderer Teil (1758)

VORBEMERKUNG

Alexander Gottlieb Baumgarten gilt – zu Recht – als Begründer der Ästhetik als eigenständiger wissenschaftlicher Disziplin im 18. Jahrhundert. Der bedeutendste Text Baumgartens zur Begründung der Ästhetik als »Wissenschaft der sinnlichen Erkenntnis« (*Aesth.* § 1) ist – abgesehen von der bereits wegweisenden Magisterarbeit *Meditationes philosophicae de nonnullis ad poema pertinentibus* (1735) – seine zwar unvollendet gebliebene, aber mit 904 Paragraphen (624 Seiten in Octav) überaus umfangreiche *Aesthetica*, die in zwei Teilen 1750 (§§ 1–613) und 1758 (§§ 614–904) veröffentlicht wurde.

Baumgartens *Aesthetica* liegt hier erstmals in einer vollständigen, lateinisch-deutschen Ausgabe vor. Der erste Band der Ausgabe enthält eine Einführung ›Zur fragmentarischen Ganzheit von Alexander Gottlieb Baumgartens *Aesthetica* (1750/58)‹, den lateinischen Text und die deutsche Übersetzung des ersten Teils der *Aesthetica* von 1750. Der zweite Band umfaßt, außer dem Text und der Übersetzung des zweiten Teils der *Aesthetica* von 1758, ergänzend ein Verzeichnis der emendierten Errata im lateinischen Text, erläuternde Anmerkungen zu Text und Übersetzung, einen Anhang mit den Referenzstellen in Baumgartens *Metaphysica* (EA 1739) und *Ethica philosophica* (EA 1740) im lateinischen Original und in deutscher Übersetzung, ein umfangreiches Glossar von Baumgartens eigenen deutschen Übersetzungen lateinischer Termini, ein Register sowie eine Bibliographie mit einem vollständigen Verzeichnis von Ausgaben der Werke Alexander Gottlieb Baumgartens.

Der lateinische Text wurde auf der Grundlage der 3. Auflage des reprographischen Nachdrucks der *Aesthetica* Hildesheim / Zürich / New York: Georg Olms Verlag, 1986 erstellt. Zusätzlich eingesehen wurden, insbesondere zur Verifizierung der Errata, ein Exemplar des 1. Teils (bis § 613, 1750) der *Aesthetica* in der Universitätsbibliothek Tübingen (Sign. Ad 12–1) sowie ein Exemplar des kollationierten 1. und 2. Teils (bis § 904, 1758) in der Universitätsbibliothek Freiburg i. Breisgau (Sign. B 764). Herangezogen wurde auch die lateinische

Ausgabe der *Aesthetica* von FIORE / CASATI 1936 sowie die lateinisch-deutsche Teilausgabe von SCHWEIZER (2., durchges. Aufl.) 1988. Der Originaltext wurde nur behutsam emendiert und modernisiert. In der Schreibweise des Lateinischen wurde, entsprechend der heute üblichen Form, gegebenenfalls »v« durch »u« und »u« durch »v« ersetzt (z. B. »ut«), Tremata wurden entfernt (z. B. poema), »J« wurde durch »I« (z. B. »Iam«, »Iuno«), »ſ« in der deutschen Schreibweise durch die lateinische Form ersetzt. Vereinheitlicht wurde die Schreibweise von Wortformen von »sollicitus« (statt »solicitus«), in § 751 wurde »relligio« durch »religio« ersetzt, kohärent gemacht wurde die Schreibweise »Quintilianus« (statt stellenweise »Quinctilianus«) und »Sallustius« (statt stellenweise »Salustius«). Paragraphenzeichen wurden bei Verweisen auf mehrere Paragraphen entsprechend dem heutigen Gebrauch verdoppelt (§§), römische Ziffern in die heute übliche Schreibweise gesetzt (z. B. IX statt VIIII), Durchzählungen wurden mit einer Klammer nach der Ziffer markiert. Punkte nach Paragraphenzeichen wurden eliminiert, Punkte nach Stellenverweisen im fortlaufenden Text sowie Punkte vor eingefügten Zitaten, die kein Satzende markieren und nicht notwendig einen Doppelpunkt vertreten, wurden durch Kommata ersetzt. Die Interpunktion in und nach Parenthesen wurde der heutigen Rechtschreibung angepaßt. Abkürzungen bei Verweisen auf Baumgartens eigene Werke wurden in der ursprünglichen Form beibehalten (z. B. »M.«, aber auch, so in § 14, »Metaphysic.« für *Metaphysica*, »E.« für *Ethica philosophica*). Stellenverweise auf antike Autoren wurden dem heute üblichen Gebrauch angepaßt (z. B. »CIC., *De div.*« statt »CIC., *de Div.*«; »CIC., *De off.*« statt »CIC., *Off.*«; »CIC., *Or.*« wurde, wo es »CIC., *De or.*« heißen muß, stillschweigend emendiert) und die Schreibweise der jeweiligen Zählung vereinheitlicht. Die Groß- und Kleinschreibung im Originaltext wurde weitestgehend übernommen. Griechische Wörter und Zitate wurden, der Ausgabe FIORE / CASATI 1936 folgend und unter stillschweigender Emendation dort vorfindlicher Errata, mit Akzenten und Spiritús versehen. In den Text eingefügte Zitate wurden wie im Original kursiv gesetzt, abgesetzte Zitate erscheinen, ebenfalls kursiv, durch eine Leerzeile vom übrigen Text getrennt, eingerückt, aber, auch bei unvollständigen Versen, einheitlich linksbündig. Versanfänge werden nicht in Majuskeln, sondern der Syntax entspre-

chend wiedergegeben. Die Nachweise der Zitate, die (nochmals überprüft) zu einem großen Teil auf der Grundlage der italienischen Ausgaben der *Aesthetica* durch PISELLI 1992 und TEDESCO [et al.] 2000 erstellt wurden und von denen einige der Herausgeberin zusätzlich durch Prof. Dr. Francesco Piselli persönlich mitgeteilt wurden, wofür ihm besonderer Dank ausgesprochen sei, sind im lateinischen Text in Fußnoten beigefügt.

In Baumgartens ›Synopsis‹ des ersten Teils der *Aesthetica* sind die Abschnitte zum ›Leben der ästhetischen Erkenntnis‹ (*vita cognitionis aesthetica*), die Kapitel zur Methodologie und zur Semiotik sowie der Teil zur praktischen Ästhetik, die Baumgarten geplant hatte, aber nicht mehr ausführen konnte, durch Kursivsetzung gekennzeichnet. Das Inhaltsverzeichnis dieser Ausgabe folgt den (nicht immer mit den ›Synopsen‹ des ersten und zweiten Teils übereinstimmenden) Überschriften der Abschnitte der *Aesthetica* im fortlaufenden Text.

In der deutschen Übersetzung wurden zur Gewährleistung einer besseren Lesbarkeit Stellenverweise auf Paragraphen innerhalb der *Aesthetica*, auf Paragraphen in anderen Werken Baumgartens oder auf andere Autoren, wenn diese Verweise nicht in Satzaussagen integriert sind oder nicht zwingend eine genaue Angabe verlangen, ausgespart. Hinsichtlich derselben sind der lateinische Text, in dem sämtliche Verweise erhalten sind, sowie die dort in den Fußnoten beigefügten Zitatnachweise zu konsultieren. Die Übersetzung des Textes Baumgartens orientiert sich eng an seinem eigenen deutschen Sprachgebrauch, der im Glossar dokumentiert ist. Die Übersetzungen von Zitaten antiker Autoren hält sich weitgehend an die in der Bibliographie genannten herangezogenen Ausgaben, mußten aber oftmals, insbesondere an Stellen, an denen von Baumgarten bestimmte semantische Bezüge zum Haupttext intendiert sind, entsprechend modifiziert werden. Zitate antiker Autoren, von denen keine Ausgabe in der Bibliographie vermerkt ist, sind von der Herausgeberin übersetzt.

Die Anmerkungen beschränken sich weitgehend auf Wort- und Sacherklärungen (insbesondere betreffend Begriffe aus der Rhetorik), auf Namenserklärungen (und -verifizierungen) und auf Korrekturen von im lateinischen Text offenbar irrtümlich gegebenen

Stellenverweisen. Besonders schwer verständliche Abschnitte werden kurz erläutert, auch unter Heranziehung der von Baumgarten vorausgesetzten historischen Quellen. Baumgartens eigenem Verständnis seiner philosophischen Werke als ›akroamatische‹ Lehrschriften folgend, die durch den mündlichen Vortrag ergänzt werden sollen, sind in die Anmerkungen auch Verweise auf oder Zitate von erschließenden Passagen aus der Vorlesungsnachschrift Poppe 1907 aufgenommen.

In einem Anhang erscheinen, zumeist vollständig, sämtliche Paragraphen aus der *Metaphysica* und *Ethica philosophica*, auf die sich Baumgarten im Text der *Aesthetica* bezieht, in der Reihenfolge der Numerierung ihrer Paragraphen. Ihre deutsche Übersetzung wurde von der Herausgeberin erstellt.

Das Glossar enthält – bis auf wenige Ausnahmen (Hilfs- und Modalverben, Pronomen) – sämtliche in der *Aesthetica* gebrauchten lateinischen Begriffe und Wendungen, die Baumgarten in seinen übrigen Schriften, in den *Philosophische[n] Briefe[n] von Aletheophilus* (1741), in der *Metaphysica* (ab der 4. Auflage 1757), der *Acroasis logica* (1761), der *Ethica philosophica* (3. Aufl. 1763) sowie in der *Philosophia generalis* (postum 1779), selbst ins Deutsche übersetzt hat, mit einem Verzeichnis der Stellen ihrer Übersetzung.

Die Einführung stellt nach einer biographischen Notiz und Angaben zur Publikationsgeschichte der *Aesthetica* Baumgartens Projekt der Ästhetik im Kontext seiner metaphysischen und erkenntnistheoretischen Prämissen dar und eröffnet in einer Untersuchung des Begriffs der ästhetischen Größe (*magnitudo aesthetica*) und dessen Zusammenhang mit dem Begriff des ästhetischen Reichtums (*ubertas aesthetica*) eine neue Perspektive zum Verständnis der ›fragmentarischen Ganzheit‹ der *Aesthetica*.

Danksagung

Mein Dank gilt zuerst dem Felix Meiner Verlag, Manfred Meiner für die Ermöglichung, Dr. Marion Lauschke und Marcel Simon-Gadhof für ihre geduldige und hervorragende redaktionelle Betreuung und Peter Kusel für die gewissenhafte Umsetzung dieser Ausgabe.

Mein Dank gilt insbesondere auch der Deutschen Forschungsgemeinschaft, die das Projekt der Übersetzung von Baumgartens *Aesthetica* von 1999 bis Ende 2003 gefördert hat. Meinen tiefsten Dank möchte ich Prof. Dr. Anton Friedrich Koch (Philosophisches Seminar der Universität Tübingen) für seine überaus umsichtige und vertrauensvolle Leitung des Projekts aussprechen. Ebenso gebührt mein herzlichster Dank allen, die durch ihre Mitarbeit das Projekt über längere oder kürzere Zeiträume mitgetragen haben. Allen voran danke ich Martin Lenzen, der maßgeblich an der Erstellung des lateinischen Textes, des Glossars, des Verzeichnisses der Errata und an der Durchsicht der deutschen Übersetzung beteiligt war, für seine engagierte und gewissenhafte, insgesamt gut zweijährige Mitarbeit. Weiterhin danke ich für ihren Rat Dr. Volker Dieringer, Alexander Grützmacher, Rahel Maria Liu (†) und Dr. Stefan Monhardt. Mein besonderer Dank gilt auch allen Wissenschaftlern, die mich durch ihre Forschungsarbeiten und ihre Ermutigung im Projekt unterstützt haben, namentlich Dr. Ursula Franke (Münster), Prof. Dr. Francesco Piselli (Emer. Universität Parma), Prof. Dr. Salvatore Tedesco (Universität Palermo), Prof. Dr. Luigi Russo (Universität Palermo), Prof. Dr. Pietro Pimpinella (Lessico Intellettuale Europeo, Rom), Caterina Rossi, Mike Stange (Universität Tübingen), Dr. habil. Alexander Aichele (Universität Halle) und Dr. habil. Thomas Nisslmüller (Wiesbaden). Ich danke den Mitarbeitern der Bibliothek, des Evangelischen Stifts und des Philosophischen Seminars der Universität Tübingen, Hildegard Mühlemeier am Lehrstuhl von Prof. Koch für ihre kompetente und tatkräftige Unterstützung, Eva Suhr und Marianne Ott-Haug; für anregende Diskussionen Dr. habil. Friedrike Schick und Dr. habil. Andreas Schmidt. Einen Dank von Herzen möchte ich meinem Doktorvater Prof. Dr. Manfred Frank (Universität Tübingen) und meinem verehrten Lehrer Prof. Dr. Werner Beierwaltes (Emer. Universität München) aussprechen, für ihr Verständnis, ihren Zuspruch und vor allem für ihre Geduld. Mein innigster Dank gilt schließlich meinen Eltern sowie meinem Mann Rolf Friedrich. Ihm, der mich zusammen mit Gioia in den Jahren mit Baumgarten begleitet hat, ist diese Ausgabe gewidmet.

Tübingen, den 8. Mai 2007 *Dagmar Mirbach*

EINFÜHRUNG
ZUR FRAGMENTARISCHEN GANZHEIT VON ALEXANDER GOTTLIEB BAUMGARTENS *AESTHETICA* (1750/58)

Baumgartens unvollendet gebliebene, in zwei Teilen 1750 und 1758 veröffentlichte *Aesthetica* bildet auch in ihrer fragmentarischen Form ein in sich systematisch gegliedertes Ganzes, dessen innerer Zusammenhang erst in der Kenntnisnahme des vollständigen Texts erschlossen werden kann. Die vorliegende vollständige lateinisch-deutsche Ausgabe der *Aesthetica* gibt Anlaß, gerade im Hinblick auf die fragmentarische Ganzheit des Werks erneut Baumgartens Projekt der Ästhetik als wissenschaftliche Disziplin sowie deren philosophische Begründung und Verankerung im Zusammenhang der übrigen von Baumgarten behandelten Gegenstandsbereiche der theoretischen und praktischen Philosophie (Logik, Metaphysik, Ethik) darzustellen und einige Aspekte der philosophiegeschichtlichen Bedeutung der *Aesthetica* zu erhellen. Die im letzten Abschnitt dieser Einführung erfolgende Untersuchung der von Baumgarten hergestellten Verbindung von ›anmutigem Geist‹ (*ingenium venustum*) und ästhetischem Temperament (*temperamentum aestheticum*) und die Darstellung eines darin begründeten Deutungsaspekts des inneren Zusammenhangs der Abschnitte zum ästhetischen Reichtum (*ubertas aesthetica*) und zur ästhetischen Größe (*magnitudo aesthetica*) soll dazu beitragen, einem tiefergehenden Verständnis sowie auch der weiteren Erforschung von Baumgartens epochemachender, noch immer weithin ›unbekannter‹ ästhetischer Hauptschrift den Weg zu bereiten und neue Perspektiven zu eröffnen.

1. *Alexander Gottlieb Baumgarten (1714–1762)*

Alexander Gottlieb Baumgarten wird am 17. Juni 1714 in Berlin als fünfter von sieben Söhnen eines lutheranischen, pietistisch orientierten Garnisonpredigers geboren.[1] Im Alter von 8–13 Jahren darf er an einem Privatunterricht teilnehmen und begeistert sich unter Anleitung von Martin Georg Christgau, dem späteren Rektor der Universität zu Frankfurt/Oder, vornehmlich für die lateinische Poesie. 1727 besucht Baumgarten zunächst das Gymnasium des Grauen Klosters in Berlin, wechselt aber bereits im Herbst desselben Jahres auf die Lateinschule des Franckeschen Waisenhauses in Halle zur Vorbereitung des – vom verstorbenen Vater erwünschten – Studiums der Theologie. In den letzten 1½ Jahren an der Schule des Halleschen Waisenhauses besucht Alexander Gottlieb die sogenannte ›Klasse der Auserlesenen‹, in der er in den Fächern Theologie, Recht und Medizin unterrichtet wird – wobei die Theologie in dem von Francke geprägten pietistischen Halle den Lehrplan maßgeblich bestimmt. Außerdem erhält er dort von seinem acht Jahre älteren, als Theologe berühmt gewordenen Bruder und Mentor Siegmund Jakob Baumgarten Unterricht in den Fächern Latein und Philosophie. Die Kollegien Siegmund Jakob Baumgartens verdienen der eigenen Erwähnung: Um 1728 lehrt er, unter dem Deckmantel des von Francke geleiteten Waisenhauses, die verbotene, weil aufgrund ihres Rationalismus und Determinismus für religionsfeindlich erklärte Philosophie des 1723 aus Halle vertriebenen Christian Wolff.

Auch zu Beginn von Alexander Gottliebs Studium der Philosophie, Theologie und Philologie an der Universität Halle, 1730, sind die Schriften Christian Wolffs unter schwerer Strafe verboten, der Kampf gegen sie wird auch auf universitärer Ebene heftig weitergeführt. Nichtsdestoweniger setzt Baumgarten, neben seiner Beschäftigung mit Leibniz' Philosophie, sein unter der Anleitung des Bruders begonnenes Studium der Schriften Wolffs fort, vor allem anhand der Arbeiten zweier Wolffianer: Georg Bernhard Bilfingers

[1] Vgl. zu Baumgartens Biographie die Nekrologe, insb. Georg Friedrich Meier: *Baumgartens Leben* (1763).

Dilucidationes philosophicae (1725) und Johann Peter Reuschs *Systema metaphysicum* (1735). An der gegenüber der rationalistischen Philosophie offenen Universität Jena, zu der er mehrere Reisen unternimmt, hört Baumgarten Reusch und weitere Anhänger der Philosophie Wolffs persönlich, und in seinen eigenen Lehrstunden, die er gegen Ende seines Studiums in Halle zu geben beginnt, erläutert er die Logik von Johann Gottlieb Heineccius, *Elementa Philosophiae rationalis et moralis* (1728), selbst nach Christian Wolff.

1735 beendet Baumgarten sein Studium mit der bereits genannten Magisterarbeit *Meditationes philosophicae de nonnullis ad poema pertinentibus*, durch die er die *venia legendi* an der Fridericiana in Halle erhält. Er lehrt fortan u. a. Philosophische Enzyklopädie, Philosophiegeschichte, Logik, Metaphysik, Naturrecht, Ethik, natürliche Theologie sowie, in Kollegien mit begrenzter Teilnehmerzahl, über Jesaia, hebräische Grammatik und über Johann Christoph Gottscheds *Erste Gründe der gesammten Weltweisheit* (1733 f.), ab Ende 1737 als ›außerordentlicher öffentlicher Lehrer der Weltweisheit‹. 1739 erscheint als Baumgartens erstes großes Werk die *Metaphysica*, in deren Vorrede er sich explizit auf seine Quellen, die Gedanken »hochberühmter Reformatoren der Metaphysik hierzulande«, nämlich auf »das Gedankengut von Leibniz, Wolff, Bilfinger und Reusch«[2] beruft. Im gleichen Jahr wird Baumgarten von Friedrich Wilhelm I. als Ordinarius für Philosophie an die Viadrina, die Universität zu Frankfurt / Oder bestellt, darf auf Wunsch seiner zahlreichen Studenten jedoch noch das Wintersemester 1739 / 40 in Halle beenden. 1740 erfolgt der Amtsantritt in Frankfurt / Oder, im gleichen Jahr erscheint Baumgartens *Ethica philosophica*. An der Viadrina unterrichtet er ›alle Teile der Weltweisheit‹, Naturlehre, die ›Wissenschaft der Rechte und Pflichten des gesellschaftlichen Zustandes‹, Philologie, hebräische Grammatik und dogmatische Theologie. Vielleicht motiviert durch den Neubeginn in Frankfurt und seine gerade erfolgte Eheschließung unternimmt Baumgarten 1741 unter dem Pseudonym ›Aletheophilus‹ die Herausgabe einer in deutscher Sprache verfaßten, an ein breiteres, auch nichtakademi-

[2] Dt. Übers. nach Niggli 1998, S. 7; vgl. hierzu auch Casula 1973, S. 18–21.

sches Publikum gerichteten philosophischen Wochenschrift, der *Philosophische[n] Brieffe von Aletheophilus*,[3] die er jedoch offenbar mangels Nachfrage noch im selben Jahr nach 26 Ausgaben wieder einstellen muß. Aus der Antrittsvorlesung an der Viadrina, *Einige Gedancken vom vernünfftigen Beyfall auf Academien* (1740, 2. Aufl. 1741), aus der Beschreibung seiner Vorlesungen von 1741–43, *Scriptis, quae moderator conflictus academici disputavit* (1743), und nicht zuletzt aus der ersten Vorrede zur *Aesthetica* geht hervor, daß Baumgarten zuerst in Frankfurt, seit dem WS 1742/43, anknüpfend an Überlegungen seiner Magisterarbeit, auch über Ästhetik zu lesen beginnt. Auf der Grundlage der Kollegheffe für diese Vorlesungen verfaßt Baumgarten sein ästhetisches Hauptwerk, die *Aesthetica*, deren erster Teil 1750 veröffentlicht wird. Ab dem Beginn der 1750er Jahre jedoch verschlimmert sich Baumgartens schon länger schwelende Lungenkrankheit. In den nächsten zehn Jahren kommt er weiterhin seinen akademischen Verpflichtungen nach, hält, wenn auch teilweise sehr eingeschränkt, Vorlesungen, publiziert zwei weitere Werke, eines zur praktischen Philosophie, die *Initia philosophiae practicae* (1760), und eines zur Logik Wolffs, die *Acroasis logica* (1761), betreut die Neuauflagen seiner *Metaphysica* (4. Aufl. 1757) und *Ethica philosophica* (2. Aufl. 1751) und veröffentlicht 1758 die – fragmentarisch bleibende – Fortsetzung des ersten Teils seiner *Aesthetica*. Am 26. Mai 1762 erliegt Baumgarten nach mehreren Schlaganfällen seinem Leiden – unwillig, so die Nekrologe, gegenüber jeder weiteren gelehrten Spekulation und in der festen Überzeugung seiner Erlösung im christlichen Glauben.[4] Postum heraus-

[3] Die *Philosophischen Brieffe* [sic!] werden in dieser Ausgabe durchgehend *Philosophische Briefe* genannt.

[4] Vgl. Meier: *Baumgartens Leben* (1763), S. 28–32. Nach Meier äußerte Baumgarten an seinem letzten Lebenstag u. a.: »Hier hilft nicht der Philosoph, nicht der Theologe, der Glaube allein. Mein alter Glaube, auf den sterbe ich, ist *demonstratio demonstrationum*« (ebd., S. 28 f.). »[M]ein Hertz ist ruhig in dem Blute JEsu. Dies ist mein Glaubensbekenntniß. Darauf will ich leben und sterben, so wahr mit GOtt helfe, Amen. Bey diesen Worten schlug er sich an die Brust, und wieß gen Himmel« (ebd., S. 30). Thomas Abbt berichtet: »[E]r verbannte itzt alle Gelehrsamkeit von seinem Bette [...]; und doch verlangte er ein Buch, zum Versuche, ob er noch lesen könn-

gegeben werden von Baumgarten 1765 eine zweite Auflage der *Acroasis logica*, 1763 das *Ius naturae*, 1769 die *Sciagraphia encyclopaediae philosophicae*, 1770 die *Philosophia generalis*,[5] 1773 die *Praelectiones theologiae dogmaticae* und 1796f. die *Gedanken über die Reden Jesu*, die Baumgarten noch auf seinem Kranken- und Sterbelager diktiert hatte.

2. *Zur Publikationsgeschichte der Aesthetica im 18. Jahrhundert*

Baumgarten war nicht nur als Philosophieprofessor, sondern auch als philosophischer Autor zu Lebzeiten und über seinen Tod hinaus im 18. Jahrhundert überaus erfolgreich. Von seinen – bis auf die An-

te: ›das heisst herunter gekommen‹, rief er aus, nachdem er Mühe gehabt, eine Zeile im deutschen Gesangbuche zu lesen, ›nun kann ich nicht mehr deutsch lesen.‹« (Abbt 1783, S. 236). In einem Brief kommentiert Abbt dies mit Unverständnis. »Was ich von Baumgartens Tode halte? Kaum mag ichs sagen. Es ist hart, Sterbende, Todte zu beschuldigen. [...] Aber, was soll das wunderbare Zeug: Nun kann ich nicht mehr lesen; das heisst: heruntergekommen! um gleichsam dadurch die Eitelkeit der menschlichen Gelehrsamkeit anzuzeigen; gerade als ob Schwäche in den Augen etwas beweise? Was soll das Kreuzschlagen in die Luft? [...]. In Alex. Gottliebs Ethik kömmt auf allen Seiten der Einfluß der Kenntniß auf die Religion vor; wie kann er den jene verachten?« (ebd., S. 239).« Moses Mendelssohn gibt folgenden Satz wieder, den Baumgarten kurz vor seinem Tod geäußert haben soll: »›Wer von den Wissenschaften mit mir spricht, ist mein Feind!‹« Mendelssohn schreibt hierzu an Thomas Abbt: »Dieser Ausdruck ist meines Erachtens auf keinerley Weise zu entschuldigen. Wenn die Vernunft nicht heilig genug ist, uns in der Todesstunde Gesellschaft zu leisten, [...] warum warten wir so lange? [...] Wenn ich wüßte, daß mir die Todesstunde eine solche Meynung von der Vernunft beybringen könnte, den Augenblick wollte ich den ganzen Plunder, Weltweisheit genannt, von mir werfen, und mich zum Tode bereiten« (Thomas Abbt: *Vermischte Werke*, Berlin/Stettin 1770–1780, Bd. 3, S. 167; hier zitiert nach Bezold 2002, S. 19).

[5] Bei den beiden letztgenannten Schriften handelt es sich um Entwürfe von Baumgartens Vorstellung des Systems einer ›organischen‹ Philosophie. Beide als Einführungen in die Philosophie gedachten Entwürfe müssen Baumgarten zumindest in Form von Manuskripten schon vor 1741 vorgele-

trittsvorlesung, die philosophische Wochenschrift und die *Reden Jesu* – durchgängig in Latein verfaßten Schriften waren insbesondere die *Metaphysica* und *Ethica philosophica* von großem, auch publizistischem Erfolg. Baumgartens *Metaphysica*, Erstdruck 1739, erlebte in relativ kurzer Zeit insgesamt drei weitere von Baumgarten selbst betreute Neuauflagen (1743, 1750, 1757), nach seinem Tod noch weitere vier Auflagen (1763, 1768, 1779, 1783), von Georg Friedrich Meier wurde sie 1766 (in gekürzter, auch inhaltlich modifizierter Form) ins Deutsche übertragen (eine zweite, von Johann August Eberhard besorgte Ausgabe von Meiers *Baumgartens Metaphysik* erschien 1783). Baumgartens *Ethica philosophica* wurde, nach ihrem Erstdruck 1740, in zwei weiteren, ebenfalls von ihm selbst (vollständig resp. teilweise) überarbeiteten Auflagen 1751 und 1763 neu herausgegeben. Bekannt ist auch, daß zahlreiche bedeutende Philosophen des 18. Jahrhunderts nach Baumgartens Werken gelehrt haben – nicht zuletzt, an der Universität Königsberg, auf der Grundlage von Baumgartens *Metaphysica*, *Ethica* und den *Initia philosophiae practicae*, Immanuel Kant.

Die Publikationsgeschichte der nur 1750/58 im Erstdruck erschienenen *Aesthetica* und deren unmittelbare Wirkungsgeschichte im akademischen Lehrbetrieb des 18. Jahrhunderts konnte hingegen an den Erfolg der beiden letztgenannten Werke nicht anknüpfen. Dies wohl vor allem aus zwei Gründen. 1) Baumgartens *Aesthetica* blieb unvollendet. Von den – wie aus der ›Synopsis‹ und aus § 13 der ›Prolegomena‹ des 1750 publizierten Bandes sowie aus der Vorrede des Bandes von 1758 hervorgeht – zuerst geplanten drei Teilen der theoretischen Ästhetik, Heuristik (von der Erfindung schöner Gedanken), Methodologie (von ihrer Verbindung) und Semiotik (von ihrem Ausdruck), hat Baumgarten in der Ausgabe von 1750 und deren Fortsetzung von 1758 nur ein zwar umfangreiches, jedoch nicht vollendetes Fragment des ersten Teils, der Heuristik, publiziert. Innerhalb dieses Teils fehlen die geplanten Abschnitte zu dem – außer Reichtum, Größe, Wahrheit, Licht, Gewißheit oder Überredung – sechsten Kriterium der Vollkommenheit der sinnlichen Erkenntnis,

gen haben (vgl. die *Philosophische[n] Briefe*, 2. Schreiben; vgl. Schweizer 1983, S. XV; vgl. Niggli 1998, S. 115–117, 223).

dem ›Leben‹ oder der Lebendigkeit der sinnlichen Erkenntnis. Zur Ausführung der praktischen Ästhetik, die auf die theoretische Ästhetik folgen sollte und ebenfalls in der ›Synopsis‹ des ersten Bandes sowie in § 13 angekündigt gewesen war, ist Baumgarten, wie er in der Vorrede des Bandes von 1758 bedauernd feststellt, überhaupt nicht mehr gekommen. Es lag mithin kein abgeschlossenes ästhetisches Lehrbuch Baumgartens vor. 2) Noch vor der Publikation des ersten Bandes der *Aesthetica* von 1750 veröffentlichte der in Halle lehrende Baumgarten-Schüler Georg Friedrich Meier unter Einwilligung Baumgartens und auf der Grundlage von dessen Kollegheften zu den Vorlesungen über Ästhetik in drei Bänden seine in Deutsch verfaßten *Anfangsgründe aller schönen Wissenschaften* (1748–50). In der Vorrede zum ersten Band seiner *Anfangsgründe* läßt Meier an der Quelle seiner Arbeit keinen Zweifel offen:

> »Er [Baumgarten – D. M.] hat in einem Collegio über die Ästhetik, die Anfangsgründe des schönen Denkens, in kurzen lateinischen Paragraphen ausgeführt. Ich habe mir dieses Collegium ausgebeten, und ich habe darüber schon einigemale gelesen, bis ich nunmehr, mit Genehmigung des Herrn Profeßors, den ersten Theil [der *Anfangsgründe* – D. M.] in der gegenwärtigen Gestalt dem Druck übergeben habe.«[6]

Die rezeptionsgeschichtliche Folge war: Meiers *Anfangsgründe* – die keineswegs eine Übersetzung, sondern eine eigene Adaption, Modifikation und selbständige Ergänzung der Baumgartenschen Gedanken darstellen – wurden als das erste systematische Lehrbuch zur neuen philosophischen Disziplin der Ästhetik aufgenommen und in der breiteren Öffentlichkeit rezipiert. Meiers *Anfangsgründe*, die im Gegensatz zu Baumgartens schon von den Zeitgenossen als ›dunkel‹ und ›schwer verständlich‹[7] empfundenem Latein in Deutsch verfaßt sind, standen im Bücherregal jedes gebildeten Haushalts. Auf

[6] Meier: *Anfangsgründe* (1748–50), Bd. 1, S. III.

[7] Vgl. z. B. Meier, *Baumgartens Leben* (1763), S. 41. Baumgarten war sich dieser verbreiteten Einschätzung seiner lateinischen Schriften wohlbewußt. Vgl. hierzu u. a. seine humorvolle Stellungnahme im 20. und 21. Schreiben der *Philosophische[n] Briefe*.

Baumgarten als den Begründer der wissenschaftlichen Ästhetik konnte man sich berufen, gelesen wurde vom breiteren Publikum Meier. Daß es aber nicht Meiers eher popularphilosophische *Anfangsgründe*, sondern Baumgartens fragmentarische *Aesthetica* mit ihren in der Mitte des 18. Jahrhunderts epochemachenden oder zumindest brisanten erkenntnistheoretischen und kunsttheoretischen Neuerungen war, die in den folgenden Jahrzehnten eher verdeckt rezipiert wurde und die philosophische Diskussion um das Schöne und die Kunst bedeutender Gelehrter – wie Johann Gottfried Herder und Kant – entscheidend beeinflußte, dies aufzuweisen ist ein Verdienst der philosophischen und literaturwissenschaftlichen Baumgarten-Forschung, die, nach den Neuausgaben der *Meditationes* und der *Aesthetica* durch Tommaso Fiore und Alessandro Casati Anfang des 20. Jahrhunderts, in größerem Umfang und stärkerem Maße erst seit den 1950er Jahren eingesetzt hat. Genannt seien aus der Baumgarten-Forschung nur einige Namen von Wissenschaftlern, deren Arbeiten erst in den letzten dreißig Jahren maßgeblich zur Kenntnisnahme und angemessenen Bewertung von Baumgartens *Aesthetica* für die Erforschung der ästhetischen Diskussion des 18. Jahrhunderts beigetragen haben: Hans Adler, Ursula Franke, Heinz Paetzold, Pietro Pimpinella, Francesco Piselli, Hans Rudolf Schweizer, Friedhelm Solms und Salvatore Tedesco.

3. Die Editionsgeschichte der Aesthetica im 20. Jahrhundert

Angesichts der philosophie- und geistesgeschichtlichen Bedeutung, die der *Aesthetica* Baumgartens nicht nur von den genannten Wissenschaftlern zugesprochen wird, erscheint es erstaunlich, wie schwer zugänglich dieses Werk bis heute für den interessierten Leser, für die Forschung und die wissenschaftliche Lehre gewesen ist.

Genannt wurden von modernen Editionen der *Aesthetica* bereits die lateinische Neuausgabe der *Meditationes* und der *Aesthetica* durch Tommaso Fiore und Alessandro Casati (zum 70. Geburtstag von Benedetto Croce).

In Deutschland erschien der lateinische Originaltext der *Aesthetica* zuletzt als reprographischer Nachdruck (Hildesheim: Olms,

3. Nachdruckauflage) 1986. Hans Rudolf Schweizer kommt das Verdienst zu, in seiner Publikation *Ästhetik als Philosophie der sinnlichen Erkenntnis* (Basel/ Stuttgart: Schwabe & Co., 1973) insgesamt 234 Paragraphen im lateinischen Originaltext mit deutscher Übersetzung, Zitatnachweisen, einem Stellenkommentar, einer Zusammenfassung der nicht übersetzten Abschnitte und einer umfassenden Einführung herausgegeben zu haben. Die von Schweizer aus dem ersten Band der *Aesthetica* von 1750 ins Deutsche übersetzten Abschnitte sind: Die ›Vorbemerkungen‹ (*prolegomena*, §§ 1–13), Abschnitt I ›Die Schönheit der Erkenntnis‹ (*pulcritudo cognitionis*, §§ 4–27), Abschnitt II ›Die natürliche Ästhetik‹ (*aesthetica naturalis*, §§ 8–46), Abschnitt III ›Die ästhetische Übung‹ (*exercitatio aesthetica*, §§ 47–61), Abschnitt IV, ›Die ästhetische Lehre‹ (*disciplina aesthetica*, §§ 62–77), Abschnitt XXVII ›Die ästhetische Wahrheit‹ (*veritas aesthetica*, §§ 423–444), Abschnitt XXVIII ›Die ästhetische Falschheit‹ (*falsitas aesthetica*, §§ 445–477), Abschnitt XXIX ›Die ästhetische Wahrscheinlichkeit‹ (*verisimilitudo aesthetica*, §§ 478–504), Abschnitt XXXIV ›Das absolute ästhetische Streben nach Wahrheit‹ (*studium veritatis aestheticum absolutum*, §§ 555–565), Abschnitt XXXV ›Das Streben nach Wahrheit, im Verhältnis betrachtet‹ (*studium veritatis comparativum*, §§ 566–584), Abschnitt XXXVI ›Das poetische Streben nach Wahrheit‹ (*studium veri poeticum*, §§ 585–612, § 613 fehlt). Hinzu kommt aus dem zweiten Teil der *Aesthetica* von 1758 der Abschnitt XXXVII ›Das ästhetische Licht‹ (*lux aesthetica*, §§ 614–630). In der ebenfalls von Schweizer besorgten Studienausgabe, Alexander Gottlieb Baumgarten: *Theoretische Ästhetik* (Hamburg: Meiner 1983; 2., durchges. Aufl. 1988) sind – außer den Paragraphen zur *lux aesthetica* – die eben genannten Abschnitte der *Aesthetica* im lateinischen Original mit deutscher Übersetzung und Stellenkommentar dann einer weiteren interessierten Leserschaft zugänglich gemacht worden.

Schweizer hat sich mit seiner Übersetzung und Bearbeitung der *Aesthetica* auf einige der einführenden Abschnitte zum ›Charakter des Ästhetikers‹ (*character aesthetici*) und auf zentrale Abschnitte zur ästhetischen Wahrheit (*veritas aesthetica*) konzentriert. Die übrigen 670 Paragraphen der *Aesthetica*, die restlichen Abschnitte zum ›Charakter des Ästhetikers‹, betreffend u.a. die ästhetische Begeisterung

(*impetus aestheticus*), einige Abschnitte zur ästhetischen Wahrheit, betreffend Erdichtungen (*fictiones*) und Fabeln (*fabulae*), weiterhin die zum ästhetischen Licht gehörenden Abschnitte u. a. zur ästhetischen Dunkelheit (*obscuritas aesthetica*), zum ästhetischen Schatten (*umbra aesthetica*) und zu den ästhetischen Farben (*colores aesthetici*), vor allem aber die umfangreichen Abschnitte zu den – neben der Wahrheit und dem Licht – übrigen von Baumgarten behandelten Kriterien der Vollkommenheit der sinnlichen Erkenntnis – Reichtum (*ubertas*), Größe (*magnitudo*) sowie Gewißheit oder Überredung (*certitudo, persuasio*) – sind bisher unübersetzt geblieben und, möglicherweise als Folge davon, im deutschsprachigen Raum auch noch nicht zum Gegenstand einer umfassenderen Untersuchung von Baumgartens *Aesthetica* gemacht worden.

Die französische Teilübersetzung und einsprachige Ausgabe der *Aesthetica* durch Jean-Yves Pranchère (Paris: L'Herne, 1988; 2. Aufl. 2001) folgt der Auswahl der Textabschnitte von Schweizer 1983 und 1988. Eine italienische Übersetzung der auch im lateinischen Original beigegebenen ›Prolegomena‹ (§§ 1–13) besorgte Leonardo Amoroso in dem kleinen Band A. G. Baumgarten/ I. Kant: *Il battesimo dell'estetica* (Pisa: ETS, 1993; 2. Aufl. 1996). Ebenfalls in Italien erfolgten die beiden ersten vollständigen Übersetzungen der *Aesthetica*. Die erste verdankt sich Francesco Piselli, dessen italienische Ausgabe der *Aesthetica* 1992 (Mailand: Vita e Pensiero; wiederaufgelegt 1993) erschien, die zweite Salvatore Tedesco (Übersetzung gemeinsam mit Francesco Caparotta und Anna Li Vigni, wiss. Mitarbeit von Elisa Romano). Diese zweite italienische Ausgabe der *Aesthetica* wurde im Jahr 2000 (Palermo: Aesthetica Edizioni) publiziert. Beide italienischen Baumgarten-Forscher haben sich außerdem in umfassenden Monographien mit Baumgartens Ästhetik und seiner ästhetischen Hauptschrift als ganzer befaßt: Piselli in seiner enzyklopädisch angelegten Arbeit *Perfectio phaenomenon. Estetica e metafisica nell'opera di Alexander Gottlieb Baumgarten* (Mailand: I. S. U. – Università Cattolica, 1988), Tedesco in seiner Untersuchung *L'estetica di Baumgarten* (Palermo: Aesthetica Preprint Supplementa, 2000). Außerdem hat Tedesco die erstmals von Bernhard Poppe edierte Vorlesungsnachschrift zur *Aesthetica* (Borna-Leipzig: Noske, 1907) in einer kommentierten italienischen Übersetzung

herausgegeben (*Lezioni di Estetica di Alexander Gottlieb Baumgarten*, Palermo: Aesthetica Edizioni, 1998).

Es ist zu wünschen, daß die hier vorliegende vollständige lateinisch-deutsche Ausgabe der *Aesthetica* mit den zur Verfügung gestellten Anmerkungen, der Übersetzung der Referenzstellen in der *Metaphysica* und der *Ethica philososophica* und dem Baumgartens eigenen Sprachgebrauch dokumentierenden Glossar dazu beitragen kann, das Werk auch in deutscher Übersetzung ›lesbar‹ und damit der weiteren Erforschung zugänglich zu machen. Der Fortschreibung der Editionsgeschichte von Baumgartens *Aesthetica* soll damit im 21. Jahrhundert zumindest ein Anfang gesetzt sein.

4. Die Definitionen der Ästhetik in den Meditationes (§ CXVI), in der Metaphysica (§ 533) und in der Aesthetica (§ 1)

Bereits in den abschließenden Paragraphen seiner Magisterarbeit, den *Meditationes philosophicae de nonnullis ad poema pertinentibus* (1735), gibt Baumgarten eine erste Definition der Ästhetik (§ CXVI). Unter Berufung auf die schon den »griechischen Philosophen« und »Kirchenväter[n]«[8] geläufige Unterscheidung zwischen αἰσθητά und νοητά bestimmt er die Ästhetik als diejenige Wissenschaft, die sich mit den αἰσθητά, den Sinneswahrnehmungen (*sensualia*) und dem in Abwesenheit sinnlich Erkannten (den *phantasmata*) beschäftigt – im Gegensatz zur Logik, die sich mit den νοητά, den durch den Verstand erkennbaren Dingen befaßt:

> »Es seien also die νοητά – das, was durch das höhere Vermögen erkannt werden kann – Gegenstand der Logik, die αἰσθητά dagegen seien Gegenstand der ἐπιστήμη αἰσθητική (= der ästhetischen Wissenschaft) oder der ÄSTHETIK.«[9]

Im Erstdruck seiner *Metaphysica* von 1739 bezeichnet Baumgarten (§ 533) die Ästhetik als ›Wissenschaft des sinnlichen Erkennens und Darstellens‹, in der 2. und 3. Auflage der *Metaphysica* (1743 und

[8] *Meditationes* § CXVI; dt. Übers. zitiert nach Paetzold 1983, S. 85–87.
[9] Ebd., S. 87.

1750) wird dieser Definition in Klammern eine weitere Bezeichnung hinzugefügt: ›Logik des unteren Erkenntnisvermögens‹.[10] Ab der 4. Auflage nennt Baumgarten in der Klammer vier weitere Bezeichnungen: ›Philosophie der Grazien und der Musen‹, ›untere Erkenntnislehre‹, ›Kunst des schönen Denkens‹, ›Kunst des der Vernunft analogen Denkens‹[11] und fügt selbst in der Anmerkung zu § 533 als deutsche Übersetzung des Begriffs »AESTHETICA« hinzu: »die Wissenschaft des Schönen«. In der *Aesthetica* von 1750 heißt es dann schließlich (§ 1):

> »DIE ÄSTHETIK (Theorie der freien Künste, untere Erkenntnislehre, Kunst des schönen Denkens, Kunst des Analogons der Vernunft) ist die Wissenschaft der sinnlichen Erkenntnis.«

Die in der 4. Auflage der *Metaphysica* und in der *Aesthetica* gegebenen, nur zum Teil übereinstimmenden, nicht synonym zu verstehenden, insgesamt sechs unterschiedlichen Definitionen des Begriffs »AESTHETICA« geben bereits einen Aufschluß darüber, was Baumgarten als den Gegenstandsbereich der Ästhetik konzipiert und wo er sie im Gesamtzusammenhang der Philosophie verortet:[12] 1) Die Ästhetik ist eine Erkenntnistheorie, und zwar speziell der ›unteren‹, sinnlichen Erkenntnisvermögen, 2) sie soll als Wissenschaft der Logik an die Seite gestellt werden, 3) sie ist zugleich eine ›Kunst des schönen Denkens‹ und eine ›Theorie des Schönen‹, und sie soll 4) auch eine ›Theorie der freien Künste‹ umfassen.

[10] *Met.* § 533, 2. Aufl. 1742; zitiert nach Schweizer 1983, S. 91, Anm. 80; vgl. Adler 1990, S. 30 und Anm. 216.

[11] Hier und im Folgenden wird die 7. Auflage der *Metaphysica* 1779 (2. Nachdruckaufl. Hildesheim / New York 1982) zitiert. Die in *Met.* § 533 im Klammerzusatz gegebenen Definitionen der Ästhetik sind in der 4. bis 7. Auflage der *Metaphysica* identisch; vgl. Adler 1990, S. 31 und Anm. 217 f.

[12] Während Schweizer 1973, S. 26, die Ausdrücke in den Klammern von § 1 der *Aesthetica* als bloße »Umschreibungen« der Ästhetik bezeichnet, stellt Adler 1990 innerhalb seiner Untersuchung derselben (ebd. S. 29–37) zutreffend fest: »Sie sollen vor allem die Position der Ästhetik innerhalb der Philosophie bestimmen, das heißt mit der Situierung im System der Philosophie soll ihre Dignität als Teil der Philosophie und die Dignität ihres Objektbereichs reklamiert werden« (ebd., S. 32).

Die von Baumgarten geleistete spannungsreiche, für die Entwicklung der philosophischen Ästhetik wirkungsmächtige Verklammerung von Erkenntnistheorie, einer – wie zu zeigen sein wird – metaphysisch fundierten Schönheitslehre und einer Kunsttheorie, kündigt sich in der gemeinsamen Nennung dieser Bezeichnungen schon an. Wie diese Verbindung zu denken ist und welche Konsequenzen sie für Baumgartens Auffassung des einzelnen Kunstwerks hat, soll im Folgenden durch die nähere Untersuchung der hier hervorgehobenen Baumgartenschen Definitionen der Ästhetik gezeigt werden.

5. Die Ästhetik als Analogon zur Logik (logica strictius dicta) im Gesamtzusammenhang der organischen Philosophie (philosophia organica)

Die Bezeichnungen der Ästhetik als ›Logik des unteren Erkenntnisvermögens‹ (*Met.* § 533) und als ›untere Erkenntnislehre‹ (*Aesth.* § 1) greifen eine Forderung auf, die Baumgarten bereits in seinen *Meditationes* (§ CXV) formuliert. Dort wird dem Bestehen der traditionellen aristotelischen Logik (der *logica strictius dicta*), die »durch ihre eigene Definition in […] allzu enge Grenzen« eingeschlossen sei – »gilt sie doch für eine Wissenschaft, etwas philosophisch zu erkennen« bzw. »für eine Wissenschaft, die das obere Erkenntnisvermögen bei der Erkenntnis der Wahrheit leitet« – die Notwendigkeit einer »Wissenschaft […], die das untere Erkenntnisvermögen lenkt«, bzw. »eine[r] Wissenschaft, wie etwas [sinnlich] zu erkennen ist«,[13] programmatisch an die Seite gestellt.

In den ›Prolegomena‹ der *Aesthetica*, § 13, strukturiert Baumgarten dann die Teilgebiete der Ästhetik analog zu denjenigen ihrer – als Wissenschaft und philosophische Disziplin philosophiege-

[13] *Meditationes* § CXV; dt. Üb. zitiert nach Paetzold 1983, S. 85. Paetzold übersetzt *sensitivus / sensitive* mit ›sensitiv‹. Hier, wie im Folgenden, wird beides, Baumgartens eigenem Sprachgebrauch folgend (vgl. *Met.* § 521), mit ›sinnlich‹ übersetzt, Änderungen von D. M. in der Übersetzung von Paetzold sind mit eckigen Klammern gekennzeichnet.

schichtlich – ›älteren Schwester‹, der Logik.[14] Beide umfassen sowohl einen ›natürlichen‹ (*naturalis*) als auch einen ›künstlichen‹ (*artificialis*) Bereich,[15] und bei beiden gliedert sich letzterer analog in einen theoretischen, lehrenden (*theoretica, docens*) und einen praktischen, ausübenden (*practica, utens*) Teil. Auch in der weiteren, an den rhetorischen Lehrbegriffen von *inventio*, *dispositio* und *elocutio* orientierten Dreiteilung der theoretischen Ästhetik in Heuristik, Methodologie und Semiotik[16] hat man eine zumindest strukturelle Analogie zur Dreigliedrigkeit der Logik als der Lehre von den Begriffen, Urteilen und Schlüssen gesehen.[17] Die Begründung des bereits in den *Meditationes* postulierten systematischen erkenntnistheoretischen Zusammenhangs von Logik und Ästhetik sowie die Begründung ihrer in der *Aesthetica* behaupteten inneren Strukturanalogie findet sich in Baumgartens *Metaphysica*.

Baumgarten gliedert seine Metaphysik nach dem Vorbild des Wolffianers Ludwig Philipp Thümmig[18] in vier Bereiche: In Ontologie (als »scientia praedicatorum entis generaliorum«, *Met.* § 4), Kosmologie (als »scientia praedicatorum mundi generalium«, *Met.* § 51) – aufgeteilt in eine empirische (»ex experientia propius«) und eine rationale Kosmologie (»ex notione mundi«, *Met.* § 351) – Psychologie (als »scientia praedicatorum animae generalium«, *Met.* § 501), welche »die ersten Grundsätze der Theologien, der Ästhetik, der Logik und der praktischen Wissenschaften enthält« (*Met.* § 502) – wiederum gegliedert in einen empirischen (»ex experientia

[14] Hier, wie im Folgenden, meint »Logik« ohne weitere Explikation immer die *logica strictius dicta*, i. S. Baumgartens (vgl. *Meditationes* § CXV sowie *Aesth.* § 424) nur bezogen auf die oberen Erkenntnisvermögen.

[15] Vgl. Schweizer (2., durchges. Aufl.) 1988, S. 207, Anm. 4: Baumgarten übernimmt hier Wolffs Unterscheidung von *logica naturalis* und *logica artificialis* (vgl. Christian Wolff: *Philosophia rationalis* [1728], § 6) und überträgt diese auf die Ästhetik.

[16] Zu diesem in der Baumgarten-Forschung vielfältig und ausführlich diskutierten Thema vgl. u. a. Bender 1980.

[17] Vgl. Schweizer 1988, S. 209, Anm. 12, mit Verweis auf Baumgartens *Acroasis logica*, § 14.

[18] Ludwig Philipp Thümmig: *Institutiones philosophiae Wolffianae*, 1725 f. Vgl. Wundt 1945, S. 220; Schweizer 1983, S. XI.

propius«) und einen rationalen Teil (»ex notione animae longiori ratiocinorum serie deduc[ens]«, *Met.* § 503) – und natürliche Theologie (als »scientia de deo, quatenus sine fide cognosci potest«, *Met.* § 800). Die erste Gemeinsamkeit, die das analoge Verhältnis von Logik und Ästhetik begründet, ist somit, wie aus § 502 der *Metaphysica* hervorgeht, ihre jeweilige philosophische Begründung in der Psychologie.

Der empirische Teil der Psychologie gliedert sich, nach den ›Prolegomena‹ und einigen Paragraphen zur Wirklichkeit der Seele (*exsistentia animae, Met.* §§ 504–518), in eine Behandlung der menschlichen Seelenvermögen, zunächst der unteren Erkenntnisvemögen (*facultates cognoscitivae inferiores, Met.* §§ 519–623), dann der oberen Erkenntnisvermögen (*facultates cognoscitivae superiores, Met.* §§ 624–650), und schließlich der unteren und oberen Begehrungsvermögen (*facultates appetitivae, Met.* §§ 651–732). Danach folgen noch einige Paragraphen zum Verhältnis von Seele und Körper (*Met.* §§ 733–739). Zu den unteren Erkenntnisvermögen gehören: Der Sinn (*sensus*), die Einbildungskraft (*phantasia*), das sinnliche Vermögen der feinen Einsicht (*perspicacia*, bestehend aus dem *ingenium sensitivum*, dem sinnlichen Witz, als sinnliche Fähigkeit, die Ähnlichkeiten der Dinge zu erkennen, und dem *acumen sensitivum*, dem sinnlichen Scharfsinn, als sinnliche Fähigkeit, die Verschiedenheiten der Dinge zu erfassen), das sinnliche Gedächtnis (*memoria sensitiva*), das Dichtungsvermögen (*facultas fingendi*), die sinnlichen Vermögen der Vorhersehung (*praevisio*), des Urteils (*facultas diiudicandi, iudicium sensitivum*) und der Erwartung (*praesagitatio, expectatio casuum similium*) sowie das der Zeichenkunde (*facultas characteristica sensitiva*). *Sensus, phantasia* und *facultas fingendi* sind nur den unteren Erkenntnisvermögen zu eigen, alle übrigen besitzen eine verstandesmäßige Entsprechung (gekennzeichnet jeweils durch das Attribut *intellectualis*) im Bereich der oberen Erkenntnisvermögen.[19] Die Analogie von Logik und Ästhetik gründet sich daher, zweitens, auf eine weitgehende Strukturgleichheit der jeweils der sinnlichen und der intellektuellen Erkenntnis zugeordneten Vermögen selbst. Bemerkenswert ist dabei, daß innerhalb der empirischen

[19] Vgl. *Met.*, ›Synopsis‹ sowie §§ 640–641. Vgl. Mirbach 2006a.

Psychologie der *Metaphysica* der Behandlung der unteren Erkenntnisvermögen (in insgesamt 104 Paragraphen) im Gegensatz zu derjenigen der oberen Erkenntnisvermögen (in 26 Paragraphen) sowohl eine vorgeordnete Stellung als auch ein wesentlich größerer Umfang zukommt.

Die hierdurch nahegelegte Vermutung, daß damit auch der Ästhetik in ihrem Verhältnis zur Logik eine nicht nur analoge und gleichberechtigte, sondern darüber hinaus auch eine primäre und grundlegende Bedeutung zuzusprechen ist, durch deren Konstituierung als wissenschaftliche Disziplin »das bestehende System [der Philosophie – D. M.] nicht im Detail ergänzt, sondern in Zusammenhang und Umfang verändert« werden sollte,[20] wird durch Baumgartens zu Beginn der 1740er Jahre entstandenen, postum herausgegebenen Entwurf der *Philosophia generalis* bestätigt. Hier, wie auch in der *Sciagraphia encyclopaediae philosophicae*[21] und schon in der Antrittsvorlesung in Frankfurt/ Oder von 1740,[22] verwendet Baumgarten den Ausdruck ›organische Philosophie‹ (*philosophia organica*) – durchaus anknüpfend an die traditionelle Verwendung des Begriffs als Bezeichnung der kanonischen logischen Schriften von Aristoteles, jedoch mit einer spezifischen Erweiterung. In seinen 1725 erschienenen *Dilucidationes philosophicae* hatte Georg Bernhard Bilfinger, Schüler Christian Wolffs, eine Theorie der Sinnlichkeit gefordert, die nach dem Modell des Aristotelischen *organons* ausgearbeitet werden müßte. Diese Theorie sollte »jedoch im Unterschied zur Schulphilosophie, für die die Sinnlichkeit nur im Hinblick auf ihre Bedeutung für die Verstandeskräfte relevant war, die Gestalt einer eigenständigen Theorie der sensitiven Erkenntnisfähigkeit haben«:[23]

> »Ich wollte, es gäbe Leute, die für das Vermögen des Fühlens, der Einbildung der Aufmerksamkeit, der Abstraktion und für das Gedächtnis das leisteten, was jener hervorragende Aristoteles

20 Adler 1990, S. 33.

21 Vgl. *Sciagraphia*, §§ 7, 25.

22 Vgl. *Gedancken vom vernünfftigen Beyfal auf Academien* (2., vermehrte Aufl. 1741) in der Anm. zu § 12, S. 39–44.

23 Solms 1990, S. 18.

[…] für den Verstand geleistet hat, nämlich daß sie alles, was dazugehört und beiträgt, sie zu ihrem Gebrauche zu leiten und zu unterstützen, in die Form einer Kunst brächten, so wie Aristoteles in seinem Organon die Logik oder die Fähigkeit des Beweisens in eine Ordnung gebracht hat.«[24]

In diesem Sinne verwendet Baumgarten den Ausdruck ›organische Philosophie‹: Als *organon* der menschlichen Erkenntnisvermögen – oder im Sinne der in § CXV der *Meditationes* aufgestellten Forderung nach einer »Logik in einem allgemeineren Sinne« bzw. einer *logica latius dicta* – soll sie sowohl die Logik im engeren Sinne (als *logica strictius dicta*, bezogen auf die oberen Erkenntnisvermögen) als auch die Ästhetik (als *logica facultatis cognoscitivae inferioris*) einschließen.[25] Auch in Baumgartens Entwurf einer *philosophia organica* in der *Philosophia generalis* (§ 147) wird der Behandlung der *cognitio sensitiva* innerhalb der »AESTHETICA« eine erste und wesentlich umfangreichere Behandlung gegenüber der Erörterung der *cognitio intellectualis* innerhalb der »LOGICA STRICTE DICTA« eingeräumt. Damit ist der sinnlichen Erkenntnis innerhalb der ›empirischen Psychologie‹ und der Ästhetik innerhalb der ›organischen Philosophie‹ eine grundlegende Bedeutung gesichert.[26] Und schließlich, so faßt Baumgarten in den ›Prolegomena‹ der *Aesthetica* – in denen auch Bilfinger namentlich genannt und seine Forderung als bekannt vorausgesetzt wird[27] – pointiert zusammen, was ebenso im Hinblick auf die Bedeutung der sinnlichen Erkennt-

[24] Georg Bernhard Bilfinger: *Dilucidationes philosophicae* (1725, 3. Aufl. 1746), § 268; dt. Übers. zitiert nach Verweyen (Hg., in Zusammenarbeit mit H.-J. Kertscher) 1995, S. 15, Anm. 47.

[25] Vgl. auch das 2. Schreiben der *Philosophische[n] Briefe*, mit Rückbezug auf die *Sciagraphia*, in: Schweizer 1983, S. 67–72, dort S. 69.

[26] Es ist darauf hinzuweisen, daß auch in Baumgartens *Ethica philosophica* (1740, 2. Aufl. 17451) im Abschnitt über die ›Pflichten dir selbst gegenüber‹ (*officia erga te ipsum*) die Pflege der unteren Erkenntnisvermögen (§§ 201–220) vor und ausführlicher als die der oberen Erkenntnisvermögen (§§ 221–225) behandelt wird.

[27] Vgl. *Aesth.* § 11.

nis als solcher wie auch im Hinblick auf die Relevanz der philosophischen Theoriebildung einer Ästhetik als ›Wissenschaft der sinnlichen Erkenntnis‹ verstanden werden kann (§ 6):

> »Ein Philosoph ist ein Mensch unter Menschen, und er tut nicht gut daran, wenn er glaubt, ein so großer Teil der menschlichen Erkenntnis sei ungehörig für ihn.«

6. *Der Begriff der sinnlichen Erkenntnis (cognitio sensitiva): Voraussetzungen bei Leibniz*

Philosophiegeschichtliche und theoretische Voraussetzung für Baumgartens Begriff der sinnlichen Erkenntnis, der die Ästhetik als Wissenschaft der sinnlichen Erkenntnis definiert, ist die Lehre von den verschiedenen Graden der Erkenntnis, die sich aus verschiedenen, in einem kontinuierlichen Zusammenhang stehenden Vorstellungen (*cognitiones*, *repraesentationes*) ergeben, wie sie Gottfried Wilhelm Leibniz in seinem frühen Aufsatz *Meditationes de cognitione, veritate et ideis* (1684) paradigmatisch erläutert hatte. Leibniz unterscheidet – in dieser Ausdifferenzierung kritisch gegen Descartes gerichtet – dunkle und klare, verworrene und deutliche und bei letzteren wiederum inadäquate und adäquate, symbolische und intuitive Vorstellungen. Ausgegangen wird dabei von der Frage nach der Erkenntnis zusammengesetzter Gegenstände, die als Ganze verschiedene Teile – mit Leibniz: ›Merkmale‹ (*notae*)[28] – enthalten, die selbst wiederum zusammengesetzt sein können, letztlich aber, würde ihre Analyse in der Erkenntnis ›bis zum Ende‹ durchgeführt, auf nicht mehr weiter zusammengesetzte einfache Begriffe und identische Sätze zurückgeführt werden könnten. Dies ist für Leibniz' Unterscheidung der verschiedenen Grade von Erkenntnis grundlegend: Sie unterscheiden sich zum einen hinsichtlich der Frage, ob ein Gegenstand nur als ganzer oder auch in seinen spezifischen Merkmalen erkannt wird, zweitens hinsichtlich der Frage, welche spezifischen Merkmale auf welchem ›Stand‹ der Analyse sowohl in ihrer Korre-

[28] Vgl. Adler 1990, S. 3.

lation untereinander als auch in Beziehung auf den Gegenstand als ganzen erfaßt werden.

Dunkel (*obscura*) ist eine Vorstellung, die nicht hinreicht, um einen einmal wahrgenommenen Gegenstand als ganzen wiederzuerkennen und ihn von ähnlichen Ganzen zu unterscheiden. Klar (*clara*) hingegen ist eine Vorstellung, die zur Wiedererkennung eines Ganzen in Unterscheidung von anderen genügt. Klare Vorstellungen sind entweder verworren (*confusae*) oder deutlich (*distinctae*). Bei einer klar-verworrenen Vorstellung wird zwar der Gegenstand als ganzer wiedererkannt, das erkennende Subjekt ist aber »nicht imstande [...], die Merkmale einzeln aufzuzählen, die zur Unterscheidung einer Sache von anderen ausreichen, obgleich die Sache solche Merkmale und Bestimmungen besitzt, in die ihr Begriff aufgelöst werden könnte«. Beispiele solcher Vorstellungen sind Vorstellungen von Dingen, die durch »ein einfaches Zeugnis der Sinne« – und zwar jeweils nur eines Sinnes –, »nicht aber durch angebbare Merkmale« wiedererkannt werden können: »Farben, Gerüche, Geschmäcke« und die Vorstellungen etwa von Malern oder Künstlern, die über Richtigkeit oder Fehlerhaftigkeit, Gefallen oder Mißfallen eines Kunstwerks richtig urteilen, ohne jedoch genau angeben zu können, aus welchen einzelnen Merkmalen des Werks sich dies ergibt. Klar-deutlich ist im Unterschied dazu eine Vorstellung, welche auch einzelne Merkmale des erkannten Gegenstands enthält, die gewöhnlich »mehreren Sinnen gemeinsam sind, wie die der Zahl, der Größe, der Gestalt«, die unter sich keinen Widerspruch enthalten und die dazu hinreichen, den Gegenstand von anderen zu unterscheiden und ihn als zugehörig zu einer bestimmten Art oder Gattung zu erkennen. Klar-deutliche Vorstellungen haben wir, so Leibniz, von Dingen, »wovon wir eine Nominaldefinition haben, die nichts anderes ist als eine Aufzählung der zureichenden Merkmale«.[29] Als Beispiel nennt Leibniz den Begriff, den Münzprüfer vom Gold haben. Doch werden in der klar-deutlichen Vorstellung weder alle Merkmale eines Gegenstands noch deren durchgängige Widerspruchsfreiheit erkannt. In der klar-deutlichen Erkenntnis wird da-

[29] Gottfried Wilhelm Leibniz: *Meditationes*; dt. Üb. zitiert nach Herring 1966, alle Zitate ebd., S. 10.

her die Möglichkeit ihres Gegenstands vorausgesetzt, aber – so Leibniz' Kritik an Descartes – keineswegs a priori erfaßt.

Adäquate und inadäquate Vorstellungen (*cognitiones adaequatae* resp. *inadaequatae*) unterscheiden sich sowohl hinsichtlich des Merkmalsumfangs des erkannten Gegenstands als auch hinsichtlich der weiteren Analyse der einzelnen Merkmale selbst: »Da [...] in zusammengesetzten Begriffen die einzelnen Merkmale zwar klar, aber doch nur in verworrener Weise [d.h. nicht weiter zergliedert hinsichtlich ihrer Zusammensetzung aus einfachen Begriffen und deren Widerspruchsfreiheit – D. M.], wie Schwere, Farbe, Scheidewasser und anderes, was zu den [zureichenden – D. M.] Merkmalen des Goldes gehört, so ist eine solche Erkenntnis zwar deutlich, aber dennoch inadäquat.«[30] Eine adäquate Erkenntnis enthält dagegen nicht nur die Vorstellung aller (notwendigen und kontingenten) Merkmale ihres Gegenstands, sondern sie erfaßt dieselben auch hinsichtlich ihrer Zusammensetzung aus nicht widersprüchlichen einfachen Begriffen: »Wenn aber alles, was in ein deutliches Wissen eingeht, wiederum deutlich erkannt wird, wenn also die Analyse bis ans Ende durchgeführt wird, so ist die Erkenntnis adäquat.«[31] Eine adäquate Erkenntnis entspricht damit der Realdefinition resp. der Idee eines Gegenstands, welche die Widerspruchsfreiheit aller seiner Merkmale enthält, »aus denen sich die Möglichkeit einer Sache ergibt«.[32] Eine adäquate Erkenntnis natürlicher Objekte ist dem Menschen aufgrund deren unausschöpflicher Merkmalsfülle nicht möglich, nahe kommt ihr lediglich, so Leibniz, das »Wissen von den Zahlen«.[33] Fast überall jedoch – bei natürlichen wie bei mathematischen Gegenständen – bleibt der Mensch auf eine Erkenntnis angewiesen, die Leibniz blind oder symbolisch nennt, die Bezeichnungen für Gegenstände und deren Merkmale setzt, ohne deren jeweilige genaue Analyse bis zum Ende durchzuführen oder überhaupt durchführen zu können:

30 Ebd., S. 11.
31 Beide Zitate ebd.
32 Ebd., S. 12.
33 Ebd., S. 11.

»In den meisten Fällen [...], besonders bei einer längeren Analyse, überschauen wir das ganze Wesen des Gegenstands nicht auf einmal, sondern wir verwenden an Stelle der Gegenstände Zeichen, deren Erklärung wir beim Denken für den Augenblick der Kürze halber zu unterlassen pflegen, wobei wir wissen oder glauben, daß wir sie beherrschen: So betrachte ich, wenn ich etwa an ein Tausendeck oder ein Vieleck mit tausend gleichen Seiten denke, nicht immer das Wesen der Seite, der Gleichheit und der Zahl Tausend (oder der dritten Potenz der Zehn), sondern ich verwende jene Wörter (deren Sinn dem Geiste wenigstens dunkel und unvollkommen vorschwebt) im Geiste anstelle der Ideen [*ideae* – D. M.], die ich von diesen Dingen habe, da ich mich daran erinnere, daß ich die Bedeutungen dieser Bezeichnungen kenne, aber die Erklärung für das Urteil jetzt nicht für notwendig halte. Eine solche Erkenntnis pflege ich *blind* oder auch *symbolisch* zu nennen; wir bedienen uns derselben in Algebra und Arithmetik, ja fast überall.«[34]

Die abschließend genannte höchste Erkenntnisform, die intuitive Erkenntnis (*cognitio intuitiva*) eines zusammengesetzten Gegenstands, die bei diesem »alle in ihn eingehenden Merkmale zugleich denken« kann,[35] die ihn ohne die Verzögerung der zergliedernden Analyse unmittelbar und simultan in *allen* seinen Merkmalen und deren Zusammensetzung sowie *zugleich* als Ganzes erfaßt, bleibt Gott vorbehalten.[36] »Gott allein«, so heißt es in Leibniz' *Nouveaux essais*, »hat den Vorzug, *nur* intuitive Erkenntnisse zu haben.«[37]

Die menschliche Erkenntnisfähigkeit kann hinsichtlich der zureichenden Merkmale natürlicher und mathematischer Gegenstände zu deutlichen Vorstellungen gelangen, in der Arithmethik erreicht sie annähernd adäquate Erkenntnisse, wobei der symbolischen Erkenntnis aufgrund ihrer synthetisierenden Leistung eine besondere, pra-

34 Ebd.

35 Ebd.

36 Vgl. mit weiteren Stellennachweisen bei Leibniz Adler 1990, S. 8f.

37 Leibniz: *Nouveaux essais* (EA 1765), Buch 4, Kap. XVII, § 15 (dt. Übers. zitiert nach Cassirer 1971, S. 597).

xisrelevante Bedeutung zukommt.[38] Der größte Teil der menschlichen Erkenntnis jedoch bleibt hinsichtlich zusammengesetzter Gegenstände und deren Merkmalen dunkel oder verworren. Die Frage, wie weit sich der menschliche Geist noch über seinen »gegenwärtigen Zustan[d]«[39] hinaus entwickeln kann, läßt Leibniz in den *Meditationes* offen.

Ein Satz aus dem letzten Abschnitt des Aufsatzes, in dem Leibniz auf die »Streitfrage« eingeht, »ob wir alles in Gott schauen [...] oder ob wir auch eigene Ideen haben«, ist vor diesem Hintergrund besonders bemerkenswert: Obwohl wir nur von wenigen Dingen deutliche Vorstellungen haben, sind doch, so Leibniz, »die Ideen [*ideae*] der Dinge, an die wir gerade nicht denken, [...] in unserem Geist wie die Gestalt des Herkules im rohen Marmor«.[40] Wahr ist eine Idee, so heißt es im vorangegangenen Text, »wenn ihr Begriff möglich ist«,[41] d.h. wenn sie die Realdefinition des Gegenstands enthält. Alle wahren Ideen sind in Gott. Doch sie sind – und dies ist hier entscheidend und verbindet die *Meditationes* mit einem metaphysischen Kerngedanken des *Discours de métaphysique* (1686) und der *Monadologie* (1714) – auch im menschlichen Geist, wenn derselbe aufgrund der eingeschränkten Kapazität seines Erkenntnisvermögens auch meist nicht in der Lage ist, sie deutlich oder sogar adäquat zu erkennen. Jede Monade spiegelt in ihren Perzeptionen (*perceptiones*, frz. *perceptions*) – die nichts anderes sind als Vorstellungen (*repraesentationes*) – das gesamte Universum, alle anderen Monaden und deren Perzeptionen in sich wider;[42] und jede Vorstellung, sei sie noch so verworren oder inadäquat, ist ein Ausdruck der in Gott begründeten, wahren Ideen, auch wenn sie nicht in eine be-

38 Nach Hans Poser, »Gottfried Wilhelm Leibniz«, in: Otfried Höffe, (Hg.): *Klassiker der Philosophie*, Bd. 1: *Von den Vorsokratikern bis David Hume*, München (2., verb. Aufl.) 1985, S. 378–404, wird damit »die symbolische zur wichtigsten Form menschlicher Erkenntnis, weil alles menschliche Denken auf Zeichen angewiesen ist« (S. 391).

39 Leibniz: *Meditationes*, dt. Übers. zitiert nach Herring 1966, S. 16.

40 Beide Zitate ebd.

41 Ebd., S. 14.

42 Vgl. Leibniz, *Discours de métaphysique*, Abschnitt 14f., *Monadologie*, Abschnitt 56, in: Cassirer, Bd. 2 (1996), S. 357–360 und S. 613.

wußte, deutliche oder adäquate Vorstellung überführt werden kann. Die ›Stufenleiter‹ der Erkenntnis wird damit in ein umfassendes metaphysisches System eingegliedert, in dem die ›niederen‹ Grade der Erkenntnis, die dunklen und verworrenen Vorstellungen, nicht einfach übersprungen, sondern, aufgrund ihrer Rückbindung an die Ideen, in ihrem Wahrheitsgehalt und, aufgrund der letztlich immer defizitär bleibenden Leistung der deutlichen Vorstellungen, auch in ihrer Notwendigkeit für die menschliche Erkenntnis legitimiert werden. Dies ist der Punkt, an dem Baumgarten mit seiner expliziten und umfassend begründeten Aufwertung der ›unteren Erkenntnisvermögen‹ anknüpfen kann.

7. *Die Aufwertung der sinnlichen Erkenntnis bei Baumgarten*

Baumgarten übernimmt Leibniz' Lehre von den verschiedenen Stufen der Vorstellungen, allerdings mit spezifischen, philosophiegeschichtlich bedeutsamen und insbesondere für die Begründung der Ästhetik wichtigen Modifikationen.

1) Das Gesamt an dunklen Vorstellungen, in denen sich – Leibniz folgend – das ganze Universum, aber dunkel und unbewußt, widerspiegelt, wird von Baumgarten in § 511 seiner *Metaphysica* mit einem eigenen Ausdruck, dem ›Grund der Seele‹ (*fundus animae*) bezeichnet:

> »Es gibt in der Seele dunkle Vorstellungen. Deren Gesamt wird der Grund der Seele genannt.«[43]

Mehr als Leibniz und vor allem entschiedener als Wolff bestimmt Baumgarten diesen ›dunklen Grund der Seele‹ nicht nur als ›dunkel‹, sondern eben auch als ›Grund‹, im Sinne des Fundaments aller unserer Vorstellungen. Unseren Empfindungen (*sensationes*), inneren ebenso wie äußeren Sinnesempfindungen, ist immer Dunkelheit beigemischt (vgl. *Met.* § 544). Gleichwohl sind alle unsere Empfindungen die wahrsten der ganzen Welt (vgl. *Met.* § 546), und keine von ihnen ist eine Täuschung der Sinne (vgl. ebd.). Wir täuschen

[43] *Met.* § 511.

uns nur in den Schlüssen, die wir daraus ziehen.[44] Dunkle Vorstellungen werden im Erkenntnisprozeß in klare und deutliche Vorstellungen überführt. Dies macht sie uns erst bewußt, bedeutet aber auch einen Zuwachs an Fallibilität.

2) Bereits in seinen *Meditationes*, § III, bezeichnet Baumgarten die Vorstellungen, die durch den niederen Teil des Erkenntnisvermögens erworben werden – und gemeint sind, wie aus der Erläuterung zum Paragraphen hervorgeht, klar-verworrene Vorstellungen, denen immer etwas Dunkles beigemischt ist –, explizit als ›sinnliche Vorstellungen‹ (*repraesentationes sensitivae*):

> »VORSTELLUNGEN, die durch den niederen Teil des Erkenntnisvermögens erworben worden sind, sollen [SINNLICH] heißen. Da das Streben, solange es aus einer verworrenen Vorstellung des Guten herrührt, sinnlich genannt wird, und da eine verworrene Vorstellung zusammen mit einer dunklen durch den unteren Teil des Erkenntnisvermögens erworben wird, so kann man denselben Namen auch auf die Vorstellungen selbst anwenden, damit man sie so von den verstandesmäßigen, in allen möglichen Graden deutlichen unterscheiden kann.«[45]

Dem entspricht in der *Metaphysica* § 521:

> »Eine nicht deutliche Vorstellung wird eine SINNLICHE VORSTELLUNG genannt. Also vergegenwärtigt sich die Kraft meiner Seele durch das untere Vermögen sinnliche Vorstellungen.«

[44] Vgl. Leibniz: *Discours de métaphysique*, Abschnitt 14, in: Cassirer, Bd. 2 (1996), S. 358: »[D]a das Schauen Gottes stets wahrhaft ist, so sind es unsere Perzeptionen ebenfalls; lediglich unsere Urteile, die von uns selbst stammen, vermögen uns zu täuschen.«

[45] *Meditationes* § III; dt. Übers. zitiert nach Paetzold 1983, S. 9. Baumgarten überträgt den Begriff *sensitivus* von der Willens- auf die Erkenntnislehre: Vgl. Solms 1990, S. 34f., mit Verweis auf Wolff: *Psychologia empirica* (Frankfurt 1732; Nachdruck der Ausg. Frankfurt/ Leipzig 1738, Hildesheim 1968), § 580: »Appetitus sensitivus dicitur, qui oritur ex idea boni confusa«. Vgl. auch Baeumler 1923 (Nachdruck Tübingen [2., durchges. Aufl.] 1967), S. 214, der bemerkt, daß die Bezeichnung *sensitivus* in dieser Verbin-

3) Im Zusammenhang des Themas dieser frühen Schrift zu den Bedingungen des Gedichts bestimmt Baumgarten die sinnlichen, d.h. die dunklen und klaren (i.S.v. klar-verworrenen) Vorstellungen, weiterhin als ›poetisch‹. So heißt es in § XII:

> »[Sinnliche] Vorstellungen sind Bestandteile eines Gedichtes, [...] folglich poetisch [...]. Da aber die [sinnlichen] Vorstellungen dunkel oder klar [...] sein können, *so sind die dunklen und die klaren Vorstellungen poetisch*.«[46]

Freilich sind, so ergänzt Baumgarten in § XIII, klare Vorstellungen, da sie hinreichend Merkmale enthalten, um einen Gegenstand wiederzuerkennen, poetischer als dunkle Vorstellungen. Entscheidend ist aber die dezidierte Abgrenzung beider von den Vorstellungen des oberen Erkenntnisvermögens, § XIV:

> »*Deutliche Vorstellungen*, vollständige, adäquate, durch alle Stufen tiefgehende Vorstellungen sind *nicht* [sinnlich], folglich auch nicht *poetisch* [...].«[47]

Baumgarten zitiert hier das Modell der Leibnizischen Stufenleiter, doch er unterscheidet die dunklen und klar-verworrenen von den deutlichen und adäquaten Vorstellungen nicht nur durch ihren geringeren Grad an Deutlichkeit, sondern durch einen ihnen eigenen Vorzug, den die deutlichen Vorstellungen gerade nicht besitzen: Ihre Sinnlichkeit und, im engeren Kontext, ihre Poetizität. Die Einführung ihrer Benennung als ›sinnliche Vorstellungen‹ dient mithin weniger als ›Umbezeichnung‹ ihres graduellen Unterschiedes zu deutlichen und adäquaten Vorstellungen, sondern vielmehr zur Bestimmung einer den dunklen und klar-verworrenen Vorstellungen spezifisch eigenen – nicht mit dem Maßstab der Deutlichkeit zu messenden – Qualität.

4) Verstärkt wird die eigene Werthaltigkeit der sinnlichen Vorstellungen dadurch, daß Baumgarten schon in den *Meditationes*

dung innerhalb der Schulphilosophie des 18. Jahrhunderts hier »zum ersten Male als Terminus verwendet« wird.

46 *Meditationes* § XII; dt. Übers. zitiert nach Paetzold 1983, S. 13.

47 Ebd., § XIV, S. 15.

nicht von einem menschlichen Erkenntnisvermögen schlechthin, sondern, in Anlehnung an Wolffs empirische Psychologie, von zwei Teilen (*partes*), einem ›niederen‹ und – im zitierten § III der *Meditationes* nicht explizit genannten, aber in der Abgrenzung mitgedachten – ›höheren‹ Teil des Erkenntnisvermögens spricht.[48] In der *Metaphysica* unterscheidet Baumgarten dann nicht nur zwei Teile, sondern explizit zwei verschiedene, eigene Erkenntnisvermögen, die *facultas cognoscitiva inferior* und die *facultas cognoscitiva superior*.[49] Dunkle und klar-verworrene Vorstellungen einerseits, klar-deutliche und adäquate Vorstellungen andererseits werden damit viel weniger hinsichtlich ihrer ›Position‹ auf einer einen Erkenntniszuwachs bezeichnenden aufsteigenden ›Stufenleiter‹, sondern viel mehr dezidiert hinsichtlich des für sie jeweils zuständigen, unterschiedlichen Erkenntnisvermögens bestimmt. Die Autonomisierung der sinnlichen Erkenntnis, die der logischen Erkenntnis durch das 1750 begonnene Projekt einer wissenschaftlich begründeten Ästhetik als *analogon rationis* gleichwertig die Seite gestellt werden soll, ist damit in die Wege geleitet.

5) Eine hier zu behandelnde letzte, für die Ästhetik als *gnoseologia inferior* bedeutende Modifikation an Leibniz' Modell der verschiedenen Stufen der Erkenntnis ist Baumgartens Differenzierung der klar-verworrenen Vorstellungen hinsichtlich ihrer entweder intensiven oder extensiven Klarheit. In der 2., vermehrten Auflage seiner Antrittsvorlesung in Frankfurt / Oder von 1741 bemerkt Baumgarten, daß Leibniz' »höchstnützliche« Einteilung der Vorstellungen in dunkle und klare, verworrene und deutliche, unvollständige (inadäquate) und vollständige (adäquate) Vorstellungen »genug bekannt«

[48] Vgl. Wolff: *Psychologia empirica*, § 54: »Facultatis cognoscendi pars inferior dicitur, qua ideas et notiones obscuras atque confusas nobis comparamus.« § 55: »Facultatis cognoscendi pars superior est, qua ideas et notiones distinctas acquirimus«; vgl. Solms 1990, S. 34 und Anm. 106.

[49] Vgl. *Met.* §§ 520, 624. Daß Baumgarten ansonsten einmal von der jeweiligen *facultas* im Singular, einmal von *facultates* im Plural spricht, ist darin begründet, daß er den Terminus sowohl zusammenfassend für das gesamte jeweilige untere oder obere Vermögen (im Singular) als auch für das Gesamt ihrer jeweiligen Teilvermögen (im Plural) verwendet.

sei, daß aber noch eine »neue« Unterscheidung innerhalb der klaren Vorstellungen zu machen sei,[50] und verweist dabei auf seine eigene Ausarbeitung dieses Unterschieds in den *Meditationes*, § XVI, und in der *Metaphysica*, §§531 und 634. In den *Meditationes* heißt es:

> »*Wenn in der Vorstellung A mehr vorgestellt wird als in B, C, D usw., dennoch alle verworren sind, so wird A* EXTENSIV KLARER *als die übrigen sein.*
> Diese Einschränkung mußte hinzugefügt werden, damit man diese Grade an Klarheit von den genügend erkannten untersch[ei]det, welche durch die Deutlichkeit der Merkmale zur Vertiefung der Erkenntnis hinführen, und welche eine Vorstellung intensiv klarer als eine andere machen.«[51]

Nach Leibniz konnte eine klar-verworrene Vorstellung eines Gegenstands durch die Erkenntnis von zureichenden, ihn von anderen Gegenständen unterscheidenden Merkmalen in eine deutliche Vorstellung überführt werden. Nach Baumgarten kann nun die Klarheit einer Vorstellung nicht nur durch die Erkenntnis der Einzelmerkmale ›intensiv‹, sondern auch durch eine Erhöhung der Anzahl der Merkmale ›extensiv‹ gesteigert werden.[52] In § 531 der *Metaphysica*, auf den er sich in der Antrittsvorlesung ebenfalls beruft, formuliert Baumgarten dies wie folgt:

> »Setze zwei klare Gedanken von drei Merkmalen, aber in dem einen seien dieselben klar, die in dem anderen dunkel sind, dann wird der erstere klarer sein. Also wird die Klarheit einer Vorstellung aufgrund der Klarheit der Merkmale erhöht, durch Deut-

[50] Vgl. *Gedancken vom vernünfftigen Beyfal* (2., verm. Aufl. 1741), § 6, Anm. S. 19f.

[51] *Meditationes* § XVI; dt. Übers. zitiert nach Paetzold 1983, S. 17.

[52] Vgl. hierzu u. a. Franke 1972, S. 48; Bender 1980, S. 496f; Heinz Paetzold in seiner Einleitung zu Baumgarten: *Meditationes* (Paetzold 1983), S. XVII–XXII sowie ders.: *Ästhetik des deutschen Idealismus. Zur Idee ästhetischer Rationalität bei Baumgarten, Kant, Schelling, Hegel und Schopenhauer*, Wiesbaden 1983, S. 13–17; Adler 1990, S. 43, mit weiteren Literaturhinweisen.

> lichkeit, Vollständigkeit usw. Setze zwei klare Gedanken von gleichermaßen klaren Merkmalen, von denen drei in dem einen, sechs in dem anderen enthalten seien, dann wird der letztere klarer sein. Also wird die Klarheit durch die Menge der Merkmale erhöht. Die größere KLARHEIT, die auf der Klarheit der Merkmale beruht, kann INTENSIV GRÖSSER (ein schärferes Licht), diejenige, die auf der Menge der Merkmale beruht, EXTENSIV GRÖSSER (ein verbreiteteres Licht) genannt werden. Eine extensiv klarere VORSTELLUNG ist eine LEBHAFTE Vorstellung.«

Durch Baumgartens Unterscheidung der intensiven und extensiven Klarheit läßt sich nun die eigene Qualität der *cognitio sensitiva* näher bestimmen. Im Gegensatz zur verstandesmäßigen, logischen Erkenntnis, deren Ziel es ist, einzelne Merkmale eines Gegenstands so intensiv-klar, d.h. so deutlich oder näherungsweise so adäquat wie möglich zu erkennen, zeichnet es die sinnliche Erkenntnis aus, daß sie denselben Gegenstand extensiv-klar in einer größeren Merkmalsfülle – wenn auch die Merkmale im einzelnen nicht deutlich erkannt werden – erfassen kann. Die sinnliche Erkenntnis ist mithin »keine Vorstufe zur Deutlichkeit«[53] der Vorstellungen der logischen Erkenntnis, sondern ihre ›Zielrichtung‹ ist gerade umgekehrt: Während sich die deutliche Erkenntnis – abstrahierend und analysierend – »auf die mehreren Dingen zukommenden, gleichen Merkmale« konzentriert, »um aus der Menge der Gleichen die Spezies zu bilden«, achtet die sinnliche Erkenntnis – konkretisierend und synthetisierend – »auf die möglichst reichhaltige Menge von Merkmalen, die das Eigentümliche und nicht Vergleichbare« des Gegenstands[54] ausmachen. Wird ein (als solches durchgängig bestimmtes) Individuum in der größtmöglichen Fülle seiner Merkmale als Ganzes in einer extensiv-klaren Vorstellung sinnlich erfaßt, so ist es, wie Baumgarten es im engeren Kontext seiner *Meditationes*, §§ XVIII f., formuliert, ausgezeichneter Gegenstand der Poesie:

53 Paetzold, *Ästhetik des deutschen Idealismus*, 1983, S. 15.

54 Adler 1990, S. 44.

»Je mehr die Dinge bestimmt werden, desto mehr umfassen die Vorstellungen von ihnen. Je mehr indessen in einer verworrenen Vorstellung angehäuft wird, desto extensiv klarer [...] und desto poetischer [...] wird sie. Folglich ist es *poetisch, in einem Gedicht die vorzustellenden Dinge so viel wie möglich zu bestimmen* [...].«

»Individuen sind durchgängig bestimmt, folglich *sind Einzelvorstellungen besonders poetisch* [...].«[55]

In der *Aesthetica*, innerhalb des Abschnitts zur ›Vergleichung des Größeren und Kleineren‹ (*comparatio maioris et minoris*, §§ 742–762), unterscheidet Baumgarten dann die jeweils unterschiedliche Verfahrensweise von logischer und sinnlicher Erkenntnis mittels der Begriffe *comparatio adscendens* und *comparatio descendens*. Während die logische Erkenntnis nach dem Verfahren der ›aufsteigenden Vergleichung‹ arbeitet und einen Gegenstand mittels der Analyse zureichender Merkmale auf seine allgemeinen Bestimmungen reduziert, arbeitet die sinnliche Erkenntnis umgekehrt nach dem Verfahren der ›absteigenden Vergleichung‹. Sie erfaßt denselben Gegenstand als »qualitativ Singularisches«,[56] in der größtmöglichen Fülle seiner Merkmale, die ihn als Individuum in seiner spezifischen *haecceitas*, seiner je besonderen Diesheit (seinem Dieses-Sein) ausmachen. Besonders deutlich wird diese Gegenüberstellung in §§ 752 und 755. In § 752 heißt es:

»Wenn die logische und wissenschaftliche Denkungsart ihre vornehmlichen Gegenstände – sogar nicht einmal Individuen ausgeschlossen, wenn die übrigen Umstände die gleichen sind – lieber abgesondert, nur in gewisser Bestimmung, erwägt: So betrachtet derjenige, der schön denken will, mit dem Analogon der Vernunft seine vornehmlichen Stoffe am liebsten nicht allein unabgesondert, in mehrerer Bestimmung, sondern auch in den allerbestimmtesten Gegenständen, in denen dies möglich ist, also in Einzeldingen, in für sich bestehenden Dingen, Personen und Ereignissen, sooft dies gegeben ist.«

55 *Meditationes* §§ XVIIIf.; dt. Übers. zitiert nach Paetzold 1983, S. 17/19.
56 Paetzold, *Ästhetik des deutschen Idealismus*, 1983, S. 24.

Und in § 755, mit Verweis auf § 517 der *Metaphysica*, in dem merkmalsreichere Vorstellungen von Baumgarten außerdem als stärker (*fortiores*) und vielsagend (*praegnantes*) bestimmt wurden:

> »Daher wird die absteigende Vergleichung den Teilen, die nur abgesondert zu unterscheiden sind, zum Beispiel durch mit Hilfe der Meßkunst bestimmte Grenzen, den Merkmalen und Charakteren, die dem Geist nur durch den Verstand begreifbar sind, den gattungs- und arteigenen Unterschieden, die immer etwas Unbestimmtes übriglassen, wenn die übrigen Umstände die gleichen sind, die Teile vorziehen, die unabgesondert den Sinnen selbst, gleichwie innerhalb ihrer ureigenen Grenzen bemerkbar sind, die Merkmale und Charaktere, die mit den Sinnen und mit der Einbildungskraft zugleich wohl erfaßt werden können. Sie wird die Unterschiede einer niedereren Gattung denen einer höheren, die einer Art oder arteigenen den gattungseigenen Unterschieden vorziehen – und diesen allen die numerische Differenz, wenn diese schön gedacht werden soll und vor allem, wenn sie, um scholastisch zu sprechen, um die Diesheit eines Dinges bemüht ist, *Met.* § 517.«

Das erste der Kriterien der sinnlichen Erkenntnis, die Baumgarten in der *Aesthetica* systematisch abhandelt, ist daher der Reichtum (*ubertas*), die Merkmalsfülle der sinnlich vorgestellten Gegenstände. Folgerichtig sind der *ubertas aesthetica* als *prima cura* des Ästhetikers nach der Behandlung des *character aesthetici* die Abschnitte VIII–XIV der *Aesthetica* (§§ 115–176) gewidmet.

8. *Die Wahrheit der sinnlichen Erkenntnis*

Der ästhetischen Wahrheit (*veritas aesthetica*) gilt nach der *ubertas aesthetica* und der *magnitudo aeshetica* die *terza cura* des Ästhetikers. Sie wird in den Abschnitten XXVII–XXXVI der *Aesthetica* (§ 423–613), die zugleich den 1750 erschienenen Teil des Werks abschließen, ausführlich behandelt.[57]

[57] Die *veritas aesthetica* ist das in der Baumgarten-Forschung am meisten

Baumgarten versteht unter Wahrheit (*veritas*) zu allererst die metaphysische, objektive Wahrheit. Wahrheit gehört, ebenso wie Einheit (*unitas*) und Vollkommenheit (*perfectio*), zu den transzendentalen[58] Prädikaten jedes Seienden. Die transzendentale Einheit eines Seienden besteht in der Untrennbarkeit aller seiner Bestimmungen (»UNUM est, cuius determinationes sunt inseparabiles«, *Met.* § 73). Die transzendentale Wahrheit eines Seienden besteht in der Ordnung der Vielzahl seiner Bestimmungen zu Einem (»ordo plurimum in uno«, *Met.* § 89) gemäß den Prinzipien der Widerspruchsfreiheit und des zureichenden Grundes (vgl. *Met.* § 90). Die transzendentale Vollkommenheit definiert Baumgarten als die Übereinstimmung (*consensus*) der Vielheit der Bestimmungen zu einem Ganzen (vgl. *Met.* § 94). Jedes Seiende ist, metaphysisch, sowohl Eines (»*omne ens est unum* transcendentale«, *Met.* § 73) als auch wahr (»*omne ens est verum* transcendentaliter«, *Met.* § 90, und damit objektiv gewiß, »*omne ens est obiective certum*«, *Met.* § 93) als auch vollkommen (»*omne ens est perfectum* transcendentaliter«, *Met.* § 99, und damit auch gut, »*omne ens est bonum transcendentaliter*«, *Met.* § 100).

Alle drei Transzendentalien bedingen die geordnete, in sich widerspruchsfreie und begründete, untrennbare Zusammenstimmung des Vielen in Einem. Diese metaphysische ›Einheit in Mannigfaltigkeit‹ gilt sowohl für jedes einzelne Seiende wie auch für die Welt als Ganzes.[59]

Gemäß den ontologischen Prämissen der *Metaphysica* bestimmt Baumgarten auch in der *Aesthetica*, § 423, die metaphysische Wahrheit (»VERITAS METAPHYSICA«, »realis, obiectiva, materialis«, *Met.* § 89) als Übereinstimmung eines Seienden mit den ›allgemein-

und ausführlichsten diskutierte Thema der *Aesthetica*. Im Folgenden werden nur einzelne Arbeiten hierzu explizit genannt, ansonsten sei auf die Bibliographie der Forschungsliteratur verwiesen.

58 *Transcendentalis* bezieht sich bei Baumgarten, in der Tradition der scholastischen Metaphysik, auf die ›Transzendentalien‹ als allgemeinste, transzendente Eigenschaften der Dinge. Dies darf mit Kants späterer Neubestimmung des Begriffs ›transzendental‹ nicht verwechselt werden.

59 Vgl. FRANKE 1972, S. 79 mit Verweis auf *Met.* §§ 441, 444.

sten‹ Prinzipien des ausgeschlossenen Widerspruchs und des zureichenden Grundes:

> »Die metaphysische Wahrheit der Gegenstände ist uns bekannt als deren Übereinstimmung mit den allgemeinsten Grundsätzen, *Met.* § 92, und von daher verstehen wir Leibniz, der in seiner *Theodizee* sagt: ›*Man kann in gewisser Hinsicht sagen, daß das Prinzip des Widerspruchs und das Prinzip des zureichenden Grundes in der Definition des Wahren und Falschen einbegriffen seien.*‹«[60]

Baumgarten versteht die ›allgemeinsten Grundsätze‹, die *principia catholica* des ausgeschlossenen Widerspruchs und des zureichenden Grundes als Seinsprinzipien, und, darin erst begründet, deshalb auch als Prinzipien der Erkenntnis.[61] Gemäß der traditionellen Auffassung von Wahrheit als Übereinstimmung einer Vorstellung mit ihrem Gegenstand (*adaequatio rei et intellectu*), die Baumgarten zugrundelegt, heißt dies: Auf der Ebene der metaphysischen Wahrheit fallen die Vorstellung eines Gegenstands und das Sein dieses Gegenstands zusammen. Hinsichtlich der metaphysischen Wahrheit stehen das Sein des Gegenstands und seine Vorstellung nicht in einem Verhältnis der Abbildung, sondern der Identität. Dies heißt auch, daß die metaphysische – oder reale, objektive, materiale – Wahrheit dem Menschen nicht zugänglich ist: Sie ist allein in Gott. Für oder in Gott sind die Vorstellung und das Sein eines Gegenstands eines; was Gott sich vorstellt, ist, hat Realität (*realitas*) – noch unabhängig davon, ob es, gemäß dem Willen Gottes, auch zur

[60] Vgl. Leibniz: *Theodizee*, Anhang »Bemerkungen über das vor kurzem in England veröffentlichte Buch über den Ursprung des Übels«, in: Gerhardt 1875–90, Bd. 6, S. 414; dt. Übers. zitiert nach Buchenau (2., ergänzte Aufl.) 1968, S. 458.

[61] Vgl. *Met.* § 92: »Die ALLGEMEINEN GRUNDSÄTZE sind allen einzelnen Dingen gemeinsam. Metaphysisch wahre Dinge werden übereinstimmend durch die allgemeinen Grundsätze bestimmt, und die Dinge, die übereinstimmend durch diese Grundsätze bestimmt werden, sind metaphysisch wahr. Folglich kann die METAPHYSISCHE WAHRHEIT als Übereinstimmung eines Dinges mit den allgemeinen Grundsätzen bestimmt werden.«

Existenz (*existentia*) gelangt. Nur Gott erkennt jeden Gegenstand zugleich in der unendlichen Fülle oder Mannigfaltigkeit seiner Eigenschaften und in seiner Einheit, deren Seinsbedingung er selbst ist. Auf der Ebene der menschlichen Erkenntnis hingegen treten das Sein und die Vorstellung eines Gegenstands auseinander.

Konsequent unterscheidet Baumgarten dann, in § 424 der *Aesthetica*, von der metaphysischen Wahrheit die subjektive Wahrheit (*veritas subiectiva, mentalis*) oder logische Wahrheit im weiteren Sinne (*veritas logica latius dicta*), bezogen auf die menschlichen Erkenntniskräfte insgesamt, und bestimmt diese näher als »die Vorstellung des objektiv Wahren in einer gegebenen Seele«. Die metaphysische Wahrheit ist nur eine, bleibt immer dieselbe, die subjektive, menschliche Hinsicht auf dieselbe ist jedoch jeweils verschieden. In zweierlei Hinsicht.

1) Sie ist verschieden je nach dem individuellen vorstellenden Subjekt. Die Vorstellungen in der Seele eines Individuums sind, wie Baumgarten in der *Psychologia empirica* der *Metaphysica* ausführt (vgl. dort §§ 509, 512f.), abhängig von der Verfaßtheit seines Körpers und dessen Veränderungen (*mutationes*), d.h. von der Stelle des Körpers (*positus*, der Art seiner Verbindung mit allen anderen Seienden, vgl. *Met.* § 85), seinem Ort in der Welt (*locus*), seinem Alter (*aetas*) und seiner Lage (*situs*, seiner Entfernung zu allen anderen Seienden, vgl. *Met.* § 284). Zwar spiegelt sich in den dunklen Vorstellungen, im *fundus animae* jeder Seele, das gesamte Universum (und damit dessen metaphysische Wahrheit) – ›wie die Gestalt des Herkules im rohen Marmor‹ – wider, doch die Überführung dieser dunklen Vorstellungen in klar-verworrene oder klar-deutliche Erkenntnisse ist abhängig von der Verfaßtheit des Körpers des vorstellenden Subjekts, seiner zeitlich-räumlichen Positionierung sowie seinem jeweiligen Zusammenhang mit allen übrigen Seienden. Jede bewußte, verworrene oder deutliche Vorstellung der metaphysischen Wahrheit ist immer schon nur eine von unzähligen möglichen Hinsichten auf diese Wahrheit, sie ist immer schon subjektiv und individuell. In der Vorlesungsnachschrift wird dieser Sachverhalt mit einer von Leibniz bekannten Metapher erläutert:

»Die Vorstellungen von der Wahrheit sind unterschieden, aber nicht die Wahrheiten selbst. Es bleibt nur eine Wahrheit und eine Vorstellung, aber wer darüber denkt, kann sie sich aus verschiedenen Gesichtspunkten vorstellen. Ein Theater sieht einer gerade in der Mitte, ein anderer von der Seite, und beide haben doch nur ein Theater gesehen.«[62]

2) Die subjektive Wahrheit ist aufgrund der verschiedenen menschlichen Erkenntnisvermögen in sich differenziert in eine logische Wahrheit im engeren Sinne (*strictius dicta*) und eine ästhetische Wahrheit. Baumgarten führt in § 424 der *Aesthetica* weiter aus:

»Ich glaube nämlich, daß es völlig klar ist, daß die metaphysische oder – wenn man sie so bezeichnen will – die objektive WAHRHEIT, die in einer gegebenen Seele so vorgestellt wird, daß sie in derselben die logische Wahrheit im weiteren Sinne – oder die der Seele zugehörende oder subjektive Wahrheit – ergibt, bald hauptsächlich durch den Verstand im Geiste beobachtet wird, wenn sie in dem, was von ihm deutlich erkannt wird, enthalten ist, als LOGISCHE Wahrheit IM ENGEREN SINNE, und bald, entweder einzig oder hauptsächlich, durch das Analogon der Vernunft und die unteren Erkenntnisvermögen, und dann als *ästhetische* Wahrheit.«

Unter der für die logische und die ästhetische Wahrheit gleichermaßen geltenden Bedingung ihrer Übereinstimmung mit den *principia catholica* der Widerspruchsfreiheit und des zureichenden Grundes (vgl. *Aesth.* § 426, wo Baumgarten außerdem das von ihm in *Met.* § 23 eingeführte *principium rationati*, das Prinzip des Gegründeten, nennt) ist die logische Wahrheit diejenige subjektive Hinsicht auf die metaphysische Wahrheit eines Gegenstands, in der eine begrenzte Anzahl seiner Merkmale, nämlich diejenigen, die dazu hinreichen, ihn von anderen als Exemplar einer bestimmten Art oder Gattung zu unterscheiden, mit den oberen Erkenntnisvermögen

[62] Poppe 1907, § 427, S. 215. Vgl. Leibniz, *Discours de métaphysique*, Abschnitt 14, in: Cassirer 1996, Bd. 2, S. 357–359, dort S. 359; vgl. auch Leibniz: *Monadologie*, Abschnitt 57, ebd. S. 613.

deutlich erkannt werden. Die ästhetische Wahrheit ist hingegen diejenige subjektive Hinsicht auf die metaphysische Wahrheit des Gegenstands, in der er mittels der unteren Erkenntnisvermögen in der größtmöglichen Fülle seiner unzähligen, seine individuelle *haecceitas* ausmachenden Merkmale – wenn diese auch im einzelnen nicht deutlich erkannt werden – erfaßt wird.

Die ästhetische Wahrheit ist gegenüber der logischen Wahrheit zunächst grundsätzlich autonom. So ist es (vgl. *Aesth.* § 429) für die ästhetische Wahrheit der Vorstellung der Bewegung der Sonne, wie sie sich ein Hirte im Gespräch mit seiner Geliebten oder seinen Kameraden vorstellt, irrelevant, wie es sich mit der verstandesmäßig erfaßbaren, physikalisch oder mathematisch berechenbaren Wahrheit dieser Bewegung der Sonne verhält,[63] und es ist, wie Baumgarten (*Aesth.* § 430) an einem weiteren Beispiel deutlich macht, für die ästhetische Wahrheit der Schilderung im sechsten Gesang der *Aeneis* irrelevant, »mit welchem Fuß« – dem rechten oder dem linken – »Aeneas zuerst Italien berührt haben wird« – obgleich es doch logisch unbedingt wahr (»verissimum interim«) ist – »entweder mit dem linken oder mit dem rechten, wenn nicht mit allen beiden«. Im ersten Fall liegt die logische Wahrheit über dem ästhetischen Horizont (*supra horizontem aestheticum*), im zweiten Fall liegt sie, da sie zu unbedeutend ist, unter dem ästhetischen Horizont (*infra horizontem aestehticum*) und kann daher jeweils zu Recht weggelassen werden (*Aesth.* § 429):

[63] Vgl. hierzu Joachim RITTER: »Landschaft« (1963), in: Ders.: *Subjektivität. Sechs Aufsätze.* Frankfurt a.M. 1974, S. 156: »Bereits Descartes hatte die ›kleine Sonne‹ der sinnlichen Anschauung von der ›großen Sonne‹ der Astronomie unterschieden [*Meditationes* III 11]. Das nimmt Baumgarten auf, um die Funktion ästhetischer Wahrheit zu erläutern: Der Lauf der Sonne durch die Sternbilder im fortgehenden Jahre, den der Hirte, zu seinen Gefährten und seiner Geliebten sprechend, vor Augen hat, komm[t] nicht in den Begriffen vor, in denen ihn der Astronom als Physiker und Mathematiker denkt. Wo die ganze Natur, die als Himmel und Erde zu unserem Dasein gehört, nicht mehr als diese im Begriff der Wissenschaft ausgesagt werden kann, bringt der empfindende Sinn ästhetisch und poetisch das Bild und das Wort hervor, in denen sie sich in ihrer Zugehörigkeit zu unserem Dasein darstellen und ihre Wahrheit geltend machen kann.«

»Halt ein! Wieviel Wahres wirst du vorher gedacht haben, das nun gänzlich übergangen werden muß!«

Gleichwohl ästhetische und logische Wahrheit je eigene Aspekte der metaphysischen Wahrheit in sich enthalten, bleiben beide doch notwendig miteinander verbunden: Zum einen – innerhalb der Argumentation der metaphysisch fundierten Wahrheitstheorie – dadurch, daß beide immer, als gleichermaßen subjektive Hinsichten, auf ihren transzendentalen Bezugspunkt der metaphysischen Wahrheit bezogen bleiben, zum anderen – entsprechend des in der empirischen Psychologie dargelegten Verhältnisses zwischen oberem und unterem Erkenntnisvermögen, intensiv- und extensiv-klaren Vorstellungen – dadurch, daß sich in der subjektiv wahren Vorstellung eines metaphysisch oder objektiv wahren Gegenstands die logische und die ästhetische Wahrheit keineswegs gegenseitig ausschließen, sondern im Gegenteil komplementär ergänzen müssen.[64] Um dieses wechselseitige Ergänzungsverhältnis von logischer und ästhetischer Wahrheit im Erkenntnisprozeß des vorstellenden Subjekts zu verdeutlichen, prägt Baumgarten in § 427 der *Aesthetica* den Begriff der »ästhetikologischen Wahrheit« (*veritas aestheticologica*).[65] Erst in der aesthetikologischen Wahrheit hat der Mensch ein – aufgrund des ›metaphysischen Übels‹ (*malum metaphysicum*, vgl. *Aesth.* § 557) – zwar subjektiv und defizient bleibendes, aber doch ein höchstmögliches Maß an Wahrheit gewährleistendes Analogon zur metaphysischen Wahrheit, die als solche nur in Gott ist und dem Menschen unzugänglich bleibt.

Damit ist der ästhetischen Wahrheit eine der logischen Wahrheit zumindest gleichwertige Stellung zuzuweisen. Doch Baumgarten geht in der *Aesthetica* noch einen Schritt weiter. Die »AESTHETIKOLOGISCHE WAHRHEIT« heißt es in § 440, »ist entweder die des Allgemeinen, der Begriffe und der allgemeinen Urteile oder diejenige des Einzelnen und der Ideen« (vgl. *Met.* § 148). Erstere ist die allgemeine, letztere die einzelne ästhetikologische Wahrheit. Entscheidend ist nun aber, über diese systematische Unterscheidung

64 Vgl. Paetzold, *Ästhetik des deutschen Idealismus*, 1983, S. 36f.
65 Vgl. hierzu auch *Aesth.* § 440 sowie Poppe 1907, § 424, S. 215.

hinausgehend, der je unterschiedliche Gehalt an metaphysischer Wahrheit, die Baumgarten der allgemeinen und der einzelnen ästhetikologischen Wahrheit zuschreibt:

> »In einem Gegenstand der allgemeinen Wahrheit wird niemals, vor allem nicht sinnlich, so viel an metaphysischer Wahrheit aufgedeckt wie in einem Gegenstand einer einzelnen Wahrheit. Und je allgemeiner die ästhetikologische Wahrheit ist, desto weniger metaphysische Wahrheit wird in dem Gegenstand derselben sowohl überhaupt als auch durch das Analogon der Vernunft vergegenwärtigt. Hier hast du einen Grund, weswegen der Ästhetiker, der nach der höchsten Wahrheit strebt, die er beobachten können mag, den allgemeineren, höchst abgesonderten und höchst allumfassenden Wahrheiten die bestimmteren, weniger allgemeinen und weniger abgesonderten Wahrheiten und allem Allgemeinen das Einzelne, soweit er kann, vorzieht.«

Im folgenden § 441 wird dies noch weiter zugespitzt:

> »Die ästhetikologische Wahrheit einer Gattung ist die Vorstellung einer großen metaphysischen Wahrheit, die ästhetikologische Wahrheit einer Art ist die Vorstellung einer größeren, die ästhetikologische Wahrheit eines Individuums oder Einzelnen ist, ihrer Art nach, die Vorstellung der größten metaphysischen Wahrheit. Die erste ist die Vorstellung eines Wahren, die zweite die eines Wahreren, die dritte die des Wahrsten. Die Wahrheit des Einzelnen ist entweder die der inneren Bestimmungen des besten und höchsten Seienden oder die der schlechterdings zufälligen Dinge.«

Bedeutet die ästhetikologische Wahrheit eines Einzeldinges die Vorstellung der höchsten für den Menschen denkbaren metaphysischen Wahrheit, dann kommt innerhalb der ästhetikologischen Wahrheit der ästhetischen Wahrheit eine ausgezeichnete Bedeutung zu. Denn die in der logischen Erkenntnis erfaßte Wahrheit eines individuellen Einzeldinges ist beschränkt auf die Bestimmung seiner aus klar-deutlich erkannten, zureichenden Merkmalen gewonnenen gattungs- und artspezifischen Definition. Die metaphysische Wahrheit eines Individuums – auf dessen durchgängige

Bestimmtheit (*omnimoda determinatio*) sich Baumgarten mit der Nennung von § 148 der *Metaphysica* in § 440 der *Aesthetica* bezieht – geht jedoch in dieser logischen Analyse nicht auf. Es bleibt immer ein ›materialer‹ oder ›konkreter Rest‹, der sich nur in der sinnlichen Erscheinung des Individuums manifestiert und der es von allen anderen Gattungs- oder Artgleichen als eigenes, unverwechselbares Einzelnes unterscheidet. Erfaßt nun die sinnliche Erkenntnis einen individuellen Gegenstand, wenn auch nur klar-verworren, in der ästhetischen Wahrheit der größtmöglichen Fülle seiner nicht logisch analysierbaren, sondern nur sinnlich erscheinenden, unausschöpflichen individuellen Einzelmerkmale – das heißt, wie es Baumgarten in §§ 558 f. der *Aesthetica* weiter präzisieren wird, in seiner größtmöglichen ›materialen Vollkommenheit‹ (*perfectio materialis*) –, dann bedeutet sie die Eröffnung einer Hinsicht auf die metaphysische Wahrheit des Seienden, die der logischen Erkenntnis notwendig immer schon entgeht. Der Wahrheitswert der sinnlichen Erkenntnis ist damit nicht nur innerhalb der vom Menschen erfaßbaren subjektiven Wahrheit, sondern auch in bezug auf die objektive, transzendentale Wahrheit des Seienden gesichert. Indem Baumgarten die höchste dem Menschen erreichbare ästhetikologische Wahrheit der Vorstellung eines Individuums zuschreibt, dieses jedoch in der größtmöglichen Fülle seiner Bestimmungen nur erkannt werden kann, insofern es (auch) sinnlich vorgestellt wird, erhält das *analogon rationis* eine für die menschliche Erkenntnisfähigkeit grundlegende Funktion. Gleichzeitig erlangt das *phaenomenon*, als sinnlich erfaßbare Erscheinung der metaphysischen Einheit und Mannigfaltigkeit eines Individuums – sei es die sich in der Welt als ganzer sich manifestierende Erscheinung des ›besten und höchsten Seienden‹, sei es diejenige der einzelnen, ›schlechterdings zufälligen Dinge‹ – metaphysische Dignität: »Ästhetisches manifestiert das metaphysisch ausgezeichnete *ens transcendentale*«.[66]

[66] Paetzold, *Ästhetik des deutschen Idealismus*, 1983, S. 39 (Kursivierung D. M.); vgl. Adler 1990, S. 46.

9. *Die Schönheit als perfectio phaenomenon und perfectio cognitionis sensitivae*

»Daß Vollkommenheit der metaphysische Schlüsselbegriff ist, von dem letztlich allein die Schönheit ihre ontologische Dignität erhält, wird nirgends deutlicher als bei einer sorgfältigen Interpretation des vieldiskutierten [...], zuweilen auch als ›rätselhaft‹ [...] beschriebenen § 14 der *Aesthetica* [...].«[67] Baumgarten gibt in der *Metaphysica* und in der *Aesthetica* zwei verschiedene Definitionen von Schönheit. In der *Metaphysica*, § 662, heißt es:

> »Die Vollkommenheit der Erscheinung oder diejenige, die vom Geschmack im weiteren Sinne bemerkt werden kann, ist die SCHÖNHEIT; die Unvollkommenheit der Erscheinung oder diejenige, die vom Geschmack im weiteren Sinne bemerkt werden kann, ist die HÄSSLICHKEIT.«[68]

Die Definition der Schönheit in der *Aesthetica*, § 14, lautet hingegen – unter explizitem Rückverweis auf die *Metaphysica*, §§ 521, 662:

> »Der Zweck der Ästhetik ist die Vollkommenheit der sinnlichen Erkenntnis als solcher. Dies aber ist die Schönheit. Und zu meiden ist die Unvollkommenheit derselben als solcher. Dies aber ist die Häßlichkeit.«[69]

Der Grund für die ›Rätselhaftigkeit‹ oder Problematik der Definition der Schönheit in § 14 der *Aesthetica* liegt in ihrer scheinbaren Unvereinbarkeit mit der dort wiederaufgenommenen Bestimmung der Schönheit in § 662 der *Metaphysica*. In der ersten Definition scheint Baumgarten die Schönheit – als *perfectio phaenomenon* – von der Vollkommenheit des Gegenstands, des Erkenntnisobjekts, abhängig zu machen. In der zweiten Definition – als *perfectio cognitio-*

[67] Solms 1990, S. 51 (Kursivierung D. M.) mit weiteren Literaturhinweisen. Als ›rätselhaft‹ ist § 14 der *Aesthetica* bezeichnet worden in Peters 1934, S. 13.

[68] *Met.* § 662; Übers. D. M.

[69] *Met.* § 521: Vgl. o., S. XXXVIII.

nis sensitivae – hingegen von der Vollkommenheit der sinnlichen, unteren Erkenntnisvermögen des Erkenntnissubjekts.[70]

Die vermeintliche Unvereinbarkeit der beiden Bestimmungen löst sich auf, wenn man den Ausdruck ›Vollkommenheit der sinnlichen Erscheinung‹ (*perfectio phaenomenon*) in der ersten Definition vor dem Hintergrund von Baumgartens metaphysisch fundierter Wahrheitstheorie versteht. Einerseits ist das *phaenomenon* die sinnliche Erscheinung eines Gegenstands, der metaphysisch (*transcendentaliter*) sowohl Eines als auch wahr als auch vollkommen ist. Andererseits aber gibt es das *phaenomenon* erst, indem es einem Erkenntnissubjekt sinnlich erscheint und wird als solches erst im Vollzug der sinnlichen Erkenntnis konstituiert:

> »Das Wahrzunehmende (Erscheinungen) nennen wir, was wir durch die Sinne (verworrener) erkennen können.«[71]

Schönheit als *perfectio phaenomenon* ist einerseits die sinnliche Erscheinungsform der metaphysischen Vollkommenheit (die definiert ist als Übereinstimmung, *consensus*, des Vielen zu einem Ganzen), von der sie ihre ›ontologische Dignität‹ erhält, andererseits gibt es Schönheit nur als subjektiv-menschliche, sinnliche Hinsicht auf ein metaphysisch – nicht Schönes, sondern – Vollkommenes. Sowohl das *phaenomenon* als auch die Schönheit sind mithin ambivalent und fungieren jeweils als ›vermittelnde Instanz‹. In der Schönheit eines sinnlich wahrnehmbaren Gegenstands offenbart sich dessen objektive, metaphysisch verbürgte, gottgegebene Vollkommenheit; gleichzeitig ist Schönheit immer schon eine menschliche, subjektive

[70] So hatte noch Riemann 1928, S. 37, versucht, die Verschiedenheit der beiden Definitionen als ›Wendung‹ Baumgartens von einem »rational-objektiven« zu einem »rational-subjektiven« Standpunkt zu interpretieren. Erst die neuere Baumgarten-Forschung hat gezeigt, daß die beiden Definitionen im größeren argumentativen Zusammenhang von Baumgartens Ästhetik als »ambivalent« (Franke 1972, S. 89) aufgezeigt und letztlich ›systematisch konsistent‹ (vgl. Solms 1990, S. 54) zu erweisen sind. Vgl. hierzu weiterführend u. a. Franke 1972, S. 88–91; Schweizer 1973, S. 82–91; Adler 1990, S. 46 f.; Solms 1990, S. 49–61.

[71] *Met.* § 425 (Übers. D. M.).

und – entsprechend dem jeweiligen Grad der Vollkommenheit (oder der anzustrebenden Vervollkommnung) der sinnlichen Erkenntnis (*perfectio cognitionis sensitivae*)[72] – eine keineswegs beliebige, doch subjektive und individuell verschiedene Hinsicht auf diese Vollkommenheit. Das schöne *phaenomenon* ergibt sich aus der transzendentalen Vollkommenheit eines Gegenstands, die im *phaenomenon* überhaupt erst zur ›Erscheinung‹ gelangt, und aus der subjektiven Vorstellung dieser Vollkommenheit, die in der sinnlichen Erkenntnis als *phaenomenon* erst eigentlich zur ›Erscheinung‹ wird. Gerade an der Definition der Schönheit in § 14 der *Aesthetica* in Verbindung mit dem dort genannten § 662 der *Metaphysica* zeigt sich in der Tat, daß Baumgartens Ästhetik »als noch metaphysisch fundierte Theorie der Subjektivität aufzufassen« ist,[73] in deren Verklammerung von *ens transcendentale*, *cognitio sensitiva* und *phaenomenon*, von Metaphysik, Erkenntnistheorie und der Bestimmung von Schönheit als »sinnfällige« oder »erscheinende Vollkommenheit«[74] Baumgartens Ästhetik als neue philosophische Disziplin epochale Bedeutung gewinnt.

In §§ 18–20 der *Aesthetica*, in denen Baumgarten auf der Grundlage des in der Definition der Vollkommenheit enthaltenen Begriffs der Übereinstimmung (*consensus*) die ›allgemeine Schönheit der sinnlichen Erkenntnis‹ (*pulcritudo cognitionis sensitivae universalis*) weitergehend erörtert, wird der Begriff des *phaenomenon* noch schärfer konturiert und in sich differenziert. Zugleich wird dort der Zusammenhang deutlich zwischen der Definition der Schönheit (vgl. *Aesth.* § 14) und der Ästhetik als ›Kunst des schönen Denkens‹ (*ars pulcre cogitandi*) und ›Theorie der freien Künste‹ (*theoria liberalium artium*, vgl. *Aesth.* § 1).

72 Schweizer 1988 übersetzt daher den ersten Teilsatz von § 14 der *Aesthetica*, »Aesthetices finis est perfectio cognitionis sensitivae, qua talis«, wie folgt: »Das Ziel der Ästhetik ist die Vollkommenheit (Vervollkommnung) der sinnlichen Erkenntnis als solcher.«

73 Franke 1972, S. 90. Ursula Frankes erhellenden Ausführungen zur *perfectio phaenomenon* (insb. S. 88–91) möchte ich uneingeschränkt zustimmen.

74 Ebd., S. 89.

Die allgemeine Schönheit der sinnlichen Erkenntnis ist in dreifacher Hinsicht als Übereinstimmung zu definieren: Erstens (§ 18) als »Übereinstimmung der Gedanken [...] unter sich zu Einem, das Erscheinung genannt sei«, welche als »SCHÖNHEIT DER SACHEN UND DER GEDANKEN« sowohl von der »Schönheit der Erkenntnis« als auch von der »Schönheit der Gegenstände und des Stoffes« zu unterscheiden ist, zweitens (§ 19) als »Übereinstimmung der Ordnung, in der wir über die schön gedachten Sachen nachdenken, sowohl in sich als auch mit den Sachen, insofern sie Erscheinung ist«, und drittens (§ 20), »weil wir Bezeichnetes nicht ohne Zeichen vorstellen«, als »innere Übereinstimmung der Zeichen, sowohl mit der Ordnung als auch mit den Sachen, insofen sie Erscheinung ist«.

Diese dreifache Bestimmung – die der Dreiteilung der theoretischen Ästhetik in Heuristik, Methodologie und Semiotik entspricht[75] – zeigt noch deutlicher die wesentliche Verbindung des Begriffs der Schönheit mit dem Begriff des *phaenomenon*: Schönheit wird hier definiert als Übereinstimmung der ›Sachen‹ (*res*) – die Baumgarten als ›gedachte Gegenstände‹, d.h. als Gegenstände, insofern sie (subjektive) Erkenntnisgegenstände darstellen, ausdrücklich zum einen von der Erkenntnis und zum anderen von den (objektiv gegebenen) Gegenständen selbst unterscheidet – mit den Gedanken oder Vorstellungen,[76] d.h. der Art und Weise, wie die ›gedachten Gegenstände‹ gedacht werden. Diese als Schönheit ausgewiesene Übereinstimmung der ›gedachten Gegenstände‹ mit der Art und Weise ihres ›Gedachtseins‹ wird zuerst als *phaenomenon* bestimmt. Die zweite Bestimmung erweitert den Gedanken in bezug auf die Übereinstimmung der Ordnung der Teile zu einem Ganzen sowohl hinsichtlich der gedachten Sachen als auch der Art und Weise ihres Gedachtseins, die im *phaenomenon* zur Erscheinung gelangt. Die dritte Bestimmung führt zusätzlich den Begriff der ›Zeichen‹ (*signa*) ein. ›Zeichen‹ versteht Baumgarten, wie aus § 20 der *Aesthetica* sowie aus § 619 der *Metaphysica*, der dort als Stellenverweis ange-

[75] Vgl. *Aesth.* § 13; vgl. o. S. XXVIII. Vgl. hierzu u.a. auch Bender 1980, S. 490–492; Solms 1990, S. 56f.

[76] Vgl. *Met.* § 506: »Cogitationes sunt repraesentationes [...].« – »Gedanken sind Vorstellungen [...].«

geben wird, hervorgeht, in dreifacher Bedeutung: Erstens als im Sinne der Mantik[77] zu verstehende und zu deutende Zeichen der Dinge selbst, die in dieser Welt in einem zeichenhaften Zusammenhang (*nexus significativus*) stehen,[78] zweitens als durch das sinnliche Vermögen der Zeichenkunde (*facultas characteristica*), »durch die Kraft der Seele, sich die Welt zu vergegenwärtigen« (»per vim animae repraesentativam universi«), hervorgebrachte Zeichen,[79] und drittens als Art der Bezeichnung, zum Beispiel, wie in § 20 der *Aesthetica* dargelegt, wenn es sich um »eine Rede oder eine Unterredung« handelt, als »Ausdruck und Redeweise«.[80] Aus der Übereinstimmung der gedachten Sachen, der Art und Weise ihres Gedachtseins und ihrer einerseits in der Zeichenhaftigkeit der Dinge selbst angelegten, andererseits erst durch das Erkenntnissubjekt hervorgebrachten Bezeichnung ergibt sich die Schönheit des *phaenomenon.*

Die Schönheit des *phaenomenon* ist mithin nicht, wenn sie nicht gedacht resp. vorgestellt, und zwar in einer bestimmten Weise vorgestellt und bezeichnet wird. Und als selbst wesentlich zeichenhaft ist die Vorstellung eines Gegenstands, das *phaenomenon*, immer zugleich schon – wenn auch erst noch ›innere‹, in der Seele durch die *facultas characteristica* hervorgebrachte – Darstellung. Doch auch die Möglichkeit der Umsetzung dieser ›inneren‹ Darstellung in eine (im engeren Sinne künstlerische) äußere oder im Wortsinne ›veräußerte‹ Darstellung ist in der dritten Bedeutung der *signa* als Art der Bezeichnung, etwa, im poetisch-rhetorischen Kontext, als Ausdruck und Redeweise bereits gegeben. Baumgartens Ästhetik ist als ›Wissenschaft des Schönen‹ tatsächlich eine ›Wissenschaft des sinnlichen Erkennens und Darstellens‹ (*scientia sensitive cognoscendi et proponendi*):[81] Die metaphysische Vollkommenheit eines Gegenstands erscheint in der subjektiven Vorstellung als Schönheit des *phaenome-*

77 Vgl. Baumgartens Definition der Mantik als *ars praevidiendi et praesagiendi* in der *Philosophia Generalis* § 147, in: Schweizer 1983, S. 73–75; vgl. ebd. Schweizers ›Einführung‹, S. XIX.

78 Vgl. *Met.* § 619.

79 Ebd.

80 Vgl. auch Poppe 1907, § 18, S. 81.

81 Vgl. *Met.* § 533; vgl. o. S. XXV.

non. Insofern die Schönheit des *phaenomenon* durch diese subjektive (und individuell verschiedene) Vorstellung selbst mitbegründet ist, ist Schönheit nicht im Gegenstand, sondern in der Vorstellung, im (individuell zu vervollkommnenden) *pulcre cogitare* begründet. Und insofern die metaphysische Vollkommenheit eines Gegenstands als Schönheit des *phaenomenon* in der subjektiven Vorstellung immer schon zeichenhafte Darstellung ist, ist im *cognoscere* das *proponere* zugleich gegeben. Erkennen und Darstellen sind in der Definition der Ästhetik als *scientia sensitive cognoscendi et proponendi* nicht konjunktiv einander nebengeordnet, sondern sie bezeichnen denselben Vorgang: Erkennen (als subjektive Vorstellung des Erkenntnisgegenstands) ist (als subjektives Bezeichnen des Erkenntnisgegenstands) Darstellen, und wenn die sinnliche Erkenntnis eines Gegenstands als sinnliche Darstellung äußere Gestalt gewinnt, dann ist, wenn diese Umsetzung der Darstellung in eine äußere Gestalt eine künstlerische ist, Kunst als Vorgang – in der Produktion (in der ein metaphysisch Vollkommenes als in der Vorstellung vergegenwärtigtes *phaenomenon* zur äußeren Darstellung gelangt) wie in der Rezeption (in der das zur äußeren Darstellung gebrachte *phaenomenon* auf ein metaphysisch Vollkommenes verweist) – in der Tat Erkenntnis.[82] Baumgartens Ästhetik ist nicht eine Theorie der sinnlichen Erkenntnis und außerdem eine metaphysisch fundierte Schönheitslehre und zusätzlich eine Kunsttheorie, sondern sie ist, weil sie eine Erkenntnistheorie ist, in der Schönheit als ›Erscheinung‹ der transzendentalen Vollkommenheit eines Gegenstands in der sinnlichen Erkenntnis und deren Darstellung erwiesen wird, zugleich Kunsttheorie, indem sie das *pulcre cogitare*, das ›schöne Denken‹ des *felix aestheticus* als Ermöglichungsgrundlage künstlerischer Tätigkeit, der Hervorbringung ›schöner Kunst‹, überhaupt erst expliziert.

Die für die Ästhetik als *theoria artium liberalium* im engeren Sinne relevanten Fragen bezüglich der Problematik der Umsetzung des *pulcre cogitare* in den schönen Künsten wären Thema der nicht mehr ausgeführten Semiotik und des praktischen Teils der *Aesthetica* gewesen.[83] Anhand der Aussagen, die Baumgarten auf der Grund-

[82] Vgl. den wegweisenden Titel der Arbeit Franke 1972.

[83] Vgl. *Aesth.* § 13; vgl. auch Poppe 1907, § 13, S. 79.

lage der herausgestellten intrinsischen Verknüpfung des sinnlichen *cognoscere* und *proponere* jedoch bereits innerhalb der Heuristik nicht nur zu den »schönen Gedanken [...], und wie man sie bilden soll«,[84] sondern auch dazu, wie sie zur schönen Darstellung gebracht werden können, macht, lassen sich einige Grundzüge seiner Ästhetik als *theoria artium liberalium* rekonstruieren. Nicht – im engeren Sinne von Kunsttheorie – die Frage nach regelhafter Anleitung, sondern – im weiteren Sinne – die Frage nach den Möglichkeiten und Grenzen von Kunst überhaupt als Ausdrucksform der sinnlichen Erkenntnis, mit einem durch dieselbe begründeten genuinen Anspruch auf eine spezifische Darstellungsweise von Schönheit als Erscheinung der metaphysischen Vollkommenheit, ist dabei leitend.

10. Die Ästhetik als Kunsttheorie

Innerhalb der Heuristik der *Aesthetica* lassen sich Baumgartens Überlegungen dazu, wie die sinnliche Erkenntnis eines Gegenstands zu einer sinnlichen, und im engeren Sinne zu einer künstlerischen, Darstellung desselben gebracht werden kann, am deutlichsten anhand der Gegenüberstellung der ›formalen Vollkommenheit‹ und der ›materialen Vollkommenheit‹ der ästhetikologischen Wahrheit innerhalb des Abschnitts XXXIV ›Das absolute ästhetische Streben nach Wahrheit‹ (*studium veritatis aestheticum absolutum*) herausarbeiten, insbesondere an dem in § 560 verwendeten Bild der Marmorkugel sowie den Konsequenzen, die daraus für »ein[e] wenn nicht gänzlich vollkommen[e], so doch schön[e] Form« (*Aesth.* § 564) der ›geschmackvollen‹ (*elegans*) sinnlichen Darstellung gezogen werden.

In § 556 der *Aesthetica* greift Baumgarten erneut, in impliziter Anknüpfung an §§ 440f. des Abschnitts XXVII zur *veritas aesthetica*, den Begriff der ästhetikologischen Wahrheit auf:[85] »Die geringste ästhetikologische Wahrheit enthält die geringste Vorstellung einer geringsten metaphysischen Wahrheit.« Im Anschluß erfolgt

[84] Poppe 1907, § 13, S. 79.
[85] Vgl. o. S. L–LII.

eine Aufzählung derjenigen Kriterien der Vorstellung eines Erkenntnisgegenstands, die geeignet sind, die ästhetikologische Wahrheit dieser Vorstellung zu vergrößern, d.h. derjenigen Kriterien, die geeignet sind, die (subjektive) ästhetikologische Wahrheit der (objektiven) metaphysischen Wahrheit in einem höchstmöglichen Maß anzunähern:

> »Je 1) reicher folglich, 2) je größer und würdiger, 3) je genauer, 4) je klarer und deutlicher, 5) je gewisser und gründlicher, 6) je glühender die Vorstellung eines Gegenstands ist, 7) je mehr, 8) je Größeres und Wichtigeres, 9) nach je stärkeren Gesetzen sie umfaßt, 10) je mehr das in ihr Enthaltene zusammenstimmt, um so größer ist ihre ästhetikologische Wahrheit.«

Aus den Punkten 1–6 ergibt sich, so heißt es in § 558 mit dem nun neu eingeführten Begriffspaar, die ›formale‹ Vollkommenheit (*perfectio formalis*), aus den Punkten 7–10 die ›materiale‹ Vollkommenheit (*perfectio materialis*) der logischen Wahrheit im weiteren Sinne.[86] Die ästhetikologische Wahrheit der Vorstellung eines Gegenstands läßt sich zum einen im Hinblick auf die dabei erreichbare formale Vollkommenheit, zum anderen im Hinblick auf ihre materiale Vollkommenheit steigern. Die Differenzierung, die Baumgarten hier trifft, kann paradigmatisch am Beispiel des erstgenannten Kriteriums des Reichtums (der *ubertas*) aufgezeigt werden.

Bezüglich des Reichtums der Vorstellung eines Gegenstands wird die höchste formale Vollkommenheit der ästhetikologischen Wahrheit erreicht, wenn diese Vorstellung »nicht nur Fülle« hinsichtlich seiner Merkmale »besitzt, sondern auch vollständig« ist (*Aesth.* § 558). Eine solche vollständige, in ihrer Wahrheit formal vollkommene Vorstellung eines Gegenstands wird durch die logische Erkenntnis (im engeren Sinne) erreicht, die denselben intensiv-klar als ein »gewisses Allgemeines« erfaßt, bei dem von all demjenigen abstrahiert wird, was in dem Gegenstand »über eine vollständige Vorstellung hinaus in Fülle vorhanden ist« (*Aesth.* § 559). Diese durch Abstraktion – oder ›Absonderung‹ – zu gewinnende formale Voll-

[86] Vgl. hierzu ausführlich Schweizer 1973, S. 62–71.

kommenheit ist notwendig verbunden mit einem Verlust an materialer Vollkommenheit, die in der »größte[n] Menge bedeutendster, nach den stärksten Gesetzen in höchstem Maße übereinstimmende[r] Einzelheiten« des Gegenstands besteht, »in denen allein die allerbestimmteste metaphysische Wahrheit enthalten wäre«, wenn derselbe nicht nur als ein Allgemeines, d. h. nicht nur in den Merkmalen, die ihn als zu einer bestimmten Art oder Gattung zugehörig hinreichend bestimmen, sondern als singuläres Individuum in der durchgängigen Bestimmtheit aller seiner Merkmale erfaßt würde. Im abstrahierenden Verfahren im Hinblick auf die materiale Vollkommenheit der Vorstellung entstehen, so fährt Baumgarten in § 560 fort, die »allgemeinen Gegenstände der menschlichen Lehren und Wissenschaften«, woraus den wissenschaftlich Gebildeten »eine durchaus vollkommene, oft schöne und auch im strengeren Sinne logische Wahrheit« erwächst:

> »Doch schon fragt man sich, ob die metaphysische Wahrheit einem solchen Allgemeinen so entsprechen mag, wie sie dem Individuum entspricht, das unter demselben enthalten ist? Ich meine in der Tat, daß es den Philosophen nunmehr in höchstem Maße offenkundig sein kann, daß in der Vorstellung und in der logischen Wahrheit nur mit einem Verlust von vieler und großer materialer Vollkommenheit zurechtzubringen war, was auch immer ihnen an formaler Vollkommenheit innewohnt. Denn was ist die Absonderung, wenn nicht ein Verlust? Ebenso brächtest du aus einem Marmor von unregelmäßiger Form keine Marmorkugel heraus, wenn nicht durch wenigstens soviel Einbuße an Material, in welchem Maße sie der höhere Wert der Rundheit verlangen wird.«

Nach dieser in § 560 im Bild der Marmorkugel kulminierenden Darstellung der nur durch das abstrahierende Verfahren der logischen Erkenntnis zu gewinnenden formalen Vollkommenheit der ästhetikologischen Wahrheit könnte nun erwartet werden, daß derselben im nächsten Schritt der Argumentation die materiale Vollkommenheit der Wahrheit der extensiv-klaren Vorstellungen der sinnlichen Erkenntnis gegenübergestellt wird, die sich im Unterschied zur logischen Erkenntnis gerade auf die individuelle *haec-*

ceitas ihres Erkenntnisgegenstands richtet.[87] Doch, so macht Baumgarten unmißverständlich klar, auch die sinnliche Erkenntnis vermag ›die größte Menge bedeutendster Einzelheiten‹ ihres Gegenstands nicht vollständig zu erfassen. Denn aufgrund der ›metaphysischen Unvollkommenheit‹ (des *malum metaphysicum*, vgl. *Aesth.* § 557) der Erkenntnisfähigkeit des Menschen schlechthin »liegt es«, so heißt es in § 561, »nicht im menschlichen Vermögen, für sich den äußerst weiten Umfang der durchgehenden Bestimmung« eines Gegenstands »vollständig zu bezeichnen«. Auch die sinnliche Erkenntnis muß daher aus der Fülle der einzelnen Merkmale ›wegschneiden‹ (*amputare*), was die »Rundheit« (*rotunditas*) der Vorstellung stört. Das Bild des Marmorblocks ist somit »in beide Richtungen deutbar«:[88] Der »monumentale«,[89] »vielzitierte Ausruf ›Quid enim est abstractio, si iactura non est?‹« gilt – versteht man die *abstractio* im Falle der sinnlichen Erkenntnis als aufgrund der unhintergehbaren Begrenztheit des menschlichen Erkenntnisvermögens ebenfalls notwendige Selektion aus der unbegrenzten Merkmalsfülle eines Gegenstands – »nicht nur für die logische, sondern auch für die ästhetische Erkenntnis«.[90]

Das Bild des Marmorblocks kann nun auch für eine Rekonstruktion der Ästhetik Baumgartens als Kunsttheorie fruchtbar gemacht werden. Die logische Erkenntnis muß, um zu allgemeinen Definitionen zu gelangen, notwendig von den individuellen und kontingenten Merkmalen eines Gegenstands abstrahieren. Doch auch die sinnliche Erkenntnis muß aufgrund der eingeschränkten Verfügbarkeit der ›Zeichen‹, mit denen sie immer nur einen Teil der unbegrenzten Fülle der Einzelmerkmale ihres Gegenstands erfassen und darstellen kann, und aufgrund der auch für sie sowohl hinsichtlich der Vorstellung als auch hinsichtlich der Darstellung geltenden Forderung nach der sich in der *rotunditas* manifestierenden Einheit aus dieser Merkmalsfülle einen begrenzten Teil selegieren. Auch die Kunst kann nur – um im Bild zu bleiben – ›Marmorkugeln‹ zur

87 Vgl. o. S. XLIII.
88 Schweizer 1973, S. 70.
89 Baeumler 1967, S. 212.
90 Schweizer 1973, S. 71.

Darstellung bringen. Doch während im Abstraktionsverfahren der logischen Erkenntnis die (metaphysisch bzw. objektiv) unausschöpfliche Merkmalsfülle eines Gegenstands auf die für seine formal vollkommene (subjektive) logische Definition hinreichenden Bestimmungen reduziert werden muß, stellt der ›Wald‹, das ›Chaos‹ (vgl. *Aesth.* § 564) der unüberschaubar reichen Merkmalsfülle des individuellen Gegenstands für die sinnliche Erkenntnis allererst den Fundus dar, aus dem sie innerhalb der Grenzen der erforderlichen Einheit schöpfen und diejenigen Merkmale selegieren kann, die zu der »kurze[n], aber geschmackvoll mit Fülle ausgestatteten Abgerundetheit« (*Aesth.* § 565) der (subjektiven) sinnlichen Vorstellung und deren Darstellung in der Kunst beitragen.

Bezogen auf die ästhetikologische Wahrheit als größtmögliche Annäherung der menschlichen Erkenntnis an die metaphysische Wahrheit fällt der Kunst als Ausdrucksform der sinnlichen Erkenntnis die Aufgabe zu, im Rahmen ihrer (subjektiv begrenzten) Darstellungsmöglichkeiten zumindest einen Teil der Merkmale eines metaphysisch durchgängig bestimmten, individuellen Gegenstands aufzuzeigen, die der (ebenfalls subjektiv begrenzten) logischen oder ›wissenschaftlichen‹ Erkenntnis aufgrund der Konzentration auf dessen art- und gattungsspezifische Merkmale entgehen. Die ›Ausnahmen‹, die in der sinnlichen Vorstellung und deren Darstellung in der Kunst bezüglich der höchsten formalen Vollkommenheit der ästhetikologischen Wahrheit gemacht werden können, beziehen sich nicht nur auf den Reichtum (die *ubertas*), sondern ebenso auf die übrigen allgemeinen Kriterien der Vollkommenheit der Erkenntnis – *magnitudo*, *veritas*, *lux*, *certitudo* resp. *persuasio*, *vita* – die auch eingangs des § 556 genannt werden: Eine sinnliche Erkenntnis und deren Darstellung in der Kunst muß, wie aus der Gegenüberstellung von § 558 und § 565 hervorgeht, im Gegensatz zur logischen Erkenntnis, in Hinsicht auf die Größe oder Würde des Gegenstands dem Erkenntnisobjekt nicht genau »angemessen« sein, sondern ihn in einer »bald absolute[n], bald relative[n] anmutige[n] Würde« zeigen, sie muß nicht formal »genau« sein, sondern die »materiale Vollkommenheit der Wahrheit selbst« innerhalb ihrer Möglichkeiten aufzeigen, sie muß nicht »vollständig klar« und deutlich sein, sondern das »der [schönen] Überlegung notwendige

Schimmernde« besitzen, sie muß nicht »vollständig gewiß« und »streng erweisbar« sein, sondern die Kraft der »innigste[n] Überredung« haben, und sie muß nicht »zur Zustimmung zwing[en]« und »Billigung abnötig[en]«, sondern sich »vor allem« durch ihr »Leben und die Wirksamkeit zu ergötzen und zu bewegen« auszeichnen.

In der größtmöglichen Annäherung der ästhetikologischen Wahrheit an die metaphysische Wahrheit ist es die Aufgabe der Kunst, im Rahmen ihrer Darstellungsmöglichkeiten diejenigen ›Schattierungen‹ aufzuzeigen, die – in der von Baumgarten selbst verwendeten (lichtmetaphysisch begründeten) Lichtmetaphorik – zwar nicht zur Helligkeit von klar-deutlichen Vorstellungen emporgehoben werden können und dies auch gar nicht sollen (vgl. *Aesth.* § 565), die aber gerade durch das ihnen eigene ›Schimmernde‹ (*nitor*) auf das komplexe und daher notwendig auch ›Abschattierungen‹ beinhaltende Spektrum des Lichts der metaphysischen Wahrheit verweisen.[91] Zu diesem Spektrum zählen nicht nur die unendlich vielen, kontingenten und doch metaphysisch wahren Einzelheiten der in der Welt vorfindlichen Gegenstände, sondern auch ›wahre Erdichtungen‹ (*figmenta vera*)[92] als Gegenstände oder deren Merkmale, die vielleicht in dieser Welt nicht existieren, aber doch möglich sind, sowie ›heterokosmisch‹ wahre Gegenstände als »Mögliche einer anderen Welt« (*Aesth.* § 441).[93] Kunst als Ausdruck der sinnlichen Erkenntnis ist somit – um auf den gebräuchlichen, aber spätestens mit Baumgarten fragwürdig gewordenen Topos zurückzugreifen – keinesfalls ›Mimesis‹[94] im Sinne einer Nachahmung von empirisch Gegebenem, das genausogut (oder besser) Gegenstand einer klar-deutlichen Vorstellung der logischen Erkenntnis

[91] Vgl. im zweiten Teil der *Aesthetica* von 1758 Abschnitt XXXVII ›Das ästhetische Licht‹ (§§ 614–630), an den sich notwendig die Abschnitte XXXVIII–XLI zur ›ästhetischen Dunkelheit‹ (§§ 631–653), zum ›ästhetischen Schatten‹ (§§ 654–665), zur ›rechten Einteilung des Lichtes und des Schattens (§§ 666–687) und zu den ›ästhetischen Farben‹ (§§ 688–703) anschließen.

[92] Vgl. *Meditationes* § LI.

[93] Vgl. auch *Meditationes* §§ LII f.

[94] Vgl. dazu Paetzold 1983, S. 39–41.

sein könnte, sondern Kunst eröffnet dem Menschen – und ganz konkret dem Hörer oder Betrachter – die Möglichkeit einer Blicknahme darauf, was außer dem empirisch Gegebenen und wissenschaftlich Explizierbaren gleichfalls möglich und in diesem Sinne ebenfalls metaphysisch wahr ist. Es bleibt, mit Leibniz daran zu erinnern, daß ›die Ideen der Dinge‹, an die wir gerade nicht in klardeutlichen Vorstellungen denken, ›in unserem Geist wie die Gestalt des Herkules im rohen Marmor‹ enthalten sind. Im *fundus animae* der Seele als einem ›lebendigen Spiegel‹ des Universums ist die metaphysische Wahrheit in ihrer Ganzheit und Komplexität immer schon gegenwärtig. Aufgabe der Kunst ist es, die der logischen Erkenntnis ›dunkel‹ bleibenden Bilder im Spiegel des ›Seelengrundes‹ in sinnlich wahrnehmbare und – in Baumgartens Verständnis des Wortes – schöne Bilder umzusetzen, die selbst nicht logisch notwendig, sondern ›schlechthin zufällig‹ (*absolute contingenter*) sind, in denen sich aber gerade deshalb die über die empirische Wirklichkeit hinausgehende metaphysische Wahrheit »der inneren Bestimmungen des besten und höchsten Seienden« (*Aesth.* § 441), des Göttlichen, manifestiert.

11. Der ›anmutige Geist‹ (ingenium venustum) und das ›ästhetische Temperament‹ (temperamentum aestheticum), ästhetischer Reichtum (ubertas aesthetica) und ästhetische Größe (magnitudo aesthetica)

Mit insgesamt 246 Paragraphen (§§ 177–422) widmet Baumgarten in den Abschnitten XV–XXVI in seiner *Aesthetica*, innerhalb des 1750 abgeschlossenen Teils, positioniert zwischen dem ästhetischen Reichtum (§§ 115–176) und der ästhetischen Wahrheit (§§ 423–613), der ästhetischen Größe die weitaus umfänglichste Behandlung. Doch der Begriff der *magnitudo* begegnet bereits in Abschnitt II des Werks zur ›natürlichen Ästhetik‹ (*aesthetica naturalis*, §§ 28–46), in dem Baumgarten die Anforderungen an die »natürliche Veranlagung der ganzen Seele« (§ 28) des *felix aestheticus* darlegt. Die erste erforderliche Voraussetzung hinsichtlich der natürlichen seelischen Disposition des erfolgreichen Ästhetikers ist der »ANGEBORENE

ANMUTIGE UND GESCHMACKVOLLE GEIST« (§ 29). Hierzu gehören zum einen die Fähigkeiten der unteren Erkenntnisvermögen, die Baumgarten mit wenigen Abweichungen gemäß der empirischen Psychologie der *Metaphysica* aufzählt (§§ 30–38), zum anderen die oberen Erkenntnisvermögen, Verstand und Vernunft, die, indem sie die »Herrschaft der Seele über sich selbst« (§ 38) garantieren, zur Anregung und Übereinstimmung (*consensus*) der unteren Erkenntnisvermögen beitragen, wobei umgekehrt die Lebhaftigkeit der Vorstellungen des *analogon rationis* auch die Voraussetzung für die Schönheit der Verstandeserkenntnis bildet. Obere und untere Erkenntnisvermögen müssen im *ingenium venustum* harmonisch zusammenwirken. Das zweite Erfordernis der natürlichen Veranlagung des Ästhetikers ist hingegen eine bestimmte Disposition seiner Begehrungsvermögen (*facultates appetitivae*), eine bestimmte Gemütsart (*indoles*, vgl. *Met.* § 732), die Baumgarten als ›ästhetisches Temperament‹ bezeichnet (*Aesth.* § 44):

> »Zum geborenen Ästhetiker wird 2) eine Gemütsart erfordert, die einer würdigen und bewegenden Erkenntnis besonders gern folgen will, und dasjenige Verhältnis der Begehrungsvermögen, durch das er leichter zur schönen Erkenntnis gebracht wird: das ANGEBORENE ÄSTHETISCHE TEMPERAMENT.«

In § 45 wird das geforderte ästhetische Temperament, nach der Aufstellung einiger für den Ästhetiker begehrenswerter Dinge (*appetibilia*) in einer aufsteigend geordneten Wertetafel, die in der »schöne[n] Erkenntnis mit ihrer Zugabe, der liebenswerten Tugend« und schließlich in der »höhere[n] Erkenntnis mit ihrer Zugabe, der verehrungswürdigen Tugend« gipfelt, dann, mit Rückverweisen auf §§ 38, 41, näher bestimmt:

> »Es wird also erlaubt sein, den ästhetischen Temperamenten eine gewisse ANGEBORENE GRÖSSE DES HERZENS zuzuschreiben, ein vorzüglichster Trieb zum Großen hin, vor allem bei denjenigen, die darauf achthaben, wie leicht von da aus der Übergang zum Größten sein mag.«

Gemeint ist mit dieser auf die Klimax der Wertetafel folgenden geforderten ›Größe des Herzens‹ oder dem ›vorzüglichsten Trieb zum

Großen‹, wie sich aus dem Rückverweis auf § 38, dem dort eingeführten Begriff der ›Herrschaft der Seele über sich selbst‹ (*imperium animae in semet ipsam*) und der Bestimmung dieses Begriffs im Kontext der Behandlung der *facultates appetitivae* innerhalb der empirischen Psychologie der *Metaphysica* (§§ 651–732) erschließt, nichts anderes als das Streben nach sittlicher Größe, verstanden als vernunftgeleitete – nämlich unter der ›Herrschaft der Seele über sich selbst‹ geleistete, sinnliche Triebe (*instinctus*) und Gemütsbewegungen (*affectus*) harmonisch integrierende, an den Beweggründen (*motiva*) des rationalen Vermögens des Wollens und Nicht-Wollens (*facultas volendi nolendive*)[95] orientierte – sowie – da Freiheit per Definition in ihrer grundsätzlichen und ersten Bedeutung in der ›Herrschaft der Seele über sich selbst‹ besteht[96] und als solche unerläßliche Bedingung für sittliches Handeln gemäß den von Philosophie und Theologie vorgegebenen Maßgaben des Sittengesetzes ist[97] – als freiheitliche Ausrichtung der Begehrungsvermögen auf das sittlich Gute. Im »instinctum in magna potissimum«, dem Trieb zum – sittlich – Großen, tritt die *magnitudo* als ethische Kategorie in Form der Forderung der »MAGNITUD[O] aliqu[a] PECTORIS CONNAT[A]« bereits in § 45 in Abschnitt II der *Aesthetica* auf den Plan.

Die Behandlung der ästhetischen Größe in §§ 177–422 der *Aesthetica* gliedert sich – analog zu der vorangegangenen des ästhetischen Reichtums – nach der einführenden Unterscheidung von absoluter Größe (die jedem schönen Denken notwendig ist) und relativer Größe (die nur gewissen schön zu denkenden Dingen auf eigentümliche Weise zukommt) insgesamt in eine Diskussion der Größe des schön zu denkenden Stoffes (*magnitudo materiae*, §§ 191–351) und in eine Diskussion der Größe der schön denkenden Person (*magnitudo personae*, §§ 352–422), beides wiederum differenziert in eine jeweils absolute und relative Größe. Angeschlossen an die relative Größe des Stoffes (§§ 202–216) erfolgt eine – an den rhetorischen *genera dicendi* orientierte Untersuchung des Verhältnisses der Ge-

[95] Vgl. *Met.* §§ 677 f., 690, 712, 719.

[96] Vgl. ebd. §§ 730, 725.

[97] Vgl. ebd. § 723.

danken zu den Stoffen, das sich in eine schlichte (*tenue*), mittlere (*medium*) und eine erhabene (*sublime*) Denkungsart (*cogitandi genus*) untergliedert (§§ 230–328), parallel dazu erfolgt bei der Behandlung der Person die Unterscheidung ihrer notwendigen Seelengröße zum einen bei schlichten und mittleren Gegenständen (§§ 364–393), zum anderen bei erhabenen Gegenständen, welche abschließend als die höchste ästhetische Großmut (*magnanimitas in aestheticis genere maxima*, §§ 394–422) charakterisiert wird.

In den ersten Paragraphen der genannten Abschnitte trifft Baumgarten zunächst eine grundsätzliche Feststellung, § 181:

> »Die ÄSTHETISCHE GRÖSSE, sowohl die absolute als auch die relative, ist […] entweder NATÜRLICH, die Dingen zukommt, die nicht näher mit der Freiheit verbunden sind, oder MORALISCH, die Gegenständen und Gedanken beizumessen ist, insofern sie näher mit der Freiheit verbunden werden.«

Zur Auffindung der ›natürlichen‹ (physikalischen) Größe kann, so Baumgarten, auf die Topik und die bereichernden Argumente in den Abschnitten zur *ubertas aesthetica* zurückverwiesen werden. Sie braucht nicht eigens untersucht zu werden. Das Hauptinteresse der ganzen folgenden Behandlung der *magnitudo* – sowohl bezüglich des Stoffes als auch der Denkart wie der Person – gilt hingegen der mit Freiheit verbundenen sittlichen, in Baumgartens Sprachgebrauch: der ›moralischen ästhetischen Größe‹, die nun die Bezeichnung der ›ästhetischen Würde‹ (*dignitas aesthetica*) erhält, § 182:[98]

> »Es sei erlaubt, diese moralische ästhetische Größe kürzer die ÄSTHETISCHE WÜRDE zu nennen, und nunmehr […] zu schauen,

98 Die *magnitudo* erscheint in §§ 177–422 unter mehreren, in ihrer Bedeutung nicht vollständig deckungsgleichen Synonymen, die bewußt in ihrer jeweiligen Differenz eingesetzt werden: *Pondus*, *gravitas*, *dignitas*, *nobilitas*, *magnanimitas*, auch: *maiestas*. Als Synonyme zu *pondus*, von ihm selbst mit ›Wichtigkeit‹ übersetzt, nennt Baumgarten in *Met.* § 166 *gravitas*, *dignitas*, *nobilitas*; als Übersetzung von *dignitas* schlägt er in *Met.* § 515 die deutschen Begriffe ›Größe, Wert, Wichtigkeit‹ vor.

> […] *was passend ist, was nicht, wohin Tugend führt, wohin Irrtum.*[99]

Entsprechend der zugrundegelegten methodischen Schematisierung wird der Begriff der ästhetischen Würde im Folgenden noch weiter ausdifferenziert. In § 189 unterscheidet Baumgarten die ästhetische Größe resp. Würde der Gegenstände – die selbst unterschieden ist von der Art und Weise deren Gedachtseins, das der »überaus heilbringende[n] und überaus schöne[n] Sache der Tugend und der guten Sitten« (§ 182) zumindest nicht schaden darf oder ihr, darüberhinaus, nutzen soll – als »OBJEKTIV[E]« ästhetische Würde »der Sachen, des Stoffes«, insoweit in denselben der Grund liegt, warum sie »durch einen schönen Geist und ein schönes Herz« in Größe und Würde dargestellt werden können, von der »SUBJEKTIV[EN]« ästhetischen Würde »der Person« selbst, betreffend die »natürlichen Möglichkeiten und Vermögen eines bestimmten Menschen«, »mit Begierden und aus freier Entscheidung uns einen gegebenen Stoff so, wie er es vermag und wie es billig ist, in Größe und Würde vor Augen zu stellen«:

> »Diese letzteren Möglichkeiten und Vermögen nennen wir die ÄSTHETISCHE GROSSMUT und die ÄSTHETISCHE WICHTIGKEIT.«

In dem hier für die subjektive ästhetische Würde der Person eingeführten Begriff der ›ästhetischen Großmut‹ (*magnanimitas aesthetica*) kehrt in § 189 – vorbereitet durch die Formulierung »pulcrum ingenium et pectus«, bei der Baumgarten explizit auf Abschnitt II der *Aesthetica* zurückverweist, insbesondere aber durch die Koppelung »mit Begierden und aus freier Entscheidung« (*cum appetitionibus et decreto*), die das harmonische Verhältnis zwischen unteren und oberen Begehrungsvermögen bezeichnet,[100] welches unter Leitung der Vernunft die ›Herrschaft der Seele über sich selbst‹ ausmacht und damit die Bedingung von Freiheit und Sittlichkeit darstellt – die in § 45 an den *felix aestheticus* gestellte Forderung ›einer gewissen

[99] Baumgarten zitiert Horaz, *A. p.* 308.
[100] Vgl. *Met.* §§ 663, 671, 676, 695.

angeborenen Größe des Herzens‹ wieder. Ebenso wie das Erfordernis des anmutigen Geistes (*ingenium venustum*, § 29) in den Abschnitten zur *ubertas aesthetica* in den Ausführungen zum Reichtum des Geistes (*ubertas ingenii*, §§ 149–157) seine Entsprechung gefunden hatte, so entspricht dem Erfordernis des *temperamentum aestheticum* (§ 44), expliziert als *magnitudo pectoris* und *instinctum in magna potissimum* (§ 45), in den Abschnitten zur *magnitudo aesthetica* die Behandlung der ästhetischen Großmut (*magnanimitas aesthetica*), die in der Darstellung der höchsten ästhetischen Großmut ihren Höhepunkt und Abschluß findet.

Baumgarten erarbeitet den Begriff der ›höchsten ästhetischen Großmut‹ (*magnanimitas in aestheticis genere maxima*, §§ 394–422) in zwei Schritten. Zuerst in einer – noch nicht argumentativ fundierten, sondern in Metaphern, Zitaten und Verweisen erfolgenden – Charakterisierung derselben als Ausrichtung auf oder Annäherung an das Göttliche, als Aufstieg »zu den himmlischen Dingen«.[101] Sodann in einer Auseinandersetzung mit Longins in der Schrift *Vom Erhabenen* (Περὶ ὕψους) diskutierten Begriff der ›Seelengröße‹ (μεγαλοψυχία), insbesondere mit dessen Diskussion der Freiheit als notwendige Voraussetzung von Seelengröße. Erst im Anschluß daran erhält die vorher nur umschriebene Verbundenheit der *magnanimitas genere maxima* mit dem Göttlichen ihre theoretische Begründung.

Schon in § 394 wird einführend die »ÄSTHETISCHE GROSSMUT [...] IN IHRER VORZÜGLICHSTEN BEDEUTUNG« einem »höhere[n] Geist« und einem »zur Unsterblichkeit geborene[n] und diese schon im sterblichen Leib lebende[n] Herz« zugeschrieben, einem »Geist, der daher oft

> *staunend die Schwelle des Olymp bewundert,*
> *und zu seinen Füßen Wolken und Sterne sieht*«.[102]

Oft werden ein solcher Geist und ein solches Herz, so fährt Baumgarten mit einem weiteren Vergil-Zitat fort,

[101] Poppe 1907, § 394, S. 213.
[102] Baumgarten zitiert Vergil, *Ekl.* 5, 56 f.

»das Leben der Götter empfangen, mitten unter Göttern
Heroen schauen« und ebenso *»von ihnen gesehen werden«*.[103]

Als erstes Gesetz der höchsten, nun auch als erhaben bezeichneten Großmut bestimmt Baumgarten in § 399 die Unterordnung alles Menschlichen unter das Göttliche:

> »[D]as erste Gesetz der positiven Würde für das Erhabene [ist]: Alles Menschliche, was auch immer es sei, selbst das in besonderer Weise größte, muß dem Göttlichen unterworfen werden.«

Der im lateinischen Text sowohl innerhalb des Vergil-Zitats in § 394 wie auch in § 399 gegebene Rückverweis auf § 206 unterstreicht noch den die *magnanimitas* auszeichnenden Respekt vor dem göttlichen Willen. Dort hatte Baumgarten die von Cicero in *De natura deorum* hergestellte notwendige Verbindung von Tugend und Gottesfürchtigkeit zitiert:

> *»Jeder bedeutende Mann war stets von göttlichem Geist umhaucht. Für tüchtige Männer nimmt alles stets einen glücklichen Verlauf, jedenfalls wenn die Philosophen unserer Schule und auch Sokrates, der größte unter den Philosophen, die segensreichen Möglichkeiten der Tugend zutreffend dargestellt haben. Verwerflich und skrupellos ist die Angewohnheit, gegen die Götter zu reden, gleichgültig, ob man es aus Überzeugung tut oder bloß zum Schein.«*[104]

In § 403 heißt es mit einem Zitat aus Horaz:

> »Gleichwohl das für erhabene Dinge genügend große Gemüt nicht das jenes weisen Stoikers ist, den,
>
> *wenn zerborsten zusammensinkt das Weltall*
> *unerschrocken die Trümmer treffen,*
>
> wird es dennoch weder von kleineren Sorgen geplagt noch seiner ruhigen Heiterkeit beraubt, die das Leben der Götter nachahmt.«[105]

103 Vergil, *Ekl.* 4, 15 f.

104 Cicero, *De nat. deor.* 2, 166–168.

105 Baumgarten zitiert Horaz, *Carm.* 3, 3, 7 f.

In § 404 schließlich wird die »absolute ästhetische Wichtigkeit« geradezu als diejenige Verfassung edler Gemüter (*animi nobiles*) beschrieben, in der diese aus ihrem gewöhnlichen (irdischen) Zustand in die außergewöhnliche Gemeinschaft mit den himmlischen Göttern und Heroen hinweggetragen werden können:

> »Wenn nun ein solches edles Gemüt sich wirklich tätig den Dingen, die größer zu denken sind, annähern will, muß es, wie wenn es sich selbst und seinen gewöhnlichen Zustand vergessen hätte, erregt werden und gleichsam außer sich selbst auf einen größeren Schauplatz fortgerissen werden, als der es ist, auf dem es tagtäglich seine Rolle spielt, und so mit den Göttern und Helden vereint werden, daß es mit diesen einen gewissen himmlischen vertrauten Umgang gefunden zu haben scheint, nicht, wie wenn es in eine fremde Welt verwiesen, sondern schon lange in einer solchen Gemeinschaft beheimatet gewesen wäre.
>
> *Hört ihr? Oder täuscht mich holder*
> *Wahn? Zu hören doch meine ich es*
> *und durch heilige Haine zu streifen,*
> *die lieblich durchziehen Wasser und Lüfte.*«[106]

Wiederum dienen hier sowohl das abschließende Zitat aus Horaz (die Evokation des Liedes der vom Himmel herabsteigenden Kalliope, der Muse des heroischen Gesangs) als auch die im lateinischen Text gegebenen Rückverweise auf § 213 – in dem Baumgarten die »HEROISCHE TUGEND UND AUSGEZEICHNETE MIT ERHABENER GRÖSSE VERBUNDENE LEBENSWEISE« mit Vergil als nur wenigen, »›*die gnädig Jupiter liebte,/ und die feurig ihre Tugend zum Äther emporführte/ Söhne[n] der Götter*‹«[107] zu eigen beschrieben hatte – und § 396 – in dem aus Horaz zitiert wurde, daß »›*die Tugend* [...] *jenen, denen es nicht gebührt zu sterben,/ den Himmel erschließt*‹«[108] – zur weiteren Unterstreichung des Gemeinten: Die Bestimmung der *magnanimitas genere maxima*, der höchsten Form sittlicher Größe, als Gemeinschaft mit dem Göttlichen.

106 Baumgarten zitiert Horaz, *Carm.* 3, 4, 5–8.
107 Vergil, *Aen.* 6, 129–131.
108 Horaz, *Carm.* 2, 21 f.

Ihre philosophische Begründung erhält diese Bestimmung der *magnanimitas in aestheticis genere maxima* erst ab § 412 der *Aesthetica*, im Zusammenhang von Baumgartens Auslegung von Longins Begriff der μεγαλοψυχία. Longin benennt in Περὶ ὕψους zwei Quellen für die Hervorbringung erhabener Gedanken: Die angeborene Seelengröße (μεγαλοψυχία) und die Fähigkeit zur begeisterten Leidenschaft (πάθος ἐνθουσιαστικόν).[109] Die μεγαλοψυχία beschreibt er – worin sich Baumgarten in seiner bisherigen Umschreibung der *magnanimitas genere maxima* bestätigt finden kann, obgleich er die entsprechende Stelle nicht zitiert – als eine mit einer über den gewöhnlichen menschlichen Horizont hinausgehenden Erkenntnis verbundene ›Liebe zum Großen und Göttlichen‹:

> »Was hatten nun jene göttergleichen Männer im Auge, die nach den Höhen [erhabener – D. M.] schriftstellerischer Kunst strebten […]? Vor allem die Erkenntnis, daß uns die Natur nicht als niedrige, unedle Geschöpfe ansah, sondern wie in eine große Festversammlung in das Leben und die gesamte Welt einführte, damit wir Betrachter all ihrer Mühen und ehrgeizige Mitkämpfer seien, und daß sie uns gleich eine unbezähmbare Liebe zu allem einpflanzte, was immer groß [μέγαλον] ist und göttlicher [δαιμονιώτερον] als wir. Deshalb genügt dem Schauen und Sinnen der menschlichen Kühnheit nicht einmal die ganze Welt, sondern oft überschreitet unser Denken sogar die Grenzen, die uns einschließen. Und wer beim Blick ins Leben ringsum sieht, welchen Vorrang das Ungemeine, Große und Schöne überall genießt, dem wird die Bestimmung des Menschen bald offenbar werden.«[110]

Am Schuß der fragmentarisch überlieferten Schrift erörtert Longin, in einer fiktiv wiedergegebenen Diskussion mit einem – unbenannten – Philosophen, das Problem des Fehlens von Seelengröße erhabener Geister in seiner Zeit. Nicht, wie der anonym bleibende Philosoph meint, in der politischen Despotie des römischen Kaiser-

109 Vgl. Longin 8, 1.

110 Longin 35, 1–3; dt. Übers. zitiert nach Schönberger 1988, S. 87.

reichs, sondern in der inneren, seelischen Gewaltherrschaft, in dem zu Unsittlichkeit führenden ›endlosen Krieg‹ der Begierden und Leidenschaften sei dafür der Grund zu suchen:

> »[I]nmitten solcher Laster muß allmählich die Sittenfäulnis reifen, die Seelengröße schwinden und welken, ja gar nicht mehr erstrebt werden, weil eben dann die Menschen ihr sterbliches [...] Teil überschätzen, ihr unsterbliches zu mehren versäumen.«[111]

An dieser Stelle von Longins Schrift setzt Baumgarten in § 414 der *Aesthetica* ein. Der Paragraph soll hier aufgrund seiner argumentativen und konnotationsreichen Dichte noch einmal vollständig wiedergegeben werden:

> »Wenn etwa die Zäume der äußerlichen Freiheit, wenn etwa die äußere Knechtschaft vor allem dazu gemacht sind, die Geister niederzudrücken und sowohl ohne jeden Unterschied alle größten Bestrebungen wie auch jedwede größte Begeisterung niederzuschlagen, was ich keineswegs verneine: Scheint es mir nicht abwegig zu sein – weil die Gründe von Gegensätzlichem selbst gegensätzlich sind – wenn ich zu den ersten Hilfen der Gemüter, sich zum wahrhaft Erhabenen zu erheben, die innigste Überredung von dem reichen System der größten Begebenheiten zähle, nicht nur der vergangenen und der gegenwärtigen, sondern auch und zum größten Teil der noch zu erwartenden, das nicht allein die besten und größten Beispiele des Erhabenen und der verehrungswürdigen Tugend, die auf einfache Weise nachzuahmen sind, vor Augen stellt, sondern auch mit ausgemachtesten Maßregeln die heilsamsten Mittel darreicht, um die Herrschaft über sich selbst hervorzubringen, aller innerlichen sittlichen Knechtschaft zu entkommen und den Sieg über sich selbst zu behaupten. Die Überredung, sage ich, von dem, was wahrhaft getan und noch zu tun ist, die zugleich den Gemütern durch göttliche Fügung eine solche Kraft und ein solches Vermögen schenkt, daß nicht einmal die Furcht vor dem Tod sie dahin treiben kann, wo ein Tyrann, der Unbilliges fordert, sie etwa hinbestimmen will:

[111] Ebd., 44, 8; Schönberger 1988, S. 109.

Diese Überredung ist die übernatürliche Erfüllung und Ergänzung der inneren und psychologischen Freiheit.«

Longins Erklärung, daß Freiheit als unerläßliche Bedingung zur Bildung von Seelengröße primär nicht als Freiheit von politischer Despotie, sondern als Freiheit von der ›inneren Gewaltherrschaft‹ der Begierden und Leidenschaften verstanden werden muß, kann Baumgarten nur zustimmen: Freiheit bedeutet in der Tat, wie in der empirischen Psychologie der *Metaphysica* dargelegt, allererst die Befreiung von »aller innerlichen sittlichen Knechtschaft«, erreichbar in der Herrschaft (*imperium*), dem Sieg (*victoria*) über sich selbst (*in semet ipsum*). Von besonderer, über die Auseinandersetzung mit Longin hinausgehender, für Baumgartens Begriff der *magnanimitas* weitreichender Bedeutung ist hier jedoch die dem Paragraphen zugrundeliegende Auslegung des Verhältnisses von innerer und äußerer Freiheit:

1) Keineswegs verneint werden soll, daß Beschränkungen der äußeren Freiheit die Bildung von Seelengröße verhindern können. Behauptet der namenlose Philosoph bei Longin einen kausalen Zusammenhang zwischen äußerer Unfreiheit als Grund und der Verhinderung von Seelengröße als Folge, so muß für Baumgarten – da Gegensätzliches gegensätzliche Gründe hat – gleichermaßen der Umkehrschluß gelten: Seelengröße als Folge hat ihren Grund in der äußeren Freiheit.

2) Diese äußere Freiheit ist nun jedoch allenfalls physisch einschränkbar durch kontingente, historisch, politisch oder gesellschaftlich bedingte Umstände, metaphysisch hingegen ist sie in dem notwendigen ›reichen System der größten Begebenheiten‹ (*copiosum maximorum eventuum systema*), in Gottes Einrichtung der Welt als *mundus perfectissimus*[112] immer schon gegeben und unverbrüchlich garantiert. Aufgrund des Systems der vorherbestimmten Übereinstimmung (*systema harmoniae praestabilitae*), in welchem durch den göttlichen Willen alle vergangenen, gegenwärtigen und zukünftigen Geschehnisse auf das Beste hin ausgerichtet sind, kann der menschlichen Seele, wie es Baumgarten in § 729 der *Metaphysica* formuliert,

112 Vgl. *Met.* §§ 436 f.

eine »völlige Unabhängigkeit« von irgendjedem Endlichen in dieser Welt zugesprochen werden. In diesem Sinne ist die menschliche Seele – innerhalb und entgegen jedweder physischen Bedingtheit – metaphysisch immer schon unbedingt frei.

3) Die ›innigste Überredung‹ (*intima persuasio*) – die per Definition eine sinnliche Gewißheit (*certitudo sensitiva*) ist[113] – von dem ›reichen System der größten Begebenheiten‹ ist die ›übernatürliche Erfüllung und Ergänzung der inneren und psychologischen Freiheit‹ (*supernaturale libertatis internae psychologicaeque complementum ac supplementum*), Bedingung der Möglichkeit der Verwirklichung der inneren, in der ›Herrschaft der Seele über sich selbst‹ sich manifestierenden Freiheit. Damit ist, da Freiheit die Voraussetzung für Sittlichkeit bildet, die sinnliche Gewißheit von der gottgewollten Einrichtung der Welt auf das Beste hin auch die notwendige Ergänzung und der Ermöglichungsgrund von sittlicher Größe als Wollen des Guten. Erst beides zusammen, die innere Freiheit als ›Herrschaft der Seele über sich selbst‹ und die sinnliche Gewißheit hinsichtlich der diese innere Freiheit erst garantierenden göttlichen Einrichtung der Welt, bildet die höchste, erhabene Großmut, die *magnanimitas genere maxima*.

In § 416 der *Aesthetica* bestimmt Baumgarten den Zustand der durch die höchste Großmut ausgezeichneten Gemüter weiterhin als »Zustand der Beruhigung« (*status tranquillitatis*), wobei er zur Erläuterung desselben auf § 445 seiner *Ethica philosophica* verweist. Dieser intertextuelle Bezug sowie der nähere Kontext des genannten Paragraphen erlauben es nun, die beiden von Baumgarten in zwei Schritten erarbeiteten Aspekte der *magnanimitas in aestheticis genere maxima* – ihre mittels der Zitate aus Vergil, Horaz und Cicero aufgezeigte ›Gemeinschaft mit dem Göttlichen‹ und ihre in der Auseinandersetzung mit Longin herausgestellte Bestimmung als Wollen des Guten, welches in der erst durch die Gewißheit von Gottes Wahl der besten aller Welten ermöglichten inneren Freiheit gründet – zusammenzuführen.

Der ›Zustand der Beruhigung‹, den Baumgarten der höchsten Großmut zuschreibt, ist, so die Definition in § 445 der *Ethica*, der

113 Vgl. *Met.* § 531.

Zustand des Tugendhaften (*status virtuosi*), in welchem er nicht zum Laster versucht wird. Voraussetzung hierfür ist, wie vorausgehend in § 443 der *Ethica* dargelegt wird, eine hinreichende Erkenntnis hinsichtlich »derjenigen Ding[e] […], die näher mit der Freiheit verknüpft sind, des sittlich Guten und Schlechten, der Tugend und des Lasters«:

> »In demjenigen […], in dem – durch deren Reichtum, Wichtigkeit, Wahrheit, Klarheit, Gewißheit und Lebendigkeit – soviel Erkenntnis ist, wie sie der Zustand der Tugend erfordert, in dem herrscht der ZUSTAND DES LICHTS vor, oder das sittliche Reich des Lichts; in wem nicht soviel Erkenntnis ist, der befindet sich im ZUSTAND DER FINSTERNIS, im sittlichen Reich der Finsternis.«

Doch, so heißt es weiter in § 444 der *Ethica*:

> »Ein Mensch, auch ein höchst vernünftiger, der sich in vollem Maße der reichen, genauen, wichtigen, lebendigen und ja sogar der deutlichen Erkenntnis des Sittlichen erfreut, bis hin zur Überzeugung oder zum Erweis, kann dennoch im Zustand der Finsternis sein; nur der Tugendhafte ist im Zustand des Lichts. Doch dessen Pflicht ist es auch, den Maueranger des Reichs des Lichts zu erweitern und dem Licht selbst angemessen zu handeln, d.h. IM LICHTE WANDELN, soviel er kann.«

Das ›sittliche Reich des Lichts‹ (*regnum lucis morale*) ist, wie aus § 403 der *Metaphysica* hervorgeht, die ›Welt der Geister‹ (*mundus pneumaticus*) oder – mit Leibniz, auf den sich Baumgarten bei der Verwendung des Begriffs in der Vorrede zur 2. Auflage der *Metaphysica* (1742) explizit zurückbezieht[114] – das ›Reich der Gnade‹

114 »[A]d mundi pneumatici denominationem adieci in parenthesi, *regnum gratiae* […]. Iam notum est, *Leibnitium* omnes spiritus dixisse regnum gratiae. Ergo adieci titulum.« – »[Z]ur ›uneigentlichen Benennung‹ der geistigen Welt [fügte ich] in Klammer: (Reich der Gnade) [bei] […]. Bekanntlich nannte Leibniz [das Kollektiv] aller Geistwesen das ›*Reich der Gnade*‹. Also fügte ich diese Überschrift bei.« Lat. und in dt. Übers. zitiert nach NIGGLI 1998, S. 42f.

(*regnum gratiae*).[115] Aufgabe des Tugendhaften ist es nun nach § 444 der *Ethica* nicht nur, seine Erkenntnis hinsichtlich des ›sittlichen Reichs des Lichts‹ zu verbessern, sondern auch, seinen Willen (basierend auf dem vernunftgeleiteten, ausgewogenen Verhältnis der unteren und oberen Begehrungsvermögen) entsprechend auszurichten und entsprechend zu handeln: *Ambulare in luce*. Nimmt man dies – legitimiert durch die kontextuelle Nähe zu § 445 der *Ethica*, auf den Baumgarten in § 416 der *Aesthetica* verweist – als weitere Bestimmung der höchsten ästhetischen Großmut hinzu, so schließen sich Baumgartens Aussagen zum Ganzen: Die *magnanimitas in aestheticis genere maxima*, als innere Freiheit, sittliche Größe und Wollen des Guten, ermöglicht und ergänzt durch die innige Gewißheit hinsichtlich Gottes Wahl und Einrichtung der besten aller Welten, ist eine ›Gemeinschaft mit dem Göttlichen‹: Denn sie bedeutet – auch in ihrer als Handlungsform zu verstehenden produktiven Umsetzung in der Kunst – das ›Wandeln‹ im göttlichen Reich der Gnade.

Hatte Baumgarten als Maßgabe für das vom *felix aestheticus* in § 29 geforderte *ingenium venustum* in den Abschnitten zur *ubertas aesthetica* den Reichtum der Erkenntnis erarbeitet, der in seiner Überführung in die ›abgerundete Kürze‹ (*brevitas rotunda*) der ästhetischen Darstellung auf der Stufe der menschlichen Erkenntnisfähigkeit der von Gott als *regnum naturae* vollkommen, in Einheit und Mannigfaltigkeit eingerichteten Welt entsprechen sollte, so gipfelt die Behandlung des in § 45 geforderten *temperamentum aestheticum* in den Abschnitten zur *magnitudo aesthetica* in der höchsten ästhetischen Großmut, deren ästhetische Darstellung auf die sich nur in sittlicher Größe manifestierende Zugehörigkeit des Menschen zu der von Gott als *regnum gratiae* eingerichteten Welt, in der sich letztlich »alles […] für die Guten zum Besten wenden« muß,[116] verweist.

Es scheint nicht abwegig, in Leibniz' Unterscheidung und Verbindung des Reichs der Natur, das Gott als Baumeister gemäß sei-

[115] Vgl. auch *Met.* § 486.

[116] Leibniz: *Monadologie*, Abschnitt 90; zitiert nach Cassirer, Bd. 2 (1996), S. 620.

ner Erkenntnis in höchstmöglicher Einheit in Mannigfaltigkeit geschaffen hat, und des Reichs der Gnade, in dem Gott gemäß seinem Willen und als Monarch der vernunftbegabten und der Sittlichkeit fähigen Wesen alles nach dem Prinzip des Besten ins Werk setzt,[117] das innere Strukturprinzip zu sehen, nach dem Baumgarten die ersten beiden großen Abschnitte seiner *Aesthetica* zur *ubertas* und zur *magnitudo aesthetica* – anknüpfend an die eingangs formulierten Anforderungen an den *felix aestheticus* – gliedert und aufeinander bezieht. Will man Leibniz als den »größten« – und als einen der letzten – »christlichen Metaphysiker seit Augustin« bezeichnen,[118] so ist Baumgarten der erste, der diese ›christliche Metaphysik‹ in eine umfassende, ontologisch und psychologisch begründete ästhetische Theorie überführt, in der die in der sinnlichen Erscheinung des *phaenomenon* zutage tretende Schönheit nicht nur als Ausdruck der menschlichen Erkenntnis der in Gott gegründeten Vollkommenheit der Welt, sondern zugleich auch als Ausdruck des – im Zweifelsfall gegen gegebene historische, politische oder gesellschaftliche Normen gerichteten – freiheitlichen menschlichen Strebens nach der gottgewollten Verwirklichung des Besten erwiesen werden soll. Baumgartens Ästhetik kann, auch in der fragmentarisch gebliebenen Form der *Aesthetica*, als theoretische Explikation der in § 45 vom *felix aestheticus* geforderten »schöne[n] Erkenntnis« mit deren »Zugabe, der liebenswerten Tugend«, als notwendige Voraussetzung der »höhere[n] Erkenntnis« mit deren Zugabe, der »verehrungswürdigen Tugend«, verstanden werden – und es ist letztlich, mit Baumgarten, zu bedenken, »wie leicht von da aus der Übergang zum Größten sein mag«. Dieser Übergang zum Größten, der in nichts anderem als in der höchstmöglichen Annäherung der menschlichen Erkenntnis- und Begehrungsvermögen an das Göttliche besteht, bildet als Finalgrund den Dreh- und Angelpunkt von Baumgartens philosophischer und so auch seiner ästhetischen Reflexion. Denn diese Annäherung beginnt bei der sinnlichen Erkenntnis der Voll-

117 Vgl. Leibniz, *Monadologie*, Abschnitte 48, 84–90.

118 So Hermann Glockner in seiner ›Einführung‹ zu: Leibniz, Gottfried Wilhelm: *Monadologie*, neu übers., eingeleitet und erläutert von Hermann Glockner, Stuttgart 1954, S. 9.

kommenheit der Welt und bei der sinnlichen Gewißheit von ihrer Ausrichtung auf die Glückseligkeit der sittlich Guten. Und vielleicht führt sie auch dorthin zurück. Dann wäre Baumgartens von Thomas Abbt und Moses Mendelssohn nur mit Unverständnis kommentierter Unwille, sich auf dem Sterbebett noch mit weiteren systematischen Spekulationen über Sinn und Zweck des menschlichen Daseins zu beschäftigen, in einem etwas anderen Licht zu sehen.

AESTHETICA

SCRIPSIT

ALEXAND. GOTTLIEB
BAVMGARTEN

PROF. PHILOSOPHIAE.

TRAIECTI CIS VIADRVM
IMPENS. IOANNIS CHRISTIANI KLEYB
CIƆIƆCCL.

AESTHETICA

PRAEFATIO

Quum A. 1742 rogarer quaedam consilia dirigendarum facultatum inferiorum in cognoscendo vero, novam per acroasin, exponere: more consueto, definitiones demonstrationesque praecipuas dictabam in calamos audientium, reliqua liberiori sermoni servabam illustranda. Quae congesseram, tum quibusdam aliis doctissimis viris, quorum in manus scripta pervenerant, tum praesertim, viro celeberrimo, Georgio Friderico Meier, professori Halensium dignissimo, ita placuerunt, ut in ea non solum per acroases in Fridriciana novas commentaretur, sed et ad scribendum eiusdem argumenti librum animum appelleret. Duas operis utilissimi partes iam vidi, in iisque mea, non tam dexterrime versa in linguam vernaculam, quam multis optimis rebus amplificata atque exornatas singulari cum iucunditate deprehendi. Quae dum amico suavissimo, lecturis eruditis, et mihi tacitus mecum gratulor, anno praeterlapso generosissimi nobilissimique commilitones me denuo conveniunt acroasin aestheticam postulaturi. Honestissimo satisfacturus desiderio, memor, quantum ego quondam temporis fatigandis excipientium dextris impendere debuerim, quum dictarem, quorum antea mentionem inieci, mea tamen rogarer: prelo ea committere mecum constitui. Nunquam autem ita mihi mea, si qua sunt, arriserunt, ut ea curis secundis eximerem. Hinc et illa, quae octo ab hinc annis mente conceperam, novis accesionibus emendationibusque, si possim, meliora reddere mens fuit. Quae per hanc hiemem absolvere scribendo licuit, nunc

ÄSTHETIK (1750)

VORREDE

Als ich im Jahre 1742 gebeten wurde, einige Ratschläge zur Ausrichtung der unteren Vermögen auf die Erkenntnis des Wahren in einer neuen Vorlesung darzulegen, so habe ich nach gewohntem Brauch die vornehmlichen Erklärungen und Erweise den Zuhörern in die Feder diktiert, alles übrige behielt ich mir vor, im freieren Vortrag zu erhellen. Was ich zusammengetragen hatte, gefiel dann einigen anderen überaus gelehrten Männern, in deren Hände das Geschriebene gelangt war, vor allem dem allerberühmtesten Georg Friedrich Meier, allerwürdigstem Professor zu Halle, so sehr, daß letzterer nicht nur in neuen Vorlesungen an der Fridericiana Betrachtungen darüber anstellte, sondern sich auch dazu entschloß, ein Buch über denselben Inhalt zu schreiben. Ich habe bereits zwei Teile des überaus nützlichen Werkes gesehen,[1] und in denselben habe ich mit außerordentlichem Vergnügen das meine nicht sowohl auf das Gewandteste in unsere heimische Sprache übertragen, sondern vielmehr auch durch viele vortreffliche Beispiele erweitert und ausgeschmückt vorgefunden. Und während ich mich mit meinem liebenswürdigsten Freund, bei gelehrter Lektüre, und im Stillen für mich darüber freue, ersuchen mich im vergangenen Jahr die allergroßmütigsten und edelsten Kommilitonen erneut um eine ästhetische Vorlesung. Indem ich ihr überaus ehrliches Verlangen erfüllen will, erinnere ich mich, wieviel Zeit und Mühe anzuwenden ich wohl einst den schreibenden Händen meiner Zuhörer schuldete, da ich, was ich vorher erwähnte, diktierte, sie mich nun aber doch danach fragten: So entschloß ich mich, es dem Druck zu übergeben. Niemals jedoch haben mir meine Schriften, wenn sie etwa etwas gelten, so gefallen, daß ich sie einer zweiten Bearbeitung entzogen hätte. Daher war meine Absicht, auch dasjenige, was ich vor acht Jahren im Geiste abgefaßt hatte, wenn ich könnte, mit neuen Zusätzen und Verbesserungen zu vervollkommnen. Was mir gegeben war

parvo, iusto tamen volumine, publici iuris sunto. Reliquis exsequendis primum, quod nanciscar, otium consecrabo. Tunc forte plura praefari licebit. Nunc unum est, quod gratus animus me monet publice testari, sicut Werenfelsii Vossiique scripta, in aliis, ita multum adiumenti mihi attulisse, quum meditarer iterum olim conscripta, celeberrimi Gesneri thesaurum, quem ego sane non linguae solum, sed etiam rerum ad veram pulcritudinem facientium oppido divitem expertus sum. Quaecunque meam hanc, et reliquas curas obeundi muneris, quod acceptum fero sanctae providentiae, fortuna maneat, bonis viris, qui haec iudicabunt, mihi certe satis erit, protulisse me quaedam, quorum meditationes meis, non solum pulcriores, sed etiam meliores, et ingenia colere, et prodesse non parum moribus possint. Scribebam Traiecti cis Viadrium a. d. 26 Mart. MDCCL.

SYNOPSIS

Prolegomena, §§ 1–13
Tractatio
I) Aesthetica theoretica, P. I

1) Heuristica, C. I
A) de pulcritudine cognitionis generatim, S. I, §§ 14–27
B) speciatim

a) character aesthetici
א) positivus
α) natura, S. II, §§ 28–46
β) exercitatio, S. III, §§ 47–61
γ) disciplina, S. IV, §§ 62–77

in diesem Winter schreibend zu vollenden, sei nun in diesem kleinen, doch wohlbegründeten Bändchen öffentliches Gemeingut. Der Ausführung des Übrigen werde ich die erste Muße, die ich finden mag, widmen. Dann wird vielleicht mehr in der Vorrede gesagt werden können. Nun gibt es eines, was mein dankbarer Geist mich ermahnt, öffentlich zu bezeugen: Daß, gleichwie unter anderem die Schriften von Werenfels[2] und Vossius,[3] mir, als ich wiederum das einst Geschriebene durchdachte, der *Thesaurus* des überaus berühmten Gessner[4] von großer Hilfe war, den ich nicht nur hinsichtlich der Sprache, sondern auch hinsichtlich der Sachen, die zur wahren Schönheit beitragen, als einen überaus großen Reichtum erfahren habe. Was auch immer für ein Schicksal diese meine Bemühung und die übrigen Bemühungen um die anzutretende Arbeit, die ich der göttlichen Vorsehung verdanke, erwarten mag, so wird es mir gewiß genug sein, daß ich gewisse Dinge tüchtigen Männern, die dies beurteilen werden, dargeboten habe, deren Überlegungen nicht nur schöner, sondern auch besser als die meinen sein, die Geister pflegen und den Sitten nicht wenig nutzen mögen. Geschrieben in Frankfurt an der Oder, den 26. März 1750.

ÜBERSICHT

δ) impetus, S. V, §§ 78–95
ε) correctio, S. VI, §§ 96–103
ℑ) negativus, S. VII, §§ 104–114

b) ubertas aesthetica
ℵ) generatim, S. VIII, §§ 115–118
ℑ) speciatim
α) materiae
A) ipsa, S. IX, §§ 119–129
B) eo ducentia
a) topica, S. X, §§ 130–141
b) argumenta locupletantia, S. XI, §§ 142–148
β) personae, S. XII, §§ 149–157
γ) usus utriusque cum brevitate
1) absoluta semper, S. XIII, §§ 158–166
2) relativa aliquando, S. XIV, §§ 167–176

c) magnitudo aesthetica
ℵ) generatim, S. XV, §§ 177–190
ℑ) speciatim
α) materiae
A) absoluta, S. XVI, §§ 191–201
B) relativa, S. XVII, §§ 202–216
C) ratio cogitat. ad materias
a) generatim, S. XVIII, §§ 217–229
b) speciatim in genere cogitandi
1) tenui, S. XIX, §§ 230–265

γ) argumenta probantia, S. XXXIII, §§ 539–554
δ) studium veritatis aestheticum
A) absolutum, S. XXXIV, §§ 555–565
B) comparativum
a) in dogmaticis et historicis, S. XXXV, §§ 566–584
b) poeticum, S. XXXVI, §§ 588–613

e) lux aesthetica

f) certitudo aesthetica

g) vita cognitionis aesthetica

2) Methodologia, C. II

3) Semiotica, C. III

II) Aesthetica practica, P. II

PROLEGOMENA

§ 1 AESTHETICA (theoria liberalium artium, gnoseologia inferior, ars pulcre cogitandi, ars analogi rationis) est scientia cognitionis sensitivae.

§ 2 Naturalis facultatum cognoscitivarum inferiorum gradus solo usu citra disciplinalem culturam auctus AESTHETICA NATURALIS dici potest, et distingui, sicuti logica naturalis solet, in connatam, in-

VORBEMERKUNGEN

§ 1 DIE ÄSTHETIK (Theorie der freien Künste, untere Erkenntnislehre, Kunst des schönen Denkens, Kunst des Analogons der Vernunft) ist die Wissenschaft der sinnlichen Erkenntnis.[1]

§ 2 Der natürliche, nur durch den Gebrauch, ohne dogmatische Lehre beförderte Grad der Verfassung der unteren Erkenntnisvermögen kann die NATÜRLICHE ÄSTHETIK genannt und, gleichwie man es bei der natürlichen Logik zu tun pflegt, in eine angeborene – den angeborenen schönen Geist – und eine erworbene Ästhetik un-

genium pulcrum connatum, et acquisitam, et haec denuo in docentem et utentem.

§ 3 Ad naturalem accedentis artificialis aesthetices, § 1, usus inter alios maior erit 1) scientiis intellectu potissimum cognoscendis bonam materiam parare, 2) scientifice cognita captui quorumvis accommodare, 3) cognitionis emendationem etiam extra distincte cognoscendorum a nobis pomoeria proferre, 4) bona principia studiis omnibus mansuetioribus artibusque liberalibus subministrare, 5) in vita communi, caetera si paria fuerint, in agendis rebus omnibus praestare.

§ 4 Hinc usus speciales, 1) philologicus, 2) hermeneuticus, 3) exegeticus, 4) rhetoricus, 5) homileticus, 6) poeticus, 7) musicus e.c.

§ 5 Obici posset nostrae scientiae, § 1, 1) eam nimis late patere, quam ut uno libello, una acroasi possit exhauriri. Rsp. concedendo. Sed praestat aliquid nihilo, 2) eam eandem esse cum rhetorica et poetica. Resp. a) latius patet, b) complectitur his cum aliis artibus, ac inter se communia, quibus heic loco convenienti, semel perspectis quaelibet ars sine tautologiis inutilibus suum fundum felicius colat. 3) Eandem esse cum critica. Rsp. a) est etiam critica logica, b) quaedam critices species est pars aesthetices, c) huic praenotio quaedam aesthetices reliquae paene necessaria est, nisi velit in diiudicandis pulcre cogitatis, dictis, scriptis disputare de meris gustibus.

terschieden werden, und diese wiederum in eine lehrende und eine ausübende.

§ 3 Der höhere Nutzen der zur natürlichen hinzutretenden künstlichen Ästhetik wird, unter anderen, der sein, daß sie 1) den Wissenschaften, die sich vornehmlich auf die Verstandeserkenntnis gründen, einen geeigneten Stoff bereitstellt, 2) wissenschaftlich Erkanntes der Auffassungsgabe jedwedes Menschen anpaßt, 3) die Verbesserung der Erkenntnis auch über den Maueranger der von uns deutlich erkannten Dinge hinaus erweitert, 4) geeignete Grundsätze für alle sanftmütigeren Bestrebungen und alle freien Künste darreicht, 5) im gemeinen Leben, wenn die übrigen Umstände die gleichen sind, bei allen Dingen, die zu tun sind, Vorzüge besitzt.[1]

§ 4 Hieraus ergeben sich ihre besonderen Nutzanwendungen: 1) eine philologische, 2) eine hermeneutische, 3) eine exegetische, 4) eine rhetorische, 5) eine homiletische, 6) eine poetische, 7) eine musische usw.

§ 5 Man mag gegen unsere Wissenschaft einwenden, 1) daß sie sich allzu weit erstrecke, als daß sie in einem Büchlein, in einer Vorlesung[1] könne erschöpft werden. Ich antworte, indem ich dies zugebe. Aber etwas ist besser als nichts. 2) Daß sie ein und dasselbe sei mit der Rhetorik und Poetik. Ich antworte: a) Sie erstreckt sich weiter, b) sie umfaßt Dinge, die diesen und anderen Künsten gemeinsam sind und die sie auch unter sich gemeinsam haben, durch die, nachdem sie hier an dem ihnen zukommenden Ort ein für allemal durchdrungen wurden, jedwede Kunst ihren jeweiligen Grund und Boden ohne unnütze Tautologien glücklicher bearbeiten mag. 3) Daß sie ein und dasselbe sei mit der Kritik. Ich antworte: a) Es gibt auch eine logische Kritik, b) eine gewisse Art der Kritik ist ein Teil der Ästhetik, c) für diese ist ein gewisser Vorbegriff der ganzen übrigen Ästhetik beinahe unerläßlich, wenn man in der Beurteilung von schön Gedachtem, Gesagten und Geschriebenen nicht über den bloßen Geschmack gelehrt streiten will.

§ 6 Obiici posset nostrae scientiae 4) indigna philosophis et infra horizontem eorum esse posita sensitiva, phantasmata, fabulas, affectuum perturbationes e.c. Rsp. a) philosophus homo est inter homines, neque bene tantam humanae cognitionis partem alienam a se putat, b) confunditur theoria pulcre cogitatorum generalis et praxis ac exsequutio singularis.

§ 7 Obi. 5) Confusio mater erroris. Rsp. a) sed conditio, sine qua non, inveniendae veritatis, ubi natura non facit saltum ex obscuritate in distinctionem. Ex nocte per auroram meridies. b) Ideo curanda est confusio, ne inde errores, quot et quanti penes incurios, c) non commendatur confusio, sed cognitio emendatur, quatenus illi necessario admixtum est aliquid confusionis.

§ 8 Obi. 6) Cognitio distincta praestat. Rsp. a) apud finitum spiritum tantum in gravioribus, b) unius positio non est alterius exclusio, c) ideo secundum regulas distincte cognitas directum imus pulcre cognoscenda primum, ex quibus eo perfectior aliquando surgat distinctio, §§ 3, 7.

§ 9 Obi. 7) Per cultum analogi rationis, verendum est, ne quid detrimenti capiat rationis et soliditatis territorium. Rsp. a) hoc argumentum est in plus probantibus, quia idem periculum est, quotiescunque perfectio composita quaeritur, ad cautionem incitans, non

§ 6 Man mag gegen unsere Wissenschaft einwenden, 4) daß Sinnliches, Einbildungen, Märchen, die Wirrnisse der Leidenschaften usw. den Philosophen unwürdig seien und unter ihrem Horizont lägen. Ich antworte: a) Ein Philosoph ist ein Mensch unter Menschen, und er tut nicht gut daran, wenn er glaubt, ein so großer Teil der menschlichen Erkenntnis sei ungehörig für ihn,[1] b) die allgemeine Theorie des schön Gedachten wird hier mit der Praxis und Ausübung im einzelnen verwirrt.

§ 7 Man mag einwenden: 5) Die Verwirrung ist die Mutter des Irrtums. Ich antworte: a) Aber sie ist die unerläßliche Bedingung zur Auffindung der Wahrheit, weil die Natur keinen Sprung macht aus der Dunkelheit in die Deutlichkeit.[1] Aus der Nacht führt die Morgenröte zum Mittag.[2] b) Deswegen muß man für die Verwirrung Sorge tragen, damit aus ihr keine Irrtümer entstehen, wie sie alle und in großer Menge bei denen auftreten, die sich nicht um sie bekümmern. c) Es wird nicht die Verwirrung empfohlen, sondern die Erkenntnis verbessert, insofern jener notwendigerweise etwas an Verwirrung beigemischt ist.[3]

§ 8 Man mag einwenden: 6) Die deutliche Erkenntnis ist besser. Ich antworte: a) Bei einem begrenzten Geist nur bei wichtigeren Dingen, b) die Setzung des einen bedeutet nicht die Ausschließung des anderen, c) deswegen gehen wir geradewegs zuerst gemäß deutlich erkannten Regeln zu den Dingen, die auf schöne Weise erkannt werden müssen, aus denen dann bisweilen eine um so vollkommenere Deutlichkeit hervorgehen mag.

§ 9 Man mag einwenden: 7) Es muß befürchtet werden, daß durch die Pflege des Analogons der Vernunft das Land der Vernunft und der Gründlichkeit einen Schaden erleidet. Ich antworte: a) Dieses Argument gehört zu denen, die mehr Beweiskraft besitzen, weil es ebendiese Gefahr ist, die, wann immer eine zusammengesetzte Vollkommenheit erstrebt wird, zur Behutsamkeit mahnt und dazu rät, die wahre Vollkommenheit nicht zu vernachlässigen. b) Ein nicht gepflegtes und einigermaßen verderbtes Analogon der Vernunft ist

neglectum verae perfectionis suadens. b) Incultum et corruptius analogon rationis non minus officit rationi severiorique soliditati.

§ 10 Obi. 8) Aesthetica ars est, non scientia. Rsp. a) Hi non sunt oppositi habitus. Quot olim artes tantum iam sunt simul scientiae? b) nostram artem demonstrari posse, probabit experientia, patet a priori, quia psychologia e.c. suppeditant certa principia, mereri eandem, ut elevetur in scientiam, docent usus, in aliis, §§ 3, 4 commemorati.

§ 11 Obi. 9) Aesthetici nascuntur, non fiunt, uti poetae. Rsp. Hor., A. Poet., v. 408; Cic., De or. l. II, c. 60; Bilfinger in Dilucidd., § 268; Breitinger von den Gleichnissen, p. 6. Aestheticum natum iuvat theoria completior, rationis auctoritate commendabilior, exactior, minus confusa, certior, minus trepida, § 3.

§ 12 Obi. 10) Facultates inferiores, caro, debellandae potius sunt, quam excitandae et confirmandae. Rsp. a) Imperium in facultates inferiores poscitur, non tyrannis. b) Ad hoc, quatenus naturaliter impetrari potest, manu quasi ducet aesthetica. c) Facultates inferiores non, quatenus corruptae sunt, excitandae confirmandaeque sunt aestheticis, sed iisdem dirigendae, ne sinistris exercitiis magis corrumpantur, aut pigro vitandi abusus praetextu tollatur usus concessi divinitus talenti.

§ 13 Aesthetica nostra, § 1, sicuti logica, soror eius natu maior, est I) THEORETICA, docens, generalis, P. I, praecipiens 1) de rebus et cogitandis HEURISTICE, C. I, 2) de lucido ordine, METHODOLO-

der Vernunft selbst und der strengeren Gründlichkeit nicht weniger hinderlich.

§ 10 Man mag einwenden: 8) Die Ästhetik ist eine Kunst, keine Wissenschaft. Ich antworte: a) Dies sind keine gegensätzlichen Fertigkeiten. Wie viele Künste, die einst nur dies waren, sind heute nicht zugleich Wissenschaften?[1] b) Daß unsere Kunst wissenschaftlich erwiesen werden kann, beweist die Erfahrung und ist *a priori* offenbar, weil die Psychologie usw. Grundsätze hierfür darbietet, die gewiß sind.[2] Daß sie es verdient, zu einer Wissenschaft erhoben zu werden, lehren die Nutzanwendungen, die, unter anderen, in §§ 3, 4 angeführt wurden.

§ 11 Man mag einwenden: 9) Ästhetiker werden – ebenso wie die Dichter – geboren, Ästhetiker kann man nicht werden. Ich antworte mit Horaz,[1] Cicero,[2] Bilfinger,[3] Breitinger[4]: Eine vollständigere, durch die Autorität der Vernunft noch empfehlenswertere, genauere, weniger verworrene, gewissere und weniger unsichere Theorie unterstützt den geborenen Ästhetiker.

§ 12 Man mag einwenden: 10) Die unteren Vermögen und das Fleisch müssen eher besiegt als aufgeweckt und bestärkt werden. Ich antworte: a) Bei den unteren Vermögen ist eine Herrschaft, keine Tyrannei erforderlich. b) Hierzu, sofern dies auf natürliche Weise erreicht werden kann, führt uns die Ästhetik gleichsam bei der Hand. c) Die unteren Vermögen dürfen von den Ästhetikern nicht, insofern sie verderbt sind, erweckt und bestärkt werden, sondern sie müssen von ihnen gelenkt werden, damit sie nicht durch verkehrte Übungen noch mehr verderbt werden und damit uns nicht unter dem faulen Vorwand, daß ein Mißbrauch vermieden werden müsse, der Gebrauch einer uns von Gott gegebenen Gabe genommen wird.[1]

§ 13 Unsere Ästhetik ist, gleichwie die Logik, ihre ältere Schwester,[1] I) THEORETISCH, lehrend, allgemein, Teil I, indem sie Regeln vorgibt: 1) HEURISTISCH hinsichtlich der Sachen und der zu denkenden Dinge, Kap. I, 2) hinsichtlich der lichtvollen Ordnung,

GIA, C. II, 3) de signis pulcre cogitatorum et dispositorum, SEMIOTICA, C. III, II) PRACTICA, utens, specialis, P. II. Utrimque

cui lecta potenter erit res.
Nec facundia deseret hunc, nec lucidus ordo, Hor., E.[1]

Res sit prima tibi, sit *lucidus ordo* secunda,
Signaque postremo tertia cura loco.

[1] Horaz, *A. p.* 40 f.

als METHODOLOGIE, Kap. II, 3) hinsichtlich der Zeichen des schön Gedachten und Angeordneten, als SEMIOTIK, Kap. III. Sie ist II) PRAKTISCH, ausübend, Besonderes betreffend, Teil II. Für beide Seiten gilt:

Wer seinem Können gemäß sich das Thema gewählt hat,
dem wird es nicht an sprachlicher Kraft noch an lichtvoller Anordnung fehlen.

Der *Sache* soll deine erste Sorge gelten, der *lichtvollen Ordnung* die zweite, *und die Zeichen* sollen an letzter Stelle dein drittes Besorgnis sein.[2]

PARS I
AESTHETICA THEORETICA

CAPUT I
HEURISTICA

SECTIO I
PULCRITUDO COGNITIONIS

§ 14 Aesthetices finis est perfectio cognitionis sensitivae, qua talis, § 1. Haec autem est pulcritudo, Metaphysic. §§ 521, 662, et cavenda eiusdem, qua talis, imperfectio, § 1. Haec autem est deformitas, Metaphysic. §§ 521, 662.

§ 15 Perfectiones cognitionis sensitivae adeo reconditas, ut vel omnino nobis obscurae maneant, vel non nisi intelligendo possimus eas intueri, non curat aestheticus, qua talis, § 14.

§ 16 Imperfectiones cognitionis sensitivae adeo reconditas, ut vel omnino nobis obscurae maneant, vel non nisi iudicio intellectuali possint detegi, non curat aestheticus, qua talis, § 14.

§ 17 COGNITIO SENSITIVA est a potiori desumta denominatione complexus repraesentationum infra distinctionem subsistentium. Huius exsistentis si vel solam pulcritudinem ac elegantiam, deformitatemve solam, §§ 15, 16, simul vellemus intelligendo nunc circumspicere, sicut intuetur aliquando saporis eruditi spectator, venerum macularumve genericarum per diversas suas classes, specificarum, numericarumve mole velut obruta fatisceret distinctio scientiae necessaria, § 1. Hinc primum lustremus PULCRITUDINEM, omni

Teil I
THEORETISCHE ÄSTHETIK

KAPITEL I
HEURISTIK

ABSCHNITT I
DIE SCHÖNHEIT DER ERKENNTNIS

§ 14 Der Zweck der Ästhetik ist die Vollkommenheit[1] der sinnlichen Erkenntnis als solcher. Dies aber ist die Schönheit. Und zu meiden ist die Unvollkommenheit derselben als solcher. Dies aber ist die Häßlichkeit.

§ 15 Um Vollkommenheiten der sinnlichen Erkenntnis, die so sehr verborgen sind, daß sie uns entweder völlig dunkel bleiben oder daß wir sie nur in einem verstandesmäßigen Begreifen anschauend erkennen können, besorgt sich der Ästhetiker als solcher nicht.

§ 16 Um Unvollkommenheiten der sinnlichen Erkenntnis, die so sehr verborgen sind, daß sie uns entweder völlig dunkel bleiben oder nur durch die Beurteilungskraft des Verstandes aufgedeckt werden können, besorgt sich der Ästhetiker als solcher nicht.

§ 17 Die SINNLICHE ERKENNTNIS ist gemäß der nach ihrer Hauptsache gewählten Benennung die Gesamtheit der Vorstellungen, die unter der Deutlichkeit verbleiben. Wenn wir nun auch allein die Schönheit und Anmut oder allein die Häßlichkeit dieser Gesamtheit, insofern sie wirklich ist, jeweils in einem mit dem Verstand überblicken wollten, so wie diese bisweilen von einem Betrachter von gelehrtem Geschmack anschauend erkannt werden, würde die der Wissenschaft notwendige Unterscheidung unter der Masse der Anmutigkeiten oder Makel in den verschiedenen Klassen ihrer Gattungen, ihren besonderen Arten und ihrer numerischer Differenz gleichsam begraben zum Erliegen kommen. Daher wollen wir zuerst die SCHÖNHEIT erhellen, insofern sie beinahe aller schönen sinnlichen Erkenntnis gemeinsam ist, die

paene sensitivae cognitioni pulcrae quatenus communis est, UNIVERSALEM et catholicam cum eius opposito, § 14.

§ 18 Pulcritudo cognitionis sensitivae erit universalis, § 14, 1) consensus cogitationum, quatenus adhuc ab earum ordine et signis abstrahimus, inter se ad unum, qui phaenomenon sit, § 14, Metaphysic. § 662, PULCRITUDO RERUM ET COGITATIONUM, distinguenda a pulcritudine cognitionis, cuius prima et primaria pars est, § 13, et pulcritudine obiectorum et materiae, quacum ob receptum rei significatum saepe, sed male confunditur. Possunt turpia pulcre cogitari, ut talia, et pulcriora turpiter.

§ 19 Pulcritudo cognitionis sensitivae universalis, § 14, quia nulla perfectio sine ordine, Metaphys. § 95, 2) consensus ordinis est, quo res pulcre cogitatas meditemur, et internus, et cum rebus, phaenomenon, § 14, PULCRITUDO ORDINIS et dispositionis.

§ 20 Pulcritudo cognitionis sensitivae universalis est, § 14, quia signata non percipimus sine signis, Met. § 619, 3) consensus signorum internus, et cum ordine, et cum rebus, phaenomenon, PULCRITUDO SIGNIFICATIONIS, qualis dictio et eloquutio, quando signum est oratio s. sermo, et simul actio, quando sermo viva voce habetur. Habes tres cognitionis gratias catholicas, §§ 18, 19.

§ 21 Totidem esse possunt, cavendaeque sunt deformitates, vitia, maculae cognitionis sensitivae, vel in cogitationibus et rebus, § 18, vel in coniunctione plurium cogitatorum, § 19, vel in significatione, § 20, M. § 121, quo numeravimus ordine, § 13.

ALLGEMEINE und allgemeingültige Schönheit und ihren Gegensatz.

§ 18 Die allgemeine Schönheit der sinnlichen Erkenntnis[1] wird 1) die Übereinstimmung der Gedanken,[2] insoweit wir noch deren Ordnung und Zeichen außer acht lassen, unter sich zu Einem sein, das Erscheinung genannt sei. Die SCHÖNHEIT DER SACHEN UND DER GEDANKEN muß von der Schönheit der Erkenntnis, deren erster und vornehmlicher Teil sie ist, und von der Schönheit der Gegenstände und des Stoffes, mit welcher sie aufgrund der angenommenen Bedeutung von ›Sache‹ oft, aber zu Unrecht verwirrt wird, unterschieden werden. Häßliche Dinge können als solche schön gedacht werden und schönere Dinge häßlich.[3]

§ 19 Die allgemeine Schönheit der sinnlichen Erkenntnis, ist, weil es keine Vollkommenheit ohne Ordnung gibt, 2) die Übereinstimmung der Ordnung, in der wir über die schön gedachten Sachen nachdenken, sowohl in sich als auch mit den Sachen, insofern sie Erscheinung ist. Dies ist die SCHÖNHEIT DER ORDNUNG und der Disposition.

§ 20 Die allgemeine Schönheit der sinnlichen Erkenntnis ist, weil wir Bezeichnetes nicht ohne Zeichen vorstellen, 3) die innere Übereinstimmung der Zeichen, sowohl mit der Ordnung als auch mit den Sachen, insofern sie Erscheinung ist, die SCHÖNHEIT DER BEZEICHNUNG, welche der Ausdruck und die Redeweise ist,[1] wenn das Zeichen eine Rede oder eine Unterredung ist, und zugleich eine Handlung, wenn die Unterredung mündlich gehalten wird. Hiermit hat man die drei allgemeingültigen Anmutigkeiten der Erkenntnis.

§ 21 Ebenso viele Häßlichkeiten, Fehler und Makel der sinnlichen Erkenntnis kann es geben, die man vermeiden muß, entweder in den Gedanken und Sachen oder in der Verbindung von mehrerem Gedachten oder in der Bezeichnung, in der Ordnung, die wir angeführt haben.

§ 22 Ubertas, magnitudo, veritas, claritas, certitudo, et vita cognitionis, quatenus consentiunt in una perceptione, et inter se, e. g. ubertas et magnitudo ad claritatem, veritas et claritas ad certitudinem, omnes reliquae ad vitam, quatenus varia cognitionis alia, §§ 18–20, consentiunt ad easdem, dant omnis cognitionis perfectionem, M. §§ 669, 94, phaenomena sensitivae pulcritudinem, § 14, universalem, § 17, praesertim rerum et cogitationum, § 18, in quibus iuvat

Copia, nobilitas, veri lux certa moventis.

§ 23 Angustiae, vilitas, falsitas, M. § 551, obscuritas imperspicua, dubia fluctuatio, M. § 551, inertia, M. § 669, sunt omnis cognitionis imperfectiones, M. § 94, phaenomena sensitivam deformant, § 14, generatim, § 17, praecipua rerum et cogitationum vitia, § 21.

§ 24 Pulcritudo cognitionis sensitivae, § 14, et ipsa rerum elegantia, § 18, sunt perfectiones compositae, §§ 18–20, 22, etiam universales, § 17, M. § 96. Quod et hinc patet, quod nulla perfectio simplex nobis fit phaenomenon, M. § 444. Hinc admittunt exceptiones admodum multas, non habendas in vitiis, etiamsi fiant phaenomena, modo maximum, qui locum habet, consensum phaenomenon non tollant, hinc sint, quae possunt, paucissimae minimae, M. § 445.

§ 25 Quibus positis ponitur pulcritudo, si dicamus ELEGANTIA, EXCEPTIONES, quales § 24 descripsimus, quando e. g. regula pulcritudinis debilior cedit fortiori, minus foecunda foecundiori, propior ulteriori, cui subordinatur e. c., M. § 515, erunt NON INELEGANTES. Hinc in regulis pulcritudinis in cognoscendo constituendis bene simul earundem robur attenditur, M. § 180.

§ 22 Der Reichtum, die Größe, die Wahrheit, die Klarheit, die Gewißheit und das Leben der Erkenntnis, insofern sie in einer Vorstellung und unter sich übereinstimmen, z. B. der Reichtum und die Größe zur Klarheit, die Wahrheit und Klarheit zur Gewißheit und alle übrigen zum Leben, und insofern die verschiedenen anderen Teile der Erkenntnis mit denselben übereinstimmen, ergeben die Vollkommenheit jeder Erkenntnis. Als Erscheinungen ergeben sie die Schönheit des Sinnlichen, und zwar eine allgemeine, vor allem der Sachen und der Gedanken, in denen

> die Fülle, die edle Art und das gewisse Licht des bewegenden Wahren ergötzen.[1]

§ 23 Die enge Einschränkung, die Geringschätzigkeit, die Falschheit,[1] die unverständliche Dunkelheit, die zweifelhafte Wankelmütigkeit, die Leblosigkeit sind alles Unvollkommenheiten der Erkenntnis. Als Erscheinungen verunstalten sie das Sinnliche im allgemeinen, vor allem als Fehler bei den Sachen und den Gedanken.[2]

§ 24 Die Schönheit der sinnlichen Erkenntnis und das Geschmackvolle der gedachten Sachen selbst sind zusammengesetzte Vollkommenheiten, und sie sind allgemein. Dies ist schon daraus offenbar, daß es keine einfache Vollkommenheit gibt, die für uns zur Erscheinung käme. Daher läßt man so viele Ausnahmen zu, die nicht zu den Fehlern zu rechnen sind, auch wenn sie in Erscheinung treten, wenn sie nur die größtmögliche Übereinstimmung der Erscheinung nicht aufheben und daher möglichst sehr wenige und sehr gering sind.[1]

§ 25 Auf diesen Voraussetzungen beruht die Schönheit, wenn wir sie eine GESCHMACKVOLLE ANMUTIGKEIT nennen. Die AUSNAHMEN, die wir in § 24 beschrieben haben, wenn z. B. ein schwächeres Gesetz der Schönheit einem stärkeren weicht, ein weniger fruchtbares einem fruchtbareren, ein näherliegendes einem entfernteren, dem es untergeordnet wird, usw. werden NICHT UNGESCHMACKVOLL sein. Daher wird beim Festlegen der Regeln der Schönheit im Erkennen sehr wohl zugleich auf deren Stärke achtgegeben.[1]

§ 26 Perceptio quatenus est ratio, est ARGUMENTUM. Sunt ergo argumenta locupletantia, nobilitantia, probantia, illustrantia, persuadentia, moventia, § 22, quorum aesthetica non solum poscit vim et efficaciam, M. § 515, sed etiam elegantiam, § 25. Pars cognitionis, in qua peculiaris detegitur elegantia, est FIGURA (schema). Sunt ergo figurae 1) rerum et cogitationum, § 18, SENTENTIAE, 2) ordinis, § 19, 3) significationis, quo figurae dictionis, § 20. Figurarum sententiae tot, quot argumentorum, sunt genera.

§ 27 Pulcritudo cognitionis, § 14, quum sit effectus pulcre cogitantis huius viribus vivis nec maior, nec nobilior, M. §§ 331, 332, ante omnia delineemus aliquam genesin et ideam pulcre cogitaturi, CHARACTEREM FELICIS AESTHETICI, enumerationem eorum, quae in anima naturaliter pulcrae cognitionis caussae propiores sunt. Ob rationes autem § 17 allatas subsistamus nunc in generali ac veluti CATHOLICO charactere, qualem omnis generis pulcre cogitata requirunt, non descendentes in SPECIALEM aliquem, complementum generalis ad datam certam determinatae speciei pulcram cognitionem actu praestandam.

SECTIO II
AESTHETICA NATURALIS

§ 28 Ad characterem felicis aesthetici generalem supponendo generaliora, § 27, requiritur I) AESTHETICA NATURALIS CONNATA, § 2 (φύσις, natura, εὐφυΐα, ἀρχέτυπα, στοιχεῖα γενέσεως), dispositio naturalis animae totius ad pulcre cogitandum, quacum nascitur.

§ 26 Eine Vorstellung, insofern sie Grund einer anderen Vorstellung ist, ist ein ARGUMENT.[1] Es gibt also bereichernde, veredelnde, beweisende, aufhellende, überredende und bewegende Argumente,[2] von denen die Ästhetik nicht allein Kraft und Wirksamkeit fordert, sondern auch, daß sie geschmackvoll sind. Der Teil der Erkenntnis, in dem etwas besonders Geschmackvolles entdeckt wird, ist eine FIGUR (ein Schema). Es gibt also Figuren 1) der Sachen und Gedanken, GEDANKENFIGUREN, 2) der Ordnung, 3) der Bezeichnung, wohin die Figuren des Ausdrucks gehören.[3] Es gibt ebenso viele Gattungen von Gedankenfiguren wie von Argumenten.

§ 27 Weil die Schönheit der Erkenntnis eine Wirkung des schön Denkenden ist und weder größer noch edler als dessen lebendige Kräfte, wollen wir vor allem anderen gewissermaßen die Entstehung und die Idee des schön Denkenden, den CHARAKTER DES GLÜCKLICHEN ÄSTHETIKERS, umreißen und eine Aufzählung dessen erstellen, was in einer Seele die näheren Gründe des schönen Denkens sind. Wegen der auch in § 17 angeführten Gründe wollen wir jetzt bei dem allgemeinen und gleichsam ALLGEMEINGÜLTIGEN Charakter verweilen, den alle Gattungen des schön Gedachten erfordern, ohne zu irgendeinem BESONDEREN Charakter hinabzusteigen, der als Ergänzung des allgemeinen für eine gegebene, einzelne schöne Erkenntnis einer bestimmten Art bei deren Verwirklichung Gewähr leistet.[1]

ABSCHNITT II
DIE NATÜRLICHE ÄSTHETIK

§ 28 Der allgemeine Charakter des glücklichen Ästhetikers erfordert, wenn wir nur Allgemeineres unterstellen, I) die ANGEBORENE NATÜRLICHE ÄSTHETIK (die Physis, die Natur, die guten Anlagen, die von Geburt an gegebenen Urbilder und Grundelemente), die natürliche Veranlagung der ganzen Seele zum schönen Denken, mit der man geboren wird.[1]

§ 29 Ad naturam, de qua § 28, 1) INGENIUM VENUSTUM ET ELEGANS CONNATUM, ingenium latius dictum connatum cuius facultates inferiores facilius excitentur et ad elegantiam cognitionis apta proportione conspirent.

§ 30 Ad ingenium venustum, de quo § 29, A) facultates cognoscitivae inferiores earumque dispositiones naturales, a) acute sentiendi, M. § 540, non solum, ut anima nanciscatur primam pulcre cogitandi materiam sensibus externis, sed etiam ut sensu interno, intimaque conscientia, M. § 535, mutationes et effectus reliquarum suarum facultatum possit experiri directura. Ut facultas sentiendi conspiret olim reliquis, tanta sit ingenio venusto, quae non semper et ubique, suis sensationibus quibuscumque, quascumque sit oppressura cogitationes heterogeneas, § 29.

§ 31 b) Dispositio naturalis ad imaginandum, § 30, qua ingenium venustum sit εὐφαντασίωτον, quia 1) saepe praeterita pulcre cogitanda sunt, 2) praesentia saepe praetereunt ante, quam absolvatur pulcra eorundem cogitatio, 3) non ex solis praesentibus, sed et praeteritis, futura cognoscuntur. Ut conspiret imaginatio reliquis aliquando facultatibus, tanta sit in ingenio venusto, quae non semper et ubique suis phantasmatibus obscuret reliquas perceptiones omnes naturaliter debiliores singulas singulis imaginationibus, § 29. Ad phantasiam si referatur facultas fingendi, uti saepe apud veteres, duplex eius est in ingenio venusto maioris necessitas.

§ 29 Zur Natur des glücklichen Ästhetikers, von der in § 28 die Rede war, gehört 1) der ANGEBORENE ANMUTIGE UND GESCHMACKVOLLE GEIST, die angeborene Gemütsfähigkeit, deren untere Vermögen leichter erweckt und zum Geschmackvollen der Erkenntnis in einem angemessenen Verhältnis zusammenwirken sollen.

§ 30 Zum anmutigen Geist, von dem in § 29 die Rede war, gehören A) die unteren Erkenntnisvermögen und deren natürliche Veranlagungen: a) Das Vermögen, scharf zu empfinden, damit die Seele nicht allein mit den äußeren Sinnen den allerersten Grundstoff des schönen Denkens erlangt, sondern auch mit dem inneren Sinn und mit innigem Gewissen die Veränderungen und Wirkungen ihrer übrigen Vermögen erfahren kann, um sie zu lenken. Damit das Vermögen zu empfinden mit den übrigen Vermögen je zusammenwirkt, möge es in einem anmutigen Geist in einem solchen Maße vorhanden sein, daß es nicht immer und überall mit seinen Empfindungen, welchen auch immer, alle möglichen hinsichtlich derselben ungleichartigen Gedanken unterdrückt.[1]

§ 31 b) Die natürliche Veranlagung, sich etwas in der Einbildung vorzustellen, durch die der schöne Geist phantasievoll[1] sein möge, weil 1) oft vergangene Dinge schön gedacht werden müssen, 2) gegenwärtige Dinge oft schon vorher vergehen, bevor das schöne Denken derselben abgeschlossen ist, und weil 3) nicht allein aus gegenwärtigen, sondern auch aus vergangenen zukünftige Dinge erkannt werden. Damit die Einbildungskraft je mit den übrigen Vermögen zusammenwirkt, möge sie in einem schönen Geist in einem solchen Maße vorhanden sein, daß sie nicht immer und überall mit ihren Einbildungen alle übrigen Empfindungen verdunkelt, die als einzelne natürlicherweise schwächer sind als einzelne Einbildungen. Wenn man zur Einbildungskraft auch die Gabe zu dichten rechnet, wie dies oft bei den Alten geschah, dann besteht eine doppelte Notwendigkeit, daß sie in einem anmutigen Geist in höherem Maße vorhanden ist.

§ 32 c) Dispositio naturalis ad perspicaciam, § 30, M. § 573, qua suggerenda per sensum et phantasiam e.c. §§ 30, 31, acumine et ingenio quasi poliantur. Per has facultates et pulcritudo cognitionis, quatenus proportiones phaenomena poscit, et disproportiones phaenomena non admittit, et ipsa pulcra ingenii latius dicti proportio praestanda est, § 29, M. § 572. Hinc quoniam acumen sub ingenii nomine non raro simul delitescit, omnis pulcra cognitio nonnunquam ingenio adscribitur. Ut tamen et perspicacia probe conspiret aliquando cum reliquis animi facultatibus tanta sit, quae non nisi satis sibi praeparatam in materiam feratur, § 29.

§ 33 d) Dispositio naturalis ad recognoscendum et memoria, M. § 579. Mnemosyne musarum mater veteribus dicebatur ad memoriam imaginationis etiam reproductionem referentibus, § 31. Neque tamen ipsa recognoscendi facultate supersedere potest pulcre e. g. narraturus, immo fingentem, ne antecedentia turpiter sequentibus repugnent, oportet esse memorem.

§ 34 e) Dispositio poetica, M. § 589, quae tanta requiritur, ut excellentiori practicorum aestheticorum classi nomen poetarum conciliaverit. Nec mirabitur psychologus perpendens, quanta pulcrae meditationis portio combinando praescindendoque phantasmata formanda sit. Ut cum reliquis tamen facultatibus probe conspiret, tanta sit, quae mundum a se quasi creatum non subtrahat reliquarum e.g. perspicaciae, § 31, politionibus, § 29.

§ 35 f) Dispositio ad saporem non publicum, immo delicatum, M. § 608, qui cum perspicacia, § 31, sensorum, phantasmatum, fic-

§ 32 c) Die natürliche Veranlagung zur feinen Einsicht, durch die das, was uns durch die Sinne und die Einbildungskraft usw. zugetragen wird, durch Scharfsinnigkeit und Witz gleichsam verfeinert wird. Durch diese Vermögen ist sowohl die Schönheit der Erkenntnis, insofern sie stimmige Verhältnisse als Erscheinungen fordert und unstimmige Verhältnisse als Erscheinungen nicht erlaubt, als auch die schöne Stimmigkeit des Geistes im weiteren Sinne zu erlangen. Weil sich daher die Scharfsinnigkeit nicht selten unter dem Namen des Witzes verbirgt, wird bisweilen jede schöne Erkenntnis dem Witz zugeschrieben. Damit aber die feine Einsicht irgend je in rechter Weise mit den übrigen Vermögen des Geistes zusammenwirkt, möge sie in einem solchen Maße vorhanden sein, daß sie nur auf einen bereits genügend vorbereiteten Stoff angewendet wird.

§ 33 d) Die natürliche Veranlagung, etwas wiederzuerkennen, und das Gedächtnis. Mnemosyne wurde von den Alten, die zum Gedächtnis auch die Wiederhervorbringung einer Einbildung rechneten, die Mutter der Musen genannt. Und doch kann derjenige, der z. B. schön erzählen will, sich nicht über dieses Vermögen selbst, etwas wiederzuerkennen, hinwegsetzen. Es ist vielmehr nötig, daß jemand, der etwas dichtet, ein gutes Gedächtnis hat, damit in seiner Erdichtung das Vorhergehende nicht auf häßliche Weise dem Nachfolgenden widerspricht.[1]

§ 34 e) Die dichterische Veranlagung, die in dem Maße erfordert wird, daß sie einer ausgezeichneteren Klasse der praktischen Ästhetiker den Namen von Dichtern verschafft. Der Psychologe wird sich darüber nicht wundern, wenn er erwägt, welch ein großer Teil einer schönen Überlegung durch das Verbinden und Trennen von Einbildungen gebildet werden muß. Damit sie mit den übrigen Vermögen in rechter Weise zusammenwirkt, muß sie in einem Maße vorhanden sein, daß sie die von ihr gleichsam selbst erschaffene Welt nicht den Verfeinerungen durch die übrigen Vermögen, z. B. durch dasjenige der feinen Einsicht,[1] entzieht.

§ 35 f) Die Veranlagung zu einem ungemeinen, ja sogar zarten, feinen Geschmack, der zusammen mit der feinen Einsicht,[1] der untere

tionum e.c. iudex inferior sit, M. § 607, quotiescunque diiudicari singula per intellectum, M. § 641, non interest pulcritudinis, § 15.

§ 36 g) Dispositio ad praevidendum, M. § 595, et praesagiendum, M. § 610. Quam observantes veteres in ingeniis pulcrioribus, quanta non est in multis, extraordinariam, veluti prodigium quoddam ac miraculum, divinis adscribebant. Unde poetae denuo vates. Neque tamen haec, in medio posita transeundo, requirenda tantum est ad nescio quae oracula aesthetica; quoniam ad omnem cognitionis vitam, primariam pulcritudinem, requiritur, § 22, M. § 665. Ut conspirare tandem cum aliis haec facultas et dispositio divinatrix possit, § 29, M. § 616, tanta sit, quae suo loco ac tempore nec sensationi, multo minus imaginationi cedat heterogeneae, §§ 30, 31.

§ 37 h) Dispositio ad significandas perceptiones suas, M. § 619, nunc magis, nunc minus necessaria, prout character pulcre tantum cogitantis, intra animam vel efferentis etiam pulcre cogitata simul attenditur. Neque tamen in priori potest omnino deesse, § 20. Ut consentiat aliquando cum reliquis, non sit tanta, quae pulcritudini necessarium intuitum supprimat: § 35, M. § 620.

§ 38 Ad ingenium venustum, de quo § 29, B) facultates cognoscitivae superiores, M. § 624, quatenus a) intellectus et ratio per imperium animae in semet ipsam multum non raro conferunt, ad excitandas facultates inferiores, M. § 730, b) consensus harum et apta pulcritudini proportio saepe non nisi per intellectus et rationis usum obtinetur, § 29, c) magnae vividitatis in analogo rationis consecta-

Richter über das sinnlich Wahrgenommene, die Einbildungen, die Erdichtungen usw. sein soll, sooft die Beurteilung von Einzelnem durch den Verstand nicht im Interesse der Schönheit liegt.[2]

§ 36 g) Die Veranlagung des Vorhersehens und die Veranlagung, etwas zu erwarten. Diese schrieben die Alten, wenn sie sie bei schöneren Geistern in außergewöhnlichem Maße, wie sie nicht bei vielen vorkommt, beobachteten, gleichsam als eine Art von geschehendem Zeichen und Wunder dem Göttlichen zu. Daher waren die Dichter wiederum Seher.[1] Dennoch ist diese Veranlagung, die hier im Vorübergehen betrachtet wird, nicht nur für ich weiß nicht welche ästhetischen Weissagungen zu fordern, weil sie ja für jedes Leben der Erkenntnis, deren vornehmlichste Schönheit, erforderlich ist.[2] Damit dieses Vermögen und diese Veranlagung wahrzusagen mit den anderen Vermögen zusammenwirken kann, möge sie in einem Maße vorhanden sein, daß sie an ihrem Ort und zu ihrer Zeit keiner andersartigen Empfindung und noch viel weniger einer andersartigen Einbildung weicht.

§ 37 h) Die Veranlagung, seine Vorstellungen zu bezeichnen, die einmal mehr, einmal weniger notwendig ist, je nachdem man die Aufmerksamkeit nur auf den Charakter dessen richtet, der in seiner Seele schön denkt, oder zugleich auf den Charakter dessen, der das schön Gedachte auch zum Ausdruck bringt. Dennoch darf sie auch im ersten Fall nicht gänzlich fehlen. Damit sie je mit den übrigen Vermögen zusammenstimmt, darf sie nicht in einem Maße vorhanden sein, daß sie die der Schönheit notwendige anschauende Erkenntnis unterdrückt.[1]

§ 38 Zu dem anmutigen Geist, von dem in § 29 die Rede war, gehören B) die oberen Erkenntnisvermögen, insofern a) der Verstand und die Vernunft durch die Herrschaft der Seele über sich selbst nicht selten viel dazu beitragen, daß die niederen Erkenntnisvermögen aufgeweckt werden, insofern b) die Übereinstimmung dieser Vermögen und ihr der Schönheit gemäßes Verhältnis oft nur durch den Gebrauch des Verstandes und der Vernunft erlangt werden, und insofern c) die natürliche Folge einer großen Lebhaftigkeit

rium spiritui naturale est PULCRITUDO intellectus, M. § 637, et RATIONIS, perspicientiae nexus extensive distinctae.

§ 39 Ingenium venustum naturaliter dispositum est, ut aliquando, non a statu suo praeterito solum, quicquid memoria regerat, sed ab ipsis sensationibus externis abstrahendo, fictum aliquem statum, ut futurum, attendat, eundem, ut bonum, vel malum, perspicaciter intueatur, et signis convenientibus ob oculos ponere possit, sub intellectus et rationis imperio, §§ 30–38.

§ 40 Vel per iocum, vel per gravem errorem, excludit sanos Helicone Democritus, § 39, M. § 594, et ineptior est, M. § 639, bona pars, quae pretium ac nomen hominis venusti nancisci sperat,

> *Si tribus Anticyris caput insanabile nunquam*
> *Tonsori Licino commiserit*, Hor.[1]

§ 41 Maiores facultates inferiores, eaeque naturaliter tales, requiruntur in pulcre cogitaturo, § 29. Hae vero non solum esse simul cum superioribus naturaliter magnis possunt, M. § 649, sed ad eas etiam, ut conditio, sine qua non, requiruntur, M. § 637. Hinc est opinio praeiudicata; natura repugnare pulcritudinem ingenii severioribus intelligendi ratiocinandique dotibus, quatenus a natura connascuntur acceptae.

§ 42 Potest esse ingenium pulcrum, quod intellectus et rationis usum male neglexit, potest esse ingenium philosophicum et mathematicum non satis instructum ab ornamentis analogi rationis. Si potest esse ingenium vel mediocriter venustum ad scientias tamen soli-

1 Horaz, *A. p.* 300f.

im Analogon der Vernunft für den Geist die SCHÖNHEIT des Verstandes und der VERNUNFT, den Zusammenhang einer der Ausdehnung nach deutlichen Einsicht ausmacht.[1]

§ 39 Der anmutige Geist ist natürlicherweise so veranlagt, daß er bisweilen, indem er nicht nur seinen eigenen vergangenen Zustand – was immer ihm auch das Gedächtnis davon zurückbringen mag –, sondern selbst seine äußeren Empfindungen außer acht läßt, seine Aufmerksamkeit auf irgendeinen erdichteten Zustand als auf einen zukünftigen richtet, denselben als guten oder schlechten mit feiner Einsicht anschauend erkennt und ihn mit angemessenen Zeichen vor Augen stellen kann, und zwar unter der Herrschaft des Verstandes und der Vernunft.

§ 40 Entweder im Scherz oder aufgrund eines schweren Irrtums schließt Demokrit die Vernünftigen vom Helikon aus, und noch närrischer ist es, wenn manch einer den Preis und den Ruf eines anmutigen Menschen dadurch zu erlangen hofft,[1]

daß er sein Haupt, nicht heilbar durch drei Antikyras,[2] niemals Licinius, dem Friseur, überantwortet hat.[3]

§ 41 Bei demjenigen, der schön denken will, werden die bedeutenderen unteren Vermögen, und zwar als natürlich entwickelte, erfordert. Diese können nun allerdings nicht nur mit den höheren, natürlich entwickelten bedeutenden oberen Vermögen zugleich bestehen, sondern sie werden für jene auch als unerläßliche Bedingung erfordert. Daher ist es ein Vorurteil: Daß von Natur aus die Schönheit des Geistes mit den ernsteren Gaben des verstandesmäßigen Begreifens und Schließens in Widerstreit stehe, insofern diese als von der Natur empfangene angeboren sind.

§ 42 Es kann einen schönen Geist geben, der den Gebrauch des Verstandes und der Vernunft schlimm vernachlässigt hat, und es kann einen philosophischen und mathematischen Geist geben, der nicht genügend mit der Zierde des Analogons der Vernunft ausgestattet ist. Doch wenn es auch einen mittelmäßig anmutigen Geist

diores ineptum ipsa natura: non tamen esse potest ingenium istis concipiendis natum, omni venustati cognitionis, uti nascitur, inhabile, M. §§ 649, 247.

§ 43 Ingenia potius superiora ac universalia per omnes aetates, Orpheus et philosophiae poeticae statores, Socrates, εἴρων dictus, Plato, Aristoteles, Grotius, Cartesius, Leibnitius docent a posteriori bene convenire, ac in una sede, non nimis angusta, morari posse dispositionem ad pulcre solideque cogitandum, etiam ex severiori disciplina philosophorum ac mathematicorum.

§ 44 Ad aestheticum natum, § 28, requiritur 2) indoles dignam et moventem cognitionem pronius sequutura, facultatumque appetitivarum ea proportio, qua in pulcram cognitionem facilius feratur, s. TEMPERAMENTUM AESTHETICUM CONNATUM, M. § 732.

§ 45 Quum omnis homo feratur in omne genus appetibilium, quatenus ipsi cognitum est, e. c. M. § 665, locemus corum aliqua circiter, uti aestheticum decet, § 15, secundum dignitatis ordinem: Pecunia, opes, labor, otium comparativum, deliciae externae, libertas, honor, amicitia, vigor et valetudo corporis firma, virtutum umbrae, cognitio pulcra cum suo corollario virtute amabili, cognitio superior cum suo corollario virtute veneranda. Licebit ergo temperamentis aestheticis tribuere MAGNITUDINEM aliquam PECTORIS CONNATAM, instinctum in magna potissimum, praesertim apud attendentes, quam facilis inde transitus sit ad maxima, §§ 38, 41.

geben kann, der dennoch aufgrund seiner Natur zu den gründlicheren Wissenschaften untauglich ist, so kann es gleichwohl keinen Geist geben, der, zum Begreifen dieser Wissenschaften geboren, so, wie er geboren ist, zu jeder Anmutigkeit der Erkenntnis unfähig wäre.

§ 43 Höhere und allgemeine Geister oder Genies aller Zeiten, Orpheus und die Begründer der dichterischen Philosophie, Sokrates, den man den Ironiker nennt, Platon, Aristoteles, Grotius, Cartesius und Leibniz lehren es vielmehr aus der Erfahrung, daß die Veranlagung zum schönen und die Veranlagung zum gründlichen Denken zusammenkommen und sich auch an einer gemeinsamen Heimstatt, die nicht allzu eng ist, befinden können, auch gemäß der ernsteren Lehre der Philosophen und Mathematiker.

§ 44 Zum geborenen Ästhetiker, wird 2) eine Gemütsart erfordert, die einer würdigen und bewegenden Erkenntnis besonders gern folgen will, und dasjenige Verhältnis der Begehrungsvermögen, durch das er leichter zur schönen Erkenntnis gebracht wird: das ANGEBORENE ÄSTHETISCHE TEMPERAMENT.

§ 45 Da jeder Mensch zu jeder Gattung von Gegenständen der Begierde, sofern sie ihm bekannt sind, hingeführt wird, wollen wir einige von ihnen ungefähr so, wie es dem Ästhetiker geziemt, gemäß der Ordnung ihrer Würde aufstellen: Äußerliches Vermögen, ein gutes oder großes äußerliches Vermögen, Arbeit, verhältnismäßige Muße, Gemütsergötzlichkeiten, Freiheit, Ehre, Freundschaft, Munterkeit und ein zuverlässiges Wohlbefinden des Körpers, Schatten der Tugenden, schöne Erkenntnis mit ihrer Zugabe, der liebenswerten Tugend, höhere Erkenntnis mit ihrer Zugabe, der verehrungswürdigen Tugend.[1] Es wird also erlaubt sein, den ästhetischen Temperamenten eine gewisse ANGEBORENE GRÖSSE DES HERZENS zuzuschreiben, ein vorzüglichster Trieb zum Großen hin, vor allem bei denjenigen, die darauf achthaben, wie leicht von da aus der Übergang zum Größten sein mag.[2]

§ 46 Secundum tritam temperamentorum doctrinam melancholicum solet commendari non satis discernentibus pulcras meditationes prolixiores a brevioribus et absolvendis satis cito. His sanguineus, qui dicitur, illis melancholicus aptior erit. Quoniam autem malunt esse cholerici,

Quos tulit ad scenam ventoso gloria curru,[1]
Magnum opus aggressis eadem det gloria vires.

SECTIO III
EXERCITATIO AESTHETICA

§ 47 Ad characterem felicis aesthetici requiritur II) ἄσκησις et EXERCITATIO AESTHETICA, crebrior repetitio actionum in hoc homogenearum, ut sit aliquis ingenii ac indolis §§ 28–46 descriptorum consensus in datum thema, s. ne quis ab Orbiliis data themata cogitet, in unum cogitandum, in rem unam, § 18, ut habitus pulcre cogitandi sensim acquiratur, M. § 577.

§ 48 Natura, de qua S. II, non potest vel per brevius tempus, in eodem gradu subsistere, M. § 550, hinc nisi continuis exercitiis augeantur eius vel dispositiones vel habitus, § 47, decrescit, quantacunque ponatur, nonnihil ac torpescit, M. § 650. Neque tamen exercitia tantum commendo facultatum, de quibus S. II, sed aesthetica, § 47. Sunt EXERCITIA naturam satis pulcram corrumpentia ac DETURPANTIA, vitanda phaenomena, § 16, apud ingenia activa et semper agentia aliquid, non felicius, quam meliorum commendabili substitutione, M. § 698.

[1] Vgl. Horaz, *Ep.* 2, 1, 177.

§ 46 Gemäß der geläufigen Lehre von den Temperamenten pflegt man das melancholische Temperament denjenigen zu empfehlen, welche die weitläufigeren schönen Überlegungen nicht genügend von kürzeren und recht schnell zu vollendenden Überlegungen unterscheiden. Zu diesen wird der sogenannte Sanguiniker, für jene der Melancholiker geschickter sein. Weil aber diejenigen lieber Choleriker sein wollen,

die der Ruhm auf windigem Wagen zur Bühne geführt hat,
gebe ihnen, die sie ein großes Werk unternommen haben, der Ruhm
nun auch dieselben Kräfte.[1]

ABSCHNITT III
DIE ÄSTHETISCHE ÜBUNG

§ 47 Zum Charakter des glücklichen Ästhetikers wird II) die Einübung und die ÄSTHETISCHE ÜBUNG erfordert, die häufigere Wiederholung gleichartiger Handlungen,[1] zu dem Zweck, daß sich eine Übereinstimmung des Geistes und der Gemütsart, wie sie in §§ 28–46 beschrieben wurden, ergibt, und zwar im Hinblick auf ein gegebenes Thema, oder – damit darunter niemand Themen, wie sie ein Orbilius vorgibt,[2] versteht – besser gesagt: im Hinblick auf nur einen Gegenstand, der gedacht werden soll, nur eine Sache, damit die Fertigkeit, schön zu denken, allmählich erworben wird.

§ 48 Die Natur, von der in Abschnitt II die Rede war, kann sich auch für kürzere Zeit nicht auf derselben Stufe halten. Wenn daher entweder ihre Anlagen oder ihre Fertigkeiten nicht durch stetige Übungen vermehrt werden, nimmt sie, so groß sie auch immer angelegt sein mag, um einiges ab und erlahmt. Doch ich empfehle nicht nur Übungen der Vermögen, von denen in Abschnitt II die Rede war, sondern ich empfehle ästhetische Übungen. Es gibt ÜBUNGEN, die eine genügend schöne Natur verderben und VERUNSTALTEN, Erscheinungen, die vermieden werden müssen, was bei wirksamen und immer tätigen Geistern nicht glücklicher geschehen kann als durch die empfehlenswerte Ersetzung solcher Übungen durch Besseres.

§ 49 Aliquem iam consensum in ipsis exercitiis aestheticis, et iis quidem omnibus posco, § 47. Alias non sunt effectus pulcrae naturae, hinc nec eius vim augent, § 47, M. § 139. Sed tantum aliquem. Palaria non poscunt milites, quantos pugna. Concedo, quaedam naturam satis pulcram nonnihil simul corrumpentia aestheticus, § 16. Concedo etiam deturpantia nonnihil, § 48, modo magis consentiant, ac dissentiunt, a potiori quae dicamus aesthetica, § 47. Concedo tandem, quorum maior est deformitas pulcritudine, modo comitetur ea conscientia, § 35, turpitudinis superponderantis, per quam non, si male nunc, et olim sic erit, M. § 666.

§ 50 Non ingenii solum, sed huius ac indolis, de quibus S. II, § 49, aliquem consensum postulo in exercitiis aestheticis, § 47. Colatur ingenium mortuis ac inertibus exercitiis, Ethic. § 403, neglecta prorsus indole, vel omnino corrupta, depressaque, e. g. in passionem dominantem, praevalentemque cupidinem hypocriseos, ferociae athleticae, sodalitii nepotum, ambitionis, licentiae, bacchanalium, desidiae, pigritiae, curarum oeconomicarum, vel omnino pecuniae, § 46, ubique pellucens pectoris exilis vilitas, quicquid venuste cogitatum videatur, deturpabit, § 48.

§ 51 Erecta servetur, uti videbitur, aut erigatur, si quibus aliter modis fieri potest, indoles, M. § 732, ingenio, de quo S. II, rudi relicto, Ethic. § 403, nascentur inde forte, quas § 45 dixi, virtutum umbrae; sed partim pellucens ubique ruditas ingenii motus, quos bonos dixeris, boni cordis, uti loqui solent, deturpabit, § 48, partim aversatus saltim cognitionem pulcram animus, aut eam non sufficienter appe-

§ 49 Ich verlange eine gewisse Übereinstimmung in den ästhetischen Übungen selbst, und zwar in allen. Anders zeitigen sie keine Wirkungen für die schöne Natur, und anders vermehren sie daher auch nicht deren Kraft. Aber ich verlange nur eine gewisse Übereinstimmung. Vorübungen erfordern noch nicht in dem Maße Soldaten, wie sie ein Kampf erfordert.[1] Ich lasse als Ästhetiker gewisse Übungen zu, die eine genügend schöne Natur zugleich ein wenig verderben können. Ich lasse auch Übungen zu, die sie ein wenig verunstalten, wenn diese Übungen nur mehr übereinstimmen als sich widerstreiten – vor allem diejenigen, die wir als ästhetische Übungen bezeichnen. Ich lasse endlich Übungen zu, deren Häßlichkeit größer ist als ihre Schönheit, wenn sie nur von demjenigen Wissen um ihre überwiegende Häßlichkeit begleitet sind, wodurch, wenn es auch jetzt übel steht, es nicht später auch so bleiben wird.[2]

§ 50 Ich fordere bei den ästhetischen Übungen nicht allein eine gewisse Übereinstimmung innerhalb des Geistes, sondern auch zwischen demselben und der Gemütsart, von der in Abschnitt II, § 49, die Rede war. Es mag der Geist mit leblosen und kalten Übungen beschäftigt werden, wurde aber die Gemütsart ganz und gar vernachlässigt oder gänzlich verderbt und hinabgezogen, z. B. zu einer vorherrschenden Leidenschaft und einem übermächtigen Verlangen nach Heucheleien, Übermut im Wetteifer, Verbrüderung mit Schwelgern, Ehrgeiz, Frechheit, Bacchanalien, Müßiggang, Faulheit, nur wirtschaftlichen Besorgnissen oder überhaupt nach äußerlichem Vermögen, dann wird, indem überall eine dürftige Geringschätzigkeit des Herzens hervorscheint, was auch immer schön gedacht zu sein scheinen mag, verunstaltet.

§ 51 Eine edle Gemütsart mag so, wie es richtig scheint, erhalten, oder eine Gemütsart mag, wenn anders dies auf irgendeine Weise möglich ist, zu einer solchen erhoben werden, während jedoch der Geist, von dem in Abschnitt II die Rede war, roh bleibt: Dann erwachsen daraus vielleicht, wie ich sie in § 45 genannt habe, Schatten der Tugenden; doch teils wird dann die überall hervorscheinende Rohheit des Geistes die Bewegungen eines, wie man sagt, guten Herzens, die man auch gut nennen wird, verunstalten, teils wird ein

tens, ingenium, malis avibus, eo sinet torpescere, non invitus, § 48, unde nunquam ad pulcre quid cognoscendum allevari denuo possit, § 27.

§ 52 Exercitia aesthetica, § 47, erunt 1) αὐτοσχεδιάσματα citra directionem artis eruditae, qua polleat exercendus, suscepta. Huc horridus ille numerus Saturnius, quo priscus Cascorum agricola, fortis et levans animum festo tempore, § 50,

Versibus alternis opprobria rustica fudit, Hor.[1]

Huc generis humani omnia ante artes eruditas inventas pulcrae cognitionis specimina, huc cuiusvis pulcrioris naturae primi igniculi omnem artem antevertentes, quando e. g. sicut Ovidius de se memorat:

Quicquid tentabit dicere, versus erit.[2]

§ 53 In aestheticis etiam egregie caveamus, ne ingenium rude ac ineruditum pro iisdem habeamus, Ethic. § 405. Homeri sane, ac Pindari e.c. sane non rude fuit

Ingenium, non incultum, non turpiter hirtum, Hor.,[3]

archetypa tamen artium eruditarum potius fuere, quam ectypa. Potest ineruditus esse ingenii, etiam aesthetici, § 29, admodum politi, § 52, Ethic. § 403, sicut eruditus ingenii, qua pulcritudinem spectat, satis rudis, § 42.

§ 54 Sicuti musicam Leibnitius dixit exercitium arithmeticum, numerare se nescientis animae: sic etiam per exspectationem casuum

1 Horaz, *Ep.* 2, 1, 146.
2 Vgl. Ovid, *Trist.* 4, 10, 26.
3 Horaz, *Ep.* 1, 3, 22.

Gemüt, das der schönen Erkenntnis aber gleichwohl abgeneigt ist oder sie nicht in genügendem Maße begehrt, es ohne Widerstreben zulassen, daß der Geist bis zu einem Punkt eingeschläfert wird, von dem aus er sich niemals wieder dazu erheben kann, etwas auf schöne Weise zu erkennen.

§ 52 Die ästhetischen Übungen werden 1) Improvisationen aus dem Stegreif sein,[1] die noch ohne die Lenkung durch die gelehrte Kunst, aus welcher der Übende seine Kraft schöpfen mag, begonnen werden. Hierzu gehört das ungeschliffene saturnische Versmaß,[2] in dem ein Bauer aus uralten Zeiten zum Feste kräftig und seinen Geist aufschwingend

im Wechselverse bäuerliche Neckereien austauschte.

Hierzu gehören alle Besonderheiten der schönen Erkenntnis der menschlichen Gattung vor der Erfindung der gelehrten Künste, hierzu gehören die ersten Funken jedweder schönen Natur, die jeder Kunst vorausgehen, wie z. B. dann, wenn Ovid von sich erzählt:

Was auch immer er zu sagen unternehmen wird, wird von selber zum Vers.

§ 53 Im Ästhetischen wollen wir uns auch vornehmlich in acht nehmen, daß wir einen rohen und einen ungelehrten Kopf nicht für ein und dasselbe halten. Der Geist Homers und derjenige Pindars usw. war fürwahr kein roher

Geist, nicht ungepflegt noch schmählich verwildert,

und dennoch waren sie eher Urbilder der gelehrten Künste als deren Abbilder. Ein ungelehrter Mensch kann einen ästhetisch überaus verbesserten Geist haben, gleichwie ein Gelehrter von einem im Hinblick auf die Schönheit einigermaßen rohen Geist sein kann.[1]

§ 54 Ebenso wie Leibniz die Musik eine Übung in der Rechenkunst der nicht bewußt zählenden Seele nannte,[1] so wird auch durch die Erwartung ähnlicher Fälle[2] und von daher gleichsam

similium, et inde veluti connatam imitationem primam, nescius adhuc paene se cogitare, multo magis se pulcre cogitare, iam exercetur infans, bona fortuna si quis educandus incidit in manum artificis, qui os tenerum pueri figurat, ac balbum, § 37,

Torquet ab obscaenis iam nunc sermonibus aurem,
Mox etiam pectus praeceptis format amicis, §§ 50, 45,
Recte facta refert, §§ 31, 32, 35, *orientia tempora,* § 36, *notis,* § 30,
Instruit exemplis, § 32 e.c., Hor., l. II, Ep. 1, v. 126.[1]

§ 55 Exercetur ingenium natura pulcrum porro, iamque semet ipsum exercet apertius, § 54, etiamsi nesciat, quid agat, dum confabulatur puer, dum ludit, praesertim ubi ludorum inventor est, aut parvulus director inter commilitones, iisque gnaviter intentus iam sudat, et multa fert, multa facit, dum videt, dum audit, dum legit, quae pulcre intelligat, modo dirigantur talia omnia secundum §§ 49–51, ut aesthetica sint exercitia, § 47.

§ 56 Fallimur adulti etiam non raro, quando legendo vel audiendo pulcre dicta vel scripta e. c. pulcre ea intelligimus, eorumque pulcritudinem intuemur et quasi gustamus, § 35, ut auctori quidem: *pulcre! bene! recte,*[2] taciti intra nos acclamemus, neque tamen nos cum ipso simul imitando pulcre cogitare satis animadvertamus. Hinc exercitium aestheticum maius est, ac plerumque videtur, § 54, exemplaria bellissimorum auctorum

Nocturna versare manu, versare diurna, § 54,
Graiis (Gallis) *ingenium, graiis* (gallis) *dedit ore rotundo.*
Musa loqui, praeter laudem nullius avaris, Hor.[3]

1 Horaz, *Ep.* 2, 1, 127f., 130f.
2 Horaz, *A. p.* 428.
3 Vgl. Horaz, *A. p.* 269, 323f.

durch die angeborene, erste Fähigkeit der Nachahmung ein Kind, das sich noch nicht bewußt ist, daß es denkt, und noch viel weniger, daß es schön denkt, bereits geübt, wenn durch ein günstiges Geschick ein Zögling in die Hände eines Künstlers fällt, der den zarten, stammelnden Mund des Knaben formt.[3]

> Er *lenkt sein Ohr schon jetzt fort von anstößigen Reden,*
> *bildet schon bald sein Gemüt mit freundlicher Vorschrift.*
> *Rühmliche Taten erzählt er den heranwachsenden Jahren, stellt edle Beispiele vor Augen* usw.

§ 55 Ferner wird der von Natur aus schöne Geist geübt und übt noch offensichtlicher schon sich selbst, auch wenn er nicht weiß, was er tut; wenn ein Knabe plaudert, wenn er spielt, vor allem, wo er Spiele erfindet oder ein kleiner Anführer unter seinen Spielgefährten ist und, mit rührigem Eifer dem Spiel gewidmet, schon ins Schwitzen kommt und vieles aushält, vieles tut, wenn er Dinge sieht, hört und liest, die er auf schöne Weise verstehen mag, vorausgesetzt nur, daß alle solchen Dinge gemäß §§ 49–51 so gelenkt werden, daß sie ästhetische Übungen sind.

§ 56 Auch uns Erwachsenen bleibt es nicht selten unbemerkt, daß wir, wenn wir schön Gesagtes oder schön Geschriebenes lesen oder hören usw., diese Dinge auf schöne Weise verstehen, ihre Schönheit anschauend erkennen und gleichsam schmecken, so daß wir innerlich stillschweigend dem Verfasser beifällig zurufen: *Wie schön, wie gut und wie richtig!*, uns aber dabei dennoch nicht genügend gewahr werden mögen, daß wir zugleich mit ihm, ihn nachahmend, auf schöne Weise denken. Daher ist es eine größere ästhetische Übung als es vielen scheint, Muster der schönsten Schriftsteller

> *mit fleißiger Hand aufzurollen bei Nacht und bei Tage.*
> *Den Griechen* (Franzosen) *verlieh die Muse Talent, den Griechen* (Franzosen), *gerundeten Mundes*
> *zu sprechen, ihnen, die nach nichts außer nach Ruhm süchtig sind.*[1]

§ 57 Per se patet maiora iam exercitia maiores vires dare et testari αὐτοσχεδιάσματα εὑριστικά, quae proprio Marte fundit animus αὐτομάτως, quando iam sine cortice natare vel doctus, §§ 54–56, vel natus est, § 53.

§ 58 Exercitia aesthetica erunt 2) correctiora ac certiora, si accesserit ad connatam, S. II, et acquisitam aestheticam naturalem, dominam naturam, § 2, ars erudita, §§ 47–57, sine qua ingenia pulcra quidem, neque tamen divina, viam ad elegantias cognitionis saepe experiantur,

Quale per incertam lunam, sub luce maligna,
Est iter in silvis, ubi caelum condidit umbra
Iuppiter, et rebus nox abstulit atra colorem, Virg.[1]

§ 59 Utrumque genus exercitiorum, §§ 52, 58, quotiescunque pulcram cognitionem exercendus efficienter decernit, non ingenium solum, sed et indolem et temperamentum aestheticum in habitum deducit et consuetudine confirmat, § 45, intendens connatam pectoris magnitudinem, § 46, M. § 247.

§ 60 AESTHETICA DYNAMICA s. critica virium dati hominis ad datam datae cognitionis pulcritudinem assequendam, connatas naturae vires metiri nequit, nisi ex effectibus, exercitiis, § 27, ubi iuste sic concluditur: Tantum est αὐτοσχεδιάσμα, tantum specimen dati hominis; ergo tanta etiam eius est connata natura, quae accedentibus praeviis exercitiis eo pertingere potuerit, M. § 57. Neque tamen aeque bene saepius infertur: Ad tantum αὐτοσχεδιάσμα, vel specimen vires dati hominis, uti nunc sunt, non suffecere. Ergo destituitur connascenda ad meditationes eiusmodi natura, M. § 60.

1 Vergil, *Aen.* 6, 270–272.

§ 57 Es erhellt von selbst, daß die schon höheren Übungen größere Kräfte verleihen und bezeugen, die heuristischen Improvisationen, die das Gemüt ohne fremde Hilfe aus eigenem Antrieb hervorbringt,[1] wenn es bereits gelernt hat oder dazu geboren ist, ohne Hilfe von Kork zu schwimmen.[2]

§ 58 Die ästhetischen Übungen werden 2) noch verbessert und von mehr Gewißheit sein, wenn zu der angeborenen und der erworbenen natürlichen Ästhetik, zur Herrin Natur, die gelehrte Kunst hinzugekommen sein wird, ohne welche sonst zwar gewiß schöne, aber nicht göttliche Geister den Weg zu den Anmutigkeiten der Erkenntnis oft als einen erfahren mögen,

der wie beim ungewissen Schein des matten Mondes
eine Straße ist durch die Wälder, wenn Jupiter wolkig den Himmel
trübt und dunkel die Nacht den Dingen die Farbe genommen.[1]

§ 59 Jede von beiden Gattungen der Übungen überführt, sooft sich derjenige, dessen schöne Erkenntnis geübt werden soll, auf wirksame Weise dazu entschließt, nicht allein den Geist, sondern auch die Gemütsart und das ästhetische Temperament in eine Fertigkeit und wird durch die Gewohnheit bestärkt, wobei die angeborene Größe des Herzens vermehrt wird.

§ 60 Die DYNAMISCHE oder kritische ÄSTHETIK, die sich mit den Kräften eines gegebenen Menschen befaßt, die zur Erlangung der Schönheit einer gegebenen Erkenntnis hinreichen, kann die angeborenen Kräfte der Natur nur von ihren Wirkungen, von den Übungen her messen,[1] wobei zu Recht so geschlossen wird: Von welcher Art die Improvisation eines gegebenen Menschen, von welcher Art ein von ihm gegebenes Probestück ist, von der Art ist also auch seine angeborene Natur, die es aufgrund vorhergehender früherer Übungen vermocht haben wird, bis dahin zu gelangen. Doch nicht gleichermaßen richtig wird oftmals auch geschlossen: Die Kräfte eines gegebenen Menschen haben, so wie sie jetzt beschaffen sind, zu einer Improvisation oder zu einem Probestück nicht ausgereicht – also entbehrt er der Natur, die für solche Überlegungen angeboren sein muß.

§ 61 Aesthetico dynamico saepe opus erit TENTAMINIBUS (periculis) AESTHETICIS, exercitiis ideo, inter alia, decretis, ut experiatur, an vires dati hominis, et quantae ad datam pulcram cognitionem sufficiant, M. § 697. Tunc si bene procedunt tentamina, experientia affirmativa vires suffecisse satis recte se habet, § 60, si minus procedant, non semper naturae defectus est in caussa, multo minus a defectu cuiusdam specialis forte characteris aesthetici ad datum periculum requisiti, ad defectum generalis etiam, aliorumve forte specialium valet consequentia, § 27. Ciceronis pericula poetica, Ovidii ac Horatii pericula epopoeiae non bene successerunt.

SECTIO IV
DISCIPLINA AESTHETICA

§ 62 Ad characterem felicis aesthetici generalem, § 27, requiritur III) Μάθησις et DISCIPLINA AESTHETICA, theoria perfectior in materiam et formam pulcrae cognitionis propius influentium, ac ea per naturam solam, et solum eius usum impetrari solet, severioribus iam exercitiis in usum deducenda, ne vagetur habitus ex rerum cogitandarum, vel ex regularum earumque rationum ignorantia vel incertitudine, cogitetve licenter, aut omnes visuros peccata sua putans, quae tamen ipse nesciat, ab ipso pulcrae meditationis usu deterreatur, §§ 47, 48.

§ 63 Ad disciplinam aestheticam pertinet 1) omnis PULCRA ERUDITIO, i.e. eruditio, quatenus obiectorum, de quibus pulcre cogitan-

§ 61 Dem seine Kräfte messenden Ästhetiker werden oft ÄSTHETISCHE VERSUCHE (Proben) und deswegen, unter anderem, besondere Übungen nötig sein, damit er erfährt, ob und in welchem Maße die Kräfte eines gegebenen Menschen zu einer gegebenen schönen Erkenntnis ausreichen mögen. Wenn dann die Versuche gut voranschreiten, wird, daß die Kräfte ausgereicht haben, durch die bestätigende Erfahrung in gehöriger Weise von selbst erwiesen; wenn sie hingegen weniger voranschreiten, so ist nicht immer ein Mangel der Natur im Spiel, und noch viel weniger gilt der Schluß von einem Mangel an einem gewissen vielleicht besonderen ästhetischen Charakter, der für eine gegebene Erfahrung erfordert wird, auf einen allgemeinen Mangel oder auf einen Mangel an anderen vielleicht besonderen Charakterzügen. Die dichterischen Proben von Cicero, die epischen Proben von Ovid und Horaz hatten keinen guten Erfolg.

ABSCHNITT IV
DIE ÄSTHETISCHE LEHRE

§ 62 Zum allgemeinen Charakter des glücklichen Ästhetikes wird III) ein ästhetischer Unterricht und eine ÄSTHETISCHE LEHRE erfordert, eine Theorie bezüglich desjenigen, was den Stoff und die Form der schönen Erkenntnis näher beinflußt, die vollkommener ist als dies allein durch die Natur und allein durch den Rückgriff auf die Natur erreicht zu werden pflegt.[1] Diese Theorie muß mit schon ernsteren Übungen in den Gebrauch überführt werden, damit die ästhetische Fertigkeit nicht aus Unwissenheit oder Ungewißheit bezüglich der Sachen, die gedacht werden müssen, oder bezüglich der Regeln und deren Gründe umherirrt oder in willkürliches Denken gerät, oder jemand, weil er glaubt, daß alle seine Fehler bemerken werden,[2] die er selbst aber gar nicht kennt, schon von der Ausübung einer schönen Überlegung abgeschreckt wird.

§ 63 Zur ästhetischen Lehre gehört 1) jede SCHÖNE GELEHRSAMKEIT, d.h. die Gelehrsamkeit, insofern sie eine bessere Erkenntnis bezüglich der Gegenstände, über die bisweilen schön ge-

dum aliquando sit, cognitionem inerudita meliorem exhibet, qua imbutum ingenium naturaliter pulcrum, exercitationibusque quotidianis excitatum, qua motum, qua affectum, et incoctum, uti Persius habet, pectus aestheticum, felicius in datum thema pulcre cogitandum consentire possint, §§ 62, 47.

§ 64 Pulcrae eruditionis potiores partes sunt disciplinae, deum, universum, hominem, qua statum praesertim moralem, historias, nec exclusis quidem mythicis, et antiquitates, signorumque genium exhibentes, § 63.

§ 65 In disciplinarum eiusmodi doctrina aestheticus tantum eam curat perfectionem, quae fiat in pulcre meditandis phaenomenon, §§ 14, 15, partim negative, dum dat vitare παροράματα deturpantia, partim positive, dum unica saepe phrasi vel signo satis brevi cogit eruditum lectorem spectatoremve magna quaevis ab auctore tantae doctrinae exspectare, licet dissimulet erudita plura per exceptionem non inelegantem, §§ 48, 25.

§ 66 Huc non referimus pueriles quasvis institutiones, § 54, non tumultuariam in disciplinis tractandorum notitiam, usu, vaga lectione, auditionibusque promiscuis comparatam, de qua S. III, sed methodicam et virilem eorundem peritiam, quantumcunque perfectam, quoniam illa magis, sed et eatenus tantum, quatenus magis efficit § 65 commemorata.

§ 67 Neque tamen aestheticum polyhistora postulamus vel pansophum, quoniam character generalis tantum eruditionem genera-

dacht werden muß, darbietet als eine ungelehrte Erkenntnis, die Gelehrsamkeit, durch die ein mit ihr vertraut gemachter, von Natur aus schöner und durch tägliche Übungen tüchtig beschäftigter Geist und ein bewegtes und leidenschaftliches – auch ein, wie Persius sagt, ›ungekochtes‹[1] – ästhetisches Herz glücklicher im Hinblick auf ein gegebenes, schön zu denkendes Thema zusammenstimmen mögen.[2]

§ 64 Die wichtigeren Teile der schönen Gelehrsamkeit sind die Lehren, die sich mit Gott, der Welt, dem Menschen, insbesondere, insoweit es seinen sittlichen Zustand betrifft, mit der Geschichte, ohne Ausschluß mythologischer Erzählungen, mit den Altertümern und den besonderen Arten der Zeichen beschäftigen.[1]

§ 65 In der Unterweisung in Lehren dieser Art besorgt sich der Ästhetiker nur um diejenige Vollkommenheit, die in dem, was schön gedacht werden muß, zur Erscheinung gelangen mag, teils in negativer Weise, wenn sie uns die Möglichkeit gibt, verunstaltende Irrtümer[1] zu vermeiden, teils in positiver Weise, wenn sie, oft durch eine einzige Redensart oder ein genügend knappes Zeichen, den gelehrten Leser oder Betrachter dazu zwingt, große Dinge, welche auch immer diese sein mögen, von einem Autor von solch großer Unterweisungsstärke zu erwarten, mag er auch, aufgrund einer nicht ungeschmackvollen Ausnahme, noch mehr gelehrte Dinge verbergen.

§ 66 Hierzu zählen wir nicht jedweden Unterricht im Kindesalter, nicht eine im Drange des Augenblicks zusammengeraffte Bekanntschaft mit den in diesen Lehren zu behandelnden Dingen, die durch bloße Ausübung, durch flüchtiges Lesen oder wahlloses Zuhören erworben wird, wovon in Abschnitt III die Rede war, sondern die methodische und mannhafte Kenntnis derselben, wie vollkommen sie auch immer sein mag, weil sie das, was in § 65 bemerkt wurde, in höherem Grade erwirkt – aber auch nur, insofern sie dies in höherem Grade erwirkt.

§ 67 Dennoch fordern wir nicht, daß der Ästhetiker ein Polyhistor oder allwissend sei, weil ja sein allgemeiner Charakter nur eine Ge-

tim postulat, in ea pulcrae cognitionis specie, in qua quis excellere cogitat, character specialis partes eo propius facientes eruditionis curatius determinabit, in quibus hospitem esse dedecet, hanc cognitionis pulcrae speciem qui sibi colendam sumserit, § 27.

§ 68 Ad disciplinam aestheticam pertinet 2) theoria de forma pulcrae cognitionis, de modo ac ratione legitimis eam viis comparandi, perfectior, ac per naturam solam et solum eius usum impetrari solet, iam accuratioribus et adstrictioribus exercitiis in usum deducenda, § 62. Iam autem complexus regularum ordine dispositarum ARS vocari solet. Hinc in charactere boni aesthetici generali nascitur requisitum ARTIS AESTHETICAE.

§ 69 In characteribus felicis aesthetici specialibus, e. g. oratoris, poetae, musici e. c. dudum desideriis huius requisiti satisfactum est arte rhetorica, poetica, musica e. c. Quicquid de earum iucunditate, utilitate, necessitate disseri solet, paullulum attollendo notiones in magis generalia potest ad artem aestheticam applicari, cuius haec praedicata tam late patent, ac laudes reliquarum simul sumtarum, § 68.

§ 70 Iam sumere licebit artem hoc praestantiorem esse 1) quo patentiores regulas complectitur, i.e. quarum applicatio pluribus in occasionibus utilis, immo necessaria est, quo completior ipsa est, regularum sufficientium breve tamen compendium, 2) quo fortiores et graviores regulas exhibet, i. e. quas nunquam sine maiori detrimento negligas, 3) quo exactiores eas exponit et accuratiores, 4) quo magis perspicuas, 5) quo certiores et ex veris principiis, animabus regula-

lehrsamkeit im allgemeinen erfordert. In der Art des schönen Denkens, in der jemand sich auszuzeichnen denkt, wird sein besonderer Charakter die Teile der Gelehrsamkeit, die ihm näher förderlich sind, sorgfältiger bestimmen, in denen nur ein Gast zu sein demjenigen nicht ansteht, der sich vorgenommen hat, diese Art der schönen Erkenntnis besonders zu pflegen.

§ 68 Zur ästhetischen Lehre gehört 2) eine Theorie über die Art und Weise der schönen Erkenntnis, über die Art und Weise, dieselbe auf rechten Wegen zu erwerben, die vollkommener ist, als dies allein durch die Natur und allein durch den Rückgriff auf dieselbe erreicht zu werden pflegt, und diese Theorie muß mit schon sorgfältigeren und bündigeren Übungen in den Gebrauch überführt werden. Man pflegt aber nun das Gesamt von Regeln, die in einer Ordnung aufgestellt sind, eine KUNST zu nennen. Daher erwächst bezüglich eines guten ästhetischen Charakters das Erfordernis einer ÄSTHETISCHEN KUNST.

§ 69 Bei den besonderen Charakteren des glücklichen Ästhetikers, z. B. des Redners, des Dichters, des Musikers usw., ist den Bedürfnissen nach diesem Erfordernis schon lange Genüge getan, durch die Kunst der Rhetorik, der Poetik, der Musik usw. Was auch immer bezüglich deren Annehmlichkeit, Nützlichkeit und Notwendigkeit erörtert zu werden pflegt, kann, indem man die Begriffe ein wenig zu größerer Allgemeinheit emporhebt, auf die Kunst der Ästhetik angewendet werden, hinsichtlich derer sich diese Eigenschaften so weit erstrecken wie das Lob der übrigen Künste zusammengenommen.

§ 70 Es mag nun erlaubt sein anzunehmen, daß eine Kunst um so vortrefflicher ist, 1) je weiter sich die Regeln, die sie umfaßt, erstrecken, d. h. deren Anwendung bei mehreren Gelegenheiten nützlich, ja sogar notwendig ist, je vollständiger sie selbst ist, auch wenn sie nur ein kurzer Abriß der ausreichenden Regeln ist, 2) je stärkere und wichtigere Regeln sie darbietet, d. h. Regeln, die man niemals ohne größeren Schaden vernachlässigen mag, 3) je genauer und sorgfältiger, 4) je faßlicher, 5) je gewisser und aus wahren Grundsät-

rum, derivatas, 6) quo magis allicientes ad dirigendas ex suis praescriptis actiones et ipsam praxin, § 22.

§ 71 Artis autem aestheticae leges per omnes artes liberales, quasi cynosura quaedam specialium, diffunduntur et adhuc patentiorem sphaeram habent, ubicunque praestat pulcre, quam turpiter, quicquam cognoscere, cuius non opus est cognitione scientifica. Hinc magis, ac ulla specialium, § 69, meretur in formam artis redigi, completius quoddam systema pulcritudinis in cognoscendo tandem exhibitura, ac seiuncta deducendarum ex eadem artium ἀποσπασμάτια. Completi quid in specialibus ob infinitam varietatem sperari non potest, nisi surgendo ad fontes et pulcritudinis et cognitionis, ad utriusque naturam, primas utriusque divisiones divisa ob principium exclusi tertii inter duo contradictoria exhaurientes scrutemur, quod fiet artem aestheticam in formam scientiae redigendo, § 70.

§ 72 Superior regula semper fortior est sibi subordinatis omnibus. Hinc artis aestheticae leges fortiores sunt inde derivandis specialium artium regulis omnibus, ab his exceptione non ineleganti facienda, quando colliduntur. Iam autem his solis cognitis aliter eveniet, aut etiam illis vix ac ne vix quidem, veluti in fundo, aut e longinquo, perspectis, his autem in omni ornatu exemplorumque apparatu praestringentibus oculos, non sine graviori detrimento. Hinc complexus legum aestheticarum, prae specialioribus suis consectariis, meretur

zen, die das Wesen von Regeln ausmachen, abgeleitet sie dieselben darlegt, und 6) je mehr ihre Regeln dazu einladen, Handlungen und die praktische Ausübung selbst nach ihren Vorschriften auszurichten.[1]

§ 71 Die Gesetze der ästhetischen Kunst sind aber über alle freien Künste, gleichsam als Leitsterne der besonderen Künste, verbreitet und umfassen einen sich noch weiter erstreckenden Kreis, wo immer es vorzüglicher ist, etwas auf schöne als auf häßliche Weise zu erkennen und wofür keine wissenschaftliche Erkenntnis notwendig ist. Folglich verdienen sie es mehr als irgendein Gesetz der besonderen Künste, in die Form einer Kunst gebracht zu werden, denn sie werden endlich ein wahrhaft vollständigeres System der Schönheit im Erkennen darbieten als die abgesonderten Bruchstücke der Künste, die aus demselben abzuleiten sind. Etwas Vollständiges kann in den besonderen Künsten wegen deren unendlicher Mannigfaltigkeit nicht erhofft werden, außer wenn wir, indem wir zu den Quellen sowohl der Schönheit als auch der Erkenntnis und zur Natur beider hinaufsteigen, die ersten Einteilungen beider, die das Unterteilte nach dem Satz des ausgeschlossenen Dritten zwischen zwei sich Widersprechenden ausschöpfen,[1] zu erkunden suchen, was dann geschieht, wenn man die ästhetische Kunst in die Form einer Wissenschaft bringt.

§ 72 Eine höhere Regel ist immer stärker als alle anderen, die ihr untergeordnet sind. Daher sind die Gesetze der ästhetischen Kunst stärker als alle von daher abzuleitenden Regeln der besonderen Künste. Von letzteren muß eine nicht ungeschmackvolle Ausnahme gemacht werden, wenn sie ersteren widerstreiten. Dies wird aber schon anders ausgehen, wenn nur letztere bekannt sind, oder auch, wenn erstere kaum oder nicht einmal kaum, gleichsam nur auf einem tiefen Grund oder aus der Ferne, letztere aber in ihrer die Augen blendenden ganzen Zierde und prächtigen Zurüstung an Beispielen betrachtet werden – was nicht ohne ernsteren Schaden geschieht. Daher verdient es das Gesamt an ästhetischen Gesetzen, noch vor den Regeln mehr besonderer Natur, die aus ihnen folgen, in die Form einer Kunst gebracht zu werden, die, wenn sie in der

in formam artis redigi, quae simul earundem robur satis evidenter ponat ob oculos, in formam scientiae redacta, § 70.

§ 73 Falsa regula semper peior, quam nulla. Iam autem ex uno alterove exemplo tantum abstractae, ac sine ulteriori ratione pro universalibus venditae leges, quid aliud sunt, quam a particulari ad universale satis hiulca consequentia? Quoties hinc, nisi omnino falsae, tamen peccant in quantitate? Iam autem inductio completa nunquam haberi potest. Hinc opus est perspicientia veritatis regularum graviorum a priori, quam dein confirmet ac illustret experientia, sicut illius inveniendae forte primum fuit subsidium. Indigent hinc artes speciales, si veras a spuriis regulis seiungere sit animus, ulteriori principio, ex quo speciales suas regulas cognoscere possint, et hoc, ars aesthetica, ne per eandem male fidam exspectationem casuum similium unice stabiliendum sit, ut in formam scientiae redigatur, § 70.

§ 74 Quum intellectus et ratio moraliter necessario directores omnium pulcre cogitatorum esse debeant, § 39, illud autem regulis pulcre cogitandi distincte non perceptis fieri nequeat; M. §§ 624, 640, non sufficit has perspicue proponi, ac multis illustrari, praesertim quum talis earum confusa cognitio iam sine disciplina per aestheticam naturalem acquisitam impetrari possit, § 62. Ne ergo tota disciplina aesthetices artis in meram aliquam coordinationem ac dispositionem regularum ab analogo rationis analogon rationis unice directuro formatarum abeat, § 68, distincte regulas etiam et intellectuali cum perspicuitate concipere laborat utiliter in formam scientiae simul elevata, § 70.

Form einer Wissenschaft abgefaßt ist, zugleich die Stärke dieser Gesetze in genügend ausgemachter Weise vor Augen stellen mag.[1]

§ 73 Eine falsche Regel ist immer schlechter als gar keine Regel. Aber schon Gesetze, die nur von dem einen oder anderen Beispiel abgesondert wurden und ohne entfernten Grund[1] als allgemeine verkauft werden – was sind sie anderes, als eine genugsam lückenhafte Folgerung vom Besonderen auf das Allgemeine? Wie oft gehen sie, wenn sie auch nicht gänzlich falsch sind, doch hinsichtlich des Umfangs ihrer Geltung fehl? Außerdem kann ein vollständiger Schluß vom Besonderen auf das Allgemeine niemals erreicht werden. Es ist daher eine aus gemeinen Gründen gewonnene Einsicht in die Wahrheit der wichtigeren Regeln notwendig, die dann die Erfahrung bestätigen und erhellen mag, so wie diese vielleicht auch das erste Hilfsmittel gewesen ist, jene Wahrheit zu finden. Es bedürfen daher die besonderen Künste, wenn man wahre von unechten Regeln abzusondern beabsichtigt, eines entfernten Grundsatzes, aus dem sie ihre besonderen Regeln einsehen können mögen, und daher bedarf dessen auch die ästhetische Kunst, damit nicht allein auf eben derselben unzuverlässigen Erwartung ähnlicher Fälle die Grundlagen für ihre Überführung in die Form einer Wissenschaft gelegt werden.

§ 74 Weil aufgrund der sittlichen Notwendigkeit der Verstand und die Vernunft alle schönen Gedanken lenken müssen, dies aber nicht geschehen kann, wenn die Regeln des schönen Denkens nicht deutlich erkannt werden, reicht es nicht aus, diese faßlich darzustellen und mit vielen Beispielen zu erhellen, vor allem, weil eine solche verworrene Erkenntnis derselben bereits schon ohne Lehre durch die natürlich erworbene Ästhetik erlangt werden kann. Damit also die ganze Lehre der Kunst der Ästhetik nicht in irgendeiner bloßen Zusammenordnung und Aufstellung von Regeln durch ein Analogon der Vernunft, das allein sich selbst lenken will, gebildet werden, endet, bemüht sie sich, die Regeln auch deutlich und mit verstandesmäßiger Faßlichkeit zu begreifen, wenn sie auf nützliche Weise zugleich in die Form einer Wissenschaft erhoben wird.

§ 75 Quod olim Leibnitius de metaphysicis ante restaurationem eorundem per ipsum coeptam: *Video plures, qui mathematicis doctrinis delectantur, a metaphysicis abhorrere, quod in illis lucem, in his tenebras animadvertant. Cuius rei potissimam caussam arbitror esse, quod notiones generales, et quae maxime nobis notae creduntur, humana negligentia atque inconstantia cogitandi ambiguae atque obscurae sunt factae, et quae vulgo afferuntur, definitiones, ne nominales quidem sunt, adeo nihil explicant*, Acta er. Lips. A. 1694, idem de disciplinis artium liberalium ob similem caussam affirmaverim. De disciplinis, inquam, et regularum coacervationibus. Exsequutionem enim pulcerrimorum operum quanquam docti indoctique passim, si sapiunt, admirari coguntur vel inviti, sequuntur etiam et laudant plurimi: tamen severioris etiam scientiae patroni plerique doctrinas eiusmodi speciosa miracula directuras cum plebe consentiendo contemnunt,

Ingenium misera quia fortunatis arte
Credunt.[1]

Quid autem? si curatis ex definitionibus, et vere explicantibus aliquid pulcri atque venusti per apte cohaerentem axiomatum, consectariorumque concatenationem resolverentur, prima certe, cognoscendi, non bene solum, sed et belle problemata? Quid? si non ars solum characterem pulcri ingenii generalem ingressa sisteretur, sed etiam induta scientiae pallium? Certius et tutius ad eius regulam, non Lesbiam, ornatum cogitationis postulantia tum exsequeremur, tum diiudicaremus, § 70.

§ 76 Neque vanus augur arbitror fore, si praedixerim, quod aliquibus exemplis iam expertus scribo, per eandem se viam non paucis in-

1 Vgl. Horaz, *A. p.*, 295 f.

§ 75 Leibniz sagte einmal über die Metaphysik vor der von ihm selbst unternommenen Wiederherstellung derselben: *Ich sehe, daß die meisten, die sich zu den Kenntnissen der Mathematik hingezogen fühlen, vor der Metaphysik zurückschrecken, weil sie dort Licht, hier Finsternis bemerken. Der wichtigste Grund dafür dürfte meines Erachtens der sein, daß die Allgemeinbegriffe, die von allen für die bekanntesten gehalten werden, durch der Menschen Nachlässigkeit und Unbeständigkeit des Denkens zweideutig und dunkel geworden sind. Die davon gewöhnlich aufgestellten Definitionen sind nicht einmal Nominaldefinitionen und erklären folglich nichts.*[1] Dasselbe möchte ich aus einem ähnlichen Grund über die Lehren der freien Künste behaupten. Über die Lehren, sage ich, und über die Aufhäufung von Regeln. Obgleich nämlich Gebildete und Ungebildete allenthalben, wenn sie Geschmack haben, sei es auch widerwillig, dazu gebracht werden, die Ausführung der schönsten Werke zu bewundern, und die meisten dem Folge leisten und sie loben, so verachten doch auch nicht wenige der Freunde der ernsteren Wissenschaften – und finden sich hier in Übereinstimmung mit dem gemeinen Volk – die Regeln, die solch glänzende Wunder lenken sollen:

> *Genie ist gesegneter als armselige Kunst,*
> *meinen sie.*

Was aber, wenn aufgrund von sorgfältigen Erklärungen, die etwas Schönes und Anmutiges wahrhaft erhellen, durch eine Schlußkette von füglich zusammenhängenden Grundsätzen und Folgerungen die sicherlich wichtigsten Aufgaben der Erkenntnis nicht nur gut, sondern auch schön gelöst werden könnten? Was, wenn nicht allein eine Kunst aufgestellt würde, die sich mit dem allgemeinen Charakter des schönen Geistes befaßte, sondern eine solche, die auch in das Gewand einer Wissenschaft gekleidet ist? Mit größerer Gewißheit und Sicherheit könnten wir nach deren – und nicht nach dem Lesbischen – Gesetz[2] Dinge, welche die Zierde der schönen Erkenntnis erfordern, zum einen ausführen, zum anderen beurteilen.

§ 76 Ich glaube, ich wäre kein eitler Zeichendeuter, wenn ich voraussagen würde – was ich aufgrund bereits gemachter Erfahrung mit einigen Beispielen schreibe –, daß sich auf ebendiesem Wege die

geniis, non parvis, erectioribusque animis commendatura bona liberalium studia, ut non puerilia tantum, sed et viris, iisque sapientibus, digna, sicuti sint, videantur, eosque moveant, ut vel ipsi audeant aliquid novi et egregii in aestheticis exercitiis vel saltim de artibus eo ducentibus moderatius, aequius, honorificentius iudicent, de applicationibus earundem, uti iudices, bene satis instructi, magisque competentes, § 70.

§ 77 Iterum moneo. Ille ego non sum, qui aesthetica scientia, quasi numeris omnibus absolutum, mihi vel aliis fingam ingenium generatim venustum, vel omnino speciatim laudabilem oratorem, poetam, musicum e.c. Iam postulavi, ante theoriam eiusmodi, naturam, ingenium, indolem, exercitia, culturam ingenii nunc sine aliqua eruditione vix satis impetrandam, regularum pulcre cogitandi peritiam, quam unice probavi vere praestare, si sit prima saltim et primaria sua ex parte scientia. Nunc denuo postulo correctiora ac certiora illa exercitia, de quibus § 58, in quibus nulla dies sine linea, sine quibus mortuas ipse speculativasque, quas vocant, regulas, utiles quidem, quibus tamen non utaris, nunquam edico profuturas, eo, quo maxime debent. Nec ita multa post plura postulabo. Postulabit recte adhuc plura specialem felicis aesthetici characterem informaturus, § 27.

redlichen Bestrebungen hinsichtlich der freien Künste nicht wenigen, nicht kleinen Geistern und edleren Gemütern empfehlen werden, so daß diese Künste, so wie sie sein mögen, nicht nur als Beschäftigung für Knaben, sondern auch Männern und denjenigen, die Geschmack haben, würdig erscheinen und sie soweit bewegen, daß sie entweder selbst in ästhetischen Übungen etwas Neues und Vortreffliches wagen oder wenigstens über die Künste, die dahin führen, und über deren Anwendungen maßvoller, billiger und ehrenvoller urteilen, als in richtiger Weise genügend unterrichtete und fähigere Richter.

§ 77 Abermals warne ich: Ich bin nicht jemand, der mir oder anderen einen anmutigen Geist im allgemeinen oder gar im besonderen einen lobenswerten Redner, Dichter, Musiker usw. erdichtete, der mit Hilfe der ästhetischen Wissenschaft gleichsam in jeder Hinsicht vollkommen wäre. Ich habe schon vor einer solchen Theorie die Natur, den Geist, die Gemütsart, Übungen und eine Bearbeitung des Geistes gefordert, die nun aber ohne irgendeine Gelehrsamkeit kaum zur Genüge erreicht werden kann, und eine praktische Kenntnis der Regeln des schönen Denkens, die sich, wie ich erwiesen habe, nur dann wahrhaft auszeichnen kann, wenn sie wenigstens in ihrem wichtigsten und vornehmlichsten Teil eine Wissenschaft ist. Nun fordere ich von neuem jene verbesserten und von mehr Gewißheit begleiteten Übungen, von denen in § 58 die Rede war, bei denen kein Tag ohne Zeile vergeht,[1] ohne die, so behaupte ich, Regeln, die man leblos und untauglichen Hirngebäuden entsprungen nennt, Regeln, die sicherlich brauchbar sind, die du aber nicht gebrauchen magst, niemals in der Hinsicht nützlich sein werden, in der sie es am meisten sein sollten. Und viel mehr werde ich nicht fordern. Zu Recht wird jemand aber noch mehr fordern, der den besonderen Charakter des glücklichen Ästhetikers schildern will.

SECTIO V
IMPETUS AESTHETICUS

§ 78 Ad characterem felicis aesthetici generalem, § 27, requiritur IV) IMPETUS AESTHETICUS (pulcra mentis incitatio, inflammatioque, ὁρμή, ecstasis, furor, ἐνθουσιασμός, πνεῦμα θεοῦ), cuius haec est genesis: Excitatior natura, S. II, iam in ipsis αὐτοσχεδιάσμασι, S. III, magis adiuta doctrinis ingenium acuentibus et magnam animam nutrientibus, S. IV, pro positu corporis, animaeque statu antecedente, M. §§ 512, 596, faventibus circumstantiis, M. § 323, iam ad ipsum pulcre cogitandi actum facultates suas inferiores, habitus, vires, huc usque mortuas, M. § 220, eo intendit, ut maiores consensu phaenomeno vivant, quam quas multi alii circa idem thema, vel ipse homo, non ita concitus alio tempore, possent exhibere, atque adeo dent effectus his suis viribus vivis aequales, viribus ordinariis maiores, et ad eas se circiter habentes, uti quadratum ad radicem. Status animae, cuius genesin descripsi, est ipsa illa ὁρμή, cuius antea dixi varias pro graduum diversitate denominationes.

§ 79 In minoribus huius fervoris gradibus, effectus vi mentis ordinaria maior, ut talis, non patet omnibus, si vere tamen adsuerit ὁρμή, eveniet tentanti, dum friget,

Ut sibi quivis
Speret idem, sudet multum frustraque laboret
Ausus idem, Hor.[1]

Character eius apud ipsum iustum sui aestimatorem, eo non nunquam corripiendum, erit 1) si e. g. scripta sua, dum scribit, et imme-

[1] Horaz, *A. p.* 241–243.

ABSCHNITT V
DIE ÄSTHETISCHE BEGEISTERUNG

§ 78 Der allgemeine Charakter des glücklichen Ästhetikers erfordert IV) die ÄSTHETISCHE BEGEISTERUNG (die schöne Erregung des Gemüts und Entflammung, den inneren Drang, die Entzückung, den Furor, den Enthusiasmus, einen gewissen göttlichen Geist),[1] deren Entstehen dieses ist: Eine bereits durch eigenes Improvisieren aus dem Stegreif ziemlich aufgeweckte Natur, der in höherem Grade geholfen wird durch Lehren, die den Geist schärfen und eine große Seele nähren, richtet, gemäß der Stelle ihres Leibes und der vorhergehenden Verfassung ihrer Seele[2] und unter günstigen Umständen, ihre unteren Erkenntnisvermögen, Fertigkeiten und Kräfte, die bis dahin tot waren, eben gerade jetzt[3] so weit auf das Tun des schönen Denkens selbst, daß diese durch die in Erscheinung tretende Übereinstimmung als höhere leben, als sie sich bei vielen anderen Menschen gegenüber demselben Thema oder bei demselben, aber nicht ebenso erregten Menschen zu einer anderen Zeit zeigen könnten. Die unteren Erkenntnisvermögen können dann sogar diesen ihren lebendigen Kräften gleichförmige Wirkungen erzeugen, die größer sind als die gewöhnlichen Kräfte und sich zu diesen ungefähr so verhalten wie das Quadrat zu seiner Wurzel. Der Zustand der Seele, dessen Entstehung ich beschrieben habe, ist eben jener innere Drang, dessen verschiedene Benennungen ich gemäß der Verschiedenheit seiner Stufen vorher genannt habe.

§ 79 Bei den niedrigeren Graden dieser Glut zeigt sich ihre Wirkung, die größer ist als die gewöhnliche Kraft des Geistes, als solche nicht allen. Wenn jedoch der innere Drang wahrhaft zugegen gewesen ist, wird demjenigen, der diese Glut bei ihrem Erkalten wieder zu entfachen sucht, dieses geschehen:

Daß jeder,
der sich Gleiches erhofft, viel schwitzt und vergeblich sich abmüht,
sofern Gleiches er wagt.

Die Merkmale dieser Glut werden bei demjenigen, der sich selbst gehörig einschätzt und der von ihr zuweilen ergriffen werden muß,

diate post conceptionem ipsi minus placeant, ac post aliquid temporis heterogeneis occupationibus insumti: 2) ipsa maior celeritas, character etiam virium vivarum in physicis.

§ 80 Psychologis patet in tali impetu totam quidem animam vires suas intendere, maxime tamen facultates inferiores, ita, ut omnis quasi fundus animae, M. § 511, surgat nonnihil altius, et maius aliquid spiret, pronusque suppeditet, quorum obliti, quae non experti, quae praevidere non posse nobis ipsis, multo magis aliis, videbamur. Hic animae fundus quum a multis adhuc ignoretur, etiam philosophis, effectus eius extraordinarius, quem § 78 descripsimus, diis adscriptus est auctoribus, secundum illud Lucretii:

Ignorantia caussarum conferre deorum
Cogit ad imperium res, et concedere regnum, ut
Quorum operum caussas nulla ratione videre
Possunt, haec fieri divino numine rentur.[1]

§ 81 Lustremus aliquas incitationis eiusmodi opportunitates pro positu corporis aut aucupandas, aut saltim oblatas arripiendas, in quibus *aut nunc, aut nunquam.* Eo refero 1) motionem agitationemque corporis, praesertim non nihil melancholici, e.g. per equitationem celeriorem, § 46. Hinc forte pegasus hippocrenen recludens, hinc tot in itineribus carmina scripta. *Mirum est, ut animus agitatione motuque corporis excitetur*, Plin., l. I, Ep. 6.[2]

§ 82 2) Occasio impetus ad venuste cogitandum est, status animae, in quo praevisio praesagiumque naturaliter faciliores sunt, M. § 602,

[1] Lukr. 6, 54–57.
[2] Plin., *Ep.* 1, 6, 12.

folgende sein: 1) Wenn ihm selbst seine Schriften, während er sie schreibt und unmittelbar nach ihrer Abfassung, weniger gefallen als nach einer gewissen Zeit, die er auf Beschäftigungen anderer Art verwendet hat, 2) die größere Geschwindigkeit selbst, die auch in der Natur das Kennzeichen lebendiger Kräfte ist.[1]

§ 80 Den Psychologen ist klar, daß in einer solchen Begeisterung die ganze Seele ihre Kräfte verstärkt, am meisten jedoch die unteren Vermögen, so daß beinahe der ganze Grund der Seele sich etwas höher erhebt und irgend etwas Höheres atmet und willig Dinge gewährt, die uns vergessen, nicht erfahren, uns selbst und noch viel weniger anderen voraussehbar schienen.[1] Doch da viele, auch Philosophen, von diesem Grund der Seele bisher nichts wissen, wird seine außerordentliche Wirkung, die wir in § 78 beschrieben haben, von den Autoritäten den Göttern zugeschrieben, nach jenem Ausspruch von Lukrez:

Fehlende Kenntnis der Ursachen zwingt, die Welt mit der Götter
Macht zu verknüpfen und Kraft über Werke ihnen zu gönnen,
damit sie,
deren Ursachen sie mit keiner Vernunft zu erschauen
fähig sind, drum meinen, sie kämen aus göttlichem Willen.

§ 81 Betrachten wir einige Gelegenheiten einer solchen Erregung, auf die man es je nach der Stelle des Leibes entweder absehen muß oder die man wenigstens, wenn sie sich darbieten, ergreifen muß – bei denen gilt: *Jetzt oder nie!* Dazu beziehe ich mich 1) auf die Bewegung und Regung des Leibes, vor allem bei einem etwas melancholischen Temperament, zum Beispiel während eines schnelleren Rittes. Vielleicht ist es deshalb Pegasus, der den Brunnen Hippokrene sprudeln läßt,[1] vielleicht werden deshalb so viele Gedichte auf Reisen geschrieben. *Es ist erstaunlich, wie sehr die Seele durch die Regung und Bewegung des Körpers erregt wird.*

§ 82 2) Eine andere Gelegenheit der Begeisterung zum anmutigen Denken ist der Zustand der Seele, in dem Voraussicht und Erwartung auf natürliche Weise leichter sind. Zum geschmackvollen Den-

ad eleganter cogitanda praesertim necessariae vires, ordinario maxime debiles, § 39, M. § 597, et mens sana in corpore sano, E. § 254, per venustum alterius ingenium ad imitationem inclinatur, §§ 56, 44. Hac ratione excitatus φοιβόληπτος est. Ita, circa criticas huius vitae vicissitudines, instante magna mutatione, plurimum habitura momenti; *poscere fata*

Tempus erit. Deus, ecce, deus! § 80.[1]

§ 83 3) Historiae (Clio), etiam fictae, praesertim heroicae (Calliope), vel tristioris (Melpomene), vel laetioris eventus (Thalia), musicae (Terpsichore), saltationes (Erato), picturae (Polyhymnia) et quaevis liberalium artium specimina, dum ad aemulandum provocant, ipsa natura extra nos positorum, dum vel amabiliter ludit, vel maioribus mundi e. g. solis, spectaculis in stuporem rapit (Uranie), § 82. Hac ratione concitatus μουσόληπτος καὶ μουσοπάτακτος est. Hinc Musae non minus, ac Gratiae, sociae sunt, neque bene divelluntur. Una florente e. g. circa tempora Alexandri M. Augusti, Ludovici XIV floruerunt etiam aliae.

§ 84 4) Otium comparativum, E. § 267, M. § 638, quando mens curis soluta laborum negotiorumque reponit onus et per amoena, § 83, ambulacra temere errans, § 81, serena patet in secessu divinis afflatibus, § 80. Hoc forsan est in Helicone pascere, somniare in Parnasso. *O! dulce otium honestumque, ac paene omni negotio pulcrius! o! mare! o! littus! verum secretumque* μουσεῖον! *quam multa invenitis! quam multa dictatis!* Plin., l. I, Ep. 9.[2]

§ 85 5) Si pulcre cogitaturo requiritur status, qualem § 39 descripsi, praesertim in sensationibus themati satis heterogeneis constituto, aquae potori, pro positu corporis, § 78, opportunus erit generosioris

1 Vergil, *Aen.* 6, 45f.
2 Plin., *Ep.* 1, 9, 6.

ken sind vornehmlich Kräfte notwendig, die gewöhnlich überaus schwach sind, und ein gesunder Geist in einem gesunden Körper, der durch den anmutigen Geist eines anderen zur Nachahmung hingelenkt wird. Wer aus diesem Grund, durch solche Kräfte erregt wird, ist von Phoibos ergriffen.[1] Und so *wird es* bei schwierigen Wechselfällen dieses Lebens, bei einer bevorstehenden großen Veränderung, die am meisten solcher Momente in sich birgt,

hohe Zeit sein,
Weissagungen zu fordern. Der Gott, o schauet, der Gott!

§ 83 3) Weitere Gelegenheiten sind Geschichten (Klio), auch erfundene, besonders heroische (Kalliope), entweder einer traurigeren (Melpomene) oder fröhlicheren Begebenheit (Thalia), Musik (Terpsichore), Tanz (Erato), Malerei (Polyhymnia) und jedwede Proben der freien Künste, sofern sie zum Nacheifern herausfordern, und selbst die uns umgebende Natur, sofern sie entweder lieblich spielt oder durch größere Schauspiele der Welt, zum Beispiel der Sonne, zum Erstaunen hinreißt (Urania). Der aus diesem Grund heftig Bewegte ist von den Musen ergriffen und erschüttert. Deshalb sind die Musen nicht weniger als die Grazien Schwestern und können nicht gut getrennt werden. Als eine Muse erblühte, zum Beispiel etwa in den Zeiten Alexanders des Großen, Augustus' oder Ludwigs XIV, erblühten auch andere.[1]

§ 84 4) Die Muße, vergleichungsweise genommen. Wenn der Geist, befreit von Sorgen, die Last der Arbeiten und der Beschäftigungen ablegt, steht er, wenn er aufs Geratewohl in lieblichen Alleen umherstreift, in der Einsamkeit heiter dem göttlichen Anhauch offen. Vielleicht ist dies das sich Ergötzen im Helikon, das Träumen im Parnaß. *O süße und ehrbare Muße, beinahe schöner als jede Beschäftigung! O Meer! O Strand! O wahrer und geheimer Musentempel! Wie viele Dinge gibt es zu finden, wie viele aufzusagen!*[1]

§ 85 5) Wenn, um schön zu denken, der Zustand erforderlich ist, den ich in § 39 beschrieben habe, vor allem in einer Verfassung, in der die Empfindungen dem gewählten Gegenstand reichlich fremd

laticis modicus haustus, quo remittentibus nonnihil sensationibus e. g. molestis clarescere necessariae e. g. hilares imaginationes et praevisiones eo magis possint, M. § 554. Hunc autem satis multis esse fontibus historici naturae narrant. Pone talem vim in Aganippe fuisse.

§ 86 6) Fontanae eiusmodi praeferent vinum, § 85, cum Horatio iudicantes

Nulla placere diu neque vivere carmina posse,
Quae scribuntur aquae potoribus.[1]

Ille liquor docuit voces inflectere cantu, § 83,
Movit et ad certos nescia membra modos, § 81,
Bacchus et agricolae magno confecta labore
Pectora tristitiae dissolvenda dedit, §§ 84, 52.
Bacchus et afflictis requiem mortalibus affert,
Crura licet dura compede pulsa sonent, § 85, Tib.[2]

Hinc et Bacchus incitationis inflammationisque aestheticae auctor est, § 80, licet illepide fallatur, qui fictam Horatii Od. l. II 19, III 25 ebrietatem bona ac germana fide, ceu veram, imitaturus, tamdiu libat Apollini ac Musis, Bacchoque litat, donec iam iamque promturus oracula

Sternitur, exanimisque tremens procumbit
humi – – –, Virg.[3]

§ 87 7) Nova occasio est castis aestheticis, qui sedentes adversus, identidem, nescio quam, spectant et audiunt dulce ridentem. Misere quod omnes eripit sensus ipsis. Nam simul suam Lesbiam adspiciunt, nihil est super illis.

Lingua sed torpet, tenuis sub artus

1 Horaz, *Ep.* 1, 19, 2 f.
2 Tibull 1, 7, 37–42.
3 Vergil, *Aen.* 5, 481.

sind, dann ist dem, der sonst nur Wasser trinkt, gemäß der Stelle seines Leibes ein kleiner Schluck eines edleren Saftes empfehlenswert, wodurch sich in einiger Abschwächung etwa störender Empfindungen notwendige, etwa heitere Einbildungen und um so mehr die Voraussichten klären können. Deshalb erzählen die Geschichtsschreiber der Natur, daß dieser Saft aus vielen Quellen stammt.[1] Glaube mir, eine solche Kraft war in Aganippe.[2]

§ 86 6) Als eine solche Quelle bevorzugen diejenigen den Wein, die mit Horaz urteilen:

Nichts kann auf längere Zeit hier gefallen, nicht können Lieder leben bleiben,
geschrieben von denen, die Wasser trinken!

Solches Getränk hat gelehrt, durch Gesang die Stimmen zu läutern,
lehrte, die Glieder, hochsteif, schmiegen und biegen im Takt,
wenn sich die Seele des Bauern in mancherlei Mühen erschöpft hat,
schenkt ihm Bacchus die Kraft, daß seine Trübsal sich löst:
Bacchus bringt den betrübten Herzen des Sterblichen Ruhe,
selbst wenn den Schenkel die hart klirrende Fessel hemmt.

Infolgedessen ist Bacchus der Urheber der ästhetischen Erregung und Entflammung, wenn sich auch grob irrt, wer die erfundene Trunkenheit des Horaz nachahmen will, im naiven Glauben, sie sei echt, und der solange dem Apoll und den Musen huldigt und dem Bacchus opfert, bis sie Weissagungen offenbaren, und er

zuckend, beraubt des Lebens, zu Boden stürzen wird.

§ 87 7) Eine weitere Gelegenheit für die züchtigen Ästhetiker ist es, wenn sie ihrer Liebe, gleichwelcher auch immer, angesichtig, dieselbe immer wieder anschauen und ihr immer wieder zuhören, wie sie lieblich lacht. Es ist zum Erbarmen, daß es ihnen den ganzen Verstand raubt. Fürwahr, wenn sie ihre Lesbia sehen, gibt es nichts Höheres mehr für sie.

Die Zunge ist gelähmt, fein rieselt es

Flamma dimanat, sonitu suopte
Tintinant aures, gemina teguntur
Lumina nocte, Cat.[1]

Quando autem absentis angiportum perambularunt, § 81, clausam ianuam fenestrasque vacuas salutantes, subito se in montes et lucos ex urbe removent, § 84, ibique suum naturae miraculum procul vident dulce ridens, dulce loquens audiunt, fingunt, scribunt, canunt, psallunt, pingunt. Silva interpres harum curarum et conscia sidera, § 83, ne sperare quidem ausos esse, quae praevident summa cum voluptate perinviti, § 82. Certe Venus ac Amor horum potius caussa habentur auctores incitationis, de qua loquimur, § 78, quam ob prostibulorum praecones,

Quando immunda crepant ignominiosaque,[2] §§ 54, 59.

§ 88 Veriores forsan, ac dii sunt, § 80, occasiones erunt, 8) si quem

Decisis humilem pennis, inopemque paterni
Et laris et fundi paupertas impulit audax,
Ut versus faceret,[3]

sicut Horatium, qui de se pergit per iocum narrare, quod bene multo serio verissimum putant:

Quod non desit, habentem,
Quae poterunt unquam satis expurgare cicutae,
Ni melius dormire putem, quam scribere
versus? [4]

§ 89 9) Indignatio.

Archilochum proprio rabies armavit iambo, Hor.[5]

1 Catull 51, 9–12.
2 Horaz, *A. p.* 247.
3 Horaz, *Ep.* 2, 2, 50–52.
4 Ebd. 2, 2, 52–54.
5 Horaz, *A. p.* 79.

wie Feuer durch die Glieder; von eigenem Dröhnen
klingen die Ohren, die Augen bedeckt
doppelte Nacht.

Doch wenn sie in dem Gäßchen der abwesenden Geliebten auf- und abgehen, die geschlossene Haustür und die leeren Fenster grüßend, und sie dann auf einmal aus der Stadt in die Berge und in die Wälder fliehen, sehen sie dort aus der Ferne ihr Wunder der Natur, wie es lieblich lacht, sie hören, wie es lieblich spricht, sie stellen es sich vor, schreiben davon, besingen es, spielen davon auf der Zither, malen es. Der Wald versteht ihren Kummer und die Sterne sind Mitwisser davon, daß sie nicht zu hoffen wagen, was sie mit höchster Wollust schmerzhaft voraussehen. Sicher sind Venus und Amor bei diesen eher Urheber der Entflammung, von der wir reden,[1] als bei unzüchtigen Marktschreiern,

wenn sie unsaubre, ehrlose Witze reißen.

§ 88 Es gibt vielleicht Gelegenheiten, die mehr an Wahrheit besitzen als die auf die Götter zurückgeführten, nämlich 8) wenn jemand, der

mit gestutzten Schwingen am Boden haftete, mittellos, ohne väterlichen Besitz
in der Stadt und auf dem Lande, die Armut antrieb, kühn
Verse zu machen,

wie es bei Horaz war, der nicht abläßt, im Scherz von sich zu erzählen, was viele ernsthaft sehr wohl für ganz wahr halten:

Nun, da ich genügend besitze –
welcher Schierlingstrank könnte je vom Wahnsinn mich hinreichend reinigen,
wenn ich nicht meinte, besser sei es zu schlafen als Verse zu machen?

§ 89 9) Die Entrüstung.

Den Archilochos bewaffnete seine Wut mit dem ihm eigenen Jambus.[1]

Horatius eandem occasionem sibi praesagit, Serm., l. II 1, v. 40–60. Juvenalis eam statim ab initio spirat:

Semper ego auditor tantum nunquam ne reponam
Vexatus toties rauci Theseide Codri? e.c.
Difficile est saturam non scribere. Nam quis iniquae
Tam patiens urbis, tam ferreus, ut teneat se? e.c.
Quid referam, quanta siccum iecur ardeat ira? e.c.
Haec ego non credam Venusina digna lucerna.
Haec ego non agitem?
Si natura negat, facit indignatio versum
Qualemcunque potest, quales ego, Sat. I.[1]

Ita pergit in reliquis. Ex eodem fonte Demosthenis et Ciceronis Philippicae, huius Verrinae et Catilinariae, Ovidii Ibis e.c.

§ 90 Satis cognata indignationi est 10) irrisio, M. § 684. Horatio tamen magis amica, ac indignatio, minus amara, plusque salis, quam fellis habens. Hinc αὐτοσχεδιάσματα, de quibus § 52, militumque currus triumphales stipantium. Hinc vetus

Comoedia non sine multa
Laude, sed in vitium libertas excidit, et vim
Dignam rege legi, Hor.[2]

Hinc Aristophanes, hinc Lucianus paene omnis, et plura Martialis epigrammata.

§ 91 11) Omnes animi commotiones, quae tantae non sunt, ut omnem symbolicam paenecognitionem intuitus opprimat, quando de pulcre non cogitandis tantum, sed et efferendis loquimur, 12) omnes

[1] Juv. 1, 1f., 30f., 45, 51 f., 79 f.
[2] Horaz, *A. p.* 281–283.

Horaz ahnt für sich eine ebensolche Gelegenheit voraus.[2] Juvenal äußert sie sogleich zu Beginn:

Bin ich immer nur Zuhörer? Werde ich es nimmer zurückzahlen,
der ich so oft mit der ›Theseis‹ des heiseren Codrus geplagt wurde?,
usw.
Es ist schwer, keine Satire zu schreiben. Denn wer kann die Ungerechtigkeit
der Hauptstadt ertragen, wer ist so stahlhart, daß er sich zurückhalten könnte? usw.
Und was soll ich berichten, daß ich einen Bauch voll Wut habe? usw.
Soll ich dieses nicht wert erachten, daß Venusias Leuchte drauf scheine?
Greif ich's nicht an?[3]
Wenn mein Talent nicht reicht, soll Entrüstung Verse verfassen,
so gut sie's eben kann, nach meiner Art.

So fährt er in übrigen Versen fort. Aus der gleichen Quelle sind die Philippiken des Demosthenes und des Cicero, desselben Schriften gegen Verres und gegen Catilina, Ovids *Ibis* usw.

§ 90 Genugsam verwandt mit der Entrüstung ist 10) der Hohn. Er steht Horaz deshalb näher als die Entrüstung, weil er weniger bitter ist und mehr Salz als Galle enthält. Daher stammen die Improvisationen, von denen in § 52 die Rede war, und diejenigen der Soldaten, welche die Triumphwagen umgaben. Daher der alte Ausspruch:

Die Komödie ist nicht bar hohen
Lobes, doch ihr Freimut wurde zum Übel und zum Vergehen, das es verdiente,
gesetzlich geregelt zu werden.

Von daher kommen Aristophanes, beinahe alles von Lukian und der größere Teil der Epigramme Martials.

§ 91 11) Alle Erschütterungen der Seele, die nicht so groß sind, daß die anschauende Erkenntnis jede symbolische Beinahe-Erkenntnis unterdrückt, wenn wir nicht nur von schön zu denkenden, sondern auch von schön auszudrückenden Dingen sprechen, 12) alle traurigen Fälle des Schicksals, wenn sie nicht zerschmettern, alle

fortunae casus tristiores, nisi frangant, laetiores, nisi obtundant et distrahant omnino animum, § 82. Plus tamen elegantiarum sinistris auctorum satis debemus, quam admodum ridentibus.

§ 92 13) Agmen claudat in catalogo facile locupletando iuventus, s. potius illa huius vitae periodus, qua nondum ἀκμήν suam eo usque transiit anima, ut imaginationes etiam insigniter decreverint. Sicut enim facultates cognoscitivae inferiores primae fiunt in eadem phaenomena, ita et eodem, quo creverunt, ordine minuuntur naturaliter. Unde duabus iam potiorem pulcre cogitandi materiem suppeditaturis, §§ 30, 31, languescentibus transiisse iudicatur eleganter cogitandi princeps opportunitas. Unde Horatius non praecipit solum,

Solve senescentem mature sanus equum, ne
Peccet ad extremum ridendus, et ilia ducat,[1]

sed etiam spectatus satis et donatus iam rude non vult antiquo ludo includi,

Et versus et caetera ludicra ponens.[2]

§ 93 Per se patet 1) his occasionibus non utendum esse contra fortiores vitae beatae leges, 2) occasiones eas esse tantum non caussas solitarias, quibus circumfluere possit laevum aut tardum ingenium sine effectu, qui quaerebatur, § 78.

§ 94 In maiori pulcra meditatione quum difficilior sit pulcritudo totius, ac pulcritudo cuiusvis partis, pulcritudo rerum et ordinis, pulcritudine signorum, §§ 18–20, ad priores potissimum informandas

1 Horaz, *Ep.* 1, 1, 8 f.
2 Ebd. 1, 1, 10.

fröhlichen Ereignisse, wenn sie nicht betäuben und die Seele gänzlich zerstreuen. Dabei verdanken wir jedoch den Schriftstellern von ernsten Dingen mehr Geschmackvolles als den ungemein scherzenden.

§ 92 13) Es schließt den Zug in diesem leicht zu bereichernden Katalog die Jugend, oder besser jene Zeitspanne des Lebens, in der die Seele noch nicht ihren Gipfel überschritten hat, nach dem auch ihre Einbildungen bedeutend abnehmen.[1] So nämlich wie die unteren Erkenntnisvermögen in der Seele in Erscheinung treten, so und in derselben Reihenfolge, in der sie erwachsen sind, vermindern sie sich auf natürliche Weise. Daher gewinnt man das Urteil, daß, wenn die beiden Vermögen, die dem schönen Denken den meisten Stoff geben, ermatten, die vorzüglichste Gelegenheit des geschmackvollen Denkens vorüber ist. Daher lehrt Horaz nicht nur:

Sei vernünftig, spanne rechtzeitig aus das alternde Rennpferd, damit es nicht
sonst noch als Letzter stolpert und zum Lachen dahinkeucht,

sondern er will auch selbst, nachdem er oft genug vor den Zuschauern erschienen ist und schon mit dem Stab der Entlassung beschenkt wurde,[2] nicht mehr an dem alten Spiel teilnehmen, indem er

die Verse und all den übrigen Tand beiseitelegt.

§ 93 Es ist von sich aus offenbar, daß bei diesen Gelegenheiten 1) nicht gegen die stärkeren Gesetze des glücklichen Lebens verstoßen werden darf und daß dies 2) nur Gelegenheiten sind, nicht die einzigen Ursachen, die gleichwohl bei einem ungeschickten und trägen Geist in Fülle gegeben sein können, ohne die gesuchte Wirkung zu erzielen.

§ 94 In einer größeren schönen Überlegung muß, weil die Schönheit des Ganzen schwieriger ist als die Schönheit irgendeines Teils und die Schönheit der Dinge und der Ordnung schwieriger als die Schönheit der Zeichen, die ästhetische Begeisterung der Seele und

utendum est impetu mentis aesthetico, dum fervet opus, et eius occasionibus, §§ 78–92.

§ 95 Durante ἐνθουσιασμῷ dum pulcre ponere tantum, partesque principes intenditur omnis anima, § 78, laudabiliter a minoribus minorum partium elegantiis exasciandis abstrahit ingenium etiam satis felix, M. § 529, ne fiat simile fabro, qui

Et ungues
Exprimet et molles imitabitur aere capillos
Infelix opera summa, quia ponere totum
Nesciet. Hunc ego me, si quid componere curem,
Non magis esse velim, quam pravo vivere naso,
Spectandum nigris oculis nigroque capillo. Hor.[1]

SECTIO VI
CORRECTIO AESTHETICA

§ 96 Quaedam pulcre cogitanda efferenda sunt ita, ut non admittant curas posteriores, et esse debeant velut extemporalia, e. g. colloquia et epistolae vere familiaria. In his ubi summa nitet, resque principes vere pulcrae sunt, § 94, quoniam castigationes non habuere locum, hoc iniquior iudex sim, si paucis

Offendar maculis, quas aut incuria fudit,
Aut humana parum cavit natura,[2] § 95.

§ 97 Quaedam pulcre cogitata non obligamur efferre prius, quam omnes iis, quas potuimus, gratias conciliavimus, curas posteriores admittentia. In his, quoniam omnis partialis pulcritudo, caeteris pa-

[1] Horaz, *A. p.* 32–37.
[2] Ebd. 352 f.

deren Gelegenheiten hauptsächlich auf die ersteren verwandt werden, solange das Werk noch mit Feuer betrieben wird.

§ 95 Während der Enthusiasmus andauert und die ganze Seele das Ganze und die Hauptteile schön zu machen bestrebt ist, läßt der genugsam glückliche Geist löblicherweise die kleineren auszufeilenden Anmutigkeiten der kleineren Teile außer acht, um nicht dem Handwerker ähnlich zu sein, der

Fingernägel
nachbilden und seidige Locken in Erz täuschend treffen,
aber am Ganzen des Werks scheitern wird, da er ein Ganzes zu schaffen
nicht versteht. Wollte ich etwas erschaffen,
so wünschte ich ebensowenig, jener zu sein, wie mit krummer Nase zu leben,
könnte ich mich mit dunklen Augen und dunklem Haar auch sehen lassen.

ABSCHNITT VI
DIE ÄSTHETISCHE AUSBESSERUNG

§ 96 Gewisse schön zu denkende Dinge müssen so hervorgebracht werden, daß sie nachträgliche Behandlungen nicht zulassen und gleichsam wie aus dem Stegreif entstanden sein müssen, z. B. echte Gespräche und Briefe innerhalb der Familie. In diesen Fällen, in denen das Ganze in die Augen fällt und die hauptsächlichen Dinge wirklich schön sind, haben nachträgliche Verbesserungen keinen Ort, hier wäre ich ein zu strenger Richter, wenn wenige

Flecken mich beleidigten, die Mangel an Sorgfalt darauf goß
oder vor denen die menschliche Natur sich zu wenig in acht nahm.

§ 97 Gewisse schön gedachte Dinge, die nachträgliche Behandlungen zulassen, dürfen wir nicht eher herausgeben, bevor wir ihnen nicht alle Anmutigkeiten, derer wir fähig waren, verschafft haben. In diesen Fällen – da ja jede Schönheit der Teile unter sonst gleichen

ribus, auget pulcritudinem totius, M. § 185, characterem felicis aesthetici coronat V) CORRECTIONIS STUDIUM (limae labor et mora) s. habitus protensa attentione in pulcre informatum opus, quantum possis, minores, minutarum etiam eius partium, perfectiones augendi, tollendi imperfectiones, aliquantula phoenomena, citra detrimentum totius, § 27. Pulcra cogitatio omnis erit, ut pictura.

> *Haec*, § 96, *amat obscurum, volet haec*, § 97, *sub luce videri,*
> *Iudicis argutum quae non formidat acumen,*
> *Haec*, § 96, *placuit semel, haec*, § 97, *decies repetita placebit*, Hor.[1]

§ 98 Correctio quum facilior sit pulcra totius elaboratione, §§ 94, 97, auctor

> *Ni turpem putat inscitus metuitque lituram*, Hor.,[2]

aut offenditur limae labore ac mora, M. § 527: ubi iam transiit mentis impetus maior, § 78,

> *Ut primum cessit furor, et rabida ora quierunt*, Virg.,[3]

poterit peragi, iam distinctius praelucente intellectu et ratione, iudicioque intellectuali, § 38, ad aesthetices etiam artificialis regulas singula exigente, S. IV.

§ 99 Aesthetica artificialis non solum diriget pulcre cogitatorum, vel turpiuscule, conscientiam, ut ita dicam antecedentem, S. IV, et concomitantem, S. V, sed etiam consequentem, § 98, tunc nondum inutilem, quando adhuc

> *Membranis intus positis delere licebit,*
> *Quod non edideris*,[4] § 98.

1 Ebd. 363–365.
2 Horaz, *Ep.* 2, 1, 167.
3 Vergil, *Aen.* 6, 102.
4 Horaz, *A. p.* 389 f.

Umständen die Schönheit des Ganzen erhöht – krönt den Charakter des glücklichen Ästhetikers V) das STREBEN NACH AUSBESSERUNG (die Arbeit des Ausfeilens und das Innehalten) oder die Fertigkeit, mit anhaltender Aufmerksamkeit bei einem schön gestalteten Werk, soviel man kann, die kleineren Vollkommenheiten, auch seiner kleinsten Teile, zu erhöhen und die Unvollkommenheiten der kleinsten Erscheinungen ohne Schädigung des Ganzen zu beseitigen. Mit jedem schönen Denken wird es sein wie mit einem Bild:[1]

Dieses liebt das Dunkel, dies will bei Lichte beschaut sein[2]
und fürchtet nicht den Scharfsinn des Richters;
dieses hat einmal gefallen, doch dieses wird noch zehnmal betrachtet gefallen.

§ 98 Weil die Ausbesserung leichter ist als die schöne Ausarbeitung des Ganzen, kann der Autor,

wenn er nicht uneinsichtig jegliche Feile für schändlich hält und fürchtet

oder Anstoß an der Arbeit des Ausfeilens und des Innehaltens nimmt, dann, wenn schon die größere Begeisterung der Seele vergangen ist,

wenn die Wut gewichen und das Rasen zur Ruhe gekommen ist,

das Werk vollenden, wenn die Vernunft und der Verstand deutlicher hervorstrahlen und das vernünftige Urteil die Einzelheiten nach den Regeln der Ästhetik, auch der künstlichen, beurteilt.

§ 99 Die künstliche Ästhetik leitet nicht nur das Wissen um die schönen oder die ein wenig häßlicheren Gedanken, wenn ich so sagen darf, vorausgehend und begleitend, sondern auch nachfolgend, und sie ist alsdann noch nicht unnütz, wenn noch

verschlossen ist das Werk im Konzept; dann darfst du vernichten,
was du nicht veröffentlicht hast.

§ 100 Si quis limam, quibus probe potuisset, § 97, tamen adhibere neglexerit, hoc id iniquius ferre solent acutiores, quod vident, qui potuit maius, eum et suffecisse minori, § 98, sed spectatores suos non duxisse tanti, quorum ius aestumant contemtum sui contemtu auctoris reprendere, et sic, nugae quae viderentur,

seria ducent
In mala derisum semel exceptumque sinistre.[1]

§ 101 Neglectum correctionis, de qua loquimur, Horatius unicam caussam iudicat esse, cur romani graecis in scribendo cedant, A. P., v. 291, reprehendens eum in Lucilio peculiariter Serm. I 10. Quam necessaria sit ultima lima, doceat Apelles post tabulam, Virgilius Aeneida flammis per testamentum legans, Ovidius, qui malis exsilii solis excusat eius neglectum, Ex Ponto I, Ep. V 17. Romae non semel lituras a se fieri meminit, II, Ep. IV, et in ipso oratore laudat, si sua *limet tenui cura*, IV, Ep. VI,[2] consentiente Cicerone, cuius *oratori* ne *minuta* quidem *negligenter tractanda* sunt, *limatumque dicendi genus* exemplo ac praeceptis commendatur.[3]

§ 102 Si quis interim cum Nasone senserit:

Nec tamen emendo, labor hic, quam scribere, maior.
Mensque pati durum sustinet aegra nihil.
Scilicet incipiam lima mordacius uti,
Et sub iudicium singula verba vocem? [4]

confundit ille, plus taedii secum ferens, et plus virium postulans. Prius concedo quadrare in emendationem, non posterius, § 98. De-

1 Ebd. 452 f.
2 Ovid, *Ex Ponto* 4, 6, 37.
3 Cic., *Or.* 78.
4 Vgl. Ovid, *Ex Ponto* 1, 5, 17–20.

§ 100 Wenn jemand die Ausfeilung, obgleich er sie wohl vermocht hätte, dennoch anzuwenden vernachlässigt hat, so wird ihm dies von den Kritikern gewöhnlich als ziemlich unbillig übelgenommen, die sehen, daß, wer mehr gekonnt hätte, statt dessen mit weniger zufrieden war und die Betrachter nicht sonderlich geachtet hat. Sie halten es daher für recht, daß ihre Verachtung die Verachtung seitens des Autors vergilt, und, was Kleinigkeiten zu sein schienen,

bringen so *den in ernste*
Not, den man erst einmal verspottet und übel aufgenommen hat.

§ 101 Die Vernachlässigung der Ausbesserung, von der wir sprechen, ist, so urteilt Horaz, der einzige Grund, weshalb die Römer den Griechen im Schreiben nachstehen, und er wirft dies vor allem dem Lucilius vor. Wie notwendig die letzte Ausfeilung ist, mögen Apelles nach der Fertigstellung eines Bildes, Vergil, der in seinem Testament die *Aeneis* den Flammen übergibt, und Ovid lehren, der in seinen *Briefen aus Ponto* seine Nachlässigkeit allein mit den Übeln des Exils entschuldigt, während er sich erinnert, in Rom seine Schriften nicht nur einmal überarbeitet zu haben,[1] und ebenda den Redner lobt, wenn seine *Behandlung des Werks fein ausgefeilt ist.* Dem stimmt Cicero zu, von dessen *Redner* nicht einmal *Kleinigkeiten nachlässig zu behandeln* sind und von dem die *Gattung der ausgefeilten Rede* sowohl mit diesem Beispiel als auch anhand von Regeln empfohlen wird.

§ 102 Wenn unterdessen jemand mit Naso meint,

Dennoch verbessere ich's nicht: Diese Mühe ist größer als Schreiben,
und mein erkranktes Gemüt hält nichts Beschwerliches aus.
Meinst du, ich ginge daran und bediente mich schärfer der Feile
und vor ein strenges Gericht riefe ich jegliches Wort?,

dann verwirrt er das, was mehr Überdruß mit sich bringt, mit dem, was mehr Kräfte erfordert. Ich gebe zu, daß ersteres bei der Verbesserung vorher zutrifft, letzteres aber nicht. Dennoch muß man sich gefallen lassen, daß, wegen der Ehrerbietigkeit gegen-

vorandum autem est, quicquid sit taedii ob reverentiam, quae tua probaturis

Maxima debetur,[1] § 100.

§ 103 Sunt, quibus adsuevimus pueri, volentes etiam viri, scilicet, ut alius sua corrigat, quem deesse sibi queruntur:

Suus cuique attributus est error,
Sed non videmus, manticae quod in tergo est.[2]

Concedo recitationem veterum, nisi corrumpatur et haec adulationibus, saluberrimum esse consilium, et iuste queri, cui desit vir bonus et prudens, qui rogatus in nostris diiudicandis, dum adhuc nonum forsan in annum premuntur,

Fiat Aristarchus.[3]

Neque tamen ab eiusmodi censore plura postulanda sunt, quam ut vel dicat: *Corrige, sodes, hoc et hoc,*[4] vel ut

incomtis allinat atrum
Transverso calamo signum.[5]

Ut ipse meliora suggerat, non aequus est, qui rogat virum vir. Est cuilibet sua cogitandi ratio, in quibusdam propria. Si circiter aequales viribus sumimur ego, mihique recitans, facilius utique mihi nonnunquam esset mea cogitandi ratione totum opus absolvere, § 78, quam remissiori animo, § 98, per cogitationes alienas ita meas interserere, ut meliores sint in auctoris impetu ab eodem fusis, conducant tamen et haereant apte reliquis, a me meaque cogitandi ratione non profectis.

Si defendere delictum, quam vertere malis,

1 Juv. 14, 47.
2 Catull 22, 19 f.
3 Horaz, *A. p.* 450.
4 Ebd. 438 f.
5 Ebd. 446 f.

über demjenigen, wer auch immer es sei, der dein Werk beurteilen wird,

das Höchste getan werden muß.

§ 103 Es gibt Menschen, die auch als Erwachsene wollen, wie wir es von Kindern gewohnt sind, daß, wenn es möglich ist, ein anderer ihre Arbeit ausbessert, und sich beklagen, wenn er nicht da ist:

Jedem ist sein eigener Irrtum zugeteilt.
Aber wir sehen nicht das Päckchen auf unserem Rücken.[1]

Ich gebe zu, daß der öffentliche Vortrag der Alten, wenn nicht auch dieser durch Schmeicheleien verdorben wird, eine sehr gute Maßregel ist,[2] und daß zu Recht beklagt wird, wem die Abwesenheit eines guten und verständigen Mannes fehlt, der, zur Beurteilung unserer Arbeiten gerufen, während diese vielleicht noch nicht in neun Jahren erscheinen,[3]

zum Aristarch wird.[4]

Es ist jedoch von einem solchen Richter nicht mehr zu fordern, als entweder zu sagen: *Verbessere bitte dies hier und dies*, oder

zu schmucklosen Versen
ein schwarzes Zeichen mit schrägem Federstrich zu setzen.[5]

Daß der Richter selbst Verbesserungen vorschlägt, ist dem nicht angemessen, der ihn als Ebenbürtigen fragt. Jeder hat seine Denkweise, jedweder hat seine eigene. Wenn wir annehmen, daß ich und derjenige, der mir seine Arbeit vorträgt, ungefähr die gleichen Kräfte haben, wäre es mir dennoch leichter, mit meiner Denkweise das ganze Werk abzuschließen, als mit schlaff gewordener Seele in fremde Gedanken meine dazwischenzugeben, weil sie etwa besser wären als die vom Autor in der Begeisterung ausgeflossenen und als ob sie sich etwa gleichwohl mit dem Übrigen verbinden ließen und mit dem zusammenhingen, was von mir und meiner Denkweise nicht hervorgebracht wurde.

Wenn du den Fehler lieber verteidigen als ihn ausmerzen wolltest,

Nullum ultra verbum aut operam insumamus inanem,
Quin sine rivali teque et tua solus ames, Hor.[1]

SECTIO VII
CAUTIONES QUAEDAM

§ 104 NATURALE COGITANDI GENUS si dicatur naturalibus animae cogitaturae viribus, obiectorum, eorumque naturae proportionatum, quibus et quorum in usus vel delectationem cogitatio suscepta praesumenda est, s. brevius has naturas imitatum, adeo necessarium est pulcre cogitaturo naturale cogitandi genus, § 14, ut minus adhuc cognita animae pulcre cogitaturae, multorumque obiectorum natura, omne venustae cogitationis artificium hac unica regula comprehendi videretur: *Naturam imitare.*

§ 105 Hinc pulcre cogitaturus caveat, 1) ne laudem ingenii venusti affectet, nisi omnino, tamen insigniter, destitutus ea, quam S. II descripsimus, natura, CONTRA NATURAM, asinus ad lyram, 2) ne forsan habens naturae generatim, quantus satis est, specialem tamen characterem et naturae quandam inflexionem, ut ita dicam, peculiarem requirentia sibi cogitare sumat, ante, quam viderit, an speciali suo etiam characteri has naturae dotes indiderit, alias cogitaturus PRAETER NATURAM, Suffenus,

Homo venustus, et dicax et urbanus,[2]

cuius si versus legas

Tum bellus ille, et urbanus
Suffenus unus caprimulgus, aut fossor
Rursus videtur, tantum abhorret ac mutat, Cat.[3]

1 Ebd. 442–444.
2 Catull 22, 2.
3 Ebd. 22, 9–11.

verschwendete er weiter kein Wort und keine fruchtlose Mühe,
damit du dich und das Deine nur ruhig liebtest, allein und ohne Rivalen.

ABSCHNITT VII
GEWISSE VORSICHTSMASSREGELN

§ 104 Wenn die natürliche Denkungsart diejenige genannt wird, die in ein Verhältnis gesetzt ist zu den natürlichen Kräften der Seele, die denken will, zu denen der Gegenstände und zu denen der Natur derer, für deren Nutzen oder Vergnügen das unternommene Denken gedacht ist – oder kürzer: Wenn sie diese natürlichen Beschaffenheiten nachahmt, dann ist die natürliche Denkungsart dem, der schön denken will, so sehr notwendig, daß man, als man die Natur der Seele dessen, der schön denken will, und die vieler Objekte noch weniger kannte, jedes Kunstwerk des anmutigen Denkens in dieser einzigen Regel begriffen sah: *Nachahmung der Natur.*[1]

§ 105 Daher muß, wer schön denken will, sich hüten, 1) nach dem Lob der anmutigen Begabung zu trachten, wenn er zwar nicht gänzlich, aber deutlich der Natur beraubt ist, die wir in Abschnitt II beschrieben haben: Das ist GEGEN seine NATUR, wie bei einem Esel, der versucht, auf der Leier zu spielen. Er darf 2), auch wenn er vielleicht eine Natur hat, die im allgemeinen ausreicht, sich nicht anmaßen, besondere Charaktere und besondere natürliche Beschaffenheiten zu denken, Dinge, die, wenn ich so sagen darf, eine ganz eigene Hinwendung verlangen, bevor er nicht gesehen hat, ob seinem Charakter auch diese besonderen Gaben der Natur beigegeben sind, denn sonst will er AUSSERHALB seiner NATUR denken. Suffenus ist

ein Mensch von Anmut, treffendem Witz und städtischer Art,

doch wenn du seine Verse liest,

kommt dir jener feine und städtische
Suffenus plötzlich wie irgendein Ziegenmelker
oder Umgräber vor; so wenig gleicht er sich selbst, so sehr verändert er sich.

Utrumque COGITANDI GENUS est INVITA MINERVA SUSCEPTUM

Tu nihil invita dices facies ve Minerva, Hor.,[1] Cic., De off., l. I 110.

§ 106 Genus cogitandi naturale rectissime sequutus, § 104, ne, nubem pro Iunone, amplectatur *pinguem* et *crassam Minervam*

Rusticus, abnormis sapiens,[2]

non tam iuvenilia, quam puerilia sua, si quid non aspernandae naturae, S. II, pelluceat, iam omnibus numeris absoluta statuens, S. III, aut etiam rudi ingenio contentus per omnem vitam, pro naturali laudando, sequatur RUDE COGITANDI GENUS, cuius ad naturam saepe satis mediocrem, nihil doctrinae, nihil artis accesserit, S. IV.

§ 107 Rude cogitandi genus duplici ratione sit satis deforme phaenomenon, § 14, I) INSCITO (indocto, inerudito) COGITANDI GENERE, quando vel in eum gradum eruditionis pulcrae, quem generatim in omni requirimus ultra plebem sapere auso, gravius impingitur, vel apparet speciatim de aliquibus efferre suas cogitationes aliquem, ceu venustas, voluisse, quorum naturam vel mediocri doctrina potuisset nosse penitius, § 104, de quibus tamen ignoret, quicquid

Non omnis *fricti ciceris* sciat *ac nucis emtor,*[3] §§ 66, 67.

§ 108 Rude cogitandi genus est 2) INERS COGITANDI GENUS, denuo vel generatim probe fundatarum eleganter cogitandi regularum, vel speciatim eius artis peculiaris aut ignorantiam prodens, cuius tamen specimen profitearis, §§ 106, 68, 69, aut neglegtum exceptionibus, quibus nihil insit elegantiae, §§ 25, 72.

1 Horaz, *A. p.* 385.
2 Vgl. Horaz, *Serm.* 2, 2, 3.
3 Horaz, *A. p.* 249.

Beide DENKUNGSARTEN ERREGEN MINERVAS UNWILLEN, und

du wirst wohl nichts sagen oder tun gegen den Willen Minervas.[1]

§ 106 Am richtigsten folgt man der natürlichen Denkungsart, wenn man nicht eine Wolke als Juno umfaßt,[1] eine *schwerfällige* und *grobe Minerva,*

wie der Bauer, fern von der Norm Philosoph.

Wenn jemandem aus seinen nicht einmal jugendlichen, sondern kindlichen Arbeiten etwas als Natur, die nicht zu verschmähen ist, hervorschimmert, wenn er seine Arbeiten schon für uneingeschränkt vollkommen hält oder auch, wenn er mit einem rohen Kopf für sein ganzes Leben zufrieden ist und seine Arbeiten als natürlich lobt, dann folgt er der ROHEN DENKUNKSART, deren einigermaßen mittelmäßiger Natur weder etwas durch Regeln noch durch die Kunst hinzugefügt werden kann.

§ 107 Die rohe Denkungsart ist aus doppeltem Grund eine genugsam häßliche Erscheinung. 1) Weil es eine UNWISSENDE (ungelehrte, ungebildete) DENKUNGSART ist, entweder wenn gröber gegen den Grad der schönen Bildung verstoßen wird, den wir im allgemeinen von jedem fordern, der mehr als der gemeine Haufen zu wissen bestrebt ist, oder wenn es im besonderen so scheint, daß jemand seine Gedanken, gleichwohl sie anmutig sein können, über etwas hervorbringt, dessen Natur er mit Hilfe einer mittelmäßigen Regel genauer hätte kennen können, und der dennoch von dem nichts weiß, was

jemand, *der Erbsmehl und Nüsse sich einkauft*, nicht wissen mag.

§ 108 Die rohe Denkungsart ist 2) eine TRÄGE DENKUNGSART, hinwieder entweder, wenn du im allgemeinen ein Unwissen gegenüber der in richtiger Weise im geschmackvollen Denken begründeten Regeln verrätst, oder sie ist im besonderen ein Unwissen gegenüber der eigenen Kunst, von der du dich öffentlich als Vorbild ausgibst, oder eine Nachlässigkeit in bezug auf Ausnahmen, denen nichts Geschmackvolles innewohnt.

§ 109 Duplicis huius, §§ 107, 108, duplex

In vitium ducit culpae fuga, dum caret arte [1]

vera naturam belle supplente, S. IV. Primum est UMBRATILE et scholasticum COGITANDI GENUS, quando in iis, quae pulcram cogitandi rationem requirunt, adeoque naturam, etiam alteram, consuetudinem elegantioris inter moratiores vivendi generis imitari sequique debent, § 104, aut tantum constipatur eruditionis reconditioris, ut desinat esse pulcritudo, § 15, aut omnino speciem eruditionis tantum apud pueros et grammaticorum aliquos mentientia congeruntur.

§ 110 Alterum est AFFECTATUM et coactum COGITANDI GENUS, naturam per artem male supplens, quando *artes*, nescio quae, *nimia subtilitatis affectatione frangunt atque concidunt*, quod Quintilianus docet, *quicquid est in* meditationum elegantiis *generosius*.[2] Pestis haec naturale cogitandi genus, § 105, enecans se exserit 1) quando naturalis unice decor et non fucatus suffecisset, artis tamen cuiuscunque pigmenta vocantur in subsidium superfluum, hic nocens, 2) ubi satis infelix aliquis fuit, ut in malas deceptricis artis regulas incideret, 3) ubi bonae artis regulae applicantur, ubi locum habent, sed inepte, § 105, E. § 336.

§ 111 Alii naturale cogitandi genus recte sequuti, § 104, cum natura confundunt ordinarium eius statum, et vires, aliqua licet doctrina promotas, S. IV, mortuas tamen et remissas, ex quibus nullum per impetum, nullam per inflammationem viventibus LANGUIDUM (frigidum, somnolentum, oscitans) COGITANDI GENUS contra S. V.

1 Ebd. 31.
2 QUINT. 1, Prooem. 24.

§ 109 In beiden Fällen

führt zweifach *Flucht vor der Schuld zum Fehltritt, falls es am Kunstverstand mangelt,*

der die Natur auf schöne Weise ergänzt. Das erste ist die SCHULMÄSSIGE und scholastische DENKUNGSART, wenn in Fällen, in denen eine schöne Denkweise erfordert wird und in denen ebensosehr die Natur, wie überdies eine andere Natur, nämlich die geschmackvolleren Gewohnheiten der Menschen gesitteterer Lebensart, nachgeahmt und befolgt werden muß, entweder soviel entlegene Bildung zusammengedrängt wird, daß die Schönheit zugrunde geht, oder nur eine Art von Bildung, die nur Kinder und gewisse Grammatiker täuschen kann.[1]

§ 110 Das zweite ist die GEKÜNSTELTE und gezwungene DENKUNGSART, welche die Natur schlecht durch die Kunst ergänzt, wenn *die Künste*, welche auch immer, *durch eine allzu große Affektation der Feinheit zertrümmern und vernichten*, wie Quintilian lehrt, *was auch immer in* der Überlegung von *edlerem* Geschmack ist. Diese Pest erwürgt, wenn sie sich emporhebt, die natürliche Denkungsart, 1) wenn der alleinige und nicht aufgeputzte natürliche Schmuck ausreichen würde und dennoch Aufgeschminktes von welcher Kunst auch immer zur überflüssigen Hilfe gerufen wird, was hier schadet, 2) wo jemand unglücklich genug war, an die schlechten Regeln einer täuschenden Kunst zu geraten, 3) wo die guten Regeln der Kunst zwar an ihrem Ort sind, jedoch in unbrauchbarer Weise angewendet werden.

§ 111 Andere, die der natürlichen Denkungsart in richtiger Weise folgen, verwirren deren gewöhnlichen Zustand mit der Natur selbst, und die Kräfte, die von irgendeiner Regel hervorgebracht, aber tot und leidenschaftslos sind und aus denen nichts für die Begeisterung und die Entflammung folgt, mit den lebendigen. Dies ist die MATTE (kalte, schläfrige, teilnahmslose) DENKUNGSART, entgegen Abschnitt V.

§ 112 *Dum vivant stolidi vitia, in contraria currunt,*[1] ieiunumque languorem in cogitando cauturi incidunt in parenthyrsum et EFFRAENE COGITANDI GENUS, quod excusso non intellectus solum et rationis iugo, sed spicerioris etiam saporis negligens, citra ullam rationem phaenomenon, quae circiter sufficeret, tantum furorem prae se ferent, qui naturam, sed male sani sincipitis, unice videatur imitari, § 104. Tali vesano deridendo Horatio artis suae dedicavit epilogum:

Certe furit, ac velut ursus,
Obiectos caveae valuit si frangere clathros,
Indoctum doctumque fugat.[2]

§ 113 Sicut pigri philosophi ac medici nonunquam naturam, quasi deus ex machina, legunt asylum suae desidiae, sunt etiam, qui naturale COGITANDI GENUS appellant, nisi omnino rude, inscitum ac iners, §§ 106–108, incomtum tamen et INCOMPOSITUM, quando non in ipso solum impetu animi, de quo S. V, non satis lente festinas, et quicquid occurrit primo, tanquam optimum, adoptas, sed etiam postea, quae satis cito fudisti, vel nunquam animo castigandi retractas, vel non sine blanda parentum indulgentia, qua quicquid eradicandum esset vitii, vix tangunt, ne naturam suorum perdant, veriti. Cavendum hoc malum genus cogitandi, secundum S. VI, LIMATO COGITANDI GENERE.

§ 114 Neque tamen commendatur LIMA magis ATTERENS, quam poliens, excessus in corrigendo, vel in foetus ingenii, qui subiti et extemporales postulantur, tantum studii diligentiaeque impendens, ut lucernam olentes male non habeant pulcram subitaneorum verisimi-

1 Horaz, *Serm.* 1, 2, 24.
2 Horaz, *A. p.* 472–474.

§ 112 *Während die Toren die einen Fehler vermeiden, laufen sie stracks in die nächsten.* Um das Fade und die Mattigkeit im Denken zu vermeiden, stürzen sie sich in den Unsinn und in die AUSSCHWEIFENDE DENKUNGSART, die nicht nur den Verstand und das Joch der Vernunft abgeschüttelt hat, sondern auch einen geschärfteren Geschmack vernachlässigt. Fern von irgendeinem in der Erscheinung gegebenen Grund, der in etwa ausreichen würde, legen sie soviel Raserei an den Tag, daß sie zwar die Natur, aber einzig die eines kranken Hirns, nachzuahmen scheinen. Dem, einen solchen Wahnsinnigen zu verlachen, widmete Horaz in seiner *Ars poetica* einen Epilog:

Er rast, und, als sei er ein Bär,
der es vermocht hat, durchs Käfiggitter, das ihn einsperrt, zu brechen,
verjagt er Gebildete und Ungebildete.

§ 113 Wie faule Philosophen und Ärzte, die zuweilen die Natur wie einen *deus ex machina* als Freistätte für ihren Müßiggang nehmen, sind auch diejenigen, die eine DENKUNGSART natürlich nennen, die nicht gänzlich roh, unwissend und träge, aber ungepflegt und UNVOLLKOMMEN ist: Wenn du in derselben Begeisterung der Seele, von der in Abschnitt V die Rede war, nicht nur nicht genügend langsam voranschreitest, und du nicht nur, was immer dir als erstes begegnet, annimmst, als ob es das beste sei, sondern wenn du auch nachher, was du genügend schnell hervorgebracht hast, dir entweder gar nie mit dem Ziel, es zu verbessern, vornimmst, oder wenn du – gleichsam nicht ohne zärtliche elterliche Nachsicht, in der all die Laster, die eigentlich ausgerottet werden sollen, kaum angetastet werden, damit die Spößlinge ihre Natur nicht verlieren – dich davor scheust, es dir wieder vorzunehmen. Man muß sich vor dieser schlechten Denkungsart hüten, gemäß Abschnitt VI, mit einer AUSGEFEILTEN DENKUNGSART.[1]

§ 114 Es soll jedoch auch keine AUSFEILUNG empfohlen werden, die mehr ZERREIBT als glättet, keine Übertreibung im Verbessern, sei es, indem man auf die Früchte des Geistes, die plötzlich und aus dem Stegreif entstehen müssen, viel Streben und Sorgfalt verwendet, welche dann wie eine schlecht riechende Öllampe nicht mehr

litudinem, § 96, vel impetus ad maiora dati prodigus, qui in minutulis eundem moratur aut distrahit, contra § 95, vel ita sua retractans, quando *motus omnis animi, tanquam ventus*, cogitantem *deseruit, et omnis ardor consedit*, ut *flaccescant* non sine aliqua vi primum fusa, reiectisque quibusdam, aliis, velut ornatioribus, adiectis, omnis incitatio et quasi *flamma* pulcre cogitandorum simul *exstinguatur*,[1] § 111. Eiusmodi lima minorem maiori praefert elegantiam exceptione non eleganti, § 25, quia

sectantem levia nervi
Deficiunt animique. Hor.[2]

SECTIO VIII
UBERTAS AESTHETICA

§ 115 Si quis partim ab enumeratis S. II–VI iam instructus, partim non abhorrens, satis felix futurus aestheticus, § 27, consilium amplius rogaverit, de pulcre cogitando generatim, § 17, praesertim de pulcritudine rerum, § 18,

utar vice cotis, acutum
Reddere quae ferrum valet, exsors ipsa secandi.
Munus et officium, nil scribens ipse, docebo:
1) *Unde parentur opes*, Hor.[3]

Prima nempe cura sit in rebus cogitandis UBERTAS (copia, abundantia, multitudo, divitiae, opes), M. § 515, sed AESTHETICA, qua datum subiectum, certus cogitaturus, de dato obiecto, certa cogitandi materia, plura pulcre cogitare possit, § 22.

1 Vgl. Cic., *Brutus* 93.
2 Horaz, *A. p.* 26 f.
3 Horaz, *A. p.* 304–307.

die schöne Wahrscheinlichkeit des plötzlich Entstandenen haben, sei es, daß die verschwenderische Begeisterung, die Größeres geben soll, in Kleinigkeiten verweilt und sich zerstreut, entgegen § 95, oder sei es, indem man seine Arbeit wiedervornimmt, *wenn alle Bewegungen der Seele, gleich wie der Wind,* den Denkenden schon *verlassen haben und jede Glut nachläßt,* so daß das zuerst nicht ohne eine gewisse Kraft Hervorgebrachte *erschlafft* und gewisse Dinge weggenommen, andere um der Ausschmückung willen hinzugefügt werden und jede Erregung und gleichsam die *Flamme* der schönen Gedanken zugleich ausgelöscht werden. Eine solche Ausfeilung zieht in einer nicht geschmackvollen Ausnahme das weniger Geschmackvolle dem Geschmackvolleren vor, denn

der auf Leichtigkeit zielte,
den verlassen Kraft und Energie.

ABSCHNITT VIII
DER ÄSTHETISCHE REICHTUM

§ 115 Wenn ein genügend glücklicher zukünftiger Ästhetiker, der zum Teil schon in den in Abschnitt II–VI aufgezählten Dingen unterrichtet und diesen zum Teil nicht abgeneigt ist, einen weitergehenden Rat zum schönen Denken im allgemeinen erfragen sollte, insbesondere zu der Schönheit der Gegenstände,

dien ich als Schleifstein,
der das Eisen wieder zu schärfen vermag, doch dem es verwehrt ist,
selber zu schneiden.
Aufgabe und Pflicht – selbst nichts schreibend – werde ich zeigen:

1) *Woher man die Mittel bekommt.*[1]

Das erste Besorgnis im Denken der Sachen möge allerdings der REICHTUM (die Fülle, der Überfluß, die Menge, die Schätze, das Vermögen) sein, wenn er ÄSTHETISCH ist, aufgrund dessen ein gegebenenes Subjekt, jemand, der darüber nachdenken will, in Beziehung auf einen gegebenen Gegenstand, einen gewissen zu denkenden Stoff mehreres schön denken kann.[2]

§ 116 Sic incipit laudes Isaei Plinius: *Summa est facultas, ubertas, copia*, l. II, Ep. 3.[1] Quam primo dividamus in ABSOLUTAM, omne pulcre cogitando necessariam, §§ 115, 22, et RELATIVAM, illum absolutae gradum, qui quibusdam pulcre cogitandis forte necessarius est, e. g. minus notis, aut admodum utilibus minus attento tamen inculcandis, quemque *latitudinem platonicam* dicamus, sequuti Plinium eundem, quando Euphratis quidem *sermonem* omnem *copiosum*, § 115, dicit, eundem tamen affirmat *frequenter latitudinem illam platonicam effingere*, l. I, Ep. 10.[2]

§ 117 Etiamsi non velit pulcre meditaturus aliquando latitudinem comparativam sequi, § 116, tamen copia rerum vere affluens satis eam eleganter, quasi per lancem saturam, ostentat, velut ex longinquo, ne spectator exhauriri putet materiam postea monstrandis propius, § 115. Ita Virgilius:

Non mihi si linguae centum sint, oraque centum,
Ferrea vox [3] e. c.

Ita Cicero: *Nullius tantum est flumen ingenii, nulla dicendi aut scribendi tanta vis, tantaque* copia, *quae, non dicam exornare, sed enarrare* [4] e. c.

§ 118 UBERTAS AESTHETICA, porro est vel OBIECTIVA (rerum, materialis), quatenus in obiectis et cogitandis ipsis est praecipua ratio, cur per humani vires ingenii possint ubertim pingi, vel SUBIECTIVA (ingenii et personae), possibilitas physica et potentia certi hominis, etiam secundum quid, et hypothetice talis certam rem ubertim repraesentandi. Sunt obiecta, velut ultro suas divitias offerentia. Vix in mentem incidunt,

apparetque beata pleno Copia *cornu*, Hor.[5]

1 Vgl. Plin., *Ep.* 2, 3, 31.
2 Vgl. ebd. 1, 10, 5.
3 Vergil, *Georg.* 2, 43.
4 Cic., *Pro Marc.* 2, 4.
5 Horaz, *Carm. saec.* 59 f.

§ 116 So beginnt Plinius seine Lobpreisungen des Isaios: *Am höchsten ist das Vermögen, der Reichtum, die Fülle.* Zuerst unterscheiden wir den ästhetischen Reichtum in einen ABSOLUTEN, der jedem schönen Denken notwendig ist, und einen RELATIVEN, jenen Grad des absoluten Reichtums, der gewissen schön zu denkenden Dingen vielleicht notwendig ist, z. B. den weniger bekannten oder auch ungemein nützlichen Dingen, die jemandem, der weniger aufmerksam ist, dennoch eingeprägt werden sollen, und diese nennen wir die *platonische Fülle*, indem wir ebendemselben Plinius folgen, der ja jedes *Gespräch* des Euphrates *reich* nennt und gleichwohl bestätigt, daß er *häufig jene platonische Fülle darstelle.*

§ 117 Wenn auch derjenige, der schön denken will, manchmal nicht der Fülle, vergleichungsweise genommen, folgen will, bietet dennoch die überfließende Fülle der Gegenstände diese genügend anmutig wie in einer vollen Schale dar, gleichsam aus der Ferne, so daß der Betrachter meint, der Stoff dessen erschöpfe sich nicht, was sich später des näheren zeigen wird. So sagt Vergil:

Und hätte ich hundert Zungen, hundert Lippen
und eine Stimme aus Erz usw.

Und so sagt Cicero: *Es gibt keinen solchen Reichtum des Geistes, kein Vermögen zu sagen oder zu schreiben und keine* solche Fülle, *dies, ich möchte nicht sagen auszuschmücken, sondern zu beschreiben* usw.

§ 118 Der ÄSTHETISCHE REICHTUM ist ferner entweder OBJEKTIV (der Reichtum der Gegenstände, des Stoffes), soweit in den Gegenständen und dem zu Denkenden selbst der vorzügliche Grund dafür liegt, daß die Kräfte des menschlichen Geistes sie reich malen können, oder SUBJEKTIV (der Reichtum des Geistes und der Person), die natürliche Möglichkeit und das Vermögen gewisser Menschen, gemäß der, selbst in bedingter Art und Weise, ein gewisser Gegenstand reich dargestellt werden kann. Es gibt Objekte, die gleichsam von sich aus ihren Reichtum darbieten. Kaum kommen sie einem in den Sinn,

erscheint auch ihre gesegnete Fülle *in einem vollen Horn.*

Tunc modo capacitatis habueris, quantum satis est, non aliis solum, sed et

tibi copia
Manabit ad plenum benigno
Ruris honorum opulenta cornu, Hor.[1]

SECTIO IX
UBERTAS MATERIAE

§ 119 HORIZON (sphaera) COGNITIONIS HUMANAE est finitus materiarum ex universitate rerum infinita numerus, quae mediocri ingenio humano latius dicto possunt clarescere, harum quae possunt ab ingenio mediocriter philosophico perfectius concipi, HORIZONTEM LOGICUM (territorium et sphaeram) rationis et intellectus constituunt, quae possunt ingenio mediocriter aesthetico pulcre splendescere, HORIZONTEM AESTHETICUM (territorium et sphaeram pulcri rationis analogi) constituunt. Si qua

Desperas tractata nitescere posse, relinque,[2] § 115.

§ 120 INFRA HORIZONTEM AESTHETICUM POSITA sunt, quae ex obscuritate comparativa et relativa mediocriter aestheticum ingenium protrahere non potest in lucem pulcram. Qualia si themata sibi sumat pulcre cogitaturus, aut id serio fiet, et nascetur RERUM INOPIA et *meditationis exilitas*, contra §§ 115, 119, aut delabetur in allotria, aut periculose iocabitur. Hinc esto eiusmodi

Thema *irrepertum, et sic melius situm,*
Quum terra celat, spervere fortior, Hor.[3]

1 Horaz, *Carm.* 1, 17, 14–16.
2 Angelehnt an Horaz, *A. p.* 150.
3 Horaz, *Carm.* 3, 3, 49 f.

Dann wird, vorausgesetzt, du hast eine ausreichende Fähigkeit dazu, nicht allein anderen, sondern auch

dir Fülle
strömen im Überfluß, mit reich
an ländlichen Gaben gefülltem Horn.[1]

ABSCHNITT IX
DER REICHTUM DES STOFFES

§ 119 Der HORIZONT (der Gesichtskreis) der MENSCHLICHEN ERKENNTNIS umfaßt eine begrenzte Anzahl von Stoffen aus der unbegrenzten Gesamtheit der Gegenstände, die einem mittelmäßigen menschlichen Geist klar sein können. Davon bilden die, die von einem mittelmäßigen philosophischen Geist vollkommener vorgestellt werden können, den LOGISCHEN HORIZONT (das Gebiet und den Gesichtskreis) der Vernunft und des Verstandes. Diejenigen, die durch einen mittelmäßigen ästhetischen Geist schön glänzen können, bilden den ÄSTHETISCHEN HORIZONT (das Gebiet und den Gesichtskreis des schönen Analogons der Vernunft). Wenn du etwa

zweifelst, daß etwas, bearbeitet, glänzen könne, lasse es aus.

§ 120 UNTER DEM ÄSTHETISCHEN HORIZONT GELEGEN sind Gegenstände, die ein mittelmäßiger ästhetischer Geist nicht aus der vergleichungsweise genommenen und relativen Dunkelheit an das schöne Licht hervorziehen kann. Wenn sich derjenige, der schön denken will, solche Gegenstände ergreift oder sie ernsthaft behandelt, entsteht folglich die ARMUT DER GEGENSTÄNDE und die *Dürftigkeit der Überlegung*,[1] entgegen §§ 115, 119, oder er gleitet ab in den Leichtsinn, oder er scherzt auf gefährliche Weise. Daher bleibt ein solches Thema lieber

unaufgefunden, das so besser ruht,
wenn die Erde es birgt, und stärker zu verachten ist.

Conferantur *admiranda rerum admirabilium encomia.*

§ 121

Carmina vel caelo possint deducere lunam,[1]

nec ego tamen suaserim pulcre cogitaturo sibi materiem legere, SUPRA HORIZONTEM AESTHETICUM POSITA, nec ea tantum hic intellego, vel maxime, quae horizontem cognitionis humanae transcendunt omnino, § 119, sed ea potissimum, quae ex superiori scientiarum distincta adaequataque cognitione non potest ad pulcram illam lucem deducere mediocriter aestheticum ingenium, quae rosea placeat, non praestringat oculos analogi rationis et inferiorum cognoscendi facultatum. Si tentaveris nihilominus, aut incides in incommoda § 120 commemorata, aut iocis expones, quae gravissima putas, aut *illigaberis angustis illis et concisis disputationibus,*[2] quas Antonius apud Ciceronem, De or. l. II, *philosophis* generatim graecis exprobrat, non sine solenni formula: *Verbum prorsus nullum intelligo.*[3] Quod contra § 22.

§ 122 Egone vero reiiciam ac reprehendam concisum cogitandi genus, cui tot ambitiosa scriptionum mearum ornamenta philosophicarum immolavi, quod nunc ipse sequor, licet paulisper laxius? Utinam Zenoni iam Stoico deprehensa veritas, quam repetit Ciceronis Orator, 113, 114, et Quintilianus II 21, nostris saltim temporibus fieret apertior, esse duo cogitandi genera, alterum *perpetuum, et latius, quod rhetorices sit,* alterum *concisum, et contractius, quod dialectices.* Illud horizonti aesthetico, hoc logico proprium autumo, § 119. Comparationem *compressae in pugnum manus* et *explicitae* meam non facio.[4] Sufficit concisum cogitandi genus in scientificis, praesertim acroamaticis, apprime necessarium, quod Aristoteles iam vidit, ae-

1 Vergil, *Ekl.* 8, 69.
2 Cic., *De or.* 2, 61.
3 Ebd.
4 Vgl. Cic., *Or.* 23, 13; Quint. 2, 20, 6 f.

Es mögen damit *die bewundernswerten Lobgesänge bewundernswerter Dinge*[2] verglichen werden.

§ 121

Gesänge können selbst den Mond vom Himmel holen,

so wenig ich jedoch dem, der schön denken will, empfehlen würde, sich einen Stoff auszusuchen, der ÜBER DEM ÄSTHETISCHEN HORIZONT GELEGEN ist, so wenig verstehe ich darunter nur die Dinge, auch nicht zuvörderst, die den Horizont der menschlichen Erkenntnis gänzlich übersteigen, sondern vornehmlich diejenigen, die ein mittelmäßiger ästhetischer Geist nicht aus der höheren deutlichen und adäquaten Erkenntnis der Wissenschaften an jenes schöne Licht hinabführen kann, das rosenfarbene Licht, das den Augen des Analogons der Vernunft und den unteren Erkenntnisvermögen gefällt und sie nicht blendet.[1] Wenn du es nichtsdestoweniger versuchst, fällst du entweder in die Unannehmlichkeiten, die in § 120 angeführt sind, oder du setzt dem Scherz aus, was du für das Wichtigste hältst, oder *du verwickelst dich in jene undurchdringlichen und verwickelten Abhandlungen*, die Antonius bei Cicero den griechischen Philosophen im allgemeinen vorwirft, nicht ohne den feierlichen Ausspruch: *Ich verstehe nicht ein Wort.* Und dies widerspricht § 22.

§ 122 Werde ich wirklich die kurzgefaßte Denkungsart zurückweisen und mißbilligen, der ich so viel ehrgeizigen Schmuck in meinen philosophischen Schriften geopfert habe, der ich selbst jetzt folge, wenn auch für ein Weilchen zwangloser? O daß doch die schon von Zenon, dem Stoiker, erkannte Wahrheit, die Cicero im *Orator* und Quintilian wiederholen, in unseren Zeiten wenigstens offenbarer wäre: Daß es zwei Denkungsarten gibt, die eine *durchgängig zusammenhängend und weitläufiger, welche die rhetorische*, die andere *kurzgefaßt und zusammengezogen, welche die dialektische ist.* Ich bezeichne jene als dem ästhetischen, diese als dem logischen Horizont zugehörig. Ich mache den Vergleich der *zum Schlag zusammengeballten* und der *ausgebreiteten Hand* nicht zu dem meinen. Es genügt, daß die kurzgefaßte Denkungsart in den Wissenschaften, vor allem in

stheticus sane, sicut practicus, ita theoreticus, alieno in loco et extra rationis circulos esse posse vitium, et si qua in iis, quae copiosam orationem requirunt, *crebris parvisque conatibus se attollunt* in horizontem logicum, *inaequalia tantum et velut confragosa, nec admirationem consequi eminentium, et planorum gratiam perdere*, VIII 5.[1] Virtute ac facultate *rationali non tam est minute atque concise in* aestheticis *utendum, quam in disputationibus* scientiarum logicis, XII 2.[2]

§ 123 Horizonti aesthetico logicoque possunt esse multae materiae communes, § 119, hinc ideo, quia aliquid in scientiis pertractatur, non excluditur idem ex sphaera pulcritudinis omnino, sed quatenus punctim et minutim cum accuratione philosophica mathematicaque conciperetur, § 121. Quatenus autem eadem materia vel intellectu pulcro ipsa, M. § 637, notae autem eius sensitive ac vivide, vel ipsa etiam, nunc certe, vivida tantum ac venusta cogitari potest, intra horizontem aestheticum recipitur.

§ 124 *Quid sit bonum, praeter honestatem? Verine sensus? Quae sit solis magnitudo? Quaestiones* eiusmodi *procul ab oratoris persona esse facile omnes intelligere exsistimat* Cicero. *Nam quibus*, inquit, *in rebus summa ingenia philosophorum plurimo cum labore consumta intelligimus, eas, sicut aliquas parvas res, oratori attribuere magna amentia videtur.*[3] Recte vidit esse quaedam in scientiis supra horizontem aestheticum, § 121, quae sicut omnis pulcre meditaturus, ita orator, perperam sibi themata legeret, § 122. Quaestiones autem exempli loco commemoratas, si non orator, aestheticus certe practicus satis eleganter, arbitror, enarrare posset, modo aliam cogitandi de iisdem rationem

1 Quint. 8, 5, 29.
2 Ebd. 12, 2, 11.
3 Vgl. Cic., *De inv.* 1, 8.

den akroamatischen, vorzüglich notwendig ist,[1] was schon Aristoteles, ein vernünftiger Ästhetiker sowohl im Praktischen wie auch im Theoretischen, gesehen hat, während sie an fremdem Ort und außerhalb der Kreise der Vernunft ein Übel sein kann. Und wenn etwas von den Dingen, die eine wortreiche Rede erfordern, *sich in gedrängten und kurzen Bemühungen* zum logischen Horizont *erhebt*, wird es *so ungleichmäßig und gleichsam holprig, daß es nicht die Bewunderung wie das Hervorragende erzielt und den Reiz des Ebenmäßigen verliert.* Die Tugend und das Vermögen *der Vernunft darf* in ästhetischen Angelegenheiten *nicht so genau und kurzgefaßt angewendet werden wie in den* logischen *Abhandlungen* der Wissenschaften.

§ 123 Viele Stoffe können dem ästhetischen und dem logischen Horizont gemeinsam sein. Dies deshalb, weil etwas, das in den Wissenschaften untersucht wird, nicht gänzlich aus dem Kreis der Schönheit ausgeschlossen ist, sondern nur insoweit es mit philosophischer und mathematischer Genauigkeit Punkt für Punkt und bis auf das Kleinste erfaßt wird. Soweit es derselbe Stoff ist, kann er durch den schönen Verstand gedacht werden, entweder, indem seine einzelnen Merkmale sinnlich und lebhaft gedacht werden, oder indem derselbe Stoff als Ganzes, aber gewiß lebhaft und anmutig gedacht wird. Beides liegt innerhalb des ästhetischen Horizonts.

§ 124 *Was gibt es Gutes außer der Ehrenhaftigkeit? – Sind die Sinneswahrnehmungen richtig?* Daß man leicht einsehen könne, daß solche *Fragen der Rolle des Redners fern sind*, meint Cicero. *Denn die Gegenstände*, sagt er, *mit denen sich, wie wir bemerken, die größten Geister unter den Philosophen unter größter Anstrengung beschäftigen, gleichwie irgendwelche geringfügigen Gegenstände dem Redner zuzuteilen, erscheint als große Unvernunft.* Er sieht richtig, daß es gewisse Dinge in den Wissenschaften gibt, die über dem ästhetischen Horizont sind, die gleichsam jeder, der schön denken will, so auch der Redner, sich fälschlicherweise als Gegenstand wählen würde. Doch ich glaube, daß, wenn nicht der Redner, so der wahrhaft praktische und genügend geschmackvolle Ästhetiker die angeführten Fragen in Form von Beispielen beschreiben könnte, wenn er nur im Denken dieser Dinge einer anderen Vernunft folgt als derjenige, der etwas in der

sequeretur, ac demonstrator ethicus, logicus, physicus atque mathematicus, § 123.

§ 125 Non de omnibus quidem pulcre cogitandi datur copia, §§ 119–121, *oratoremque plenum atque perfectum, qui de omnibus rebus possit varie copioseque dicere*, Cic., De or. I 59,[1] cum sapiente Stoico,

Discipulorum inter iubeo plorare cathedras:[2]

neque tamen venuste cogitandi facultas tantum est in civilibus controversiis aut aliis levioris momenti quaestionibus: sed in ipsis disciplinarum etiam et scientiarum 1) dogmatibus, theologicis, physicis, practicis, historicis e.c. materialiter spectatis, quando ita cogites illa, significesque, *ut videaris voluisse esse illis, qui non sunt eruditissimi, familiaris*, ib. II 61,[3] 2) illustrationibus scholiorum instar interspergendis, § 123, cf. Cic., De or. I 61.

§ 126 Theologi primi fuerunt theogoniarum cantores, *referre* quibus

Musa dedit fidibus divos, puerosque deorum, Hor.[4]

Cythara crinitus Jopas
Personat aurata, docuit quae maximus Atlas.
Hic canit errantem lunam, solisque labores,
Unde hominum genus et pecudes, unde imber et ignes e.c.
Ingeminant plausum Tyrii Troesque sequuntur, Virg., Aen. I 745.[5]

Rem tibi Socraticae poterunt ostendere chartae.
Qui didicit, patriae quid debeat, et quid amicis,
Quo sit amore parens, quo frater amandus et hospes,
Quod sit conscripti, quod iudicis officium, quae
Partes in bellum missi ducis,[6]

1 Cic., *De or.* 1, 59.
2 Horaz, *Serm.* 1, 10, 99.
3 Vgl. Cic., *De or.* 61.
4 Horaz, *A. p.* 83–85.
5 Vergil, *Aen.* 1, 740–747. 6 Horaz, *A. p.* 310–315.

Sittenlehre, der Vernunftlehre, der Naturlehre und auch in der Mathematik darlegt.

§ 125 Gewiß nicht in bezug auf alles, was man schön denken will, wird eine Fülle dargeboten, *und den Redner im vollen und eigentlichen Sinne, der über alle Gegenstände abwechslungsreich und reichhaltig zu reden weiß, heiße ich* mit dem weisen Stoiker

zwischen den Reihen der Schüler herumzujammern.[1]

Dennoch gibt es das Vermögen, anmutig zu denken, nicht nur in öffentlichen Auseinandersetzungen oder anderen Fragen von weniger Gewicht, sondern sogar in den Disziplinen und Wissenschaften, bei denen es sich, 1) vom Stoff her gesehen, um dogmatische, theologische, physische, praktische, historische usw. Fragen handelt, wenn du dieselben so denken und ausdrücken willst, daß *du solchen Leuten, die nicht so hochgebildet sind, zugänglich erscheinst*, und bei denen 2) nach Art von Scholien erläuternde Veranschaulichungen eingestreut werden müssen.[2]

§ 126 Die ersten Theologen waren die Sänger der Theogonien, denen

die Muse aufgab, mit der Lyra von Göttern und Göttersöhnen zu melden.[1]

Dann läßt der gelockte Iopas
Tönen die goldene Leier; ihn lehrte der riesige Atlas.
Und den wechselnden Mond und die Mühen der Sonne besingt er,
woher Mensch und Getier, woher auch Regen und Feuer, usw.
Endlos klatschen die Tyrier Beifall, es folgen die Troer.

Den Gehalt können dir die sokratischen Schriften zeigen,
die Worte werden dem vorgesehnen Gehalt nicht ungern folgen.
Wer gelernt hat, was man dem Vaterland schuldet, was seinen Freunden,
wie man den Vater lieben soll, wie Bruder und Gastfreund,
was die Pflicht des Senators, was die des Richters ist, welches
die Rolle des Feldherrn, den man in den Krieg schickt,

habebit, unde nomen et honorem venustae quondam sapientiae restituat, si noverit res gravissimas ad vulgarem popularemque sensum accommodare, § 123, atque ita

lenire tigres rabidosque leones
Saxa movere sono testudinis, ac prece blanda,
Publica privatis secernere, sacra profanis,
Concubitu prohibere vago, dare iure maritis,
Oppidi moliri, leges incidere ligno, Hor.[1]

Historia vero, testis temporum, lux veritatis, vita memoriae, magistra vitae, nuncia veritatis, quam eleganter possit *immortalitati commendari*,[2] § 125, vel unum Livii genus cogitandi doceat, *fusum atque tractum, et cum lenitate quadam aequabili profluens*,[3] cf. Cic., De or. l. II 36, 64.

§ 127 Intra horizontem aestheticum posita sunt, praeter communia ipsi cum horizonte logico, §§ 121–126, de quibus plura cogitare pulcrius datur ingenio mediocriter aesthetico, quae tamen scientificis curis et exactioribus, § 120, perspicere, vel vires hominum non patiuntur, vel operae pretium rerum suarum satagenti non videatur, § 119. Exempli gratia liceat

Huc pugilem victorem, et equum certamine primum,
Et iuvenum curas, et libera vina referre.[4]

§ 128 Aestheticum dynamicum exploraturum, an materia quaedam satis locuples futura sit, vel aliena pericula docebunt, §§ 60, 61, vel sua, dum vires quasi praetentat in themate, quando primo venit in mentem, aut sola natura, S. II, nonnihil in pulcre cogitando exercita, S. III, aut adiuta per artem, S. IV. Si maiore se sentiat impetu mentis latum in certum thema, nihilo tamen minus, nescio quam rerum

1 Ebd. 393, 395, 397–399.
2 Cic., *De or.* 2, 36.
3 Ebd. 2, 64.
4 Horaz, *A. p.* 84 f.

der wird dasjenige besitzen, wodurch Name und Ehre der anmutigen Weisheit dereinst wiederhergestellt werden, wenn er es versteht, die wichtigsten Gegenstände dem gewöhnlichen und volkstümlichen Sinn anzupassen und sogar so,

daß er Tiger und Löwen bezähmt,
die Steine bewegt durch den Klang seiner Leier, mit schmeichelnder Bitte,
das Gemeingut vom Eigentum zu trennen lehrt, *den Kult vom Profanen,*
freizügigen Beischlaf zu hindern, den Ehegatten Rechte zu geben,
mächtige Städte zu bauen, Gesetze in Holz einzuschneiden.

Und die Geschichte vollends, die vom Gang der Zeiten Zeugnis gibt, das Licht der Wahrheit, die lebendige Erinnerung, Lehrmeisterin des Lebens, Künderin der Wahrheit[2] – wie anmutig könnte sie der Unsterblichkeit anheimgegeben werden, wie es die eine Denkungsart des Livius, *breit und fließend, in glattem Gleichmaß strömend*, lehren mag.

§ 127 Außer den Dingen, die ihm mit dem logischen Horizont gemeinsam sind, liegen innerhalb des ästhetischen Horizonts die Dinge, von denen einem mittelmäßigen ästhetischen Geist viel zum schöneren Denken gegeben wird, die jedoch entweder mit wissenschaftlichen und genaueren Bemühungen zu durschschauen die Kräfte des Menschen nicht zulassen oder die scheinbar den Preis der Beschäftigung mit ihnen nicht lohnen. Als Beispiel mag dienen,

vom Sieger im Faustkampf, dem ersten Pferde im Rennen,
von junger Leute Liebeskummer und vom befreienden Wein zu melden.

§ 128 Den die Kräfte messenden Ästhetiker,[1] der erforschen will, ob ein gewisser Stoff wohl genügend reich sein wird, werden entweder Versuche von anderen lehren oder eigene, wenn er gleichsam im voraus seine Kräfte an einem Thema versucht, sobald es ihm erstmals in den Sinn kommt, allein auf der Grundlage seiner Natur, die entweder bereits ein wenig im schönen Denken geübt ist oder die durch die Kunst unterstützt wird. Wenn er sich durch eine größere Begeisterung des Geistes zu einem gewissen Gegenstand hingezo-

inopiam et informandi iam ipsius operis exilitatem ieiunam experiatur, § 120, aut, sicca quidem omnia ac sincera, minutim tamen et concisius animo obversantia, nihil dubitet illud relinquere, sive sit in rebus, sive sit in ipso, iam certe, potior ratio, unde de eius eleganter exsequendi facultate desperandum sit, S. V et § 119.

§ 129 ARS his periculis commendanda duplex est 1) ANALOGICA qua ex uno pulcro cognito per principium reductionis idem (simile, aequale, congruens) partialiter aliud colligitur. Hinc omnis imitatio virilis pendet, et quicquid est ubique parodiarum. Per hanc Theocritum in eclogis, Homerum in Aeneide sequutus est Virgilius, Menandrum Terentius e.c. Quam nec ego me diffiteor utiliorem expertum esse. Ne nimis metuas censores plagii vitio creatos, en! edictum iudicis sane competentis:

Publica materies privati erit, Hor.[1]

Neque tamen eiusdem definitiones negligas:

Nec verbum verbo curabis reddere.
Nec desilies imitator in arctum
Unde pedem proferre pudor vetet, aut operis lex.[2]

SECTIO X
TOPICA

§ 130 2) TOPICA s. TOPOLOGIA, quae definitur ars s. disciplina inveniendorum argumentorum, § 26, Cic., Top. 2. Eandem *inveniendi artem* Cicero salutans, l.c. 6, & Aristoteles etiam multis tra-

[1] Ebd. 131.
[2] Ebd. 133–135.

gen fühlt und dennoch nichtsdestoweniger was auch immer für eine Armut der Dinge und eine fade Trockenheit in dem auszuführenden Werk selbst erfährt, oder, obwohl freilich alles schlicht und ehrlich ist, es dennoch seiner Seele kleinlich und zu abgehackt erscheint, soll er keinen Zweifel haben, das Werk niederzulegen, sei es, daß in den Dingen, sei es, daß in ihm selbst der vornehmlichere Grund liegt, weshalb man an dem Vermögen, es geschmackvoll auszuführen, verzweifeln mag.

§ 129 Die KUNST, die bei diesen Erfahrungen anzuraten ist, ist eine zweifache: 1) die ANALOGISCHE, durch die aus einem erkannten Schönen durch den Grundsatz der Zurückführung ein selbes (ähnliches, gleiches, gleichartiges) und teilweise anderes Schönes gewonnen wird. Davon hängt jede reife Nachahmung ab, und was auch immer es an Parodien gibt. Durch sie folgt Vergil dem Theokrit in den *Eklogen*, dem Homer in der *Aeneis*, durch sie folgt Terenz dem Menander etc. Auch ich leugne nicht, ihre Nützlichkeit erfahren zu haben. Damit du nicht allzu sehr fürchtest, daß die Kritiker dich des Plagiats anklagen, sieh hier den Ausspruch eines wirklich sachverständigen Richters:

Allgemeingut gerät unter privates Besitzrecht.

Doch vernachlässige auch nicht seine weiteren Erklärungen:

Nicht Wort für Wort wirst du dich bemühen zu wiederholen,
nicht als Nachahmer in die Klemme geraten,
aus der dich herauszuwagen dir Kleinmut oder das Gesetz
des Werkes verbieten.

ABSCHNITT X
DIE TOPIK

§ 130 2) Die TOPIK oder TOPOLOGIE, die definiert wird als Kunst oder Lehre, Argumente zu finden.[1] Indem Cicero ihr den Titel der *Kunst des Findens* gegeben hat,[2] wie ja auch Aristoteles sie vielen überliefert hat, haben sie dieselbe gleichsam mit ihrer Auto-

dens, sua velut auctoritate stabiliverunt. Interim si dicendum, quod res est, non est ea tam heuristica, quam ars praedicata certi subiecti secundum certum notionum subiecto sociarum ordinem in memoriam revocandi.

§ 131 Potest doctrina topicorum dividi in LOGICAM cognitioni intellectuali potissimum argumenta suppeditatarum, § 130, et AESTHETICAM, cognitionem sensitivam quae promoveat, § 17. Logica erit denuo vel ANALYTICA, subsidium incidendi in quaestiones, quas deinde demonstrare nitaris & ex complete certis complete certa reddere, vel DIALECTICA, subsidium hylen aliquam copiamque sibi comparandi notionum praeceptionumque de dato probabili, unde colligere liceat rationum decidendi prae rationibus dubitandi superpondium. Hanc sibi collendam sumsit Aristoteles, ita tamen, ut multa eo facientia non analyticis solum, sed & aestheticis applicari commode possint topicis, § 130.

§ 132 Notio subiecto, quod meditandum sumis, socianda, ut periculum facias, an fieri tibi possit argumentum, vel latius, locupletans aut nobilitans, aut illustrans, aut movens, § 26, vel strictius, probans, aut persuadens, § 131, pars illius seriei, cuius ordinem memoriae mandasti, LOCUS est s. sedes argumenti. Tales loci commendantur vel UNIVERSALES, omnibus quaestionibus, thematibus omnibus, aptandi, successive cum re quacunque, de qua meditari velis, combinandi: vel PARTICULARES, certis tantum thematibus certi generis proprii ac peculiares, et pro ratione disciplinarum, e. g. ad quas datum thema referri posset, diversi, § 131.

rität unerschütterlich gemacht. Wenn man einstweilen angeben soll, was die Topik sei, so ist zu sagen, daß sie nicht so sehr eine Heuristik ist als die Kunst, sich die Prädikate eines bestimmten Gegenstands gemäß einer bestimmten Ordnung von mit dem Gegenstand verbundenen Begriffen[3] in Erinnerung zu rufen.

§ 131 Die Lehre von den *topoi* kann aufgeteilt werden in eine LOGISCHE, die vornehmlich der Verstandeserkenntnis Argumente zu liefern beabsichtigt, und eine ÄSTHETISCHE, welche die sinnliche Erkenntnis befördern soll. Die logische Lehre von den *topoi* wiederum ist entweder eine ANALYTISCHE, eine Hilfe, zu Untersuchungsgegenständen zu gelangen, die du dich dann bemühen solltest zu beweisen und aus vollkommen sicheren Voraussetzungen vollkommen sicher zu machen, oder sie ist eine DIALEKTISCHE, eine Hilfe, sich einen Stoff und irgendeine Fülle von Begriffen und Vorstellungen hinsichtlich eines gegebenen Glaubhaften zusammenzustellen, so daß man auf das Überwiegen der Gründe, sich dafür zu entscheiden, gegenüber den Gründen, daran zu zweifeln, schließen kann. Diesen Teil der Topik hat Aristoteles zu pflegen sich zur Aufgabe gemacht, gleichwohl so, daß vieles, was daselbst nützt, nicht allein an die analytische, sondern auch an die ästhetische Topik bequem angelegt werden könnte.

§ 132 Der Begriff ist mit dem Gegenstand, den du zum Nachdenken auswählst, zu verbinden, damit du prüfen kannst, ob er für dich ein Argument sein kann, entweder in weiterer Bedeutung bereichernd oder veredelnd oder erhellend oder bewegend, oder in engerer Bedeutung beweisend oder überzeugend.[1] Dieser Begriff ist als Teil jener Reihe, deren Ordnung du dir ins Gedächtnis eingeprägt hast, der *LOCUS* oder der Sitz des Arguments. Solche *loci* werden empfohlen entweder als ALLGEMEINE, die an alle Untersuchungsgegenstände, an alle Themen anzulegen und nach und nach mit jedweder Sache, über die du nachdenken willst, verbunden werden können, oder als BESONDERE, die nur bestimmten Themen einer bestimmten Gattung in besonderer Weise eigen sowie im Hinblick auf die verschiedenen Lehren, zu denen z. B. ein gegebenes Thema vorgetragen werden kann, unterschieden sind.[2]

§ 133 Universalium eiusmodi locorum formula paullisper ad naturalem cogitandi rationem inflexa, pueris etiam notus est versus:

Quis? quibus auxiliis? quid? quomodo?
cur? ubi, quando?

Aliam, olim pluris habitam, et logicis etiam pertractatam, § 132, decem exhibent categoriae, sive primus eas coordinaverit, sive iam constructas ab aliis celebriores tantum reddiderit Aristoteles. Novam, scientiis etiam profuturam, magno hiatu promisit Lullus, de qua vel ea legens, quae S. R. Bruckeri, Hist. philos. crit., T. IV, P. I, narrat, p. 16–21, vix temperare tibi poteris, quin applices arti futili Martialis illud:

Turpe est difficiles habere nugas,
Et stultus labor est ineptiarum.[1]

Aliam sequutus est Ramus, Ciceronis imitator ibi etiam, ubi oratoris persona non sufficit, § 119. Ex quo caussalis invaluit methodus per omnes eruditorum ordines.

§ 134 Hac ratione, § 132, posses in quocunque subiecto percurrere I) genus summum, II) intermedia, III) infimum, IV) speciem, V) individua, in quocunque I) essentiam et essentialia, II) attributa propria et communia, III) modos, IV) respectus et relationes. Nec opus est nova arte, si quis subsidiis eiusmodi delectabitur, aut ea sibi profutura putaverit. Memoriae manda sciagraphiam ontologicorum aliquam praecipua eorundem definita comprehensam, et habebis topica catholica, § 132.

1 Mart. 2, 86, 9 f.

§ 133 Die Regel solcherart allgemeiner *loci* ist – für jetzt ein wenig auf die natürliche Art und Weise zu denken hin abgeändert – der auch bei Kindern bekannte Vers:

> *Wer? Mit welchen Mitteln? Was? Auf welche Art und Weise?*
> *Warum? Wo? Wann?*[1]

Eine andere ehemals weit verbreitete und auch in den Logiken eingehend untersuchte Regel bieten die zehn Kategorien, ganz gleich ob Aristoteles sie als erster zusammengestellt hat oder ob er sie, nachdem sie von anderen bereits aufgestellt worden waren, nur berühmter gemacht hat.[2] Eine neue Regel, die auch den Wissenschaften in Zukunft Nutzen bringen werde, versprach mit großer Aufschneiderei Lullus.[3] Doch wenn du das liest, was Brucker über sie in seiner *Historia philososophiae critica* berichtet,[4] wirst du dich kaum zurückhalten können, dieser eitlen Kunst jenen Spruch Martials anzuheften:

> *Häßlich ist es, poetische Nichtigkeiten kompliziert zu machen,*
> *und töricht ist Angestrengtheit bei albernem Spaß.*

Eine andere Regel hat Ramus befolgt, der Nachahmer Ciceros auch dort, wo es über die Rolle des Redners hinausgeht.[5] Von daher kam die kausale Methode durchgängig bei allen Ständen der Gelehrten mehr und mehr in Gebrauch.

§ 134 In dieser Art und Weise kannst du, bei welchem Gegenstand auch immer, folgendes durchgehen: I) Die höchste Gattung, II) die mittlere, III) die unterste, IV) die Art, V) die Individuen. Und bei welchem Gegenstand auch immer: I) Das Wesen und die wesentlichen Bestimmungen, II) die nur ihm eigenen und die mit anderen gemeinsamen Eigenschaften, III) die Zufälligkeiten, IV) die Beziehungen und Verhältnisse.[1] Es braucht keine neue Kunst, wenn jemand an solchen Hilfen Gefallen findet oder der Meinung sein sollte, daß sie ihm Nutzen bringen werden. Merke dir irgendeinen Schattenriß der Ontologie, der deren vornehmlichste Bestimmungen umfaßt, und du hast eine allgemeingültige Topik.[2]

§ 135 Particulares locos dabit quaevis disciplina satis complete cognita, si potiora momenta per eandem et in eius obiectis attendenda brevem in summam comprehensa infigas altius memoriae, quorum ad seriem eo pertinentia propius themata possis successive praetentare divitias eorum nonnihil exploraturus, tuasque dehinc rationes subducere. Huc faciet eruditio pulcra, § 66. Themata singularia et ideae saltim notas tales attendendas habent potissimum, et praedicata, quibus disciplinae cuiusdam maxime cognatae forulos excutere non sine commodo possis, aut differentia talium idearum numerica magnam partem cognita loco locorum communium succedet. Hac etiam deficiente nec ideam eiusmodi tibi thema sume, sine necessitate, § 115.

§ 136 Equidem, ex quo puerilibus exercitiis egressus sum, si quid ad elegantiae potius rationes, quam logicorum exactitudinem, demonstrationisque rigorem, § 119, meditando sum ausus componere, nunquam memini topica, sive malis universalia, § 132, sive particularia quaedam, § 135, ad nunc demum aliquam mihi comparandam exsequendorum copiam et ubertatem, vel desiderare, vel adhibere, vel experiri adeo singulariter utilia. Si tamen de iisdem iudicium meum interponere liceat, distinguendum mihi et hic videtur inter palaria, copiose cogitandi ausus exercitii potissimum caussas susceptos, et ipsam pugnam, edenda, vel exhibenda saltim pluribus, ceu perfectum nonnihil et absolutum opus ingenii iam in aliis mediocriter exercitati, S. III.

§ 137 In exercitiis, qualia descripsi § 136, sine dubio lego ad bene multa themata intra horizontem aestheticum constituta, § 119, re-

§ 135 Jede beliebige mit hinreichender Vollständigkeit bekannte Einzeldisziplin gibt besondere *loci*.[1] Dies ist der Fall, wenn du dir die wichtigeren Momente, die in ihr und an ihren Gegenständen beachtet werden müssen, kurz und bündig zusammengefaßt, tiefer ins Gedächtnis einprägst. Weiterhin, wenn du die Themen, die ihr besonders eng zugehören, nach und nach durchsuchen kannst, um deren Reichtümer einigermaßen zu erkunden, und wenn du sodann deine Gründe herleiten kannst. Hierzu dient die schöne Bildung. Die einzelnen Themen und Ideen[2] wenigstens haben solche vornehmlich zu beachtenden Begriffe und Prädikate, anhand derer du nicht ohne Vorteil die Bücher-Bretter[3] irgendeiner engstens verwandten anderen Disziplin durchforsten kannst, oder die – uns großteils bekannte – numerische Differenz solcher Ideen ersetzt die Stelle der gemeinsamen *loci*.[4] Wenn eine solche numerische Differenz jedoch fehlt, nimm dir nicht ohne Notwendigkeit eine solche Idee zum Thema.

§ 136 Ich freilich kann mich, seit ich über die kindlichen Übungen hinausgegangen bin und wenn ich gewagt habe, durch Überlegen lieber etwas auf geschmackvolle Art und Weise als nach der Genauigkeit der Logiker und der Strenge des Erweises zu verfassen, nicht erinnern, jemals eine Topik, sei es eine mit Übeln behaftete allgemeine, sei es irgendeine besondere, für eine just in dem Augenblick[1] von mir zu besorgende Zusammenstellung einer Fülle und eines Reichtums der Ausführungen erwünscht oder angewendet oder gar als sonderlich nützlich erfahren zu haben. Wenn es jedoch erlaubt ist, mein Urteil über dieselben einzuschieben, scheint mir, daß man auch hier unterscheiden muß zwischen den Vorübungen, den Wagestücken eines reichen Denkens, die vornehmlich aus Gründen der Übung unternommen wurden, und dem Kampf an sich,[2] nämlich etwas zu veröffentlichen oder wenigstens vielen zu zeigen und zwar gleichsam als ein einigermaßen vollkommenes und vollendetes Werk eines Geistes, der schon in anderen Dingen mittelmäßig geübt ist.

§ 137 Unter dergleichen Übungen, die ich in § 136 beschrieben habe, zähle ich zu den vielen innerhalb des ästhetischen Horizontes

flexionem crebriorem et gnaviter continuatam, secundum quaecunque topica, vel maxime catholica, § 132, quoniam exerceri quacunque ratione copiose cogitandi facultatem, caetera si fuerint paria, praestat, quam vel omnino non acquiri maiorem, vel torpescere vix cultam aliquantulum et velut exarescere, § 48. Quo perfectiora erunt, quo magis commoda exercendi usibus et memoriae, hoc quidem magis erunt in universalibus etiam alia topica suadenda prae aliis, §§ 133, 134, neque tamen vel ipsam Lulii artem aliquoties sequi dissuaderem, si fiat non sine naevorum insignium aliqua conscientia, §§ 133, 49.

§ 138 Exercitia, de quibus § 136, sed illa iam correctiora et certiora, de quibus § 58, multo magis meditationes iam non amplius exercitii caussa potissimum institutae, § 136, sibi recte dictum putant:

Non circa vilem patulumque moraberis orbem,
Quod non proposito conducat et haereat apte,[1]

si vel maxime venerit in mentem, recisurus, § 18. In his itaque personae memor sibi impositae facile praevidens ex catholicis topicis, § 132, quae quadrent rebus omnibus, vix ac ne vix quidem sperari posse, nisi universalissima et maxime communia themati suo praedicata, longius altiusque petitas magisque, quam fas est, tritas ambages exhibitura, vel meditationi perfectionem tantum, § 15, ultra horizontem aestheticum constitutam, § 121, conciliatura, minus curabit horum topicorum subsidio hylen corradere, parum aut nihil ad venuste cogitandum profuturam, § 132.

1 Horaz, *A. p.* 132, 195.

wohlverorteten Themen ohne Zweifel die häufig wiederholte und gründlich fortgesetzte Überlegung, gemäß welcher, möglichst allgemeingültiger Topik auch immer. Weil es nämlich unter sonst gleichen Umständen besser ist, das Vermögen, reich zu denken, auf irgendeine Art und Weise zu üben, als es entweder ganz und gar nicht zu steigern oder es, kaum ist es ein wenig gepflegt, stumpf werden und gleichsam vertrocknen zu lassen. Je vollkommener sie ist, je bequemer sie für den Gebrauch des Übens und für das Gedächtnis ist, um so mehr wird auch unter den allgemeinen Topiken eine vor anderen anzuraten sein. Dennoch würde ich nicht davon abraten, selbst der Kunst des Lullus ab und an zu folgen, sofern es nicht ohne ein gewisses Wissen um ihre auffallenden Makel geschieht.

§ 138 Die Übungen, von denen in § 136, doch besonders jene schon mehr verbesserten und gewisseren, von denen in § 58 die Rede war, und noch viel mehr die Überlegungen, die schon nicht mehr vornehmlich aus Gründen der weiteren Übung angestellt worden sind, beanspruchen für sich mit Fug und Recht jenen Spruch:

Du wirst dich nicht in dem billigen, allen zugänglichen Kreise aufhalten,
was dem Thema nicht nützt und nicht recht am Platz ist.[1]

Und selbst wenn so etwas einem zuvörderst in den Sinn kommen sollte, muß es getilgt werden. Wer daher in diesen Fällen eingedenk der sich auferlegten Rolle leicht vorhersieht, daß aus einer allgemeingültigen Topik, die auf alle Dinge paßt, kaum etwas oder sogar nicht einmal kaum etwas für sein Thema erhofft werden kann, außer allgemeinste und ihm mit anderen Themen weitestgehend gemeinsame Prädikate, welche, mehr als recht ist, von Höherem und weit hergeholte, abgedroschene Umschweife darbieten oder der Überlegung nur eine Vollkommenheit verschaffen werden, die über dem ästhetischen Horizont gelegen ist, der wird sich weniger darum kümmern, mit Hilfe einer solchen Topik einen Stoff zusammenzukratzen, der wenig oder nichts zum anmutigen Denken beitragen wird.

§ 139 De topicis particularibus mitius sentire veritas iubet, § 132. Licet enim eorum sectator etiam in peccatum, de quo § 138, possit incidere, vel in affectatum cogitandi coactumque genus, § 110, possunt tamen hi scopuli pulcre vitari copiam nihilominus bellam ex alicuius disciplinae veluti votiva tabula cum suo themate comparata reportaturo, § 135. In exemplis peregrinis nunc non haerebo. Versum mnemonicum, § 22, reor utiliter topicorum aestheticorum, § 131, vices subiturum apud eos, qui singularum, quas exhibet, vocum satis lautam sibi notitiam, vel per hanc, quam meditor, theoriam, vel aliunde comparaverunt, ingenioque mediocriter felici, secundum S. II–V, thema quoddam, non primo statim ex adspectu reiiciendum, §§ 120, 121, praeiudicalibus veluti quaestionibus, excutiendum sibi sumunt, an aptam eleganter cogitandi materiam sit ipsis large liberaliterque suggesturum, §§ 118, 128.

§ 140 Aliam addamus formulam topicorum aestheticorum, § 131. Quo plures, quo perfectiores facultates animae inferiores, quo plura, quo maiora, quo magis cohaerentia, sub intellectus et rationis imperio, poterunt conferre ad pulcre cogitandum thema datum, hoc erit illud pulcrae meditationi aptius, § 22, M. § 185. Hinc cui animus est, quem §§ 128, 139 descripsimus, psychologus ubi fuerit, quod multis ex rationibus arbitror apprime necessarium, percurrat suum thema praeiudicaliter, ut ita dicam, examinandum ad satis completum facultatum animae sensitivarum aliquem catalogum, his circiter quaestionibus: An datum thema saepe sensi, an multa in eodem? an satis digna? an verisimilia? an ea in luce, quam vivide satis sistere possim? e. c. § 139, an sentire adhuc possum? an licet illud imaginari? an multa in eo? e. c. An novi multa eidem similia, aequalia, congruentia, proportionata? Reliqua suggeret psychologia, e. g. M. P. III, S. II–XVII, et vel ipsa eius synopsis aestheticorum, § 131, sicut ontologi-

§ 139 Die Wahrheit gebietet, über die besonderen Topiken gelinder zu urteilen. Denn mag ihr Anhänger auch in den Fehler verfallen, von der in § 138 die Rede war, oder in die gekünstelte und gezwungene Denkungsart, so können diese Klippen dennoch auf schöne Weise vermieden werden von jemandem, der eine nichtsdestoweniger schöne Fülle aus irgendeiner Lehre, die von ihm gleichsam wie ein Votivbild mit seinem Thema verglichen wird, übermitteln will. Bei fremden Beispielen werde ich jetzt nicht verweilen. Ich halte den Gedächtnisvers in § 22 für nützlich, die Aufgaben der ästhetischen Topik zu übernehmen,[1] bei denen, die von den einzelnen Worten, die er darbietet, eine genügend ansehnliche Kenntnis entweder durch diese Theorie, über die ich nachsinne, oder anderswoher erworben haben, und die sich mittels eines mittelmäßig glücklichen Geistes, gemäß Abschnitt II–V, ein gewisses Thema nehmen, nicht um es anfangs schon sogleich wieder aus dem Gesichtskreis zu verbannen, sondern um es mit gleichsam im voraus urteilenden Fragen zu durchstöbern, ob es ihnen einen zum anmutigen Denken geeigneten Stoff ergiebig und freigebig liefern wird.

§ 140 Wir möchten eine weitere Regel der ästhetischen Topik hinzufügen. Je mehr, je vollkommener die unteren Vermögen der Seele sind, je Mehreres, je Grösseres, je mehr Zusammenhängendes sie unter der Regierung des Verstandes und der Vernunft zum schönen Denken eines gegebenen Themas beitragen können, um so geeigneter wird dieses Thema für die schöne Überlegung sein. Wer daher das Gemüt besitzt, das wir in §§ 128, 139 beschrieben haben, und wer weiterhin Psychologe ist, was ich aus vielen Gründen für besonders notwendig erachte, der überfliegt sein Thema, wenn ich so sagen darf, im voraus urteilend, indem er es nach irgendeinem genügend vollständigen Katalog der sinnlichen Vermögen der Seele untersucht, etwa mit diesen Fragen: Habe ich ein gegebenes Thema oft empfunden? Vieles in ihm? Genügend Würdiges? Wahrscheinliches? In einem Licht, so daß ich es genügend lebhaft hinzustellen vermag? Usw. Oder kann ich es auch jetzt noch empfinden? Ist es möglich, jenes in der Einbildung vorzustellen? Vieles an ihm? Usw. Kenne ich vieles ihm Ähnliches, Gleiches, Gleichartiges, ihm Angemessenes?[1] Das Übrige wird die Psychologie liefern, z. B. *Met.*, Teil

corum synopsis catholicorum topicorum vices subitura, § 134, ex ipsa tractatione facillime locupletandae, si placuerit huc vocare, quod videatur

non hos concessum munus ad usus,[1] §§ 119, 123.

§ 141 Si praeliminaribus eiusmodi, secundum artem quamcunque topicam, §§ 130–140, institutis collectionibus occupatum corripuerit ille mentis impetus ac incitatio, de quibus S. V, iam tibi satis superque profuisse velitationes iudicans, reiice, quicquid est ubique locorum, § 132, pendeant opera topicorum interrupta, tuque in eventum festinans et in medias res non secus, ac notas, raptus, aggredere totum, pone caput, informa partes principes futuri operis,

vocant quia *carbasa venti*
Totos pande sinus,[2]

ne, dum tuam pertexis telam topicam inglorius,

nec Zephyros audis spirare secundos,[3]

rem maximam cunctando perdas, et occasionem amittas, loco praeparatoriorum, egregie conficiendi partem operis ipsius gravissimam, § 95, qua si gnaviter esses usus opportunitate,

utrumque Iuppiter
Simul secundus incidisset in pedem, Cat.[4]

1 Vgl. Vergil, *Aen.* 4, 647; vgl. Horaz, *Carm.* 4, 9, 48.
2 Vgl. Vergil, *Aen.* 4, 417; Juv. 1, 150.
3 Vergil, *Aen.* 4, 562.
4 Catull 4, 20 f.

III, Abschnitt II–XVII,[2] und auch selbst deren ästhetische Synopsis wird gleich einer ontologischen Synopsis die Aufgaben einer allgemeingültigen Topik übernehmen und ist durch dieselbe Behandlung sehr leicht zu bereichern, falls es gefallen sollte, das herbeizurufen, was

nicht als eine für diesen Gebrauch zugestandene Gabe

erscheint.

§ 141 Wenn, während du mit derartigen vorläufigen, nach welcher Kunst der Topik auch immer unternommenen Sammlungen beschäftigt bist, jene Begeisterung und Entflammung des Geistes, von der in Abschnitt V die Rede war, dich ergreift, dann verwerfe, sobald du findest, daß dir die Geplänkel schon mehr als genügend nützlich gewesen sind, was auch immer es an *loci* wo auch immer geben mag. Dann mögen die Arbeiten an der Topik abgebrochen liegenbleiben, du aber – indem du zur Vollendung eilst und mitten in die Sachen, nicht anders, als ob sie dir schon bekannt seien,[1] fortgerissen wirst – nimm das Ganze in Angriff, bestimme die Hauptsache, bilde die Hauptteile des zukünftigen Werks,

denn weil *die Segel der Winde harren,*
öffne ihren Bausch,

damit du nicht, während du unrühmlich das Gewebe deiner Topik vollendest,

die günstigen Zephyre nicht hörst,

das Größte durch Zögern verlierst und dir die Gelegenheit entgehen läßt, anstelle der Vorbereitungen den bedeutsamsten Teil des Werkes selbst rühmlich auszuführen, wo, wenn du eifrig von der Gelegenheit Gebrauch gemacht hättest,

Jupiter
gütig den Wind mitten in das Segel gesandt hätte.

SECTIO XI
ARGUMENTA LOCUPLETANTIA

§ 142 Iam definui argumentum latius, et mentionem locupletantium argumentorum inieci, simul ostendens figurarum sententiae classes easdem commode, quas argumentorum assignari, § 26. Iam facile colligamus, quo maior argumenti vis sit, hoc ipsum maius meliusque fore, si vero ad ubertatem alterius, e. g. thematis primarii, non solum, sed ad eius pondus simul et gravitatem e. c. haud parum eleganter conferat, hoc maiorem ipsi vim et robur attribui debere. Erit itaque secundum hanc intensionis scalam argumentum et figura pulcerrima, quae cognitionem et locupletiorem, et graviorem et veriorem et clariorem et certiorem et ardentiorem alterius, e. g. thematis primarii, simul efficiant, § 22.

§ 143 Quanquam multiplex argumentorum et figurarum esse simul efficacia potest, possunt tamen ad unam dictarum classium referri, vel a potiori sua vi desumta denominatione, vel ab ea, cuius finem nunc maxime attendimus. Hinc argumenta figuraeque mihi locupletantes iam sunt, quarum vel unica, quod minime probaverim, vel potissima, quod magis, vel nunc saltim attendenda vis est aliquid conferre ad abundantiam divitiasque totius operis belle cogitandi, licet deinceps reliquis cogitationum gratiis, § 22, easdem non minus faventes deprehensuri simus, quod maxime probaverim, § 142.

§ 144 Topica quaecunque saltim significatu primo, § 143, dabunt ingenio mediocriter instructo locupletantia argumenta, §§ 130–140. Quae subindicavi §§ 139, 140, primis tantum locis, locorumque di-

ABSCHNITT XI
BEREICHERNDE ARGUMENTE

§ 142 Ich habe bereits das Argument in weiterer Bedeutung bestimmt und eine Erwähnung der bereichernden Argumente eingestreut, indem ich zugleich gezeigt habe, daß sich bequem von den Gedankenfiguren dieselben Klassen einteilen lassen wie von den Argumenten.[1] Nun können wir leicht schließen, daß das Argument selbst um so größer und besser ist, je größer seine Kraft ist, und daß ihm selbst, wenn es sogar nicht allein zum Reichtum eines anderen, z. B. des Hauptthemas, sondern zugleich zu dessen Gewicht und Bedeutsamkeit usw. nicht eben wenig auf schöne Weise beiträgt, eine um so größere Kraft und Stärke zugeschrieben werden muß. Es werden daher gemäß dieser Stufenleiter der Stärke das Argument und die Figur am schönsten sein, welche die Erkenntnis eines anderen, z. B. des Hauptthemas, zugleich sowohl reicher als auch bedeutsamer, wahrer, klarer, gewisser und feuriger machen.[2]

§ 143 Obgleich die Wirksamkeit der Argumente und Figuren zugleich mannigfaltig sein kann, können sie dennoch auf jeweils eine der genannten Klassen zurückgeführt werden, wobei ihre Bezeichnung entweder von ihrer vorzüglicheren Kraft oder von der, auf deren Zweck wir unsere Aufmerksamkeit gerade am meisten richten, hergenommen ist. Deshalb sind für mich schon die Argumente und Figuren bereichernd, deren entweder einzige Kraft – was ich am wenigsten billigen möchte – oder deren vorzüglichste Kraft – was ich mehr billigen möchte – oder deren wenigstens gerade zu beachtende Kraft es ist, irgend etwas zur Fülle und zum Reichtum des ganzen schön zu denkenden Werks beizutragen, mögen wir später auch erkennen, daß sie den übrigen Reizen der Gedanken nicht weniger günstig sind – was ich am meisten billigen möchte.

§ 144 Jedwede Topik gibt einem mittelmäßig unterrichteten Geist bereichernde Argumente, wenigstens in der ersten Bedeutung. Diejenigen Topiken, die ich unter §§ 139, 140 angeführt habe,[1] stellen dem Nachdenkenden innerhalb ihrer Einteilung der *loci* nur mit den

visionibus mere talia, reliquis autem, praeter copiam, aliam simul, vel omnino plures, gratias secundum eorum ordinem meditanti sistent ob oculos, § 143. Hinc, quem reliqua poscunt successivum iudicii actum ex hyle silvaque confusa seligentem, an et quo quid adhiberi possit sine, duo ultima topicorum genera statim iungent simultaneum inventionis, aut recordationis potius, actui, § 130.

§ 145 In figuris significationis, e. g. dictionis, ipsis sunt quaedam eo quidem ordinario relatae, § 26, quarum tamen vis et elegantia, si quis iis, uti vir, utatur, in ipsis se rebus et cogitationibus exserat, ob quam in figuris sententiae, rite locatae, locum mereantur. Exempla figurarum dictionis, uti vocantur, adducam, quoniam earum nomina notiora sunt, et earum quidem aliquas, quas locupletantes dixeris. Pleonasmus videtur otiosi quid expressisse, dictumque iam satis per vocabula socia, neque tamen figura est, sed vitium, nisi, quod otiosum censebatur, acuto iudici saltim ad pleniorem rei significatae cognitionem admodum negotiosum deprehendatur, § 143.

§ 146 Synonymia totalis non est figura, partialis est, si per differentia synonymo cuius adhaerentium conceptuum res significata copiosius saltim sistatur, ac per unum synonymorum partialum fieri potuisset. Exergasiae par est ratio in PHRASIBUS s. pluribus vocabulis iam inter se quidem constructis nonnihil, neque tamen punctum constituentibus. Synthesis, aut synesis potius, et *compositio*, dum vocabula iungit contra syntaxin, ut videtur, et hinc cogit, praeter expresse posita, partialiter synonyma eorum, cogitare, quibus syntaxis

ersten *loci* Argumente, die nur bereichernd sind, vor Augen, mit ihren übrigen *loci* aber außer der Fülle zugleich noch eine andere Schönheit, oder, gemäß ihrer Ordnung, im ganzen mehrere Schönheiten.[2] Daher verbinden die beiden letzten Arten der Topik den Akt des Urteils, das aus dem Stoff und dem verworrenen Wald auswählt, ob etwas und zu welchem Zweck etwas angewendet werden kann, den die übrigen Topiken als nachfolgenden fordern, gleichzeitig mit dem Akt der Erfindung oder vielmehr der Erinnerung.[3]

§ 145 Unter den Figuren der Bezeichnung, z. B. des Ausdrucks, selbst gibt es gewisse, wenigstens gewöhnlich dorthin gerechnete Figuren, deren Kraft und Feinheit sich gleichwohl – wenn jemand sie wie ein Mann gebraucht[1] – in den Sachen und Gedanken selbst zeigt, weshalb sie, will man ihnen den gebührenden Ort zuweisen, einen Platz unter den Gedankenfiguren verdienen. Ich werde Beispiele von sogenannten Figuren des Ausdrucks anführen, weil deren Namen bekannter sind, und unter diesen wenigstens einige, die man als bereichernde bezeichnen mag. Der Pleonasmus[2] scheint etwas in überflüssiger Art und Weise und worüber schon genügend gesagt wurde mit verwandten Wörtern auszudrücken. Doch so ist er keine Figur, sondern ein Fehler, wenn nicht das, was man als überflüssig eingeschätzte, von einem scharfsinnigen Richter zumindest als überaus einträglich für die vollständigere Erkenntnis der bezeichneten Sache erkannt wird.

§ 146 Die völlige Synonymie[1] ist keine Figur, die teilweise Synonymie ist eine, wenn durch genauere Bestimmungen der am Synonym haftenden Begriffe[2] die bezeichnete Sache zumindest reicher vor Augen gestellt wird, als es durch nur eines der teilweisen Synonyme hätte geschehen können.[3] Dasselbe gilt für Exergasie, in bezug auf REDENSARTEN oder mehrere Wörter, die sicher schon einen gewissen Zusammenhang darstellen, jedoch keinen Punkt bilden.[4] Die Synthesis, oder vielmehr Synesis, und *compositio*,[5] indem sie, wie es scheint, die Wörter gegen die Syntax verbindet und daher zwingt, außer dem ausdrücklich Angeführten teilweise an dessen Synonyme, denen die Syntax günstig ist, zu denken, ist, wenn

faveat, si figura est, est synonymia, quae figura sit, cryptica. Ipsa huc ellipsis, si lector auditorve lacunam deprehendat in vocabulis,

Quaeque latent, meliora putans,[1]

multo plura suppleturus ipse sibi tradat, ac tribus verbis exprimi potuissent, § 145.

§ 147 Hypallage, sane, figura non erit, nisi sensus verborum, in quibus lingua mentem praecurrere videbatur, cum illo, qui vel quasi correctionibus additur, vel lectori auditorique quasi corrigendus relinquitur, saltim rem plenius sistat et rotundius, ac sine affectata hypallage fieri potuisset, §§ 145, 143. Homoeoteleuton, iugum poetis nostratium aliquibus intolerabile, sunt alii, qui multum ad ubertatem copiam et divitias cogitationum conferre dicant, ita, ut parum absit, quin inter topica referatur, § 130. Periphrasis in aliis finibus eleganter assequendis hunc etiam finem habere potest laudabilis, ut, si praevideas uno vocabulo unum etiam tantum conceptum excitandum de re, tot de eadem conceptus partiales unius excites loco, quot uni substituis voci per periphrasin vocabula, § 145.

§ 148 Figurarum, quae solent etiam haberi in figuris sententiae, § 145, unam tantum exempli loco nominabo in locupletantibus, praeteritionem, qua si probe noveris uti, vel etiam eius crypsi, synathroismo, non id solum assequeris, ut multa possis, et tamen breviter, dicere, § 143, sed simul ut spectator, animadvertens, quam lautam supellectilem, quasi negligens, sicco pede transeas, sibi velut ipse tacitus dicat, § 117 (quod et ego de quacunque re vere pulcra, quam nobis natura concessit, dictum velim).

[1] Ovid., *Met.* 1, 502.

sie eine Figur ist, eine Synonymie – die eine Figur ist –, und zwar eine verborgene. Hierhin gehört auch die Ellipse:[6] Wenn der Leser oder Hörer die Kluft in den Wörtern erkennt,

und dabei die, welche verborgen sind, für schöner glaubt,

gibt er sich selbst viel mehr zu ergänzen auf, als mit drei Worten ausgedrückt werden mag.

§ 147 Die Hypallage allerdings wird keine Figur sein, wenn nicht der Sinn der Worte, in denen die Zunge dem Geist vorauszueilen schien, mit jenem Sinn, der entweder gleichsam durch Ausbesserungen hinzugefügt oder dem Leser und Hörer gleichsam zum Ausbessern überlassen wird, zumindest die Sache wenigstens vollständiger und abgerundeter darstellt, als es ohne eine ausgesuchte Hypallage geschehen würde.[1] Manchen der einheimischen Dichter ist es ein unerträgliches Joch, doch es gibt andere, die sagen, daß das Homoioteleuton viel zum Reichtum, zur Fülle und zu den Schätzen der Gedanken beiträgt, so daß wenig fehlt, es zur Topik zu rechnen.[2] Die lobenswerte Periphrase kann unter anderen auf feine Weise zu erreichenden Zwecken auch diesen haben, daß, wenn du voraussiehst, daß mit einem Wort auch nur ein Begriff zu der Sache in den Sinn gerufen wird, du zu derselben Sache so viele Teilbegriffe anstelle dieses einen Begriffs hervorrufst, wie du Wörter in der Periphrase an die Stelle des einen Ausdrucks setzt.[3]

§ 148 Von den Figuren, die gewöhnlich auch zu den Gedankenfiguren gezählt werden, werde ich nur eine als Beispiel von den bereichernden nennen, die Praeteritio,[1] durch die du, wenn du sie oder auch ihre verborgene Form, den Synathroismus,[2] richtig zu gebrauchen weißt, nicht allein erreichen wirst, vieles dennoch kurz zu sagen, sondern zugleich, daß der Betrachter, indem er gewahr wird, welchen ansehnlichen Vorrat du wohl wie unter Vernachlässigung mit schlichtem Vers übergehst, sich jenen gleichsam selbst stillschweigend hersagt (was auch ich von jedweder wahrhaft schönen Sache, die uns die Natur zugestanden hat, gesagt haben möchte).[3]

Materia tanta abundat copia,
Labori faber ut desit, non fabro labor, Phaedr.[1]

SECTIO XII
UBERTAS INGENII

§ 149 Uberrima sit, etiam aesthetice, § 115, res, quam thema forsan mihi sumerem, non tamen, in illam tantum oculos figo, sed etiam ad me prudenter

Respicio, et quae sit me circum copia lustro, Virg.[2]

Si quid eleganter cogitare ferat animus, quaeritur etiam de ubertate subiectiva, § 118. Sicut in opticis, in aestheticis etiam quilibet suum horizontem habet, et potest aliquid esse multorum in horizonte aesthetico, quod tamen non est intra meum, sed illum vel transcendit, vel infra eundem deprimitur, §§ 119–121, vel saltim extra eum. Sicut in geographicis horizon apparens, nunc latior est, nunc angustior, ita meus horizon aestheticus potest contrahi, potest dilatari. Sunt ingenia, quorum nonnunquam

Tres caeli spatium distat non amplius ulnas.[3]

§ 150 Est in primis venuste cogitandi regulis, § 149, *sumere materiam* suis *aequam*,

Viribus, et versare diu, quid ferre recusent,
Quid valeant humeri.[4]

Hinc ad requisita pulcre cogitaturae personae non tantum S. II–VI memorata pertinent, sed et peculiariter, ut vires eius etiam sufficiant, ad datam materiem, et data quidem occasione, dato tempore et loco, copiose e.c., § 22, cogitandam.

1 Vgl. Phaedr. 3, Epilog 6 f.
2 Vergil, *Aen.* 2, 564.
3 Vergil, *Ekl.* 3, 105.
4 Vgl. Horaz, *A. p.* 35–40.

Der Reichtum an Stoff ist so groß,
daß eher der Arbeit der Künstler fehlen dürfte als die Arbeit dem Künstler.

ABSCHNITT XII
DER REICHTUM DES GEISTES

§ 149 Mag die Sache, die ich mir nun einmal zum Thema genommen habe, auch in ästhetischer Hinsicht überaus reich sein, so richte ich dennoch mein Augenmerk nicht nur auf jene, sondern *blicke* klugerweise auch auf mich *zurück und spähe,*

ob mir noch Helfer geblieben.

Wenn man beabsichtigt, etwas schön zu denken, ist auch nach dem subjektiven Reichtum zu fragen. Wie in der Optik hat auch in der Ästhetik ein jeder seinen Horizont, und es kann etwas Bestimmtes innerhalb des ästhetischen Horizontes vieler sein, das dennoch nicht innerhalb des meinen ist, sondern jenen entweder übersteigt oder unter ihm niedergehalten oder jedenfalls doch außerhalb seiner ist. Wie in der Geographie der erscheinende Horizont einmal weiter, einmal enger ist, so kann mein ästhetischer Horizont sich zusammenziehen, er kann sich erweitern. Es gibt Geister, bei denen zuweilen

der Raum des Himmels sich nicht weiter erstreckt als drei Ellen.[1]

§ 150 Es gehört zu den ersten Gesetzen des anmutigen Denkens, *einen den* eigenen *Kräften gemäßen Stoff zu ergreifen*

und lang abzuwägen, was Schultern zu tragen verweigern,
was sie zu tragen vermögen.

Daher gehören zu den Erfordernissen einer Person, die schön denken will, nicht allein das in den Abschnitten II–VI Erinnerte, sondern auch das ihr je eigentümliche Erfordernis, daß ihre Kräfte ausreichen, den gegebenen Stoff gerade zu einer gegebenen Gelegenheit, zu gegebener Zeit und an gegebenem Ort in reicher Art und Weise usw. zu denken.

§ 151 Nunc specialis etiam excutiendus aestheticorum certi datique generis character est, § 27, ne personam induas, cui sustinendae, neque natus, neque factus es, § 150. I) An genius tibi caeteroquin satis bene nato etiam faveat ad datam certae speciei materiam belle pingendam? e.g. S. II, § 105.

Aude
Caesaris invicti res dicere, multa laborum
Praemia laturus. Cupidum, pater optime, vires
Deficiunt. Neque enim quivis horrentia pilis
Agmina, nec fracta pereuntes cuspide Gallos,
Aut labentis equo describit vulnera Parthi, Hor., Serm. l. I 10.[1]

§ 152 II) An exercitiis ad speciale belle cogitandi genus, quo datum thema pertinet, et longa iam manu dudum praeparatus es, ed adhuc praesto habes per ea semel obtentam dexteritatem, quanta sufficet? S. III. Ad latinam poesin minus aptos expertus sum poetas, etiam natos, per academias prima demum artis in hac lingua carmen scribendi rudimenta posituros. *Dicendo homines, ut dicant, efficere solent. Vere* autem *etiam illud dicitur*, si intermittatur exercitatio, *sumto spatio ad cogitandum paratius atque accuratius dicendi, perverse dicere homines, perverse dicendo, facillime consequi*, licet olim in dicendo non male versatos, Cic., De or. I 150.[2]

Saepe ego longos
Cantando puerum memini me condere soles.
Nunc oblita mihi tot carmina. Vox quoque Moerin
Iam fugit ipsa, Virg.[3]

1 Horaz, *Serm.* 2, 1, 10–15.
2 Vgl. Cic., *De or.* 1, 149 f.
3 Vergil, *Ekl.* 9, 51–54.

§ 151 Es ist nun auch der besondere Charakter der Ästhetiker einer bestimmten und gegebenen Art zu untersuchen, damit du nicht eine Rolle annimmst, die zu übernehmen du weder geboren noch gemacht bist. I) Ob dein Genius dir, sofern du ansonsten genügend tüchtig geboren bist, auch gewogen ist, einen gegebenen Stoff einer bestimmten Art schön auszumalen? Z. B. Abschnitt II sowie § 105.

So wage,
Caesars Taten zu singen, des Siegers, für die Bemühung
viele Belohnungen erntend – Trefflicher Vater, begierig
wär' ich, doch fehlt mir die Kraft; nicht jedermann nämlich vermag es,
starrend von Speeren ein Heer zu beschreiben und sterbende Gallier
mit der Spitze im Leib und die Wunde des Parthers, der seinem
Rosse entgleitet.

§ 152 II) Bist du durch Übungen zu der besonderen Art, schön zu denken, zu der ein gegebenes Thema gehört, sowohl schon von langer Hand vorbereitet, und hast du auch jetzt noch die durch sie einmal erlangte Fertigkeit und in einem Maße, daß sie hinreicht? Ich weiß aus Erfahrung, daß die Dichter, auch geborene, weniger für die lateinische Dichtung geeignet sind, die später während des Besuchs der Akademien die ersten Jugendproben der Kunst, in dieser Sprache ein Gedicht zu schreiben, weggelegt haben. *Durch Reden bringen es die Menschen gewöhnlich dazu, daß sie reden können. Wahr* hingegen *ist auch jenes, was gesagt wird,* daß, wenn die Übung unterbrochen wird, *und obwohl man sich Zeit genommen hat für das Nachdenken über ein besser vorbereitetes und genaueres Reden, es die Menschen durch verkehrtes Reden am leichtesten erreichen, verkehrt zu reden,* mögen sie auch einst im Reden nicht schlecht bewandert gewesen sein.

Ich kann mich erinnern, daß ich
als Junge die langen Sommertage hindurch sang, bis die Sonne zur Rüste ging.
Jetzt aber habe ich so viele Lieder vergessen, ja selbst die Stimme versagt Moeris[1]
ihren Dienst.

§ 153 III) An iis pulcrae eruditionis partibus mediocriter instructus es, ad quam electum eligendumve tibi thema propius spectat, an artem calles specialem, ad cuius regulas peculiare tuum opus exigendum est atque componendum? §§ 67, 69, S. IV. Recte dicitur quilibet de iis, quae ignoret, turpissime dicere. Quod si verum non est, *quod Socrates dicere solebat, omnes in eo, quod scirent, satis esse eloquentes, illud est*, profecto, *verius, neminem in eo disertum esse posse, quod nesciat*, Cic., De or. I 63.[1] *Quid est enim tam furiosum, quam verborum vel optimorum atque ornatissimorum sonitus inanis, nulla subiecta sententia, nec scientia?* l. c. 51.[2]

§ 154

Doctrina si vim promovet insitam,
Rectique cultus pectora roborant,[3] § 153,

non inscitum cogitandi genus dominae naturae, § 151, *diligentiaeque*, § 152, *qua una virtute omnes virtutes reliquae continentur*, Cic. de Or. II, 150,[4] maculam affricat, § 107, inersve cogitandi genus easdem

Non ignoratae premit artis crimine turpi, § 108. [5]

Non quivis videt immodulata poemata iudex.
Idcircone vager? scribamve licenter? an omnes
Visuros peccata putem mea? Tutus et intra
Spem veniae cautus, vitavi denique culpam
Non laudem merui.[6]

§ 155 IV) An nunc *humana* ea

parte locatus es in re,[7]

ut omnino possis exspectare mentis impetum incitationemque, sine

[1] Vgl. Cic., *De or.* 1, 63.
[2] Ebd. 1, 51.
[3] Horaz, *Carm.* 4, 4, 33 f.
[4] Vgl. Cic., *De or.* 2, 150.
[5] Vgl. Horaz, *A. p.* 262. [6] Ebd. 263, 265–268. [7] Vgl. Pers. 3, 72.

§ 153 III) Bist du in denjenigen Teilen der schönen Gelehrsamkeit mittelmäßig unterrichtet, auf die sich das von dir ausgewählte oder auszuwählende Thema näher bezieht? Verstehst du dich auf die besondere Kunst, nach deren Gesetzen dein Werk in besonderer Weise ausgeführt und zusammengesetzt werden muß? Richtig wird gesagt, daß ein jeder über dic Dinge, von denen er nichts weiß, am häßlichsten redet. Denn selbst wenn nicht wahr ist, *was Sokrates zu sagen pflegte, daß alle in dem, was sie beherrschen, genügend beredsam sind, ist jenes* jedenfalls *wahrer, daß niemand in dem beredsam sein kann, was er nicht kennt. Was ist denn so unsinnig wie der leere Schall der trefflichsten und ausgeschmücktesten Worte ohne dargebotenen Sinn und Kenntnis der Sache?*

§ 154

Wenn die Erziehung die angeborene Stärke fördert,
und rechte Zucht die Brust stählt,

dann können die Herrin Natur *und die Sorgfalt, die als eine Tugend alle übrigen Tugenden einschließt*, nicht durch eine unwissende Denkungsart befleckt oder durch eine träge Denkungsart

mit dem schimpflichen Vorwurf belastet werden, *die Kunst sei gar nicht bekannt.*

Nicht jeder Richter durchschaut eine schlecht komponierte Dichtung.
Laß' ich mich deshalb gehen und schreibe nach Willkür? Oder soll ich glauben, daß alle
meine Fehler erkennen, und nur darauf achten, ja nicht die Grenze zu überschreiten,
in der ich noch Nachsicht erhoffen kann? Dann habe ich Tadel vermieden,
aber nicht Lob mir verdient.

§ 155 IV) *Bist du als Mensch* gerade jetzt

in so einer Lage,

daß du ganz und gar die Begeisterung und die Erregung des

qua nihil egregii, an eam definite inflammationem animi sentis, aut sperare conceditur, qualem et quantam, et intensive, et extensive, et protensive, datum tuum sumendumve thema poposcerit? S. V.

Iudicis officium est, ut res, ita tempora rerum
Quaerere. Quaesito tempore tutus eris.
Carmina secessum scribentis et otia poscunt, § 84,
Me mare, me venti, me fera iactat hiems, Ov., Trist., l. 1.[1]

Arma gravi numero violentaque bella parabam,
Edere, materia conveniente modis.
Par erat inferior versus. Risisse Cupido, § 87,
Dicitur, atque unum surripuisse pedem, Ov., Am. l. 1.[2]

Phoebus volentem praelia me loqui,
Victas et urbes, increpuit lyra, § 82.
Ne parva Tyrrhenum per aequor.
Vela darem, Hor., Od. IV 15.[3]

§ 156 V) An satis tibi nunc erit otii spatiique non ad pertexendam solum telam, quam magno forsan cum impetu mentis exordiaris, ne cadat illud in te:

Amphora coepit
Institui, currente rota, cur urceus exit? Hor.,[4]

sed etiam ad limam adeo commendabilem? S. VI. Quod tamen in solos foetus ingenii dictum velim, quos aliquis exponere publicae luci cogitat, neque tamen, ut extemporalia, § 96, quia

Tunc *operae celeris nimium, curaque carentis*,[5]

iure reus agi poteris, sicut ab Horatio Lucilius,

1 Ovid, *Tristia* 1, 1, 37 f. und 41 f.
2 Ovid, *Am.* 1, 1, 1–4.
3 Horaz, *Carm.* 4, 15, 1–4.
4 Horaz, *A. p.* 21 f.
5 Ebd. 261.

Gemüts erwarten kannst, ohne die es nichts Vorzügliches gibt? Spürst du deutlich die Entflammung des Geistes oder ist es dir zugestanden, sie zu erhoffen, eine solche und in dem Maße, sowohl bezüglich ihrer Stärke als auch ihrer Ausdehnung als auch ihres Anhaltens,[1] wie es dein gegebenes oder zu wählendes Thema erfordert?

Wie nach der Sache muß auch nach den Zeitumständen ein Richter
fragen: Erwägt man die Zeit, wirst du gerechtfertigt sein.
Dichtungen fordern des Schreibenden einsame stille Besinnnung
mir wird das Meer, wird der Sturm, mir wird der Winter zur Pein.

Von Krieg und Waffengewalt in markigen Rhythmen schickte ich mich an
zu künden, und zum Vers hatte ich den passenden Stoff.
Jede zweite Zeile war gleich lang wie die erste; da lachte Cupido,
so geht die Sage, und stahl einen Versfuß.[2]

Phoibos hat, da ich wollte Kämpfe besingen
und besiegte Städte, warnend gerührt die Leier,
ich sollte, da sie so klein, nicht hinaus aufs tyrrhenische Meer
die Segel setzen.

§ 156 V) Wirst du gerade jetzt genügend Muße und Raum haben, um nicht nur das Gewebe zu vollenden, das du vielleicht mit großer Begeisterung des Gemüts begonnen hast, damit nicht jenes auf dich zutrifft,

Eine Amphora beginnt man
zu formen, es dreht sich die Scheibe – warum wird nur ein Krug draus?,

sondern auch für die so sehr empfehlenswerte Ausfeilung? Dies möchte ich gleichwohl allein zu den Früchten des Geistes gesagt haben, die jemand dem Licht der Öffentlichkeit darzubieten erwägt, doch nicht wie aus dem Stegreif Entstandenes,[1] weil du nämlich dann dessen, daß

sie zu schnell fabriziert seien, entbehrten der Sorgfalt,

zu Recht angeklagt werden wirst, wie Lucilius von Horaz:

Garrulus atque piger scribendi ferre laborem,
Scribendi recte, nam ut multum, nil moror e. c., Hor., Serm., l. I 4, 12.[1]

§ 157 Generatim §§ 152–156 ideo tantum expositae sunt, ut videas, quae tibi praecipue cogitanda sint, §§ 151, 118, non autem, ut inde *caussis desidiae indulgeas*, et iam hunc, iam alium, defectum prae te ferens semper habeas, *propter quod* tibi, nihil audenti omnino, *ignoscas*, Quint. X 3.[2] Infra horizontem aestheticum, vel omnem, § 120, vel tuum posita tibi themata legens, male fluctus moveres in simpulo, § 150. Supra horizontem aestheticum, vel omnem, § 121, vel tuum posita sectatus, male fieres imitator Icari, § 150, qui

ceratis ope Daedalea
Nititur pennis vitreo daturus
Nomina ponto.[3]

Utramque maculam ita cave, ut nec *studia tua infinita cunctatione fraudes, quae, quum modum excedit, verendum est, ne inertiae et desidiae vel etiam timiditatis nomen accipiat*, Plin. II, Ep. 10.[4]

SECTIO XIII
ABSOLUTA BREVITAS

§ 158 Si divitiae et rerum, S. IX, et personae, S. XII, affluant, ne iam tibi plaudas, ut apud Terentium Pamphilus sibi:

Quis me est fortunatior venustatisque adeo plenior? [5]

De magnis acervis eiusmodi, copiosaque silva cogitandorum 1) ea, tot ac tanta tollenda sunt in usus tuos, ex quibus completi quid pro fine, quem tibi proposuisti, componi possit ac effici. Completionem

1 Horaz, *Serm.* 1, 4, 12 f.
2 Vgl. Quint. 10, 3, 29.
3 Horaz, *Carm.* 4, 2, 2–4.
4 Plin., *Ep.* 2, 10, 8.
5 Ter., *Hecyra* 848.

Schwatzhaft und faul war er, des Schreibens Mühsal zu tragen,
richtigen Schreibens: Denn viel, das ist mir nicht wichtig usw.

§ 157 Die Paragraphen 152–156 sind überhaupt nur deswegen dargelegt, damit du siehst, welche Dinge von dir vorzüglich erwogen werden müssen, nicht aber, damit du davon ausgehend *aus Gründen der Trägheit Nachsicht hast* und, der du nichts wirklich wagst, dir selbst einmal *für den* einen, einmal für den anderen Mangel (den du, indem du ihn vor dir herschiebst, immer behältst) *verzeihst*. Wenn du dir Themen wählst, die entweder unter jedem oder unter deinem ästhetischen Horizont gelegen sind, wirst du – glücklos – einen Sturm im Wasserglas erzeugen. Wenn du entweder über jedem oder über deinem ästhetischen Horizont Gelegenes verfolgst, wirst du – unglücklich – zu einem Nachahmer des Ikaros, der

wie mit des Daidalos Werk auf wachsgefügten
Schwingen emporsteigt und einem kristallenen
Meer seinen Namen geben wird.[1]

Hüte dich deshalb vor beiden Makeln, damit *du deine Bemühungen durch dieses endlose Zögern* nicht *um den Gewinn bringst; überschreitet das Zögern das Maß, steht zu befürchten, daß es den Namen Trägheit, Faulheit oder auch Ängstlichkeit erhält.*

ABSCHNITT XIII
DIE ABSOLUTE KÜRZE

§ 158 Wenn der Reichtum sowohl der Sachen als auch der Person im Überfluß vorhanden ist, klatsche dir nicht gleich selbst Beifall, wie Pamphilus bei Terenz:

Wer ist begünstigter und besonders an Anmut reicher als ich?

Von derartigen großen Mengen und dem reichen Wald der zu denkenden Dinge müssen 1) diejenigen – und nur so viele – für deinen Gebrauch aufgenommen werden, aus denen etwas Vollständiges nach dem Zweck, den du dir vorgenommen hast, zusammengestellt und zustande gebracht werden kann. Ich verlange nicht die Voll-

non postulo, quam in definitionibus logicus, ac problematibus philosophicomathematicis, requirat, sed eam, in qua nihil turpiter desit, nihil ad finem insufficientiae fiat phaenomenon, nihil eo pertinentium, nisi forte per solam intellectus vim, desideretur, § 16. Id consequutum COGITANDI GENUS, PLENUM ATQUE PERFECTUM erit. Omne quidem bene plenum cogitandi genus cumulatum etiam erit atque copiosum, referta tamen atque cumulata potest esse cogitatio de re quapiam, neque plena neque perfecta, quod ultimum est ubertatis aestheticae, § 115.

§ 159 Sit vasta, sit diffusa COGITATIO, nisi simul omnibus numeris absoluta videatur ac integra, si quid aestheticorum aequum iudicem desiderare patiatur et rerum gnarum, si quid omittat, salva pulcritudine quod deesse non potest, MANCA quodammodo, ac inchoata potius, quam perfecta censeatur. Huc HIULCA AC APRUPTA COGITANDI RATIO, scatens saltibus aesthetice illegitimis, § 158, Quint. IV 2.

§ 160 2) Ea omnia, quae salvo pulcritudinis gradu prorsus abesse possunt, reliquenda, vel etiam arrepta primum obvia reiicienda denuo sunt, quia heic superflua distrahentia nocent, M. § 638. Haec est BREVITAS laudabilis ABSOLUTA. Nec enim solum

Breve sit, quod turpiter audes, Iuv.,[1]

sed etiam, si quid suaviter. Neque tamen haec brevitas rationem habet ad tempus brevibus huiusmodi cogitationibus vere pulcris imbibendis insumendum,

Saepe fuit brevior, quam mea verba, dies, Ov.[2]

Quis autem laudabilem Ovidio brevitatem omnino denegaverit?

[1] Juv. 8, 165.
[2] Ovid, *Ex Ponto* 2, 4, 12.

ständigkeit, die der Logiker in Erklärungen sowie in philosophisch-mathematischen Aufgaben fordern würde, sondern diejenige, bei der nichts auf häßliche Weise fehlen, nichts, was auf Unzulänglichkeit zielt, in Erscheinung treten darf, und nichts, was dorthin gehört, vermißt werden darf, außer vielleicht von der Kraft des Verstandes allein.[1] Wird dies befolgt, so wird dies die VOLLSTÄNDIGE UND VOLLKOMMENE DENKUNGSART sein. Jede gelingende vollständige Denkungsart ist gewiß auch angefüllt und reich, jedoch kann es auch ein volles und angefülltes Denken über irgendeine Sache geben, die selbst weder so vollständig noch so vollkommen ist, wie es das Ziel des ästhetischen Reichtums verlangt.

§ 159 Sei das DENKEN unermeßlich reich, sei es weitläufig – wenn es nicht zugleich in jeder Beziehung vollendet und ganz erscheint, wenn es zuläßt, daß ein Richter, der ästhetische Dinge recht und billig beurteilt und der Sachen kundig ist, etwas vermißt, wenn es etwas ausläßt, das, ohne die Schönheit zu verletzen, nicht fehlen darf, dann wird es für ein einigermaßen MANGELHAFTES und eher unfertiges als für ein vollkommenes Denken gehalten werden. Hierhin gehört die LÜCKENHAFTE UND ABGERISSENE ART UND WEISE ZU DENKEN, voll von Sprüngen, die ästhetisch unerlaubt sind.

§ 160 2) All die Dinge, die, ohne den Grad der Schönheit zu verletzen, völlig fortbleiben können, müssen aufgegeben werden, und auch wenn sie sich zuerst als naheliegend eingeschlichen haben, müssen sie wieder zurückgewiesen werden, weil sie hier durch überflüssige Zerstreuung schaden. Dies ist die lobenswerte ABSOLUTE KÜRZE. Denn nicht allein

soll kurz sein, was du auf häßliche Weise wagst,

sondern kurz soll es auch sein, wenn du etwas auf liebliche Weise wagst. Dennoch steht diese Kürze in keinem Verhältnis zu der Zeit, die darauf verwendet werden muß, sich solcherart kurze wahrhaft schöne Gedanken anzueignen:

Oft war der Tag zu kurz für meine Worte.

Wer aber wird dem Ovid die lobenswerte Kürze gänzlich in Abrede

Habebit ea potius rationem ad multitudinem paucitatemque cogitandorum de dato themate data ratione, plene tamen atque perfecte, § 158. Supervacuis forte nonnunquam perditur

breve, et irreparabile tempus.[1]

Bene locatae vero in brevitatem hanc laudabilem exhibentibus

Saepe citae visae longis sermonibus horae.[2]

§ 161 Brevis narrationis plena descriptio apud Ciceronem, De inv. I 28, definitionem § 160 illustrabit. Cogitatio absolute laudabiliterque *brevis erit, si, unde necesse est, inde initium sumetur, et non ab ultimo repetetur, et si, cuius rei satis erit summam dixisse, eius partes non dicentur. Nam saepe satis est, quod factum sit, dicere, non, ut enarres, quomodo sit factum, et si non longius, quam quod scitu opus est, in narrando* (meditando) *procedatur, et, si nullam in rem aliam transibitur, et, si ita dicatur, ut non nunquam ex eo, quod dictum sit, id, quod dictum non sit, intelligatur, et, si non modo id, quod obest, verum etiam id, quod nec obest, nec adiuvat, praeteribitur, et, si semel unumquodque dicetur, et, si non ab eo, in quo proxime desitum erit, deinceps incipietur*, cf. Quint. IV 2.[3]

§ 162 Non enim *in narratione* solum, sed ubique belle cogitaturo *utique praecipue media haec tenenda est via, quantum opus est*, § 158, *quantum sat est*, § 160. *Fallit voluptas, et quae delectant, minus longa videntur. Ut amoenum ac molle iter, etiamsi est spatii amplioris, minus tamen fatigat, quam durum aridumque compendium*, Quint. IV 2.[4] Iuvat l. II. Aen. Virg. 800 circiter versibus

breviter Troiae supremum audire laborem, v. 11.[5]

1 Vergil, *Aen.* 10, 467.
2 Ovid, *Ex Ponto* 3, 4, 11.
3 Vgl. Quint. 4, 2, 40.
4 Vgl. ebd. 4, 2, 45 f.
5 Vergil, *Aen.* 2, 11.

gestellt haben? Sie wird eher im Verhältnis zu der Vielheit oder Wenigkeit dessen stehen, was über ein gegebenes Thema aus gegebenem Grund zu denken ist, jedoch auf vollständige und vollkommene Weise.[1] An Unnötiges wird manchmal vielleicht verschwendet

die kurze, doch unwiederbringliche Zeit.

Doch wahrhaft gut auf Dinge verwendet, die diese lobenswerte Kürze zeigen,

scheinen in langen Gesprächen die Stunden oft schnell zu vergehen.

§ 161 Die vollständige Beschreibung der kurzen Erzählung bei Cicero wird die Erklärung von § 160 erläutern. Das Denken wird in absoluter und lobenswerter Weise *kurz sein, wenn von dort aus, wo es notwendig ist, der Anfang gemacht wird, wenn nicht vom Schluß angefangen wird und wenn die einzelnen Teile einer Sache, von der das Ganze hinreichend gesagt worden ist, künftig nicht noch einmal genannt werden. Denn oft genügt es zu sagen, was wohl geschehen ist, so daß du nicht erzählen mußt, auf welche Weise es wohl geschehen ist, und wenn nicht länger, als insoweit es für einen klugen Einfall nötig ist, im Erzählen* (im Überlegen) *fortgeschritten wird und wenn zu keiner anderen Sache übergegangen wird und wenn es so gesagt wird, daß zuweilen aus dem, was gesagt worden ist, das, was nicht gesagt worden ist, verstanden werden könnte, und wenn nicht allein das, was schadet, sondern auch das, was weder schadet noch hilft, übergangen wird, und wenn jedes Einzelne nur einmal gesagt wird und wenn nicht von dem, mit dem bald geendigt wird, gleich darauf noch einmal angefangen wird.*

§ 162 Denn nicht allein *in der Erzählung*, sondern überall *muß* von dem, der schön denken will, *in jedem Fall vorzugsweise der mittlere Weg eingehalten werden, soviel wie nötig ist* und *soviel wie genügt. Der Genuß täuscht, und die Dinge, die vergnügen, erscheinen weniger lang. Wieviel weniger ermüdet doch ein lieblicher und weicher Weg, auch wenn die Wegstrecke länger ist, als eine harte und trockene Abkürzung*! Es hilft, sich das zweite Buch der *Aeneis* des Vergil vor Augen zu halten, das in etwa 800 Versen

in Kürze die letzten Leiden von Troja hören läßt.

§ 163 Hinc et pulcre cogitaturis optandum cogitandi genus, quod diceremus philosophi adaequatum et finem exasse consequens, M. § 882, cui nihil insit incompleti, § 159, nihil abundantis, § 160, quantum id assequi, hoc vitare possit analogon rationis, §§ 15, 16. Aliter eveniet,

1) *Plenior ut si quos delectet copia iusto,*
Cum ripa simul avulsos ferat Aufidus acer, Hor.,[1]

quorum cuivis, quando

Apparent rari nantes in gurgite vasto,[2]

acclames illud:

Nihilo sapientior, ex quo
Plenior es,[3]

alicuius autem sepulcro titulum inscribas:

Brevior duxi securius aevum.
Ipsa nocet moles, Claud.[4]

2) Aut ut in vitia §§ 121, 122, 159 notata incurras, vel *inornata* ut *brevitas fiat indocta*, § 108, Quint. IV 2.[5]

§ 164 Brevitas absoluta, § 160, poscit, ut cuius pulcrae meditationis parti tantum modo venustatis detur, quantum pulcritudo totius admittit, § 19, PARSIMONIAM ET SOBRIETATEM AESTHETICAM, E. §§ 289, 260. *Parsimonia est scientia vitandi sumtus supervacuos, aut ars re familiari* (copia divitiisque, de quibus S. VIII–XII) *moderate utendi. Parcissimum tamen hominem vocamus pusilli animi atque contracti*, §§ 120, 149, *quum infinitum intersit inter modum* (quem parcus fervat), *et angustias*, § 23, M. § 551, Sen., De ben. II 34.[6] Sive malis

1 Vgl. Horaz, *Serm.* 1, 1, 57 f.
2 Vergil, *Aen.* 1, 118.
3 Vgl. Horaz, *Ep.* 2, 2, 153 f.
4 Claud., *De bello Gildonico* 107 f.
5 Quint. 4, 2, 46.
6 Sen., *De benificiis* 2, 34.

§ 163 Daher muß auch von denen, die schön denken wollen, die Denkungsart erwünscht werden, die wir als Philosophen als angemessen und genau dem Zweck entsprechend bezeichnen würden, der nichts Unvollständiges, nichts Überladenes innewohnt, in dem Maße, wie das Analogon der Vernunft jenes erreichen und dieses vermeiden kann. Andernfalls wird es geschehen,

1) *daß diejenigen, die die Fülle reicher freut, als recht ist,*
samt Ufer der reißende Aufidus packt und zugleich davonträgt,[1]

von denen du jedwedem, wenn sie als

Schwimmer zuweilen emportauchen im unendlichen Strudel,

jenes zurufen könntest:

Um nichts einsichtsvoller bist du, seitdem
du reicher bist.

Auf den Grabstein eines anderen aber könntest du die Inschrift einmeißeln:

Dürftiger habe ich ein sichereres Leben geführt.
Die Masse selbst schadet.

2) Oder du wirst in die Fehler verfallen, die in §§ 121, 122, 159 angemerkt wurden, oder *die schmucklose Kürze wird ungebildet.*

§ 164 Die absolute Kürze erfordert die ÄSTHETISCHE SPARSAMKEIT UND NÜCHTERNHEIT, nämlich daß jedem Teil der schönen Überlegung nur soviel Anmut gegeben wird, wie die Schönheit des Ganzen zuläßt. *Die Sparsamkeit ist die Kenntnis, überflüssige Ausgaben zu vermeiden, oder die Kunst, sein Vermögen* (die Fülle und den Reichtum, von denen in den Abschnitten VIII–XII die Rede war) *in mäßiger Weise zu gebrauchen. Übertrieben sparsam jedoch nennen wir einen Menschen von kleinlichem und knickerigem Gemüt, da Unendliches dazwischenliegt zwischen dem Maß* (dessen sich der Sparsame bedient) *und der Dürftigkeit.*[1] Ob du lieber *der Sparsamste unter den Anmutigen*, wie *Crassus*, oder *unter den Sparsamen der Anmutigste*, wie *Scaevola*, sein willst: Du wirst den gelehrten Geschmack zufrie-

esse *parcissimus elegantium*, uti *Crassus*, sive *parcorum elegantissimus*, uti *Scaevola*, Cic., De claris or. 148:[1] satisfacies erudito palato, quoties in pleno cogitandi genere et perfecto, § 158, exhibebis ipsi

Parca, quod satis est, manu,[2] §§ 160, 162.

§ 165 Uti brevitas absoluta generatim id, quod philosophi nunc dicimus nimis prolixum cogitandi genus cavebit, § 160: sic elegantiarum parsimonia praecipue,

ne gravidis procumbat culmus aristis, § 164,
Luxuriem segetum tenera depascet in herba, § 158,
Nam si luxuria foliorum exuberat umbra,
Nequicquam pingues paleae teret area culmos, Virg., Georg I 191.[3]

LUXURIANS COGITANDI GENUS s. καλλωπισμός est, vel per omne meditationis filum plus venustatum et figurarum, § 26, ad singulas paene particulas constipans, ac fert pudica totius pulcritudo, vel nonnunquam saltim aliquam partem comtius effingens et alteram, ac pulcra totius admittit concinnitas. De prima venuste cogitaturi luxurie, cuius *omnia dicta factaque quasi sesamo et papavere sparguntur*, Petr.,[4] valeat illud sapientis:

πλέον ἥμισυ παντός,[5]

de utraque:

Persicos odi, puer, apparatus.[6]

§ 166 Brevitatem omne pulcre cogitandi genus decentem, § 160, plenam illam et refertam, § 158, non mancam, non hiulcam, § 159, parcam tamen ac sobriam, § 164, non luxuriantem aut maculosam, § 165, uno nomine ROTUNDAM BREVITATEM dicere liceat. Ergo silvae tuae, quanta quanta sit, S. VIII, XII, lacunas exple ac hiatus, §§ 158, 159, simul tamen

[1] Vgl. Cic., *Brutus* 148.
[2] Horaz, *Carm.* 3, 16, 44.
[3] Vergil, *Georg.* 1, 111 f., 191 f.
[4] Vgl. Petr., *Satyricon* 1.
[5] Hesiod, *Erga kai hemerai* 40.
[6] Horaz, *Carm.* 1, 38, 1.

denstellen, wann immer du ihm in einer vollständigen und vollkommenen Denkungsart

gerade genug mit sparsamer Hand darbieten wirst.

§ 165 Wie sich die absolute Kürze überhaupt vor dem hüten wird, was wir als Philosophen jetzt die allzu ausschweifende Denkungsart nennen: So wird dies auch vornehmlich die Sparsamkeit bezüglich der Anmutigkeiten tun,

damit nicht später der Halm unter trächtigen Ähren herabsinkt,
vor der allzu üppigen Saat, wenn sie noch zart im Kraut steht.
Denn wuchern hingegen die Blätter und gibt es zuviel Schatten,
wird die Tenne vergeblich die Ähren dreschen und nur Spreu in Fülle daliegen.

Die VERSCHWENDERISCHE DENKUNGSART oder die Ziererei besteht darin, daß sie entweder für jeden Faden der Überlegung mehr an Anmutigkeiten und Figuren beinahe bis hin zu den einzelnen kleinsten Teilchen zusammendrängt, als es die züchtige Schönheit des Ganzen gestattet, oder daß sie zuweilen wenigstens den einen oder anderen Teil geschmückter ausführt, als es die schöne kunstgerechte Verbindung des Ganzen erlaubt. Bezüglich der ersten Art und Weise, anmutig und verschwenderisch denken zu wollen, bei der über *alles, was gesagt wird und geschieht, gleichsam Sesam und Mohn gestreut wird*, möge jener Ausspruch des Weisen gelten:

Ein Halbes ist mehr als ein Ganzes.

Und bezüglich beider:

Persiens Prunk ist mir zuwider, Knabe.

§ 166 Es sei erlaubt, die jeder Art schön zu denken wohlanständige, jene vollständige und angefüllte, nicht mangelhafte, nicht lückenhafte, aber dennoch sparsame und nüchterne, nicht verschwenderische oder fleckige Kürze in einem Begriff die ABGERUNDETE KÜRZE zu nennen.[1] Deshalb fülle die Klüfte und Lücken deines Waldes, so groß er auch sei, auf, indem du zugleich jedoch

Luxuriantia compescens, § 165,[1]

et ad brevitatis laudabilis parsimoniaeque regulas omnia concinne rotundans, §§ 160–164, non aestheticam, § 115, sed

Fastidiosam, desere copiam.[2]

SECTIO XIV
BREVITAS RELATIVA

§ 167 Sicut ubertas aesthetica vel absoluta fuit, vel relativa, § 116, ita distinguenda etiam est ab absolute brevitate laudabili ac rotunda, de qua S. XIII, RELATIVA BREVITAS, maior ille gradus absolutae, § 160, qui quibusdam forte cogitandis eleganter necessarius et peculiaris est. Haec brevitas habet etiam aliquam rationem ad tempus cogitationibus hoc significatu brevibus imbibendis insumendum, § 160. Neque de meditatione brevitatem relativam poscente dici potest, quod Plinius de Ciceronis orationibus habet, *optimam esse, quae maxima*, quod minus accurate addit; *bonus liber melior est quisque, quo maior*, I, Ep. 20,[3] quae tota controversiam aestheticam continet, huc pertinentem, et in aliis distinctione brevitatis absolutae relativaeque tollendam, vincente Plinio.

§ 168 Multae enim lites inde ortae sunt, in definiendis pulcre cogitandorum generibus brevitatem relativam poscentibus, § 167, quando aliquibus in tali genere 1) absoluta brevitas, non satis a relativa distincta, recte iudicabatur apprime necessaria, §§ 160, 166, 2) occurrebant casus speciales bene multi sub tali genere contenti poscentes simul brevitatem utique relativam, 3) gratior apud plerosque brevitas etiam relativa deprehendebatur universim. Tunc enim aliis, 1) non distinctius, ac priores, brevitatem absolutam a relativa discernentibus tali thematum generi non tribuenda videbatur universim

1 Vgl. Horaz, *Ep*. 2, 2, 122.
2 Vgl. Horaz, *Carm*. 3, 29, 9.
3 Vgl. Plin., *Ep*. 1, 20, 4.

Wucherndes in Schranken hältst

und alles nach den Gesetzen der lobenswerten Kürze und der Sparsamkeit in kunstgerechter Weise abrundest.

Laß hinter dir
nicht die ästhetische, aber die *Überdruß bereitende Fülle.*

ABSCHNITT XIV
DIE RELATIVE KÜRZE

§ 167 So wie der ästhetische Reichtum entweder absolut oder relativ war, so ist auch von der absoluten lobenswerten und abgerundeten Kürze, von der in Abschnitt XIII die Rede war, die RELATIVE KÜRZE zu unterscheiden, jene höhere Stufe der absoluten Kürze, die gewissen vielleicht schön zu denkenden Dingen notwendig und eigentümlich ist. Diese Kürze steht allerdings in einem gewissen Verhältnis zu der Zeit, die darauf verwendet wird, sich in dieser Bedeutung kurze Gedanken anzueignen. Es kann von der Überlegung, welche die relative Kürze erfordert, auch nicht gesagt werden, was Plinius über die Reden des Cicero sagt, *daß die am besten ist, die am längsten ist*, und was er weniger genau hinzufügt: *Ein gutes Buch ist desto besser, je größer es ist* – ein Brief, der als ganzer die ästhetische Streitigkeit enthält, die hierher gehört und die in anderen Punkten wegen der Unterscheidung zwischen absoluter und relativer Kürze aufgenommen werden muß, mit welcher Plinius recht hat.[1]

§ 168 Es sind nämlich von daher viele Streitigkeiten im Bestimmen der Gattungen der schön zu denkenden Dinge, welche die relative Kürze erfordern, erwachsen, seit von manchen in einer solchen Gattung 1) die absolute Kürze, jedoch nicht genügend von der relativen unterschieden, richtig für besonders notwendig gehalten wurde, 2) weil besondere, recht wohl unter dieser Gattung enthaltene Fälle vorkamen, die zugleich unbedingt die relative Kürze erforderten, und weil 3) allgemein die relative Kürze sogar bei vielen als willkommener erkannt wurde. Denn dann schien anderen, die 1) nicht deutlicher als die Vorhergehenden die absolute von der relativen Kürze un-

brevitas, quia 2) sub eiusmodi genere continebantur casus, ubi *praevaricatio sit, cursim ac breviter* (relative) *attingere, quae sint inculcanda, infigenda, repetenda*, 3) *brevitas* (relativa) in tali thematum genere semper et promiscue non *placeat*, nisi *inertibus, quorum delicias desidiamque, quasi iudicium, respicere, ridiculum sit. Nam si hos in consilio habeas, non solum satius esse* (relative) *breviter dicere, sed omnino non dicere.*[1]

§ 169 Quoniam heic nondum methodus naturalis, quam mathematicam dicunt, principia sufficientia decidendarum eiusmodi controversiarum, § 168, anteponere tractationi praesenti permisit, aliquas tantum exempli loco videamus. I) *An in caussis agendis nihil aeque, ac brevitas placet?*[2] Haec est Pliniana l. c. quaestio, cui nostris temporibus adiungamus similem quaestionem de sacris ex suggestu habendis orationibus. R. Absoluta brevitas, § 160, sed rotunda, § 166, est una ex primis utrarumque dotibus, neque tamen primaria, poscens in aliquibus relativam etiam per omnia, in aliis, qua quasdam partes, § 167. In omnibus autem non potest, multo minus in singulis omnium partibus potest haec relativa ferri, tantum abest, ut laudari, tantum abest, ut tanquam iucundissima, possit aestimari a severo, licet non moroso, iudice, § 168.

§ 170 II) An narrationem oportet esse brevem? Iam *Aristoteles ab Isocrate dissensit praeceptum brevitatis irridens, tanquam necesse sit, longam aut brevem esse expositionem, ne liceat ire per medium. Theodori quoque scholae* negant, *quia nec breviter utique, nec dilucide semper sit utile exponere*, Quint. IV 2.[3] Cicero facit cum Isocrate,

et adhuc sub iudice lis est.[4]

1 Vgl. ebd. 1, 20, 23.
2 Vgl. ebd. 1, 20, 1.
3 Quint. 4, 2, 32.
4 Horaz, *A. p.* 78.

terschieden, einer solchen Gattung von Themen die Kürze nicht allgemein beizumessen zu sein, weil 2) unter einer solchen Gattung Fälle enthalten sind, bei denen es *eine Pflichtverletzung wäre, eilends und in* (relativer) *Kürze Dinge zu erwähnen, die fest eingeschärft, eingeprägt, wiederholt werden müssen*, und weil 3) *die* (relative) *Kürze* in dieser Gattung von Themen nicht immer und nicht unterschiedslos allen *gefiele*, es sei denn *den Untätigen, deren üppige Genüsse und Müßiggang sozusagen als Urteil zu betrachten lächerlich wäre. Wenn du nämlich diese zu Ratgebern nähmest, wäre es nicht allein dienlicher, in* (relativer) *Kürze zu sprechen, sondern überhaupt nicht zu sprechen.*

§ 169 Da es ja nunmehr noch keine natürliche Methode, die man die mathematische nennt,[1] gibt, keine hinreichenden Gründsätze, um in derartigen Streitigkeiten zu entscheiden, sei es in der vorliegenden Abhandlung erlaubt, gewisse Fragen vorzuziehen, die wir nur als Beispiele betrachten wollen. I) *Ob in Prozeßverhandlungen*[2] *nichts gleichermaßen wie die Kürze gefällt?* Dies ist die Frage von Plinius am zitierten Ort, der wir in unseren Zeiten eine ähnliche Frage bezüglich der von der Kanzel gehaltenen heiligen Reden hinzufügen. Antwort: Die absolute Kürze, aber die abgerundete, ist eine von den ersten Gaben von beiden, nicht jedoch die vorzüglichste, weil in manchen Fällen auch die relative Kürze entweder in allen Teilen, oder in anderen Fällen für gewisse Teile erfordert wird. Nicht in allen Fällen jedoch und noch viel weniger in allen einzelnen Teilen kann die relative Kürze verlangt werden: So abwegig es ist, daß sie von einem, sei es nicht allzu strengen, aber ernsten Richter gelobt würde, so abwegig ist es, daß sie von ihm als in besonderem Maße angenehm geschätzt werden könnte.

§ 170 II) Ob es der Erzählung[1] gebührt, kurz zu sein? Schon *Aristoteles war anderer Meinung als Isokrates, indem er die Vorschrift der Kürze verspottete, als ob es nötig sei, daß eine Schilderung lang oder kurz sei, und es nicht möglich sei, in der Mitte zu gehen. Auch die Anhänger des Theodoros*[2] antworten ablehnend, *weil beides nicht, weder etwas kurz noch etwas klar darzulegen, immer nützlich sei*. Cicero steht auf der Seite von Isokrates:

Der Fall verlangt noch den Richter.

Id certum est absolutam brevitatem in narrationibus bene multis maiorem brevitatem relativam postulare, ac in aliis aliquibus orationis partibus, §§ 160, 167. Relativae enim brevitatis denuo dantur gradus, § 167. Recte Quintilianus l.c. brevitatem narrationis oratori suadens, tamen: *Vitanda est*, inquit, *illa Sallustiana brevitas, quanquam in ipso virtutis obtinet locum, et apruptum sermonis genus*, § 159, *quod otiosum fortasse lectorem minus fallat, audientem transvolat, nec dum repetatur, exspectat*[1] e.c.

§ 171 Occasione brevis narrationis Cicero lepidum et satis usitatum perstringit errorem, quando: *Multos*, ait, *imitatio decipit brevitatis* (relativae), *ut, dum se breves putent esse, longissimi sint, quia dent operam, ut res multas breviter dicant, non, ut omnino paucas res dicant, et non plures, quam necesse sit*, De inv. I 28.[2] Exemplum ibi profert, quale est et in Quint. l. c. Meo concipiendi modo dicerem studium relativae brevitatis cum neglectu absolutae, LONGISSIMAM QUASI BREVITATEM, non solas orationes deturpantem (longissimum quasi laconismum).

§ 172 Vidisse tamen et Ciceronem verum in sententia brevitatem relativam in narrando non omnino probantium, docet l. De or. III 202, ubi suadet aliquando adhibere *commorationem una in re per multum moventem et illustrem explanationem, rerumque, quasi gerantur, sub adspectum paene subiectionem, quae et in exponenda re*, § 170, *plurimum valeat, et ad illustrandum id, quod exponitur, et ad amplificandum, ut iis, qui audiunt illud, quod augebimus, quantum efficere oratio poterit, tantum esse videatur*, § 116, aliquando autem *praecisionem* (brevitatem relativam) *et plus ad intelligendum, quam dixeris, significationem, et distincte concisam brevitatem et extenuationem* [3] e. c., utramque referens ad figuras sententiae, § 26.

1 Quint. 4, 2, 45.
2 Cic., *De inv.* 1, 28.
3 Vgl. Cic., *De or.* 3, 202.

Es ist ausgemacht, daß die absolute Kürze richtig in vielen Erzählungen sowie in anderen Teilen der Rede eine größere relative Kürze fordert. Von der relativen Kürze nämlich gibt es wiederum verschiedene Stufen. Zu Recht sagt Quintilian am zitierten Ort, obwohl er dem Redner die Kürze der Erzählung empfiehlt, dennoch: *Zu vermeiden ist jene Kürze des Sallust, obgleich sie bei ihm die Stelle einer Tugend einnimmt, und die abgerissene Gattung des Gesprächs, das vielleicht dem müßigen Leser weniger entgeht, jedoch an dem Zuhörer vorüberfliegt, der es nicht erwarten kann, bis es wiederholt wird* usw.

§ 171 Bei Gelegenheit der kurzen Erzählung berührt Cicero einen kuriosen und genugsam gebräuchlichen Irrtum, wenn er sagt: *Viele werden von der Nachahmung der* (relativen) *Kürze betrogen, so daß sie, während sie sich kurz zu sein dünken, überaus weitläufig sind, weil sie sich darum bemühen, viele Dinge auf kurze Weise zu sagen, und nicht, überhaupt nur wenige Dinge zu sagen und nicht mehr als nötig sind.* Er bringt dort ein Beispiel, welches sich auch bei Quintilian am zitierten Ort findet. So wie ich es verstehe, würde ich das Bestreben nach der relativen Kürze, wenn die absolute Kürze vernachlässigt wird, eine GLEICHSAM ÜBERAUS LANGE KÜRZE (einen gleichsam überaus langen Lakonismus) nennen, der nicht allein Reden verunstaltet.

§ 172 Daß Cicero gleichwohl in diesem Urteil die relative Kürze im Erzählen von Dingen, die nicht gänzlich beweisend sind, billigte, lehrt *De oratore* III 202, wo er empfiehlt, manchmal *das Verweilen bei einer Sache* anzuwenden, *was großen Eindruck macht und die Dinge anschaulich ausmalt und sie fast so vor Augen führt, als trügen sie sich wirklich zu, was bei der Darlegung einer Sache von großem Wert ist und für die Erhellung dessen, was man auseinandersetzt, und für die Steigerung der Wirkung, um das, was man hervorhebt, in den Augen der Zuhörer so bedeutend darzustellen wie die Rede es ermöglicht*, und manchmal aber auch *die Abgemessenheit* (die relative Kürze) *und die Andeutung, bei der mehr zu verstehen ist, als du sagst, die auf deutliche Weise gedrängte Kürze und die verkleinernde Darstellung* usw. Beides[1] wird von ihm den Gedankenfiguren zugerechnet.

§ 173 Neque moror graeculorum quorundam distinctionem inter *circumcisam expositionem*, i. e. σύντομον, *et brevem*, quando *illa supervacuis carens*, i. e. vere absolute brevis, § 160, haec definitur, ut *quae possit aliquid ex necesariis desiderare*,[1] quoniam haec, nisi de verbis litigare iuverit, vitium est, §§ 158, 159, nomine brevitatis, quae virtus est, §§ 160, 167, prorsus indigna, Quint. l.c. Alias distinctionem inter concisum distincte ratiocinandi genus et σύντομον ex una, ac brevitatem aestheticorum rotundam, § 166, relativam etiam, § 167, ex altera parte lubens concedo, §§ 121, 122.

§ 174 III) Maior iam consensus criticorum est brevitatem relativam requiri in sententiis.

Quicquid praecipies, esto brevis, ut cito dicta
Percipiant animi dociles teneantque fideles;
Omne supervacuum pleno de pectore manat, Hor., A. P. 335.[2]

Est brevitate opus, ut currat sententia, neu se.
Impediat verbis lassas onerantibus aures, Serm. I 10. [3]

Brevitas non modo senatoris, sed etiam oratoris magna laus est in sententia, Cic., De leg. III 40.[4] *Amatores* quidem *multis iam ante* Ciceronem *saeculis et Philisto Syracusio defuerunt, et ipsi Thucididi, quia eorum concisis sententiis*, §§ 121, 122, *interdum etiam non satis apertis cum brevitate, tum nimio acumine officit Theopompus*, Cic., De claris or. 66.[5] Neque tamen paucos amatores Thucididi, ipsique Tacito, conciliavit grata posteritas et fatum eorum scripta servans, dum alia

Defert in vicum vedentem thus et odores,
Et piper, et quicquid chartis amicitur ineptis.[6]

Interim Ciceronis observatio docebit ultima modum esse brevitati relativae etiam in sententiis, § 170.

1 Vgl. Quint. 4, 2, 42.
2 Horaz, *A. p.* 335–337.
3 Horaz, *Serm.* 1, 10, 17 f.
4 Cic., *De leg.* 3, 40.
5 Vgl. Cic., *Brutus* 66.
6 Horaz, *Ep.* 2, 1, 269 f.

§ 173 Und ich verweile nicht bei der Unterscheidung gewisser kleingeistiger Griechen zwischen der *abgekürzten, d. h. bündigen, und der kurzen Darstellung*, wenn *jene als frei von Überflüssigem*, d. h. als wahrhaft und absolut kurz, und diese als diejenige bestimmt wird, *die irgend etwas Notwendiges vermissen lassen könnte*, weil ja diese – wofern es nicht hilft, über Worte zu streiten – ein Fehler ist und des Namens der Kürze, die ein Vorzug ist, ganz und gar unwürdig. Ansonsten anerkenne ich gerne die Unterscheidung zwischen der kurz gedrängten und bündigen Art, auf deutliche Weise zu schließen auf der einen, und der abgerundeten, auch der relativen Kürze von Ästhetischem auf der anderen Seite.

§ 174 III) Größer ist schon die Übereinstimmung der Kunstrich-ter darin, daß die relative Kürze in Sinnsprüchen erfordert wird.

Wozu du auch immer ermahnst, sei kurz, damit deine Worte
schnell der gelehrige Sinn erfaßt und treulich bewahrt;
alles, was überflüssig ist, entfließt dem vollen Herzen.

Kürze tut not, daß läuft der Gedanke und nicht sich
verschlingt in Wörtern, die auf die ermüdeten Ohren belastend sich legen.

Die Kürze nicht allein des Senators, sondern auch des Redners verdient im Sinnspruch großes Lob. Schon viele Jahrhunderte freilich *vor* Cicero *fehlten auch dem Philistos von Syrakus die Liebhaber, und selbst dem Thukydides, weil ihren kurzgedrängten Sinnsprüchen, die zuweilen wegen der Kürze auch nicht genügend verständlich und darüberhinaus allzu scharfsinnig verfaßt waren, Theopompos in den Weg trat.*[1] Nicht wenige Liebhaber jedoch bescherte dem Thukydides und selbst dem Tacitus die dankbare Nachwelt und das Schicksal, das ihre Schriften bewahrte, während andere

hinuntergetragen werden in jenen Winkel, wo man Weihrauch verhökert und Wohlgerüche
und Pfeffer und sonst noch all das, was man in unbrauchbares Papier packt.

Unterdessen wird Ciceros letzte Beobachtung lehren, daß es auch in den Sinnsprüchen eine Art der relativen Kürze gibt.

§ 175 IV) *Acutior est atque velocior in urbanitate brevitas*, Quint. VI 4,[1] ubi quidem in sequentibus Marsi definitionem urbanitatis adducens: *Urbanitas est virtus quaedam in breve dictum coacta maxime idonea ad resistendum, vel lacessendum, pro ut quaeque res ac persona desiderat*, addit: *Cui brevitatis exceptionem detraxeris, omnes orationis virtutes complexa sit. Cur autem breve esse voluerit Marsus, nescio.*[2] – – – *Nec tamen iudicium Marsi hominis eruditissimi subtraham.*[3] Confirmat Marsi iudicium, Horatius simulque rationem videtur subinnuere, quando poscit sermonem

Interdum urbani parcentis viribus, atque
Extenuantis eas consulto, §§ 164, 172, Hor., Serm. I 10.[4]

§ 176 Breviter: Para opes, S. VIII, unde possunt exspectari, S. IX, unde sumeris, parum curaverim, S. X, para tu modo, S. XI, sodes, S. XII, paratas exhibe rotunda brevitate, S. XIII, meditatioque tua posthinc commemorandarum venustatum, § 22, non immemor,

Conveniet voto longa, § 116, *brevisque*, S. XIV, *meo*, Ov.[5]

SECTIO XV
MAGNITUDO AESTHETICA

§ 177 Secunda cura sit in rebus venuste cogitandis, § 115, MAGNITUDO, M. § 515, sed AESTHETICA, quo nomine 1) pondus obiectorum, § 18, et gravitatem, M. § 166, 2) proportionatarum obiectis cogitationum, 3) cum foecunditate utrorumque, M. § 166, complectamur, § 22. *Illud vere magnum, quod subinde cogitandum considerandumque nobis occurit* (οὗ πολλὴ ἡ ἀναθεώρησις) *quod vix, ac ne vix*

[1] Quint. 6, 3, 45.
[2] Ebd. 6, 3, 104 f.
[3] Ebd. 6, 3, 108.
[4] Horaz, *Serm.* 1, 10, 21 f.
[5] Ovid, *Am.* 2, 4, 36.

§ 175 IV*) Treffender und schneller wirkt beim feinen städtischen Witz die Kürze*, sagt Quintilian, wo er nämlich im Gefolge des Marsus eine Erklärung des Städtischen anführt: *Der feine städische Witz ist die besondere Leistung, die in einer kurzen sprachlichen Äußerung in gedrängter Form besteht, vor allem aber versteht, sich zu behaupten oder herauszufordern, wie es jeweils die Sache und Person verlangen*, und er fügt hinzu: *Wenn man aus dieser Definition nur die Hervorhebung der Kürze herausnähme, so dürfte sie wohl sämtliche Vorzüge der Rede umfassen. Wieso jedoch Marsus gewünscht hat, daß sie kurz sei, weiß ich nicht. – – – Doch ich will das Urteil des überaus gelehrten Mannes Marsus nicht unterschlagen.* Er bestätigt das Urteil des Marsus, und Horaz scheint zugleich den Grund dafür anzudeuten, wenn er ein Gespräch fordert

manchmal auch in der Weise des Weltmanns, der haushält mit seinen Kräften
und sie mit Absicht schwächt.

§ 176 In Kürze: Verschaffe dir große Vermögen, woher sie erwartet werden können. Woher du sie nimmst, mag mich weniger kümmern, doch verschaffe sie dir. Das Verschaffte stelle in abgerundeter Kürze dar. Dann wird deine Überlegung nachher, eingedenk der Anmutigkeiten, die nicht vergessen werden dürfen,

sei sie lang, sei sie kurz, meinem Wunsch entsprechen.

ABSCHNITT XV
DIE ÄSTHETISCHE GRÖSSE

§ 177 Das zweite Besorgnis im anmutigen Denken der Sachen, möge die GRÖSSE sein, jedoch die ÄSTHETISCHE,[1] unter deren Namen wir 1) das Gewicht der Gegenstände und ihre Bedeutsamkeit, 2) das Gewicht und die Bedeutsamkeit der diesen anzumessenden Gedanken, 3) mit Fruchtbarkeit beider zusammenfassen.[2] *Das ist wahrhaft groß, was uns immer wieder gedacht und überlegt in den Sinn kommt, was kaum und nicht einmal kaum aus dem Geist verbannt*

quidem, animo excidere potest, sed constanti, firma, et indelebili memoria retinetur, Longinus, S. VI.[1]

§ 178

Ingenium cui sit, cui mens divinior, atque os
Magna, § 177, *sonaturum, des nominis huius honorem*,[2]

ut poeta dicatur, et musicus, si magna canat, et pictor, si magna pingat e.c. *Voluminibus ipsis auctoritatem aliquam et pulcritudinem adiicit magnitudo*, Plin., Ep. I 20.[3] Magnitudinem autem aestheticam primo dividamus denuo, sicut ubertatem, § 116, in ABSOLUTAM omni pulcre cogitando necessariam, § 177, et RELATIVAM ac comparativam, illum absolutae gradum, qui quibusdam pulcre cogitandis peculiariter et speciatim requiritur. Utramque noverit, et probe distinguat,

Artis severae si quis ardet *effectus,*
Mentemque magnis applicat, simul ac *morem*
Frugalitatis, § 164, *lege callet exacta*, Petr.[4]

§ 179 Quemadmodum vere pulcre cogitantes, quando non latitudinem sectantur comparativam, § 116, et multo minus in circumductum et diffusum et abundans luxuriando cogitandi genus incidere laborant, § 165, inopiae, § 120, se ipsos reos agunt extenuatione, § 175, nonnunquam forsan ironica: ita iidem, iisdem forsan ex caussis, sublimia non cogitantes, et multo minus amantes tumescere, se dicunt animi pusilli, neque tamen auditores sibi volunt credulos. Ita Horatius:

Dii bene fecerunt, inopis me quodque pusilli
Finxerunt animi, raro ac perpauca loquentis.
At tu conclusas hircinis follibus auras [5] e. c.

Ita Martialis IX 50:

1 Longin 7, 3.
2 Horaz, *Serm.* 1, 4, 43 f.
3 Plin., *Ep.* 1, 20, 5.
4 Vgl. Petr., *Satyricon* 5.
5 Horaz, *Serm.* 1, 17–19.

werden kann, sondern beständig, fest und unvergänglich im Gedächtnis bewahrt wird.

§ 178

> *Wer Begabung besitzt, einen höheren Sinn und einen Erhabenes*
> *tönenden Mund, dem gib eines solchen Namens Erlauchtheit,*

mit dem ein Dichter benannt wird, und ein Musiker, wenn er Großes singt, und ein Maler, wenn er Großes malt usw. *Selbst Büchern fügt die Größe eine gewisse Gültigkeit und Schönheit hinzu.*[1] Auch die ästhetische Größe teilen wir zuerst wieder, wie den Reichtum, in die ABSOLUTE Größe, die jedem schönen Denken notwendig ist, und die RELATIVE oder vergleichungsweise genommene Größe, jene Stufe der absoluten Größe, die von gewissen schön zu denkenden Dingen auf eigentümliche und besondere Weise verlangt wird. Beide wird kennen und gehörig unterscheiden,

> *wer die Wirkungen der ernsten Kunst* leidenschaftlich liebt
> *und seinen Geist großen Dingen zuwendet* und zugleich *das Gesetz*
> *des besonnenen Wirtschaftens nach genauer Regel versteht.*

§ 179 So wie es wahrhaft schön denkende Menschen gibt, die, wenn sie nicht nach einer vergleichungsweise genommenen Fülle streben und erst recht nicht darauf aus sind, sich in eine umwegige, weitschweifige, übervolle Denkungsart zu stürzen, sich selbst der Dürftigkeit in verkleinernder, manchmal vielleicht ironischer Darstellung anklagen: Ebenso sind es dieselben, die sich selbst vielleicht aus denselben Gründen, weil sie keine erhabenen Dinge denken und es noch weniger lieben, sich aufzublähen, Kleingeister nennen, auch wenn sie nicht wollen, daß ihnen die Zuhörer dies glauben. So sagt Horaz:

> *Gut hat Gott es gefügt, daß er kargen und winzigen*
> *Geistes mich erschuf, der selten und nur sehr weniges redet;*
> *ahme dagegen du die im Bocksbalg verschlossenen Winde*
> *nach* usw.

So sagt Martial:

Ingenium mihi, Gaure, probas sic esse pusillum, § 177,
Carmina quod faciam, quae brevitate placent, S. XIV,
Confiteor. Sed tu, bis denis grandia libris
Qui scribis Priami praelia, magnus homo es.[1]

§ 180 Magnitudo aesthetica relativa et comparativa multos quidem gradus habet, § 178, nunc tamen eam, uti decet aestheticum, §§ 15, 16, in tres tantum usitatos grammaticis dividamus, ut quaedam magna sint, absolute scilicet, §§ 178, 177, in positivo, quaedam in comparativo, quaedam in superlativo. Prima sint *humiles myricae*, secunda *arbusta, tertia silvae.*

Non omnes arbusta iuvant, humilesque myricae,
Si canimus silvas, silvae sint consule dignae, Virg.[2]

§ 181 MAGNITUDO AESTHETICA, § 177, et absoluta, § 178, et relativa, § 180, porro est vel NATURALIS, cum libertate propius non connexis conveniens, vel MORALIS, obiectis cogitationibusque tribuenda, quatenus propius cum libertate connectuntur. Naturalis est e. g. Virg., Aen. V 421, quando

Entellus duplicem ex humeris reiecit amictum
Et magnos membrorum artus, magna ossa lacertosque
Exuit, atque ingens media consistit arena [3] e.c.

Ubertim S. VIII cogitentur intra horizontem aestheticum constituta themata, S. IX, locis, S. X, et argumentis locupletantibus, S. XI, si noveris uti, S. XII, habebunt eadem simul magnitudinem, absolutam certe, naturalem, § 177. Hinc ad hanc parum opus est novis regulis.

§ 182 Magnitudinem aestheticam moralem, i.e. per libertatem legibus moralibus conformiter determinatam quae possibilis est, § 181,

1 Mart. 9, 50, 1–4.
2 Vergil, *Ekl.* 4, 2 f.
3 Vergil, *Aen.* 5, 421–423.

Du beweist mir, Gaurus, daß mein Geist so kleinlich ist –
daß ich Gedichte mache, die durch ihre Kürze gefallen,
bekenne ich. Doch du, der du in zwanzig Büchern die großen
Kriege des Priamus beschreibst, bist ein großer Mann.

§ 180 Die relative und vergleichungsweise genommene ästhetische Größe hat gewiß viele Grade, doch wir wollen sie, wie es dem Ästhetiker geziemt, nur in die drei von den Grammatikern gebrauchten Grade unterteilen, ebenso wie gewisse Dinge – in absoluter Weise, wohlgemerkt – in positivem Grad groß sind, gewisse Dinge in komparativem und gewisse Dinge in superlativem Grad. Die ersten sind *niedrige Tamarisken,*[1] die zweiten *Gebüsche, die dritten Wälder.*

Gebüsche und niedrige Tamarisken erfreuen nicht alle.
Wenn wir Wälder singen, sollen es Wälder sein, die eines Konsuls
würdig sind.

§ 181 Die ÄSTHETISCHE GRÖSSE, sowohl die absolute als auch die relative, ist ferner entweder NATÜRLICH, die dem zukommt, was nicht näher mit der Freiheit verbunden ist, oder MORALISCH, die Gegenständen und Gedanken beizumessen ist, insofern sie näher mit der Freiheit verbunden werden. Die natürliche Größe findet sich z. B. in Vergils *Aeneis*, wo

Entellus von den Schultern den doppelten Mantel warf
und die Wucht der Glieder, Knochen und Muskeln entblößte.
Und wie ein Riese stand er da inmitten des Sandes usw.

Wenn die innerhalb des ästhetischen Horizontes befindlichen Themen reich gedacht werden, und du die *loci* und die bereichernden Argumente zu nutzen weißt, werden diese zugleich Größe haben, sicherlich eine absolute und natürliche. Daher sind zu diesen kaum neue Regeln nötig.

§ 182 Die moralische Größe, d. h. diejenige, die durch die gemäß den moralischen Gesetzen bestimmte Freiheit möglich ist, finde ich 1) in den Gegenständen sowie in deren vielfältigen Teilen und Fol-

deprehendo 1) in obiectis eorumque variis et consectariis, si citra detrimentum virtutis cogitari possunt pluribus, et caeteroquin eleganter, 2) in iisdem, si dictis modis cogitari possunt serius aut citius ad virtutem tandem consentientia, 3) in cogitationibus, si proportionari exaequarique suis obiectis et materiis ita possunt, ne quid detrimenti, 4) ut tandem certe nonnihil emolumenti capiat res virtutis bonorumque morum saluberrima, pulcerrima, § 177. Liceat hanc moralem magnitudinem aestheticam brevis DIGNITATEM AESTHETICAM dicere, et iam post § 115 videre,

2) *Quid deceat, quid non, quo virtus, quo ferat error.*[1]

§ 183 Nolim hanc cogitationum venustatem, veluti per μετάβασιν εἰς ἄλλο γένος, et quasi falx in alienam messem immitteretur, nunc derivari tantum ex severioribus vitae beatae superioribusque legibus, aut omnino ex genuini Christianismi sanctissimis oraculis. Malim eam heic considerari, velut conditionem, sine qua non, operis ingeniorum vere pulcri, qua deficiente prorsus, non spiritui solum, non rationi solum, § 15, sed ipsi rationis analogo per magnitudinem pectoris connatam, § 45, usu, § 50, disciplinaque, § 63, confirmatam suffulto pelluceat quaedam deformitas elegantia quaedam alia tamen deturpans, quoniam iis immorari non licet sine morum iactura, per exceptionem, sane, non elegantem, § 25, vel ex eius arbitrio, qui mores ex solo sapore, neque tamen publico meretricioque, metiretur, § 35.

§ 184 Iam hinc enim constabit, turpissimas licet poenas aliter sentientibus minantem, falli tamen Catullum, et turpiter falli, quando, c. 16:

[1] Horaz, *A. p.* 308.

gen, wenn diese von den meisten ohne Schaden der Tugend und außerdem auf anmutige Weise gedacht werden können, 2) in denselben, wenn sie in der gesagten Weise früher oder später als letztlich mit der Tugend übereinstimmend gedacht werden können, 3) in den Gedanken, wenn sie mit ihren Gegenständen und Stoffen so in ein stimmiges und angemessenes Verhältnis gebracht werden können, ohne daß ein Schaden entsteht, so daß 4) schließlich die überaus heilbringende und überaus schöne Sache der Tugend und der guten Sitten gewiß nicht wenig Vorteile gewinnt. Es sei erlaubt, diese moralische ästhetische Größe kürzer die ÄSTHETISCHE WÜRDE zu nennen und nunmehr, gemäß § 115, zu schauen,

2) *was passend ist, was nicht, wohin Tugend führt, wohin Irrtum.*

§ 183 Ich möchte diese Anmut der Gedanken nun nicht, gleichsam durch einen unerlaubten Übergang von einer Gattung zur anderen und als ob die Sichel in eine fremde Ernte hineingefahren wird, allein aus den ernsteren und höheren Gesetzen des seligen Lebens oder gänzlich aus den heiligsten Offenbarungen des echten Christentums ableiten.[1] Ich will lieber, daß sie hier gleichsam als unerläßliche Bedingung für Geister, die wahrhaft Schönes hervorbringen wollen, betrachtet wird. Wenn sie völlig fehlt, nicht allein dem Geist, nicht allein der Vernunft, sondern dem Analogon der Vernunft selbst – sei dieses auch gestärkt durch eine eingeborene Größe des Herzens und diese gefestigt durch den Gebrauch und die Lehre –, würde eine gewisse Häßlichkeit hervorscheinen, die etwaige andere Anmutigkeiten verunstaltet, weil es ja nicht möglich wäre, im Zuge einer wahrhaft ungeschmackvollen Ausnahme, bei ihnen zu verweilen ohne einen Verfall der Sitten, selbst nach dem Ermessen von jemandem, der die Sitten nur nach dem Geschmack – gleichwohl keinen gewöhnlichen und dirnenhaften beurteilt.

§ 184 Schon aus diesem Grund wird es feststehen, daß Catull, obwohl er anders Empfindenden die häßlichsten Strafen androht, sich dennoch täuscht und häßlich täuscht, wenn er sagt:

Castum, ait, *esse decet pium poetam*
Ipsum, versiculos nihil necesse est.
Qui tum denique habent salem et leporem,
Si sunt molliculi et parum pudici,
Et, quod pruriat, excitare possint.[1]

Quanquam non verius Martialis, l. I 35:

Lex haec carminibus data est iocosis:
Non *possunt, nisi pruriant, placere*,[2]

dignum ille tamen patella reperit operculum ita turpem suam legem, uti decet, probans:

quis stolatum
Permisit meretricibus pudorem?[3] § 165.

Rectius utique Persius, Sat. I, nisi peccat in forma:

Hic neque more probo videas, neque voce serena, § 183,
Ingentes trepidare Titos, quum carmina lumbum
Intrant, ac tremulo scalpuntur ubi intima versu.[4]

§ 185 DIGNITAS AESTHETICA, § 182, pars et species magnitudinis aestheticae, sicut haec, §§ 177, 178, vel ABSOLUTA erit, omni pulcre cogitando necessaria, de qua iureconsultos romanos imitati, quicquid cogitare fusius contra bonos mores esset, illi nos ne cogitando quidem immorari posse censeamus, §§ 183, 184, vel RELATIVA, quae quibusdam pulcre cogitandis peculiaris requiritur, non eodem in gradu in omnibus, § 178. De hac loquitur Cornelius, quando *non dubitat fore plerosque, qui* suum *genus scribendi leve, et non satis dignum summorum virorum personis iudicent*,[5] et Cicero De fin. l. I. *suspicatus aliquos futuros, qui hoc genus scribendi (quae philosophi graeco sermone tractarunt, latinis litteris mandans), etsi sit elegans, personae tamen et dignitatis esse negent.*[6]

1 Catull 16, 5–9.
2 Mart. 1, 35, 10 f.
3 Ebd. 1, 35, 9.
4 Pers. 1, 19–21.
5 Corn. Nepos, *De viri illustr.*, Prooem. 1.
6 Vgl. Cic., *De fin.* 1, 1, 1.

Anständig zu sein ziemt dem rechtschaffenen Dichter – für seine
Person, für seine Verslein ist das keineswegs nötig.
Sie haben ja erst dann Witz und Anmut,
wenn sie zärtlich und nicht ganz züchtig sind
und, was lüstern ist, hervorrufen können.

Obgleich Martial nicht wahrer sagt:

Dies ist das gegebene Gesetz der scherzhaften Lieder:
Sie können nicht, *wenn sie nicht lüstern sein können, gefallen,*

findet er dennoch einen dem Topf würdigen Deckel, indem er sein häßliches Gesetz, wie es sich gehört, so beweist:

Wer stellt den Dirnen ehrbare Sittsamkeit anheim?

Richtiger wenigstens sagt Persius, wofern er nicht in der Form strauchelt:

Nicht in Züchten erblickst du hier heiterer Stimme[1]
girrend erbeben das Titusgemächt, wenn das Lied in die Lenden
fährt und mit bebenden Lauten die innersten Nerven betastet.

§ 185 Die ÄSTHETISCHE WÜRDE, Teil und Art der ästhetischen Größe, wird wie diese entweder ABSOLUT und jedem schön zu Denkenden notwendig sein, bezüglich derer wir, indem wir den rechtskundigen Römern folgen, urteilen, daß gewiß nicht bei welchen Dingen auch immer denkend verweilt werden kann, die ausführlicher zu denken gegen die guten Sitten ist, oder RELATIV, die von gewissen besonderen schön zu denkenden Dingen verlangt wird, aber nicht von allen in demselben Grade. Über diese spricht Cornelius, wenn *er nicht daran zweifelt, daß es in Zukunft viele geben wird, die* seine *Art zu schreiben als leicht und Personen unter den höchstangesehenen Männern nicht genügend würdig beurteilen würden*, und Cicero, *der vermutete, daß sich zukünftig gewisse Menschen finden werden, die diese Art zu schreiben (die, was Philosophen in griechischer Sprache behandelt haben, in lateinische Schriften überträgt), wenn sie auch elegant sei, seiner Person und Würde nicht angemessen finden würden.*

§ 186 De eadem relativa, § 185, tantum intelligendus est Cicero, quando De off. l. I 130 *pulcritudinis duo genera* constituit, *quorum in altero venustas sit, in altero dignitas, venustatem muliebrem ducens, dignitatem virilem.*[1] Nam et ipse poscit in oratoris perfecti *vultu*, ne *dignitatem* solum sed etiam *venustatem afferat*, Or. 60,[2] et *dignitati*, Fam. X, Ep. 6, sane non venustatem, sed *deformitatem* opponit.[3] Est et matronis sua dignitas et praecisius, uti ICtum decet, § 15, Ulp., De senator: *Maior dignitas est in sexu virili.*[4] Interim pace Ciceronis et auctoritate, licebit omnia, quibus omnino deest dignitas, etiam absoluta, deformia dicere, §§ 185, 177, et in vera, mascula praesertim pulcritudine, e. g. actionis, ad venustatem in primis dignitatem poscere, De or. l. I 142, et statuere *deformari* rem personamque *detrahendo spoliandoque dignitatem*, Or. pro Caelio 3.[5]

§ 187 Neque diffiteor hoc confidentius me germanum dignitatem in primis pulcre cogitandorum venustatibus legere, § 186, germanis potissimum scribentem; quoniam expertus novi, in aliis, in quibus gens germanorum romanis est apprime similis, hanc etiam laudem utrique populo communem esse, de qua Cic. pro Mur. 23. *Omnes artes, quae nobis populi romani* (nationis germanicae) *studia conciliant, et admirabilem dignitatem et pergratam utilitatem debent habere.*[6] Vel absolutam dignitatem universim et strenue commendanti arti nostrae aestheticae, relativam etiam clarius ob oculos ponenti, forte non sua solum constabit absoluta dignitas, sed et relativa quaedam tribuetur a gravibus, neque tamen tetricis, inter cives iudicibus, § 185.

§ 188 Erunt interim, nisi fallor, et in germanis civibus, qui § 182 n. 1 et 3 satis liberaliter concedant, tamen n. 2 et 4 postulari iudicent

1 Vgl. Cic., *De off.* 1, 130.
2 Vgl. Cic., *Or.* 18, 60.
3 Vgl. Cic., *Fam.* 10, 6.
4 Iust., *Dig.* 1, 9, 1 pr. (Ulpianus 62 ad ed.).
5 Cic., *Pro Caelio* 2, 3.
6 Cic., *Pro Mur.* 23.

§ 186 Und Cicero muß so verstanden werden, daß er sich nur auf diese relative Würde bezieht, wenn er *zwei Arten der Schönheit* festlegt, *von denen der einen die Anmut, der anderen die Würde zugehört, und* er *die Anmut der Frau, die Würde dem Manne für zukommend erachtet.* Denn derselbe Cicero fordert vom Redner das vollkommene *Gesicht*, das nicht allein *Würde*, sondern auch *Anmut verkündet*, und er stellt fürwahr der *Würde* nicht die Anmut, sondern die *Häßlichkeit* entgegen. Auch den Matronen ist ihre Würde zu eigen und genauer, wie es einem Rechtsgelehrten gebührt, sagt Ulpianus über den Senator: *Eine größere Würde ist dem männlichen Geschlecht zu eigen.* Unterdessen wird es erlaubt sein, im Einverständnis und mit der Autorität Ciceros all die Dinge, denen die Würde, auch die absolute, gänzlich fehlt, häßlich zu nennen, und in der wahren, vor allem der männlichen Schönheit, z. B. der Handlung, zur Anmut unter den ersten Dingen auch die Würde zu fordern, und festzulegen, daß eine Sache und eine Person *häßlich wird*, wenn ihr *die Würde genommen und sie ihrer entkleidet wird.*

§ 187 Und ich leugne nicht, daß ich hier noch zuversichtlicher die Würde zu den ersten Anmutigkeiten der schön zu denkenden Dinge zähle, der ich als Deutscher vornehmlich für Deutsche schreibe, weil ich die Erfahrung gemacht habe, daß neben anderen Dingen, in denen das Volk der Deutschen den Römern besonders ähnlich ist, auch dieses Lob beiden Völkern gemeinsam ist, von dem Cicero sagt: *Alle Künste, die die Liebe unseres römischen Volkes* (deutscher Nation) *gewinnen sollen, müssen sowohl eine bewundernswerte Würde als auch eine sehr angenehme Nützlichkeit haben.* Und vielleicht wird nicht allein die absolute Würde dessen, der dieselbe im allgemeinen und mit Entschlossenheit unserer ästhetischen Kunst empfiehlt und uns auch die relative Würde klarer vor Augen stellt, feststehen, sondern es wird ihm auch unter seinen Mitbürgern von würdigen, gleichwohl nicht finsteren Richtern eine gewisse relative Würde zugeschrieben werden.

§ 188 Unterdessen wird es, wenn ich mich nicht täusche, auch unter den deutschen Mitbürgern solche geben, die von § 182 großzügig die Punkte 1 und 3 zugestehen, jedoch urteilen, daß in den

aliquid, quod ubique requirere, quando pulcre cogitatur, videatur iusto venustoque rigidius. Verum his excusabor facilius, quando 1) expresse et explicite paraenetica didicerint curatius distinguere ab iis, quae tacite et implicite et longa veluti manu, admodum mediate vel ad minorum morum praecepta non omnino nihil conferant, 2) vitam pulcrae cognitionis dotem primariam, § 22, penitius inspexerint, quam variis illa se modis ac gradibus belle soleat exserere. Nunc § 169 ita me defendam; ut negem mihi vitio verti posse, si vel eadem, vel omnino minora poposcerim, respectu disciplinae morum aut probitatis, ac ille, qui se ipse dicit,

Epicuri de grege porcum,[1]

Horatius de poetis generatim iterum afferit iterumque, e. g.

Et prodesse volunt et delectare poetae
Et simul et iucunda et idonea dicere vitae.
Omne tulit punctum, qui miscuit utile dulci
Lectorem delectando pariterque monendo.[2]

§ 189 MAGNITUDO tandem AESTHETICA, § 177, hinc et DIGNITAS, § 182, tam ABSOLUTAE, quam RELATIVAE, §§ 178, 185, erunt vel OBIECTIVAE (rerum, materiae), quatenus in obiectis et cogitandis ipsis est praecipua ratio, cur per pulcrum ingenium et pectus, S. II, proportionata in magnitudine ac dignitate possint pingi, vel SUBIECTIVAE (personae), possibilitates physicae potentiaeque certi hominis, etiam secundum quid et hypothetice tales, cum appetitionibus et decreto datam materiem, qua pote, qua fas est, in magnitudine et dignitate venuste sistendi ob oculos. Has posteriores

[1] Horaz, *Ep.* 1, 4, 16.
[2] Horaz, *A. p.* 333 f., 343 f.

Punkten 2 und 4 etwas gefordert wird, das, wenn es überall verlangt wird, zu streng für das Gerechte und Anmutige zu sein scheint. Ich werde von diesen indessen leichter entschuldigt werden, wenn sie 1) lernen werden, die Werke, die auf ausdrückliche und explizite Weise paränetische Ermahnungsschriften sind,[1] sorgfältiger von denen zu unterscheiden, die in schweigender und impliziter Weise und gleichsam von langer Hand wenigstens auf mittelbare Weise oder zu den Regeln der weniger bedeutenden Sitten ein Weniges beitragen, 2) wenn sie das Leben, die vorzüglichste Gabe der schönen Erkenntnis, inwendiger einsehen, wie jenes sich in seinen vielfältigen Weisen und Graden auf schöne Weise zu offenbaren pflegt. Nur insofern werde ich mich nun verteidigen, daß ich bestreite, daß es mir als Verschulden angerechnet werden kann, wenn ich in Rücksicht auf die Lehre der Sitten und die Rechtschaffenheit entweder dasselbe oder sogar weniger fordere als Horaz, der, obwohl er von sich selbst sagt,

ein Schweinchen aus Epikurs Herde zu sein,

in bezug auf die Dichter wieder und wieder z. B. verkündet:

Nützen und erfreuen wollen die Dichter
und zugleich, was erfreut und was nützlich ist fürs Leben, sagen.
Jede Stimme erhielt, wer Süßes und Nützliches mischte,
indem er den Leser ergötzte und gleicherweise belehrte.

§ 189 Schließlich werden die ÄSTHETISCHE GRÖSSE, und daher auch die ÄSTHETISCHE WÜRDE, ebensosehr die ABSOLUTE wie die RELATIVE, entweder OBJEKTIV (der Gegenstände, des Stoffes) sein, insofern in den Gegenständen und in den zu denkenden Dingen selbst der vornehmlichste Grund ist, warum sie durch einen schönen Geist und ein schönes Herz in einer auf sie im richtigen Verhältnis abgestimmten Größe und Würde gemalt werden können, oder SUBJEKTIV (der Person), betreffend die natürlichen Möglichkeiten und Vermögen eines bestimmten Menschen, auch bezüglich etwas Bestimmtem und in einem gewissen Zusammenhang, mit Begierden und aus freier Entscheidung uns einen gegebenen Stoff so, wie er es vermag und wie es billig ist, in Größe und Würde vor

dicamus MAGNANIMITATEM ET GRAVITATEM AESTHETICAM, E. § 489.

§ 190 Sunt res, et materiae, quarum adspectu primo describendarum cum aliqua pulcritudine statim exprimatur nobis, quod olim Virgilio:

Maior rerum mihi nascitur ordo,
Maius opus moveo, VII 44, Aen.[1]

Tunc felix ille, qui iustus aestimator sui vere tamen de themate tali a se pulcre exsequendo, possit praedicere, quod idem de saeculis aureis se vivo redituris:

Non me carminibus vincet nec Thracius Orpheus,
Nec Linus, huic mater quamvis, atque huic pater adsit,
Orphei Calliopea, Lino formosus Apollo.
Pan deus Arcadia mecum si iudice certet,
Pan etiam Arcadia dicet se iudice victum,[2] § 189.

SECTIO XVI
MAGNITUDO MATERIAE ABSOLUTA

§ 191 Magnitudo materiae aesthetica absoluta, § 189, poscit, ne cogitanda ac themata sumantur pulcre meditaturo obiecta ac materiae, quibus intra horizontem hominum aestheticum constitutis, §§ 119, 127, omnino deest magnitudo, § 177, NUGAE VERE TALES (res infimae et nugatoriae, quisquiliae, ineptiae). *Poetam non audio in nugis*, Cic., Par. 3.[3] Unde Sat. V 19 Persius optime:

1 Vergil, *Aen.* 7, 44 f.
2 Vergil, *Ekl.* 4, 55–59.
3 Cic., *Paradoxa stoic.* 3, 26.

Augen zu stellen. Diese letzteren Möglichkeiten und Vermögen nennen wir die ÄSTHETISCHE GROSSMUT und die ÄSTHETISCHE WICHTIGKEIT.

§ 190 Es gibt Gegenstände und Stoffe, bei denen für uns das, was an ihnen auf den ersten Blick beschrieben werden kann, sogleich mit einer gewissen Schönheit ausgedrückt werden mag, wie einst für Vergil:

Je größer mir der Rang der Dinge erwächst,
ein um so größeres Werk unternehme ich.

Glücklich ist daher derjenige, der, indem er sich selbst gehörig einschätzt, gleichwohl im Hinblick auf ein solches von sich aus schön auszuführendes Thema voraussagen kann, was ebenfalls Vergil über das goldene Zeitalter, das noch zu seinen Lebzeiten zurückkehren sollte, sagt:

Es wird mich im Gesang weder der thrakische Orpheus
noch Linus übertreffen, mag auch jenem die Mutter, diesem der Vater beistehen:
dem Orpheus Kalliope, dem Linus der schöne Apollon.
Selbst wenn Pan mit mir wetteiferte und Arkadien Schiedsrichter wäre,
müßte er sich sogar nach Arkadiens Urteil geschlagen geben.

ABSCHNITT XVI
DIE ABSOLUTE GRÖSSE DES STOFFES

§ 191 Die absolute ästhetische Größe des Stoffes fordert, daß von dem, der schöne Überlegungen anstellen will, nicht Gegenstände und Stoffe zum Denken und als Themen ergriffen werden, denen, während sie innerhalb des ästhetischen Horizontes des Menschen gelegen sind, die Größe gänzlich fehlt, WAHRHAFTE LAPPALIEN (geringe und läppische Dinge, Nichtigkeiten, Albernheiten): *Einem Dichter höre ich in Lappalien nicht zu.* Daher sagt Persius ganz vorzüglich:

Non equidem hoc studeo bullatis ut mihi nugis
Pagina turgescat, dare pondus idonea sumo.
Excutienda damus praecordia,[1] § 182.

§ 192

Si quis rixatur de lana saepe caprina, et
Propugnat nugis armatus,[2]

huc § 191 materia litis vere pertinet, nisi velit omnino suas tricas ultra horizontem aestheticum tollere, § 121. Catullus atque Martialis in ea sua cogitata, quae scripserunt ex turpi lege, de qua § 184, iusto leniores sunt, quando ea nugas vocant, alia tamen pulcrius a se concepta involventes eodem titulo sunt interpretandi ex § 179. Habentur etiam saepius in nugis, quae non sunt, qualia § 100 et forsan huc opinio Democriti, probe intellecta, quam Cicero male refutatam, De div. II 20, non aequius in magnis nugis habet, ac *physicorum genere nihil* ait *arrogantius* esse.[3]

§ 193 DIGNITATEM AESTHETICAM, § 182, et absolutam et relativam, § 185, et obiectivam et subiectivam, quatenus in ea deprehenduntur n. 1 et 3, § 182, liceat in sequentibus NEGATIVAM, quatenus autem simul n. 2 et 4, § c., considerantur, POSITIVAM appellare. Et quoniam nobilem iam ἨΘΟΥΣ AESTHETICI partem aggredimur, definiam illud, psychologis saltim perspicue, generatim ante omnia per studium possibilitatis moralis, M. § 723, aestheticum, vel in aestheticis observatum. Ἠϑους *nomine, ut ego quidem sentio, caret sermo romanus. Mores appellantur – – – Sed ipsam rei naturam spectanti mihi non tam mores significari videntur, quam morum quaedam proprietas,* Quint. VI 3.[4]

1 Pers. 5, 19–22.
2 Horaz, *Ep.* 1, 18, 15 f.
3 Cic., *De div.* 2, 30.
4 Quint. 6, 2, 8 f.

Nicht ist dies mein Begehr, mit Trödel und Trauerkostümen
aufzublähen mein Blatt und Gewicht zu verleihen dem Dunste.
Um dies zu untersuchen gebe ich dir mein Herz.

§ 192

Wenn jemand sich oft um des Kaisers Bart streitet
und in vollen Waffen um Kleinigkeiten kämpft

– hierhin gehört wahrhaft der Stoff des Zankes, wenn der Streitende seine Ränke nicht gänzlich über den ästhetischen Horizont hinaus erheben will. Catull und Martial sind gegenüber ihren eigenen Gedanken, die sie nach dem häßlichen Gesetz, von dem in § 184 die Rede war, geschrieben haben, gelinder als recht ist, wenn sie sie Lappalien nennen, andere, schöner von ihnen gefaßte Gedanken jedoch, die sie unter derselben Bezeichnung verbergen, müssen gemäß § 179 ausgelegt werden. Es werden auch öfter Dinge für Lappalien gehalten, die keine sind, wie solche in § 100, und vielleicht gehört hierhin – richtig verstanden – die Meinung des Demokrit, die Cicero, indem er sie in schlechter Weise zurückweist, nicht gerade recht und billig zu den großen Lappalien rechnet, wenn er sagt, daß *nichts überheblicher sei als die Gattung der Naturforscher.*

§ 193 Es sei erlaubt, die ÄSTHETISCHE WÜRDE, sowohl die absolute wie die relative, sowohl die objektive wie die subjektive, sofern in ihr die Punkte 1 und 3 des § 182 erfaßt werden, im Folgenden die NEGATIVE, und sofern auch zugleich die Punkte 2 und 4 des zitierten Paragraphen erwogen werden, die POSITIVE ästhetische Würde zu nennen. Und da wir uns nun schon dem edlen Gebiet des ÄSTHETISCHEN ETHOS annähern, werde ich jenes, wenigstens für die Psychologen in verständlicher Weise, im allgemeinen vor allem als das Bestreben nach der sittlichen Möglichkeit bestimmen, und zwar als das ästhetische, oder als das Bestreben nach der sittlichen Möglichkeit, das im Ästhetischen befolgt wird. *Die lateinische Sprache entbehrt, wie ich zumindest empfinde, das Wort des ›ethos‹. Sitten werden sie genannt – doch wenn ich die Natur selbst der Sache betrachte, scheint mir das Wort ›ethos‹ nicht sowohl die Sitten als vielmehr eine gewisse Beschaffenheit der Sitten zu bedeuten.*[1]

§ 194 ἮΘΟΣ AESTHETICUM habet etiam speciem suam partemque, ex qua NEGATIVUM dicatur, §§ 193, 182, cuius haec est formula: Res, ordo, significatio, e. g. dictio, § 13, si pulcrae intenduntur, ita instituantur, ne quid moraliter absurdi in iisdem, vel ipsi rationis analogo pelluceat, §§ 16, 22, et alteram speciem ac partem, ex qua POSITIVUM appelletur, et secundum quam eadem, quae modo dixi, vere etiam consentire moribus et cum iisdem congruere, pulcre convenire cum illis, quae moraliter, ethice, oeconomice, civiliter ex usibus consuetudinibusque fieri possunt, fiat phaenomenon, vel ipsi rationis analogo observabile, § 23.

§ 195 Veniamus ad unam ἤθους partem ex primis, § 194, quam naturalis nunc meditandi ratio subministrabit. Dignitas aesthetica, si vel absolutam tantum intelligas, §§ 182, 185, postulat, ne qua cogitanda, multo minus themata sumantur, quibus intra horizontem aestheticum constitutis, ubertimque ac vivide e. c., § 22, percipiendis omnis omnino deesset dignitas, OBIECTA VILIA ET PLEBEIA, quae luto potius, quam myricis, § 178, conferas, et has humiles nuncupans illa HUMILLIMA dicas ET ABIECTA.

§ 196 *Ut quisque optime natus institutusque est* (haec autem est aesthetici practici persona, §§ 45, 54, 63) *nihil abiectum, nihil humile*, § 105, *cogitant*, Cic., De fin. V 57.[1] Eorum nemo

Migret in obscuras humili sermone tabernas,
Offenduntur enim, quibus est equus, et pater et res, Hor.[2]

Neque huc tantum traho turpissimam obscenitatem, de qua §§ 184, 192, sed et humi repentem adulationem,

1 Cic., *De fin.* 5, 57.
2 Horaz, *A. p.* 229, 248.

§ 194 Das ÄSTHETISCHE ETHOS hat auch eine ihm eigene Art und einen Teil, aufgrund dessen es NEGATIV genannt werden mag, dessen Formel diese ist: Die Sachen, die Ordnung, die Bezeichnung,[1] z. B. der Rede, wenn sie als schön angestrebt werden, mögen so hingestellt werden, daß nichts sittlich Ungereimtes in ihnen sogar dem Analogon der Vernunft selbst sichtbar ist. Und das ästhetische Ethos hat eine andere Art und einen anderen Teil, aufgrund dessen es POSITIV genannt werden mag, gemäß dem dieselben Dinge, die ich eben genannt habe, als wahrhaft mit den Sitten übereinstimmend und sich zu denselben schickend und jenen Dingen, die aufgrund der Gebräuche und Gewohnheiten in sittlichem, ethischem, wirtschaftlichem und bürgerlichem Zusammenhang geschehen können, auf schöne Weise zukommend in Erscheinung treten und sogar dem Analogon der Vernunft selbst bemerkbar sind.[2]

§ 195 Kommen wir zu einem der ersten Teile des Ethos, den uns nun die natürliche Art und Weise der Überlegung darbieten wird. Die ästhetische Würde, selbst wenn du sie nur als absolute verstehst, verlangt, daß nicht etwa Dinge zum Denken und noch weniger als Themen ergriffen werden, denen, gleichwohl sie innerhalb des ästhetischen Horizontes befinden und reich und lebhaft usw. wahrzunehmen sind, jede Würde gänzlich fehlt: GERINGSCHÄTZIGE UND PÖBELHAFTE GEGENSTÄNDE, die du lieber mit dem Schlamm als mit den Tamarisken[1] vergleichen wirst, und wenn du diese als niedrig bezeichnest, wirst du jene ALLERNIEDRIGST UND GEMEIN nennen.

§ 196 *Wer in bester Weise veranlagt und erzogen ist* (dies aber ist auch die Person des praktischen Ästhetikers), der *denkt nichts Gemeines, nichts Niedriges*. Von solchen Personen

> *begebe* keiner *sich mit gewöhnlichen Reden in finstere Kneipen,*
> *da werden beleidigt, die Pferd, Vater und Reichtum besitzen.*[1]

Und ich beziehe mich hier auch nicht nur auf die schändlichste Unzüchtigkeit, von der in §§ 184, 192 die Rede war, sondern auch auf die auf dem Boden kriechende Schmeichelei,

laudare paratam
Si bene – – –, aut si quid fecit amicus,
Quod proferre palam non possit lingua modeste, Iuv.,[1]

et luxuriantem contumeliis conviciisque lixas inter et calones maledicentiam, quam olim quidam critici, bona mens! qui Critici! documentum ubertatis suae copiaeque voluerunt, § 195.

§ 197 In diiudicanda magnitudine ac dignitate materiarum absoluta, ne magna pusillis,

sine pondere habentia pondus,[2] § 177,

digna indignis, § 182, fanda nefandis, § 196, temere misceantur, non excluduntur ex materiis pulcre cogitandis, 1) vere nonnullam habentia magnitudinem, aliquando summam, § 178, in quibus tamen non nemo, gigantum fraterculus, qui se solum putat aliquid magni, ac omnia refert ad grandem, quam in se solus miratur, mensuram, nihil omnino, nisi nihili facienda, vili pendenda, nugas meras, potest deprehendere. Non opus est *musicam Epaminondae*[3] citare, quamdiu ipsa religio multis,

nisi cum res, vilior alga est.[4]

§ 198 2) Quibus deest utique quaedam magnitudo relativa ac comparativa, neque tamen absoluta, § 178, e. g. in colloquiis epistolisque familiaribus, in quibus vel duo nonnunquam *satis magnum alter alteri theatrum sumus*, Sen.[5] Talem se sistit Corydon:

Despectus tibi sum, nec quis sim quaeris, Alexi,
Quam dives pecoris nivei, quam lactis abundans.
Mille meae siculis errant in montibus agnae e.c., Virg., Ecl. II 19.[6]

1 Juv. 3, 106 f.
2 Ovid, *Met.* 1, 20.
3 Vgl. Cic., *Tusc.* 1, 4.
4 Horaz, *Serm.* 2, 5, 8.
5 Sen., *Ad Lucilium* 1, 7, 11.
6 Vergil, *Ekl.* 2, 19–21.

die bereit ist zu loben
wenn etwas Gutes – oder wenn etwas anderes der Freund getan hat,
das in einer anständigen Sprache nicht öffentlich vorgetragen werden könnte,

und das in Beleidigungen und Lästereien schwelgende boshafte Reden unter Marketendern und Pferdeknechten, das bisweilen gewisse Kritiker – meine Herren! Was für Kritiker! – als Beweis ihres Reichtums und ihrer Fülle nehmen wollten.[2]

§ 197 Damit beim Beurteilen der absoluten Größe und Würde der Stoffe nicht große Dinge mit geringen,

Dinge ohne Gewicht mit denen, die Gewicht haben,

würdige mit unwürdigen, rechte mit unrechten unbesonnen vermischt werden, dürfen aus den Stoffen des schön zu Denkenden nicht ausgeschlossen werden: 1) Dinge, die wahrhaft eine beträchtliche Größe haben, zuweilen die vorzüglichste, bei denen dennoch mancher, ein Brüderchen eines Riesen, der sich allein für etwas Großes hält und alles auf das große Maß, das er in sich allein bewundert, bezieht, gänzlich nichts – oder doch nur ganz nichtige Angelegenheiten, die das Gewicht von Wertlosem haben, bloße Lappalien – finden kann. Es ist nicht nötig, die *Musik des Epameinondas*[1] anzuführen, solange selbst die Religion vielen,

wenn nicht mit Vermögen verbunden, wertloser als Algen ist.[2]

§ 198 2) Dinge, denen zwar eine gewisse relative und vergleichungsweise genommene Größe fehlt, nicht jedoch die absolute, z. B. in familiären Gesprächen und Briefen, in denen zuweilen bei zweien *der eine dem anderen ein genügend großes Publikum ist.*[1] Als ein solcher stellt sich Corydon hin:

Du, Alexis, verachtest mich, fragst nicht danach, wer ich bin,
wie reich an Vieh und an schneeweißer Milch.
Tausend Lämmer sind mein; sie streifen auf Siziliens Bergen umher usw.

§ 199 3) Quae non ipsa solum, sed et cum suis variis consectariisque satis multis pura mente cogitari possunt, etiam copiose, vivide e.c., § 22, licet impura mens possit in ipsis eorumque variis et consectariis simul non pauca virtuti inimica excogitare, e. g. si,

Tityre, lentus in umbra
Formosam resonare doces Amaryllida silvas, [1]

4) quae morosae virtuti, vel etiam fucatae taedium afferunt, quando ab aliis cogitantur, innocentia, non sine suspicione invidiae, e. g. Mart. IX 98:

quod amamur, quodque probamur.[2]

§ 200 5) Quae non omnibus personis ac aetatibus, temporibus ac locis conveniant, aliquibus autem utique, salva tam magnitudine, quam dignitate absolutis, § 197, e. g. quae solebant cum Lucilio,

ubi se a vulgo et scena in secreta remorant
Virtus Scipiadae ac mitis sapientia Laeli
Nugari, § 192, faciles, *discincti et ludere, donec*
Decoqueretur olus, Hor., Serm. II 1, 75,[3]

6) non explicite, immediate, aut propius virtutes inculcantia, e. g. Lucretii I 49:

De summa caeli ratione deumque
Disserere incipiam, et rerum primordia pandam,
Unde omnes natura creet res, auctet, alatque,
Quove eadem rursum natura peremta resolvat [4] e. c.

§ 201 7) Quibus utique deest quaedam dignitas relativa ac comparativa, neque tamen absoluta, § 188, e. g. *Epaminondam saltasse commode, scienterque tibiis cantasse,* Corn.[5] Huc Anacreon et celebris Catulli passer, vivens, c. 2, ac mortuus, c. 3:

[1] Ebd. 1, 4 f.
[2] Mart. 9, 97, 11.
[3] Vgl. Horaz, *Serm.* 2, 1, 71–74.
[4] Lukr. 1, 54–57.
[5] Corn. Nepos, *De viri illustr.*, Prooem. 1, *Epam.* 2.

§ 199 3) Es ist möglich, daß ein unreines Gemüt in eben den Dingen selbst, ihren genügend vielen vielfältigen Teilen und Folgen, die mit reinem Gemüt auch in Fülle und auf lebhafte Weise usw. gedacht werden können, zugleich nicht wenige der Tugend feindliche Dinge ausmachen mag, z. B. wenn

Du, Tityrus, seelenruhig im Schatten liegst,
und die Wälder lehrst, ›Schöne Amaryllis‹ zu antworten.

4) Dinge, die einer allzu strengen oder sogar aufgesetzten Tugend Mißvergnügen bereiten, die aber, wenn sie von anderen gedacht werden, unschuldig sind – nicht ohne daß hier Neid geargwöhnt werden müßte,

weil wir geliebt werden und weil wir Beifall gewinnen.

§ 200 5) Dinge, die sich nicht bei allen Personen, in jedem Alter, zu allen Zeiten und an allen Orten schicken mögen, bei manchen jedoch durchaus ebensowenig die Größe wie die absolute Würde verletzen, z. B. Dinge, die, mit Lucilius,

von Volk und Bühne in Stille zurückgezogen
Scipios Tatkraft und Laelius' milde Weisheit zu tun pflegten:
Unbeschwert sorglose Nichtigkeiten schwätzen und spielen
bis gekocht war der Kohl.[1]

6) Dinge, die nicht in ausdrücklicher, unmittelbarer Weise oder näher die Tugenden einschärfen, z. B. von Lukrez:

Über den letzten Grund will von Himmel und Göttern
ich zu sprechen beginnen, will zeigen der Dinge Ursprünge,
aus denen alles die Natur erschafft, vermehret und nähret,
und in die zugleich sie Natur dann wieder vernichtet und auflöst
usw.[2]

§ 201 7) Dinge, denen durchaus eine gewisse relative und vergleichungsweise genommene Würde fehlt, nicht jedoch die absolute, z. B. *daß Epameinondas leicht getanzt und geschickt die Flöte gespielt habe.*[1] Hierhin gehört Anakreon und der berühmte Sperling des Catull, lebend – und tot:

Lugete, o veneres, cupidinesque,
Et quantum est hominum venustiorum!
Passer mortuus est meae puellae,
Passer, deliciae meae puellae[1] e.c.

SECTIO XVII
MAGNITUDO MATERIAE RELATIVA

§ 202 Quibus et magnitudo convenit et dignitas absoluta, §§ 182, 185, MATERIAE, relativam et magnitudinem, § 180, et dignitatem habebunt I) myricae, minimam, cum aliqua latitudine, quae deceat aestheticum, §§ 15, 16, honore uno ex minoribus dignae, TENUES. Huc et personas, obiecta personalia, pertinere ne dubites, referamus et nos, post Demetrium,

Vulteium nomine Menam,
Praeconem, tenui censu, sine crimine natum,
Et properare loco et cessare, et quaerere, et uti,
Gaudentem parvisque sodalibus, et lare curto,
Et ludis, et post decisa negotia Campo e. c., Hor. I, Ep. 7, 55.[2]

§ 203 II) Silvae, maximam, cum eadem aestheticum decente latitudine, § 202, honore uno ex maximis dignae, excellenter MAGNAE, GRANDES ATQUE SUBLIMES. Non pugnabo contra Senecam, quando magnitudinem et dignitatem rerum intrinsecam spectans: *Omnia*, inquit, *vitia, non refert, in quantum procedant, extendantque se. Angusta sunt, misera, depressa*, § 195. *Sola sublimis et excelsa* (moraliter etiam) *virtus est. Nec quicquam magnum est, nisi quod simul et placidum*,[3] nisi forsan in effatum ultimum, De ira. I 16. Nobis autem hic sermo est de magnitudine et dignitate obiectiva, non quatenus ipsis

1 Catull 3, 1–4.
2 Horaz, *Ep.* 1, 7, 55–59.
3 Sen., *De ira* 1, 21, 4.

Trauert, Liebesgöttinnen und Liebesgötter
und all ihr Menschen, die ihr zarter besaitet seid!
Meines Mädchens Sperling ist gestorben,
er, der Sperling, meines Mädchens Wonne usw.

ABSCHNITT XVII
DIE RELATIVE GRÖSSE DES STOFFES

§ 202 STOFFE, bei denen sowohl die absolute Größe als auch die absolute Würde zusammenkommen, werden sowohl eine relative Größe als auch eine relative Würde besitzen: I) Die Tamarisken die kleinste, mit einer gewissen Breite, die dem Ästhetiker schicklich sein mag.[1] Sie sind kleinerer Ehre würdig und sind SCHLICHTE Stoffe. Damit du nicht daran zweifelst, daß hierzu auch Personen und persönliche Objekte gehören, berichten auch wir, nach Demetrius, von jenem

mit Namen Vulteius Mena:
Der sei Auktionator, besitze wenig, sei unbescholten und bekannt dafür,
am rechten Ort sich der Arbeit und auch der Ruhe zu widmen, zu verdienen und auszugeben,
er habe Freude an seinen einfachen Freunden, an seinem eignen Herd,
den öffentlichen Spielen und, nach Erledigung seiner Geschäfte, am Sport auf dem Marsfeld usw.

§ 203 II) Die Wälder besitzen die größte relative Größe, zugleich mit einer dem Ästhetiker schicklichen Breite. Sie sind größter Ehre würdig und sind in hervorragender Weise GROSS, BEDEUTEND UND ERHABEN. Ich werde nicht gegen Seneca streiten, wenn er, indem er die innerliche Größe und Würde der Dinge betrachtet, sagt: *Alle Laster, es kommt nicht darauf an, wie weit sie fortschreiten und wie sehr sie sich ausbreiten mögen, sind beschränkt, arm, niedrig. Allein erhaben und emporragend* (auch in sittlicher Hinsicht) *ist die Tugend. Nichts ist groß, was nicht zugleich auch ruhig ist.* Ich werde nicht gegen ihn streiten,[1] wenn nicht vielleicht gegen die letzten Behauptung. Für uns handelt diese Rede aber auch von der objektiven Größe und

obiectis inhaeret, sed quatenus obiectis inhaerens, quicquid illud sit, rationem propiorem continet, ut de obiectis magnae dignaeque cogitationes formari possint, §§ 189, 18.

§ 204 Sicut itaque recti quidam habitus, non abiecti quidem ac humiles, tenues tamen illi possunt esse, § 202, partim in destitutis magnitudine quadam relative maiori naturali, partim expertes multis variis consectariisque, etiam moralibus, sed per analogon rationis observabilioribus, §§ 181, 182: ita pravi quidam habitus et facinora videantur esse posse magna pulcre cogitaturo materia, vel omnino grandis, quando 1) varia eorum, etiam ad materiale remotum et proximum realia pertinentia, M. § 914, ipsumque formale simul habeant magnitudinem naturalem per plura etiam consectaria, denuo vel ex materiali, vel ex formali mali effluentia per ipsum analogon rationis detegenda, 2) non tam ipsorum formale dictorum, quam huius ingens deformitas thema pulcre sistendum ob oculos aesthetice meditaturo sumitur, quod utique fieri potest dignissime, §§ 18, 203. Ita Catilinae scelus et Ciceroni et Sallustio thema grande fuisse videatur, § 89. Nec facile, nisi in eiusmodi thematibus, aliquis, ex Petronii consilio,

ingentis quatiat Demosthenis arma,
Grandiaque indomiti Ciceronis verba minetur.[1]

§ 205 Nec excludam obiectis aesthetice grandibus, § 203, ea, quibus est magnitudo naturalis tantum, § 187, relative una ex maximis, etiamsi moraliter videantur indifferentia, si sistantur in dignitate, negativa quidem tantum, § 193, quam tamen summa cum diligentia tuearis, § 203. Ita Lucr. I 720 grandia de Sicilia:

1 Petr., *Satyricon* 5.

Würde, nicht insoweit sie den Gegenständen selbst innewohnt, sondern insoweit sie das – was auch immer es sei – ist, was den näheren Grund enthält, demgemäß von diesen Gegenständen große und würdige Gedanken gebildet werden können.

§ 204 Es können daher gleichsam gewisse rechte Fertigkeiten, die gewiß nicht gemein und niedrig sind, dennoch schlicht sein, zum Teil, weil sie sich in Menschen finden, denen eine gewisse relativ größere natürliche Größe fehlt, zum Teil, weil sie vieler Teile und Folgen, auch sittlicher, entbehren, die vom Analogon der Vernunft leichter zu bemerken wären: Ebenso mögen gewisse verworfene Fertigkeiten und Handlungen ein großer Stoff für den, der schön denken will, zu sein oder überhaupt groß zu sein scheinen können, wenn 1) ihre Teile – die sich als wirkliche auf das entfernte und nähere Materiale,[1] und selbst auf das Formale beziehen – zugleich auch eine natürliche Größe haben, auch durch viele Folgen aus ihnen, die wiederum entweder als aus einem materialen oder formalen Schlechten hervorgehende vom Analogon der Vernunft entdeckt werden können. 2) Wenn von dem ästhetisch Nachdenkenden weniger das Formale der genannten Fertigkeiten und Handlungen selbst, sondern vielmehr ihre ungeheure Häßlichkeit als schön vor Augen zu stellendes Thema ergriffen wird, was durchaus auf würdigste Weise geschehen kann. So scheint der Frevel des Catilina sowohl für Cicero als auch für Sallust ein großes Thema gewesen zu sein. Dies ist nicht leicht, außer wenn jemand bei solcherart Themen, nach dem Rat des Petronius,

die ungeheuren Waffen des Demosthenes schwingt,
und mit den großen Worten des unbezwinglichen Cicero droht.[2]

§ 205 Und ich werde von den ästhetisch großen Gegenständen nicht diejenigen ausschließen, die nur eine natürliche Größe haben (die in relativer Hinsicht eine der größten ist, auch im Falle solche Dinge in sittlicher Hinsicht gleichgültig erscheinen), wenn sie wenigstens negativ in Würde hingestellt werden, die du dennoch mit höchster Sorgfalt bewahren sollst. So sagt Lukrez große Dinge über Sizilien:

Hic est magna Charybdis et hic Aetna minantur.
Murmura flammarum

An satis dignum, quando pergit:

rursum se colligere iras?

Equidem τῷ:

Magna modis multis miranda videtur
Gentibus humanis regio,

grandia cogitaturus non addidissem:

visendaque fertur,[1] cf. Aen. III 571 sqq.

§ 206 Interim in ipsis generice maximis, § 203, eminent, quibus ad magnitudinem naturalem et dignitatem negativam, quas ex maximis dixeris, accedat etiam dignitas aliqua positiva, § 193. Huc referrem, si Ciceronem ex animi sententia scripsisse putarem, De nat. deorum l. II 166: *Nemo vir magnus sine aliquo afflatu divino unquam fuit.*[2] 167: *Magnis viris prospere eveniunt semper omnes res, si quidem satis a nostris, et a principe philosophorum, Socrate, dictum est de ubertatibus virtutis et copiis.*[3] 168: *mala et impia consuetudo est contra deos disputandi, sive animo id sit, sive simulate.*[4]

§ 207 *Sunt* enim utique, quod Quintilianus habet, VIII 3, *alia aliis honestiora, sublimiora*[5] e. c. sicut et magis minusve tenuia, § 202. Neque tenuitas, neque sublimitas heic consideranda est illa, quam intellectus forsan et ratio sola tandem in distincte, quantum fieri potest, repraesentatis detegat: §§ 15, 16, sed a minimis ad maxima observabilium et pulcre sistendorum elegans per analogon rationis, non sine dignitate, paullatim exsurgens complexus materiarum omnis dividatur in partes aequales tres. Infima erit aesthetice tenuis, suprema

1 Lukr. 1, 722–727.
2 Cic., *De nat. deor.* 2, 167.
3 Ebd.
4 Ebd. 2, 168.
5 Quint. 8, 3, 16.

Hier ist die große Charybdis, hier kündigt drohend des Ätna[1]
Donnern an, daß der Flammen –

ob es wohl genügend würdig ist, wenn er fortfährt –

Wut er wieder sammelt?

In der Tat hätte ich hierzu:

Ein großer Landstrich, der in vieler Hinsicht ein Wunder
scheint den Völkern der Menschen –

als jemand, der Großes denken will, nicht hinzugefügt:

und wert, daß man ihn sehe.

§ 206 Unterdessen ragen unter denselben auf allgemeine Weise größten Gegenständen die hervor, bei denen zu der natürlichen Größe und negativen Würde – die, versteht sich, zu den größten gehören müssen – auch irgendeine positive Würde hinzukommt. Hierzu werde ich mich, sofern ich glaube, daß er offen und ehrlich geschrieben hat, auf Cicero beziehen: *Jeder bedeutende Mann war stets von göttlichem Geist umhaucht. Für tüchtige Männer nimmt alles stets einen glücklichen Verlauf, jedenfalls wenn die Philosophen unserer Schule und auch Sokrates, der größte unter den Philosophen, die segensreichen Möglichkeiten der Tugend zutreffend dargestellt haben. Verwerflich und skrupellos ist die Angewohnheit, gegen die Götter zu reden, gleichgültig, ob man es aus Überzeugung tut oder bloß zum Schein.*

§ 207 *Es gibt* nämlich durchaus, was Quintilian vorträgt, Stoffe, *die ehrwürdiger, erhabener sind als andere* usw., ebenso wie es auch mehr oder weniger schlichte Stoffe gibt. Es ist hierbei weder jene Schlichtheit noch jene Erhabenheit zu erwägen, die vielleicht allein der Verstand und die Vernunft in so deutlich wie möglich dargestellten Dingen schließlich entdecken mögen, sondern von den kleinsten bis zu den größten wahrnehmbaren und schön darzustellenden Dingen mag die für das Analogon der Vernunft geschmackvolle und nicht ohne Würde allmählich sich erhebende Gesamtheit der Stoffe in drei gleiche Teile aufgeteilt werden: Der niedrigste wird ästhetisch schlicht, der höchste ästhetisch erhaben sein, wobei

aesthetice sublimis, quaevis suos iterum gradus et magnitudinis et dignitatis comprehensa, § 203.

§ 208 III) Arbusta, mediam inter tenuia et sublimia, § 207, partem occupantia, MATERIAE MEDIOCRES, *interiectae, intermediae, et quasi temperatae, vicinae* tenui sublimique, *utriusque participes, vel utriusque, si verum quaerimus, potius expertes*, Cic.[1] Huc e. g. Pamphili descriptio apud Ter., Andr. I 1:

Quod plerique omnes faciunt adolescentuli,
Ut animum ad aliquod studium adiungant, aut equos
Alere, aut canes ad venandum, aut ad philosophos,
Horum ille nihil egregie praeter cetera
Studebat, et tamen omnia haec mediocriter[2] e. c.

§ 209 Longinus videtur magnum, § 177, etiam relative tale, § 203, et in magnis eiusmodi maximum confundere, quando: οὐδὲν, ait, ὑπάρχει μέγα, ὅυ τὸ καταφρονεῖν ἐστι μέγα, S. VII,[3] exemplaque adducit generatim honores et dignitates, et quae habent πολὺ τὸ ἔξωθεν προστραγῳδούμενον,[4] caussam interferens, quia sapienti nequeant videri bona eximia, quorum contemtus sit aureae mediocritatis, quaeque contemnentes, quando ea habere possunt, magis admiramur, quam iisdem fruentes, § 207. Quando porro characterem bonorum sublimium exhibet, si sint διὰ παντὸς ἀρέσκοντα καὶ πᾶσιν,[5] quaeritur an huic maiori quicquam unquam certo subsumi possit. Si possit, erit illud sane non magnum, sed maximum, e. g. quando S. VIII poscit τὸ σφοδρὸν καὶ ἐνθουσιαστικὸν πάθος,[6] confer Senecam citatum, § 203.

§ 210 Recte Longinus, S. VIII, sublime, § 203, distinguit a pathetico, quia quaedam

Curae leves loquuntur, ingentes stupent, Sen.,[7]

1 Vgl. Cic., *Or.*, 21.
2 Ter., *Andria* 55–59.
3 Longin 7, 1.
4 Ebd.
5 Ebd. 7, 4.
6 Ebd. 8, 1.
7 Sen., *Phaedra* 607.

jedweder Teil wiederum seine verschiedenen Stufen sowohl der Größe als auch der Würde enthält.

§ 208 III) Die Gebüsche,[1] die den Teil in der Mitte zwischen den schlichten und erhabenen Stoffen einnehmen, sind MITTLERE STOFFE, *dazwischenliegend, in der Mitte liegend und gleichsam ausgeglichen*, dem Schlichten und Erhabenen *naheliegend und an beiden teilhabend, oder – wenn wir nach der Wahrheit fragen, an beiden eben eigentlich nicht teilhabend.* Hierhin gehört z. B. die Beschreibung des Pamphilus bei Terenz:

Was so die meisten aller jungen Leutchen tun,
ihr Herz einem Sport verschreiben – Pferde halten oder
Hunde zum Jagen – oder der Philosophie,
für so etwas hat er nie besonderes Interesse
gehabt; er machte alles mit, jedoch mit Maß usw.[2]

§ 209 Longin scheint das Große, auch ein relativ Großes, und das Größte in solchem Großen zu vermischen, wenn er sagt: *Nichts ist groß, das zu verachten Größe beweist,* und als Beispiele in allgemeiner Weise Ehren und Würden anführt, und Dinge, die *viel theatralischen Flitterglanz* haben, und er bringt diesen Fall ein, weil die Weisen, deren Verachtung der ›goldenen Mittelmäßigkeit‹ gelte, es nicht vermöchten, in solchen Dingen außerordentliche Güter zu sehen, und daß diejenigen, die sie verachten, obwohl sie sie besitzen könnten, mehr zu bewundern sind als diejenigen, die sie genießen. Wenn er ferner das Wesen der erhabenen Güter aufzeigt, wofern sie Dinge seien, *die allen Leuten und beständig gefallen*, ist zu fragen, ob diesem Größeren jemals auch nur irgend etwas sicher zugeordnet werden kann. Wenn man es kann, wird dies allerdings nicht groß, sondern das Größte sein. Und wenn er z. B. *die starke heftige und begeisterte Leidenschaft* fordert, vergleiche man damit das Zitat von Seneca in § 203.

§ 210 Longin unterscheidet richtig das Erhabene vom Pathetischen, weil gewisse

leichte Kümmernisse sprechen, ungeheuer schwere stocken

et esse sublime potest sine perturbationibus animi, § 205, fidenter tamen simul affirmans, nihil tam magnificum esse, quam affectum vehementem, ubi opus est, § 206. In quaestione, quam multis expendit, S. XXXIII sqq., an praestet magnitudo (relativam intellige sublimitatem, § 203) inter quaedam, quae peccent, mediocribus, per omnia sanis et vitio carentibus, § 208, habebit omnino sibi affirmanti facilem in assentiendo philosophum aestheticum, si sublimitas et eam ambientia recte cogitanda sint adeo pulcra, ut subductis macularum adhaerentium summis, priorum tamen aggregatum pulcrius ac venustius sit residuum, ac mediocre quoddam aliud thema sic cogitatum, ut etiamsi non appareant eius gradui pulcritudinis subtrahendae maculae, tamen aggregatum pulcre cogitandorum de eodem infra priorem summam subsistat. Addamus ob sublimitatem sociam multa, quae in mediocribus, § 208, non viderentur solum, sed et essent maculae, nec has quidem esse, sed tantum videri, vere exceptiones non inelegantes, § 25.

§ 211 Virtutem bonosque mores heic tantum consideramus, quatenus phaenomena fiunt, aut per commercium hominum externamque vivendi rationem observantur, non exclusius ipsis virtutum umbris, § 45, quarum discrimen a vera virtute, non nisi per intellectum ac rationem detegeretur, §§ 15, 16. Unde patebit cultus externi divini, morum, rituum, ceremoniarum ac consuetudinum, perspicaciae declaratae, disciplinae corporis comtioris, curae status externi, officiorum humanitatis generatim et praesertim decori, tam positivi, quam negativi, nonnihil aliam esse rationem ad ethica graviora, ac solet intellegi a meditante vitae praecepta beatae, quantum eius fieri potest, per puram rationem, E. §§ 110, – – – 383 e. c.

und weil es das Erhabene ohne Aufregungen des Gemüts geben kann, wobei er dennoch entschlossen behauptet, daß nichts so großartig sei wie ein heftiger Affekt, wo er nötig ist. In der Frage, die er in weiten Stücken erwägt, ob sich die Größe (verstanden als relative Erhabenheit) unter denen, die Sünden begehen, vor den Mittelmäßigen, die ganz unverdorben und frei von Fehl sind, auszeichnen mag,[1] wird er sich ganz und gar bestätigt finden, daß der ästhetische Philosoph willig ist, ihm zuzustimmen, wenn die Erhabenheit und die sie umgebenden richtig zu denkenden Dinge in dem Maße schön sind, daß, nach Abzug des Gesamts aller anhängenden Makel, dennoch das Ganze des vorigen Sitz eines Schöneren und Anmutigeren wäre als irgendein anderes, mittelmäßiges Thema, das so gedacht würde, daß, auch wenn von seinem Grad der Schönheit keine Makel abzuziehen wären, es dennoch als Ganzes dessen, was über es schön gedacht werden kann, unter dem Gesamt des ersteren verbliebe.[2] Wir fügen hinzu, daß durch den Verbund mit der Erhabenheit viele Makel, die bei mittelmäßigen Dingen nicht nur Fehler zu sein scheinen, sondern auch sind, dort gewiß keine Fehler sind, sondern nur so scheinen, als wahrhaft nicht ungeschmackvolle Ausnahmen.

§ 211 Die Tugend und die guten Sitten erwägen wir hier nur, insoweit sie in Erscheinung treten oder im Umgang der Menschen und in der äußeren Lebensweise beobachtet werden, und dabei werden selbst die Schatten der Tugenden nicht ausgeschlossen, deren Unterschied von der wahren Tugend lediglich durch den Verstand und die Vernunft entdeckt werden könnte. Daher wird offenbar sein, daß der äußere Gottesdienst, die Pflege der Sitten, der Gebräuche, der bedeutenden Feierlichkeiten und Gewohnheiten,[1] der klar geäußerten feinen Einsicht, der Lehre von der Sauberkeit des Leibes, der Sorge um den äußeren Zustand, der Pflichten gegenüber den Menschen im allgemeinen und vor allem des Anstands, ebenso des positiven wie des negativen,[2] ein etwas anderer Weg zu einer ernsteren Sittenlehre ist, als wie er gewöhnlich von einem, der über die Weisungen zum seligen Leben, soweit es ihm möglich ist, allein durch den reinen Verstand nachdenkt, begriffen wird.[3]

§ 212 Nec aesthetico semper, immo perquam raro potius virtus bonique mores spectantur in statu hominis naturali generatim et velut illimitatio, sicut ethicis accuratioribus plerumque solum, E. §§ 1, 9. Heic potius considerantur, uti existunt, non in specialibus solum status naturalis modificationibus, E. P. II, sed et simul in statibus hominum socialibus, in nexibus familiarum et consanguinitatum, diversorum vitae generum, societatum inde varie discrepantium, civitatum et ex civili vinculo redundantium infinitorum paene respectuum, nec eorum universalium tantum, quos abstrahit philosophus, sed particularium, immo singularium, quatenus a positu corporis in hoc illove pendent, pro locis aetatibusque mutabiles, § 22. Heic apprime sunt attendenda iam ea, quae *non eadem omnibus* sunt *honesta atque turpia, sed omnia maiorum institutis iudicantur*, Corn.[1]

§ 213 Ex his punctis visus, §§ 211, 212, si contempleris virtutem moresque laudabiles, et pluribus utique differre gradibus inter se, deprehendes et posse tamen cum aliqua rotunditate, § 166, dividi, sicut diligentia dividitur gradus culpae dolive cognituris, et praedicanda tantum non omnia grammaticis, §§ 180, 207, in SIMPLICITER HONESTAM VIVENDI RATIONEM, illum bene morati vivendi generis gradum, ad quem obtinendum cuiuscunque conditionis et educationis et consuetudinum necessitudinumque persona, si velit esse bona, vires sufficientes habere videatur, in MORES VIVENDIQUE RATIONEM NOBILEM, illum bene morati ex §§ 211, 212 vivendi generis gradum, quem in melius natis feliciusque iam educatis ordinario non sine usu, vel omnino aliqua disciplina, reperias tantum ordinario, adeoque quemcunque hominem eo pertingere vix posse, licet decre-

1 Corn. Nepos, *De viri illustr.*, Prooem. 3.

§ 212 Die Tugend und die guten Sitten werden vom Ästhetiker nicht immer, ja vielmehr eher überaus selten im allgemeinen im Hinblick auf den natürlichen und gleichsam uneingeschränkten Zustand des Menschen betrachtet, wie dies bei sorgfältigeren Ethikern meistens allein der Fall ist. Sie werden hier vielmehr erwogen, nicht allein wie sie in den besonderen inneren Veränderungen des natürlichen Zustandes auftreten,[1] sondern zugleich auch in den gesellschaftlichen Zuständen der Menschen, in den Zusammenhängen der Familien und Verwandtschaften, den verschiedenen Lebensarten, den Gesellschaften, die infolgedessen in mannigfaltiger Weise voneinander abweichen, in den bürgerlichen Gemeinden und den aus dem bürgerlichen Band beinahe unendlich sich ergießenden Beziehungen, nicht nur in ihren allgemeinen Zuständen, die der Philosoph absondert, sondern in ihren besonderen, ja vielmehr einzelnen Zuständen, insoweit sie von der Stelle des Leibes bei dem einen oder dem anderen abhängen und insoweit sie aufgrund des jeweiligen Orts und des jeweiligen Alters veränderlich sind.[2] Denn hier müssen nun vorzüglich die Dinge beachtet werden, die *nicht gleichermaßen für alle ehrbar oder schimpflicher* sind, *sondern nach hergebrachtem Brauch beurteilt werden.*

§ 213 Von diesem Gesichtspunkt aus wirst du, wenn du die Tugend und die lobenswerten Sitten betrachtest, verstehen, sowohl, daß sie sich durch viele Grade durchaus untereinander unterscheiden, als auch, daß sie mit einer gewissen abgerundeten Ganzheit – so wie die Grade der Schuld oder des Betrugs von der Sorgfalt der Anwälte unterschieden werden und nicht alles allein von den Grammatikern festgesetzt werden kann – eingeteilt werden können: In die EINFACH EHRBARE LEBENSWEISE, jenen Grad der wohlgesitteten Lebensart, den zu erlangen eine Person, welche auch immer ihre Bedingungen, ihre Erziehung, ihre Gewohnheiten und Bedürfnisse sein mögen, wenn sie gut sein möchte, ausreichende Kräfte zu haben scheint. In die EDLE LEBENSWEISE UND SITTE, jenen Grad der wohlgesitteten Lebensart nach §§ 211, 212, den du gewöhnlich nur bei besser und glücklicher Geborenen, die gewöhnlich schon nicht ohne praktische Erfahrung oder überhaupt eine gewisse Lehre erzogen sind, auffinden wirst, und du wirst sogar nicht ohne Wahr-

verit, non sine verisimilitudine iudices, et in HEROICAM tandem VIRTUTEM VIVENDIQUE RATIONEM SINGULARI CUM MAIESTATE CONIUNCTAM, illum optime vivendi modum ex §§ 211, 212 conceptum, quem vel attingere, vel aequabilem et bono significatu semper eundem sibi conservare, quod difficilius est,

pauci, quos aequus amavit
Iuppiter, atque ardens evexit ad aethera virtus,
Diis geniti, potuere.[1]

§ 214 Qui novit vivere, E. § 390, differentias, § 213 breviter notatas satis perspicue sibi ipse tradet uberius, nec haerebit in hac dignitatis aestheticae, § 182, relativae, § 185, et obiectivae, § 189, concipienda veluti scala: Simpliciter honestum vivendi genus: tenuia, § 202 = nobile: mediocria, § 208 = heroicum: sublimia, § 203.

§ 215 Quae rerum humanarum est limitatio, nulla paene talis est, quae non duplicem, ut Epictetus ait, ansam habeat, tolerandam alteram, alteram minus. Non obiecta solum absolute digna, sed ipsa sublimia, si quadam ex parte sui considerantur, habent eadem simul aliam, ex qua si penitius inspiciantur, non sublimitas solum pereat, sed et omnis non raro dignitas. Par ratio magnitudinis naturalis, prout comparetur, S. XV, XVI. Hinc eo facilius est observatu quaedam obiecta, quasdam materias, prima fronte quae videantur semper eadem, pro diversis tamen respectibus, variis ac momentis, quibus potissimum attendas, nunc humilia fore, saltim tenuia, nunc mediocria, alia nunc mediocria, nunc sublimia. Quaedam obiecta per omnes relativae magnitudinis dignitatisque gradus possunt transcurrere, prouti diversis ex lateribus spectatorum oculis obiiciantur,

1 Vergil, *Aen.* 6, 129–131.

scheinlichkeit zu dem Urteil gelangen, daß kaum jeder beliebige Mensch ihn erreichen kann, selbst wenn er es sich vornimmt. Und in die HEROISCHE TUGEND UND AUSGEZEICHNETE MIT ERHABENER GRÖSSE VERBUNDENE LEBENSWEISE, jene nach §§ 211, 212 am vorzüglichsten gefaßte Art und Weise zu leben, die entweder zu erreichen oder, was noch schwieriger ist, gleichmäßig und in der rechten Bedeutung immer sich zu erhalten

wenige, die gnädig Jupiter liebte,
und die feurig ihre Tugend zum Äther emporführte,
Söhne der Götter, vermochten.[1]

§ 214 Wer zu leben weiß, wird sich selbst ausführlicher mit genügend feiner Einsicht mit den in § 213 kurz genannten genaueren Bestimmungen befassen und nicht bei dieser Stufenleiter, die gleichsam als Stufenleiter der ästhetischen Würde, der relativen und objektiven, gedacht ist, stehenbleiben. Die einfach ehrbare Lebensweise entspricht den schlichten, wie die edle den mittleren und wie die heroische den erhabenen Stoffen.

§ 215 Wie begrenzt auch die menschlichen Angelegenheiten sind, so sind diese Begrenzungen doch beinahe nie so, daß sie nicht, wie Epiktet sagt, einen ›Henkel‹ an jeder Seite hätten, von denen die eine Seite erträglich ist, die andere nicht.[1] Nicht allein absolut würdige Gegenstände, sondern selbst erhabene, wenn sie von einer gewissen Seite betrachtet werden, haben ebenso zugleich eine andere Seite, bei der, wenn wir von ihr dieselben Gegenstände inwendiger einsehen würden, nicht allein die Erhabenheit, sondern nicht selten auch die ganze Würde schwinden würde. Ebenso könnte dies regelmäßig mit der natürlichen Größe geschehen. Von daher ist es ziemlich leicht zu beobachten, daß gewisse Gegenstände, gewisse Stoffe, die auf den ersten Blick immer dieselben zu sein scheinen, dennoch durch verschiedene Beziehungen auf sie und durch unterschiedliche Augenblicke, in denen du auf sie am aufmerksamsten bist, bald zu niedrigen oder wenigstens schlichten, bald zu mittleren, und andere bald zu mittleren, bald zu erhabenen Gegenständen oder Stoffen werden. Gewisse Gegenstände können alle Grade der relativen

§§ 202, – – – 214. *Quam multum interest, quid a quoque fiat? Eadem enim facta claritate vel obscuritate facientium aut tolluntur altissime, aut humillime deprimuntur* e.c., Plin. VI, Ep. 24.[1]

§ 216 In bucolicis, ubi plerumque tenuia sectatur Virgilius, Ecl. V 35, ex MStis legit Vossius:

Infelix lolium et steriles nascuntur avenae,[2]

quod ipsi, non sine ratione, minus videtur, ac idem, § 215, in Georgicis, ubi mediocra quaeruntur obiecta, l. I 154, ita cogitatum:

Infelix lolium et steriles dominantur avenae.[3]

Si quis interim grandem, sicut Prudentius, Hamartigeniam meditaturus picturae lapsus inscriberet:

Infelix lolium et steriles nascuntur avenae,

picturae miseriarum corruptelarumque, quas post se nunc etiam trahit:

Infelix lolium et steriles dominantur avenae,

et picturae demum eventus ultimi, naturalis quidem, at deplorandi:

Infelix lolium et steriles uruntur *avenae*,[4]

inter alia, pro gravitate materiae, magnificentius concepta, non reor harum cogitationum ullam materias arduas depressuram, § 215. Pacis fructus et tenues, et mediocres, et grandes, esse possunt materiae.

1 Plin., *Ep.* 6, 24, 1.
2 Vergil, *Ekl.* 5, 37.
3 Vergil, *Georg.* 1, 154.
4 Vgl. Prudentius, *Harmat.* 216–218.

Größe und Würde durchlaufen, je nachdem, wie sie sich von verschiedenen Seiten den Augen der Betrachter darbieten. *Wie sehr kommt es doch darauf an, wer etwas macht! Denn die gleichen Taten werden je nach Berühmtheit oder Unbekanntheit der Ausführenden entweder in den Himmel gehoben oder totgeschwiegen* usw.

§ 216 In den *Bucolica*, wo Vergil meistens auf schlichte Dinge ausgeht, liest Vossius aus den Manuskripten:

Es sprießen unnützer Lolch und tauber Hafer,[1]

was ihm selbst, nicht ohne Grund, weniger erscheint als dasselbe in den *Georgica*, wo mittlere Gegenstände gesucht werden und wo es so gefaßt ist:

Es wuchern unnützer Lolch und tauber Hafer.[2]

Wenn indessen jemand, der, wie Prudentius, über eine große *Hamartigenia* nachdenken will,[3] in das Bild des Sündenfalls hineinschreiben würde:

Es sprießen unnützer Lolch und tauber Hafer,

und in das Bild des Elends und der Verderbnis, die dieser nun auch nach sich zieht:

Es wuchern unnützer Lolch und tauber Hafer,

und schließlich in das Bild des jüngsten Tages, der gewiß natürlich, aber doch laut zu beklagen ist:

Unnützer Lolch und tauber Hafer werden versengt,

glaube ich nicht, daß irgendeiner dieser Gedanken, inmitten von anderen, die durch den Ernst des Stoffes großartiger gefaßt sind, den hohen Stoff niederdrücken würde. Die Früchte des Friedens können sowohl schlichte als auch mittlere als auch große Stoffe sein.

SECTIO XVIII
RATIO COGITATIONUM AD MATERIAS GENERATIM

§ 217 Magnitudo aesthetica postulat, ut cogitationes proportionentur ac exaequentur suis obiectis, personalibus ac realibus, ipsique cogitandi subiecto, quatenus ipsum, aut status eius aliquis, fit suum simul obiectum, aut obiectum, cui congruenter cogitandum sit, § 177. Genus cogitandi minus magnis vel absolute, vel relative talibus, obiectis ΒΑΘΟΣ est (humile, humi repens cogitandi genus). Genus cogitandi maius suis obiectis TUMOR est (frigus, tumidum et inflatum, nimis altum, nimis exaggeratum cogitandi genus). Aequalitas cogitationum cum obiectis absolute magnis laus est, cuius oppositum peccans in defectu βάθος, in excessu tumor est.

§ 218 Ita Cicero, sequutus *Aristotelem, neque humilem nec abiectam orationem probat, nec nimis altam et exaggeratam, plenam tamen eam vult esse gravitatis*, § 189, *ut eos, qui audiunt, ad maiorem possit admirationem traducere*, Or. 192.[1] Quam primum humilitas dignitati generatim opponitur, ut Cic. pro Rosc. 156 illa pulcris ex meditationibus exsulet, § 195. Sed exsulet simul tumor, § 217. *Num manus affecta recta est, quum in tumore est? aut num aliud quodpiam membrum tumidum ac turgidum non vitiose se habet? Sic igitur inflatus animus et tumens in vitio est, sapientis autem animus semper vacat vitio, nunquam turgescit, nunquam tumet*, Cic., Tusc. quaest. III 19.[2]

§ 219

> *Laudis amore tumes?*, § 217, *Sunt certa piacula, quae te*
> *Ter pure lecto poterunt recreare libello*, Hor.[3]

Hic autem erit vel practice, per exempla, vel theoretice simul osten-

1 Cic., *Or.* 192.
2 Cic., *Tusc.* 3, 19.
3 Horaz, *Ep.* 1, 1, 36 f.

ABSCHNITT XVIII
DAS VERHÄLTNIS DER GEDANKEN ZU DEN STOFFEN IM ALLGEMEINEN

§ 217 Die ästhetische Größe verlangt, daß die Gedanken ihren Objekten, persönlichen und sachlichen, angemessen und angeglichen werden sowie dem Subjekt des Denkenden, insofern dieser selbst oder einer seiner Zustände zugleich sein eigenes Objekt ist oder das Objekt, in bezug auf das übereinstimmend gedacht werden muß. Die Denkungsart, die kleiner ist als entweder absolut oder relativ große Objekte, ist DAS KRIECHENDE (eine niedrige, am Boden kriechende Denkungsart).[1] Die Denkungsart, die größer als ihre Objekte ist, ist der SCHWULST (eine frostige Kälte, eine schwülstige und aufgeblasene, allzu hohe, allzu übertriebene Denkungsart). Die Gleichförmigkeit des Gedachten mit absolut großen Objekten ist die Lobrede, deren Gegensatz ist, wenn sie im Mangel strauchelt, das Kriechende, wenn im Überschreiten des Maßes, der Schwulst.

§ 218 So *schätzt* Cicero, indem er *Aristoteles* folgt, *weder die niedrige und verworfene noch die allzu hohe und übertriebene Rede, dennoch möchte er, daß sie voll an Bedeutsamkeit ist, damit er die, die zuhören, zu einer größeren Bewunderung führen könne.* Sobald die Niedrigkeit im allgemeinen der Würde entgegengesetzt wird, wird sie, wie Cicero sagt, aus den schönen Überlegungen verbannt. Aber es wird zugleich auch der Schwulst verbannt. *Ist wohl eine Hand richtig beschaffen, wenn sie geschwollen ist? Oder befindet sich irgendein anderes Körperteil, das geschwollen und gebläht ist, nicht in einem krankhaften Zustand? So ist demnach ein aufgeblasener und geschwollener Geist krank, aber der Geist des Weisen ist immer frei von Krankheit, er würde sich nie aufblähen, nie anschwellen.*

§ 219

> *Du fieberst vor Ehrgeiz? – Da gibt es sicher helfende Sühnegebete, die, dreimal reinen Herzens gelesen, dich wieder werden herstellen können.*

Hier aber wird entweder praktisch, durch Beispiele, oder zugleich

dens, tunc etiam, quando cogitationes res vocamus, § 18, verum esse illud:

Est modus in rebus, sunt certi denique fines,
Quos ultra citraque nequit consistere rectum.[1]

Huius enim sanctissimae legis probe memor, non humilia solum vitabis, sed ob eandem etiam tibi ipsi dices intra praecordia:

Intempestivos igitur compesce tumores, Ov., Trist.[2]

§ 220

Decipimur specie recti pars maxima.
Professus grandia turget.
Serpit humi tutus nimium timidusque procellae, Hor.[3]

Rectius cursum teneas *nec altum*
Semper urgendo, neque, dum procellas
Cautus horrescis, nimium premendo
Littus iniquum,[4] § 217.

Sequeris enim tunc naturale cogitandi genus, § 104, quoniam

profecto, hoc sic est, ut puto,
Omnibus nobis ut res dant sese, ita magni atque humiles, § 195,
sumus, Ter., Hec. III 3.[5]

§ 221 Vitandum est itaque I) NUGIGERUM (nugivendulum) COGITANDI GENUS de nugis vere talibus, § 191, nugantium, i. e. aequales obiectis cogitationes informantium exhibentiumque. Quoniam enim hoc cogitandi genus vel absolute magnis minus est, § 178, recte, § 177, PRIMUM ΒΑΘΟΥΣ GENUS constituitur, § 217.

1 Horaz, *Serm.* 1, 1, 106 f.
2 Ovid, *Tristia* 5, 6, 45.
3 Vgl. Horaz, *A. p.* 25, 27 f.
4 Horaz, *Carm.* 10, 1–4.
5 Ter., *Hecyra* 379 f.

theoretisch gezeigt, daß auch alsdann, wenn wir die Gedanken ›Sachen‹ nennen, jenes wahr ist:

Es gibt ein Maß in den Dingen, es gibt doch bestimmte Grenzen schließlich,
in denen allein das Richtige sein kann.

Denn dieses heiligsten Gesetzes auf richtige Weise eingedenk wirst du nicht allein die niedrigen Dinge vermeiden, sondern aufgrund desselben wirst du dir auch selbst im Innersten sagen:

Also bändige unzeitigen Schwulst.

§ 220

Vielfach täuscht uns der Anschein des Rechten,
wer Erhabenes kündet, wird schwülstig;
am Erdboden kriecht, wer sich allzusehr sichert und Angst vor dem Sturm hat.

Richtiger wirst du den Kurs halten, *wenn weder du ins offene Meer*
ständig steuerst noch, vor den Stürmen
vorsichtig in Furcht, allzusehr dich drängst
an das tückische Ufer.

Dann wirst du nämlich der natürlichen Denkungsart folgen, denn:

Wahrlich, es ist so wie ich glaube:
Wie sich uns allen die Dinge darstellen, so groß oder niedrig sind wir.

§ 221 Es ist deshalb I) die SCHWÄTZERISCHE (sich mit Schnickschnack befassende) DENKUNGSART über wahrhaftige Lappalien der Possenreißer zu vermeiden, d. h. derjenigen, die solchen Gegenständen gleichartige Gedanken bilden und zur Schau stellen. Weil nämlich diese Denkungsart sogar kleiner ist als absolut große Dinge, ist sie richtig als die ERSTE ART DES KRIECHENDEN bestimmt worden.[1]

Nimirum sapere est abiectis utile nugis,
Et tempestivum pueris concedere ludum.[1]

Ex eiusmodi enim mustaceo laureolam non quaesiverit, nisi Plauti forsan aliquis *nugipolyloquides.*[2]

§ 222 II) Genus cogitandi de nugis vere talibus, § 191, ac si essent aliquid, §§ 177, 178, PRIMUM TUMORIS GENUS, § 217, cuius species prima est, si malis avibus nugas loces in absolute magnis, licet tenuibus, § 202, secunda, quoties easdem tentaveris mediocribus inserere, § 208, maxima, si de iisdem veluti de grandibus ac sublimibus cogites, § 203. Ridicule semper

Maxima de nihilio nascitur historia.[3]

In primis tamen, quando

Non de vi, neque caede, nec veneno,
Sed lis est mihi de tribus capellis,
Vicini queror has abesse furto,
Hoc iudex sibi postulat probari,
Tu Cannas Mithridaticumque bellum
Et periuria Punici furoris
Et Sullas, Mariosque, Muciosque,
Magna voce sonas, manuque tota.
Iam dic, Posthume, de tribus capellis., Mart. VI, 19.[4]

§ 223 Ne tamen meras vetiti leges, prohibentesve scribere videamur, positive suadetur materiis absolute saltim magnis aequale et proportionatum adhibere COGITANDI GENUS, quod absolute saltim, SATIS MAGNUM, et proposito conducens, apteque haerens ex veritate rei dicere liceat, §§ 177, 217. Erit autem illud simul GENUS COGI-

1 Horaz, *Ep.* 2, 2, 141 f.
2 Plaut., *Persa* 704.
3 Prop., *Eleg.* 2, 1, 16.
4 Mart. 6, 19.

Ja es ist nützlich, der Weisheit zu leben, die Nichtigkeiten
aufzugeben und den Jungen die Spiele zu überlassen, die zu ihrem
Alter passen.

Auf solche Weise wird sich nämlich niemand ein Lorbeerkränzchen auf wohlfeile Weise zu erhaschen suchen,[2] außer vielleicht irgendein *Viellappalienschwätzer* des Plautus.

§ 222 II) Die Denkungsart, über wahrhafte Lappalien so zu denken, als wären sie etwas, ist die ERSTE ART DES SCHWULSTES, und deren erste Unterart ist, wenn du – unglückselig – Lappalien mitten unter absolut große Stoffe, mögen es auch schlichte sein, setzt; die zweite Unterart ist, sooft du versuchst, solche Lappalien in Stoffe mittlerer Größe einzureihen; die größte Unterart dieses Schwulstes ist, wenn du von diesen Lappalien so denkst wie von großen und erhabenen Stoffen. Es ist immer lächerlich, wenn

aus nichts eine große Geschichte erwächst.

Vor allem jedoch, wenn es so geht:

Nicht wegen Gewalt, Mord oder Gift,
nein um drei Ziegen führe ich meinen Prozeß:
Die, so klage ich, sind verschwunden, weil mein Nachbar sie stahl.
Der Richter verlangt, daß man es ihm beweise:
Doch du bringst Cannae und den mithridatischen Krieg,
die Meineide kampfwütiger Punier
und alle möglichen Männer wie Sulla, Marius und Mucius
laut tönend und gestenreich vor.
Sprich jetzt endlich, Postumus, von meinen drei Ziegen![1]

§ 223 Damit es nicht so scheint, als ob wir nur verwehrende oder verbietende Gesetze schrieben, empfehlen wir in positiver Weise, an wenigstens absolut große Stoffe eine angeglichene und an sie angemessene DENKUNGSART anzuwenden, die wenigstens in absoluter Weise GENÜGEND GROSS ist und von der es gestattet sein wird zu sagen, daß sie zum Hauptgegenstand führt und sich genau aus der Wahrheit der Sache selbst ergibt. Jene wird zugleich die GENÜ-

TANDI SATIS DIGNUM, saltim absolute, et negative, §§ 182, 185, 193, simulque magnitudini dignitatique relativae suarum materiarum satis adaequatum, § 162.

§ 224 Hinc iam denuo dissuadetur MINUS DIGNUM COGITANDI GENUS, ob defectum improportionatum obiectis et materiis, vel absolute dignis, vel relative talibus, in suo βάθους genere species semper eminentior turpitudine, §§ 217, 182. In diversis per hoc cogitandi genus speciebus nunc animadvertendum est in VILE DE ABIECTIS COGITANDI GENUS humillimis suis obiectis, § 195, proportionatum et aequale, primi βάθους generis turpiorem speciem, § 221, e. g. Hor. I, Ep. 8, Serm. I 8, Cat. 15, 16.

§ 225 Neque minus heic est reiicienda species, tumoris in primo genere quae potest locum habere, si nugis vere talibus, immo abiectis et humillimis, sit tamen animus, nescio quid, dignitatis, non eius absoluta tantum, sed et relativae, forsan et maiestatis nonnihil, si diis placet, affricandi, § 222, e. g. si quis parasitus minuti alicuius Trimalcionis ligurierit ius, et reduce die, cuius nomen hic habet,

> Iam *longum invalidi collum cervicibus aequat*
> *Herculis Antaeum procul a tellure tenentis.*[1]

§ 226 MORATUM COGITANDI GENUS LATIUS dicitur omne ἦθος, § 193, strenue observans. Ita ad Horatii A. P. 319,

> *Interdum speciosa locis, morataque recte*
> *Fabula, nullius veneris, sine pondere et arte*

1 Juv. 3, 88 f.

GEND WÜRDIGE DENKUNGSART sein, wenigstens in absoluter und negativer Weise, und zugleich der relativen Größe und Würde ihrer Stoffe genügend angemessen.

§ 224 Hier aber raten wir noch einmal von der ZU WENIG WÜRDIGEN DENKUNGSART ab, wegen ihres Mangels, daß sie Gegenständen und Stoffen, die entweder in absoluter oder in relativer Weise würdig sind, unangepaßt ist. In ihrer Art des Kriechenden ist sie eine Unterart, die sich immer in größerem Maße durch Häßlichkeit auszeichnet. Unter den verschiedenen Unterarten, die aus dieser Denkungsart hervorgehen, muß nun die GERINGSCHÄTZIGE ART ÜBER GEMEINE DINGE ZU DENKEN beachtet werden, die ihren allerniedrigsten Gegenständen angepaßt und angeglichen ist, eine ziemlich häßliche Unterart der ersten Art des Kriechenden, z. B. bei Horaz und Catull.[1]

§ 225 Nicht weniger zurückzuweisen ist hier die Unterart des Schwulstes in der ersten Art, die dann statthaben kann, wenn es bei wahrhaften Lappalien, ja sogar gemeinen und allerniedrigsten, dennoch jemanden gibt, dem der Sinn danach steht, sie mit ich weiß nicht was an nicht allein absoluter, sondern auch relativer Würde und vielleicht auch – wenn es den Göttern gefällt – mit ein wenig Erhabenheit anzureiben, z. B. wenn irgendein Parasit die Brühe irgendeines kleinen Trimalchio[1] leckt und bei der Wiederkehr von dessen Namenstag

nachgerade *den langen Hals eines Schwächlings gleichsetzt mit dem Nacken*
des Herkules, der den Antaeus weit über den Erdboden hebt.

§ 226 Die GESITTETE DENKUNGSART IM WEITEREN SINNE wird diejenige genannt, die jedes Ethos entschlossen beobachtet. So hat zu folgendem in der *Ars poetica* von Horaz –

Bisweilen gefällt eine durch allgemein bekannte Wahrheiten schön und richtig gesittete Fabel,
aber bar jeder Anmut, ohne Pathos, ohne Kunst,

Valdius oblectat populum meliusque moratur,
Quam versus inopes rerum nugaeque canorae,[1]

iam Acron annotavit, *fabulam recte moratam* esse, *in qua singularum personarum mores optime exprimuntur.* Magna pars autem omnis ἤθους in pulcre cogitandis demum propter verisimilitudinem, deinde persuasionem, vitam denique, poscitur, adeoque nunc nondum evolvi potest per naturalem methodum scientiae, nec adeo nunc hoc significatu moratum cogitandi genus licet exhaurire, vel, nisi per transennam et quasi praecipiendo sequentia postulare, § 22.

§ 227 MORATUM COGITANDI GENUS STRICTIUS, dicitur aequalem dignis, vel absolute saltim, vel etiam comparative, materiis ac obiectis, semper ac aequabilem proportionate cogitandi rationem servans, et inde faventem de cogitantis moribus praesumtionem spectatori velut extorquens. Quintilianus Ciceronem in his se sequi professus *expositionem* poscens *moratam: sed in oratione*, addit, *morata debent esse omnia cum dignitate, quae poterunt*, IV 2.[2] Et hoc iam est moratum illud cogitandi genus, quod non solum heic per antecedentia licet, sed etiam necesse est postulare, si quis ad vere pulcra cogitata velit adspirare, §§ 182, 185.

§ 228 GENUS COGITANDI BENE MORATUM STRICTIUS, erit denuo vel ABSOLUTE TALE, vel etiam comparative et RELATIVE, §§ 227, 185, vel negative tantum, vel etiam positive, §§ 193, 194. Nunc sufficiat argumentis, vel ex ipsa pulcritudinis forma, § 183, desumtis dissuadere GENUS COGITANDI MALE MORATUM STRICTIUS, sed ABSOLUTE, vel impium, vel inhonestum, vel inde-

1 Horaz, *A. p.* 319–322.
2 Quint. 4, 6, 64.

dem Volke mehr und unterhält es besser
als Verse, denen Inhalte fehlen, und klangvolles Tändeln –

schon Acro bemerkt, daß *eine richtig gesittete Fabel* eine solche sei, *in der die Sitten der einzelnen Personen auf die beste Art und Weise ausgedrückt werden.*[1] Ein großer Teil jedoch jedes Ethos wird im schön zu Denkenden vollends wegen der Wahrscheinlichkeit, dann wegen der Überredung und schließlich wegen der Lebhaftigkeit gefordert. Bis jetzt kann dies noch nicht mit der natürlichen Methode der Wissenschaft entwickelt werden, und bis jetzt ist es soweit auch nicht möglich, die gesittete Denkungsart zu erschöpfen oder sie – wenn nicht durch ein Hinausspähen und gleichsam im Vorgriff auf das Folgende – zu verlangen.

§ 227 Die GESITTETE DENKUNGSART IM ENGEREN SINNE wird diejenige genannt, die – entweder wenigstens in absoluter Weise oder auch vergleichungsweise genommen – würdigen Stoffen und Gegenständen angeglichen ist und immer ein ausgeglichenes Maß, angepaßt zu denken, bewahrt und von daher dem Betrachter eine gewogene Erwartung bezüglich der Sitten des Denkenden gleichsam abnötigt. Quintilian, der, indem er, wobei er hier Cicero zu folgen erklärt, *eine gesittete Darlegung* fordert, fügt hinzu: *Aber in der Rede müssen alle gesitteten Dinge, die dies sein können, auch mit Würde dargestellt werden.* Und insoweit ist schon jene Denkungsart gesittet, die hier nicht nur aufgrund des vorher Gesagten möglich, sondern notwendig zu fordern ist, wenn jemand nach wahrhaft schönen Gedanken trachten will.

§ 228 Die GUT GESITTETE DENKUNGSART IM ENGEREN SINNE wird wiederum EINE SOLCHE IN ABSOLUTER WEISE oder auch vergleichungsweise genommen und IN RELATIVER WEISE sein, entweder nur negativ oder auch positiv. Es möge nun genügen, mit Argumenten, die sogar aus dem Wesen der Schönheit selbst entnommen sind, von der SCHLECHT GESITTETEN DENKUNGSART IM ENGEREN SINNE, aber IN ABSOLUTER WEISE, oder der gottlosen oder unehrlichen oder unschicklichen Denkungsart abzuraten, auch wenn sie vielleicht häßlich ausge-

corum, etiamsi vilibus humillimisque forsan materiis turpiter electis proportionatum sit, § 224.

Si bene te novi, metues, liberrime Lolli,
Scurrantis speciem praebere professus amicum.
Ut matrona meretrici dispar erit atque
Discolor, infido scurrae distabit amicus, Hor. I, Ep. 18.[1]

§ 229 Hoc lubentius genus bene moratum in cogitando, quod strictius tale dixi, § 227, sedulo distinxi a morato latius cogitandi genere, quo saepius observavi venusta ingenia per ipsum verisimilitudinis et morum felicius exprimendorum ardorem, i. e. dum aliquam partem de morato cogitandi genere sectantur, eo delabi, ut alteram perdant ex oculis, quam dignitas poscit, § 227, absoluta, § 228, vel ipsa a verisimilitudine suadens exceptionem non inelegantem, si vitari non possit utriusque perfectionis collisio, § 25. Hinc Iuvenalis obscenitas et multorum satyricorum aliorum licentiae.

SECTIO XIX
TENUE COGITANDI GENUS

§ 230 Interest magnitudinis aestheticae, ut cogitationes exaequentur etiam relativae suorum obiectorum, S. XVII, magnitudini, § 217. Hinc triplex nascitur cogitandi genus, cum duplici quodlibet sua παρεκβάσει; quod in oratione tantum deprehendentes olim vel triplicem eius characterem, vel ideam, vel formam, vel etiam figuram omnino dixerunt.

1 Horaz, *Ep.* 1, 18, 1–4.

wählten geringschätzigen und allerniedrigsten Stoffen angepaßt ist.

Wenn ich dich recht kenne, so wirst du, Lollius, in deiner Liebe zur Freiheit fürchten,
du könntest wie ein Possenreißer erscheinen, wo du doch Freund sein möchtest.
Wie Matrone und Kurtisane voneinander abstechen werden in Erscheinung
und Farbe des Kleides, so wird ein Freund sich von einem untreuen Possenreißer unterscheiden.

§ 229 Desto lieber habe ich die gut gesittete Art im Denken, die ich in engerem Sinne eine solche genannt habe, bedacht von der gesitteten Denkungsart im weiteren Sinne unterschieden, je öfter ich beobachtet habe, daß anmutige Köpfe durch den Eifer selbst, die Wahrscheinlichkeit und die Sitten glücklicher darzustellen, d. h., während sie auf irgendeinen Teil von der gesitteten Denkungsart ausgehen, so weit herabsinken, daß sie einen anderen Teil aus den Augen verlieren, den die Würde fordert, die absolute Würde oder diejenige, die selbst von der Wahrscheinlichkeit eine nicht ungeschmackvolle Ausnahme zu machen anempfiehlt, wenn ein Zusammenstoß der beiden Vollkommenheiten nicht vermieden werden kann. Von daher kommen die Unzüchtigkeit Juvenals und die Zügellosigkeiten vieler anderer Satiriker.

ABSCHNITT XIX
DIE SCHLICHTE DENKUNGSART

§ 230 Es ist für die ästhetische Größe von Wichtigkeit, daß die Gedanken auch der relativen Größe ihrer Gegenstände angeglichen werden. Von daher erwächst die dreifache Art zu denken, jede von ihnen mit ihren zweifachen Abweichungen, was diejenigen, die dies nur in bezug auf die Redekunst erfaßt haben, einst ihren dreifachen Charakter oder ihre dreifache Idee oder Gestalt oder auch überhaupt ihre dreifache Figur genannt haben.

Trimum dicendi genus est, sublime, modestum,
Et tenui filo, Aus.[1]

§ 231 I) TENUE COGITANDI GENUS (subtile, attenuatum, deductum, gracile, atticum, ἰσχνόν) est tenuibus, § 202, materiis ita proportionatum, § 230, ut et absolutae dignitatis satis tenax, § 223, et strictius, etiam relative, moratum, § 228, simpliciter honesto vivendi generi non modo non contrarietur, § 213, sed eius etiam moribus ex §§ 211, 212 diiudicatis probe consentiat, § 214. Huic iam dudum, Terentii tempore, *vetus poeta*, sed censor vitio creatus, obiecit, ut vitium:

Tenui esse oratione et scriptura levi,
Quia nusquam insanum scripsit adolescentulum
Cervam videre fugere et sectari canes,
Et eam plorare, orare, ut subveniat sibi.[2]

§ 232 Cum hoc cogitandi genere laudabili, sed aesthetico tamen, multi, Cicerone duce, confundunt, de rebus gravissimis philosophice, quantumque fieri potest, scientifice disquirendi genus, quoniam in hoc conveniunt, ut utrisque desit ille splendor, qui solet ambire graviora phaenomena, vere bona, § 211, et determinatissima quaevis grandia, quae tantum non singularia, § 212, e. g. *de diis immortalibus, de pietate, de concordia, de amicitia, de communi civium, de hominum, de gentium iure, de aequitate, de temperantia, de magnitudine, de omni virtutum genere* sit cogitandum. *Philosophis ego, ut de his rebus omnibus, in angulis, consumendi otii caussa, disserant, quum concessero: illud tamen oratori tribuam et dabo, ut, de quibus illi tenui quodam et exiguo sermone* (logico, § 122, qua potiorem suam partem ad aesthetices regulas non exigendo, quas transcendit) *disputant, hic cum omni gravitate et iucunditate explicet*[3] (aesthetica), §§ 124, 123, v. Cic., De or. I 56, 57, De fin. III 40, Or. 46.

1 Ausonius, *Epigr. griphus tern. num.* 66 f.
2 Ter., *Phormio*, Prol. 5–8.
3 Cic., *De or.* 1, 56 f.

Dreifältig ist die Art zu reden, erhaben, gemäßigt
und von schlichter Form.

§ 231 I) Die SCHLICHTE (feine, einfache, feingesponnene, zierliche, attische, trockene[1]) DENKUNGSART[2] ist den schlichten Stoffen so angemessen, daß sie sowohl die absolute Würde genügend bewahrt als auch, in engerer Bedeutung, in relativer Weise gesittet ist. Sie soll nicht nur der einfach ehrbaren Lebensweise nicht widersprechen, sondern auch mit ihren Sitten, beurteilt nach §§ 211, 212, wohl übereinstimmen. Ihr hat schon vor langem, zu Zeiten des Terenz, ein *alter Dichter*, der aber zum Zensor ernannt war, als Fehler entgegengestellt:

Daß die Rede dürftig im Gehalt sei und seicht im Stil,
weil er nie in einem Stück einen verrückten jungen Mann
eine fliehende Hindin sehen ließ und hinter ihr die Hunde,
und sie jämmerlich klagend und flehend, er möge ihr helfen.

§ 232 Mit dieser lobenswerten Denkungsart, die aber dennoch ästhetisch ist, verwirren viele, allen voran Cicero, die Art, über wichtigste Dinge in philosophischer und soweit als möglich in wissenschaftlicher Weise zu verhandeln, weil sie darin übereinstimmen, daß in allen beiden jenes Schimmernde fehlen würde, das gewöhnlich die wichtigeren, wahrhaft guten Erscheinungen und alle bestimmtesten und größeren Dinge, die nicht nur Einzelerscheinungen sind, umgibt, wie man z. B. *von unsterblichen Göttern und von Frömmigkeit, von Eintracht und von Freundschaft, vom allgemeinen Recht der Bürger, der Menschen und der Völker, von Billigkeit und Selbstbeherrschung, Größe*[1] *und jeder Art von Tugenden*[2] zu denken hat. *Den Philosophen will ich zwar gestatten, daß sie in ihren Winkeln zum Zeitvertreib darüber diskutieren: Dem Redner aber übertrage und übergebe ich das Amt, was jene in so schlichter und dürftiger Rede* (logischer Rede, insofern ihr vorzüglicherer Teil nicht nach den Regeln der Ästhetik zu beurteilen ist, die sie übersteigt) *behandeln, seinerseits mit* (ästhetischer) *Würde und Annehmlichkeit zu entfalten.*[3]

§ 233 Tenue cogitandi genus suos iterum gradus admittit, § 231, quorum primum et infimum GENUS COGITANDI TENUICULUM dixeris, § 207. Exemplum esto *grammatica, partes alienas non occupans. Nam tenuis* (vel maxime) *a fonte*,[1] quando

pueris olim dant crustula blandi
Doctores, elementa velint ut discere prima, Hor.,[2]

assumtis poetarum historiarumque viribus, pleno iam satis alveo fluit, Quint. II 1,[3] neque tamen in omni disciplinarum ambitu surgit ultra tenuitatem, § 202. Ad superiores tenuitatis gradus referamus orationem Ciceronis pro Caecina, quando eam ipse refert ad subtile cogitandi genus, temperato gravique contradistinctum.

§ 234 Si suum argumentum et materiem felicius exprimat, tenue cogitandi genus, non inepte de eo dixeris:

In tenui labor, at tenuis non gloria, Virg.,[4] cf. Prop. III 1.

Habet enim certos sui studiosos, qui non tam habitus corporis opimos, quam gracilitates consectentur, quos valetudo modo bona sit, tenuitas ipsa delectat, – – – Habet suos laudatores, qui hac ipsa subtilitate admodum gaudeant, Cic., De cl. or. 64.[5] Neque sine naso sunt hi laudatores, §§ 230, 202,

neque semper arcum
Tendit Apollo.[6]

§ 235 Neque generatim de triplici cogitationum charactere, quem nunc informamus, praeconcipienda est opinio, ac si per longiorem etiam meditationem aestheticam unus ex his character in omnibus pulcre cogitandis ac singulis debeat aequabiliter transcurrere: neque de tenui cogitandi genere, § 230. Opere in longo prout materiae necessario inaequales aliqualiter coniunguntur, ita habet illud et suam

1 Vgl. Quint. 2, 1, 4.
2 Horaz, *Serm.* 1, 1, 25 f.
3 Quint. 2, 1, 4.
4 Vergil, *Georg.* 4, 6.
5 Cic., *Brutus* 64.
6 Horaz, *Carm.* 2, 10, 19 f.

§ 233 Die schlichte Denkungsart läßt wiederum ihr eigene Grade zu, deren ersten und untersten man die GANZ SCHLICHTE DENKUNGSART nennen könnte. Ein Beispiel von dieser ist *die Grammatik,*[1] *die ihre Grenzen kennt. Denn, von ihrer Quelle her nur ein schlichtes* (oder sogar schlichtestes) *Bächlein, fließt sie*, seit

Lehrer den Knaben Kuchen bisweilen
schmeichelnd schenken, damit sie die ersten Buchstaben lernen,

durch die Dichter und Historiker, die sie in sich aufgenommen hat, kraftvoll angewachsen, nunmehr in einem hinreichend angefüllten Flußbett dahin, und erhebt sich dennoch, in jedem Bereich ihrer Lehren, nicht über die Schlichtheit. Zu den höheren Graden der Schlichtheit wollen wir Ciceros Rede *Pro Caecina* rechnen, da er selbst sie der dem Gemäßigten und dem Gewichtigen entgegengesetzten feinen Denkungsart zurechnet.[2]

§ 234 Wenn die schlichte Denkungsart ihr Argument und ihren Stoff glücklicher ausdrückt, wirst du von ihr nicht unpassend sagen:

Die Arbeit wird schlicht verrichtet, nicht schlicht wird der Ruhm sein.

Besitzt sie doch eine Gruppe von entschiedenen Anhängern, die weniger die fülligen als die grazilen Figuren suchen, ja die sogar, ist nur die Gesundheit gut, selbst an der Magerkeit Gefallen finden. – – – Sie besitzt ihre Lobredner, die gerade an dieser schmächtigen Figur ihr größtes Vergnügen finden.[1] Weder haben wohl diese Lobredner keinen Geschmack,

noch spannet Apollo ständig den Bogen.[2]

§ 235 Weder darf man im allgemeinen bezüglich des dreifachen Charakters der Gedanken, den wir gerade vorstellen, das Vorurteil haben, daß auch durch eine längere ästhetische Überlegung hindurch einer dieser Charaktere durch alle sowie alle einzelnen schön zu denkenden Dinge gleichmäßig durchgehen müßte, noch bezüglich der schlichten Denkungsart als solcher. In einem langen Werk werden je nachdem notwendigerweise ungleiche Stoffe auf irgendeine Weise miteinander verbunden, also hat jenes bald – sowohl seinen Stoffen

materiis proportionatam et apte haerentem cogitationum nunc ἄνεσιν et remissionem, nunc ἔπαρσιν et elevationem, manente totius denominatione ab illo charactere, qui regnat et potior est, § 217.

§ 236 In eadem oratione Cicero, De inv. II 51, iubet *aliquas argumentationes tenuius, acutius et subtilius tractare, aliquos autem locos*, e. g. *facti atrocitatem augentes, et negantem malorum misereri oportere, ab accusatore, qui ostendat adversariorum calumniam cum indignatione, quique misericordiam captet cum conquestione, a defensore*, tractari vult *gravius, ornatius, et cum verbis, tum etiam sententiis excellentibus.*[1] Quis nescit soccum comoediae tenue, cothurnum tragoediae sublime cogitandi genus postulare?

Interdum tamen et vocem comoedia tollit,
Iratusque Chremes tumido delitigat ore,
Et tragicus plerumque dolet sermone pedestri
Telephus aut Peleus, quum pauper et exsul uterque
Proiicit ampullas et sesquipedalia verba,
Si curat cor spectantis tetigisse querela, Hor.[2]

§ 237 Tenue cogitandi genus iam Ciceronem subtile vocare vidimus, § 233, et Quintilianus VIII 3 expresse *subtiliter* et *magnifice* dicere ponit opposita.[3] Quanquam id fiat ex alia significatione subtilium, quam qualem exhibet M. § 576, tamen similitudo vocabulorum nonnihil forte contulit ad rerum etiam et acutiorum philosophi distinctionum, cum tenuibus et minime gravi cogitandi ratione confusionem, § 232. Non aspernatur tenue cogitandi genus omnem ornatum, sectatur potius non raro facetias et iocos, § 202, sed simpliciter honestos, § 231. Hic character, si quis alius, ipsam fert ludicram

1 Vgl. Cic., *De inv.* 2, 51.
2 Horaz, *A. p.* 93–98.
3 Vgl. Quint. 8, 3, 40.

angemessen als auch mit den Gedanken passend zusammenhängend – eine Abspannung und ein Nachlassen, bald einen Aufschwung und eine Erhebung, während die Bezeichnung des Ganzen von dem Gepräge bestehenbleibt, das vorherrscht und mächtiger ist.

§ 236 In ein und derselben Rede verlangt Cicero *gewisse Beweisführungen schlichter, einfacher und scharfsinniger durchzuführen*, doch bei *gewissen Gemeinplätzen*, z. B. solchen, *die das Abscheuliche der Tat besonders hervorheben und die in Abrede stellen, daß man sich der Schlechten erbarmen dürfe*, will er *seitens des Anklägers, der auf die Schurkerei der Gegner mit Empörung hinweist und mittels Wehklagen Mitleid zu gewinnen sucht, und seitens des Verteidigers*, daß sie *mit mehr Nachdruck, mit mehr Schmuck und mit herausragenden Gedanken* behandelt werden. Wer weiß nicht, daß der Soccus der Komödie die schlichte, der Kothurn der Tragödie die erhabene Denkungsart fordert?

Bisweilen jedoch hebt auch die Komödie den Ton an,
und zornig schilt Chremes mit schäumendem Munde;
andererseits klagt man in der Tragödie meistens mit erdnahen Worten
– Telephos und Peleus, beide verarmt und verbannt,
werfen die hohldröhnenden Töpfe und sechs Fuß langen Wörter beiseite –,
wenn man bemüht ist, des Zuschauers Herz mit der Klage zu rühren.[1]

§ 237 Wir haben schon Cicero die schlichte Denkungsart ›fein‹ nennen hören und Quintilian setzt ausdrücklich das Reden *in feinsinniger* und *prächtiger Weise* einander entgegen. Wiewohl dies aufgrund einer anderen Bedeutung des Feinen geschehen mag als derjenigen, die *Met.* § 576 darbietet, hat dennoch vielleicht die Ähnlichkeit der Wörter einigermaßen zur Verwirrung auch der Sachen sowie der scharfsinnigeren Unterscheidungen des Philosophen mit schlichten Dingen und der am wenigsten gewichtigen Denkungsart beigetragen. Die schlichte Denkungsart verschmäht nicht alle Zierde und und richtet sich vielmehr nicht selten auf witzige Einfälle und Scherze, die gleichwohl in einfacher Weise ehrbar sind. Dieser Charakter – welcher andere etwa – führt zur eigentlichen

cogitandi rationem, qua, inter alia, μικρὰ μεγάλως efferas ironice. Ita videtur Horatius in illos ludere, qui primariam ὕψους virtutem longas et magnas et sonoras voces quaerunt, quando Serm. I 2 statim ab initio:

Ambubaiarum collegia, pharmacopolae,[1]

Ohe! quam *sesquipedalia verba*![2] Sed perge, videbis simplicem tenuitatem.

§ 238 Neque tamen in tenui cogitandi genere *subtile palatum*[3] rerum gnari iudicis *acutissimum* aliquid *subtilissimumque*[4] quaesiverit, partim quia tenuibus materiis, § 231, summam acuminis perspicaciaeque vim impendere parum abesset ab inani argutatione, M. § 576, partim *ista, quum veritas ipsa limatur in disputatione, subtilitas,*[5] vel prorsus non est horizontis aesthetici, § 121, vel saltim moribus simpliciter honestis tantum et aesthetice conceptis non satis eleganter congrueret, §§ 231, 228. In tenui simplicius vivendi ratione moris non est *subtiliter magis, quam dilucide, dicere,*[6] § 213. Hoc significatu cogitationum *elegans subtilitas,*[7] ne *copiose* quidem cogitandi rationi repugnans in temperatis potius,[8] et ipsis arduis cogitationum characteribus quaerenda est, § 230.

§ 239 Attenuatum cogitandi genus forsan ex Ciceronis locis, ubi de tali dicendi genere loquitur, posset probari esse unum ex mediis characteribus sublatis et amplis cogitandi rationibus opponendum, si multus esse vellem in eruendis romanis cogitationum denominationibus, § 231. Quando Horatius:

Rectius Iliacum carmen deducis in actus[9] e. c.,

videtur iam innuere epopeian ipsis tragoediis ita grandiorem esse, ut

1 Horaz, *Serm.* 1, 2, 1.
2 Horaz, *A. p.* 97. 3 Horaz, *Serm.* 2, 8, 38.
4 Cic., *De or.* 2, 98. 5 Cic., *De off.* 2, 35.
6 Cic., *Tusc.* 1, 41. 7 Cic., *Fam.* 4, 4.
8 Vgl. Cic., *De fin.* 4, 5; Cic., *De off.* 1, 156; 2, 48. 9 Horaz, *A. p.* 129.

kurzweiligen Art und Weise zu denken, mittels derer du, unter anderem, etwa in ironischer Weise kleine Dinge als große anpreisen kannst. So scheint Horaz jene zum besten zu haben, die sich als um den vornehmlichen Vorzug des Erhabenen um lange, große und tönende Worte bemühen, wenn er in seiner zweiten *Satire* im ersten Buch sogleich von Beginn an schreibt:

Damenbläserkapellen, Kräuter-Pillen-Verkäufer –

Halt ein! Was für *sechs Fuß lange Wörter*! Doch wohlan, du wirst die einfache Schlichtheit sehen.

§ 238 Doch keineswegs möchte wohl in der schlichten Denkungsart der *empfindliche Gaumen* eines der Sache kundigen Richters irgend etwas *überaus Scharfsinniges und überaus Feines* suchen, teils, weil in schlichten Stoffen die höchste Kraft der Scharfsinnigkeit und der feinen Einsicht anzuwenden wenig entfernt wäre von bloßer Spitzfindigkeit, teils, weil *diejenige feine Gründlichkeit, wenn die Wahrheit an sich in der Erörterung erarbeitet wird*, entweder ganz und gar nicht innerhalb des ästhetischen Horizontes liegt oder zumindest mit den nur einfach ehrbaren und ästhetisch verstandenen Sitten nicht genügend anmutig zusammenstimmen würde. In der schlichten Art und Weise zu leben ist es der Sitte gemäß gewöhnlicher, nicht *mit mehr Feinheit als mit Klarheit zu sprechen*. In dieser Bedeutung muß die *anmutige Feinheit* der Gedanken, die gewiß nicht der *reichhaltigen* Art und Weise zu denken widerstrebt, eher bei den gemäßigten und selbst den erhobenen Charakteren des Denkens gefordert werden.

§ 239 Die einfache Denkungsart mag vielleicht aus Stellen bei Cicero, wo er über eine solche Art zu sprechen berichtet, als eine von den mittleren, den erhobenen und bedeutenden entgegengesetzten Charakteren erwiesen werden, wenn ich mich weitläufig auf die Ermittlung der lateinischen Benennungen der Gedanken einlassen wollte. Wenn Horaz schreibt:

Besser, du setzt die Dichtung von Troja in ein Bühnenstück um usw.,

scheint er bereits einen Wink zu geben, daß die Epopöe insofern

res ex illa in hanc transumtae videantur attenuari. Hinc deductum simpliciter cogitandi genus utique depressum ad tenuitatem usque denotare videtur. Quale bucolicorum plerumque.

Quum canerem reges et praelia, Cynthius aurem
Vellit et admonuit: Pastorem Tityre, pingues
Pascere oportet oves, deductum dicere carmen,[1] § 155,
– – –
Agrestem tenui meditabor arundine musam, Virg.[2]
– – –
Te nostrae, Vare, myricae, § 180,
Te nemus omne canet, Virg., Ecl. VI 3.[3]

Quando autem Horatius, *suamet vineta caedens, poetas,*[4] inquit:

Nos lamentari non apparere labores,
Nostros, et tenui deducta poemata filo, Ep. II 1, 225,[5]

sine dubio voluit εἴρων intellegi ex § 179.

§ 240 Non Virgilius solum est

quondam gracili modulatus avena,[6]

Aen. I 1, sed in orationibus etiam ad Atticum cogitandi genus referebatur gracilitas quaedam et subtilitas, §§ 237, 238, quam propriam illis graecis, § 56, ferebant imitari non posse romanos, § 187. Hos ita solatur Quintilianus, XII 10: *Non possumus esse tam graciles? simus fortiores*, M. § 515. *Subtilitate vincimur? valeamus pondere*,[7] M. § 166. Recte simul monet, sinistre *his demum, qui tenui venula per calculos fluunt, Atticum saporem* tribui, *quia similis Lysiacae gracilitati credi* non possit Pericles (atticus), *quem fulminibus et caelesti fragori*

1 Vergil, *Ekl.* 6, 3–5.
2 Ebd. 6, 8.
3 Ebd. 6, 10 f.
4 Horaz, *Epist.* 2, 1, 219 f.
5 Ebd. 2, 1, 224 f.
6 Servius, *In Verg. Aen.* 1, prooem.; Anklang an Vergil, *Ekl.* 1, 2.
7 Quint. 12, 10, 36.

selbst den Tragödien überlegen sei, als die Sachen, wenn sie aus jener in diese übertragen werden, einfacher zu werden scheinen. Daher scheint die auf einfache Weise feingesponnene Denkungsart jedenfalls bis dahin hinabgeführt, wo sie die Schlichtheit bezeichnet, wie in einem großen Teil der *Bucolica*.

Als ich von Königen und Schlachten sang, zupfte mich der cynthische Gott am Ohr
und mahnte mich: ›Ein Hirt, mein Tityrus, soll fette Schafe
weiden, aber feingesponnen soll sein Lied sein‹.
– – –
So will ich mir nun auf meinem schlanken Schilfrohr ein ländliches Lied zurechtlegen,
– – –
dann rühmen dich, Varus, unsere Tamarisken, dich alle Wälder.

Wenn aber Horaz sagt, *wir Dichter – um die Axt an die eigenen Weingärten zu legen –*

jammern, daß unsere Anstrengungen nicht zur Kenntnis genommen werden
und auch nicht das feine Gespinnst des Gedichts,

wollte er ohne Zweifel, gemäß § 179, ironisch verstanden werden.

§ 240 Nicht allein Vergil

spielte einst melodisch auf dem zierlichen Schilfrohr,

sondern auch in den Reden wurde der attischen Denkungsart eine gewisse Zierlichkeit und Feinheit zugesprochen, die man den Griechen eigen hielt, und glaubte, daß die Römer sie nicht nachahmen könnten.[1] Diese tröstet schon Quintilian: *Können wir nicht so zierlich sein? So seien wir kühner. Fehlt es uns an Feinheit? So wollen wir durch die Fülle des Ausdrucks siegen.* Zugleich warnt er richtig davor, in verkehrter Weise *nur denen, die in dünnem Rinnsal über Steinchen plätschern, den Attischen Geschmack* zuzuschreiben, *weil* der (attische) Perikles nicht für *der Lysianischen Zierlichkeit ähnlich gehalten werden* kann, *den mit Blitzen und himmlischem Donner die Dichter der Komödie vergleichen, während sie doch dabei auf ihn schelten.* Derselbe

comparent comici, dum illi convicientur.[1] Idem *gracilitatem* alio in loco *fabellis Aesopi* adscribit, *quae fabulis nutricularum proxime succedant.*[2] Ob quas tamen, optimi ingeniorum aestimatores,

Aesopo ingentem statuam posuere Attici,
Servumque collocarunt aeterna in basi, § 234,
Patere honoris scirent ut cuncti viam,
Nec generi tribui, sed virtuti gloriam, Phaedr. II 9.[3]

§ 241 Epistolas et dialogos generatim ad hoc cogitandi genus male vocant, § 231. Esto: Cicero videbatur *plebeio sermone agere cum* Papirio Paeto *in epistolis.*[4] Perge legere, et videbis hic plebeium ex notione strictiori plebis romanae, non vero ex ea, qua nos vile et abiectum ita dicimus aliquando, intelligendum esse. Sed etiamsi pro *tenui* positum esset, an valet consequentia: Si Cicero ad Paetum tenui sermone usus est: in nullis epistolis ultra tenuitatem est elevanda cogitatio? Esto: *epistolas quotidianis verbis texere solemus*, Fam. IX 21.[5] An ideo nec licet quidem res, nisi quotidianas, litteris inserere? §§ 96, 114 docebunt, quid subsit errori veritatis.

§ 242 Virtutes in tenui dicendi genere numerant, 1) vel proprietatem, vel puritatem, 2) perspicuitatem, 3) probabilitatem, 4) evidentiam aliqui. Alii has omnes omnium pulcre cogitandi characterum communes esse dotes recte dicunt, § 22. Proprietatem si ex mente priorum per absentiam troporum, et puritatem per absentiam ornatus concipiamus, haec involvet illam pulcritudo. Pari ratione perspicuitatem et probabilitatem, s. verisimilitudinem involvet evidentia, M. § 531. Restarent itaque defectus ornatus et evidentia. Sed prior nec est virtus, nec est in omni cogitandi genere, quod tenue tamen est, § 247. Posterior ubique requiritur ex duplici titulo, § 22. Quid

1 Ebd. 12, 10, 24 und 25, umgestellt.
2 Quint. 1, 9, 2.
3 Phaedr. 2, 9, Epilog, 1–4.
4 Cic., *Fam.* 9, 21.
5 Ebd.

schreibt an einem anderen Ort die *Zierlichkeit* den *kleinen aesopischen Fabeln* zu, *die den Märchen der Ammen am nächsten stünden.* Dennoch haben um dieser willen diejenigen, die geistiges Vermögen am besten würdigen,

Die Athener – Aesops Talent zu Ehren
ein Denkmal aufgestellt – ein Denkmal einem Sklaven –
beweisend, daß der Weg zur Ehre offenstände
und Ruhm nicht dem Geschlecht, nein, dem Verdienst gebühre.

§ 241 Briefe und Dialoge werden im allgemeinen zu Unrecht dieser Denkungsart zugeordnet. Es mag sein: Cicero scheint *in den Briefen mit* Papirius Paetus *in plebejischer Sprache verhandelt* zu haben. Doch fahre fort zu lesen und du wirst sehen, daß hier ›plebejisch‹ aus dem engeren Begriff der römischen Plebs, nicht aber aus dem, mit dem wir bisweilen in dieser Weise das Geringschätzige und Gemeine bezeichnen, verstanden werden muß. Doch könnte es auch für ›schlicht‹ gesetzt werden, gälte dann die Folgerung: Wenn Cicero in den Briefen an Paetus die schlichte Rede gebrauchte, darf dann in keinen Briefen das Denken über die Schlichtheit erhoben werden? Es mag sein: *Wir sind es gewohnt, Briefe in alltäglichen Worten zu verfassen.* Ist es daher auch nicht erlaubt, Sachen, wenn sie nicht alltäglich sind, in Briefe einzufügen? Die §§ 96, 114 lehren, was sich an Wahrem hinter einem solchen Irrtum verbirgt.

§ 242 Manche zählen zu den Tugenden der schlichten Redeweise 1) entweder die Eigentlichkeit oder die Reinigkeit, 2) die Verständlichkeit, 3) die Glaubhaftigkeit und 4) die Ausgemachtheit. Andere sagen richtig, daß all dies allen Charakteren des schönen Denkens gemeine Gaben sind. Wenn wir im Sinne der ersteren die Eigentlichkeit als Abwesenheit von Tropen,[1] und die Reinigkeit als Abwesenheit von Zierat begreifen, so schließt wohl die letztere Schönheit die erstere ein. Gleichermaßen schließt wohl die Ausgemachtheit die Verständlichkeit und die Glaubhaftigkeit oder Wahrscheinlichkeit ein. Also blieben nur der fehlende Zierat und die Ausgemachtheit. Doch ersteres ist weder ein Vorzug noch findet es sich in jeder, gleichwohl schlichten, Denkungsart.[2] Letztere wird aus zweifacher

ergo restat huic characteri proprium? Utrumque non solum, modo recte intelligatur, sed et plura, cf. Cic., Or. 76–90.

§ 243 I) Puritas a sordibus, quae tenue cogitandi genus deprimerent infra magnitudinem et dignitatem aestheticam absolutam, § 202, coniuncta cum cautione sollicita omnis illius ornatus, qui cogitationes de tenuibus vel ultra terminos magnitudinis naturalis in sua materia, vel ultra limites dignitatis obiectis aptae, morumque simpliciter honestorum elevaret, § 231. II) Evidentia, quantam et ex parte verisimilitudinis, et ex parte perspicuitatis, et ex parte persuasionis, § 22, exspectare possis assequendam ab omnibus simpliciter honesto vivendi generi deditis, § 213, ab omnibus, inquam, in quibus indoli tali proportionalem ingenii culturam supponere licet, § 45.

§ 244 Promiseram plures tenui cogitationum generi proprias virtutes, § 242. Unam nunc adducere liceat exempli gratia. III) Rotunda ea brevitas, § 166, quam ab homine simpliciter honesto, ingenii proportionate culti, § 243, possis aequus exspectare, § 231, nisi praestandam, non difficulter tamen capiendam et sobrio iudicio laudandam, si praestetur ab alio. Quantum haec differant, et interim tamen inter se conveniant, videamus in duplici Romae descriptione:

> I) *Urbem, quam dicunt Romam, Meliboee, putavi*
> *Stultus ego huic nostrae similem, quo saepe solemus*
> *Pastores ovium teneros depellere foetus* e.c., Virg., Ecl. I.[1]

Hanc tenuiculam, § 233, exspectarem a quovis simpliciter honesto, qui metro latino nosset uti, quod non pertinet ad res, § 18.

[1] Vergil, *Ekl.* 1, 19–21.

Befugnis überall erfordert. Was also bleibt als diesem Charakter des schönen Denkens Eigenes? In richtiger Weise verstanden, nicht nur jedes von beiden, sondern noch mehr.[3]

§ 243 Dies ist: I) Reinigkeit von Schmutzigkeiten, welche die schlichte Denkungsart unter die absolute ästhetische Größe und Würde herunterdrücken würden, verbunden mit einer sorgfältigen Behutsamkeit bezüglich all jenes Zierats, der die Gedanken über schlichte Dinge entweder über die Schranken der natürlichen Größe im Stoff selbst oder über die Grenzen der den Gegenständen angemessenen Würde und der einfach ehrbaren Sitten erheben würde. II) Ausgemachtheit, in dem Maße, in dem du erwarten kannst, daß sie im Hinblick teils auf die Wahrscheinlichkeit, teils auf die Verständlichkeit und teils auf die Überredung von allen, die in der einfach ehrbaren Lebensart leben, verstanden werden kann, von allen, sage ich, bei denen eine einer solchen Gemütsart angemessene Kultur des Geistes unterstellt werden kann.

§ 244 Ich hatte mehrere der schlichten Art der Gedanken eigene Vorzüge versprochen. Es sei erlaubt, nun noch eine als Beispiel anzuführen. III) Ebendieselbe abgerundete Kürze, von der du billig erwarten kannst, daß sie von einem einfach ehrbaren Menschen von angemessen kultiviertem Geist, wenn nicht von ihm selbst geleistet, so doch ohne Schwierigkeiten verstanden und mit nüchterenem Urteil gelobt wird, wenn sie von jemand anderem geleistet wird. Wie sehr dieses beides sich unterscheiden und unterdessen dennoch miteinander übereinstimmen kann, mögen wir an der zweifachen Beschreibung Roms sehen:

> *Von der Stadt, die sie Rom nennen, Meliboeus, dachte ich Dummkopf, sie sei unserem Städtchen hier ähnlich, in das gewöhnlich wir Hirten die zarten Lämmer hinabtreiben* usw.

Diese feine schlichte Kürze möchte ich von jedwedem einfach ehrbaren Menschen erwarten, der das lateinische Metrum zu gebrauchen weiß, was hier aber nicht zur Sache gehört.

II) *Hoc, quodcunque vides, hospes, qua maxima Roma est,*
Ante phrygem Aeneam collis et herba fuit e.c., Prop. IV 1–35.[1]

Hanc in tenuibus maiorem, honesto tamen cuivis probe capiendam et ex ipsius simplici vivendi ratione minore in honestis eam tamen non inconsiderate probandam esse reor.

§ 245 A tenui cogitandi genere probe distinguantur, I) genus cogitandi de rebus, tenuibus quidem, absolute tamen magnis, § 202, ita easdem deprimens, ut contra suam naturam in meras nugas et naenias transformentur, § 191. SECUNDUM ΒΑΘΟΥΣ GENUS, § 217, et primum cogitandi genus NUGATORUM IN RE SERIA de rebus maioribus proportionatas tantum nugis cogitationes foventium, cf. § 221.

§ 246 Non sum nescius characteri tenui solere, velut unicum vitium opponi siccum et exile, aridum et exsangue, ieiunum atque frivolum cogitandi genus. Sed 1) habet et speciem tumoris sibi oppositam 2) siccitas nonunquam non solum in severioribus etiam intellectus et rationis, purioris etiam, meditationibus a censoribus vitio creatis male reprehenditur, qui logicum et aestheticum cogitandi genus nesciunt distinguere, sed in ipsis etiam aestheticis a iudice competente laudatur. Non provocabo ad illam Plauti, quae *suum virum fuit rata siccum, frugi, continentem, amantem uxoris maxime.*[2] Cicero, quando *cavendam oratori presso*, § 239, *inopiam et ieiunitatem*, §§ 120, 128, ait, quomodo id fieri debeat, expositurus in exemplo Cottae, de hoc: *Nihil erat*, inquit, *in eius oratione, nisi sincerum, nihil, nisi siccum, atque sanum*, et pergit laudare, De cl. or. 202.[3] Sane hic siccum non vituperatur.

[1] Prop., *Eleg.* 4, 1, 1 f.
[2] Plaut., *Asinaria* 856 f.
[3] Cic., *Brutus* 202.

All das, was du siehst, Fremder, wo das gewaltige Rom sich erstreckt, das war vor der Ankunft des Phrygers Aeneas Hügel und Wiesen usw.

Ich meine, daß diese größere Kürze in schlichten Dingen dennoch von jedwedem ehrbaren Menschen richtig verstanden und in ehrbaren Dingen aufgrund der eigenen niedrigeren einfachen Lebensart nicht unbedachtsam gebilligt werden kann.[1]

§ 245 Von der schlichten Denkungsart sollen wohl unterschieden werden: I) Die Denkungsart über zwar schlichte, aber dennoch absolut große Dinge, die diese derart niederdrückt, daß sie gegen ihre Natur in bloße Kleinigkeiten und Kindereien verwandelt werden. Dies ist die ZWEITE ART DES KRIECHENDEN und die erste Denkungsart der SCHWÄTZER IN ERNSTEN DINGEN, die bei größeren Sachen nur Lappalien angemessene Gedanken bevorzugen.[1]

§ 246 Es ist mir wohlbekannt, daß man gewöhnlich dem schlichten Charakter gleichsam als einzigen Fehler die trockene und dürftige, fade und leblose, nüchterne und kindische Denkungsart entgegensetzt.[1] Doch: 1) Der schlichte Charakter hat auch eine ihm entgegengesetzte Art des Schwulstes.[2] 2) Die Trockenheit wird zuweilen nicht nur – zum einen – auch in ernsteren Überlegungen des Verstandes und der Vernunft, auch der reineren, von Zensoren, die die logische und die ästhetische Denkungsart nicht zu unterscheiden wissen, zu Unrecht als Formfehler getadelt, sondern sie wird auch – zum anderen – im Ästhetischen von fähigen Richtern gelobt. Ich werde mich nicht auf jenes Frauenzimmer des Plautus berufen, die *bekräftigte, daß ihr Mann nüchtern, brav, enthaltsam sei und seine Ehefrau überaus liebe*. Cicero, wenn er sagt, daß *der knapp formulierende Redner sich vor Armut und Nüchternheit hüten muß*, führt gleich darauf, um zu erklären, in welcher Weise dies geschehen muß, das Beispiel des Cotta vor, von dem er dieses sagt: *Nichts war in seiner Rede, das nicht unverfälscht, das nicht trocken und gesund gewesen wäre*, und fährt fort, ihn zu loben. Fürwahr, hier wird das Trockene nicht geschmäht.

§ 247 Quintilianus omnino videtur siccum inter laudes virilis dignitatis ponere, quando II 4 optime suadet, ut *tenera adhuc aetas plura*, S. VIII, *audeat, et inveniat, et inventis gaudeat, sint licet illa non satis sicca interim ac severa. Facile remedium esse ubertatis* (nimiae), *sterilia nullo modo vinci.*[1] Macrobius *eloquentiam Maronis* laudat, *nunc siccam, ninc floridam.*[2] Quando autem Gellius, XIV 1, se *sicca et incomposita*, § 113, *et propemodum una oratione* dicit *attingere, quae Favorinus non* sine *copia et venustate, latius, amoenius, splendidius et profluentius exsequutus* sit:[3] vel hinc patet *siccum*, si vitio vertatur, latitudini potius et copiae, S. VIII, opponendam esse παρέκβασιν, quam magnitudini aestheticae, S. XV, vel absolutae, vel relativae alicui. Verum saepius inveniemus et gnavos horum criticos extensionem pulcram et intensionem cogitationum venustam confudisse, § 187.

§ 248 Erit itaque SICCUM COGITANDI GENUS potius comparative breve, vel laude dignum, § 246, S. XIV, ubi parsimonia iusserit aesthetica, §§ 164, 246, vel vituperio, si praestitisset latitudo quaedam aesthetica, §§ 116, 247. Ex hac definitione intellego Cicero, De opt. gen. or. 12: *Si intelligentiam ponunt in audiendi fastidio*, §§ 242, 243, *neque eos quicquam excelsum magnificumque delectat: dicant se subtile quiddam*, §§ 237, 238, *et politum velle, grave ornatumque contemnere. Id vero desinant dicere, qui subtiliter dicant, eos solos Attice dicere*, § 240, *id est, quasi sicce et integre. Et ample, et ornate, et copiose, cum eadem integritate, Atticorum est.*[4]

§ 249 3) Exile sicco videtur esse paene totaliter synonynom, §§ 246–248, si Plinium sequamur, cuius temporibus forsan theoria, theoriam dico, non praxin, altius evecta fuit aesthetica, ac ipso Ciceronis tempore. Hic enim V, Ep. 17 quando: *Apte*, inquit, *et varie*

1 Vgl. Quint. 2, 4, 5 f.
2 Makr., *Saturn.* 5, 1, 19.
3 Gellius, *Noctes att.* 14, 1, 32.
4 Cic., *De optime genere oratorum* 12.

§ 247 Quintilian scheint in jeder Hinsicht das Trockene zu den Vorzügen der männlichen Würde zu rechnen, wenn er bestens empfiehlt, daß *man in noch zartem Alter vieles*[1] *wagen und sich ausdenken und seine Freude daran haben soll, auch wenn es manchmal nicht trocken und streng genug ist. Leicht ist ein Mittel gegen das zu üppige Wachstum* (das Zuviel) *gefunden, die Unfruchtbarkeit überwindest du in keiner Weise.* Makrobius lobt *die bald trockene, bald blumige Beredsamkeit des Maron.* Wenn auch Gellius von sich sagt, *daß er in beinahe nur einer und trockenen und unvollkommenen Rede das anspreche, was Favorinus nicht* ohne *Fülle* und *Anmut breiter, lieblicher, prächtiger und wortreicher ausführen würde*, ist auch von diesen Stellen her offenbar, daß das *Trockene*, wenn es in einen Fehler verkehrt wird, eine Abweichung ist, die eher der Breite und Fülle als der ästhetischen Größe, sei diese eine absolute oder irgendeine relative, entgegengesetzt werden muß. Jedoch werden wir öfter entdecken, daß auch kundige Richter dieser Dinge die schöne Ausdehnung und die anmutige Stärke der Gedanken verwirrt haben.[2]

§ 248 Es wird daher die TROCKENE DENKUNGSART eher vergleichungsweise kurz sein, entweder des Lobes würdig, wenn sie von der ästhetischen Sparsamkeit befohlen worden ist, oder tadelnswert, wenn eine gewisse ästhetische Breite besser gewesen wäre. Im Sinne dieser Erklärung verstehe ich Cicero: *Wenn*[1] *sie ihre Kunstfertigkeit dareinsetzen, den Hörer zu verdrießen, und sie überhaupt nichts Hohes und Großartiges erfreut: Dann mögen sie sagen, daß sie das gewissermaßen Feine und Geglättete wollen und das Gewichtige,*[2] *Ausgeschmückte verachten. Dies aber mögen sie aufhören zu sagen, daß nur die im Attischen Stil sprechen, die in feiner Weise sprächen, das heißt, gleichsam trocken und und fehlerlos. Auch eine umfangreiche, geschmückte und reichhaltige Redeweise mit derselben Fehlerlosigkeit entspricht dem Attischen Stil.*

§ 249 3) ›Dürftig‹ scheint fast völlig synonym zu ›trocken‹ zu sein, wenn wir Plinius folgen wollen, zu dessen Zeiten die ästhetische Theorie – von der Theorie spreche ich, nicht von der Praxis – vielleicht höher emporgeführt wurde als selbst zur Zeit Ciceros. Wenn dieser nämlich sagt: *Auf angemessene und mannigfaltige Weise erhob er*

nunc attollebatur, nunc residebat, excelsa depressis, exilia plenis, severis iucunda mutabat, omnia ingenio pari [1] e. c., quis non videt, eum a) exilia etiam hic laudare velle, b) ea tamen non excelsis, sed plenis (relative i. e. latis et diffusis) contra distingui, c) excelsis potius expresse depressa contradistingui, et τῷ attolli residere. Neque dissentire videatur Cicero, quando *copiam exilem uberrimae*[2] opponit.

§ 250 Tunc etiam Cicero, quando in notatum, § 246, incidit errorem, exilis et sicci probat congruentiam, § 249, dum De or. II 159 *Stoicus*, § 122, ait, *multa reperit, quae negat ullo modo posse dissolvi*, § 121, *et genus sermonis* (primo et ipsius meditationis) *affert, non liquidum, non fusum, ac profluens, sed exile, aridum, concisum ac minutum*, § 121, *quod si quis* (intellectus et rationis purioris patronus) *probabit, ita probabit, ut oratori tamen aptum non esse fateatur. Haec enim nostra oratio* (aesthetica) *multitudinis est auribus accommodanda, ad oblectandos animos, ad impellendos, ad ea probanda, quae non aurificis statera, sed quadam populari trutina examinatur.*[3]

§ 251 Nunquam concesserim, omnia esse *spinosa et exilia*, § 249, quae sunt *longe a nostris sensibus abhorrentia*,[4] § 250, utinam tamen in philosophorum cogitandi genere, quod distinctius et solidius esse debet, ac aesthetica, non tam facile esset, ad hunc usque diem, exempla reperire, quibus hanc enormem confusionem tegere, vel etiam defendere possis, ac Ciceroni fuit exemplo, quod profert De or. I 83. Interim non excusatur Cicero, aut, si mavis, Crassus apud Ciceronem, qui *ieiune et exiliter* asserit *quosdam de iisdem rebus*, de quibus Democritus et Plato e. c. bene, *disputavisse, uti Chrysippum, quem acutissime ferant, neque ob eam rem philosophiae non satisfecisse*, De or. I 50. Pergit enim: *Quid ergo interest? aut qui discernes eorum, quos nominavi* (Democriti et Platonis e. c.) *ubertatem in dicendo et copiam ab*

1 Plin., *Ep.* 5, 17, 2.
2 Cic., *De fin.* 4, 12.
3 Cic., *De or.* 2, 159.
4 Ebd. 1, 83.

sich bald, senkte er sich bald wieder nieder, verwandelte er das Hohe in Niederes, das Dürftige in Volles, das Ernste in Heiteres, alles mit gleicher Begabung usw. – wer sieht da nicht, daß er a) auch das Dürftige hier loben möchte, b) es dennoch nicht gegen das Hohe, sondern das Vollständige (in relativer Weise, d. h. das Breite und Weitläufige) unterscheidet, c) das Hohe lieber ausdrücklich gegen das Niedere unterscheidet und so das sich Erheben gegen das sich Niedersenken. Auch scheint Cicero nicht verschiedener Meinung zu sein, wenn er *die dürftige der überreichen Fülle* entgegensetzt.

§ 250 Ebenfalls Cicero beweist dann, wenn er in den in § 246 bemerkten Irrtum verfällt, die Gleichartigkeit des Dürftigen und des Trockenen, indem er sagt: *Der Stoiker entdeckt viele Probleme, von denen er behauptet, man könne sie auf keine Weise lösen, und er hat eine Art der Rede* (an erster Stelle auch eine Art der Überlegung selbst) *an sich, die nicht klar, flüssig und geläufig, sondern dürftig, trocken, abgehackt und kleinlich wirkt; wenn jemand* (ein Freund des Verstandes und der reineren Vernunft) *sie gelten lassen will, dann nur mit der Einschränkung, daß man zugibt, für den Redner eigne sie sich nicht. Denn unser* (ästhetischer) *Redestil hat sich den Ohren der Menge anzupassen, ihre Herzen zu erfreuen, sie anzufeuern und von Dingen zu überzeugen, die man nicht auf der Goldwaage, sondern auf einer ganz gewöhnlichen Waage prüft.*

§ 251 Niemals würde ich anerkennen, daß alles *spitzfindig und dürftig* ist, was *gar nicht nach unserem Geschmack* ist. Wenn es doch gleichwohl bis zum heutigen Tag nicht so einfach wäre, in der Denkungsart der Philosophen, die deutlicher und gründlicher sein muß, als es ästhetische Dinge sind, Beispiele aufzufinden, mit denen du diese ungeheure Verwirrung bemänteln oder sogar verteidigen kannst, so wie auch Cicero ein Beispiel diente, das er in *De oratore* I 83 vorbringt. Unterdessen wird Cicero oder, wenn du lieber willst, Crassus bei Cicero nicht entschuldigt, der behauptet, *daß gewisse Leute dieselben Dinge*, über die Demokrit und Platon usw. schön gesprochen haben, *nüchtern und dürftig behandelt haben, wie Chrysipp, dem man besonderen Scharfsinn zuschreibt, ohne deswegen der Philosophie nicht Genüge getan zu haben.* Er fährt nämlich fort: *Worin besteht*

eorum (Chrysippi e.c.) *exilitate, qui hac dicendi varietate et elegantia non utuntur? Unum erit, profecto, quod ii, qui bene dicunt, afferunt proprium, compositam orationem, et ornatam, et artificio quodam et expolitione distinctam.*[1]

§ 252 Nam aut Chrysippus de iisdem rebus, de quibus Democritus et Plato e. c. nudam veritatem exposuerunt non nihil involutam aesthetices peplo, adeo misere philosophatus est, ac Mnesarchus, de quo l. c. 83 et multo minus philosophiae satisfecit, ac aesthetices regulis; aut complete, graviter, exacte, distincte, scientifice et, ut ita dicam, cogendo rationi intellectuique proposuit in naturali brevitate ac simplici cultu, quae illi, Democritus, Plato e.c. per compositam orationem, ornatum artificium, et expolitionem (aestheticas), analogo rationis propinarunt, et minus sane maturo iudicio ipsi obiicitur ieiunum et exile cogitandi genus, ac apte connexis osteologi sceletis, abdomen illis deesse. Verum quocunque se haec modo habeant, id tamen vel ex hoc Ciceronis loco colligas, exilitatem potius ubertatis defectum et ieiunitatem aliquam, §§ 120, 128, significare, quam magnitudinis dignitatisque maculam, § 249.

§ 253 Rem conficiet, arbitror, iudicium Ciceronis de Rutilio, De cl. Or. 114: *Sunt eius orationes ieiunae, multa praeclara de iure* (res non tenues, nisi fallor). *Doctus vir et graecis litteris eruditus, Panaetii auditor, prope perfectus in stoicis* (nec haec ad vivendi genus simpliciter honestum ex aestheticorum formula), *quorum peracutum et artis plenum orationis genus* (nec haec tenuitatem sapiunt et illi similia, §§ 237, 238, et stoicis tumor potius, quam nimia depressio convenit), *sed ta-*

[1] Ebd. 1, 50.

also der Unterschied? Oder wie willst du den Reichtum und die Fülle des Ausdrucks derer, die ich nannte (des Demokrit und Platon usw.) *von der Dürftigkeit derer* (des Chrysipp usw.) *unterscheiden, die keine solche Mannigfaltigkeit und Anmut der Sprache zeigen? Eine Besonderheit gibt es doch sicher, die die guten Redner aufzuweisen haben, nämlich eine wohlgegliederte und ausgeschmückte, durch ein gewisses Maß von Kunstfertigkeit und Schliff verfeinerte Rede.*

§ 252 Entweder nämlich hat Chrysipp über dieselben Dinge, deren nackte Wahrheit Demokrit und Platon usw. ein wenig verhüllt in ein ästhetisches Gewand dargestellt haben, so elend philosophiert wie Mnesarch, von dem ebendort die Rede ist, und viel weniger der Philosophie als den ästhetischen Regeln Genüge getan; oder er hat in vollständiger, gewichtiger, genauer, deutlicher, wissenschaftlicher Weise und, wie ich sagen möchte, in dem er es für die Vernunft und den Verstand zusammendrängte, in natürlicher Kürze und einfachem Kleide das vorgetragen, was jene – Demokrit, Platon usw. – in (ästhetischer) wohlgegliederter Rede, ausgeschmückter Kunstfertigkeit und Geschliffenheit dem Analogon der Vernunft dargereicht haben, und weniger vernünftig wird ihm bei einem reifen Urteil eine nüchterne und dürftige Denkungsart vorgeworfen als den passend zusammengefügten Skeletten eines Osteologen, daß ihnen der Bauch fehle. Doch wie auch immer sich diese Dinge verhalten mögen, dies magst du dennoch schon aus dieser Stelle bei Cicero entnehmen, daß die Dürftigkeit eher ein Fehlen von Reichtum und eine gewisse Nüchternheit bedeutet als ein Makel bezüglich der Größe und Würde.

§ 253 Die Sache mag, so meine ich, das Urteil Ciceros über Rutilius abschließen: *Seine Reden sind gewiß nüchtern, enthalten aber viel Vortreffliches aus dem juristischen Bereich* (keine schlichten Dinge, wenn ich mich nicht täusche). *War er doch ein gebildeter Mann, in der griechischen Literatur bewandert, Schüler des Panaitios, nahezu vollkommen in der Lehre der Stoiker* (doch gehört dies, gemäß der Regel der Ästhetiker, nicht zu der einfach ehrbaren Lebensweise), *deren Redeweise überaus scharfsinnig und kunstvoll* ist (doch hat dies keine Schlichtheit und etwas jener Ähnliches an sich, und den Stoikern

men exile, nec satis populari assensioni accommodatum[1] (quia contra praecepta Zenonis non semper distinguebant practice satis, quae compressas in pugnum manus, quaeque desiderarent explicitas, § 122). Neque quicquam contra hanc Ciceronis decisionem moveo, nisi forsam contra universalitatem, qua stoicis generatim exilitatem exprobrat. Si quis ex accuratiorum philosophorum acroamasi, quibus interfuit assiduus, eorum meditationem logicam et intellectualem strenue sequutus, descendit ad praxin et usum aesthetice cogitandorum, ipsiusque cogitandi rationi non nihil adhuc adhaeret illius distinctae accurationis, logicaeque praecisionis, cui adsuevit, nunc nimium, et praesens in tempus omittendum, excusandus ipse forsan et aequis iudicibus, neque tamen eius cogitandi ratio, qua dialectica sapit, est defendenda, quasi pulcra et ipsa elegansque dici mereatur, §§ 121, 124.

§ 254 4) Aridum cogitandi genus ad vitium in tenui cogitandi ratione defectu peccans, § 245, praesertim qua dignitate sufficienti destituitur, exprimendum paene dixerim aptiorem denominationem, ex hoc Ovidii loco:

> *Tu levior, § 189, foliis tum, quum sine pondere*, § 177, *succi*
> *Mobilius ventis arida facta volant.*[2]

Si quis tamen eandem vitiosam brevitatem, de qua §§ 247–253, eodem notari putaverit, habebit rationes non contemnendas, e. g. quando Quintilianus II 4 historicam narrationem esse vult, *neque aridam prorsus, neque ieiunam, neque rursus sinuosam et accersitis descriptionibus, in quas plerique imitatione poeticae licentiae ducuntur, lascivientem*, § 165, et addit: *Vitium utrumque, peius tamen illud, quod ex inopia, quam quod ex copia venit*[3] (scilicet in pueris, §§ 247, 248).

1 Cic., *Brutus* 114.
2 Ovid, *Heroid.* 5, 109 f.
3 Quint. 2, 4, 3 f.

ziemt eher der Schwulst als ein übermäßiges Herabsenken), *aber dabei dürftig und ganz ungeeignet, den Beifall der Menge zu gewinnen* (weil sie gegen die Vorschriften Zenons in praktischer Hinsicht nicht immer genügend unterschieden zwischen Dingen, die zusammengepreßt in geballter Faust, und Dingen, die ausführlicher dargestellt werden wollen). Und nichts möchte ich gegen dieses Urteil Ciceros vorbringen, wenn nicht vielleicht etwas gegen die Allgemeinheit, in der er den Stoikern überhaupt die Dürftigkeit vorwirft. Wenn jemand aus den Vorlesungen der sorgfältigeren Philosophen, denen er fleißig beiwohnte und ihren logischen und verstandesmäßigen Überlegungen brav und in genügender Weise folgte, zur praktischen Ausübung und dem Gebrauch der ästhetisch zu denkenden Dinge hinabsteigt und seiner eigenen Denkungsart noch immer ein wenig jener deutlichen Sorgfältigkeit und logischen Bündigkeit anhaftet, an die er sich gewöhnt hat, die nun zuviel ist und die er gegenwärtig aufgeben muß, muß er selbst vielleicht von billigen Richtern entschuldigt werden, nicht aber darf seine Weise zu denken, insoweit sie etwas Dialektisches an sich hat, verteidigt werden, als ob sie selbst schön und anmutig genannt zu werden verdiente.

§ 254 4) Um die fade Denkungsart, die sich in der schlichten Denkungsart bis zur Fehlerhaftigkeit am Mangel versieht, vor allem, weil es ihr an der genügenden Würde gebricht, darzustellen, könnte ich wohl kaum eine passendere Benennung anführen als aus dieser Stelle des Ovid:

> *Du bist leichter als die Blätter, wenn sie ohne Gewicht des Saftes*
> *trocken in den beweglichen Winden fliegen.*

Wenn aber jemand auch diejenige fehlerhafte Kürze, von der in §§ 247–253 die Rede war, mit derselben Stelle bezeichnen wollte, wird er keine unbeachtenswerten Gründe dafür haben, z. B. wenn Quintilian möchte, daß die historische Erzählung *zwar nicht völlig trocken und nüchtern* sein soll, *andererseits aber auch nicht in vielen Windungen mit gesuchten Beschreibungen, zu denen sich viele durch die Nachahmung dichterischer Beschreibungen verführen lassen, wuchern soll.* Und er fügt hinzu: *Beides ist fehlerhaft, schlimmer aber doch der Fehler, der aus der Armut, als der, der aus dem Reichtum entspringt*

Quis hic non videt aridum esse vitium in defectu, quod luxurianti cogitandi generi, vitio in excessu peccanti, opponitur, ut eamus per medium inopiae persicique apparatus?

§ 255 Dicam tamen apertius meam sententiam, qua ARIDUM COGITANDI GENUS latius omne illud esse iudico, quod observari potest minus virium ac roboris habere, M. § 515, ac mascula pulcritudo requireret, cuius languidum cogitandi genus est quaedam modificatio, § 111. Ex hac mente cogitationum ariditas erit φαινόμενος omnis defectus, vel ubertatis, vel dignitatis, vel verisimilitudinis, vel vividitatis, vel persuasionis, vel vitae, quantas data pulcritudo requireret, § 22.

§ 256 Ex hac notione videtur Quintilianus II 4 tantopere protestari contra *magistrum aridum,* eum comparans *siccis ac sine humore ullo* terris, quae *teneris* potissimum *plantis evitandae* sint. Si qui talem nanciscantur pueri, fieri eos *humiles statim, et velut terram spectantes, qui nihil supra quotidianum sermonem attollere audeant* (vel ubertate, vel dignitate, vel verisimilitudine e.c., § 255), *maciem illis pro sanitate, et iudicii loco infirmitatem esse, et dum satis student vitio carere, in id ipsum incidere vitium, quod virtutibus careant.*[1] Ex eadem forte se dicit in institutionibus suis aliquid *nitoris* et *iucunditatis admiscuisse,* ne *ieiuna atque arida* (quae saltim analogo rationis videretur eiusmodi) *praeceptorum traditio animos averteret, et aures, praesertim tam delicatas, raderet,* III 1,[2] cf. § 122.

§ 257 Quando idem VIII pr.: *Neque Asiani,* inquit, *aut quocumque alio genere corrupti res non viderunt, aut eas non collocaverunt: neque quos aridos vocamus, stulti aut in caussis caeci fuerunt, sed his in eloquen-*

1 Ebd. 2, 4, 8 f.
2 Vgl. ebd. 3, 1, 3.

(wohlgemerkt im Knabenalter). Wer sieht hier nicht, daß das Trockene ein Fehler im Mangel ist, das der verschwenderischen Denkungsart, dem Fehler, sich im Übermaß zu versehen, entgegengesetzt ist, so daß es uns obliegt, in der Mitte zwischen Armut und persischer Prunkausstattung zu gehen?

§ 255 Ich werde jedoch offener meine Meinung sagen, nach der ich urteile, daß eine TROCKENE DENKUNGSART in weiterem Sinne all jenes ist, an dem beobachtet werden kann, daß es weniger Kraft und Stärke hat, als es die männliche Schönheit erfordern würde, von der die matte Denkungsart eine gewisse Abwandlung ist. In diesem Sinne wird die Trockenheit der Gedanken jeder in dem Maße zur Erscheinung gelangte Mangel an Reichtum, Würde, Wahrscheinlichkeit, Lebhaftigkeit, Überredung oder Leben sein, in dem eine gegebene Schönheit sie jeweils erfordern würde.

§ 256 Gemäß diesem Begriff scheint Quintilian sich so heftig gegen den *trockenen Lehrer* auszusprechen, indem er ihn mit einem *dürren, völlig saftlosen* Boden vergleicht, der vornehmlich *bei zarten Pflanzen* vermieden werden müsse. Wenn die Knaben einen solchen Lehrer anträfen, erhielten sie *gleich eine verkümmerte Gesinnung, die gleichsam nur die Erde sieht, und wagten sich in der Rede nie über den Alltagston zu erheben* (in der Größe, der Würde oder der Wahrscheinlichkeit usw.). Daß *die Magerkeit ihnen als Gesundheit gälte und ihre Schwäche die Stelle des Urteils einnähme, und indem sie sich genügend befleißigten,*[1] *Fehler zu vermeiden, läge der Fehler, in den sie verfielen, gerade darin, keine Vorzüge zu haben.* Aus diesem Grund sagt er vielleicht von sich, seinem Lehrunterricht manchen *Glanz* und manche *Freude beigegeben zu haben*, damit nicht eine *nüchterne und trockene* (die wenigstens dem Analogon der Vernunft so erscheinen würde) *Lehrtradition den Gemütern widerstände und den Ohren, insbesondere den so verwöhnten, wehtäte.*

§ 257 Wenn Quintilian in Buch VIII im Proömium sagt: *Weder waren die im asiatischen oder sonst einem Redestil Verdorbenen unfähig, die Sachverhalte zu sehen oder anzuordnen: Noch waren die Vertreter des Stiles, den wir fade nennen, töricht oder blind bei ihren Prozeßreden,*

do iudicium et modus, illis vires defuerunt! hos Asianos, illos aridos[1] interpretor ex l. XII 10, ubi de *aridis, exsuctis* (exsuccis) *et exsanguibus: Hi sunt,* ait, *qui suae imbecillitati sanitatis appellationem, quae est maxime contraria, obtendant, qui, quia clariorem vim,* M. § 515, *eloquentiae, velut solem, ferre non possunt, umbra magni nominis delitescunt.* De *Asianis* autem: *illis iudicium maxime et modum deesse.*[2]

§ 258 5) Exsangue cogitandi genus habeo in synonymis aridi, ex significatu, §§ 255–257, quemadmodum *exsangue* generatim per *enervatum* explicat Cicero: *Ut si gladium,* inquiens: *puero parvo, aut si imbecillo seni aut debili dederis, ipse impetu suo nemini noceat. – – – ita, quum hominibus enervatis ac exsanguibus, consulatus, tanquam gladius, esset datus, qui per se pungere neminem unquam potuissent* e.c., Or. pro Sext. 24.[3]

§ 259 6) Ieiunum cogitandi genus est synonymon sicci, quando hoc in vitiis legitur, §§ 248, 128. Ita Quintilianus, § 254, et quando docuit *grammaticae,* poetarum interpreti, *musica, astronomia, philosophia, eloquentiaque non mediocri opus esse,* hac, ut res illarum *dicat proprie et copiose,* pergit: *Quo minus sunt ferendi, qui hanc artem, ut tenuem* (quod sinistri quid significans cum exili, sicco, subtilique, quando culpatur, coincidit) *ac ieiunam cavillantur,* l 4.[4] Pari ratione Cicero reprehendit opinionem vulgi, qua *Antonius ieiunior, Crassus* habebatur *plenior*, et Quintilianus obtrectatorum *Ciceronis* exponit malevolentiam, quum a quibusdam eum dictum refert *ieiunum ac aridum,* ab aliis *Asianum et redundantem in repetitionibus nimium.*[5] Vituperari per invidiam ab contraria

Aureae laus est mediocritatis.

1 Ebd. 8, Prooem. 17.
2 Ebd. 12, 10, 14–16.
3 Cic., *Pro Sextus* 24.
4 Vgl. Quint. 1, 4, 4 f.
5 Ebd. 12, 10, 12 f.

sondern den ersteren fehlte das rechte Urteil im Ausdruck und das rechte Maß, den letzteren die Entfaltung der Kraft! So lege ich *diese Vertreter des asiatischen, jene Vertreter des trockenen Redestils* gemäß Buch XII 10 aus, wo er über *die Faden, Saft- und Leblosen* sagt: *Sie sind es, die ihre eigene Schwächlichkeit mit dem Wort ›Gesundheit‹ verhüllen, die doch der stärkste Gegensatz dazu ist. Weil sie die strahlendere Kraft der Beredsamkeit wie die Kraft der Sonne nicht ertragen können, verbergen sie sich im Schatten eines großen Namens.* Über die Vertreter des asiatischen Stils aber sagt er, *daß jenen vor allem Urteil und Maß fehle.*

§ 258 5) Die leblose Denkungsart rechne ich zu den Synonymen des Trockenen, aus der in §§ 255–257 dargelegten Bedeutung, so wie Cicero *leblos* überhaupt mit *kraftlos* erklärt, indem er sagt: *So wie wenn du einem kleinen Knaben oder einem gebrechlichen oder schwachen Greis ein Schwert geben würdest, er aus eigener Kraft keinem schaden könnte – so sei dann das Konsulat gleichwie das Schwert kraft- und leblosen Männern übergeben worden, die von sich aus niemals jemanden zu verletzen vermögend gewesen wären* usw.[1]

§ 259 6) Die nüchterne Denkungsart ist ein Synonym des Trockenen, wenn sie zu den Fehlern gerechnet wird. So Quintilian: § 254, und wenn er lehrt, daß *der Grammatik*, Auslegerin der Dichter, *die Musik, Astronomie, Philosophie und keineswegs durchschnittliche Beredsamkeit nötig sei*; hier, damit sie über deren Gegenstände *treffend und ausreichend rede*, fährt er fort: *Um so weniger also kann man es hinnehmen, wenn manche diese Kunst als schlicht* (das, wenn es etwas Verkehrtes bedeutet, mit dem mit dem Dürftigen, Trockenen und Feinen, wenn es getadelt wird, zusammenfällt) *und nüchtern hanseln.* Ebenso mißbilligt Cicero die gewöhnliche Meinung, nach der *Antonius für nüchterner, Crassus für vollständiger* gehalten wurde, und Quintilian legt die Mißgunst der Widersacher *Ciceros* offen, wenn er erzählt, daß er, während er von manchen *nüchtern und fade* genannt, von anderen *als asiatischer Grieche, voll von Überflüssigem und übertrieben in seinen Wiederholungen* bezeichnet wurde. Aus Neid aus gegenteiligen Gründen getadelt,

gilt das Lob der goldenen Mittelmäßigkeit.[1]

Interim iure quodam talionis, connivente veluti quadam Nemesi, priorem accusationem Ciceroni intentatam esse docebit, §§ 251, 252.

§ 260 De posteriori accusatione ipse ita loquitur, ut denuo ieiunitatis notionem aestheticam satis figere videatur, quando Quaest. Tusc. II 3 de suis orationibus: *Nonnulli,* inquit, *quum obruerentur copia sententiarum atque verborum, ieiunitatem et famem se malle dicebant, quam ubertatem et copiam. Unde erat exortum genus Atticorum,* § 240, *iis ipsis, qui id sequi se profitebantur, ignotum, qui iam conticuere, paene ab ipso foro irrisi.*[1]

§ 261 7) Frivolum cogitando genus habeo in synonymis nugatorii, §§ 221, 245, ut concedam quidem secundum βάθους genus esse frivolum, non autem omnia frivole cogitata posse huc trahi, quando defectum magnitudinis absolutae in iis, quae tenue cogitandi genus poscunt, consideramus, § 246. Haesi non nihil in diducendis notionibus vocabulorum, quibus per varias linguas aequipollentibus plebs criticorum utitur, conviciorum instar, quae centesima non intelligit iis utentium muliercula: ut, si quando fuerint sanis adhibenda criticis, aesthetici secum ante possint reputare, quid sibi probandum, et an id aperte satis exponere possint, in diiudicato locum habere, quod vocibus eiusmodi significatur.

§ 262 In secundo βάθους genere, § 245, turpior erit species materiam tenuem quidem, at satis tamen et magnam et dignam describi simpliciter honestis moribus convenienter, deprimens in indignum, vel simpliciter honestis moribus, § 224, VILE DE TENUIBUS COGI-

1 Cic., *Tusc.* 2, 3.

Daß unterdessen durch irgendein Recht der Vergeltung, gleichsam wie durch die Nachsicht einer Nemesis,[2] die erste Anschuldigung gerade gegen Cicero gerichtet wurde, werden die §§ 251, 252 lehren.

§ 260 Über die letztere Anschuldigung spricht er selbst so, daß er von neuem den ästhetischen Begriff der Nüchternheit hinreichend festzusetzen scheint, wenn er zu seinen Reden sagt: *Manche, wenn sie von der Fülle der Gedanken und Worte überschüttet wurden, behaupteten, sie zögen die Nüchternheit und den Hunger dem Reichtum und der Fülle vor – woraus dann die Art der Attiker entstand, die selbst denen, die sie nachzubilden beanspruchten, fremd blieb, und die beinahe schon verstummt sind, da sie sogar vom Forum verlacht werden.*[1]

§ 261 7) Die kindische Denkungsart rechne ich zu den Synonymen des Läppischen. Wenngleich ich freilich einräume, daß die zweite Art des Kriechenden kindisch ist, gestehe ich jedoch nicht zu, daß alles kindisch Gedachte hier miteinbezogen werden kann, wenn wir den Mangel an absoluter Größe in den Dingen, welche die schlichte Denkungsart erfordern, erwägen.[1] Ich habe mich ein wenig mit dem Auseinandersondern der Begriffe der Wörter aufgehalten, derer sich gleichgeltend in den verschiedenen Sprachen der große Haufe der Kritiker bedient – gleichsam wie Lästereien, die das kleine Weib, das sie benutzt, nicht zu einem Hundertstel versteht: Damit, wenn sie je einmal von gesunden Kritikern angewandt werden sollten, die Ästhetiker vorher für sich überdenken können, was ihnen billig ist, und vielleicht offen aufzeigen können mögen, wo das in der beurteilten Sache seinen Ort hat, was mit den Wörtern in solcher Weise bezeichnet wird.

§ 262 In der zweiten Art des Kriechenden wird gewiß die Unterart häßlicher sein, die einen schlichten Stoff, der aber dennoch sowohl genügend groß als auch genügend würdig ist, um in verträglicher Weise mit den einfach ehrbaren Sitten beschrieben zu werden, in das sogar den einfach ehrbaren Sitten Unwürdige niederdrückt: die GERINGSCHÄTZIGE DENKUNGSART ÜBER SCHLICHTE DINGE. In diese Häßlichkeit verfällt Plautus oft und dahin neigt sich

TANDI GENUS. In hanc deformitatem Plautus saepius incidit, et vergit eo Virgilii Menalcas, qui, inter alia, durius exprobrata:

Quid domini facient, audent quum talia fures?
Nonne ego te vidi Damonis, pessime, caprum
Excipere insidiis, multum latrante Lycisca? e. c., Ecl. III.[1]

Sed retrahitur apta Damoetae primum admonitione:

Parcius ista viris tamen obiicienda memento[2] e. c.,

pergensque nihilominus, honesta invitatione ad certamen musicum. Si admittamus eclogae sensum, quem ferunt, mysticum, Virgilio non imputabimus, si quid Menalcas primo crassius loqui videatur.

§ 263 Tenue cogitandi genus uti omnes generatim maculas venustatem cogitationum deturpantes habet sibi oppositas, ita et §§ 246–261 notatas, praesertim

Si succus pecori, si lac subducitur agnis.[3]

Nunc autem παρεκβάσεων ipsi propriarum curiosi tantum animadvertimus II) SECUNDUM TUMORIS GENUS de materiis tenuibus, aut tenuibus maiorum variis consectariisque maiores, vel vere, vel apparenter tales, concipiuntur cogitationes, ac earum et relativa magnitudo et dignitas comparative minime permittere videantur. Huius prima denuo species erit tenuia eo levans, quo materias tantum mediocres adscendere phaenomenon sit, § 208, secunda altius adhuc tollens, § 203, donec

Sublimi feriant sidera vertice.[4]

1 Vergil, *Ekl.* 3, 16–18.
2 Ebd. 3, 7.
3 Ebd. 3, 6.
4 Horaz, *Carm.* 1, 1, 36.

der Menalcas des Vergil, der, unter anderen Vorhaltungen, in ziemlich derber Weise dieses von sich gibt:

Was sollen Eigentümer noch tun, wo sich Diebe solches herausnehmen?
Habe ich nicht gesehen, wie du, Erzgauner, den Bock Damons
aus dem Hinterhalt schnapptest, während Lycisca unentwegt bellte?
Usw.

Doch er wird fürs erste zurückgehalten durch die gehörige Zurechtweisung des Damoetas,

Merk dir: Du solltest gegenüber Männern mit solchen Vorwürfen
sparsamer sein usw.,

und folgt nichtsdestoweniger der ehrbaren Einladung zum Dichterstreit. Wenn wir der Ekloge den heimlichen Sinn, der ihr beigelegt wird, zugestehen möchten, werden wir dem Vergil nicht in Rechnung stellen, was etwa Menalcas zu Beginn gröber zu sagen scheinen mag.

§ 263 Der schlichten Denkungsart sind überhaupt alle diejenigen die Anmut der Gedanken verunstaltenden Makel entgegengesetzt, wie sie auch in den §§ 246–261 angeführt sind, vor allem

wenn dem Vieh der Saft, wenn den Lämmern die Milch entzogen
wird.

Wenn wir nun aber nur die ihr eigenen Abweichungen wissen wollen, geben wir acht auf II) die ZWEITE ART DES SCHWULSTES,[1] wenn über schlichte Stoffe oder über verschiedene schlichte Folgen aus Größerem entweder wahrhaft oder scheinbar größere Gedanken gefaßt werden, als es die vergleichungsweise überaus winzige relative Größe und Würde dieser Gegenstände zu erlauben scheinen mag. Die erste Unterart dieses Schwulstes wird die sein, die schlichte Dinge dorthin emporhebt, wohin in der Erscheinung nur mittelmäßige Stoffe aufsteigen mögen, die zweite diejenige, die sie noch höher hinaufzieht, bis sie wohl

mit erhabenem Scheitel hoch an die Sterne rühren.

§ 264 Secundam tumoris, de quo § 263, speciem Plautus exagitat exemplo *militis gloriosi,* qui *Pyrgopolinices* ita statim scenam aperit:

Curate, ut splendor meo sit clipeo clarior,
Quam solis radii esse olim, quum sudum est, solent[1] e. c.,

parato respondere Artotrogo salutante *virum*

Fortem atque fortunatum, et forma regia,
Tum bellatorem: Mars haud ausit dicere
Neque aequiparare suas virtutes ad tuas,[2] cf. Ter., Eun. IV 6, v. 3–5.

Ab eadem retrahit illud Quintiliani VI 2: *In parvis (litibus) tragoedias movere tale est, quale si personam Herculis et cothurnos aptare infantibus velis.*[3]

§ 265 Eandem secundam speciem ut mire illustrat Petronii Trimalcio tunc etiam, quando non omnino nugas agere videtur, *caduceum tenens, Minerva ducente, ratiocinari discens, dispensator factus, et tandem in tribunal excelsum levato mento a Mercurio raptus,*[4] *cum suo lepore pinnis subornato, ut Pegasus videretur*[5] e. c., ita primam, § 263, pingit in Trimalcionis *dispensatore aureos numerante,* qui deprecantibus pro servo ipsius: *Non tam,* respondet, *iactura me movet, quam negligentia nequissimi servi. Vestimenta accubitoria perdidit, quae mihi natali meo donaverat cliens quidam, Tyria sine dubio, sed iam semel lota. Quicquid ergo est, dono vobis.*[6]

1 Plaut., *Miles gloriosus* 1, 1, 1 f.
2 Ebd. 1, 1, 9–12.
3 Quint. 6, 1, 36.
4 Petr., *Satyricon* 29.
5 Ebd. 36.
6 Ebd. 30.

§ 264 Die zweite Unterart des Schwulstes, von der in § 263 die Rede war, verspottet Plautus mit dem Beispiel des *Glorreichen Hauptmanns*, der als *Pygropolynices* die Szene sogleich so eröffnet:

Sorgt ihr dafür, daß mir mein Schild mit seinem Glanz
der Sonne Schein am blauen Himmel überstrahlt usw.

Und der seine Verehrung erweisende Artotrogus prompt antwortet:

Welch ein Mann
voll Mut, Sohn des Glücks, König von Statur
und gar erst Kriegsheld. Mars wagt sich daneben nicht
zu nennen noch seine Taten mit deinen zu vergleichen.

Von derselben Art des Schwulstes hält einen auch jener Ausspruch Quintilians ab: *In kleinen Dingen (Streitigkeiten) Trauerszenen aufführen hieße kleinen Kindern die Maske und den Kothurn eines Herkules anziehen.*

§ 265 Dieselbe zweite Unterart macht der Trimalchio des Petronius in so wunderbarer Weise auch dann anschaulich, wenn er nicht zur Gänze Possen aufzuführen scheint: *Mit dem Heroldstab in der Hand, unter Minervas Führung, das Rechnen erlernend, zum Buchhalter gemacht und dann von Merkur am Kinn ergriffen auf das Podium erhoben, mit einem Hasen, dem man Federn angesteckt hatte, damit er wie Pegasus aussähe* usw. So malt er auch die erste Unterart aus, in dem *Goldmünzen zählenden Zahlmeister* des Trimalchio, der denen, die für seinen Sklaven um Gnade bitten, antwortet: *Es kommt mir weniger auf den Verlust an als auf die Unzuverlässigkeit dieses nichtsnutzigen Sklaven. Er hat mein Bankettgewand verloren, das mir ein Klient zum Geburtstag geschenkt hat. Es ist zwar mit Tyrischem Purpur gefärbt, aber immerhin schon einmal gewaschen. Also sei's drum: Ich schenk ihn euch.*

SECTIO XX
MEDIUM COGITANDI GENUS

§ 266 II) MEDIUM COGITANDI GENUS (aequabile, mediocre, interiectum, et temperatum) est de materiis mediocribus, § 208, ita cogitans, ut non earum solum magnitudini naturali, sed et dignitati relativae morumque nobilitati non solum nihil repugnantis contineat, sed etiam apprime conveniat et proportionatum sit. An illud intermedium tenui sublimique, an inter tenue et sublime medium dici possit disputant ad Cic., Or. 21, § 208. Ubi Cicero: *Uno tenore,* ait, *ut aiunt, in dicendo* (cogitando) *fluit, nihil afferens, praeter facilitatem et aequabilitatem*[1] e.c.

§ 267 Video Ciceronem non sua, sed aliorum ex definitione loqui. Quum autem idem *orationum* suorum *forense* cogitandi *genus* distinguat *ab aequabili temperatoque* cogitandi *genere,* quod in libris *de philosophia* sequitur, De off. I 3,[2] augetur multis suspicio, ipsum de medio, § 266, cogitandi genere loqui voluisse, quando de philosophicis sermo est, quum tamen orationibus generatim *vim dicendi maiorem*[3] tribuat. Ex eodem errore genus hoc cogitandi medium historiis adscribitur, § 126, quasi proprium et universale singulis. AEQUABILE potius COGITANDI GENUS LATIUS dicitur suis ubique materiis congruens, cum illis se deprimens, cum iisdem surgens, STRICTIUS et comparative eas materias et eo respectu pertractans, ut tanta non opus sit varietate cogitandi respectu magnitudinis dignitatisque relativae, quanta phaenomenon fieret, si vel aliae res, vel eaedem, sed diverso respectu, magisque vario, pulcre perpendendae essent.

1 Cic., *Or.* 21.
2 Cic., *De off.* 1, 3.
3 Ebd.

ABSCHNITT XX
DIE MITTLERE DENKUNGSART

§ 266 II) Die MITTLERE (gleichförmige, mittelmäßige, dazwischenliegende und gemäßigte[1]) DENKUNGSART ist die, die über mittelmäßige Stoffe so denkt, daß sie nicht allein nichts ihrer natürlichen Größe, der relativen Würde oder der edlen Art der Sitten Widerstreitendes enthält, sondern mit ihnen auch vorzüglich zusammenstimmt und ihnen angemessen ist. Ob jene Denkungsart als in der Mitte liegend zwischen dem Schlichten und Erhabenen oder als Mittel zwischen dem Schlichten und Erhabenen bezeichnet werden kann, diskutiert man bei Cicero, wo er sagt: *Sie fließt, wie man so sagt, im Reden* (im Denken) *in einem Zuge dahin und fügt nichts hinzu außer einer gewissen Leichtigkeit und Gleichmäßigkeit* usw.

§ 267 Ich sehe, daß Cicero hier nicht gemäß seiner, sondern gemäß der Erklärung anderer spricht. Weil er dann aber auch die *forensische* Denkungs-*Art* seiner *Reden* von der *gleichförmigen und gemäßigten* Denkungs-*Art*, die er in seinen Büchern *über die Philosophie* verfolgt, unterscheidet, wird bei vielen der Verdacht verstärkt, daß er selbst da von der mittleren Denkungsart sprechen wollte, wenn von philosophischen Erörterungen die Rede ist, während er demgegenüber den Reden überhaupt *eine größere Lebendigkeit des Vortrags* zuspricht. Aus demselben Irrtum wird diese mittlere Denkungsart den historischen Erzählungen zugeschrieben, gleichsam als ihnen und jeder einzelnen von ihnen allgemein eigene. Besser wird die GLEICHFÖRMIGE DENKUNSGART IN WEITERER BEDEUTUNG diejenige genannt, die überall ihren Stoffen gleichartig ist, sich mit jenen niedersenkt und mit denselben erhebt,[1] IN ENGERER BEDEUTUNG und vergleichungsweise genommen aber diejenige, die diese Stoffe auch in einer Hinsicht behandelt, bei der nicht so viel Verschiedenheit des Denkens im Hinblick auf deren relative Größe und Würde nötig ist, wie zur Erscheinung gelangen würde, wenn entweder andere Gegenstände oder dieselben, aber in anderen und mehr verschiedenen Hinsichten auf schöne Weise erwogen werden müßten.

§ 268 Habet character cogitationum medius certam semper aequabilitatem, dum neque tenuitatis limites descensu neque sublimitatis terminos transcendit adscensu, § 266, sed non omnis aequabilitas in cogitando medium simul characterem exprimit, est etiam tenui, est sua sublimibus aequabilitas, § 267.

§ 269 Mediocre dixissem medium cogitandi genus, nisi duplex obstaret ambiguitas, 1) eorum, qui *mediocritatem illam* amant cum peripateticis, *quae est inter nimium et parum*[1] quoque significatu omne laudabile mediocre est, 2) eorum qui non cum Horatio solum faciunt, quando edicit:

mediocribus esse poetis
Non homines, non dii, non concessere columnae,[2]

sed idem etiam ob similem rationem ad omnia venustius cogitanda trahunt, quae, quam primum a summa voluptate, vel paullum decedant,

Ut gratas inter mensas symphonia discors,
Et crassum unguentum et Sardo cum melle papaver,
Offendant, poterat duci quia coena sine istis.[3]

Hoc significatu nullum laudabile mediocre est in aestheticis. Adeoque medium cogitandi genus illis non solum, his non bene, mediocre videretur, § 266.

§ 270 Temperatum idem cur dicatur cogitandi genus, § 267 iam vidimus, quum vere TEMPERATUM COGITANDI GENUS, vel mediocritatem laudabilem in omni cogitationum vi, § 22, significet, § 269, LATIUS, vel STRICTIUS idem adhibitum tali themati inter eiusmodi respectus, in quibus vehementiores animi contentiones

1 Ebd. 1, 89.
2 Horaz, *A. p.* 372 f.
3 Ebd. 374–376.

§ 268 Der mittlere Charakter der Gedanken hat immer eine gewisse Gleichförmigkeit, indem er weder im sich Senken die Schranken der Schlichtheit noch im sich Erheben die Grenzlinien des Erhabenen überschreitet. Doch nicht jede Gleichförmigkeit im Denken drückt zugleich den mittleren Charakter aus, es gibt auch eine dem Schlichten, und es gibt eine den erhabenen Dingen eigene Gleichförmigkeit.

§ 269 Ich hätte die mittlere Denkungsart mittelmäßig genannt, wenn dem nicht eine doppelte Zweideutigkeit entgegenstünde, 1) derjenigen, die mit den Peripatetikern *jenes Mittelmaß* lieben, *das zwischen zuviel und zuwenig liegt* und nach welcher Bedeutung alles Lobenswerte mittelmäßig ist,[1] 2) derjenigen, die es nicht allein mit Horaz halten, wenn er bestimmt, daß

Mittelmäßigkeit den Dichtern
nicht die Menschen und nicht die Götter noch die Auslagenstände der Buchhändler erlaubt haben,

sondern dasselbe auch aus ähnlichem Grund auf alle schöner zu denkenden Dinge beziehen, die, sobald sie davon, höchstes Vergnügen zu bereiten, auch nur ein wenig abweichen mögen,

wie an einladender Tafel ein unharmonisches Konzert,
wie fettiges Salböl und Mohn mit sardinischem Honig
stören würden, weil man das Mahl auch ohne dies hätte abhalten können.

In dieser Bedeutung gibt es nichts lobenswertes Mittelmäßiges in ästhetischen Dingen. Und so würde allemal die mittlere Denkungsart jenen nicht nur als mittelmäßig, diesen aber als in unguter Weise mittelmäßig erscheinen.

§ 270 Warum dieselbe Denkungsart gemäßigt genannt werden mag, haben wir schon gesehen, obgleich in Wahrheit die GEMÄSSIGTE DENKUNGSART entweder IN WEITERER BEDEUTUNG die lobenswerte Mittelmäßigkeit in jeder Kraft der Gedanken bedeuten sollte, oder IN ENGERER BEDEUTUNG eben dasselbe, doch angewendet auf solche Themen mit solcherlei Beziehungen, in denen

esse pulcrae non possent. Primum est, quale exspectes cogitandi genus

Aequam valentis *rebus in arduis*
Servare mentem, non secus in bonis
Ab insolenti temperatam
Laetitia.[1]

Quando Cicero De or. II 212: *Non est,* inquit, *ulla temperatior oratio, quam illa, in qua asperitas contentionis oratoris ipsius humanitate conditur, remissio autem lenitatis, quadam gravitate et contentione firmatur:*[2] sane, medii cogitandi generis, de quo nunc loquimur praecepta dare non voluit. Mihi hic videtur loqui de genere cogitandi, quod temperatum latius dixi.

§ 271 In Oratore autem 91–96 de nulla re certius loqui iudicetur Cicero prima fronte, quam de medio cogitandi genere, de quo nos etiam, § 266. Interponit illud *humili et amplissimo, modicum* et *temperatum* appellans. Interim describit illud, *robustius quidem, ac humile, in quo tamen nervorum vel minimum, plenius humili, quam autem ornatum copiosumque, summissius, in quo loci communes sine contentione dicantur, quales* (oratores) *evadant fere e philosophorum scholis, quorum quisque per se probetur, nisi coram sit comparatus ille fortior* (de quo deinde, *amplus copiosus, gravis*).[3] Iam hinc suspiceris temperatum cogitandi genus hic adhuc, ut medium vi ac robore, § 270, generatim, et, ut ita dicam, in abstracto considerari, tunc demum laudem adepturum, vel vituperium, si viderimus, quibus applicetur materiis formisque cogitandi pulcre, quatenus inter se differunt, velut in concreto. Omnem dubitationem eximet ipse Cicero, tandem non temperatum dicendi genus in eloquentibus, sed eum demum *elo-*

1 Horaz, *Carm.* 2, 3, 1–4.
2 Cic., *De or.* 2, 212.
3 Geklittert aus Cic., *Or.* 91–97.

heftigere Anspannungen des Gemüts nicht schön wären.[1] Die erste ist diejenige, die du als Denkungsart dessen erwarten magst, der es vermag,

gelassen in Lagen voll Härte
zu bewahren den Sinn, nicht anders im Glück
frei ihn zu halten von übermäßiger
Freude.

Wenn Cicero sagt: *Es gibt keine gemäßigtere Rede als die, bei der die Härte, mit der ein Redner sich einsetzt, durch seine Menschlichkeit gemildert wird, seine Gelassenheit und Ruhe aber in einem ernsten, energischen Einsatz ihre Stütze findet*, wollte er fürwahr keine Regeln für die mittlere Denkungsart, über die wir nun gerade sprechen, geben. Er scheint mir hier von der Denkungsart zu sprechen, die ich gemäßigt in weiterer Bedeutung genannt habe.

§ 271 Im *Orator* 91–96 aber mag man von Cicero auf den ersten Blick meinen, daß er ganz gewiß von keiner Sache gewisser spricht als von der mittleren Denkungsart, von der auch wir sprechen. Er setzt jene Art zwischen *das Schlichte* und *das sehr Hohe*, indem er sie *mäßig* und *gemäßigt* nennt. Unterdessen beschreibt er sie als Art, *gewiß kräftiger als das Schlichte, in der sich gleichwohl markiger Nachdruck am wenigsten zeige, voller als das Schlichte, dagegen niedriger als das durch Schmuck und Fülle Gekennzeichnete, als Art, in der allgemeiner gehaltene Gedanken ohne Heftigkeit zur Sprache kämen.* Redner *von dieser Art gingen gemeinhin aus den Schulen der Philosophen hervor, von ihnen würde jeder Beifall finden, wenn jener Stärkere nicht zum Vergleich zugegen sei* (jener Stärkere, von dem dann die Rede ist, der *weitausgreifende, wortreiche und wortgewaltige Redner*). Schon hieraus wirst du den Verdacht schöpfen, daß die gemäßigte Denkungsart hier bis jetzt, als Mittleres an Kraft und Stärke, im Allgemeinen und, wenn ich so sagen darf, abgesondert in Erwägung gezogen wird, das dann erst Lob oder Schmähung erhalten wird, wenn wir gesehen haben werden, an welche Stoffe und Formen des schönen Denkens, insoweit diese sich untereinander unterscheiden, es gleichsam nicht abgesondert angewendet werden mag. Jedes Zweifeln beseitigt Cicero selbst, indem er endlich in Dingen der Beredsamkeit

quentem agnoscens, *qui humilia subtiliter,* S. XIX, *magna graviter, mediocria temperate potest dicere.*[1] Neque adeo temperatum Ciceronis genus, sed temperatum mediocria (media, arbusta) cogitandi genus illud est, quod medium in vere pulcris dici mereatur, § 266, idemque strictius erit temperatum ex significatu §§ 270, 268.

§ 272 Medium cogitandi genus admittit iterum suos gradus, § 266, prout vel a tenui, vel a sublimi propius abest. Quemadmodum tenuium in bucolicis Virgilii, § 239, Scaliger imum cogitandi genus, § 233, deprehendit in *Moeri,* medium in *Gallo,* sublime in *Sileno*: ita in medio cogitandi genere, Georgicorum eiusdem, imum denuo collocat, in *aratione* et *salione*, medium in *fabula Aristaei*, sublime in *pestilentia.* Pari ratione mihi videtur medium in aestheticis cogitandi genus, et medium in orationibus, § 271, probe differre, quanquam nec nego vel huius esse denuo gradus. Ad hoc referuntur orationes Ciceronis *pro lege Manilia, pro Marcello, pro Cornelio Balbo, post reditum ad Quirites*, et *in senatu.* In quibus interim aliquam magnitudinis differentiam lubenter concedo.

§ 273 Opere in longo medium cogitandi genus non excludit quaedam sublimia, quaedam tenuia, § 235. Haec non ex pede, ac modulo § 272 tantum, sed etiam, quae, sola si essent, non sine tumore, vel in mediis haberentur materiis, e. g.

> *saepe exiguus mus,*
> *Sub terris posuitque domos, atque horrea fecit*, Georg. I 181, Virg.[2]
> *Saepius et tectis penetralibus extulit ova*
> *Angustum formica terens iter*, ib. 380.[3]

Grandium mediis mistorum exemplum esto

[1] Cic., *Or.* 100.
[2] Vergil, *Georg.* 1, 181 f.
[3] Ebd. 1, 379 f.

nicht die gemäßigte Redeweise, sondern nur den als *beredsam* anerkennt, *der niedrige Dinge auf einfache, große Dinge auf bedeutsame und mittelmäßige Dinge auf gemäßigte Weise zu sagen vermag.* Und es ist gar nicht die gemäßigte Art Ciceros, sondern die gemäßigte Art bezüglich mittelmäßiger Dinge (mittlerer Dinge, Gebüsche) diejenige Denkungsart, die das Mittlere in wahrhaft schönen Dingen genannt zu werden verdienen mag und die in engerem Verstande nach der in §§ 270, 268 dargelegten Bedeutung gemäßigt sein wird.

§ 272 Die mittlere Denkungsart erlaubt wiederum ihr eigene Stufen, je nachdem, ob sie vom Schlichten oder vom Erhabenen weiter entfernt ist.[1] Gleichwie Scaliger[2] die Stufen des Schlichten in den *Bucolica* des Vergil – die unterste Denkungsart in *Moeris*, die mittlere in *Gallus*, die erhabene in *Silenus* – findet:[3] So siedelt er in der mittleren Denkungsart von dessen *Georgica* erneut die unterste Stufe im *Pflügen* und *Säen*, die mittlere in der *Fabel von Aristeus*, die erhabene in der *Pest* an.[4] Ebenso scheint mir, daß die mittlere Denkungsart in ästhetischen Dingen und das Mittlere in den Reden sich wohl unterscheiden, obgleich ich nicht leugne, das letzteres von neuem seine Stufen besitzt. Hierauf sind Ciceros Reden *Pro lege Manilia*, *Pro Marcello*, *Pro Cornelio Balbo*, *Post reditum ad Quirites* und *In senatu* zu beziehen. In diesen unterdessen gestehe ich gerne manchen Unterschied an Größe zu.

§ 273 In einem langen Werk schließt die mittlere Denkungsart gewisse erhabene und gewisse schlichte Dinge nicht aus. Letztere nicht nur etwa aufgrund des Versfußes und des Taktmaßes, sondern auch, weil man sie, wenn sie allein wären, für nicht ohne Schwulst oder sogar für Dinge halten würde, die zu den mittleren Stoffen gehören, z. B.:

Oft nämlich hat sich das winzige Mäuschen
unter dem Boden sein Haus gebaut und Scheuern gehöhlt.

Öfter schon trug auch die Ameise ihre Eier aus dem innersten Haufen
und kletterte den engen Pfad hinauf.

Ein Beispiel von großen Dingen gemischt mit mittleren mag dieses sein,

Sol etiam exstincto miseratus Caesare Romam,
Quum caput obscura nitidum ferrugine texit,
Impiaque aeternam timuerunt saecula noctem[1] e.c.,

nisi hic Virgilium Georg. I 465–510 vere iusto nonnihil altius evectum velis concedere:

Ut, quum carceribus sese effudere quadrigae,
Addunt se in spatia, et frustra retinacula tendens,
Fertur equis auriga, nec audit currus habenas, v. 512.[2]

§ 274 De aequabilitate medii cogitationum elegantium generis iam vidimus § 268. Hinc in virtutibus ipsi propriis, ex relatione Ciceronis, § 266, sola restaret facilitas. Sed quaenam haec sit virtus, et ita quidem concipienda, ut medio cogitandi generi sola sua maneat et propria? Non ago nunc Ciceronis interpretem. Indicabo potius, quam ipsa natura huius characteris facilitatem sibi peculiarem postulet, eam scilicet et tantam rotundae brevitatis mensuram, tantasque reliquarum venerum, § 22, gratias nec minores, nec maiores, quantam quivis nobile vivendi genus assequutus et proportionalem illi culturam ingenii facile se vel ipsum praestare, vel saltim sine longiori opera pulcre intellecturum deprehensurumque possit confidere, § 266, si denuo abstrahamus a difficultate eloquutionis, § 244, quae huc non pertinet, § 18. Hinc et tantopere laudata Ciceroni suavitas in temperato dicendi genere, huic medio cogitandi generi tribuitur respectu spectatoris, in quo nobile vivendi genus licet supponere, Cic., Or. 91, § 271.

§ 275 Ob eandem facilitatem, § 274, restrictam iam vel medium cogitandi genus prudenter affectans, obiectum sibi personale, s. eos, quibus, quorumve in gratiam potissimum cogitet, non constituit, nisi

[1] Ebd. 1, 466–468.
[2] Ebd. 1, 512–514.

Die Sonne sah ja bei Caesars Tod mit Jammern auf Rom,
hüllte ihr strahlendes Haupt in tiefes Dunkel,
und das verruchte Geschlecht fürchtete ewige Nacht usw.,

falls du nicht eingestehen wolltest, daß sich Vergil hier in Wahrheit ein wenig über das rechte Maß erhoben hat:

Wie wenn Viergespanne aus den Schranken hervorbrechen
immer rascher an Raum gewinnen, der Lenker vergeblich am Zaum reißt
und von den Pferden entführt wird, deren Gespann dem Zügel nicht mehr gehorcht.

§ 274 Mit der Gleichförmigkeit der mittleren Art der geschmackvollen Gedanken haben wir uns bereits befaßt. Daher würde, gemäß der Ausführung Ciceros, von den dieser Art selbst eigenen Vorzügen nur die Leichtigkeit verbleiben. Doch was wäre dies für ein Vorzug und einer, der unstreitig als ein solcher aufzufassen wäre, daß er der mittleren Denkungsart als allein ihr eigener verbleiben mag? Ich spiele hier nicht den Ausleger Ciceros. Ich werde lieber anzeigen, welche ihr besondere Leichtigkeit die Natur dieses Charakters selbst fordern mag: Die Leichtigkeit nämlich und ein so großes Maß an abgerundeter Kürze und so viele weder kleinere noch größere Annehmlichkeiten der übrigen Schönheiten, in dem Maße ein jeder, der einer edlen Lebensart und einer dieser angemessenen Kultur des Geistes gefolgt ist, hoffen können mag, dies entweder leicht auch selbst zu leisten oder wenigstens ohne längere Mühe auf schöne Weise zu verstehen und zu begreifen, wenn wir wiederum die Schwierigkeit des Ausdrucks außer acht lassen, die nicht hierhergehört. Daher wird auch die von Cicero so sehr gelobte Anmut[1] in der gemäßigten Redeweise der hier verhandelten mittleren Denkungsart in Beziehung auf den Betrachter beigemessen, dem eine edle Lebensart unterstellt werden kann.[2]

§ 275 Wer in kluger Weise nach dieser schon eingeschränkten Leichtigkeit oder der mittleren Denkungsart trachtet, bestimmt sich als persönliches Objekt (oder als die, für die oder um deren Gefallen er hauptsächlich denken mag), ausschließlich diejenigen, denen eine

quibus nobilem vivendi rationem eique proportionatam cognitionis venustatem liceat adscribere,

> Non, *quodcunque semel chartis illeverit, omnes*
> *Gestiet a furno redeuntes scire lacuque,*
> *Et pueros et anus,*[1]

Non laborat, ut se miretur turba,[2] vel omni honestate destitutorum, vel intra horizontem morum simpliciter honestorum cognitionisque, quae solet horum comes esse, subsistentium,

> *Contentus paucis lectoribus.*[3]

Si plures nanciscatur, uti fit, sequentes antecedentium gregem, qua itur, et nunc simul, casu paene fortuito, qua eundum est, his etiam suavis et facilis est, quantum illud citra βάθος fieri potest, interim tacitus cum Horatio sentiens:

> *Satis est equitem mihi plaudere.*[4]

Egregie vero falleremur, heic si vel solos, vel omnes, nobili loco natos animo concipere vellemus, §§ 211–214.

§ 276 Ab hoc laudabili medias materias cogitandi genere, § 266, peccando distat in defectu TERTIUM ΒΑΘΟΥΣ GENUS easdem minoribus inferioribusque cogitandi rationibus explicans, quam quae mediae magnitudinis ac dignitatis obiecto conveniat, § 217. Sive eius species prima subsistat intra eos tenuiter cogitandi limites, qui tenuibus non adeo inepte sederent materiis, sive species eius secunda, secunda simul cogitandi ratio nugatorum in re seria, § 245, deprimat omnino materiam suam mediocrem in sphaeram nugarum et ineptiarum, § 191.

1 Horaz, *Serm.* 1, 4, 36–38.
2 Geklittert aus Horaz, *Serm.* 1, 10, 81.
3 Horaz, *Serm.* 1, 10, 82.
4 Ebd. 1, 10, 84.

edle Art und Weise zu leben und eine dieser angemessene Anmut des Denkens zugesprochen werden können mag.

> Nicht *wünscht er, was er einmal gekleckst auf Papier, sollen alle erfahren, wer immer vom Bäcker oder dem Waschtrog heimkommt, Burschen und Weiber.*

Er müht sich nicht, daß der Haufe ihn anstaunt, der Haufe derer, die entweder jeder Ehrbarkeit beraubt sind, oder derer, die innerhalb des Horizontes der einfach ehrbaren Sitten sowie des Denkens, das diese zu begleiten pflegt, verbleiben, sondern er ist

> *zufrieden mit nur wenigen Lesern.*

Wenn er, wie es geschehen mag, auf viele trifft, die der Herde der Vorangehenden dahin folgen, wohin man eben geht, und nun zugleich aber, beinahe durch Zufall, auch dorthin, wohin man gehen soll,[1] ist er auch diesen angenehm und leicht, insoweit dies ohne Kriechendes geschehen kann, während er sich unterdessen mit Horaz schweigend denkt:

> *Es genügt, wenn der Ritter mir Beifall schenkt.*

Ungemein täuschen würden wir uns allerdings, wenn wir uns hierunter entweder allein oder alle durch Geburt Edlen vorstellen wollten.

§ 276 Von dieser lobenswerten Denkungsart mittlerer Stoffe unterscheidet sich, indem sie sich am Mangel versieht, die DRITTE ART DES KRIECHENDEN, die dieselben Stoffe in einer kleineren und niedrigeren Art und Weise zu denken entfaltet als derjenigen, die der mittleren Größe und Würde ihres Gegenstandes angemessen wäre.[1] Mag nun entweder deren erste Unterart innerhalb der Schranken des schlichten Denkens verbleiben, die bei schlichten Stoffen gar nicht unschicklich an ihrem Ort wären, oder mag deren zweite Unterart, die zugleich die zweite Denkweise der Schwätzer in ernsten Dingen ist, ihren mittelmäßigen Stoff gänzlich in den Kreis der Lappalien und Albernheiten hinunterdrücken.[2]

§ 277 Utriusque speciei exempla denuo Plautus dabit, quando *res arcessit ex medio*,[1] neque tamen non vel in humilem paene tenuitatem, vel omnino labitur in sales illiberales.

Adspice, Plautus,
Quo pacto partes tutetur amantis ephebi,
Ut patris attenti,[2] – – –
Quam non adstricto, §§ 235, 236, *percurrat pulpita socco!*
Gestit enim nummum in loculos demittere, post hoc
Securus, cadat, an recto stet fabula talo, Hor. II, Ep. 1, 170.[3]

Dum posterioris praesertim criminis reos agit Catullus,

Plenos ruris et inficetiarum
Annales Volusi, 32, al. 36,[4]

in idem, vel affine, vitium incidit, quod felicius vitavit c. 39 in materia satis simili, medium cogitandi genus pulcrius exprimens. Illud carmen volo, quod aliis 44:

O! funde noster, seu Sabine, seu Tiburs[5] e. c.

§ 278 Turpior utriusque speciei gradus est, praesertim secundae, § 276, quando de mediis cum aliqua morum nobilitate, §§ 213, 214, cogitandum est, cogitatur autem de iisdem pellucentibus ubique moribus vix simpliciter honestis, aut omnino dissolutis et illiberalibus. Haec ultima erit ABIECTA DE MEDIIS COGITANDI RATIO. Taedet exemplorum obscenorum, quo carmen Catulli 25, al. 29, et epithalamia sexcenta. Huc potius ad primam speciem illustrandam animus Menedemi in Ter., Heaut., act. I., sc. 1 tota, cui Chremes: *Habes*

Servos complures. Proinde quasi nemo siet,
Ita tute attente illorum officia fungere.[6]

1 Horaz, *Ep.* 2, 1, 168.
2 Ebd. 2, 1, 170–172.
3 Ebd. 2, 1, 174–176.
4 Catull 36, 19 f.
5 Ebd. 44, 1. 6 Ter., *Heauton.* 64–66.

§ 277 Beispiele von beiden Unterarten gibt wiederum Plautus, wenn er *seine Themen mitten aus dem Leben holt*[1] und dennoch aber in eine beinahe niedrige Schlichtheit oder gänzlich in unanständige Witze abgleitet.

Sieh nur, wie schief etwa Plautus
die Rolle eines verliebten Jünglings gestaltet
oder die eines geizigen Vaters, – – –
wie er mit locker sitzendem Pantoffel über die Szene schlurft![2]
Geld will der Autor eben in seine Tasche packen – danach
ist es ihm ganz einerlei, ob sein Stück fällt oder fest auf den Füßen steht.

Während Catull vor allem des letzteren Vergehens,

als *voller Stallgeruch und Plumpheiten,*
die Annalen des Volusius

anklagt, verfällt er selbst in denselben oder beinahe denselben Fehler, den er in *Carmen* 39 bei einem recht ähnlichen Stoff glücklicher vermeidet, wo er die mittlere Denkungsart schöner ausdrückt. Dieses *Carmen* 39 (für andere 44) ziehe ich vor:

O du mein Gut, Sabinum oder Tiburtinum usw.

§ 278 Eine häßlichere Stufe beider Unterarten, insbesondere der zweiten ist, wenn über mittlere Dinge mit einem gewissen Adel der Sitten gedacht werden muß, über dieselben aber mit überall durchscheinenden kaum einfach ehrbaren oder gänzlich liederlichen und unanständigen Sitten gedacht wird. Diese letztere wird die GEMEINE ART UND WEISE, ÜBER MITTLERE DINGE ZU DENKEN sein. Man ist der unzüchtigen Beispiele überdrüssig, wozu *Carmen* 25 (für andere 29) von Catull und unzählige Hochzeitsschwänke[1] gehören. Hierzu sehe man lieber, um die erste Unterart zu erläutern, das Gemüt des Menedemus in der ganzen ersten Szene des ersten Aktes im *Heautontimorumenos* des Terenz. Chremes sagt zu ihm:

Hast
mehrere Sklaven, doch grad, als ob du niemand hättst
so sparsam tust du selbst, was ihres Dienstes wäre.

Ipse de se act. V, sc. 1:

In me quidvis harum rerum convenit,
Quae sunt dicta in stultum: caudex, stipes, asinus, plumbeus.[1]

§ 279 A medio cogitandi genere, § 266, in excessu recedit TERTIUM TUMORIS GENUS obiecta media tantis exornans cogitationibus, quantas sublimia sibi solis vindicare ius habent. Huc literatorum, qua se solos cum suis aliquid putant, parenthyrsi, quoties sua cogitant, doctores scholasticorum Seraphici et irrefragabiles, succedentes his dictatores perpetui, imperatores maximi, et magistri equitum reipublicae litterariae, qui nunquam, nisi cum Cicerone, loquuntur, nec in quenquam, nisi velut in Catilinam, qui oppidis, ubi scholas habent, forum, rostra, capitolium, capitolio patres conscriptos et consules, consulibus sellas curules, fasces, secures, sibimet ipsis triumphos tribuunt atque decernunt ex animi sententia.

Tune Syri, Damae aut Dionysii filius, audes
Deiicere e saxo cives, aut tradere Cadmo? Hor. I, Serm. 6.[2]

§ 280 Ex his vitiis, §§ 276–279, inter se confusis nascitur demum FLUCTUANS ET INCERTUM COGITANDI GENUS, quatenus medio cogitationum opponi characteri meretur, quando aliquis medium cogitandi genus meditando sectatus, dum non potest assequi, nunc tenuium, nunc sublimium obiectorum in limites vagatur, ubi pedem figat, gradumque sistat, ignarus. Frustra natura generis, quod elegit, eiusmodi ingenio suadet, quod pater Phaetonti:

1 Ebd. 876 f.
2 Horaz, *Serm.* 1, 6, 38 f.

Er selbst sagt von sich in der ersten Szene im fünften Akt:

Paßt auf mich auch jeder jener schönen Titel,
die man Narren gibt: Holzkopf, stockdumm, Esel, stumpf wie Blei.

§ 279 Von der mittleren Denkungsart weicht durch ein Übermaß die DRITTE ART DES SCHWULSTES ab, indem sie mittlere Gegenstände mit so vielen Gedanken ausschmückt, wie sie nur erhabene Dinge für sich allein in Anspruch zu nehmen das Recht haben.[1] Hierhin gehören die Parenthyrsen[2] der Literaten, die allein von sich und den ihren etwas halten, sooft sie das ihre denken, hierhin gehören die Seraphischen[3] und unbestreitbaren Doktoren der Scholastiker, die ihnen folgenden immerwährenden Diktatoren, oberste Feldherren und Befehlshaber der literarischen Republik, die immer nur wie Cicero und gegen jeden gleichsam wie gegen Catilina sprechen, die den Landstädtchen, wo sie ihre Schulen haben, ein Forum, Rednerbühnen und ein Kapitol, dem Kapitol Senatoren und Konsuln, den Konsuln Thronsessel, Magistratsinsignien und höchste Ehrenposten und sich selbst Siegeszüge nach besten Wissen und Gewissen zuschreiben und für sich beschließen.

Du, Dionysius' Sohn, oder Damas, des Syriers, wagst es,
Bürger zu stürzen vom Fels und dem Henker Cadmus zu liefern?[4]

§ 280 Aus diesen Fehlern, wenn sie untereinander vermischt werden, erwächst schließlich die SCHWANKENDE UND UNSICHERE DENKUNGSART, insofern sie dem mittleren Charakter der Gedanken entgegengesetzt zu werden verdient, wenn jemand beim Überlegen nach der mittleren Denkungsart strebt, sie dann nicht erreichen kann und einmal hin zu den Schranken der schlichten, einmal hin zu denen der erhabenen Gegenstände abschweift, unkundig, wo er den Fuß hinsetzen und wo er im Schritt einhalten solle.[1] Vergeblich gibt die Natur der Denkungsart, die er gewählt hat, einem so beschaffenen Geist den Rat, den der Vater dem Phaeton gab:

Nec preme, nec summum molire per aethera currum:[1]

Phaetonti tamen simile et

Hoc *modo summa petet, modo per decliva, viasque*
Praecipites spatio terrae propiore feretur, Ov., Met. II 205.[2]

SECTIO XXI
SUBLIME COGITANDI GENUS

§ 281 III) SUBLIME COGITANDI GENUS (magnificum, magnum, altum, summum, plenum, cf. § 158, grave, copiosum, cf. § 116, ornatum, validum, μεγαλοπρεπής, αξίωμα, ὕψος, ὑψηλόν) est suis vere grandibus cogitandi materiis, §§ 203–207, ita congruens, ut iisdem simul satis dignum, § 223, et optime moratum, § 228, non modo non contrarietur heroicae virtuti, rationique cogitandi, quam haec comitem, nisi ducem, habere solet, sed et moribus singulari cum maiestate coniunctis probe consentiat, §§ 213, 194.

§ 282 Non per iocum solum Terentius iubet *Davum sublimem intro rapi, quadrupedemque constringi,*[3] sed et Horatius ridet.

Hunc, *dum sublimis versus ructatur, et errat,*
Qui, *veluti merulis intentus, decidit, auceps*
In puteum, foveamve.[4]

Nobis heic serio, suoque loco locata sublimitas exploranda est, e. g. *Non fortibus solum, sed etiam fulgentibus armis praeliatus in caussa est Cicero Cornelii, quum assequutus esset dicendo, ut populus romanus admirationem suam, non acclamatione tantum, sed etiam plausu, confiteretur. Sublimitas, profecto, et magnificentia, et nitor, et auctoritas expressit istum fragorem. Nec tam insolita laus esset prosequuta dicentem, si usita-*

[1] Ovid, *Met.* 2, 135.
[2] Ebd. 2, 206 f.
[3] Vgl. Ter., *Andria* 860–865.
[4] Horaz, *A. p.* 457–459.

Lenke den Wagen weder zu tief hinab noch durch den Äther hoch droben,

denn dem Phaeton ähnlich *steigt* auch dieser

bald hoch hinauf, bald durcheilt er Hals über Kopf
auf jäh abstürzendem Pfade allzunah der Erde den Raum.

ABSCHNITT XXI
DIE ERHABENE DENKUNGSART

§ 281 Die ERHABENE (großartige, große, hehre, höchste, vollständige, gewichtige, reiche, geschmückte, starke) DENKUNGSART (von Pracht, Ehre, Würde und Erhabenheit)[1] ist ihren wahrhaft großen Stoffen des Denkens so gleichartig, daß sie – ihnen zugleich genügend würdig und auf beste Weise gesittet – nicht nur nicht der heroischen Tugend und der Art und Weise zu denken, die diese als Begleiterin – wenn nicht als Führerin – zu haben pflegt, entgegensteht, sondern auch mit den Sitten, die mit einzigartiger Hoheit verbunden sind, richtig zusammenstimmt.

§ 282 Nicht allein Terenz befiehlt zum Scherz, daß *Davus am Kragen erhoben hineingeschleppt und an allen Vieren zusammengeschnürt werde*, sondern auch Horaz verlacht denjenigen, der,

während er hochgesinnt seine Verse rülpst und umherirrt,
wie ein Vogelfänger, der Amseln nachstellt,
in einen Brunnen hinabfallt oder in eine Grube.

Doch wir müssen nun im Ernst und an ihrem richtigen Ort die Erhabenheit untersuchen, z. B.: *Nicht allein mit schlagkräftigen, sondern auch mit strahlenden Waffen focht Cicero im Fall des Cornelius, als er es mit seinem Reden erreichte, daß das römische Volk seine Bewunderung nicht nur durch Beifallsrufe, sondern durch einen Beifallssturm bekundete. Die Erhabenheit, die Großartigkeit, der Glanz und das Gewicht war es doch sicher, was dieses Tosen auslöste! Und ein so ungewöhnlicher Beifall hätte ihn bei seiner Rede nicht begleitet, wäre sie nur das Übliche und eine Rede wie jede andere gewesen.* Hierzu gehört

ta et caeteris similis affuisset oratio, Quint. VIII 3.[1] Huc comparatio Elegiae et Traegodiae, Ov., Am. III 1, ubi illa fatetur:

Non ego contulerim sublimia carmina nostris,
Obruit exiguas regia vestra fores.[2]

§ 283 Magnificum adhuc saepius adhaerente conceptu superflui et ostentationis, quasi levis notae macula quadam, adspergitur. Ita Clitipho apud Terentium, Heaut. I 2, gratulatur Cliniae, qui

Habet bene et pudice eductam, ignaram artis meretriciae.
Mea, addens, *est potens, procax, magnifica, sumtuosa, nobilis.*[3]

Pari ratione Tibullus II 6:

Castra peto, valeatque Venus, valeantque puellae.
Et mihi sunt vires, et mihi facta tuba est.
Magna loquor. Sed magnifice mihi magna loquuto
Excutiunt clausae fortia verba fores,[4]

rediturus ad humilem suam querimoniam I 5:

Ure ferum et torque: libeat ne dicere quicquam
Magnificam posthac, horrida verba doma.[5]

Clarius Cornelius, a quo laudatur *Atticus, elegans, non magnificus, splendidus, non sumtuosus, qui omni diligentia munditiam non affluentem, affectarit, supellex modica, non multa, ut in neutram partem conspici posset.*[6] Ipse Cicero, magnifici patronus contra Atticos vel quasi, § 248, non abstinet ab hac vocis sequiori significatione, pro Rosc. Com. 5. *Usque eone te diligis, et magnifice circumspicis?*[7] eum alloquitur, quem mox accusabit amentiae.

1 Vgl. Quint. 8, 3, 2–4.
2 Ovid, *Am.* 3, 1, 39 f.
3 Ter., *Heaut.* 226 f.
4 Tibull, *Eleg.* 2, 6, 9–12.
5 Ebd. 1, 5, 5 f.
6 Corn. Nepos, *Atticus* 13, 5.
7 Cic., *Pro Rosc. Com.* 2, 5.

auch der Vergleich zwischen der Elegie und der Tragödie, wo erstere bekennt:

Ich will nicht erhabene Gedichte mit meinen vergleichen,
euer Königssitz stellt mein bescheidenes Haus tief in den Schatten.

§ 283 Das Großartige wird bis heute öfter mit dem anhängenden Begriff des Eitlen und der Prahlerei befleckt – gleichsam als Makel eines leichten Tadels. So beglückwünscht Klitipho bei Terenz den Klinia, der

ein braves und wohlerzogenes Mädchen hat, unkundig der Buhlerinnenkunst,

und fügt hinzu:
Meine ist kundig, begehrlich, großartig, verschwenderisch und vornehm.

Ähnlich heißt es bei Tibull:

Ins Feld will ich ziehen und meiden die Liebe, meiden die Mädchen,
Kräfte wachsen auch mir, mir auch die Tuba ertönt.
Großes prahl ich – doch die großartig gesagten großen Worte
entfallen mir vor einer verschlossenen Tür.

Und er wird zu seiner demütigen Klage zurückkehren:

Brenne und foltre den Toren, daß nimmer ihn wieder gelüste
nach großartiger Rede: Zähme vermessenes Wort.

Klarer ist Cornelius, von dem *Atticus* als jemand gelobt wird, *der geschmackvoll lebt, aber nicht in großartigem Stil, glänzend, aber nicht verschwenderisch. Seine ganze Sorge geht auf Auserlesenes, nicht auf Überfluß. Sein Hausrat ist bescheiden, nicht aufwendig, und kann deshalb weder nach der einen noch nach der anderen Seite als eine Besonderheit angesehen werden.* Selbst Cicero, Verteidiger des Großartigen gegen die Attiker oder scheinbar solchen, hält sich von dieser schlechteren Bedeutung des Wortes nicht zurück. *Derart bist du von Eigenliebe erfüllt und blickst großartig um dich her?* – sagt er zu dem, den er bald des Wahnsinns beschuldigen wird.[1]

§ 284 Nobis autem hic magnificentia cogitatur, § 281, ex descriptione Ciceronis De inv. II 163, *rerum magnarum et excelsarum, cum animi ampla quadam et splendida propositione, agitatio atque administratio.*[1] Secundum quam *magnificentiae publicae* amantem dicit, inimicum *privatae luxuriae*, §§ 281, 165, *populum Romanum,* Or. pro Mur.,[2] ex qua rectissime, De off. I 72: *Capessentibus,* inquit, *rempublicam, nihilominus, quam philosophis, haud scio, an magis etiam, et magnificentia, et despicientia adhibenda sit rerum humanarum, quam saepe dico, et tranquillitas animi, atque securitas, siquidem nec anxii futuri sunt, et cum gravitate constantiaque victuri.*[3] Secundum eandem notionem magnificentiae concedit eam et vitae privatae cum simplicitate simul convenire posse, § 213, philosophus, l. c. 92. *Haec praescripta* (vitae privatae) *servantem licet magnifice, graviter, animoseque vivere, atque etiam simpliciter, fideliter, atque vitae hominum amice.*[4] Ex eadem concipio verissimum Agamemnonis effatum apud Petronium, *sibi nihil esse magnificum, quod pueris placeret.*[5]

§ 285 Hinc igitur colligamus, quam animo sibi formaverit ideam de magnifico cogitandi genere orator, qui et ipse scivit, et subinnuit l. II De or. 89 se eius quasi quoddam exemplar esse, dum narrat *Sulpicium*, qui loquentem et Crassum imitari promiserat, *omnino in illud genus Crassi magnificum natura ipsa ductum esse,* S. II, *quae tamen* addens, *non satis, proficere potuisset nisi eodem studio atque imitatione incidisset, atque ita dicere consuesset, ut tota mente Crassum atque omni animo intueretur.*[6] Hinc eius primum praeceptum imitatio, § 56.

§ 286 Nec caret ambiguitate sua *magni* denominatio, § 291. Non huc traham magnum honimem aliquando pro stolido dictum videri,

1 Cic., *De inv.* 2, 163.
2 Cic., *Pro Mur.* 76.
3 Cic., *De off.* 1, 72.
4 Ebd. 1, 92.
5 Petr., *Satyricon* 4, 3.
6 Cic., *De or.* 2, 89.

§ 284 Wir denken hier aber an die Großartigkeit aus Ciceros Beschreibung in *De inventione*, nämlich als *das Sinnen auf bedeutende und erhabene Dinge, verbunden mit einer gewissen hervorragenden und glanzvollen Vorstellung und ihrer Ausführung*. Gemäß dieser nennt er das *römische Volk* Liebhaber *öffentlicher Großartigkeit* und Feind *privater Schwelgerei*, und von daher sagt er überaus richtig: *Angehende Politiker nicht weniger als die Philosophen, vielleicht sogar noch mehr, haben Großartigkeit und Geringachtung menschlicher Schicksale, von der ich oft spreche, zu zeigen sowie Seelenruhe und Heiterkeit, wenn sie wirklich nicht ängstlich sein und mit Charakterfestigkeit und Stetigkeit leben wollen*. Gemäß desselben Begriffs von Großartigkeit gesteht er als Philosoph zu, daß sie sich, zusammen mit Aufrichtigkeit,[1] auch für das private Leben schicken kann: *Wenn man sich an diese Vorschriften* (des privaten Lebens) *hält, dann hat man das Recht, großartig, würdevoll und mit Selbstvertrauen, aber auch aufrichtig, pflichtbewußt und als Freund des menschlichen Lebens aufzutreten*.[2] Im Sinne desselben Begriffs verstehe ich die überaus große Wahrheit des Ausspruchs des Agamemnon bei Petronius, *daß für ihn nichts großartig ist, was Knaben gefällt*.[3]

§ 285 Hierauf laßt uns nun sammeln, welche Vorstellung von der großartigen Denkungsart Cicero als Redner im Sinn gehabt haben wird, der sowohl wußte als auch zu verstehen gab, daß er selbst davon gewissermaßen ein Beispiel war,[1] wenn er erzählt, daß *Sulpicius*, der im Reden auch dem Crassus nachzueifern versprochen hatte, *gewiß durch sein eigenes Talent zu jenem großartigen Stil des Crassus geführt worden ist, das aber*, so fügt er hinzu, *nicht genug hätte ausrichten können, wenn er nicht mit geflissentlicher Nachahmung dasselbe Ziel verfolgt und die Gewohnheit angenommen hätte, so zu reden, daß er sich mit ganzer Seele und aus vollem Herzen auf Crassus hin ausrichtete*. Daher ist sein erstes Gebot die Nachahmung.[2]

§ 286 Auch seine Benennung des *Großen* entbehrt nicht der Zweideutigkeit.[1] Ich werde hier nicht das Beispiel anbringen, daß manchmal ›ein großer Mann‹ als Ausdruck für einen ›Dummstolzen‹ gebraucht zu werden scheint. In der Tat lehrt die Mythologie,

§ 179. Sane, in laudem non dici magnam linguam ab Horatio mythologia docet, ubi sic Apollinem alloquitur:

Dive, quem proles Niobea magnae.
Vindicem linguae, Tityosque raptor
Sensit, IV, Od. 6.[1]

Nec *magnos*[2] Iuvenalis *amicos,* nec *magnos* Horatii *pueros*[3] sincere laudari hac appellatione puto. Interim bona fide magnum relative comparativeque, § 178, cogitatum dicamus vere magnis apte congruens, § 291. Ad huius penitiorem intellectionem notemus adhuc ad §§ 203–207 de magnis materiis 1) *alia clariora esse, alia maiora.*[4] Cui effato confirmando totam Ep. 16, l. III destinavit Plinius, illustrans huc facientibus exemplis. 2) Huc pertinentia magna vix verisimilia videri plurimis. Horatius cuidam

noto sibi nomine tantum[5]

narrat apud Maecenatem sibi non opus esse submovere alios, ut in gratiam eius intimius penetret, nec *officere,*

Ditior hic, aut est quia doctior. Est suus uni
Cuique locus. Magnum narras, vix credibile.[6]

Ille, nescio quis, regerit.

§ 287 Altum cogitandi genus, § 291, et nimis altum, §§ 217, 218, ne confundantur. Illud pingit Horatius IV, Od. 9.

Iudex honestum praetulit utili, et
Reiecit alto dona nocentium
Vultu, et per obstantes catervas
Explicuit sua victor arma.[7]

Et Cicero Tusc. quaest. II 11: *Fortes non modo fortuna adiuvat, ut est in veteri proverbio, sed multo magis ratio, quae quibusdam quasi prae-*

[1] Horaz, *Carm.* 4, 6, 1–3.
[2] Iuv. 6, 313.
[3] Horaz, *Serm.* 1, 6, 73.
[4] Plin., *Ep.* 3, 16, 1.
[5] Horaz, *Serm.* 1, 9, 3.
[6] Ebd. 50–52.
[7] Horaz, *Carm.* 4, 9, 41–44.

daß die Bezeichnung ›eine große Rede‹ von Horaz nicht zum Lobe gebraucht wird, wenn er so den Apoll anspricht:

Göttlicher, den die Nachkommenschaft der Niobe als großer
Rede Rächer, den Tityos auch, der Schänder,
kennengelernt.[2]

Ich glaube, daß weder die *großen Gönner* des Juvenal noch die *großen Söhne* des Horaz mit dieser Bezeichnung aufrichtig gelobt werden. Unterdessen nennen wir aufrichtig dasjenige relativ und vergleichungsweise genommen groß gedacht, was wahrhaft großen Dingen füglich gleichartig ist.[3] Für ein tieferes Verständnis dessen bemerken wir ferner zu den §§ 203–207 über große Stoffe, 1) *daß einige berühmter, andere größer sind.* Der Bestätigung dieses Ausspruchs widmet Plinius den ganzen Brief XVI des dritten Buchs seiner *Epistulae*, indem er ihn dazu mit wirkungsvollen Beispielen erhellt. Wir bemerken 2), daß die hierzu gehörigen großen Dinge vielen als kaum wahrscheinlich erscheinen. Horaz erzählt einem,

der dem Namen nach nur ihm bekannt war,

daß man bei Maecenas nicht andere verdrängen müsse, um in dessen innigere Gunst zu treten, daß es nicht *hinderlich* sei,

daß dieser reicher ist oder gelehrter; ein jeder hat seinen
Platz. – Etwas Großes erzählst du da, kaum zu glauben,

erwidert jener – ich weiß nicht wer.[4]

§ 287 Die hehre[1] und die allzu hohe Denkungsart dürfen nicht untereinander verworren werden. Jene malt Horaz aus:

Ein Richter, der die Ehre über den Nutzen gestellt und
zurückgewiesen die Gaben der Übeltäter mit hehrem
Blicke, und durch die entgegenstehenden Scharen
hindurch geführt als Sieger seine Waffen.[2]

Und Cicero sagt: *Nicht nur hilft, nach dem alten Sprichwort, das Schicksal den Starken, sondern noch mehr die Vernunft, die die Kraft der Ausdauer sozusagen durch bestimmte Vorschriften beschränkt. Dich hat die Natur als einen Menschen von erhabener Art, hehr und das Mensch-*

ceptis confirmat vim fortitudinis. Te natura excelsum quendam videlicet, et altum, et humana despicientem genuit. Itaque facile in animo forti contra mortem habita oratio insedit[1] e. c.

§ 288 Copiosum ac plenum cogitandi genus si quos pro sublimi habere videas, § 281, memor, §§ 247, 187, quid assertis insit veri diiudicaturus oculos mentis ante omnia figo in virtutis huic cogitandi generi propriae et peculiaris summam veluti formulam: Tantum rotundae brevitatis, tantum verisimilitudinis e.c., § 22, neque plus, neque minus, in grande tuum thema cogitando confer, quantum quemvis ad heroicam virtutem et huius comitem, cogitandi rationem, ingeniique elevationem evectum, vel ipsum thematibus eiusmodi adspersurum fuisse, vel saltim ab aliis allatum pulcre intellecturum esse possis confidere, § 281.

§ 289 Hinc sublime cogitandi genus multo adhuc minus, ac medium, § 275, quemvis ex turba sibi spectatorem, obiectum personale, legit, et eum, cuius in gratiam potissimum cogitet. Minima nec ingenia, nec pectora, curans admodum, nec veritum oculos huiusmodi praestringere potius, quam reficere, duplex mortalium genus suum sibi templum quasi designat, in quo delectando graviter laboret. 1) Summos homines non ingeniis solum superioribus excellentes, sed et indole praeclaros et maiestatem in moribus singularem consuetudine velut alteram quandam naturam, adeptos. His ubi cogitat de rebus gravissimis, in quibus illi tamen versari quotidie, quibus familiares esse, in quibus quasi habitare supponendi sunt. Eleganter et magnifice cogitat, et plene quidem atque perfecte, § 158, tantum tamen abest, ut eximia quadam cum copia, meditationisque manifesta latitudine cum iisdem sua communicet, ut potius relativae etiam brevitatis, S. XIV, studiosum sit et Laconismi vere grandis.

[1] Cic., *Tusc.* 2, 11.

liche verachtend geschaffen und so setzt sich leicht in einer starken Seele die Rede gegen den Tod fest usw.

§ 288 Wenn du Leuten begegnen solltest, die die reiche und vollständige Denkungsart für die erhabene halten, richte, eingedenk §§ 247, 187, als jemand, der bestimmen will, was in solchen Behauptungen an Wahrem ist, das geistige Auge vor allem auf die gleichsam höchste Formel des dieser Denkungsart eigenen und ihr besonderen Vorzugs: Bringe, wenn du darüber nachdenkst, in dein großes Thema ein solches Maß an abgerundeter Kürze, ein solches Maß an Wahrscheinlichkeit usw. und weder mehr noch weniger ein, bei welchem du fest vertrauen kannst, daß jeder, der zur heroischen Tugend und deren Begleitung, der entsprechenden Art und Weise zu denken und der Erhebung des Geistes, emporgestiegen ist, diese entweder selbst solcherart Themen beigefügt haben oder wenigstens als von anderen hervorgebrachte auf schöne Weise verstehen wird.[1]

§ 289 Daher wählt sich die erhabene Denkungsart noch viel weniger als die mittlere jeden beliebigen Zuschauer aus dem großen Haufen als persönliches Objekt und als den, für dessen Gunst sie am meisten denken soll. Indem sie sich um die kleinsten Geister und Herzen gar nicht kümmert und sich nicht fürchtet, die Augen von so Gearteten eher zu blenden als zu erquicken, wählt sie sich gleichsam eine zweifache Art der Sterblichen als ihren heiligen Zirkel, innerhalb dessen sie hart arbeitet, um sie zu ergötzen: 1) Die bedeutendsten Menschen, die nicht allein durch ihre höheren Geistesgaben vortrefflich, sondern auch durch ihre Gemütsart höchst ausgezeichnet sind und eine einzigartige Hoheit in den Sitten durch Gewohnheit gleichsam als ihre zweite Natur erlangt haben. Alsdann ist sie bedacht auf die ernstesten Dinge, von denen man jedoch voraussetzen muß, daß jene Menschen täglich mit ihnen umgehen, mit ihnen vertraut sind und gleichsam in ihnen leben. Anmutig und großartig denkt sie und gewiß vollständig und vollkommen, gleichwohl liegt es ihr fern, ihre Gedanken mit einer gewissen außerordentlichen Fülle und offenbarer Breite der Überlegung mitzuteilen, so daß sie vielmehr eher nach der relativen Kürze und einem wahrhaft großen Lakonismus strebt.[1]

§ 290 Iupiter ad Mercurium post brevem expositionem eorum, quae displiceant in Aenea, Virg. Aen. IV 236:

Naviget. Haec summa est, hic nostri nuncius esto.[1]

Mercurius fidus parentis interpres ad Aeneam, caetera quum exprobrando retulisset, hoc ne ipsum quidem adeo breve mandatum expresse addit, v. 275, quoniam pius Aeneas illud ex expositis potuit colligere:

Ardet abire fuga, dulcesque relinquere terras
Attonitus tanto monitu imperioque deorum.
Mnesthea Sergestumque vocat fortemque Cloanthum
Classem aptent taciti, socios ad littora cogant,
Arma parent, et, quae sit rebus caussa novandis
Dissimulent, v. 290.[2]

Satisne breviter magnus Aeneas ad primos sociorum de rebus magnis, quarum hi dudum periti erant?

§ 291 2) Alterum hominum genus, quibus sublime cogitandi genus servire potissimum et placere studeat, § 289, illi sunt, qui vel ad supra descriptos, aesthetico saltim, referri posse videantur, excelsam tamen aliquam et insigniter sublimem rem adhuc ignorare, aut omnino per errorem vilipendere supponendi sunt, vel igniculos quidem magni animi heroicaeque virtutis gerunt sub pectore, habentes, quod ad sublimis quaevis erigi possit ac incitari, non tamen habent semper in promtu, quantum satis est magnanimitatis praesentis ad grandia quaedam, sibi satis nova, vel brevissime sibi exposita, statim amplectenda, quo merentur, impetu, § 288. Utrisque sublime cogitandi genus iam salva gravitate, non ubertim solum, sed etiam copiosus, inauditam materiae suae magnitudinem, amplissimam dignitatem, incredibile pondus, et divino quodam ardore dignissimam maiesta-

1 Vergil, *Aen.* 4, 237.
2 Ebd. 4, 281 f. und 288–291.

§ 290 Jupiter sagt nach einer kurzen Darlegung der Dinge, die an Aeneas mißfallen mögen:

Segeln soll er! Das gilt's. Und das sei unsere Botschaft.

Merkur, treuer Übermittler der Worte des Vaters gegenüber Aeneas, fügt, nachdem er das Übrige vorwurfsvoll wiedergegeben hat, diesen gewiß überaus kurzen Befehl selbst nicht einmal ausdrücklich hinzu, weil der fromme Aeneas ihn ja schon aus dem Ausgeführten entnehmen konnte:

Gleich entbrennt er zu fliehn und das liebliche Land zu verlassen,
wie vom Donner gerührt durch die strengen Gebote der Götter.
Mnestheus ruft er, Sergestus und auch den tapferen Cloanthus,[1]
heimlich die Flotte zu ordnen, die Freunde zum Strande zu rufen,
Waffen zu rüsten und, was der Grund solch neuen Beginnens,
nicht zu verraten.

Hat nicht auch der große Aeneas ziemlich kurz zu den ersten seiner Gefährten von großen Dingen gesprochen, in denen diese längst erfahren waren?[2]

§ 291 2) Die andere Art der Menschen, denen die erhabene Denkungsart am meisten zu dienen und zu gefallen streben soll, sind entweder jene, die, wenigstens für den Ästhetiker, auch zu den oben Beschriebenen gerechnet werden zu können scheinen, denen aber unterstellt werden muß, daß sie gewisse hervorragende und ausgezeichnet erhabene Dinge bisher nicht kennen oder ganz irrtümlich für verächtlich halten, oder jene, die Funken eines gewiß großen Gemüts und heroischer Tugend im Herzen tragen, die zu jedem Erhabenen aufsteigen und von ihm entfacht werden können, die jedoch nicht immer genügend Großmut sogleich gegenwärtig bereit haben, um große Dinge, die sich als recht neu oder nur ganz kurz zeigen, sogleich mit der Begeisterung, die sie verdienen, festzuhalten. Dann wird die erhabene Denkungsart beiden, gewiß ohne Schaden des Gewichtigen, die unerhörte Größe ihres Stoffes, die überaus bedeutende Würde, die unglaubliche Wichtigkeit und – mit einem gewissen göttlichen Feuer – die würdigste Hoheit der vorzüglichsten Erscheinungen nicht nur reichlich, sondern auch in

tem, exquisitissimarum figurarum in ornatu pudico ac matronali, splendide declarabit, § 116.

§ 292 Iam fingamus nobis mente, vel Athenienses, quibus Demosthenes, vel romanos, quibus Cicero suis in orationibus de sublimibus aliquando vere pulcre cogitare laborarunt. Vel substituamus etiam illis, ex nostra vivendi ratione, concionem de gravissimis sacrorum momentis habendam. Quam hic pauci cogitari possunt ad primum obiectorum personalium genus, § 289, pertinentes? Ex iis autem ipsis, quotquot sint, esse tamen quidam possunt, qui, caeteroquin optimi, rigidique virtutis severioris, aut boni publici strenui defensores, id interim, de quo nunc agitur, praesertim admodum determinatum, vel omnino singulare si sit et individuum, nunc forsan ignorantes, nunc omnino contra illud praeoccupati, parum illi pretii existimationisque tribuerent, nisi meliora doceremur, § 291.

§ 293 Reliqui omnes, quorum in commodum orator sublime cogitandi genus possit suum facere, erunt, in quibus generosiores utique latent instinctus, sunt, quae possint divina luce collustrari sacrisque incitationibus inflammari, nunc autem bona pars minus attenta, alii satis remisso cum animo accedunt, vel ideo, quia sibi nota iam satis temere statuunt, quae sint audituri. His circumstantibus utique sublime cogitandi genus oratoris, cuius ad haec voces bene multae possunt audientem transvolare, quas lector iterata forte lectione maturius perpendisset, § 170, multum copiae, multum ubertatis et amplitudinis ad perfectam suam plenitudinem requiret, et latitudinem paene platonicam, §§ 158, 116.

§ 294 Tragodiae adhuc magis necessariam cum sublimitate sua copiam et ubertatem etiam comparativam fecit

größerer Fülle in züchtigem und ehrbarem Schmuck auf glanzvolle Weise zeigen.

§ 292 Laßt uns nun im Geiste entweder die Athener, für die Demosthenes, oder die Römer, für die Cicero in ihren Reden über erhabene Dinge sich einstmals wahrhaft schön zu denken bemühten, vorstellen. Und laßt uns nun an die Stelle jener Reden gemäß unserer Lebensweise eine Predigt setzen, die über gewichtigste Bedeutungen heiliger Dinge gehalten werden muß. Wie wenige können hier als der ersten Art der persönlichen Objekte zugehörig gedacht werden? Und selbst auch unter diesen können dennoch solche, wie viele es auch sein mögen, sein, die – sonst beste und ernste Verteidiger der strengeren Tugend und brave Verfechter des gemeinen Wohls – bei alledem das Erhabene, um das es sich hier handelt, vor allem wenn es in hohem Maße bestimmt oder gänzlich einzigartig oder individuell ist, bald nicht kennen, bald gänzlich dagegen eingenommen sind. Sie würden ihm zu wenig Wert und Wertschätzung beimessen, würden wir nicht wissen, es besser zu machen.

§ 293 Alle übrigen, in deren Interesse der Redner sich die erhabene Denkungsart zu eigen machen möge, werden die sein, in denen durchaus großmütigere Triebe verborgen sind; es sind die, die durch ein göttliches Licht erleuchtet und durch heilige Begeisterung zu entflammen sein mögen, von denen aber ein guter Teil nicht aufmerksam genug ist und von denen andere sich dem Erhabenen mit leidlich nachlässigem Gemüt nähern, wohl deswegen, weil sie unbedachtsam schon zu wissen glauben, was sie zu hören bekommen werden. Unter diesen Umständen mag die erhabene Denkungsart des Redners, von dessen auf Erhabenes gerichteten Worten recht viele an einem Zuhörer vorüberfliegen können, die ein Leser vielleicht in wiederholter Lektüre reifer erwogen hätte, zu ihrer vollkommenen Vollständigkeit viel Fülle, viel Reichtum und Weitläufigkeit und eine beinahe platonische Breite erfordern.

§ 294 Noch notwendiger machte der Tragödie in ihrer Erhabenheit die Fülle und den Reichtum, auch vergleichungsweise genommen,

grata novitate morandus,
Spectator, functusque sacris, et potus, et exlex, §§ 297–293, Hor., A. P.[1]

Quod numero plures, virtute et honore minores,
Indocti, stolidique et depugnare parati,
Si discordet eques, media inter carmina poscunt,
Aut ursum, aut pugiles. His nam plebecula gaudet.
Verum equiti quoque iam migravit ab aure voluptas
Omnis ad ingratos oculos et gaudia vana, Hor. II, Ep. 1, § 275.[2]

§ 295 Quae quum ita se habeant, contrahamus in nervum controversiam, § 288. 1) Est quoddam sublime genus cogitandi, quod simul, non plenum solum, sed et copiosum est, illudque si semel relativae brevitatis fines transgressum est, graviter oportet esse locuples, apparatusque vere regios et magnificentiam publicam testatos exponere, §§ 289–294, 2) non omne sublime cogitandi genus simul copiosum est, § 289, in relative magnis potius maxima relative etiam brevia, §§ 207–209, 3) non omne copiosum dicendi genus sublime est, S. VIII, § 281. Adeoque copiosum et sublime desinant in synonymis habere, qui nolunt Asianorum titulis condecorari. ὕψος ἀπότομον in Demosthene, ἐν χύσει Ciceroni plerumque tribuit Longinus,[3] S. XII.

§ 296 Sublime cogitandi genus *grave* (δεινόν) si dicitur, § 281, de relativa quadam et comparativa gravitate, graduque eius maximo denominationem accepit, quoniam omnis magnitudo aesthetica postulat etiam aliquam, absolutam certe, gravitatem, § 189. Si dicitur ornatum, § 281, ambiguitas tolli potest ad imitationem § 295, et

1 Horaz, *A. p.* 223 f.
2 Horaz, *Ep.* 2, 1, 183–188.
3 Longin 12, 4.

der Zuschauer, der mit dem Reiz der Neuheit festgehalten werden mußte,
der nach dem Gottesdienst trunken und vom Gesetze befreit war.[1]

Ebenso der Umstand,

daß der Haufe, an Zahl stärker, an Verdienst und Rang geringer,
ungebildet und plump und darum stets bereit, alles mit der Faust anzufechten,
sollte der Ritterstand anderer Meinung sein, plötzlich inmitten der Lieder
einen Bären verlangt oder Boxkämpfer; das ist es, woran dieses Pöbelvolk seine Freude hat.
Aber auch den Rittern ist schon das Vergnügen gänzlich von den Ohren abgewandert,
hin zu den undankbaren Augen und damit zum nichtigen Genuß.[2]

§ 295 Da sich die Dinge so verhalten, bringen wir die Streitigkeit von § 288 auf den Punkt: 1) Es gibt eine gewisse erhabene Denkungsart, die zugleich nicht allein vollständig ist, sondern auch Fülle besitzt. Und wenn jene einmal die Grenzen der relativen Kürze überschritten hat, ist es ihr geflissentlich nötig, wohlausgestattet zu sein und eine wahrhaft königliche und allgemeine Pracht offenbarende prunkvolle Zurüstung zu zeigen. 2) Nicht jede erhabene Denkungsart besitzt zugleich Fülle, vielmehr gibt es in relativ großen Dingen relativ Größtes und auch Kürzeres. 3) Nicht jede Art zu reden, die Fülle besitzt, ist erhaben. Und ebenso mögen die aufhören, das Füllige und Erhabene für gleichbedeutend zu halten, die nicht mit dem Titel des Asiatischen geziert werden wollen.[1] Longin schrieb dem Demosthenes *steile Höhe*, dem Cicero großteils *breites Ausströmen* zu.

§ 296 Wenn die erhabene Denkungsart *gewichtig*[1] genannt wird, empfängt sie diese Bezeichnung von einer gewissen relativen und vergleichungsweise genommenen Wichtigkeit und deren höchster Stufe, da ja jede ästhetische Größe auch irgendeine, sicherlich doch absolute Wichtigkeit verlangt. Wenn sie ›geschmückt‹ genannt wird, kann die Zweideutigkeit in der Befolgung von § 295 beseitigt

emendatur plerumque per adiectum, quasi synonymon, aliud vocabulum, e. g. *ornatum* et *grave*. *Ornatos in dicendo gravesque viros* Scaevolae apud Ciceronem De or. I 42 [1] si interpretemur, sublimitatem attingere qui cogitando dicendoque possint, videbimus eos recte mediis interpositos philosophis refutare *Crassum, qui oratorem in omnis sermonis disputatione copiosissime posse versari, quasi suo iure sumserat*,[2] § 125. Augeretur inconcinnitas a Crasso asserti, si copiosissimum et sublime confunderemus, § 295, et ornatum, l. c. 50, § 257.

§ 297 Sublime cogitandi genus qui tandem *validum* dicunt, § 281, denuo videntur de relativo quodam et comparativo robore loqui velle, quod huic utique cogitandi generi summum generice debet adscribi, § 288. Iam tenue poscit aliquid nervorum ac sanguinis, §§ 242–244, plus medium, § 274, sublime plurimum, M. § 515. Videamus insignem eius vim et efficaciam paullo distinctius, ut eandem a spurii sublimis larva sit hoc facilius distinguere.

§ 298 1) Habet sublime cogitandi genus summas generice divitias, §§ 158, 288, quas nonnunquam paene omnes relinquit, § 160, unico veluti, sed pretiosissimo, tantum adamante fulgens, § 289, unde tacitus tecum concludas ad opes reliquas, §§ 177, 148, non nunquam magnificentius exponit, § 293. Unde tunc περιαγωγαὶ καὶ περιβολαί, circumducta quaedam et accumulata meditandi ratio, non sine synathrosismis, § 148. Neque tamen omnis sublimis, nec in sublimibus summa, meditatio circumducta est et accumulata, multo minus omnis circumducta meditandi ratio, et adhuc minus longitudo quaedam et diffusio distorsiove signorum tantum e. g. dictionis et vocabulorum, grandis atque sublimis est, § 295. Aristophanes habet vocabulum sex versuum, et repit Plauti

> *Quodsemelarripidesnunquamposteaeripides*,[3] § 237.

1 Cic., *De or.* 1, 42.
2 Vgl. ebd.
3 Plaut., *Persa* 705.

und meistenteils ausgebessert werden durch Hinzufügung eines weiteren, gleichsam gleichbedeutenden Wortes, z. B. *geschmückt und gewichtig*. Wenn wir *die Männer, die geschmückt und gewichtig zu reden wissen*, die Scaevola bei Cicero nennt, als diejenigen auslegen, die im Denken und Reden Erhabenheit erreichen können, werden wir sehen, daß sie – die richtig zu den Philosophen gezählt werden[2] – *Crassus* zurückweisen, der sich *wie einen Rechtsanspruch herausgenommen hat, ein Redner könne in jeder Art des Gesprächs eine Rede von größter Fülle entfalten*. Es würde die Ungereimtheit von Crassus' Ausspruch erhöhen, wenn wir dieses ›mit größter Fülle Ausgestattete‹ mit dem Erhabenen und mit dem Geschmückten verwirren würden.[3]

§ 297 Diejenigen, die die erhabene Denkungsart endlich *stark* nennen, scheinen wiederum von einer gewissen relativen und vergleichungsweise genommenen Stärke sprechen zu wollen, die aber dieser Denkungsart, ihr gemäß, in höchstem Grad zugeschrieben werden muß. Schon die schlichte Denkungsart fordert etwas Nerviges und Kerniges, die mittlere mehr, die erhabene am meisten. Laßt uns nun ihr Petschaft, ihre Kraft und Wirksamkeit ein wenig deutlicher betrachten, damit es leichter sein möge, dieselbe von der Larve eines unechten Erhabenen zu unterscheiden.[1]

§ 298 1) Die erhabene Denkungsart besitzt ihrer Art gemäß höchste Reichtümer, die sie bisweilen beinahe alle fahrenläßt, indem sie gleichsam funkelt wie ein einziger, doch überaus kostbarer Diamant, wovon du schweigend für dich auf ihr übriges Vermögen schließen magst, das sie bisweilen auch in prachtvollerer Weise zeigt. Von daher kommen dann eben auch die Herumführungen und Umkreisungen, eine gewisse ausladende und übervolle Art zu denken, nicht ohne Synathroismen.[1] Doch weder ist jedes Denken des Erhabenen noch das höchste Denken erhabener Dinge ausladend und übervoll, und viel weniger ist jede ausladende Art zu denken und noch weniger eine gewisse Länge und Weitläufigkeit oder Verrenkung bloß der Zeichen, z. B. der Rede und der Wörter, groß und erhaben. Aristophanes hat ein Wort, das über sechs Verse geht,[2] und es kriecht das

Einmalergreifidesniewiederlassides des Plautus.[3]

§ 299 2) Magnitudinem cogitandorum, etiam naturalem, § 181, eam servat, quae nec comparata primario themati, personisve vel loquentibus, vel obiectis personalibus, in nihilum comparativum abeat, evanescens, e. g. § 198, nec e contrario sub eadem comparatione illa, quae iam dixi, primarium thema e. c., quando semper in magnis maxima legitur magnitudo cogitandorum quorumvis, si grandia quidem illa, thema e.c. fuerint, neque tamen in magnis maxima, § 207, elevet potius, obscuret, et minuat, quam amplificet, ornet et extollat. Par est sublimi cogitationum generi cura dignitatis generice maximae, sed in maxime dignis gradus simul, ut ita dicam, specifici, § 207, ne tollatur altius, aut deprimatur, ac et hic requirit, earum etiam partium laterumve, ex quibus eximia contemplanda sunt, ut talia, sedulo cautis vergentibus ad mediocritatem, vel omnino tenuitatem variis lateribusque cogitandi non male electi, § 215, nisi opere in longo habeat aliquando locum et hic, § 235.

§ 300 Exemplum huius cogitandi generis Cicero ipse suam orationem pro Rabirio citat, eodemque iure suo referuntur oratio pro Milone paullatim surgens, Catilinaria II, Philippica II et in Pisonem. In Aeneide imum ex grandibus cogitandi generibus Scaliger in descriptione ludorum l. V, medium l. I, summum l. II et VI deprehendit. Liceat ex sacris exemplum addere. Sit magnum in maximis, quod Longino S. IX vehementer placuit: *Sit lux et fuit.*[1] Maius est: Τετέλεσται.[2] Maximum: *Sit deus omnia in omnibus.*[3]

§ 301 3) Sublime cogitandi genus verisimilitudinem, § 22, sed eam proprie tantum sectatur, quae ingeniis superioribus et animis erec-

1 Longin 9, 9.
2 Johannes 19, 30.
3 Paulus, 1. *Korinth.* 15, 28.

§ 299 2) Die erhabene Denkungsart bewahrt eine solche, auch natürliche, Größe der zu denkenden Dinge, die sich weder, verglichen mit dem Hauptthema oder mit den sprechenden Personen oder den persönlichen Objekten, verschwindend in ein vergleichungsweise genommenes Nichts auflöst, z. B. § 198, noch im Gegenteil in derselben Vergleichung jenes, was ich schon nannte, nämlich das Hauptthema usw. – wann immer in großen Dingen die größte Größe irgendwelcher zu denkenden Dinge gewählt wird und jenes, nämlich das Thema usw. zwar gewiß recht groß, aber nicht von dem Großen das Größte ist – eher herabsetzt, verdunkelt und verkleinert als erweitert, schmückt und erhöht.[1] Gleichermaßen verhält es sich mit der Sorge der erhabenen Art der Gedanken um die ihrer Art gemäß größte Würde, doch bei höchst würdigen Dingen auf einer, wenn ich so sagen darf, besonderen Stufe, auf daß diese Würde nicht höher angehoben oder weiter niedergedrückt wird, als es auch hier erforderlich ist, sodann auch bei Teilen oder Seiten dieser Dinge, von denen aus Vortreffliches als solches zu betrachten ist, und schließlich bei den sich vorsichtig zur Mittelmäßigkeit oder gänzlich zur Schlichtheit neigenden verschiedenen Teilen und Seiten eines nicht zu unrecht gewählten Gegenstands des Denkens, wenn nicht in einem längeren Werk bisweilen dies auch hier einen Ort hat.

§ 300 Als Beispiel dieser Denkungsart zitiert Cicero selbst seine Rede *Pro Rabirio*,[1] und gemäß demselben Richtspruch werden die Rede *Pro Milone*, die sich ein wenig höher erhebt, die zweite Rede gegen Catilina, die zweite Philippische und die Rede *In Pisonem* beurteilt.[2] In der *Aeneis* bemerkt Scaliger die unterste von den großen Denkungsarten in der Beschreibung der Spiele in Buch V, die mittlere in Buch I und die höchste in den Büchern II und VI.[3] Es möge erlaubt sein, ein Beispiel aus den Heiligen Büchern hinzuzufügen. Es mag wohl groß unter den größten Dingen sein, was Longin so überaus gefiel: *Es werde Licht, und es ward Licht*. Größer ist: *Es ist vollbracht*. Am größten aber ist: *Daß Gott sei alles in allem*.[4]

§ 301 3) Die erhabene Denkungsart folgt der Wahrscheinlichkeit, doch in eigentlicher Weise nur der, die von höheren Geistern und hervorragenderen Gemütern verstanden und gebilligt werden kann,

tioribus comprehendi probarique possit, § 288, licet eadem plebeculae sit vix credibilis, § 286, nec apud nobiles sic satis animos facilem inveniat fidem, § 213. Quam suam verisimilitudinem aut tacitae spectatoris ἀναθεωρήσει, § 177, relinquit, § 289, aut eam adeo luculenter probat, §§ 291–294, ut abhorrens primo, vel maxime a sensibus nostris, nunc tandem, non solum, non odium, sed etiam admirationem et desiderium sui pariat veritas, § 293.

§ 302 Sublime Pompeii dictum, quum dissuadente nauta per tempestatem navem conscenderet: Proficisci me necessarium est, vivere non est necesse, contradictionis apertae damnat Gallorum nonnemo. Neque defendat, Pompeio aequalis animus, nec accuset Caesar aliquis, vel hostis. Ambo enim pulcre intelligent, §§ 288, 301. *Magnum est efficere, ut quis intelligat, quid sit illud verum et simplex bonum, quod non possit ab honestate seiungi*, Cic., Qu. ac. I 7. Quod bonum quale sit, sane, non solus *Epicurus* verbis *negat sine voluptatibus sensum moventibus se suspicari posse,* sed plures ad hunc usque diem factis, inter eos etiam, in quibus summos mores et virtutem excellentem suspicetur aestheticus. Neque tamen illius nuda veritas *acute, argute, obscure,* uti videatur analogo rationis, § 121, *studio philosophiae* severiori *disseritur* tantum, *quo nullum* Varroni Platonique videtur *maius aut melius a diis datum munus homini*:[1] sed iam etiam aestheticis et vere sublimibus tot meditationibus est exposita, et exponitur paene quotidie, eiusdem verisimilitudo, ut ex hac parte rerum humanarum parum aut nihil superesse desiderandum videatur, § 301.

§ 303 4) Summa in luce magnum hoc exsplendescit cogitationum genus, § 22, sed in ea, cui ferendae, cui capiendae, cui fruendae po-

[1] Vgl. Cic., *Ac.* 1, 7.

wenngleich dieselbe beim niederen kleinen Volk kaum glaublich sein und auch bei gewiß genugsam edlen Gemütern nicht leicht Glauben finden mag. Und diese ihre Wahrscheinlichkeit überläßt sie entweder dem stillschweigenden *Tiefsinn*[1] des Betrachters, oder sie erweist sie in so stattlicher Fülle, daß ihre Wahrheit, die zuerst oder am meisten unseren Sinnen zuwiderlief, nun schließlich nicht allein keinen Haß, sondern auch Verwunderung und Sehnsucht nach ihr hervorbringt.

§ 302 Der erhabene Ausspruch des Pompeius, als er, obwohl ihm ein Seemann davon abriet, während eines Sturmes das Schiff bestieg, ›Aufbrechen muß ich, nicht leben‹,[1] wird von manchem Franzosen des unverstellten Widerspruchs beschuldigt.[2] Doch weder mag ein dem Pompeius gleiches Gemüt ihn verteidigen noch irgendein Caesar oder Feind ihn anklagen. Beide nämlich werden ihn auf schöne Weise verstehen. *Groß ist es, so zu handeln, daß jeder versteht, was jenes wahre und einfache Gute sei, das nicht von der Ehrlichkeit zu trennen ist.* Was für ein wie beschaffenes Gut dies sei, darüber meint allerdings nicht allein *Epikur* in Worten, daß es *ohne die Sinne erregende Annehmlichkeiten nicht erahnt werden könne*, sondern daß dies so ist, zeigen bis auf den heutigen Tag viele Menschen auch in ihren Taten, unter ihnen auch solche, bei denen der Ästhetiker höchste Sitten und eine herausragende Tugend vermuten möchte. Doch wird die unverhüllte Wahrheit jenes Ausspruchs des Pompeius nicht nur in – wie es dem Analogon der Vernunft scheint – *scharfsinniger, spitzfindiger und dunkler Weise* im *Bestreben* der ernsteren *Philosophie*, verglichen *mit dem es* für Varro und Platon *keine größere und bessere Gabe der Götter an die Menschen gibt*, sorgfältiger *untersucht*, sondern auch seine Wahrscheinlichkeit wurde schon in so vielen ästhetischen und wahrhaft erhabenen Überlegungen offengelegt und wird dies beinahe täglich, daß von dieser Seite der menschlichen Angelegenheiten wenig oder nichts zu begehren übrigzubleiben scheinen sollte.

§ 303 4) Diese große Denkungsart leuchtet in höchstem Licht, doch in dem, das zu erfassen, zu verstehen, zu genießen vornehmlich Adleraugen erfordert werden mögen. Die unterstellt sie biswei-

tissimum aquilarum oculi requirantur, § 288. Quos aliquando iam supponit, § 289, et eo splendore satiat, ad quem ipsa caecutiat Minervae noctua, aliquando mira arte naturaliter bonos nondum tot radiis imbibendis adsuetos, vel etiam desuetos iterum, ita sensim allicit, et blande pascendo simul acuit atque confirmat, ut tandem ibi solem meridianum, plana ac perspicua omnia mirentur, ubi caecitatem et tenebras et obscuritatem non ita multo ante sibi deprehendere visi erant, § 291.

§ 304 Ut hanc verissimam sublimium lucem, obscuritatem apparentem, possis in exemplo dignoscere a tenebris, lege, sis, vaticinium Sibyllae Aen. VI 83–97, ubi privilegium quasi poeta habuisset obliviscendi verae perspicuitatis ob verisimilem oraculorum caliginem. Quamvis et ipse dicat

Talibus ex adyto dictis Cumaea Sibylla,
Horrendas canit ambages, antroque remugit
Obscuris vera involvens,[1]

tamen deprehendes vere sublimia, quae nec nunc, quid sibi velint, quantumque habeant ponderis, quivis ex plebe litteratorum intelligat, interim nihil obscuritatis in verbis et ratione cogitandi, praeter id, quod in futuris ordinarium est, et ob deficientem omnimodae determinationis eorundem notitiam in homine, vehementer necessarium, adeoque post eventum et impletionem historiae fabulaeve perito satis pervium.

§ 305 5) Sublime cogitandi genus persuadet, § 22, sed iis persuadendis tantum, certe potissimum, laborat, quorum iam intimis praecordiis insevit virtutis rectorumque morum semina, cum certitudine, magnitudo pectoris, § 45, insignior. Quibus non cognita solum, sed

1 Vergil, *Aen.* 6, 98–100.

len schon und erfüllt sie mit einem Glanz, an dem selbst die Eule der Minerva erblinden mag, bisweilen zieht sie mit wunderbarer Kunst die auf natürliche Weise guten, noch nicht so viele Strahlen aufzunehmen gewohnten oder auch wieder entwöhnten Augen ganz allmählich an sich und, indem sie sie schmeichelnd ergötzt, schärft und kräftigt sie zugleich ihren Blick, daß sie endlich da die Mittagssonne, alle Dinge als deutlich und verständlich bewundernd anstaunen, wo sie wenig vorher von sich geglaubt hatten, nur Blindheit und Finsternis und Dunkelheit zu erkennen.[1]

§ 304 Damit du dieses wahrhaftigste Licht des Erhabenen und seine nur anscheinende Dunkelheit in einem Beispiel von der Finsternis unterscheiden können mögest, lese doch die Weissagung der Sibylle im vierten Buch der *Aeneis*, 83–97, wo der Dichter gleichsam das Vorrecht zu haben schien, die wahre Verständlichkeit um der wahrscheinlichen dunklen Nebel des Orakels willen zu vergessen. So sehr er auch selbst sagen möge:

Also aus heiliger Tiefe ertönt der Sibylle von Cumae
rätselvoll-schauriger Spruch und brüllt aus dem Innern der Grotte
Wahres, dunkel verschleiert,

wirst du dennoch wahrhaft erhabene Dinge erfassen, die nun aber – was sie bedeuten und wieviel Wichtigkeit sie haben mögen – nicht jeder aus dem Haufe der Gelehrten verstehen mag, während nichts an Dunkelheit in Worten und in der Art und Weise zu denken über das hinausgeht, was bei zukünftigen Dingen gewöhnlich ist, was wegen der fehlenden Kenntnis aller möglichen Bestimmungen dieser Dinge beim Menschen, auch beim größten, der dennoch nichts weiter ist als ein Mensch, ganz unumgänglich ist, und was doch, nachdem es sich begeben und erfüllt hat, einem der Geschichte und der Fabel Kundigen genügend zugänglich ist.[1]

§ 305 5) Die erhabene Denkungsart überredet, aber sie bemüht sich gewiß am meisten, nur die zu überreden, in deren Innerstem eine ausgezeichnetere Größe des Herzens bereits Samen der Tugend und der richtigen Sitten mit Gewißheit eingepflanzt hat. Da solchen Menschen diese Grundsätze nicht allein bekannt sind, son-

et ipsorum caussa non indigentia probationibus quum insint principia: his nunc tribus, quod aiunt verbis, aut omnino vel unico, instruit, quasi immotis fundamentis suam persuasionem brevissimis, nunc pro diversa obiectorum suorum personalium conditione, §§ 289–294, tot pondera, tot sententias, tot firmamenta congerit in certius reddendum suum thema, non illa trita, sed magni quid semper spirantia, ut maiores animi plenissime persuadeantur, minores obruantur, et ad prudentissimum, quod ab ipsis sperari potest, ad silentium compellantur.

§ 306 Exemplum persuasionis, et eius quidem efficacissime, per unam vocem habet Suetonius in Caesare 70. *Decumanos Romae cum ingentibus minis, summoque etiam urbis periculo, missionem et praemia flagitantes, ardente tunc in Africa bello, nec adire cunctatus est quanquam deterrentibus amicis, neque dimittere. Sed una voce, qua Quirites eos pro militibus appellarat, tam facile circumegit et flexit, ut et milites esse confestim responderint, et quamvis recusantem ultro in Africam sint sequuti.*[1] Paullo fusius persuasit idem Caesar, verae sublimitatis aestheticae peritus, metum imminentis hostis suos deponere *amplificando ementiendoque* copiarum eius numerum, 66.[2]

§ 307 *Pollio Asinius parum integra veritate compositos putat commentarios Caesaris*, 56,[3] quantum tamen inest plerisque, quae scribit, persuasionis? Putares eos legens rectissime fecisse, qui, Catullo si fides est, nihil potuit,

Nisi uncta devorare patrimonia.[4]

Non deterreor eorum opinione, qui hos commentarios humiles iudicant, quo minus eorum heic mentionem faciam. Quoniam eorum verba satis et pueri capiunt et aliquem sensum, quantum possunt pro

1 Sueton, *De vita Caesarum*, 70.
2 Ebd. 66.
3 Ebd. 56.
4 Catull 29, 22.

dern sie dieselben auch mit ausreichenden Beweisen begründet innehaben: So festigt sie in diesen Menschen bald mit drei, wie man sagt, Worten oder auch nur mit einem einzigen Wort gleichsam auf unerschütterlicher und knappster Grundlage ihre Überredung, bald trägt sie, gemäß der verschiedenen Bedingtheit ihrer persönlichen Objekte, so viel Gewicht, so viele allgemeine Lehrsprüche und so viele Beweisgründe zusammen, wie nötig sind, um ihr Thema gewisser zu machen. Und all jene Dinge sind nicht gewöhnlich, sondern atmen immer etwas Großes, so daß die größeren Geister gänzlich überredet und die kleineren übermannt und zum klügsten Schweigen, das von ihnen erwartet werden kann, genötigt werden.

§ 306 Ein Beispiel der Überredung, und gewiß einer überaus wirksamen, durch ein einziges Wort gibt Sueton: *Während der Krieg in Afrika entbrannt war, forderten die Soldaten der zehnten Legion in Rom unter furchtbaren Drohungen, ja unter Gefährdung der Stadt selbst ihren Abschied und ihre Belohnungen. Ungeachtet der dringenden Warnungen seiner Freunde trat Caesar, ohne zu zögern, unter sie und gab ihnen den Abschied. Aber durch das eine Wort ›Bürger‹, das er in seiner Anrede statt ›Soldaten‹ gebrauchte, stimmte er sie leicht um und machte sie so gefügig, daß sie ihm sofort erwiderten: ›Wir sind Soldaten‹, und ihm trotz seines Widerstands freiwillig nach Afrika folgten.* Ein wenig ausführlicher hatte derselbe Caesar, bewandert in der wahren ästhetischen Erhabenheit, die Seinen überredet, ihre Besorgnis angesichts des drohenden Feindes abzulegen, indem er die Zahl von dessen Truppen *erhöhte und durchmaß.*[1]

§ 307 *Asinius Pollio hält die Kommentare Caesars für wenig glaubhaft,*[1] doch wieviel Überredung ist in den meisten von dessen Schriften! Du würdest, wenn Du sie liest, glauben, daß der am rechtesten gehandelt hat, der, wenn man Catull glaubt, nichts konnte

außer fette Pfründe zu verschlingen.

Ich werde nicht abgeschreckt von der Meinung derjenigen, die diese Kommentare als niedrig beurteilen, um so weniger mag ich ihrer hier Erwähnung tun. Weil auch Knaben deren Worte und, soviel sie gemäß ihrem Alter vermögen, einen gewissen Sinn darin hinläng-

aetate, non sunt ideo humiles, non tenue cogitandi genus demonstrant, et, nisi omnem tibi historiam placeat medium cogitandi genus amplecti debere, § 267, nullus dubito, quin ipsis aequabile quidem cogitandi genus, §§ 267, 268, et temperatum, § 270, adscribam, et, cum Cicerone, *nudum, rectum, ac omni ornatu orationis, tanquam veste detracta, venustum,* ita tamen, qua res, sublime, ut, *dum voluit* (aut velle simulavit) *alios habere parata, unde sumerent, qui vellent scribere historiam, ineptis gratum fortasse fecerit, qui illa volunt calamistris inurere, sanos quidem homines a scribendo deterruerit.*[1]

§ 308 6) Sublime genus cogitationum in eo regnat, ut animos, sed generosioris impetus capaciores, §§ 289–294, nunc in summam inflammationem et divinum paene furorem incitare, nunc a turbulentissimis animi commotionibus ex re quapiam minutula ortis retrahere decoram ad serenitatem et altioris spiritus tranquillitatem valeat, § 288, pro uti, vel hic, vel ille status animorum heroibus est convenientior, § 213.

§ 309 Aeneas, l. II, frustra dissuadente Hectore in somnis, v. 295, *arma amens capit,*

> *furor iraque mentem*
> *Praecipitant, pulcrumque mori succurrit in armis,* v. 315,[2]
> *Otriadae dictis in flammas et in arma fertur, quo tristis Erynnis,*
> *Quo fremitus vocat, et sublatus ad aethera clamor,* v. 338.[3]
> *Addentes se socios, per lunam oblatos, alloquitur.*[4]
> *Sic animis iuvenum furor additus,* v. 355.[5]
> Adhuc *furiata mente fertur* Aeneas, v. 588,[6] et est

1 Vgl. Cic., *Brutus* 262.
2 Vergil, *Aen.* 2, 314, 316 f.
3 Vgl. ebd. 2, 336–338.
4 Vgl. ebd. 2, 339 f.
5 Ebd. 2, 355.
6 Ebd. 2, 588.

lich verstehen, sind sie deshalb nicht niedrig, sie zeigen keine niedrige Denkungsart und – wenn Du nicht meinen solltest, daß jede Art von Geschichtsschreibung die mittlere Denkungsart für sich annehmen soll – habe ich keinen Zweifel, daß ich ihnen gewiß eine gleichförmige und gemäßigte Denkungsart zuschreiben möchte, und, mit Cicero, eine *unverhüllte, sachliche, allen rhetorischen Schmucks wie eines Gewandes entkleidete, anmutige*, doch der Sache nach so erhabene Art, daß, *während er anderen Stoff bereitstellen wollte* (oder zu wollen vorgab) *dessen sich bedienen könnte, wer immer eine Geschichtsdarstellung schreiben wollte, er möglicherweise nur den Geschmacklosen einen Gefallen getan haben wird, die den Stoff mit Kräuselscheren bearbeiten wollen. Menschen mit gesundem Urteil jedenfalls hat er vom Schreiben abgeschreckt.*

§ 308 6) Die Herrschaft der erhabenen Art der Gedanken geht so weit, daß sie die Macht hat, die Gemüter, und zwar die einer großmütigeren Begeisterung fähigen, einmal zur höchsten Entflammung und einem beinahe göttlichen Furor zu beflügeln,[1] einmal von den stürmischsten Gemütsbewegungen, die von irgendeiner Kleinigkeit herrühren, zu einer wohlanständigen Heiterkeit und zu dem Zustand der Beruhigung[2] eines höheren Geistes zurückzubringen, je nachdem, ob entweder dieser oder jener Gemütszustand den Helden zuträglicher ist.

§ 309 Aeneas, dem Hektor im Traum vergeblich davon abrät,

ergreift betäubt die Waffen,
zorniger Ingrimm
treibt ihn, und ihn durchläufts: Wie herrlich, im Kampfe zu sterben!
Durch des Panthus' Bericht und von Dämonen getrieben,
stürzt er in Flammen und Kampf, wohin ihn die grause Erinnys
und das Getöse ruft und der Jammer zum Himmel emporschallt.
Er spricht die Gefährten an, die im Lichte des Mondes hinzutreten,
so vermehrt sich die Wut der Jünglinge.

Und während Aeneas *dahinstürmt in rasendem Ingrimm*, ist auch

dignus vindice nodus,[1]

pium heroa a defensione patriae retrahere. En! adest deus, mater, dextra prehendens, et orationem suam, animum pectusque filii mulcentem, ecstatica visione corroborans, v. 589–625.

SECTIO XXII
VITIA SUBLIMI OPPOSITA

§ 310 In cogitanda grandi materia cavendum est I) QUARTUM ΒΑΘΟΥΣ (manifesti) GENUS, in quo statim appareat magnitudine obiectorum comparativa et generice maxima, § 207, minores et inferiores esse mente formatas cogitationes, § 217. In quo 4 denuo species facili negotio detegas: 1) si in maximis generice denuo excellentia cogitentur quidem maximis generatim satis apta dignaque ratione, sed non adeo excellente, ac ipsa themata mereri videantur, 2) si silvae arbustis, 3) si silvae myricis exaequentur, 4) si summa deprimantur omnino humum usque et in meras nugas intra animum venuste, si diis placet, cogitaturi redigantur. Ultima species tertiam classem nugatorum in re seria constituet, et eam quidem turpissimam, § 245.

§ 311 Ad primam βάθους huc pertinentis speciem referamus cogitandi rationem, quam in Homero iam reprehendit Longinus, S. IX, qua ille *ex hominibus,* qui *rebus Iliacis* interfuerunt, *quantum potest, deos* dum *facit, ex diis* facit *homines, quorum vulnera, dissidia, ultiones, lacrumas, vincula, et infelicem immortalitatem* canat.[2] Contra hoc vitium dirigi videtur Horatii praeceptum:

[1] Horaz, *A. p.* 191.
[2] Vgl. Longin 9, 7.

die Verwicklung eines göttlichen Erretters wert,[1]

den frommen Helden von der Verteidigung des Vaterlandes zurückzuhalten. Seht! Der Gott ist da! Es ist die Mutter, die seine rechte Hand nimmt und ihre Rede, die das Gemüt und das Herz des Sohnes besänftigt, mit einem verzückenden Traumgesicht verstärkt.

ABSCHNITT XXII
DEM ERHABENEN ENTGEGENGESETZTE FEHLER

§ 310 Im Denken eines großen Stoffes muß I) die VIERTE ART DES (offenbaren) KRIECHENDEN vermieden werden, bei der sogleich in Erscheinung treten mag, daß die im Geist gebildeten Gedanken kleiner und niedriger sind als die vergleichungsweise genommene und der Art nach überaus große Größe der Gegenstände.[1] Innerhalb dieser Art des Kriechenden wirst Du ohne Mühe wiederum vier Unterarten entdecken: 1) Wenn in der Art nach größten Dingen wiederum die dort hervorragenden in einer im allgemeinen den größten Dingen gewiß genugsam schicklichen und würdigen Art und Weise gedacht werden, aber nicht so überaus hervorragend, wie es diese Themen selbst zu verdienen scheinen, 2) wenn Wälder Gebüschen, 3) wenn Wälder Tamarisken gleichgemacht werden,[2] 4) wenn höchste Dinge gänzlich bis zum Boden niedergedrückt werden und in schiere Lappalien in einem Gemüt, das unbedingt – wenn es doch den Göttern gefallen wollte! – anmutig denken will, herabgesetzt werden. Die letzte Unterart mag die dritte, und gewiß die schändlichste, Klasse der Schwätzer in ernsten Dingen ausmachen.

§ 311 Auf die erste Unterart des hierzu gehörenden Kriechenden möchten wir die Art und Weise zu denken zurückführen, die schon Longin bei Homer tadelt, in der dieser *aus den Menschen*, die *am Kampf um Ilion* teilgenommen haben, *nach Vermögen Götter* macht, während er *aus den Göttern Menschen* macht, *von deren Wunden, Zwisten, Rache, Tränen, Fesseln und unglücklicher Unsterblichkeit* er singt. Gegen diesen Fehler scheint sich das Gebot des Horaz zu richten:

Intererit multum Divusne loquatur, an heros, A. P. 114.[1]

Ex hoc enim versu cum Bentleio *Davum* exsulare iubeo. Ad eandem speciem deprimentis se nonnihil infra suam maiestatem sublimis, § 310, pertinet Homeri ab eodem Longino S. IX observata *declinatio ab Iliade in Odysseae amorem fabularum*.[2] Ob quem Homerum in Odyssea comparat *occidenti soli, cuius sine intensione* caloris et virium *maneat*, §§ 298–309, *magnitudo*.[3] Non esse, ait, ἴσον τόνον Homeri in Odyssea, ac in Iliade, οὐδ' ἐξωμαλισμένα τὰ ὕψη καὶ ἰζήματα μηδαμοῦ λαμβάνοντα,[4] breviter, *senectutem, sed senectutem Homeri*.[5]

§ 312 Secundae speciei, § 310, exemplum sit Timaeus apud Longinum S. IV, qui *Alexandrum magnum* ait *intra pauciores annos totam Asiam subegisse, quam* intra quos *panegyricam orationem de bello contra persas Isocrates conscripserit. Egregia scilicet Macedonis illius cum Sophista comparatio. Vincit strenuitate Lacedomios Isocrates. Illi triginta annos in expugnanda Messene terunt, hic in conscribenda oratione panegyrica tantum decem*.[6] Huc et, praeter comparationes, traherem sublimium, nisi tenues, medias certe partes et varia, circumstantias dicunt, externa, praesertim si minus necessaria earundem commemoratio, nec brevissima videatur. An magnus interdum et Maro dormitat? e. g. Aen. I 177:

Ac primum silicis scintillam excudit Achates,
Suscepitque ignem foliis, atque arida circum
Nutrimenta dedit, rapuitque in fomite flammam.[7]

§ 313 Ad tertiam iusto submissioris de sublimibus cogitandi generis speciem, § 310, nondum audeo referre omnes heroum cum bestiis, animantibusque comparationes. Interim tamen nostro, quod vivimus, saeculo solos reor leones et aquilas adhuc in maiori theatro

[1] Horaz, *A. p.* 114.
[2] Vgl. Longin 9, 13.
[3] Vgl. ebd.
[4] Vgl. ebd.
[5] Vgl. ebd. 9, 14.
[6] Vgl. ebd. 4, 2 f.
[7] Vergil, *Aen.* 1, 174–176.

Es macht einen großen Unterschied, ob ein Gott spricht oder ein Heros.

Aus diesem Vers freilich möchte ich mit Bentley den *Davus* heraushalten.[1] Zu derselben Unterart des Erhabenen, das sich ein wenig unter die ihm eigene Großartigkeit niedersenkt, gehört das ebenfalls von Longin bemerkte *Abgleiten* des Homer *von der Ilias in die Liebe zu den bloßen Erzählungen in der Odyssee.* Deshalb vergleicht er den Homer der *Odyssee mit der untergehenden Sonne, deren Größe gleichwohl ohne die Glut* der Wärme und ohne deren Kraft *erhalten bleibe.* Es ist, sagt er, nicht mehr *die gleiche Kraft* des Homer in der *Odyssee* wie in der *Ilias, nicht die immer durchgehaltene, niemals abfallende Höhe* – kurz, er spricht *vom Alter, aber vom Alter freilich eines Homer.*

§ 312 Ein Beispiel der zweiten Unterart mag Timaios bei Longin sein, der sagt, *daß Alexander der Große ganz Asien in weniger Jahren eroberte, als* es Jahre brauchte, innerhalb derer *Isokrates seinen Panegyrikos als Aufruf zum Krieg gegen die Perser niederschrieb.* Dazu meint Longin: *Man höre nur, ganz vortrefflich ist dieser Vergleich des Makedonen mit dem Sophisten! Denn es hat Isokrates die Lakedaimonier an Tüchtigkeit übertroffen. Jene brauchten dreißig Jahre, um Messene einzunehmen, er aber nur zehn, um seinen Panegyrikos zu verfassen.* Hierzu – abgesehen von solchen Vergleichen – würde ich auch die wenn nicht schlichten, so doch gewiß nur mittleren Teile des Erhabenen sowie Schilderungen verschiedener, als Umstände bezeichneten Äußerlichkeiten hinzunehmen, vor allem, wenn ihre Erwähnung weniger notwendig und nicht überaus kurzgefaßt scheint. Ob nicht auch der große Maron mitunter schläfrig wird?[1] – Z. B.:

Nun entschlug zuerst Achates Funken dem Kiesel,
fing in trockene Blätter die Glut und legte zur Nahrung
dürres Reisig dazu, um das Glimmen der Flamme zu fachen.[2]

§ 313 Noch wage ich es nicht, der dritten Unterart der Denkungsart über Erhabenes, die niedriger als recht ist, alle Vergleichungen von Heroen mit wilden Tieren und anderen Geschöpfen zuzuschreiben. Unterdessen glaube ich, daß in unserem Jahrhundert, in

suum locum tueri, praesertim auxilia ferente arte, quam heraldicam blasonicamque dicunt. Reliqua tantum non omnia loco graduque mota disparuerunt in heroicis, quando laus intenditur, animantia, dum philosophi, sintne machinae, sintne spiritus, evidentius inter se constituerint. Homeri adhuc heroes, ut canes, nisi latrant, tamen pugnant. Virgilii heroes, Aen. II 355,

lupi ceu
Raptores, atra in nebula, quos improba ventris
Exegit caecos rabies, catulique relicti
Faucibus exspectant siccis: per tela, per hostes
Vadunt.[1]

Agnoscas inter arma virosque Tityrum, expertum quam sit

Triste lupus stabulis.[2]

§ 314 Horatii iam Drusus, IV, Od. 4, comparatur lautius 1) aquilae, quam non *improba ventris rabies*,[3] § 313, sed

Olim iuventus et patrius vigor,
Nido laborum propulit inscium.[4]

Sed an satis dignum est, illi

Quod *rex deorum regnum in aves vagas,*
Permisit, expertus fidelem
Iuppiter in Ganymede flavo?[5]

2) Leoni. Transeat. Sed an sunt etiam *Rhaetis sub Alpibus Vindelicorum obarmatae Amazoniis securibus dextrae,*

diuque
Lateque victrices catervae
laetis caprea pascuis
Intenta?[6]

1 Ebd. 2, 355–359.
2 Vergil, *Ekl.* 3, 80.
3 Vergil, *Aen.* 2, 255.
4 Horaz, *Carm.* 4, 4, 5 f.
5 Horaz, *Carm.* 4, 4, 2–4.
6 Vgl. ebd., 22 f., 13 f.

dem wir leben, nur Löwen und Adler noch immer einen Platz von größerer Bedeutung bewahren, vor allem durch die Hilfe, welche die Kunst, die man die heraldische und blasonierende nennt,[1] beibringt. Die übrigen, fast gänzlich von ihrem Ort und ihrer Stufe verdrängten Geschöpfe verschwanden aus den heroischen Dichtungen an den Stellen, wo Lobpreisung beabsichtigt wird, bis daß die Philosophen genauer unter sich ausgemacht haben werden, ob sie Maschinen oder Geister seien.[2] Die Helden des Homer kämpfen noch, wenn sie auch nicht bellen, wie Hunde.[3] Die Helden des Vergil,

raubenden Wölfen
gleich, die bei Nebel und Nacht wie blind von den Qualen des Hungers
fortgetrieben, indes mit lechzendem Schlunde verlassen
ihrer die Jungen harren, eilen durch Waffen und Feinde.

So magst Du im Kampf und unter den Helden[4] den Tityrus gelten lassen, der weiß, wieviel

Unheil der Wolf den Ställen bringt.[5]

§ 314 In feinerer Art und Weise schon wird bei Horaz Drusus[1] 1) mit einem Adler verglichen, wo ihn nicht *die Qualen des Hungers*, sondern

erst Jugendmut und väterererbte Kraft
vom Horste trieben, der Gefahren noch unbewußt.

Doch ist der Umstand etwa genügend würdig, daß jenem Adler

der König der Götter Herrschaft über die flüchtigen Vögel
verliehen – weil Jupiter erfahren seine Treue
bei Ganymed, dem Blonden –?

2) Dann wird er mit einem Löwen verglichen. Das mag hingehen. Doch sind auch die hier genügend würdig:

Unter den rätischen Alpen der Vindeliker
mit Amazonenschwertern in der Rechten bewaffnete,
schon lange und weithin siegreiche Scharen
– nun gleichwie ein Rehlein, nach üppiger Weide suchend?

Si sunt, an eorum *in poena nomen* est Drusi *memorabile?*

habet victoria laudem?[1]

§ 315

Ohe! iam satis est, ohe! poeta!
Tu procedis adhuc, et ire quaeris.[2]
Maiores aquilis leonibusque
Nosti, maxime, comparationes?

Comparat principes iuventutis romanae, quos Augustus, filiorum instar, habuit, 3) iuvencis:

Est in iuvencis, est in equis patrum
Virtus.[3]

Hoc et in se deprehendetur exemplum et simile,

Magna modis tenuare parvis,[4]

et, quanquam non ignoro boves olim maiori in reverentia habitos, ac nunc, tamen, non Horatii carpendi gratia, sed amore veri, βάθος iudico, in quod si quis nunc simili in occasione prolabetur, nisi *Romani,* § 212, certe

Germani *tollent equites peditesque cachinnum,*

et *patres,* quos Bentleius *peditibus* substituit.[5]

§ 316 Quartam speciem, § 310, memorati vitii ornet vetus illud:

Iuppiter interea cana nive conspuit Alpes,[6]

et recentius: *emunctioris naris mortales,* quando placet facetos et elegantes

1 Vgl. Vergil, *Aen.* 2, 583 f.
2 Vgl. Mart. 4, 89.
3 Horaz, *Carm.* 4, 4, 30 f.
4 Ebd. 3, 3, 72.
5 Vgl. Horaz, *A. p.* 113.
6 Quint. 8, 6, 17.

Und wenn sie es sind, ist etwa *durch die Rache* an ihnen *der Name* des Drusus *denkwürdig*?

Ist der Sieg des Ruhmes würdig?

§ 315

Halt ein! Es ist schon genug, halt ein, Dichter!
Du gehst noch immer weiter und möchtest weiter voranschreiten.
Kennst Du, größter Dichter, noch größere Vergleiche
als mit Adlern und Löwen?

Er vergleicht die Vornehmsten der römischen Jugend, die dem Augustus als Söhne galten, 3) mit jungen Stieren:

Es lebt in jungen Stieren, es lebt in den Pferden der Väter
Kraft.

Dies wird auch in sich als Beispiel und Gleichnis der Art verstanden werden,

Großes zu schmälern durch Weisen geringen Gewichts.

Und gleichwohl mir nicht unbekannt ist, daß man den Rindern einst größere Ehrfurcht entgegengebracht hat als heute, halte ich dies doch – nicht um Horaz zu zerpflücken, sondern um der Liebe zur Wahrheit willen – für ein Kriechendes. Wenn heute jemand bei ähnlicher Gelegenheit dahinein abglitte, *würde sich*, wenn nicht unter *römischen*, so gewiß unter germanischen *Rittern und dem Fußvolk Gelächter erheben* und unter den *Senatoren*, die Bentley an die Stelle des *Fußvolkes* setzt.[1]

§ 316 Die vierte Unterart der in § 310 erinnerten Fehler mag jener alte Vers auszieren:

Jupiter spie grauen Schnee auf die Winterberge der Alpen.[1]

Und jener neuere, wenn es dort *den Sterblichen mit geschneuzteren Nasen* gefällt, voll Grazie und mit Anmut

Grandisonis pompare modis, tragicoque boatu.[1]

Transmittatur enim *emunctae naris homo* Horatii,[2]

madidique infantia nasi

apud Iuvenalem,[3] cum *ructantibus* eorundem personis,[4] quoniam tunc sublimia scribere non cogitarunt, § 310. Huc potius Hesiodi, vel quisque poematis *scutum* dicti sit auctor, quam Longinus S. IX reprehendit, *Tristitia, cuius ex naribus humores fluebant.*[5]

Tu gravis et nobis, et saepe emungeris, exi
Ocius et propera. Sicco venit altera naso, Iuv.[6]

Longinus eiusdem vitii accusat *Platonem & Xenophontem nonnunquam* διὰ τὰ οὕτως μικροχαρῆ *sui metipsorum obliviscentes, quanquam ex Socratica sint palaestra,* e. g. tunc, ubi *Xenophon de republ. Laced. scribens pupillas, quae sunt in oculis, verecundas virgines dicat.*[7]

§ 317 Omnium harum depressius iusto de grandibus cogitandi rationum gradus semper turpiores sunt, in quibus non magnitudo solum forte naturalis, sed etiam simul dignitas et in magnis necessarius rigidae honestatis et severioris virtutis amor laeditur per VILE DE SUBLIMIBUS COGITANDI GENUS, e. g. Iovi adscriptum praemium nefandi lenocinii, § 314, et magna pars Metamorphoseon Ovidii, eo procedens aliquando dedecorum, ut ipse sane non castus poeta putarit consultum, praefari, X 300:

Dira canam. Procul hinc, natae, procul este, parentes.
Aut mea si vestras mulcebunt pectora mentes,
Desit in hac mihi parte fides, nec credite factum,

1 Sedulius, *Carmen pasquale* 1, 2.
2 Horaz, *Serm.* 1, 4, 8.
3 Juv. 10, 199.
4 Vgl. Horaz, *A. p.* 457.
5 Vgl. Longin 9, 5.
6 Juv. 6, 147 f.
7 Vgl. Longin 4, 4.

große Töne spuckend und mit tragischem Schnauben feierlich
einherzuschreiten.

Es sollen nun aber der Mann *mit geschneuzter Nase*[2] des Horaz und *die Kindheit mit träufelnder Nase* bei Juvenal gemeinsam mit deren *herumrülpsenden* Personen unberücksichtigt bleiben, weil ja die Dichter an diesen Stellen nichts Erhabenes zu schreiben beabsichtigten. Hierzu angeführt sei lieber der *Schild* des Hesiod – oder wer auch immer der Urheber dieses sogenannten Gedichtes sein mag –, das Longin tadelt, mit der Stelle: *Die Düsternis, aus deren Nase der Schleim quoll.*[3]

›Du gehst uns schon auf die Nerven mit deiner triefenden Nase.
Schnell,
raus mit dir, beeile dich!‹ Dann kommt eine andere, deren Nase noch
trocken ist.

Longin beschuldigt desselben Fehlers *den Platon und Xenophon, sich bisweilen ›durch ihre Liebe zu Kleinigkeiten‹ selbst zu vergessen, obschon sie aus der Schule des Sokrates kämen*, z. B. dann, wenn *Xenophon im ›Staat der Lakedaimonier‹, um die Pupillen, die in den Augen sind, zu beschreiben, diese ›schamhafte Jungfrauen‹ nennt.*[4]

§ 317 Von all diesen Arten, niedriger als recht ist von großen Dingen zu denken, sind immer die Stufen schändlicher, auf denen nicht allein die etwa bestehende natürliche Größe, sondern zugleich auch die Würde und die in großen Dingen notwendige Liebe zur strengeren Ehrbarkeit und ernsteren Tugend beleidigt wird durch eine GERINGSCHÄTZIGE ART, VON ERHABENEN DINGEN ZU DENKEN, z. B. die von Jupiter einer gottlosen Kupplerei zugemessene Belohnung und ein großer Teil der *Metamorphosen* des Ovid, wo dieser bisweilen so weit ins Unanständige geht, daß selbst er als fürwahr nicht keuscher Dichter es für ratsam hielt, voranzuschicken:

Nun muß ich Entsetzliches künden, fern bleibt mir, ihr Töchter, fern
auch, ihr Väter!
Wiegt aber mein Lied eure Herzen und euren Sinn ein,
so traut mir wenigstens diesmal nicht, glaubt nicht an solche Tat

Vel, si credetis, facti quoque credite poenam.[1]

Rectissime gravissimeque cavet Horatius, A. P. 227,

Ne, quicunque deus, quicunque adhibebitur heros
Regali conspectus in auro nuper & ostro,
Migret in obscuras humili sermone tabernas.[2]

Huc heroum mutua convicia, quorum exempla non opus est in Homero quaerere, quum ante pauca saecula publicis adhuc in scriptis illustrium principum vel ipsos iam titulos macularent.

§ 318 Pergens l.c. Horatius,

Ne, dum vitat humum, nubes et iania captet,[3]

hos deducit ad vitium maiora cogitaturis fugiendum II) QUARTUM TUMORIS GENUS, res excellenter magnas inani sublimitatis in cogitando specie nequicquam involvens. Cuius meteoris quoniam vere materia et obiectum illustre non exaequetur, omnis tumor huius generis erit βάθος κρυπτικόν, §§ 217, 310. Potiores eius species, velut in ipso suo fonte videbimus, si praecipuarum de sublimi veritatum memores falsam earum conversionem, hinc detorsionem, hinc larvam et umbram sublimitatis attendemus in amplectentibus tumidam et sufflatam nubem pro Iunone.

§ 319 I) Sublime cogitandi genus est admodum pulcrum. Hoc verissimum, § 210. Hinc inferuntur male conversae: 1) Quicquid pulcrius reddendum, illud sublimandum est. Unde tumorum genera, huc usque considerata, 2) pulcella et comtula ac venustula erunt sublimia. Hic primus fons, primam tumoris nunc considerandi spe-

1 Ovid, *Met.* 10, 300–304.
2 Horaz, *A. p.* 227–229.
3 Horaz, *A. p.* 230.

oder, wenn ihr daran glaubt, dann glaubt auch an die Bestrafung der Tat.

Überaus richtig und nachdrücklichst fordert Horaz,

daß der Gott oder Heros, wen immer der Dichter beizieht,
eben noch prächtig zu schauen in königlichem Gold und im Purpur,
sich nicht mit gewöhnlichen Reden in finstere Kneipen begebe.[1]

Dahin gehören die gegenseitigen Lästerreden der Helden, von denen Beispiele in Homer zu suchen nicht nötig ist, da sie doch noch bis vor wenigen Jahrhunderten in allgemein verbreiteten Schriften über hochstehende Regenten sogar deren Ehrentitel beschmutzten.

§ 318 Indem Horaz am selben Ort fortfährt,

daß der Dichter auch nicht, indem er den Erdboden meidet, nach Wolken und Nichtigem hasche,

führt er uns[1] zu einem weiteren Fehler, der von denen, die Größeres denken wollen, zu vermeiden ist: II) DIE VIERTE ART DES SCHWULSTES,[2] die ausgezeichnet große Dinge vergeblich in eine der Erhabenheit ganz bare Unterart des Denkens einhüllt. Weil nun in Wahrheit ein Stoff und ein bedeutender Gegenstand einer solchen Lufterscheinung[3] nicht gleichgemacht werden können, wird jeder Schwulst dieser Art ein versteckter Schwulst sein. Wir werden seine wichtigeren Unterarten – gleichsam an seiner eigenen Quelle – sehen, wenn wir, uns der vorzüglichsten Wahrheiten über das Erhabene erinnernd, auf deren Umkehrung und daher Verdrehung und daher auf die Larve und den Schatten der Erhabenheit bei denen, die eine aufgeschwollene und aufgeblasene Wolke anstelle der Juno umfassen,[4] achtgeben.

§ 319 I) Die erhabene Denkungsart ist in vollstem Sinne schön. Dies ist überaus wahr. Hieraus werden in schlechter Weise die umgekehrten Schlüsse gezogen: 1) Was immer schöner gemacht werden soll, das muß erhabener gemacht werden. Daher rühren die bis jetzt behandelten Arten des Schwulstes. 2) Gar hübsche und gar saubere und gar anmutige Dinge werden erhaben sein. Dies ist die Quelle, aus der die erste Unterart des nun zu behandelnden Schwul-

ciem dabit, § 318, si affectato pulcritudinis studio, fucos omnes et flosculos, et quicquid est ubique pigmentorum ac ornatus, periodos quovis globo rotundiores, argutas antitheses, et ipsas dictionis figuras ad nauseam usque congerentes, sublimiter se scripsisse somniant, §§ 165–307.

§ 320 II) Sublimia nonnunquam admodum brevia, nonnunquam excellenter copiosa sunt et affluentia, § 298. Hinc convertendo pessime torquentur; 1) quo brevior, 2) quo diffusior eris, hoc eris sublimior. Unde duplex tumoris species, 2) qua admodum sibi sublimis videtur, cuius

Sortilegis non discrepuit sententia Delphis,[1]

modo brevis sit, etiamsi in longissimam quasi brevitatem indicat, § 171. Huc Trimalcionis sublimis *urbanitas,* ubi *lentissima voce Carpe* saepius *ingerens, Carpum, qui obsonium carpebat, eodem verbo vocabat, et imperabat*, Petr.[2] Huc autem propius pertinet, si quis e. g. de eo vere grandi, de quo praesertim exponenda mens esset, si quid sublimis cogitare vellet, adhibet tritum illud: *De hoc praestat nihil, quam pauca dicere,* adeoque nec nihil, nec pauca, nec multa, nec magna. Interim sibi plaudit, ac si maxima. Quid enim? Nonne brevissime peracta sunt omnia?

§ 321 3) Qua alius tunc sibi sublimis videtur, quando omnia ita circumscribit, ut nec gallum quidem gallinaceum, satis longam vocem putet, sed praeferat illud Iuvenalis:

Quo mordetur gallina marito.[3]

Huc magis pertinet exemplum frigoris a Vossio allatum,[4] Sex. Rufus

1 Ebd. 219.
2 Vgl. Petr., *Satyricon* 36.
3 Juv. 3, 91.
4 Vossius, *Inst. or.* 6, 4, 3.

stes hervorgehen wird, wenn diejenigen, die in einem gekünstelten Bestreben nach Schönheit alles Flittergold und alles Beblümte[1] und was auch immer und wo auch immer an Schminkereien und Verzierungen vorhanden ist, immer abgerundetere Perioden in allen möglichen Knäueln, spitzfindige Gegensätze und selbst die Figuren des Ausdrucks bis zur Übelkeit zuammenhäufen, sich einbilden, erhaben geschrieben zu haben.[2]

§ 320 II) Erhabenes ist bisweilen außerordentlich kurz, bisweilen ist es in hervorragender Weise von Fülle und Überfluß.[1] Hieraus werden in der Umkehrung auf schlechteste Weise die verdrehten Schlüsse gezogen: 1) Je kürzer, oder 2) je weitläufiger du sein wirst, desto erhabener. Daher rührt eine zweifache Unterart des Schwulstes, 1)[2] durch die sich außerordentlich erhaben wähnt, wessen

Aussage sich nicht von dem weissagenden Delphischen Orakel unterscheidet,

gesetzt, daß er kurz ist, auch wenn er in eine gleichsam überaus lange Kürze verfällt. Hierzu gehört der erhabene *Witz* des Trimalchio, wenn er wiederholt mit *gedehntester Stimme ›Schneid!‹ ausruft und den Schneid, der den Fisch schnitt, mit demselben Wort beim Namen rief und ihm einen Befehl gab.* Hierzu gehört näher auch, wenn jemand z. B., wenn er über das in wahrhafter Weise Große, über das er vor allem seine Gedanken darlegen soll, etwas Erhabenes denken will, jenen abgenutzten Spruch anwendet: *Davon ist es besser nichts als zu wenig zu sagen* – oder vielmehr weder nichts noch Weniges noch Vieles noch Großes. Unterdessen mag er sich selbst Beifall klatschen, als ob er Größtes gesagt hätte. Was denn? Wurde nicht alles in kürzester Weise abgehandelt?

§ 321 2)[1] Durch die ein anderer sich dann erhaben wähnt, wenn er alles so umschreibt, daß er gewiß die Bezeichnung ›Hahn‹ für einen Hühnervogel nicht für genügend lang hält, und statt dessen jene Beschreibung des Juvenal vorzieht:

Der Vogel, *der als Gatte der Henne nach ihr hackt.*

Hierzu gehört noch mehr das von Vossius angeführte Beispiel des

habet: *per D. Brutum Hispanias obtinuimus, et usque ad Gades et Oceanum pervenimus.*[1] Idem ita tumens Florus narrat: *D. Brutus aliquanto latius Gallaecos, atque omnes Gallaeciae populos, formidatumque militibus flumen oblivionis, peragratoque victor Oceani littore, non prius signa convertit, quam cadenten in maria solem, obrutumque aquis ignem, non sine quodam sacrilegii metu et horrore deprehendit.*[2]

§ 322 III) Sublime cogitandi genus ita maxima (generice) cogitat, ut ad minuta (omni magnitudine aesthetica destituta) nunquam delabatur, § 299. Hinc convertitur principium: Qui ergo de re quapiam, tanquam de optima maxima, quae unquam est, fuit, erit, ita cogitat, ut et omnia eam ambientia, circumstantia, et ulla ratione concernentia, eo usque elevet, unde non datur vel imaginationi plus ultra, sublimiter ille, profecto, cogitabit. Habes quartam tumoris huc pertinentis, § 318, speciem. Hic est ille *tumor,* qui secundum Longinum, S. III, *altius insurgere vult, quam sublimia, puerilis autem omnino sublimibus opponitur,*[3] § 318. Exemplum dabit tempestatis descriptio in Aen. l. I, comparata ea, quam Lucanus fluctibus suis aeque tumentem habet, l. V, in qua

> (Neptuni) *regno accessit terra secundo,*
> *Quum mare convoluit gentes, quum littora Tethys*
> *Noluit ulla pati, caelo contenta teneri.*
> *Tunc quoque tanta maris moles crevissit inastra,*
> *Ni superum rector pressisset nubibus undas – – –*
> *fluctus in nubibus accipit imbrem*[4] e. c.

[1] Festus Rufus, *Brevarium* 5.
[4] Florus, *Epitomae de T. Livio* 1, 33, 12.
[3] Vgl. Longin 3, 4.
[4] Lukan, *Pharsalia* 5, 622–626, 629.

Frostigen:[2] Sextus Rufus meint: *Durch Decimus Brutus haben wir Spanien erobert und sind bis Gades und zum Ozean gelangt.* Dasselbe erzählt, indem er es in folgender Weise aufschwellt, Florus: *Decimus Brutus stieß weiter vor bis zu den Galliziern und allen Völkern Spaniens bis hin zum Fluß des Vergessens, der von den Soldaten gefürchtet wurde, und, nachdem er siegreich die Strände des Ozeans durchquert hatte, kehrte er nicht eher um, bevor er nicht, nicht ohne gewisse Furcht und Schrecken vor einem Frevel, die Sonne ins Meer sinken und ihr Feuer in den Wellen erlöschen gesehen hatte.*

§ 322 III) Die erhabene Denkungsart denkt die (der Art nach) größten Dinge so, daß sie niemals zu kleinen (jede ästhetische Größe entbehrenden) Dingen herabsinkt. Hieraus wird umgekehrt der Grundsatz gemacht: Wer also von irgendeiner Sache gleichwie von der allerbesten und größten Sache, die es überhaupt gibt, jemals gab und geben wird, so denkt, daß er alles um sie herum, alle Umstände und alles, was sie aus irgendeinem Grunde betrifft, so hoch erhebt, daß sogar der Einbildung nichts mehr, was darüber noch hinausginge, überlassen bleibt, der wird in der Tat auf erhabene Weise denken. Da hast du die vierte Unterart des hierher gehörenden Schwulstes. Dies ist jener *Schwulst*, der nach Longin *höher hinaufsteigen will als das Erhabene, aber kindisch jedem Erhabenen gänzlich entgegengesetzt ist.* Ein Beispiel wird uns die Beschreibung des Unwetters im ersten Buch der *Aeneis* verglichen mit der geben, die Lukan – gleich seinen eigenen Wallungen – aufschwellend erzählt, in der

das Land dem Reich (des Neptun) *zu Hilfe kam,*
es war die Zeit, da Sintflut die Menschheit überschwemmte, da Thetys keine Küsten
dulden, sondern nur den Himmel zur Grenze haben wollte.
Auch diesmal wären die riesigen Wellenberge bis zu den Sternen gestiegen,
hätte nicht der Götterkönig die Wogen mit Wolken niedergehalten.
Daß das Wasser sich schon in dem Gewölk befand, aus dem es den Regen aufnahm usw.

§ 323 IV) Sublimia quorundam fidem superant, §§ 301, 286. Hinc, qua consequentia? tamen infertur: Omnem fidem superantia quo largius congeres, hoc sublimius cogitabis. Haec quinta tumoris, de quo nunc, § 318, species in incredibilitate qualicunque sublimitatem quaerentium. His semetipsum transcendere videbitur Ovidius, quando ait Met. VII 104:

Ecce! adamanteis Vulcanum naribus efflant
Aeripedes tauri: tactaeque vaporibus herbae
Ardent, utque solent pleni resonare camini,
Pectora sic intus clausas volventia flammas,
Gutturaque usta sonant.[1]

Hos sublimes Petronius ridet, *qui nihil ex iis, quae in usu habemus audiunt, et vident, sed tyrannos edicta scribentes, quibus imperent filiis, ut patrum suorum capita praecidant*[2] e. c.

§ 324 V) Sublimia non omnibus omnia lucent, § 303. Hinc inepte concluditur: Quo obscurius: hoc sublimius. Habes sextam tumoris et ineptae sublimitatis, § 318, speciem. Huius amicis Tacitus Livio, Lucanus et Statius Virgilio praestant, qua sublimitatem, quoniam intellectu saepe difficiliores sunt. Videamus exemplum. Virgilius Augusto:

Iam pridem nobis caeli te regia, Caesar,
Invidet, atque hominum queritur curare triumphos, Georg. I 503.[3]

Statius, inventionis gloriam habere quia non potest, ob obscuritatem tamen fautoribus huius palmam sublimitatis eripuisse videbitur Virgilio, sic Titum alloquens:

O! Latiae decus addite famae!
Quem nova maturi subeuntem exorsa parentis
Aeternum sibi Roma cupit: licet arctior omnes

1 Ovid, *Met.* 7, 104–106, 109 f.
2 Vgl. Petr., *Satyricon* 1.
3 Vergil, *Georg.* 1, 503 f.

§ 323 IV) Das Erhabene gewisser Dinge übersteigt den Glauben. Hieraus wird – durch welche Folgerung? – geschlossen: Je reichlicher du Dinge, die über den Glauben hinausgehen, zusammenhäufst, desto erhabener wirst du denken. Dies ist die fünfte Unterart des Schwulstes, von der nun die Rede ist, die Art derjenigen, welche die Erhabenheit in einer wie auch immer beschaffenen Unglaublichkeit suchen. Diesen wird Ovid über sich selbst hinauszusteigen scheinen, wenn er sagt:

Siehe! Die Stiere schnauben aus stählernen Nüstern ihr Feuer,
nahen auf ehernem Fuß; die vom Odem getroffenen Kräuter
brennen. Und so, wie es braust in der vollen Esse des Schmiedes,
so braust's ihnen auch in der Brust, die Flammen im Innern
wälzt, und in den brennenden Kehlen.

Diese erhabenen Dichter verspottet Petronius, *die nichts, was wir im täglichen Gebrauch verwenden können, hören und sehen, sondern Tyrannen, die Befehle erlassen, wonach Söhne ihren Vätern das Haupt abschlagen sollen*, usw.[1]

§ 324 V) Nicht alle erhabenen Dinge sind für alle licht. Hieraus wird ganz unpassend geschlossen: Je dunkler, desto erhabener. Hier hast du die sechste Unterart des Schwulstes und einer unpassenden Erhabenheit. Den Freunden derselben gehen Tacitus über Livius, Lukan und Statius über Vergil durch ihre Erhabenheit hinaus, weil sie oft dem Verstand schwerer faßlich sind. Laßt uns ein Beispiel betrachten. Vergil sagt zu Augustus:

Lange schon neidet uns dich, Caesar, die Burg der Himmlischen
und beklagt, daß du nach irdischen Triumphen strebst.

Statius, weil er den Ruhm der Erfindung nicht für sich hat, wird ihm wegen seiner Dunkelheit dennoch für die Liebhaber derselben die Palme der Erhabenheit entrissen zu haben scheinen, wenn er so den Titus anspricht:

O neuer Glanz für Latiens Ruhm!
Da du das herrliche Alterswerk deines Vaters fortführst,
du, den Rom sich auf ewig wünscht. Und mögen enger auch alle

Limes agat stellas, et te plaga lucida caeli
Pleiadum, Boreaeque et hiulci fulminis expers
Sollicitet: licet ignipedum fraenator equorum
Ipse tuis alte radiantem crinibus arcum
Imprimat, aut magni cedat tibi Iuppiter aequa
Parte poli, maneas hominum contentus habenis
Undarum terraeque potens, et sidera dones.[1]

§ 325 Haec Statiana Virgilii periphrasis in hac tumoris specie novam mihi modificationem revocat in mentem, quando tumidum cogitandi genus quasi obscurum, § 303, explicat per vere obscurum et simul asiatico, nescio quo, apparatu omnem sublimitatem opprimit. Si nauta, cui timenti procellam Caesar: *Bono,* ait, *animo esto. Caesarem vehis,*[2] non intellexit Caesarem, de quo non pugnabo, quaeritur, an Lucani Caesarem intellexisse credibile sit, quando ille sane verbosus ad rectorem navis, l. V:

Sperne minas, inquit, *pelagi, ventoque furenti*
Trade sinum. Italiam si caelo auctore recusas,
Me pete. Sola tibi caussa haec est iusta timoris
Vectorem non nosse tuum, quem numina nunquam
Destituunt, de quo male tunc fortuna meretur,
Quum post vota venit.[3]

Ita Lucani Caesar verum in Caesarem adhuc per decem versus subobscure commentatur, et tamen succenset suo paene Caesari poeta

non plura loquuto.[4]

§ 326 VI) Sublimia adeo persuadent, § 308, ut potius *extra se rapere,* et *vim ac impetum inexpugnabilem afferentia se supra omnem auditorem*

1 Statius, *Thebais* 22–31.
2 Plut., *Caesar* 38.
3 Lukan, *Pharsalia* 5, 578–583.
4 Ebd.

Sterne für dich zusammenrücken, mag dich der östlich leuchtende Himmelsbezirk,
frei von Pleiaden, Boreas und dem spaltenden Blitz,
locken, mag der Lenker der feuerfüßigen Rosse
selbst dir den herrlich strahlenden Reif auf die Locken
drücken, oder mag dir Jupiter die Hälfte des weiten Himmels
einräumen, bleibe auf Erden, zufrieden mit der Herrschaft über uns Menschen,
Herr über Wogen und Land, und verzichte auf Sterne!

§ 325 Diese Statianische Umschreibung des Vergil in dieser Unterart des Schwulstes ruft mir eine neue Abwandlung derselben in den Sinn, wenn die schwülstige und gleichsam dunkle Denkungsart sich vermittelst eines wahrhaft Dunklen entfaltet und zugleich mit einer asiatischen,[1] ich weiß nicht was für einer prunkvollen Zurüstung jede Erhabenheit erdrückt. Wenn der Seemann, dem, als er den Sturm fürchtete, Caesar zusprach, *Sei guten Mutes, du schiffest den Caesar*, Caesar nicht verstanden hat – worüber ich nicht streite –, ist zu fragen, ob es glaublich sei, daß er den Caesar des Lukan verstanden hätte, wenn jener fürwahr wortreich zum Steuermann spricht:

Spotte, rief Caesar, *der dräuenden See und gib dem Wind, so sehr er tobt,*
die Segel frei! Wenn du dich weigerst, nach Italien zu fahren, weil der Himmel es nicht will,
so fahr, weil ich es will! Nur daraus läßt sich deine Furcht vestehen,
daß du deinen Fahrgast noch nicht kennst, den die Götter nie
im Stich lassen, dem Fortuna dann einen schlechten Dienst erweist,
wenn sie sich bitten läßt, bevor sie kommt.

So ergeht sich der Caesar des Lukan noch weiter über zehn Verse in recht dunkler Weise in Auslegungen des wahren Caesar, und dennoch ist der Dichter beinahe aufgebracht gegen seinen Caesar, denn

mehr sagte er nicht.

§ 326 VI) Erhabene Dinge sind so sehr überredend, daß Longin von ihnen sagt, daß sie vielmehr *hinreißen* und *mit unbezwinglicher*

erigere, quam persuadere dicantur Longino, S. I.[1] Hinc praeiudicium: Magna de magnis si tollam argumenta, magnis de magnis erunt maxime persuasibilia. Ex quo denuo septima tumoris, de quo § 318, species, se exserens nunc vasta persuasoriorum copia, quando paene nullis opus fuisset, nunc altissime petitorum enthymematum syrmate, nunc praesertim inani magnitudinis umbra in ipsis argumentis re ipsa tritissimis. Huc certitudinis omnino nihil habentia similia, modo a Phoebo, iride, grandine, et quicquid est ubique meteororum, desumta sint. Huc exempla, licet vere nihil probantia, saltim Cambysen et Epaminondam, Alexandrum Magnum, *Xerxen, Persarum Iovem,*[2] atque Scipiones crepent. Huc testimonia Stagyritae, renati Euphorbi, lusciniae Atticae, Venusini oloris, Bilbilitani vatis, cygni Mantuani, philosophi κατ' ἐξοχήν aut Christinae, virginis solium contemnere doctae e. c., quando defensoribus illis tempus non eget.

§ 327 VII) Quaedam sublimia movent vehementissime, § 308. Hinc pessima conversio: Quo ferventius bacchaberis, hoc sublimius cogitabis. Unde octava tumoris, de quo § 318, species, qua sublimia cogitaturus repente in parenthyrsum incidas, qui, quando in sublimibus aliquem, veluti vertigo Phaetontem, abripit, a Longino S. II, post Theodorum, describitur *affectus intempestivus, et inanis, ubi affectu non opus est, aut immodicus, ubi mediocri opus est. Saepe enim, velut ebrietatis vi, quidam ad affectus, qui non in re positi sunt, sibi proprios et scholasticos abripiuntur. Deinde merito ignominiae notam subeunt, co-*

1 Vgl. Longin 1, 4.
2 Longin 3, 2.

Kraft und Begeisterung jeden Hörer überwältigen als nur überreden.[1] Daher das Vorurteil: Wenn ich große Argumente über große Dinge herbeinehme, werden sie, als große über Großes in größter Weise überredend sein. Daraus entsteht wiederum die siebte Unterart des Schwulstes, von der in § 318 die Rede war, die sich einmal hervortut in einer unermeßlich reichen Fülle von überredenden Argumenten, wo beinahe gar keine nötig gewesen wären, einmal in einem drängenden Gewühl[2] von Enthymemata,[3] die von höchsten Dingen hergeholt sind, einmal und besonders in einem leeren Schatten von Größe in Argumenten, die von sich aus überaus abgedroschen sind. Hierzu gehören die Gleichnisse, die ganz und gar nichts an Gewißheit an sich haben, wenn sie anders nur von Phoibos, vom Regenbogen, vom Hagel oder was es auch immer nur irgendwo an Lufterscheinungen gibt, hergenommen sind.[4] Hierzu gehören die Beispiele, wenn sie auch in Wahrheit nichts beweisen, aber wenigstens die Namen von Kambyses, Epameinondas,[5] Alexander dem Großen, *Xerxes, der Perser Zeus*, und der Scipionen ertönen lassen. Hierzu gehören die Zeugnisse von dem Stagiriten,[6] dem wiedergeborenen Euphorbus,[7] der Attischen Nachtigall, dem Venusinischen Schwan, dem Bilbilischen Propheten, dem Mantovanischen Schwan,[8] dem vornehmsten Philosophen oder der Christina, der Jungfrau, die den Thron zu verachten lehrte usw., wenn es nicht an der Zeit ist, solche Unterstützung herbeizuholen.

§ 327 VII) Gewisse erhabene Dinge bewegen auf das heftigste. Hieraus wird die allerschlechteste Umkehrung gemacht: Je hitziger du bacchantisch schwärmen wirst, desto erhabener wirst du denken. Von daher rührt die achte Unterart des Schwulstes, von der in § 318 die Rede war, durch die du als jemand, der Erhabenes denken will, plötzlich in einen Parenthyrsus[1] fallen magst, der jemanden, wenn er sich im Erhabenen ergeht, gleichsam wie der Schwindel den Phaeton mitreißt, der von Longin nach Theodor beschrieben wird als *unzeitiges und hohles Pathos, wo man keines braucht, oder Maßloses, wo ein Mäßiges nötig ist. Oft nämlich lassen sich manche Menschen wie im Rausch in ein Pathos, das nicht in der Sache begründet, sondern ihr eigenes und schulmäßiges ist, mitreißen. Alsdann erliegen sie verdientermaßen dem Schimpf angesichts einer Hörerschaft, die gänzlich ungerührt*

ram auditoribus nihil omnino commotis. Dum sunt in ecstasi coram nihil simile passis.[1]

§ 328 Augetur huius tumoris turpitudo, si nec intempestivus quidem et nimius affectus, qua decet ratione, concipitur, ita ut *fleas sententiolis, periodis postules*,[2] et in summo horrore pueriliter arguteris. Quo tumidae elaborationes thematum a Petronio commemoratorum: *piratae cum catenis in littore stantes, et responsa in pestilentia data, ut virgines tres aut plures immolentur.*[3] Iam finge tibi iuvenem inflatis declamationibus eiusmodi contritum, et omnes has tumoris species in unum thema, veluti iura coqui, confundere institutum, et deprehendes lepidum Petronii dictum: *Qui inter haec nutriuntur, non magis sapere possunt, quam bene olere, qui in culina habitant.*[4]

SECTIO XXIII
ARGUMENTA AUGENTIA

§ 329 ARGUMENTA AUGENTIA dicamus, quorum vel unica, vel potior, vel nunc maxime a tendenda vis est, § 143, ut congruentem cum cogitandis magnitudinem cogitationibus nostris concilient, M. § 162. Liceat enim hic augmenta tantum vere talia, vere pulcra, nomine augentium insignire, quum argumenta tumoris iam METEORORUM nomen nacta sint, et ARGUMENTA βάθους DEPRIMENTIA dici possint, a quibus EXTENUANTIA distinguo, invitantia ad minorem cogitandorum magnitudinem mente formandam, ac primo

1 Vgl. ebd. 3, 5.
2 Vgl. Quint. 11, 1, 52; 12, 10, 73; 9, 4, 22.
3 Vgl. Petr., *Satyricon* 1.
4 Ebd. 2.

bleibt, während sie in Extase sind vor einem Publikum, mit dem nichts Vergleichbares geschieht.

§ 328 Die Häßlichkeit dieses Schwulstes wird vermehrt, wenn eine solche gewiß unzeitige und übermäßige Gemütsbewegung nicht recht verstanden wird, so als würdest du *in Sentenzchen weinen, in Satzperioden etwas erheischen*[1] und in höchstem Grausen in kindischer Weise Spitzfindigkeiten von dir geben. Wohin die schwülstigen Ausarbeitungen eines Themas gehören, die Petronius in Erinnerung ruft: *Piraten, die mit Ketten am Ufer stehen und Orakelsprüche bei einer Pestilenz, die verlangen, daß drei oder mehr Jungfrauen geopfert werden.* Nun stelle dir einen Jüngling vor, aufgerieben in aufgeblähten Deklamationen dieser Art, dem gelehrt wurde, alle diese Unterarten des Schwulstes gleichsam wie beim Suppenkochen zu vermischen, und du wirst den witzigen Ausspruch des Petronius verstehen: *Wer mit solcher Kost aufgepäppelt wird, der kann sowenig zur Weisheit gelangen, wie einer gut riechen kann, der in der Küche arbeitet.*

ABSCHNITT XXIII
DIE GRÖSSE VERMEHRENDE ARGUMENTE

§ 329 DIE GRÖSSE VERMEHRENDE ARGUMENTE[1] wollen wir die nennen, deren einzige oder vorzüglichere oder nun am meisten zu beachtende Kraft es ist, daß sie unseren Gedanken eine den zu denkenden Dingen geziemende Größe verschaffen. Es sei daher erlaubt, hier nur die Vergrößerungen, die wahrhaft solche und wahrhaft schön sind, mit dem Namen der die Größe vermehrenden Argumente auszuzeichnen, während die Argumente des Schwulstes schon den Namen der LUFTERSCHEINUNGEN erhalten haben[2] und die Argumente des Kriechenden die NIEDERDRÜCKENDEN genannt werden können,[3] von denen ich wiederum die VERKLEINERNDEN Argumente unterscheide, die dazu einladen, geistig eine kleinere Größe der zu denkenden Dinge zu bilden als die, welche sie zuerst zu haben schienen. Diejenigen Argumente nämlich – die wahrscheinlich und im übrigen schön sind – nenne ich die Größe

visa est, haec enim, verisimilia et caeteroquin pulcra, dico augentia, sane non thema, sed magnitudinem et dignitatem cogitationum, cuius utique interest, ut iusto metiri singula pede meditatus videatur.

§ 330 In figuris augentibus §§ 329, 26, est etiam αὔξησις, augmentum vel incrementum, cuius tamen vagus est significatus. Longinus eam primo S. XI ita describit, ut cum figura, quam nunc climacem quidam, alii gradationem vocant, figura sane augente, § 329, coincidat, dein autem reiicit definitionem αὐξήσεως, quam concedit esse scriptorum artis, ex qua sit λόγος περιτιθεὶς μέγεθος τοῖς ὑποκειμένοις,[1] secundum quam omne argumentum augens pulcrius ex significatu, § 329, dicerem auxesin, s. augmentum, § 26. Tandem αὔξησιν ipse definit, ut, quantum ex loco per lacunam corrupto colligi potest, eadem videatur complecti velle, quicquid est ἰσχυροποιοῦν τῇ ἐπιμονῇ,[2] quicquid diutius inhaerendo certae materiae vim eius et cogitationum de eadem intendit, sive verisimilitudinem, sive lucem, sive persuasionem, sive vitam, sive tandem strictius maiorem digrnioremque tantum cogitanda de data materia rationem promoveat, § 172. Facile apparet ultimum significatum esse latissimum, et paene coincidere, cum notione argumenti longioris generatim, medium latiorem, primum strictiorem. Si vocabulo opus haberem, eligerem figendum significatum medium cum τεχνογράφοις.[3]

§ 331 Quemadmodum Longinus artem sublimis βάθους τέχνην S. II adhuc vocat,[4] qua ratione caelum profundum dicitur: ita idem adhuc consulit φοιβάζειν τοὺς λόγους in sublimibus S. VIII,[5] et in primam sublimium ingeniorum classem refert φοιβαστικοίς S. XIII.[6]

1 Vgl. Longin 12, 1.
2 Vgl. ebd. 12, 2.
3 Vgl. ebd. 12, 1.
4 Vgl. ebd. 2, 1.
5 Vgl. ebd. 8, 4.
6 Vgl. ebd. 13, 2.

vermehrend, die freilich nicht das Thema, sondern die Größe und Würde der Gedanken, was für jenes durchaus von Interesse ist, vermehren, so daß derjenige, der darüber Überlegungen angestellt hat, alle Einzelheiten mit dem richtigen Maß gemessen zu haben scheint.

§ 330 Unter den die Größe vermehrenden Figuren gibt es auch die Steigerung, die Vergrößerung oder Erhöhung, deren Bedeutung jedoch schwankend ist. Longin beschreibt sie zuerst so, daß sie mit der Figur, die heute gewisse Leute Klimax, andere Gradation nennen[1] – einer fürwahr steigernden Figur – zusammenfällt;[2] dann aber verwirft er auch diejenige Erklärung der Steigerung, welcher er zumißt, eine Erklärung von Lehrbüchern zu sein, nach der sie *eine Darstellung* sei, *die dem Gegenstand Größe verleiht*, und nach der ich jedes auf eine schönere Weise steigernde Argument gemäß der in § 329 gegebenen Bedeutung eine Steigerung oder eine Vermehrung der Größe nennen könnte. Endlich erklärt er selbst die Steigerung so, daß es scheint – soweit es aus der durch eine Lücke verderbten Stelle zusammengelesen werden kann – daß er dieselbe alles umfassen lassen will, was immer *durch breites Verweilen verstärkt* und was immer, indem es länger einem gewissen Stoff innewohnt, dessen Kraft und die der Gedanken über ihn verstärkt, und entweder dessen Wahrscheinlichkeit, Licht, überredende Kraft, Leben oder endlich – bündiger – allein die größere und würdigere Art und Weise, über einen gegebenen Stoff zu denken, befördert. Es ist leicht ersichtlich, daß diese letzte Bedeutung überaus weit ist und beinahe mit dem Begriff eines längeren Arguments im allgemeinen zusammenfällt, daß die mittlere Bedeutung immer noch weit, die erste enger ist. Wenn ich ein bestimmtes Wort dafür bräuchte, würde ich als die festzusetzende Bedeutung der Steigerung mit den Lehrbüchern die mittlere wählen.[3]

§ 331 Gleichwie Longin die Kunst des Erhabenen ferner als die *Kunst des Tiefen* bezeichnet, in der Weise, in welcher man den Himmel ›tief‹ nennt: So erwägt er, daß die *Reden* bei erhabenen Dingen *mit prophetischer Macht erfüllt sind*, und rechnet zur ersten Klasse der erhabenen Geister die *enthusiastischen Naturen*. Von dieser Bezeich-

Ex eo autem βάθος oppositum sublimi vel maxime vitium, § 217, significat ex usu loquendi frequentissimo, et Antilongini recentioris *ars rependi* ironica hunc satis fixit. Pari ratione quanquam de Phoebo et meteoris naturae loqui non turpiter in vere etiam sublimibus aliquando licet, § 126, tamen tumide frigideque meteora ubique, quasi deum ex machina, vocantes in subsidium, si quando tollere humo se plumbei audebant, eo rem deduxerunt, ut iam Longinus S. III ex usu loquendi, quo tales meteororum praecones, qualem § 202 vidimus, μετεωρολόγοι, immo μετεωρολέσχαι, dicebantur, sublimia meteoris opponat, et nunc Phoebus et φοιβολογείν in eundem vitiosum significatum venerit.

§ 332 In figuris et argumentis augentibus momentum, quod habent ad magnitudinem absolutam, indagemus solum generatim. Unde per se patebit, quomodo se relativam etiam ad magnitudinem, et tenuitatem, mediocritatem, et sublimitatem habeant. Ad hanc facere dicit Longinus S. XV imaginem, quam hypotyposin dicimus, quae tamen est potius lucis sublimitatem potissimum ambientis, § 303, argumentum et figura, quam ut immediate, vel potissimum magnitudinem cogitationum de re quapiam augeat, §§ 329, 172, cf. Longini S. XVII. Pari ratione putarem interrogationem, de qua Longinus S. XVIII potius ad persuasionem facere, tantam etiam, quantam sublimis meditatio postulat, § 305, quam ad ipsam immediate magnitudinem augendam. Nec asyndeton, de quo Longinus S. XIX, negaverim ad ubertatem et synathroismum quendam magis spectare sublimia decentem cum decora brevitate, §§ 295, 148, quam ad intendendam propius et immediate magnitudinem, § 329.

nung ausgehend bedeutet ›Tiefe‹ aber auch das Gegenteil des Erhabenen und in schlimmster Weise einen Fehler – gemäß dem häufigsten Sprachgebrauch und so, wie dies die ironische *Kunst des Kriechens* eines neueren Antilongin[1] genügend festgelegt hat. Wiewohl es aus demselben Grund bisweilen erlaubt ist, auch bei wahrhaft erhabenen Dingen von Phoibos und von Lufterscheinungen der Natur zu sprechen, haben dennoch diejenigen, die auf schwülstige und frostige Weise überall Lufterscheinungen gleichsam als *deus ex machina* zur Hilfe herbeiriefen, wenn sie sich bleiern vom Boden zu erheben unterstanden, die Sache so weit heruntergezogen, daß schon Longin – gemäß dem Sprachgebrauch, in dem solche Herolde der Lufterscheinungen, wie der, den wir in § 202[2] gesehen haben, *Himmelsdeuter*, ja sogar *sternguckende Schwätzer* genannt wurden – das Erhabene den Himmelserscheinungen entgegensetzt hat und daß nunmehr Phoibos und *mit prophetischer Macht reden* gleichsam dieselbe Bedeutung des Fehlerhaften angenommen haben.

§ 332 Laßt uns bei den die Größe vermehrenden Figuren und Argumenten den Ausschlag, den sie für die absolute Größe geben, nur im allgemeinen untersuchen. Von daher wird es von sich aus erhellen, wie sie sich auch zur relativen Größe, Schlichtheit, Mittelmäßigkeit und Erhabenheit verhalten mögen. Longin sagt, daß der relativen Erhabenheit die Bilder der dichterischen Phantasie, die wir als Hypotypose bezeichnen, dienlich sind.[1] Die Hypotypose ist jedoch eher ein Argument und eine Figur vornehmlich für die Erhabenheit des umgebenden Lichtes, als daß sie unmittelbar oder vornehmlich die Größe der Gedanken über irgendeine Sache vermehren würde.[2] Aus dem gleichen Grund würde ich meinen, daß die Interrogatio,[3] von der Longin in Abschnitt XVIII handelt,[4] eher der Überredung – auch derjenigen, die so stark ist, wie es eine erhabene Überlegung erfordert – dienlich ist, als daß sie unmittelbar zu der zu vermehrenden Größe beitragen würde. Auch will ich nicht leugnen, daß das Asyndeton,[5] von dem Longin in Abschnitt XIX spricht, mehr auf einen dem Erhabenen wohlanständigen Reichtum und einen gewissen Synathroismus[6] mit geziemender Kürze gerichtet ist als näher und unmittelbar auf die zu beabsichtigende Größe.

§ 333 Repetitionem autem, de qua Longinus S. XXI, huc utique suo iure voco, quoties figura est, § 26, quanquam enim et ad persuadendum et ad incitandum aliquando suam etiam eximiam exserere possit efficaciam, primo tamen id semper efficit, quod nunc in primis attendimus, ut maius illud aliquid, et dignius animadversione nostra, multumque ponderis in se habens censeatur, quod dignum visum est iterum iterumque revocari in animum sistique velut ob oculos plus vice simplici. Exemplum videbis in Longino. Sed nolo tantum argumenta sublimium, § 332. Huc in tenuibus repetitum illud:

Fortunate senex, Virg., Ecl. I,[1]

ab eo, qui dixerat:

Non equidem invideo, miror magis.[2]

Item illud Ecl. IV venientis iterum ad se ipsum ex turpi satis ecstasi

Ah! Corydon, Corydon! quae te dementia cepit![3]

Daphninque tuum tollemus ad astra,
Daphnin ad astra feremus, amavit nos quoque Daphnis, Ecl. V[4] e. c.

§ 334 Hyperbaton, de quo Longinus S. XXII, potius ad vitam et pathetica, praesertim quanta sublimibus conveniunt, § 308, quam immediate et propius ad magnitudinem, § 329. Ex iis, quarum Longinus S. XXIII mentionem iniicit, figuris huc praesertim climax et gradatio, de qua iam § 330, quando scilicet, vel mirabilius magnificentiusque, vel saltim aliquo modo augendi aliquid ornandique gratia cum elevatione nonnulla, id primum cogitatur, quod datae materiei conveniat, veluti in gradu positivo consideratae, illudque

1 Vergil, *Ekl.* 1, 46 und 51.
2 Ebd. 1, 11.
3 Ebd. 2, 69.
4 Ebd. 5, 51 f.

§ 333 Die Wiederholung aber, von der Longin in Abschnitt XXI handelt,[1] bestelle ich hierzu durchaus in ihr Recht, wann immer sie eine Figur ist.[2] Wiewohl sie nämlich bisweilen auch zum Zweck der Überredung und der Entflammung ihre überragende Wirksamkeit zeigen kann, erwirkt sie doch zuerst immer das, auf was wir hier erstlich achten: Daß nämlich dasjenige Bedeutende als größer, unserer Aufmerksamkeit würdiger und als sehr gewichtig beurteilt wird, welches für würdig erachtet wurde, uns wieder und wieder in den Sinn gerufen und gleichsam in mehr als nur einer Weise vor Augen gestellt zu werden. Ein Beispiel wirst du in Longin finden. Doch ich bestreite, daß die Wiederholung allein ein Argument im Bereich des Erhabenen ist. Hierhin gehört auch jenes bei schlichten Stoffen wiederholte

Glücklicher Alter!

seitens dessen, der gesagt hatte:

Nein, ich beneide dich nicht, ich staune vielmehr.

Ebenso in der zweiten *Ekloge*[3] jenes von einem, der aus einer genügend unschönen Verzückung wieder zu sich selbst zurückkehrt, wiederholte

Ach, Corydon, Corydon, welcher Wahn hat dich berückt!

sowie jenes

Und deinen Daphnis erheben wir zu den Sternen;
ja, zu den Sternen erheben wir Daphnis; auch mich hat Daphnis geliebt usw.

§ 334 Das Hyperbaton,[1] von dem Longin in Abschnitt XXII spricht, gehört eher zum Leben und zum Pathetischen, besonders insofern diese erhabenen Dingen zukommen, als unmittelbar und näher zur Größe. Von den Figuren, derer Longin in Abschnitt XXIII Erwähnung macht, gehören hierher vor allem die Klimax und die Gradation,[2] von denen schon in § 330 die Rede war: Wenn nämlich entweder immer wunderbarer und großartiger oder wenigstens in irgendeiner Weise, um etwas mit einiger Erhebung zu vermehren und auszu-

tanquam unum et mensura si acceptum est, statim additur maius, hinc denuo maius, et sic porro, donec tandem maximum ipsis his praemissis, debilioribus uti tot luminibus, illustratum in omni sua amplitudine percipiatur. Unum exemplum, etiam ob alia, adscribam: *O! tempora! o! mores! Senatus haec intelligit, consul videt. Hic tamen vivit. Vivit?* § 333, *immo vero etiam in senatum venit, fit publici consilii particeps, notat et designat oculis ad caedem unumquemque nostrum,* Cic., in Cat. I.[1]

§ 335 Huic oppositum vitium, magnum βάθους incrementum, quod *ars rependi* vocat *anticlimacem,* vehementer cavendum est, quo succederent in pulcre cogitandis post maiora, digniora ac graviora, repente, tanquam in primariis notis aequipollentia, in secundariis autem, minus aliquid, levius aut indignius iis, quae antecesserunt, involventia. Longinus S. XLIII huius vitii satis lepidum exemplum ex Theopompo, § 174, commemorans eum inter alia reprehendit, qui ex sublimioribus in humiliora decurrat, quum e contrario debuisset ἄυξησιν facere. Hic denuo Longinus, non ex sua ipsius notione, nec ex definitione scriptorum artis, sed strictius vocem ἀυξήσεως adhibet, § 330.

§ 336 Argumenta, quae Longinus S. XXIV–XXIX percurrit, omnia mediate potius augent, per unam reliquarum cardinalium meditationis elegantiarum, § 22, quam ut immediate propius pondus ac magnitudinem concilient. Metaphorae autem, de quibus Longinus S. XXXII, similia et comparationes, de quibus idem, S. XXXVII, quamquam bellae plerumque simul aliam vim et efficaciam habent, § 142, tamen et huc trahendae sunt, quatenus apud catos auctores

1 Cic., *In Cat.* 1, 2.

schmücken, zuerst das gedacht wird, was einem gegebenen Stoff zukommen mag, und er gleichsam in positivem Grad betrachtet wird und dann aber, nachdem jener Grad als Maßeinheit angenommen wurde, sogleich ein höherer hinzugefügt wird und hernach wiederum ein höherer und so weiter fort, bis endlich der höchste Grad durch die ihm vorangegangenen wie durch ebenso viele schwächere Lichter dann in seinem ganzen Umfang erhellt vorgestellt wird. Ein Beispiel werde ich stellvertretend für alle anderen anfügen: *Was für Zeiten, was für Sitten! Der Senat durchschaut dies, der Konsul sieht es, und doch lebt dieser Mensch. Er lebt? Nein, er kommt sogar in den Senat, nimmt an einer öffentlichen Beratung teil und bestimmt und bezeichnet mit seinen Blicken jeden einzelnen von uns zur Hinrichtung.*

§ 335 Der diesem entgegengesetzte Fehler, ein großer Zuwachs an Kriechendem, den die *Kunst des Kriechens*[1] Antiklimax nennt, muß aufs äußerste vermieden werden, durch den in schön zu Denkendem nach Größerem, Würdigerem und Gewichtigerem unerwartet Dinge folgen würden, die – obwohl in ihren Hauptmerkmalen gleichgeltend – doch in ihren Nebenmerkmalen etwas Geringeres, Leichteres und Unwürdigeres als das, was vorangegangen ist, einschließen würden. Longin, der in Abschnitt XLIII ein genügend artiges Beispiel dieses Fehlers aus Theopompos anführt,[2] tadelt diesen unter anderem dafür, daß er vom Erhabeneren in das Niedrigere abgleitet, wo er im Gegenteil eine Steigerung hätte durchführen müssen. Hier verwendet Longin wiederum, weder aufgrund seines eigenen Begriffs davon noch auf der Grundlage der Erklärung der Lehrbücher, sondern in engerem Sinne das Wort *Steigerung*.

§ 336 Die Argumente, die Longin in den Abschnitten XXIV–XXIX durchgeht, vermehren die Größe eher mittelbar durch eine von den übrigen hauptsächlichen Anmutigkeiten der Überlegung, als daß sie unmittelbar und näher Gewicht und Größe erwirken würden. Die Metaphern aber, von denen Longin in Abschnitt XXXII handelt, die Gleichnisse und Vergleichungen, von denen er in Abschnitt XXXVII spricht, sind, obgleich sie als Schönheiten meistens zugleich eine andere Kraft und Wirksamkeit haben, dennoch auch hier heranzuziehen, insofern sie bei gewandten Autoren zugleich die Stelle von

virgularum mensoriarum simul vices subeunt, quas ideo subministrant, ut ex earum nota magnitudine ac data, significatus improprii comparatique thematis magnitudinem, dignitatem ac pondus, forsan adhuc minus tibi cognita, tacitus tecum metiaris, § 329. Dic aliquem malum civem! quantitas adhuc indeterminata est. Dic eundem pestem reipublicae. Nonne gradus calamitatis publicae, quem esse in pestilentia notum est, auget simul pravitatem et detrimentum in significatu improprio publicum, antea minus cognitum?

§ 337 Virgilius species arborum enumerare difficile cogitans, gradum difficultatis, quam aestheticus pro impossibilitate habet physica, quantus sit, comparando pingit Georg. II 105 *numerum,* inquiens, *et nomina*[1] specierum

Si quis scire velit, Lybici velit aequoris idem
Discere quam multae Zephyro turbentur arenae,
Aut, ubi navigiis violentior incidit Eurus,
Nosse, quot Ionii veniant ad littora fluctus.[2]

§ 338 Eadem autem haec argumenta augentia, § 336, hoc cautius adhibenda sunt, quo certius mathematica cognitio rationis analogo

Periculosae plenum opus aleae est,[3]

ne, vel φαινομένως etiam, § 16, erres in calculo, quo facto ex iisdem fontibus et large seges argumentorum deprimentium, §§ 313–315, et meteororum, § 329. Quorum nescio, an non Plato quaedam exempla dederit in metaphorica descriptione corporis humani, quam ex dialogo, qui Timaeus dicitur, partim Longinus suis inserit, et in qua iam circulationem sanguinis Plato docuisse perhibetur, cor dicens fontem τοῦ περιφερομένου σφοδρῶν αἵματος κατὰ πάντα τὰ μέλη.[4] An sine tumore collum dicitur *Isthmus inter arcem capitis et*

[1] Vgl. Vergil, *Georg.* 2, 103 f.
[2] Ebd. 2, 105–108.
[3] Horaz, *Carm.* 2, 1, 6.
[4] Platon, *Timaios* 70b; vgl. Longin 32, 5.

Richtmaßen einnehmen, die sie deswegen darbieten, damit du gemäß ihrer bekannten und gegebenen Größe über die Größe, die Würde und das Gewicht der uneigentlichen Bedeutung und des zum Vergleich herangezogenen Themas, die dir bisher vielleicht weniger bekannt waren, schweigend für dich nachsinnst. Nenne jemanden einen schlechten Bürger! Das Ausmaß bleibt hier soweit noch unbestimmt. Nenne denselben eine Pest des Staates. Ob hier nicht der Grad des öffentlichen Unheils, den bekanntermaßen die Pest mit sich führt, zugleich die gemeinte Verworfenheit und den öffentlichen Schaden, der vorher weniger erkannt wurde, in uneigentlicher Bedeutung vermehrt?

§ 337 Vergil, der es für schwierig hält, alle Arten der Bäume aufzuzählen, beschreibt, wie hoch der Grad dieser Schwierigkeit – die der Ästhetiker für eine natürliche Unmöglichkeit hält – sei, mit einem Vergleich: *Die Zahl und die Namen* der Arten, sagt er,

wer sie zu wissen begehrt, mag ebenso zählen, wie
viele Sandkörner der Zephyr in der Libyschen Wüste aufwirbelt,
oder, wenn der heftige Ostwind auf die Schiffe einstürmt,
wissen wollen, wie viele Wogen vom Ionischen Meer ans Gestade rollen.

§ 338 Jedoch müssen dieselben die Größe vermehrenden Argumente umso behutsamer angewendet werden, je gewisser ist, daß die mathematische Erkenntnis für das Analogon der Vernunft

ein Werk, gefährlich, voll des Wagemuts ist,

damit du dich nicht, auch nicht bei den Erscheinungen, in der Berechnung irrst, wodurch aus denselben Quellen auch eine reiche Saat an niederdrückenden Argumenten und Lufterscheinungen erwachsen kann. Ich weiß nicht, ob davon nicht Platon mit der metaphorischen Beschreibung des menschlichen Körpers ein gewisses Beispiel gegeben haben wird, die Longin aus dem Dialog, der *Timaios* genannt wird, zum Teil in seinen Text einfügt und wo von Platon gesagt wird, er habe bereits den Kreislauf des Blutes gelehrt, wenn er das Herz *Quelle des alle Glieder mächtig durchströmenden Blutes* nennt.[1] Ob es ohne Schwulst ist, wenn der Hals *ein Isthmos*

pectus?[1] An errant, qui in comparatione *reipublicae* cum *poculo,* in quo *deus furens per deum sobrium* (aquam) *castigatur,*[2] βάθος, et manifestum, et crypticum, tumorem, deprehendere sibi videntur? § 310.

§ 339 Argumentum augens, et huc primario pertinens, est in Longino S. XXXVIII hyperbole tam in cogitando quopiam, ut magno, quam in cogitando alio, ut parvo, limites ordinarios transgressa, si vere sit figura, § 26. Posterior, diasyrmus, est argumentum extenuans, § 329, non satis aliquibus apte Tapinosis dicta, quae potius pro graeca denominatione omnis argumenti deprimentis, saltim in vitiis, habenda est. Huc vocavi hyperbolen, quae figura sit. Iam saepius enim prae me tuli phaenomena illa, in pulcre cogitatis dictisve observata et graecis plerumque denominationibus ornata, quae pueri discimus, ut figuras, tunc demum hoc titulo digna me iudicare, si cum ratione sufficiente locata deprehenduntur, et insigne quid in focum pulcritudinis sua etiam ex parte conferant. Hinc Longino hyperbolae crypticae maxime placent, ita limites altitudinis profunditatisque transgressae, ut tamen ne illud quidem factum videatur. Exemplum in communi germanorum phrasi deprehendo: quando vehementer ex vulnere suo cruentatum in suo natare sanguine dicunt.

§ 340 Nec ego, secundum aestheticorum virgulam mensoriam reiicerem hyperbolen Herodoti, qua dicit in Thermopilis pugnantes graecos *barbarorum iaculis sepultos,*[3] nec comicum illud: *agrum habet, cuius terra minor est epistola Laconica.*[4] Multo iam sequior est diasyrmus, ταπεινότητος ἄυξησι, quem Ciceroni Quintilianus adscribit, VIII 6:

1 Vgl. LONGIN 32, 5.
2 Vgl. ebd. 32, 7 mit Bezug auf PLATON, *Nomoi* 773c–d.
3 Vgl. HEROD. 7, 4, 225; vgl. LONGIN 38, 4.
4 *Comicorum atticorum Fragmenta* 3, 417 f. Kock; vgl. LONGIN 38, 5.

zwischen der Akropolis des Kopfes und der Brust genannt wird? Ob diejenigen irren, die in der Vergleichung des *Staates* mit einem *Weinbecher*, in dem *ein rasender Gott von einem nüchternen Gott* (dem Wasser) *gebändigt wird*, ein Kriechendes und sowohl einen offenbaren wie auch einen versteckten Schwulst zu erkennen vermeinen?

§ 339 Ein die Größe vermehrendes Argument und eines, das an erster Stelle hierher gehört, ist – bei Longin Abschnitt XXXVIII – die Hyperbel,[1] die – wenn sie wahrhaft eine Figur ist – ebenso im Denken von irgend etwas als etwas Großem wie im Denken von etwas anderem als etwas Kleinem die gewöhnlichen Schranken überschreitet. Das letztere, der Spott,[2] ist ein verkleinerndes Argument, das von manchen nicht genügend angemessen als Erniedrigung[3] bezeichnet wird, die im Griechischen eher als Benennung aller niederdrückenden Argumente, wenigstens, wo es sich um Fehler handelt, betrachtet werden muß. Ich habe hier nur die Hyperbel angeführt, die eine Figur ist. Denn ich habe schon öfter jene Erscheinungen aufgezeigt, die in schön Gedachtem und Gesagtem zu beobachten und meistens mit griechischen Benennungen geschmückt sind, die wir als Jünglinge als Figuren erlernen, die ich für mich aber erst dann als dieses Titels würdig erachte, wenn man verstehen kann, daß sie mit einem hinreichendem Grund eingesetzt wurden, und sie auch von ihrer Seite etwas Erkennbares zum Brennpunkt der Schönheit beitragen. Daher gefallen Longin die versteckten Hyperbeln am meisten, weil sie die Schranken der Höhe und der Tiefe überschreiten, in einer Weise, daß dies dennoch nicht der Fall zu sein scheint. Ein Beispiel sehe ich in der allgemein verbreiteten deutschen Redensart, wenn von einem, der heftig aus einer Wunde blutet, gesagt wird, daß er in seinem Blute schwimmt.

§ 340 Ich würde nach dem Richtmaß der Ästhetiker weder die Hyperbel des Herodot zurückweisen, mit der er die bei den Thermopylen kämpfenden Griechen *von den Geschossen der Barbaren Begrabene* nennt, noch auch jenes komische *Das Land, das er besaß, war kleiner als ein lakonischer Brief*. Schon wesentlich minder gut ist der Spott, die Steigerung der Unbedeutendheit, den Quintilian dem Cicero zuschreibt:

Fundum Varro vocat, quem possum mittere funda,
Ni tamen exciderit, qua cava funda patet.[1]

O! mediocrem poetam Tullium! Esset formaliter venustior diasyrmus Catulli in Furii paupertatem c. 23, al. 20, si vel simpliciter honestorum morum rationum per omnia maiorem habuisset auctor:

Furi, cui neque servus est, nec arca,
Nec cimex, nec araneus, nec ignis.
– – –
Dentes vel silicem comesse possunt.
– – –
Atqui corpora sicciora cornu,
Aut si quid magis, aridum est, habetis
Sole et frigore et esuritione[2] e. c.

§ 341 Nec excusare audeo hyperbolen Isocratis excedentem, qua 1) statim in exordio 2) orationis, non poematis, 3) in qua veram Athenarum prae Spartis eminentiam in beneficiis Graeciae collatis promittebat ostendere, suo se gladio petens, et admonens auditorem contra se ipse, *verbis tantam vim* tribuit, *ut possis* iisdem *et res magnas humiles efficere, et parvas magnitudine vestire*[3] e. c. Quid enim, Sophista, proficies tale quid ausus verbis unice, nisi ut vel repas, vel tumeas? Praeferamus hyperbolen Iuvenalis, cui quaedam, Sat. VI,

Tot premit ordinibus, tot adhuc compagibus altum
Aedificat caput. Andromachen a fronte videbis,
Post minor est. Credas aliam, breviorque videtur
Virgine Pygmaea nullis adiuta cothurnis.[4]

§ 342 Quam in argumentis augentibus paene primam legimus, venusta repetitio, § 333, multas sub se comprehendit figuram species,

1 Quint. 8, 6, 73.
2 Catull 23, 1 f., 4, 12–14.
3 Vgl. Longin 38, 2.
4 Juv. 6, 502–506.

Landgut nennt Varro das Land, das ich in eine Schleuder setzen kann;
fällt es nicht gar noch heraus, wo das Schleuderloch klafft.[1]

O mittelmäßiger Dichter Tullius! Der Form nach anmutiger würde der Spott des Catull über die Armut des Furius, in *Carmen* 23 (für andere 20) – sein, wenn doch nur der Verfasser durchgehend der Art und Weise der einfach ehrbaren Sitten Rechnung getragen hätte:

Furius, du hast keinen Sklaven, keinen Pfennig,
keine Wanze, keine Spinne, kein Feuer.
– – –
Die Zähne können sogar einen Kiesel verzehren.
– – –
Dabei habt ihr Körper, die trockener sind als Horn
oder was es etwa sonst noch Dürreres gibt:
Das machen Sonne, Kälte und Hungerleiden.

§ 341 Ich wage nicht, die übertriebene Hyperbel des Isokrates zu entschuldigen, mit der er 1) sogleich im Exordium, und zwar 2) einer Rede, nicht eines Gedichts, in der er 3) zudem die wahre Vorzüglichkeit der Athener gegenüber den Spartanern im Vergleich ihrer Wohltaten für Griechenland zu zeigen versprach, *den Worten so viel Kraft* beimißt, *daß man* mit ihnen *sowohl große Dinge niedrig zu machen als auch kleine Dinge mit Größe auszukleiden vermag* – und sich damit selbst den Dolchstoß gibt und dem Hörer eine gegen ihn selber ausgesprochene Warnung. Was nämlich, Sophist, wirst du ausrichten, nachdem du gewagt hast, so etwas allein mittels Worten zu unternehmen, außer daß du entweder kriechst oder schwülstig wirst? Wir wollen die Hyperbel des Juvenal vorziehen, für den gewissermaßen dies eine ist:

Mit so vielen Lagen, so vielen Stockwerken
baut man die Frisur auf. Andromache von vorn,
von hinten ist sie nur ein Zwerglein, sie scheint eine andere,
und ohne Absätze kleiner wie ein Pygmänenweibchen.

§ 342 Die anmutige Wiederholung, die wir beinahe als erste zu den die Größe vermehrenden Argumenten zählen, begreift unter sich viele Arten von Figuren, die gewöhnlich für Figuren des Aus-

quae in figuris dictionis habentur ordinario, et tunc quando vere supra memoratam repetitionis vim habent, fiunt simul figurae sententiae, § 26. Repetitio est vel totalis, vel partialis, e. g. mutatis saltim relationibus respectibusque, quos casus significare solent, unde polyptoton, cuius et Longinus S. XXIII mentionem iniicit, et ad quam figuram audaci, sed vera, philosophia Vossius et repetitionem variatis numeris, gradibus, generibus, modis, temporibus et personis retulit. Huc illud Calvi: *Factum esse ambitum omnes scitis, et vos hoc scire omnes sciunt.* Alia ratione repetitio dividitur in immediatam et coniunctam, ac in mediatam et disiunctam.

§ 343 Repetitio disiuncta totalis est anaphora, § 342, figura, si ponderosior res ipsa signi repetitione primum in locum collocati iterum iterumque infigitur alta mente reponenda, unde ἀναθεώρησις vere sperari possit. Talis est figura, sane non dictionis tantum, in anathemate Mosis et μακαρισμῷ Christi. Repetamus exemplum ex Lucilio post Lactantium:

Virtus, Albine, est pretium persolvere verum,
Queis in versamur, queis vivimu', rebu' potesse.
Virtus est homini, scire id, quod quaeque habeat res.
Virtus scire homini rectum, utile, quid sit honestum,
Quae bona, quae mala item, quid inutile, turpe, inhonestum,
Virtus, quaerendae rei finem scire modumque[1] e.c.

§ 344 Eandem, nisi maiorem, vim habet in fine repetens, quae commendare vult altiori perpensioni, epistrophe, vel epiphora, si vere sit

[1] Lucilius, *Fragm.* 1342–1347.

drucks gehalten werden, und wenn sie alsdann die Kraft der Wiederholung haben, an die oben erinnert wurde, werden sie zugleich zu Gedankenfiguren. Sie ist entweder eine völlige Wiederholung oder eine teilweise, z. B. wenn wenigstens die Verhältnisse und die Beziehungen verändert sind, die durch die grammatischen Fälle bezeichnet zu sein pflegen. Von daher kommt das Polyptoton,[1] von dem auch Longin in Abschnitt XXXIII[2] eine Erwähnung einfließen läßt, und zu welcher Figur Vossius in einer kühnen, aber wahren Philosophie auch die Wiederholung mit Veränderung des Numerus, der Wortstellung, der Gattung, des Modus, der Zeit und der Person gerechnet hat.[3] Hierzu gehört auch jener Ausspruch des Calvus: *Ihr wißt, daß es Buhlerei war, und daß ihr es wißt, wissen alle.*[4] In anderer Art und Weise wird die Wiederholung in eine unmittelbare und verbundene und eine mittelbare und unverbundene unterschieden.

§ 343 Eine völlige, unverbundene Wiederholung ist die Anapher,[1] eine Figur, wenn eine an sich schon gewichtigere Sache durch die Wiederholung des an die erste Stelle gesetzten Wortes wieder und wieder in die Tiefe der Seele, die sich die Sache dann wieder erneut vorstellt, eingegraben wird, woher eine wahrhaft genaue Betrachtung[2] derselben erhofft werden kann. Solcherart ist die Figur, und allerdings nicht nur der Rede, in der Verfluchung Moses'[3] und in der Seligpreisung Christi.[4] Laßt uns auf ein Beispiel aus Lucilius nach Laktanz zurückgreifen:

Virtus, mein lieber Albinus, ist das Vermögen, den Verhältnissen,
in denen wir leben und weben, angemessen Rechnung zu tragen;
Virtus ist für den Menschen zu wissen, was da gilt ein jegliches Ding;
Virtus ist zu wissen, was recht, nützlich, ehrenhaft ist für den Menschen,
was gut, und wiederum, was schlecht, unnütz, schimpflich, unehrenhaft;
Virtus ist, Maß und Ziel zu kennen für unser Streben nach Geld usw.

§ 344 Dieselbe Kraft, wenn nicht noch eine größere hat, indem sie bis zum Schluß wiederholt, was sie einer tieferen Erwägung an-

figura, § 342. Qualis Plauti:

Qui omnia se simulant scire, nec quicquam sciunt,
Quod quisque in animo habet, aut habiturus est, sciunt,
Idque, quod in aurem rex reginae dixerit,
Sciunt, quod Iuno fabulata est cum Iove,
Quae neque futura, neque facta sunt, tamen ii sciunt.[1]

Iam maior est apud Ciceronem, II Philipp., *Doletis tres exercitus populi Romani interfectos? interfecit Antonius. Desideratis clarissimos cives? Eos quoque eripuit vobis Antonius. Auctoritas huius ordinis afflicta est? afflixit Antonius.*[2] Pessimi fuit ominis in Maximinum epiphora, quae inerat versibus graecis, quos in eum dictos narrat Iulius Capitolinus in hanc sententiam: *Qui ab uno non potest, a multis occiditur. Elephas grandis est, et occiditur. Leo fortis est, et occiditur. Tygris fortis est, et occiditur. Cave multos, si singulos non times.*[3]

§ 345 Symploce, epanalepsis, anadiplosis, ploce, epizeuxis, repetitorum positu differentes, quem ego parum curaverim in rebus, in hoc conveniunt figurae, ut venuste repetant, penitius consideranda, § 333. Est eiusmodi elegantia in Ov., Fast. II,

Una dies Fabios ad bellum miserat omnes,
Ad bellum missos perdidit una dies.[4]

In tenui praesertim genere cogitandi, si qua tamen comparative prae reliquis esse aliquid iudicandum est, adhiberi solent cum imitatione suavi morum per simplex vivendi cogitandique genus usitatorum, quoniam eiusmodi homines, raro cogitant, quae non sibimet ipsi saltim dicant, adeoque gravius sibi visum iterum iterumque cogitantes

1 Vgl. Plaut., *Trinummus* 205–209.
2 Cic., *Philipp.* 2, 55.
3 Jul. Cap., *Maximini duo* 9.
4 Ovid, *Fast.* 2, 235 f.

heimstellen möchte, die Epistrophe oder Epipher,[1] wenn sie wahrhaft eine Figur ist. Wie zum Beispiel die von Plautus:

Sie tun, als ob sie alles wüßten, und sie wissen nichts.
Was jeder denkt, was er denken wird, das wissen sie;
sie wissen, was der König seiner Königin ins Ohr raunt,
wissen, was mit Jupiter Juno sprach.
Was nie geschehen ist, nie geschehen wird, wissen sie doch.

Noch größer ist diejenige bei Cicero: *Ihr klagt über den Tod von drei römischen Armeen? Antonius hat ihn herbeigeführt! Vermißt hochangesehene Mitbürger? Auch sie hat Antonius euch entrissen! Das Ansehen unseres Standes ist geschädigt? Antonius hat es getan!* Von schlechtester Vorbedeutung war die an Maximinus[2] gerichtete Epipher in den gegen ihn gerichteten griechischen Versen, die Julius Capitolinus in diesen Sätzen wiedergibt: *Wer nicht von einem getötet werden kann, wird von vielen getötet. Der Elefant ist groß – und er wird getötet. Der Löwe ist stark – und er wird getötet. Der Tiger ist stark – und er wird getötet. Nimm dich in acht vor den Vielen, wenn du den Einzelnen nicht fürchtest.*

§ 345 Die Symploke,[1] Epanalepse,[2] Anadiplose,[3] Ploke[4] und Epizeuxis,[5] die sich durch die Stellung des Wiederholten unterscheiden, die ich bezüglich der Sachen als wenig wichtig erachten möchte, stimmen als Figuren darin überein, daß sie auf anmutige Weise wiederholen, was genauer erwogen werden muß. Eine Anmutigkeit dieser Art findet sich im zweiten Buch von Ovids *Fasti*:

An einem Tag nur schickte er alle Fabier in die Schlacht
und alle in die Schlacht Geschickten verlor er an nur einem Tag.

Vor allem in der schlichten Denkungsart, wenn in ihr doch etwas, vergleichungsweise genommen, als vorrangig vor dem Übrigen zu beurteilen ist, pflegt man diese Figuren mit einer angenehmen Nachahmung der in der einfachen Lebens- und Denkart gebräuchlichen Sitten anzuwenden, da ja so beschaffene Menschen selten etwas denken, was sie nicht wenigstens für sich selbst auch aussprechen würden, und weil solche Menschen allzumal, wenn sie etwas, was ihnen wichtiger erscheint, wieder und wieder denken, dieses

iterum etiam iterumque significant. Hinc hae figurae tam crebrae in bucolicis, Catulli hendecasyllabis, anacreonticis e.c.

Surgamus. Solet esse gravis cantantibus umbra.
Iuniperi gravis umbra, nocent et frugibus umbrae.[1]

§ 346 Quam gradationem, quod incrementum climacis sub nomine iam numeravimus cum Longino in argumentis ac figuris augentibus, § 334, eius aliquam speciem aliqui climacis nomine donantes in figuris etiam dictiones habent, incremento recte ad figuras sententiae relato. Tunc Climax strictius dicitur, quando minus illud, dum ab eodem ad maiora scandimus, simul repetitur, § 333. Videamus exemplum ex Epicharmo apud Athenaeum ex versione Vossii, quia simul, uti legitur, in ultimis anticlimacis reliqua deturpantis, § 335, exemplum exhibet: *Ex sacrificio epulum, ex epulo compotatio, quod festivum mihi quidem visum, ex compotatione petulans comessatio, ex comessatione furor, ex furore lis apud iudicem, ex lite ac iudicio condemnatio, ex condemnatione compedes, gangraena, vel sideratio, et mulcta.*[2]

§ 347 Quanquam figuras omnes sententiae Vossius dicit in rebus ipsis quandam habere dignitatem: non tamen omnes huc traho, nec plurimas, sed eas potissimum, quas ex medio significatu vocis, § 330, αὐξήσεις dicas, § 329. Nec enim opus est incrementum, nec minorem, satis adhuc verisimilem, hyperbolen synecdochice tantum auxesin dicere, nec superlationem μειωτικήν catachrestice tapinosin, § 339. Interim incrementi, § 334, quod climax stricte non sit, § 346, breve adhuc videamus exemplum ex Seneca, qui *turpissimam ex ne-*

1 Vergil, *Ekl.* 10, 75 f.
2 Vossius, *Inst. or.* 5, 3, 8; vgl. Athenaios, *Deipnosophistae* 2.

auch wieder und wieder in Worte fassen. Daher kommen diese Figuren so häufig in Hirtengedichten, in den Elfsilbern[6] des Catull, in anakreontischen Dichtungen usw. vor.

Stehen wir auf! Schatten pflegt Singenden schädlich zu sein;
Wacholderschatten bringt Schaden; auch Früchten schadet der Schatten.

§ 346 Was die Gradation betrifft, eine Erhöhung, die wir unter dem Namen der Klimax bereits mit Longin zu den die Größe vermehrenden Figuren und Argumenten gezählt haben,[1] so rechnen einige sie, indem sie eine gewisse Art von ihr mit dem Namen der Klimax versehen, zu den Figuren des Ausdrucks – richtig wird die Erhöhung aber zu den Denkfiguren gezählt. Man spricht dann von einer Klimax im engeren Sinne, wenn etwas Geringeres, während wir von demselben zu Größerem emporsteigen, zugleich wiederholt wird. Laßt uns ein Beispiel aus Epicharmos bei Athenaios in der Fassung von Vossius betrachten, weil es zugleich, sobald man es liest, ein Beispiel einer an den Schluß gesetzten Antiklimax gibt, die alles übrige verunstaltet: *Vom Opfer zum Schmaus, vom Schmaus zur Trinkgesellschaft – was mir gewiß heiter erschien – von der Trinkgesellschaft zum ausgelassenen Umhertreiben, vom Umhertreiben zum Toben, vom Toben zum Streit vor dem Richter, vom Streit und Rechtspruch zur Verurteilung, von der Verurteilung zu den Fesseln und zur Gangräne oder zum Einsitzen und zur Geldstrafe.*

§ 347 Obgleich Vossius sagt, daß alle Denkfiguren eine gewisse in den Dingen selbst begründete Würde haben,[1] zähle ich hierzu nicht alle, auch nicht die Mehrzahl von ihnen, sondern am meisten diejenigen, die du gemäß der mittleren Bedeutung des Wortes Steigerungen nennen magst.[2] Es ist nämlich weder nötig, die Erhöhung oder die kleinere, noch genügend wahrscheinliche Hyperbel in Form einer Synekdoche[3] als Steigerung zu bezeichnen, noch ist es nötig, die verkleinernde[4] Übertreibung in Form einer Katachrese[5] eine Erniedrigung zu nennen. Laßt uns unterdessen noch ein kurzes Beispiel einer Erhöhung, die im engen Sinne keine Klimax sein mag, aus Seneca betrachten, der als *am schimpflichsten einen Verlust,*

gligentia iacturam eorum dolet, quorum, *si volueris attendere, magna vitae pars elabitur male agentibus, maxima nihil agentibus, tota aliud agentibus.*[1]

§ 348 Synathroismum, quem aliqui congeriem dicunt, iam in argumentis locupletantibus vidimus, § 148, et in augentibus ad sublimitatem usque, § 298. Valet enim et in tenui, et in medio cogitando genere complexus eiusmodi, quo congestorum veluti totum animis offertur, magnam absolute, quantaque relativa quaeritur, excitare perceptionem. Ita Cicero pro lege Manilia: *Quod denique belli genus esse potest, in quo eum* (Pompeium) *non exercuerit fortuna reipublicae? Civile, Africanum, Transalpinum, Hispaniense, mistum ex civitatibus atque bellicosissimis nationibus, servile, navale bellum, varia et diversa genera bellorum et hostium, non solum gesta ab hoc uno, sed etiam confecta.*[2] Congeries maior, hinc et celerior, huc etiam pertinet epitrochasmus, Virg., Aen. IV,

faces in castra tulissem,
Implessemque foros flammis, natumque patremque
Cum genere extinxem, memet super ipsa dedissem.[3]

§ 349 In augentibus sine dubio habeamus Parrhesian, implicite vel explicite ostendentem, ut certa meditatio meditationisve significatio decerneretur, opus nobis insigni fuisse libertatis nisu, non nisi post luctam aliquam vicisse tamen in animo meliorem caussam. Post eiusmodi enim prologum, vel tacitam insinuationem, sane non vulgaria solent exspectari ac trita. Hoc argumentum an figura dicatur semper, an nunquam rhetoribus, mihi perinde est. Utitur eodem

1 Sen., *Ad Lucilium* 1, 1, 1.
2 Cic., *Pro leg. Man.* 10.
3 Vergil, *Aen.* 4, 604–606.

der durch Lässigkeit entsteht, derer beklagt, deren, *wenn du darauf achten wolltest, größter Teil des Lebens unvermerkt entgleitet, während sie Schlechtes tun, ein großer Teil, während sie nichts tun, und das ganze Leben, während sie Belangloses tun.*

§ 348 Den Synathroismus,[1] den manche Häufung nennen, haben wir schon bei den bereichernden und bei den die Größe bis hin zur Erhabenheit erweiternden Argumenten gesehen. Der Synathroismus vermag allerdings auch in der schlichten und in der mittleren Denkungsart mit einer solchen Art der Häufung, durch die den Gemütern gleichsam das Ganze des Zusammengetragenen dargeboten wird, eine absolut große und eine im geforderten Maße relativ große Vorstellung hervorzurufen. So bei Cicero in *Pro lege Manilia*: *Und was für eine Art Krieg kann dies schließlich sein, in dem er* (Pompeius) *nicht mit dem Wohl des Staates beschäftigt war? Der Bürgerkrieg, der afrikanische Krieg, der Krieg jenseits der Alpen, der spanische Krieg (in dem sich mit unseren Landsmännern kriegerischste Nationen mischten), der Sklavenkrieg, der Krieg zu Schiffe, viele verschiedene Arten von Kriegen und Feinden, die er nicht nur ertragen, sondern siegreich beendet und unterworfen hat.* Als größere und daher schnellere Häufung gehört hierhin auch der Epitrochasmus:[2]

Ich hätte
Brand ins Lager geworfen und in die Schiffe, vernichtet
Vater und Sohn samt allen, dazu mich selber geopfert.

§ 349 Zu den die Größe vermehrenden Argumenten mögen wir zweifelsohne die Parresie zählen,[1] die entweder nicht ausdrücklich oder ausdrücklich zeigt, daß uns, damit die Entscheidung für eine gewisse Überlegung oder Bedeutung einer Überlegung gefällt werden konnte, eine erkennbare, mit Freiheit verbundene Bemühung nötig war, und daß nur nach einem gewissen innerlichen Streit die bessere Sache dann doch im Gemüt den Sieg davontrug. Denn nach einer solchen Einleitung oder schweigenden Unterstellung pflegen in der Tat keine gewöhnlichen oder abgeschmackten Dinge erwartet zu werden. Ob diese Figur von den Rhetorikern immer oder nie eine Figur genannt werden mag, ist mir gleich.[2] Von derselben

cum effectu Sinon apud Virgilium, quando inter praemissa iam huc pertinentia, Aen. II 77:

Cuncta equidem tibi, rex, fuerint quaecumque, fatebor
Vera, inquit, neque me Argolica de gente negabo.
Hoc primum. Nec, si miserum fortuna Sinonem
Finxit, vanum etiam mendacemque improba finget.[1]

§ 350 Pergit fictus Sinon μετὰ πολλῆς παρρησίας, donec attentionem ac isse se satis putat. Tum vero luctam intra animum denuo simulat, 101,

Sed quid ego haec autem nequicquam ingrata revolvo?[2] e. c.

quo effectu?

Tum vero ardemus scitari et quaerere caussas,
Ignari scelerum tantorum artisque Pelasgae
Prosequitur pavitans.[3]

Quum autem rem iam acu paene tangeret, cuius gratia omnis ludebatur fabula, non verbulum prius, quam

Sustulit exutas vinclis ad sidera palmas:
Vos aeterni ignes, et non violabile vestrum
Testor numen, ait, vos arae, ensesque nefandi,
Quos fugi, vittaeque deum, quas hostia gessi.
Fas mihi Graiorum sacrata resolvere iura.
Fas odisse viros, atque omnia ferre sub auras,
Si qua tegunt. Teneor patriae nec legibus ullis.
Tu modo promissis maneas, servataque serves,
Troia, fidem, si vera feram, si magna rependam.[4]

Eventus docuit, quanti haec habita sit parrhesia, et narratio huic involuta.

1 Vergil, *Aen.* 2, 77–80.
2 Ebd. 2, 101.
3 Ebd. 2, 105–107.
4 Ebd. 2, 153–161.

macht Sinon bei Vergil wirkungsvoll Gebrauch, wenn er unter anderem, was er seiner Rede vorausschickt und was auch hierher gehört, sagt:

Alles, was geschehen ist, will ich Dir, König, getreulich
melden, auch will ich nicht leugnen, daß ich argolischen Blutes.
Dieses zunächst, und wenn das Schicksal den Sinon auch elend
machte, so macht ihn solch Übel doch nicht zum Schwätzer und Lügner.

§ 350 Der erdichtete Sinon fährt mit zahlreichen Freimütigkeiten fort, solange bis er meint, genügend Aufmerksamkeit hervorgerufen zu haben. Dann täuscht er sogar wiederum einen Streit in seinem Gemüt vor:

Aber was soll ich umsonst so Unerquickliches wecken?

Mit welcher Wirkung?

Nun entbrannten wir alle erst recht, die Gründe zu hören,
unbekannt mit den Tücken und soviel Trug der Pelasger.
Und zagend fuhr jener fort.

Als er aber beinahe die Sache wie den Nagel auf den Kopf getroffen hatte, um derentwillen er das ganze Märchen vorspielte, sagte er kein einziges Wörtchen mehr, ohne daß er nicht vorher

die entfesselten Hände emporhob zu des Himmels Gestirnen
und sprach: Euch, ihr ewigen Feuer, ihr unverletzlichen Mächte,
ruf ich zu Zeugen, auch euch, Altäre, du schreckliches Messer,
dem ich entfloh, ihr Binden, die mich schon schmückten zum Opfer:
Lösen darf ich mich nun von den heiligen Rechten der Griechen,
darf sie hassen, die Männer, und alles öffentlich künden,
was sie verhehlt, mich binden nicht länger die Gesetze der Heimat.
Du nur halte dein Wort, wenn du erhalten, o Troja!
Wahre die Treu, wenn ich Wahres verkünde und groß es dir lohne.

Der Ausgang der Begebenheit lehrt, wieviel Wert dieser Freimütigkeit und der darin eingehüllten Erzählung beigemessen wurde.

§ 351 Figurarum augentium agmen claudat exclamatio, non ea tantum, qua talia cogitantur, quae eloquenter legendo cum aliqua vocis intensione proferenda sunt, propter magnitudinem , sed et illa, quae cryptice designat, non sine admiratione talia menti nostrae obversari, quae iam cogitamus. Quoniam enim parva ac proletaria non solent in admirationem sui rapere, denotatur eo ipso, quod pulcre cogitantem subit mirari, magnum aliquid esse, quod animo voluit. Quando legis apud Terentium:

D. Hei mihi! quid faciam? quid agam? quid clamem, aut querar?
O! caeli! O! terra! o! maria Neptuni
M. hem tibi! Ad. V 3,[1]

nonne comice saltim magna exspectas, quae resciverit clamans? Eiusdem scriptoris in Andria Pamphilius ita quasi genesin paullo post futurae exclamationis describit:

Vix sum apud me. Ita animus commotus metu,
Spe, gaudio, mirando hoc tanto, tam repentino bono, V 4.[2]

Iamque non parva laetari videbitur post pauca concludens:

O! faustum et felicem hunc diem![3]

SECTIO XXIV
GRAVITAS AESTHETICA ABSOLUTA

§ 352 Quanta quanta sit in materiis aesthetica magnitudo, neque tamen illam assequatur, nisi subiectivae simul magnitudinis capax, quam magnanimitatem et gravitatem aestheticam diximus, § 189.

1 Ter., *Adelphoe* 788–790.
2 Ter., *Andria* 937 f.
3 Ebd. 956.

§ 351 Den Zug der die Größe vermehrenden Figuren schließt der Ausruf ab,[1] nicht nur der, mit dem solche Dinge gedacht werden, die aufgrund ihrer Größe im beredten Lesen mit einer gewissen Verstärkung der Stimme vorgetragen werden müssen, sondern auch derjenige, der in versteckter Weise darauf hinweist, daß auf solcherart Dinge, die wir gerade denken, die Aufmerksamkeit nicht ohne Verwunderung unseres Gemüts gerichtet wird. Denn weil ja kleine und niedrige Dinge nicht zur Verwunderung angesichts ihrer hinzureißen pflegen, wird von sich aus deutlich, daß das, was den schön Denkenden zum Staunen veranlaßt, etwas Großes ist, das er im Herzen bewegt. Wenn du bei Terenz liest:

Demea: O weh mir! Was werde ich tun? Wie werde ich mich verhalten?
Was werde ich ausrufen oder was klagen?
O Himmel, o Erde, o Meere des Neptun!
Mikion: Ha, sieh dich an!

Erwartest du da nicht wenigstens auf komische Weise große Dinge, von denen Demea, indem er dies ausruft, Kunde erlangt haben wird? Der Pamphilus desselben Verfassers beschreibt in der *Andria* so gleichsam die Entstehung eines wenig später erfolgenden Ausrufs:

Ich bin kaum bei mir. Schon so bewegt ist mein Herz von Furcht,
Hoffnung, Freude, in verwundertem Anblick eines so großen, unvermuteten Glücks.

Und vollends wird es scheinen, daß er sich über nichts Kleines freut, wenn er kurz darauf schließt:

O welch günstiger und glücklicher Tag!

ABSCHNITT XXIV
DIE ABSOLUTE ÄSTHETISCHE WICHTIGKEIT

§ 352 So groß auch immer die ästhetische Größe in den Stoffen sein mag – es wird sie dennoch nur derjenige erreichen, der zugleich der subjektiven Größe fähig ist, die wir die die ästhetische Großmut und die ästhetische Wichtigkeit genannt haben. Dies wird die abso-

Haec erit absoluta magnitudo ingenii et pectoris, § 45, sed non connata solum, verum etiam innutrita exercitiis, usu, § 51, ac disciplina, § 63, non ea mortua, sed plenis appetitionibus eliciendis sufficiens, quantam omnia magnitudinem, hinc et dignitatem, absolutam aestheticam habitura pulcre cogitanda requirunt, § 178.

§ 353 Quando itaque nunc in omni pulcre cogitaturo magnum animum poscimus, non sedet animo Ciceronis illa notio, quae forsan in ipso severioris horizonte rationis ac purioris exaggerata nimium ac iusto augustior probari posset, ubi Quaest. Tusc. IV 61: *Constantem,* ait, *volumus quendam, sedatum, gravem, humana omnia prementem illum esse, quem magnanimum atque fortem virum dicimus. Talis autem nec moerens, nec timens, nec cupiens, nec gestiens esse quisquam potest. Eorum enim haec sunt, qui eventus humanos superiores, quam suos animos esse ducunt.*[1] Catone maioris comitatis et humanitatis erimus heic contenti, modo possit ac velit absolute magna sectari, abstinere ab ineptiis, vilibus, ac humillimis, §§ 191, 195.

§ 354 Neque quaerimus in pulcre cogitaturo quovis virum probata sic

pietate gravem ac meritis[2]

venerabilem, ut vel solo nutu silentium tumultuantibus imponere valeat, multo minus hominem qui *fronte gravi tristique supercilio* suas opiniones aliis *contumaciter* obtrudat, minime omnium unum ex iis, qui

ignava nequeunt gravitate moveri.[3]

Nobis sufficit animus absolute magnorum, adeoque dignorum etiam, et potens et constanter avidus, seduloque cauturus, quae iam reprehendit Lucilius,

Dum ridet versus Enni gravitate minores.[4]

1 Cic., *Tusc.* 4, 61.
2 Vgl. Vergil, *Aen.* 1, 151.
3 Ovid, *Met.* 2, 821.
4 Horaz, *Serm.* 1, 10, 54.

lute Größe des Geistes und des Herzens sein,[1] aber nicht nur eine angeborene, sondern auch eine durch Übungen, den Gebrauch und durch die Lehre genährte; nicht eine tote, sondern eine, die im Erwecken einer solchen Fülle von Begierden[2] zu soviel absolut ästhetischer Größe und damit auch Würde hinreicht, wie sie alle Dinge, die schön gedacht werden sollen, erfordern.

§ 353 Wenn wir nun also bei jedem, der schön denken will, ein großes Gemüt fordern, schreiben wir uns nicht auf jenen Begriff Ciceros fest, der sich vielleicht selbst innerhalb des Horizontes der strengeren und reineren Vernunft allzu übertrieben und ehrwürdiger als recht ist erweisen mag, wenn er sagt: *Wir suchen die Beständigkeit, Sicherheit, den Ernst und jenen Mann, der alles Menschliche unter sich herabsetzt*[1] *und den wir großgesinnt und tapfer nennen. Ein solcher kann niemals traurig, ängstlich, begehrlich oder ausgelassen sein. Denn so sind nur jene, die die menschlichen Begebenheiten für größer halten als ihre eigene Seele.*[2] Hier werden wir uns mit Cato und dessen größerer Artigkeit und liebreichem Betragen begnügen, vorausgesetzt, daß er nach dem absolut Großen streben und sich der Kleinigkeiten, geringschätziger und ganz niedriger Dingen enthalten kann und will.

§ 354 Auch suchen wir nicht bei dem, wem auch immer, der schön denken will, einen *ernsten* Mann, der so

durch bewährte *Frömmigkeit und Verdienste*

ehrwürdig ist, daß er schon mit einem Wink der aufgeregten Menge Schweigen zu gebieten vermag, und noch weniger einen Menschen, der *mit ernster Stirn und finster zusammengezogenen Augenbrauen* seine Meinungen anderen *trotzig* aufdrängt, und am allerwenigsten einen von denen, die

in träger Schwere sich weigern, sich zu bewegen.

Uns genügt ein Gemüt, das in absoluter Weise der großen und ebenso auch der würdigen Dinge sowohl mächtig als auch beständig nach ihnen zu streben begierig ist und sich sorgfältig vor dem hüten wird, was schon Lucilius mißbilligt,

wenn er lacht über Verse des Ennius, fehlt ihnen die Würde.

§ 355 Hanc ingenii pectorisque magnitudinem et potentialem optamus, partem characteris generalis in felici aesthetico, S. II–VI, et tunc, quando ad pulcre cogitandum accedit, actualem, qua non alio solum tempore forsan et aliis occasionibus, sed et nunc, et ea ratione, qua iam res eget, possit, non velit solum antecedenter incompletis ex sollicitationibus, sed etiam effcicienter decernat, magna absolute, hinc et digna, quibus nihil insit pusilli, nihil humilis et abiecti, mente praecordiisque concipere. Regnet in eiusdem persona, quam Cicero describit De inv. II 166, *dignitas* (subiectiva), *honesta* nempe, *et cultu, et honore, et verecundia digna auctoritas.*[1]

§ 356 Si quibus pulcre cogitaturis actualis deest absoluta magnitudo animi, dignitatisque personae, quam huc usque vidimus, sunt illi PULCELLI LEVICULIQUE MICROLOGI (leptologi).

Animasque leves ut noscere possis,[2]

magnum alias poetam Lucretium ibi lege, ubi l. III rem unam ex maximis et gravissimis hoc elevat exordio:

Nunc age, nativos animantibus et mortales
Esse animos, animasque leves, ut noscere possis:
Conquisita diu, dulcique reperta labore,
Digna tua pergam disponere carmina vita[3] e. c.

Huius vitii scopulus vix evitabitur, non solum infra horizontem aestheticum posita sibi themata legentibus, sed etiam supra eundem constituta, quoties haec nihilominus cum festiva quadam urbanitate non sine salibus ac iocis exponere laborant, §§ 120, 121.

1 Cic., *De inv.* 2, 166.
2 Vgl. Lukr. 3, 418.
3 Ebd. 3, 417–420.

§ 355 Wir wünschen uns diese Größe des Geistes und des Herzens sowohl als mögliche, als Teil des allgemeinen Charakters des glücklichen Ästhetikers, wie auch sodann, wenn er sich mit dem schön zu Denkenden befaßt, als wirkliche, durch die er nicht nur vielleicht zu einer anderen Zeit und bei anderen Gelegenheiten, sondern sowohl genau in diesem Augenblick als auch in der Weise, in der es die Sache bedarf, es vermag – und sich nicht nur etwa aufgrund von vorausgegangenen unzulänglichen Reizungen des Gemüts, sondern auch in wirksamer Weise dazu entschließt – das in absoluter Weise Große und daher auch das Würdige, dem nichts Kleinliches, nichts Niedriges und nichts Gemeines innewohnt, in seinem Gemüt und seinem Innersten zu begreifen. Es möge in einer solchen Person, wie es Cicero beschreibt, die (subjektive) wirklich *ehrliche Würde* regieren *und das der Verehrung, der Ehre und Ehrfurcht würdige Vorbild.*

§ 356 Wenn denen, die schön denken wollen, die wirkliche absolute Größe des Gemüts und die Würde der Person, wie wir sie bis jetzt betrachtet haben, fehlt, sind sie SCHÖNREDNERISCHE UND LEICHTFERTIGE KLEINKRÄMER (Wortklauber).[1]

Und damit du die leicht belebten Seelen erkennst,

lies den in anderen Dingen großen Dichter Lukrez dort, wo er eine von den größten und wichtigsten Sachen in dieser Einleitung verkleinert:[2]

Jetzt nun, daß du erkennst, daß sterblich zugleich und geboren
aller belebten Natur sind Seelen und leichte Belebung,
werde ich, lange gesucht und in süßer Bemühung gefunden,
formen würdig deines Geschmackes weiter dir Verse usw.

Die Klippe dieses Fehlers wird nicht nur von denen, die sich unter dem ästhetischen Horizont liegende, sondern auch von denen, die sich über demselben befindliche Themen erwählen, kaum vermieden werden, sooft sie sich bemühen, diese nichtsdestoweniger mit einer gewissen vollkommeneren höflichen Weltläufigkeit und nicht ohne feinen Witz und Scherz auseinanderzusetzen.[3]

§ 357 Interim non nisi absolutam levitatem in omni pulcre cogitaturo culpari volo, §§ 355, 356. Potest aliquando pectus ingeniumque sane magnum, quantum Virgilii,

Incolumi gravitate iocum tentare,[1]

potest idem ferri in comparative minus magna et digna, quae tamen absolute sint, §§ 198, 201, hinc ab ipso auctore dicantur levia secundum § 179 interpretando. Huc exordium mellificii, Georg. IV 4,

Admiranda tibi levium spectacula rerum,
Magnanimosque duces, totiusque ordine gentis
Mores, et studia, et populos, et praelia dicam.[2]

§ 358 In medio relinquamus, nunc aesthetici, statum animi in Demosthene, quem damnat Cicero, in Quaest. Tusc. V 103, iam non populari quadam trutina, sed aurificis statera examinaturus, quae probet, § 250, quando: *Leviculus sane noster,* inquit, *Demosthenes, qui illo susurro delectari se dicebat, aquam ferentis mulierculae, ut mos in Graecia est, insusurrantisque alteri: His est ille Demosthenes. Quid hoc levius? At quantus orator. Sed apud alios loqui videlicet didicerat, non multum ipse secum.*[3]

§ 359 Pulcelli habitualiter micrologi, leviculique minutiarum sectatores sint illi PYGMAEI HELICONIS, Parnasssique reptilia. Parvulas in his animulas natura tales, numarios poetastros, et hoc genus omne, ridentes suo abundare ingenio iubeamus, hilaresque eo ablegemus ad suas imagines,

Ubi tota cohors pede non est altior uno.[4]

Uni illi dolent, honestamque merentur misericordiam, quos iniuriae

1 Horaz, *A. p.* 222.
2 Vergil, *Georg.* 4, 3–5.
3 Cic., *Tusc.* 5, 103.
4 Juv. 13, 173.

§ 357 Unterdessen möchte ich nicht, daß die absolute Leichtigkeit bei jedem, der schön denken will, getadelt wird. Es kann bisweilen ein wirklich großes Herz und Gemüt, in dem Maße, wie es dasjenige des Vergil ist,

versuchen, ohne Verletzung der Wichtigkeit zu scherzen,

und es kann das bei vergleichungsweise weniger großen und würdigen Dingen tun, die dies dennoch in absoluter Weise sein mögen und daher in der Auslegung durch denselben Verfasser, gemäß § 179, als etwas Leichtes ausgelegt werden können. Hierzu gehört die Einleitung zur Gewinnung von Honig:

Ich will dir das wunderbare Schauspiel einer leichten Welt schildern,
hochherzige Fürsten, der Ordnung nach die Sitten des ganzen Volkes,
seine Beschäftigungen, die Völker und ihre Schlachten.[1]

§ 358 Lassen wir, in diesem Augenblick als Ästhetiker, die Frage nach dem Zustand des Gemüts von Demosthenes unentschieden, den Cicero verdammt und ihn nicht mit irgendeiner gewöhnlichen Marktwaage, sondern mit der Goldwaage bemessen will, die es prüfen mag, wenn er sagt: *Ein wenig leichtfertig sagte mein Freund Demosthenes, er freue sich, wenn er von den wasserholenden Frauen (wie das in Griechenland Sitte ist) die eine der anderen zuflüstere: ›Das ist der berühmte Demosthenes.‹ Gibt es Leichtsinnigeres als das? Aber welch ein Redner war er! Doch offenbar hatte er gelernt, zu anderen zu reden, aber kaum mit sich selbst.*[1]

§ 359 Die nach ihrer Fertigkeit Schönredner und Kleinkrämer sind, und diejenigen, die leichtfertig Kleinigkeiten suchen, sind jene ZWERGE DES HELIKON, Kriechtiere des Parnaß. Von diesen laßt uns den kleinen Seelchen, die von Natur aus solche sind, den käuflichen Dichterlingen und dieser ganzen Gattung die Genehmigung erteilen, lachend von ihrem Geist überzufließen, und laßt sie uns frohgemut dorthin zu ihren Einbildungen entsenden,

wo das ganze Regiment nicht größer als ein Fuß ist.

Allein jene sind zu bemitleiden und verdienen aufrichtige Barmher-

temporum, barabariesque locorum, in quibus vixerunt, saporque depravatas aequalium, vel honoratissimorum, eo compulit, ut animarum sic satis magnarum frivole prodigi vel in nugis ac ineptiis, vel omnino humillimis turpitudinibus, otium tererent, aut conspurcato pectore simul ingenium deturparent.

§ 360 Absolutam, quam huc usque consideravimus, animi, ingenii pectorisque magnitudinem, praesertim eam, quae nonnunquam etiam comparative maximis proportionate tamen pingendis, sine dedecore, pulcre sufficiat, probe contemplanti patebit moralis illa necessitas et pulcrae eruditionis, et morum laudabilium in felici aesthetico, quae nonnunquam doctores artis insigniter pulcrae eo abripuit, ut generatim loquendo regulam constituerent, quae iusto durior aliis est visa, iustoque latior.

§ 361 Conceditur Horatii lex, A. P. 309:

Scribendi recte sapere est et principium et fons.[1]

Quando autem contextum et sequentia conferentes *sapere* heic interpretamur philosophiae practicae practice peritum esse: tum multis iusto plura postulasse videbimur. Pari in culpa censetur esse Cicero, qui *id ponit in primis, sine philosophia non posse effici, quem quaerimus, eloquentem,*[2] seque *fatetur oratorem, si modo sit, non ex rhetorum officinis, sed ex academiae spatiis exsistisse,*[3] tandem *oratorem* describit *virum bonum dicendi peritum.* Nec Quintilianus notam effugiet, qui adhuc expressius: *Non potest esse orator, nisi vir bonus.*[4] *Sit vir talis, qualis vere sapiens appellari possit, nec moribus modo perfectus, sed etiam scientia, et omni facultate dicendi.*[5]

1 Horaz, *A. p.* 309.
2 Cic., *Or.* 14.
3 Ebd., 12.
4 Vgl. Quint. 1, Prooem. 9; vgl. ebd. 12, 1, 1.
5 Vgl. ebd. 1, Prooem. 18.

zigkeit, die das Unrecht der Zeiten und die Barberei der Orte, in denen sie lebten, und der verderbte Geschmack ihresgleichen, selbst der Geehrtesten, so weit trieb, daß sie, auf abgeschmackte Weise verschwenderisch mit ihrem doch genügend großen Gemüt entweder mit Lappalien und wahren Kleinigkeiten oder gänzlich mit allerniedrigsten Häßlichkeiten Müßiggang trieben oder mit besudeltem Herzen zugleich ihren Geist verderbten.[1]

§ 360 Denen, welche die absolute Größe des Gemüts, des Geistes und des Herzens, die wir bisher erwogen haben, wohl betrachten, vor allem diejenige, die bisweilen auch in schöner Weise ausreichen mag, vergleichungsweise Größtes dennoch im richtigen Verhältnis, ohne Unehrenhaftes, auszumalen, wird jene sittliche Notwendigkeit sowohl der schönen Gelehrsamkeit als auch der lobenswerten Sitten bei dem glücklichen Ästhetiker offenbar werden, die bisweilen in auffallender Weise die Lehrmeister der schönen Künste dazu hinriß, daß sie diese ganz allgemein als ein Gesetz aufstellten, das anderen härter und umfassender als recht ist erschienen ist.[1]

§ 361 Wir pflichten dem Gesetz des Horaz bei:

Die richtige Einsicht ist Ursprung und Quelle, um richtig zu schreiben.[1]

Wenn wir aber, indem wir den Zusammenhang dieser Stelle und das, was im Folgenden gesagt wird, berücksichtigen, *Einsicht* hier als in der praktischen Philosophie bewandert sein auslegen: Dann werden wir vielen mehr als recht ist gefordert zu haben scheinen. Man ist der Ansicht, daß Cicero sich dieses Fehlers schuldig macht, der *zunächst feststellt, daß jener Redner, den wir suchen, ohne Philosophie nicht zustande kommen kann*, von sich *bekennt, daß er zum Redner – wenn er denn ein solcher sei – geworden ist nicht in den Lehrstätten der Rhetoren, sondern in den Hallen der Akademie*, und endlich *den Redner* beschreibt als einen *rechtschaffenen Mann, der im Reden gewandt ist.* Auch Quintilian mag dieser Rüge nicht entkommen, der noch ausdrücklicher sagt: *Nur ein wirklich guter Mann kann ein Redner sein. Es soll einer sein, der wahrhaft weise genannt werden kann, und der nicht nur in seinen Sitten, sondern auch in der Wissenschaft und jeder Art der Beredsamkeit vollkommen ist.*

§ 362 Quid autem? Quemadmodum eruditio male simulatur coram eruditis: ita et boni mores coram moratioribus. Quam primum ibi non nihil supinae ignorantiae, hic inconditorum morum sub vulpe latentium pellucet: peracta res est, et ex iudicum maxime competentium sententia turpitudinem turpius tegens condemnaris. Quoniam itaque iam extra dubitationem positum est, nihil pudendae ignorantiae, nihil abiecti plebeiique debere phaenomenon fieri in pulcre cogitandis: primo quaeritur, an dissimulari satis apte possit animus utrinque laevus, deinde difficilius id saltim erit, quam aperto pectore talem et ingenio et moribus te sistere, qualis es, doctorem autem est regulas, quas possunt, facillimas praescribere; tandem, si detur aliquem, ingentem simulandi per habitum, posse virum bonum ita mentiri, ut ne minima quidem in eius cogitandi ratione transpareat mentis animique pravitas, quis vetat, eum virum bonum aesthetice verisimiliterque dicere, donec constet contrarium? §§ 15, 16, 211.

§ 363 Nunc itaque licebit, quam postulavimus, § 45, connatam, exercitiis, § 50, et disciplina, § 63, corroboratam animi magnitudinem determinare paullo curatius absolutam, animum non honestum solum, sed etiam nobilem, § 213, qui consuetudine simul, altera natura, politius vivere noverit, cognitionemque tali virorum bonorum generi ordinariam familiarem etiam sibi facilemque consequutus sit. Hic enim et mores simpliciter honestos et his proportionatam cogitandi rationem exprimere sufficiet, vires suas nonnihil reprimendo, et heroicam vivendi rationem eiusque maiestatem attingere, si volet, et omnes animi nervos in eximia quaedam dignis repraesentanda modis adstringet.

§ 362 Was nun also? Gleichwie Gelehrsamkeit sich schlecht vor Gelehrten vortäuschen läßt, so auch gute Sitten vor Menschen mit besseren Sitten. Sobald dort ein wenig von der rückwärtigen[1] Unwissenheit, hier ein wenig von den ungeregelten, unter der Maske verborgenen Sitten durchscheint, ist die Sache ausgemacht und du wirst, weil du das Häßliche in noch häßlicherer Weise verdeckst, nach dem Urteilspruch der tüchtigsten Richter verbannt. Weil nun also schon außer jedem Zweifel festgestellt ist, daß nichts an verschämter Unwissenheit, nichts Gemeines und Pöbelhaftes im schön zu Denkenden in Erscheinung treten darf, so ist nun zuerst zu fragen, ob ein in beiden Hinsichten genügend linkisches Gemüt sich wohl geschickt genug verstellen kann – was dann wenigstens schwieriger sein wird, als dich mit offenem Herzen, dem Geist und den Sitten als den hinzustellen, der du bist –, doch es ist Sache der Lehrmeister, hier ganz leichte Regeln vorzugeben. Doch endlich, wenn es jemanden gibt, der mit einer gewaltigen Fertigkeit der Verstellung so vorlügen kann, ein guter Mensch zu sein, daß in seiner Denkungsart nicht einmal die geringste Verworfenheit des Geistes und des Gemüts durchscheint – wer mag dann verbieten, ihn in ästhetischer Hinsicht und gemäß der Wahrscheinlichkeit einen guten Menschen zu nennen, solange nicht das Gegenteil erwiesen ist?[2]

§ 363 Es wird nun also freistehen, daß ein nicht allein aufrichtiges, sondern auch edles Gemüt – das zugleich durch die Gewohnheit als seine zweite Natur gelernt hat, kultivierter zu leben, und das auch eine gewohnte, vertraute und mühelose Vorstellung der Gattung guter Menschen erlangt hat – den Wirkungskreis der absoluten Größe seines Gemüts, die wir als angeborene sowie durch Übungen und Lehre verstärkte gefordert haben, ein wenig sorgfältiger bestimmt. Ein solches Gemüt mag nämlich sowohl in der Lage sein, die einfach ehrbaren Sitten und die zu dieser im richtigen Verhältnis stehende Denkungsart auszudrücken, indem es seine Kräfte ein wenig zurückhält, als auch die heroische Lebensart und deren Ehrwürdigkeit zu erreichen, wenn es will und alle Spannkraft seines Gemüts zusammennimmt, um gewisse ausgezeichnete Dinge in würdiger Art und Weise vorzustellen.

SECTIO XXV
MAGNANIMITAS AESTHETICA COMPARATIVA

§ 364 Vera magnitudo animi quoniam tumori non minus, ac humili repentique rationi cogitationum ac vitae inimica est, § 363, tenuia cogitaturum docebit non sua solum sorte contentum esse, si vel ipse simpliciter honestum vitae genus assequi tantum possit, sed et nobilitate morum ac ingenii conspicuum, et ipsos heroas, neque res de themate concipiendas, neque cogitandi modum ac rationem augustius informare, ac res, de qua potissimum agendum est, permiserit. In tenui si fuerit labor, omnis maior nobilitas et heroismus ipse velut exuendus est, ad hoc unum utiles, ut, quo maiores sunt in aliquo, hoc illi facilius sit, ita tenuitatis servare terminos, ne in abiecta et spinas pro myricis deprimatur, vel sinistris avibus intumescat cogitatio, §§ 245, 263.

§ 365 Ad veram et naturalem tenuium magnitudinem exprimendam sufficit quidem ingenium et pectus in pulcris unum ex minimis, neque tamen necessarium est, quoniam, maiora quae possunt, et minoribus apta sunt, suis parcere docta viribus, § 369. Habes novam inter cogitandi genus in aestheticis tenue et meditandi rationes logicas, et concisas, eamque subiectivam differentiam. Potest mens animusque insigniter philosophus, nisi pulcre male contemnat, tenue cogitandi genus exprimere, neque tamen huic satis magna laudi mens omnis ad philosophicam meditandi rationem assurgere. Potuit Leib-

ABSCHNITT XXV DIE ÄSTHETISCHE GROSSMUT IM VERHÄLTNIS BETRACHTET[1]

§ 364 Da nun die wahre Größe des Gemüts dem Schwulst nicht weniger als der niedrigen und kriechenden Art der Gedanken und des Lebens feindlich gegenübersteht, wird sie vielleicht nicht nur demjenigen, der Schlichtes denken will, lehren, mit dem seinen zufrieden zu sein – besonders, wenn er selbst nur der einfach ehrbaren Lebensart nachkommen kann –, sondern sie wird ebenso demjenigen, der sich durch den Adel seiner Sitten und des Geistes auszeichnet, als auch die Heroen lehren, sich weder bei den Dingen, die über ein Thema vorzustellen sind, noch in der Art und Weise des Denkens ehrwürdigere Vorstellungen zu machen, als es die Sache, von der hauptsächlich gehandelt werden muß, erlaubt. Wenn die Arbeit auf der Ebene des Schlichten stattfindet, muß jeder größere Adel und selbst der Heroismus gleichsam abgelegt werden, die allein dazu nützlich sind, daß, je größer sie in jemandem sind, es diesem um so leichter fällt, so die Grenzen des Schlichten aufrechtzuerhalten, daß dieses nicht in das Gemeine und in Dornen, die für Gebüsche gehalten werden, hinabgedrückt wird oder das Denken sich zur Unzeit aufbläht.

§ 365 Um die wahre und natürliche Größe des Schlichten auszudrücken, genügt gewiß ein ganz kleiner Geist und ein ganz kleines auf das Schöne gerichtete Herz, gleichwohl dies nicht notwendig ist, weil ja die Geister und Herzen, die Größeres vermögen, auch der kleineren Dinge fähig sind und das Geschick haben, mit ihren Kräften sparsam umzugehen.[1] Hier hast du einen neuen und als solchen subjektiven Unterschied zwischen der schlichten Denkungsart im Ästhetischen und den logischen und konzisen Arten und Weisen der Überlegung. Es kann ein Geist und ein in ausgezeichneter Weise philosophisches Gemüt, wenn es das Schöne nicht zu Unrecht verachtet, sich in der schlichten Denkungsart ausdrücken, doch es kann nicht jedes in letzterer genügend große, des Lobes werte Gemüt zur philosophischen Art und Weise der Überlegung aufsteigen. Leibniz konnte sich kleine Geschichten ausdenken, aber ein

nitius excogitare fabellas, non potest fabellis unice commodum ingenium ac animus calculum eius differentialem demonstrare.

§ 366 Tenues venas animumque sua tenuitate, sed honeste, contentum ne confundamus cum leviculis Parnassi reptilibus, §§ 356, 359. In ipsis tenuibus quidem elegantiis in cogitando difficilis eiusmodi ingenio erit, quantacunque requiratur, ἔπαρσις, § 235: tantum tamen in pygmaeis Heliconis caput efferet, quantum humo myricae surgunt, §§ 180, 195, solliciteque gravitatis magnanimitatisque, quae datur in aestheticis, absolutae studiosum, S. XXIV, eiusdem comparativae, minimum licet, aliquem tamen gradum tuebitur, §§ 189, 185.

§ 367 Vel tenuibus satis magnus laudabilium aestheticorum animus, et ingenio regitur subtili, licet non sit subtilissimum, § 238, et facetiis illud ac honesta urbanitate condire, dictisque dicendis ac salibus et iocis lubenter assuescit suo tempore, § 237, sed ex vere venustis antiquorum exemplis, non ex illa ridicula recentium quorundam formula, quam et auctoritatibus et rationibus ostendit *Vavassor, de ludicra dictione,*

> *Ire praecipitem in lutum,* § 195, *per caputque pedesque.*[1]

§ 368 Animus solis tenuibus venuste cogitandis aptus et accomodatus facilius, maioribus autem nec impar difficilius, uterque tamen suam operam etiam in id bene locabunt, ne surgant altius, vel cognoscendo vel appetendo, ac sphaera cogitationum ac morum tenuibus definita protenditur, § 364. *Admirabilis in suo genere Theocritus. Sed Musa illa rustica et pastoralis non forum modo, verum ipsam etiam urbem reformidat*, Quint. X 1,[2] ita, ut pari cum incommodo forum, et

1 Catull 17, 9.
2 Quint. 10, 1, 55.

Geist und Gemüt, das einzig zu kleinen Geschichten geschickt ist, kann nicht den Erweis von Leibniz' Differentialkalkül erbringen.[2]

§ 366 Laßt uns die schlichten geistigen Anlagen und das mit seiner Schlichtheit, aber auf ehrliche Art, zufriedene Gemüt nicht mit den leichtfertigen Kriechtieren des Parnaß verwirren. Gewiß wird selbst im Denken der schlichten Feinheiten für einen so beschaffenen Geist ein Aufschwung, in so unbedeutendem Maß auch immer er verlangt sein mag, schwierig sein: Dennoch wird er den Kopf so weit über die Zwerge des Helikon erheben, wie die Tamarisken den Boden überragen, und wenn er eifrig nach der absoluten Wichtigkeit und Großmut strebt, die im Ästhetischen erlaubt ist, wird er dieselbe, wenn man sie vergleichungsweise betrachtet, wenn auch vielleicht nur in einem sehr kleinen Maß, dennoch in einem gewissen Grad erhalten.

§ 367 Es gewöhnt sich sogar ein für schlichte, aber lobenswerte ästhetische Dinge genügend großes Gemüt, das von einem feinen Geist geleitet wird – wenngleich dieser nicht zu fein sein darf –, daran, das Schlichte mit anmutigen Einfällen und ehrlicher Weltläufigkeit zu würzen und zu seiner Zeit mit Redeweisen, feinem Witz und mit Scherzen, aber durch wahrhaft anmutige Beispiele aus der Antike, nicht mithilfe jener lächerlichen Formel gewisser neuerer Schriftsteller, die Vavassor in *De ludicra dictione* unter Angabe von vielen Autoritäten und Gründen darstellt,[1] so

daß man vornüber von Kopf bis Fuß in die Schlammflut fällt.[2]

§ 368 Das allein für das Denken schlichter Dinge geeignete und auf diese angelegte Gemüt, aber auch dasjenige, das Größerem gewachsen ist, werden – das erstere leichter, das letztere mit größeren Schwierigkeiten – dennoch beide ihr Bemühen in rechter Weise darauf richten, sich weder im Erkennen noch im Begehren über den bestimmten Kreis, innerhalb dessen sich im Schlichten die Gedanken und Sitten erstrecken, hinaus zu erheben. *Bewundernswert in seiner Dichtart ist Theokrit, aber seine ländliche Hirtenmuse scheut nicht nur vor dem Forum, sondern gar vor der Großstadt überhaupt zurück*, so

urbem etiam, ea cogitandi ratione, qua Theocritus usus est, cogitare fingeres, et bucolica ex ea notitiarum votorumque sphaera describeres, qua gaudere solent in urbe, immo in ipso foro nutriti, ac versantes assidue.

§ 369 Recte Servius eundem *Theocritum* laudat *ubique simplicem, personas* addens *in bucolicis esse rusticas et simplicitate gaudentes,* § 213, scilicet *a quibus nihil altum, nihil urbanum, nihil declamatorium. Virgilii figuras aliquas necessitate excusat.*[1] Falli tamen, qui ornatus omnes, figuras omnes ideo vitare iubent tenuibus proportionate cogitaturum, § 237, vel ipsum Theocriti probet exemplum, in quo sane, si quis unquam, positivum etiam ἦθος βουκολικόν, § 194, tuetur. Id. I 76:

Ἀδεῖ' ἁ φωνὰ τᾶς πόρτιος, ἁδὺ τὸ πνεῦμα,
Ἀδὺ δὲ χὠ μόσχος γαρύεται, ἁδὺ δὲ χὰ βῶς,
Ἀδὺ δὲ[2] κ. τ. λ.,

et tamen habet ornatum, figuram, anaphoram, §§ 343, 345. Quot idem plenus est comparationibus bene agrestibus, figuris tamen!

§ 370 Hanc extenuationem virium et parsimoniam in eclogis, § 368, adeo strenue servasse dicunt Virgilium, ut duas tantum sententias habeat in omnibus, et simul sumtis, quarum una tamen non effugit criticorum severitatem, ac si iusto maior esset in ore pastoris. Quos falli docet ipsa:

Trahit sua quemque voluptas.[3]

Cur enim non aliquem pastorum sua sententiarum voluptas traheret, quos Aristoteles generatim γνωμοτύπους dicit, congruente Cervantis Sanchone Pansa mirabiliter?

1 Vgl. Servius, *In Verg. Bucolica,* Prooem.
2 Theokr., *Bucolica* 8, 76 und 78; 9, 7.
3 Vergil., *Ekl.* 2, 65.

daß du dich in der gleichen Ungemächlichkeit befändest, wenn du vor dem Forum oder in der Stadt in derjenigen Art und Weise, die Theokrit gebrauchte, dächtest, oder wenn du Bukolisches gemäß dem Kreis der Kenntnisse und Wünsche beschriebest, in dem sich diejenigen, die in der Stadt, ja sogar im Forum selbst aufgewachsen sind, zu vergnügen pflegen und sich beständig dort aufhalten.

§ 369 Richtig lobt Servius ebenden *Theokrit, überall einfach zu sein,* und fügt hinzu, *daß die Personen in bukolischen Dichtungen bäuerlich sind und sich ihrer Einfachheit erfreuen* und *daß von ihnen* freilich *nichts Hohes, nichts Weltläufiges und keine schulmäßigen Reden* erwartet werden können. *Gewisse Figuren bei Vergil rechtfertigt er mit der Notwendigkeit.* Dennoch irren diejenigen, die deswegen demjenigen, der dem Schlichten angemessen denken will, jeden Schmuck und alle Figuren zu vermeiden vorschreiben, wie sogar ein ebensolches Beispiel aus Theokrit zeigen mag, in dem er allerdings wie kein anderer auch die positiven bukolischen Sitten bewahrt:

> *Lieblich ist die Stimme des Kalbs und lieblich sein Atem,*
> *lieblich läßt sich das Kalb und lieblich die Kuh vernehmen,*
> *lieblich* usw.[1]

Und dennoch gebraucht er Schmuck, eine Figur, die Anapher. Wie voll sind seine Dichtungen von durchaus ländlichen Vergleichungen, die dennoch Figuren sind!

§ 370 Man sagt, daß Vergil in seinen *Eklogen* so entschlossen von dieser Verminderung der Kräfte und Sparsamkeit Gebrauch gemacht habe, daß er in ihnen insgesamt nur zwei Sinnsprüche anbringt, von denen einer dennoch nicht der Strenge der Richter entgeht, weil er mehr Größe als recht sei im Mund eines Hirten habe. Daß sie sich irren, lehrt der Sinnspruch selbst:

> *Einen jeden zieht an, wonach sein Herz steht.*

Warum nämlich sollte sich nicht irgendein Hirte von seiner Lust an Sinnsprüchen hinreißen lassen – einer von denen, die Aristoteles im allgemeinen Sentenzenschmiede nennt –,[1] in wunderbarer Übereinstimmung mit dem Sancho Pansa des Cervantes?[2]

§ 371 Equidem non sententias solum, sed et bene multa alia phaenomena, quae figurarum habent apud rhetores nomina, in vulgaribus maxime hominum in honestis infimorum sermocinationibus observavi, mecumque plures, quae figuras non nominamus, quia non sunt pulcrae cogitationis partes, et circumstantibus neglectis turpiusculisque sic obscurantur, ut in iisdem peculiaris non detegatur elegantia, casui potius imputentur, instar flosculorum in pratis et ad trivia sponte nascentium, § 26. Quod tamen ideo monetur, ut hoc certius persuadeamur non peccare in verisimilitudinem ἤθους, si quis tenuibus etiam, quasi aliud agendo, non quaesitos, obvios tamen immiscet ornatus eiusmodi, qui possunt figurarum tritis nominibus insigniri, nec ideo talem sua tenuitatis sphaeram transcendere, § 368. *Et Terentius servis dat plerumque prudentissimas sententias quidem, sed quae se per naturam offerunt cunctis: ut: Ne quid nimis*, Servius ad Aen. X.[1]

§ 372 Singulare documentum animi magni in tenuibus est quaedam eruditionis abnegatio, si data opera maioris ingenii, cognitionis, ac animi vir tenuia tamen expressurus, ne verisimilitudinem laedat, in eius persona, quem simulat, errorem committit. Huc post Theocritum, Virgilius in exemplum vocatur, quando scribit

I) *Amphion Dircaeus in Actaeo Aracyntho*,[2]

Actaeumque Atticum interpretantur, non ac si Aracynthus fuerit in Attica, sed quasi simularit Virgilius pastoris ignorantiam geographicam:

II) *Pars Scythiam et rapidum Cretae veniemus Oaxen*,[3]

nec constructiones de populis, terris, fluviis, ad quos veniamus, con-

1 Servius, *In Verg. Aen.* 10, 861.
2 Vergil, *Ekl.* 2, 24.
3 Ebd. 1, 65.

§ 371 In der Tat habe ich nicht allein Sinnsprüche, sondern sehr wohl auch viele andere Erscheinungen, die bei den Rhetoren den Namen von Figuren haben, in den gewöhnlichen Plaudereien von Menschen auf der bei weitem niedrigsten Stufe des Ehrbaren beobachtet, und auch bei mir viele, die wir nicht Figuren nennen, weil sie nicht Teil des schönen Denkens sind, und weil sie durch nachlässige und unschönere Umstände so verdunkelt werden, daß in denselben die ihnen eigentümliche Anmut nicht entdeckt wird und sie eher dem Zufall zugerechnet werden, gleich den Blümchen, die von selbst auf den Wiesen und an den Straßen wachsen. Was dies jedoch zu bedenken gibt, ist, daß wir um so sicherer davon überzeugt werden, keinen Fehler in der Wahrscheinlichkeit der Sitten zu machen, wenn man auch in das Schlichte, gleichsam als ob man unachtsam wäre, solche nicht gesuchten, aber offenbaren Ausschmückungen hineinmischt, die mit den gebräuchlichen Namen der Figuren bezeichnet werden können, ohne daß man dadurch den der Schlichtheit eigenen Kreis übersteigt. *Auch Terenz legt den Sklaven gewiß überaus kluge Sinnsprüche in den Mund, aber solche, die sich ihrer Natur nach aller Welt anbieten, wie: ›Nichts ist nie zuviel‹.*

§ 372 Ein einzigartiger Beweis eines großen Gemüts in schlichten Dingen ist eine gewisse Verleugnung der eigenen Gelehrsamkeit, wenn ein Mann von größerem Geist, größerer Erkenntnis und größerem Gemüt in einem gegebenen Werk dennoch schlichte Dinge ausdrücken will und, um die Wahrscheinlichkeit nicht zu verletzen, die Person dessen, den er darstellt, einen Fehler machen läßt. Hier ist nach Theokrit Vergil als Beispiel anzuführen, wenn er schreibt:

I) *Der dircaeische Amphion auf dem attischen Aracynthus.*[1]

Und zwar wird hier ›aktäisch‹ als ›attisch‹ ausgelegt, nicht weil der Aracynth tatsächlich in Attika lag, sondern weil Vergil gleichsam die geographische Unkenntnis des Hirten darstellen wollte. Im nächsten Beispiel,

II) *Teils nach Skythien und zum reißenden Oaxes auf Kreta,*[2]

wendet er nicht die gewohnte Verbindung von Völkern, Ländern

suetas adhibet, nec Cretae flumen adscribit, quod habeat, quoniam Oaxen hi quaerunt in Scythia, illi in Mesopotamia. Quos penes vere sit, nosse pastori licet cum ignarissimis.

§ 373 Quam Longinus S. XLIV forsan animi sui sententiam philosophi, nescio cuius, quem loquentem ab initio fingit, ex persona prodens principem caussam indicat, cur suis temporibus sit universalis adeo sublimium et magnificorum ingeniorum penuria, servitutem, die dimidium virtutis auferentem: ea, si vel plenaria fuerit, praecordiis in libertate maiora ausuris tantum saltim relinquit magnitudinis relativae, quantum ad tenuia pulcre cogitanda satis est.

Servitus obnoxia,
Quia, quae volebat, non audebat dicere,
Affectus proprios in fabellas transtulit,
Calumniamque fictis elusit iocis, Phaedr. l. III.[1]

Quam apologorum genesin egregie confirmat, prima superstitum, Iothami fabula de arboribus regem quaerentibus, licet adhuc maius aliquid et sublimius applicando spirans, ac seriores mancipiorum ac libertorum fabellae aesopicae.

§ 374 Magnitudo animi relative minima, vel potentialis etiam tantum, vel saltim actualis in elaborandis tenuibus nunc occupatorum est ingenium ac propensio simpliciter honestam vivendi rationem modumque cogitandi huic congruentem, et negative, et positive, sequi aptum et cupida, §§ 213, 214, obiecta non mediae solum, sed et maximae mensurae capacia simul, ex lateribus suis, absolute quidem magnis et dignis, horum tamen minoribus, contuenda sistere, § 215, βάθους, § 217, et primum, § 221, et secundum genus, § 245, tumoris,

1 Phaedr. 3, Prol. 34–36.

und Flüssen an, zu denen wir tatsächlich gelangen könnten, und er schreibt Kreta einen Fluß zu, den es nicht hat, da ja die einen den Oaxes in Skythien suchen, die anderen in Mesopotamien. Wer davon recht hat, kann der Hirte, wie alle, die überaus wenige Kenntnisse besitzen, nicht wissen.

§ 373 Wenn Longin etwa nach Meinung des – ich weiß nicht, welchen – Philosophen, den er eingangs als den Fragenden erdichtet, in dessen Rolle als Hauptursache, warum in seinen Zeiten ein so allgemeiner Mangel an erhabenen und großartigen Geistern bestehe, die Knechtschaft angibt, die jeden Tag die Hälfte der Tugend raube:[1] So läßt diese doch, auch wenn sie womöglich vollständig war, den Herzen, die in Freiheit Größeres gewagt hätten, wenigstens so viel von der relativen Größe übrig, wie sie für schlichte schön zu denkende Dinge genügt.

Der unterwürfige Sklavenstand,
der, was er mochte, nicht zu sagen wagte,
barg seines Herzens Meinung in die Fabel
und wich der Anklage aus mit Erdichtungen und Scherzen.

Diese Entstehung der allegorischen Erzählungen bestätigt in vortrefflicher Weise die älteste der erhaltenen Fabeln, die von Jotham über die Bäume, die sich einen König suchten,[2] wenngleich sie in ihrer Anwendung etwas Größeres und Erhabeneres verströmt als die späteren kleinen aesopischen Fabeln von Sklaven und Freigelassenen.

§ 374 Die relativ kleinste Größe des Gemüts, entweder die nur mögliche oder, jedenfalls bei denen, die mit der Ausarbeitung schlichter Dinge beschäftigt sind, die wirkliche, ist ein Geist, der geschickt ist, der einfach ehrbaren Lebensart und der dieser entsprechenden Denkweise zu folgen, und eine Neigung, diese zu begehren – sowohl in negativer wie in positiver Weise. Ein solcher Geist, eine solche Neigung vermag es, strebt danach und pflegt es, nicht allein mittlere Gegenstände, sondern auch solche, die zugleich des größten Maßes fähig sind, die aber von ihren – in absoluter Weise gewiß großen und würdigen – kleineren Seiten zu betrachten sind, hinzu-

§ 217, et primum, § 222, et secundum genus, § 263, effugere potest, tendit et fovet.

§ 375 Eadem adeo genus cogitandi satis absolute magnum, praesertim absolute dignum, § 223, exhibere, vile de abiectis, § 224, vel etiam de tenuibus cogitandi genus, § 262, cavere, quaerere genus cogitandi absolute moratum, ut latius, § 226, ita strictius, § 228, male moratum utrumque vitare, § 228, gradus etiam et intercapedines in ipsis tenuibus belle metiri, § 233, data occasione inter βωμολογία, scurrilitatem omni modo risui inhiantem, et ἀργοικίαν, feritatem omnibus naturaliter asperi, medium tenere, quod εὐτραπελίας aliquando nomine significatur,[1] *in ludo iocisque concinne se et decenter gerentium,* et amat, et potest, § 237.

§ 376 Εὐτραπελίας mentionem iniicere non possum, quin veniat forsan aliquibus eius in mentem, quod Eph. V 4, illa omnino Christianis prohibita censeatur. Non inquiram heic in id, an omnia per fidem sanctissimam illicita possint etiam, ut vetita, considerari per solas aesthetices regulas philosophicas: dabo modo obiter interpretationem loci, quam ego verissimam habeo: *Ne audiatur quidem inter vos turpitudo et obscenitas, nec morologia.*[2] Si autem quaeratis, quid morologias amplectar titulo, est illa εὐτραπελία (κατὰ) τὰ οὐκ ἀνήκοντα,[3] *omnis illa cogitandi agendique ratio, quam urbanitatis festivitatisque titulis tegunt, quae vere tamen decoro, eoque Christiano, contraria est,* § 212.

§ 377 Difficillimum utique vel psychologice tantum rem considerantibus haberi debet, ita ingenium deliberato consilio versatile red-

1 Vgl. Arist., *Nik. Eth.* 1108a23–26.
2 Paulus, *Eph.* 5, 3 f.
3 Vgl. Paulus, *Eph.* 5, 4.

stellen und dem Kriechenden, sowohl der ersten wie der zweiten Gattung, und dem Schwulst, sowohl der ersten wie der zweiten Gattung, zu entkommen.

§ 375 Dieselbe kleinste Größe des Gemüts liebt es sowohl und vermag es auch, sogar eine in absoluter Weise genügend große und insbesondere eine genügend würdige Denkungsart aufzuzeigen, sich vor der geringschätzigen Denkungsart über gemeine oder auch über schlichte Dinge zu hüten, die sowohl im weiteren als auch im engeren Sinne absolut gesittete Denkungsart zu verfolgen, in beiden Hinsichten die schlecht gesittete Denkungsart zu meiden, auch den Grad und die Unterbrechungen bei den schlichten Dingen selbst auf schöne Weise zu bemessen und bei gegebener Gelegenheit zwischen der ›Possenreißerei‹, einer Spaßmacherei, die in jeder Weise nach Gelächter schnappt, und der ›Rohheit‹, der Wildheit derjenigen, die von Natur aus barsch sind, die Mitte zu halten, was bisweilen mit dem Namen der ›Artigkeit‹ bezeichnet wird, *derjenigen, die sich im Spiel und in den Scherzen gefällig und geziemend betragen.*[1]

§ 376 Ich kann hier nicht eine Erwähnung der ›Artigkeit‹ einfließen lassen, ohne daß vielleicht nicht manchen das in den Sinn kommt, was im Brief an die *Epheser* gesagt wird, wo jene als den Christen gänzlich verboten beurteilt wird. Ich werde hier nicht die Frage untersuchen, ob alle für den heiligsten Glauben unerlaubten Dinge auch allein nach den philosophischen Regeln der Ästhetik als verboten betrachtet werden mögen. Ich werde nur nebenbei die Auslegung der Stelle wiedergeben, die ich für die wahrste halte: *Lasset nicht von euch hören schandbare Worte und Narreteidinge oder Scherze.* Wenn ihr aber fragt, was der Titel ›scherzhaftes Reden‹ einschließt,[1] dann meint er jenes ›Scherzen über unbotmäßige Dinge‹, *all jene Arten und Weisen zu denken und zu handeln, die den Titel der Weltläufigkeit und der vollkommeneren Höflichkeit tragen, aber dennoch in Wahrheit der Wohlanständigkeit, insbesondere der Christlichen, widersprechen.*[2]

§ 377 Überaus schwierig muß es durchaus auch denjenigen erscheinen, welche die Sache nur von der psychologischen Seite betrach-

dere, moresque toties amabiliter variare, semper tamen rectos et vere bellos, ut

omnis te deceat color, et status, et res,[1]

neque naufragium facias unquam in scopulos dicacium, obscenitatem, maledicentiam, vel omnino rerum caelestium profanationem, nec dictum tuum ullum, ullum ridiculum, suasore Cicerone, vel sit nimis frequens, quia scurrae hoc est, vel subobscenum, quia est mimi, vel petulans, quia improbi hominis, nec in calamitosos, quia inhumanum, nec in facinorosos, quia leve id supplicium, neque quaesitum et domo allatum, quia frigidum, nec fere ad lacessendum, quia respondetur & ingeniosius et humanius, nec in caros vel nostros, vel multorum, quia odiosum, nec in potentes et dignitate praeditos, quia praeter debitam venerationem et observantiam, nec atrox et contumeliosius in quenquam, quia insanabile.

§ 378 Eidem Ciceroni De off. I *facilis est distinctio ingenui (elegantis, urbani, ingeniosi, faceti) et illiberalis ioci.* Prior *tempore fit ac remisso animo libero dignus,*[2] eique *sicut incipiendi ratio est, ita desinendi modus.*[3] Verum sit facilis in theoria et in abstracto, quod aiunt, facilis sit in multis, ex una parte liberalioribus, ex altera ad infimam humilitatem et faecem vergentibus, instar plumbi, sit facilis animo sereno, quieto, lente festinanti, extraque teli iactum immo extra ipsas partes posito, velut iudex litem suam non faciens. Disparebit tamen facilitas, si iam iamque dictum dicturus, quod subito occurrens iam in

1 Vgl. Horaz, *Ep.* 1, 17, 23.
2 Vgl. Cic., *De off.* 1, 104.
3 Ebd. 1, 135.

ten, den Geist aus bedachtem Entschluß so beweglich zu machen, und die – immer gehörigen und wahrhaft schönen – Sitten ebenso oft auf liebenswürdige Weise zu verändern, daß

dir jede Lebenslage, jeder Platz und jeder Besitz gut zu Gesicht steht

und daß du niemals Schiffbruch erleidest an den Klippen der Witzbolde, an der Unzüchtigkeit und am boshaften Reden oder gar an der Entweihung der himmlischen Dinge, und daß, wie Cicero anrät, nicht irgendein Ausspruch von dir, irgend etwas Scherzhaftes entweder zu häufig vorkommt, weil dies einem Possenreißer, oder ins Schmutzige fällt, weil dies einem niedrigen Mimen, oder frevelhaft ist, weil dies unlauteren Menschen entsprechen würde, und weder gegen die Unglücklichen gerichtet ist, weil dies unmenschlich wäre,[1] noch gegen die Lasterhaften, weil dies für sie eine leichte Bestrafung bedeuten würde, und nicht gesucht und schulmäßig, weil dies frostig wäre, und nicht herausfordernd, weil dem sowohl geistreicher als auch menschlicher geantwortet würde, und weder gegen von uns oder von vielen anderen wertgeschätzte Menschen, weil dies hassenswert wäre, noch gegen die Mächtigen und mit Würde Ausgezeichneten, weil dies jenseits der ihnen schuldigen Verehrung und Achtung liegen würde, noch scheußlich und schmachvoll gegen irgend jemanden, weil dies unverzeihlich wäre.

§ 378 Ebenso ist für Cicero *die Unterscheidung leicht zwischen offenherzigem (feinem, weltläufigem, geistreichem, witzigem) und gemeinem Scherz.* Der erste sei *zur rechten Zeit gemacht und in gelöster Stimmung auch eines vornehmen Geistes würdig*, und *wie es* diesem *einen Anlaß zum Beginnen gebe, so auch ein Maß zum Aufhören.* Doch diese Unterscheidung mag leicht sein – wie man sagt – in der Theorie und abgesondert betrachtet, leicht mag sie für viele sein, auf der einen Seite für die Vornehmeren, auf der anderen Seite für diejenigen, die sich zur niedrigsten Niedrigkeit und zum Bodensatz gleichsam wie Blei hinuntersenken, leicht mag sie sein für ein heiteres und ruhiges Gemüt, das langsam vorgeht und sich außerhalb der Schußweite derselben, ja vielmehr außerhalb dieser beiden Seiten selbst befindet, wie ein Richter, der den Streit nicht zu seinem eigenen macht. Doch die Leichtigkeit wird verschwinden, wenn in eben dem Mo-

primo ore habeas, citissime transitura opportunitate, concipiaris, quod honesti maleque morati

circa confinia ludat,

nonnihil animo commotior, et in quendam iocandi velut ἐνθουσιασμόν delatus, S. V, vel si dictum examines alterius te vel ipsum, vel tuos petentis, vel a quo certe timeas e. c.

§ 379 Secundum nos iudicaturum reor, qui porro perpenderit, an exempla iocorum elegantium ab ipso Cicerone generatim dicta l. c. sint ea vere omnia. 1) *Plautus noster,* § 262, de quo tamen denuo generatim et indefinite Horatius A. P. 270:

At vestri proavi Plautinos et numeros, et
Laudavere sales, nimium patienter utrumque
Ne dicam stulte, mirati, si modo ego et vos
Scimus inurbanum lepido seiungere dicto.[1]

2) *Atticorum antiqua comoedia,* cuius tamen, auctore Horatio l. c. 282, dicacitatis vitio reprimendo lege opus fuit.

Lex est accepta, chorusque
Turpiter obticuit, sublato iure nocendi.[2]

3) *Philosophi Socratici,* quorum tamen ipse dux, ab oraculo sapientissimus mortalium declaratus effugere non potuit, quin, referente ipso Cicerone, a Zenone Stoico *scurra Atticus* nominaretur.[3] Addamus, velut argumentum ad hominem, et eorum dictum, qui Ciceronem hunc ipsum *scurram consularem* salutarunt iniuria, praeeuntem sequuti Catonem, quando ille subridens aliquando: *Quam ridiculum,* inquit de Cicerone loquens, *habemus consulem.*

[1] Horaz, *A. p.* 270–273.
[2] Ebd. 283 f.
[3] Cic., *De nat. deor.* 1, 93.

ment, in dem du deinen Spruch sagen willst, der dir als plötzlicher Einfall schon auf der Zunge liegt, und die Gelegenheit dazu schnellstens verfliegt, dir etwas in den Sinn kommt, das

> *nahe an den Grenzen* des ehrbaren und des schlecht Gesitteten *herumtändelt*,

und du erregter und gleichsam einem gewissen Enthusiasmus zum Scherzen verfallen bist, oder wenn du den Ausspruch eines anderen gegen dich oder die Deinen genauer betrachtest, oder wenn er von jemandem kommt, den du gewiß fürchten magst usw.[1]

§ 379 Wie wir wird, denke ich, derjenige urteilen, der fernerhin untersucht hat, ob die Beispiele von anmutigen Scherzen, die von Cicero[1] allgemein so genannt werden, alle wahrhaft solche sein mögen. Nämlich: 1) *Unser Plautus*, über den jedoch wiederum Horaz allgemein und unbestimmt sagt:

> *Doch eure Urgroßväter lobten die Rhythmen des Plautus*
> *und seine Witze, bewunderten beides allzu geduldig*
> *– um nicht einfältig zu sagen –, wofern wir, ich und ihr,*
> *zwischen geschmacklosem Witz und spritzigem zu unterscheiden verstehen.*[2]

2) *Die alte Komödie der Attiker*,[3] für deren beißenden Witz aber nach dem Bericht des Horaz ein diesen Fehler unterbindendes Gesetz nötig wurde:

> *Man nahm das Gesetz an und es verstummte der Chor,*
> *als das Recht ihm genommen war, schimpflich zu schaden.*[4]

3) *Die sokratischen Philosophen*,[5] deren Führer selbst jedoch, vom Orakel zum weisesten aller Sterblichen erklärt, dem nicht entgehen konnte, daß er, wie Cicero selbst berichtet, von dem Stoiker Zenon ein *attischer Hanswurst* genannt wurde. Fügen wir, sozusagen als *argumentum ad hominem*, den Ausspruch derjenigen hinzu, die Cicero selbst mit der Beleidigung *konsularischer Witzbold* titulierten und hierin dem Cato folgten, der schon vor ihnen einmal, indem er mit einem Lachen über Cicero sprach, sagte: *Was haben wir für einen witzigen Konsul.*[6]

§ 380 Quorsum autem ista? §§ 377–379. Ut non assentiamur solum Ciceroni, quando ille l.c.: *Turpe est,* ait, *valdeque vitiosum in re severa convivii dicta, aut delicatum inferre sermonem:*[1] sed in ipsis tenuibus et remissius suo quodam merito cogitandis εὐχαριστίαν malimus, ex sanctissimo consilio, comitatem et gratiam affabilem, non sine sale, sectari, quam aut μωρολογίας valde suspectam, aut periculis undique septam εὐτραπελίαν, eo cautiores, quo certius

Risu est inepto res ineptior nulla,[2] §§ 376, 191.

§ 381 Eo promtius natio solatium inveniet, cuius forte genius aptus quidem et tenuibus cum dignitate quadam excogitandis et ipsis iocis ac dictis cum lepore iaciendis est, gracilitate tamen et sublimitate nescio qua, per quam amabili, vinci dicitur a vicinis aliquibus, quoniam ingenia pulcra soli huic characteri forsan nata plura si numeret gens quaedam in civibus suis, mirum non est, ea si artem, quam solam possunt assequi, colunt felicius, ac vicini, quorum et altius surgere plura gravioresque simul personas induere valent et desiderant ingenia ac praecordiorum ingentes impetus, § 249. His enim

facilis iactura iocorum est.[3]

§ 382 Magnum satis ad tenuia proportionate cogitanda pectus ac ingenium, et potest, et ardet hoc magis pura a sordibus et rerum et significationis eloquutionisve sua et intaminata servare, quo se me-

1 Cic., *De off.* 1, 144.
2 Catull 39, 16.
3 Vgl. Vergil, *Aen.* 2, 646.

§ 380 Wozu aber all das? Damit wir nicht allein dann Cicero beipflichten, wenn er ebendort sagt: *Schändlich ist es und ein gar arger Mißgriff, bei einem ernsten Sachverhalt zu einem Gelage passende Worte oder einen frivolen Ton einzuführen.* Sondern auch bei schlichten Dingen und denen, die gewissermaßen aufgrund ihrer selbst heiterer gedacht werden müssen, wollen wir, nach heiligstem Ratschlag, lieber nach der ›Liebenswürdigkeit‹ trachten, nach der Freundlichkeit und – nicht ohne Witz – der leutseligen Wohlgefälligkeit als entweder nach den so sehr verdächtigen ›Scherzen‹[1] oder der von allen Seiten mit Gefahren umgebenen ›Artigkeit‹[2] – und dies um so behutsamer, je gewisser uns ist, daß

nichts so unpassend ist wie Lachen im falschen Augenblick.

§ 381 Desto schneller wird ein Volk Trost finden, dessen Genius vielleicht gewiß fähig ist, sich sowohl schlichte Dinge mit einer gewissen Würde auszudenken als auch selbst Scherze und Sprüche mit Anmut verlauten zu lassen, von dem aber dennoch gesagt wird, daß es in was weiß ich für einer überaus liebenswürdigen Zierlichkeit und Feinheit von irgendwelchen Nachbarn[1] übertroffen wird: Weil ja, wenn ein gewisses Volk unter seine Bürger viele, vielleicht nur für diesen Charakter geschaffene schöne Geister zählt, es nicht verwunderlich ist, wenn diese die Kunst, der sie als einzige nachzukommen vermögen, mit mehr Erfolg pflegen als Nachbarn, deren Geister und von gewaltiger Begeisterung getragene Herzen höher hinaufzusteigen und zugleich in mehrere und ernstere Rollen zu schlüpfen sowohl vermögen als auch begehren.[2] Für letztere nämlich

ist es leicht, der Scherze zu entbehren.

§ 382 Ein Herz sowie ein Geist, der genügend groß ist, schlichte Dinge in angemessener Weise zu denken, vermag es und trachtet begierig danach, um so mehr das Seine rein und unbefleckt von einem schmutzigen Filz sowohl der Sachen als auch der Bezeichnung oder des Ausdrucks zu halten, je mehr er sich erinnert, dem niederen Volk näher zu sein und um wieviel leichter er sich daher im Gemenge des Haufens verstricken könnte, wovor er jedoch nicht

minit plebi vicinius, quo hinc facilius posset turbae involvi, quam tamen non minus abhorret, ac illud sublime:

Odi profanum vulgus et arceo,[1] § 243.

Idem in absolute magnis vel minimus, vel nunc saltim, ac unum ex minimis, se gerens animus, non sectatur paradoxa honestis tantum non omnibus ex simpliciori vivendi formula, sed satagit rerum suarum, si iisdem probare sua, si iisdem sine salebris ac spinis mentem evidenter declarare, si potest eosdem eius certiores reddere, quod persuadere volebat bonis, idque sine ambagibus, quas pauci capiant aequalium, § 244.

§ 383 Magnus in tenuibus laborans eleganter animus mavult aliquam siccitatem, quam tumidis vel inanibus emboliis lascivire, gnarus odiosam esse circensibus pompam, §§ 381, 284, exilitatem quandam, § 249, praeferet lutulento cuius flumini, quale Lucilii, si

in hora saepe ducentos,
Ut magnum, versus dictabat stans pede in uno,[2]

aridum autem, § 255, exsangue, § 258, et ieiunum cogitandi genus, § 259, aeque abhorrebit, ac frivolum, § 261, omnia denique cogitabit, volet, aget, ex veteri prudentum formula: *Uti bene inter bonos agier convenit.*[3]

§ 384 Magnitudinem animi aestheticam huc usque saepius descriptam relativam ad tenuia si placeret brevius SIMPLICEM AESTHETICORUM HONESTATEM appellare: mediis rebus medioque cogitandi generi vel tantum sufficientem, vel ad hoc tamen unice iam requisitam NOBILITATEM ANIMI AESTHETICAM dicere liceret, gravitatem et magnanimitatem materiem aliquam mediam in exae-

1 HORAZ, *Carm.* 3, 1, 1.
2 HORAZ, *Serm.* 1, 4, 9 f.
3 CIC., *Top.* 17, 66.

weniger zurückschreckt als es in jenem erhabenen Vers ausgedrückt wird:

Abhold bin ich dem gemeinen Volk, ich halt es fern.

Dasselbe Gemüt, das in absolut großen Dingen entweder ein ganz kleines ist oder sich wenigstens im Augenblick wie eines von den kleinsten verhält, möge nicht den Widersinnigkeiten, die für beinahe alle ehrbaren Menschen solche sind und die sich aus den Maßstäben der einfacheren Lebensart ergeben, folgen, sondern sich mit seinen eigenen Angelegenheiten beschäftigen,[1] wenn es guten Menschen das seine beweisen, ihnen ohne Holprigkeiten und Dornen seine Meinung klar vor Augen stellen und sie dessen gewisser machen kann, von was es sie überreden wollte – und all dies ohne Umschweife, die nur wenige von seinesgleichen verstehen würden.

§ 383 Ein großes Gemüt, das sich auf anmutige Weise mit schlichten Dingen beschäftigt, will lieber Trockenheit als in schwülstigen und leeren Zwischenspielen seinen Mutwillen treiben, wohlwissend, daß die übertriebene Pracht der Zirkusse hassenswert ist, und es zieht eine gewisse Dürftigkeit jedem verschlammten Fuß vor, wie demjenigen des Lucilius, wenn dieser

öfters zweihundert Verse
wie etwas Großes, diktiert hat, gestützt nur auf einen der Füße.[1]

Auch wird ein solches Gemüt die fade, leblose, und nüchterne Denkungsart ebenso verabscheuen wie die kindische[2] und wird endlich alles gemäß der alten Klugheitsregel denken, wollen und tun, die besagt, *daß es ratsam ist, unter guten Menschen gut zu handeln.*

§ 384 Wenn es gefallen sollte, die bis jetzt mehrfach beschriebene ästhetische Größe des Gemüts in Beziehung auf schlichte Dinge kürzer die EINFACHE EHRBARKEIT DER ÄSTHETIKER zu nennen, dann mag es erlaubt sein, diejenige Größe, die mittleren Dingen und der mittleren Denkungsart entweder bloß genügt oder vielmehr hierzu einzig erfordert wird, den ÄSTHETISCHEN ADEL DES GEMÜTS zu nennen, die Gewichtigkeit und die Großmut, irgendeinen mittleren Stoff in einer den Gedanken gleichkom-

quante cogitationum e digna magnitudine venuste sistendi ob oculos, § 189.

§ 385 In hac concipienda neutiquam excludo *nobilitatem* generis, quam alicubi *blandam* Cicero *conciliatriculam* dicit *opinioni hominum* non parum *commendantem,*[1] eum tamen ingenii pectorisque tum naturalem habitum, tum vero statum praesentem et exsistentem cogitari volo, quem nobili loco natus amplectatur,

Ni coram Lepidis male vivitur, alea pernox
Ante Numantinos nisi luditur, Iuv., Sat. VIII,[2]

si potius animus dignus illustri maiorum serie, *altae*

Indicium, mores, nobilitatis habet, Ov., Fast. III 2,[3]

aut omnino, quod adhuc maius est,

nominibus quum sit generosus avitis,
Exsuperat morum nobilitate genus, Trist. IV 4.[4]

§ 386 *Qui increpitus a quodam, quod in aciem claudus descenderet, pugnare non fugere* volo, *respondens Spartanus* respondisse dicitur Valerio Maximo *nobiliter,* III 7,[5] ex nostra nunc notione, nec in eiusdem responso simplicem modo honestatem deprehendes, neque maiestatem e contrario singularem, sed medium quid inter utramque, quod illud ipsum est accurate, quod nunc volumus, quod utique iam in se magis arduum, ac magnus satis tenuibus animus, facilius a bene natis obtinetur, quando ad erectiorem cogitandi rationem politioresque vivendi mores a teneris, quod aiunt, unguiculis, veluti manu, ducuntur, plus iam difficultatis habet, ut eo serius demum eleventur animi, neque tamen omnino fieri nequit, si graviter exercearis in laudabili

1 Cic., *Pro Sext.* 9, 21.
2 Vgl. Juv. 8, 9–11.
3 Ovid, *Ex Ponto* 3, 2, 104.
4 Ovid, *Trist.* 4, 4, 1 f.
5 Val. Max. 3, 7, ext. 8.

menden und würdigen Weise in schöner Weise vor Augen zu stellen.[1]

§ 385 In der Auffassung derselben schließe ich keineswegs *den Adel* der Herkunft aus, den Cicero irgendwo eine *schmeichelnde Fürsprecherin* nennt, die *für die Meinung der Menschen* in einem nicht unerheblichen Maß *eine Empfehlung* ist. Ich will diesen Adel aber dennoch als dasjenige natürliche Wesen des Geistes und des Herzens und wahrhaftig als den gegenwärtigen und wirklichen Zustand verstanden wissen, auf den ein adlig Geborener Wert legt,

der nicht wie Lepidus ein schlechtes Leben führt
und vor den Augen der Ahnen die ganze Nacht im Würfelspiel verbringt.

Oder lieber noch, wenn ein Gemüt, das einer Reihe berühmter Vorfahren würdig ist,

das Anzeichen und die Sitten eines hohen Adels hat,

oder überhaupt, was noch größer ist, wenn es,

gleichwohl ausgestattet mit den Namen der Vorfahren
mit dem Adel seiner Sitten seine Herkunft übersteigt.[1]

§ 386 Von *dem Spartaner, der einem, der ihn verhöhnte, weil er hinkend in die Schlacht zog, antwortete: ›Kämpfen will ich, nicht fliehen‹*, sagt Valerius Maximus, daß er *edel* antwortete. Nach der von uns nunmehr erlangten Kenntnis wirst du in der Antwort desselben weder allein eine einfache Ehrbarkeit noch im Gegenteil eine einzigartige Großartigkeit bemerken, sondern etwas Mittleres zwischen beiden, und das gerade ist genau das, was wir hier suchen, was schon in sich durchaus schwieriger ist für ein für schlichte Dinge genügend großes Gemüt, und leichter von Wohlgeborenen erlangt wird, weil sie, wie man sagt, von Kindesbeinen an gleichsam an der Hand zu einer edleren Denkungsart und zu kultivierteren Sitten des Lebens geführt werden, wobei schon mehr Schwierigkeiten entstehen, wenn die Gemüter erst später dazu erhoben werden. Dennoch kann dies nicht gänzlich ausbleiben, wenn du gründlich in den wahrhaft lo-

vere nobilium consuetudine, disciplinis ac usu, vehementerque despicias, quicquid est infra locum, quo tendis, ubique nugarum, § 191.

§ 387 Animus ad medium in pulcre cogitandis genus satis habiturus nobilitatis, § 383, non absolutae solum dignitatis memor est et tenacior, § 193, quoniam amicam luto suem nobilem nemo dixerit, sed eius etiam comparativae, quam studia moresque verae nobilitatis postulant, § 213, 1) negativam. Hinc poterit et volet omnem, etiam longa manu, movere lapidem, ne quid ignorantiae, ne quid erroris, ne quid pravae consuetudinis et aegritudinis animorum deprehendatur in cogitandis a se venustius, quod, etiamsi bene convenire cum simplici satis honestate possit, maiorem tamen personarum ac rerum dedeceat ordinem non sine turpitudine.

§ 388 *Turpe* fuit olim *nobili ius ignorare, in quo versetur,*[1] forsan et erit iterum aliquando. Hinc Iuvenalis sibi videtur absurdi quid retulisse, dum: *Facundus,* ait, *aliquis ima de plebe solet*

defendere caussas
Nobilis indocti, veniet de plebe togata,
Qui iuris nodos et legum aenigmata solvat.[2]

Turpe fuit alicubi nobilem non militasse. Hinc idem Iuvenalis arbitratur, se rem absurdam acu tetigisse, quando pergit:

Hinc petit Euphraten iuvenis, domitique Batavi
Custodes aquilas, armis industrius, at tu

[1] Iust., *Dig.* 1, 2, 2, 43 (Pomponius 1. S. enchir.).
[2] Juv. 8, 48–50, abgeändert.

benswerten Gewohnheiten der Edlen geübt wirst, sowohl in der Lehre als auch im Gebrauch, und wenn du auf das heftigste alles, was auch immer es sei, verachtest, was unter dem Rang ist, nach dem du strebst, und was immer es sonst an Lappalien gibt.[1]

§ 387 Das Gemüt, das etwas von dem Adel besitzen will, der für die mittlere Gattung des schönen Denkens genügt, muß nicht nur der absoluten Würde eingedenk sein und diese festhalten – weil ja niemand das Borstentier, das den Dreck liebt, jemals edel nennen wird – sondern es muß auch die verhältnismäßige Würde bewahren, welche die Bestrebungen und die Sitten des wahren Adels erfordern, nämlich: 1) Die negative Würde.[1] Hiervon ausgehend wird dieses Gemüt es vermögen und wollen, auch von langer Hand, alles zu tun, damit nicht irgend etwas an Unwissenheit, nicht irgendein Fehler, nicht irgend etwas an unschicklicher Gewohnheit und Mißstimmung des Geistes in den von ihm schöner gedachten Gedanken bemerkt werden möge, das, auch wenn es genügend mit der einfachen Ehrbarkeit zusammenstimmen mag, dennoch eine höhere Ordnung der Personen und der Sachen nicht ohne Häßlichkeit verunziert.

§ 388 *Schändlich* war es einst *für einen Edlen, das Gesetz nicht zu kennen, unter dem er lebte*, und vielleicht wird es irgendwann einmal wieder so sein. Daher scheint es Juvenal, etwas Ungereimtes berichtet zu haben, wenn er schreibt:

Aus den untersten Schichten wird der kommen,
der den ungebildeten Adligen vertritt,
der die Knoten der Rechtsprechung und die Rätsel des Gesetzes löst.[1]

Schändlich war es für einen Edlen, nicht irgendwo Kriegsdienste geleistet zu haben. Daher meint Juvenal, eine Ungereimtheit mit spitzer Nadel berührt zu haben, wenn er fortfährt:

Aus diesem Stand kommt der Jüngling, der zum Euphrat marschiert und pflichtbewußt
in Waffen die Adler hütet, die die unterworfenen Niederlande bewachen. Was aber bist du?

Nil, nisi Cecropides, truncoque simillimus Hermae.[1]

In his turpitudinibus, et vere tales, et eae veniunt in censum, quae maiorum institutis iudicantur, § 212.

§ 389 Animus ad res medias pulcre cogitandas satis nobilis dignitatem porro comparativam et studiis vitaeque nobilium convenientem circumspiciet 2) positivam, ut ea didicerit, et id quidem satis exacte, ut ea et noverit ad finem perducere, et animo constanti decernat, quae nosse, velle, velle constanter, et agere, simplex forsan honestas non potest, aut imbecillitate sua facilius excusatur, si peccaverit, quae vero si cum decore possint exhiberi, perfectaque sistantur antea dubitantium oculis, tum vero non amplius incertum relinquunt, esse, qui talis sit, non unum ex multis, sed eximiis ingenii, virtutis, ac animi dotibus conspicuum.

§ 390 Brevitas non patitur ad hanc dignitatem pertinentia congerere, vel omnia, vel pleraque, id est omnem paene philosophiam practicam excutere, eamque mathematicam, et simul in late patentem morum in gentibus aetatibusque diversorum provehi oceanum, § 212. Inadaequatam nostris finibus, aliquam tamen eius imaginem exhibent Iuvenalis consilia:

Esto bonus miles, tutor bonus, arbiter idem
Integer, ambiguae si quando citabere testis
Incertaeque rei, Phalaris licet imperet, ut sis
Falsus, et admoto dictet periuria tauro,

[1] Ebd. 8, 51–53.

Nichts weiter als ein Kekropssproß, sehr ähnlich einer Hermensäule,
die verstümmelt ist.[2]

Zu diesen wahrhaften Häßlichkeiten zählen auch diejenigen, die nach hergebrachtem Brauch als solche beurteilt werden.[3]

§ 389 Das für mittlere schön zu denkende Dinge genügend edle Gemüt wird fernerhin die vergleichungsweise genommene und den Bestrebungen wie dem Leben der Edlen zukommende Würde wohl bedenken: 2) Die positive Würde, so daß es die Dinge lernt – und das gewiß mit genügender Genauigkeit – und die Dinge sowohl zu Ende zu führen weiß als auch mit standhaftem Gemüt beschließen mag, welche die einfache Ehrbarkeit vielleicht nicht wissen, nicht wollen, nicht beständig wollen und ausführen kann, oder es doch durch ihre Schwächlichkeit leichter entschuldigt wird, wenn sie bei ihnen einen Fehler begeht, Dinge, die, wenn sie wahrhaft mit Anstand dargestellt werden können und Zweifelnden als vollkommene vor Augen gestellt werden, dann in der Tat nichts Ungewisses mehr übriglassen: So daß, wer so beschaffen ist, nicht einer von vielen ist, sondern sich auszeichnet unter denjenigen, die herausragend mit Geist, Tugend und Gemüt begabt sind.[1]

§ 390 Die gebotene Kürze der Darstellung leidet es nicht, alle oder einen großen Teil der Dinge, die zu dieser Würde gehören, zusammenzutragen, denn das hieße, beinahe die ganze praktische Philosophie wie auch die mathematische durchzugehen und zugleich in das weithin offene Meer der verschiedenen Sitten bei verschiedenen Völkern und in verschiedenen Zeiten vorzudringen. Obwohl sie für unsere Zwecke unzulänglich sind, mögen doch die Ratschläge Juvenals ein gewisses Bild derselben darbieten:

Sei ein braver Soldat, ein redlicher Vormund, als Schiedsmann
makellos; wirst du einmal als Zeuge gerufen und ist der Sachverhalt unklar
und zweifelhaft und mag dir selbst ein Phalaris empfehlen, falsches Zeugnis
abzulegen, ja, spräche er dir Meineid vor und zeigte dir dabei das Folterwerkzeug:

Summum crede nefas animam praeferre pudori,
Et propter vitam vivendi perdere caussas.
Provincia quum te
Rectorem accipiet, pone irae fraena modumque,
Pone et avaritiae, miserere inopum sociorum,
Respice, quid moneant leges, quid curia mandet,
Praemia quanta bonos maneant, quam fulmine iusto
Et Capito et Numitor ruerint, damnante senatu.[1]

§ 391 Nobilitas, de qua nunc loquimur, § 388, aspernatur humillima quaevis et abiecta, § 195,

An, quae
Turpia cerdoni, Volesos Brutumque decebunt?[2]

Sed et illa, quae simplici forsan honestati non repugnant, ex abstracta philosophorum formula, detrahunt tamen ex opinione moribusque hominum, quorum iudiciis stare, vel nobilis, existimatio debeat, aliquid illius dignitatis, dum media est, non minimae, § 212, quam ferre in oculis, et a qua ne latum quidem unguem recedere, secum constituit cogitando decernendoque, quem nunc animo formamus, aestheticus medias res venuste picturus. Quam durus censor est poeta?

Laureolum velox, etiam bene, Lentulus egit,
Iudice me, dignus vera cruce.[3]

§ 392 Animus eleganter nobilis in talibus etiam materiis, quae tenuiter possent, possent sublimius cogitari, singulare quaeret artificium declarare, non meditatus solum, quae proferat, sed et quae omittat, quando catus et harum rerum peritus spectator ipse sibi tra-

1 Juv. 8, 79–84, 87–89, 91–93.
2 Vgl. Juv. 8, 183.
3 Juv. 8, 187 f.

Achte es für höchsten Frevel, vor Ehre das Leben zu setzen
und um des Lebens willen des Lebens Sinn zu verlieren.
Betrittst du endlich als Statthalter
die lang ersehnte Provinz, setze Maß und Ziel deinem Zorn,
mäßige auch deine Habgier und hab Mitleid mit den Bundesgenossen,
nimm Rücksicht auf der Gesetze Mahnung, des Senates Auftrag;
denk dran, welch großer Lohn den braven Mann erwartet, doch wie
durch wohlverdienten Blitzschlag
Capito und Numitor zu Falle kamen und durch Verbannung durch
den Senat.[1]

§ 391 Der Adel, von dem wir nun reden, weist jedwede niedrigen und gemeinen Dinge von sich.

Steht etwa, was einen Arbeiter entehrte, einem Volesus oder Brutus wohl an?[1]

Doch auch jene Dinge, die vielleicht – nach den abgesonderten Normen der Philosophen – mit der einfachen Ehrbarkeit nicht in Widerspruch stehen, ziehen dennoch – nach der Meinung und den Sitten der Menschen, von deren Urteil der gute Ruf, zumal der eines Edlen, abhängen muß – etwas von jener Würde ab, wofern sie eine mittlere und nicht eine ganz kleine ist. Bezüglich dieser möge der Ästhetiker, den wir uns nun vorstellen und der mittlere Dinge schön darstellen will, indem er darüber nachdenkt und entscheidet, bei sich den Beschluß fassen, daß er sie vor Augen stellen und von ihr keinen Finger breit abweichen will. Was für ein harter Kritiker ist hier der Dichter:

Hübsch mimte auch der flinke Lentulus den Laureolus, so gut, daß, auf mein Wort, er ein wirkliches Kreuz verdiente![2]

§ 392 Das auf anmutige Weise edle Gemüt verlangt es, auch bezüglich solcher Stoffe, die auf schlichte, aber auch auf erhabenere Weise gedacht werden können, noch eine einzigartige Fertigkeit seinerseits deutlich hervorzuheben: Es überlegt nicht nur, welche Dinge es vorbringen, sondern auch, welche es auslassen mag, wenn ein kundiger und in diesen Sachen bewanderter Betrachter sich vie-

det multa, nunc ob tenuitatem, nunc ob sublimitatem, quae non exhibita deprehendet, deprehendet nihilominus auctori venisse in mentem, sed eum non remisisse vires, et simul iisdem belle pepercisse, § 215.

§ 393 Nobilitas animi, quam nunc volumus, βάθους, § 317, praesertim genus tertium, § 276, tertium tumoris, § 217, genus sibi cavendum putat, § 279, sequitur potius bene moratam cogitandi rationem, quatenus et relative non omne solum decorum, sed et eius gradum in nobiliore hominum consuetudine paene sola regnantem observat, § 228, praestabit aliquam quidem remissionem cogitationum elevationemque, praesertim in opere longiori, § 273, sed uti latius aequabilem semper, § 268, ita et plerumque simul strictius talem, § 267, praeferet aliquam mediocritatem, § 269, mediis etiam strictius attemperatam, §§ 270, 271, et pro thematibus electaque semel ea significandi formula, nunc altiorem, nunc minus, § 272, spectatori nobilitatem cogitantis animis aequalem circiter afferenti facilem ac suavem, § 274, non abiectis solum de media re cogitandi rationibus, § 278, sed etiam fluctuantibus et incertis, § 280.

SECTIO XXVI
MAGNANIMITAS IN AESTHETICIS GENERE MAXIMA

§ 394 Restat MAGNANIMITAS AESTHETICA PER EMINENTIAM SIC DICTA, superius ingenium optimis genere maximisque cultum, et immortalitati natum vivensque mortali iam in corpore

le Dinge selbst denken wird, bei denen er versteht, daß sie einmal aufgrund ihrer Schlichtheit, einmal aufgrund ihrer Erhabenheit nicht dargestellt worden sind, und bei denen er nichtsdestoweniger versteht, daß sie dem Autor in den Sinn gekommen sind und diesen nicht die Kräfte verlassen haben, sondern er sich in schöner Weise derselben enthalten hat.[1]

§ 393 Der Adel des Gemüts, den wir nun verlangen, bedenkt, daß er sich vor dem Kriechenden,[1] insbesondere der dritten Gattung, und der dritten Gattung des Schwulstes hüten muß. Ein solches Gemüt folgt lieber der wohlgesitteten Art und Weise zu denken, insoweit es nicht nur in relativer Weise jede Wohlanständigkeit, sondern auch deren in den edleren Gewohnheiten der Menschen beinahe allein vorherrschenden Grad bemerkt. Es wird gewiß manchmal ein Nachlassen, manchmal eine Erhebung der Gedanken an den Tag legen, insbesondere in einem längeren Werk, wenn es auch im weiteren Sinne immer, und ebenso meistenteils zugleich im engeren Sinne, eine gleichförmige Mittelmäßigkeit bevorzugen wird, die auch den mittleren Dingen im engeren Sinne angepaßt ist, die in der je nach den Themen einmal gewählten Norm der Bedeutung einmal höher, einmal weniger hoch ist und die dem Betrachter, der einen dem Gemüt des Denkenden ungefähr gleichen Adel mitbringt, leicht und angenehm ist, in einer Art und Weise, über einen mittleren Gegenstand zu denken, die nicht nur nicht gemein, sondern auch nicht wankelmütig und unsicher ist.

ABSCHNITT XXVI
DIE HÖCHSTE ÄSTHETISCHE GROSSMUT[1]

§ 394 Es bleibt die ÄSTHETISCHE GROSSMUT, die IN IHRER VORZÜGLICHSTEN FORM eine solche genannt wird, ein höherer Geist, der in den besten und den der Art nach größten Dingen gebildet ist, sowie ein zur Unsterblichkeit geborenes, diese schon im sterblichen Leib lebendes Herz, das in seiner Großartigkeit den der Art nach größten Dingen, die gedacht werden können, sowohl ge-

pectus generice maximis sua pro maiestate cogitandis et par, et invigilans, omni opera, quod

> Hinc saepe *insuetum miratur limen Olympi,*
> *Sub pedibusque videt nubes,* § 318, *et sidera.*[1]
> Saepe *deum vitam,* S. V, § 206, *accipiet, divisque videbit*
> *Permistos heroas,* idemque *videbitur illis.*[2]

§ 395

> *Urit* idem *fulgore suo, quas praegravat, artes*
> *Infra se positas,*[3]

non eas nugatorias solum, § 191,

> Fastidioso *quas pede proruit,*[4]

sed etiam magnos satis tenuibus, immo mediis, animorum habitus, qui comparati cum hac magnanimitate suis non raro titulis excidere videntur, quos optime tamen iure habent extra metum comparationis constituti. Cum dignitate quadam aesthetica, § 193, quae cogitaveris, sunt illa quidem omnia σεμνῶς cogitata, comparate vero Plinius II, Ep. 11: *Respondit,* inquit, *Corn. Tacitus eloquentissimus, et, quod eximium eius orationi inest,* σεμνῶς,[5] quasi sublimem Taciti gravitatem non attingentes σεμνῶς respondere non potuissent.

§ 396 A vilibus et abiectis non avocat, § 195, haec modo

> *Virtus, recludens immeritis mori*
> *Caelum, negata tentat iter via,*
> *Coetusque vulgares et udam*
> *Spernit humum fugiente penna:*[6]

sed nec contenta quidem est absoluta magnitudine ac dignitate re-

1 Vgl. Vergil, *Ekl.* 5, 56 f.
2 Vgl. ebd. 4, 15 f.
3 Vgl. Horaz, *Ep.* 2, 1, 13 f.
4 Vgl. Horaz, *Carm.* 1, 35, 13.
5 Plin., *Ep.* 2, 11, 17. 6 Horaz, *Carm.* 3, 2, 21–24.

wachsen ist als auch in all seinem Tun für diese Sorge trägt; ein Geist, der

> daher oft *staunend die Schwelle des Olymp bewundert,*
> *und zu seinen Füßen Wolken und Sterne sieht.*
> Oft *wird er das Leben der Götter empfangen, mitten unter Göttern*
> *Heroen schauen* und ebenso *von ihnen gesehen werden.*[2]

§ 395

> *Mit seinem Glanze versengt* er, *verdunkelt er Fähigkeiten,*
> *welche geringer sind als die eigenen,*

und nicht nur diejenigen nichtigen Fähigkeiten,

> *die er* mit widerwilligem *Fuße umstürzt,*

sondern auch die für schlichte, ja sogar für mittlere Dinge genügend großen Fertigkeiten des Gemüts, welche, verglichen mit dieser Großmut, nicht selten ihr Ansehen zu verlieren scheinen, das sie außerhalb des schwierigen Bereichs des nun angestellten Vergleichs durchaus mit bestem Recht besitzen.[1] Mit einer gewissen ästhetischen Würde wird man gewiß all jene Dinge gedacht haben, die ›ehrwürdig‹ gedacht wurden. Man vergleiche Plinius: *Cornelius Tacitus antwortete mit höchster Beredsamkeit und, was das Herausragende an seiner Rede war, mit Ehrwürde* – gleichsam als ob diejenigen, die nicht an die erhabene Wichtigkeit des Tacitus heranreichen, nicht ›ehrwürdig‹ hätten antworten können.

§ 396 Nicht nur von den geringschätzigen und gemeinen Dingen hält die höchste ästhetische Großmut sich fern,

> *die Tugend, die jenen, denen es nicht gebührt zu sterben,*
> *den Himmel erschließt,* die *ihren Weg auch auf verschlossenem Pfad sucht,*
> *gemeinen Haufen und schlüpfrigen*
> *Boden verachtet, entschwebend auf flüchtiger Schwinge,*

sondern sie möchte sich auch nicht mit der absoluten Größe und

rum et cogitationum, §§ 198, 201, altius *pauperum* aliquando *parentum sanguinem*

Non usitata nec tenui rapit
Penna,

ut *nec in terris* quidem *longius moretur,* et ipsas *urbes relinquat, invidiaque maior per liquidum aethera* sursum *feratur.*[1]

§ 397 Magnanimitas haec aestheticarum generice maxima virtutem directo sibi sumit in omni sua maiestate pingendam.

Virtus, repulsae nescia sordidae,
Intaminatis fulget honoribus.
Nec sumit aut ponit secures
Arbitrio popularis aurae, Hor. III, Od. 2,[2]

cf. Od. 3. Per indirectum eiusdem est animorum magnitudinis vitia publica, velut epidemicas aliquas pestes, abominari, § 203.

Foecunda culpae saecula nuptias
Primum inquinavere, et genus, et domos.
Hoc fonte derivata clades
Inque patres populumque fluxit[3] e. c., Od. 6,

cf. II, Od. 15, 18, III 1, 24, Epod. 7, § 204.

§ 398 Animorum excellenter magnorum ingenium superius non admittit, ut practici pragmaticique sint cum neglectu theoriae, quam tunc etiam amant et amplectuntur, quando in maximarum naturaliter rerum contemplatione sic haerere fixa videtur, ut subito non appareat, quid eiusmodi consideratio faciat ad mores et vitam beatam, § 205. Ita in homine verioribus sacris non imbuto non, nisi magnus eminenter, animus haec effatur:

Nil maius generatur ipso (Parente)

1 Vgl. ebd. 2, 20, 1–6.
2 Ebd. 3, 2, 16–20.
3 Ebd. 3, 6, 17–20.

Würde der Gegenstände und der Gedanken begnügen. Höher reißt sie bisweilen *den Sproß armer Eltern*

auf nicht gewöhnlicher und nicht schwacher
Schwinge fort,

und um gewiß *nicht länger auf der Erde zu verweilen, läßt sie* auch selbst *die Städte hinter sich, und über den Neid erhaben schwebt sie* aufwärts *empor durch den klarflüssigen Äther.*[1]

§ 397 Diese der Art nach höchste Großmut der Ästhetik eignet sich die in all ihrer Großartigkeit auszumalende Tugend auf direktem Wege an.

Tugend, fremd der Zurücksetzung voll Schmach,
erglänzt in unbefleckten Ehren,
sie nimmt nicht auf noch legt nieder die Beile der Macht[1]
nach der Willkür des Hauches der Menge.

Auf indirekte Weise ist es dieser Größe des Gemüts zu eigen, die öffentlichen Laster, gleichsam wie irgendwelche ansteckenden Pestkrankheiten, zu verabscheuen.

Fruchtbar an Frevel, haben diese Zeiten die Ehen
zuerst befleckt und Geschlecht und Haus. Aus dieser Quelle hergeleitet, hat sich Verfall
auf Vaterland und Volk ergossen[2] usw.

§ 398 Der höhere Geist der auf ausgezeichnete Weise größeren Gemüter läßt es nicht zu, daß sie praktisch und pragmatisch handeln unter Vernachlässigung der Theorie, die sie auch dann lieben und an ihr festhalten, wenn sie so fest an der Betrachtung der auf natürliche Weise größten Dinge anzuhaften scheint, daß nicht sofort deutlich wird, was eine solche Überlegung zu den Sitten und zu einem seligen Leben beiträgt. So kann bei einem Menschen, der nicht in die wahre Offenbarung eingeweiht ist, nur ein in vorzüglicher Weise großes Gemüt dieses vorbringen:

Von ihm nichts Größeres stammt, als er selbst (der Vater) *ist,*

Nec viget quicquam simile aut secundum,
Proximos illi tamen occupavit
Pollas honores e.c., Hor. I, Od. 12.[1]

§ 399 In rebus magnitudine naturali conspicuis, generice maximis, specifice etiam maximorum mentionem in exemplis inieci, divinorum, ne forsan animos generice maximos sibi formaturus animo Polyphemos aliquos Enceladosve vel contemtores deorum Mezentios secum fabricetur, non eos vere magnos animorum, sed tumide superbos. Prima potius dignitatis positivae per sublimia lex est: humana quaecunque, vel specifice maxima, divinis subiicito, § 206.

Regum timendorum in proprios greges,
Reges in ipsos imperium est Iovis,
Clari giganteo triumpho,
Cuncta supercilio moventis.[2]

§ 400 Ex qua formula σεμνῶς Horatius I, Od. 12,

Gentis humanae pater atque custos,
tu secundo
Caesare regnes.
Te minor latum reget aequus orbem,
Tu gravi curru quaties olympum,
Tu parum castis inimica mittes
Fulmina lucis.[3]

Idem de Romano populo, quo maius aliquid in humanis Romanus ignorabat, III, Od. 6,

Diis te minorem quod geris, imperas.
Hinc omne principium, huc refer exitum.
Dii multa neglecti dedere
Hesperiae mala luctuosae.[4]

1 Ebd. 1, 12, 17–19.
2 Ebd. 3, 1, 5–9.
3 Ebd. 1, 12, 49, 51 f., 57–60.
4 Ebd. 3, 6, 5–8.

noch lebt etwas, das ähnlich oder nur nahe.
Nächst ihm doch hat errungen
Pallas den Rang usw.

§ 399 Bei den Dingen, die sich durch eine natürliche Größe auszeichnen und der Art nach die größten sind, habe ich unter den Beispielen auch in besonderer Weise der größten und göttlichen Dinge Erwähnung getan, damit nicht etwa, wer sich ein Bild von den der Art nach größten Gemütern machen will, sich im Geiste für sich irgendwelche Polypheme oder Enkleaden oder Mezentien,[1] Verächter der Götter, zusammenreimt, die nicht wahrhaft große Gemüter, sondern auf schwülstige Weise hochmütig sind. Vielmehr ist das erste Gesetz der positiven Würde für das Erhabene dieses: Alles Menschliche, was auch immer es sei, selbst das in besonderer Weise größte, muß dem Göttlichen unterworfen werden.

Könige in Schrecklichkeit über die eigenen Herden,
über die Könige selbst Herrschaft hält Jupiter,
glorreich im Gigantentriumph,
alles mit seiner Braue bewegend.

§ 400 Gemäß dieser Norm sagt Horaz mit Ehrwürde:

Des Menschengeschlechtes Vater und Hüter,
du – und als zweiter erst
Caesar – sollst herrschen,
geringer nur, als du es bist, soll weiterhin er lenken gerecht den Erdkreis,
du aber wirst mit gewichtigem Wagen erschuttern deinen Olymp,
du wirst, so sie ermangeln der Reinheit, schleudern feindliche Blitze den Hainen.

Ebenfalls Horaz sagt über das römische Volk, über das hinausgehend der Römer nichts Größeres kannte:

Den Göttern unterworfen zeigst du dich – darum herrschest du:
Von daher aller Anfang, dorthin auch führe den Ausgang!
Die Götter, da sie nicht geachtet, haben viel gebracht
Hesperien an Bösem zum Leide.

Dum autem oda 5

> *Caelo,* ait, *tonantem credidimus Iovem*
> *Regnare: praesens Divus habebitur*
> *Augustus,*[1]

iam servitutis, vel iustissimae, saltim acceptissimae, videtur expertus effectum, de quo § 373, quoque secundum philosophum, quem Longinus citat, nihil evadimus, nisi adulatores μεγαλοφυεῖς.[2]

§ 401 Magnanimitas, cuius sublimia Longinus Echo dicit, et de qua nunc loquimur, non omnino quidem transcendit horizontem aestheticum, neque res ita sibi tantum concipit, uti pura philosophiae scientia, maximis tamen generice inter observabilia quia potissimum et paene solis inhaeret, versatur in iis materiis, quae sunt horizonti rationis logico aestheticoque communes, et hinc, ac simul aliis ex caussis, plus rationis admixtum habet eiusdem analogo, plus distinctionis etiam mathematicae, propptereaque gradus in ipsis generice maximis, ut ita dicam, specificos metitur observatque curatius, ac magni, de quibus S. XXV, animi, § 207. Principum est et regum vere magnorum, ingenti cum facilitate, suum tamen in omni consuetudine cuique tribuere, vel in iis, quae minora videantur, et gradus honorum dignitatumque potiorum, vel infra, vel iuxta se positarum apprime tenere, et secundum hanc veluti scalam cuivis reddere personae convenientia.

§ 402 Hinc ne nobili quidem cogitandi vivendique generi sufficiens animus non solum ad hanc concipiendam magnanimitatem inhabilis est, sed etiam illi falluntur, qui in his generice maximis specifice sibi

1 Ebd. 3, 5, 1–3.
2 Vgl. Longin 44, 3.

Wenn er aber dann sagt:

Am Himmel donnernd, so glaubten wir, Jupiter
herrschet: Als gegenwärtiger Gott wird uns gelten
Augustus,

scheint er schon die Wirkung der Knechtschaft, sei es der gerechtesten oder wenigstens der willkommensten, erfahren zu haben, von der in § 373 die Rede war und aus der wir gemäß dem Philosophen, den Longin zitiert, nicht anders hervorgehen, denn als ›der Art nach große‹ Schmeichler.

§ 401 Die Großmut, deren Widerhall Longin das Erhabene nennt[1] und von der wir nun reden, übersteigt gewiß nicht gänzlich den ästhetischen Horizont, noch denkt sie sich die Sachen nur gemäß der reinen Wissenschaft der Philosophie. Doch weil sie sich am meisten und beinahe allein bei den der Art nach größten unter dem wahrzunehmenden Dingen aufhält, bewegt sie sich im Gefilde der Stoffe, die dem logischen und dem ästhetischen Horizont der Vernunft gemein sind. Und daher, wie auch aus anderen Gründen, ist dem Analogon derselben mehr an Vernunft und auch mehr an mathematischer Unterscheidung beigemischt, und deshalb ermißt und beobachtet sie selbst in den der Art nach größten Dingen deren, wenn ich so sagen darf, besondere Grade sorgfältiger als die großen Gemüter, von denen in Abschnitt XXV die Rede war. Es gebührt wahrhaft großen Regenten und Herrschern, dem Bedeutenden mit Leichtigkeit, doch gleichwohl allem nach Gewohnheit das je seine zuzuerkennen, sogar bei Dingen, die weniger wichtig erscheinen mögen, und auch an dem Grad der höheren Ehren und Würden derjenigen, die eine Stellung unter oder nahe bei ihnen einnehmen, in besonderem Maße festzuhalten und demgemäß – gleichsam gemäß einer Stufenleiter – jeder Person das ihr Zukommende zu gewähren.

§ 402 Daher ist ein Gemüt, das der edlen Art zu denken und zu leben nicht genügt, gewiß nicht nur nicht fähig, diese Großmut zu begreifen, sondern es täuschen sich auch jene, die, indem sie sich in diesen der Art nach größten Dingen in besonderer Weise immer die

maxima semper legentes transvolant in his minora ac media, quibus fatentur se pulcre cogitandis impares esse, grandium interim maxima belle se posse describere secum oppido certi sunt, § 209. Vires sunt potius praetentandae in grandibus, quorum alia in occasione neglectus ipse adhuc sublimior erit, in grandibus, quibus adhuc satis multum pompae, cerimoniarum, aurique et ostri regalis extrinsecus accedit, ut tandem vel nudam maiestatem, maiestatem, inquam, herois unam ex maximis vel puriora sacra, dum intra mentem peraguntur unice, sublimius effingere sufficias. *Illa vero deridenda arrogantia est in minoribus navigiis rudem esse se confiteri, quinqueremes vero, aut etiam maiores, gubernare didicisse,* Cic., De or. I.[1]

§ 403 Quanquam satis magnus sublimibus animus non est sapiens ille stoicus, quem,

Si fractus illabatur orbis,
Impavidum feriant ruinae,[2] § 353,

non levioribus tamen ille curis afficitur, nec ex tranquilla superum vitam imitante serenitate deturbatur. Minima non curat admodum, neque movetur vehementius, si qua Parnassi reptilia, censores vitio creati, leviculam in eius amictu maculam, non quod pueri in faba, reperisse se gloriantur, audaci potius impetu suum putat, in vera regularum collisione, dum fortissimas et Pygmeis ne cognitas quidem leges elevatiori strenue sequitur orbita, ita rationes suas subducere, ut levioribus animulis artis suae pupillae, quam unice norunt, sanctissimas, si diis placet, regulas, vere minores et debiliores, spernere, pes-

1 Cic., *De or.* 1, 174.
2 Horaz, *Carm.* 3, 3, 7 f.

größten heraussuchen, zu den kleineren und mittleren Dingen hinübergleiten, von denen sie dann bekennen, sie nicht schön denken zu können, während sie bei sich völlig sicher sind, von den großen Dingen die größten schön beschreiben zu können. Die Kräfte müssen eher an großen Dingen versucht werden, deren Vernachlässigung bei anderer Gelegenheit immer noch erhabener ist, an großen Dingen, denen immer noch genügend viel an Pracht, Zeremonien, Gold und königlichem Purpur von außen zukommt, so daß du endlich in der Lage sein mögest, entweder die reine Großartigkeit – eine Großartigkeit, die, sage ich, die als wirklich große nur die eines Heroen sein kann – oder die reineren heiligen Dinge, wofern sie einzig im Geiste bewegt werden, erhabener darzustellen. *Eine groteske Arroganz liegt gar darin, wenn jemand eingesteht, daß er mit kleineren Schiffen keine Erfahrung hat, sich aber auf die Lenkung von Fünfruderern oder von Schiffen, die noch größer sind, verstehen will.*[1]

§ 403 Gleichwohl das für erhabene Dinge genügend große Gemüt nicht das jenes weisen Stoikers ist, den,

wenn zerborsten zusammensinkt das Weltall
unerschrocken die Trümmer treffen,[1]

wird es dennoch weder von kleineren Sorgen geplagt noch seiner ruhigen Heiterkeit beraubt, die das Leben der Götter nachahmt. Die ganz kleinen Dinge kümmern es nicht in hohem Maße, noch wird es heftiger bewegt, wenn etwa irgendwelche Kriechtiere des Parnaß, irgendwelche fehlerhaften Tadler sich rühmen, einen ganz unbedeutenden Fleck auf seinem Gewand – ein Nichts, wie der Junge ein Würmchen in einem Korb voller Bohnen[2] – entdeckt zu haben. Vielmehr verläßt es sich bei einem wahren Widerstreit der Regeln auf seine mutige Begeisterung, und während es auf höherer Bahn munter den stärksten Gesetzen, die den Zwergen nicht einmal bekannt sind, folgt, stellt es in einer Weise seine Überlegungen an, daß es die Regeln einer kleinlichen Kunst, die unbedeutende Geisterchen, weil sie nur diese kennen – weiß Gott – für überaus heilig halten, die in Wahrheit aber geringer und schwächer sind, zu verachten, zugrunde zu richten und zu Boden zu treten scheint – nicht ohne daß dabei Tränchen der gar hübschen geschäftigen Müßiggän-

sundare, proculare videatur, non sine pulcellorum ardelionum lacrimula, vere tamen exceptione non ineleganti, § 210.

§ 404 Gravitatem absolutam aestheticam in animis nobilibus collocavimus, § 363, uti Cicero ipsum *moderatorem* ingeniorum ad magna nitentium describit, *non ut quendam magistrum atque artificem, sed quasi unum e togatorum numero atque ex forensi usu, hominem mediocrem, nec omnino rudem.*[1] Quod si vero nobilis eiusmodi animus actu velit ad grandia cogitanda accedere, quasi suimet ipsius et ordinarii sui status oblitus, excitandus est, et velut extra se rapiendus in maius theatrum, quam in quo quotidie personam agit, et ita divis heroibusque miscendus, ut excelsam aliquam cum iisdem familiaritatem contraxisse, nec tanquam in alienum orbem delatus, sed in eiusmodi consortio dudum habitans appareat, § 213, 293.

Auditis? an me ludit amabilis
Insania? audire et videor pios
Errare per lucos, amoenae
Quos et aquae subeunt et aurae, Hor. III, Od. 4.[2]

§ 405 Quam nunc quaerimus, magnanimitas non magna solum themata, sed ex ea etiam parte considerare gestit, qua maiora et grandia apparent, § 215. Memento Didonis 1) in eleganti illo epigrammate Ausonii:

Infelix Dido, nulli bene iuncta marito!
Hoc pereunte fugit, hoc fugiente perit,

2) quam Ovidius Her., Ep. VII pingit hoc epitaphio:

Praebuit Aeneas et caussam mortis et ensem,
Ipsa sua Dido concidit usa manu,[3]

3) illam Virgilii sic ipsam sibi parentatem ad rogum Iliacis vestibus

1 Cic., *De or.* 1, 111.
2 Horaz, *Carm.* 3, 4, 5–8.
3 Ovid, *Heroid.* 7, 195 f.

ger fließen. In Wahrheit aber ist dies eine nicht ungeschmackvolle Ausnahme.

§ 404 Die absolute ästhetische Wichtigkeit haben wir bei den edlen Gemütern angesiedelt, so wie Cicero den *maßhaltenden Anführer* der nach Großem strebenden Geister beschreibt, *nicht als einen Lehrmeister oder Theoretiker, sondern gleichsam als einen aus der Schar der Bürger und durchschnittlichen, in der forensischen Praxis nicht völlig unerfahrenen Mann.* Wenn nun ein solches edles Gemüt sich wirklich tätig den Dingen, die größer zu denken sind, annähern will, muß es, wie wenn es sich selbst und seinen gewöhnlichen Zustand vergessen hätte, erregt werden und gleichsam außer sich selbst auf einen größeren Schauplatz fortgerissen werden, als der es ist, auf dem es tagtäglich seine Rolle spielt, und so mit den Göttern und Helden vereint werden, daß es mit diesen einen gewissen himmlischen vertrauten Umgang gefunden zu haben scheint, nicht, wie wenn es in eine fremde Welt verwiesen, sondern schon lange in einer solchen Gemeinschaft beheimatet gewesen wäre.

Hört ihr? Oder täuscht mich holder
Wahn? Zu hören doch meine ich es[1]
und durch heilige Haine zu streifen,
die lieblich durchziehen Wasser und Lüfte.

§ 405 Die Großmut, die wir nun suchen, verlangt nicht nur danach, große Themen zu betrachten, sondern auch von der Seite, von der aus sie größer und bedeutender erscheinen. Man erinnere sich der Dido 1) in jenem anmutigen Epigramm des Ausonius:[1]

Unglückliche Dido! Keinem Mann glücklich verbunden!
Als der eine starb, floh sie, als der andere floh, starb sie dahin.

2) Derjenigen Dido, die Ovid in dieser Grabschrift schildert:

Aeneas reichte den Grund und das Schwert des Todes dar,
seine Dido sank dahin durch ihre eigene Hand,

3) und jener des Vergil, die sich in dieser Weise selbst als Totenopfer

et noto cubili exstructum, IV Aen. 651:

Dulces exuviae, dum fata deusque sinebant,
Accipite hanc animam, meque his exsolvite curis.
Vixi, et, quem dederat cursum fortuna, peregi,
Et nunc magna mei sub terras ibit imago,
Urbem praeclaram statui, mea moenia vidi.
Ulta virum poenas inimico a fratre recepi,
Felix, heu! nimium felix, si littora tantum
Nunquam Dardaniae tetigissent nostra carinae.[1]

§ 406 Quam Didonem malit magnanimitas heroica fictam a se? Equidem nihil haesitans Didonem Virgilii nomino. Rationem quaeris? Metire praedicata. Primum et in Cingarorum aliquam quadrare potest mulierculam, quae primo marito ob crimen in furcam acto fuga sibi consuluit, quum autem cum altero marito furfuris eiusdem atrox denuo crimen patrasset, hoc manibus lictorum elapso, communis sceleris poenas morte dedit. Secundum conveniet et uxori cuiusvis militis gregarii, qui fustibus eam in talem fortunae coniugalis desperationem compulerit, ut, hoc absente, eius gladio sibi iugulum solverit. Apud Virgilium autem non solum excellenter magna est, de qua sermo est, sed ea etiam, quae de eadem praedicantur, § 405.

§ 407 Nostra nunc magnanimitas omni opera cavebit et βάθους genus quartum et omnes eius species pro gradu turpitudinis, § 310. Dii Virgilii iam θεοπρεπωτερῶς loquuntur, agunt, patiuntur, ac Dii Homeri, § 311. Virago Virgilii de rebus ad se pertinentibus commentatur augustius, § 408, quam Dido Ovidii:

Durat in extremum, vitaeque novissima nostrae,

1 Vergil, *Aen.* 4, 651–658.

darbringt auf dem aus den Kleidern des Troers und dem berühmten Ehebett aufgerichteten Scheiterhaufen:

Teure Gedenken, so lang es ein Gott und das Schicksal vergönnten,
nehmet dies Leben dahin und löst mein bitteres Leiden,
habe gelebt und vollendet den Lauf, den mein Los mir beschieden,
und erhaben steigt mein Bild hinab zu den Schatten.
Herrlich schuf ich die Stadt und schaute die eigenen Mauern,
habe den Gatten gerächt und gezüchtigt den feindlichen Bruder,
glücklich, aber vielleicht zu glücklich, wäre nicht jemals
die dardanische Flotte an unserer Küste gelandet.

§ 406 Welche Dido mag die heroische Großmut sich eher von sich aus ausgedacht haben? Sicher nenne ich ohne zu zögern die Dido des Vergil. Du fragst nach dem Grund? Gehe die Aussagen, die von ihnen gemacht werden, durch. Das erste kann auf irgendein Zigeunerweib zutreffen, das, als ihr erster Ehemann wegen eines Verbrechens an das Joch gebracht wurde, sich mit der Flucht behalf, und das, nachdem es aber auch mit dem zweiten Ehemann aus demselben Schrot und Korn erneut ein gräßliches Verbrechen begangen hatte und dieser der öffentlichen Hand entwischte, sich selbst die Strafe für die gemeinsamen Freveltaten durch den Tod gab. Das zweite mag auch der Ehefrau irgendeines gemeinen Soldaten ziemen, der sie durch Prügel in eine solche Verzweiflung über ihr eheliches Los getrieben, daß sie in seiner Abwesenheit sich mit seinem Schwert die Kehle durchgeschnitten haben wird. Bei Vergil jedoch ist nicht nur die, von der die Rede ist, in herausragender Weise groß, sondern auch das, was von ihr ausgesagt wird.

§ 407 Unsere Großmut wird nun in jedem Werk sowohl die vierte Gattung des Kriechenden als auch alle seine Unterarten gemäß dem Grad ihrer Häßlichkeit meiden. Die Götter des Vergil sprechen, handeln und leiden schon mehr, ›wie es den Göttern würdig ist‹, als die Götter des Homer. Die Heldin des Vergil spricht über die Dinge, die sie betreffen, majestätischer[1] als die Dido des Ovid:

Es dauert bis zum bitteren Ende der ununterbrochene Lauf des Schicksals,

Prosequitur fati, qui fuit ante, tenor.[1]

En! querulam de perpetua calamitate mulierem ordinariam! Virgilii Dido se felicem, excepta novissima calamitate, fortior praedicat.

Occidit internas coniux mactatus ad aras,
Et sceleris tanti praemia frater habet.[2]

Haec queritur multis virum inultum et sicarium impunem immo praemia habentem; illa brevibus sibi viri ultionem fratrisque poenas gratulatur. Prius est cuiusvis foeminae.

Exsul agor, cineresque viri patriamque relinquo,
Et feror in duras hoste sequente vias.
Applicor ignotis, fratrique elapsa fretoque,
Quod tibi donavi, perfide, littus emo.[3]

Quid hactenus legimus in Ovidio, quod non cuivis praefecti cuiuscunque militaris evenire possit coniugi? § 312.

§ 408 Habeat gravitas nationis germanicae per omnes gradus magnorum cum decore decurrens, quae regerat suam gracilitatem ultra modum efferentibus vicinis. Fuit inter eos, quo dicam homuncionem nomine? qui cruciatus hominis optimi maximi genus humanum infinitis malis eximentes ludicris illis novorum gelasimorum versiculis proscinderet, et Christianus tamen in regno Christianismi videri vellet. Centum civibus ipsa Iustitia veniam potius daret in tenuibus peccandi graviter, quam huic uni in una re, profecto, gravissima vile cogitandi genus levissime adhibenti, § 317.

1 Ovid, *Heroid.* 7, 111 f.
2 Ebd. 7, 113 f.
3 Ebd. 115–118.

wie es schon vorher war, begleitet es die letzten Momente meines Lebens.

Seht nur! Was für ein gewöhnliches, sich über ihr dauerndes Unglück beklagendes Weib! Viel stärker sagt die Dido des Vergil über sich aus – abgesehen vom jüngsten Ungemach –, glücklich zu sein.

Es fällt der Ehemann abgeschlachtet am häuslichen Altar
und den Lohn eines so großen Verbrechens erhält der Bruder.

Die Dido des Ovid beklagt sich weitschweifig, daß ihr Gatte ungerächt bleibt und der Meuchelmörder ungestraft sogar den Lohn davonträgt; die Dido des Vergil beglückwünscht sich in wenigen Worten, den Mann gerächt und den Bruder bestraft zu haben. Das erste ist die Art jedes beliebigen Weibes.

Als Verbannte gehe ich, verlasse die Asche des Mannes und das Vaterland
und begebe mich auf beschwerliche Wege, verfolgt vom Feind.
Ich lande in unbekannten Ländern, dem Bruder und der Flut entkommen
und erkaufe den Strand, den ich dir, Treulosem, schenkte.

Was lesen wir bis hier bei Ovid, was nicht jeder beliebigen Frau eines jedweden Militäroffiziers geschehen könnte?

§ 408 Es mag der Ernst der germanischen Nationen, der alle Grade des Großen mit Wohlanständigkeit durchläuft, etwas haben, das er ihren Nachbarn, die ihre Artigkeit über die Maßen preisen, entgegensetzen mag. Gab es doch unter denen einen – weshalb soll ich das Menschlein beim Namen nennen? –, der die Martern des besten und größten Menschen, die das menschliche Geschlecht von unendlichen Übeln errettet haben, mit jenen kurzweiligen Verslein neuerer Spötter[1] herabwürdigte und denoch für einen Christen im Reiche des Christentums angesehen werden wollte.[2] Die göttliche Gerechtigkeit selbst würde wahrhaftig eher hundert anderen ihrer Untertanen, die sich in schlichten Dingen schwer vergehen, vergeben, als in dieser einen Sache diesem einen, der auf die leichtfertigste Weise die geringschätzige Denkungsart auf die allerbedeutendsten Dinge anwendet.

§ 409 Grandis illa magnanimitas, unde sublimia vere sperari possunt, ita aversa est ab omni tumore, quarto eius genere, et huius speciebus, § 318, uti, si esset alterutrum necessarium, in manifestum prius βάθος delabi, quam crypticis puerilium humilitatibus intricari mallet. Hinc illius in optimis auctoribus adhuc minus rara sunt exempla, ac harum ineptiarum, quibus Martianus Capella, Tertullianus, Sedulius, et his aequales, affatim turgent. Procul hinc magnidica mendacia, et quicquid est insulsae magniloquentiae!

§ 410 Animus in aestheticis generice maximus imitationem grandium ab Horatio, Cicerone, Longino, ab ipsa ratione per doctrinam de exspectatione casuum similium psychologicam, ita habet sibi commendatam, ut non *exemplaria*[1] solum sublimium scriptorum, pictorum e.c.

Nocturnam versare manu, versare diurna,[2]

sed et illustrium per omnes aetates virorum facta dictaque, velut in speculum, intueri, moresque tum suos ipse, quantum licet, tum a se cogitando exprimendos ad horum similitudinem componere gaudeat, § 285. Nec haerebit in solis clarioribus, eruere maiora quaevis e tenebris, ab oblivionis iniuria vindicare, et, in ipso hoste si sint, laudare, pro caussae meritis, non erubescit, § 286.

§ 411 Animus in dicto saepe gradu magnus, non suspicax est et incredulus, si quid egregii et eminentis audire sibi, vel omnino videre videtur, et, quanquam aera lupinis distinguere dudum didicit, suo tamen experimento novit, non ardua quaevis et singulari ex virtute

[1] Horaz, *A. p.* 268.
[2] Ebd. 269.

§ 409 Jene hohe Großmut, von der wahrhaft erhabene Dinge erhofft werden können, ist jedem Schwulst, dessen vierter Gattung und seinen Unterarten so abgeneigt, daß sie, wenn eines von beidem notwendig wäre, sich eher zu einem offenbaren Kriechenden herabsenken würde als sich in die versteckten Niedrigkeiten kindischer Dinge zu verwickeln. Daher sind bei den besten Schrifstellern Beispiele von jenem immer noch weniger selten als Beispiele von den Narrenspossen, von denen Martianus Capella, Tertullian, Sedulius[1] und ihresgleichen zur Genüge strotzen. Fern seien uns daher prahlerische Lügen und alles, was es an abgeschmackten Großsprechereien gibt!

§ 410 Das in ästhetischen Dingen der Art nach größte Gemüt hält die von Horaz, Cicero, Longin, ja selbst von der Vernunft aufgrund der psychologischen Lehre der Erwartung ähnlicher Fälle[1] empfohlene Nachahmung großer Dinge für sich für so angeraten, daß es sich nicht allein daran erfreut, *Muster* von erhabenen Schriftstellern, Malern usw.

mit fleißiger Hand bei Nacht und bei Tage aufzurollen,[2]

sondern auch daran, auf die Taten und Worte der ausgezeichnetsten Männer aller Zeiten gleichsam wie auf einen Spiegel zu schauen und dann bald die eigenen Sitten, soviel es möglich ist, bald das, was es von seinem eigenen Denken ausdrücken will, auf die Ähnlichkeit mit ihnen hin einzurichten. Und es wird nicht allein bei den berühmteren Beispielen stehenbleiben, sondern sich auch nicht scheuen, jedwede größeren Beispiele aus dem Dunkel ans Licht zu bringen, vor dem Unrecht des Vergessens zu bewahren und auch dann, wenn sie ihm selbst fremdartig scheinen, um ihrer Verdienste willen zu loben.

§ 411 Das in dem mehrfach genannten Grade große Gemüt ist nicht argwöhnisch und ungläubig, wenn es etwas Vorzügliches und Herausragendes zu hören oder gar zu sehen glaubt. Und, obgleich es schon vorher gelernt hat, Münzen von Feigbohnen zu unterscheiden,[1] hat es doch auch aus eigener Erfahrung eingesehen, daß nicht alle höchst schwierigen und nur aus einer einzigartigen Tugend

tantum fluentia, iam eo ipso numeranda esse, propter dedecus nostri generis, in absolute incredibilibus, §§ 286, 301. Sicut eundem parvae quaedam occasiones parum movent dignum cedris ad impetum, S. V, ita peculiarem aliis fortius incitationem aliquando sentit, quoniam, et ipsius iudicio,

Paullum sepultae distat inertiae
Celata virtus,[1]

si quando *dicenda Musis praelia,*[2] si heroicum amorem patriae, si praeclaram detegit in multis vitae morumque sanctimoniam, ac illi tamen

omnes illacrimabiles
Urgentur ignotique longa
Nocte, carent quia vate sacro,[3]

aut *lividis oblivionibus* non ita multo post *carpendi* videntur,[4] si et ipse *sileat eosdem inornatos,*[5] Hor. IV, Od. 9.

§ 412 Magnanimitatis huius utique natura bene natorum πρῶτον καὶ ἀρχέτυπον στοιχεῖον ἐπὶ πάντων ἐστί,[6] uti Longinus S. II liberaliter concedit, non ea solum, quae in ingeniis divinis et praecordiis ad heroica sole paene natis, sed oppido paucis, est αὐτόνομος,[7] sed et illa natura, nobilium animorum, § 404, quae non ordinariis suis quidem viribus, vivis iis tamen et bona per consilia directis in altius quid atque sublimius, per exempla grandia validius incitatis, eo potest et decernit assurgere, S. II.

§ 413 Neque vero solam naturam, quatenus connascitur, heic certe, paginam utramque facere, vel hinc efficere mihi posse videor, quod experientia confirmat, optimas maximas, aut saltim bonas excellenter naturas, § 412, barbarie saeculorum ac aetatis suae, pravis exem-

1 Horaz, *Carm.* 4, 9, 29 f.
2 Ebd. 4, 9, 21.
3 Ebd. 4, 9, 26–28.
4 Ebd. 4, 9, 33 f.
5 Ebd. 4, 9, 32.
6 Longin 2, 2.
7 Ebd.

fließenden Dinge schon als solche aufgrund der Laster unserer menschlichen Gattung zu den absolut unglaublichen Dingen gezählt werden müssen. Ebenso wie ein solches Gemüt gewisse kleine Begebenheiten wenig zu einer dem Unsterblichen würdigen Begeisterung hinreißen,[2] so fühlt es bisweilen stärker eine besondere Erregung bei anderen Dingen, weil ja auch nach seinem eigenen Urteil

wenig nur scheidet von begraben ruhender Tatenlosigkeit
verborgenes Heldentum.

Dies geschieht, wenn es *Kämpfe des Musengesanges wert*, eine heldenhafte Liebe zum Vaterland, eine Gottgefälligkeit des Lebens und der Sitten bei vielen entdeckt, diese aber

alle unbeweint sind
und ungekannt umfangen von langer
Nacht, weil ihnen der heilige Sänger fehlt,

und es ihm scheint, daß diese nicht viel später bestimmt wären, *vom neidischen Vergessen zernagt* zu werden, wenn auch es selbst *sie ungepriesen verschweigen würde.*[3]

§ 412 Die Natur dieser Großmut der Wohlgeborenen, die, wie Longin freimütig einräumt, *als Prinzip und Element des Werdens überall wirkt*, ist schlechterdings nicht nur diejenige, die in – den ungemein wenigen – göttlichen Geistern und Herzen, die beinahe nur zu Heldenhaftem geboren sind, *nach eigenem Gesetz* verfährt, sondern auch jene Natur der edleren Gemüter, die gewiß nicht mit ihren gewöhnlichen, aber dennoch mit ihren lebendigen und durch gute Eingebungen zu etwas Höherem und Erhabeneren hin ausgerichteten, durch Beispiele von Größerem stärker entflammten Kräften sich bis dahin erheben kann und will.

§ 413 Und es scheint mir in Wahrheit auch nicht, daß die Natur, insofern sie eingeboren ist, allein, jedenfalls nicht hier auf Erden, alles nach ihrer Wahl entweder so oder anders ausführen kann. Vielmehr scheint mir, was die Erfahrung bestätigt, daß die besten und größten oder zumindest die herausragend guten Naturen durch die

plis, praeconceptis magnatum opinionibus, servitute, uti apud Longinum est, S. XLIV, quasi *quadam animi arcula et publico carcere* posse deprimi,[1] constringi, imminui, § 359, *quemadmodum arculae (si vera sit fama) in quibus nani, vocati Pygmaei, nutriuntur, non solum impediunt incrementa inclusorum, sed etiam contrahunt eos circumposito corporis vinculo*,[2] § 359.

§ 414 Si qua libertatis externae fraena, si qua servitus externa deprimendis animis retundendisque maximis quibusvis et studiis et incitationibus apprime facta sunt, quod nullus nego: nec extra oleas vagari mihi videar, si, propter oppositorum opposítas rationes, in primis auxiliis animorum ad vere excelsa levandorum numerem intimam persuasionem de copioso maximorum eventuum systemate, non praeteritorum solum et praesentium, sed etiam maxima ex parte adhuc exspectandorum, non optima solum et maxima sublimitatis ac venerandae virtutis exempla simpliciter ad imitandum proponente, sed etiam saluberrima proferendi in semet ipsum imperii, fugiendae servitutis moralis omnis internae, victoriaeque in semet ipsum obtinendae remedia consiliis evidentissimis subministrante, persuasionem, inquam, de veris eiusmodi rebus et gestis et gerendis, quae simul eam animabus vim largiatur ac potentiam divinitus, ut ne mortis quidem metu possint eo compelli, quo tyrannus improba poscens destinaverit, supernaturale libertatis internae psychologicaeque complementum ac supplementum.

§ 415 Pergit Longinus l. c. caussas penuriae sublimium suis temporibus ingeniorum enarrare 2) pacem universi orbis, cui tamen caussae et ipse parum fidit, et satis prospexit Discordia fratrum, ne diu

1 Vgl. ebd. 44, 5.
2 Vgl. ebd.

Barbarei der Zeitalter und zu ihren Lebzeiten, durch schlechte Beispiele, durch Vorurteile der Mächtigen, durch die Sklaverei, wie es bei Longin heißt, gleichsam wie *in einem Seelenzwinger und öffentlichen Zuchthaus* niedergedrückt, gefesselt und verkleinert werden können, *gleichwie die Käfige (wenn die Geschichte wahr ist), in denen Zwerge, Däumlinge genannt, aufgezogen werden, nicht allein das Wachstum der Eingesperrten verhindern, sondern sie auch durch um den Körper gelegte Fesseln beklommen machen.*[1]

§ 414 Wenn etwa die Zäume der äußerlichen Freiheit, wenn etwa die äußere Knechtschaft vor allem dazu gemacht sind, die Geister niederzudrücken und sowohl ohne jeden Unterschied alle größten Bestrebungen wie auch jedwede größte Begeisterung niederzuschlagen, was ich keineswegs verneine: Scheint es mir nicht abwegig zu sein – weil die Gründe von Gegensätzlichem selbst gegensätzlich sind – wenn ich zu den ersten Hilfen der Gemüter, sich zum wahrhaft Erhabenen zu erheben, die innigste Überredung von dem reichen System der größten Begebenheiten zähle, nicht nur der vergangenen und der gegenwärtigen, sondern auch und zum größten Teil der noch zu erwartenden, das nicht allein die besten und größten Beispiele des Erhabenen und der verehrungswürdigen Tugend, die auf einfache Weise nachzuahmen sind, vor Augen stellt, sondern auch mit ausgemachtesten Maßregeln die heilsamsten Mittel darreicht, um die Herrschaft über sich selbst hervorzubringen, aller innerlichen sittlichen Knechtschaft zu entkommen und den Sieg über sich selbst zu behaupten. Die Überredung, sage ich, von dem, was wahrhaft getan und noch zu tun ist, die zugleich den Gemütern durch göttliche Fügung eine solche Kraft und ein solches Vermögen schenkt, daß nicht einmal die Furcht vor dem Tod sie dahin treiben kann, wohin ein Tyrann, der Unbilliges fordert, sie etwa hinbestimmen will: Diese Überredung ist die übernatürliche Erfüllung und Ergänzung der inneren und psychologischen Freiheit.[1]

§ 415 Longin fährt an derselben Stelle fort, die Gründe des Mangels an erhabenen Geistern zu seinen Zeiten im einzelnen zu beschreiben:[1] 2) Den allgemeinen Weltfrieden, an den als Grund er selbst jedoch wenig glaubt und dem so hinreichend schon der Bru-

possit egestas heroum imputari, et imputaretur eadem falso, si quando sperare liceret pacem orbis habitabilis universalem diuturnam, hominesque simul discerent excelsas pacis artes, quibus pater patriae summos etiam regnorum gentiumque domitores transcendit. 3) *Infinitum detinens cupiditates nostras bellum*,[1] de quo, quale sit, interpretes disputant.

§ 416 Magnanimitatis excellentis status ordinarius est status tranquillitatis, E. § 445, supra perturbationes animi vulgares et tumultus mentis internos positae. Per altam rationis et inferiorum cognoscendi facultatum, voluntatis et inferiorum appetendi facultatum, harmoniam, quae saepe apud eminenter magnos viros restat, etiamsi vehementius, nec sine affectionibus, quoniam homines sunt, commoveantur. Abripiuntur in πάθος ενθουσιαστικόν, si ferat occasio, sed probante ratione, rationalique conscientia, tum antecedente, tum concomitante, et consequente. Hactenus nihil est interni dissidii. Si qua tamen aliquando lucta caelestibus in animis locum habet, non est ea sensitivarum tantum cupiditatum in alias non nisi sensitivas, πάθων εἰς πάθη, sed decretorum, quibus admixtum sit aliquid sensitivi, pugnantium in meras appetitiones sensitivas, nec diu, nec in infinitum, sed plerumque vincente parte meliori, cuius victoria profundam iterum pacem et antiquam tranquillis animis serenitatem reducit: M. § 693.

§ 417 Cum hoc statu confer statum bestialitatis, E. § 434. Nulla quies huic, nulla tranquillitas, nulla sopitae rationis et affectum, et instinctuum, nec horum inter se, concinens harmonia. Crederes nunc

[1] Vgl. ebd. 44, 6.

derzwist bevorstand, daß ihm nicht länger der Mangel an Helden zugeschrieben werden konnte[2] – und der ihm fälschlich zugeschrieben würde, wenn man an einen allgemeinen und dauerhaften Frieden der bewohnbaren Welt glauben könnte und die Menschen zugleich die erhabenen Künste des Friedens erlernen würden, durch welche der Vater des Vaterlandes[3] auch die höchsten Bezwinger von Königreichen und Völkern übersteigt. 3) *Den endlosen Krieg, den unsere Begierden führen*, über den, was er sei, sich die Ausleger gelehrt streiten.

§ 416 Der ordentliche Zustand der hervorragenden Großmut ist der Zustand der Beruhigung, die über den gewöhnlichen Unruhen und dem innerlichen Aufruhr des Gemüts ihren Ort hat. Seinen Grund hat dies in der tiefen Einigkeit der Vernunft und der unteren Erkenntnisvermögen, des Willens und der unteren Begehrungsvermögen, die oft bei den herausragend großen Männern verbleibt, auch wenn sie heftiger, nicht ohne Erregung der Leidenschaften – weil sie ja Menschen sind – bewegt werden. Sie werden in eine enthusiastische Leidenschaft fortgerissen, wenn sich die Gelegenheit ergibt, aber unter Zustimmung der Vernunft und mit vernünftigem, bald vorausgehendem, bald begleitendem und nachfolgendem Gewissen. Insoweit gibt es keine innere Uneinigkeit. Wenn etwa dennoch zuweilen ein Streit in diesen himmlischen Gemütern stattfindet, dann ist dieser keiner von nur sinnlichen Verlangen gegen andere bloß sinnliche Verlangen, von Leidenschaften gegen Leidenschaften, sondern ein Streit zwischen Entschlüssen, denen etwas Sinnliches beigemischt ist, die gegen bloße sinnliche Begierden kämpfen, nicht lange, nicht unendlich, sondern meistenteils mit einem siegenden besseren Teil, dessen Sieg wiederum den tiefen Frieden und die alte Heiterkeit den beruhigten Gemütern zurückbringt.[1]

§ 417 Vergleiche mit diesem Zustand den viehischen Zustand. Bei diesem gibt es keine Ruhe, keine Beruhigung, keine zusammenstimmende Einigkeit zwischen der schlafenden Vernunft, den Leidenschaften und den blinden Trieben, noch auch derselben untereinander. Solltest du nun glauben, dies sei

Nimborum patriam loca foeta furentibus Austris,[1]

qui totum hominem

Quippe ferant rapidi secum verrantque per auras.[2]

Falleris tamen. Non ita multo post

Una Eurusque Notusque ruunt, creberque procellis
Africus,[3]

et suum cuique facinus. Ponat servitus externa non nihil iisdem repaguli,

Illi indignantes magno cum murmure circum
Claustra fremunt,[4]

luctantes[5] *intus continuo, et ad primam iterum opportunitatem,*

velut agmine facto,
Qua data porta, ruunt.

Ita misere talis animus nunc auri sacra fame, nunc ambitione et fastu, nunc voluptatum turbine, nunc desidia, nunc aliquibus, nunc omnibus, inter se dissentientibus, agitatur. Hoc est illud infinitum bellum, § 415, magnanimitati sublimium foetae inimicissimum, § 416.

§ 418 Iam una dictarum tempestatum infringit satis animum. Recte Longinus in caussis deficientis egregii ac sublimis narrat 4) φιλοχρηματίαν, appellans venuste φιλοχρηματίαν νόσημα μικροποιόν,[6] § 45, eiusque cum magno sumtu (Sumtuositate) liberos fingit Fastum et Luxuriam, ex quibus sane non degeneres generentur denuo Contumelia, Iniustitia et Impudentia, quam inter progeniem contabescant et emarcescant animorum magnitudines.

1 Vergil, *Aen.* 1, 51.
2 Ebd. 1, 59.
3 Ebd. 1, 85 f.
4 Ebd. 1, 55 f.
5 Ebd. 1, 53.
6 Longin 44, 6.

die Heimat der Stürme, die schwanger von wütenden Winden

den ganzen Menschen

rasend fortreißen und fort durch die Lüfte schleifen,

würdest du dich dennoch irren. Denn wenig später

stürmen zusammen der Eurus und Notus und der Ungewitter erzeugende
Africus heran,[1]

und jeder von ihnen verrichtet das seine. Mag die äußere Knechtschaft sie auch ein wenig in die Schranken verweisen,

sie umtosen erbost mit lautem Gebrüll die hemmenden Riegel,

inwendig ununterbrochen *kämpfend*, und bei der ersten Gelegenheit

stürmen sie abermals *geschlossen*
durch das sich bietende Tor.

So wird in elender Weise ein solches Gemüt einmal von der verwünschten Gier nach Gold,[2] einmal von Ehrgeiz und Stolz, einmal vom Wirbel der Lüste, einmal vom Müßiggang, einmal von manchen, einmal von allen unter sich widerstreitenden Leidenschaften und blinden Trieben umhergeworfen. Dies ist jener nicht enden wollende Krieg,[3] welcher der mit Erhabenem erfüllten Großmut am allerfeindlichsten ist.

§ 418 Schon einer der genannten Stürme zerbricht das Gemüt genügend. Richtig zählt Longin zu den Gründen des Fehlens des Vortrefflichen und Erhabenen 4) *die Geldgier*, indem er sie auf anmutige Weise eine *kleinmachende Seuche* nennt, und als aus ihrer Verbindung mit der großen Verschwendung (dem ehrliebenden Aufwand) hervorgegangene Kinder stellt er sich den Dünkel und die Schwelgerei vor, aus denen als durchaus nicht aus der Art schlagende Sprosse wiederum die Verleumdung, die Ungerechtigkeit und die Schamlosigkeit erzeugt werden, eine Nachkommenschaft, in deren Gesellschaft die Größe der Gemüter sich nur aufzehren und dahinschwinden kann.

§ 419

An, haec animos aerugo et cura peculii
Quum semel imbuerit, speramus carmina fingi
Posse linenda cedro et levi servanda cupresso? A. P. 330.[1]

Negat ipse Phaedrus de fabellis, quales scripsit, aut scripsisse dicitur, III, prol., *Novem artium, quamvis curam*

habendi penitus corde eraserim,
Et laude invita in hanc vitam incubuerim,
Fastidiose tamen in coetum recipior.
Quid credis illi accidere, qui magnas opes
Exaggerare quaerit omni vigilia,
Docto labori dulce praeponens lucrum?[2]

Cf. Hor., Od. II 15, 18, III 2, 24.

§ 420 5) Φιληδονία καταβυθίζει,[3] §§ 417, 418. Intemperans deliciarum externarum desiderium eo usque mores emollit, ut tandem nihil omnino masculi roboris animo supersit, et minime tantum, quantum valoris grandi requirunt.

Vides, ut pallidus omnis
Coena desurgat dubia? Quin corpus onustum
Hesternis vitiis animum quoque praegravat una,
Atque adfligit humo divinae particulam aurae, Hor., Serm II 2,[4]

quae tota paene huc pertinet satura. Numera modo dispendia temporis, quod insumendum est acquirendae theoriae, eiusque empiricae, crebrius repetitis experimentis ad eam certitudinem evectae, quae decet arbitrum elegantiarum eiusmodi, et miraberis superfuisse nonnihil otii, gravioribus concedendi.

1 Horaz, *A. p.* 330–332.
2 Vgl. Phaedr. 3, Prol. 19–26.
3 Vgl. Longin 44, 6.
4 Horaz, *Serm.* 2, 2, 76–79.

§ 419

Ja hoffen wir denn, wenn die Geister der Rost und die Sorge für das Vermögen
einmal befallen hat, man könne noch Dichtungen schaffen,
die wert sind, mit Zedernöl bestrichen und im Zypressenschrein aufgehoben zu werden?[1]

Dies verneint selbst Phaedrus in bezug auf die kleinen Fabeln, die er schrieb oder von denen man sagt, daß er sie schrieb:

In den neunfachen Zirkel der Künste
ward ich, so sehr ich jede Gier nach Schätzen aus dem Herzen riß
und der ich unter großem Lob ins Leben kam,
nur ungern aufgenommen.
Was glaubst du nun, daß dem geschieht, der große Schätze
in steter Wachsamkeit sich zu erwerben trachtet,
den Wucher höher schätzend als die gelehrte Arbeit?[2]

§ 420 5) *Die Genußsucht zieht uns in die Tiefe.* Die unmäßige Sehnsucht nach Gemütsergötzlichkeiten erweicht die Sitten bis zu dem Grad, daß schließlich gar nichts mehr an männlicher Stärke im Gemüt übrigbleibt und am wenigsten soviel an Werthaftigkeit, wie sie größere Dinge fordern.

Bemerkst du, wie jeder vom Mahle
bleich sich erhebt, das ratlos läßt, was zu wählen? Beladen
drückt mit den gestrigen Lastern der Leib auch nieder die Seele,
schmiedet am Erdboden an sein Teilchen des göttlichen Geistes,

sagt Horaz in der zweiten Satire des zweiten Buches, die beinahe als ganze hierher gehört.[1] Berechne allein den Aufwand an Zeit, der aufgewendet werden muß, um eine solche Theorie und deren, durch häufiger wiederholte Versuche gewiß gemachte, Erfahrungskunst[2] zu erlangen, die einem solchen Richter über das Geschmackvolle ziemt, und du wirst dich wundern, daß ihm noch ein wenig Muße übrigblieb, um diese auf wichtigere Dinge zu verwenden.

§ 421 6) Desidiam tandem Longinus in caussis animorum parum aut nihil in sublime surgentium numerat. Qua dum intermittuntur exercitia, non crescit habitus, ac eo ipso crescit desuetudo habitui opposita, id est difficultas, in veram denique degenerans impotentiam.

Invidiam placare paras, virtute relicta?
Contemnere, miser. Vitanda est improba Siren
Desidia, aut, quicquid vita meliore, parasti
Ponendum aequo animo, Hor., Serm. II 3, v. 13.[1]

Ambitionem superbiaeque fastum, naturales tumoris parentes, Longinus omisit, forsan a laudabili philotimia non satis haec vitia distinguens, aut veritus, more multorum, ne funditus his eversis illa simul enecetur, aut saltim enervetur. Sanioris autem ethices peritus ratione perspicit, quod experientia satis ac historia confirmant, uti separari probe possunt et debent, ita saeculis locisque, quibus veri honoris amori substituta fuit ambitiosa fastus superbia non sublimitatis floruisse regnum, sed tumoris insanivisse tyrannidem.

§ 422 Veram amans in cogitando pulcritudinem, ut possis magna, S. XV, absolute, S. XVI, pro relativa sua magnitudine, S. XVII, proportionatis materiae cogitationibus, S. XVIII, vel tenui, S. XIX, vel medio, S. XX, vel sublimi cogitandi genere, S. XXI, sine vitiis, quae in maximis esse solent maxime conspicua, S. XXII, augere, S. XXIII: connatam pectoris tui magnitudinem, quam habeas aliquam oportet, § 45, et ad absolutam gravitatem compone, S. XXIV, et erige, quousque surgere poterit, S. XXV, felix, si sublimitatibus etiam attingendis suffecerit, S. XXVI.

Non, si priores Maeonius tenet
Sedes Homerus, Pindaricae latent

[1] Ebd. 2, 3, 13–16.

§ 421 6) Schließlich zählt Longin den Müßiggang zu den Gründen für die wenig oder gar nicht sich zum Erhabenen erhebenden Geister.[1] Während durch ihn die Übungen unterbrochen werden, wächst die Fertigkeit nicht und sogar wächst eben dadurch die der Fertigkeit entgegengesetzte Entwöhnung, das heißt die Beschwerlichkeit, die am Ende gar in ein wirkliches Unvermögen ausartet.

Denkst du daran, den Neid zu beschwichtigen ohne die Leistung?
Armer! Gering wirst du sein. Man muß meiden die schlimme Sirene
Faulheit oder, was du mit besserem Leben erworben,
gleichmütig geben zurück.

Den Ehrgeiz und den Stolz des Hochmuts, natürliche Eltern des Schwulstes, hat Longin ausgelassen, vielleicht weil er diese Fehler nicht genügend von der lobenswerten Ehrliebe unterschied oder weil er – wie viele – fürchtete, daß, würden jene ganz und gar vernichtet, auch diese zugleich erstickt oder zumindest entkräftet würde. Wer aber einer gesünderen Sittenlehre kundig ist, erkennt mit seiner Vernunft, was die Erfahrung und die Geschichte genügend bestätigen, daß, so wie jene füglich getrennt werden können und müssen, so auch in Zeiten und an Orten, wo an die Stelle der wahren Ehrliebe der ehrgeizige Hochmut des Stolzes rückte, nicht das Königreich des Erhabenen blühte, sondern die Tyrannei des Schwulstes raste.

§ 422 Damit du, der du die wahre Schönheit im Denken liebst, das Große in absoluter Weise, gemäß seiner relativen Größe, mit Gedanken, die den Stoffen angemessen sind, entweder in der schlichten, der mittleren oder in der erhabenen Denkungsart ohne Fehler, die bei den größten Dingen in höchstem Maße auffallen, vermehren kannst: Richte die angeborene Größe deines Herzens, die du in einem gewissen Maß haben mußt, hin auf die absolute Wichtigkeit, und erhebe sie so hoch hinauf, wie sie aufzusteigen vermögend ist, und glücklich bist du, wenn sie auch dazu ausreicht, Erhabenes zu berühren.

Nicht, wenn auch aus Maionien innehat den ersten
Platz Homer, bleiben verborgen des Pindar,

Ceaeque et Alcaei minaces,
Stesichorique graves, camoenae,
Non, si quid olim lusit Anacreon,
Delevit aetas, Hor. IV, Od. 9.[1]

SECTIO XXVII
VERITAS AESTHETICA

§ 423 Tertia cura sit in rebus eleganter cogitandis, §§ 115, 177, VERITAS, M. § 515, sed AESTHETICA, § 22, i.e. veritas, quatenus sensitive cognoscenda est. Veritatem obiectorum metaphysicam novimus convenientiam eorundem cum universalibus maxime principiis, M. § 92, et inde Leibnitium intelligimus, qui Theodicaeae, T. II, p. m. 312: *Potest,* inquit, *dici aliqua ratione principium contradictionis et rationis sufficientis inclusum definitioni veri et falsi.* Nam repraesentatio veri in aliquo obiecto metaphysici, quatenus intra animam certi subiecti peragitur, est ea convenientia repraesentationum cum obiectis, quam plerique *veritatem logicam* nominant, alii *mentalem*, afficientiae, correspondentiae et conformitatis, dum metaphysicam veritatem materialem appellant.

§ 424 Posset metaphysica veritas obiectiva, obiective verorum repraesentatio in data anima SUBIECTIVA dici VERITAS, vel etiam in verbis faciles *logicam* eandem dicamus cum plurimis, sed *latius*, ut in re conveniamus, cuius potissimum caussa haec repetuntur aliquantulum altius. Iam enim reor liquidum esse, VERITATEM, metaphysicam, vel obiectivam quum dixeris, ut lubet, in anima data sic repraesentatam, ut det in eadem veritatem logicam latius dictam, vel mentalem et subiectivam, nunc obversari intellectui potissimum in spiritu, dum est in distincte perceptis ab eodem, LOGICAM STRIC-

1 Horaz, *Carm.* 4, 9, 5–10.

die von Keos und des Alkaios drohende,
des Stesichoros ernste Musen,
noch hat, was einst gescherzt Anakreon,
zerstört die Zeit.[1]

ABSCHNITT XXVII
DIE ÄSTHETISCHE WAHRHEIT

§ 423 Das dritte Besorgnis bei geschmackvoll zu denkenden Sachen möge die WAHRHEIT sein, jedoch die ÄSTHETISCHE, d. h. die Wahrheit, insoweit sie sinnlich zu erkennen ist.[1] Die metaphysische Wahrheit der Gegenstände ist uns bekannt als deren Übereinstimmung mit den allgemeinsten Grundsätzen, und von daher verstehen wir Leibniz, der in seiner *Theodizee* sagt: *Man kann in gewisser Hinsicht sagen, daß das Prinzip des Widerspruchs und das Prinzip des zureichenden Grundes in der Definition des Wahren und Falschen einbegriffen seien.*[2] Denn die Vorstellung des metaphysisch Wahren in irgendeinem Gegenstand, insoweit sie in einem gewissen Subjekt vollzogen wird, ist diejenige Übereinstimmung der Vorstellungen mit den Gegenständen, welche die meisten als *logische Wahrheit*, andere als *geistige* Wahrheit des Verhältnisses, der Entsprechung und der Übereinstimmung bezeichnen, während sie die metaphysische Wahrheit die materielle Wahrheit nennen.[3]

§ 424 Man könnte die metaphysische Wahrheit die objektive, die Vorstellung des objektiv Wahren in einer gegebenen Seele die SUBJEKTIVE WAHRHEIT nennen, oder wir wollen dieselbe mit den meisten die *logische* Wahrheit nennen, aber *in weiterem Sinne*, damit wir in der Sache übereinstimmen, zu deren Zweck wir vor allem diese Dinge ein wenig gründlicher wiederholen. Ich glaube nämlich, daß es völlig klar ist, daß die metaphysische oder – wenn man sie so bezeichnen will – die objektive WAHRHEIT, die in einer gegebenen Seele so vorgestellt wird, daß sie in derselben die logische Wahrheit im weiteren Sinne – oder die der Seele zugehörende oder subjektive Wahrheit – ergibt, im Geiste bald hauptsächlich durch den Verstand beobachtet wird, wenn sie in dem, was von ihm deutlich erkannt

TIUS DICTAM, nunc obversari analogo rationis et facultatibus cognoscendi inferioribus, vel unice, vel potissimum, *aestheticam*, § 423.

§ 425 Lege, sis, consilium, quod Chremes in Terentii Heaut. III 50, 1 Menedemo suppeditat, et hunc deprehendes de veritate quadam aesthetica loqui regerentem:

Videre verum, atque ita, uti res est, dicere.[1]

Memento saturarum, quando *veritatem, odium* saepe *parientem*,[2] exponere non dubitant, neque

teneras mordaci radere vero,
Auriculas,[3]

suo tutae quasi privilegio:

quanquam ridentem, dicere verum
Quis vetat? [4]

easque confer cum practicis, eiusdem quae videantur argumenti, consiliis ethici cuiusdam philosophi curatius sua demonstrantis ac scientifice: et deprehendes in exemplo differentiam veritatis aestheticae, et strictius logicae, § 424.

§ 426 Communis est logicis aestheticisque meditationibus, quam Cicero De off. II 18 paene genetice describit, *virtus*, quae vertitur *in perspiciendo, quid in quaque re verum sincerumque sit, quid consentaneum cuique* (convenientiam cum principio contradictionis), *quid consequens* (convenientiam cum principio rationati, M. § 23), *ex quo quaeque gignantur, quae cuiusque rei sit caussa* [5] (convenientiam cum principiis rationis, M. § 20, et rationis sufficientis, M. § 22). Verum quando nituntur illae distinctam et intellectualem ad harum rerum

1 Ter., *Heaut.* 490.
2 Ter., *Andria* 68.
3 Pers. 1, 107.
4 Horaz, *Serm.* 1, 1, 24 f.
5 Cic., *De off.* 2, 18.

wird, enthalten ist, als LOGISCHE Wahrheit IM ENGEREN SINNE, und bald, entweder einzig oder hauptsächlich, durch das Analogon der Vernunft und die unteren Erkenntnisvermögen, und dann als *ästhetische* Wahrheit.[1]

§ 425 Lies bitte den Rat, den Chremes im *Heautontimorumenos* des Terenz dem Menedemus gibt, und du wirst verstehen, daß dieser, indem er antwortet, gewissermaßen über die ästhetische Wahrheit spricht:

Das scheint mir richtig und es ist so, wie du sagst.[1]

Erinnere dich an die Satiren, wo sie nicht zögern, *eine Wahrheit, die* oft *Haß hervorbringt,* dazustellen, und auch nicht zögern,

die zarten Öhrchen mit bissiger Wahrheit zu verletzen,

gleichsam geschützt durch ein ihnen eigenes Vorrecht:

Doch lachend die Wahrheit zu sagen,
wer verbietet's?[2]

Vergleiche dann dieselben mit den praktischen Ratschlägen, die dasselbe Argument zu enthalten scheinen, eines Philosophen der Sittenlehre, der seine Sätze sorgfältiger und wissenschaftlich beweist: Und du wirst an diesem Beispiel den Unterschied zwischen der ästhetischen Wahrheit und der logischen Wahrheit im engeren Sinne begreifen.

§ 426 Gemeinsam ist den logischen und ästhetischen Überlegungen die *Tugend,* welche Cicero in *De officiis* beinahe gemäß ihrer Entstehung beschreibt, die *im Durchschauen dessen* besteht, *was bei jedem Gegenstand wahr und unverfälscht, was jeweils übereinstimmend* ist (die Übereinstimmung mit dem Satz des Widerspruchs), *was folgerichtig* ist (die Übereinstimmung mit dem Satz des Gegründeten[1]), und *woraus jeder Gegenstand entsteht und was die Ursache für ihn ist* (die Übereinstimmung mit dem Satz des Grundes und des zureichenden Grundes). Während aber jene auf ein deutliches und verstandesmäßiges Erfassen dieser Dinge hinarbeiten, haben diese, indem sie innerhalb ihres Horizontes verbleiben, genug damit zu

perspicientiam, hae subsistentes intra suum horizontem, easdem sensibus et analogo rationis eleganter intueri satagunt, § 424.

§ 427 Si VERITATEM mentalem et subiectivam, veritatem repraesentationum omnem, quae huc usque logica tantum dicta est, dicamus AESTHETICOLOGICAM: non ea distinguentium est sententia, ac si 1) aesthetice vera quaedam, immo multa, non essent simul logice vera, quod lubenter concedimus. In ea Naturae alloquutione ad mori detrectantem, quam Lucretius fingit, III 940–957, cuique vere satis subiicit:

Quid respondeamus, nisi iustam intendere litem
Naturam, et veram verbis exponere caussam?[1]

sunt omnia fere simul logice vera, M. § 265, E. § 252.

§ 428 Neque negamus, neque nescimus, 2) veritatem aestheticam in pulcre pingendis partibus saepe dare veritatem totius logicam, et vix aliter fieri posse, si partium absolvatur et ad finem perducatur enumeratio. Hoc unum observamus, veritatem ab aesthetico, quatenus intellectualis est, non directo intendi, si per indirectum ex veritatibus aestheticis pluribus una prodeat, aut cum aesthetice vero coincidat, de illo sibi gratulari aestheticum rationalem, § 38, neque tamen illud esse, quod nunc potissimum quaerebatur, § 423.

§ 429 Si qua vero sit veritas logica, strictius dicta scilicet, § 424, non nisi per intellectum cogitanda; vel illi subiecto, quod pulcre cogitaturum supponitur, vel iis obiectis personalibus, quorum gratia potissimum cogitas, et utrumque denuo, vel semper, vel certis nunc sane rebus circumstantibus: est ea supra horizontem aestheticum constituta, et recte, saltim praesens in tempus, omittitur, §§ 15, 121. Eclipsin annularem anni praeterlapsi cogita tecum astronomus, non

1 Lukr. 3, 950 f.

tun, dieselben mit den Sinnen und dem Analogon der Vernunft auf geschmackvolle Weise anschauend zu erkennen.

§ 427 Wenn wir die der Seele zugehörende und subjektive WAHRHEIT, die Wahrheit aller Vorstellungen, die bisher nur als ›logisch‹ bezeichnet worden ist, AESTHETIKOLOGISCH nennen wollen: Dann ist nicht dies die Meinung derer, die so unterscheiden, 1) daß etwa gewisse oder sogar viele ästhetische Dinge nicht zugleich auch logisch wahr wären, was wir gerne einräumen. In jener Anrede der Göttin Natur an einen Menschen, der sich dem Sterben verweigert, die Lukrez erfindet und der er wahrhaft genug anfügt,

Was könnten antworten wir, wenn nicht, daß billige Klage
führt die Natur und wahrhafte Gründe mit Worten entwickelt?,

ist beinahe alles zugleich logisch wahr.[1]

§ 428 Weder verneinen wir noch wissen wir nicht, 2) daß die ästhetische Wahrheit in Teilen, die schön auszumalen sind, oft die logische Wahrheit des Ganzen darstellt, und daß dies kaum anders möglich ist, wenn die Aufzählung der Teile abgeschlossen und bis zum Ende durchgeführt wird.[1] Dieses eine bemerken wir, daß die Wahrheit, insofern sie eine verstandesmäßige ist, vom Ästhetiker nicht geradezu angestrebt wird. Wenn sie aber auf mittelbarem Wege aus vielen ästhetischen Wahrheiten zugleich hervorgeht oder mit dem ästhetisch Wahren übereinkommt, beglückwünscht sich der vernünftige Ästhetiker dazu. Sie ist aber nicht das, was gerade am meisten gesucht wurde.[2]

§ 429 Wenn es nun allerdings eine logische Wahrheit, freilich im engeren Sinne, gibt, die nur durch den Verstand zu denken ist, entweder seitens des Subjekts, von dem vorausgesetzt wird, daß es schön denken will, oder seitens derjenigen persönlichen Objekte, um derenwillen man hauptsächlich denkt, und in beiden Fällen entweder immer oder wenigstens gerade unter gewissen Umständen: Dann liegt dieselbe über dem ästhetischen Horizont und wird zu Recht, wenigstens zum gegenwärtigen Zeitpunkt, weggelassen. Denke dir die ringförmige Sonnenfinsternis des letzten Jahres[1] als

physicus solum, sed et mathematicus, aut cum astronomis, eandem autem cogita pastor, vel sodalibus, vel tuae Neaerae: ohe! quot vera cogitasti prius, nunc omnino praetermittenda!

§ 430 Sunt veritates quaedam adeo parvae, ut eas sectari vel commemorare sit infra horizontem aestheticum, saltim infra pulcram magnitudinem, nunc absolutam omnino, nunc relativam certe, §§ 120, 178. Has veritates infinite parvas non curat aestheticus, §§ 191, 221. Nec historico quidem severam hanc sine exceptione legem scriptam putat: *Ne quid veri non dicat*,[1] ipse legens Aen. VI,

Iuvenum manus emicat ardens
Littus in Hesperium. – – –
At pius Aeneas arces, quibus altus Apollo
Praesidet, horrendaeque simul secreta Sibyllae
Antrum immane, petit,[2]

nec curat, nec cogitat, quo pede primum Aeneas Italiam tetigerit, et verissimum interim est, aut sinistro, aut dextro, nisi utroque, quod minus decorum.

§ 431 Veritas aesthetica postulat obiectorum eleganter cogitandorum I) possibilitatem, § 426, 1) absolutam, M. §§ 15, 90, quatenus sensitive cognoscenda est, § 423, i. e. ne in obiecto, dum illud vel in se spectare placet, iam aliquid notarum sibi invicem contradicentium, vel a sensibus et analogo rationis observetur, M. § 8. Quaedam peccatorum inaequalitas habet hanc possibilitatem, et hinc etiam aesthetice vera est, M. § 272. E contrario:

Queis paria esse fere placuit peccata, laborant,
Quum ventum ad verum est. Sensus moresque repugnant,
Atque ipsa utilitas, iusti prope mater et aequi, Hor., Serm I 3.[3]

[1] Vgl. Cic., *De or.* 2, 62.
[2] Vergil, *Aen.* 6, 5 f., 9–11.
[3] Horaz, *Serm.* 1, 3, 96–98.

nicht nur naturkundiger, sondern auch mathematischer Astronom oder in Gesellschaft von Astronomen, und denke dir dieselbe dann als Hirte, entweder für deine Gefährten oder für deine Neaira:[2] Halt ein! Wieviel Wahres wirst du vorher gedacht haben, das nun gänzlich übergangen werden muß![3]

§ 430 Es gibt gewisse Wahrheiten, die so klein sind, daß sie zu erforschen suchen oder zu erwähnen unter dem ästhetischen Horizont liegt, wenigstens unter dem Horizont der schönen Größe, einmal völlig unter dem der absoluten, einmal auch gewiß unter dem der relativen Größe. Um diese unendlich kleinen Wahrheiten besorgt sich der Ästhetiker nicht. Er meint vielmehr, daß nicht einmal für den Historiker dieses strenge Gesetz ohne Ausnahme geschrieben ist: *Man darf etwas Wahres nicht verschweigen*,[1] wenn er liest:

Nun springt in feurigem Eifer die Jugend
an Hesperiens Ufer – – –
Aber der fromme Aeneas erstrebt die Höhen, wo Phoebus
thront und abgeschieden der schaurig-geheimen Sibylle
riesige Grotte.

Noch besorgt er sich, noch denkt er daran, mit welchem Fuß Aeneas zuerst Italien berührt haben wird, wobei es indessen überaus wahr ist: entweder mit dem linken oder dem rechten, wenn nicht mit allen beiden, was weniger schicklich wäre.

§ 431 Die ästhetische Wahrheit verlangt I) die Möglichkeit der anmutig zu denkenden Gegenstände, und zwar 1) die absolute Möglichkeit,[1] insoweit sie sinnlich zu erkennen ist; d. h. in einem Gegenstand dürfen, wenn man ihn an und für sich betrachten will, nicht schon irgendwelche sich einander widersprechende Merkmale beobachtet werden, auch selbst dann nicht, wenn er mit den Sinnen und dem Analogon der Vernunft betrachtet wird. Die gewisse Ungleichheit der Sünden enthält diese Möglichkeit, die daher auch ästhetisch wahr ist. Vom Gegenteil her gezeigt:

Wem die Vergehen als gleich erscheinen, gerät in Bedrängnis,
wenn man der Wirklichkeit naht: Empfindung und Sitten empören
sich und der Nutzen selbst, fast des Rechten und Billigen Mutter.[2]

§ 432 Veritas aesthetica poscit possibilitatem obiectorum suorum, § 431, 2) hypotheticam, § 426, M. § 16, et hanc quidem denuo A) naturalem, M. § 469, quatenus cum certa libertate propius non connectitur, et ab analogo rationis diiudicari potest, § 423. Hanc deprehendo in Aen. IX 100,

Tum Pater omnipotens, rerum cui summa potestas,
Infit. Eo dicente, deum domus alta silescit,
Et tremefacta solo tellus, silet arduus aether.[1]

§ 433 Veritas aesthetica requirit possibilitatem in obiectis suis B) moralem a) latius dictam, M. § 723, ut non nisi a libertate derivanda, talia etiam et tanta sint, qualia et quanta ex data libertate, data persona et charactere e. g. hominis certi morali fluere videantur analogo rationis. Hoc est illud *ad veritatem vitae propius accedere*,[2] secundum quod sane non perinde est,

Maturusne senex, an adhuc florente iuventa
Fervidus, et matrona potens, an sedula nutrix,
Mercatorne vagus, cultorne virentis agelli,
Colchus, an Assyrius, Thebis nutritus, an Argis[3]

loquatur, aut obiectum occupationis, aut personale sit, Hor., A. P. 115.

§ 434

Tu, quid ego et populus mecum desideret, audi:
Si fautoris eges aulaea manentis, et usque
Sessuri, donec cantor: vos plaudite, dicat:
Aetatis cuiusque notandi sunt tibi mores,
Mobilibusque decor naturis dandus et annis, 153.

1 Vergil, *Aen.* 10, 100–102.
2 Cic., *De or.* 1, 220.
3 Horaz, *A. p.* 115–118.

§ 432 Die ästhetische Wahrheit erfordert die Möglichkeit ihrer Gegenstände, und zwar 2) die bedingte Möglichkeit, und diese freilich wiederum A) als natürliche Möglichkeit, insoweit sie nicht näher mit einer bestimmten Freiheit verbunden wird und vom Analogon der Vernunft beurteilt werden kann. Diese finde ich in der *Aeneis*:

Doch der allmächtige Vater, des Weltalls höchster Beherrscher,
hebt nun an; da schweigt der Götter hohe Behausung.
Drunten erbebt die Erde, es schweigt in der Höhe der Äther.

§ 433 Die ästhetische Wahrheit erfordert als Möglichkeit bei ihren Gegenständen B) die sittliche Möglichkeit, a) im weiteren Sinne, so daß, was nur aus der Freiheit herzuleiten ist, von solcher Art und in einem solchen Maß gegeben ist, von welcher Art und in welchem Maße es dem Analogon der Vernunft aus der gegebenen Freiheit, der gegebenen Person und dem Charakter eines bestimmten sittlichen Menschen zu fließen scheint.[1] Dies ist jenes *der Wirklichkeit des Lebens Näherkommen*, nach dem es durchaus nicht dasselbe ist,

ob ein gereifter Mann oder ein Hitzkopf, noch in der Blüte seiner Jahre,
ob eine gebieterische Herrin oder ob eine fleißige Amme,
ein Kaufmann, immer auf Reisen, oder ein Mann, der sein grünendes Gütchen bestellt,
ob ein Kolcher oder ein Syrer, ein in Theben oder in Argos Erzogener

sprechen mag,[2] ob es sich um ein Objekt, mit dem man sich beschäftigt, handelt oder um ein persönliches Objekt.

§ 434

Du vernimm, was ich und mit mir das Volk verlangt,
falls du dir Applaudierende wünschst,[1] *die das Aufgehen des Vorhangs erwarten und solange*
sitzen bleiben, bis der Sänger sein ›Klatscht Beifall‹ spricht.
Die Eigentümlichkeiten jeder Altersstufe mußt du kennzeichnen,
mußt den sich wandelnden Naturen und Jahren das, was sie auszeichnet, geben.[2]

Semper in adiunctis aevoque morabimur aptis, 178.[1]

Hinc Horatius commendabat et philosophiam practicam, ut ita dicam, applicatam, §§ 126, 361, 212, quia eam probe tenens

ille, profecto,
Reddere personae scit convenientia cuique,[2] § 433,

et artis aut notitiae illius, quam *Theophrasti characteres morum* inchoarunt, et Gallicus posthinc Theophrastus locupletavit, utilitatem suo tempore iam perspiciens,

Respicere exemplar vitae morumque iubebat, v. 317,
Doctum imitatorem, et veras hinc ducere voces.[3]

§ 435 Veritas aesthetica requirit possibilitatem moralem b) strictius dictam, M. § 723, in cogitante non solum ipso, S. XXIV–XXVI, sed et obiectis explicite vel implicite probandis ab eodem, brevius, in pulcris cogitationibus, si vel Acheronta describant, § 422, sed eam tantum, quae cadat in sensus et analogi rationis sub trutinam, § 211. Haec est illa VERITAS MORALIS, qua, secundum Horatium,

Metiri se quemque suo modulo ac pede verum est.[4]

Quemadmodum §§ 433, 434 postulatam ego dicerem VERITATEM MORALEM LATIUS DICTAM, sic hanc lubentius STRICTIUS DICTAM, appellarem veritatem moralem, ac illam STRICTISSIME DICTAM, convenientiam signorum cum mente nostra, quae si virtus sit, iam habet sinceritatis titulum, si vitium sit, iam secum fert rimositatis ignominiam, E. § 339.

§ 436 Huius veritatis moralis, sed aestheticae, huius dignitatis in cogitando venustius, §§ 435, 182, limites aestheticos belle monstrat

1 Horaz, *A. p.* 153–157, 178.
2 Ebd. 315 f.
3 Ebd. 317 f.
4 Horaz, *Ep.* 1, 7, 98.

Immer wird man bei dem, was zu jedem Alter gehört und paßt,
bleiben.[3]

Daher empfahl Horaz auch die, wenn ich so sagen darf, angewandte praktische Philosophie, weil *der*, welcher sie recht beherrscht,

es bestimmt versteht, einer jeden Person, was ihr zukommt, zu geben,

und indem er schon zu seiner Zeit die Nützlichkeit der Kunst oder der Kenntnis dessen, zu dem die *Sittencharaktere* des Theophrast[4] den Grund legten und was später der französische Theophrast[5] bereicherte, erfaßte,

hieß er auf ein vorbildliches Leben und einen vorbildlichen Charakter
den kundigen
Nachahmer blicken, von dort her lebendige Worte gewinnen.

§ 435 Die ästhetische Wahrheit erfordert die sittliche Möglichkeit b) im engeren Sinne, nicht allein im Denkenden selbst, sondern auch in seinen Gegenständen, die ausdrücklich oder nicht ausdrücklich von ihm geprüft werden müssen, kurz, in den schönen Überlegungen, wenn sie auch nur den Acheron[1] beschreiben; aber sie erfordert nur diejenige Möglichkeit, die in die Sinne fällt und auf der Waage des Analogons der Vernunft zum Tragen kommt. Dies ist jene SITTLICHE WAHRHEIT, aufgrund derer gemäß Horaz gilt:

Daß jeder sich nach seinem eigenen Maß und Fuß bemißt – das allein
ist das Wahre!

Gleichwie ich die in §§ 433, 434 verlangte Wahrheit die SITTLICHE WAHRHEIT IM WEITEREN SINNE nennen würde, so würde ich diese lieber als die sittliche Wahrheit IM ENGEREN SINNE bezeichnen,[2] und hingegen jene als die sittliche Wahrheit IM STRENGSTEN SINNE, die in der Übereinstimmung der Zeichen mit unserer Gesinnung besteht, die bald, wenn sie eine Tugend ist, den Namen der Aufrichtigkeit führt, bald, wenn sie ein Laster ist, den Schimpf der geschwätzigen Offenheit mit sich bringt.

§ 436 Die ästhetischen Schranken dieser sittlichen, aber ästhetischen Wahrheit, dieser Würde im anmutigeren Denken zeigt Cice-

Cicero pro Mur. quando, 74, *At enim agit*, inquit, *mecum austere et Stoice Cato, negat verum esse, allici benevolentiam cibo* e. c., et pro veritate aesthetica morum, in quos invectus erat Cato, velut in ambitum, respondet: *Horribilis oratio, sed eam usus, vita, mores, civitas ipsa respuit* e.c., 75. *Quare noli, Cato, maiorum instituta, quae res ipsa publica, quae diuturnitas imperii comprobat, nimium severa oratione reprehendere* e.c., 76. *Quod ais: Nulla re allici hominum mentes oportere ad magistratum mandandum, nisi dignitate* (quatenus intellectualiter unice concipitur a philosophis, §§ 211, 212): *hoc tu ipse, in quo summa est dignitas, non servas. Cur enim quenquam, ut studeat tibi, ut te adiuvet, rogas?* e.c., 77. *Quid? quod habes nomenclatorem*[1] e. c.

§ 437 Veritas aesthetica requirit obiectorum pulcre cogitandorum, II) nexum cum rationibus et rationatis, §§ 426, 431, quatenus ille sensitive cognoscendus est, § 423, M. § 24, per analogon rationis, M. § 640. Exemplum esto Coriolanus Livii II, ipsius nominis, et auctoritatis primae ratio est, c. 33, hinc altiores spiritus in tribunitiam potestatem, c. 34, unde plebis ira, ex hac exsilium Coriolani, et hostilis eum ad Volscos, non sine ratione ex antecedentibus manifesta, rapiens animus, communicata hinc cum hospite Tullo consilia belli in romanos, c. 35, horum consectarium callidum Tulli artificium, et nova Volscae plebis indignatio in romanos, c. 37.

§ 438 Hinc decernitur bellum, duces Tullus et *Marcius*, Coriolanus noster, *exsul romanus*. Ob huius fortitudinem prosperum Volscis initium, plebis Romanae trepidatio, hinc prima romanorum legatio, *atrox responsum* quae retulit, reversa ad hostem non recipitur. Hinc sacerdotes supplices. Quoniam et hi frustra, iam paene muliebris ti-

[1] Vgl. Cic., *Pro Mur.* 74–77.

ro auf schöne Weise in seiner Rede *Pro Murena*, wenn er sagt: *Aber Cato verfährt gegen mich streng und nach stoischer Art, er sagt, es sei nicht recht, durch Speisungen Wohlwollen zu gewinnen* usw. Und zugunsten der ästhetischen Wahrheit der Sitten, die Cato gleichsam wie Erschleichungen angegriffen hatte, wird er antworten: *Eine furchtbare Rede, aber die Gebräuche, das Leben, die Sitten und das Bürgerrecht selbst sprechen dagegen* usw. *Mögest du also, Cato, die Einrichtungen der Vorfahren, deren Bewährung der Staat selbst und die lange Dauer des Reichs bestätigt, nicht in allzu strenger Rede tadeln* usw. *Was du sagst, die Gemüter der Menschen sollten sich durch nichts anderes für die Verleihung eines Amtes gewinnen lassen als durch die Würde* (insofern sie von den Philosophen ausschließlich verstandesmäßig aufgefaßt wird): *Daran hältst du, ein Mann von höchster Würde, dich selbst nicht. Warum nämlich fragst du erst jemand, daß er dir gewogen sei, daß er dich unterstütze?* Usw. *Was ist davon zu halten, daß du einen Namenangeber bei dir hast?*[1] Usw.

§ 437 Die ästhetische Wahrheit erfordert II) den Zusammenhang der schön zu denkenden Gegenständen mit Gründen und dem Gegründeten, insoweit dieser durch das Analogon der Vernunft sinnlich zu erkennen ist.[1] Ein Beispiel soll Coriolan[2] bei Livius sein.[3] Es wird der hohe Name desselben begründet und sein ursprüngliches Ansehen, dann sein Hochmut gegenüber der Macht des Tribunats, woher der Zorn des Volkes rührt, aus diesem heraus erfolgt die Verbannung Coriolans, und dessen feindseliges Gemüt treibt ihn, nicht ohne Grund, der aus dem Vorhergehenden offenbar wurde, zu den Volskern, darauf folgen die mit dem Gastfreund Tullus geführten Beratungen über einen Krieg gegen die Römer, dann als deren Folge der schlaue Kunstgriff des Tullus und die erneute Empörung des Volkes der Volsker gegen die Römer.

§ 438 Darauf wird der Krieg beschlossen, Führer sind Tullus und *Marcius*, unser Coriolan, *der römische Verbannte*. Aufgrund von dessen Tapferkeit dann der günstige Beginn des Krieges für die Volsker, die ängstliche Unruhe der des römischen Volkes, von daher dann die erste Gesandtschaft der Römer, die *eine entsetzliche Antwort* zurückbringt und, wiederum zum Feind zurückgesandt, nicht empfangen

mor pervadit Romam, c. 39. Mater, coniux, et turba mulierum tandem movent durum animum, quod ne sine ratione fieri videatur, fingit matris orationem sane patheticam historicus. Hinc castra hostilia retro moventur, neque tamen disparet Coriolanus, nisi post aliquam reliquorum eius fatorum mentionem. Romae autem exigitur Fortunae muliebris monumentum, c. 40. Quanta in his harmonia concinit alendo recreandoque legentium analogo saltim rationis? § 437.

§ 439 Veritas aesthetica poscit possibilitatem obiectorum et absolutam et hypotheticam, qua sensitive perspicitur, §§ 431–436, omnis possibilitas postulat unitatem, M. § 73, absoluta absolutam, hypothetica hypotheticam, M. § 76. Hinc et veritas aesthetica utramque poscit unitatem in cogitandis suis, quatenus sensitive deprehendi potest, inseparabilitatem determinationum in cogitandis, salva perceptionis totalis pulcritudine, § 73. Erit haec obiectorum UNITAS, quatenus phaenomenon fit, AESTHETICA, vel determinationum internarum, M. § 37, quo unitas ACTIONIS, si obiectum pulcrae meditationis actio sit, vel externarum et relationum, M. § 37, circumstantium, M. § 323, quo unitas LOCI ET TEMPORIS, M. §§ 325, 281,

Sit quod vis, simplex duntaxat et unum,[1]

et placentem simul rotundam illam brevitatem, S. XIII, XIV, et pulcram obtinebis cohaerentiam, § 437. Hinc Augustino placuit adeo *unitas,* ut eam *omnis pulcritudinis formam* diceret.[2]

§ 440 VERITAS AESTHETICOLOGICA, § 424, vel est universalium et notionum, iudiciorumque generalium, vel singularium et idearum, M. § 148. Illa GENERALIS. Haec SINGULARIS esto. Veritatis generalis in obiecto nunquam tantum veritatis metaphysicae

[1] Horaz, *A. p.* 23.
[2] Vgl. Aug., *Epist.* 18, 2.

wird. Von daher dann die flehentlichen Bitten der Priester. Weil auch diese vergeblich bitten, befällt Rom eine beinahe weibische Furcht. Endlich bewegen die Mutter, die Ehegattin und eine Schar von Frauen sein hartes Gemüt, und damit dies nicht ohne Grund erscheint, erdichtet der Geschichtsschreiber eine fürwahr pathetische Rede der Mutter. Daher werden dann die feindlichen Feldlager zurückgezogen, doch Coriolan tritt erst nach Erwähnung seines zukünftigen Schicksals vom Schauplatz ab. Und der *Fortuna* der Frauen Roms wird ein Denkmal errichtet. Wieviel Übereinstimmung ertönt in dieser Erzählung und nährt und ergötzt zum wenigsten das Analogon der Vernunft des Lesenden!

§ 439 Die ästhetische Wahrheit fordert sowohl die absolute als auch die bedingte Möglichkeit der Gegenstände, wie sie sinnlich erkannt wird. Jede Möglichkeit verlangt Einheit, die absolute eine absolute, die bedingte eine bedingte. Daher fordert auch die ästhetische Wahrheit in dem zu Denkenden beide Formen der Einheit, insoweit sie sinnlich erfaßt werden können, die Unzertrennlichkeit der Bestimmungen des zu Denkenden, unbeschadet der Schönheit der Vorstellung als ganzer.[1] Diese EINHEIT der Gegenstände wird, insofern sie zur Erscheinung gelangt, als ÄSTHETISCHE Einheit, entweder die Einheit der inneren Bestimmungen sein, wozu die Einheit DER HANDLUNG gehört, wenn der Gegenstand der schönen Überlegung eine Handlung ist, oder die Einheit der äußeren Bestimmungen, Verhältnisse und Umstände, wozu die Einheit DES ORTES UND DER ZEIT gehören.

Schließlich sei das Werk, was es wolle, nur einfach und eine Einheit,

und so wirst du zugleich jene gefällige abgerundete Kürze und den schönen Zusammenhang erhalten. Daher gefiel Augustinus die *Einheit* in dem Maße, daß er sie *die Form jeder Schönheit* nannte.[2]

§ 440 Die AESTHETIKOLOGISCHE WAHRHEIT ist entweder die des Allgemeinen, der Begriffe und der allgemeinen Urteile oder diejenige des Einzelnen und der Ideen.[1] Jene sei die ALLGEMEINE, diese die EINZELNE ästhetikologische Wahrheit. In einem Gegenstand der allgemeinen Wahrheit wird niemals, vor allem nicht

detegitur, praesertim sensitive, quantum in obiecto veritatis singularis, M. § 184. Quoque generalior est veritas aestheticologica hoc minus veritatis metaphysicae in eiusdem obiecto, et omnino, et praesertim analogo rationis, repraesentatur, M. §§ 150, 184. Habes rationem unam, ob quam aestheticus veritatis, quam observare possit, maximae studiosus, § 22, veritatibus generalioribus, abstractissimis et maxime universalibus, determinatiores, minus generales, minus abstractas, et generalibus omnibus singulares praeferat, quantum potest. Idem ubertas suadet, § 115, quia quo magis determinatum habes obiectum, hoc plures simul differentias, M. § 151, hoc itaque plura pulcre cogitare de eodem conceditur. Idem magnitudo, et naturalis, et dignitas aesthetica iubet, si connumeres ad magnitudinem universalis quamcunque accedens in eius inferiori differentiae simul pondus, gravitatem, foecunditatem, § 177.

§ 441 Veritas aestheticologica generis est perceptio magnae veritatis metaphysicae, veritas aestheticologica speciei est perceptio maioris, veritas individui, seu singularis, aestheticologica est perceptio maximae, qua genus, veritatis metaphysicae. Prima veri, secunda verioris, tertia verissimi, § 440. Veritas singularis vel est internorum entis optimi maximi, vel absolute contingentium. Contingentia non repraesentantur, ut singularia, nisi ut possibilia integri alicuius universi. Hinc veritas singularis de contingentibus aut ea sistit, ut possibilia et partes huius universi, M. § 377, et haec veritas cum veritate absolute necessariorum maxima dicitur STRICTISSIME, popularique sermone simpliciter, VERITAS, aut ut possibilia alterius universi, eiusque

sinnlich, so viel an metaphysischer Wahrheit aufgedeckt wie in einem Gegenstand einer einzelnen Wahrheit. Und je allgemeiner die ästhetikologische Wahrheit ist, desto weniger metaphysische Wahrheit wird in dem Gegenstand derselben sowohl überhaupt als auch durch das Analogon der Vernunft vergegenwärtigt. Hier hast du einen Grund, weswegen der Ästhetiker, der nach der höchsten Wahrheit strebt, die er beobachten können mag, den allgemeineren, höchst abgesonderten und höchst allumfassenden Wahrheiten die bestimmteren, weniger allgemeinen und weniger abgesonderten Wahrheiten und allem Allgemeinen das Einzelne, soweit er kann, vorzieht. Dasselbe rät uns das Prinzip des Reichtums, denn einen je bestimmteren Gegenstand du hast, desto mehr genauere Bestimmungen hast du zugleich, und desto mehr ist es verstattet, schön über denselben zu denken. Dasselbe empfiehlt uns das Prinzip der Größe, sowohl das der natürlichen als auch das der ästhetischen Würde, wenn du zu jedweder Größe eines Allgemeinen zugleich das Gewicht, die Bedeutung und die Fruchtbarkeit hinzurechnest, die auf den unteren Stufen seiner genaueren Bestimmung[2] hinzukommen.

§ 441 Die ästhetikologische Wahrheit einer Gattung ist die Vorstellung einer großen metaphysischen Wahrheit, die ästhetikologische Wahrheit einer Art ist die Vorstellung einer größeren, die ästhetikologische Wahrheit eines Individuums oder Einzelnen ist, ihrer Art nach, die Vorstellung der größten metaphysischen Wahrheit. Die erste ist die Vorstellung eines Wahren, die zweite die eines Wahreren, die dritte die des Wahrsten. Die Wahrheit des Einzelnen ist entweder die der inneren Bestimmungen des besten und höchsten Seienden oder die der schlechterdings zufälligen Dinge. Die zufälligen Dinge werden als Einzelne nur dann vorgestellt, wenn sie als Mögliche irgendeiner ganzen Welt vorgestellt werden. Daher setzt die Wahrheit des Einzelnen über die zufälligen Dinge diese entweder als Mögliche und als Teile dieser Welt fest, und diese Wahrheit wird zusammen mit der höchsten Wahrheit des absolut Notwendigen die WAHRHEIT IM STRENGSTEN SINNE oder, in gewöhnlicher Redeweise, schlicht die WAHRHEIT genannt, oder sie setzt die zufälligen Dinge als Mögliche einer anderen Welt und

partes, cognitioni hominum mediae, M. § 876, VERITAS HETEROCOSMICA.

§ 442 *Veritas* strictissime dicta, § 441, *est,* quam describit Cicero De inv. II 162, *per quam immutata* (non mutata) *ea, quae sunt, aut ante fuerunt, aut futura sunt, dicuntur* [1] (percipiuntur), quamque conferre videtur cum veritatibus minoribus Quaest. Tusc. V 13 *Chorus ille virtutum,* inquiens, *(constantia, gravitas, fortitudo, sapientia, reliquae) in equuleum impositus* (veritate vel generali et abstracta, uti *Stoicorum ista gustata magis, quam potata, delectant,* vel heterocosmica, §§ 441, 440) *imagines constituit ante oculos cum amplissima dignitate,* S. XXI, *ut ad eas cursim perrectura, nec eas a se beata vita desertas passura videatur* (cognitioni mediae, § 441). *Quum autem animum ab ista pictura imaginibusque virtutum* (vel generalibus et abstractis, vel heterocosmicis) *ad rem veritatemque* (strictissimam) *traduxeris: hoc nudum* (heterocosmicis mediae cognitionis obiectis spoliatum et ab iis omnibus separatum) *relinquitur, possitne* (in hoc universo singulariter et in concreto numerico) *quis beatus esse, quamdiu* torqueatur.[2]

§ 443 Veritatum aestheticologicarum generalium eae tantum aestheticae sunt, quae et quatenus analogo rationis, salva venustate, sensitive repraesentari possunt, §§ 440, 423, vel manifesto, et explicite, vel cryptice in omissis enthymematum enunciationibus, vel in exemplis, in quibus, tanquam concretis, haec abstracta deprehendantur. Hac ratione ipsum identitatis principium, M. § 11, est in Plauti, quis crederet? prologo Captiv.:

Hos, quos videtis stare hic captivos duos,
Illi, qui adstant, hi stant ambo, non sedent.
Vos, vos mihi testes estis me verum loqui.[3]

1 Cic., *De inv.* 2, 162.
2 Cic., *Tusc.* 5, 13 f.
3 Plaut., *Capt.* 1–3.

als deren Teile fest, als Gegenstände der mittleren Erkenntnis des Menschen,[1] dann heißt sie eine HETEROKOSMISCHE WAHRHEIT.[2]

§ 442 Die *Wahrheit* im strengsten Sinne *ist* diejenige, die Cicero beschreibt, *wodurch unverändert* (nicht verändert) *das, was ist oder war oder sein wird, vorgetragen* (vorgestellt) *wird*, und die er mit den kleineren Wahrheiten zusammenzubringen scheint, wenn er sagt: *Jener Chor von Tugenden* (*Beständigkeit, Würde, Tapferkeit, Weisheit und die übrigen Tugenden*), *der auf dem Folterblock liegt* (entweder aufgrund einer allgemeinen und abgesonderten Wahrheit, gleichwie *die stoischen Doktrinen, die nur schmecken, wenn man daran kostet, nicht wenn man trinkt*, oder aufgrund einer heterokosmischen Wahrheit), *stellt Bilder von größter Würde vor Augen, so daß es* (der mittleren Erkenntnis) *scheint, das glückselige Leben müsse im gestreckten Lauf zu ihnen eilen und nicht dulden, daß sie von ihm im Stiche gelassen würden. Wenn du aber den Geist von einem solchen Gemälde und Bildern der Tugenden* (entweder den allgemeinen und abgesonderten oder den heterokosmischen) *auf die Tatsachen und die Wahrheit* (im strengsten Sinne) *hinlenkst: So bleibt die nüchterne* (von allen heterokosmischen Gegenständen der mittleren Erkenntis entkleidete und von diesen allen getrennte) *Frage, ob einer* (in dieser Welt als Einzelner und in der Unabgesondertheit seiner numerischen Differenz) *glücklich sein kann, solange er gefoltert wird.*

§ 443 Von den allgemeinen ästhetikologischen Wahrheiten sind nur diejenigen ästhetisch, die und insoweit sie, unbeschadet der Schönheit, vom Analogon der Vernunft sinnlich vergegenwärtigt werden können, entweder offenbar und ausdrücklich oder verborgen in den ausgelassenen Angaben von Enthymemata[1] oder in Beispielen, in denen diese abgesonderten Dinge gleichsam im Unabgesonderten begriffen werden mögen. In dieser Art und Weise findet sich selbst der Satz der Identität – wer hätte das gedacht – bei Plautus, im Prolog der *Gefangenen*:

Die zwei Gefangenen, die ihr hier stehen seht,
stehen beide, weil sie stehen und nicht sitzen.
Daß ich die Wahrheit rede, dafür seid ihr mir Zeugen.

§ 444 Strictissime verorum eatenus est veritas aesthetica, quatenus ea sensitive percipiuntur vera, sensationibus vel imaginationibus, vel etiam praevisionibus non sine praesagio, nec amplius, et sub eadem hypothesi veritates heterocosmicae sunt veritates aestheticae, neque plures, neque pauciores, quam analogo rationis percipiendae, § 441. Leibnitianam putas distinctionem, iam est Tibulli, qui in Messallae pan. l. IV 1 de erroribus Ulyssis multa narrarat, ita ea finiens, v. 80:

Atque haec seu nostras intersunt cognita terras (strictissime vera, § 442),
Fabula sive novum dedit his erroribus orbem,[1] (heterocosmice vera, § 441).

SECTIO XXVIII
FALSITAS AESTHETICA

§ 445 FALSITAS AESTHETICA est falsitas subiectiva et disconvenientia cogitationum cum veritate rerum cogitandarum, quatenus illa sensitive percipi potest, §§ 423, 426. Optime Cicero: *Falsum est, in quo perspicue est mendacium*,[2] si de aesthetica falsitate intelligatur, et perspicuitas sensitiva cogitetur, M. § 531. Quando autem exemplo vult notionem suam illustrare, num illud ad rem probe faciat, nostrorum sapientes temporum viderint. *Hoc*, ait, *modo: Non potest esse sapiens, qui pecuniam negligat.*[3]

§ 446

Non, qui Sidonio contendere callidus ostro
Nescit Aquinatem potantia vellera fucum,

1 Tibull., *Eleg.* 3, 7, 79 f.
2 Cic., *De inv.* 1, 90.
3 Ebd.

§ 444 Die Wahrheit der im strengsten Sinne wahren Dinge ist nur insoweit ästhetische Wahrheit, insofern dieselben sinnlich wahrgenommen werden, durch Empfindungen oder durch Einbildungen, oder auch durch das Vorherschen, nicht ohne Ahndungen – weiter ist ihr Bereich nicht. Und unter derselben Bedingung sind nicht mehr und nicht weniger heterokosmische Wahrheiten ästhetische Wahrheiten, als diejenigen, die mit dem Analogon der Vernunft zu erfassen sind. Du meinst, diese Unterscheidung sei von Leibniz, doch sie findet sich schon bei Tibull, der im *Pangyricus auf Messalla*, nachdem er viel über die Irrfahrten des Odysseus erzählt hat, so schließt:

Ob nun dies alles in uns bekannten Ländern geschah
(als im strengsten Sinne wahre Dinge),
oder ob die Fabel diesen Irrfahren eine neue Welt schuf
(als heterokosmisch wahre Dinge).

Abschnitt XXVIII
DIE ÄSTHETISCHE FALSCHHEIT

§ 445 Die ÄSTHETISCHE FALSCHHEIT ist die subjektive Falschhheit und die Nichtübereinstimmung der Gedanken mit der Wahrheit der zu denkenden Dinge, insofern sie sinnlich wahrgenommen werden kann.[1] Vortrefflich sagt Cicero: *Falsch ist das, worin offenkundig eine Lüge steckt*, wenn dies in bezug auf die ästhetische Falschheit verstanden wird und die sinnliche Faßlichkeit gemeint ist. Ob er aber, wenn er seinen Begriff mit einem Beispiel erhellen will, dies in einer der Sache angemessenen Weise tut, mögen die Weisen unserer Zeit erwägen. *Etwa folgender Art*, sagt er: *Nicht weise kann sein, wer auf Geld keinen Wert legt.*[2]

§ 446

Wer nicht zwischen sidonischem Purpurstoff und Wolle,
die nur Aquinums Farbe getrunken, als Kenner weiß zu unterscheiden,[1]

Certius accipiet damnum, propiusve medullis,
Quam qui non poterit vero distinguere falsum, Hor. I., Ep. 10, 26,[1]
§§ 423, 448.

Neque tamen huc omnis subiectiva falsitas, § 424, pertinet, sed qualem pingit Horatius ad caput artis poeticae:

Humano capiti cervicem pictor equinam
Addere si velit, et varias inducere plumas
Undique collatis membris, ut turpiter atrum
Desinat in piscem mulier formosa superne:
Spectatum admissi risum teneatis, amici?
Credite, Pisones, isti tabulae fore librum
Persimilem, cuius, velut aegri somnia, vanae
Finguntur species, ut nec pes, nec caput uni
Reddatur formae.[2]

§ 447 Non ab ovo, sed a falsis orditur Horatius, quodque lepidum videatur, ab iisdem Antonius apud Ciceronem De or. II 30. Ille tamen ab aesthetico, §§ 445, 446. Hic ab aestheticologico generatim, § 427, quoniam in caussarum patronis, quales Crassus et ipse, affirmat aliquando *necessarium* esse *alterutri falsum dicere, et utrumque eorundem eadem de re alias aliud defendere, quum plus uno verum* (in se, et obiective et strictissime) *esse non possit.*[3] Hinc concedit omnem bene disserendi in foro *rem mendacio nixam*, neque male fert Catullum eum exagitantem, quod *non magis gloriose putarit a veritate ordiri, quam a nescio qua dignitate.*[4]

§ 448 Sint quaedam aestheticologice falsa, § 427, immo etiam hoc significatu mendacia, § 447, tunc tamen erunt demum aesthetice falsa, si sint ipsi analogo rationis perspicue mendacia, § 445. Exempli loco sit ipsa de veritate disputatio. Contendant inter se philosophi

1 Horaz, *Ep.* 1, 10, 26–29.
2 Horaz, *A. p.* 1–9.
3 Vgl. Cic., *De or.* 2, 30.
4 Vgl. ebd. 2, 31.

der wird gewisser nicht Schaden nehmen, der ihn bis ins Mark trifft,
als wer nicht vermag, vom Wahren das Falsche zu unterscheiden.

Doch gehört nicht jede subjektive Falschheit hierher, sondern diejenige, die Horaz am Beginn der *Ars poetica* malt:

Wollte zum Kopf eines Menschen ein Maler den Hals eines Pferdes
fügen und mit buntem Gefieder bekleiden
Gliedmaßen, von überall her zusammengelesen, so daß
als Fisch von häßlicher Schwärze endet das oben so reizende Weib:
Könntet ihr da wohl, zum Schauen geladen, euch das Lachen
verbeißen, Freunde?
Glaubt mir, Pisonen, solchem Gemälde wäre ein Buch ganz ähnlich,
in dem man Gebilde, so nichtig wie Träume von Kranken
erdichtet, so daß nicht Fuß nicht Kopf derselben
Gestalt zugehören.[2]

§ 447 Nicht mit dem Zwillingsei,[1] sondern mit dem Falschen beginnt Horaz, und, was einfallsreich erscheinen mag, mit diesem beginnt auch Antonius bei Cicero. Gleichwohl beginnt jener beim Ästhetischen, dieser beim Ästhetikologischen im allgemeinen, weil er ja behauptet, daß im Falle der Verteidiger – wie Crassus und er selbst es sind – es bisweilen *notwendig* sei, daß *einer von beiden etwas Falsches sage, und jeder von beiden in derselben Frage bald die, bald jene Auffassung vertrete, obwohl unmöglich mehr als eine wahr* (an und für sich, sowohl objektiv als auch im strengsten Sinne) *sein könne.* Daher läßt er, um vor Gericht eine Sache wohl auszutragen, jede *Sache, die sich auf Täuschung grundet*, zu und läßt sich nicht übel gefallen, daß Catull ihn angreift, daß er *es nicht für ruhmreicher halte, von der Wahrheit auszugehen als von irgendeiner Würde.*

§ 448 Es mag gewisse ästhetikologisch falsche Dinge geben, sogar auch in dem genannten Sinne einer Lüge, die gleichwohl erst dann ästhetisch falsch sein werden, wenn sie für das Analogon der Vernunft selbst als Lügen erscheinen. Anstelle eines Beispiels sei eine gelehrte Streitigkeit über die Wahrheit selbst angeführt. Es mögen unter sich dogmatische Philosophen auf der einen, akademische und skeptische Philosophen auf der anderen Seite auf scharfsinnige

dogmatici ex hac, academici scepticique ex altera parte subtiliter, *de vero et falso* (logice et metaphysice), *de* eius *regula* et criterio (primo, abstracto et scientifico), de *notione* utriusque, *qua possint internosci* (distincte, complete, scientifice). Digrediantur in id, *quod interest inter rectum et pravum* (universalius et logice conceptum). Redeant ad catholicam et primam *veritatis notam*, et logicum *iudicium*. Pone partem utramque, quam fieri potest, curatissime suam defendere sententiam. Ambos analogon rationis suspiciet attonitum nonnihil, veluti tacitus spectator, nisi forsan aliquando scepticorum applaudat ingenio versatili. Finge tamen academicorum aliquos eo tandem procedere, ut omnino *tollant, ut quicquam possit ita videri, ut non eodem modo* (et gradu evidentiae) *falsum etiam ita possit videri*. Tunc forsan cum durius iusto iam commotis dogmaticis concinet: *faciunt pueriliter*, Cic., Quaest. ac. IV 33.[1] Ultimum enim est et aesthetice falsum, § 445.

§ 449 Quaere ex Lucretio, § 448,

Notitiam veri quae res falsique crearit,
Et dubium certo quae res differre probarit, III 477,[2]

respondebit, aesthetice verum, § 423,

Invenies primis a sensibus esse creatam
Notitiam veri, neque sensus posse refelli,
– – –
Sponte sua veris quod possint vincere falsa.
– – –
an ab sensu falso ratio orta valebit
Dicere eos contra, quae tota a sensibus orta est?
Qui nisi sint veri, ratio quoque falsa sit omnis,[3]

et contrarium ostendet aesthetice falsum, § 445: Sensui diffidere

1 Vgl. Cic., *Ac.* 2, 33.
2 Lukr. 4, 476 f.
3 Ebd. 4, 478 f., 481, 483–485.

Weise *über das* (logisch und metaphysisch) *Wahre und Falsche* herumstreiten, *über* dessen *Gesetz* und (erstes, abgesondertes und wissenschaftliches) Kennzeichen, und über den *Begriff* von beidem, *durch den sie* (deutlich, vollständig, wissenschaftlich) *unterschieden werden könnten.* Sie mögen zu dem ausschweifen, *was das Rechte und Unrechte* (allgemein und logisch betrachtet) *unterscheidet.* Sie mögen zum grundsätzlichen und ersten *Merkmal der Wahrheit* und zum logischen *Urteil* zurückkehren. Nimm an, daß beide Seiten, soweit es möglich ist, ihre Meinungen allersorgfältigst verteidigen. Zu beiden mag das Analogon der Vernunft ein wenig erstaunt emporblicken, gleichsam wie ein schweigender Zuschauer, wenn es nicht bisweilen vielleicht dem gewandten Geist der Skeptiker Beifall spendet. Stelle dir jedoch vor, daß einige der Akademiker endlich so weit gingen, daß sie gänzlich *verneinten, daß irgend etwas so erscheinen könne, daß es nicht in derselben Weise* (und dem Grad seiner Ausgemachtheit) *so auch als falsch erscheinen könne.* Dann wird es vielleicht mit den schon heftiger als recht ist erregten Dogmatikern einstimmen: *Das sind Kindereien.* Denn das letztere ist auch ästhetisch falsch.[1]

§ 449 Erfrage aus Lukrez,

was für ein Ding denn geschaffen hat Kenntnis von Wahrem und Falschem
und was glaubhaft gemacht, daß vom Zweifel sich scheidet Gewißheit,[1]

und er wird, was ästhetisch wahr ist, antworten:

Finden wirst du, daß zuerst von den Sinnen wurde geschaffen
Kenntnis von Wahrem und daß man die Sinne nicht kann widerlegen.
– – –
Von selbst durch Wahres vermögen sie zu besiegen das Falsche.
– – –
Oder vermag etwa, von falscher Wahrnehmung rührend,
Denken dagegen zu reden, das ganz von den Sinnen doch abstammt?
Denn sind diese nicht wahr, wird falsch auch jegliches Denken,

und er wird das ästhetisch falsche Gegenteil zeigen: Dem Sinn zu mißtrauen

Est manibus manifesta suis emittere quaequam,
Et violare fidem primam, et convellere tota
Fundamenta, quibus nixatur vita salusque,
Non modo enim ratio ruat omnis: vita quoque ipsa
Concidat extemplo, nisi credere sensibus ausis,
Praecipitesque locos vitare e.c., 511.[1]

§ 450 Si cui mirum videatur, non omne falsum in aestheticis falsum esse, § 448, desinet forte mirari, si multo restrictiorem adhuc falsi significationem iure, quod perfectissimum fertur, comprobatam legerit, D. tit. de L. Corn. De falsis, I. 23: *Quid sit falsum quaeritur? et videtur id esse, si quis alienum chirographum imitetur, aut libellum, vel rationes intercidat, vel describat, non, qui alias in computatione, vel in ratione, mentiuntur.*[2] En! aestheticum, § 15, in diiudicandis falsis tamen ipso Paulo ICto severiorem! § 445.

§ 451 Interim sub tutela Iustitiae Romanae numero falsorum ab aesthetico, qua tali, fugiendorum eximo, quae puriori quidem intellectui patent falsa esse, sed tunc demum, quando eriguntur supra horizontem aestheticum, §§ 16, 121, nisi tanta rationis impugnentur quaedam ex iis evidentia, quae omnem eorundem sensitivam perceptionem, ceu lumen maius, non solum obscuret, sed etiam disiiciat omnino deprimatque, veluti nebulam aliquam altiore sole disparentem, §§ 423, 429.

§ 452 Pone in duabus pulcre cogitandi materiis analogo rationis soli ac sibi relicto nihil pellucere falsitatis et absurditatis, utrasque tamen esse logice falsas. Iam locus, et aetas, in quibus, et obiecta personalia, quibus potissimum cogitas, penitius inspicienda sunt. Prima datarum materiarum ita logice falsa sit, ut ibi, ubi vivis, tuis temporibus,

[1] Ebd. 4, 504–509.
[2] Iust., *Dig.* 48, 10, 24 (Paulus, 1. S. de poen. paganorum).

ist aus der Hand das Habhafte entgleiten zu lassen von dir
und zu verletzen den ersten Verlaß und die Grundlagen alle
einzureißen, auf die sich stützt das Leben und Heilsein.
Nicht nur Vernunft doch käme zum Einsturz, das Leben auch selber
bräche zusammen sogleich, wenn den Sinnen zu traun du nicht wagtest
und zu meiden den steilen Grat usw.

§ 450 Wenn es jemandem verwunderlich erscheint, daß nicht alles Falsche auch im Ästhetischen falsch ist, wird er vielleicht aufhören sich zu wundern, wenn er die noch viel eingeschränktere Bestimmung des Falschen durch das Recht, welches für das vollkommenste gehalten wird, in dessen anerkannter Bedeutung lesen wird: *Was das Falsche sei, wird gefragt? Und es scheint darin zu bestehen, daß jemand eine fremde Handschrift nachahmt oder daß er ein Dokument oder Berechnungen zerreißt oder abschreibt, nicht aber darin, daß jemand sonstwie in einer Addition oder allgemein in einer Berechnung lügt.* Siehe! Da ist der Ästhetiker in der Beurteilung des Falschen strenger als selbst der Rechtsgelehrte Paulus![1]

§ 451 Unterdessen nehme ich unter dem Schutz des Römischen Rechtes aus der Zahl der falschen Dinge, die vom Ästhetiker als solchem zu meiden sind, diejenigen heraus, die dem reineren Verstand gewiß als falsch offenbar sind, doch nur dann, wenn sie sich über den ästhetischen Horizont erheben, außer in dem Fall, daß manche von ihnen von einer so großen Ausgemachtheit seitens der Vernunft angefochten werden, daß jede sinnliche Vorstellung von ihnen, gleichwie durch ein helleres Licht, nicht nur verdunkelt, sondern auch zerstört und gänzlich unterdrückt wird, gleichsam wie ein durch die höhersteigende Sonne verschwindender Nebel.

§ 452 Nimm an, daß in zwei Stoffen des schönen Denkens für das Analogon der Vernunft, allein und auf sich gestellt, nichts an Falschheit und Ungereimtheit durchscheint, daß aber dennoch beide logisch falsch sind. Nun sind der Ort und die Zeit, in denen, und die persönlichen Objekte, für die du hauptsächlich denkst, genauer in Augenschein zu nehmen. Der erste der gegebenen Stoffe sei logisch falsch, aber so, daß dort, wo du lebst, in den Zeiten, in denen

et iis, quorum maxime gratia cogitas, vel incognita omnino praesumi possit falsitatis demonstratio, vel eos saltim tua pulcre meditando non admodum eandem animo praesentem habituros esse. Haec cogitari potest sine falsitatis aestheticae macula, § 451.

§ 453 Secunda sumendarum, § 452, materia sit apud multos plura per saecula sensitivis animarum facultatibus visa vera: tunc autem et ibi, ubi vivis, iisque, quibus inprimis tua probare velis, sit iam eius falsitas rationis, etiam illuminatae, viribus, ita patens, et manifesta, ut nec eius oblituros esse suae certitudinis rationalis, dum examinant tua, sperare possis, sed potius metuendum sit, ne omni tuo conatu iisdem, plausus instar, extorqueas acclamationem similem illi:

Maxima de nihilo nascitur historia.[1]

Haec secunda materia falsitate laborat, etiam aesthetica, quia ratio impedit, quicquid illi forsan adhuc insit veri, nunc infinite parvi, § 430, sensitive cum aliqua vi et delectatione percipere, § 423, 451.

§ 454 Sunt falsitates quaedam adeo parvae, ut earum cautio sit infra horizontem aestheticum, § 120. Hae an irrepant aliquando cogitationes inter elegantiores, nec ne, non curat aestheticus, § 191. In descriptione noctis apud Virg., Aen. IV 522:

Nox erat, et placidum carpebant fessa soporem
Corpora per terras, silvaeque et saeva quierant
Aequora, quum medio volvuntur sidera lapsu,
Quum tacet omnis ager, pecudes, pictaeque volucres,
Quaeque lacus late liquidos, quaeque aspera dumis,
Rura tenent somno, positae sub nocte silenti,
Lenibant curas et corda oblita laborum,[2]

[1] Prop., *Eleg.* 2, 1, 16.
[2] Vergil, *Aen.* 4, 522–528.

du lebst, und für diejenigen, um derentwillen du am meisten denkst, angenommen werden kann, daß der Erweis dieser Falschheit entweder völlig unbekannt oder daß derselbe denen, die sich im schönen Überlegen mit dem deinigen beschäftigen werden, wenigstens nicht in vollem Maße im Geiste gegenwärtig ist. Dieser Stoff kann ohne den Makel der ästhetischen Falschheit gedacht werden.[1]

§ 453 Der zweite der auszuwählenden Stoffe sei bei vielen Menschen durch mehrere Jahrhunderte hindurch den sinnlichen Vermögen der Seele als wahr erschienen: Dann aber sei dort, wo du lebst, und für diejenigen, für die du vornehmlich das deine erweisen willst, dessen Falschheit den Kräften der Vernunft, auch der aufgeklärten, so offenkundig und offenbar, daß du nicht hoffen kannst, daß sie deren vernunftmäßige Gewißheit vergessen werden, während sie das deine prüfen, und eher zu befürchten ist, daß du mit all deinem Streben ihnen, anstelle von Beifall, einen Zuruf entreißt, der jenem ähnlich ist:

Ein gewaltiger Stoff wird aus nichts geboren.

Dieser zweite Stoff leidet an der Falschheit, auch der ästhetischen, weil die Vernunft verbietet, das, was jenem vielleicht noch an Wahrem innewohnen mag und was nun unendlich klein ist, mit einiger Kraft und einiger Ergötzung sinnlich vorzustellen.[1]

§ 454 Es gibt gewisse Falschheiten, die so klein sind, daß eine Behutsamkeit ihnen gegenüber unter dem ästhetischen Horizont liegt. Ob diese sich bisweilen unter die geschmackvolleren Gedanken einschleichen oder nicht, darum besorgt sich der Ästhetiker nicht. In der Beschreibung der Nacht bei Vergil,

Nacht war's, und es genossen des milden Schlafes die müden
Leiber, es ruhten die Lande, die Wälder, des Meeres bewegte
Flut, sobald die Sterne zur Mitte des Himmels gestiegen
und die Fluren verstummt, das Vieh und die farbigen Vögel,
die den spiegelnden See und rauhes Dickicht bewohnen,
in die schweigende Nacht und in die Decke des Schlafes gebettet,
ledig von Sorge und Leid und aller Mühe vergessend,

cavit poeta, ne feras ipsi per noctem maxime vagantes obiiceres, determinatione generum in animantibus, de quibus velit intelligi. Si vero pergeres insistere quasi serio, indefinite, adeoque universaliter loqui Maronem, probabiliter tamen excipiendos esse quosdam aegrotos, vel unam aliquam lusciniam, vix te, credo, responsione dignaretur, si viveret.

§ 455 Sit, quod eleganter cogitare aggrederis, somnium obiective sumtum, M. § 91, cuius iam intus et in cute latet destructura illud serius aut citius absoluta contradictio, M. § 15, aut ex pluribus eiusmodi vanis rerum speciebus, aut ex veris in se vanus tamen et structura incompossibilium laborans animo tibi surgat mundus fabulosus, M. § 91. Illud autem, vel hic etiam, ita se habeat, ut 1) impossibilitatis internae vitium prorsus non pateat analogo rationis, 2) rationi ac intellectui, quas in te spectatoribusque tuis praecipuis praesumere debes, vel etiam lateat, vel saltim ea non obversetur evidentia, quae totam pulcre placituri operis fabricam, velut aranearum telas, disiectura sperari debeat: Hoc somnium, hic mundus fabulosus per tribunal aestheticum non annihilatur, § 452,

Sic unum sectantur iter, et inania rerum
Somnia concipiunt et Homerus et acer Apelles, Prud.[1]

§ 456 Somnium eiusmodi, vel mundus fabulosus, § 455, vel 1) ipsi rationis analogo sistat iam pugnantia, se mutuo tollentia, absurda, vel 2) rationis et intellectus, apud tuos spectatores, toties iam nigrum theta inustum habeat, ut contra omnem rationem, nunc etiam, quae cogitas, te cogitare illos iudicaturos certus esse possis, et eiusmodi

1 Prud., *Contra Symmachum* 2, 45 f.

hütet sich der Dichter, damit du ihm nicht die in der Nacht am meisten umherstreifenden wilden Tiere vorhalten mögest, die Gattungen der Tiere zu bestimmen, hinsichtlich derer er verstanden sein will. Wenn du allerdings fortfahren würdest, gleichsam ernsthaft darauf zu bestehen, daß Vergil hier unbestimmt und sogar allgemein gesprochen habe und daß wahrscheinlich gleichwohl einige kranke Menschen oder irgendeine Nachtigall hier eine Ausnahme machten, würde er dich, glaube ich, kaum einer Antwort würdigen, wenn er noch lebte.[1]

§ 455 Es sei, was du anmutig zu denken unternimmst, ein Traum im objektiven Sinne, in dessen Innerem und unter dessen Oberfläche sich schon ein absoluter Widerspruch verbirgt, der ihn früher oder später zerstören wird, oder es entstehe dir aus vielen solchen eitlen Arten von Dingen oder auch aus wahren Dingen im Geist eine fabelhafte Welt, die in sich dennoch eitel ist und an der Zusammensetzung von Dingen, die nicht zusammen bestehen können, leidet. Jener Traum aber oder auch diese fabelhafte Welt mögen sich so verhalten, daß 1) der Fehler ihrer inneren Unmöglichkeit dem Analogon der Vernunft nicht geradezu offenkundig ist und 2) der Vernunft und dem Verstand, die du bei dir und deinen vornehmlichen Betrachtern voraussetzen mußt, entweder auch verborgen bleibt oder wenigstens nicht mit derjenigen Ausgemachtheit beobachtet wird, von der angenommen werden müssen mag, daß sie die ganze Kunst des Werks, das doch auf schöne Weise gefallen will, gleichsam wie Spinnweben zerstören wird: Dieser Traum, diese fabelhafte Welt wird durch das ästhetische Tribunal nicht vernichtet.

So folgen sie alle dem gleichen Weg und bilden sich von den Dingen leere Traumgebilde ein, Homer und der feurige Apelles.

§ 456 Ein solcher Traum oder solche eine fabelhafte Welt mögen hingegen entweder 1) Dinge hinstellen, die selbst dem Analogon der Vernunft widersprechen, sich gegenseitig aufheben und ungereimt sind, oder sie mögen 2) in den Augen deiner Betrachter schon oft das schwarze Theta[1] der Vernunft und des Verstandes eingebrannt bekommen haben, so daß du sicher sein kannst, daß sie ur-

somnia, mundi eiusmodi fabulosi, ob falsitatem etiam aestheticam, ex campo meditationum venustarum exsulent, §§ 453, 431.

Pictoribus atque poetis,
Quidlibet audendi semper fuit aequa potestas,
Sed non ut placidis coeant immitia, non, ut
Serpentes avibus geminentur, tigribus agni.[1]

§ 457 Est ingeniis excitatioribus quaedam DYNAMOMETRIA NATURALIS, et mensura virium ad sensum, quem aiunt, communem relata, rationis analogon ingenio proportionem inter caussam et effectum sensitivo ponderans. Sit itaque effectus a te viribus caussae, quibus adscribitur, vivis maior vel minor, hinc naturaliter impossibilis, sed ita, ut nec descriptae nunc virium notitiae mathematicae, nec rationi iam intellectuique per summam evidentiam patescat dicta disproportio, et censorem aestheticum sine nota turpitudinis eiusmodi naturaliter impossibile praetervehetur, velut Atlas olim, qui caelum tulerat.

§ 458 Si deus intersit, ubi nodus tanto vindice dignus non appareat, si quid per rerum naturam fieri non posse, vel analogo rationis, de quo § 457, vel intellectui, nunc etiam, quando cogitandum illud est, evidentissime manifestum sit, talis cogitatio ex pulcris exsulet, §§ 432, 453.

Ne, quodcunque volet, poscat sibi fabula credi,
Neu pransae Lamiae vivum puerum extrahat alvo.
Centuriae seniorum agitant expertia frugis.[2]

1 Horaz, *A. p.* 9 f., 12 f.
2 Ebd. 339–341.

teilen werden, daß auch jetzt alles, was du denkst, gegen jede Vernunft ist. Solche Träume und solche fabelhaften Welten sollen aufgrund ihrer auch ästhetischen Falschheit des Feldes der anmutigen Überlegungen verwiesen werden.

Und doch hatten Maler und Dichter
seit je gleiche Freiheit, zu wagen was sie nur wollen.
Aber nicht so, daß sich Grimm mit Sanftmut verbindet, nicht so,
daß Schlangen mit Vögeln sich paaren und Lämmer mit Tigern.[2]

§ 457 Es findet sich bei aufgeweckteren Geistern eine gewisse NATÜRLICHE KRÄFTEMESSUNG und ein Maß der Kräfte, das in einem Verhältnis zu dem steht, was man den Gemeinsinn nennt, ein Analogon der Vernunft, das mittels seiner sinnlichen Begabung das Ebenmaß zwischen Ursache und Wirkung erwägend vergleicht.[1] Es sei nun also eine von dir beabsichtigte Wirkung entweder größer oder kleiner als die lebendigen Kräfte der Ursache, denen sie zugeschrieben wird, sie sei daher natürlicherweise unmöglich, aber so, daß das erwähnte Unebenmaß weder der gerade beschriebenen mathematischen Kenntnis der Kräfte, noch auch der Vernunft und dem Verstand in höchster Ausgemachtheit offenkundig ist. Ein solches natürlicherweise Unmögliches wird ohne Rüge der Häßlichkeit an einem ästhetischen Zensor vorbeiziehen, wie einst Atlas, der das Himmelgewölbe trug.[2]

§ 458 Wenn ein Gott sich einmischt, wo die Verwicklung eines solchen Erretters nicht in dem Maße würdig erscheinen mag,[1] wenn es auf ausgemachteste Weise offenbar ist, daß etwas aufgrund der Natur der Dinge nicht möglich ist, entweder für das Analogon der Vernunft, von dem in § 457 die Rede war, oder für den Verstand, gerade dann, wenn es gedacht werden soll, dann möge ein solcher Gedanke des Schönen verwiesen werden.

Daß nicht das Stück verlange, ihm alles, was ihm gefällt, auch zu glauben,
noch aus dem Bauch der gefräßigen Lamia einen lebenden Knaben befreie![2]
Die Zenturie der Alten verspottet Dichtungen ohne Gehalt.

§ 459 Difficile erit dynamometriae naturali, de qua § 457, non Homeri solum, sed et Virgilii clipeum animo sibi formare, etiamsi meminerit dei artificis. 1) Quomodo in definito humanam per staturam, licet heroicam, clipeo tot picturae, v. 626–729, locum habuerint, tantum quaelibet, ut humanis oculis discerni potuerint, et inter alia 2) quomodo per eandem picturam Cleopatra

Regina in mediis patrio vocat agmina sistro,[1]

navibus Augusto hostis obviam vecta, et tamen

Illam inter caedes pallentem morte futura
Fecerat ignipotens undis et Iapyge ferri?[2]

Si dicas ipsam cum omni orientis exercitu fuisse bis pictam, non sine subtili et artificiosa quadam intercapedine, 1) signum pugnae dantem, 2) fugientem, augetur difficultas prima.

§ 460 Non irritabo vaticinantes Achillis equos apud Homerum. Praestat ire in Statium. Huic Theb. II 494 Thebarum

Quinquaginta altis funduntur in ordine portis[3]

in solum et unum Tydea hostes.

Macte animi, tantis dignus qui crederis armis,[4]

et a tanto quidem poeta, ac Statius est, qui nunquam maiora vero cecinit! Tydea in insidiis exspectant, nec adoriuntur tamen, nisi a solo provocati. Quum adsunt tandem undique ab uno hoste evocati, pa-

[1] Vergil, *Aen.* 8, 696.
[2] Ebd. 8, 709 f.
[3] Stat., *Theb.* 2, 494.
[4] Ebd. 2, 495.

§ 459 Schwer wird es der natürlichen Kräftemessung, von der in § 457 die Rede war, fallen, sich nicht allein den Schild des Homer,[1] sondern auch denjenigen Vergils im Geiste vorzustellen, auch wenn sie sich erinnern wird, daß dessen Schöpfer ein Gott war. 1) Wie werden auf einem für die menschliche Gestalt, sei es auch für die Gestalt eines Helden, bestimmten Schild so viele Bilder Platz gefunden haben, und jedes von ihnen in dem Maße, daß sie mit menschlichem Auge zu unterscheiden gewesen sein werden? Und unter anderem: 2) Wie *ruft* denn in ein und demselben Bild Kleopatra

inmitten der Schlacht als Fürstin das Heer mit dem heimischen Sistrum,

nachdem sie sich auf ihren Schiffen feindlich Augustus entgegengefahren ist, während gleichwohl

mitten im Morden und blaß vor dem nahenden Tode
sie Vulkanus gebildet hatte, wie Winde und Wellen sie trugen?

Wenn du sagst, sie sei zusammen mit dem ganzen Heer des Orients zweimal abgebildet worden, nicht ohne eine gewisse feine und kunstreiche Unterbrechung, nämlich 1) als sie das Zeichen zum Kampf gibt und 2) als sie flieht, wird die erstgenannte Schwierigkeit nur noch erhöht.

§ 460 Ich werde nicht gewaltsam die weissagenden Pferde des Achill bei Homer herbeiziehen.[1] Es ist besser, zu Statius zu gehen. Dem *ergossen sich* in Theben

fünfzig Krieger, dicht aneinander gereiht, aus den hohen Portalen

auf einen einzigen Feind, den Tydeus.

Heil deinem Mut, der du so mächtiger Waffen für würdig gehalten wirst,

und gewiß um so mehr von einem Dichter, wie es Statius ist, der nie etwas größer, als wahr ist, besang! Sie erwarten Tydeus in einem Hinterhalt, doch sie greifen ihn nicht an, bis er sie ganz allein dazu herausfordert. Als sie endlich, von ihrem einzigen Feind herbei-

tiuntur eum uncis manibus in Sphyngis scopulum evadere sine teli, vel unius iactum, salvum et incolumem. Uno lapide iam quattuor hostes primos necat, et in his

fulmineus Dorylas, quem regibus ardens
Aequabat virtus,[1]

licet cum 49 nocturnis praedonibus unum legatum aggressus sit. Restant ultra 40. In hos ex Sphyngis scopulo desilit Tydeus *praeceps*, neque prius, quam clipeo galeaque se hostis armavit, illi

densi glomerantur in unum.[2]

Nunc hic *ensem trahit*, et omnibus *inexpugnabilis obstat,* ut *Briareus* diis omnibus,

quum toto nequicquam obsessus Olympo
Tot queritur cessare manus,[3] § 399.

§ 461 Dum respiramus, iam multi mera letalia vulnera, unus in ipsa lingua, acceperunt hostes, Tydeus autem est

saepe aspera passus
Vulnera, sed nullum vitae in secreta receptum est.[4]

Iamque superest hostium ultimus unus. Ne victor Tydeus Thebas inimicas adhuc ovans ingrediatur, opus est dissuadente per visionem Pallade. Ultimo vita et mandata ad Thebanos dantur, ipse ex omnibus 49 cadaverum armis tropheum erigere vires otiumque toties vulneratus habet, et resultante iugorum longorum Echo precibus illud Minervae dedicare 25 versibus.

1 Ebd. 2, 571 f.
2 Ebd. 2, 585.
2 Ebd. 2, 600 f.
3 Ebd. 2, 605 f.

gelockt, ihn von allen Seiten umgeben, erdulden sie, daß er, sich auf die Felsen der Sphinx emporklimmend, entkommt, ohne von einem Schuß, von einem einzigen Wurf getroffen zu werden, heil und unversehrt. Schon mit einem Stein tötet er die ersten vier Feinde, unter ihnen

Dorylas, rasch wie der Blitzstrahl, Königen
gleich an feurigem Mut

(sei auch hingenommen, daß dieser mit neunundvierzig nächtlichen Räubern nur einen Gesandten angegriffen hat). Es bleiben noch über vierzig Feinde. Gegen diese springt Tydeus vom Felsen der Sphinx *kopfüber* hinab, aber nicht eher als er sich mit Schild und Helm des Feindes bewaffnet hat,

stellten diese sich dicht geschart dem einen.

Jetzt *zieht er das Schwert* und allen *steht er unbesiegbar gegenüber*, wie *Briareus* allen Göttern,

als der ganze Olymp ihn vergeblich anfiel,
über so viele untätige Hände noch klagend.

§ 461 Während wir Atem holen, haben schon viele Feinde ganz und gar tödliche Wunden empfangen, einer selbst an der Zunge, auch Tydeus

hat gar manche furchtbare Wunde
erlitten, doch keine berührte des Lebens Sitz.

Und schon ist nur noch ein letzter, einziger Feind übrig. Damit der siegreiche Tydeus nicht triumphierend in das feindliche Theben hineinschreitet, ist das Traumgesicht der ihm davon abratenden Pallas Athene nötig. Dem letzten Feind wird das Leben geschenkt und eine Botschaft an die Thebaner mitgegeben, Tydeus selbst hat, so oft er auch verletzt wurde, die Kraft und die Muße, aus den Waffen der Leichname ein Siegesmal zu errichten und, während sein Echo von den langen Bergketten hallt, es mit Dankgebeten von fünfundzwanzig Versen der Minerva zu weihen.[1]

§ 462 Si libertati generatim, aut speciatim certae personae, certi characteris, quem semel alicui tribuisti, non convenire, non esse per eandem possibile, vel viribus eius vivis maius minusve, per moralem analogi rationis dynamometriam, de qua § 457, percipi iudicarique potest, quod illi tamen adscribitur, novam dabit illud falsitatis aestheticae vitandae speciem, §§ 458, 433.

Ne forte seniles
Mandentur iuveni partes, pueroque viriles.
– – –
Ut nihil intersit Davusne loquatur, et audax
Pythias emuncto lucrata Sinone talentum,
An custos famulusque dei Silenus alumni.[1]

§ 463 Sit aliquid per certam libertatem vere ἀδύνατον, sed haec moralis impotentia, partim soli intellectui et rationi pateat, et huius accuratiori dynamometriae, partim nec eidem, nunc saltim, et apud spectatores, quos tibi conciliare praesertim optas, adeo evidenter obversatura praesumi potest, ut discutiat omnem analogo rationis apparentem possibilitatem moralem. Etiamsi moraliter eiusmodi impossibile tuis immisceatur cogitationibus ad elegantiae regulas componendis: non tamen est, quod ex aestheticis sententiis falsi reus agi metuas, § 445.

§ 464 Quanquam forum aestheticum falsitatis suam moralis reprehensionem et illiciti directo non ultra sensitivi horizontis terminos extendat: nec hinc immediate falsitatis accuset aestheticae cogitationes ad elegantiarum lydium lapidem exigendas, nisi quae contra

1 Horaz, *A. p.* 176 f., 237–239.

§ 462 Wenn durch die sittliche Kräftemessung des Analogons der Vernunft, von der in § 457 die Rede war, wahrgenommen oder beurteilt werden kann, daß etwas mit der Freiheit im allgemeinen oder im besonderen mit derjenigen einer gewissen Person, eines gewissen Charakters, den du jemandem bereits zugeordnet hast, nicht zusammenstimmt und nicht durch dessen Freiheit ermöglicht wird oder größer oder kleiner als dessen lebendige Kräfte ist, ihm dieses aber dennoch zugeschrieben wird, so wird dies eine neue Art der ästhetischen Falschheit ergeben.

Daß nicht etwa die Rolle des Alten,
dem Jüngling, dem Kinde die Rolle des Mannes vertraut wird!
– – –
Daß es etwa keinen Unterschied mache, ob Davus spricht und die verwegene
Pythias – reicher um ein Talent, das sie dem Simo aus der Nase zog –
oder der Behüter und Diener eines göttlichen Zöglings, Silenus.[1]

§ 463 Es sei irgend etwas durch eine bestimmte Freiheit wahrhaft unmöglich, doch dieses sittliche Unvermögen mag zum Teil nur dem Verstand und der Vernunft und deren genauerer Kräftemessung offenbar sein, zum Teil kann vorausgesetzt werden, daß es nicht einmal dieser, gegenwärtig gerade wenigstens, und auch nicht den Betrachtern, die du dir vornehmlich geneigt zu machen wünschst, in so ausgemachter Weise vor Augen schweben wird, daß es jede für das Analogon der Vernunft so scheinende sittliche Möglichkeit zerschlägt.[1] Auch wenn ein sittlich Unmögliches dieser Art sich in deine Gedanken mischt, die nach den Regeln des Geschmackvollen zu ordnen sind: So ist es doch nichts, weswegen du befürchten müßtest, nach ästhetischem Richtspruch des Falschen beschuldigt zu werden.

§ 464 Obgleich das ästhetische Forum seinen Tadel des sittlich Falschen und des Unerlaubten nicht geradewegs über die Schranken des sinnlichen Horizonts hinaus ausdehnt, und obgleich es daher nicht unmittelbar die Gedanken, die am Prüfstein[1] des Geschmackvollen gemessen werden müssen, der ästhetischen Falschheit an-

licitum, pium, honestum, decorum illud impingunt, quod et analogo rationis tale patet; pone tamen aliquem moraliter malam actionem adeo callide texisse, ut analogo rationis primum indifferens, vel omnino bona visa sit; sed fuisse dignitatis in eodem pulcrae, abstinere ab eiusmodi fraudibus, qui, nisi insigniter bonus, vir tamen bonus haberi voluerit: pone fraudes ipsas non detegere analogon rationis, nisi huius auxilio, sed detectis fallaciis, etiam sensitive manifestissimum esse, dedecere easdem talem personam, quam cogitaturus in se susceperat: eiusmodi subtile vitiorum venenum propinare, si non directo propter falsitatem cogitationum ipsam aestheticam, tamen propter turpem defectum dignitatis, S. XV, in fucatis malorum lenociniis turpitudinis damnabit ipsum forum aestheticum, §§ 435, 445.

§ 465 Sunt tamen et aesthetice fugienda contra moralem strictius dictam pulcre cogitandorum possibilitatem pugnantia, § 435, directo quae coniungit Claudianus De IV cons. Hon. 278,

Neu dubie suspectus agas neu falsus amicis.[1]

1) Ne per omnem tuam, venustam quam velis, meditationem ambiguus data opera videaris, inter virtutem et vitium, ut spectatoris analogon rationis satis pro suis viribus attendens determinare sibi satisfaciendo, saltim in fine, tamen non possit, quarum sis partium, an earum, quae bonos, qui censentur mores ordinario, tueri, an earum, quae malos ordinario habitos commendare nituntur. Sic enim dubie

[1] Claud. 8, 278.

klagt, wenn sie nicht gegen jenes Erlaubte, Fromme, Ehrbare und Wohlanständige verstoßen, das auch dem Analogon der Vernunft als solches offenbar ist – so nimm gleichwohl an, daß ein Autor eine sittlich schlechte Handlung so geschickt verhüllt habe, daß sie dem Analogon der Vernunft zuerst gleichgültig oder sogar gut erschienen sei, daß es aber zur schönen Würde des Autors gehört hätte, sich von solcherart Betrügereien zurückzuhalten, der, wenn nicht für einen ausgezeichnet guten, so doch für einen guten Mann gehalten werden wollen wird. Nimm an, daß das Analogon der Vernunft diese Betrügereien als solche nicht entdecke, außer mit der Hilfe des Autors, doch daß es nach Entdeckung der Trugschlüsse auch sinnlich überaus offenbar sei, daß dieselben sich nicht für die Rolle schicken, die der Autor zu übernehmen gewollt hatte: Auf solche Weise das feine Gift der Laster zum besten zu geben, wird eben das ästhetische Forum, wenn nicht geradewegs wegen der ästhetischen Falschheit der Gedanken selbst, dann aber doch wegen des häßlichen Mangels an Würde in den geschminkten Verlockungen des Bösen, der Häßlichkeit schuldig sprechen.

§ 465 Es müssen gleichwohl auch im Ästhetischen Dinge vermieden werden, die gegen die sittliche Möglichkeit des schön zu Denkenden im engeren Sinne verstoßen, was Claudian geradewegs verbindet:

Handle weder so, daß du Argwohn erregst, noch falsch an den Freunden.

1) Im Verlauf deiner ganzen Überlegung, sei sie anmutig, wie du willst, mögest du im Hinblick auf das gegebene Werk nicht zweideutig erscheinen, schwankend zwischen Tugend und Laster, so daß das Analogon der Vernunft des Betrachters, indem es entsprechend seinen Kräften genügend aufmerksam ist, dennoch nicht einmal am Ende zu seiner Zufriedenheit bestimmen kann, zu welcher Seite du gehören magst, ob zu denen, die sich bemühen, die Sitten, die gewöhnlich für gut gehalten werden, aufrechtzuerhalten, oder zu denen, die darauf hinarbeiten, gewöhnlich für schlecht gehaltene Sitten zu empfehlen. So nämlich wirst du, den Guten in zweifelhafter Weise verdächtig, den Schlechten in zweifelhafter Weise gefallend,

suspectus bonis, dubie placens malis, ne horum quidem calculum feres. Quibus ergo pulcer es?

§ 466 2) Ne crassus, quem dicunt, simulator virtutis larvam ita prae te feras, ut vel analogo rationis transpareant animi sub vulpe latentes. Verbi gratia turpe est amicitiam singularem simulare, sive *falsum* adeo *renideant* aliqui,[1] ut vel primo obtutu,

reperiantur falsi falsimoniis,
Qui se quum frustrantur, frustrari alios stolidi existiment,
Lingua factiosi, inertes opera, sublesta fide,[2]

sive alii callidius agant rem suam, et tum demum, quando bonum alicuius analogon rationis, confidentius credulum, *inique induxerunt animam tradere, quasi tuta omnia forent,*

Tum retrahunt se, ac sua dicta omnia factaque
Ventos irrita ferre ac nebulas aereas sinunt,[3] § 464.

§ 467 Heic erit forte locus convenientissimus semel expresse affirmandi, rogandique sic illud sibi dictum putet, si quis ad pulcre cogitanda velit his lectis accedere, ac si cuivis adscriptum esset paginae, quae falsa nunc aesthetice licita directo dicemus, ea per indirectum, non esse licita, vel aesthetice, § 464, multo minus ex gravioribus bonae mentis regulis, quam primum iisdem ad detrimentum venerandae virtutis et perdendas animas abutaris. Huius regulae, praxeosve eidem tamen contrariae

1 Vgl. Tac., *Ann.* 4, 60.
2 Plaut., *Bacchides* 541–548.
3 Vgl. Catull 30, 7–10.

gewiß nicht ihre Stimme erhalten. Für welche von beiden also denkst du dann schön?

§ 466 2) Auch mögest du nicht als, wie man sagt, grober Heuchler die Maske der Tugend so an den Tag legen, daß selbst für das Analogon der Vernunft hervorscheint, was sich unter dem Fuchspelz verbirgt.[1] Schändlich ist es zum Beispiel, eine einzigartige Freundschaft vorzuspiegeln, sei es, daß manche so *tückisch lächeln*, daß sogar schon beim ersten Anblick

sie durch ihre Betrügereien als Betrüger entdeckt werden,
und während sie in dem Wahn stehen, andere zu hintergehen,
hintergehen sie nur sich selbst,
dienstfertig mit dem Maul, sind sie zum Handeln träg, und ihre Treue hält nicht stand,

sei es, daß andere ihre Sache geschickter anstellen und *sich* erst dann, wenn sie das gute, arglose Analogon der Vernunft noch dreister *auf unbillige Weise dazu gebracht haben, ihnen seine Seele zu schenken, als ob es sich in jeder Beziehung sicher fühlen könne,*

zurückziehen und all ihre Worte und Taten,
als wären sie ungeschehen, von Wind und luftigem Nebel forttragen lassen.

467 Es wird hier vielleicht der passendste Ort sein, ein für allemal ausdrücklich zu bekräftigen – und, wenn jemand nach dem Lesen dieser Seiten sich mit schön zu denkenden Dingen befassen wollen mag, diesen darum zu bitten, er möge sich das Gesagte so denken, als ob es jederweder Seite beigefügt sei – daß diejenigen falschen Dinge, die wir jetzt geradewegs ästhetisch erlaubt nennen werden, mittelbar gleichwohl nicht erlaubt sind, nicht einmal ästhetisch, und, aufgrund der wichtigeren Regeln einer guten Gesinnung, noch weniger, sobald du sie dir zum Schaden der verehrungswürdigen Tugend und zum Verderben der Seelen zunutze machen würdest. *Wenn du* diese Regel oder auch die ihr entgegengesetzte Verhaltensweise

Si tu oblitus es, at dii meminerunt, meminit Fides,
Quae te, ut poeniteat postmodo facti, faciet, tui, Cat. 28.[1]

§ 468 Immisceantur pulcre cogitatis, quae non habeant rationem et corollaria, quae, qualia, quanta philosophus iure postulaverit, quibus tamen nexus utrimque non desit, qualem quantumve postulare solet analogon rationis eorum, quorum potissimum gratia scribis: irrationalitas eiusmodi inconnexorum non arguetur falsitatis aestheticae, § 445. Desideretur autem et ille nexus, ea cohaerentia, qualem et quantam desiderat analogon rationis in iis, quae probat, damnaberis confestim falsitatis aestheticae, § 437.

Neu quid medios intercinat actus,
Quod non proposito conducat et haereat apte.[2]

§ 469 Unitatem materiarum suarum et absolutam et hypotheticam, sola metaphysicorum ratione perspiciendam parum curat aestheticus, admodum securus eadem insuper habita se non male exceptum iri, quasi aesthetice falsa cogitaverit, a iudice competente. Si laeserit autem eam unitatem, ipsius etiam loci tantum vel temporis, quam fert simul in oculis analogon rationis, § 439, non sine pudore ad illum relegatur aestheticae falsitatis reus, § 445.

Qui variare volens *rem prodigialiter unam*
Delphinum silvis appingit, fluctibus aprum.[3]

§ 470 Falsitates generales omnes, quatenus sensibus et analogo rationis percipi possunt, sunt etiam aestheticae, §§ 440, 445. Quas au-

1 Vgl. ebd. 30, 11 f.
2 Horaz, *A. p.* 194 f.
3 Ebd. 29 f.

vergessen hast, so werden sich doch die Götter daran erinnern, Fides erinnert sich,[1]
die deine Tat später mit Reue bestrafen wird.

§ 468 Es mögen in das schön Gedachte Dinge hineingemischt werden, die keinen Grund und keine Folgen in der Art und in dem Maße besitzen, wie sie ein Philosoph zu Recht verlangt haben wird, denen aber hinsichtlich beidem dennoch nicht der Zusammenhang fehlt, den das Analogon der Vernunft derjenigen, um derentwillen du hauptsächlich schreibst, zu verlangen pflegt: Die Ungereimtheit solcherart nicht zusammenhängender Dinge wird nicht der ästhetischen Falschheit bezichtigt werden. Würde jedoch auch jener Zusammenhang und die Folgerichtigkeit in der Art und in dem Maße vermißt, in denen sie das Analogon der Vernunft bei den Dingen, die es prüft, verlangt, so würdest du unverzüglich der ästhetischen Falschheit beschuldigt werden:

Und er singe nicht zwischen den Akten,
was dem Thema nicht nützt und nicht recht am Platz ist.[1]

§ 469 Um die absolute und um die bedingte Einheit seiner Stoffe, die nur in der Weise der Metaphysiker einzusehen ist, besorgt sich der Ästhetiker wenig, ja er ist sich sogar sicher, daß er, gesetzt sie sei obendrein mithinzugekommen, von einem fähigen Richter nicht ungehörig so aufgenommen wird, als habe er gleichsam ästhetisch Falsches gedacht. Wird er aber auch die Einheit, auch nur diejenige des Ortes und der Zeit, verletzt haben, die zugleich dem Analogon der Vernunft in die Augen fällt, wird er, nicht ohne daß er sich schämen muß, als der ästhetischen Falschheit Angeklagter an eben jenen Richter verwiesen.

Wer ein einzelnes Thema verschwenderisch auszugestalten begehrt,
malt einen Delphin in die Wälder, ins Meer einen Eber.[1]

§ 470 Alle allgemeinen Falschheiten, insofern sie durch die Sinne und das Analogon der Vernunft wahrgenommen werden können, sind auch ästhetische Falschheiten. Diejenigen aber, bei denen nur

tem esse tales sola ratio et intellectus purior detexerit, aestheticae falsitatis notam non ferent, nisi vel iis propinentur, quorum convicta de contrario penitus ratio discutiat repente speciem veri, quae superest, omnem, vel comitante dignitatis probitatisque defectu deturpentur, §§ 464, 467. Quo gravior et periculosior est error in notionibus iisque, quae multis applicari temere possunt, hoc magis serio sibi prospiciat in generalibus etiam aestheticus, ne tacitas preces secum ante pulcram meditationem fudisse videatur:

Pulcra Laverna,
Da mihi fallere, da iusto sanctoque videri,
Noctem peccatis et fraudibus obiice nubem, Hor., Ep. I 16, 60.[1]

§ 471 Quid autem illud est ambiguitatis? Nunc falsa conceduntur, nunc denuo dissuadentur aesthetico? Dic sententiam explicite. Uti dixi hucusque non sine necessariis determinationibus, ita pergam. Strictissime veris opposita quomodocunque, vel etiam ea solum, quae videntur iisdem opposita, dicuntur LATISSIME FALSA, et simpliciter in populari sermone. Hinc quicquid in hoc universo nec fuit, nec est, nec erit, falsum illud omne vulgo perhibetur, et, quam primum irascatur, falsissimum. Sit pulcrius cogitandum finitum, in se possibile, sit naturaliter, sit moraliter, latius, strictius, et rationis et analogi rationis ex exactissimo iudicio, neque tamen sit huius universi possibile, erit illud latissime falsum et ex vulgari loquendi formula falsum simpliciter.

1 Horaz, *Ep.* 1, 16, 60–62.

die Vernunft und der Verstand entdeckt haben werden, daß sie solche Falschheiten sind, tragen nicht das Merkmal der ästhetischen Falschheit, wenn sie nicht denjenigen zum besten gegeben werden, deren zutiefst vom Entgegengesetzten überzeugte Vernunft unvermutet jede Art des Wahren, die dabei noch übrig bleibt, zerstört, oder wenn sie durch einen sie begleitenden Mangel an Würde und Rechtschaffenheit verunstaltet werden. Je schwerer und gefährlicher der Irrtum in denjenigen Begriffen ist, die von vielen aufs Geratewohl angewendet werden können, desto mehr möge sich auch der Ästhetiker bei allgemeinen Dingen vorsehen, daß er nicht den Anschein erwecke, er habe vor der schönen Überlegung bei sich stillschweigend ein solches Gebet gesprochen:

Herrliche Laverna,[1]
laß meinen Betrug gelingen, laß mich gerecht und rein erscheinen,
hüll ein meine Vergehen in Nacht, meine Lügen in Wolken![2]

§ 471 Doch was ist das für eine Zweideutigkeit? Einmal wird dem Ästhetiker Falsches zugestanden, dann wiederum wird ihm davon abgeraten? Sag' doch deine Meinung ausdrücklich! – So wie ich bis hierher verfahren bin, nicht ohne dabei notwendige Bestimmungen vorzunehmen, so werde ich fortfahren. Dinge, die in welcher Art auch immer im Gegensatz zu dem in strengstem Sinne Wahren stehen, oder auch diejenigen, die zu ihm nur in Gegensatz zu stehen scheinen, werden FALSCH IM WEITESTEN SINNE oder, in der Redeweise des Volkes, schlechthin falsch genannt. Daher wird all das, was in dieser Welt weder war noch ist noch sein wird, gemeinhin falsch und, sobald es Zorn erregt, das Falscheste genannt. Es mag etwas, das schöner zu denken ist, begrenzt und an und für sich möglich sein, es mag dies in natürlicher und in moralischer Hinsicht, im weiteren und im engeren Sinne und gemäß dem genauesten Urteil der Vernunft und des Analogons der Vernunft sein, aber dennoch nicht als Mögliches dieser Welt, dann wird es falsch im weitesten Sinne und, gemäß der gewöhnlichen Redeweise, schlechthin falsch sein.[1]

§ 472 Tantum est bene studium veritatis, § 423, pulcre cogitaturo, ut ne in strictissimam quidem veritatem impingere velit, sine pulcra necessitate, nec sine eadem vel latissime falsa meditari, § 471. Hinc elegantes sibi praesertim dictum putant historici: *Ne quid falsi*[1] (i. e. quod non sit strictissime verum). Tacitus strictissime veram sibi visam historiam de Drusi morte quum narasset, addit rumorem de eadem suae narrationi contrarium, Ann. IV 11. *Mihi,* pergens, *tradendi arguendique rumoris caussa fuit, ut claro sub exemplo falsas auditiones depellerem, peteremque ab iis, quorum in manus cura nostra venerit, ne divulgata et incredibilia avide accepta, veris, neque in miraculum corruptis, ante habeant.*[2]

§ 473 Hanc ob caussam sane non refertur a bonis elegantiarum arbitris inter Veneres cogitationum, eaedem si nequicquam et nulla observabili ex necessitate contradicunt rigidae ac severae historiae, genealogiae, geographiae, chronologiae, reliquisque disciplinis, quae versantur in strictissime veris. Quoties ipse culpatus est Virgilius castam forsan Didonem cum duce Troiano in eandem speluncam deducens, reclamante chronologia, ab iis, qui necessitatem falsi non observare sibi visi sunt? In declamatione Pythagorae apud Ovidium hi versus:

Clara fuit Sparte, magnae viguere Mycenae
Nec non et Cecropiae, nec non Amphionis arces.
Vile solum Sparte est, altae cecidere Mycenae.
Oedipodioniae quid sunt, nisi nomina, Thebae?
Quid Pandioniae restant, nisi nomen, Athenae?[3]

1 Vgl. Cic., *De or.* 2, 62.
2 Tac., *Ann.* 4, 11.
3 Ovid, *Met.* 15, 426–430.

§ 472 Das Streben nach Wahrheit steht demjenigen, der schön denken will, so wohl an, daß er ohne eine schöne Notwendigkeit gewiß nicht gegen die Wahrheit im strengsten Sinne verstoßen noch auch ohne eine solche Notwendigkeit über Falsches im weitesten Sinne Überlegungen anstellen will. Daher glauben die geschmackvollen Historiker, daß dieser Spruch vor allem für sie gilt: *Laß nichts Falsches zu*[1] (d. h. was nicht im strengsten Sinne wahr ist). Nachdem Tacitus die Geschichte vom Tode des Drusus, die er für im strengsten Sinne wahr hielt, erzählt hat, fügt er noch ein Gerücht über dessen Tod hinzu, daß seiner Erzählung entgegengesetzt ist, indem er fortfährt: *Der Grund, warum ich die unverbürgte Nachricht überliefert und dargestellt habe, lag in folgender Absicht: Ich wollte mit einem deutlichen Beispiel die falschen Gerüchte bekämpfen und bei denen, in deren Hände meine Arbeit gelangen wird, erreichen, daß sie den weitverbreiteten, unglaublichen Geschichten, die gierig ergriffen und geglaubt werden, nicht den Vorzug geben gegenüber der Wahrheit und gegenüber dem, was nicht durch den Anschein des Wunderbaren verfälscht ist.*

§ 473 Aus diesem Grund wird es von guten Schiedsmännern dessen, was geschmackvoll ist, fürwahr nicht zu den Anmutigkeiten der Gedanken gezählt, wenn diese ohne Grund und mit keiner ersichtlichen Notwendigkeit der ernsten und strengen Geschichtsschreibung, der Geneaologie, Geographie, Chronologie und den übrigen Lehren, die sich mit dem im strengsten Sinne Wahren beschäftigen, widersprechen. Wie oft ist nicht selbst Vergil von denen, die eine Notwendigkeit des Falschen nicht bemerken wollten, angeschuldigt worden, weil er die vielleicht keusche Dido zusammen mit dem Trojanischen Heerführer in dieselbe Grotte hinabgeführt hat, im Widerspruch zur Chronologie?[1] In der Rede des Pythagoras bei Ovid sind diese Verse,

Gepriesen war Sparta, es blühte das große Mykene,
auch des Kekrops auch Amphions Burg.
Wohlfeiler Boden ist Sparta jetzt, zerfallen das hohe Mykene
und des Ödipus Stadt, was ist sie sonst als ein Name: Theben?
Und was blieb von Pandions Stadt sonst als ein Name: Athen?,

quoniam sine necessitate venusta pugnant in chronologiam, multis habiti sunt in glossematibus.

§ 474 Quicquid est anachronismorum et ανιστορησίας citra necessitatem in pulcre cogitandum illatorum, pertinet illud omne ad falsitates etiam aestheticas, quam primum analogo rationis vitium appareat, §§ 473, 445. Huc *triremes* Virgilii, nisi subtiliter facetus data opera *Chimaeram* dicit, l. V 118,

Urbis opus, triplici pubes quam Dardana versu
Impellunt, terno consurgunt ordine remi.[1]

Aeratas saltim eius *puppes*[2] ideo non possumus in exsilium ex hoc universo relegare, quia rostra sunt inventa, post heroica tempora. Plautum castiget, qui volet, quando eius non Sosias, sed et Mercurius ipse crebrum *hercule* iurant in Amphitryone, qui futurus erat demum Herculis *pater, quem iustae nuptiae declarant.*[3]

§ 475 Sed sit aliquando pulcre cogitaturo quaedam necessitas, secundum quam salva pulcritudine totius non possit in hoc universo morari longius, exspatiandum potius eius ingenio sit per alios mundos possibiles, quam primum in eiusmodi itinere commoratur circa regiones mundi fabulosi, § 456, descriptas, est in eius cogitatis falsitas heterocosmica aesthetica etiam, sin ultra limites § 455 descriptos non prosiliat, iure non accusatur falsitatis in heterocosmicis aestheticae, M. § 445. Epaphus forte strictissime verum Phaetonti dixerat, Ov., Met. I 752:

Matri omnia demens
Credis et es tumidus genitoris imagine falsi.[4]

1 Vgl. Vergil, *Aen.* 5, 118–120.
2 Vgl. ebd. 5, 198.
3 Vgl. Iust., *Dig.* 2, 4, 5 (Paulus 4 ad ed.)
4 Ovid, *Met.* 1, 753 f.

weil sie ohne anmutige Notwendigkeit gegen die Chronologie verstoßen, von vielen für eine Glosse gehalten worden.

§ 474 Was auch immer an Anachronismen und Unverstand der Geschichte gegen die Notwendigkeit in das schöne Denken hineingebracht sein wird – all dies gehört auch zu den ästhetischen Falschheiten, sobald es dem Analogon der Vernunft als Fehler erscheinen könnte. Hierzu gehören die *Dreiruderer* des Vergil, wenn er die dargestellten Werke nicht in einer Laune mit feinem Witz als *Chimäre* bezeichnet:

Eine ragende Stadt; die dreifach dardanische Mannschaft
rudert, dreifach übereinander in Reihen geordnet.[1]

Wenigstens können wir seine *ehernen Schiffshecke* nicht deswegen aus dieser Welt hinaus in die Verbannung verweisen, weil Rammsporne erst nach dem heroischen Zeitalter erfunden worden sind. Wer will, mag Plautus schelten, wenn nicht nur dessen Sosias, sondern auch Merkur im *Amphitruo*[2] öfter *beim Herkules* schwören, wo doch Amphitryon erst in der Zukunft der *Vater* des Herkules werden sollte, *als welchen ihn die rechtmäßige Eheschließung ausweist.*[3]

§ 475 Es mag jedoch bisweilen für denjenigen, der schön denken will, eine Notwendigkeit geben, nach der er, unbeschadet der Schönheit des Ganzen, nicht länger in dieser Welt verweilen können und mit seinem Geist eher in andere Welten abschweifen müssen mag. Sobald er auf einem Gang dieser Art in den Gegenden der fabelhaften Welt, die in § 456 beschrieben wurde, länger verweilt, ist in seinen Gedanken auch eine ästhetische heterokosmische Falschheit, wofern er aber die in § 455 beschriebenen Schranken nicht überschreitet, wird er mit Recht nicht der ästhetischen Falschheit im Heterokosmischen beschuldigt. Epaphos hatte vielleicht dem Phaethon etwas gesagt, was im strengsten Sinne wahr ist:

Deiner Mutter glaubst du alles, du Narr,
und brüstest dich mit einem falschen, eingebildeten Vater![1]

§ 476 In mundo tamen Metamorphoseon Ovidianarum est per preces Phaetontis, l. II 35,

O! lux immensi publica mundi,[1]

strictissime verum, et simul heterocosmice, § 441,

Phoebe, pater, si das huius mihi nominis usum,[2]

heterocosmice verum, § 441, licet ex mundo fabuloso somnium, tamen iis, quibus vixit, Ovidius locis et temporibus, quibusque praesertim scripsit personis, non falsum aesthetice, § 455.

Nec falsa Clymene culpam sub imagine celat,[3]

hoc in dicto Ovidii mundo falsum fuisset, supposita Phaetontis fabula, etiam aestheticum.

Pignora da, genitor, per quae tua vera propago
Credar, et hunc animis errorem detrahe nostris.[4]

Verum habes heterocosmicum, quod nec aesthetice tunc falsum erat et iis, cum et quibus Ovidius potissimum scribebat.

§ 477 Iamque reor aliqua ex parte manifestum esse pulcre cogitaturum veritatis amicum esse quidem semper, S. XXVI, neque tamen vel illius abstractissimae de universalibus, § 440, vel illius strictissimae servum esse, § 441.

Exit in immensum foecunda licentia vatum,
Obligat historica nec sua verba fide, Ov., Am. III 12,[5]

ubi multa exempla congeruntur confirmatura sententiam huc facientem:

Non, ut testes, mos est audire poetas.[6]

Ut enim tandem omnibus videar perspicue scribere, § 471, venustius ingenium,

1 Ebd. 2, 35.
2 Ebd. 2, 36.
3 Ebd. 2, 37.
4 Ebd. 2, 38 f.
5 Ovid, *Am.* 3, 12, 41 f.
6 Vgl. ebd. 3, 12, 19.

§ 476 Doch in der Welt der Ovidschen *Metamorphosen* ist im Zusammenhang der Bitten des Phaethon der Vers

Du Licht des unermeßlichen Weltalls, das für alle erstrahlt

im strengsten Sinne und zugleich heterokosmisch wahr.

Phoebus, mein Vater, sofern du mir gestattest, dieses Wort zu gebrauchen,

ist heterokosmisch wahr, sei es auch als Traum aus einer fabelhaften Welt, aber dennoch an dem Ort und zu den Zeiten, als Ovid lebte und für diejenigen, für die er hauptsächlich schrieb, nicht ästhetisch falsch.

Sofern nicht Klymene mit Lug und Trug eine Schuld verbirgt:

Dies wäre, die Geschichte von Phaethon vorausgesetzt, in der genannten Welt des Ovid auch ästhetisch falsch gewesen.

Gib mir ein Pfand, mein Erzeuger, damit man mir die Abkunft von dir
glaube, und nimm aus meinem Herzen den Zweifel:

Hier hast du ein heterokosmisch Wahres, das damals auch ästhetisch nicht falsch war, zu den Zeiten, in denen, und für die Menschen, für die Ovid vor allem schrieb.

§ 477 Ich glaube, daß es nun schon zu einem gewissen Teil offenbar geworden ist, daß derjenige, der schön denken will, gewiß immer ein Freund der Wahrheit ist, daß er jedoch kein Sklave weder der abgesondertsten Wahrheit über allgemeine Dinge noch auch der Wahrheit im strengsten Sinne ist.

Die erfinderische Willkür der Dichter schweift ins Unendliche
und verpflichtet ihr Wort nicht zu historischer Treue,

sagt Ovid in den *Amores*, wo viele Beispiele zusammengetragen werden, welche die hierher gehörende Meinung bestätigen werden:

Es ist nicht Brauch, auf Dichter zu hören, als wären sie Zeugen.

Damit ich denn endlich allen faßlich zu schreiben scheinen möge: *Wenn* ein anmutigerer Geist

Quando ita mentitur, sic veris falsa remiscet,
Primo ne medium, medio ne discrepet imum,[1]

illius Musa memor, § 467, censoribus aestheticis est

Splendide mendax, et in omne virgo
Nobilis aevum.[2]

SECTIO XXIX
VERISIMILITUDO AESTHETICA

§ 478 *Quousque tandem abutere patientia nostra? quamdiu nos etiam furor iste tuus eludat? Quem ad finem sese effraenata iactabit audacia?*[3] Tune vero magister veritatis logicae ac ethicae publice constitutus mendacia commendes, velut aliquando splendida, et falsa veris miscere, tanquam operam maximopere nobilem? Hac ego circiter ratione videor audire mihi quosdam obloquentes ex schola, quam pinxi, § 279. Sed sedatis animis, boni viri, revertamur ad nostrum, quod vos nonnunquam male habet, phlegma philosophicum. De salute Graeciae res non agitur. Interim tamen

longa est iniuria, longae
Ambages, sed summa sequar fastigia rerum.[4]

§ 479 Adeone facile putatis, ac Claudiani panegyris Honorio, rationis etiam analogo,

Mersum latebris educere verum?[5] v. 513.

Ut et ego vobiscum magnis auctoritatibus agam, nonne meministis veritatem esse Democrito sitam in fundo, unde difficulter protraha-

1 Horaz, *A. p.* 151 f.
2 Horaz, *Carm.* 3, 11, 35 f.
3 Cic., *In Cat.* 1, 1.
4 Vergil, *Aen.* 1, 341 f.
5 Claud. 8, 512.

so versteht zu lügen, so Falsches mit Wahrem zu vermischen,
daß nicht dem Anfang die Mitte, der Mitte der Schluß widerstreitet,

dann ist seine Muse, wenn sie sich der in § 467 gegebenen Regel erinnert, für die ästhetischen Zensoren

eine herrliche Lügnerin und eine in alle Ewigkeit
gepriesene Jungfrau.

ABSCHNITT XXIX
DIE ÄSTHETISCHE WAHRSCHEINLICHKEIT

§ 478 *Wie lange willst du unsere Geduld noch mißbrauchen? Wie lange soll diese deine Raserei ihr Gespött mit uns treiben? Bis zu welchem Ende soll die zügellose Frechheit ihr Haupt erheben?* Du, als öffentlich eingesetzter Lehrer der logischen und sittlichen Wahrheit, magst uns wahrhaftig Lügen empfehlen, wenn sie auch bisweilen Glanz besitzen, und Falsches in Wahres mischen, gleich als wenn dies ein in höchstem Grade edles Werk wäre? Etwa in dieser Art und Weise scheint es mir, einige Leute, die mir widersprechen, zu hören, aus der Schule, die ich in § 279 geschildert habe. Doch wenn sich die Gemüter beruhigt haben, ihr Guten, dann laßt uns zu unserem philosophischen kalten Blut zurückkehren, das euch bisweilen stört. Es steht ja nicht die Rettung ganz Griechlands auf dem Spiel! Und bei alledem:

Lang ist und verwickelt des Unrechts ganzer
Verlauf, doch ich will nur die wichtigsten Dinge umreißen.[1]

§ 479 Glaubt ihr denn, daß es so einfach sei, wie es das Lobgedicht des Claudian für Honorius meint, auch für das Analogon der Vernunft,

die tief verborgene Wahrheit aus ihrem Versteck herauszuführen?

Damit auch ich mit euch unter Berufung auf große Autoritäten zu Werke gehe: Erinnert ihr euch nicht daran, daß für Demokrit die Wahrheit auf dem Grunde liegt, von wo sie nur schwer heraufgezo-

tur? Audietis certe Ciceronem, qui, dum plura dicit, ac ego probaverim, illud tamen illustrabit, de quo nunc quaeritur in fine l. Or: *Nec in hac modo re* (de oratore, hinc et aesthetico), *quae ad vulgi assensum spectat et ad aurium voluptatem* (et analogi rationis, qua res), *quae duo sunt ad iudicandum levissima: sed ne in maximis quidem rebus quicquam inveni firmius, quod tenerem, aut quo iudicium meum dirigerem, quam id, quodcunque mihi quam simillimum veri videretur, quum illud ipsum verum in occulto lateret.*[1]

§ 480 Non solum adversus Ciceronem, § 479, et scepticos academicosque, vel veteres, vel recentes, lubenter admitto dari rationi et intellectui puriori ac distinctiori per scientias assurgere nonnunquam ultra verisimilitudinem, non ad plenam quidem et omnibus numeris absolutissimam, completam tamen et eam, quae omnem oppositi formidinem excludat, veri notitiam et perspicientiam: sed id etiam addo, quod pauci recentiorum dogmaticorum forte concedant, inesse iam ipsis sensitivis et confusis animae perceptionibus nonnihil completae tamen certitudinis, et conscientiae vera quaedam ab omnibus falsis distinguendi sufficientiam.

§ 481 Veritas quaedam, etiam aesthetica, § 423, tamen complete cognoscatur ab analogo rationis, ut talis, § 480, id est completa cum certitudine et persuasione, M. § 531. Sed quaenam haec erit? 1) prima et maxime universalia quaedam cognitionis humanae principia, quae sic insevit iam ingeniis tantum non omnibus natura, metaphysicis naturalibus, M. § 3, ut ea sensus communis aliquando titulo condecorata satis superque sint evidentia, M. § 531. Sed ob hanc ipsam suam evidentiam, quae per se patere cuilibet videntur, eadem uberius, non sine ponderibus, in omni veritatis suae luce, multis cum

1 Cic., *Or.* 237.

gen werden kann?[1] Sicherlich werdet ihr Cicero anhören, der, indem er mehr sagt als ich wohl billigen werde, dennoch am Ende des Buches vom *Orator* das erhellt, was nun in Frage steht: *Nicht nur in dieser Sache* (des Redners, folglich auch des Ästhetikers), *die sich ja auf die Zustimmung der Menge bezieht und auf der Ohren Genuß* (und der Sache nach auf die Zustimmung und den Genuß des Analogons der Vernunft) – *welche doch zwei sehr leichtgewichtige Instanzen sind* –, *sondern nicht einmal in den bedeutendsten Fragen habe ich bislang etwas Sichereres gefunden, an das ich mich halten beziehungsweise wodurch ich mein Urteil bestimmen könnte, als das, was mir am wahrscheinlichsten erschien, weil ja das Wahre selbst im Verborgenen bleibt.*

§ 480 Nicht allein entgegen Cicero, den Skeptikern und den Akademikern, alten wie neuen, gebe ich gerne zu, daß es der Vernunft und dem reineren, deutlicheren Verstand gegeben ist, sich durch die Wissenschaften bisweilen über die Wahrscheinlichkeit hinaus zu erheben, gewiß nicht bis hin zu einer völligen und in jeder Hinsicht vollendeten, aber doch zu einer vollständigen Kenntnis und Einsicht des Wahren, die jede Furcht vor dem Gegenteil ausschließen mag. Doch ich füge auch dies hinzu, was vielleicht wenige der neueren Dogmatiker einräumen mögen, nämlich, daß selbst schon in den sinnlichen und verworrenen Vorstellungen gleichwohl ein wenig der vollständigen Gewißheit innewohnt und ein hinreichendes Maß an Wissen darum, gewisse wahre Dinge von allen falschen zu unterscheiden.

§ 481 Es gibt eine Wahrheit, auch eine ästhetische, die vom Analogon der Vernunft gleichwohl vollständig erkannt werden mag, und zwar als solche, d. h. als vollständige, einschließlich der Gewißheit und Überredung. Doch was für eine Wahrheit wird dies sein? 1) Gewisse erste und überaus allgemeine Grundsätze der menschlichen Erkenntnis, welche schon die Natur beinahe allen Geistern, Metaphysikern von Natur aus, so eingepflanzt hat, daß sie, bisweilen mit dem Titel des Gemeinsinns ausgeschmückt, schon mehr als genug ausgemacht sind. Doch gerade wegen dieser ihrer Ausgemachtheit ist es entweder selten oder nie möglich, dieselben, die jedermann durch sich selbst offenkundig zu sein scheinen, reicher, nicht

argumentis et sollicitationibus ad assensum ea cogitare expresse et manifesto, vel raro licet, vel nunquam. Plerumque supponuntur, quod aiunt, et omissa per venustum enthymema relinquuntur spectatori inter ea, quae ipse sibi tradat.

§ 482 2) Paucissima illa intuitiva vere talia, quae immediate sentimus nullis subreptionum vitiis temerata. Stricte dictam experientiam huc unam voco, non illam late dictam, complexum omnis cognitionis, cui aliquid inest sensationum, quamque parum habere certitudinis vel ii probant, qui sibi vere repugnantes ad eandem tamen uterque confidenter provocant. Experientia stricte dicta multis reliquarum animae facultatum inferiorum perceptionibus praeter sensationes aliis est interstinguenda, si pulcrius aliquid excogitare sit animus, § 140. Haec ipsa, quae concessi esse posse complete certa rationis etiam analogo, non sunt illa semper et omnibus, sed fides eorum saepe prorsus non attenditur, aliquando sophismatibus et argutationibus, licet inanibus, labefactatur tamen et paene convellitur, nisi rationis et intellectus notionibus confirmetur.

§ 483 Iam apertissimo putaverim calculo constare plurima inter venuste cogitandum appercipienda, non esse complete certa, neque luce completa veritatem eorum conspici, §§ 481, 482. Nec in ullo tamen falsitatis aliquid sensitivae deprehendi potest sine turpitudine, S. XXVIII. Talia autem, de quibus non complete quidem certi sumus, neque tamen falsitatem aliquam in iisdem appercipimus, sunt VERISIMILIA. Est ergo veritas aesthetica, S. XXVII, a potiori dicta VERI-

ohne Gewicht, im ganzen Licht ihrer Wahrheit, mit vielen Argumenten und Anreizen, um ihnen zuzustimmen, ausdrücklich und offenkundig zu denken. Meistens werden sie, wie man sagt, vorausgesetzt und, in ihrer Auslassung durch ein anmutiges Enthymem,[1] dem Betrachter unter denjenigen Dingen überlassen, die er sich selbst aneignen soll.

§ 482 2) Jenes überaus wenige anschauend Erkannte, das wahrhaft ein solches ist, und das wir unmittelbar empfinden, ohne daß es durch Erschleichungsfehler befleckt worden ist.[1] Ich berufe hierzu ausschließlich die Erfahrung im engen Sinne, nicht diejenige im weiten Sinne, das Gesamt jeder Erkenntnis, der irgend etwas an Empfindung innewohnt. Daß sie nur wenig Gewißheit besitze, versuchen besonders diejenigen zu erweisen, die, indem sie ernstlich miteinander streiten, dennoch auf beiden Seiten vertrauensvoll an dieselbe appellieren. Die Erfahrung im engen Sinne muß, über die Empfindungen hinaus, mit vielen anderen Vorstellungen der übrigen unteren Vermögen der Seele versehen werden, wenn man vorhat, sich irgend etwas schöner zu denken. Dasjenige selbst aber, von dem ich zugestanden habe, daß es auch dem Analogon der Vernunft vollkommen gewiß sein kann, ist dies nicht immer und nicht für alle, sondern auf seine Glaubhaftigkeit wird oft geradezu nicht acht gegeben, es wird vielmehr bisweilen mit Trugschlüssen und sei es auch leeren Spitzfindigkeiten erschüttert und beinahe untergraben, wenn es nicht durch Begriffe der Vernunft und des Verstandes bestärkt wird.

§ 483 Ich meine wohl, daß es aufgrund einer sehr klar zutage liegenden Berechnung schon feststeht, daß die meisten Dinge, die innerhalb des schön zu Denkenden vorzustellen sind, nicht vollständig gewiß sind und nicht im vollen Licht ihrer Wahrheit erblickt werden. Dennoch kann in keinem von ihnen etwas an ästhetischer Falschheit bemerkt werden, ohne daß dies mit Häßlichkeit verbunden wäre. Solche Dinge aber, derer wir nicht vollständig gewiß sind, in denen wir aber dennoch keine Falschheit irgendeiner Art erblicken, sind WAHRSCHEINLICHE Dinge. Die ästhetische Wahrheit ist also ihrem hauptsächlichen Sinn nach WAHRSCHEIN-

SIMILITUDO, ille veritatis gradus, qui, etiamsi non evectus sit ad completam certitudinem, tamen nihil contineat falsitatis observabilis.

§ 484 *Cuius habent* spectatores *auditoresve intra animum,* cum vident audiuntve, *quasdam anticipationes, quod plerumque fit, quod fieri solet, quod in opinione positum est, quod habet ad haec in se quandam similitudinem, sive id falsum* (logice, et latissime) *sive verum sit* (logice et strictissime),[1] *quod non sit facile a nostris sensibus abhorrens:*[2] hoc illud est εἰκός et verisimile, quod Aristotele et Cicerone assentiente, sectetur aestheticus, § 483. In rebus enim eiusmodi non solet analogon rationis quicquam falsitatis observare, licet non omnino de veritate eorundem convictum sit. Hinc Ciceroni describitur *inventio excogitatio rerum verarum aut verisimilium, quae caussam probabilem* (aesthetice) *reddant.*[3]

§ 485 Erunt itaque aesthetice vera, id est, verisimilia, § 484, 1) sensitive et intellectualiter complete certa, qua sunt prius, §§ 480–482, 2) sensitive tantum complete certa, § 482, in quibus adhuc intellectus suam non exercuit operam, 3) logice et aesthetice probabilia, qua sunt posterius. PROBABILIA quoniam sunt, quibus ad dandum assensum plus rationis est, quam ad denegandum; et IMPROBABILIA, quibus ad denegandum assensum plus rationis est, quam ad dandum: quando rationes dubitandi et decidendi, pro assensu et contra eundem distincte cognoscuntur, oritur PROBABILITAS LOGICA, si sensitive, AESTHETICA. A potiori desumitur denominatio, quoties est quaedam probabilitas aestheticologica. Par est ratio improbabilitatis. Patent ergo verisimilitudinum campi latius, quam probabilitatis territorium, etiamsi sit omne probabile simul verisimile, § 483.

[1] Vgl. Cic., *De inv.* 1, 46.
[2] Vgl. Cic., *De or.* 1, 83.
[3] Cic., *De inv.* 1, 9.

LICHKEIT, jener Grad an Wahrheit, der, auch wenn er sich nicht bis zur vollständigen Gewißheit erhebt, dennoch nichts an bemerkbarer Falschheit enthalten mag.

§ 484 *Wovon* die Betrachter *oder die Zuhörer*, während sie es sehen oder hören, *im Geiste gewisse Vorbegriffe haben, was meistens geschehen mag, was zu geschehen pflegt, was der allgemeinen Meinung entspricht, was mit diesen Dingen eine gewisse Ähnlichkeit hat, sei es nun* (logisch und im weitesten Sinne) *falsch oder* (logisch und im strengsten Sinne) *wahr, was nicht so leicht unseren Sinnen entgegenläuft*:[1] Das ist jenes Natürliche und Wahrscheinliche,[2] dem der Ästhetiker, unter Zustimmung von Aristoteles[3] und Cicero, nacheifert. Denn in Dingen solcher Art pflegt das Analogon der Vernunft nichts an Falschheit zu bemerken, mag es auch nicht gänzlich von deren Wahrheit überzeugt sein. Daher wird von Cicero *die Auffindung des Stoffes* als *das Ersinnen wahrer oder wahrscheinlicher Tatsachen* beschrieben, *die den Fall* (ästhetisch) *glaubhaft machen sollen.*

§ 485 Es werden deshalb folgende Dinge ästhetisch wahr, d. h. wahrscheinlich sein: 1) Dinge, die sinnlich und verstandesgemäß vollständig gewiß sind, weshalb diese zuerst kommen. 2) Dinge, die nur sinnlich vollständig gewiß sind, bei denen der Verstand aber seine Arbeit noch nicht ausgeübt hat, 3) Dinge, die logisch und ästhetisch glaubhaft sind, weshalb diese erst hernach kommen. Weil nun GLAUBHAFTE Dinge solche sind, bei denen es mehr Grund gibt, ihnen zuzustimmen, als sie zu leugnen, und UNGLAUBHAFTE Dinge solche, bei denen es mehr Grund gibt, sie zu leugnen, als ihnen zuzstimmen, so erwächst daraus, wenn die Gründe des Zweifelns und des Entscheidens für oder gegen sie deutlich erkannt werden, die LOGISCHE GLAUBHAFTIGKEIT, und wenn sie sinnlich erkannt werden, die ÄSTHETISCHE GLAUBHAFTIGKEIT.[1] Und wann immer es sich um eine gewisse ästhetikologische Glaubhaftigkeit handelt, wird die Benennung jeweils von der Hauptsache her genommen. Gleiches gilt für die Unglaubhaftigkeit. Das Feld der Wahrscheinlichkeit erstreckt sich also weiter als das Gebiet der Glaubhaftigkeit, wenn auch alles Glaubhafte zugleich wahrscheinlich ist.

§ 486 Verisimilia aesthetica erunt 4) logice forte dubia, immo improbabilia, modo sint aesthetice probabilia, § 485, 5) aesthetice etiam dubia et improbabilia, non aliis solum, quam quibus potissimum venuste cogites, sed etiam his ipsis forsan alias, quando rationes contra assensum largius imbiberint, modo nunc et inter meditationis tuae seriem vel habeant, de iis, quae propinas, aut probabilitatem aestheticam, aut saltim in oppositum superponderantes rationes non habeant animo satis praesentes, ut obscurent id omne, quod tuis superest elegantis verisimilitudinis, § 484.

§ 487 Conferamus consilium Ciceronis accusatoribus datum Or. pro Rosc. Am. 57. *Maxime debetis in eos impetum facere, qui merentur* (quorum crimen est complete certum, logice et strictissime verum, aut etiam logice probabile et aesthetice). *Hoc populo gratissimum est. Deinde, si voletis, etiam tum, quum verisimile erit aliquem commisisse,* in *suspicione latratote.* (Etiamsi non complete certum nec logice probabile sit crimen, nec omnibus aesthetice, neque tamen iis improbabile aesthetice, quibus grati esse praesertim vultis.) *Id quoque concedi potest. Sin autem sic agatis, ut aliquem arguatis patrem occidisse, neque dicere possitis, aut quare, aut quomodo, ac tantummodo sine suspicione* (verisimilitudine qualicumque aesthetica) *latrabitis: crura quidem nemo vobis suffringet, sed si ego hos bene novi, litteram illam, cui vos usque eo inimici estis, ut etiam eas omnes oderitis, ita vehementer ad caput affigent, ut postea neminem alium, nisi fortunas vestras, accusare possitis.*[1]

§ 488 Aliud exemplum dabit Cicero philosophus De nat. deorum l. I 65: *Haec,* inquiens, *ego nunc physicorum oracula (nullum esse inane) fundo, vera, an falsa nescio.* (Complete certa logice, neque tamen ana-

1 Cic., *Pro Rosc. A.* 57.

§ 486 Ästhetisch wahrscheinlich werden 4) Dinge sein, die logisch vielleicht zweifelhaft, sogar unglaubhaft sind, wenn sie nur ästhetisch glaubhaft sind. 5) Dinge, die auch ästhetisch zweifelhaft und unglaubhaft sind – nicht nur für andere als für diejenigen, für die du hauptsächlich schön denken magst, sondern auch für diese selbst, nämlich vielleicht zu anderer Gelegenheit, wenn sie sich in größerem Umfang Gründe gegen eine Zustimmung angeeignet haben werden –, wenn dein Publikum nur jetzt gerade und in der Reihe deiner Überlegungen bei den Dingen, die du zum besten gibst, entweder eine ästhetische Glaubhaftigkeit findet oder wenigstens die für das Gegenteil überwiegenden Gründe nicht so im Geiste gegenwärtig hat, daß diese all das, was in deinen Gedanken an geschmackvoller Wahrscheinlichkeit übrig ist, verdunkeln könnten.

§ 487 Wir wollen den Rat, den Cicero den Anklägern gegeben hat, anbringen: *Ihr müßt vor allem gegen diejenigen vorgehen, die es verdienen* (deren Verbrechen vollständig gewiß, logisch und im strengsten Sinne wahr oder auch logisch und ästhetisch glaubhaft ist). *Dies ist dem Volke sehr erwünscht. Dann könnt ihr, wenn ihr mögt, auch dann, wenn es nur wahrscheinlich ist, daß jemand etwas verbrochen hat*, auf bloßen *Verdacht* hin *bellen* (auch wenn das Verbrechen nicht vollständig gewiß und nicht logisch, auch nicht für alle ästhetisch glaubhaft ist, dennoch aber für diejenigen nicht ästhetisch unglaubhaft, denen ihr am meisten gefallen wollt). *Auch dies kann noch zugestanden werden. Wenn ihr aber so verfahrt, daß ihr jemanden des Vatermordes beschuldigt, ohne daß ihr angeben könnt, warum oder wie, und so ohne jeden Verdacht* (ohne ästhetische Wahrscheinlichkeit irgendwelcher Art) *bellt, so wird euch zwar niemand die Beine zerschlagen, aber, wenn ich diese Männer dort kenne, so werden sie auch jenen Buchstaben, dem ihr derart abgeneigt seid, daß ihr sogar alle Buchstaben haßt,*[1] *euch so tüchtig vor die Stirn heften, daß ihr nachher niemand weiter als euer Schicksal anklagen könnt.*

§ 488 Eine anderes Beispiel gibt uns Cicero als Philosoph, wenn er sagt: *Ich unterbreite euch nun die orakelhaften Sätze der Naturphilosophen* (*daß es keine Leere gebe*), *ob sie richtig oder falsch sind, weiß ich nicht.*[1] (Sie sind logisch vollständig gewiß,[2] nicht aber für das Ana-

logo rationis, § 482.) 66: *Sed veri tamen similiora, quam vestra. Ista enim flagitia Democriti, sive etiam ante Leucippi, esse quaedam corpuscula, quaedam laevia, alia aspera, rotunda alia, partim angulata, curvata quaedam, et quasi adunca, ex his effectum esse caelum atque terras, nulla cogente natura, sed concursu quodam fortuito.*[1] (Haec flagitia illustrabunt § 486.)

§ 489 Iam simul per rationem oppositorum oppositam reor patere falsum aestheticum, S. XXVIII, a potiori denominandum esse falsi simile, § 483, de cuius falsitate quidem non complete certi simus, ex quo tamen nihil omnino veritatis insigniter elucescat. Sit aliquid complete certum intellectui, sit eidem probabile aliud: utraque tamen aesthetice sint dubia, vel improbabilia, vel omnino nihil argumentorum pro veritate sui suggerant analogo rationis eorum, quibus praecipue placere velis, licet nec eidem eorum liqueat falsitas, tamen aesthetica verisimilitudine destituta, destituta anticipationibus intra mentem obiectorum tuorum personalium, quoniam insolita videntur his saltim, § 484, abstrahendum est ab iisdem, falsi similibus, §§ 485, 486.

§ 490

Nocturnos lemures, portentaque Thessala rident[2]

aliqui. An sciant, quare, an nesciant, non curabit aestheticus. Sufficiet ipsi spectatoribus eiusmodi, quicquid est utique spectrorum artiumque, quas male magicas dicunt, adeo ridiculum videri per analogon rationis, ut in visionibus eiusmodi nihil apud eosdem restet elegantis verisimilitudinis, hinc ob hoc solum removebit ex oculis talia omnia falsi similia iis, quorum maxime caussa scribit. Si tales

1 Cic., *De nat. deor.* 1, 65 f.
2 Horaz, *Ep.* 2, 2, 209.

logon der Vernunft). *Trotzdem sind sie dem Wahren ähnlicher als eure Aussagen. Nämlich diese schandbaren Äußerungen Demokrits bzw. seines Vorgängers Leukippos, es gebe Körperchen, von denen die einen glatt, die anderen rauh, wieder andere rund, einige aber auch eckig und hakenförmig, bestimmte krumm und nach innen gebogen seien, und daß aus diesen Himmel und Erde ohne den Zwang eines Naturgesetzes, sondern durch zufälliges Zusammentreffen entstanden seien.* (Diese ›schandbaren Behauptungen‹ werden den § 486 erläutern.)

§ 489 Gleichzeitig meine ich, daß offenkundig ist, daß gemäß des gegensätzlichen Grundes von Gegensätzlichem das ästhetisch Falsche seiner Hauptsache nach als ein dem Falschen Ähnliches bezeichnet werden muß, bezüglich dessen Falschheit wir uns zwar nicht vollständig gewiß sind, aus dem jedoch durchaus nichts an Wahrheit in ausgezeichneter Weise hervorleuchtet. Es sei irgend etwas dem Verstand vollständig gewiß, es sei ihm etwas anderes glaubhaft; es sei aber beides ästhetisch zweifelhaft oder unglaubhaft oder es liefere dem Analogon der Vernunft derer, denen du vornehmlich gefallen willst, keine Argumente für seine Wahrheit, sei es auch, daß eben diesem dessen Falschheit nicht klar sei, wobei es dennoch jeder ästhetischen Wahrscheinlichkeit beraubt sei, beraubt auch allen Vorverständnisses im Geiste deiner persönlichen Objekte, weil es diesen zumindest ungewohnt erscheint: Dann muß von diesen dem Falschen ähnlichen Dingen abgesehen werden.

§ 490 Es gibt manche Leute, die

Nachtgespenster und thessalischen Zauberspuk belächeln.

Ob sie wissen mögen, warum, oder nicht, darum wird sich der Ästhetiker nicht besorgen. Es wird ihm genügen, daß bei solchen Betrachtern alles, was auch immer es an Erscheinungen und an Künsten, die man unrichtig Zauberkünste nennt, gibt, ihrem Analogon der Vernunft dermaßen lächerlich erscheint, daß für sie in solchen Einbildungen nichts an geschmackvoller Wahrscheinlichkeit verbleibt. Schon aus diesem Grund allein wird er all solches dem Falschen Ähnlichen denen nicht vor Augen bringen, um derentwillen er hauptsächlich schreibt. Wenn Vergil ein solches Publikum ge-

fuissent Virgilio, astrologiam iudiciariam, uti nunc plures, susque deque habentes, non ille, profecto, scripsisset.

Solem quis dicere falsum
Audeat? Ille etiam caecos instare tumultus
Saepe monet, fraudemque et operta tumescere bella,[1]

Georg. 1 I. 463, veritus, ne quis corum regereret, non solem falsum dicimus, sed te falsum ex eiusdem colore veraculum, § 489.

§ 491 Aliquam necessitatem aestheticam iam aliquando subinnuimus non ea solum exhibendi, quae completa certitudine vera sint et strictissime. Nunc locus est quasdam harum necessitatum commemorare. 1) Sit cogitandum aesthetico, qui pansophus esse non obligatur, multo minus omniscius, de rebus, quarum veritatem metaphysicam complete non novit, § 423. 2) Obveniant ipsi cogitanda, quorum veritatem strictius logicam demonstrare rigide nequeat, § 424. 3) Occurrant, de quibus ne aesthetice quidem sit complete certus, § 427. 4) Incidat in cogitanda talia, quorum exacta veritas horizontem distinctionis non egrediatur, quo melius ipsi cognita est, hoc certior, eam non esse captui eorum commodam, quibus potissimum cogitat, § 429: in his casibus omnibus confugiendum erit ad aliquam verisimilitudinem, § 479.

§ 492 In casu primo erant Romani paene omnes, si ad illos dirigebatur quaestio:

Parvum est, quod scire laboro.
De Iove quid sentis?[2]

In secundo putaverim Iopam fuisse canentem, Aen. I 748,

1 Vergil, *Georg.* 1, 463–465.
2 Pers. 2, 17 f.

habt hätte, das sich, wie heute recht viele Menschen, aus der Vorzeichen deutenden Sternenkunde nichts gemacht hätte, hätte er wahrhaftig nicht das geschrieben:

Wer sollte es wagen, die Sonne trügerisch
zu schelten? Warnt sie doch oft vor heimlich drohendem Aufruhr,
vor Arglist und verborgen gährendem Krieg.

Er hätte gefürchtet, daß einer von ihnen erwidern würde: Nicht die Sonne nennen wir trügerisch, sondern aufgrund ihrer Farbe nennen wir dich einen falschen Wahrheitsverkünder.

§ 491 Wir haben bisweilen schon angedeutet, daß es auch eine ästhetische Notwendigkeit gibt, nicht nur diejenigen Dinge darzustellen, die mit vollständiger Gewißheit und im strengsten Sinne wahr sein mögen. Es ist nun der Ort, einige dieser Notwendigkeiten zu erwähnen. 1) Es mag sein, daß der Ästhetiker, der nicht verpflichtet ist, allweise, und noch weniger, allwissend zu sein, über Dinge nachdenken muß, deren metaphysische Wahrheit er nicht vollständig kennt. 2) Es mögen ihm Dinge, die zu denken sind, begegnen, deren logische Wahrheit im engeren Sinne er nicht streng erweisen kann. 3) Es mögen Dinge vorkommen, derer er nicht einmal ästhetisch vollständig gewiß ist. 4) Er mag unter den zu denkenden Dingen solche bekannt machen, deren genaue Wahrheit nicht bis an den Horizont der Deutlichkeit hinaufsteigt. Je besser er diese Wahrheit selbst kennt, desto gewisser kann er sein, daß sie nicht mühelos von denjenigen aufgefaßt wird, für die er hauptsächlich denkt: In allen diesen Fällen wird man zu einer gewissen Wahrscheinlichkeit Zuflucht nehmen müssen.

§ 492 Im ersten Fall befanden sich fast alle Römer, wenn an sie die Frage gerichtet wurde:

Es ist wenig, was ich wissen möchte.
Was denkst du von Jupiter?

Im zweiten wird sich, wie ich wohl meine, Iopas befunden haben, der besang,

Quid tantum Oceano properent se tingere soles
Hiberni, vel quae tardis mora nolibus obstet.[1]

In tertio fuit illa Virgilii, quae Ecl. VIII 106

Adspice, ait, *corripuit tremulis altaria flammis*
Sponte sua, dum ferre moror, cinis ipse, bonum sit,
Nescio quid, certe est, et Hylax in limine latrat.
Credimus? an, qui amant, ipsi sibi somnia fingunt?[2]

In casu quarto erit philosophus accuratior saepius ea themata moralia tractans aesthetice, quae ex Horatio adduxi, § 126.

§ 493 Necessitas a veritate complete certa et strictissima recedendi erit aesthetica pulcre cogitaturo, 5) quando tanti non est, ut examinetur, quod ponendum est, an accurate verum, an tantum sit verisimile, §§ 430, 454. 6) Quando venit in mentem rei, quae num in se sit possibilis, nec ne, parum liqueat, § 431, illud tamen liqueat, pulcre rem eam meditanti rationis analogo nihil absurditatis afferri, §§ 431, 455. 7) Cogitando incidas in eventum, de quo dynamometria tua non exacte decidat, an viribus caussarum vivis plenus accurate sit aequalis, neque tamen dynamometriae naturali videatur cognitis sensitive viribus ulla ratione, vel turpiter minor, vel maior, §§ 432, 457.

§ 494 In casu quinto Virgilius Aen. I 706 canit:

Quinquaginta intus famulae, quibus ordine longo
Cura penum struere et flammis adolere penates.
Centum aliae, totidemque pares aetate ministri,
Qui dapibus mensas onerent, et pocula ponant,[3]

1 Vergil, *Aen.* 1, 745 f.
2 Vergil, *Ekl.* 8, 105–108.
3 Vergil, *Aen.* 1, 703–706.

Warum winters so rasch zum Okeanus wieder die Sonnen
tauchen, und welcher Verzug die säumigen Nächte zurückhält.

Im dritten Fall befand sich die Amaryllis des Vergil:

Sieh da! Die Asche hat von selbst mit zitternden Flammen auf den Altar
übergegriffen, während ich noch zögerte, sie darzbringen. Möge es sich zum Guten wenden!
Ich weiß nicht was, irgend etwas ist gewiß im Gange, und Hylax bellt an der Schwelle.
Darf ich's glauben? Oder erfinden sich Liebende ihre Träume selbst?[1]

Im vierten Fall wird sich der sorgfältigere Philosoph öfters befinden, der diejenigen sittlichen Themen ästhetisch behandelt, die ich aus Horaz in § 126 angeführt habe.[2]

§ 493 Es wird für denjenigen, der schön denken will, die ästhetische Notwendigkeit bestehen, von der vollständig gewissen Wahrheit im strengsten Sinne abzuweichen, 5) wenn es nicht von Bedeutung ist, daß untersucht wird, ob das, was gesetzt werden soll, in genauer Weise wahr oder nur wahrscheinlich sei. 6) Wenn uns eine Sache in den Sinn kommt, bei der es wenig klar sein mag, ob sie wohl an und für sich möglich sei oder nicht, bei der aber dies klar sein mag, daß ebendiese Sache dem Analogon der Vernunft dessen, der darüber schöne Überlegungen anstellt, keine Ungereimtheiten zuträgt. 7) Im Denken magst du auf eine Begebenheit stoßen, bei dem deine Kräftemessung nicht genau bestimmen können mag, ob sie den lebendigen Kräften ihrer Gründe völlig genau gleich sei, die aber dennoch der natürlichen Kräftemessung aus keinem Grund auf häßliche Weise entweder kleiner oder größer im Verhältnis zu den Kräften, die sinnlich erkannt wurden, erscheinen mag.

§ 494 Im fünften Fall befand sich Vergil, wo er singt:

Fünfzig Mägde sind drinnen bemüht, die Speisen in langer
Reihe zu richten und schüren am Herd die Glut der Penaten.
Hundert andre und ebenso viele gleichaltrige Diener
füllten die Tische schwer mit Schüsseln und stellten die Becher.

numeris rotundis contentus errore calculi salvo. In casu sexto fuit Aeneas, quando:

O! quam, ait, *te memorem, virgo? namque haud tibi vultus*
Mortales, nec vox hominem sonat. O! dea certe,
Aut Phoebi soror, aut nympharum sanguinis una![1]

In casu septimo Virgilium lege, quando ipsi Nisus et Euryalus, l. XI 176–450, describuntur, ut huius verisimilitudo, iuxta Statii falsitatem posita, §§ 460, 461, magis elucescat.

§ 495 Necessitas aesthetica a veritate, complete certa, et strictissima, saepius deveniendi ad verisimilitudinem erit, 8) quando morato latius cogitandi genere, § 226, iam novam ἤθους speciem, § 193, observaturus, § 433, incidat in pingendum eventum cum moralibus personarum semel constitutarum characteribus, moribus maiorum, et consuetudinibus, aetate, patria e. c. apprime conspirare visum, § 434, nec ulla ratione male qui habeat moralem analogi rationis dynamometriam, § 462, cuius tamen eventus non complete certa sit strictissima veritas. In hoc casu Virgilius fuit Aenean armis induens pro patria Troia, l. II, § 309.

§ 496 Necessitas verisimilitudinis pro exacte cognita veritate amplectendae aesthetica erit 9) quando, quid in certis virum bonum circumstantibus recte agendi occasionibus, ille, vel simpliciter honestus, vel nobilis, vel omnino heros vere egerit, tacet historia, tacet experientia, sed ἦθος docet et moratum strictius cogitandi genus, quid agere debuerit, tunc enim ad hanc veritatem moralem, licet veri tantum similem, § 435, caute confugiendum est, §§ 463–467. In hoc casu Virgilius erat descripturus, quid Aeneas in Pallantis funere

1 Ebd. 1, 327–329.

Er ist zufrieden mit den runden Zahlen, unbeschadet eines Fehlers in der Berechnung. Im sechsten Fall befand sich Aeneas, wenn er sagt:

O wie nenn ich dich, Jungfrau? Du trägst kein sterbliches Antlitz.
Deine Stimme ertönt nicht menschlich: sicherlich Göttin,
Phoebus' Schwester vielleicht? Vielleicht auch eine vom Blute der Nymphen?[1]

Für den siebten Fall lies Vergil, wo Nisos und Euryalos von ihm so beschrieben werden, daß die Wahrscheinlichkeit dieser Beschreibung, wenn man sie der Falschheit des Statius gegenüberstellt, um so mehr hervorleuchtet.[2]

§ 495 Die ästhetische Notwendigkeit, von der vollständig gewissen Wahrheit und der Wahrheit im strengsten Sinne öfter zur Wahrscheinlichkeit abzuweichen, wird 8) dann bestehen, wenn derjenige, der in der gesitteten Denkungsart im weiteren Sinne außerdem auf eine neue Art des Ethos achtgeben will, dazu gerät, eine Begebenheit zu schildern, die mit den sittlichen Charakteren der einmal eingesetzten Personen, mit den Sitten der Vorfahren und den Gewohnheiten, mit den Zeiten, dem Vaterland usw. vorzüglich übereinzustimmen scheint und die aus keinem Grund die moralische Kräftemessung des Analogons der Vernunft beleidigen, deren Wahrheit im strengsten Sinne aber dennoch nicht gegeben sein mag. In diesem Fall befand sich Vergil, wo er den Aeneas mit Waffen zur Verteidigung des Vaterlandes Troja ausstattet.[1]

§ 496 Die ästhetische Notwendigkeit, anstelle der genau erkannten Wahrheit die Wahrscheinlichkeit gutzuheißen, wird 9) dann bestehen, wenn die Geschichte und die Erfahrung darüber schweigen, was ein tüchtiger Mann unter gewissen Umständen und bei gewissen Gelegenheiten des rechten Handelns wahrhaftig getan haben wird, entweder als ein einfach ehrbarer oder als ein edler Mann oder gar als ein Held, das Ethos und die gesittete Denkungsart im engeren Sinne aber lehren, was er hätte tun müssen. Dann muß man mit Vorsicht zu dieser moralischen Wahrheit, sei sie auch nur dem Wahren ähnlich, seine Zuflucht nehmen. In diesem Fall befand sich Ver-

dixerit egeritve, l. XV 25–100, et omnes paene veteres historici, quando suis inserunt habitas orationes.

§ 497 10) Quando verae strictissime et completa cum certitudine rationes pulcre cogitandi, et vera eiusmodi consectaria, vel ignorantur, vel supra horizontem aestheticum posita sunt, vel ob alias caussas e. g. dignitatem et decorum, afferri non possunt, neque tamen hiatus turpis, aut aliquid omnino frustra factum sensibus analogoque rationis obicienda sunt, §§ 436, 468. In hoc casu Virgilius fuit, videns exercendae fortitudinis heroi suo se multas et magnas rationes suppeditare debere, multos et magnos hostes, l. VII 641,

Pandite nunc Helicona, deae, cantusque movete,
Qui bello exciti reges, quae quemque sequutae
Complerint campos acies, quibus Itala iam tum,
Floruerit terra alma viris, quibus arserit armis,
Et meministis enim, divae, et memorare potestis,
Ad nos vix tenuis famae perlabitur aura.[1]

§ 498 11) Quando, quaedam ob ipsam forsan veritatem strictissimam, vel ob famam saltim, et quoniam eorum iam est nonnulla in spectatorum animis anticipatio, pulcre cogitanda sunt, quae tamen in unitatem aestheticam gravius offendere videri possent, §§ 439, 469. Tunc enim multa opus est verisimilitudine, ne iunxisse turpiter censearis insociabilia. Accedens ad implementum paradoxi, et inexspectati oraculi:

via prima salutis,
Quod minime reris, Graia pandetur ab urbe, VI 96,[2]

[1] Ebd. 7, 641–646.
[2] Ebd. 6, 96 f.

gil, als er beschreiben wollte, was Aeneas bei dem Begräbnis des Pallas wohl gesagt und getan hat, und in ihm befanden sich fast alle Geschichtsschreiber der Alten, wo sie in ihre Werke gehaltene Reden einfügen.

§ 497 10) Wenn die im strengsten Sinne wahren und von vollständiger Gewißheit begleiteten Gründe des schönen Denkens und wahre Folgen dieser Art entweder nicht bekannt sind oder über dem ästhetischen Horizont liegen oder wegen anderen Gründen, z. B. wegen der Würde und des Anstands, nicht vorgebracht werden können, aber dennoch den Sinnen und dem Analogon der Vernunft keine häßliche Lücke und nichts gänzlich erfolglos Geschehenes vorgesetzt werden dürfen.[1] In diesem Fall befand sich Vergil, als er sieht, daß seinem Helden zur Ausübung seiner Tapferkeit viele und bedeutende Gründe, viele und bedeutende Feinde verschafft werden müssen:

Öffnet den Helikon jetzt, beginnt zu singen, ihr Musen,
welche Herrscher zum Kampfe entboten und welche Gefolgschaft
jedem rückte ins Feld, wie herrlich schon damals an Männern
prangte der nährende Boden Italiens, leuchtend in Waffen;
ihr ja, Göttinnen, wißt es, ihr könnt es der Nachwelt verkünden:
Uns aber trifft nur leise der Hauch verklingender Sage.

§ 498 11) Wenn gewisse Dinge, vielleicht wegen der Wahrheit im strengsten Sinne selbst oder wenigstens wegen ihres Rufes, und weil bezüglich ihrer bereits manches Vorverständnis in den Gemütern der Betrachter vorhanden ist, schön gedacht werden müssen, die dennoch so scheinen, daß sie die ästhetische Einheit schwerer verletzen könnten. Dann ist nämlich die Wahrscheinlichkeit sehr notwendig, damit du nicht getadelt werden mögest, daß du unvereinbare Dinge häßlich miteinander verbunden hättest. Wieviel Mühe wendet Vergil an, wo er sich daranmacht, die Erfüllung des widersinnigen und unerwarteten Orakels,

den Weg zu endlicher Rettung,
was du am wenigsten wähnst, wird eine Griechenstadt weisen,

describendum Virgilius, ne male coacta sub unum ducem arma graeca et troiana, vel analogo rationis, iudicentur, quanta opera mitescere curat inopinatum eventum. L. VIII Deus interest, quoniam nodus eo vindice dignus adest, Tiberinus pater, qui consilium det Arcades adeundi,

Qui bellum assidue ducunt cum gente latina, 55.[1]

Aeneas ipse proficiscitur, non oratores mittit, nec se modo *Troiugenas* memorat, sed et statim

tela inimica Latinis, 117[2] e. c.

§ 499 12) Quando de generalibus et per abstractam notionum regionem, veritas logica, vel ita latet in fundo, ut ne per intellectum quidem et rationem pulcre cogitaturi, inde erui possit, aut altius longiusque petita saltim tuis praecipuis obiectis personalibus videbitur, nisi omnino falsa, quoniam ea non continet, quae fieri solent, et quorum habent intra mentem anticipationes; altera autem opinio de iisdem generalibus, quae cum priori sententia simul esse vera non potest, innocuis tamen rationibus, et absque dolo malo, sine fraude nefanda, commendari potest, § 470, popularior et veri maioris aliquid spirans, § 440. E. g. quanquam logice verum est aliquam salutem publicam non sine bello et per arma vere parari: tamen

Nulla salus bello.[3]

Quanquam sunt, qui omnia horrent, praeter ignavum otium, et omnia, quae supra se deprehendunt, nihil ad se pertinere iudicant, ex animi sententia, tamen

Nil mortalibus arduum est
Caelum ipsum petimus stultitia.[4]

1 Ebd. 8, 55.
2 Ebd. 8, 117.
3 Ebd. 11, 362.
4 Horaz, *Carm.* 1, 3, 37 f.

zu beschreiben, das unvermutete Ereignis zu mildern, damit die Verbindung des griechischen und des trojanischen Heeres unter einem Führer auch vom Analogon der Vernunft nicht als verkehrt beurteilt werde. Im siebten Buch greift ein Gott ein, weil eine Verwicklung vorhanden ist, die dieses Retters würdig ist.[1] Es ist Vater Tiberinus, der den Rat gibt, zu den Arkadern zu gehen,

die beständig in Fehde mit den Latinern liegen.

Aeneas macht sich selbst auf den Weg, er schickt keine Gesandten, und er erwähnt nicht nur, daß sie *Söhne Trojas*, sondern sogleich auch, daß ihre *Waffen feind den Latinern* seien usw.[2]

§ 499 12) Wenn eine logische Wahrheit über Allgemeines innerhalb des abgesonderten Bereichs der Begriffe entweder so tief verborgen liegt, daß sie nicht einmal von dem Verstand und der Vernunft desjenigen, der schön denken will, von dort herausgegraben werden kann, oder wenn sie zumindest deinen vornehmlichen persönlichen Objekten als von zu Hohem hergeholt erscheinen wird, wenn nicht sogar als gänzlich falsch, weil sie nicht das enthält, was gewöhnlich zu geschehen pflegt, und wovon sie im Geiste schon ein gewisses Vorverständnis haben, und wenn dagegen eine andere Meinung über dasselbe Allgemeine, die nicht zugleich mit der ersten Ansicht wahr sein kann, dennoch mit rechtschaffenen Gründen und ohne böswillige List, ohne frevelhaften Betrug empfohlen werden kann, weil sie allgemeiner verbreitet ist und vom Hauch einer höheren Wahrheit erfüllt ist. Zum Beispiel: Obgleich es logisch wahr ist, daß manchmal in der Tat das öffentliche Wohl nicht ohne Krieg und und Waffen erworben wird, heißt es dennoch:

Heil liegt nicht im Kriege. [1]

Obgleich es Menschen gibt, die vor allem zurückschrecken, außer vor träger Muße, und die alles, was über sie hinausgeht, aus Überzeugung als etwas beurteilen mögen, das sie nichts angeht, heißt es dennoch:

Nichts ist den Sterblichen zu steil:
Den Himmel selbst bestürmen wir im Wahn.

§ 500 13) Ipsum veritatis studium, quod esse potest, maximum mentiri nonnunquam, i. e. latissime falsa, aut ea cogitare cogit, quae num logice strictissimeque sint omnino vera, ipse nescit, aestheticum. Pone eum exacte cognitum verum cogitare posse admodum abstractum, generale, et universale, = circiter 20°. Pone ipsi venire in mentem determinatioris, minus generalis, minus abstracti: quod salva reliqua pulcritudine posset priori substituere. Sint in hoc 40 varia. De decem ex iis aut dubitet, an omni modo vera sint, aut omnino videat ea non esse purioris ad rationis examen defendenda, licet non dent falsitatem aestheticam, S. XXVIII. Reliqua 30 probe conspirent ad principia veri catholica, praesertim quatenus analogo rationis patent, et simul maiorem, ac prius, ubertatem, dignitatem, lucem e.c. dent themati, ac prius logice verum et complete certum, = 10°. In hoc casu prius eligens dabis verum = 20°. Posterius praeferens exhibes verum ad minimum = 40° – 10° = 30°. Hinc ipsum veritatis studium ad posterius falsum priori vero praeponendum impellere potest, § 441.

§ 501 Est veritas generalis: Vir bonus iniquis etiam suspicionibus eorum, quos amat, aliquando cedit. Nonne autem illa maior apparet analogo rationis apud legentes Liv. II 6, *in Valerium Consulem, non invidiam solum, sed suspicionem etiam, cum atroci crimine, ortam, eum regnum affectare, quia aedificabat in summa Velia? Ibi alto et munito loco arcem inexpugnabilem fore. Convocato* autem *in concilium populo* tunc Valerium in aliis dixisse: *Non obstabunt P. Valerii aedes libertati vestrae, Quirites. Tuta vobis erit Velia. Deferam non in planum modo aedes, sed colli etiam subiiciam, ut vos supra suspectum me civem habite-*

§ 500 13) Selbst das größtmögliche Streben nach Wahrheit zwingt den Ästhetiker bisweilen dazu zu lügen, d. h. im weitesten Sinne Falsches oder solche Dinge zu denken, von denen er selbst nicht weiß, ob sie etwa logisch und im strengsten Sinne wahr sein mögen. Nimm an, daß er ein genau erkanntes Wahres, ein in hohem Grade Abgesondertes, Allgemeines und Allgemeingültiges in einem Maß von ungefähr 20 Grad denken kann. Nimm an, daß ihm etwas Bestimmteres, weniger Allgemeines, weniger Abgesondertes in den Sinn kommt, das er unbeschadet der übrigen Schönheit an die Stelle des ersten setzen können mag. Es seien in diesem 40 verschiedene Bestandteile. Bezüglich 10 aus deren Zahl mag er entweder zweifeln, ob sie in jeder Hinsicht wahr seien, oder er mag sehen, daß sie bei einer Prüfung durch die reinere Vernunft nicht zu verteidigen wären, sei es auch, daß sie keine ästhetische Falschheit darböten. Die übrigen 30 mögen recht wohl mit den allgemeinen Grundsätzen des Wahren zusammenstimmen, vor allem, insofern diese dem Analogon der Vernunft zugänglich sind, und sie mögen dem Thema zugleich ein größeres Maß an Reichtum, Würde, Licht usw. verleihen als vorher das erstere logisch Wahre und vollständig Gewisse, nämlich um 10 Grad. In diesem Fall wirst Du, wenn du das erstere wählst, ein Wahres im Maße von 20 Grad darbieten. Wenn du das letztere vorziehst, stellst du ein Wahres in einem Maß von mindestens 40 – 10 = 30 Grad dar. Daher kann das Streben nach Wahrheit als solches uns dazu bewegen, das letztere Falsche dem ersteren Wahren vorzuziehen.

§ 501 Es ist eine allgemeine Wahrheit: Ein rechtschaffener Mann fügt sich bisweilen auch dem ungerechten Argwohn derer, die er liebt. Doch muß diese Wahrheit nicht bei denjenigen dem Analogon der Vernunft noch größer erscheinen, die bei Livius lesen: *Dem Konsul Valerius erwuchs nicht nur Neid, sondern auch Argwohn, verbunden mit der abscheulichen Beschuldigung, er trachte nach der Königsherrschaft, weil er auf dem Gipfel der Velia bauen ließ. Dort, an diesem hohen und geschützten Ort werde eine unbezwingliche Burg entstehen?* Doch *nachdem das Volk zu einer Versammlung einberufen worden war*, sagte Valerius dann unter anderem: *Das Haus des P. Valerius wird eurer Freiheit nicht entgegenstehen, Bürger. Die Velia wird*

tis. In Velia aedificent, quibus melius, quam Valerio, libertas creditur. Delatam postea *confestim* esse *materiam omnem infra Veliam, et in infimo clivo domum aedificatam.* Hinc opiniones ita *in contrarium versas* esse, ut *popularis* abhinc sit habitus, *unde cognomen Publicolae.*[1] Si maior haec Liviana veritas recte iudicatur aliquo respectu, ac generalis illa; meminerimus orationem ementitum esse Livium, § 496.

§ 502 14) Sit strictissime verum aliquando, quod non ita raro contingit, hac ratione comparatum, ut non ex opinione vulgi tantum, sed etiam bonis factorum criticis falsi singulariter simile videatur, neque tamen vires locusve sint venuste cogitaturo multis eius vindicare verisimilitudinem, aut destituatur, quantum illud cognoscitur, requisita pulcritudini cogitatorum, ubertate, dignitate, luce e. c., § 22, solum si sit, et nullis exornatum latissime falsis. Habes in unum contractos multos casus, in quibus veris heterocosmicis, quae strictissime vero vel substituantur, vel immisceantur, opus esse videatur, §§ 444, 475.

§ 503 Quoniam itaque tot necessitatibus urgetur pulcre cogitaturus a veritate, quam dicunt, transeundi ad solam aliquam verisimilitudinem, §§ 491–502: non raro *poeta fiet.*

Poeta, tabulas quum cepit sibi,
Quaerit, quod nusquam est gentium, reperit tamen,
Facit illud veri simile, quod mendacium est, Plaut., Pseud. I 4, v. 8.[2]

1 Vgl. Liv. 2, 7, 5–11; 2, 8, 1.
2 Plaut., *Pseudolus*, 401–403.

für euch keine Gefahr sein. Ich werde das Haus nicht nur in die Ebene, sondern sogar an den Fuß des Hügels stellen, so daß ihr über mir, dem verdächtigen Bürger, wohnt. Auf der Velia mögen diejenigen bauen lassen, denen man die Freiheit eher anvertraut als dem Valerius. Darauf *wurde unverzüglich alles Baumaterial von der Velia hinabgeführt und das Haus ganz unten am Fuße des Hügels gebaut.* So daß daher die Meinungen so *in ihr Gegenteil umschlugen*, daß er von da an für einen *Demokraten* gehalten wurde, woher sein Beiname *Volksfreund* rührt.[1] Wenn diese Wahrheit des Livius zu Recht in gewisser Hinsicht für bedeutender gehalten wird als jene allgemeine Wahrheit, werden wir dabei nicht vergessen haben, daß Livius diese Rede erdichtet hat.

§ 502 14) Es sei ein im strengsten Sinne Wahres irgend einmal, was nicht selten passiert, in einer Weise aufgestellt worden, daß es nicht nur gemäß der Meinung des gemeinen Volkes, sondern auch gemäß derjenigen von tüchtigen Kritikern der Ereignisse als ein in außerordentlichem Maße dem Falschen Ähnliches erscheint, es seien aber demjenigen, der anmutig denken will, nicht die Kräfte und der Ort gegeben, dessen Wahrscheinlichkeit mit vielen Mitteln sicherzustellen, oder es mag diesem Wahren, soweit es erkannt wird, der für die Schönheit des Gedachten erforderliche Reichtum, die Würde, das Licht usw. fehlen, wenn es alleine dasteht und durch nichts im weitesten Sinne Falsches ausgeschmückt wird. Hier hast du in einem viele Fälle vereinigt, in denen heterokosmisch Wahres notwendig zu sein scheint, welches das im strengsten Sinne Wahre entweder ersetzen oder demselben beigemischt werden mag.[1]

§ 503 Weil deshalb derjenige, der schön denken will, von so vielen Notwendigkeiten dazu gedrängt wird, von dem, was man Wahrheit nennt, zu einer bloßen gewissen Wahrscheinlichkeit überzugehen, so *wird er* nicht selten *zum Dichter*:

Ein Dichter der, wenn er ans Schreiben geht,
sucht, was es nirgends auf der Welt gibt, und es endlich doch findet,
und dem Wahren ähnlich macht, was nur eine Erdichtung ist.

Aestheticus autem veritatem metaphysicam et aestheticologicam distinguens, ut obiectum et perceptionem eiusdem, uti rem, et conceptum de re, hanc aestheticologicam notat esse vel complete claram, vel minus. Priorem veritatem dicunt, posteriorem verisimilitudinem. Philosophus priorem completam certitudinem dicit, alteram veritatem in incertis, probabilibus, dubiis, improbabilibus. Hinc aestheticus suadet non in solis complete certis pulcre verum quaerere, sed idem rimari simul per incerta, probabilium, dubiorum, improbabilium, quamdiu semet ipsum non subducit amatoris oculis in turpem falsi similitudinem, vel ipsam falsi turpitudinem desinens, S. XXVIII.

§ 504 Pulcre cogitaturus consilium § 503 prosequitur, circumstrepentibus falsi rumoribus, unam veritatem, plerumque per incerta, sectatus,

populumque falsis
Dedocet uti

vocibus[1] falsi mendaciorumque, aut in verbis facilis de rerum et vitae veritate sibi gratulatur in sinu, quando nonnunquam per mediam, quam Falsitatis et Mendaciorum aiunt, silvam in plena sese refulgens offert luce

Pudor, et Iustitiae soror
Incorrupta Fides, nudaque Veritas.[2]

SECTIO XXX
FICTIONES

§ 505 Quae non totidem ideis sensimus, quot denuo cogitamus, quaeque tamen sensitive cognoscenda sunt, sunt fingenda, M. § 589.

1 Horaz, *Carm.* 2, 23, 19–21.
2 Ebd. 1, 24, 6.

Der Ästhetiker aber, der die metaphysische und die ästhetikologische Wahrheit unterscheidet wie einen Gegenstand und die Vorstellung desselben,[1] wie eine Sache und den Begriff dieser Sache, bemerkt, daß die ästhetikologische Wahrheit entweder vollständig klar ist oder nicht. Erstere nennt man Wahrheit, letztere Wahrscheinlichkeit. Der Philosoph nennt die erste vollständige Gewißheit, die andere eine Wahrheit im Ungewissen, Glaubhaften, Zweifelhaften und Unglaubhaften. Daher empfiehlt der Ästhetiker, das auf schöne Weise Wahre nicht nur im vollständig Gewissen zu suchen, sondern nach demselben auch das Ungewisse des Glaubhaften, Zweifelhaften und Unglaubhaften zu durchsuchen, solange man sich in den Augen eines Liebhabers des Schönen nicht selbst in eine häßliche Ähnlichkeit mit dem Falschen hineinbegibt und solange man besonders die Häßlichkeit des Falschen vermeidet.

§ 504 Derjenige, der schön denken will, folgt dem in § 503 gegebenen Rat, und indem er, umtost von falschem Gerede, der einen Wahrheit, meistens im Ungewissen, nachstrebt,

lehrt er das Volk,
nicht länger zu gebrauchen verkehrte
Reden,

Reden von Falschem und Lügen – oder in einfachen Worten: Er freut sich in seinem Innersten, wenn sich ihm bisweilen inmitten des Dickichts, welches man das der Falschheit und der Lügen nennt, in vollem Lichte widerstrahlend zeigt

das Ehrgefühl und der Gerechtigkeit Schwester,
die ungebrochene Treue, und die offene Wahrheit.

ABSCHNITT XXX
ERDICHTUNGEN

§ 505 Was wir nicht mit ebenso vielen Ideen verbunden wahrnehmen, mit denen wir es wiederum denken, was aber dennoch sinnlich erkannt werden soll, das muß erdichtet werden. Daher machen die

Hinc FICTIONES LATIUS DICTAE, M. § 590, perceptiones combinando praescindendoque phantasmata formatae, longe maximam pulcre cogitandorum partem constituunt.

Ficta voluptatis caussa sint proxima veris,[1] § 504.

§ 506 Non proxima solum veris, sed et ipsa strictissime vera plurima, non nisi fictionibus latius dictis pulcre cogitari sensitiveque possunt. Quot ea sunt obiectorum pulcre cogitaturi, de quibus ille possit dicere: *quae ipse vidi,*

Et quorum pars magna fui?[2]

Nec in his fictionibus carent, nisi experientiae stricte dictae, si narrentur omnino pure nudeque. Reliqua huius universi vel praeterita, si narrem secundum fidem historicam, neque tamen stricte expertus, vel praesentia tempore, si percipiam absentia loco sensitive, vel futura, etiamsi tandem ex mea praeconceptione fiant in hoc universo, ut turris ex anticipatione architecti, tamen sunt FICTIONES (latius dictae, § 505) quas dicere liceat STRICTISSIME VERAS.

§ 507 Erunt itaque fictiones, sicuti veritates, falsitates et verisimilitudines, vel generales, vel singulares, et hae vel huius universi cognitionem ingredientur, vel erunt heterocosmicae, §§ 445, 441. Generales habent suas regulas, S. XXIX. Singulares, pars cognitionis de hoc universo venustae, aut erunt strictissime verae, § 506, res facti, vel eventus praesentes, vel vere futura sistentes, quae tamen ipse cogitans non stricte expertus est, aut minus. Quae cognitione huius uni-

1 Horaz, *A. p.* 338.
2 Vgl. Vergil, *Aen.* 2, 5 f.

ERDICHTUNGEN IM WEITEREN SINNE, Vorstellungen, die durch die Verbindung und Trennung von Einbildungen[1] gebildet werden, den weitaus größten Teil des schön zu Denkenden aus.

Was man des Vergnügens willen erfindet, sei dicht an der Wahrheit.

§ 506 Nicht nur Dinge, die dem Wahren am nächsten sind, sondern auch die meisten im strengsten Sinne wahren Dinge selbst können nur mit Hilfe von Erdichtungen im weiteren Sinne auf schöne und sinnliche Weise gedacht werden. Wie viele Gegenstände dessen, der schön denken will, gibt es, von denen er sagen können mag: *Was ich selber gesehen,*

und was ich selber durchlitt?

Auch fehlt diesen Erdichtungen nichts, außer Erfahrungen im engen Sinne, wenn diese gänzlich rein und in Blöße erzählt würden. Alle übrigen Dinge dieser Welt – entweder vergangene, wenn ich sie dem historischen Glauben gemäß erzähle, sie aber im engen Sinne nicht selbst erfahren habe, oder zur Zeit gegenwärtige, wenn ich Abwesendes sinnlich vorstelle, oder zukünftige, gesetzt nur, daß diese schließlich gemäß meinem Vorverständnis in dieser Welt zustandekommen, wie der Turm gemäß der vorgefaßten Idee des Baumeisters[1] – sind gleichwohl ERDICHTUNGEN (im weiteren Sinne), die man als IM STRENGSTEN SINNE WAHRE Erdichtungen[2] bezeichnen dürfen mag.

§ 507 Es werden also die Erdichtungen, gleichwie die Wahrheiten, Falschheiten und Wahrscheinlichkeiten, entweder allgemeine oder einzelne sein, und diese werden entweder in die Erkenntnis dieser Welt eingehen oder sie werden heterokosmisch sein. Die allgemeinen haben ihre eigenen Gesetze. Die einzelnen, als Teil der anmutigen Erkenntnis dieser Welt, werden entweder im strengsten Sinne wahr sein – Dinge, die geschehen sind, oder gegenwärtige Begebenheiten oder zukünftig sich wirklich einstellende Dinge, die aber der Denkende nicht im engen Sinne selbst erfahren hat – oder weniger. Diejenigen Dinge, die in der Erkenntnis dieser Welt, nicht aber genauer in einer anschauenden Erkenntnis[1] vorgestellt werden, mithin

versi percipiuntur, neque tamen accurate intuitiva, hinc fictiones latius dictae, § 505, sunt FICTIONES HISTORICAE LATE DICTAE.

§ 508 Troianas romanorum origines narrant Virgilius et Livius l. I uterque non expertus, hinc uterque per fictionem historicam late dictam, § 507. Ille Aeneam narrat insciis Graiis et hostibus per fugam elapsum, hic in *Aenean,* et ob *vetustum hospitii ius,* et quia *pacis reddendaeque Helenae semper auctor fuerat,* nullum *ius belli Achivos* exercuisse.[1] Ille Aenean primo ducit in Thraciam, hic in Macedoniam. Adventum Aeneae in Italiam proxime sequuta uterque diversim mente concipiunt. Illi Ascanius, ac Iulus idem Creusae filius. Huic *Ascanius ex Lavinia natus,* addenti tamen: *Haud nihil ambigam (quis enim rem tam veterem pro certo affirmet?). Hiccine fuerit Ascanius, an maior, quam hic, Creusa natus matre, Ilio incolumi, comesque inde paternae fugae, quem Iulum eundem Iulia gens auctorem nominis sui nuncupat. Ubicunque et quacunque matre genitus, certe natum Aenea constat.*[2] Ubicunque et quocunque patre genita sit fictio strictissime vera, § 506, amborum hae, praeter alias, sunt fictiones historicae late dictae, § 507. Ascanius in Aeneide est persona verisimilis, S. XXIX.

§ 509 Fictiones historicae late dictae omnem cognitionem huius universi apud pulcre cogitantem complexae, quam ipse non expertus est, aut sistunt saltim inexperto strictissime veros eventus huius universi fictiones strictissime verae, § 506, aut talia, quae suppositis omnibus in hoc universo nobis sensitive notis eventibus et momentis eventum circumstantibus, tamen fieri potuissent aut possent, et erunt FICTIONES, etiamsi a poetis cogitentur, STRICTIUS HISTORICAE.

1 Vgl. Liv. 1, 1, 1.
2 Vgl. ebd. 1, 3, 2 f.

Erdichtungen im weiteren Sinne, sind HISTORISCHE ERDICHTUNGEN IM WEITEN SINNE.

§ 508 Vergil und Livius erzählen von den trojanischen Ursprüngen der Römer, beide haben davon keine eigene Erfahrung, daher berichten beide davon mittels einer historischen Erdichtung im weiten Sinne. Jener erzählt, daß Aeneas den nichtsahnenden und feindlichen Griechen durch Flucht entkommen sei,[1] dieser, daß gegen *Aeneas* sowohl wegen *eines alten Gastrechts* als auch, *weil er stets für die Rückgabe der Helena gestimmt hatte*, die Archiver kein *Kriegsrecht* ausgeübt hätten. Jener führt Aeneas zuerst nach Thrakien,[2] dieser nach Makedonien.[3] Auch was auf die Ankunft des Aeneas nächstens folgte, fassen beide verschieden auf. Für jenen sind Ascanius und Iulus ein und derselbe Sohn von Creusa,[4] für jenen *wurde Ascanius von Lavinia geboren*, er fügt aber hinzu: *Ich möchte nicht darüber streiten – wer könnte sich denn in einer so weit zurückliegenden Angelegenheit festlegen –, ob es dieser Ascanius gewesen ist oder ein älterer, der von Creusa, während Ilion noch bestand, geboren, dann seines Vaters Fluchtgefährte, den das Iulische Geschlecht Iulus nennt und als Stifter seines Namens für sich beansprucht. Wo auch immer und von welcher Mutter auch immer er geboren sein mag, daß er der Sohn des Aeneas war, steht fest.* Wo auch immer und von welchem Vater auch immer die im strengsten Sinne wahre Erdichtung geboren sein mag – diese Erdichtungen von beiden sind, neben anderen, historische Erdichtungen im weiten Sinne. Ascanius ist in der *Aeneis* eine wahrscheinliche Person.

§ 509 Historische Erdichtungen im weiten Sinne, die bei dem schön Denkenden jede Erkenntnis dieser Welt, die er nicht aufgrund eigener Erfahrung hat, enthalten, stellen entweder wenigstens demjenigen, der dies nicht selbst erfahren hat, als im strengsten Sinne wahre Erdichtungen im strengsten Sinne wahre Begebenheiten dieser Welt vor oder solche Dinge, die – alle von uns sinnlich wahrgenommenen Begebenheiten in dieser Welt und ihre Begleitumstände vorausgesetzt – gleichwohl hätten geschehen können oder geschehen könnten, und dies werden, auch wenn sie von Dichtern gedacht werden, HISTORISCHE ERDICHTUNGEN IM ENGEREN SINNE sein.

§ 510 Turnus Virgilii Aeneae tantum, *Turnus* Livii *Aeneae Latinoque simul bellum infert,* et hic eo eventu, ut *Aborigines Troianique ducem Latinum victores amittant.*[1] Mezentius Virgilii ab Aenea occiditur. Mezentius Livii ab Aenea vincitur quidem, sed *operum mortalium* hoc *ultimo* patrato Aeneas sepelitur,[2] Mezentio superstite. Unum horum auctorem solum legenti tantum abest, ut fictionem vel strictius historicarum ipsius narrationes suspectae esse possent, ut eas potius in fictionibus strictissime veris haberet, § 506. Conferenti tamen utrumque non licet per auctoritatem Livii Virgilianas fabulas numerare in fictionibus strictius historicis, § 509.

SECTIO XXXI
FICTIONES POETICAE

§ 511 Si fingantur talia, quae ob notam et cogitanti et cogitaturis ipso duce, sicuti praesumi debet, circumstantiam, et hypothesin eventumque huius mundi certum, in eodem hoc universo loco non habeant, ut eiusdem possibilia, supposita tamen alia quadam hypothesi, quae non est possibile huius universi, fieri pulcre potuissent aut possent, vel turpiter, per cognitionem mediam: tales FICTIONES heterocosmicae, § 441, quia inventor earum, quasi novum creat orbem fingendo, si vel maxime ab historico proferantur, dicuntur POETICAE.

§ 512 Ira Iunonis Aen. I 19–85 est fictio poetica, tempestas – – – 127 historica. Neptunus aequorum pacator poetica – – – 160. Troianorum descensus in Africam historica – – – 227, nisi cervi dubium

[1] Vgl. ebd. 1, 2, 1 f.
[2] Vgl. ebd. 1, 2, 3–6.

§ 510 Der Turnus des Vergil greift nur den Aeneas, der *Turnus* des Livius *greift Aeneas und Latinus gleichzeitig mit einem Krieg an*, und dies mit dem Ausgang, daß *die siegreichen Ureinwohner und die Trojaner ihren Führer Latinus verlieren*. Der Mezentius Vergils wird von Aeneas getötet.[1] Der Mezentius des Livius wird zwar von Aeneas besiegt, doch Aeneas wird nach Vollbringung dieser seiner *letzten Tat unter den Sterblichen* begraben, während Mezentius überlebt. Wer nur einen dieser beiden Verfasser liest, würde – weit entfernt, daß desjenigen Erzählungen für historische Erdichtungen im engeren Sinne gehalten werden könnten – sie eher zu den im strengsten Sinne wahren Erdichtungen zählen. Wer aber beide vergleicht, der darf aufgrund der Autorität des Livius die Fabeln Vergils nicht zu den im engeren Sinne historischen Erdichtungen zählen.

ABSCHNITT XXXI
POETISCHE ERDICHTUNGEN

§ 511 Wenn solche Dinge erdichtet werden, die aufgrund eines Umstands, der, wie man wohl voraussetzen muß, sowohl dem Denkenden als auch denjenigen, die unter seiner Führung denken wollen, bekannt ist, und aufgrund einer Bedingung und einer als gewiß geltenden Begebenheit dieser Welt in ebendieser Welt keinen Platz haben mögen, so daß sie als mögliche Dinge dieser Welt – unter Voraussetzung einer gewissen anderen Bedingung, die als Bedingung dieser Welt nicht möglich ist – gemäß der mittleren Erkenntnis[1] auf schöne oder auf häßliche Weise hätten geschehen können oder geschehen könnten: Dann sind dies heterokosmische Erdichtungen,[2] weil der Erfinder derselben im Erdichten gleichsam eine neue Welt schafft, und besonders, wenn sie von einem Geschichtsschreiber vorgebracht werden, werden sie POETISCHE ERDICHTUNGEN genannt.[3]

§ 512 Im ersten Buch der *Aeneis* ist der Zorn der Juno eine poetische, der Sturm eine historische Erdichtung. Neptun als Besänftiger der Meere ist eine poetische Erdichtung. Die Landung der Trojaner in Afrika ist eine historische Erdichtung, solange die Erzählung von

moveant. Colloquium Iovis et Veneris, legatioque Mercurii est fictio poetica, v. 308.

At pius Aeneas per noctem plurima volvens,
Ut primum lux alma data est, exire, locosque
Explorare novos, quas vento accesserit oras,
Qui teneant (nam inculta videt) hominesne feraene,
Quaerere constituit, sociisque exacta referre – – – 317,[1]

est fictio historica. Hinc incipit poetica de Didone fictio ultra l. I–V protensa, §§ 509, 511.

§ 513 Complexum et satis male cohaerens systema fictionum omnis generis iam a pluribus elegantioribus ingeniis adoptatarum et suppositarum synecdochice dicamus MUNDUM POETARUM. Hinc enim cosmogoniae philosophorum pleraeque, ne excepta quidem Cartesiana, non minus locum inveniunt, ac theogoniae veterum theologorum, et quicquid est mythologiae, non notioris illius solum, gracae ac romanae, sed et per alias gentes ab Indis ad Eddam πατροπαραδότου. Huc acta sanctorum ex omni sua parte, quae vel historice, vel poetice ficta sit, ipsa signa illorum, ductus, positusque, quibus pingi sculpique solent. Huius terra quaedam nova est mundus cabbalisticus cum suis quatuor elementorum incolis, olim admodum in obscuro qui habitaverant e. c.

§ 514 In mundo poetarum est quaedam admodum late patens regio chimaerarum, fictionum omni veritate metaphysica, quae suis obiectis inesset, destitutarum, quam mundi poetarum dicamus UTOPIAM. Magna pars mundi fabulosi postquam est ingressa mundum poetarum, illum non tanget ultra limites, § 456, pulcre cogitaturus.

1 VERGIL, *Aen.* 1, 305–309.

den Hirschen daran nicht Zweifel erregt.[1] Das Gespräch zwischen Zeus und Venus und die Gesandtschaft Merkurs ist eine poetische Erdichtung.

Aber nachdem des Nachts der fromme Aeneas so vieles
lang überdacht, beschloß er, bei Tagesanbruch die neuen
Gegenden zu erforschen, wohin ihn die Winde verschlagen,
wer sie bewohnte – sie schienen ja öde – ob Menschen, ob Tiere,
und das Erfahrene wollte er dann den Gefährten verkünden.[2]

Dies ist eine historische Erdichtung. Hierauf beginnt die poetische Erdichtung von Dido, die sich von dem ersten bis über das fünfte Buch erstreckt.

§ 513 Das Gesamt und recht ungenügend zusammenhängende System von Erdichtungen jeder Art, die sich schon viele anmutige Geister angeeignet haben und von ihnen vorausgesetzt worden sind, wollen wir nach Art einer Synekdoche[1] die WELT DER DICHTER nennen. Hier nämlich finden die meisten Kosmogonien der Philosophen, nicht einmal die Cartesische ausgeschlossen, nicht weniger ihren Platz wie die Theogonien der Theologen der Alten und was auch immer es an Mythologie gibt, nicht nur der bekannteren, der griechischen und römischen Mythologie, sondern auch das, was es von anderen Völkern, von den Indern bis hin zur *Edda*, an Überliefertem gibt. Hierher gehören die Lebensbeschreibungen der Heiligen in allen ihren Teilen, die entweder historisch oder poetisch erfunden sein mögen, die Kennzeichen derselben, ihre Haltungen und Stellungen, in denen sie gemalt oder als Bildsäule dargestellt zu werden pflegen. Hierher gehört gleichsam als eine neue Welt die kabbalistische Welt mit ihren vier Bewohnern der Elemente, die einst völlig im Dunkeln gehaust hatten usw.[2]

§ 514 Innerhalb der Welt der Dichter gibt es ein gewisses überaus weit offenstehendes Reich von Chimären, von Erdichtungen, die jeder metaphysischen Wahrheit, die ihren Gegenständen einwohnte, entbehren, und die wir die UTOPIE der Welt der Dichter nennen wollen.[1] Nachdem schon ein großer Teil der fabelhaften Welt in die Welt der Dichter eingegangen ist, möge derjenige, der schön den-

Contra hanc regulam impingunt, 1) qui nunc aeque sibi licitum putant ex mythologia veterum multa nugari, ac illud licitum olim graecis romanisque fuit, quorum spectatores praecipui per analogon rationis eiusdem absurda non eo usque penetraverant, ac nunc omnes, qui vix aere lavantur.

§ 515 2) Qui omnino nugas eiusmodi systemati optimo maximo verissimae religionis immiscent, aut iis auditoribus occinunt, quibus serpentes non avibus, sed angelis, aut certe columbis, geminare videantur, si vel ex solo suo sensitivo iudicio ac sapore, non publico quidem, probe tamen maturo, pessime cohaerentem eiusmodi lucis et tenebrarum coagmentationem examinent, § 415. Ipse Virgilius advocans in auxilium, quicquid est ubique numinum rusticorum Georg. I,

> *Diique deaeque omnes, studium quibus arva tueri,*
> *Quique novas alitis nonnullo semine fruges,* v. 21,[1]

probe cavet, ne quem deorum suis immisceat, quos venerantur tantum *sanctae gentes,*

> *quibus haec nascuntur in hortis*
> *Numina*, Iuv. XV.[2]

§ 516 Quaedam fictio poetica, § 511, mundi poetici, § 513, non tangens turpiter utopiam, §§ 514, 515, cuidam ex eodem parti conformiter, etiam positive, i. e. ita concipiet suum orbem, quem creat heterocosmice fingendo, ut hic bene cohaereat, quantum aesthetice suos praecipuos auditores rem scrutaturos debet praesumere, probe cognitae parti mundi poetarum, ex eius anticipationibus mente formari possit, ita eventus suos sistat, uti solitum est, in regione

1 Vergil, *Georg.* 1, 21 f.
2 Vgl. Juv. 15, 10.

ken will, jene nicht über die in § 456 gesetzten Grenzen hinaus berühren. Gegen dieses Gesetz verstoßen 1) diejenigen, die es heute als für sich gleichermaßen erlaubt halten, mit vielen Dingen aus der Mythologie der Alten herumzutändeln, wie dies für die Griechen und Römer erlaubt war, deren vornehmliche Betrachter Ungereimtes solcher Art mit dem Analogon der Vernunft nicht in dem Maße durchschauten, wie es heutzutage alle tun, die kaum das Licht der Welt erblickt haben.

§ 515 2) Diejenigen, die Tändeleien solcher Art in das beste und größte System der wahrsten Religion hineinmengen oder ihren Zuhörern entgegenkrächzen, denen es schiene, als würden Schlangen nicht mit Vögeln,[1] sondern mit Engeln oder doch wenigstens mit Tauben vereinigt werden, wenn sie nur ihrem sinnlichen Urteil und ihrem Geschmack – gewiß einem nicht gemeinen, sondern einem in rechter Weise reifen – folgend eine solche überaus schlecht zusammenhängende Verklitterung von Licht und Finsternis untersuchten.[2] Selbst Vergil, der, was auch immer es allenthalben an ländlichen Gottheiten gibt, zu Hilfe herbeiruft,

Götter und Göttinnen alle, die ihr eifrig die Fluren beschirmt
und neue Feldfrucht ungesät sprießen laßt,[3]

hütet sich wohl davor, daß er unter seine Götter nicht einen von denjenigen hineinmengt, die nur von einem *gottesfürchtigen Volk* verehrt werden,

dessen Gottheiten im Garten wachsen.[4]

§ 516 Eine gewisse poetische Erdichtung der dichterischen Welt, die nicht auf häßliche Weise eine Utopie berührt, mag mit einem gewissen Teil der dichterischen Welt übereinstimmen, auch in positiver Weise; d. h. sie mag ihre Welt, die sie in einer heterokosmischen Erdichtung erschafft, so vorstellen, daß diese – insoweit sie Hörer voraussetzen müssen mag, die die Sache ästhetisch durchforsten werden – mit einem wohlbekannten Teil der Welt der Dichter auf richtige Weise zusammenhängt, aus deren Vorwegnahmen sie in der Vorstellung gebildet werden können mag. Sie mag ihre Bege-

mundi poetici data, habeat cum eadem unitatem aestheticam, et ex eadem suam mutuo verisimilitudinem accipiat. Eiusmodi FIGMENTUM POETICUM dicamus ANALOGICUM.

§ 517 Harum fictionum praeceptum est Horatii, secundum S. XXIX,

Scriptor, honoratum si forte reponis Achillem,
Impiger, iracundus, inexorabilis, acer,
Iura neget sibi nata, nihil non arroget armis,
Sit Medea ferox invictaque, flebilis Ino,
Perfidus Ixion, Io vaga, tristis Orestes, A. P. 120.[1]

Non leviter moveor hic pro: *honoratum Homereum* cum Bentleio legere, licet rationem videam, cur honoratus Achilles dictus sit, cui summus et Alexandro etiam Magno invidendus honor contigerit, ab optimo poetarum aeternitati consecrari. In his paene solis fictionibus poeticis acquievit Virgilius.

§ 518 FICTIO POETICA novum ita creans orbem, ut eum nec cuidam ex mundo poetico regioni faciat admodum similem, aut conducentem et aptius haerentem, est PRORSUS IGNOTA. Huic quoniam non succurrit iam supponenda in spectatoribus verisimilitudo mundi poetici, § 512, quoniam desunt anticipationes in iisdem bene multae, quas iam reperisset analogica fictio, § 516, quoniam per ipsum mundum poeticum insolita est, nec in hoc universo fieri potuit, § 511, adeoque multis omnino falsi similis videbitur, § 489, insignem habeat, oportet, verisimilitudinem internam, singularem venustius coniunctorum ordinem, successivorum harmoniam et convenientiam oculos multa cum luce ferientem, notabiliorem unitatem, et genera-

1 Horaz, *A. p.* 120–124.

benheiten so, wie es üblich ist, in einen schon gegebenen Bereich der poetischen Welt hineinstellen, sie mag mit demselben eine ästhetische Einheit bilden und aus demselben umgekehrt ihre Wahrscheinlichkeit erhalten. Ein POETISCH ERDICHTETES solcher Art wollen wir ANALOGISCH[1] nennen.[2]

§ 517 Eine Maßregel für diese Erdichtungen ist von Horaz, gemäß Abschnitt XXIX:

Schriftsteller, wenn du etwa neu den hohen Achilleus darstellst,
so bestehe er rastlos, jähzornig, unerbittlich, heftig
darauf, es gebe für ihn keine Rechte und er beanspruche alles für seine Waffen.
Medea sei wild und unbesiegt, Ino in Tränen,
heimtückisch Ixion, Io ruhelos, finster Orestes.

Wenig hält mich davon ab, hier mit Bentley statt der *hohe* der *homerische* Achilles zu lesen,[1] wenngleich ich wohl den Grund einsehe, weshalb er der hohe Achilles genannt wird, dem hier die größte, sogar von einem Alexander dem Großen zu beneidende Ehre zuteil wird, nämlich von dem besten aller Dichter für die Ewigkeit unsterblich gemacht zu werden. Beinahe nur mit solchen poetischen Erdichtungen gab sich Vergil zufrieden.

§ 518 Eine POETISCHE ERDICHTUNG, die eine neue Welt so schafft, daß sie diese nicht einem Bereich der bereits bestehenden dichterischen Welt überaus ähnlich oder zu dieser hinführend oder mit dieser füglich zusammenhängend macht, ist GANZ UND GAR UNBEKANNT. Weil bei den Betrachtern dieser keine schon vorauszusetzende Wahrscheinlichkeit der poetischen Welt zur Hilfe kommt, weil bei denselben keine Vorwegnahmen vorhanden sind, von denen die analogische Erdichtung bereits viele vorgefunden hätte: Weil sie selbst für die dichterische Welt ungewöhnlich ist und in dieser Welt nicht hätte geschehen können, wird sie in eben diesem Maße vielen durchaus dem Falschen ähnlich scheinen. Es ist daher nötig, daß sie eine ausgezeichnete innere Wahrscheinlichkeit hat, eine einzigartige Ordnung des noch anmutiger Verbundenen, eine Harmonie des Aufeinanderfolgenden und eine Einhelligkeit,

tim venustatem omnino singularem, si recto nihilominus talo stare debeat, satisque punctorum ferre, S. XXVII, § 22.

§ 519 Hinc Horatius ex poemate tantae famae, ac Ilias est, rectius putat particulam aliquam diducere, A. P. 130,

Quam si proferres ignota indictaque primus.[1]

Hinc denominationem sumsi fictionum, de quibus § 518. Quales si quis tamen audeat, illum monet:

Si quid inexpertum scenae committis, et audes,
Personam formare novam, servetur ad imum,
Qualis ab incepto processerit et sibi constet.
Difficile est proprie communia dicere,[2]

quod mihi sic videor recte interpretari: Veritates generales, quas nemo sibi videtur ignorare, primum in exemplo aliquo singulari sistere satis pulcras, quod nemo adhuc ante nos ex parte venustius pinxerit, prorsus adhuc ignotum: illud vero maioris est difficultatis, ac multis videatur.

§ 520 Fictio poetica, quae prae se quidem fert analogiam, nescio quam, cum mundo poetico, neque tamen multo post contra eandem, quam suam fecerat, mundi illius regionem graviter impingit, eidem contradicentia affirmans, contra eius ἦθος pugnantia, quae fierent in eodem per casum purum, quae frustra fierent, quae seiungunt per eundem inseparabilia, spectatoribus obiiciens, erit talis fictio FIGMENTUM ANOMALON.

§ 521 Figmentum anomalon quum nec in hoc universo fieri possit, nec in illo poetico, nec interne possit esse singulariter verisimile,

[1] Ebd. 130.
[2] Ebd. 125–128.

welche die Augen mit viel Licht hinreißt, eine noch merklichere Einheit und allgemein eine überhaupt einzigartige Anmutigkeit, wenn sie nichtsdestoweniger aufrechterhalten und genügend Beifall bringen soll.[1]

§ 519 Daher meint Horaz, daß es richtiger ist, von einer sehr berühmten Dichtung, wie es die *Ilias* ist, irgendeinen kleinen Teil fortzusetzen,

als daß du Unbekanntes und Ungesagtes als erster vorlegst.

Von hier habe ich die Benennung der Erdichtungen hergenommen, von denen in § 518 die Rede war. Wenn jemand dennoch solche Erdichtungen wagt, mahnt ihn Horaz:

Falls du Unbekanntes auf die Bühne bringst und es wagst,
eine neue Person zu gestalten, so bleibe sie bis zum Ende,
wie sie anfangs auftrat, und stimme mit sich selbst überein.
Schwierig ist, Allgemeines indviduell zu sagen,

was mir so richtig ausgelegt zu werden scheint: Allgemeine Wahrheiten, von denen niemand glaubt, daß sie ihm unbekannt seien, als genügend schöne zum ersten Mal in irgendeinem einzelnen Beispiel hinzustellen, das niemand vor uns zu einem Teil noch anmutiger dargestellt haben wird und das bis jetzt ganz und gar unbekannt ist: Dies ist in Wahrheit um einiges schwerer, als viele meinen.

§ 520 Eine poetische Erdichtung, die zwar was weiß ich für eine Analogie mit der dichterischen Welt an den Tag legt, nicht viel später aber gegen eben den Bereich jener Welt, den sie zu ihrem eigenen gemacht hatte, schwer verstößt, indem sie ihm Widersprechendes behauptet und den Betrachtern Dinge, die dessen Ethos widerstreiten, Dinge, die in demselben durch einen blinden Zufall oder grundlos geschehen wären, Dinge, die, was in demselben unzertrennlich ist, trennen, entgegenhält: Diese Erdichtung wird ein REGELWIDRIG ERDICHTETES sein.[1]

§ 521 Woher sollte ein regelwidrig Erdichtetes – weil es weder in dieser Welt noch in der dichterischen Welt geschehen und in sich

quia iam quasi recepit in sinum, quibus nihilo secius contradicat, unde gentium accipiat adeo necessariam elegantiae vel veritatem, vel omnino verisimilitudinem? S. XXVII, XXIX. Vide, quanto illud opere caveat Livius, l. II, ne de morte Aeneae famam poeticae fictionis infringat, quoniam strictissime veram fictionem promere, aut non voluit, aut non potuit: *Situs est,* ait, *quemcumque eum dici iusque fasque est, super Numicium flumen: Iovem indigetem appellant.*[1]

§ 522 Ad eiusmodi tamen anomala figmenta ne trahuntur, 1) si dissensus est inter historicos strictissime vera, et poetas heterocosmica fingere supponendos, § 519. Hinc huc non pertinet: *An amaverit Didun Aeneas,* de qua quaestione peculiarem librum edidisse dicitur Atteius philologus, quia Iustinus post Virgilium, huic contrarius, narrat eam univiram et castissimam l. XVIII, Iustinoque rationes chronologicae favent. Ausonius hic potius et Silius liberum habuerunt, quem sequi velint mundum, hunc, an poeticum. Unde Ausonius utrumque sequutus est in diversis epigrammatibus, sane non gravi culpa. Poeticum epigrammate, de quo § 408. Hunc Ep. 111,

Vos magis historicis, lectores, credite de me,
Quam qui furta deum concubitusque canunt,
Falsiloqui vates, temerant qui carmine verum,
Humanisque deos assimilant vitiis.[2]

§ 523 Silius autem sequutus est mundum Virgilii poeticum, non tamen sine libertate poetica, l. VIII. Apud hunc distrahuntur, apud

1 Liv. 1, 2, 6.
2 Ps.-Ausonius, *In Didonis imaginem* 15–18.

nicht auf einzigartige Weise wahrscheinlich sein kann, weil es ja schon gleichsam Dinge in sich aufnimmt, denen es nichtsdestoweniger widerspricht – entweder die dem Geschmackvollen so sehr notwendige Wahrheit oder überhaupt eine Wahrscheinlichkeit hernehmen? Siehe, mit wieviel Mühe sich Livius davor in acht nimmt, daß er nicht den Ruhm der poetischen Erdichtung über den Tod des Aeneas schmälert, da er doch eine im strengsten Sinne wahre Erdichtung entweder nicht mitteilen wollte oder nicht konnte: *Er liegt*, sagt er, – *wie auch immer man ihn nun nennen muß und soll – am Ufer des Flusses Numicus begraben: Sie heißen ihn den einheimischen Jupiter.*[1]

§ 522 Als regelwidrig Erdichtetes solcher Art möge man aber dann nichts deuten, 1) wenn es eine Uneinigkeit gibt zwischen Geschichtsschreibern, von denen man annimmt, daß sie im strengsten Sinne wahre Dinge erdichten, und Dichtern, von denen man annimmt, daß sie heterokosmische Dinge erdichten. Deswegen gehört dazu nicht die Frage, *ob Aeneas wohl Dido geliebt haben wird*,[1] hinsichtlich derer man sagt, daß der Philologe Acteius über sie ein eigenes Buch veröffentlicht habe,[2] weil Iustinus nach Vergil und im Gegensatz zu diesem erzählt, daß sie nur einen Mann gehabt habe und überaus keusch gewesen sei.[3] Und für Iustinus sprechen chronologische Gründe. Ausonius[4] aber und Silius[5] konnten es frei damit halten, welcher Welt sie folgen wollten, dieser oder der dichterischen. Daher ist Ausonius in jeweils verschiedenen Epigrammen beiden gefolgt, fürwahr ohne große Schuld. Der dichterischen Welt ist er in dem Epigramm gefolgt, von dem in § 105[6] die Rede war. Dieser Welt in Epigramm 111:

Ihr Leser, schenkt mir Vertrauen, glaubt mehr den Geschichtsschreibern
als denen, die von Listen und Liebschaften der Götter singen,
Sänger, die Lügen verkünden, das Wahre mit ihren Dichtungen entweihen
und die Götter menschlichen Lastern ähnlich machen.

§ 523 Silius aber ist der poetischen Welt des Vergil gefolgt, jedoch nicht ohne poetische Freiheit. Bei ihm wird verstreut, was bei Vergil

Virgilium maiore cum unitate se propius excipientia. Tandem Dido moritura,

Dii longae noctis, quorum iam numina nobis
Mors inflans maiora facit, precor, inquit, adeste,
Et placidi victos ardore admittite manes.
Aeneae coniux, Veneris nurus, ulta maritum,
Vidi constructas nostrae Cartharginis arces,
Nunc ad vos magni descendet corporis umbra.
Me quoque fors dulci quondam vir notus amore
Exspectat, curas cupiens aequare priores.[1]

Confer §§ 405, 406 et hanc Didonem Silii, nisi fallor, quantum postpones Virgilii Didoni, tantum tamen adhuc antepones Ovidii Didoni: sicut Ausoniana Dido, de qua § 520, maior est, ac Dido Ausonii, de qua § 405.

§ 524 2) Si dissensus ab antecedente nos mundo poetico tantillus fuerit, ut inde oriri visa falsitas tantilla sit, quae forsan ad § 454 referri posse iure censeatur. Huc aequus censor referet Aeschyli secessum a mundo Homeri poetico, dum in hoc Patroclus aetate maior est, ac Achilles, Aeschylus Patroclum tamen iuniorem fingit, ideo a Platone, magno poetarum inimico, male habitus. Hinc nec deterritus est auctoritate tanti philosophi Martialis, quin Aeschylum potius, quam Homerum sequeretur, XI, Ep. 44, nec Statius sibi temperavit, quin omnino medium velut iter sibi novum legeret, cuius in Achilleide Patroclus Achilli

par studiis aevique modis.[2]

§ 525 Regerat aliquis: Has certe fictiones concedes esse mendacia. Cur itaque definis, illustras, distinguis, et analogica saltim commen-

1 Silius Italicus, *Punica* 8, 140–147.
2 Statius, *Achil.* 1, 176.

in größerer Einheit näher aufeinander folgt. Schließlich sagt die sterbende Dido:

Götter der ewigen Nacht, euer Walten hat drohender Tod mir
größer gemacht nur; ich bitte, helft mir, und gütig
nehmt die Seele auf, die von Liebesgluten besiegt ist.
Frau des Aeneas, Schwiegertochter der Venus, des Gatten
Rächerin, sah die Erbauung der Burg ich vor meinem Karthago,
jetzt steigt hinunter zu euch einer großen Königin Schatten.
Auch erwartet vielleicht mich der Mann, dem in süßester Liebe
einst ich verbunden, und wünscht mich zu lieben, wie es zuvor war.

Vergleiche damit §§ 405, 406, und du wirst diese Dido des Silius, wenn ich mich nicht täusche, ebensosehr, wie du sie der Dido des Vergil hintansetzen wirst, der Dido des Ovid vorziehen:[1] Gleichwie die Ausonische Dido, von der in § 522[2] die Rede war, größer ist als seine Dido von § 405.

§ 524 2) Wenn die Nichtübereinstimmung mit der vorangegangenen dichterischen Welt uns so klein anmutet, daß die Falschheit, die daraus zu erwachsen scheint, so klein ist, daß sie vielleicht zu Recht als eine solche beurteilt werden mag, die auf das in § 454 Gesagte zurückgeführt werden kann. Hierauf wird ein billiger Kritiker das Abweichen des Aischylos von der poetischen Welt des Homer zurückführen, denn während bei diesem Patroklus älter ist als Achilles, läßt Aischylos dennoch den Patroklus jünger sein und erfährt deswegen von Platon, dem großen Feind der Dichter, ein abschätziges Urteil.[1] Martial ist hernach jedoch nicht so von der Autorität des großen Philosophen abgeschreckt worden, daß er nicht lieber dem Aischylos als dem Homer gefolgt wäre.[2] Noch hat sich Statius so weit zurückgehalten, daß er für sich nicht einen gänzlich neuen Mittelweg gewählt hätte: In seiner *Achilleis* ist Patroklus dem Achilles

gleich in seinen Bestrebungen und in seinem Alter.[3]

§ 525 Es mag jemand einwerfen: Du wirst eingestehen, daß diese Erdichtungen Lügen sind. Weshalb also bestimmst, erhellst, unter-

dare videris? § 516. Equidem ipse despero *populum falsis vocibus uti dedocere,*[1] § 504, hinc ex eius loquendi modo dixi sententiam aperte, § 477. Forsan tamen S. Augustinus me felicior est, quando ille l. II quaest. ev. 51: *Non omne,* inquit, *quod fingimus, mendacium est, sed quando id fingimus, quod nihil significat* (quod nullius veritatis est, sed non solum falsitatis aestheticae, verum etiam moralis, foetus et turpe signum): *tunc est mendacium. Quum autem fictio nostra refertur ad aliquam significationem* (ut in aliquo comparativo, cuius perceptio satis digna est, veritatem si complete certam non possumus, saltem incomplete talem, si maximam aliquam non possumus, ei tamen proximam veritatem candido pectore, purisque manibus exhibeamus), *non est mendacium, sed aliqua figura veritatis,* § 26. *Alioquin omnia, quae a sapientibus et sanctis viris, vel etiam ab ipso domino, figurate dicta sunt, deputabuntur mendacia, quia secundum usitatum intellectum* (veritatis strictissime dictae) *veritas non subsistit in talibus dictis. – – – Fictio, quae ad aliquam veritatem refertur* (haec autem esse etiam potest poetica) *figura est, quae non refertur, mendacium est.*[2]

SECTIO XXXII
FABULAE

§ 526 Iudicium generale, s. DOGMA, vel est theoreticum, vel practicum. Dogma practicum aesthetice cogitatum est SENTENTIA. Conceptus inferior suum superiorem, sub quo continetur, DECLARANS, s. clariorem reddens, est EXEMPLUM. Exemplum sententiae stricte fictum, § 506, est FABULA. Quanquam enim quaevis, etiam strictissime vera, narratiuncula, quoniam eundo plerumque crescit et

1 Vgl. Horaz, *Carm.* 2, 2, 19–21.
2 Aug., *Quaest. ev.* 2, 51.

scheidest du sie und scheinst zumindest die analogischen Erdichtungen zu empfehlen? – Sicherlich lasse ich selbst alle Hoffnung fahren, *den großen Haufen vom Mißbrauch der Worte abzuhalten*, daher habe ich in seiner Art und Weise zu reden meine Meinung offen dargelegt. Vielleicht aber trifft es der Heilige Augustinus besser als ich, wenn er sagt: *Nicht alles, was wir erdichten, ist eine Lüge, sondern wenn wir etwas erfinden, das keine Bedeutung hat* (was ein Sproß und ein häßliches Zeichen des Mangels an jedweder Wahrheit und ein Zeichen nicht nur ästhetischer, sondern auch sittlicher Falschheit ist), *dann ist es eine Lüge. Wenn sich jedoch das von uns Erdichtete auf irgendeine Bedeutung bezieht* (so daß in irgend etwas, das vergleichungsweise zu betrachten ist und dessen Vorstellung genügend Würde besitzt, wir, wenn wir eine Wahrheit, die gewiß ist, nicht vollständig darstellen können, diese wenigstens unvollständig, und wenn wir nicht eine von den höchsten Wahrheiten darstellen können, dann aber eine dieser ganz nahestehende reinen Herzens und mit reinen Händen darstellen), *dann ist sie keine Lüge, sondern eine Figur der Wahrheit. Andernfalls wird man alles, was von Weisen und Heiligen, ja selbst von Unserem Herrn figürlich gesagt worden ist, für Lügen halten, weil gemäß dem gewöhnlichen Gebrauch des Verstandes* (der Wahrheit im strengsten Sinne) *solche Worte keine Wahrheit enthalten. – – – Eine Erdichtung, die sich auf eine Wahrheit bezieht* (und dies kann auch eine poetische Erdichtung sein), *ist eine Figur, eine, die dies nicht tut, ist eine Lüge.*[1]

ABSCHNITT XXXII
FABELN

§ 526 Ein allgemeines Urteil oder ein gemeiner Satz ist entweder theroretisch oder praktisch. Ein praktischer gemeiner Satz, der ästhetisch gedacht wird, ist ein SINNSPRUCH. Ein niedrigerer Begriff, der einen ihm zugehörigen höheren Begriff, unter dem er enthalten ist, AUFKLÄRT oder klarer macht, ist ein BEISPIEL. Das Beispiel eines Sinnspruchs, das im engen Sinne erdichtet ist, ist eine FABEL. Obgleich nämlich bisweilen jedwede, auch im strengsten Sinne wahre kleine Erzählung, weil sie in ihrem Fortgang gewöhn-

spurias ex adiectionibus fictis vires acquirit, nonnunquam fabula dicitur latius, ut ante suum diem ob luxuriam mortuus aliquis

It nova, nec tristis, per cunctas fabula coenas, Iuv., Sat. I,[1]

tamen strictius nobis utendum erit vocabulo simpliciter, ut strictissime veris opponatur narrationibus.

§ 527 Fabula erit vel FICTIO HICTORICA STRICTIUS, §§ 526, 509, quae nullis interstincta fictionibus poeticis, § 511, SIMPLEX dicitur, vel fictio poetica, § 511, vel ex historicis poeticisque fictionibus mixta. Fictiones generis secundi et tertii FABULOSAE dicuntur. Nobis ad analogiam fictionum FABULAS primi generis HISTORICAS, § 526, secundi autem et tertii generis fabulas dicere liceat POETICAS.

§ 528 Fabulae historicae, § 527, illae sunt, quae mediis aliquando fabellis interpositae tamen narrationum, immo historiarum, nomen accipiunt: poeticae autem sunt, de quibus Cicero De inv. I 27, tanquam de *genere narrationum remoto a civilibus caussis, quod delectationis caussa non inutili cum exercitatione dicatur et scribatur* (cogitetur venustius) loquutus easdem describit, *eas* (narrationes) *quae nec* (strictissime) *veras, nec* (strictissime) *verisimiles res contineant, cuiusmodi sit:*

Angues ingentes aliter, iuncti iugo.[2]

§ 529 Quintilianus l. 4 *narrationum tres* enumerat *species* 1) *historiam* (veram strictissime, saltim a potiori), 2) *fabulam, quae versatur*

[1] Vgl. Juv. 1, 145.
[2] Cic., *De inv.* 1, 27.

lich wächst und unechte Kräfte aus erdichteten Hinzufügungen gewinnt, im weiteren Sinne eine Fabel genannt wird, wie jemand, der aufgrund seiner Völlerei vor der Zeit verstorben ist,

als neues Gerücht, das niemanden bekümmert, von Bankett zu Bankett die Runde macht,

müssen wir das Wort im engeren Sinne gebrauchen und schlechthin, wie es im strengsten Sinne wahren Erzählungen entgegengesetzt wird.[1]

§ 527 Eine Fabel wird entweder eine HISTORISCHE ERDICHTUNG IM ENGEREN SINNE sein, der keine poetischen Erdichtungen angeheftet sind und die EINFACH genannt wird, oder eine poetische Erdichtung oder aus historischen und poetischen Erdichtungen gemischt. Erdichtungen der zweiten und dritten Art werden FABELHAFTE Erdichtungen genannt. Es mag uns erlaubt sein, in Analogie zu den Erdichtungen die Fabeln der ersten Art HISTORISCHE FABELN zu nennen, diejenigen der zweiten und dritten Art aber POETISCHE.[1]

§ 528 Historische Fabeln sind jene, die, auch wenn sie bisweilen unter gewöhnliche niedrigere Erdichtungen gesetzt werden, dennoch den Namen von Erzählungen, ja sogar von Geschichten erhalten.[1] Poetische Fabeln aber sind diejenigen, die Cicero, gleichwie er von *einer Art der Erzählung eines Sachverhalts* gesprochen hat, *die mit einer gerichtlichen Rede nichts zu tun habe, weil sie um der Unterhaltung willen in Verbindung mit einer nicht unnützen Übung vorgetragen und niedergeschrieben* (und anmutiger gedacht) *würde*, als *diejenigen* (Erdichtungen) beschreibt, *die weder* (im strengsten Sinne) *wahre, noch* (im strengsten Sinne) *wahrscheinliche Dinge enthielten, etwa von folgender Art:*

Ungeheure geflügelte Schlangen, in das Joch gespannt – – –.

§ 529 Quintilian zählt *drei Arten von Erzählungen* auf: 1) Die (wenigstens vornehmlich im strengsten Sinne wahre) *Geschichtserzählung*, 2) die *Fabel, die in Tragödien und Gedichten erscheint und nicht*

in tragoediis atque carminibus, non a veritate modo (strictissime dicta), *sed etiam a forma veritatis* (strictissimae) *remota,* 3) *argumentum, quod* (latissime) *falsum, sed veri* (strictissime talis) *simile comoediae fingunt.*[1] Hinc etiam fabella est fabula nobis poetica, § 526. Quamque fabulam argumentum dicit, eam vere esse fabulam omnes concedunt comici, plerumque tamen argumentum Comoediae, et recte quidem, est species fabularum, quas historicas vocavimus, § 527. En! Primum Terentii prologum:

Poeta quum primum animum ad scribendum appulit,
Id sibi negotii credidit solum dari,
Populo ut placerent, quas fecisset, fabulas.[2]

§ 530 Sicut itaque veritas vel strictissime dicta est singularis (historica), vel heterocosmica, poetica, § 441, ita est etiam verisimilitudo aesthetica, § 483, dos pulcre cogitandorum universalis, § 22, vel ea, in qua ne latissime quidem dicta falsitas appercipitur, VERISIMILITUDO STRICTISSIME DICTA (historica) vel ea, in qua latissime quidem sic dicta deprehenditur falsitas, spectatoribus tamen amabili vigilantium somnio semel in alienum orbem delatis per elegantem cognitionem mediam, sic satis possibilibus alterius illius mundi semel suppositis, omnia bene et apte cohaerent, sine vividius notabili repugnantia, hiatu, saltu e. c. Haec est VERISIMILITUDO HETEROCOSMICA (poetica). Prior est fictionum et fabularum historicarum, poeticarum posterior, §§ 509, 527.

§ 531 In iureiurando, quod habet Ovidius Met. III 657:

Per tibi (Pentheu) *nunc ipsum* (Bacchum) *nec enim praesentior illo*
Est deus, adiuro, tam me tibi vera referre,
Quam veri maiora fide,[3]

1 QUINT. 2, 4, 2.
2 TER., *Andria* 1–3.
3 OVID., *Met.* 3, 658–660.

nur von der Wahrheit (im strengsten Sinne), *sondern auch von der Form der Wahrheit* (im strengsten Sinne) *entfernt ist*, und 3) die *Handlung, die* (im weitesten Sinne) *falsch ist, aber dem* (im strengsten Sinne) *Wahren ähnlich, welche die Komödien erdichten*. Daher ist für uns auch die niedrigere Erdichtung eine poetische Fabel. Und diejenige Fabel, die er eine Handlung nennt: Daß diese wahrhaft eine Fabel ist, gestehen alle Komödiendichter ein, wenngleich meistens die Handlung einer Komödie eine Art derjenigen Fabeln ist, und es zu Recht ist, die wir historisch genannt haben. Siehe den ersten Prolog des Terenz:

Als der Dichter das erste Mal seinen Sinn auf das Schreiben richtete,
glaubte er, daß er sich nur diese Aufgabe stellte,
daß dem Volk die Fabeln, die er hervorbrachte, gefallen müßten.

§ 530 Gleichwie also auch die Wahrheit im strengsten Sinne entweder eine einzige (historische) oder eine heterokosmische, poetische ist, so ist auch die ästhetische Wahrscheinlichkeit, die allgemeine Mitgift dessen, was schön gedacht werden soll, entweder eine solche, in der nicht einmal eine Falschheit im weitesten Sinne wahrgenommen wird, eine (historische) WAHRSCHEINLICHKEIT IM STRENGSTEN SINNE, oder eine solche, in der zwar eine Falschheit im weitesten Sinne erfaßt wird, in der aber, nachdem einmal die Betrachter mittels einer geschmackvollen mittleren Erkenntnis[1] durch einen liebenswürdigen Wachtraum in eine andere Welt geführt, und so einmal die möglichen Dinge in jener anderen Welt vorausgesetzt worden sind, alles auf rechte Weise und angemessen zusammenhängt, ohne lebhafter bemerkbares Widerstreitendes, Lücken, Sprünge usw. Dies ist dann die (poetische) HETEROKOSMISCHE WAHRSCHEINLICHKEIT. Erstere ist diejenige der historischen, letztere diejenige der poetischen Erdichtungen und Fabeln.

§ 531 Bei dem Ablegen des Schwurs, den man bei Ovid liest,

Und nun schwöre ich dir (Pentheus) *bei diesem Gott selbst* (Bacchus), – *denn kein Gott ist uns näher*
als jener – daß ich dir ebenso Wahres berichte,
wie es, unwahrscheinlich, alle Glaubhaftigkeit übersteigt,

in quo ratione complete certo videt nihil iurari, rationis analogon videbit verisimilitudinem historicam, potuisse aliquem bonum et pauperem piscatorem a primis unguiculis aquae potorem, qualis Acoetes iurans pingitur, orgiis et omni Bacchico apparatu in eum enthusiasmum rapi, ut talia bona fide iuret. Poeticam autem verisimilitudinem tantum in sequentibus, si fictionibus heterocosmicis amabilia vigilantium somnia sequaris, secundum analogiam mythologiae graecoromanae, mutatos reliquos, Bacchi raptores in delphinas, solum Acoetem a Pentheo nunc in vincula coniectum, sed

Sponte sua patuisse fores, lapsasque lacertis,
Sponte sua (fama est), nullo solvente, catenas.[1]

§ 532 Hinc et concipi potest satis usitata fabularum divisio in probabiles et improbabiles. Pone enim analogon rationis qualicunque fabulae verisimilitudine animadversa, § 530, velut excitari ad curatiores rationum in assensum vel dissensum ponderationes, in rationibus assensus solas eas numerare, quae probent veritatem strictissime dictam, reliquas veritatis cuiuscunque rationes negligendo, tunc paene solae fabulae historicae restabunt in bilance probabilium, reliquas omnes aut tantum non omnes sursum tollet improbabilium levitas. Hinc FABULA STRICTIUS PROBABILIS erit, ad quam statuendam possibile huius mundi plus videtur rationis esse, quam ad id, ut ea mittatur in exsilium ex hoc mundo in heterocosmica, vel omnino in mundum fabulosum. FABULA autem STRICTIUS IMPROBABILIS erit, ad quam non habendam in possibilibus huius mundi plus rationis esse videtur, quam ad oppositum, §§ 485, 486.

[1] Ebd. 3, 699 f.

bei dem der Verstand mit vollständiger Gewißheit sieht, daß nichts geschworen wird, wird das Analogon der Vernunft eine historische Wahrscheinlichkeit sehen, daß nämlich irgendein guter und armer Fischer, der von Kindesbeinen an nur Wasser getrunken hat, als welcher der schwörende Akoites dargestellt wird, durch die Orgien und den ganzen bacchischen Pomp in einen solchen Enthusiasmus fortgerissen wird, daß er solche Dinge guten Glaubens schwört. Wenn du aber im Folgenden nur der poetischen Wahrscheinlichkeit, den liebenswürdigen Wachträumen in ihren heterokosmischen Erdichtungen folgst, siehst du, gemäß der Analogie der griechisch-römischen Mythologie, die übrigen, die Entführer des Bacchus, in Delphine verwandelt, nur Akoites ist nun von Pentheus in Fesseln geworfen, doch

von selbst springen die Türflügel auf und von den Armen die Fesseln
von selbst, so kündet die Sage, sich lösen, ohne jemandes Hilfe.

§ 532 Von daher kann man die genügend gebräuchliche Einteilung in glaubhafte und unglaubhafte Fabeln verstehen. Denn nimm an, daß das Analogon der Vernunft, das irgendeine Wahrscheinlichkeit einer Fabel wahrgenommen hat, gleichsam zu sorgfältigeren Überlegungen hinsichtlich der Frage, ob es dieser zustimmen oder ihr widersprechen soll, angeregt wird und daß es zu den Gründen für eine Zustimmung nur diejenigen zählt, die eine Wahrheit im strengsten Sinne erweisen mögen, unter Vernachlässigung der Gründe für eine andere Wahrheit, was auch immer dies für eine sei. Dann werden beinahe nur die historischen Fabeln als Gewicht auf der Waagschale des Glaubhaften verbleiben, alle übrigen oder beinahe alle zieht die Leichtigkeit des Unglaubhaften in die Höhe. Daher wird eine GLAUBHAFTE FABEL IM ENGEREN SINNE diejenige sein, bei der es mehr Gründe dafür zu geben scheint, sie für ein Mögliches dieser Welt zu halten, als dafür, daß sie aus dieser Welt zum Heterokosmischen oder gänzlich in die fabelhafte Welt verbannt werden müßte. Eine IM ENGEREN SINNE UNGLAUBHAFTE FABEL aber wird diejenige sein, bei der es mehr Gründe dafür zu geben scheint, sie nicht zu dem Möglichen dieser Welt zu rechnen, als für das Gegenteil.

§ 533 Eodem itaque, quo veritates, fictiones, fabulas, verisimilitudines, PROBABILITATES etiam AESTHETICAS distinguemus in HISTORICAS, aut strictissimae veritatis superponderantes indices, et POETICAS, superpondia veritatis heterocosmicae, §§ 441, 509, 511, 527, 530. Fabula improbabilis (historice et in hoc universo) non destituitur omnis probabilitate omni aesthetica (etiam heterocosmica), § 531, latissime falsi similis, § 489, potest nihilominus multum veritatis aestheticae continere, §§ 441, 423.

§ 534 Prima Phaedri fabula est improbabilis strictius, § 532, quanquam eadem nihil esse saepe verius probent ita mores saeculi, ut demonstrationibus Spinozae supersedere possimus, l. autem III fabula X, qua praefata,

Exploranda est veritas multum prius,
Quam stulta prave iudicet sententia,[1]

post materiem narrationis probe pensitatam non destituetur sua probabilitate historica, § 533, quanquam inusitatius est, talia contingere, quae narrat, quam quae prima finguntur fabula.

§ 535 Subiungamus fabularum aliquas species, etiamsi propius non spectent verisimilitudinem, ut compleantur ea, in quibus sedulo curanda pulcre cogitaturis est verisimilitudo. In fabulis insignis commutatio infelicitatis in felicitatem NODUS est (περιπέτεια), quem quae continent, sunt eae FABULAE IMPLICITAE et connexae, quarum partes δέσις et COLLIGATIO, μετάβασις et TRANSITUS, ac tandem λύσις, SOLUTIO.

§ 536 Quis nescit dramatum fabulas implicitarum eiusmodi fabularum exempla, nunc comica, nunc tragica? Quemadmodum interim

1 Phaedr. 3, 10, 5 f.

§ 533 In der gleichen Weise also wie die Wahrheiten, Erdichtungen, Fabeln und Wahrscheinlichkeiten werden wir auch die ÄSTHETISCHE GLAUBHAFTIGKEIT in eine HISTORISCHE oder eine solche, bei der Anzeichen der Wahrheit im strengsten Sinne überwiegen, und eine POETISCHE, bei der ein Übergewicht an heterokosmischer Wahrheit vorliegt, unterscheiden. Eine (im historischen Sinne und in dieser Welt) unglaubhafte Fabel entbehrt nicht jeder ästhetischen (auch heterokosmischen) Glaubhaftigkeit, eine dem im weitesten Sinne dem Falschen ähnliche Fabel kann nichtsdestoweniger viel an ästhetischer Wahrheit enthalten.

§ 534 Die erste Fabel des Phaedrus[1] ist unglaubhaft im engeren Sinne, obgleich doch wohl die Sitten der Menschen zeigen, daß oft nichts wahrer als dieselbe ist, so daß wir uns die Erweise des Spinoza ersparen können mögen.[2] Der zehnten Fabel des dritten Buches aber,[3] in der dies vorausgeht,

Man muß sorgsam die Wahrheit erforschen, bevor
eine falsche Meinung ein törichtes Urteil fällt,

wird, nachdem man den Stoff der Erzählung auf rechte Weise erwogen hat, ihre historische Glaubhaftigkeit nicht fehlen, obgleich es ungewöhnlicher ist, in einer Fabel solche Dinge zu ergreifen, die diese erzählt, als solche, die in der ersten Fabel erdichtet werden.

§ 535 Wir wollen noch einige Arten von Fabeln hinzufügen, auch wenn sie sich nicht näher auf die Wahrscheinlichkeit beziehen, um das zu vervollständigen, bei dem derjenige, der schön denken will, sich sorgfältig um Wahrscheinlichkeit bemühen muß. Ein auffallender Umschlag in den Fabeln von Unglückseligkeit in Glückseligkeit ist ein KNOTEN. Fabeln, die einen solchen enthalten, sind VERFLOCHTENE und verknüpfte FABELN, deren Teile die VERKNÜPFUNG, der ÜBERGANG und schließlich die AUFLÖSUNG sind.

§ 536 Wer weiß nicht, daß die Fabeln von Dramen Beispiele solcherart verflochtener Fabeln sind, einmal komische, einmal tragische. Ebenso unterdessen, wie diejenigen keinen glücklichen Erfolg

non ita felicem successum experti sunt tragoedias felicis eventus adorti fingere; sic nec illi rem suam agerent bene, quibus veniret in mentem comoediis vere tristem exitum affingere. Rationes ex cuiusvis poematis propria forma pulcrius erui possunt. Nunc sufficiat adnotare, non esse solas dramaticas fabulas ut eas cogitandas, quae nodum habeant. In ipsis epicis multae pluresque, quae sunt in iisdem, velut episodia, huc pertinent. Immo aesopicarum si placeret aliquas diducere, huc transirent non paucae, quarum nunc nodus in scirpo quaeretur.

§ 537 Exempla fabularum vel sunt ratione praedita, quorum FABULAE RATIONALES appellantur, vel quae censentur ratione destituta, et horum FABULAE moratae quibusdam, aliis FICTAE, apologi, aeni, αἰσωποποιητά vocantur, vel partim ex prima, partim ex secunda classe coniuncta, quorum FABULAE MIXTAE sunt.

§ 538 Rationalium addamus tres species, vel ordines potius inferiores, exempli gratia. 1) Exempla divina vel divinorum, rationalia tamen, si quibus sunt, sunt eae FABULAE THEOLOGICAE, et strictius mythologicae. 2) Exempla amoris, quorum FABULAE sunt MILESIAE, et romanenses strictius, quae latius cum fictionibus poeticis coincidunt. 3) Exempla virtutis sublimis et gloriam promeritae, quorum fabulae sunt heroicae. Quemadmodum his addi species ordinesve possent alii, sic maior quaedam fabula e. g. epica nonnunquam eos omnes amplectitur simul, quando *per ambages deorumque ministeria et fabulosum sententiarum tormentum praecipitat liberum*

hatten, die es unternommen haben, Tragödien mit einem glücklichen Ausgang zu erdichten, so würden auch die ihre Sache nicht gut machen, denen es in den Sinn käme, Komödien ein wirklich trauriges Ende anzudichten.[1] Die Gründe hierfür können aus der Form jedweder Dichtung selbst auf schöne Weise ermittelt werden. Hier aber soll es genügen anzumerken, daß nicht nur dramatische Fabeln für solche gehalten werden dürfen, die einen Knoten haben. Auch vieles und das meiste in epischen Dichtungen, was in diesen gleichsam als Episoden enthalten ist, gehört hierzu. Ja sogar einige der aesopischen Fabeln könnte man, wenn man wollte, hierauf zurückführen, und nicht wenige würden hier hinzugenommen werden, deren Knoten man heutzutage in den Binsen suchen würde.[2]

§ 537 Die Beispiele, die in Fabeln gegeben werden, sind entweder mit Vernunft begabte Wesen, und Fabeln, in denen diese vorkommen, werden VERNÜNFTIGE FABELN genannt, oder Wesen, die als der Vernunft ermangelnd eingeschätzt werden, und Fabeln, in denen diese vorkommen, werden von manchen gesittete Fabeln, von anderen ERDICHTETE FABELN, Erzählungen,[1] Tierfabeln[2] oder aesopische Erdichtungen genannt. Oder es werden Beispiele, die zum Teil der ersten, zum Teil der zweiten Klasse zugehören, miteinander verbunden, und Fabeln, in denen diese vorkommen, sind GEMISCHTE FABELN.[3]

§ 538 Den vernünftigen Fabeln wollen wir als Beispiele drei Arten, oder besser Unterordnungen, hinzufügen. 1) Beispiele von Göttern oder von göttlichen Dingen, die aber vernünftig sind. Wenn diese vorkommen, handelt es sich um THEOLOGISCHE[1] und im engeren Sinne mythologische FABELN. 2) Beispiele der Liebe. Deren Fabeln sind MILESISCHE FABELN und im engeren Sinne Romanzen, die im weiteren Sinne mit den poetischen Erdichtungen zusammenfallen. 3) Beispiele von erhabener Tugend und verdientem Ruhm. Fabeln davon sind heroische Fabeln. Gleichwie diesen Arten oder Ordnungen noch weitere hinzugefügt werden könnten, so umfaßt eine größere, z. B. eine epische Fabel, all diese zugleich, wenn *auf Umwegen und durch Eingreifen der Götter und mythologische Ausschmückung des Inhalts der Inspiration freien Lauf gelassen wird, so daß*

spiritum, ut potius furentis animi vaticinatio, de castis heroum amoribus, *appareat, quam religiosae orationis sub testibus fides*, Petr.[1]

SECTIO XXXIII
ARGUMENTA PROBANTIA

§ 539 ARGUMENTA PROBANTIA nunc aestheticis nobis sunt, quorum vel unica, vel potior, vel certe iam potissimum consideranda vis est, § 143, exhibere cogitandis et quasi circumdare pulcram verisimilitudinem, et eam veritatem, quae quantacunque sit, quotcunque falsis videatur involuta, se probet tamen et iucundam ac facilem praebeat bonis omnibus haec veritatis viridaria penetrare gnaris.

§ 540 Velut omnibus aptum argumentis eiusmodi legimus apud Lucretium l. II,

Nunc animum nobis adhibe veram ad rationem. – – –
Desine quapropter novitate exterritus ipsa
Exspuere ex animo rationem, sed magis acri
Iudicio perpende, et, si tibi vera videtur,
Dede manus, aut, si falsa est, accingere contra.
Quaerit enim rationem animus.[2]

Nec tamen omnia, quanquam nec nihil, dicit post tantum prologum non ita parvus promissor, de mundorum multitudine. Quintilianus huc facientium argumentorum magnam congeriem conscribens, V 10, vocem argumenti quidem probantibus persuadentibusque solis significandis nunc adhibet, ipse tamen monet *omnem ad scribendum destinatam materiem* dici posse argumentum.[3] Ergo et omnis ad cogitandum materies, ratio alterius perceptionis, perceptio, § 26.

1 Vgl. Petr., *Satyricon* 118.
2 Lukr. 2, 1023 und 1040–1044.
3 Quint. 5, 10, 9.

ein Werk über die keusche Liebe von Helden *eher als eines verzückten Geistes Eingebung erscheinen mag als ein an Eides Statt und unter Beibringung von Zeugen abgegebener Tatsachenbericht.*

ABSCHNITT XXXIII
BEWEISENDE ARGUMENTE

§ 539 BEWEISENDE ARGUMENTE sind für uns Ästhetiker nun diejenigen Argumente, deren entweder einzige oder vorzüglichere oder doch gewiß am meisten zu beachtende Kraft es ist, den zu denkenden Dingen eine schöne Wahrscheinlichkeit zu verschaffen und sie gleichsam damit zu umgeben und ihnen die Wahrheit zu verschaffen, die, wie groß auch immer sie sein mag und in wieviel Falsches auch immer sie gehüllt zu sein scheinen mag, dennoch gefällt und sich angenehm und leicht all denjenigen darbietet, die tüchtig und kundig sind, diesen Garten der Wahrheit zu durchdringen.

§ 540 Als ein Beispiel, das gleichsam allen Argumenten solcher Art angemessen ist, lesen wir das Exordium bei Lukrez im zweiten Buch:

> *Jetzt nun halte den Geist uns bereit für die Wahrheit der Lehre. – – –*
> *Laß darum ab, allein vor der Neuheit nur dich entsetzend,*
> *aus dem Geist diese Lehre zu weisen, sondern nur mehr noch*
> *wäge mit scharfem Urteil ab, und wenn es dir wahr scheint,*
> *strecke die Hände, scheint es dir falsch, so rüste dagegen!*
> *Sucht doch Erklärung der Geist.*

Dennoch sagt er nach diesem langen Prolog, der nicht gerade wenig verspricht, nicht alles – wenn auch nicht nichts – über die Vielheit der Welten. Quintilian, der eine große Menge von hierzu gehörenden Argumenten aufbietet, wendet das Wort ›Argument‹ nun zwar nur zur Bezeichnung von beweisenden und überredenden Argumenten an, er gibt aber selbst zu bedenken, *daß jeder zur schriftlichen Behandlung bestimmte Stoff* ein Argument genannt werden kann. Also auch jeder zum Denken bestimmte Stoff, jede Vorstellung, die Grund einer anderen Vorstellung ist.[1]

§ 541 Iam observavi Quintilianum non distinguere probantia argumenta a persuadentibus. Hinc ad probationes *euthymemata, epicheremata et apodixes* omnes refert,[1] *evidentes probationes,* uti apud Geometras.[2] Sed infra patebit uberius, cur nunc ab iisdem abstineam. Aliud est argumentum veritatis aestheticae, aliud argumentum illustrans. Haec compone, et tunc demum habebis argumentum persuadens. Omne persuadens probat, sed non omne probans persuadet, §§ 22, 539. Verum persuadet etiam, nunc tamen unice attenditur, ut probans.

§ 542 Acquiescamus in descriptione apud Quintilianum l. c. quando, *argumentum,* ait, (probans) *est ratio probationem praestans, qua colligitur aliquid per aliud, et quae, quod est dubium, per id, quod dubium non est, confirmat.*[3] Verum ohe! quae quanta postulat? pergens: *Debet nota esse, recte argumenta tractaturo, vis et natura omnium rerum, et quid quaeque earum plerumque efficiat. Hinc enim sunt, quae* εἰκότα *dicuntur.*[4] Verum interpretemur *nota* aesthetice et *res omnes,* de quibus pulcre cogitare instituas. Generatim enim suo postulato satisfacere concedit ipse *longum, impossibile, aut potius infinitum esse.*[5]

§ 543 Sed veniamus ad quaedam eiusmodi species argumentorum, non excussis denuo topicis, de quibus iam supra sic satis, S. X. Habent in figuris dictionis Paregmenon, qua radicibus et origine cognata coniunguntur vocabula, e. g. Ov., Ex Ponto II 5,

Tu quoque Pieridum studio, studiose, teneris,
Ingenioque faves, ingeniose, meo.[6]

1 Vgl. ebd. 5, 10, 1.
2 Vgl. ebd. 5, 10, 7.
3 Ebd. 5, 10, 11.
4 Ebd. 5, 10, 15.
5 Ebd. 5, 10, 18.
6 Ovid, *Ex Ponto* 2, 5, 63 f.

§ 541 Ich habe schon bemerkt, daß Quintilian beweisende nicht von überredenden Argumenten unterscheidet. Daher zählt er zu den Erweisen alles, *was die Griechen* ἐνθυμήματα, ἐπιχειρήματα *und* ἀπόδειξις *nennen*[1] und die *klaren Beweise*, wie diejenigen der Geometer. Doch es wird weiter unten deutlicher werden, weshalb ich mich nun von diesen zurückhalten mag. Ein Argument der ästhetischen Wahrheit ist das eine, etwas anderes ist ein erhellendes Argument. Füge diese zusammen und dann wirst du wiederum ein überredendes Argument haben. Jedes überredende Argument beweist, aber nicht jedes beweisende Argument überredet. Es mag in der Tat auch überreden, doch hier wird es einzig in Betracht gezogen, insofern es beweist.

§ 542 Geben wir uns mit der Beschreibung bei Quintilian zufrieden, wenn er sagt: *Ein* (beweisendes) *Argument ist eine vernünftige Überlegung, die der Beweisführung Beweiskraft liefert, wodurch etwas durch etwas anderes erschlossen und etwas Zweifelhaftes durch etwas Unzweifelhaftes in seiner Gewißheit bestärkt wird.* Doch wahrlich, halt! Wieviel fordert er, indem er fortfährt: *Es muß, wenn man Beweise richtig handhaben will, auch Bedeutung und Wesen aller Dinge bekannt sein sowie die Einsicht, welche Wirkungen jedes von ihnen in der Regel zustande bringt. Denn daraus ergeben sich die sogenannten* εἰκότα *(die glaublichen Dinge).*[1] Wir allerdings legen *bekannt sein* im Sinne von ästhetisch bekannt sein und *alle Dinge* als all diejenigen Dinge aus, bei denen du es unternehmen magst, über sie auf schöne Weise zu denken. Denn er selbst gesteht ein, daß seiner Forderung Genüge zu tun im allgemeinen *eine langwierige, unmögliche oder besser endlose Bemühung ist.*

§ 543 Doch kommen wir nun zu einigen Arten solcher Argumente, ohne jedoch die zur Topik gehörenden erneut zu untersuchen, von denen schon oben in Abschnitt X genügend die Rede war. Man zählt zu den Figuren des Ausdrucks das Paregmenon,[1] durch welches in ihrer Wurzel und ihrem Stamm verwandte Wörter verbunden werden, z. B. bei Ovid:

Auch du liebst, als kultivierter Mann, den Kult der Pieriden,
und du bist, als geistreicher Mann, meinem Geist gewogen.

Haec quoties sit argumentum probans, vel ex *finitione per etymologiam*,[1] quam Quintilianus dicit, aut ex ὀνοματολογία desumtum, vel illud *de coniugatis, quod ridiculum putasset, nisi eo Cicero uteretur*,[2] fit figura sententiae, multa nonnunquam cum verisimilitudine adhibenda, §§ 26, 539.

§ 544 Nec enim desunt in plerisque spectatorum, quos suos vult venuste cogitaturus, anticipationes huiusmodi: 1) Cordati nostri maiores vocabulis similibus et cognatis et cognatas similesque, profecto, res significare voluerunt. 2) Propositiones tautologicae, vel totaliter, vel maximam partem, sunt etiam identicae. Fundamenta argumenti et etymologici, et a coniugatis eleganter petendi, § 543. Sic Cicero ex vocubalo *convivii* praelato graecorum συμποσίοις nunc vel ipsis germanis nostris verisimile redderet, si vellet, vivendum potius una esse in conviviis, quam una bibendum. Neque apud germanos suae linguae fautores nullum erit argumentum, ex eorum essentiali vocabulo, quo felicitatem designant, ipsis aesthetice probaturi, virtutem eo beatitudinemque non minus, ac fortunam, pertinere, si quis id artificis manu tornare didicerit, ne scholam sapiat.

§ 545 In figuris sententiae quae numerantur, earum AETIOLOGIAN huc eo suo iure primam cito, ut eandem omne venustius probans argumentum audeam definire, et COLOREM, aetiologian stricte fictam, qui tamen non confundendus est cum coloribus, de quibus infra, sicut cura quaedam laudatur, curae vituperantur omnes satis commode. Est eiusmodi multiplicata aetiologia apud Ciceronem pro Plancio: *Quis est, qui neget, ordinis eius* (publicanorum) *studium fuisse in honore Plancii singulare? Neque iniuria, vel quod erat pater is, qui est*

1 Vgl. Quint. 5, 10, 55.
2 Vgl. ebd. 5, 10, 85.

Sooft diese Figur ein beweisendes Argument sein mag – das entweder aus einer *etymologischen Definition*, wie sie Quintilian nennt, oder aus einer Onomatologie gewonnen wird oder das *jenes Verbundene* ist, *das man für lächerlich halten würde, gebrauchte es nicht Cicero*[2] – mag sie auch eine Denkfigur werden, die bisweilen mit großer Wahrscheinlichkeit anzuwenden ist.

§ 544 Denn es mangelt bei den meisten Betrachtern, die derjenige, der schön denken will, als die seinen haben möchte, nicht an solcherart Vorwegnahmen: 1) Unsere verständigen Vorfahren haben mit ähnlichen und verwandten Wörtern auch in der Tat verwandte und ähnliche Dinge bezeichnen wollen. 2) Sätze, die entweder vollständig oder größtenteils tautologisch sind, sagen auch einerlei aus. Dies sind die Grundlagen sowohl der etymologischen Argumente als auch des auf geschmackvolle Weise zu erstrebenden Verbundenen. So würde Cicero heute, wenn er wollte, durch den Vorzug des Wortes *convivium* vor dem griechischen συμπόσιον[1] es sogar unseren Deutschen wahrscheinlich machen, daß es besser ist, in Zusammenkünften zusammen zu leben, als zusammen zu trinken. Noch wird bei den Deutschen, die ihrer Sprache gewogen sind, das Argument desjenigen für nichts gelten, der ihnen aus ihrem wesentlichen Wort, das sie ›Glückseligkeit‹ nennen, ästhetisch beweisen will, daß hierzu Tugend und Seligkeit nicht weniger gehören als Glück,[2] wenn jemand dies mit der Hand eines Meisters in einer abgerundeten Weise darzustellen verstünde, die nichts von Schulmeisterei an sich hätte.[3]

§ 545 Von den Denkfiguren, die hier aufgezählt werden, nenne ich die ÄTIOLOGIE[1] in dem Maße zu Recht als erste, als ich es wage, sie als das auf anmutige Weise beweisende Argument schlechthin zu bestimmen, ebenso wie die FARBE, eine im engen Sinne erdichtete Ätiologie, die aber nicht mit den Farben verwirrt werden darf, von denen weiter unten die Rede sein wird.[2] Ein Beispiel davon ist, wenn eine gewisse Besorgnis gelobt wird, während sonst alle Besorgnisse recht einfach geschmäht werden. Eine solche vielfältige Ätiologie findet sich bei Cicero in *Pro Plancio*: *Wer wollte nun bestreiten, daß sich dieser Stand* (der Steuerpächter) *in unerhörter Weise für die*

princeps iam diu publicanorum, vel quod is ab sociis unice diligebatur, vel quod diligentissime rogabat, vel quia pro filio supplicabat, vel quia huius in illum ordinem summa officia quaesturae tribunatusque constabant, vel quod illi in hoc ornando ordinem se ornare, et consulere liberis suis arbitrabantur.[1]

§ 546 Coloris exemplum habet Iuvenalis Sat. VI 229, quod fallor? an est alicubi gentium strictissime verum?

Sed (uxor) *iacet in servi complexibus, aut equitis. Dic,*
Dic aliquem, sodes, heic, Quintiliane, colorem, § 545.
Haeremus. Dic ipsa: Olim convenerat, inquit,
Ut faceres tu, quod velles, nec non ego possem
Indulgere mihi. Clames licet, et mare caelo
Confundas, homo sum. Nihil est audacius illis
Deprensis. Iram atque animos a crimine sumunt.[2]

Ipsa illa decantata Virgilii sententia, § 499, non nisi color est, quo Aen. l. XI *Drances*

Infensus, quem gloria Turni
Obliqua invidia stimulisque agitabat amaris,[3]

seditione potentem animum tegit,[4] v. 362, graviter reprehensus a Turno, v. 399:

Nulla salus bello? Capiti cane talia demens
Dardanio, rebusque tuis.[5]

1 Cic., *Pro Plancio* 9, 24.
2 Juv. 6, 279–285.
3 Vergil, *Aen.* 11, 336 f.
4 Vgl. ebd. 11, 340.
5 Ebd. 399 f.

Wahl des Plancius eingesetzt hat? Nicht ohne Grund, weil sein Vater im Kreise der Steuerpächter seit langem als der erste Mann gilt, oder weil er sich bei seinen Teilhabern größter Wertschätzung erfreut, oder weil er die Leute mit wohlgesetztem Wort hat, oder weil er sich angelegentlich für seinen Sohn verwendete, oder weil bekannt war, daß Plancius selbst als Quaestor und Tribun den Steuerpächtern bedeutende Dienste erwiesen hatte, oder weil sie mit einer Auszeichnung des Plancius ihren eigenen Stand auszuzeichnen und obendrein für ihre Kinder zu sorgen glaubten.

§ 546 Ein Beispiel einer FARBE bringt Juvenal. Täusche ich mich hierin? Oder ist es nicht irgendwo auf dieser Welt im strengsten Sinne wahr?

> *Sie* (die Ehefrau) *aber liegt in den Armen eines Sklaven oder Ritters. Sage,*
> *sage bitte, Quintilian, kannst du etwas Plausibles zu ihrer Verteidigung anführen?*
> *Ja, da stocken wir: Also, Frau, sprich selber. Seinerzeit, sagt sie, hatten wir abgemacht,*
> *daß du tust, was du willst; genauso kann ich nicht anders*
> *als es mir wohlsein lassen. Ja, brülle nur und stürme, daß Meer und Himmel*
> *eins werden: Ich bin schließlich auch ein Mensch. Niemand ist frecher als diejenigen,*
> *die man erwischt. Zorn und Mut gibt ihnen das Vergehen.*

Selbst jener oft herbeizitierte Spruch des Vergil in § 499 ist nichts als eine Farbe, mit dem *der erbitterte Drances,*

> *der immer dem Ruhme des Turnus*
> *neidisch grollte und ihm mit bitterer Scheelsucht folgte,*

seinen *im Kampfe feurigen* Sinn bemäntelt und dem von Turnus hart entgegnet wird:

> *Heil liegt nicht im Kriege? Das singe dem Dardanerhaupte,*
> *Tor du, und deinem Haus.*[1]

§ 547 Iam dictum de omni et nullo docet, quanto huc iure pertineat sententia, § 525, quoniam ex generalibus colligi singularium et inferiorum sub illis contentorum veritas solet. Erit autem sententia probans etiam vel aetiologia, nunc complete certa, nunc aesthetice probabilis, vel color, § 545. Primae exemplum esto Sallustii introitus: *Omnes homines, qui sese student praestare caeteris animalibus summa ope niti decet, ne vitam silentio transeant, veluti pecora, quae natura prona atque ventri obedientia finxit.*[1] Secundae: *Mihi rectius videtur ingenii, quam virium opibus, gloriam quaerere, et, quoniam vita ipsa, qua fruimur, brevis est, memoriam nostri quam maxime longam efficere.*[2]

§ 548 Sententiam, quae color est, § 546, optime morati tunc non raro suis interserunt, quando improbe factorum verisimilitudinem praestituri coguntur aliquid eorum promere principiorum practicorum, ex quorum perversa opinione mali animi pessime egerint. Huc sententia Euripidis, sed ex alterius sensu prolata, quam Cicero vertit, Caesar suam toties fecit:

Si violandum est ius, regnandi gratia
Violandum est, aliis rebus pietatem colas.[3]

Multa tamen opus in his erit cautione, partim ut satis constet ex mente scelerati talia proferri, partim ne tantum habeant ambiguitatis, aut adeo lepidae et venustae concipiantur, ut, plus aequo ne placeant, merito timendum sit, §§ 465, 467.

§ 549 Nec inutiliter SENTENTIAE distinguntur in prolatas DE FACTO et eas, quae DE IURE, iusto et aequo, concipiuntur. Priores

[1] Sallust, *De coniur. Cat.* 1.
[2] Ebd.
[3] Cic., *De off.* 3, 82.

§ 547 Schon das *dictum de omni* und das *dictum de nullo* lehrt, inwieweit hierzu der Sinnspruch[1] gehören mag, weil ja aus Allgemeinem die Wahrheit des Einzelnen und des unter ihm enthaltenen Niedrigeren entnommen zu werden pflegt. Auch ein beweisender Sinnspruch wird entweder eine – einmal eine vollständig gewisse, einmal eine ästhetisch glaubhafte – Ätiologie oder eine Farbe sein. Ein Beispiel der ersten sei der Eingang bei Sallust: *Alle Menschen, die danach trachten, mehr zu sein als die anderen Lebewesen, sollten mit letzter Kraft danach streben, daß sie ihr Leben nicht in der Stille unbemerkt durchlaufen wie das Vieh, das die Natur gekrümmt und dem Bauche hörig gebildet hat.* Und ein Beispiel der zweiten: *Richtiger scheint es mir zu sein, mit den Kräften des Geistes, nicht mit denen körperlicher Stärke Ruhm zu erwerben und, da ja das Leben selbst, das wir genießen, kurz ist, wenigstens das Andenken an uns so dauernd wie möglich zu befestigen.*

§ 548 Den Sinnspruch, der eine Farbe ist,[1] fügen nicht selten überaus wohlgesittete Schrifsteller dann in ihre Werke ein, wenn sie gezwungen sind, die Wahrscheinlichkeit von unredlichen Handlungen und etwas von denjenigen praktischen Grundsätzen zur Sprache bringen zu müssen, nach denen schlechte Menschen in verkehrter Meinung auf die schlechteste Weise handeln. Hierher gehört der Sinnspruch des Euripides, der von ihm aber in einem anderen Sinn gesagt wurde als ihn Cicero übersetzt, und den Caesar oft zu dem seinen gemacht hat:

Mußt du Unrecht tun, so ist das Unrecht zwar
für Tyrannei ganz schön, doch sonst mußt du fromm sein.[2]

Doch wird bei diesen Dingen viel Vorsicht nötig sein, teils, damit feststeht, daß solche Dinge von einem frevelhaften Geist vorgebracht werden, teils, damit sie keine Zweideutigkeit an sich haben oder gar als allerliebst und anmutig aufgefaßt werden, so daß zu befürchten wäre, daß sie mehr gefallen als recht ist.[3]

§ 549 Nicht unnützerweise unterscheidet man SINNSPRÜCHE in solche, die ÜBER TATSACHEN vorgetragen werden, und solche, die ÜBER DAS RECHTE,[1] das Gerechte und Billige verfaßt werden.

rem quandam moralem generatim sistunt, ob oculos, uti plerumque se solet habere, uti solet contingere, non eo detorquendae, quasi probaretur et commendaretur imitandum, quod meditationis argumentum est.

Auri sacra fames, quo non mortalia cogis
Pectora![1]

Posteriores ita generalia quaedam ad mores pertinentia exhibent, ut simul ostendant, quid in iisdem verum et laudabile ponat affirmans:

Discite iustitiam moniti, et non temnere Divos.[2]

Hic adhibebitur bene cautio, de qua § 547, quo crebrius ea confundi, quae fiunt, quaeque debent fieri, quotidiana docet experientia. *Quotocuique eadem honestatis cura secreto, quae palam? Multi famam, conscientiam pauci verentur*, Plin. III, Ep. 20.[3] Tandem meminerimus in sententiis § 174, nec eas temere cumulemus, ubicunque *vivendi praeceptores*[4] videri nolumus, ne quando nobis forte videmur gravissimi, tenues γνωμοτύπων venas imitari videamur, de quibus § 370.

§ 550 Philosophi post geometras accurati noverint, quantum ad eruendam veritatem valeat vera definitio, praesertim genetica. Haec de multis pulcre cogitandis in logico etiam rigore concepta si cognita fuerit eleganter meditaturo, etiamsi non ipsa totidem syllabis et notis exprimantur, quot eam intellectus distincte cognovit, sed vel omittatur omnino, vel pluribus interstincta notis et characteribus in pleniorem analogoque rationis rotundiorem diluatur descriptionem, vel nominalem, vel realem, tamen notionis directricis instar, uti plures ad elegantias viam sternet, ita foedam impossibilitatem internam

1 Vgl. VERGIL, *Aen.* 3, 56f.
2 Ebd. 6, 620.
3 PLIN., *Ep.* 3, 20, 8.
4 CIC., *De inv.* 1, 35.

Die ersteren stellen eine gewisse sittliche Angelegenheit im Allgemeinen vor Augen, wie sie sich meistens verhalten mag und wie sie sich zuzutragen pflegt, sie darf aber nicht dahingehend verdreht werden, als ob gebilligt oder zur Nachahmung empfohlen würde, was Argument der Überlegung ist.

Wozu doch treibst du die Herzen der Menschen,
schändlicher Hunger nach Gold!

Die letzteren stellen gewisse allgemeine, die Sitten betreffende Dinge so hin, daß sie zugleich zeigen, was derjenige, der sie bekräftigt, an Gutem und Lobenswertem in sie hineinlegt:

Laßt euch warnen und handelt gerecht und ehret die Götter.

Hier wird um so mehr die Vorsicht wohl angewendet werden, von der in § 548[2] die Rede war, je häufiger die tägliche Erfahrung lehrt, daß die Dinge, die geschehen, mit denjenigen verwirrt werden, die geschehen sollten. *Wie wenige legen im Geheimen ebensoviel Wert auf Anstand wie in der Öffentlichkeit? Viele sind um ihren guten Ruf besorgt, nur wenige um ihr Gewissen.* Schließlich werden wir uns bei den Sinnsprüchen an § 174 erinnern, um sie nicht unüberlegt anzuhäufen. Wir möchten nicht überall als *Lebensratgeber* erscheinen, noch, wenn wir uns vielleicht für besonders ernst halten, als jemand, der die schlichten Fähigkeiten der Sentenzenschmiede, von denen in § 370 die Rede war, nachahmt.

§ 550 Die Philosophen, die genau denken, wissen – nach den Geometern –, wieviel eine wahre, insbesondere eine genetische Erklärung für die Auffindung einer Wahrheit gelten mag.[1] Diese wird – wenn sie als eine Erklärung, die bezüglich vieler schön zu denkenden Dinge ebenfalls mit logischer Genauigkeit erfaßt wurde und dem, der schön denken will, bekannt ist, auch wenn sie selbst nicht in ebenso vielen Einzelbestandteilen und Merkmalen ausgedrückt wird, in denen sie der Verstand auf deutliche Weise erkannt hat, sondern wenn sie entweder gänzlich ausgelassen wird oder mit mehr Merkmalen und Zeichen versehen in einer reicheren, für das Analogon der Vernunft abgerundeteren nominalen oder realen Beschreibung aufgelockert wird, aber dennoch gleichsam als Leitbegriff

figmenti utopici cavebit, praebibit internam, nonnunquam etiam externam, possibilitatem descripti, primam eius unitatem, nexum cum caussis et prima consectaria, facili negotio ex regulis artis aesthetices exornanda in veritatem aestheticam, S. XXVII. Hinc definitionem nunc non possum non legere in argumentis probantibus, vel omissam, seu non explicite cogitatam, vel transformatam in satis bellam descriptionem, § 539.

§ 551 De definitionibus et descriptionibus aestheticis est specialis in nostra disciplina tractandi locus. Hic earum tantum attendenda est in pulcre probando vis et efficacia, § 550. Quemadmodum olim graeci oceano se suaque tradentes ad cursum ursae maioris, velut ad ducem viae suspiciebant, phoenices autem ad Cynosuram directius gubernabant: ita quo verior, quo exactior erit de pulcre cogitandis mente concepta definitio, hoc omnis venustae meditationis decursus erit verisimilior, verior, certior, quo vero crassior, quo pluribus iam conceptibus adhaerentibus erroneis scatens primus eleganter cogitandi sit conceptus, hoc facilior erit in ipsam aestheticam falsitatem declinatio. Finge de casu, fortuna, fama, honore, divitiis, amicitia, negotiis publicis e. c. pulcre cogitaturum, qui, quid ea sint, natura sua, non melius noverit, ac omnes solent, qui sibi nihil esse magis perspectum putant, dum sciunt cum ignarissimis. Hinc illae tot falsae sententiae, tot imaginum deturpationes, ne verisimiles quidem, tot verborum ambages, quibus omnino nihil dicitur.

§ 552 Unam adhuc commendemus in elegantioribus probationum argumentis epanorthosin, sive correctionem. Primo repetamus ani-

weiteren Anmutigkeiten den Weg ebnet – die häßliche innere Unmöglichkeit einer utopischen Dichtung vermeiden und eine innere, bisweilen auch eine äußere Möglichkeit des Beschriebenen darbieten, indem sie ihm seine erste Einheit und einen Zusammenhang mit seinen Gründen und ersten Folgen gibt, und sie wird gemäß den Regeln der Kunst der Ästhetik leicht zu einer ästhetischen Wahrheit herauszuschmücken sein. Daher kann ich nun die Erklärung – entweder als ausgelassene und nicht ausdrücklich gedachte oder als in eine genügend schöne Beschreibung verwandelte – nicht anders als zu den beweisenden Argumenten zählen.

§ 551 Es gibt in unserer Lehre einen eigenen Ort, an dem von Erklärungen und Beschreibungen zu handeln ist.[1] Hier muß nur auf ihre Kraft und Wirksamkeit bei dem auf schöne Weise zu Beweisenden geachtet werden. Gleichwie einst die Griechen, wenn sie sich und ihre Habe dem Meer anvertrauten, sich an den Lauf des Großen Bären gleichsam als an ihren Wegführer hielten, die Phönizier aber nach dem Kleinen Bären auf kürzerem Weg ihr Steuer lenkten: So wird, um so wahrer und genauer die im Geiste gefaßte Erklärung des schön zu Denkenden sein wird, der ganze Verlauf der schönen Überlegung um so wahrscheinlicher, wahrer und gewisser sein. Je gröber aber der erste Begriff eines auf geschmackvolle Weise zu Denkenden ist, je mehr er schon von ihm anhängenden irrtümlichen Begriffen überquillt, um so leichter wird man in die ästhetische Falschheit an sich verfallen. Stelle dir jemanden vor, der über Zufall, Glück, Ruhm, Ehre, Reichtum, Freundschaft, öffentliche Geschäfte usw. auf schöne Weise denken will, der aber, was diese Dinge sind, was ihre Natur ist, nicht besser weiß, als es all diejenigen zu tun pflegen, die von sich meinen, nichts besser verstanden zu haben, während sie doch überhaupt nichts wissen. Daher kommen all jene falschen Sinnsprüche, all jene Verunstaltungen von Gleichnissen, die nicht einmal wahrscheinlich sind, all die Umschweife von Worten, mit denen überhaupt nichts gesagt wird.

§ 552 Wir werden ferner als eines der geschmackvolleren beweisenden Argumente noch die Epanorthose oder die Verbesserung empfehlen.[1] Zuerst wollen wir im Geiste wiederholen, wie das

mis, quid verum et exactum, in quo limatur ipsa veritas, utique differant, M. § 515. Hinc inferamus: Sicut veritas qualiscunque non est exacta, sic cogitari etiam potest AESTHETICA VERITAS et verisimilitudo CRASSA quaedam et nimis popularis, immo paene plebeia; potest eadem ad lapidem lydium, nisi purioris rationis et intellectus, ut ita dicam, scientifici, tamen delicatioris saporis et maturi iudicii, etiamsi sensitivi, qua partem potiorem exigi. Possunt ex eadem poliendo tolli conceptus adhaerentes, nisi falsi omnes, ii tamen, quos nonnihil falsitatis etiam aestheticae tuis materiis illaturos verearis. Haec est VERITAS et verisimilitudo AESTHETICA EXACTA.

§ 553 Studium illud apprime commendandum, S. VI, §§ 22, 423, vel primo statim cogitationum impetu quasi fusas ideas rerum et sententiarum generaliumque aliorum notiones exactas crassis omnino suppressis substituit, vel harum praesumens in suis praecipuis spectatoribus anticipationes easdem primo κατ' εἰκός expresse cogitat, quales esse solent, dein autem corrigendo exasciat, et purgata falsitatum etiam aestheticarum, etiamsi minorum, sordibus. Haec est epanorthosis. E. g. finge cum Horatio Serm. II 6. Inter convivas venuste laetiores

Sermo oritur, non de villis domibusve alienis,
Nec male, necne Lepos saltet. Sed, quod magis ad nos
Pertinet, et nescire malum est, agitamus, utrumne
Divitiis homines, an sint virtute, beati,
Quidve ad amicitias, usus rectumne, trahat nos,
Et quae sit natura boni, summumque quid eius.[1]

[1] Horaz, *Serm.* 2, 6, 71–76.

Wahre und das Genaue, durch welches letztere die Wahrheit selbst noch verfeinert wird, sich durchaus unterscheiden. Dann wollen wir hinzusetzen: Gleichwie nicht jedwede, wie auch immer beschaffene Wahrheit genau ist, so kann man sich auch eine ÄSTHETISCHE WAHRHEIT und eine gewisse Wahrscheinlichkeit denken, die GROB und allzusehr beim Volke verbreitet, ja sogar beinahe pöbelhaft ist. Diese kann an dem Prüfstein,[2] wenn nicht der reineren Vernunft und des, wenn ich so sagen darf, wissenschaftlichen Verstandes, so aber doch an dem eines feineren Geschmacks und eines reifen Urteils, auch wenn dieses größtenteils sinnlich ist, gemessen werden. Und es können derselben, wenn man sie ausfeilt, wenn ihr nicht alle anhängenden falschen Begriffe, aber doch diejenigen genommen werden, von denen du fürchten magst, daß sie in deine Stoffe zu einem gewissen Grade auch ästhetische Falschheit hineinbringen. Dies ist dann eine GENAUE ÄSTHETISCHE WAHRHEIT und Wahrscheinlichkeit.

§ 553 Jenes überaus zu empfehlende Streben nach Ausbesserung ersetzt entweder, nachdem es grobe Begriffe gänzlich getilgt hat, die in der ersten Begeisterung des Denkens gleichsam hervorgeströmten Ideen von Dingen und allgemeinen Sinnsprüchen durch genaue Begriffe, oder es denkt diese Ideen, indem es bei den vornehmlichen Betrachtern dieselben Vorwegnahmen bezüglich derselben voraussetzt, diese zuerst ausdrücklich gemäß der Wahrscheinlichkeit, wie sie zu sein pflegen, denkt diese dann aber in der Verbesserung fein durch, als vom Filz auch ästhetischer Falschheiten, seien dies auch geringfügige, gereinigte. Dies ist eine Epanorthose. Stelle dir z. B. mit Horaz Folgendes unter fröhlichen Tischgenossen auf anmutige Weise vor:

Es erhebt ein Gespräch sich also, nicht über Villenbesitz und die Häuser der andern,
nicht ob gut oder schlecht tanzt Lepos; was näher uns angeht,
nicht zu verstehen ein Unglück, verhandeln wir dann: Ob durch Reichtum
glücklicher werden die Menschen, ob glücklich eher durch Gutsein,
was zu der Freundschaft uns zieht, der Nutzen oder das Rechte,
was das Wesen des Guten sei und von diesem das Höchste.

En! epanorthosin crypticam colloquiorum, in familiaribus etiam, verius venustorum, et exemplum in aesthetice verum exactius inquirentium, quoniam

Cervius haec inter vicinus garrit aniles
Ex re fabellas.[1]

§ 554 Fructum eiusmodi confabulationem exactioris in aestheticis veri studiosarum, profecto, bellum leges, novam satis usitatae correctionem opinionis, IV, Od. 9,

Non possidentem multa vocaveris
Recte beatum. Rectius occupat
Nomen beati, qui deorum
Muneribus sapienter uti,
Duramque callet pauperiem pati,
Peiusque leto flagitium timet.
Non ille pro caris amicis,
Aut patria timidus perire.[2]

Huc artificium in notione quadam e. g. opum crassiuscula conceptus adhaerentes falsos, quos plerique habent infinite parvos, per hyperbolen ironicam attollendi vel deiiciendi potius in manifestam falsitatem, etiam aestheticam, S. XXVIII, e. g. Hor., Serm. II 3, v. 94, *Omnis res,*

Virtus, fama, decus, divina humanaque pulcris
Divitiis parent, quas qui construxerit, ille
Clarus erit, fortis, iustus. Sapiensne? Etiam, et rex,
Et quicquid volet.[3]

[1] Ebd. 2, 6, 77 f.
[2] Horaz, *Carm.* 4, 9, 45–52.
[3] Horaz, *Serm.* 2, 3, 94–98.

Sieh nur! Dies ist eine verborgene Epanorthose von wahrhaft anmutigen Gesprächen, auch im familiären Kreis, und ein Beispiel davon, das Wahre ästhetisch genauer zu untersuchen, denn

Cervius, wie sich's ergibt, der Nachbar, schwatzt unterdessen
Großmuttermärchen.

§ 554 Eine wahrlich schöne Frucht von solcherart Gesprächen, die nach einem genaueren Wahren im Ästhetischen bestrebt sind, und eine noch nicht dagewesene Verbesserung einer genugsam gebräuchlichen Meinung wirst du hier lesen:

Nicht den, der viel besitzt, nennst du wohl
wahrhaft beglückt; wahrhaftiger trägt
den Namen des Glücklichen, wer da der Götter
Gaben in Weisheit zu genießen,
harte Armut weiß zu ertragen
und schlimmer als den Tod die Schande fürchtet;
er wird gewiß nicht für teure Freunde
oder die Heimat sich fürchten zu sterben.

Hierhin gehört auch der Kunstgriff, in einer gewissen recht groben Vorstellung, z. B. vom Reichtum, die anhängenden falschen Begriffe, welche die meisten für unendlich geringfügig halten, durch eine ironische Hyperbel[1] herauszustreichen oder besser, sie in eine auch ästhetisch offenbare Falschheit hinabzustürzen, z. B.:

Denn jegliche Sache:
Tüchtigkeit, Ruf und Ruhm, was göttlich, was menschlich. Dem schönen
Reichtum gehorcht es; wer ihn hat gehäuft, der ist auch in Zukunft
ruhmvoll, tapfer, gerecht. – Auch weise? – Gewiß, und auch König
und was immer er will.

SECTIO XXXIV
STUDIUM VERITATIS AESTHETICUM ABSOLUTUM

§ 555 Quo maior est aesthetice verorum, verisimilium, fictionum, fabularumque silva, per quam errare potest pulcre cogitaturus, ne vagetur in eadem licenter, omnes potius sua peccata falsitate deturpantia visuros putet, in eleganti talis ingenii pectorisque persona iam separatim attendi debet singulare VERITATIS STUDIUM, quo nomine complecti liceat, non ingenium solum aptum, sed et multo labore exercitatum et adsuetum perspiciendis veritatibus aestheticologicis, neque qualemcunque propensionem, sed firmum animi propositum inferendi suis meditationibus veritatem, quam admittant salva totius pulcritudine, maximam. Hunc animi characterem, quoniam omnibus universim belle cogitandis necessarium iudico, § 22, dicamus STUDIUM VERITATIS ABSOLUTUM et universale, §§ 29, 45.

§ 556 Posset idem ex gravitate absoluta demonstrari, S. XXIII, iis, qui norunt omnem virtutem a multis non ineptis philosophis in amore veritatis constitui. Unus ex summis elegantiarum arbitris inter Anglos, *omnem pulcritudinem veritatem esse* decernit, *in ipsa Poesi, ubi omnia fabulae sint, veritatem tamen dominari, et efficere perfectionem totius.*[1] Praestabit autem severioribus veritatis fautoribus aestheticologicae gradus altius nonnihil repetere. Minima est minima perceptio veritatis metaphysicae minimae. Hinc 1) quo uberior, 2) quo maior et dignior, 3) quo exactior, 4) quo clarior et distinctior, 5) quo certior et solidior, 6) quo ardentior est perceptio obiecti, 7) quo hoc plura, 8) quo maiora ac graviora, 9) quo fortioribus regulis, 10) quo

[1] Vgl. SHAFTESBURY, *Sensus communis* 4, 3.

ABSCHNITT XXXIV
DAS ABSOLUTE ÄSTHETISCHE STREBEN NACH WAHRHEIT

§ 555 Je größer der Wald von ästhetisch Wahrem, Wahrscheinlichem, von Erdichtungen und Märchen ist, den derjenige, der schön denken will, durchstreifen kann, um so mehr muß bei einer Person von einem solchen geschmackvollen Geist und einem solchen Herz, damit sie nicht willkürlich in demselben umherstreift, sondern eher meint, daß alle ihre durch Falschheit verunstaltenden Sünden gesehen werden,[1] besonders auf ein außerordentliches STREBEN NACH WAHRHEIT geachtet werden, unter welcher Bezeichnung nicht nur ein fähiger, sondern auch ein durch viel Arbeit geübter und an das Erfassen von ästhetikologischen Wahrheiten gewöhnter Geist einbegriffen sei, nicht nur eine wie auch immer beschaffene Neigung, sondern der feste Vorsatz des Gemüts, in seine Überlegungen das höchste Maß an Wahrheit, das diese unbeschadet der Schönheit des Ganzen erlauben mögen, einzubringen. Diesen Charakterzug des Gemüts wollen wir, da ich ihn überhaupt für alles schön zu Denkende notwendig halte, das ABSOLUTE und allgemeine STREBEN NACH WAHRHEIT nennen.[2]

§ 556 Dasselbe könnte ausgehend von der absoluten Wichtigkeit erwiesen werden,[1] denjenigen, die wissen, daß von vielen nicht unschicklichen Philosophen jede Tugend in der Liebe zur Wahrheit begründet wird.[2] Einer der herausragendsten Schiedsmänner des Geschmackvollen unter den Engländern erklärt, *daß alle Schönheit in der Wahrheit bestehe*, und daß *selbst in der Dichtung, wo alles Erdichtung sei, doch die Wahrheit herrsche und die Vollkommenheit des Ganzen bilde.*[3] Es wird nun aber für die strengeren Befürworter der ästhetikologischen Wahrheit seine Vorzüge haben, deren Stufen ein wenig eingehender zu wiederholen. Die geringste ästhetikologische Wahrheit enthält die geringste Vorstellung einer geringsten metaphysischen Wahrheit. Je 1) reicher folglich, 2) je größer und würdiger, 3) je genauer, 4) je klarer und deutlicher, 5) je gewisser und gründlicher, 6) je glühender die Vorstellung eines Gegenstands ist, 7) je mehr, 8) je Größeres und Wichtigeres, 9) nach je stärkeren Gesetzen sie umfaßt, 10) je mehr das in ihr Enthaltene

convenientiora complectitur, hoc maior est veritas aestheticologica, § 437, M. § 184.

§ 557 Non putaverim nunc opus esse demonstratione 1) nullam veritatem maximam esse aestheticologicam, sed strictius logicam, § 424, 2) talem veritatem nullam in hominem cadere, nullam rem in veritate logica maxima ab ullo hominum intellectu cognosci, quoniam qui unam ita cognoscit, omnes novit. Hinc omnis veritatis apud hominem aestheticologicae, malum metaphysicum, defectus veritatis summae logicae in omniscientia tantum obviae infinite magnus. Adeoque mentis bene sanae studium veri amantissimum quoniam ferri tamen non potest in ea, quae nosse potest non posse fieri, nec omnino nihil velle, quam primum se non posse nancisci omnia cognoverit: contentum esse debet, parte veritatis logicae latius sumtae summae infinite parva, ea scilicet, quam adipisci potest, § 556.

§ 558 Perfectionem veritati logicae latius sumtae § 556, n. 1–6 formalem, n. 7–10 materialem conciliant. Hinc humanum veritatis studium nunc formalem potissimum intendit, quod fieri non potest sine dispendio materialis, nunc materialem potissimum amplectitur, neque potest idem, nisi cum detrimento formalis, § 557. Tribuitur alicui, non copiosa solum, sed et completa, non satis magna solum, sed et obiectum suum exaequans, eique adaequata, non vera solum, sed et exacta, cui nihil insit omnino falsi, non clara solum, sed et complete clara, sufficiens ad distinguendum obiectum ab omnibus, sed et distincta, cuius omnes notae clarae sunt, non raro per plures gradus, non certa solum, sed et complete certa, rigorose demonstrabilis, et omnem formidinem oppositi excludens, non movens solum,

zusammenstimmt, um so größer ist ihre ästhetikologische Wahrheit.[4]

§ 557 Ich glaube wohl nicht, daß nun ein Erweis nötig ist, 1) daß keine höchste Wahrheit eine ästhetikologische, sondern eine logische Wahrheit im engeren Sinne ist, 2) daß keine solche Wahrheit einem Menschen zufällt, daß kein Gegenstand in seiner höchsten logischen Wahrheit vom Verstand irgendeines Menschen erkannt werden kann, denn wer nur einen Gegenstand auf diese Weise erkennt, der erkennt alle. Daher ist aufgrund des metaphysischen Übels der Mangel jeder ästhetikologischen Wahrheit beim Menschen an höchster logischer Wahrheit, die nur der Allwissenheit zugänglich ist, unendlich groß. Und weil auch das liebevollste Streben eines in rechter Weise gesunden Gemüts dennoch nicht zu den Dingen aufsteigen kann, von denen es wissen kann, daß sie ihm nicht möglich sind, es aber auch nicht gänzlich nichts wollen kann, sobald es erkannt haben wird, daß es nicht alles erreichen kann: So muß es mit einem unendlich kleinen Teil der höchsten logischen Wahrheit im weiteren Sinne zufrieden sein, mit dem freilich, den es erlangen kann.

§ 558 Aus den Punkten 1–6 ergibt sich die formale, aus den Punkten 7–10 die materiale Vollkommenheit der logischen Wahrheit im weiteren Sinne. Daher richtet sich das menschliche Streben nach Wahrheit einmal am meisten auf die formale Vollkommenheit, was nicht ohne Verlust an materialer Vollkommenheit geschehen kann, einmal ergreift es hauptsächlich die materiale Vollkommenheit, doch dies kann es nicht ohne Schaden der formalen Vollkommenheit. Nehmen wir an: Jemandem ist eine Erkenntnis gewährt, die nicht nur Fülle besitzt, sondern auch vollständig ist, die nicht nur genügend groß ist, sondern auch ihrem Gegenstand gleichkommt und ihm angemessen ist, die nicht allein wahr, sondern auch genau ist, in der überhaupt nichts Falsches ist, die nicht nur klar, sondern auch vollständig klar ist, ausreichend, einen Gegenstand von allem anderen zu unterscheiden, die aber auch deutlich ist, deren Merkmale, nicht selten auf verschiedenen Stufen, alle klar sind, die nicht allein gewiß, sondern auch vollständig gewiß ist, die streng erweis-

sed et cogens ad assensum, extorquens approbationem, et aliquam voluptatem appetitionemque necessariam cognitio.

§ 559 Haec omnia bene se habent. Sed quale est illud obiectum, quod homo tam perfecta ratione contemplatur? Universale quoddam ex individuis plurima maxima, fortissimis regulis convenientissima, pro suo quaevis modulo, complectentibus, ceu notas differentiarum ad numericam usque plurimarum innumeras, ita ortum, ut in his, in quibus veritas metaphysica determinatissima solis sit, quaeque perceptioni hinc perfectionem materialem generice maximam conciliarent, si perciperentur, ut individua, 1) abundantia ultra perceptionem, quae completa sit, abstrahantur, 2) maiora ac graviora, quam gradus est, qui in cognitione ponebatur, obiectum exaequante, abstrahantur, 3) ea, de quibus data exacta cognitio non satis perspicit, an vera sint, nec ne, ne quid supersit cognitioni falsitatis, abstrahantur, 4) ea, quibus non opus est ad distinguendum, cum iis, quae clara fieri dato subiecto refugiunt, abstrahantur, 5) ea, quae dato subiecto nondum sunt complete certa, non demonstrabilia rigorose, in quibus superest formido oppositi, abstrahantur, 6) ea, quae movere in contrarium, assensum revocare, taedium etiam forsan creare possent, abstrahantur.

§ 560 Sic enatis disciplinarum scientiarumque humanarum obiectis, universalibus, § 559, utique perfecta, saepe pulcra, connascitur in animis solide doctorum veritas, etiam strictius logica. Iam autem

bar ist und jede Furcht vor dem Gegenteil ausschließt, die nicht allein bewegend ist, sondern auch zur Zustimmung zwingt, Billigung abnötigt sowie eine gewisse Lust und notwendige Begierde hervorbringt.

§ 559 Dies mag sich alles wohl so verhalten. Doch welcher Art ist jener Gegenstand, den der Mensch in so vollkommener Weise betrachtet? Ein gewisses Allgemeines, das aus Individuen – die, jedwedes nach seinem Maß, die größte Menge bedeutendster, nach den stärksten Gesetzen in höchstem Maße übereinstimmende Einzelheiten oder unzählige Merkmale der größten Menge von genaueren Bestimmungen bis hin zur numerischen Differenz in sich schließen – in einer Weise entsprungen ist, daß bei diesen Individuen – in denen allein die allerbestimmteste metaphysische Wahrheit enthalten sein mag und die daher der Vorstellung die größte materiale Vollkommenheit verschaffen würden, wenn sie als Individuen vorgestellt würden – 1) dasjenige außer acht gelassen wird, was über eine vollständige Vorstellung hinaus in Fülle vorhanden ist, 2) dasjenige außer acht gelassen wird, was an Größe und Wichtigkeit den Grad übersteigt, der in der Vorstellung, die ihrem Gegenstand angemessen ist, gesetzt wurde, 3) diejenigen Einzelheiten außer acht gelassen werden, bei denen die gegebene genaue Vorstellung nicht erfaßt, ob sie wahr sind oder nicht, auf daß ihr keine Falschheit mehr verbleibe, 4) diejenigen Einzelheiten außer acht gelassen werden, die zur Unterscheidung nicht notwendig sind, ebenso wie diejenigen, die sich bei einem gegebenen Subjekt der Klarheit entziehen, 5) diejenigen Einzelheiten außer acht gelassen werden, die einem gegebenen Subjekt noch nicht vollständig gewiß sind, die nicht streng erweisbar sind, bei denen noch Furcht vor dem Gegenteil besteht, und 6) diejenigen Einzelheiten außer acht gelassen werden, die zum Entgegengesetzten bewegen, ein Zustimmen abhalten und vielleicht auch Unlust hervorbringen könnten.

§ 560 Indem so die allgemeinen Gegenstände der menschlichen Lehren und Wissenschaften entstanden sind, erwächst damit zugleich in den Gemütern wissenschaftlich Gebildeter eine durchaus vollkommene, oft schöne und auch im engeren Sinne logische

quaeritur, an tali universali sit aequalis veritas metaphysica, ac est huius individuo, quod sub eodem continetur? Equidem arbitror philosophis apertissimum esse iam posse, cum iactura multae magnaeque perfectionis in cognitione et veritate logica materialis emendum fuisse, quicquid ipsi perfectionis formalis inest praecipuae. Quid enim est abstractio, si iactura non est? Pari ratione ex marmore irregularis figurae non efficias globum marmoreum, nisi cum tanto saltim materiae detrimento, quantum postulabit maius rotunditatis pretium.

§ 561 Iam supponatur veritatis aestheticologicae studium aliquando ferri praesertim in perfectionem eiusdem materialem, § 558, et hinc amplecti obiecta veritatis metaphysicae, quae potest, determinatissimae. Hic intentio non est dato consilio amputare per abstractionem cuiuscunque rotunditatis impedimenta, neque tamen est opis humanae determinationis omnimodae latissimum ambitum sibi complete signare; data opera non praescinduntur magnitudinem intellectionis nostrae superantia, neque tamen omnia determinatarum rerum et paene vel omnino actualium pondera assequi et iustis momentis exaequare mens humana potest. Non constituimus praescindere, quicquid ulla ratione falsi speciem posset induere, neque tamen in indefinitis eiusmodi obiecti tantum non singularis momentis verum ubique liquet. Non est consilium omittere et prorsus in voluntarias tenebras relegare, quae requisitam aliquam claritatem non habent, et tamen ad eandem singula momenta obiecti tollere vires, locus, tempus non permittunt. Non animus est aliquantulum incerta prorsus omittere, neque tamen omnia cogitans rigorose demonstrare

Wahrheit. Doch schon fragt man sich, ob die metaphysische Wahrheit einem solchen Allgemeinen so entsprechen mag, wie sie dem Individuum entspricht, das unter demselben enthalten ist? Ich meine in der Tat, daß es den Philosophen nunmehr in höchstem Maße offenkundig sein kann, daß in der Vorstellung und in der logischen Wahrheit nur mit einem Verlust an vieler und großer materialer Vollkommenheit zurechtzubringen war, was auch immer ihnen an formaler Vollkommenheit innewohnt. Denn was ist die Absonderung, wenn nicht ein Verlust? Ebenso brächtest du aus einem Marmor von unregelmäßiger Form keine Marmorkugel heraus, wenn nicht durch wenigstens soviel Einbuße an Material, in welchem Maße sie der höhere Wert der Rundheit verlangen wird.

§ 561 Es sei nun vorausgesetzt, daß das Streben nach ästhetikologischer Wahrheit sich bisweilen vor allem auf deren materiale Vollkommenheit richtet und daher seine Gegenstände in der bestimmtesten metaphysischen Wahrheit, derer es fähig ist, umfaßt. Hier besteht nicht die Absicht, mit Vorsatz durch Absonderung die Hindernisse jeder Rundheit wegzuschneiden, und dennoch liegt es nicht im menschlichen Vermögen, für sich den äußerst weiten Umfang der durchgehenden Bestimmung vollständig zu bezeichnen. Hat man einmal Mühe darauf verwandt, wird das, was die Größe unserer verstandesmäßigen Erkenntnis übersteigt, nicht getrennt und abgesondert, und dennoch kann der menschliche Geist nicht jedes Gewicht der bestimmten Dinge und weder beinahe noch überhaupt dasjenige des Wirklichen begreifen und sich zu ihm in ein gehöriges Verhältnis setzen. Wir fassen nicht den Beschluß, abzusondern und zu trennen, was auch immer aus irgendeinem Grund eine Art des Falschen an sich haben könnte, und dennoch liegt das Wahre in den unendlich scheinenden Bedeutungen eines solchen beinahe einzigartigen Gegenstands nicht überall klar zutage. Es ist nicht unser Entschluß, auszulassen und geradezu freiwillig in die Finsternis zu verbannen, was nicht irgendeine erforderliche Klarheit besitzt, und dennoch erlauben die Kräfte, der Ort und die Zeit nicht, die einzelnen Bedeutungen des Gegenstands in diese Klarheit emporzuheben. Es ist nicht unsere Absicht, geradezu wegzulassen, was ein wenig ungewiß ist, und dennoch kann im Denken nicht alles streng

potest, quae obiecto determinatissimae veritatis conveniunt. Multa, quae placeant, aut odio sint, praescindere non constituimus, neque tamen vires sufficiunt ad omnia sic exhibenda, ut efficaciter appetere, vel aversari certis deliberatisque decretis ea meditatus possit.

§ 562 Habes perfectionem veritatis aestheticologicae compositam, § 556, vides exceptiones inevitabiles, utramque si velis assequi vel mediocriter, §§ 560, 561. Intellectus et ratio purior severiorum veritatis amicorum, per accuratas scientias ita formalem sequitur, § 560 descriptam, ut complementa ac supplementa veritatis materialiter perfectae, suis universalibus et abstractioribus ad formalem scientificorum perfectionem deductis, adiicere pro viribus relinquat analogo rationis et cognitionibus quocunque gradu sensitivis.

§ 563 Verum amicus veritatis non minus strenuus, qui sequitur eandem analogo rationis, non habet denuo facultatem sensitivam inferiorem, cui relicta a se et omissa commendet, ob veritatis materialem perfectionem tamen ea, quae multum habent in se veritatis metaphysicae determinatissimae negligere omnino non audet. Hinc huic magis necessarium est nonnunquam excipere a regulis summae perfectionis formalis in indaganda veritate aesthetica, ne nimium detrimenti capiat veritatis eiusdem perfectio materialis, § 558.

§ 564 Universalissimis, abstractissimis, et per artem § 559 descriptam ad perfectionem veritatis formalem ab hominibus obtinendarum summam evehendis partim omnino relictis horizonti logico,

erwiesen werden, was einem Gegenstand der bestimmtesten Wahrheit zukommt. Vieles, was gefallen oder Widerwillen erregen mag, beschließen wir nicht abzusondern und zu trennen, und dennoch reichen die Kräfte nicht dazu aus, alles so darzustellen, daß jemand, der darüber nachdenkt, es aufgrund bestimmter und bedachter Entscheidungen nachhaltig begehren oder dagegen abgeneigt sein könnte.

§ 562 Du hast hier die zusammengesetzte Vollkommenheit der ästhetikologischen Wahrheit, du siehst die Ausnahmen, die unvermeidlich sind, wenn du beide Vollkommenheiten auch nur mittelmäßig erreichen willst. Der Verstand und die reinere Vernunft der strengeren Freunde der Wahrheit folgen mittels der genauen Wissenschaften der formalen, in § 560 beschriebenen Vollkommenheit in der Weise, daß sie, nachdem sie ihre allgemeinen und abgesonderteren Gegenstände zur formalen Vollkommenheiten der wissenschaftlich Denkenden geführt haben, es dem Analogon der Vernunft und der sinnlichen Erkenntnis auf jedweder Stufe überlassen, die Erfüllungen und Ergänzungen der material vollkommenen Wahrheit aus eigenen Kräften hinzuzufügen.

§ 563 Der nicht weniger wackere Freund der Wahrheit, der ihr mit dem Analogon der Vernunft nachgeht, hat nun nicht wiederum noch ein weiteres unteres sinnliches Vermögen, dem er das von ihm Übriggelassene und Ausgelassene anvertrauen könnte; wegen der materialen Vollkommenheit der Wahrheit wagt er es vielmehr überhaupt nicht, dasjenige, was viel von der bestimmtesten metaphysischen Wahrheit in sich enthält, zu vernachlässigen. Daher ist es für ihn viel nötiger, beim Aufspüren der ästhetischen Wahrheit bisweilen Ausnahmen von den Regeln der höchsten formalen Vollkommenheit zu machen, damit die materiale Vollkommenheit eben dieser Wahrheit keinen Schaden leidet.[1]

§ 564 An den allgemeinsten, abgesondertsten Gegenständen, die durch die in § 559 beschriebene Kunst zur höchsten formalen Vollkommenheit dessen, was von den Menschen zu besitzen ist, hinaufgeführt werden müssen, insofern sie zum Teil durchaus dem logi-

partim ex eodem detractis et involutis denuo nonnihil in non ita paucas, a quibus abstraxerat ratio, differentias determinatiores, praesertim autem perfectionem materialem veritatis aestheticologicae maximam exhibentibus singularibus, individuis, et determinatissimis fruitur horizon aestheticus, sua silva, Chao et materia, § 129, ex quibus veritatem aestheticam ad formam, nisi perfectam omnino, pulcram tamen, §§ 558, 14, ita exsculpat, ut inter elaborandum, quam fieri potest minimum veritatis materialiter perfectae pereat et elegantiae caussa pollendo deteratur, § 563.

§ 565 Sumat itaque pulcre cogitaturus sibi materiam vel determinatiorem, unam ex generibus inferioribus aut omnino speciebus rerum, vel si altius videatur in genera superiora adscendere, teneatur tamen eadem vestire multis, quas omittit purior scientia, notis et characteribus, vel tandem singularia sibi legat themata, in quibus regnet perfectio veritatis materialis. Circumfundatur notarum ingenti multitudine. Reiecerit, quas non admittit pulcra forma. Restent, quarum vix unam desiderari brevis, sed eleganter plena, rotunditas, venusta dignitas, tum absoluta, tum relativa, veritatis ipsius materialis perfectio, elegans vividitas et necessarius meditationi nitor, intima persuasio, vita praesertim et ad delectandum ac movendum efficacia patiatur. In his autem notis bene multis non sit meditanti veritas metaphysica completam ad lucem usque perspecta, licet nihil falsi turpioris iisdem insit. Iam putaverim ad generalem aliquam formulam redegisse necessitates aestheticas, quarum aliquos

schen Horizont überlassen, zum Teil demselben entzogen wurden und wiederum einigermaßen in nicht eben wenige bestimmtere unterscheidende Merkmale, welche die Vernunft außer acht gelassen hatte, gehüllt wurden, vor allem aber an den einzelnen Gegenständen, welche die höchste materiale Vollkommenheit der ästhetikologischen Wahrheit darbieten, an den Individuen und den allerbestimmtesten Gegenständen erfreut sich der ästhetische Horizont[1] als an seinem Wald, seinem Chaos, seinem Stoff,[2] aus dem er die ästhetische Wahrheit zu einer wenn nicht gänzlich vollkommenen, so doch schönen Form so herausmeißelt, daß während der Ausarbeitung so wenig wie möglich an material vollkommener Wahrheit verlorengeht und beim Ausfeilen um des Geschmackvollen willen abgerieben wird.

§ 565 Es möge also derjenige, der schön denken will, sich entweder einen bestimmteren Stoff aussuchen, einen aus den niedrigeren Gattungen oder überhaupt aus den Arten; oder, wenn es ihm beliebt, zu höheren Gattungen aufzusteigen, möge er dennoch gehalten sein, dieselben mit vielen Merkmalen und charakteristischen Eigentümlichkeiten zu bekleiden, welche die reinere Wissenschaft ausläßt; oder er möge sich schließlich einzelne Themen auswählen, in denen die materiale Vollkommenheit der Wahrheit vorherrschen mag. Diese sollen mit einer ungemeinen Menge von Merkmalen umgeben werden. Er wird diejenigen davon zurückgewiesen haben, welche die schöne Form nicht zuläßt. Es sollen diejenigen zurückbleiben, von denen kaum eines zu vermissen durch die kurze, aber geschmackvoll mit Fülle ausgestattete Abgerundetheit, die bald absolute, bald relative anmutige Würde, die materiale Vollkommenheit der Wahrheit selbst, die geschmackvolle Lebendigkeit und das der Überlegung notwendige Schimmernde, die innigste Überredung und vor allem durch das Leben und die Wirsamkeit zu ergötzen und zu bewegen gelitten wird. Doch bei diesen recht vielen Merkmalen soll die metaphysische Wahrheit vom Überlegenden nicht bis zu ihrem vollen Licht durchdrungen werden, wenngleich sie auch nichts häßliches Falsches enthalten sollen. Ich glaube, nun die ästhetischen Notwendigkeiten, von denen ich in §§ 491–502 einige besondere Fälle aufgezählt habe, gewissermaßen auf eine allgemeine

speciales casus enumeravi, §§ 491–502, in collisione regularum perfectionis in cognoscendo vero, excipiendi a veritatis forma perfectiori, ob veritatem materialiter perfectiorem involvendam amabiliori formae verisimilitudinis, § 483.

SECTIO XXXV
STUDIUM VERITATIS COMPARATIVUM

§ 566 Studium veritatis absolutum, sed aestheticum, § 565, comparate sese exseret pro triplici veritatum specie, et materialiter perfectarum gradu, in quibus versatur, potissimum. Sunt eiusdem materiae 1) generalia, 2) actualia huius mundi, 3) heterocosmica. GENUS COGITANDI generalia sed eleganter exprimens est AESTHETICODOGMATICUM, actualia huius mundi venuste pingens, ob exiguum futurorum strictissima in veritate sistendorum numerum, dicamus AESTHETICOHISTORICUM. Genus tandem eleganter heterocosmica meditandi nominemus per novam aliquam synecdochen tunc etiam, quando non exprimitur carminibus, GENUS COGITANDI POETICUM.

§ 567 Genus cogitandi aestheticodogmaticum quoniam 1) a materiarum per disciplinas ordinibus denominatum theologicum, philosophicum e. c. commune nomen habet cum genere cogitandi theologica, philosophica e. c. scientifico et acroamatico, 2) altius adscendendo saepius horizonti logico et aesthetico communia contemplatur, 3) recte primaria sua capita et meditationis momenta praecipua exhibet intellectui pulcro per distinctionem extensivam: plerumque confunditur cum genere cogitandi scientifico, et formali-

Formel gebracht zu haben, nämlich im Falle eines Konflikts der Regeln der Vollkommenheit bei der Erkenntnis des Wahren hinsichtlich der vollkommeneren Form der Wahrheit Ausnahmen zu machen um der material vollkommeneren Wahrheit willen, die in die liebenswertere Form der Wahrscheinlichkeit gehüllt werden muß.

ABSCHNITT XXXV
DAS STREBEN NACH WAHRHEIT IM VERHÄLTNIS BETRACHTET[1]

§ 566 Das absolute, aber ästhetische Streben nach Wahrheit zeigt sich im Verhältnis betrachtet in seinem Bereich vor allem gemäß den drei Arten des Wahren und den Graden des material Vollkommenen, auf die es sich richtet. Seine Stoffe sind 1) Allgemeines, 2) wirkliche Dinge dieser Welt und 3) Heterokosmisches. Die Denkungsart, die allgemeine Dinge, aber auf geschmackvolle Weise ausdrückt, ist die AESTHETIKODOGMATISCHE DENKUNGSART; diejenige, die wirkliche Dinge dieser Welt anmutig ausmalt, wollen wir wegen der geringen Anzahl zukünftiger Dinge, die gemäß der Wahrheit im strengsten Sinne aufzustellen sind, die ÄSTHETIKOHISTORISCHE DENKUNGSART nennen. Die Art schließlich, auf geschmackvolle Weise über heterokosmische Dinge nachzudenken, wollen wir mittels einer gewissermaßen neu einzuführende Synekdoche[2] auch dann, wenn sie sich nicht in Gedichten ausdrückt, als POETISCHE DENKUNGSART bezeichnen.[3]

§ 567 Weil die ästhetikodogmatische Denkungsart, 1) indem sie von den Ordnungen der Stoffe durch die einzelnen Lehren her theologisch, philosophisch usw. genannt wird, mit der wissenschaftlichen und akroamatischen theologischen, philosophischen usw. Denkungsart den Namen gemein hat, 2) indem sie höher hinaufsteigt, öfter Gegenstände betrachtet, die dem logischen und dem ästhetischen Horizont gemeinsam sind, und 3) dem schönen Verstand ihre wichtigsten Hauptgegenstände und die vornehmlichsten Beweggründe ihrer Überlegung zu Recht vermittels der extensiven Deutlichkeit darbietet: Deshalb wird sie meistens mit der wissen-

ter philosophico, saepe cum eodem non inepte combinatur, semper tamen, uti vere diversum est, singularibus cum scientiarum non minus, quam elegantiarum, emolumentis ab eodem distinguitur, § 566.

§ 568 Ex confusione duplicium dogmatica cogitandi generum, logici et aesthetici, duplex dominatur praeiudicata opinio 1) eorum, qui tunc etiam, quando de rigidiori primorum cognitionis alicuius universalis principiorum intellectuali ac rationali theoria agitur, quam fieri potest exactissime, distinctissime, solidissimeque pertractanda, subsistunt in diluta, nec omnino levi, verisimili, satis perspicua, quantulumcunque certa, veritatis expositione, modo placeat illa satis auribus, oculisve, rationisque videatur ferre, vere ferat analogi potius rationis calculum. 2) Eorum, qui dogma quoddam ad captum minus exercitatorum in scientiis, vel omnino popularem intelligentiam, et viva quidem voce, proponendum cogitant, idque tamen brevissimis definitionibus, exactissimis axiomatibus, distinctissimis notionum resolutionibus, demonstrationibusque complete certis exornare nequicquam laborant, § 567.

§ 569 Genus cogitandi logicodogmaticum et aestheticodogmaticum, a potiori desumtis denominationibus, non forma solum inter se differunt, sed etiam materiis, quibus convenire vel maxime prima fronte videbantur. Prius uti thematis sui principia potissimum sequitur, ita posterius principiata et consectaria. Prius uti potissimum eruit universalia, sub quibus thema suum continetur, ita posterius eiusdem thematis inferiores conceptus attendit potissimum, quos sub se continet. Etiamsi materiae a tota disciplina nomen acceperint,

schaftlichen und formal philosophischen Denkungsart verwirrt, öfter auch nicht ungeschickt mit derselben verbunden, immer aber wird sie, wie sie ja wahrhaft davon verschieden ist, mit ihren einzelnen Vorteilen nicht weniger hinsichtlich des Wissenschaftlichen wie auch hinsichtlich des Geschmackvollen von derselben unterschieden.

§ 568 Aufgrund der Verwirrung der beiden dogmatischen Denkungsarten, der logischen und der ästhetischen, herrscht ein zweifaches Vorurteil: 1) Derjenigen, die auch dann, wenn es um eine strengere verstandesmäßige und vernünftige Theorie der ersten Grundsätze irgendeiner allgemeinen Erkenntnis geht, die, soweit es möglich ist, überaus genau, überaus deutlich und überaus gründlich behandelt werden muß, bei einer aufgelockerten, nicht gänzlich leichtgewichtigen, wahrscheinlichen, genugsam faßlichen Darstellung der Wahrheit, so wenig sie auch gewiß sein mag, stehenbleiben, gesetzt nur, daß sie den Ohren oder den Augen genügend gefällt und der Berechnung durch die Vernunft standzuhalten scheint, während sie in Wahrheit eher derjenigen des Analogons der Vernunft standhalten mag. 2) Derjenigen, die gesinnt sind, einen bestimmten Lehrsatz einem in den Wissenschaften weniger geübten Kopf oder überhaupt dem Verständnis des Volkes, und zwar durchaus in mündlicher Rede, vorzutragen und sich dabei gleichwohl vergeblich abmühen, diesen mit den kürzesten Erklärungen, den genauesten Grundsätzen, der deutlichsten Auseinandersetzung der Begriffe und mit vollständig gewissen Erweisen auszustatten.[1]

§ 569 Die logikodogmatische und die ästhetikodogmatische Denkungsart – wenn man ihre Benennungen von ihrer Hauptsache her nimmt – unterscheiden sich nicht nur in der Form, sondern auch in den Stoffen, bei denen sie auf den ersten Blick sogar am meisten übereinzustimmen schienen. So wie die erste vor allem den Grundsätzen ihres Themas nachgeht, so folgt letztere dem, was daraus abgeleitet ist und was aus denselben folgt.[1] So wie die erste vor allem das jeweils Allgemeine untersucht, unter dem ihr Thema enthalten ist, so achtet letztere vor allem auf die niedrigeren Begriffe desselben Themas, die dieses unter sich enthält. Auch wenn die

sunt tamen in quavis disciplina prima quaedam ordine, quaedam in methodo synthetica velut ultima. Illa potissimum logicum, haec aestheticum ita sectatur per disciplinas cogitandi genus, ut dici circiter in qualibet possit, ubi desinit logicum, aestheticum cogitandi genus incipere, § 566.

§ 570 Qui res interius perspexerunt, probe vident inter ea rerum genera, de quibus scientiae huc usque stricte dictae cultae sunt, et individua, interiacere adhuc magnam inferiorum generum, et specierum intercapedinem, in cuius raro territorium demonstratores descendant, in quod experimentatores et observatores accurati raro feliciter adscendant. Hoc est illud maxime stadium in quo cogitandi genus aestheticodogmaticum decurrat. Hinc vel ipsum sibi thema legit optime, vel thema etiam altius petitum eo tamen usque detrahit, ad maiorem veritatem materialem, § 440, etiamsi fiat eo ipso formaliter paullo minus exacta, secundum logicorum trutinam scientificam, i. e. elegantem ad verisimilitudinem, § 565.

§ 571 Studium veritatis in genere cogitandi aestheticodogmatico comparativum, § 566, 1) veritatem etiam strictius logicam de ipsa materia, si fuerit horizontis aestheticologici, vel de eius generibus notionibusque superioribus sollicite quaeret, etiamsi non exprimendam acroamatice, tamen ut directricem explicite cogitandae verisimilitudinis in generalibus et adoptandis notionibus, §§ 429, 424. 2) Notiones, in quibus aliquid contradictionis ad absurditatem usque, vel paene eo usque, iam detexit intellectus et ratio, cavebit hoc curatius, quo probabilius est, tales etiam spectatores e.c. fore meditationi eiusmodi aestheticodogmaticae, qui latentem inconvenientiam

Stoffe vom Gesamt der Lehre her ihren Namen erhalten, so gibt es doch in jedweder Lehre gewisse Dinge erster Ordnung und, in synthetischer Methode, gewisse Dinge gleichsam letzter Ordnung. Durch alle Lehren hindurch werden jene vor allem durch die logische, diese durch die ästhetische Denkungsart verfolgt, so daß man ungefähr bei jeder Lehre sagen kann, daß, wo die logische Denkungsart aufhört, die ästhetische Denkungsart beginnt.[2]

§ 570 Diejenigen, die die Sache tiefergehend erfassen, sehen, daß zwischen denjenigen Gattungen der Dinge, hinsichtlich derer bis heute die Wissenschaften im engen Sinne gepflegt worden sind, und den Individuen noch der große Zwischenbereich der niedrigeren Gattungen und der Arten liegt, in dessen Gebiet diejenigen, die Beweise führen, selten hinabsteigen und zu dem diejenigen, die Versuche und genaue Beobachtungen anstellen, selten mit Erfolg hinaufsteigen. Dies ist ganz besonders die Bahn, auf der die ästhetikodogmatische Denkungsart ihren Lauf antreten mag. Daher wählt sie sich am besten hier ihr Thema oder zieht auch ein höher hergeholtes Thema bis dahin hinunter, bis zu einer größeren materialen Wahrheit, auch wenn diese Wahrheit dadurch gemäß der wissenschaftlichen Waage der Logiker etwas weniger genau ausfällt, d. h., sie bringt es zu einer geschmackvollen Wahrscheinlichkeit.[1]

§ 571 Das Streben nach Wahrheit, im Verhältnis betrachtet, in der ästhetikodogmatischen Denkungsart wird 1) auch nach der im engeren Sinne logischen Wahrheit hinsichtlich des Stoffes selbst, wenn dieser dem ästhetikologischen Horizont angehört, oder nach der Wahrheit hinsichtlich dessen höherer Gattungen und Begriffe bemüht suchen, wenn auch nicht, um diese in akroamatischer Weise vorzubringen, so gleichwohl als Führerin für eine ausdrücklich zu denkende Wahrscheinlichkeit der allgemeinen Begriffe, die angewendet werden müssen. Es wird sich 2) vor solchen Begriffen, in denen bereits der Verstand und die Vernunft irgendeinen Widerspruch bis hin zur Widersinnigkeit oder bis nahe an der Widersinnigkeit, entdeckt haben, um so sorgfältiger hüten, je wahrscheinlicher es ist, daß es vielleicht auch solche Betrachter einer solcherart ästhetiko-

et ipsi ratione certissime perspicere possint, et aliis in spectando, legendo e.c. sociis aesthetice satis ostendere, §§ 431–435.

§ 572 Studium veritatis in aestheticodogmaticis 3) in id praesertim incumbet, ut nexum materiae suae brevius cum principiis, uberius cum gravissimis consectariis verosimillimum vividissime pingat, non sine desiderabili vel taediorum ex aversando hauriendorum feraci persuasione, § 437. 4) Si quid etiam progredi temptet in inferiora, ac ratio immediate praeluceat, supplementa tamen sua ad certitudine completa cognoscendum cum hoc inseparabiliter coniuncta sistere movebit omnem lapidem, § 439.

§ 573 Studium veritatis in aestheticodogmaticis 5) ea lubentissime suis exponet, quae cogitaturus etiam certo novit logice vera, § 571, per harmoniam facultatum cognoscitivarum inferiorum et superiorum, nunc exhibenda aesthetice vera; si hoc non conceditur, praeferet logice sibi probabilia, sibi logice improbabilibus, § 485, ob eandem harmoniam. Haec aut iudicabit suis praecipuis spectatoribus iam etiam fore verisimilia, et in iisdem securus acquiescit; aut suspicabitur, ea parum habitura apud hos verisimilitudinis. In ultimo casu aut habet occasionem ad dandam suis verisimilitudinem argumentis venuste probantibus, nec tunc latum unguem avellitur a vero, quod ipsi videtur, et suos potius ad suam sententiam attrahere laborat, quam ut cum iis contraria sentiat, aut conciliare sibi probabilibus,

dogmatischen Überlegung geben mag, welche die verborgene Unstimmigkeit sowohl mit dem eigenen Verstand ganz gewiß erfassen als auch ihren Gefährten beim Betrachten oder beim Lesen usw. genugsam aufzeigen könnten.[1]

§ 572 Das Streben nach Wahrheit im Ästhetikodogmatischen wird sich 3) vor allem befleißigen, den Zusammenhang seiner Stoffe – kürzer denjenigen mit den Grundsätzen, in reicherer Form denjenigen mit den wichtigsten Folgen – als einen der Wahrheit überaus ähnlichen auf das lebhafteste auszumalen, nicht ohne wünschenswerte und fruchtbare Überredung sogar in bezug auf das Mißvergnügen, das aus etwas, das abzulehnen ist, zu schöpfen ist. Es wird 4), auch wenn ein wenig dazu neigt, in niedrigere Bereiche vorzurücken als in diejenigen, in denen die Vernunft unmittelbar voranleuchtet, dennoch alles in Bewegung setzen, um seine Ergänzungen zu dem, was erkannt werden soll, mit vollständiger Gewißheit als untrennbar mit diesem verbunden hinzustellen.

§ 573 Das Streben nach Wahrheit im Ästhetikodogmatischen wird 5) am liebsten dasjenige den Seinen auseinandersetzen, von dem auch derjenige, der schön denken will, gewiß weiß, daß es logisch wahr ist, und das nun gemäß der Übereinstimmung der unteren und oberen Erkenntnisvermögen auch als ästhetisch wahr darzustellen ist; wenn ihm dies nicht zugestanden ist, wird er um derselben Harmonie willen dasjenige, was für ihn logisch glaubhaft ist, demjenigen, was ihm logisch unglaubhaft ist, vorziehen. Bei diesen Dingen wird er entweder annehmen, daß sie auch seinen vornehmlichen Betrachtern schon wahrscheinlich sind und sich bei denselben in Sicherheit beruhigen, oder er wird den Verdacht hegen, daß sie bei seinen Betrachtern für etwas gehalten werden, das wenig Wahrscheinlichkeit enthält. In letztem Fall hat er entweder die Gelegenheit, den Seinen mit auf anmutige Weise beweisenden Argumenten Wahrscheinlichkeit darzubieten, dann wird er keinen Nagel breit vom Wahren, als was es ihm selbst erscheint, losgerissen und bemüht sich eher, die Seinen seiner Meinung geneigt zu machen, als daß er mit ihnen das Entgegengesetzte gelten lassen würde; oder der Ort und die Zeit erlauben es nicht, demjenigen, was für ihn glaub-

suis quae sint sine dubio satis improbabilia, verisimilitudinem locus et tempus non permittunt.

§ 574 Si pulcre cogitaturus incidat in dogma sibi probabile, quod nec esse suis verisimile, nec a se iam tale reddi iisdem posse perspicit, § 573, amicus veritatis aut nec hoc, nec oppositum, spectatoribus verisimile, ponet, si licet ab utroque abstrahere, aut, si ponendum est aesthetica necessitate alterutrum̃, multa cum gravitate perpendit, an spectatoribus suis praecipue attendendis verisimile, sit forsan error, communis quidem, oppido tamen innocens, an periculosior, et cuius fautores rei falsitatis moralis vel per indirectum agi possint ex merito, §§ 470, 467. In priori casu utetur opinione suorum, sicuti philosophi mathematicique fictionibus suis heuristicis, in posteriori latissime potius falsum errans cogitasse videri volet, § 471, quam ut conscientiam vel famam suam exponat futuro falsitatis moralis opprobrio, § 464.

§ 575 Studium veritatis in aestheticodogmaticis 6) non solius illustrationis gratia, sed etiam ob §§ 572, 569 multum in exemplis suae materiae versabitur, § 526, in iisque singularia praeferet universalibus, ideas notionibus, strictissime vera heterocosmicis et fabulosis, § 472, aut ad haec quando venusta vocaverit necessitas, ea non dissimulabit esse fabulas, § 565, aut fictiones aesthetice heuristicas, § 574.

§ 576 GENUS COGITANDI AESTHETICODOGMATICUM vel thema habet propius, quid agendum, vel omittendum sit, enuncians, vel minus. Hoc est THEORETICUM, illud PRACTICUM. Practicum denuo vel habet thema commendandum, PARAENETICUM,

haft ist, den Seinen aber zweifellos unglaubhaft sein mag, Wahrscheinlichkeit zu verleihen.

§ 574 Wenn derjenige, der schön denken will, auf einen ihm selbst glaubhaften Lehrsatz fällt, bei dem er weiß, daß er den Seinen weder wahrscheinlich ist noch ihnen von ihm wahrscheinlich gemacht werden kann, wird er als Freund der Wahrheit weder diesen Satz, noch dessen Gegenteil, der den Betrachtern wahrscheinlich ist, setzen, wenn es möglich ist, beide außer acht zu lassen; oder er wägt, wenn aus ästhetischer Notwendigkeit einer von beiden gesetzt werden muß, mit großem Ernst ab, ob das, was seinen Betrachtern, auf die er vornehmlich achten muß, wahrscheinlich ist, vielleicht ein gewöhnlicher, gleichwohl gänzlich unschädlicher Irrtum oder ein gefährlicherer Irrtum ist, dessen Befürworter verdientermaßen wenigstens indirekt der sittlichen Falschheit angeklagt werden könnten. Im ersten Fall wird er sich die Meinung der Seinen zunutze machen, gleichsam wie die Philosophen und Mathematiker ihre heuristischen Erfindungen, in letzterem Fall wird er lieber so scheinen wollen, daß er, sich irrend, etwas im weitesten Sinne Falsches gedacht habe, als daß er sein Gewissen und seinen Ruf einem späteren Vorwurf der sittlichen Falschheit aussetzt.

§ 575 Das Streben nach Wahrheit im Ästhetikodogmatischen wird sich 6) nicht einzig um der Erhellung, sondern auch um des in §§ 572, 569 Angeführten willen viel mit Beispielen, die zu seinem Stoff gehören, beschäftigen. Bei diesen wird es die einzelnen den allgemeinen vorziehen, die Ideen den Begriffen,[1] das im strengsten Sinne Wahre dem Heterokosmischen und Fabelhaften, oder es wird, wenn eine anmutige Notwendigkeit zu diesen Dingen aufruft, nicht verbergen, daß sie Fabeln oder im ästhetischen Sinne heuristische Erfindungen sind.

§ 576 Die ÄSTHETIKODOGMATISCHE DENKUNGSART hat entweder mehr oder weniger ein Thema, das angibt, was zu tun oder was zu unterlassen sei. In letzterem Fall ist sie THEORETISCH, im ersten Fall PRAKTISCH. Die praktische ästhetikodogmatische Denkungsart hat wiederum entweder, als PARÄNETISCHE,[1] zum The-

vel dissuadendum, ELENCTICUM. Quemadmodum Ciceronis et rhetorica et philosophica scripta sunt exempla generis cogitandi aestheticodogmatici, ita *officia* praesertim practici. Lucretius est exemplum cogitandi generis aestheticotheoretici. Saturae elenctici. In his Iuvenalis, quam omnino ficta promittat exempla, mavult *experiri*,

quid concedatur in illos,
Quorum Flaminia tegitur cinis atque Latina.[1]

§ 577 Studium veritatis in aestheticodogmaticis cuiuscunque generis, § 576, 7) si vel maxime complete certo cognoscenda tractet, tamen nunc non adscendet ultra VERISIMILITUDINEM aliquam, quam dicemus DOGMATICAM, qua dogma non quidem complete certum redditur, neque tamen ulla in eodem falsitas, repugnantia interna, vel contradictio cum complete certis, aut hoc saltim dogmate certioribus, nulla incohaerentia cum principiis, unde deducendum foret, aut cum inde derivandis consectariis totalis e. c. nec intellectu, nec ratione, nec rationis analogo, quantae hae facultates in praecipuis obiectis personalibus supponendae sunt, appercipiatur, § 483.

§ 578 Nam definitiones statim, quando non exasciantur ad logicae artis severas regulas, aut in descriptiones iterum pulcras affabre resolvuntur, propositiones generales si enthymematice omissis iudiciis intuitivis, ex quibus formatae sunt, tamen exhibentur, ut experientiae, non axiomata solum et postulata secundaria miscentur primariis, sed et theoremata multa et problemata indemonstrabilium instar sumuntur, aut probantur saltibus logice illegitimis, etiamsi

[1] Juv. 1, 170 f.

ma, was zu empfehlen ist, oder, als ELENKTISCHE,[2] zum Thema, von was abzuraten ist. Gleichwie sowohl die rhetorischen als auch die philosophischen Schriften Ciceros Beispiele der ästhetikodogmatischen Denkungsart überhaupt sind, so ist sein *De officiis* vornehmlich eines der praktischen. Lukrez ist ein Beispiel der ästhetikotheoretischen Denkungsart.[3] Die Satiren sind ein Beispiel der elenktischen. Bei diesen will Juvenal, lieber als daß er gänzlich erdichtete Beispiele verspräche, *versuchen,*

soweit es erlaubt ist, gegen die vorzugehen,
deren Asche längs der Flaminischen und der Latinischen Straße
begraben ist.[4]

§ 577 Das Streben nach Wahrheit im Ästhetikodogmatischen jedweder Art wird 7), auch wenn es Dinge behandelt, die in höchstem Maße vollständig und gewiß zu erkennen sind, nun doch nicht über eine gewisse WAHRSCHEINLICHKEIT hinausgehen, die wir die DOGMATISCHE nennen wollen, durch welche ein Lehrsatz zwar nicht vollständig gewiß gemacht wird, aber dennoch in demselben nichts an Falschheit, nichts innerlich sich Widerstreitendes oder ein Widerspruch zu vollständig Gewissem oder zumindest gegenüber dem, was gewisser ist als der Lehrsatz selbst, kein fehlender Zusammenhang mit den Grundsätzen, aus denen er hergeleitet werden müssen mag, oder mit den daraus abzuleitenden Folgen des Ganzen usw. weder vom Verstand noch von der Vernunft noch vom Analogon der Vernunft, in dem Maße, in dem diese Vermögen bei den vornehmlichen persönlichen Objekten vorauszusetzen sind, erkannt werden mag.

§ 578 Wenn nämlich Erklärungen nicht nach den strengen Regeln der logischen Kunst sorgfältig durchdacht werden, werden sie entweder wiederum kunstgerecht in schöne Beschreibungen aufgelöst, wenn allgemeine Sätze enthymematisch[1] unter Auslassung der Erfahrungssätze, aus denen sie gebildet sind, dennoch wie Erfahrungen dargestellt werden und wenn nicht allein Grundsätze und Heischesätze[2] zweiter Ordnung mit denjenigen erster Ordnung vermischt werden, sondern auch viele Lehrsätze und Aufgaben[3] in

pulcris, formis crypticis, de quibus convincendus non sit complete certus, interim elegantibus et oratoriis, scholia si regnant, et plurimum absorbent loci: quid aliud ex tali meditatione, si vel maxime complete certum thema habeat, nunc prodibit, nisi dogmatica verisimilitudo? § 577.

§ 579 Si locus permitteret, uberius ex historia philosophica posset ostendi confusionem huius dogmata cogitandi generis et accurate logici ac intellectualis, § 568, fontem esse, ex quo 1) philosophi et omnes paene reliqui eruditi tot per saecula soliditate et certitudine superati sint a mathematicis, quibus sua suis exponendo semper verum fuit intellectum et rationem praesertim instruere, non promittendo solum, sed et praestando. 2) Platonis, haec duo cogitandi genera semper combinantis, ne dicam confundentis, discipuli, in tantam lapsi sunt incertitudinem, exceptis Aristotelicis, quorum praeceptor acroamaticis suis scriptis ostendit, quantum intersit inter logice verum, et aesthetice verisimile, si philosophemur. 3) Aeternae dogmaticorum scepticorumque, et nunc his, nunc illis viciniorum lites, § 9.

§ 580 Studium veritatis aestheticum absolutum, S. XXXIV, se comparative exseret in summo suo gradu perfectionis etiam materialis maxime curiosum in genere cogitandi aestheticohistorico, § 466, cuius 1) genus maxime ordinarium est, res facti, singularia praeterita, describens, 2) non negligendum, aesthetico statum animi praesentem exprimens, 3) non ita crebro, saepius tamen, ac videtur, observandum futura praevidens. Medium si dicas empiricum, tertium

der Art von Sätzen, die keinen Erweis brauchen, angenommen werden. Oder sie werden mit logisch unerlaubten, wenn auch schönen Sprüngen bewiesen, mit verborgenen Formen, deren derjenige, der überzeugt werden soll, nicht vollständig gewiß sein mag, die unterdessen geschmackvoll und rednerisch sind, und wenn Anmerkungen die Oberhand haben und viel Platz einnehmen: Was anderes wird nun aus einer solchen Überlegung, mag sie auch ein in höchstem Maße vollständig gewisses Thema haben, hervorgehen, als eine dogmatische Wahrscheinlichkeit?

§ 579 Wenn es der Ort erlaubte, könnte aus der Philosophiegeschichte ausführlicher gezeigt werden, daß die Verwirrung dieser Denkungsart von Lehrsätzen mit der sorgfältig logischen und verstandesmäßigen Denkungsart der Ursprung davon ist, 1) daß die Philosophen und beinahe alle übrigen Gelehrten durch so viele Jahrhunderte hindurch von den Mathematikern an Gründlichkeit und Gewißheit übertroffen worden sein mögen, denen es bei der Darstellung ihrer Gegenstände für ihr Publikum immer billig war, vor allem den Verstand und die Vernunft zu unterrichten, nicht nur, indem sie es versprachen, sondern auch, indem sie dies erfüllten. 2) Daß die Schüler Platons, der diese beiden Denkungsarten immer verbunden, um nicht zu sagen verwirrt hat, in eine so große Ungewißheit geraten sind, ausgenommen die Aristoteliker, deren Lehrmeister in seinen akroamatischen Schriften zeigt, wieviel zwischen dem logisch Wahren und dem ästhetisch Wahrscheinlichen liegt, wenn wir Philosophie betreiben. 3) Daß sie der Ursprung ist der ewigen Streitigkeiten zwischen den Dogmatikern und den Skeptikern und denen, die bald diesen, bald jenen näherstanden.

§ 580 Das absolute ästhetische Streben nach Wahrheit, offenbart sich im Verhältnis betrachtet in seinem höchsten Grad auch materialer Vollkommenheit und in seinem höchsten Eifer in der ästhetikohistorischen Denkungsart,[1] von der 1) die gewöhnlichste Art Tatsachen, vergangene Einzelereignisse beschreibt, die 2), was nicht zu vernachlässigen ist, den gegenwärtigen Zustand des Gemüts im Ästhetiker ausdrückt, und die 3) nicht gerade häufig, aber, was öfter zu beobachten ist als es scheint, Zukünftiges vorhersieht.[2] Wenn du

manticum cogitandi genus: GENUS COGITANDI AESTHETICO-HISTORICUM erit vel STRICTIUS historicum, vel EMPIRICUM, vel MANTICUM.

§ 581 Exempla primi sunt generis eleganter cogitandi, de quo § 580, *clari scriptores, quibus veteris populi Romani prospera vel adversa memorata sunt*,[1] secundi tum epistolae non ita paucae, quas Cicero, et Plinius de rebus ad se pertinentibus tunc, cum eae fierent, perscripserunt, tum carmina inter amandum dolendumve scripta de amore vel tristitia.

Verba miser frustra nil proficientia perdo,
Ipsa graves spargunt ora loquentis aquae.
– – –
Scilicet occidimus, nec spes, nisi vana, salutis,
Dumque loquor, vultus obruit unda meos.
Hei mihi, quam celeri micuerunt nubila flamma!
Quantus ab aetherio personat axe fragor![2] e. c.

§ 582 Cogitandi genus aestheticomanticum nolim in solis vaticiniis veris fictisve quaeri, e. g. Ecl. Virg. IV, sed praestat illud intermixtum aliis observare, quoties in futura dirigendus ex praesentibus, vel praeteritis, vel omnino generalibus est, citra divinationem etiam omnem extraordinariam, animus, e. g.

Forsan et haec olim meminisse iuvabit.
O passi graviora! deus dabit his quoque finem, Virg.[3]

Quo nos cunque feret melior fortuna parente,
Ibimus. O! socii comitesque
– – –

1 Tac., *Ann.* 1, 1, 2.
2 Ovid, *Trist.* 1, 2, 13 f., 33 f., 45 f.
3 Vergil, *Aen.* 1, 203 und 199.

die mittlere die empirische, die dritte die mantische[3] Denkungsart nennst: Dann wird die ÄSTHETIKOHISTORISCHE DENKUNGSART entweder IM ENGEREN SINNE historisch oder EMPIRISCH oder MANTISCH sein.[3]

§ 581 Beispiele der ersten Art des geschmackvollen Denkens, von dem in § 580 die Rede war, sind *jene berühmten Schriftsteller, von denen Glück und Unglück des alten römischen Volkes berichtet wurde*; Beispiele der zweiten Art sind einmal die nicht eben wenigen Briefe, die Cicero und Plinius über Dinge, die sie betrafen, zu dem Zeitpunkt, als sie geschahen, niedergeschrieben haben, sodann Gedichte, die im Lieben oder im Leiden über Liebe oder Betrübnis geschrieben wurden.

Aber vergeblich verschwende ich Elender nutzlose Worte,
wuchtende Wogen besprühn selbst noch des Redenden Mund.
– – –
Ja, um uns ist's geschehn! Es ist keine Hoffnung auf Rettung.
Da ich noch rede, ergießt sich mir die Woge ins Gesicht.
– – –
Weh mir, wie plötzlich zuckte die Flamme aus finstrem Gewölke!
Ach, welch schreckliches Getöse dröhnt aus des Himmelsgewölb!

§ 582 Ich möchte nicht wollen, daß man die ästhetikomantische Denkungsart nur in den wahren und erdichteten Weissagungen sucht, wie z. B. in der vierten Ekloge Vergils, sondern es ist besser, jene in ihrer Vermischung unter die anderen zu betrachten, wann immer der Geist ausgehend von Gegenwärtigem oder Vergangenem oder überhaupt von Allgemeinem auf Zukünftiges hingelenkt werden muß, auch ohne alles außerordentliche Wahrsagen,[1] z. B.:

Künftig macht uns vielleicht auch diese Erinnerung Freude.
Schweres ertrugt ihr bereits, ein Gott wird auch dieses beenden.

Wo immer uns hinführt das Schicksal, gnädiger als der Vater,
dorthin gehen wir, o ihr Genossen und Gefährten.
– – –

O! fortes peioraque passi
Mecum saepe viri, nunc vino pellite curas,
Cras ingens iterabimus aequor, Hor. I., Od. 7.[1]

§ 583 Genus pulcre cogitandi strictius historicum, et in aestheticis tam empiricum, quam manticum, differunt 1) a logica et critica severiori cura historici, saltim bene praeliminari, qua per memoriam et iudicium intellectuale, multumque rationis usum suam sibi materiem ex magna traditionum, rumorum, famae, calumniarum, fictionum, fabularum e.c. farragine seligit, ante, quam eleganti, quae placuerunt, contexat iucundae narrationis tela, 2) a logica experimentatorum et observatorum veri nominis inter philosophos sollicitudine, qua rem sensam iudiciis intuitivis et experientiis stricte dictis ita sistunt intellectui, ut vitium subreptionis pro virili caveatur, et enthymematice omissae maiores, opiniones praeconceptae, 3) a logica et rationali providentia, qua politicus e. g. futurum suae reipublicae statum, quasi ex aliqua specula, metitur.

§ 584 Studium hoc veri in aestheticohistoricis, quoniam maximam partem inferioribus animi facultatibus exercetur, § 583, non fictionibus solum latius dictis, § 505, indiget, sed in meditationibus etiam paululum extendendis interseret complete certo a se cognitis, ut strictissime vera, tum generalia minus certa, tum singularia, quae num vere sint huius universi possibilia, complete convictum non est, § 507. Hinc neque hoc veri studium assurget ultra verisimilitudinem, § 483, neque tamen qualemcunque sataget attingere, sed sicut in interspersis suis generalibus dogmaticam, § 577, amplectetur, sic

1 Horaz, *Carm.* 1, 7, 25 f., 30–32.

O ihr Tapferen, die ihr Schlimmeres erlitten
mit mir so oft, ihr Männer – jetzt mit Wein verscheucht die Sorgen;
morgen werden wir wieder befahren die unendliche Weite.

§ 583 Die im engeren Sinne historische schöne Denkungsart, und im Ästhetischen ebenso die empirische wie die mantische Denkungsart, unterscheiden sich 1) von der logischen und kritischen Besorgnis des ernsteren Historikers, wenigstens wohl in den Vorarbeiten, bei denen dieser mittels des Gedächtnisses und des Verstandesurteils und viel Gebrauch der Vernunft sich seinen Stoff aus dem großen vermischten Gemenge der Überlieferungen, Gerüchte, Sagen, Lästerungen, Erdichtungen, Fabeln usw. vorher auswählt, während der geschmackvoll Denkende, was ihm gefallen hat, im Gewebe einer angenehmen Erzählung zusammenflechten mag; sie unterscheiden sich 2) von der logischen sorgfältigen Bemühung der wahrhaft diesen Namen tragenden Erfahrungswissenschaftler und Beobachter unter den Philosophen, mit welcher diese eine empfundene Sache mit Erfahrungsurteilen und Erfahrungen im engen Sinne so dem Verstand darbieten, daß Erschleichungsfehler[1] nach Kräften vermieden werden ebenso wie enthymematisch ausgelassene Obersätze und Vorurteile. Sie unterscheiden sich 3) von der logischen und vernunftgemäßen Vorsehung,[2] mit welcher ein Staatsmann z. B. den zukünftigen Zustand seines Staates gleichsam wie von einer höheren Warte aus ermißt.

§ 584 Dieses Streben nach dem Wahren im Ästhetikohistorischen hat, weil es zu einem großen Teil von den unteren Vermögen des Gemüts betrieben wird, nicht nur Erdichtungen im weiteren Sinne nötig, sondern es wird auch in Überlegungen, die ein wenig weiter auszudehnen sind, dem, was es von sich aus vollständig gewiß als im strengsten Sinne Wahres erkannt hat, bald weniger gewisses Allgemeines, bald Einzelnes dazwischenfügen, bezüglich dessen es, ob es etwa wahrhaft in dieser Welt möglich sein mag, nicht vollständig überzeugt ist. Daher wird dieses Streben nach dem Wahren weder über die Wahrscheinlichkeit hinaus emporsteigen, noch wird es gleichwohl in Not sein, eine solche Wahrscheinlichkeit, welcher Art auch immer, zu erreichen, sondern es wird, wie es in seinen einge-

in ideis strictissime dictam, § 530, ne strictius quidem dictas fictiones historicas omnes refugientem, § 509, tamen et in his aversam ab omnibus, quae falsitatis moralis, levis partium studii, credulitatisve iure possent accusari, et poeticarum omnium fictionum, et utopiam et mundos, praeter hunc, optimos, quoties historica fide suas cogitationes obligat, § 566.

SECTIO XXXVI
STUDIUM VERI POETICUM

§ 585 Aestheticum veri studium absolutum, S. XXXIV, in aliis iam indicatis rationibus potest moveri ad genus cogitandi poeticum, § 566, quando 1) venustae plenitudini requisitorum non satis historia porrigit, et aperte mavult vir bonus hinc mentiri copiam pulcriorem excogitans, quam callide fidem historicam corrumpere. 2) Quando plus dignitatis, vel etiam maiestatis dabunt, ficta exempla heterocosmica, quam historica, semper aliquid humani passa, quod supprimere saepe permittit ne strictissime quidem dicta verisimilitudo, § 584. 3) Quando moralis plus veritatis, characterum, loci, temporis maior unitas sperari potest, et observabilior ac, ut ita dicam, contractior nexus, ex heterocosmicis, quam ex rebus in hoc universo propter rationes superiores distractioribus, aut propter imbecillitatem humanam inconstantioribus. 4) Quando ob anticipationes suorum potiorum in spectatoribus sperare potest notius ipsis heterocosmicum fore, quam eventum huius mundi, sed in parte eiusdem his admodum incognita situm. Sunt in mundo fabularum milesiarum aut fabellarum aesopicarum satis versati multi hospites in historicis. 5) Quando fictionibus faciliorem fidem sperat, quam

streuten allgemeinen Gegenständen die dogmatische Wahrscheinlichkeit umfaßt, so auch in den Ideen die Wahrscheinlichkeit im strengsten Sinne umfassen – die sich nicht einmal bei allen historischen Erdichtungen im engeren Sinne verflüchtigt, dennoch aber auch in diesen von allem entfernt ist, was zu Recht der moralischen Falschheit, der leichtfertigen Parteilichkeit oder der Leichtgläubigkeit beschuldigt werden könnte –, ebenso wird es die Wahrscheinlichkeit aller poetischen Erdichtungen umfassen, sowohl die Utopie als auch die besten Welten außerhalb der unseren, wann immer es seine Gedanken zu historischer Treue verpflichtet.[1]

ABSCHNITT XXXVI
DAS POETISCHE STREBEN NACH DEM WAHREN

§ 585 Das absolute ästhetische Streben nach dem Wahren kann sich in anderen, schon angekündigten Arten und Weisen der poetischen Denkungsart annähern,[1] wenn 1) die Geschichte nicht genügend von dem darbietet, was die anmutige Fülle erfordert, und ein tüchtiger Mann es daher ganz offen vorzieht zu lügen, indem er sich lieber eine schönere Fülle ausdenkt als die historische Treue listig zu untergraben. 2) Wenn erdichtete heterokosmische Beispiele mehr an Würde oder sogar an Großartigkeit darreichen als historische Beispiele, die immer etwas Menschliches preisgeben, das zu unterdrücken oft auch die Wahrscheinlichkeit im strengsten Sinne nicht erlaubt. 3) Wenn von Heterokosmischem mehr an sittlicher Wahrheit und eine größere Einheit der Charaktere, des Ortes und der Zeit erhofft werden kann und ein in höherem Maße bemerkbarer und, wenn ich so sagen darf, gedrängterer Zusammenhang als von Dingen in dieser Welt, die wegen höherer Gründe zerstreuter oder wegen der menschlichen Schwächlichkeit unbeständiger sind. 4) Wenn man aufgrund der Vorbegriffe des wichtigeren Teils der Betrachter hoffen kann, daß diesen etwas Heterokosmisches bekannter ist als ein Ereignis, das zwar in dieser Welt, aber in einem Teil derselben, der ihnen ganz unbekannt ist, stattfindet. Es gibt viele Menschen, die in der Welt der milesischen Erzählungen[2] oder der aesopischen Fabeln bewandert, in historischen Dingen aber uner-

strictissime veris. Hoc non ita raro posse sperari fidem inveniet apud eos, qui noverint, quoties, quot hominibus opus sit dicere: *non putaram*, 6) quando veritas strictissime dicta praevidetur alia omnia, quam eam habitura vitam, quae potissimum intenditur, § 561.

§ 586 Quod si studium veri absolutum impulerit pulcre cogitaturum ad heterocosmica fingenda, § 585, iam transmutatur in studium verisimilitudinis poeticae, § 530, quae tantum abest, ut eadem sit cum verisimilitudine historica, et strictissime dicta, ut, si ad alterutram, vel dogmaticam, § 577, vel strictissime dictam eam referre necessarium esset, εἰκός poetarum ad dogmaticam potius referrem, favente satis Aristotele, qui *historicum* iubet, *quae facta sunt, poetam, qualia fieri debent, referre, et inde poesin meliorem et magis philosophicam laudat, quam historiam, quia magis universalia dicat, historia autem singularia. Universale enim esse, contingit talem talia dicere aut facere, secundum necessarium aut verisimile, singulare autem, quid Alcibiades fecerit, aut passus sit.*[1]

§ 587 Falluntur hinc critici quidam minus instructi verisimilitudinem poeticam ad historicae leges examinantes, quando poetam i. e. nunc fingentem heterocosmica statim condemnant peccati in verisimilitudinem, quando tunc et ibi fingit aliquem occidi, quando et ubi vixisse eundem adhuc historice vel verisimile vel omnino certum sit, nullis ulterius auditis rei exceptionibus. Falluntur auctores, qui vere novum mundum creantes de materiis etiam gravioribus in solis tamen fictionibus historicis subsistunt, et tunc rem suam optime se

[1] Vgl. Arist., *Poetik* 9, 1451b.

fahren sind. 5) Wenn man mit Edichtungen leichter Glauben erhoffen kann, als mit im strengsten Sinne Wahrem. Daß dies nicht eben selten erhofft werden kann, wird Glauben bei denjenigen finden, die wissen, wie oft es wie vielen Menschen nötig ist zu sagen: *Das hätte ich nie gedacht.*[3] 6) Wenn vorausgesehen wird, daß die Wahrheit im strengsten Sinne alles andere als dasjenige Leben enthalten wird, auf das man vor allem seine Absicht richtet.

§ 586 Wenn also das absolute Streben nach dem Wahren denjenigen, der schön denken will, dazu bewegt haben wird, Heterokosmisches zu erdichten, wird es schon in ein Streben nach poetischer Wahrscheinlichkeit verwandelt, die weit davon entfernt ist, dasselbe wie die historische und im strengsten Sinne genommene Wahrscheinlichkeit zu sein, so daß ich, wenn es nötig wäre, es einer von beiden, entweder der dogmatischen Wahrscheinlichkeit oder derjenigen im strengsten Sinne zuzuordnen, das Wahrscheinliche[1] der Dichter eher der dogmatischen Wahrscheinlichkeit zuordnen würde, in genügender Zustimmung zu Aristoteles,[2] der *den Geschichtsschreiber* heißt, *zu berichten, was geschehen ist, den Dichter aber, was geschehen muß, und der daher die Dichtung als etwas Besseres und Philosophischeres lobt als die Geschichtsschreibung, weil sie mehr das Allgemeine mitteilt, die Geschichtsschreibung aber Einzelnes. Das Allgemeine nämlich besteht darin, daß ein bestimmter Mensch gemäß der Notwendigkeit und Wahrscheinlichkeit etwas Bestimmtes sagt oder tut, das Einzelne aber darin, was Alkibiades tat oder was ihm zugestoßen ist.*

§ 587 Es täuschen sich daher gewisse weniger unterrichtete Kritiker, welche die poetische Wahrscheinlichkeit am Maßstab der Gesetze der Geschichte prüfen, wenn sie einen Dichter, das heißt nun einen, der Heterokosmisches erdichtet, des Verfehlens gegen die Wahrscheinlichkeit beschuldigen, wenn er erdichtet, daß dann und dort jemand getötet worden sei, wann und wo es historisch oder wahrscheinlich oder überhaupt gewiß sein mag, daß derselbe noch lebte, und ihn beschuldigen, ohne sich länger die Einwendungen des Angeklagten angehört zu haben. Es täuschen sich die Schriftsteller, die, indem sie eine wahrhaft neue Welt bezüglich noch wichtigerer Stoffe erschaffen, dennoch allein bei historischen Erdichtungen ste-

gessisse putant, quando bonum aliquem hominem eo induxerunt, ut nihil fraudis subesse cogitationibus senserit, habens, quicquid illi fingunt, pro strictissime veris, et anecdotis forsitan auro quovis carioribus. Hoc artificium videtur habere falsitatis aliquid per indirectum etiam aestheticae, § 464.

§ 588 Nec ponenda praesertim est verisimilitudo poetica in probabilitate, vel logica et disciplinari, vel historica et strictissime dicta illius hypotheseos, sub qua venustae cognitionis mediae obiecta, per fictionem poeticam fieri forte potuissent etiam in hoc universo, quaeque novi mundi quasi basis et fundamentum est, § 511. Nec est analogi rationis ordinario primas universi caussas, elementa et stamina prima penitius examinare, dum haeret in effectis phaenomenis. Quando vero figmentum analogicum omnino talia illi ponit ob oculos, § 516, quorum iam habet intra se quasdam anticipationes ex dudum sibi cognito mundo poetarum, § 573, hypothesin qualemcunque, lemmatis instar, arripit, per eandem, velut notum aliquem pontem, in novum tuum mundum *salire paratum habet, nec veretur*

> *Crura ponticuli, axulis stantis, irredivivus*
> *Ne supinus eat, cavaque in palude recumbat*, Cat.[1]

§ 589 Quum genus cogitandi poeticum, § 580, non sit, nisi venusta quaedam, saltim non inelegans, exceptio, §§ 585, 25, omnis eiusdem verisimilitudo in eo consistit, ut vel rationis etiam analogo pateat, esse, quae salva totius pulcritudine potuit, minima, vel certe ne pateat eidem contrarium, ne quid citra necessitatem aestheticam,

1 Vgl. Catull 17, 2–4.

henbleiben und dann meinen, ihre Sache bestens ausgeführt zu haben, wenn sie irgendeinen guten Mann dazu geführt haben, daß er keinen Betrug in ihren Gedanken wahrgenommen haben wird, indem er, was auch immer sie erdichten, für im strengsten Sinne Wahres und ihre Anekdoten vielleicht für wertvoller als jedes Gold hält. Dieser Kunstgriff scheint indirekt auch etwas von ästhetischer Falschheit zu haben.

§ 588 Die poetische Wahrscheinlichkeit darf auch nicht auf eine logisch und wissenschaftlich oder historisch und im strengsten Sinne verstandene Glaubhaftigkeit jener Annahme gegründet werden, nach welcher die Gegenstände der anmutigen mittleren Erkenntnis durch die poetische Erfindung vielleicht auch in dieser Welt hätten geschehen können, der Annahme, die gleichsam die Grundlage und das Fundament der neuen Welt ist. Es ist gewöhnlich auch nicht die Aufgabe des Analogons der Vernunft, die ersten Ursachen der Welt, ihre allerersten Grundteile und Schicksalsfäden genauer zu untersuchen, während es sich an die verursachten Erscheinungen hält. Wenn allerdings eine analogische Erdichtung dem Analogon der Vernunft überhaupt nur solche Dinge vor Augen stellt, von denen es in sich schon gewisse Vorbegriffe einer ihm lange bekannten Welt der Dichter hat, ergreift es diese Annahme, wie auch immer sie beschaffen sei, als ein vorausgesetztes Grundgerüst und *ist bereit*, über dasselbe, gleichsam wie über eine vertraute Brücke, in deine neue Welt

zu springen, nicht fürchtend die wackligen Stelzen des Brückleins, das auf wiederverwerteten Bohlen steht,[1]
oder fürchtend, es könne rücklings nachgeben und in den tiefen Sumpf sinken.

§ 589 Wenn die poetische Denkungsart nichts anderes ist als eine gewisse anmutige, zumindest nicht ungeschmackvolle Ausnahme, besteht all ihre Wahrscheinlichkeit darin, daß es auch dem Analogon der Vernunft entweder offenkundig ist, daß diese Ausnahme, soweit dies unter Wahrung der Schönheit des Ganzen möglich war, überaus geringfügig ist, oder daß ihm doch wenigstens nicht deren

§§ 491–503, 565, fictum vere dici posse videatur. Primam dicere VERISIMILITUDINEM liceat POETICAM POSITIVAM, NEGATIVAM alteram.

§ 590 Prima ergo quaestio foret in diiudicanda generis cogitationum poetici verisimilitudine, an omnino illud eligere fuerit aesthetice necessarium, an forsan etiam analogo rationis belle instructo pateat contrarium. Sic Quintilianus *historicis graecis* recte tunc obiicit *poeticam licentiam*,[1] quoties poetice quantumcunque verisimilia suis immiscent, quoniam his per historias omnino locus non est, § 584. Hanc verisimilitudinem, ut ita dicam, externam et respectivam ad conditionem auctoris et dignitatem operis aut totius, cui immiscendum est poetice verisimile, et dispositiones praecipuorum, quibus placere velis, spectatorum, plerumque supponimus ex definitione restrictioris cogitandi generis, quod aliquis semel elegit, postulati instar, hypothetice deducendam.

§ 591 Epopoeiam decent fabulae theologicae et heroicae, fictas fabellas genus cogitandi poeticum, et hinc peculiaris verisimilitudo e. c. Haec patent axiomatice. Unde postulata: Epopoeus, Aesopus e. c. esse qui velit, hanc quaerat verisimilitudinem. Ulterius ipsius meditationis diiudicatio vix adscendet aesthetica. An auctor bene, sapienter, et se suisque sperandis praesertim auditoribus convenienter decreverit epopoeus, Aesopus e.c. aliquis fieri verisimilitudinem et hinc pulcritudinem meditationis internam directo non tangit.

1 Vgl. Quint. 2, 4, 19.

Gegenteil offenkundig ist, damit es nicht so scheint, als könne man wahrhaft behaupten, etwas sei ohne ästhetische Notwendigkeit erdichtet worden. Es soll erlaubt sein, die erste die POSITIVE POETISCHE WAHRSCHEINLICHKEIT, die andere die NEGATIVE zu nennen.

§ 590 Die erste Frage in der Beurteilung der Wahrscheinlichkeit der poetischen Art von Gedanken mag also sein, ob es überhaupt nötig gewesen sein wird, jene Denkungsart zu wählen, oder ob vielleicht auch einem artig unterichteten Analogon der Vernunft das Gegenteil offenkundig sein mag. So wirft Quintilian den *griechischen Geschichtsschreibern* dann zu Recht ihre *dichterische Freiheit* vor, wann immer sie, in welchem Maß auch immer, in ihre Schriften Wahrscheinliches in poetischer Weise hineinmischen, weil ja dafür innerhalb der Geschichtsschreibung kein Platz ist. Bei dieser, wenn ich so sagen darf, äußerlichen Wahrscheinlichkeit, die auf die Bedingtheit des Autors und die Würde des Werks oder des Ganzen, in das auf poetische Weise Wahrscheinliches hineingemischt werden muß, sowie auf die Verfassung der vornehmlichen Betrachter, denen man gefallen will, bezogen ist, setzen wir meist voraus, daß sie in bedingter Weise aus der Erklärung derjenigen Denkungsart im engeren Sinne, die sich jemand einmal gleichsam als Anspruch gewählt hat, hergeleitet werden muß.

§ 591 Dem Epos stehen theologische und heroische Erzählungen gut an, den erdichteten Fabeln die poetische Denkungsart, und daraus ergibt sich eine je besondere Wahrscheinlichkeit usw. Dies ist vom Grundsatz her offenkundig. Daher ergeben sich die Forderungen: Wer ein Epiker, ein Aesop usw. sein wollen mag, möge sich um diese je eigene Wahrscheinlichkeit bemühen.[1] Dabei führt die ästhetische Beurteilung kaum über die Überlegung selbst hinaus. Ob ein Autor recht wohl, weise und ihm selbst sowie seinen Zuhörern, auf die vor allem zu hoffen ist, angemessen beschlossen haben wird, ein Epiker, Aesop usw. zu werden, berührt die Wahrscheinlichkeit und daher die innere Schönheit der Überlegung nicht.

§ 592 Secunda quaestio erit: An novus ille mundus, in quem poeta, sive prosaicus scriptor, sive metricus, sive pictor, sive sculptor e.c. fuerit, nos introducturus est, sit ex ipsius intentionibus eleganter exsequendis mundus, post hunc, optimus? immo an thema possit in eodem vere perfectius elegantiusque sisti iucundo cuidam vigilantium somnio, ac in hoc illud mundo cogitari potuisset? an in his solis momentis ad finem venustum facientibus mundus novus a nostro differat, an etiam frustra ponantur in eodem multa alia et diversa? Ovidius optimum aliquem maximum poetarum mundum descripturus in suis Metamorphoseon: tamen aliquam vult observare cum hoc universo conspirantem chronologiam:

primaque ab origine mundi
Ad sua perpetuum deducere tempora carmen.[1]

§ 593 Poetice ficturus, quantum ullus unquam poeta mentiri potuit, orditur tamen ab istis historiis, quas non pauci dogmatice veras omnino, plerasque omnes verisimiles concedant, iisque primum non nisi fictiones interserit, quas historicarum limites transgredi vel nemo, vel certe potissimum attendendi eius lectores hariolari non poterant. En! tibi primum Chaos, v. 5–20,

Hanc deus et melior litem natura diremit.[2]

Iamque separantur ignis, aqua, terra, aer,

qui, quanto est pondere terrae
Pondus aquae levius, tanto est onerosior igni, 53.[3]

An ergo gravitatem aeris antlia demum invenit? Interim omnia fiunt, usque ad animalia – – – 75,

[1] Vgl. Ovid, *Met.* 1, 3 f.
[2] Ebd. 1, 21.
[3] Ebd. 1, 52 f.

§ 592 Die zweite Frage wird sein: Mag jene neue Welt, in die uns der Dichter, ob er nun ein Verfasser von Prosa oder von gebundener Rede, ein Maler oder ein Bildhauer usw. ist, einführen will, wohl gemäß den Absichten, die geschmackvoll zu verfolgen sind, nach dieser unserer Welt die beste Welt sein? Ja vielmehr, mag das Thema in derselben wirklich vollkommener und geschmackvoller in einem angenehmen Wachtraum dargestellt werden, als es in dieser Welt hätte gedacht werden können? Mag sich die neue Welt von der unseren nur in diesen Hinsichten, die das anmutige Ziel erwirken, unterscheiden, oder mag in derselben auch nutzlos viel anderes und Verschiedenes gesetzt sein?[1] Ovid will in seinen *Metamorphosen* eine beste und überaus große Welt der Dichter beschreiben: Gleichwohl aber will er auf eine Chronologie achten, die mit dieser Welt in etwa in Einklang steht, und seinen

Gesang vom Urbeginn der Welt an
ununterbrochen fort bis auf die eigene Zeit leiten.

§ 593 Indem er in einem Maße poetisch erdichten will, in dem je ein Dichter zu täuschen vermocht hat, beginnt er dennoch bei denjenigen Geschichten, denen nicht wenige Menschen zugestehen mögen, daß sie dogmatisch gänzlich wahr, und alle, daß die meisten wahrscheinlich seien, und fügt zuerst nur solche Erdichtungen dazwischen, bei denen niemand oder gewiß keiner seiner Leser, auf die er hauptsächlich zu achten hatte, vorhersehen konnte, daß sie die Grenzen des Historischen überschreiten würden. Sieh und schau dir zuerst das Chaos an –

diesen Zwiespalt lösten ein Gott und bessere Ordnung.

Und schon werden Feuer, Wasser, Erde und Luft voneinander geschieden, die Luft,

die, um so viel leichter als das Gewicht der Erde
das Gewicht des Wasser ist, um so viel schwerer ist als das Feuer.

Findet also erst die Pumpe das Gewicht der Luft heraus? Unterdessen entsteht alles, bis hin zu den Tieren.

Sanctius his animal, mentisque capacius altae,
Deerat adhuc, et quod dominari in cetera posset.
Natus homo est. Sive hunc divino semine fecit
Ille opifex rerum, mundi melioris origo,
Sive recens tellus[1]

fuit, quam Prometheus

Finxit in effigiem moderantum cuncta deorum.
Aurea prima sata est aetas, quae vindice nullo,
Sponte sua, sine lege fidem rectumque colebat, 90.
– – –
Protinus irrumpit venae peioris in aevum,
Omne nefas, fugere Pudor Verumque, Fidesque,
In quorum subiere locum Fraudesque, Dolique
Insidiaeque et Vis et Amor sceleratus habendi, 130.
– – –
In facinus iurasse putes. Dent ocius omnes,
Quas meruere pati, sic stat sententia, poenas, 243.
– – –
Est tamen humani generis iactura dolori, 246.
– – –
Rex superum trepidare vetat, sobolemque priori
Dissimilem populo promittit origine mira, 252.
– – –
Iamque mare et tellus nullum discrimen habebant
Omnia pontus erant, deerant quoque littora ponto, 292.[2]

Iamque satis sibi strictissime veri verisimilisque historici propinasse vates videtur, ut imprudentes sensim ex hoc omnino universo rapti, quasi per somnium, in eum mundum deferantur, ubi homines ex

1 Ebd. 1, 76–80.
2 Ebd. 1, 84, 90 f., 129–132, 242 f., 246, 251 f., 291 f.

Noch fehlte ein Wesen, edler als diese Tiere und eher als sie befähigt zu hohen Gedanken,
auf daß es die Herrschaft über alles übrige ausüben könnte –
da trat der Mensch in die Welt, sei es, daß ihn aus göttlichem Samen
jener Baumeister des Alls, der Schöpfer einer besseren Weltordnung, hervorgehen ließ,
oder daß die junge Erde

es war, die Prometheus nahm, und ihn

formte nach dem Bild der alles regierenden Götter.
Ein goldenes Geschlecht wurde zuerst erschaffen, das ohne Beschützer
aus eigenem Trieb und ohne Gesetz die Treue und Redlichkeit übte.
– – –
Doch sogleich in der Zeit des schlechteren Metalls brach
jeglicher Frevel hervor. Es flohen Scham, Wahrheit und Treue.
Deren Platz nahmen Betrug und Hinterlist ein,
Heimtücke, Gewalt und heillose Habsucht.
– – –
Man könnte glauben, sie hätten sich allesamt zur Bosheit verschworen! So werde denn auch allen
unverzüglich – der Entschluß steht fest – die Strafe zuteil, die sie verdienen!
– – –
Und dennoch schmerzt die Götter der Verlust des Menschengeschlechts.
– – –
Der König der Himmlischen verbietet, sich zu beunruhigen, ein neues Geschlecht,
unähnlich dem vorigen, verheißt er, aus wunderbarem Ursprung.
– – –
Und schon war zwischen Erde und Meer kein Unterschied:
Alles war Meer, ein Meer ohne Ufer.

Und schon scheint es dem Sänger, genug an im strengsten Sinne Wahrem und historisch Wahrscheinlichem zum besten gegeben zu haben, um die sachte aus dieser Welt entrückten Unwissenden nun, gleichsam durch einen Traum, in diejenige Welt fortzubringen, wo aus Steinen Menschen werden,[1] aus Daphne ein Lorbeer,[2] aus Io

saxis, ex Daphne laurus, ex Ione iuvenca, ex iuvenca Io, et si qua sunt alia,

quae speciosa dehinc miracula promit.[1]

§ 595 Hae quaestiones, §§ 590, 592, non sunt solae, nec primariae, §§ 585, 588. Sit necessarium heterocosmica ponere, sit eorum non maior, ac necessaria, differentia, ab hoc universo. Iam tertium quaeritur: An ex omni mundo poetarum et eius regionibus uberioribus, dignioribus, verisimilioribus, notioribus e. c., § 22, novam tuam potius desumseris fictionem, quam ut in ignotas fabularum ambages, sine necessitate aesthetica, tuos induxeris hospites? An hoc contrarium perfectioni possit etiam ab analogo rationis deprehendi? §§ 513, 516. Habes iteratum Horatii praeceptum:

Ex noto fictum carmen sequar.[2]

Fictionis poetica verisimilitudo praesertim postulat, ut mundo poetarum in iis, in quibus recedit ab hoc universo, sit adeo similis et consentanea, ac illud pulcritudo totius permittit, quod cogitas, § 484.

§ 596 Hinc necessitas studii mythologici non illius graeci romanique tantum, sed omnium temporum et locorum, quorum fama, cabbala, traditiones dare poterunt regionem mundi poetici alicui cogitanti certorum in gratiam de certo themate praesertim commendabilem, § 594. Nec obiicias dissensus veterum in ipso hoc mundo poetarum, si chaos eius primitivum a derivativo sensim illito mundo ac decore distinguas, tecumque cogites difficultatem, in qua non ita longe tempore inter se distantes poetae quondam versabantur notum sibi reddendi vix ante se natum locupletatumve mundum poeticum,

1 Vgl. Horaz, *A. p.* 144.
2 Ebd. 240.

eine Kuh, aus der Kuh eine Io,[3] und wenn es noch andere Dinge gibt,

die er dann als glänzende Wunderdinge zeigt.

§ 595[1] Diese Fragen sind weder die einzigen noch die wichtigsten. Es mag notwendig sein, Heterokosmisches aufzustellen, dessen Unterschied zu dieser Welt nicht größer sein mag als notwendig. Und schon muß als drittes gefragt werden: Wirst du deine neue Erdichtung nicht besser aus der ganzen Welt der Dichter und deren reicheren, würdigeren, wahrscheinlicheren, bekannteren usw. Gebieten genommen haben als deine unerfahrenen Leser ohne ästhetische Notwendigkeit auf unbekannte, verschlungene Pfade von Fabeln zu leiten? Mag dies, als der Vollkommenheit Entgegengesetztes, auch vom Analogon der Vernunft verstanden werden? Hier hast du noch einmal die Vorschrift des Horaz:

Aus Altbekanntem will ich den dichterischen Gesang schaffen.

Die poetische Wahrscheinlichkeit der Erdichtung verlangt vor allem, daß sie bei den Dingen, bei denen sie von dieser Welt abweicht, der Welt der Dichter so ähnlich sei und so mit dieser zusammenstimmend, wie es die Schönheit des Ganzen, das du dir denkst, erlaubt.[2]

§ 596 Daher besteht die Notwendigkeit des Studiums der Mythologie, nicht nur der griechischen und römischen, sondern aller Zeiten und Länder, deren Ruhm, mündliche[1] und schriftliche Überlieferungen jemandem, der über ein bestimmtes Thema zugunsten genauerer Bestimmungen nachdenkt, ein jeweils besonders empfehlenswertes Gebiet der Welt der Dichter darbieten können werden.[2] Wende dagegen nicht die Uneinigkeiten der Alten in dieser Welt der Dichter selbst ein, indem du einen Unterschied machst zwischen deren anfänglichem Chaos und der daraus abgeleiteten und allmählich ausgemalten Welt und deren Zierde. Denke dir die Schwierigkeit, in der sich einstmals die Dichter, die voneinander durch eine nicht gerade lange Zeit entfernt waren, befanden, sich mit der nur wenige Zeit vor ihnen entstandenen und bereicherten

quae nunc omnis paene disparuit. Probe perpendendum est argumentum Ovidii probans, quando iam in heterocosmica mergitur altius:

Quis hoc credat, nisi sit pro teste vetustas? Met. I 400.[1]

Cui consentit illud Virgilii de navibus in nymphas mutatis:

Prisca fides facta, sed fama perennis.[2]

§ 597 Quartum quaeritur: An poetice fingens mundi poetici utopiam tetigerit ingressusque sit, ultra § 456 limites, et ita quidem, ut deprehendi possit in bidentali per ipsum analogon rationis, an omnino tristes eiusmodi campos vitris fractis merorumque somniorum interpretamentis auxerit? § 574. Multo venustius princeps Gallorum epicus vates eremitam fatidicum, fanaticismi daemonem, Ludovicum sanctum ducem Henrici magni per caelos et inferos fingit, ac si deos maiorum minorumque gentium ex utopicis graecorum vel romanorum intermundiis revocasset.

§ 598 Quinta sit quaestio: An poeta non ea coniunxerit, quae seorsim quidem sic se bene satis habere, qua possibilitatem aesthetice perspiciendam, possent, sint tamen in unum conflata incompossibilia? Hoc tribus potissimum contingere posset rationibus, 1) si regiones mundi poetici per aeternas inimicitias seiunctae confunderentur, cuius casus exemplum est § 515. Mundus enim poetarum habet suas insulas et peninsulas, neque vatum

Nequicquam deus abscidit
Prudens Oceano dissociabiles
Terras.[3]

1 Ovid, *Met.* 1, 400.
2 Vergil, *Aen.* 9, 79.
3 Vgl. Horaz, *Carm.* 1, 3, 21–23.

dichterischen Welt bekannt zu machen, eine Schwierigkeit, die heute beinahe ganz verschwunden ist. Wohl zu erwägen ist das beweisende Argument Ovids, das er vorbringt, als er sich schon tiefer in Heterokosmisches hineinversenkt:

Wer wollte dies glauben, wenn es nicht die graue Vorzeit bezeugte?

Damit stimmt auch jenes Wort Vergils über die in Nymphen verwandelten Schiffe überein:

Zwar ist die Tat alt, doch ewig ihr Nachruhm.

§ 597 Als viertes wird gefragt: Wird derjenige, der poetisch erdichtet, eine Utopie der dichterischen Welt betreten haben und mag er über die in § 456 beschriebenen Schranken hinausgegangen sein, und zwar in der Weise, daß er durch das Analogon der Vernunft selbst bei der Entweihung eines Blitzmals ertappt wird?[1] Wird er die tristen Gefilde dieser Art einfach mit zerbrochenem Glas und Ausdeutungen bloßer Träume ausgeschmückt haben?[2] Viel anmutiger erdichtet der vorzüglichste epische Sänger der Franzosen einen weissagenden Einsiedler, einen Dämon der Geisttreiberei, einen heiligen Ludwig als Führer Heinrichs des Großen durch Himmel und Hölle,[3] als wenn er die Götter der älteren oder späteren Geschlechter[4] aus den utopischen Zwischenwelten der Griechen oder Römer wieder zurückgerufen hätte.

§ 598 Die fünfte Frage sei: Wird der Dichter nicht solche Dinge miteinander verbunden haben, die jeweils für sich betrachtet, sich nach ihrer ästhetisch zu erkennenden Möglichkeit gewiß recht wohl so verhalten könnten, aber dennoch, in Eines zusammengeschmolzen, miteinander unvereinbar sein mögen? Dies könnte vor allem drei Arten und Weisen umfassen: 1) Wenn Gebiete der poetischen Welt, die durch ewige Feindschaft getrennt sind, vermischt würden, für welchen Fall § 515 ein Beispiel gibt. Denn die Welt der Dichter hat ihre Inseln und Halbinseln, und nicht

vergebens hat ein Gott der Sänger *geschieden*
einsichtsvoll die unvereinbaren Länder durch den Ozean,

Quibus interiecta *vada* non bene *transiliuntur*,[1] 2) si mundo poetarum affingitur aliquid, quod in se nihil implicat contradictionis aestheticae, sumtae tamen iam semel mundi poetici portioni sic repugnaret, ut fieret figmentum anomalon sine necessitate, § 520.

§ 599 3) Si semel transgressis in heterocosmica nobis talia huius universi phaenomena et ea strictissime vera denuo non opinantibus exponerentur, quibus, quoniam stare cum mundo ficto non possunt, velut expergefacti ex somnio vigilantium spontaneo cogeremur forsan subinviti tunc, quando nondum tempus est, agnoscere ficta esse, et quidem strictius, omnia, quae, tanquam praesentia, praestigiis poetae lubenter cedentes ad aulaea usque volebamus intueri. Ob hoc vitium vitandum Aristoteles satis lepide poetam excusatione dignum iudicavit, *si facta pangat*,[2] et strictissime vera scribat, quam tamen ipsi non concedit, nisi quando et in quantum sint verisimilia, quod hic interpretor in omni suo ambitu, ut habeant etiam verisimilitudinem poeticam, ut in novo illo mundo, quem fingimus, aeque locum habeant, ac in hoc. Tunc enim, ut illius, non ut huius portiones spectatae spontaneum voluptatis caussa somnium temere non interrumpent.

§ 600 Sextum quaeritur: An poeta mundum, praeter hunc, optimum suis finibus legens, § 591, figmentum suum bene analogicum, §§ 516, 595, conformaverit mundi poetici inter portiones insociabiles, § 598, illi potissimum parti ac regioni, quae iisdem poetae finibus est optima? Habent omnes paene religiones aliquam suam partem in mundo poetarum. Quaevis paene rerum publicarum historia,

1 Vgl. ebd., 1, 3, 24.
2 Vgl. Arist., *Poetik* 9, 1451b29.

bei denen die dazwischenliegenden *Untiefen* nicht recht wohl *übersprungen* werden können. 2) Wenn etwas innerhalb der Welt der Dichter hinzugedichtet wird, das in sich keinen ästhetischen Widerspruch einschließt, aber dennoch einer bereits schon angenommenen Maßgabe der poetischen Welt so widerstreben würde, daß es ohne Notwendigkeit zu einem regelwidrig Erdichteten würde.[1]

§ 599 3) Wenn uns, nachdem wir einmal in die heterokosmische Welt hinübergeschritten sind, wiederum solche Erscheinungen dieser Welt und im strengsten Sinne Wahres ohne unser Vermuten auseinandergesetzt würden, durch die wir, weil sie mit der erdichteteten Welt nicht zusammen bestehen können, gleichsam wie aus einem freiwilligen Wachtraum aufgeweckt, vielleicht fast gegen unseren Willen und wenn es noch nicht an der Zeit ist, gezwungen würden zu erkennen, daß alles – und zwar im engeren Sinne – erfunden ist, was wir, als ob es gegenwärtig wäre und indem wir uns den Blendwerken der Sinne des Dichters mit Vergnügen hingeben, bis zum Ende des Stücks[1] anschauen wollten. Um diesen Fehler zu vermeiden, hat Aristoteles recht artig erklärt, daß der Dichter der Entschuldigung würdig ist, *wenn er wirklich Geschehenes besingt* und im strengsten Sinne Wahres schreibt, was er ihm aber nur dann zugesteht, wenn und soweit diese Dinge wahrscheinlich seien, was ich hier in seinem ganzen Umfang auslege, nämlich, daß sie auch eine poetische Wahrscheinlichkeit besitzen, so daß sie in jener neuen Welt, die wir erdichten, gleichermaßen ihren Ort haben wie in dieser.[2] Dann nämlich werden sie, als Maßgaben jener, nicht dieser Welt betrachtet, den um des Vergnügens willen gewählten freiwilligen Traum nicht vor der Zeit unterbrechen.

§ 600 Als sechstes wird gefragt: Wird der Dichter, der sich eine Welt, die mehr als diese für seine Zwecke die beste ist, wählt, seine recht aufgefaßte analogische Erdichtung unter lauter nicht miteinander zu vereinbarenden Anteilen der poetischen Welt, vornehmlich jenem Teil und jenem Gebiet entsprechend gestaltet haben, die für eben seine Zwecke die besten sind? Beinahe alle Religionen haben irgendeinen ihnen eigenen Anteil an der Welt der Dichter. Beinahe jede Geschichte von Angelegenheiten des Staatswesens *ver-*

si surgere velis in prima ditionum tempora, fictionum et incertae satis famae

caput inter nubila condit.[1]

Hinc utique peccaret in verisimilitudinem etiam poeticam, qui Turcae e.g. mysteria veterum aegyptiorum affingeret, et Sinensibus Gothorum mythologias. Illi autem non peccarent, qui Christiani de Christiano Christianorum gratia nonnihil fingentes semper et ubique mundum superstitionum graecorum et romanorum habitant? Miltoni mundus est verisimilior.

§ 601 Septima sit quaestio: Si figmentum prorsus ignotum ausus aliquis est afferre, et octava: si quis omnino figmentum anomalon formaverit, an utrumque satis habeat internae verisimilitudinis, qua compensari possit, quicquid primo falsi simile talibus in fictionibus videbatur, ut ultima tandem fictio correctio potius haberi possit mundi poetici, quam turpis in eodem anomalia, §§ 518, 520. Nona: An fabularum sententia, § 526, de facto verisimilitudinem dogmaticam moralem latius dictam, § 577, de iure, simul strictius dictam habeat? §§ 433, 435. An satis ex fabulae eventu pateat, velitne sententiam auctor de facto tantum, an etiam de iure veram intelligi? § 584.

§ 602 Phaedri l. II, f. 1 veram habet sententiam de iure, cuius exemplum est leo partem praedae praedoni denegatam innoxio viatori relinquens.

Exemplum egregium prorsus et laudabile
Verum est aviditas dives, et pauper pudor.[2]

1 Vgl. Vergil, *Aen.* 4, 177.
2 Phaedr. 2, 1, 11 f.

birgt, wenn du zu den frühesten Zeiten der Rechtsprechung zurück emporsteigen willst,

das Haupt in den Wolken

von Erdichtungen und genugsam ungewissen Sagen.[1] Daher verstieße unter allen Umständen gegen die Wahrscheinlichkeit, auch gegen die poetische, wer z. B. den Türken die Mysterien der alten Ägypter oder den Chinesen die Mythologien der Goten andichten würde. Doch würden diejenigen keinen Fehler begehen, die als Christen um der Christen willen etwas über Christliches erdichten und sich dabei immer und überall in der Welt des griechischen und römischen Aberglaubens aufhalten? Die Welt eines Milton ist wahrscheinlicher.[2]

§ 601 Die siebte Frage sei: Wenn irgend jemand es gewagt hat, ein geradewegs unbekanntes Erdichtetes vorzubringen, und die achte Frage, wenn jemand ein gänzlich regelwidrig Erdichtetes geschaffen haben wird: Mag dann in beiden Fällen das Erdichtete genug an innerer Wahrscheinlichkeit haben, durch die ausgeglichen werden könnte, was auch immer in solchen Erdichtungen auf den ersten Blick dem Falschen ähnlich erschien, so daß schließlich die letztgenannte, innerlich wahrscheinliche Erdichtung eher für eine Verbesserung der poetischen Welt gehalten werden könnte als für eine häßliche Regelwidrigkeit? Und die neunte Frage: Mag der Sinnspruch einer Fabel der Tatsache nach eine dogmatische sittliche Wahrscheinlichkeit im weiteren Sinne und zugleich von Rechts wegen eine Wahrscheinlichkeit im engeren Sinne haben?[1] Mag vom Ausgang der Fabel her offenkundig sein, ob der Verfasser den Sinnspruch nur als den Tatsachen nach oder auch als von Rechts wegen wahr verstanden wissen möchte?[2]

§ 602 Die erste Fabel im zweiten Buch des Phaedrus enthält einen wahren Sinnspruch von Rechts wegen, dessen Beispiel der Löwe ist, der einen Teil der Beute, den er einem Räuber verweigert hat, einem unschuldigen Wanderer überläßt.

Vortrefflich und lobenswert ist das Beispiel des Löwen.
Aber leider ist Habsucht oft reich und arm die Bescheidenheit.[1]

F. 2 sententiam de facto tantum intelligendam docet turpis viri calvities uxorii:

A foeminis utcunque spoliari viros,
Ament, amentur, nempe exemplis discimus.[1]

L. III, f. 5 vero quoniam maxime pronam hanc daret sententiam: prudens aliquando fert iniurias agendo gratias et incitando in potentiorem vindicem, quae, sane, vix fuisset strictius vera moraliter sententia: fabula quidem narratur, verior autem ascribitur sententia; licet nimis generalis:

Successus ad perniciem multos devocat.[2]

§ 603 Haec sententiae veritas moralis primarium est, quod in fabularum verisimilitudine sit attendendum, § 600, cui iungi tamen secundariae possunt decima quaestio: An fabula, quae narrationis titulo strictius ornata non ultra fictiones historicas progredi debeat, incidat nihilominus in licentiam poeticam? An eadem leges fictionum historicarum affabre servans possit in re graviori eo usque fallere, ut pro strictissime vero habeatur a multis cum notabili ipsorum detrimento? §§ 527, 587. Exemplum fabulae, cui et veritas dogmatica, § 601, desit, et utrumque vitium inhaereat, quod iam indicavimus, esse potest Philostratus in sua de Apollonio Tyaneo fabula.

§ 604 Undecima quaestio: An fabula, poetica etiam, § 527, si opus fuisse videatur, non potuerit aeque bene veritatem sententiae dogmaticam exprimere strictius probabilis, ac strictius improbabilis? § 532. Aequalis hic bonitas est aequalis totius pulcritudo, quam non semper obtinebunt, probabilitate historica gaudentes prae iis, in qui-

1 Ebd. 2, 2, 1 f.
2 Ebd. 3, 5, 1.

In der zweiten Fabel lehrt uns die häßliche Glatzköpfigkeit eines Mannes, der unter dem Pantoffel steht, einen Sinnspruch, der nur den Tatsachen nach zu verstehen ist:

Daß Weiber jedenfalls die Männer plündern,
ob liebend, ob geliebt, das lehrt uns freilich die Erfahrung.[2]

Weil die fünfte Fabel im dritten Buch wahrlich den überaus leichten Sinnspruch ergeben würde: Ein kluger Mensch erträgt bisweilen Unrecht, indem er sich bei seinem Peiniger bedankt und einen mächtigeren Rächer gegen ihn aufreizt, was allerdings kaum ein sittlich wahrer Sinnspruch im engeren Sinne gewesen wäre: So wird die Fabel zwar erzählt, ihr aber ein wahrerer Sinnspruch hinzugefügt, mag er auch allzu allgemein sein:

Ein günstiger Erfolg ruft viele zum Verderben.[3]

§ 603 Diese sittliche Wahrheit ist das Hauptsächlichste, was bei der Wahrscheinlichkeit von Fabeln beachtet werden müssen mag, mit dem jedoch, als zehnte Frage, weitere nachfolgende Dinge verknüpft werden können: Mag wohl eine Fabel, die, mit dem Titel einer Erzählung im engeren Sinne versehen, nicht über historische Erdichtungen hinausgehen darf, nichtsdestoweniger in eine poetische Freiheit verfallen? Oder mag dieselbe, indem sie sich kunstgerecht an die Gesetze der historischen Erdichtungen hält, in einer wichtigeren Sache bis zu einem Maße in die Irre führen, daß sie von vielen mit merklichem Schaden ihrer selbst für im strengsten Sinne wahr gehalten werden mag? Ein Beispiel einer Fabel, der sowohl die dogmatische Wahrheit fehlen mag als auch beide Fehler, die wir gerade angezeigt haben, innewohnen mögen, kann Philostrat bei seiner Erzählung über Apollonius von Tyana[1] sein.

§ 604 Die elfte Frage: Wird wohl eine Fabel, auch eine poetische, im Falle es notwendig zu sein scheint, die dogmatische Wahrheit eines Sinnspruches nicht gleichermaßen gut als im engeren Sinne glaubhafte Fabel wie auch als im engeren Sinne unglaubhafte Fabel ausdrücken können? Die gleiche Güte bedeutet hier die gleiche Schönheit des Ganzen, die diejenigen Fabeln, die sich einer histori-

bus verisimilior probabilitas, licet poetica tantum, fulget, § 533. An fabula, etiam improbabilis belle et recte, nihil tamen improbabilium contineat, nisi quot et qualia requiruntur ad illustrandam sufficienter sententiam? § 589. Haec videtur illa fuisse caussa, ob quam Longinus, non Iliadi, fabulae non minus poeticae, et ex meo sensu strictius etiam improbabili, sed Odysseae tamen, fabularum amorem vitio vertit, § 311.

§ 605 Duodecima quaestio non in eo consistet, potissimum, an fabula quaedam poetica, et fictio fabulosa, rectius rationalis sit, ac fictus aliquis apologus, atque pulcrius, praesertim hac aetate nostra, qua animalibus etiam praeter hominem aliis denuo nonnihil intellectus ac rationis veritate sic satis aesthetica tribuitur, an tandem rectius mere rationalis quam mixta, § 537. Haec potius sit: An fictis personis, iis etiam, quas alias bruta censemus, immo vegetabilia, suum tamen ἦθος verisimile tribuatur, quod aut ex analogia mundi poetici, aut ex insufficientibus historiae naturalis traditionibus, aut ex opinionibus eorum, quorum potissimum gratia scribimus, ipsis conveniat? § 495.

§ 606 In fabula Aeneidos rationali pius Aeneas ἦθος personae, quam ipsi semel imposuit poeta, sustinens ita primum prodit in scenam, l. I 96,

Extemplo Aeneae solvuntur frigore membra,
Ingemit et duplices tendens ad sidera palmas
Talia voce refert: O! terque quaterque beati,
Quis ante ora patrum, Troiae sub moenibus altis,
Contigit oppetere![1]

Ita postremam scenam concludit, ut vel in hostem Turnum lenis esse inciperet, huius

1 Vergil, *Aen.* 1, 92–96.

schen Glaubhaftigkeit erfreuen, nicht immer vor denjenigen erzielen werden, bei denen eine wahrscheinlichere, wenn auch nur poetische Glaubhaftigkeit hervorleuchtet. Mag eine Fabel, auch eine wohl und recht unglaubhafte, dennoch nichts Unglaubhaftes enthalten als so viel und in der Art, wie es zur ausreichenden Erhellung ihres Sinnspruches erforderlich ist? Darin scheint der Grund gelegen zu haben, daß Longin nicht der *Ilias*, einer nicht weniger poetischen und nach meinem Gefühl auch im engeren Sinne unglaubhaften Fabel, sondern gleichwohl der *Odyssee* die Liebe zu Fabeln als Fehler anrechnet.[1]

§ 605 Die zwölfte Frage besteht nicht hauptsächlich darin, ob eine gewisse Fabel, eine fabelhafte Erdichtung richtiger und schöner eine vernünftige Fabel sei als irgendeine erdichtete aesopische Tierfabel, vor allem in dieser unserer Zeit, in der auch anderen beseelten Wesen außer dem Menschen von neuem etwas Verstand und Vernunft, mit einiger ästhetischer Wahrheit, zugeschrieben wird, und ob sie schließlich richtiger nur vernünftig als gemischt sei. Die Frage sei eher: Mag wohl den erdichteten Personen selbst, auch Wesen, die wir sonst als Vieh[1] oder sogar als Pflanzen einschätzen, dennoch ein ihnen eigenes, wahrscheinliches Ethos zugeschrieben werden, das ihnen entweder aufgrund der Ähnlichkeit mit der dichterischen Welt oder aufgrund der unzulänglichen Überlieferungen der Naturgeschichte oder aufgrund der Meinungen derjenigen, um derentwillen wir hauptsächlich schreiben, zukommen mag?

§ 606 In der vernünftigen Fabel der *Aeneis* tritt der fromme Aeneas, indem er das Ethos der Person aufrechterhält, das ihm der Dichter einmal gegeben hat, zuerst so auf die Bühne:

Eisiger Schreck läßt gleich Aeneas' Glieder erstarren,
beide Hände reckt er mit lautem Seufzer gen Himmel,
und seine Stimme erscholl: ›O selig dreimal und viermal,
denen vor den Augen der Väter und unter den hohen Mauern von Troja
ward beschieden zu sterben!‹

Und die letzte Szene beschließt der Dichter so, als ob Aeneas sogar gegenüber seinem Feind Turnus milde zu werden beginnen würde –:

infelix humero quum apparuit alto
Balteus, et notis fulserunt cingula bullis
Pallantis pueri, victum quem vulnere Turnus
Straverat, atque humeris inimicum insigne gerebat.
Ille, oculis postquam saevi monumenta doloris
Exuviasque hausit, furiis accensus et ira
Terribilis: Tune hinc spoliis indute meorum
Eripiare mihi? Pallas te hoc vulnere, Pallas
Immolat, ac poenam scelerato ex sanguine sumit.
Hoc dicens ferrum adverso sub pectore condit
Fervidus: ast illi solvuntur frigore membra,
Vitaque cum gemitu fugit indignata sub umbras.[1]

Gemitus et frigore soluta membra incipientis Aeneae, finientis in hoste sunt, pius autem in deos, patriam, suos Aeneas sibi constans semper manet unus et idem, § 605.

§ 607 Quaestio decima tertia: An in fabulis, quae vel huic simpliciter et per eminentiam connexae dici videantur, implicitis, § 535, venustus ille nexus observatur, quo praeparantur in ipsa iam colligatione remotius, in transitu propius omnia catastrophae et solutioni ita, ut imprudentibus quidem, neque tamen non verisimilis, haec eveniat praesenti sic inserendo praeteritum, ut vel inopinatum maxime, natum tamen inde futurum appareat, eaque omnia servent iucundam istam unitatem, qua nihil cogitatorum deesse, postque factam solutionem nihil amplius desiderari posse videatur? §§ 437, 439. Nec hic minor cura verisimilitudinis moralis, § 604, et cuiusdam analogiae, in ipsis imponendis nominibus, § 594.

Quod si personis iisdem uti aliis non licet,
Qui magis licet currentes servos scribere,
Bonas matronas facere, meretrices malas,

1 Ebd. 12, 941–952.

Doch wehe, da sah er hoch an dessen Schulter
jenes Waffengehenk des jungen Pallas mit seinen
deutlich glänzenden Buckeln, den Turnus mit tödlicher Wunde
niedergestreckt und dann den Raub an der Schulter getragen.
Kaum gewahrte Aeneas die Beute, des wütenden Schmerzes
mahnend erinnerndes Mal, da fuhr er in rasendem Ingrimm
glühend empor: ›Du willst mit dem Raube der Meinen bekleidet
mir entrinnen? Nein! Dich tötet Pallas, und Pallas
opfert dich der Rache in deinem sündigen Blute.‹
Rief es und zornig durchstieß er mit dem Schwerte des Feindes
dargebotene Brust; da sanken erkaltet des Turnus
Glieder, und seufzend entfloh sein zürnender Geist zu den Schatten.

Das Seufzen und die vor Kälte erschlafften Glieder werden am Anfang dem Aeneas, am Schluß dem Feind zugeordnet, doch in seiner Frömmigkeit gegenüber den Göttern, seinem Vaterland und den Seinen bleibt Aeneas sich selbst treu, immer einer und derselbe.

§ 607 Die dreizehnte Frage: Mag wohl in denjenigen Fabeln, die hier einfach und schlechthin ›verbunden‹ genannt zu werden scheinen, mag in diesen verflochtenen Fabeln jener anmutige Zusammenhang beobachtet werden, durch den schon in der Verknüpfung des Knotens von fernerhin, und im Übergang dann näherhin, alles für die entscheidende Wendung und die Auflösung so vorbereitet wird, daß diese sich zwar vor nichtsahnenden Zuschauern, nicht aber als nicht wahrscheinlich ereignet, indem das Vergangene so in das Gegenwärtige gefügt ist, daß daraus dennoch auch eine überaus unvermutete Zukunft erwachsen zu sein scheint, und mag dies alles wohl diejenige angenehme Einheit bewahren, durch die kein Gedanke zu fehlen und nach erfolgter Lösung nichts weiteres mehr wünschbar erscheinen mag?[1] Auch hier darf die Sorge um die sittliche Wahrscheinlichkeit und um eine gewisse Analogie nicht geringer sein, selbst bei der Verwendung von Namen.[2]

Und wenn die gleichen Rollen uns kein andrer mehr vorführen darf,
wie kann man fortan geschäftige Sklaven, biedere Hausfrauen
schildern, böse Dirnen,

Parasitum edacem, gloriosum militem,
Puerum supponi, falli per servum senem,
Amare, odisse, suspicari? Ter., Eun., prol.[1]

Immo vero, non licet solum, sed et oportet saepe numero, § 433.

§ 608 Quaestio decima quarta: An sententia satis grandis est, ut eidem sine anthropomorphismo, qui vel analogo rationis talis esse videatur, crasso possint exempla divina subsumi? an exempla divinorum ita se gerant, ut ex iis per argumentum a minori ad maius, divina pulcre per analogon rationis colligi possint? An in utrisque casibus omnia vere se habeant, secundum exactum analogi rationis iudicium, θεοπρεπῶς, §§ 435, 399. In Phaedri l. III, f. 17 primum licet quaerere, an aesopicis divina fabulis miscere conveniat? Sed hoc mittamus. Deinde Minervae admiranti *quare Divi sibi steriles arbores legerent,*

Olim quas vellent esse in tutela sua,
caussam dixit Iuppiter:
Honore fructum ne videamur vendere.[2]

Minerva olivam propter fructum praefert, et corrigit sententiam suam, iamque sic sentit

Deorum genitor atque hominum sator:
Nisi utile est, quod facimus, stulta est gloria.[3]

§ 609 Sententia dicitur dictae fabulae:

Nihil agere, quod non prosit, fabella admonet.[4]

Iam ergo quaeritur, an declaretur exemplo ficto aliter, quam suppo-

1 Ter., *Eun.* 35–40.
2 Vgl. Phaedr. 3, 17, 1 f., 5–7.
3 Ebd. 3, 17, 10 und 12.
4 Ebd. 3, 17, 13.

gefrässige Schmarotzer, einen ruhmreichen Soldaten,
ein untergeschobenes Kind, einen von seinem Sklaven geprellten Alten,
wie Liebe, Haß und Argwohn?

Nein, dies[3] ist vielmehr in der Tat nicht nur erlaubt, sondern oft auch nötig.

§ 608 Die vierzehnte Frage: Ist der Sinnspruch genügend bedeutsam, daß ohne einen groben Anthropomorphismus, der auch dem Analogon der Vernunft als ein solcher erscheinen mag, göttliche Beispiele unter ihn eingeordnet werden mögen? Mögen die Beispiele von Göttlichem wohl in einer Weise auftreten, daß aus ihnen durch den Schluß vom Kleineren auf das Größere das Göttliche durch das Analogon der Vernunft aufgenommen werden mag? Mag sich, gemäß dem genauen Urteil des Analogons der Vernunft, in beiden Fällen wohl wirklich alles des Göttlichen würdig verhalten? Bei der siebzehnten Fabel im dritten Buch des Phaedrus[1] ist es gestattet zu fragen, ob es sich ziemen mag, in aesopische Fabeln Göttliches hineinzumischen? Doch wir wollen dies sein lassen. Weiterhin: Der Minerva, die sich wunderte, *warum die Götter sich unfruchtbare Bäume ausgewählt hätten,*

einst, die sie in ihrem Schutze haben wollten, gab Jupiter die Antwort:
›Damit es nicht den Schein gewinne, wir verkauften die Ehre um die Frucht.‹

Minerva aber zieht die Olive wegen ihrer Früchte vor, und schon verbessert seinen Ausspruch und urteilt so

der Vater der Götter und Vater der Menschen:
›Wenn unnütz ist, was wir tun, ist unser Ruhm törichte Prahlerei.‹

§ 609 Als Lehrsatz der genannten Fabel wird gesagt:

Die Fabel lehret, nichts zu tun, was uns nicht nützt.

Schon fragt man sich also, ob mit dem erfundenen Beispiel dieser Sinnspruch anders deutlich gemacht wird, als dadurch, daß man erst

nendo, per ipsas Iovis curas posteriores stultam fuisse gloriam; dum

Quercus Iovi
Et myrthus Veneri placuit, Phoebo laurea,
Pinus Cybelae, populus celsa Herculi[1]

et inanem colorem fuisse, grandem illam caussam et aetiologiam, quam primo adduxerat Iupiter, quae sane tanta est, ut eam multi interpretum ne assequuti quidem sint, et lectionem mutare nequicquam laborarint: ideo steriles nostras facimus, relinquendo mortalibus frugiferas, ne his pro divino nobis praestando cultu fructum vendere videamur. Interim sunt tamen narratae arbores in tutela divorum, qui memorantur, per mundum poeticum, ad hunc usque diem. Quot simul observantur deesse verisimilitudines? § 608. Verum ubi non detegas turpitudines eiusmodi, quam primum a vera religione recesseris?

§ 610 Decimum quintum quaeritur, an praeter verisimilitudines sibi cum aliis communes fabulis, Milesia praesertim amoris, nunc caeci, nunc probe perspicacis, veritatem verisimilitudinemque, praecipue moralem, latius dictam ubique servarit? §§ 433, 495. An sententias, quas illustratum it, laudabilium effata, et de facto tantum enunciantes aliquid, quod solet contingere illi, qui *amores*

Aut metuat dulces, aut experiatur amaros,[2]

satis vel implicite per decursum fictae narrationis et ipsum eventum, et characteres personarum, quae iisdem utuntur, ceu principiis practicis, sufficienter discreverit? § 549.

1 Ebd. 3, 17, 2–4.
2 Vgl. Vergil, *Ekl.* 3, 109 f.

aufgrund der späteren Bedenken Jupiters annimmt, daß der Ruhm töricht gewesen sei, während das

Jupiter gefiel die Eiche,
und die Myrte der Venus, dem Apoll der Lorbeer,
die Fichte der Kybele, dem Herkules die hohe Pappel,

wie jene große Begründung und Ätiologie,[1] die Jupiter zuerst vorgebracht hatte, eine müßige Farbe [2] gewesen sei, eine Begründung, die allerdings so bedeutend ist, daß viele Ausleger sie nicht einmal verstanden und sich vergeblich bemüht haben, die Lesart dahingehend zu ändern: Deswegen machen wir die unfruchtbaren Bäume zu den unseren und überlassen den Sterblichen die fruchttragenden, damit es nicht so scheint, als ob wir ihnen die Früchte um den Preis der Verehrung, die sie uns erweisen sollen, verkaufen wollten. Unterdessen stehen gleichwohl in der dichterischen Welt bis auf den heutigen Tag die genannten Bäume unter dem Schutz der Götter, die hier erwähnt werden. Das Fehlen wie vieler Wahrscheinlichkeiten beobachtet man hier zugleich? Doch wo mag man keine Häßlichkeiten solcherart entdecken, sobald man von der wahren Religion abgewichen sein wird?[3]

§ 610 Als fünfzehntes wird gefragt, ob, außer den Wahrscheinlichkeiten, die sie mit anderen Fabeln gemeinsam hat, die milesische Dichtung,[1] die sich vor allem mit der Liebe, einmal mit der blinden, einmal mit der recht wohl einsichtsvollen, befaßt, überall die Wahrheit und die Wahrscheinlichkeit, vornehmlich im sittlichen Verstande, bewahrt haben wird? Wird sie die Sinnsprüche, die sie aufzuhellen denkt, die Aussprüche lobenswerter Menschen, die der Sache nach nur etwas aussagen, was demjenigen zu begegnen pflegt, der *die Liebe*

fürchten mag, süß wie sie ist, oder erfahren mag, wie bitter sie ist,

auch unausgesprochen im Verlauf und selbst im Ausgang der erfundenen Erzählung, und die Charaktere der Personen, die diese Sätze ganz wie praktische Grundsätze gebrauchen, genügend unterschieden haben?

§ 611 Sententiae fabularum Milesiarum venustius practicae, § 610, illae scilicet, quae finis ultimus et scopus sunt totius operis, redeunt ad duas has generales maxime formulas, vel illam Veneris:

Nunc amet, qui nunquam amavit, quique amavit, nunc amet![1]

vel hanc de bene multis amoribus non minus veram, etiam aesthetice:

Non amet, qui nondum amavit, quique amavit, non amet.

Hinc, prout paraeneticam, vel elencticam suam sibi sumsit auctor primariam sententiam, § 576, verisimilitudinem moralem strictius etiam dictam, § 435, observare sancte debet, ne quid commendet, bonis moribus repugnans, ne quid dissuadeat in exemplo docens, quod virtus ex §§ 211, 214 considerata, vel omnino postulet vel certe non, nisi morosa, reprehendat, §§ 467, 470.

§ 612 Decima sexta claudat agmen quaestio: An fabula heroica, praeter verisimilitudinem sibi cum aliis fabulis communem, hanc sibi propriam servat strenue, qua persona herois praecipui semper eadem sibi constet, et una, ἄνεσιν quidem et aliquam remissionem aliquando passa, sublimis tamen vel in eo, ut sponte colligatur et elevetur denuo pristinum et eximium in decus, S. XXI, XXVI, §§ 433, 538. Aeneas Carthagine videbatur ipsi Iovi *exspectans,*

Quem *nulla accendit* magnarum *gloria rerum,*
Nec super ipse sua molitur laude laborem,[2]

tamen haud ita multo post adeo soporem ipse denuo suis excusserat oculis, ut magnifice, neque tamen magniloquentiae crimen incurrens, hortari posset Ascanium, l. XII 435:

1 *Perv. Veneris.*
2 Vgl. Vergil, *Aen.* 4, 225 und 232 f.

§ 611 Die anmutigeren praktischen Sinnsprüche der milesischen Fabeln, diejenigen freilich, die das letzte Ziel und den Endzweck des ganzen Werks ausmachen, gehen auf diese zwei überaus allgemeinen Formeln zurück, entweder auf jene der Venus,

Wer niemals liebte, liebe nun – es liebe, wer da liebte!,[1]

oder auf jene, die bezüglich vieler Formen der Liebe nicht weniger wahr ist, auch in ästhetischer Hinsicht:

Es liebe nicht, wer niemals liebte, und wer geliebt hat, liebe nicht.[2]

Daher muß der Autor, je nachdem er sich einen paränetischen oder einen elenktischen Hauptsinnspruch gewählt hat, auch die sittliche Wahrscheinlichkeit im engeren Sinne gewissenhaft beobachten, damit er nicht etwas empfiehlt, das den guten Sitten widerspricht und nicht, indem er mit einem Beispiel lehrt, von etwas abrät, was die Tugend, wie sie in §§ 211, 214 betrachtet worden ist, entweder überhaupt verlangen oder sicherlich nicht, wenn sie keine mürrische Tugend ist, tadeln mag.

§ 612 Die sechzehnte Frage mag die Reihe beschließen: Mag sich wohl eine heroische Fabel außer an diejenige Wahrscheinlichkeit, die sie mit anderen Fabeln gemeinsam hat, auch streng an die ihr eigene Wahrscheinlichkeit halten, durch welche die Person des vornehmlichen Helden sich immer treu bleiben und eine sein mag, so daß sie, wenn sie – gleich wohl auch darin erhaben – gewiß bisweilen eine Erschlaffung und ein gewisses Nachlassen erlitten hat, sich von selbst sammeln und wiederum zu ihrer vormaligen und herausragenden Herrlichkeit erhoben werden mag? Selbst dem Jupiter schien Aeneas zu Karthago *säumig* zu sein,

den *gar nicht lockt der Glanz* so großer *Taten* und der
zu eigenem Ruhm nicht will so Schweres vollenden,

dennoch hat er sich wenig später selbst den Schlaf wieder so gründlich aus den Augen gewischt, daß er auf großartige Weise, ohne jedoch in den Fehler der Großsprecherei zu verfallen, den Ascanius ermutigen kann:

Disce, puer virtutem ex me verumque laborem
Fortunam ex aliis.
– – –
Te pater Aeneas et avunculus excitet Hector.[1]

§ 613 Veritatem aestheticam, S. XXVII, probe distinguens a falsitate aesthetica, S. XXVIII, venustius exhibens in verisimilitudinibus, S. XXIX, per fictiones varias, S. XXX, et ipsas aliquando poeticas, S. XXXI, non sine fabulis, S. XXXII: quae narrat, fingit, immo fabulari censetur, ubi probationibus indigent, si belle probat, S. XXXIII, uti suum ubique veritatis studium, S. XXXIV, quamcunque sequatur verisimilitudinis speciem, S. XXXV, tunc etiam, quando fit poeta, S. XXXVI, venuste prodit: erit ille,

Iudice me, non sordidus auctor,
Naturae verique, § 104, Hor.[2]

1 Vergil, *Aen.* 12, 435 f., 440.
2 Vgl. Horaz, *Carm.* 1, 28, 14 f.

Lerne von mir, mein Sohn, den Mut und echtes Beharren,
aber von andern das Glück.

– – –

Eifre dem Vater nach und deinem Oheim, dem Hektor.[1]

§ 613 Wer die ästhetische Wahrheit gehörig von der ästhetischen Falschheit unterscheidet und sie anmutiger in Form von Wahrscheinlichkeiten darbietet, durch verschiedene Erdichtungen, die bisweilen poetisch sind, nicht ohne auch Fabeln einzusetzen, wer sie erzählt, erdichtet – ja sogar für jemanden gehalten wird, der schwatze –, wer, wo es der Beweise bedarf, auf schöne Weise beweist, wer allenthalben nach Maßgabe seines Strebens nach Wahrheit nach jedweder Art von Wahrscheinlichkeit trachtet und auch dann, wenn er ein Dichter sein mag, anmutig das Seine hervorbringt: Der wird

nach meinem Urteil kein unwürdiger Zeuge
für Natur und Wahrheit sein.

ALEXANDER GOTTLIEB BAUMGARTEN

Ästhetik

Übersetzt, mit einer Einführung,
Anmerkungen und Registern
herausgegeben von

DAGMAR MIRBACH

Band 2

Lateinisch-deutsch

FELIX MEINER VERLAG
HAMBURG

PHILOSOPHISCHE BIBLIOTHEK BAND 572b

Bibliographische Information der Deutschen Nationalbibliothek

Die Deutsche Nationalbibliothek verzeichnet diese Publikation in der Deutschen Nationalbibliographie; detaillierte bibliographische Daten sind im Internet über http://dnb.d-nb.de abrufbar.

ISBN 978-3-7873-1773-8

www.meiner.de

 Satz: Type & Buch Kusel, Hamburg. Druck: Strauss Buch, Mörlenbach. Bindung: Litges & Dopf, Heppenheim. Werkdruckpapier: alterungsbeständig nach ANSI-Norm resp. DIN-ISO 9706, hergestellt aus chlorfrei gebleichtem Zellstoff. Printed in Germany.

INHALT

Band 2

Aestheticorum pars altera / Der Ästhetik anderer Teil (1758)

Band 1

ALEXANDER GOTTLIEB BAUMGARTEN
Aesthetica / Ästhetik (1750)

AESTHETICORVM

PARS ALTERA.

SCRIPSIT

ALEXANDER GOTTLIEB
BAVMGARTEN

PROFESSOR PHILOSOPHIAE.

FRANCOFVRTI CIS VIADRVM,

IMPENSIS IOANNIS CHRISTIANI KLEYB,

CIↃIↃCCLVIII.

AESTHETICORUM PARS ALTERA

PRAEFATIO

Fidem, quam edens partem aestheticorum primam praefando dederam, liberaturus non ita multo post hanc publici iuris factam horis subcesivis accedebam ad telam, quam exorsus fueram, quamque praemissa tunc synopsis breviter indicat, curatius pertexendam. Praeeuntem scribendo non lentus sequebatur typographus, et cito satis eo usque perveneramus, ut absolveretur, quod nunc legentibus offerendum est, quum me morbus in lectum deiiceret adeo gravis, adeo pertinax, ut saepe non mihi solum, et meis, sed ipsis etiam peritissimis medicis conclamatus viderer. Satis diu, reor, interruptum pependit opusculum, et penderet adhuc, si iudicarem aequum resistere bibliopolae, qui moram hucusque patienter tulit, et nunc, quae iam impressa habet, ulterius premere hoc minus persuaderi potest, quum nondum ea sit ratio meae valetudinis, quae vires libris eiusmodi scribendis idoneas magis, quam mortem, polliceatur. Non sum nescius odiosos auctores esse plerumque de rebus suis narrantes, quae populus curet scilicet. Rationes equidem tribus tantum verbis tantum reddere volui, cur ne certitudinis quidem aestheticae prorsus exhausta materia, vitam venustae cognitionis dulcissimam pulcritudinem, methodum lucidam, et elegantem illam semioticam, quae pulcris in orationibus eloquutio dici solet et actio, non tetigerim, nec ad partem practicam aestheticorum pedem proferendi spes sit, quam aliquando secundam dixi, quaeque iam informaveram singula dictatis acroaseos, quae meditationibus his propiorem occasionem suppe-

DER ÄSTHETIK ANDERER TEIL (1758)

VORREDE

Indem ich das Versprechen, das ich bei Herausgabe des ersten Teils der Ästhetik in der Vorrede gegeben hatte, erfüllen wollte, befaßte ich mich wenig später, nachdem derselbe veröffentlicht wurde, in freien Stunden damit, das Gewebe, das ich, wie die damals vorangestellte Übersicht zeigt, begonnen hatte, sorgfältiger zu vollenden. Während ich schreibend voranschritt, folgte mir rasch der Schriftsetzer, und recht schnell waren wir dahin gelangt, daß abgeschlossen werden konnte, was nun den Lesern dargeboten werden muß, als mich eine so schwere, eine so hartnäckige Krankheit zu Bett warf, daß ich oft nicht nur mir selbst und den Meinen, sondern selbst den kundigsten Ärzten als beinahe tot zu beklagen schien. Recht lang, glaube ich, blieb das Werkchen unterbrochen liegen, und das würde es jetzt noch tun, wenn ich es recht gefunden hätte, dem Buchhändler zu widerstehen, der den Verzug bis zum heutigen Tag geduldig ertragen hat und der nun um so weniger überzeugt werden kann, über das hinaus, was er schon gedruckt hat, noch weiteres zu drucken, als es noch keinen Grund gibt, daß der Zustand meiner Gesundheit eher die geeigneten Kräfte, um solcherart Bücher zu schreiben, als den Tod verhieße. Ich weiß wohl, daß die Autoren gewöhnlich Ärgernis erregen, die von ihren Angelegenheiten erzählen, die das Volk freilich beschäftigen. Doch ich wollte in drei Worten die Gründe dafür angeben, weshalb ich, nachdem nicht einmal der Stoff der ästhetischen Gewißheit erschöpft ist, das Leben, die lieblichste Schönheit der anmutigen Erkenntnis, die lichtvolle Methode und jene geschmackvolle Kunst der Bezeichnung, die man in schönen Reden Ausdruck und Handlung zu nennen pflegt, nicht berührt haben werde und weshalb es keine Hoffnung geben mag, zum praktischen Teil der Ästhetik voranzuschreiten, den ich einstmals den zweiten Teil genannt habe, und von dem ich Einzelnes schon in Diktaten der Vorlesung mitgeteilt hatte, die zu solchen Überlegun-

ditaverat. Si quis tamen superes, amice lector, qui me curas, qui me nosti, qui me amas denique, disce fortunam ex aliis, ex me, qui iam octavum in annum per ambages aegritudinum circumerro, quae videantur inextricabiles, quam necessarium sit, maturius bene cogitandis optimis assuefieri. Quid enim agerem, uti nunc sum, pro virili hoc agere nescius, profecto, nescio. Dabam Traiecti cis Viadrum, a.d. 11. Kal. April MDCCLVIII.

SYNOPSIS

- e) lux aesthetica
  - ℵ) generatim, S. XXXVII, §§ 614–630
  - ℑ) speciatim
    - α) obscuritas opposita, S. XXXVIII, §§ 631–653
    - β) umbra aesthetica, S. XXXIX, §§ 654–665
    - γ) iusta lucis et umbrae dispensatio, S. XL, §§ 666–687
    - δ) colores aesthetici, S. XLI, §§ 688–703
    - ε) fucus oppositus, S. XLII, §§ 704–729
    - ζ) argumenta illustrantia
      - A) generatim, S. XLIII, §§ 730–733
      - B) speciatim
        - a) comparatio latius dicta, § 734
          - I) assimilatio, §§ 735–741
          - II) comparatio maioris et minoris, S. XLIV, §§ 742–762
          - III) antithesis, S. XLV, §§ 763–772
          - IV) comparatio strictius dicta, S. XLVI, §§ 773–779
        - b) tropi, S. XLVII, §§ 780–807

gen nähere Gelegenheit geboten hatte. Wenn du aber, mein Freund und Leser, als jemand verbleibst, der sich um mich besorgt, der mich kennt, und der mich endlich gar noch liebt: Lerne aus dem Schicksal anderer, aus mir, der ich schon im achten Jahr auf den Irrwegen der Kümmernisse, die unentwirrbar zu sein scheinen, umherirre, wie notwendig es ist, sich rechtzeitig daran zu gewöhnen, die besten Dinge wohl zu denken. Denn was ich tun würde, in meinem jetzigen Zustand, wenn ich nicht wüßte, dies nach Kräften zu tun, das weiß ich wahrhaftig nicht. Geschrieben zu Frankfurt an der Oder, den 30. März 1758.[1]

ÜBERSICHT

e) Das ästhetische Licht
- ℵ) Im allgemeinen, Abschnitt XXXVII, §§ 614–630
- ℑ) Im besonderen
  - α) Die entgegengesetzte Dunkelheit, Abschnitt XXXVIII, §§ 631–653
  - β) Der ästhetische Schatten, Abschnitt XXXIX, §§ 654–665
  - γ) Die rechte Einteilung des Lichtes und des Schattens, Abschnitt XL, §§ 666–687
  - δ) Die ästhetischen Farben, Abschnitt XLI, §§ 688–703
  - ε) Der entgegengesetzte Aufputz, Abschnitt XLII, §§ 704–729
  - ζ) Aufhellende Argumente
    - A) Im allgemeinen, Abschnitt XLIII, §§ 730–733
    - B) Im besonderen
      - a) Die Vergleichung im weiteren Sinne, § 734
        - I) Die Verähnlichung, §§ 735–741
        - II) Die Vergleichung des Größeren und des Kleineren, Abschnitt XLIV, §§ 742–762
        - III) Die Entgegensetzung, Abschnitt XLV, §§ 763–772
        - IV) Die Vergleichung im strengeren Sinne, Abschnitt XLVI, §§ 773–779
      - b) Die Tropen, Abschnitt XLVII, §§ 780–807

AESTHETICORUM GENERALIUM

CAPUT I
HEURISTICA

SECTIO XXXVII
LUX AESTHETICA

§ 614 Verioris in cogitando, § 18, pulcritudinis, § 17, elegantiarumque studiosus quarto loco, §§ 115, 177, 423, LUCEM, claritatem, et perspicuitatem cogitatorum omnium sectetur, M. § 531, sed AESTHETICAM, quae vel analogo rationis ad discrimina rei percipienda sufficiat, § 22, M. § 531. Perspicuitatem, ut unam ex primis virtutibus eloquentiae luculenter commendans Quintilianus VIII 2 rectissime distinguit *perspicuitatem in verbis*, quae non est huius loci, § 13, et *rerum perspicuitatem*,[1] qua obiecta venustae meditationis sint *dilucida et negligenter quoque audientibus* attendentibus *aperta*.[2]

§ 615 Heic si *negligenter* attendentem *audientemve* placeat et eum dicere, qui non intendat percipiendis rebus, quae tractantur, intellectus rationisque suae vires et nervos, ut ita dicam, rigidius: eo lubens in Quintiliani sententiam. Eam vero mentem optimo fuisse rhetori paene mihi persuaserim, quoniam caussam asserti subiungit, non semper esse *tam acrem iudicis* (spectatoris, lectoris, auditoris) *intensionem, ut obscuritatem apud se ipse discutiat, et tenebris orationis inferat quoddam intelligentiae suae lumen*.[3] Sin eum modo *negligenter audientem* attendentemve vocare placeat, qui *multis cogitationibus avocatus*,[4] et distractus omnino, vel animo volutans ab iis, quae tu cogites, diversissima, vel ebrius oscitans et somno sit proximus, breviter, qui nec analogon rationis advertere tuis cogitationibus velit aut possit:

1 Vgl. Quint. 8, 2, 1.
2 Vgl. ebd. 8, 2, 23.
3 Vgl. ebd.
4 Vgl. ebd.

VON DER ALLGEMEINEN ÄSTHETIK

KAPITEL I
HEURISTIK

ABSCHNITT XXXVII
DAS ÄSTHETISCHE LICHT

§ 614 Derjenige, der im Denken nach einer wahreren Schönheit und nach wahreren Anmutigkeiten strebt, möge an vierter Stelle eifrig nach dem LICHT, der Klarheit und der Faßlichkeit all seiner Gedanken trachten, aber nach dem ÄSTHETISCHEN Licht, welches sogar dem Analogon der Vernunft ausreichen mag, die unterscheidenden Merkmale einer Sache zu erfassen. Quintilian, der die Faßlichkeit als eine der ersten Tugenden der Beredsamkeit auf gehörige Weise empfiehlt, unterscheidet überaus zu Recht zwischen der *Faßlicheit in den Worten*, die nicht hierher gehört, und der *Faßlichkeit der Dinge*, durch welche die Gegenstände einer anmutigen Überlegung *durchsichtig und auch denen, die nur nachlässig zuhören* und achtgeben, *zugänglich* seien.

§ 615 Wenn man hier als jemanden, der *nachlässig* achtgibt oder *zuhört*, auch denjenigen bezeichnen will, der bei der Vorstellung von den Dingen, die behandelt werden, die Kräfte und Nerven seines Verstandes und seiner Vernunft nicht straffer anspannt: So pflichte ich gerne der Meinung Quintilians bei. Daß dies in der Tat die Meinung des ausgezeichneten Redners gewesen sei, davon werde ich wohl fast überzeugt sein, weil er ja als Grund seiner Behauptung hinzufügt, daß nicht immer *die Aufmerksamkeit des Richters* (des Zuschauers, des Lesers, des Zuhörers) *so gespannt sei, daß er die Dunkelheit bei sich selbst klären und der Dunkelheit der Rede etwas vom Licht seiner Verstandesgabe leihen würde.* Wofern man aber nur denjenigen jemanden nennen will, der *nachlässig zuhört* oder achtgibt, der *durch viele Überlegungen abgelenkt* und gänzlich zerstreut ist, entweder, indem er sich im Geiste mit Dingen beschäftigt, die von denen, die du denken magst, vollkommen verschieden sind, oder indem er betrunken gähnt und dem Schlafe ganz nah sein mag, kurz, jemanden, der

huic etiamsi quaedam a te venustius cogitanda minus aperta sint, ea tamen pulcra luce propterea destitui nondum universim concesserim.

§ 616 *Tam clara,* quae meditamur ad elegantiae regulas, omnia esse debere, *ut in animum* audientis *oratio, ut sol in oculos, etiamsi in eam non intendatur, incurrat,*[1] non sine ratione negaverim, § 615. Sit caussarum patrono *curandum non, ut intellegere possit* iudex, *sed ne omnino possit non intellegere.*[2] Non omnis venuste cogitaturus est patronus caussae, nec omnis, quem ille, ceu praecipuum suum obiectum personale, recte considerat, iudex est eiusmodi, quales esse solebant romanorum pedanei.

§ 617 LUCEM et perspicuitatem AESTHETICAM ipsa veritas iubet distinguere in ABSOLUTAM, omni pulcre cogitando necessariam, § 614, et COMPARATIVAM, eum absolutae gradum, qui non, nisi quibusdam venustius meditandis, affundendus est, cuius exemplum § 616 vidimus. Claritatis intensio per distinctionem, adaequationem, profunditatem, intelligentiaeque veluti puritatem, M. § 637, prorsus non est lux aesthetica, hinc nec absoluta, nec comparativa, sed logica. Hinc nec intenditur directo, tanquam finis primarius, a pulcre cogitaturo, § 14, licet et prodesse non nunquam eidem inter venuste cogitandum possit, si eam de themate suam fecerit, § 511, et per indirectum, quando partes thematis non ita paucae sensitiva in luce refulgent, obtineatur simul totius conceptus extensive distinctus, M. § 634, intellectui pulcro, M. 637.

1 Vgl. ebd.

2 Vgl. ebd. 8, 2, 24.

die Aufmerksamkeit seines Analogons der Vernunft auf das Deine nicht richten können oder wollen mag: So würde ich, auch wenn demjenigen gewisse von dir anmutiger zu denkende Dinge weniger zugänglich sein mögen, doch noch nicht im allgemeinen zustimmen, daß diesen deswegen das schöne Licht fehle.

§ 616 Daß alle Dinge, die wir gemäß den Regeln des Geschmackvollen denken, *so klar* sein müssen, *daß die Rede in die Seele* des Zuhörenden *dringt, wie das Sonnenlicht in die Augen, auch wenn seine Aufmerksamkeit nicht auf sie gerichtet ist*, das werde ich wohl nicht ohne Grund verneinen. Es mag die Aufgabe eines Verteidigers vor Gericht sein, *dafür zu sorgen, nicht daß* der Richter die Rede *versteht, sondern dafür, daß er sie überhaupt nicht mißverstehen kann*. Doch nicht jeder, der anmutig denken will, ist ein Verteidiger vor Gericht, und nicht jeder, den jener ganz recht gleichsam als sein vornehmliches persönliches Objekt betrachtet, ist ein Richter der Art, dergleichen die römischen Bagatellrichter[1] zu sein pflegten.

§ 617 Die Wahrheit selbst gebietet, die ästhetische Faßlichkeit und das ÄSTHETISCHE LICHT in ein ABSOLUTES, das jedem schön zu Denkenden notwendig ist, und in ein ästhetisches Licht IM VERHÄLTNIS BETRACHTET zu unterscheiden, jenen Grad des absoluten ästhetischen Lichts, der nur über gewisse Dinge dessen, was anmutiger überlegt wird, auszugießen ist, von dem wir ein Beispiel in § 616 gesehen haben. Die Steigerung der Klarheit durch Deutlichkeit, durch die Angleichung an den Gegenstand, die Tiefe und gleichsam die Reinheit der Verstandesgabe, ist ganz und gar nicht das ästhetische Licht, folglich weder ein absolutes noch eines im Verhältnis betrachtet, sondern ein logisches Licht. Daher wird es von demjenigen, der schön denken will, nicht direkt, wie wenn es sein erstes Ziel wäre, beabsichtigt, wenngleich es ihm auch bisweilen während des anmutigen Denkens nutzen können mag, wenn er es sich im Hinblick auf ein bestimmtes Thema zu eigen gemacht haben wird, und wenngleich, auf indirektem Wege, wenn nicht gerade wenige Teile des Themas in sinnlichem Licht erstrahlen, zugleich ein extensiv deutlicher Begriff des Ganzen für den schönen Verstand erlangt werden mag.

§ 618 Omnis itaque lux aesthetica, quam in rebus intendas directo, perspicuitas rerum erit sensitiva, claritatis per multitudinem notarum extensio, § 617, etiam absoluta, comparativa vero vividarum cogitationum et materiae nitor ac splendor, M. § 531. *Neroni* Tacitus Ann. XIII 3 *puerilibus statim annis coelanti, pingenti, cantus aut regimen equorum exercenti, et aliquando carmina pangenti* (quae farrago variarum occupationum!) *vividum animum* tribuit.[1] *Spurinnae* Plinius Ep. III 1 inde putat *agile corpus* esse *et vividum,* quod non solum, *quoad honestum fuit, obierat officia, gesserat magistratus, provincias rexerat, multoque labore meruerat otium,* sed etiam *senex ambulabat mane milia passuum tria, nec minus animum, quam corpus, exercebat, mox vehiculum adscendebat*[2] e. c. Ubi mira denuo motuum variatio, quotidianaeque vivendi rationis vicissitudo.

§ 619 Hinc iure mihi meo videor eas demum cogitationes dicere posse vividas, in quibus peculiaris quaedam varietas, et subita veluti notarum se mutuo prementium celeritas deprehenditur, ex quarum eminenti diffusione nitor et splendor ille meditationis exsurgat in parte, cuius totum esse tamen debet perspicuum et absolute clarum: Sic Quintilianus IV 1, licet ipsum exordium recte poscat *dilucidum,* § 617, tamen *magis conciliatis animis et iam calentibus, certos locos* tantum admittit, *quorum naturalis ubertas licentias* aliquas *notari circumfuso nitore non patiatur.*[3] Quemadmodum hic naturalem ubertatem nitoris quasi matrem veneratur: ita Cicero De claris or. 36 *Hyperidi, Aeschini* e.c. *hanc copiam, succum illum et sanguinem incorruptum* tribuit, *in quo naturalis fuerit, non fucatus nitor,*[4] §§ 104, 115.

§ 620 Nitida vividitas venustae meditationis ne confundatur cum eius ardore ac vita, § 22, de qua deinceps curatius. Recte pulcreque

1 Vgl. Tac., *Ann.* 13, 3.
2 Vgl. Plin., *Ep.* 3, 1, 3–12.
3 Quint. 4, 1, 59.
4 Vgl. Cic., *Brutus* 36.

§ 618 Deshalb wird jedes ästhetische Licht, das du auf direktem Wege in den Sachen beabsichtigen magst, die sinnliche Faßlichkeit der Sachen sein, die Ausdehnung der Klarheit durch die Vielheit der Merkmale, und dieses Licht ist absolut, im Verhältnis betrachtet aber ist es das Schimmernde und der Glanz der lebhaften Gedanken und des Stoffes. Tacitus schreibt *dem Nero*, weil er *in den Knabenjahren sogleich meißelte, malte, den Gesang und das Rosselenken übte und sich gelegentlich beim Verfassen von Gedichten zeigte* (was für ein Gemenge von verschiedenen Beschäftigungen!), einen *lebhaften Geist* zu. Plinius glaubt, daß *Spurinna* daher *einen beweglichen und lebenskräftigen Körper* gehabt hätte, weil er nicht nur, *solange es ehrenvoll geschehen konnte, seine Pflichten erfüllt, seine Ämter ausgeübt, seine Provinzen geführt und durch viel Arbeit sich Ruhe verdient hatte*, sondern auch *als Greis frühmorgens drei Meilen spazierenging, seinen Geist nicht weniger als seinen Körper übte, wenig später einen Wagen bestieg* usw. Wo wiederum die Verschiedenheit der Bewegungen, und die Abwechslung der täglichen Lebensweise erstaunlich ist![1]

§ 619 Daher scheint mir zu Recht, daß erst diejenigen Gedanken lebhaft genannt werden können, in denen eine gewisse besondere Abwechslung und gleichsam eine unvermutete rasche Abfolge von sich wechselseitig bedrängenden Merkmalen angetroffen wird, aus deren ungewöhnlich weitläufigem Reichtum zu einem Teil jenes Schimmernde und jener Glanz der Überlegung aufsteigen mag, deren Ganzes gleichwohl faßlich und absolut klar sein muß. So läßt Quintilian, auch wenn er für den Eingang einer Rede fordern mag, daß er *deutlich* sei, dennoch, *wenn die Herzen erst gewonnen und schon erwärmt sind*, wenigstens *gewisse loci* zu, *deren natürlicher Reichtum bei dem ihn umgebenden Glanz* gewisse *Freiheiten nicht merklich werden läßt*. Und wie hier der natürliche Reichtum gleichsam als Mutter des Schimmernden geehrt wird, so erkennt Cicero *dem Hypereides, dem Aischines* usw. *diejenige Fülle, jene Lebenskraft und jenes unverdorbene Blut* zu, *in denen ein natürlicher, nicht künstlich aufgetragener Glanz gewesen sei.*

§ 620 Die schimmernde Lebhaftigkeit der anmutigen Überlegung darf nicht mit deren Feuer und Leben verwirrt werden, von dem

coniunguntur, quoties fieri potest, ut cogitationes non splendeant solum, sed et ardeant, §§ 142, 143, cf. Quint. VIII 3. Natura tamen sua disiunctae sunt in cogitando veneres, per accuratam harum theoriam separatim expendendae. Deprehenditur etiam una non raro sine altera. Hac ratione Cicero De legibus I 6 *Antipatrum* narrat *inflasse paullo vehementius*, ac eius antecessores, et *habuisse illum vires agrestes quidem atque horridas* (vi movendi vitaque non destitutum), *sine nitore tamen et palaestra*,[1] §§ 619, 256.

§ 621 Idem Cicero De finibus IV 5 Catoni forsan non obiecturus Stoicam huius politicorum theoriam eum non tantundem movere et ad bene merendum de re publica compellere, ac se suam academicam, libere tamen Catoni obiicit Stoica *de politicis definire partirique squalidius*, dum *academicorum* de iisdem *niteat oratio*, quoniam *multa de republica scripserint, multa de legibus, multa non solum praecepta in artibus, sed etiam exempla in orationibus reliquerint bene dicendi.*[2] Ex quo loco mihi nunc sufficit nitoris veram notionem eruere, Ciceronis autem obiectionem meam non facio, §§ 251, 252. Nostrum iam ad finem conferamus tandem eundem De claris or. 238, ubi *valde nitentem et plane horridam orationem*,[3] ut adversa fronte pugnantes describit.

§ 622 Iam bis naturalem, non fucatum, requiri nitorem vidimus, § 619. Neque magis necessarium esse videatur monitum de quaquam ex primariis cogitationum elegantiis, ac de hoc venustae meditationis nitore, § 22. Quoniam in nulla facilius a recta naturae imitatione deflectitur. *Atque etiam, qui specie capiuntur, vulsis, levatisque, et inustas comas acu comentibus, et non suo colore nitidis, plus esse formae putant, quam possit tribuere incorrupta natura, ut pulcritudo corporis*

1 Cic., *De leg.* 1, 6.
2 Vgl. Cic., *De fin.* 4, 5.
3 Vgl. Cic., *Brutus* 238.

noch nach der Reihe sorgfältiger die Rede sein wird. Es ist richtig und schön, beides zu verbinden, sooft dies möglich ist, damit die Gedanken nicht nur glänzen, sondern auch feurig sind. Durch ihre Natur jedoch sind diese Anmutigkeiten im Denken voneinander verschieden und müssen mittels einer jeweils genauen Theorie derselben getrennt geprüft werden. Auch wird die eine nicht selten ohne die andere angetroffen. Aus diesem Grund erzählt Cicero, daß *Antipater*[1] *einen etwas tieferen Atem gehabt hätte* als seine Vorgänger und daß *er gewiß derbe und fürchterliche Kräfte gehabt habe* (ihm also die Kraft zu bewegen und das Leben nicht fehlte), *jedoch ohne den Glanz und die Kunst der Übung.*

§ 621 Ebenfalls Cicero will dem Cato vielleicht nicht vorwerfen, daß denselben dessen stoische Theorie des Politischen nicht ebenso stark bewege und dazu dränge, sich um den Staat verdient zu machen, als ihn selbst seine akademische Theorie, dennoch wirft er Cato freimütig vor, daß die stoische Lehre *über Politisches in allzu trockener Weise Definitionen und Einteilungen aufstelle*, während *die Redeweise* der *Akademiker* über diese Dinge *Glanz besitze*, weil sie *viel über den Staat geschrieben hätten, viel über die Gesetze, und viel an Regeln der Beredsamkeit nicht nur in ihren Handbüchern, sondern auch an Beispielen in ihren Reden hinterlassen hätten.* Es genügt mir nun, aus dieser Stelle den wahren Begriff des Schimmernden herauszubringen, während ich den Vorwurf Ciceros nicht zu dem meinen mache. Zu unserem Zweck wollen wir uns schließlich außerdem Cicero dort zuwenden, wo er *die gar sehr glänzende und die ganz ungeschliffene Rede* wie zwei sich die Stirn bietende Gegner[1] beschreibt.

§ 622 Wir haben schon zweimal gesehen, daß das natürliche, nicht das aufgeputzte Schimmern erfordert wird. Und es mag hinsichtlich jedwelcher der wichtigsten Anmutigkeiten der Gedanken keine Mahnung wichtiger erscheinen als diese hinsichtlich des Schimmerns der anmutigen Überlegung. Weil es ja bei keiner leichter ist, von der richtigen Nachahmung der Natur abzuweichen. *Glauben doch auch Leute, die sich vom Schein blenden lassen, die Schönheit bei Menschen, die ihre Haare am Körper glatt ausrupfen, sich Locken brennen und in Farbe erstrahlen, die nicht ihr eigen ist, sei größer, als sie die*

venire videatur ex malis moribus, Quint. II 5.[1] Erit autem naturalis in cogitando nitor, 1) cui capiendo naturales animi dotes, non distortae cum violentia, non intensae vehementius, sufficiant, ut profluens *secundum naturam* meditatio *nihil ex ingenio habere videatur*,[2] § 104.

§ 623 Naturalis in cogitando nitor erit 2) materiis et rebus, de quibus cogites, sic aptus, accomodatus, et quasi proprius, ut ex iisdem earumque cogitatione necessario potius enasci, quam in eandem inferri illinique decoris caussa deprehendatur. Huius hinc amicus elegantiae, si qua tractata per internas ac innatas opes *posse nitescere desperat, relinquit*[3] ea potius, quam ut peregrinis pigmentis cogat splendescere, 3) eorum, quorum potissimum caussa cogitas, naturali captui, horizonti, ingenio, genio, indoli, ipsis, ut ita dicam, oculis adeo proportionatus, ut ab his sine fatigatione possit imbibi, nec eos praestringens, lumine tamen satians, collustrans amabiliter, non urens incommode. Tertium hoc naturalis nitoris requisitum non satis attendentes, eundem ubique negant deprehendi, quando cogitata e. g. legunt suae naturae, cogitandi sentiendique rationi, genio, principalibus studiis minus consentanea, quamvis largiri debeant eos se non esse, quos praesertim auctor vel docere, vel delectare secum decreverat, § 104, cf. Cic., De or. I 81.

§ 624 *In picturis alios horrida, inculta, abdita et opaca, contra alios nitida, laeta, collustrata delectat. Quid est, quo praescriptum aliquod aut formulam exprimas, quum in suo quodque genere praestet, et genera plura sint? Hac ego religione non sum ab hoc conatu repulsus, existimavique*

1 Quint. 2, 5, 12.
2 Vgl. ebd. 2, 5, 11.
3 Vgl. Horaz, *A. p.* 150.

unverdorbene Natur verleihen kann, so daß es scheint, als käme Schönheit des Körpers von der sittlichen Mißgestalt des Geistes. Es wird aber das natürliche Schimmern im Denken 1) dasjenige sein, zu dessen Erlangung die natürlichen, nicht mit Gewalt verrenkten, nicht heftiger angestrengten Gaben des Geistes ausreichen mögen, so daß die daraus fließende, *der Natur gemäße* Überlegung *nichts von geistreicher Erfindung an sich zu haben scheint.*

§ 623 Das natürliche Schimmern im Denken wird 2) den Stoffen und den Sachen, über die du nachdenkst, so angemessen, so angepaßt und ihnen gleichsam so zugehörig sein, daß es eher als aus denselben und aus dem Denken derselben hervorgegangen als in dieselben um des Schmuckes willen hineingebracht und auf sie aufgetragen wahrgenommen werden mag. Ein Freund dieser Anmutigkeit *läßt*, wenn er etwa *daran zweifelt*, daß das von ihm *Bearbeitete* durch seinen inneren und zu seiner Natur gehörigen Reichtum *glänzen könne*, dieses lieber *aus*, als daß er es mit fremder Schminke zwingt zu erglänzen. Es wird 3) der natürlichen Auffassungsgabe, dem Horizont, dem Geist, dem Genius, der Gemütsart und selbst, wenn ich so sagen darf, den Augen derjenigen, um derentwillen du hauptsächlich denkst, so sehr entsprechen, daß es von ihnen ohne Ermüdung aufgenommen werden kann, indem es sie nicht stumpf macht und sie gleichwohl mit Licht sättigt, indem es liebenswürdig erleuchtet und nicht ungemächlich brennt. Diejenigen, die auf dieses dritte Erfordernis des natürlichen Glanzes nicht genügend achthaben, verleugnen immer dann ihn zu erfassen, wenn sie z. B. etwas Gedachtes lesen, das mit ihrer Natur, ihrer Art und Weise zu denken und zu empfinden, ihrem Genius und ihren hauptsächlichen Studien weniger übereinstimmt, so sehr sie auch einräumen müssen mögen, daß sie nicht diejenigen sind, die der Autor vor allem zu belehren oder zu vergnügen[1] sich entschlossen hatte.

§ 624 *Bei Bildern finden die einen ihre Freude an groben, wenig durchgearbeiteten und düsteren Werken, andere dagegen an glänzenden, hellen, erleuchteten. Was gäbe es, womit man eine Regel oder Formel aufstellen könnte, wo doch ein jedes in seiner Art hervorragt und der Arten viele sind? Von solcher Scheu habe ich mich dennoch nicht von meinem Unter-*

in omnibus rebus esse aliquid optimum (pulcerrimum), *etiamsi lateret* (multos), *idque ab eo posse, qui eius rei gnarus esset, indicari*, Cic., Orator 36.[1] Si quos in aestheticis absoluta pulcritudinis luce destituta, § 617, absolute horrida, inculta, abdita et opaca delectant, falluntur illi, nubemque pro Iunone, per me licet, amplectantur. Verum in omni venustate generatim, sicut in pictura, modo sint omnia luce, quam absolutam diximus, conspicua, non omnia, sed quaedam tantum, comparative lucida

Ore floridulo nitent,
Alba parthenice velut,
Luteumve papaver, Cat.,[2]

quaedam sunt vere, sunt belle perspicua, quanquam, cum nitidis illis et admodum collustratis ubi comparentur, appareant opaca, quaeque primo obtutu iudicentur horrida, § 621. Eleganter, non omnia, sed

plura nitent in carmine, Hor.[3]

§ 625 GENUS COGITANDI luce absoluta aesthetica non destitutum si dicamus SIMPLICITER DILUCIDUM et perspicuum (sensitive), § 617, sicuti comparativa etiam luce fulgens NITIDUM et splendidum: praeeuntem sequimur Quintilianum VIII 3, quando: *Emendate quidem*, ait, *et dilucide*, § 619, *dicentium tenue praemium est, magisque vitiis carere est, quam ut aliquam magnam virtutem adeptus esse videaris. – – – Non assequutus esset Cicero docendo tantum iudicem, et utiliter demum, ac latine perspicueque docendo,* quod eum assequutum esse *nitore fulgentium armorum*, § 282 vidimus. *Sed hic ornatus (licet enim repetere*, § 622*) virilis, fortis, ac sanctus sit, nec effoeminatam levitatem, nec fuco eminentem colorem amet, sanguine et viribus niteat*, § 619. *Hoc autem adeo verum est, ut, cum in hac maxima parte sint vici-*

1 Cic., *Or.* 36.
2 Catull 61, 193–195.
3 Horaz, *A. p.* 351.

fangen zurückhalten lassen; ich bin der Meinung, in allen Dingen gibt es ein Bestes (Schönstes), *auch wenn es* (vielen) *verborgen ist, und ein Kenner des betreffenden Gebietes vermag es auch anzuzeigen.*[1] Wenn manche im Ästhetischen ihren Gefallen an Dingen finden, die das absolute Licht der Schönheit entbehren, die völlig roh, unbearbeitet, verborgen und finster sind, so irren sie sich und mögen meinethalben eine Wolke statt der Juno umfassen.[2] Doch bei jeder Anmutigkeit im allgemeinen gilt wie in der Malerei: Vorausgesetzt, daß alles in dem Licht, welches wir das absolute genannt haben, sichtbar ist, so *leuchtet* doch nicht alles, sondern nur gewisse Dinge, die vergleichungsweise hell sind, leuchten

mit blühendem Gesicht
wie eine Blume in jungfräulichem Weiß
oder wie hellroter Mohn,

und gewisse Dinge sind wahrhaft und auf schöne Weise deutlich, obgleich sie, wo sie mit jenen schimmernden und überaus hell erleuchteten Dingen verglichen werden, dunkel erscheinen und auf den ersten Blick für roh gehalten werden mögen. Nicht alles, aber

vieles leuchtet in der Dichtung auf geschmackvolle Weise.

§ 625 Wenn wir diejenige DENKUNGSART, die des absoluten ästhetischen Lichts nicht entbehrt, die EINFACH KLARE und (sinnlich) faßliche nennen, gleichwie diejenige, die in verhältnismäßigem Licht erstrahlt, die SCHIMMERNDE und glänzende, dann folgen wir den Spuren Quintilians, wenn er sagt: *Für diejenigen, die fehlerfrei und klar reden, ist die Anerkennung gering, und es scheint eher, als ob man Fehler vermeidet, als ob man es zu einer großen Leistung gebracht hätte. --- Cicero hätte, indem er dem Richter nur den Fall darlegte und nur zweckmäßig, gut lateinisch und durchsichtig sprach*, das *nicht erreicht*, was er, wie wir in § 282 gesehen haben, *mit dem Glanz strahlender Waffen* erreicht hat. *Doch soll dieser Schmuck* (*die Wiederholung sei gestattet*[1]) *männlich, kräftig und rein sein und nach weibischer Leichtfertigkeit und durch Schminke vorgetäuschter Farbenpracht kein Verlangen haben. Blut und Kraft gebe ihm seinen Glanz! Dies ist so wahr, daß, da vor allem auf diesem Gebiet Vorzüge und Fehler*

na virtutibus vitia, § 622, *etiam qui vitiis utuntur, virtutis tamen his nomen imponant. Quare nemo ex corruptis dicat me inimicum esse culte dicentibus. Non nego hanc esse virtutem. Sed illis eam non tribuo.*[1]

§ 626 Naturalis splendoris simiam, fucum in exemplis ridet Horatius A. P. 25,

Inceptis gravibus plerumque et magna professis,
Purpureus, late qui splendeat, unus et alter
Assuitur pannus, quum lucus et ara Dianae,
Et properantis aquae per amoenos ambitus agros,
Aut flumen Rhenum, aut pluvius describitur arcus.
Sed nunc non erat his locus.[2]

Habes ciconiam in maleferiatos eiusmodi pictores, qui materiam sibi legunt satis bellam et de qua speres singulariter non pulcra solum, sed etiam novitate praeclara, de qua promittat auctor ipse spe tua paene maiora, quando autem devenitur ad rem, caecum imitatorum pecus nescit aliquid novi, quod rerum natura, de quibus agitur, pronissime suppeditaret, in plena luce sistere, nescit collustrare, quae praecipuum splendorem requirerent, sed, unitate neglecta, detorquet attentionem in diversam omnino, vel minus connexam rem aliam, ideo tantum illatam in male cohaerens opus, ut ea, iam vero in nitore picta ab ingeniis vere pulcris, nunc denuo pingatur, si diis placet, nitidius, vere per obscurum et asiaticum, nescio quem apparatum, §§ 325, 623.

Nota magis nulli domus est sua, quam mihi lucus
Martis, et Aeoliis vicinum rupibus antrum
Vulcani. Quid agant venti, quas torqueat umbras,

[1] Vgl. Quint. 8, 3, 1–3, 6 f.
[2] Horaz, *A. p.* 14–19.

benachbart sind, auch diejenigen, die in die Fehler verfallen, diesen den Namen von Vorzügen geben. Daher soll keiner der so Verderbten behaupten, ich sei ein Feind gepflegter Redeweise. Ich bestreite nicht, daß diese ein Vorzug sei, aber jenen erkenne ich sie nicht zu.

§ 626 Die Nachäffung des natürlichen Glanzes, den Aufputz, verlacht Horaz in Beispielen:

Oft wird an gewichtige Anfänge und große Versprechen
hier und da ein Lappen von Purpur, daß er weithin leuchte,
angeflickt, wenn man den Hain und den Altar der Diana beschreibt
und wie sich ein munteres Bächlein durch liebliche Ackerflur schlängelt,
oder den Rheinstrom oder den Regenbogen abbildet.
Doch dafür war just nicht der richtige Platz.[1]

Hier hast du einen Spötter[2] gegen solcherart unglückselige Maler, die sich einen recht hübschen Stoff auswählen, von dem du nicht allein auf einzigartige Weise schöne, sondern auch mit Neuigkeit glänzende Dinge erwartest, und von denen dir der Autor noch größere versprechen mag, die deine Hoffnung noch übersteigen. Wenn aber zur Sache gekommen wird, vermag diese blinde Herde der Nachahmer[3] nicht, irgend etwas Neues, das die Natur der Sache, von der gehandelt wird, bereitwilligst darreichen würde, ins volle Licht zu stellen, sie vermag nicht zu erleuchten, was ein besonderes Schimmern verlangen würde, sondern sie wendet, unter Vernachlässigung der Einheit, die Aufmerksamkeit ab auf eine gänzlich verschiedene oder weniger mit dem Ganzen verbundene Sache, die nur deswegen in das schlecht zusammenhängende Werk hineingebracht wird, damit sie, nachdem sie von wahrhaft schönen Geistern allerdings schon einmal gemalt wurde, nun – so es den Göttern gefällt – aufs neue noch schimmernder gemalt werde, mittels einer was weiß ich für einer dunklen und asiatischen prunkvollen Zurüstung.

Sein eigenes Haus kennt niemand besser, als ich mit dem Hain
des Mars vertraut bin und mit der Grotte, aeolischen Klippen benachbart,
Vulkans. Ja, was die Winde treiben, welche Schatten

Aeacus, unde alius furtivae devehat aurum
Pelliculae, quantas iaculetur Monychus ornos,
Frontonis platani, convulsaque marmora clamant
Semper, et assiduo ruptae lectore columnae.
Exspectes eadem a summo minimoque poeta, Iuv. I 8.[1]

§ 627 Alii pictores ex minimis, de quibus Iuvenalis, decipiuntur audacibus quorundam magnorum ingeniorum dictis, quale ad § 125 notavimus, quale Ciceronis est in prooemio paradoxorum: *Nihil est tam horridum*, § 621, *tam incultum, quod non splendescat oratione et tanquam excolatur.*[2] Nec enim sentiunt primarios eiusmodi viros, *fretos* suis viribus, si penitius asserta perspiciamus, *falsum constituisse* de venusti in cogitando hominis *officio, et non quid ars, sed quid ipsi* forte *possent, exposuisse.*[3] Hinc pulcelli, de quibus loquimur, micrologi, § 356, se plerumque putantes aliquid egregii, colligunt suum esse nunc illorum implere vaticinia et audere, nisi Minerva, Fortuna tamen iuvante, quae fieri posse Cicero quidam interdum dormitans effatus est. Quaerunt itaque materias, quas excogitare possunt natura sua minimum splendoris admissuras, easque, vel invitis diis omnibus, tot peregrinis flosculis, tot ornamentis amiciunt, ut potissimis suorum spectatorum sistant quidem thema non dissimile plumis alienis apud Aesopum superbientis corniculae, semper tamen eo melius se cogitasse gaudeant in sinu, quo minus hi ipsi spectatores ex proposita sibi tabula naturalis voluptatis, si vel artis ignari forent, haurire se potuisse fateantur, §§ 623, 119–121.

§ 628 Neque solus Heliconis pygmaeus natura talis adscititium belle cogitandis fucum a splendore vere naturali vix ac ne vix quidem discernet, § 359: mediocribus etiam ingeniis idem erit difficillimum,

1 Juv. 1, 7–14.
2 Cic., *Parad.* 3.
3 Vgl. Cic., *De inv.* 8.

Aeacus quält, woher sich ein anderer stibitzt das Gold
des Vliesleins, welch riesige Eschen Monychus schleudert,
von all dem erschallen Frontos Platanen, beben seine Marmorwände,
vom dauernden Vortrag bersten die Säulen.
Vom größten wie vom kleinsten Dichter magst du dasselbe erwarten.[4]

§ 627 Andere von den geringsten Malern, von denen Juvenal spricht, werden von den kühnen Aussprüchen gewisser großer Geister getäuscht, wie wir einen in § 125 angeführt haben und wie es derjenige von Cicero in der Einleitung zu den *Paradoxa* ist: *Nichts ist so roh und so ungeschliffen, daß es nicht durch die Redekunst glänzen und gleichsam veredelt werden könnte.* Denn sie merken nicht, daß bedeutende Männer dieser Art, *im Vertrauen* auf ihre Kräfte, wenn wir ihre Aussagen sorgfältiger betrachten, etwas *Falsches* über die *Aufgabe* des schön Denkenden *aufgestellt*, indem sie *nicht, was die Kunst vermag, sondern wozu sie selbst* vielleicht *in der Lage sein mögen, dargestellt haben.* Daraus schließen die schönrednerischen Kleinkrämer, von denen wir reden, indem sie sich meistenteils für etwas Vortreffliches halten, daß es nun ihre Aufgabe sei, die Weissagungen jener Männer zu erfüllen und – wenn nicht mit Minervas, so doch mit Fortunas Hilfe – das zu wagen, von dem ein gewisser Cicero, zuweilen gedankenlos, gesagt hat, daß es möglich sei. Sie suchen sich daher Stoffe, bei denen sie sich ausdenken können, daß sie aufgrund ihrer Natur das geringste Schimmern zulassen werden, und umkleiden sie – selbst gegen den Willen aller Götter – mit so vielen fremden Blüten, mit so vielem Zierat, daß sie ihren hauptsächlichen Betrachtern ein Thema vor Augen stellen, das gewiß den fremden Federn der sich damit brüstenden Krähe bei Aesop nicht unähnlich ist,[1] immer aber freuen sie sich im Innern, daß sie um so besser gedacht hätten, je weniger gerade diese Betrachter bekennen mögen, aus dem vor sie hingestellten Bild, als hätten sie die Kunst nicht bemerkt, ein natürliches Vergnügen geschöpft haben zu können.

§ 628 Doch nicht nur jemand, der von Natur aus ein Zwerg des Helikon ist,[1] wird einen solchen für das schön zu Denkende hergeholten Aufputz von dem wahrhaft natürlichen Glanz kaum oder nicht einmal kaum unterscheiden. Auch für mittelmäßige Geister

quando prava per adolescentiam contracta consuetudo naturam vere elegantem simulabit, § 622, et temporum iniuriae, locorumque, quibus vixerint, barbaries intimam pulcerrimarum rerum naturam obtegens haerere semper in cortice coget, iisdemque satis depravatum apud aequales iudicium solas fucatas veneres, ut ipsius naturae filias, venerari consueverit, §§ 622, 623. Interim felicius in aestheticis ingenium, S. II–VII, veluti Caesar apud Ciceronem De claris or. 261, *rationem adhibens*, § 38, *consuetudinem vitiosam et corruptam pura et incorrupta consuetudine emendat, quum* ad dilucidam ubique cogitationum elegantiam, § 625, *adiungit ornamenta* quaedam singularia, *tum videtur tanquam tabulas bene pictas collocare in bono lumine ac splendidam quandam, minimeque veteratoriam, rationem* cogitandi *tenet.*[1]

§ 629 Cogitationum nitor ac splendor quoniam est species, immo gradus quidam perspicuitatis sensitivae, genus cogitandi logicodogmaticum aeque bene caret eodem, ac aestheticodogmaticum intensioribus perspicuitatis intellectualis gradibus, §§ 617, 567. Quo magis erit illud genus cogitandi formaliter philosophicum, scientificum, et rationi solidiori, puriori intellectui, pervium ac perspicuum, hoc minus nitoris habebit et perspicuitatis etiam analogo rationis pellucidae, § 578. Quo plus genus cogitandi dogmaticum vividi splendoris habet, hoc minus ad logica, hoc magis ad aesthetica referendum est, § 568. Hinc contra quosdam recentiorum miscelliones librorum suorum philosophicorum genus cogitandi Cicero iudicat ipse aestheticodogmaticum, dum De fin. I 6: *Quid habent,* inquit, *cur graeca anteponant iis* (scriptis meis de philosophia), *quae et splendide dicta sint, neque sint conversa de graecis?* [2] Apertius adhuc mentem exponit in prooemio Parad. ubi: *Degustabis,* ait, *genus exercitationum earum,*

[1] Vgl. Cic., *Brutus* 261.
[2] Cic., *De fin.* 1, 6.

wird dies überaus schwer sein, wenn eine verkehrte und während der Jugend festgeschnürte Gewohnheit eine wahrhaft geschmackvolle Natur vortäuschen wird, und das Unrecht der Zeiten und der Orte, in denen sie gelebt haben werden, sowie die Barbarei, indem sie die innerste Natur der schönsten Dinge verdeckt, sie dazu zwingen wird, immer nur an der Oberfläche zu verbleiben, bei denen sich das genügend verzerrte Urteil daran gewöhnt hat, unter gleichartigen Anmutigkeiten nur die aufgeputzten, als wären sie Töchter der Natur selbst, zu verehren. Unterdessen *verbessert* ein im Ästhetischen glücklicherer Geist, gleichsam wie Caesar bei Cicero, *indem er methodisch vorgeht, die fehlerhafte, verderbte Gewohnheit durch eine reine, unverdorbene; und wenn er* zu einer allenthalben klaren geschmackvollen Ausführung der Gedanken gewisse einzelne *Schmuckmittel hinzufügt, dann scheint er vorzüglich gemalte Bilder in ein vorteilhaftes Licht zu rücken und sich an eine gewisse glänzende, aber keineswegs durchtriebene Denkungsart zu halten.*

§ 629 Weil das Schimmern und der Glanz der Gedanken eine Art, oder vielmehr eine bestimmte Stufe der sinnlichen Faßlichkeit sind, entbehrt die logikodogmatische Denkungsart dieselben ebensowohl wie die ästhetikodogmatische Denkungsart auf den Stufen der stärkeren verstandesmäßigen Faßlichkeit. Je mehr diese Denkungsart der Form nach philosophisch, wissenschaftlich, für die gründlichere Vernunft und den reineren Verstand zugänglich und faßlich ist, desto weniger Schimmerndes und auch für das Analogon der Vernunft durchscheinende Faßlichkeit wird sie haben. Je mehr die dogmatische Denkungsart an lebhaftem Glanz hat, desto weniger ist sie dem Logischen, und desto mehr ist sie dem Ästhetischen zuzuordnen. Daher beurteilt Cicero selbst, entgegen gewissen neueren Miszellenschreibern, die Denkungsart seiner philosophischen Bücher als ästhetikodogmatisch, wenn er sagt: *Was haben sie für einen Grund, griechische Texte solchen Texten* (seinen Schriften über die Philosophie) *vorzuziehen, die auch glänzend formuliert sind und nicht nur aus dem Griechischen übersetzt?* Noch offener legt er seine Meinung im Vorwort zu den *Paradoxa* dar, wo er sagt: *Du wirst diejenige Art meiner Übungen zu kosten bekommen, die ich mir angewöhnt habe anzuwenden, wenn ich das, was in den Schulen* θετικά *(wissenschaftlich vor-*

quibus uti consuevi, quum ea, quae in scholis dicuntur θετικά, *ad nostrum hoc oratorium transfero dicendi genus*,[1] § 569.

§ 630 *Equidem* cum Cicerone De off. I 6 *existimo, Demosthenem, si illa, quae a Platone didicerat, tenuisset et pronunciare voluisset, ornate splendideque facere potuisse*,[2] § 567. Si vero fecisset ornate, si fecisset splendide, si se in philosophico disputandi genere praestitisset Demosthenem: tunc ex mea sententia non tam rationem et intellectum, qua potest fieri, cum evidentia instructurus, quam analogon rationis ingenti persuasionis lumine collustraturus fuisset, § 629, 568.

SECTIO XXXVIIII
OBSCURITAS AESTHETICA

§ 631 Defectus et oppositum ac claritatis quum sit *obscuritas*, lux autem et claritas vel sensitiva, vel intellectualis, S. XXXVII, rectissime iam veteres obscuritatem κατ' αἴσθησιν ab obscuritate κατὰ νόησιν distinxerunt. Res et cogitatio, quae sensitive percipienda non satis claritatis, extensivae scilicet, aestheticaeque lucis habet, est obscura κατ' αἴσθησιν. Hinc distinctiora, puriora, profundiora quaevis per scientias, quoniam ea non assequitur analogon rationis, per hoc solum si quis velit considerare, non queretur ea solum obscura, sed etiam sentiet, uti sunt κατ' αἴσθησιν.

§ 632 Res et cogitatio, quae per intellectum et rationem concipienda non tantum claritatis, intensivae scilicet, distinctionis, puritatis, ac profunditatis habet, quantum ad distinguendum ex notis claris et

1 Cic., *Parad.* 5.
2 Vgl. Cic., *De off.* 1, 4.

gehen) genannt wird, auf diese unsere rednerische Art des Vortrags übertrage.

§ 630 Mit Cicero *meine ich, daß Demosthenes, wenn er an jenen Gedanken, die er von Platon empfangen hatte, hätte festhalten und sie bekanntmachen wollen, er dies schmuckvoll und glänzend zu tun vermocht hätte.* Wenn er es wirklich auf eine schmuckvolle Weise getan hätte, wenn er es auf eine glänzende Weise getan hätte, und wenn er sich in der Art des philosophischen Disputierens als ein Demosthenes erwiesen hätte: Dann hätte er meiner Meinung nach nicht so sehr die Vernunft und den Verstand, soweit dies möglich ist, mit Ausgemachtheit unterrichten, als vielmehr das Analogon der Vernunft mit dem mächtigen Licht der Überredung erleuchten wollen.

ABSCHNITT XXXVIII
DIE ÄSTHETISCHE DUNKELHEIT

§ 631 Da ein Mangel an Licht und Klarheit und deren Gegensatz die *Dunkelheit* ist – gemeint ist aber sowohl sinnliches Licht und sinnliche Klarheit als auch verstandesmäßiges Licht und verstandesmäßige Klarheit – haben schon die Alten überaus richtig die Dunkelheit κατ' αἴσθησιν (gemäß der sinnlichen Erkenntnis) von der Dunkelheit κατὰ νόησιν (gemäß der Verstandeserkenntnis) unterschieden.[1] Eine Sache und ein Gedanke, die sinnlich vorgestellt werden müssen und nicht genügend an – freilich extensiver – Klarheit und an ästhetischem Licht haben, sind dunkel κατ' αἴσθησιν. Daher wird nicht nur beklagt, daß alle aufgrund der Wissenschaften deutlicheren, reineren und tieferen Dinge dunkel sind, weil ja das Analogon der Vernunft sie nicht erfaßt, wenn jemand sie nur mit diesem betrachten will, sondern es wird auch empfunden, in welcher Weise sie dies κατ' αἴσθησιν sind.

§ 632 Eine Sache und ein Gedanke, die durch den Verstand und die Vernunft begriffen werden müssen[1] und nicht soviel an – freilich intensiver – Klarheit, Deutlichkeit, Reinheit und Tiefe haben, wie nötig ist, um sie aufgrund klarer Merkmale und wohlerkannter

rationibus probe perspectis, vel enucleatius pronunciandum, vel complete demonstrandum requiritur, est obscura κατὰ νόησιν. Hinc si quis bene multa non solum aesthetice dilucida, sed etiam pulcro nitore splendida, sicut eadem propinantur soli rationis analogo, distinctius tamen concipere, ratione rimari profundius laboraverit, ea saepe numero non queretur solum obscura, sed etiam sentiet, uti sunt κατὰ νόησιν.

§ 633 Perspicuitatis ac lucis uti primaria laus est, ita turpe profecto huic laudabili claritati vere oppositae obscuritatis vituperium, § 23. Haec etiam vel rerum et cogitationum, vel signorum, vocabulorum ac phrasium est obscuritas. De prima nunc nobis tantum agitur, § 614, eiusque illa specie, quam olim dixerunt κατ' αἴσθησιν, § 631. Sint per meditationem venustam non ita pauca κατὰ νόησιν obscura, quorum accurata sit repertu difficilis defintio, genesis in fundo lateat, nexus parum evidenter a ratione perspiciatur; non curat hanc obscuritatem ad solas paene puras scientias relatam ingenium vere pulcrum, § 632, modo detur effugere OBSCURITATEM AESTHETICAM, defectum lucis aestheticae in suis (rebus ac cogitationibus) ad elegantiae leges examinandis, §§ 632, 614.

§ 634 Obscuritas aesthetica vel erit defectus lucis in aestheticis absolutae, § 617, quam CALIGINEM AESTHETICAM dicamus, et meram noctem, vel comparativae tantum, nitoris alicuis ac splendoris eximii, quae denuo vel nascetur per exceptionem non inelegantem, § 25, defectus tantum apparens, UMBRA AESTHETICA, vel erit defectus vere talis et privatio vividitatis ad veram pulcitudinem requisitae, dabitque GENUS COGITANDI PLANE HORRIDUM

Gründe zu unterscheiden und sie entweder in bündiger, genauer Weise auszusprechen oder vollständig zu erweisen, sind dunkel κατὰ νόησιν. Wenn sich daher jemand bemüht, recht viele Dinge, die nicht nur ästhetisch klar sind, sondern auch mit einem schönen Schimmern glänzen, wie sie sich nur dem Analogon der Vernunft preisgeben, dennoch deutlicher zu begreifen und mit dem Verstand tiefer zu erforschen, der wird oft alsbald nicht nur beklagen, daß sie dunkel sind, sondern auch empfinden, in welcher Weise sie dies κατὰ νόησιν sind.

§ 633 So wie der Faßlichkeit und dem Licht das erste Lob gebührt, so verdient es in der Tat die dieser lobenswerten Klarheit wahrhaft entgegengesetzte Dunkelheit, geschmäht zu werden. Auch diese Dunkelheit ist entweder die der Sachen und der Gedanken oder die der Zeichen, der Wörter oder der Redeweise. Wir behandeln nun nur die erste, und zwar jene Unterart von ihr, die einst als Dunkelheit κατ' αἴσθησιν bezeichnet wurde. Es mag innerhalb der anmutigen Überlegung nicht gerade wenige Dinge geben, die κατὰ νόησιν dunkel sind, deren genaue Erklärung schwer aufzufinden, deren Entstehung in einem tiefen Grund verborgen sein mag, deren Zusammenhang kaum als ein ausgemachter von der Vernunft eingesehen werden mag; um diese Dunkelheit, die sich beinahe nur auf die reinen Wisssenschaften bezieht, kümmert sich der wahrhaft schöne Geist nicht, vorausgesetzt nur, daß es ihm gegeben ist, der ÄSTHETISCHEN DUNKELHEIT zu entkommen, dem Mangel an Licht in seinen Angelegenheiten (Sachen und Gedanken), die er gemäß den Gesetzen der Anmut untersuchen muß.

§ 634 Die ästhetische Dunkelheit wird entweder ein Mangel an absolutem Licht im Ästhetischen sein, was wir die ÄSTHETISCHE FINSTERNIS nennen möchten und die bloße Nacht, oder nur ein Mangel an Licht im Verhältnis betrachtet, an einem gewissen Schimmern und außerordentlichen Glanz, eine Dunkelheit, die entweder aus einer nicht unanmutigen Ausnahme entsprungen sein wird, und nur ein scheinbarer Mangel ist, nämlich der ÄSTHETISCHE SCHATTEN, oder sie wird ein wahrhafter Mangel sein und eine Beraubung der zur wahren Schönheit erforderlichen Lebhaf-

cum aesthetica caligine, § 621. Neque solam ipsam noctem horrebit ubique sedulo pulcre cogitaturus, sed etiam non minus, ac eos, quorum gratia fiat Aristarchus, horridulis quibusdam, dilucidis utique, § 625, sed non sine macula comparative

parum claris, lucem dare coget,[1]

umbras autem pro formae commodis nunc sequetur, nunc fugiet, § 614.

§ 635 Umbrarum nomine complectimur omnia illa artificia, naturam imitantia, quibus quaedam inter venuste cogitandum non in tanta luce constituuntur, non tanta cum claritate extensiva dilatantur, ac fieri posset, ab ignaris venustae parsimoniae, § 164, e. g. quando minus connexa themati velut e longinquo tantum ostenduntur, sensim magnitudine, sicut optice, decrescentia, quasi per nebulam. Sic enim per naturam rerum porticus aeque distantibus columnis ac aequalibus suffulta

Longa, tamen *parte ab summa si tota videtur,*
Paullatim trahit angusti fastigia coni,
Tecta solo iungens, atque omnia dextera laevis
Donec in obscurum coni contraxit acumen, Lucr. IV 430.[2]

Sic per *obscurum coeptae lucis*[3] paullatim panditur brevis meridies, quam inter et mediam noctem est media *post solis occasum obscura lux.*[4]

§ 636 Turpem obscuritatem in pulcre cogitandis procreabit attentionis, quantam ab analogo rationis apud praecipuos tuos spectatores exspectare possis, nimia 1) intensio, quando simulas popularem aliquam cogitandi rationem, vere tamen ea concipis, eoque modo cum

1 Horaz, *A. p.* 448.
2 Lukr. 4, 428–431.
3 Vgl. Tac., *Hist.* 4, 50.
4 Vgl. Liv., *Ab urbe condita* 24, 21.

tigkeit, und dies ist dann die GERADEWEGS GRAUSE DENKUNGSART, verbunden mit ästhetischer Finsternis. Wer schön denken will, wird nicht allein vor dieser Nacht selbst überall und zutiefst zurückschaudern, sondern er wird auch nicht weniger die, um derentwillen er zum Aristarch wird,[1] *zwingen*, gewissen etwas grausigen, wenigstens klaren, aber im Verhältnis betrachtet nicht makellosen

Stellen, die nicht hell sind, mehr Licht zu geben.

Die Schatten aber wird er je nachdem, was der Gestalt des Werks zuträglich ist, einmal erstreben, einmal fliehen.

§ 635 Mit dem Namen der Schatten werden alle jene die Natur nachahmende Kunstgriffe umfaßt, mittels derer gewisse anmutig zu denkende Dinge nicht in so viel Licht aufgestellt, nicht mit so viel extensiver Klarheit ausgebreitet werden, wie dies bei solchen geschehen wäre, die der anmutigen Sparsamkeit unkundig sind; z. B. wenn mit dem Thema weniger verbundene Dinge gleichsam nur wie aus der Ferne gezeigt werden, nach und nach, wie für das Gesicht, an Größe abnehmend, gleichsam wie durch einen Nebel. So nämlich ist es aufgrund der Natur der Dinge bei einer Halle, die, obwohl sie auf gleichweit entfernten und gleichförmigen Säulen ruht, dennoch so, daß,

sieht in der ganzen Länge man sie vom obersten Ende,
sie sich zieht allmählich entlang der Neigung des sich engenden Kegels,
Boden verbindend mit Dach und all das Rechte mit Linkem,
bis sie zusammen es führt in die dunkle Spitze des Kegels.

So breitet sich durch das *Dunkel des Morgenrots* allmählich der kurze Mittag aus, zwischen dem und der tiefen Nacht *das dunkle Licht der Abenddämmerung* liegt.[1]

§ 636 Eine häßliche Dunkelheit in schön zu denkenden Dingen wird hervorgebracht werden: 1) Durch die Forderung einer zu großen Anstrengung der Aufmerksamkeit, als du sie vom Analogon der Vernunft bei den für dich wichtigsten Betrachtern erwarten kannst, wenn du irgendeine volkstümliche Art und Weise zu denken

iisdem communicas, qui iam multum et eruditum intellectus et rationis usum requirat probe capiendus, quae soli rationis horizonti relinquenda videantur, §§ 121, 615, 622, 2) extensio et 3) protensio si tentetur, M. § 628, dum satis ad venustos fines iam aperta atque dilucida vel 1) splendore tamen circumfunduntur adhuc novo, praestringente oculos, § 633, vividitate notarumque plurimarum variatione animum distrahente a pulcra totius, thematis et primariarum eius partium, consideratione, § 629, M. § 638, vel 2) luxurianti diffusione, § 165, tamdiu illustrantur novis semper ac novis commentationibus, donec fatigatus mole rerum ac cogitationum animus fatiscat et silva quadam obruatur potius, quam recreetur, § 623.

§ 637 Secundam ac tertiam obscuritatis vitiosae genesin simul tangere videtur Cicero De inv. II 156, *Uniuscuiusque*, inquiens, *constitutionis exemplum supponere non gravaremur, nisi illud videremus, quemadmodum res obscurae dicendo fierent apertiores, sic res apertas obscuriores fieri oratione.*[1] Quid enim? Exempla illa alias illustrantia, vel satis brevia fulgentissimis exornasset luminibus, et praestrinxissent hoc loco, vel pluribus diducta longo ordine exposuisset, et fatigassent hic spectatorum oculos, § 636.

§ 638 Turpior nascetur obscuritas aesthetica, 4) si vel absolute et in se obscurum thema, chimaeram aliquam et merum nihil, quod videatur aliquid, eleganter aliquis explanandum sibi sumserit, vel certe rem relative non ad spectatorum solum, sed et ipsius auctoris captum adeo obscuram, ut eam nec sensibus ac imaginatione, nec intellectus vi consequatur ipse, quam tamen aliis pollicetur exponere. Huc *magna* pertinet, *neque ea naturalis,* §§ 622, 623, *sed artificiosa,* § 110, *somniorum Antiphontis interpretatio. Eodemque modo et oraculo-*

[1] Cic., *De inv.* 2, 156.

vorgibst, dir in Wahrheit aber solche Dinge vorstellst, die allein dem Horizont der Vernunft überlassen zu sein scheinen, und an denen du sie in einer Art und Weise teilhaben läßt, die schon einen häufigen und gelehrten Gebrauch des Verstandes und der Vernunft verlangt, um sie richtig nachzuvollziehen. 2) Wenn eine zu große Ausdehnung und 3) ein zu großes Anhalten der Aufmerksamkeit erstrebt werden, indem Dinge, die zum Zwecke der Anmut schon genügend offenbar und klar sind, entweder 1) dennoch mit einem noch weiteren neuen, die Augen blendenden Glanz umgeben werden, mit einer Lebhaftigkeit und der äußeren Veränderung einer Vielzahl der Merkmale, die das Gemüt von der schönen Betrachtung des Ganzen des Themas und seiner vornehmlichen Teile ablenken, oder 2) wenn sie mit einer schwelgenden Weitläufigkeit und solange mit neuen und immer wieder neuen Erläuterungen erhellt werden, bis das von der Masse der Sachen und Gedanken ermüdete Gemüt sich erschöpft und von der großen Menge eher begraben als ergötzt wird.[1]

§ 637 Zugleich die zweite und dritte Entstehungsweise der fehlerhaften Dunkelheit scheint Cicero zu berühren, wenn er sagt: *Ich würde mich nicht scheuen, für jede einzelne Begründungsform ein Beispiel dazuzusetzen, wenn ich nicht sähe, daß ebenso wie unklare Sachverhalte durch den Vortrag klarer, so auch klare unklarer werden.* Und was heißt das? Jene anderwärts erhellenden Beispiele hätte er entweder in genügender Kürze mit strahlenden Lichtern ausgeschmückt, die an dieser Stelle geblendet hätten, oder er hätte sie ausführlich einzeln in einer langen Reihe auseinandergesetzt, und sie hätten alsdann die Augen der Betrachter ermüdet.

§ 638 Eine häßlichere ästhetische Dunkelheit entsteht, 4) wenn jemand sich anmaßen möchte, entweder ein in absoluter Weise und in sich dunkles Thema, irgendeine Chimäre und ein bloßes Nichts, in anmutiger Weise erklären zu wollen, oder wenn jemand sich anheischig machen sollte, eine in relativer Weise sicherlich nicht nur für die Auffassungsgabe der Betrachter, sondern auch für seine Auffassungsgabe als Autor selbst so dunkle Sache, daß er sie weder mit den Sinnen und der Einbildung noch mit der Kraft des Verstandes auf-

rum et vaticinationum bene multa mendacia, multaeque verorum *etiam explanationes, in quibus multa obscura sunt ac ambigua*, Cic., De div. I 116,[1] cf. II 115.

§ 639 Duplex eorum genus est, qui de bonis rebus est in se probe perspicuis earum omnino ignari, belle tamen, disserere frustra conantur. Primum est sincerius ac simplicius, eoque facilius detegendae turpitudinis, qui stolide sibi persuadent, rem bene geri, quoties de re, quam norunt cum ignarissimis, audacter incipiant, magnis hiatibus, signa sine mente, sed non sine flumine, profundere, obscurum per obscurius exponere, crepuscula collustrare tenebris, quas intellegere nemo alias possit, quoniam ipsi sua cogitantes non intellexerant. Alterum est magis subdolum et quasi veteratorium, quod in eadem rerum optimarum inscitia per eandem impudentiam de quibusvis venustam scilicet meditationem aggreditur, sed callido satis consilio suae mentis caliginem ita tegens, ut ignorantiae suae culpam in ipsam materiam et rem, de qua agitur, commode devolvat, suisque spectatoribus, quorum aliquos aeque rerum ignaros invenire non est difficile, largiatur non apud ipsos, sed in rebus cogitandis quaerendam esse caussam, cur illae nequeant intellegi. Sic enim dum fovet, et excusat suorum naevos auctor eiusmodi ab his denuo non excusatus solum abibit, sed etiam saepe numero collaudatus, qui solus rerum tenebras viderit, quas alii, doctiores qui videri velint, soli meridiano comparantes mentiantur, § 638.

§ 640 Huius obscuritatis, §§ 636, 637, non unum exemplum nobis offerunt Ciceronis libri De natura deorum, quorum l. III 94 *Cotta*

[1] Vgl. Cic., *De div.* 1, 116.

zufassen vermag, dennoch anderen auseinanderzusetzen. Hierzu gehört *die große, aber nicht natürliche, sondern künstliche Auslegung der Träume durch Antiphon.*[1] *Und in gleicher Weise auch* recht viele Lügen *von Weissagungen und Prophezeiungen* und auch viele Erklärungen wahrer Dinge, *in denen vieles dunkel und rätselhaft ist.*

§ 639 Zweifach ist die Gattung derjenigen, die über gute und in sich sehr wohl klare Dinge, gänzlich ohne sie zu kennen, gleichwohl versuchen, in schöner Weise ausführlich zu sprechen. Die erste ist aufrichtiger und einfältiger und deswegen von leichter zu entdeckender Häßlichkeit: Die sich töricht selbst einreden, etwas gut auszuführen, sooft sie beginnen, über eine Sache, die sie gerade so gut kennen wie die Allerunkundigsten, in kühner Weise mit großer Aufschneiderei Worte ohne Sinn, aber nicht ohne Redeschwall auszugießen, das Dunklere mit noch Dunklerem offenzulegen, das Dämmrige mit Finsterem zu erhellen, das sonst keiner verstehen kann, weil sie selbst es ja nicht verstanden haben. Die andere ist heimtückischer und gleichsam durchtriebener, die in derselben Unkenntnis bezüglich der besten Sachen mit derselben Schamlosigkeit eine, nun ja, anmutige Überlegung über was auch immer in Angriff nimmt, aber mit genügend verschlagener List die Finsternis ihres Gemüts so verbirgt, daß sie die Schuld ihrer Unwissenheit auf den Stoff selbst und auf die Sache, die sie behandelt, in geschickter Weise abwälzt und es ihren Betrachtern, unter denen einige der Sache gleichermaßen Unkundige nicht schwer zu finden sind, verstattet, daß nicht bei ihnen selbst, sondern in den zu denkenden Sachen der Grund zu finden sei, warum sie jene nicht verstehen können. So nämlich, indem ein solcher Autor die Fehler seines Publikums liegt und entschuldigt, wird er selbst wiederum nicht nur von diesem entschuldigt werden, sondern genügend oft auch mit Belobigungen davongehen, als einer, der allein die Finsterkeiten der Sachen sieht, welche andere, die wohl wissender erscheinen wollen, lügnerisch mit der hellen Mittagssonne vergleichen mögen.

§ 640 Nicht nur ein Beispiel dieser Dunkelheit bieten uns die Bücher Ciceros über das Wesen der Götter, in denen *Cotta mit diesen Worten seinen Vortrag schließt*: *Dies in etwa*, spricht er, *hätte ich*

dicendi finem facit: Haec fere, inquiens, *dicere habui de natura deorum, non ut eam tollerem, sed ut intellegeretis, quam esset obscura, et quam difficiles explicatus haberet.*[1] Quoniam enim per omnem eorum decursum evidentissimae religionis naturalis quaestiones, cum superstitionibus graecoromanis misere confunduntur, quarum plerasque Stoici sub tutelam philosophiae sinistris avibus receptum ibant, § 636, quas omnes, sed cum veris verissimae religionis anticipationibus, in sinu certe, ridebant Epicurei: § 637. Cotta academicus, dum illas impugnat, nunc obscuritatem porticus iure suo salse ridet, quoties hi somniorum interpretamenta crepabant, § 638, nunc Epicureorum vanas ambages, et impudentem audaciam bene perstringit, quando hi divinorum satis incurii, deorum tamen quasi carnem et quasi sanguinem, et intermundiorum otia multis exponebant, ne nihil omnino de diis dixisse viderentur, nunc autem et *vehementius invectus etiam in illam rationem, quae de Providentia sanctissime et providentissime constituta est*,[2] multa per se obscura callide fingit, quae sunt aperta cuivis veriorem religionem agnoscenti, § 639.

§ 641 Turpioris obscuritas § 638 notatae dabunt exempla, nunc alterutro, nunc utroque morbo, de quo § 639, laborantes veterum multi chemici, praesertim alchemistae, quibus arcana sunt omnia, praesertim philosophorum lapis, multi recentiorum etiam mystici, quoties vere divinis non contenti nova sibi ac suis excogitant mysteria, omnis magiam simulans et nocturnum cum daemonibus commercium, si

> *Obscurum verborum ambage novorum*
> *Ter novies carmen magico de murmurat ore*, Ov.[3]

[1] Vgl. Cic., *De nat. deor.* 3, 93 f.
[2] Vgl. ebd. 3, 94.
[3] Ovid, *Met.* 14, 57 f.

über das Wesen der Götter zu sagen, nicht um es für null und nichtig zu erklären, sondern um euch klarzumachen, wie dunkel die Frage ist und welche Schwierigkeiten alle Erläuterungen mit sich bringen.[1] Nachdem nämlich im ganzen Verlauf der Bücher ausgemachteste Fragen der natürlichen Religion auf elende Weise mit griechisch-römischem Aberglauben vermischt werden, von dem die Stoiker das meiste glücklos unter dem Schutzmantel ihrer Philosophie aufgenommen haben und welchen die Epikureer durchweg, doch zusammen mit den in dessen Schoß sicherlich vorhandenen wahren Vorwegnahmen der wahrsten Religion, verlachten: Verlacht Cotta als Angehöriger der Akademie, solange er jene bekämpft, bald beißend und mit Fug und Recht die Dunkelheit der stoischen Philosophen, sooft diese ihre Traumdeutungen vernehmen ließen, bald tadelt er richtig die leeren Umschweife der Epikureer und deren schamlose Kühnheit, wenn sie, dem Göttlichen gegenüber gleichgültig genug, dennoch vielen gleichsam das Fleisch und Blut und den zwischenweltlichen Müßiggang der Götter darlegten, damit es nicht so schiene, daß sie gar nichts über die Götter gesagt hätten, bald aber erfindet er auch, nachdem er *allzu heftig auch jene Theorie angegriffen hat,*[2] *die sehr gewissenhaft und kenntnisreich über die Vorsehung der Götter aufgestellt worden ist*, auch listig viele in sich dunkle Dinge, die jedem, der die wahrere Religion anerkennt, offenbar sind.

§ 641 Beispiele von der in § 638 angeführten häßlicheren Dunkelheit werden viele, bald an einer von beiden, bald an beiden der Krankheiten, von denen in § 639 die Rede war, leidenden Destillier-Künstler[1] der Alten geben, vor allem die Alchemisten, für die alle Dinge geheim sind, insbesondere der Stein der Weisen, und auch viele neuere Mystiker, sooft sie, mit dem wahrhaft Göttlichen nicht zufrieden, für sich und die Ihren neue heilige Geheimnisse ausdenken. Alle spiegeln Zauberkunst und einen nächtlichen Umgang mit Dämonen vor, wenn

in seltensten Worten und Sätzen
neunfach ein dunkles Lied dreimal gemurmelt wird aus zauberkundigem Munde.

§ 642 Primam obscuritatis caussam aestheticae, § 636, cauturus sollicitus abstinebit a discernendis a se invicem iis omnibus, quae singula quidem sunt dilucida, vel omnino nitida, § 625, salva tamen pulcritudine totius, ad quod pertinent, confunduntur ac miscentur ab analogo rationis saepe numero. Sit in venusta quapiam pictura *Cnidius* aliquis *Gyges*, salva pulcritudine totius,

Quem si puellarum insereres choro,
Mire sagaces falleret hospites
Discrimen obscurum, solutis
Crinibus ambiguoque vultu, Hor. II, Oda V 21.[1]

Noli tunc proditorem agere, voluptatisque circulos turbare velle, superfluam potius distinguendi sagacitatem umbris tege commodis, § 634, M. § 645.

§ 643 Secundam obscuritatis vel optima deturpantis viam, § 636, temere ingreditur I) de suis praecipuis spectatoribus melius praeclariusque sentiens, ac debebat, iisque penetrantius acumen et uberiorem attendendi perspiciendique vim tribuens, ac vere vel habent, vel exercent, adeoque, dum tantis ingeniis vix se putat satisfacturum ingenii sui modulo, quicquid est ubique nitoris, constipat et cogit, quantum potest, in unum, et hac ratione

plerumque modestus
Occupat obscuri speciem.[2]

§ 644 Eandem in tenebras viam inibit II) de semet ipse, de sua suorumque cogitatorum auctoritate sentiens augustius, ac fas est, et hinc tacite postulans legi, velut aenigmata, relegi sua, quot verbis, tot ponderibus insignia, et haerentem in singulis picturae suae ductibus

1 Horaz, *Carm.* 2, 5, 20–24.
2 Horaz, *Ep.* 1, 18, 94 f.

§ 642 Wer den ersten Grund der ästhetischen Dunkelheit vermeiden will, wird sich sorgfältig davor zurückhalten, von sich aus all die Dinge untereinander zu unterscheiden, die als einzelne gewiß licht oder sogar schimmernd sind – unter Wahrung jedoch der Schönheit des Ganzen, zu dem sie gehören – doch vom Analogon der Vernunft oftmals verwirrt und vermischt werden. In jedwedem anmutigen Bild soll es einen *Knidier Gyges* geben, der, unter Wahrung der Schönheit des Ganzen,

würdest du ihn unter die Mädchen einreihen im Reigen,
wunderbar würde täuschen die scharfsinnigen Gäste,
ihr Urteil wäre verwirrt durch die wehenden
Locken und das zwiefach deutbare Antlitz.

Laß dir daher nicht beifallen, als ein Verräter zu handeln und die Kreise des Vergnügens stören zu wollen, bedecke lieber den eitlen scharfsichtigen Entdeckungsgeist des Unterscheidens mit gefälligen Schatten.

§ 643 Es beschreitet unbesonnen den zweiten, auch die besten Dinge häßlich machenden Weg der Dunkelheit, I) wer besser und ausgezeichneter über seine vornehmlichen Betrachter denkt, als er hätte dürfen, und ihnen eine durchdringendere Scharfsinnigkeit und eine reichere Kraft der Aufmerksamkeit und der Einsicht zuschreibt, als sie in Wahrheit haben oder ausüben, bis zu dem Punkt, daß er, indem er kaum von sich glaubt, so viele Geister nach der Maßgabe seines Geistes zufriedenstellen zu können, alles, was und wo auch immer es an Schimmerndem gibt, zusammendrängt und, soviel er kann, in eines zwingt. Aus diesem Grund

gilt oft Bescheidenheit als dunkle Verschlossenheit.

§ 644 Denselben Weg in die Dunkelheit wird betreten, II) wer sich selbst, seine Geltung und die seiner Gedanken für ehrwürdiger hält als recht ist und daher stillschweigend heischt, daß seine Hervorbringungen gleichsam wie Rätsel und jedes seiner Worte als Zeichen von großer Bedeutung gelesen und wiedergelesen werden und daß der an den einzelnen Zügen seines Gemäldes haftende Betrach-

spectatorem subsistere, neque pedem ulterius, nec oculos proferre, nisi saepius volutatis animo, quae viderat, diuque perpensis, tandem assequutus sit, quid sibi velint. Ob hanc forte caussam *valde obscurus est Heraclitus, minime Democritus.*[1] Apophthegmatibus ille suis σκοτεινοῦ[2] sibi nomen promeritus est, huius composita oratio et ornata, et artificio captum lectoris, § 643, ac suam auctoritatem metientium, et expolitione distincta Ciceronis, immo lectorum hoc minus philosophicorum, calculum tulit, § 251.

§ 645 Subobscurum hoc bivium §§ 643, 644 cavebit aesthetica dynamica, § 60, ita rationes virium et extendendae attentionis apud spectatores suos praecipuos subducens, ut in casu dubii, an hi belle cogitaturum satis assequuturi mentemque eius sint, ut ita dicam, exaequaturi, malit nimis apertus, quam opertus caligine videri, ita eiusdem auctoritatem apud eosdem dimensa, ut in casu dubii, an hi belle cogitantis lectionem decies repetituri sint, nec ne, malit prima lectione statim intellegi, quam ultima, § 636. Praesertim hos sibi calculos recte commendatissimos habent caussarum *patroni*, a quibus *ius obscurum et ignotum* aliquando *patefaciendum* est *in iudicia atque illustrandum*,[3] §§ 615, 616. Negligat has rationes auctores sive modestia, § 643, sive fastus et arrogantia, § 644, conveniet illi cum Horatio queri:

Brevis esse laboro,
Obscurus fio.[4]

Cavenda est, quae nimium omnia corripientes sequitur, obscuritas, Quint. IV 2.[5]

§ 646 Neque tamen cum omni sua latidudine potuit obscuritatis notam omnem effugere Plato, ne faventem quidem apud iudicem,

1 Cic., *De div.* 2, 133.
2 Cic., *De fin.* 2, 15.
3 Vgl. Cic., *De or.* 1, 177.
4 Horaz, *A. p.* 25 f.
5 Quint. 4, 2, 44.

ter stehenbleibt und weder einen Schritt weitergeht noch seinen Blick abwendet, wofern er nicht mehrfach das überdacht und länger darüber nachgesonnen hat, was er gesehen hat und endlich begreifen mag, was dies ihm bedeuten mag. Aus diesem Grund vielleicht *ist Heraklit überaus dunkel und ist es Demokrit am wenigsten.* Jener hat sich mit seinen Sinnsprüchen den Namen ›der Dunkle‹ verdient; die wohlgefügte und zierliche Rede von diesem gewann dagegen mit ihrer Kunst sowohl das Verständnis des Lesers und derer, die seine Geltung richtig ermaßen, als auch mit ihrer deutlichen Ausmalung [1] die Wahlstimme Ciceros, ja sogar der weniger philosophischen Leser.

§ 645 Diesen etwas dunklen Doppelweg wird die dynamische Ästhetik vermeiden, indem sie so die Kräfte und die zu erweiternde Aufmerksamkeit bei ihrem vornehmlichen Publikum überschlägt, daß, im Falle eines Zweifels, ob das Publikum denjenigen, der schön denken will, begreift und ihm, wenn ich so sagen darf, in seinem Gemüt gleichkommt, dieser lieber zu gesprächig als in Finsternis verborgen scheinen will, und indem sie die Autorität desselben bei seinem Publikum so bemessen hat, daß, im Falle eines Zweifels, ob dasselbe die Lektion des schön Denkenden zehnmal wiederholen muß oder nicht, dieser lieber sogleich bei der ersten Lektion als erst bei der letzten verstanden werden will. Gründe zu diesen zu Recht überaus empfohlenen Berechnungen haben vor allem *die Anwälte*, von denen bisweilen *auch das dunkle und unbekannte Recht vor Gericht breiter zugänglich gemacht und erläutert werden muß.* Werden diese Gründe entweder durch die Bescheidenheit oder durch den Stolz und den Übermut des Autors vernachlässigt, mag es ihm anstehen, mit Horaz zu klagen:

Ich strebe nach Knappheit
– und werde dunkel.

Man muß sich in acht nehmen vor der Folge allzu einschneidender Kürzungen, der Dunkelheit.

§ 646 Dennoch konnte auch Platon mit all seiner Breite nicht aller Rüge der Dunkelheit entgehen, nicht einmal bei einem ihm günsti-

Ciceronem, Quaest. ac. IV 123. Tantae molis est rotunda brevitas, § 166, optimum antidoton contra tertiam obscuritatis vitandae caussam, § 636. Apud eundem Ciceronem De fin. II 15 reprehenditur *Epicurus,* qui *nec nolit, si possit, plane et aperte loqui, nec de re obscura, ut physici,* § 639, *aut artificiosa, ut mathematici, sed de illustri ac facili, etiam in vulgus pervulgata,* voluptate, *loquatur,*[1] neque tamen possit intelligi. Si quid subest obiectionibus veri, quae satis suspectae sunt, dum vera voluptas putatur esse res facilis et in vulgus pervulgata: sane non aliud est Epicuri peccatum aestheticum, quam quod in diducendis suis acroasibus practicis per scripta a quibusvis legenda paullo verbosior, rotundaeque brevitatis negligentior fuit, unde factum, ut pauci totam voluptatis theoriam ex eodem hauserint, attentione satis protensa, plurimi quandam eius partem, quasi totum, arripuerint, nunc hanc, nunc illam ex plurimis Epicuri scriptis cursim attendendo laciniam, § 636.

§ 647 Ad obturandum quartum turpioris obscuritatis fontem, § 638, 1) ne quid aesthetice falsi, ne febriculosorum somnia, pulcris condecorare cogitationibus somnies, § 456. Nec enim veri tantum amor, sed etiam perspicuitatis inde studium avocat, quoniam absolute obscuris eiusmodi vera semper deerit lux aesthetica, § 614, 2) in ipsis fictionibus mundi poetici nolis utopiam habitare, § 514, per quam etiam peregrinanti via est,

Quale per incertam lunam, sub luce maligna,
Est iter in silvis, ubi caelum condidit umbra
Iuppiter, ac rebus nox abstulit atra colorem, Virg.[2]

§ 648 3) Ne de quoquam themate splendide prius, quam dilucide cogitare mens sit, §§ 619, 625, 4) quae ne dilucide quidem exponere

[1] Cic., *De fin.* 2, 15.
[2] Vergil, *Aen.* 6, 270–272.

gen Richter wie Cicero. Soviel Mühe kostet die abgerundete Kürze, das beste Gegenmittel gegen den dritten Grund der zu vermeidenden Dunkelheit. Ebenfalls bei Cicero wird *Epikur* getadelt, *der es nicht ablehnt, sich, wenn er kann, breit und gesprächig auszudrücken, wenn er nicht, wie die Naturphilosophen, über etwas Dunkles, noch, wie die Mathematiker, über ein sehr spezielles Thema, sondern über etwas Klares, Einfaches und schon allgemein Bekanntes* – über die Lust – *spricht* und dennoch nicht verstanden werden kann. Wenn etwas Wahres hinter diesen Einwänden steckt, die genügend verdächtig sind, weil die wahre Lust für etwas Einfaches und allgemein Bekanntes gehalten wird: So ist die ästhetische Sünde des Epikur fürwahr keine andere als diejenige, daß er in der Verbreitung seiner praktischen Lehrvorträge durch Schriften, die von jedwedem gelesen werden sollten, ein wenig zu wortreich war und die abgerundete Kürze zu sehr vernachlässigt hat. Daher kommt es, daß wenige mit genügend anhaltender Aufmerksamkeit seine ganze Theorie der Lust aus ihm schöpfen und die meisten nur einen gewissen Teil davon, gleichsam als wäre es das Ganze, ergreifen, in eiligem Achtgeben einmal auf diesen, einmal auf jenen Zipfel der weitläufigen[1] Schriften Epikurs.

§ 647 Laß dir nicht – um nun die vierte Quelle der häßlicheren Dunkelheit zu verschließen – träumen, 1) etwas ästhetisch Falsches, und auch nicht, Träume von Fieberkranken mit schönen Gedanken auszuschmücken. Davon hält einen nämlich nicht allein die Liebe zum Wahren, sondern auch das Bestreben nach Faßlichkeit fern, weil einem solchen in absoluter Weise Dunklen immer das wahre ästhetische Licht fehlen wird. 2) Selbst in den Erdichtungen der poetischen Welt sollst du nicht in einer Utopie heimisch sein wollen, durch welche der Weg auch für den Durchreisenden

wie beim ungewissen Schein des matten Mondes
eine Straße durch die Wälder ist, *wenn Jupiter wolkig den Himmel*
trübt und dunkel die Nacht den Dingen die Farbe genommen.[1]

§ 648 3) Es soll dir nicht einfallen, über irgendein Thema eher in glänzender als in lichter Weise zu denken. 4) Dinge, die du gewiß nicht in lichtvoller Weise auseinandersetzen kannst, von denen er-

possis, ne speres unquam naturali splendore collustrare, §§ 622, 623, fucis autem commaculare nolis, §§ 626, 627, 5) si quid tibi minus obscurum κατὰ νόησιν videatur, ne te iam eo ipso, dum illud venustatis ad regulas cogitaturus es, omnem obscuritatem aestheticam effugisse statuas, §§ 632, 633, 6) ne perspicuitatem singulorum tuorum conceptuum et totius a te ponendi confundens ex illa temere concludas ad hanc, apprime tamen necessariam, 7) caliginem ingenii tui ne satagas rebus et materiis imputare, § 639.

§ 649 *Omnis cognitio multis est obstructa difficultatibus, eaque est et in ipsis rebus obscuritas* (obiectiva), *et in iudiciis nostris infirmitas* (obscuritas subiectiva), *ut non sine caussa et doctissimi et antiquissimi invenire se posse, quod cuperent, diffisi sint*, Cic., Quaest. ac. IV 7.[1] Verum in ipsis rebus ubi latet absoluta obscuritas, ut sint in et per se inconceptibiles, illae non tangendae sunt, ultra limites, § 647. Si qua materia talis esse videatur, ut in se clara et distincta nobis tamen per suam naturam esse ne dilucida quidem possit, multo minus splendescere: de ea non multum disputabo an ipsi rei, an potius infirmitati iudiciorum nostrorum adscribenda sit, qua circumvolvitur, caligo. Unum hoc urgeo, ne velut protestatione facto contraria rem ipsam multis dicamus obscuram, idque saepius, neque tamen eandem aptis potius umbris circumdemus, quam explicare vel etiam illustrare vanas per ambages nequicquam conemur, §§ 634, 635.

§ 650 Obscuritatem aestheticam generatim cauturus non curat ille quidem subtilitates κατ' αἴσθησιν supervacaneas, eas dispulsuris obscuritatem omnem κατὰ νόησιν intactas relinquit, §§ 631, 632, neque trepidat confundere, quae salva pulcritudine totius ulterius in frustula dissecari non opus est, § 642: vitat tamen confusum atque

[1] Cic., *Ac. Lucull.* 2, 3, 7.

hoffe nicht, sie jemals mit einem natürlichen Schimmern zu erleuchten, und du sollst sie auch nicht mit Schminke übertünchen wollen. 5) Wenn dir etwas κατὰ νόησιν weniger dunkel erscheint, sollst du dir nicht in den Kopf setzen, schon allein dadurch, wenn du es gemäß den Regeln der Anmut denken willst, jeder ästhetischen Dunkelheit entronnen zu sein. 6) Schließe nicht, indem du die Faßlichkeit deiner einzelnen Begriffe mit der des Ganzen, das du aufstellen sollst, verwirrst, von jener blindlings auf diese, die doch vor allem notwendig ist. 7) Befleißige dich nicht, eine Finsternis in deinem Geiste den Dingen und Stoffen zuzuschreiben.

§ 649 *Jeder Kenntnis stehen viele Schwierigkeiten im Wege und diese bestehen sowohl in der* (objektiven) *Dunkelheit der Sachen selbst als auch in der Unzulänglichkeit unserer Urteile* (der subjektiven Dunkelheit), *so daß nicht ohne Grund sowohl die Gelehrtesten als auch die Weisesten daran verzagt sind, das, was sie wünschten, finden zu können.* Wo allerdings in den Sachen selbst eine absolute Dunkelheit verborgen liegt, so daß sie in sich und an sich selbst unverständlich und unbegreiflich sind, dürfen sie nicht über die Grenzen hinaus berührt werden.[1] Wenn etwa ein Stoff ein solcher zu sein scheint, der, in sich klar und deutlich, für uns aufgrund seiner Natur aber dennoch nicht einmal licht sein und noch weniger glänzen kann: Werde ich im Hinblick auf diesen nicht viel streiten, ob die Finsternis, mit der sie umhüllt ist, der Sache selbst oder eher der Schwächlichkeit unserer Urteile zuzuschreiben sei. Auf dieses eine aber dringe ich: Daß wir nicht gleichsam in einem Aufbegehren gegen das, was vorliegt, vielen, und dies immer wieder, erzählen, die Sache sei dunkel, und dieselbe nicht vielmehr lieber mit geeigneten Schatten umgeben als daß wir vergeblich versuchen, sie zu erklären oder mit eitlen Umschweifen zu erhellen.

§ 650 Derjenige, der sich vor der ästhetischen Dunkelheit im allgemeinen hüten will, kümmert sich gewiß nicht um die κατ' αἴσθησιν überflüssigen scharfsinnigen Feinheiten und überläßt sie unangetastet denen, die alle Dunkelheit κατὰ νόησιν vertreiben wollen. Noch scheut er sich zu vermischen, was, unter Wahrung der Schönheit des Ganzen, weiter in kleine Stücke zu zerlegen nicht nötig ist:

PERTURBATUM COGITANDI GENUS, venustae distinctionis et analyseos nescium. Quam primum enim de toto certae materiae tot partes, tot varia videas animadvertenda per necessitatem aestheticam, quot in unum confusa, simul in eundem spectatoris obtutum congesta, huius oculos praestringerent, et mole sua vim attendendi obruerent, §§ 636, 637, *distincta* requiritur argumentorum *acies*,[1] quae intellectui pulcro sistat totum partium succesivo splendore nitentium, §§ 428, 618, cf. Quint. IV 2.

§ 651 Hinc longius si permittitur cogitationes protrahere, ut e.g. plures ad clepsydras, et singularis iure poscitur perspicuitas, ut a caussarum patronis, §§ 616, 645, rectius intellectus pulcer extensivae distinctionis luce pascitur per contemplationem totius, dum partibus iam planissime dictis, iam nitore quodam ornatioribus recreatur analogon rationis, § 617, quam si sequereris *Fusii* cuiusdam ac *Pomponii* meditandi rationem, quod Crassus apud Ciceronem De or. II 50 *simulac agere coeperint, se* negat *intelligere, nisi admodum attenderit, ita confusam esse, ita perturbatam orationem, nihil ut sit primum, nihil secundum*, § 650, *ut oratio, quae lumen adhibere rebus debeat, ea obscuritatem et tenebras afferat, atque ut quodammodo ipsi sibi in dicendo obstrepere videantur.*[2]

§ 652 Quemadmodum autem lux aesthetica non est illa, qua potissimum genus cogitandi logicodogmaticum gaudeat atque collustretur, §§ 629, 630: ita obscuritas, quam philosophis ac mathematicis scientifice commentantibus, veluti propriam ac naturalem, queruntur lectores uno rationis analogo percipere laborantes huic non scripta rationis effata, κατ' αἴσθησιν quidem est obscuritas, § 631, neque

[1] Vgl. Liv. 9, 19.
[2] Cic., *De or.* 3, 50.

Er vermeidet aber die verworrene und UNGEORDNETE DENKUNGSART, die keine anmutige Unterscheidung und Zergliederungen kennt. Sobald du nämlich sehen magst, daß von dem Ganzen eines gewissen Stoffes aufgrund ästhetischer Notwendigkeit so viele Teile, so viele veränderliche Hinsichten wahrgenommen werden müssen, wie sie in eins vermischt und zugleich vor nur einen Blick des Betrachters zusammengehäuft dessen Augen blenden und mit ihrer Masse seine Kraft achtzugeben begraben würden, wird eine *deutliche Aufstellung* der Argumente erforderlich, die dem schönen Verstand das Ganze der schimmernden Teile in aufeinanderfolgenden Glanzlichtern vor Augen stellt.

§ 651 Wenn es daher erlaubt ist, die Gedanken in der Zeit hinauszuziehen, wie z. B. in mehreren Stellungnahmen,[1] und zu Recht eine besondere Faßlichkeit verlangt wird, wie in den Fällen der Anwälte, wird der schöne Verstand – während das Analogon der Vernunft mit schon überaus vernehmlich ausgesprochenen, schon mit einem gewissen Schimmern etwas mehr ausgeschmückten Teilen erquickt wird – bei der Betrachtung des Ganzen gehöriger durch das Licht der extensiven Unterscheidung genährt, als wenn du der Art und Weise der Überlegung eines gewissen *Fufius*[2] und *Pomponius* folgen würdest,[3] von denen Crassus bei Cicero sagt, daß er sie, *sobald sie die Fälle zu behandeln beginnen*, nicht *versteht, wenn nicht mit gespannter Aufmerksamkeit; so verwirrt, so ungeordnet ist ihre Rede, daß nichts an erster, nichts an zweiter Stelle steht, daß die Rede, die zur Erhellung eines Sachverhalts beitragen soll, nur Dunkelheit und Finsternis erzeugt und in gewisser Weise den Eindruck erweckt, daß die Betreffenden sich selbst beim Reden stören.*

§ 652 Gleichwie aber das ästhetische Licht nicht jenes Licht ist, das hauptsächlich die logikodogmatische Denkungsart erfreuen und durch das diese erleuchtet werden mag: So ist die Dunkelheit, die den in wissenschaftlicher Weise genau überlegenden Philosophen und Mathematikern gleichsam eigen und natürlich ist und welche die Leser, die sich abmühen, allein mit dem Analogon der Vernunft die für dieses nicht geschriebenen Aussprüche der Vernunft zu erfassen, beklagen, gewiß eine Dunkelheit κατ᾽ αἴσθησιν, aber den-

tamen aesthetica, § 633. Neque prius solidior philosophia mathematicorum vel assequetur vel tuebitur evidentiam, quam *obscuritates* eiusmodi *non culpae scribentium, sed inscientiae* vel inadvertentiae *non assequentium assignaverimus*, eadem cum veri conscientia animique tranquillitate, ac, non *Caecilius* Gellii XX 1 *duodecim tabularum obscurissima*,[1] sed mathematici tenebras illas, quarum plebs pulverem et radium reos agit.

§ 653 Ipse Crassus apud Ciceronem, qui latissime profert oratoris, hinc et simul ingenii pulcri, pomoeria, quando se fingit contra eos disputare, qui oratorem ab omni doctrina rerumque maiorum scientia excludant, De or. I 68, *Quoniam*, inquit, *philosophia in tres partes est distributa, in naturae obscuritatem*, § 639, *in disserendi subtilitatem, in vitam atque mores: duo illa relinquamus, idque largiamur inertiae nostrae, tertium vero, quod semper oratoris fuit, nisi tenebimus, nihil oratori, in quo magnus esse possit, relinquemus*.[2] Equidem nec illa duo priora sic relinquo, ut negem illorum solidam scientiam oratori, et omni felicius elegantiora cogitaturo singulariter utilem, aliquibus autem omnino necessariam: nec tertium de moribus ac vita locum ita teneo, ut audeam ullis belle cogitaturis auctor esse nuda bene beateque vivendi praecepta, sicut intellectu comprehenduntur ac ratione demonstrantur, suis inserere, nisi plausum Antonii velint, § 121. Neque tamen philosophus ubique meum putem de vita ac moribus ita cogitare, ne quid in meditationibus ad intellectus et rationis Cynosuram

1 Vgl. Gellius, *Noctes Atticae* 20, 1.
2 Cic., *De or.* 1, 68.

noch keine ästhetische Dunkelheit. Und auch wird die gründlichere Philosophie der Mathematiker nicht eher eine völlige Ausgemachtheit erreichen oder bewahren, bevor wir nicht *Dunkelheiten* dieser Art *nicht der Schuld der Verfasser, sondern der Unwissenheit* oder der Unachtsamkeit *derer, die nicht begreifen, zugeschrieben haben werden*, mit dem Gewissen um das Wahre und der Seelenruhe – nicht mit der *Caecilius* des Gellius[1] *die tiefe Finsternis des Zwölftafelgesetzes*[2] betrachtet – sondern mit der die Mathematiker jene Finsternis behandeln, für die das gemeine Volk den grünen Glasstaub und das Stäbchen verantwortlich macht.[3]

§ 653 Selbst Crassus bei Cicero, der den Maueranger des Redners und daher zugleich auch den des schönen Geistes überaus weit ausdehnt, sagt, wenn er sich vorstellt, gegen jene zu streiten, die den Redner von jeder Lehre und Wissenschaft der bedeutenderen Dinge ausschließen möchten: *Da die Philosophie sich in drei Teile gliedert – die Erforschung des geheimen Wesens der Natur, die feine Kunst der Dialektik und die Lehre von der Lebensführung und den Sitten – wollen wir die ersteren beiseite lassen und das unserer Bequemlichkeit zugute halten; doch was den dritten Teil betrifft, für den der Redner stets zuständig war, so lassen wir dem Redner, wenn wir nicht an ihm festhalten, kein Feld übrig, auf dem er seine Größe zeigen kann.*[1] Gewiß lasse ich weder jene ersten beiden Bereiche so unbeachtet, daß ich leugnen würde, daß eine gründliche Wissenschaft derselben dem Redner und jedem, der mit mehr Erfolg anmutigere Dinge denken will, in einzigartiger Weise nützlich und für manche auch gänzlich notwendig ist: Noch spreche ich dem dritten Bereich über die Sitten und die Lebensführung einen solchen Rang zu, daß ich wagen würde, irgend jemanden von denen, die schön denken wollen, dazu anzustiften, reine Gebote des guten und glücklichen Lebens, wie sie mit dem Verstand erfaßt und mit der Vernunft erwiesen werden, in seine Werke einzufügen, wenn er nicht den Beifall eines Antonius will.[2] Jedoch würde ich als Philosoph auch nicht von mir meinen, allenthalben so über die Lebensführung und die Sitten nachzudenken, daß es schiene, daß in den genauer auf den Verstand und das Polargestirn der Vernunft hin ausgerichteteten Überlegungen nichts an Dunklem zu deren Prüfung bei Lesern, die beinahe aus-

exactius directis obscuri superesse videatur ad earundem examen paene solum rationis analogon intensuris lectoribus, § 652.

SECTIO XXXIX
UMBRA AESTHETICA

§ 654 Fecit huc usque consideratae caliginis aestheticae turpitudo, ut ad multis vix veniam impetraret, cui vel imprudenti subobscuri non nihil, dum belle cogitari parat, videatur elapsum, *adhibens* autem *latebram obscuritatis*,[1] ut e. g. *iidem versus alias aliam in rem adhiberi possint*,[2] dato consilio, calculis ille censorum paene omnium singulis condemnaretur. Verum neque sponte nascuntur, nec inducuntur ab artifice quibusdam rebus umbrae semper malis ominibus, § 634. Possit quibusdam a te dilucide cogitatis, § 625, maius adhuc lumen, § 617, affundi, sed ita tamen, ut rotunda brevitas, S. VIII–XIV, apta dignitas ac magnitudo, S. XV–XXVI, veritas amabilis, S. XXVII–XXXVI, perspicuitas totius elegantius concipiendi, S. XXXVII, bonae fidei persusasio, motus ac incitatio animorum, inde sperandae, aut plures harum gratiarum, § 22, simul plus inde detrimenti capiant, ac ex gradu lucis nitorisque dato pulcritudo totius creverit: tunc lucis eiusmodi comparativae defectum vel natura ortum feres, vel limae studio curabis omnino, S. VI, per exceptionem non inelegantem, § 25.

§ 655 Unum insigne sumamus exemplum ex Ciceronis libris de divinatione. Venuste cogitet eandem recens aliquis auctor nostrae aetate hominibus, religionem Christi moresque nostros edoctis. Obiiciat et sibi, sicut Cicero, l. I 35, *Non reperio caussam*.[3] An etiam solvisse belle nodum iudicabitur sibi respondens ipse: *Latet fortasse*

[1] Vgl. Cic., *De div.* 2, 111.
[2] Vgl. ebd. 1, 35.
[3] Ebd. 1, 35.

schließlich das Analogon der Vernunft anstrengen wollen, übrigbliebe.

ABSCHNITT XXXIX
DER ÄSTHETISCHE SCHATTEN

§ 654 Dies war die Häßlichkeit der bisher betrachteten ästhetischen Finsternis, so, daß bei vielen kaum Vergebung erhält, wem etwa aus Unklugheit, während er sich schön zu denken anschickt, etwas ein wenig Dunkles entgangen zu sein scheint, daß er aber, wenn er *Schlupfwinkel der Dunkelheit zu Hilfe nimmt*, z. B. damit *dieselben Verse in unterschiedlichen Zusammenhängen angewendet werden können*, nach gegebenem Ratschluß von beinahe allen Kritikern einstimmig verurteilt wird. In Wahrheit aber entstehen die Schatten weder von selbst, noch werden sie in gewissen Sachen vom Künstler immer unter schlechten Vorzeichen eingeführt. Es könnte auf gewisse von dir in lichter Weise gedachte Dinge ein noch immer größeres Licht geworfen werden, jedoch in einer Weise, daß die abgerundete Kürze, die gehörige Würde und Größe, die liebenswürdige Wahrheit, die Faßlichkeit im Begreifen des geschmackvolleren Ganzen, die Überredung des guten Glaubens, die Bewegung und Erregung der Gemüter, die von daher zu erhoffen sind, oder noch mehr dieser Anmutigkeiten dadurch zugleich mehr Schaden erlitten, als aus dem Grad des Lichtes und des Schimmerns für die gegebene Schönheit des Ganzen erwüchse:[1] Dann wirst du einen solchen Mangel an verhaltnismäßigem Licht entweder als naturgegebenen hinnehmen oder ihm, im Sinne einer nicht ungeschmackvollen Ausnahme, im Bestreben nach Ausbesserung gänzlich Abhilfe schaffen.

§ 655 Laßt uns ein auffallendes Beispiel aus Ciceros Büchern über die Weissagung hernehmen. Es soll nun irgendein neuerer Schriftsteller unserer Zeiten etwas über dieselbe in anmutiger Weise denken, für Menschen, die in der Religion Christi und in unseren Sitten gründlich unterrichtet sind. Auch soll er sich wie Cicero vorwerfen: *Ich finde den Grund nicht.* Wird auch er meinen, den

obscuritate involuta naturae?[1] § 649. Nonne plurimis eo ipso habebitur confessus eam esse qualitatem aliquam scholasticorum occultam? An plurimis ambagibus prudenter exponet, quicquid in extis tota deliravit Etruria? an multus erit, si sapit, in significationibus fulgurum et fallacissimis portentorum interpretationibus? An apte definiet, quae terrae fremitus, mugitus, motus gravia ac vera civitatibus praedixerint? An omnem potius veterum manticam in superstitionum umbris relinquens solam naturae lucem melius sequetur? § 654.

§ 656 Si qui sint in criticis, de quibus § 654, quibuscum auctoritatibus pugnandum est, § 479, evolvant illi suum, immo nostrum in his, Ciceronem Top. 3, ubi narrat *Trebatium* a legendis Aristotelis topicorum *libris obscuritate reiectum esse, philosophis autem Aristotelem ignorantibus eo minus ignoscendum* autumat, *quod non modo rebus iis, quae ab illo dictae ac inventae sunt, allici debuerint, sed dicendi quoque incredibili cum copia, tum etaim suavitate.*[2] Est ergo quaedam obscuritas, vel doctum aliquem Trebatium a legendo absterrens, neque tamen tollens incredibilem suavitatem. Haec sane caligo non est, § 614, erit igitur umbra aesthetica, § 634.

§ 657 I) Quae rotunda brevitas nec illustrare permiserit, nec omnino reiicere, sunt obumbranda, § 654. *Nam iterationes quidem et* ταυτολογίας *et* περισσολογίας, *quas in narratione vitandas quidam scriptores artium tradiderunt, transeo, sunt enim*, si vere sint otiosae, *vitia* non tantum in narrationibus, sed ubique, *non tantum brevitatis caussa fugienda*, sed etiam quia *supervacua cum taedio dicuntur,* hinc

[1] Vgl. ebd.
[2] Cic., *Top.* 1, 3.

Knoten auf schöne Weise gelöst zu haben, indem er sich selbst antwortet: *Er verbirgt sich vielleicht verhüllt im Dunkel der Natur*? Wird er nicht eben dadurch von den meisten für einen gehalten werden, der bekannt habe, der gesuchte Grund sei irgendeine verborgene Beschaffenheit nach Art der Scholastiker? Wird er in weitläufigen Umschweifen klüglich alles auseinandersetzen, was ganz Etrurien bei der Schau der Eingeweide[1] faselte? Wird er sich, wenn er Verstand hat, eifrig mit den Bedeutungen von Blitzen und den betrüglichsten Auslegungen von Wunderzeichen beschäftigen? Wird er füglich bestimmen, welche wichtigen und wahren Dinge das dumpfe Getöse, Brüllen und Beben der Erde den Staaten vorhergesagt haben werden?[2] Oder wird er, indem er lieber alle Mantik der Alten im Schatten des Aberglaubens zurückläßt, besser allein dem Licht der Natur folgen?

§ 656 Wenn unter den Kritikern, von denen in § 654 die Rede war, solche sind, mit denen unter Berufung auf Autoritäten gefochten werden muß, so mögen diese ihren, ja in diesem Fall sogar unseren Cicero aufschlagen, wo dieser erzählt, daß *Trebatius* vom Lesen von Aristoteles' *Büchern* über die Topik *wegen deren Dunkelheit abgeschreckt worden sei – aber*, meint er, *den Philosophen, die Aristoteles nicht kennen, sei um so weniger zu verzeihen, weil sie nicht nur von den Dingen, die er gesagt und gefunden hat, hätten angezogen worden sein müssen, sondern auch ebenso von dem unglaublichen Reichtum wie von der Anmutigkeit seiner Redeweise.* Es geht also um eine gewisse Dunkelheit, die sogar einen gelehrten Trebatius vom Lesen abschreckt, die aber dennoch nicht eine unglaubliche Anmutigkeit aufhebt. Dies ist fürwahr keine Finsternis – folglich wird es ein ästhetischer Schatten sein.

§ 657 I) Dinge, welche die abgerundete Kürze weder zu erhellen noch gänzlich zurückzuweisen erlaubt, müssen in Schatten gehüllt werden.[1] *Denn Wiederholungen freilich, sowohl* ταυτολογίαι *(Doppelbezeichnungen) wie auch* περισσολογίαι *(Weitschweifigkeiten), deren Vermeidung bei der Erzählung manche Verfasser von Lehrbüchern überliefert haben, übergehe ich, denn diese sind*, wenn sie wahrhaft müßig sind, *Fehler* nicht nur in Erzählungen, sondern überall, und *sind*

attentionem auditoris etiam a necessariis cum periculo subtrahunt. Huc potius *ars, qua efficiemus, ne nimis longa sit* quaedam bellae meditationis portio, *quae poterimus, differendo, non tamen sine mentione eorum, quae differemus*, e. g. *Quas occidendi caussas habuerit, quos sibi conscios assumserit, quemadmodum insidias disposuerit, probationis loco dicam*, Quint. IV 2.[1]

§ 658 I) Quae comparata reliquis pulcrae meditationibus partibus tanti non sunt, ut aequabilis cogitandi ratio, § 267, possit iisdem illustrandis immorari, licet omitti cum nugis ex dignitate non possint, §§ 191, 193, obumbranda sunt, § 654, e. g. *Ut obscuratur et offunditur luce solis lumen lucernae, et ut interit magnitudine maris Aegaei stilla muriae, et ut in divitiis Croesi teruncii accessio, et gradus unus in ea via, quae est hinc in Indiam, sic, quum sit is bonorum finis, quem Stoici dicunt, omnis rerum in corpore sitarum aestumatio splendore virtutis et magnitudine obscuretur et obruatur, atque intereat necesse est*, Cic., De fin. III 45.[2] Hinc in pictura virtutis heroicae, et inter superiores ingenii dotes, si qua sit etiam de forma corporis iniicienda mentio, vix huius sine quadam umbra poterit aequabiliter cogitari venusta dignitas, §§ 186, 299.

§ 659 III) Quae veritas aesthetice exacta praeterire vetat, eademque, § 552, praesertim moralis, §§ 433–436, illustrare prohibet, obumbrantor, § 654. Maneamus in exemplo cognato § 658. *Si dicas, obscurari quaedam, nec apparere, quia valde parva sint*, adeoque potius omittenda, quam obumbranda videri: *nos quoque concedimus*, e. g. *quod dicit Epicurus de voluptate, quae minimae sunt voluptates, eas obscurari saepe et obrui* eo usque, ut pulcrum sit omnino de iisdem sile-

[1] Vgl. Quint. 4, 2, 43 f., 47 f.
[2] Cic., *De fin.* 3, 45.

nicht nur um der Kürze willen zu vermeiden, sondern auch, weil *sie Überflüssiges zum Überdruß sagen* und daher auch die Aufmerksamkeit des Hörers vom Notwendigen in gefährlicher Weise abziehen. Hierher gehört vielmehr *die Kunst, durch die wir erreichen, daß* ein gewisser Teil der schönen Überlegung *nicht zu lang sei, indem wir hinausschieben, was nur irgend möglich ist, jedoch nicht, ohne das zu erwähnen, was wir aufschieben wollen*, z. B.: *Welche Gründe er zum Mord gehabt, welche Gesellen er sich hinzugenommen, ehe er den Anschlag angelegt hat – das will ich bei der Beweisführung sagen.*

§ 658 II) Dinge, die verglichen mit den übrigen Teilen der schönen Überlegung nicht von so großer Bedeutung sind,[1] daß die gleichförmige Denkungsart sich mit ihrer Erhellung aufhalten könnte, wenngleich sie aufgrund ihrer Würde nicht gemeinsam mit den Lappalien ausgelassen werden können, müssen in Schatten gehüllt werden, z. B.: *Wie das Licht einer Laterne vom Licht der Sonne verdunkelt und überstrahlt wird und wie ein Tropfen Lake*[2] *sich in der Weite der Ägäis verliert, wie drei Unzen mehr in den Reichtümern des Kroisos und ein einziger Schritt auf dem Weg von hier nach Indien keine Rolle spielt, so muß, wenn das das höchste Gut ist, was die Stoiker so nennen, jede Wertschätzung der körperlichen Dinge*[3] *angesichts des Glanzes und der Bedeutung der Tugend verblassen, verschwinden und vergehen.* Wenn daher etwa in einem Bild der heroischen Tugend und neben den höheren Gaben des Geistes auch eine Erwähnung der Leibesgestalt einfließen muß, wird die anmutige Würde derselben kaum ohne einen gewissen Schatten in gleichförmiger Weise gedacht werden können.

§ 659 III) Dinge, welche die in ästhetischer Weise genaue Wahrheit zu übergehen verhindert, die aber zugleich vor allem die moralische Wahrheit zu erhellen verbietet, sollen in Schatten gehüllt werden. Laßt uns bei einem Beispiel bleiben, das mit dem in § 658 verwandt ist. *Wenn du sagst, bestimmte Dinge verschwänden und träten nicht in Erscheinung, weil sie ganz winzig seien*, und es scheint, daß sie sogar eher ausgelassen als in Schatten gehüllt werden müssen, *so stimmen auch wir darin zu*, z. B. *sagt das ja Epikur auch von der Lust: Die Reize, die am geringsten seien, verschwänden oft und würden zugedeckt*, bis

re. *Sed non sunt in eo genere tantae commoditates corporis, tam productae temporibus, tamque multae*, ut eas ne dilucide quidem et plane, § 625, commemorari a virtutum praeconibus esset contra exactam, aestheticorum praesertim, §§ 211–215, verisimilitudinem. *Itaque in quibus, propter eorum exiguitatem, obscuratio consequitur, saepe accidit, ut nihil interesse nostra fateamur, sint illa, nec ne sint*,[1] nec interesse pulcritudinis in toto, cogitentur illa, nec ne – – –. *Quibus autem in rebus obscuratio tanta non sit, fieri tamen potest, ut id ipsum, quod interest, non sit magnum,* hinc res eiusmodi quasi per transennam strictim ostendere verisimilitudinis pulcritudo iubeat. *Bona autem corporis his rebus sunt, quas posterius posui, similiora. Habent enim accesionem dignam, in qua laboretur*,[2] etsi non dignissimam, Cic., De fin. IV 29, 30.

§ 660 IV) Quae tantae lucis capacia sunt, ut in plena luce fulgentia, verendum sit, ne totius, ad quod pertinent, perspicuitatem in meditatione pulcra necessario maximam impediant, donec haec illorum lucem vicerit, obumbrantor, § 654. *Obscurentur minora maioribus*, Cic., De fin. V 58.[3] Quoniam autem totum qualibet sua parte maius est: splendor partis vel optimae perspicuitatem totius obscurans pulcram meditationem deturparet, e. g. habeas materiam tenuem, vel etiam unam ex mediis, delabaris autem eius occasione communes in locos actionum maximarum, honestatis ac severiorem naturae formulam conceptae, cognitionis de rebus coelestibus, ad quas

Flammeus et rapidi solis nitor obscuretur, Cat.,[4]

contemplationis rerum, quas a natura occultatas et latentes, indagare ratio potest, administrandae reipublicae, e. c. § 642. Cave, ne tantum in haec splendoris, alias satis naturalis, §§ 622, 623, congeras, ut eo-

1 Ebd. 4, 29.
2 Ebd. 4, 30.
3 Ebd. 5, 58.
4 Catull 66, 3.

zu dem Grad, daß es schön ist, gänzlich über dieselben zu schweigen. *Zu dieser Gruppe gehören aber die Annehmlichkeiten des Körpers nicht, die so bedeutend, ausgedehnt und zahlreich sind*, daß, wenn sie von den Herolden der Tugend nicht in lichter und deutlicher Weise erwähnt würden, dies gegen die genaue Wahrscheinlichkeit, insbesondere des Ästhetischen, wäre. *Bei Dingen, die wegen ihrer Winzigkeit verschwinden, kommt es deshalb oft vor, daß wir zugeben müssen, es mache keinen Unterschied, ob sie da sind oder nicht,* und daß es für die Schönheit im Ganzen keinen Unterschied mache, ob sie gedacht werden oder nicht. – – – *Bei Dingen aber, die nicht so verschwinden, ist es doch möglich, daß es gerade auf etwas ankommt, das nicht groß ist* – daher mag die Schönheit der Wahrscheinlichkeit befehlen, solche Dinge gleichsam flüchtig wie durch ein Gitterfenster zu zeigen.[1] *Die körperlichen Güter aber sind dem, was ich zuletzt genannt habe, ähnlicher. Denn sie enthalten einen Gewinn, der doch der Mühe würdig,* wenn auch nicht überaus würdig *ist.*

§ 660 IV) Dinge, die zu so viel Licht fähig sind, daß, wenn sie in vollem Licht erstrahlen, befürchtet werden muß, daß sie die größte Faßlichkeit des Ganzen, zu dem sie gehören, notwendigerweise verhindern, bis diese das Licht jener besiegt haben wird, sollen in Schatten gehüllt werden. *Die unbedeutenderen Dinge werden von den wichtigeren verdunkelt.* Weil ja auch das Ganze bedeutender als jedwedes seiner Teile ist, würde sogar der trefflichste Glanz eines Teils, der die Faßlichkeit des Ganzen verdunkelt, die schöne Überlegung verunstalten, z. B.: Du magst einen schlichten Stoff oder auch einen von den mittleren Stoffen haben, verirrst dich aber bei dessen Gelegenheit in allgemeine Sätze über allergrößte Handlungen, über eine gemäß dem strengeren Maßstab der Natur aufgefaßte Ehrbarkeit, über die Erkenntnis himmlischer Dinge, bei denen

sich auch der feurigen Sonne flammender Glanz verfinstert,

über die Betrachtung von Dingen, die, weil sie von der Natur verborgen und versteckt sind, nur der Verstand aufspüren kann, über die Art und Weise, wie Staaten verwaltet werden sollen, usw. Hüte dich davor, daß du in diesen Dingen nicht so viel Glanz, der ihnen anderenorts ganz natürlich wäre, zusammenhäufst, daß sich durch

rum intuitu bonum tuum thema, velut tres Posthumi capellae, § 222, perdatur ex oculis, aut evanescat, §§ 263, 279,

Ut cedunt certis sidera temporibus,
Ut Triviam furtim sub Latmia saxa relegans
Dulcis amor gyro devocat aerio, Cat.[1]

§ 661 V) Impedimenta si qua clarius exposita fore suspiceris persuasionis illius, quam obtinere laboras, neque tamen omnino prae-terire possis, obumbrantor, § 654. Ita *firmamenta ad fidem posita, aut per se diluenda, aut obscuranda, aut digressionibus obruenda* [2] censet Cicero in Part. et 121 *narrationem accusatoris* vult esse *quasi membratim gesti negotii suspiciosam explicationem, sparsis omnibus argumentis, obscuratis defensionibus, defensorem autem* iubet, *aut praeteritis, aut obscuratis suspicionum argumentis, rerum ipsarum eventus et casus narrare.*[3] Hinc forte Theodori schola negavit dilucide exponere semper utile esse, § 170, non ac si unquam omnem aestheticam liceret negligere perspicuitatem, § 618, sed quia non omnia aequali in luce sistere comparativa, § 617, aeque conducat adversariorum utrique. Ex eadem hac regula diiudicari Quintilianus potest, cui IV 2 *ridiculum est quibusdam in caussis veritatem esse obscurandam,*[4] caussam interferenti, quia *obscurare qui vult, narret falsa pro veris, et in iis, quae narrat falsa pro veris, laborare debeat, ut videantur, quam evidentissima.*[5] Quoniam aliquam veritatem obumbrare, et loco eiusdem contrarium falsum narrare, quasi verum esset, prorsus non est unum idemque, immo subindicare quae verorum instar audeas, non est in iis prudenter sem-

[1] Ebd. 66, 4–6.
[2] Cic., *Part. or.* 5, 15.
[3] Ebd. 35, 121.
[4] Quint. 4, 2, 64.
[5] Ebd. 4, 2, 65.

deren anschauende Erkenntnis dein gutes Thema, gleichsam wie die drei Ziegen des Postumus,[1] aus den Augen verliert oder verschwindet,

wie sich Gestirne zu bestimmten Zeiten entfernen,
wie innige Liebe Luna heimlich von ihrer Himmelsbahn herabruft
und sie unter latmische Felsen verbannt.[2]

§ 661 V) Dinge, von denen du, wenn sie etwa klarer vorgestellt werden, argwöhnen magst, daß sie zu Hindernissen der Überredung von dem werden, was zu erreichen du dich bemühst, die du jedoch nicht gänzlich übergehen kannst, sollen in Schatten gehüllt werden. So hält Cicero dafür, *daß die zur Stützung der Anklage vorgelegten Beweismittel entweder als solche entkräftet oder in den Hintergrund treten gelassen oder durch Abschweifungen vergessen gemacht werden müssen*, und will, daß *der Sachvortrag des Anklägers die einzelnen Schritte zur Tat in Verdacht erregender Weise auseinander entwickelt, alle seine Beweismittel breit auswalzt und die Möglichkeit der Verteidigung in den Hintergrund drängt. Dem Verteidiger aber* wird geheißen, daß er *die Beweismittel, die einen Verdacht festigen könnten, entweder überhaupt übergehen oder verdunkeln und nur über den Sachverhalt selbst hinsichtlich seiner Ergebnisse und zufällig damit verbundener Umstände berichten soll.* Daher vielleicht verneinte die Schule des Theodoros,[1] daß ein klares Auseinandersetzen der Dinge immer nützlich sei, nicht als wenn es geboten sei, je alle ästhetische Faßlichkeit zu vernachlässigen, sondern weil es beiden Gegnern gleichermaßen nütze, nicht alles in ein vergleichungsweise selbes Licht zu setzen. Gemäß eben derselben Richtschnur kann Quintilian beurteilt werden, dem es *lächerlich* erscheint, daß *in bestimmten Fällen die Wahrheit verdunkelt werden müsse*, und als Grund dafür angibt: Weil, *wer verdunkeln will, Falsches statt Wahrem erzählen würde und in dem, was er als Falsches statt Wahrem erzählt, alles daransetzen müsse, daß es als überaus offenbar erscheint*. Da eine Wahrheit in Schatten zu hüllen oder an deren Stelle das falsche Gegenteil, gleichsam als sei es das Wahre, zu erzählen ja ganz und gar nicht ein und dasselbe ist, und du vielmehr etwas anderes an Stelle des Wahren anzudeuten wagen magst, darf in allen diesen Fällen klüglich nicht immer bei allen diesen Dingen

per omnibus elaborandum, ut videantur, quam evidentissima, § 659.

§ 662 VI) Quae prorsus omittere non licet, neque tamen eam animi commotionem speras excitatura, quam intendi, vel omnino contrariam, obumbrantor, § 654. Parum aut nihil inde venerationis in heroem suum esse redundaturum praevidens Virgilius, si alienam urbem, inscia regina, inscio praesidio, clanculum irrepens citato gradu templum adit, in quo tutus sit, et ecce!

Infert se tectus nebula. Mirabile dictu! Aen. I 443.[1]

An heroicum omnes censebunt, videre suos rapi in ius, neque tamen vel adire, vel verbo iuvare, metuere potius, quia

res animos incognita turbat?[2]

Hinc Aeneas et Achates, dum

Dissimulant, et nube cava speculantur amicti, v. 520.[3]

Foeminae autem

Postquam *animum arrecti dictis et fortis Achates,*
Et pater Aeneas, – – –
Omnia tuta vident, classem sociosque receptos,[4]

coram videbimus iterum, quem quaerebamus, et desiderabant forsan aliqui, heroa. Hinc

circumfusa repente
Scindit se nubes, et in aethera purgat apertum.
Restitit Aeneas, claraque in luce refulsit, § 619,
Os humerosque deo similis. Namque ipsa decoram
Caesariem nato genitrix, lumenque iuventae
Purpureum, et laetos oculis adflarat honores, § 659,

[1] Vergil, *Aen.* 1, 439.
[2] Ebd. 1, 515.
[3] Ebd. 1, 516.
[4] Ebd. 1, 579 f. und 583.

darauf hingearbeitet werden, daß sie so scheinen, als wären sie die allerausgemachtesten.

§ 662 VI) Dinge, die ganz und gar nicht ausgelassen werden dürfen, von denen du aber dennoch erwarten mußt, daß sie nicht die Gemütsbewegung, die du beabsichtigst, oder aber eine gänzlich entgegengesetzte erwecken werden, sollen in Schatten gehüllt werden. Indem Vergil vorhersieht, daß seinem Held wenig oder keine übermäßige Ehre zuteil werden wird, wenn er, indem er in eine fremde Stadt, ohne Wissen der Königin, ohne Wissen der Wachposten heimlich eindringt, mit schnellem Schritt zum Tempel eilt, in dem er sicher ist – siehe da:

Dann schreitet er dahin, umhüllt von Nebel. O Wunder!

Werden es alle heldenhaft von ihm finden, daß er die Seinen vor Gericht geschleppt sieht, und er dennoch weder herbeieilt noch ihnen mit Worten hilft, sondern vielmehr bange ist, weil

die Ungewißheit der Lage die Gemüter verunsichert?

Daher *spähen* Aeneas und Achates, während

sie sich verbergen, aus einer wolkigen Hülle.

Aber nachdem

durch die Worte – einer Frau – *mutgestärkt entbrannten der tapfere Achates*
und Vater Aeneas – – –
alles gesichert sehen und Flotte und Freunde geborgen,

werden wir wiederum des Helden, den wir suchten, und den manche vielleicht vermißten, vor aller Augen angesichtig. Denn hierauf

zerteilt sich schnell
die verhüllende Wolke und löst sich klar im reinen Äther auf.
Siehe, da stand Aeneas und strahlte im Glanze des Lichtes,
hehr an Haupt und Schultern und gleich einem Gotte. Es hatte
selber die Mutter dem Sohn das schöne Haar und der Jugend
Purpurschimmer verliehn und heitere Würde der Augen,

Quale manus addunt ebori decus, aut ubi flavo
Argentum Pariusve lapis circumdatur auro.[1]

§ 663 Vidimus occasiones, in quibus per venustam meditationem

locus est et pluribus umbris,[2] §§ 654–662.

Quoniam autem has, non ordinarias cogitandi rationes, sed exceptiones, § 654, a scriptoribus artis vel optimis *obscurationes* etiam dici vidimus: in iis etiam cogitationibus, ubi prorsus non opus erat exceptione, male captantur a pusillis ingeniis, nec in eas, sed in meram caliginem et genus cogitandi plane horridum incidentibus, § 634. *Alii, dum communem loquendi morem reformidant*, tunc etiam, quando servare eundem vera pulcritudo posceret, *ducti specie nitoris, circumeunt omnia copiosa loquacitate, quae dicere volunt, ipsam deinde illam seriem cum alia simili iungentes miscentesque ultra, quam ullus spiritus durare possit, extendunt,*[3] § 636.

§ 664 *Alii, brevitatis aemuli, necessaria quoque orationi subtrahunt verba, et velut satis sit scire ipsos, quae dicere velint, quantum ad alios pertineat, nihil putant. At ego otiosum sermonem dixerim, quem auditor suo ingenio non intellegit.*[4] Auditor autem intellegitur et satis attentus, et talis, qualem et quantum sermonicans, ut praecipuum suum obiectum personale, sumere tenebatur, §§ 615, 616. *At pervasit quidem iam multos ista persuasio, ut id demum eleganter atque exquisite dictum putent, quod interpretandum sit. Sed auditoribus etiam nonnullis grata sunt haec, quae quum intellexerint, acumine suo delectantur et gaudent, non quasi audiverint, sed quasi invenerint,*[5] §§ 643–645. *Hinc in hoc malum etiam a quibusdam laboratur. Neque id novum vitium, quum iam apud Titum Livium inveniam fuisse praeceptorem aliquem, qui di-*

1 Ebd. 1, 586–593.
2 Horaz, *Ep.* 1, 5, 28.
3 Ebd. 8, 2, 17.
4 Ebd. 8, 2, 19.
5 Ebd. 8, 2, 21.

so wie das Elfenbein von Künstlerhänden verschönert wird
oder parischer Stein und Silber mit hellgoldener Fassung.

§ 663 Wir haben Gelegenheiten gesehen, bei denen im Verlaufe einer anmutigen Überlegung

Platz genug bleibt für mehrere Schatten.

Weil wir aber auch gesehen haben, daß diese Arten und Weisen zu denken, die nicht gewöhnlich, sondern Ausnahmen sind, sogar von den besten Verfassern von Regelwerken der Kunst *Verdunkelungen*[1] genannt werden: Werden sie von kleinmütigen Geistern auch in den Gedanken in nachteiliger Weise erstrebt, wo eine Ausnahme ganz und gar nicht nötig war – kleinmütige Geister, die dann nicht zum Erstrebten gelangen, sondern in eine bloße Finsternis und eine geradezu grause Denkungsart verfallen. *Andere, während sie den allgemeinen Sprachgebrauch verschmähen*, auch dann, wenn die wahre Schönheit diesen beizubehalten fordern würde, *umschreiben, um glänzen zu können, alles, was sie sagen wollen, mit einer wortreichen Geschwätzigkeit, dann verbinden sie und vermengen sie den einen Wortschwall mit einem neuen, ähnlichen und dehnen ihn weiter aus, als eine Lunge es auszuhalten vermag.*[2]

§ 664 *Wieder andere entziehen im Wetteifer um die Kürze des Ausdrucks der Rede selbst unentbehrliche Worte und halten, als genüge es, daß sie selbst wüßten, was sie sagen wollten, alles, was die Rücksicht auf die anderen verlangt, für nicht vorhanden: ›Ich meinerseits möchte einen Ausdruck für Zeitverschwendung halten, den der Hörer aus eigenem Talent versteht.‹* Ein Hörer aber, versteht sich, der sowohl genügend aufmerksam ist als auch ein solcher, daß und insofern ihn der Redende als sein vornehmliches persönliches Objekt annehmen konnte. *Andererseits aber hat gewiß schon viele die Überzeugung durchdrungen, das erst sei gewählt und geschmackvoll ausgedrückt, was der Deutung bedürfe. Aber es sind auch manchen Hörern solche Wendungen willkommen: Wenn sie deren Sinn verstanden haben mögen, kosten sie ihren eigenen Scharfsinn aus und freuen sich so, als wären sie nicht als Zuhörer, sondern als die Erfinder daran beteiligt gewesen. Daher wird auf ein solches Übel von gewissen Leuten sogar mit aller Kraft hingear-*

scipulos obscurare, quae dicerent, iuberet, graeco verbo utens: Σκότισον. *Unde illa scilicet egregia laudatio: Tanto melior. Ne ego quidem intellexi,*[1] Quint. VIII 2.

§ 665 Aridi huius magistri, §§ 255, 256, miserrimas *laudes obscuratura nulla unquam est obliquo,*[2] quamdiu supererunt ex eius disciplina, velut ex equo Troiano, prodeuntes, quorum moliminibus, quoties ad eleganter cogitandum accinguntur, occinas illud Caici apud Virgilium, Aen. IX 36,

Quis globus, o cives! caligine volvitur atra? [3]

Sint Proserpinae, nunquam erunt ullius Veneris

pingues multa caligine taedae, Lucr.[4]

Prima potius *Venus, Caelo ac Die nata*, Cic., De nat. deorum III 60,[5] caelestis illa non vulgaris,

omnem, quae nunc obducta tuenti
Mortales hebetat visus tibi, et humida circum
Caligat, nubem eripiat. Tu ne qua parentis
Iussa time, nec praeceptis parere recusa, §§ 614, 662, Aen. II 604.[6]

Horum autem uti nullum prius, aut antiquius, ita nec evidentius cogitari potest, quam illud, ne gratiis litaturus aliquando Cacum imitetur, § 633, quando ille

Faucibus ingentem fumum (mirabile dictu)
Evomit, involvitque domum caligine caeca,
Prospectum eripiens oculis, glomeratque sub antro
Fumiferam noctem, commistis igne tenebris, Aen. VIII, v. 252.[7]

1 Ebd. 8, 2, 18.
2 Cic., *Pro Marc.* 9, 30.
3 Vergil, *Aen.* 9, 36.
4 Lukr. 5, 296.
5 Cic., *De nat. deor.* 3, 59.
6 Vergil, *Aen.* 2, 604–607.
7 Ebd. 8, 252–255.

beitet! Und der Fehler ist nicht neu, da ich schon bei Titus Livius einen Lehrer erwähnt finde, der seinen Schülern die Anweisung gab, das, was sie sagten, zu verdunkeln, wobei er das griechische Wort σκότισον (verdunkle!) gebrauchte. Daher gewiß der treffliche Lobspruch: ›Um so besser – nicht einmal ich habe es verstanden!‹

§ 665 Jenes trockenen Lehrers ganz elende *Lobpreisung wird kein Vergessen jemals verdunkeln können*, solange aus seiner Zucht, gleichsam wie dem Trojanischen Pferd entsprungen, noch mehr als genug Nachkömmlinge vorhanden sein werden, deren anstrengenden Bemühungen, sooft sie sich anschicken, anmutig zu denken, du jenen Vers des Caicus bei Vergil entgegenrufen magst:

Bürger, was wälzt sich denn dort heran in finsterer Masse?

Sie mögen einer Proserpina, niemals jedoch einer Venus zugehören,

ihre Fackeln, triefend von Harz mit dunklem Qualme.

Lieber möge die *erste Venus, Tochter des Caelus und der Dies*, jene himmlische und nicht gewöhnliche,

alles Gewölk, das dein sterbliches Auge
jetzt noch umflort und dich mit feuchtem Dunkel umnachtet,
forttreiben; und fürchte dich nicht, der Mutter Geboten
zu gehorchen, noch weigere dich, ihren Worten zu folgen.

Von diesen Stellen aber kann keine für älter, altehrwürdiger und auch nicht für ausgemachter gehalten werden als jene letzte, damit keiner, der den Grazien ein glückliches Opfer darbringen will, jemals den Cacus nachahme, wenn jener

entsetzlichen Qualm speit aus seinem Schlunde, o Wunder,
in dichtes Dunkel hüllt die ganze Behausung, daß aller
Ausblick den Augen entzogen, und im Grunde der Höhle
qualmende Schwaden ballt, in denen sich Feuer und Finsternis mischt.

SECTIO XL
IUSTA LUCIS ET UMBRAE DISPENSATIO

§ 666 Eleganter cogitaturus perspicuitatis sensitivae tenacissimus est, § 665. Verum cultu atque ornatu se commendare si simul voluerit, illi danda singularis est opera, 1) ut naturalis omnis meditationis, totiusque ponendi, sit nitor, neque minor, nec maior, ac natura permiserit, §§ 622, 623, 2) ut ad hunc consequendum lux aesthetica comparativa sic per omnes pulcrae cogitationis totalis partes proportionate dividatur, tanta cuivis tribuatur, neque minor, nec maior, 1) potiori, ne sequiorum compartium obscuretur lumine, sed illustretur, 2) sequiori, ne potiorum compartium luce illustretur, sed obumbretur, §§ 634, 658. Utrumque dicamus IUSTAM ET CAUTAM LUCIS ET UMBRAE DISPENSATIONEM.

§ 667 Iustus lucis et umbrae dispensator I) naturalem toti, quod cogitare mens est, nitorem nitorisque gradum conciliaturus, § 666, bene metietur, quantum illud fieri potest, 1) naturam thematis sui lectaeque vel praescriptae materiae, § 623, quarum

Haec amat obscurum, volet haec sub luce videri,[1] § 624.

Nec universim considerare suaserim materiae naturam et in abstracto tantum, quod aiunt, verum perpensis simul pro virili circumstantibus iis omnibus, in quibus nunc erit concipienda, e. g. quo loco, quo tempore cogitanda sit, quantum per temporis intervallum vel protrahenda vel corripienda sit datae materiae satis plena meditatio.

1 Horaz, *A. p.* 363.

ABSCHNITT XL
DIE RECHTE EINTEILUNG DES LICHTES UND DES SCHATTENS

§ 666 Wer geschmackvoll denken will, hält an der sinnlichen Faßlichkeit ganz beharrlich und dauerhaft fest. Wer sich aber zugleich durch Zierde und Schmuck empfehlen will, dem ist die außerordentliche Arbeit aufgegeben, 1) daß das Schimmernde jeder Überlegung, als ganze genommen, natürlich ist und weder geringer noch größer als es die Natur erlaubt. 2) Daß, um dies zu erreichen, das ästhetische Licht, vergleichungsweise genommen, so auf alle Teile der gesamten schönen Überlegung in angemessener Weise verteilt wird, daß jeder von ihnen so viel davon erhält, wie ihm zukommt, weder mehr, noch weniger,[1] 1) einem vorangehenden Teil so viel, daß er durch das Licht der nachfolgenden Teile nicht verdunkelt, sondern erhellt wird, 2) einem nachfolgenden Teil so viel, daß er durch das Licht der vorangehenden Teile nicht erhellt, sondern in Schatten gehüllt wird.[2] Dies beides möchten wir die RECHTE UND BEHUTSAME EINTEILUNG DES LICHTES UND DES SCHATTENS nennen.

§ 667 Wer das Licht und den Schatten recht einteilt und I) das natürliche Schimmern des Ganzen, das er zu denken beabsichtigt, und den rechten Grad des Schimmerns erwirken will, wird, soviel dies möglich ist, 1) die Natur seines Themas und die des erwählten oder vorgegebenen Stoffes wohl durchmessen, von denen

das eine das Dunkel liebt, das andere bei Lichte beschaut sein will.[1]

Ich möchte geraten haben, die Natur des Stoffes nicht nur im allgemeinen und, wie man sagt, abgesondert, nur in gewisser Bestimmung betrachtet, zu bedenken, sondern zugleich, soviel man kann und muß, im Zusammenhang mit all den genau untersuchten Umständen, unter denen er gerade jetzt begriffen werden muß, z. B. an welchem Ort, in welcher Zeit er zu denken sei und innerhalb welchen Zeitraums die von einem gegebenen Stoff genügend erfüllte Überlegung entweder weiter hinauszuziehen oder zu verkürzen sei. Die längere Überlegung nämlich mag mehr Schatten erlauben,

Longior enim plures umbras admittet, per relative breviorem excludendas, § 167.

§ 668 Porro ponderanda res est, et indaganda eius magnitudo ac dignitas relativa, §§ 178, 185. Non solium modo, iam urbes et fora plerumque nesciunt

aptam pastoribus umbram,[1] §§ 368–372.

Idem heros admodum inadaequalem naturaliter lucem postulat describendus, 1) dum dormit in cunis,

ubi mollis amaracus illum
Floribus et dulci adspirans complectitur umbra, Aen. I 697,[2]

2) dum vir patriam ab hostibus, tellurem a monstris liberat,

Tum silvis scena coruscis, § 203,
Desuper, horrentique atrum nemus imminet umbra, Aen. I 168,[3]

3) dum grandaevus in haerede suae gloriae virtutes etiam suas pacatus laetatur revirescere, sicut

Parnassia laurus
Parva sub ingenti matris se subiicit umbra, Virg., Georg. II 19.[4]

§ 669 Haec materiarum dimensio eo magis necessaria est, § 668, quia non invenies foecundiorem meteororum ac βάθους caussam, ac nitoris studium in fucos et pigmenta definens, §§ 626, 627, praesertim in sublimibus, S. XXII. Quam primum occurrit malis inter poetas geometris silva, § 203, pyrae cuidam construendae satis grandis, est illa subito,

largae qua non opulentior umbrae
Argolicos inter saltusque educta Lycaeos

1 Ovid, *Met.* 1, 680.
2 Vergil, *Aen.* 1, 693 f.
3 Ebd. 1, 164 f.
4 Vergil, *Georg.* 2, 18 f.

die innerhalb einer relativ kürzeren ausgeschlossen werden müssen.

§ 668 Ferner ist die Sache zu erwägen und ihre relative Größe und Würde herauszufinden. Nicht allein der Thron, sondern schon die Städte und Marktplätze wissen nichts von

angemessenem Schatten für die Hirten.

Derselbe Held verlangt ein natürlicherweise völlig ungleiches Licht, wenn er beschrieben werden soll: 1) Während er in der Wiege schläft,

wo linder Majoran duftend
ihn umhaucht und sanft in liebliche Schatten einhüllt,

2) während er als Mann das Vaterland von Feinden, den Erdboden von Ungeheuern befreit,

und oben den Schauplatz schließen
schimmernde Wälder, die Küste schaurig beschattet ein Hain,

3) während er sich hochbetagt und in Frieden lebend daran erfreut, daß in dem Erben seines Ruhms auch seine Tugenden wieder aufblühen, gleichsam wie

der Parnassische Lorbeer
wächst als winziges Reis im mächtigen Schatten der Mutter.

§ 669 Diese Ausmessung des Stoffes ist um so notwendiger, weil du keine fruchtbarere Ursache von Lufterscheinungen und des Kriechenden finden wirst als ein Bestreben nach dem Schimmernden, das in falschem Aufputz und Schminke endet, vor allem bei erhabenen Dingen. Sobald den schlechten Meßkünstlern unter den Dichtern ein Wald begegnet, der genügend groß ist, um einen Scheiterhaufen zu errichten, ist er sogleich

wie kein anderer Wald reicher sich breitenden Schattens gewachsen
in den Tälern der Argolis und des Lycaeus,
und kein anderer hatte wie er seine Wipfel über die Sterne gereckt.

Extulerat super astra caput,[1] § 322.

Quando caeditur, tantum est malum,

Ut quum possessas avidis victoribus arces
Dux raptare dedit, vix signa audita, nec urbem
Invenias. Ducunt, sternunt, abiguntque, feruntque
Immodici. Minor ille fragor, quo bella geruntur, Stat.,
Theb. VI 90–117.[2]

§ 670 Verior naturalis nitoris est mathematicus, § 667. Longinus, quando per figuras illustrantes πανουργεῖν, S. XVII, in vere grandibus non permittit, nisi lateat illud artificium in augustiori sublimitatis luce. *Quemadmodum enim lumina debiliora solis circumfusa radiis evanescant: sic* alias *rhetoricorum artes opacari sublimitate. Neque diversum,* addit, *illud est, quod accidit in pictura. Nam quum umbra et lux per colores in eodem tabulae plano parallelae iacent: tamen lux oculos prius ferit, neque tantum egregia magis, sed etiam propior videtur. Quare etiam affectus et sublimia, quum animabus propinquiora sint, ob naturalem cognationem et splendorem praecellunt semper et eminent prae figuris* pingentibus tantum, § 142, *earumque artem obumbrant et tegunt.*[3] Figura tantum illustrans tamen ita temperanda est, ut non sit, nisi quaedam umbra simul augentium, § 329, et moventium, § 666.

§ 671 Porro iustus et cautus lucis et umbrae dispensator naturam suae materiae dimensus attendat eius veritatem gradumque verisimilitudinis, § 667. Lux veritatum generalium et singularium comparativa non ubique congruit et aequalis est, §§ 440, 561. Genus cogitandi aestheticodogmaticum quanquam non habet eam obscuritatem κατ' αἴσθησιν, § 631, quam non reformidat logicodogmaticum et scientificum, §§ 652, 566, abstinet tamen a multis, usu lucis temperatiore, quibus aestheticohistoricum nitet, ex maxime poeticum, §§ 566, 561. Iam vidimus Ciceronem in scriptis suis materia-

1 Stat., *Theb.* 6, 91–93.
2 Ebd. 6, 114–117.
3 Vgl. Longin 17, 2 f.

Wenn er gefällt wird, ist das Übel so groß,

wie wenn ein Feldherr gierigen Siegern eine eroberte Stadt
zur Plünderung freigibt; kaum hört man das Zeichen, und schon ist die Stadt
gewesen; man schleppt weg und mordet, treibt und trägt weg
ohne Maß, und der Lärm der Schlacht war geringer.

§ 670 Ein wahrhafterer Mathematiker des natürlichen Schimmerns ist Longin, wenn er das Täuschen durch erhellende Figuren in wahrhaft großen Dingen nicht zuläßt, wofern jener Kunstgriff nicht im Licht einer ehrwürdigeren Erhabenheit verborgen bleibt. *Denn so ungefähr, wie schwächere Lichter verschwinden, wenn die Sonne sie umstrahlt: So werden* anderenorts *die Künste der Rhetoriker durch die Erhabenheit verdunkelt. Nichts anderes ist dies*, fügt er hinzu, *was in der Malerei geschieht. Wenn nämlich Schatten und Licht in den Farben auf derselben Bildfläche nebeneinander liegen: Begegnet doch zuerst das Licht dem Blick und scheint nicht nur mehr hervorgehoben, sondern auch näher. Deswegen zeichnen sich auch die Leidenschaft und das Erhabene, die unseren Seelen näherliegen, durch ihre natürliche Verwandtschaft und ihren Glanz immer vor den* nur ausmalenden *Figuren aus und überragen diese, stellen deren Kunst in den Schatten und halten sie verhüllt.* Eine nur erhellende Figur muß bei alledem so gemäßigt werden, daß sie nichts als ein gewisser Schatten zugleich der erhebenden und der bewegenden Argumente ist.

§ 671 Ferner habe, wer das Licht und den Schatten recht und behutsam einteilt und die Natur seines Stoffes ausgemessen hat, acht auf dessen Wahrheit und Grad der Wahrscheinlichkeit. Das Licht, vergleichungsweise genommen, der allgemeinen und der einzelnen Wahrheiten ist nicht überall ebenso schicklich und gleich. Wiewohl die ästhetikodogmatische Denkungsart nicht diejenige Dunkelheit κατ' αἴσθησιν hat, vor der die logikodogmatische und wissenschaftliche Denkungsart nicht zurückscheut, hält sie sich dennoch, mit ihrem gemäßigteren Gebrauch des Lichts, von vielem zurück, mit dem die ästhetikohistorische und am meisten die poetische Denkungsart glänzt. Wir haben schon gesehen, daß Cicero in seinen

liter philosophicis non sequutum esse genus cogitandi acroamaticum, § 629, tamen praevidet aestheticodogmatice philosophaturus, *quam argute, quam obscure etiam contra Stoicos* aliquando sibi *disserendum* sit, Quaest. ac. I 7.[1]

§ 672 L. De fin. II 15 eo usque procedit, ut concedat *duobus modis sine reprehensione fieri, si quis ita loquatur, ut non intelligatur. Si aut de industria facias, ut Heraclitus, qui de natura nimis obscure memoravit, aut quum rerum obscuritas, non verborum, facit, ut non intellegatur oratio, qualis est in Timaeo Platonis.*[2] Habes duos dogmaticos obscuros sine reprehensione. Si de industria obscurum interpreteris obscurum κατ' αἴσθησιν deliberato consilio, ne per meditationes scientificas et acroamaticas in obscuritatem κατὰ νόησιν incidat, §§ 631, 632: si talem in scriptis suis physicis fuisse Heraclitum statuas: est ille quidem sine reprehensione, verum tunc non ita loquutus est, ut non intelligatur, sed ita, ut non intelligatur a lectoribus solum paene rationis analogon ad lectionem afferentibus, rationis autem nervos intendere recusantibus, § 652.

§ 673 Si de industria obscurum interpreteris eum, qui spectatoribus, quales praesertim attendere tenetur, non oscitantibus et merito requisitam attentionem offerentibus, tamen tenebras offundere, fumumque vendere fixum animo habet et propositum: si Heraclitus aliquando saltim, ex atra bile, contemtuque civium, eo lapsus est, § 644: non est sine reprehensione, §§ 663–665. Si rerum obscuritatem interpreteris eam plerorumque hominum infirmitatem, qua datam rem a sensibus suis natura remotiorem ne mente quidem assequuntur, licet eandem tum alii mentis aciem diligentius exercentes pulcre possint intelligere: tum ipse rem eandem tractaturus clare dilucideque perspiciat; si Platonem in Timaeo de rebus hac ratione subobscuris loqui senseris: hanc ob caussam obscurus est ille quidem

1 Cic., *Ac.* 1, 7.
2 Vgl. Cic., *De fin.* 2, 15.

dem Stoff nach philosophischen Schriften nicht der akroamatischen Denkungsart gefolgt ist, aber, wenn er ästhetikodogmatisch philosophieren will, voraussieht, daß bisweilen *auch gegen die Stoiker ebenso in scharfsinniger* wie *in dunkler Weise Erörterungen angestellt* werden müssen.

§ 672 Cicero geht so weit, daß er einräumt, *daß nur unter zwei Voraussetzungen nicht zu tadeln ist, wenn jemand so redet, daß man ihn nicht versteht. Wenn man es absichtlich tut, wie Heraklit, der*[1] *zu dunkel über die Natur gesprochen hat, oder wenn statt der Dunkelheit der Worte die der Sache dazu führt, daß die Darstellung unverständlich ist, so ist es im ›Timaios‹ Platons.* Hier hast du zwei dunkle Dogmatiker ohne Tadel. Wenn du ›vorsätzlich dunkel‹ auslegst als dunkel κατ' αἴσθησιν aus bedachtem Entschluß, damit man nicht innerhalb wissenschaftlicher und akroamatischer Überlegungen in eine Dunkelheit κατὰ νόησιν verfällt, und wenn du dafürhältst, daß Heraklit in seinen Schriften über die Natur dies gewesen sei, dann ist er gewiß ohne Tadel. In Wahrheit hat er alsdann nicht so gesprochen, daß er nicht verstanden würde, sondern so, daß er von Lesern nicht verstanden würde, die beim Lesen beinahe nur das Analogon der Vernunft beibringen, die Kraft der Vernunft anzustrengen aber verweigern.

§ 673 Wenn du den als ›vorsätzlich dunkel‹ auslegst, der in seinem Inneren auch den festen Vorsatz hat, den Betrachtern, auf die zu achten er vor allem gehalten ist, die nicht schläfrig gähnen und die ihm billig die erforderliche Aufmerksamkeit entgegenbringen, dennoch Finsternis vorzuschütten und Rauch zu verkaufen, und wenn Heraklit wenigstens bisweilen, aufgrund seiner Schwarzgalligkeit und der Verachtung seiner Mitbürger, dahinein verfallen ist, dann ist er nicht frei von Tadel. Wenn du die ›Dunkelheit der Sachen‹ auslegst als diejenige Schwächlichkeit der meisten Menschen, aufgrund derer sie eine gegebene Sache, die der Natur nach ihren Sinnen fernersteht, nicht einmal mit dem Geist erfassen, wenngleich andere, indem sie die Sehkraft ihres Geistes fleißiger üben, dieselbe Sache auf schöne Weise begreifen können mögen, und derjenige, der diese Sache behandeln will, selbst dieselbe in klarer und lichter Weise einsieht – und wenn du deshalb meinen solltest, daß Platon im *Ti-*

sine reprehensione, verum nec ita loquutus est, ut non intelligatur, sed ita, ut non intelligatur, nisi ab iis, quibus volupe est aeque mentem acuere, rerum a sensibus per ipsam naturam remotarum contemplatione, nunc severiori, nunc remissa magis atque iucundiore, § 671.

§ 674 Si rerum obscuritatem interpreteris vel eam absolutam solis chimaeris, somniis obiectivis, figmentis utopicis ac eorum interpretamentis propriam, vel istarum rerum, quas intuitu generis humani adeo

Caliginosa nocte premit deus,[1]

ut earum quicquam ne probabili quidem aestheticis ratione possimus hariolari, ut eas ne tractaturus quidem de iisdem vel intellexerit, vel dilucide saltim animo perceperit unquam: si Platonem in Timaeo, saltim aliquando, res eiusmodi pictu ire concesseris, vel alia via vitabilem rerum obscuritatem incurrere, § 646, hanc ob caussam obscurus non est sine reprehensione, § 638, nequicquam obscuritate rerum excusatus, §§ 639, 647–649. Nam *pessima sunt* ἀδιανόητα, h. e. *quae verbis aperta occulto sensu sunt*, Quint. VIII 2.[2]

§ 675 Si tandem eum omnem neges intellegi, quem de rebus, etiam arduis, disserentem aliqui, vel omnium rerum ac artium, immo linguarum etiam, ignarissimi, non ita capiant, ut omnem singulis exhausisse rem, nihilque fecisse reliqui, iudicetur, quod clarius adhuc perspicere quisquam desiderare possit: tunc ita loqui, ut hac ratione non intelligaris, utique sit sine reprehensione, neque tamen his duobus tantum modis, sed pluribus,

et hanc veniam petimusque damusque vicissim.[3]

1 Horaz, *Carm.* 3, 29, 30.
2 Quint. 8, 2, 20.
3 Horaz, *A. p.* 11.

maios über recht dunkle Sachen spricht, dann ist er aus diesem Grund gewiß ohne Tadel dunkel. In Wahrheit hat er nicht so gesprochen, daß er nicht verstanden wird, sondern so, daß er nur von denen verstanden wird, denen es ebenso wie ihm Vergnügen bereitet, den Geist anzuspornen in einer einmal ernsteren, einmal entspannteren und angenehmeren Betrachtung von Sachen, die aufgrund der ihr eigenen Natur den Sinnen fern sind.

§ 674 Wenn du die ›Dunkelheit der Sachen‹ entweder als diejenige absolute Dunkelheit auslegst, die nur Chimären, (objektiven) Träumen, utopischen Erdichtungen und ihren Auslegungen eigen ist, oder als Dunkelheit derjenigen Dinge, die in einem solchen Maße der anschauenden Erkenntnis des menschlichen Geschlechts

in finsterer Nacht verbirgt die Gottheit,

daß wir von ihnen nicht einmal aus einem im Ästhetischen glaubhaften Grund etwas mutmaßen können und daß nicht einmal derjenige, der sie behandeln will, sie verstanden oder wenigstens jemals im Geiste auf klare Weise vorgestellt haben wird – und wenn du zugestehen solltest, daß Platon im *Timaios* wenigstens bisweilen darauf ausgeht, solcherart Sachen zu malen, oder daß er auf anderem Wege in eine meidenswerte Dunkelheit der Sachen verfällt, dann ist er aus diesem Grund nicht ohne Tadel dunkel und wird ohne Grund durch die Dunkelheit der Sachen entschuldigt. Denn *am schlechtesten sind ἀδιανόητα (unverständliche Ausdrücke)*, d. h. solche, *die zwar einen offenkundigen Wortlaut haben, aber einen verborgenen Sinn.*

§ 675 Wenn du endlich verneinst, daß derjenige vollständig zu verstehen sei, den, indem er auch schwierige Sachen behandelt, einige, die aller Sachen und Künste, ja sogar der Sprachen, ganz unkundig sind, nicht so verstehen mögen, daß man von ihm sagt, er habe jede Sache im einzelnen erschöpft und nichts übriggelassen, was irgend jemand noch klarer zu begreifen wünschen könnte – dann mag so zu sprechen, daß man aus diesem Grund nicht verstanden wird, durchaus ohne Tadel sein, und nicht nur in den beiden genannten Arten und Weisen,[1] sondern in mehreren,

und diese Gunst erbitte ich selbst und gewähre sie anderen.[2]

Debet adhuc nasci ille coquus, qui noverit omnes
Sic condire cibos, sapidi ut sint omnibus aeque, Hor.[1]

Hoc significatu dogmaticus omnis inveniet multos, a quibus non intelligatur, § 671, ad sola singularia, quasi glebae, adscriptos, § 404, vel etiam solis heterocosmicis, ne dicam utopicis, animo volvendis adsuetos, §§ 441, 514.

§ 676 Naturam materiae suae dimensus iustus lucis et umbrae dispensator, § 667, attendat etiam internam eius turpitudinem vel pulcritudinem, §§ 203, 204, quatenus a cogitationum pulcritudine differens facit, ut pulcra turpiter, turpia pulcerrime cogitari possint, § 18. Quis enim dubitet, an pulcra turpitudinis imago, miscere debeat umbram et lucem aliter, ac non foeda solum pulcritudinis deformatio, sed etiam pulcra Veneris effigies? § 666. Formaliter pulcram foedissimae mulierculae picturam exhibens Ovidius, Am. I 8, in aliis lenae ductibus,

Hanc, ait, *ego nocturnas versam volitare per umbras*
Suspicor, et pluma corpus anile tegi.
Suspicor, et fama est. Oculis quoque pupula duplex
Fulminat, et gemino lumen ab orbe venit.[2]

Nonne hoc lume, haec fulmina reticuisset in quavis matrona, quam laudare aggressus foret, etiamsi fuissent magis conspicua magis rubris in oculis, ac huius anus erant *lacrimosa vino lumina?*[3]

§ 677 Denique materiae suae naturam prudenter perpendens, ut lucem et umbram caute dispenset, § 667, de eo sit sollicitus, an ea iam per se satis videatur, an fulgentibus demum ex rationibus omnem

1 Anonym.
2 Ovid, *Am.* 1, 8, 13–16.
3 Ebd. 1, 8, 111.

Der Koch muß erst noch geboren werden, der alle Speisen
so zuzubereiten vermag, daß sie allen gleichermaßen wohlschmecken.[3]

In dieser Bedeutung wird jeder Dogmatiker auf viele treffen, von denen er nicht verstanden werden mag, die nur auf Einzeldinge, gleichsam auf einzelne Erdschollen, festgelegt oder gewöhnt sind, ihr Gemüt nur auf heterokosmische, um nicht zu sagen utopische Dinge zu richten.

§ 676 Wer das Licht und den Schatten recht einteilt und die Natur seines Stoffes ausgemessen hat, möge auch auf dessen innere Häßlichkeit oder Schönheit achtgeben, insofern sie sich als von der Schönheit der Gedanken verschieden darstellt, so daß schöne Dinge auf häßliche Weise und häßliche auf schönste Weise gedacht werden können.[1] Wer nämlich mag daran zweifeln, daß ein schönes Bild der Häßlichkeit den Schatten und das Licht auf andere Weise mischen muß als dies nicht nur eine scheußliche Entstellung der Schönheit tut, sondern auch ein schönes Abbild der Venus? Indem er der Form nach ein schönes Bild eines überaus scheußlichen Weibsbildes darstellt, sagt Ovid von ihr – neben anderen genannten Zügen einer Kupplerin –:

Die, vermute ich, treibt sich in nächtlichen Schatten herum,
den greisen Körper bedeckt mit Flaumfedern.
Vermute ich, und so ist ihr Ruf. Auch eine zwiefache Pupille
blitzt ihr aus den Augen und ein doppeltes Licht kommt aus ihren
Höhlungen.

Ob nicht Ovid dieses Licht, diese Blitze verschwiegen hätte bei jedweder ehrbaren Frau, die er zu loben unternommen hätte, auch wenn sie auffallender und in röteren Augen gewesen wären, als es die *vom Wein tränenden Augenlichter* dieser Alten waren?

§ 677 Schließlich möge derjenige, der die Natur seines Stoffes klüglich erwägt, damit er das Licht und den Schatten behutsam einteilt, darum besorgt sein, ob sie schon von sich aus genügend gewiß sein mag, ob er ihr ganzes Ausgemachtsein erst aus sich besonders her-

suam evidentiam sperare debeat, an theoretica sit eadem, an practica, § 576. In theoreticis enim et rebus eiusmodi, quae frustra probari, quarum rationes nequicquam recenseri videantur, multa nitere poterunt, quae vel omnino reiicienda, vel non nisi per umbras ostendenda sunt, ubi vel summa de veritate rei contentio, vel vehementiores animi commotiones excitandae praevidentur, §§ 661, 662, vel atrocissimas accusatoris criminationes in foro, vel praesentissimum vitae periculum inter latrones a capite suo depulsurus,

quis humum florentibus herbis
Spargeret? aut viridi fontes induceret umbra?[1]

§ 678 Cautus lucis et umbrae dispensator pro virili perpendet 2) naturam suam ipse, qualem § 150 descripsimus, dynamometria naturali, sed severa, § 457, cum considerata secundum §§ 667–677 materiae datae natura collatam, §§ 666, 622. Si quam vix *agnoscit rem, ut primum iuxta stetit,*

qualem primo quis surgere mense
Aut videt, aut vidisse putat per nubila lunam, Aen. VI 454,[2]

eam numquam sibi leget, nec audebit exornare, quam non posset, nisi fucis, illinere, § 626, 648. Praesertim hoc sibi dictum putet,

Ad pugnam qui rhetorica descendit ab umbra, Iuv. VII 173,[3]

et suae nonnunquam artis topicis, argumentis, figuris, flosculis, chriis, periodis e. c. adeo confidit, ut quamcunque materia sibi temere sumens, vel indicat in battologiam § 639 notatam, vel in fucos umbratiles, § 109.

1 Vergil, *Ekl.* 5, 40.
2 Vergil, *Aen.* 6, 452–454.
3 Juv. 7, 173.

vorhebenden Gründen erhoffen müssen und ob dieselbe theoretisch oder praktisch sein mag. In theoretischen Dingen nämlich und in solcherart Sachen, die vergeblich bewiesen und deren Gründe vergeblich durchmustert zu werden scheinen, werden viele Dinge schimmern können, die sonst entweder gänzlich zu verwerfen oder bloß durch Schatten aufzuzeigen sind. Wo es dagegen eine Streitigkeit gibt über die höchste Wahrheit einer Sache oder vorauszusehen ist, daß heftigere Gemütsbewegungen erregt werden müssen oder gräßlichste Anschuldigungen des Anklägers vor Gericht zu erwarten sind, oder wo jemand, der unter Straßenräuber geraten ist, eine unmittelbar gegenwärtige Lebensgefahr von seinem Kopf abwenden will, wer würde da

den Boden mit blühenden[1] *Kräutern bestreuen oder den Quellen*
grünen Schatten spenden?[2]

§ 678 Wer das Licht und den Schatten behutsam einteilt, wird, soviel er kann und muß, 2) selber seine Natur genau erwägen, wie wir sie in § 150 beschrieben haben, die in einer natürlichen, aber strengen Kräftemessung mit der gemäß §§ 667–677 erwogenen Natur des gegebenen Stoffes verglichen wird. Wenn er etwa kaum *eine Sache erkennt, wenn sie neben ihm steht,*

wie wenn man im beginnenden Monat
wolkenumnebelt den Mond gewahrt oder glaubt, ihn gewahrt zu haben,

wird er sie niemals für sich wählen, noch wird er wagen, eine Sache auszuschmücken, die er nur mit Schminke überziehen könnte. Vor allem möge das Gesagte für sich erwägen,

wer aus dem Dunkel der Rednerschule zum Kampf vor Gericht antritt[1]

und bisweilen seinen Künsten, Topiken, Argumenten, Figuren, schönen Redewendungen, Übungssätzen,[2] Satzperioden usw. so sehr vertraut, daß er, indem er sich jeden nur möglichen Stoff ohne Überlegung anheischig macht, entweder in die in § 639 angeführte Plapperei[3] verfällt oder in einen schulmäßigen Aufputz.

§ 679 Iustus lucis et umbrae dispensator ponderabit 3) naturam eorum, quorum potissimum in gratiam venuste cogitare decet et mens est, §§ 666, 623. Si vel maxime praeclarum in aestheticis ingenium

Non sibi, sed toti genitum se credidit orbi:[1]

vix tamen inveniatur, quod omne genus mortalium sibi, pulcre cogitare dum volet, constituat obiectum personale, nullis inde praecipuis et propioribus lectis, vel minus animadvertendo, spectatoribus. Primae potius classis, inter venustos, auctores inscripserunt suos libros certis hominibus, ex quorum conditione metiri posses, quales ac quantos sibi lectores posuerint ob oculos, donec haec pulcra profecto consuetudo degeneravit in tritum dedicandi morem, ne dicam mercenarium. Quos sibi spectatores praesertim optat pulcre cogitaturus, horum naturam meditetur, uti suam, et materiae, easque comparatas inter se, quam fieri potest determinatissimis in circumstantibus et affectionibus, §§ 667, 678.

§ 680 Elegantiarum in cogitando studiosus, cui sinistra fortuna laborandum est, ut se miretur turba, non poterit eos omnino negligere, quibus flumen nescio quod, instar omnis perspicuitatis est, et, quaecunque significet, clarus tamen ac limpidus nominatur uno tenore

Perpetuus sermo, nigrai noctis ad umbram
Aurorae perductus ab exoriente nitore,
Praesertim si cum summo est clamore profusu, Lucr. IV 540.[2]

Quibus dum satisfacit, quantum ubertas materiae, S. IX, quantum ingenii flumen, S. XII, quantum latera pulmonesque permiserit, § 678, non tamen pulcre eorum oblivisceretur in populo, quos non

[1] Lukan, *Pharsalia* 2, 383; vgl. Vergil, *Aen.* 12, 708.
[2] Lukr. 4, 537–539.

§ 679 Wer das Licht und den Schatten recht einteilt, wird 3) die Natur derjenigen erwägen, zu deren Gefallen es sich am meisten ziemt und er die Absicht hat, anmutig zu denken. Wenn auch ein im Ästhetischen in höchstem Grade ausgezeichneter Geist

nicht für sich, sondern für die ganze Welt geboren zu sein glaubt:

So mag dennoch kaum einer gefunden werden, der sich das ganze Geschlecht der Sterblichen, während er auf schöne Weise denken will, zu seinem persönlichen Objekt bestimmt, und daher ohne vornehmlichere und nähere Betrachter ausgewählt zu haben oder diesen weniger Aufmerksamkeit zu schenken. Vielmehr haben unter den anmutigen Schriftstellern diejenigen von erstem Rang ihre Bücher für gewisse Menschen geschrieben, aus deren Stellung du ermessen magst, welche und wie viele Leser sie vor Augen hatten, solange bis diese in der Tat schöne Gewohnheit ausartete in eine gewöhnliche, um nicht zu sagen lobdienerische, Sitte des Widmungenschreibens. Wer schön denken will, möge über die Natur derjenigen Betrachter, die er sich vor allem aussucht, nachsinnen, wie über die seine und diejenige des Stoffes, wie auch im Vergleich derselben untereinander und, soweit dies möglich ist, unter ganz bestimmten äußeren Umständen und inneren Bestimmungen.

§ 680 Wer im Denken nach geschmackvollen Dingen strebt und durch ein unglückliches Schicksal sich darum bemühen muß, daß ihn der große Haufe bewundert, wird nicht gänzlich die vernachlässigen können, für die ein – ich weiß nicht was für ein – Redefluß soviel gilt wie jede Faßlichkeit, und der, was immer er auch bedeuten mag, dennoch in einem fort als klar und hell bezeichnet wird, als ein

ununterbrochenes Gespräch, bis zum Dunkel der finsteren Nacht hin geführt,
kaum daß der Glanz sich erhob der Morgenröte,
wenn es zumal mit lautem Geschrei und reichlich geführt wird.

Während er denen Genüge leistet, soviel es der Reichtum des Stoffes, soviel es der Fluß des Geistes und soviel es die Brust und die Lungen zulassen, würde er dennoch nicht gut daran tun, diejenigen zu vergessen, die nicht an Lappalien – gewiß wohltönenden, aber

tam nugae, canorae quidem, sed inopes rerum delectant, quam locis speciosa et recte morata, si vel maxime veneribus aliis, pondere ac arte, destituerentur, § 226, melius istos attendit simul in populo, qui horum omnium aliquid desiderant, § 434.

§ 681 Cui datur esse contentum paucis lectoribus, sed saporis etiam magis eruditi, § 275, horum naturam, captum, genium, consuetudines, anticipationes eo curatius inquirat, ut, quoniam una res, diversis ex lateribus, diversae luci potest ab eiusdem satis gnaro exponi: ea potissimum rei facies, illique luci obvertatur, quam spectatoribus exspectes fore iucundissimam. Sic quaedam illustrationes aliquibus videbuntur tritae, ac proletariae, vel umbratiles et scholasticae, quae satis placerent aliis. Quaedam his exoptatissimae captum illorum transcenderent, et nitoris loco minarentur caliginem, e. g. ex antiquitatibus, certis historiis, vel interiori naturae contemplatione desumendae, §§ 679, 666.

§ 682 Iustus lucis et umbrae dispensator per pulcram meditationem II) singulis eius partibus tantum umbrae vel lucis affundet, quantum requiritur, ut principales minus principalium non obscurentur luce, sed umbra collustrentur, §§ 666, 667. Haec est una ex principibus lucidae methodi regulis, quando ad huius tractationem deveniemus, uberius exponenda, § 13. Nunc eiusdem generali quadam idea contenti sumus, secundum quam e. g. 1) partem aliquam ex principalibus si iustus, quem quaerimus, dispensator, pulcriori luci perfudit, iamque timendum est, ne fatigatus spectatoris oculos caliget hinc immediate traducendus ad aliam potiorem adhuc adeoque maiore splendore dignam: imitator naturae sciat prioris partis

inhaltsleeren Dingen – sondern vielmehr an wohlgestalteten und wohlgesitteten Dingen Vergnügen finden, wenn diese auch in höchstem Grade anderer Anmutigkeiten, der Gewichtigkeit und der Kunst, ermangeln.[1] Besser gibt er zugleich auf die in der Menge acht, die von allem diesem etwas begehren.

§ 681 Wem es gegeben ist, mit wenigen Lesern, aber auch von gebildeterem Geschmack, zufrieden zu sein, der möge deren Natur, Auffassungsgabe, Geist, Gewohnheiten und deren eigene Vorstellungen um so sorgfältiger untersuchen, damit – weil ja eine Sache von demjenigen, der ihrer genügend kundig ist, von verschiedenen Seiten und in verschiedenem Licht dargestellt werden kann – hauptsächlich dasjenige Ansehen der Sache in jenes Licht gestellt wird, von dem du erwarten magst, daß es den Betrachtern am angenehmsten ist. So werden gewisse Erläuterungen manchen gewöhnlich und gemein oder schulmäßig und scholastisch erscheinen, die anderen genügend gefallen würden. Gewisse Dinge, die von diesen überaus erwünscht sind, würden die Auffassungsgabe jener überschreiten und anstatt zu Schimmern mit Finsternis drohen, z. B. Dinge, die aus dem Altertum, aus der überlieferten Geschichte oder der inwendigeren Betrachtung der Natur gewählt werden müssen.

§ 682 Wer das Licht und den Schatten recht einteilt, wird innerhalb der schönen Überlegung II) über deren einzelne Teile soviel Schatten oder Licht ausgießen, wie erforderlich ist, damit die Hauptteile durch das Licht der weniger wichtigen Teile nicht verdunkelt, sondern durch deren Schatten erhellt werden. Dies ist eines der ersten Gesetze der lichtvollen Methode, die, wenn wir zu deren Behandlung kommen werden, ausführlicher auseinandergesetzt werden muß. Für jetzt sind wir mit einer gewissen allgemeinen Idee derselben zufrieden, gemäß der z. B. gilt: 1) Wenn derjenige, der Licht und Schatten recht einteilt, den wir fordern, irgendeinen der Hauptteile mit einem schöneren Licht überschüttet hat und schon befürchtet werden muß, daß das ermüdete Auge des Betrachters erblindet, wenn es von da unmittelbar zu einem noch wichtigeren und sogar noch eines größeren Lichtes würdigen Teil geführt wird, dann möge, wer die Natur nachahmt, vor allem gelernt haben,

Aestibus in mediis umbrosam exquirere vallem,
Sicubi magna Iovis antiquo robore quercus
Ingentes tendat ramos, aut sicubi nigrum
Ilicibus crebris sacra nemus accubet umbra, Georg. III, v. 330,[1]

qua recreatus ipse cum suis ad novam lucem prodeat, § 637. Aeneidos l. V est hanc ob caussam interiecta umbra libris quarto et sexto, §§ 634, 635.

§ 683 2) Quo propius abest a parte totius suae meditationis primaria, hinc summam lucem postulante cautus imitator naturae, de quo loquimur, hoc magis *umbras contrahit,*[2] quemadmodum minimas meridies habet, 3) si devenerit in eas partes, in quibus vel singularis dignitas magnanimiter, vel evidentior animi motus ardenter exprimendus est, sane, non perdet otium pingentibus tantum

Spargere humum foliis, inducere fontibus umbram,[3]

§§ 670, 677, ante quam autem ad has fortiores decertationes deventum est, aut, ubi pulcer ordo maioribus earum vocibus, veluti per concentus musicos, alicuius intervalli silentium imposuit, § 682, tunc ille meminit Veneris, § 665,

adsuetae semper in umbra
Indulgere sibi, formamque augere colendo, Ov., Met. X 534.[4]

§ 684 Iustus lucis et umbrae dispensator 4) iam etiam perspicuitatis caussa tenebitur nullam rem temere cogitare, velut abstractissimam et minime determinatam, quam non solum interne determinatiorem licet animo formare, sed etiam umbra quadam comitari, § 440.

[1] Vergil, *Georg.* 3, 331–334.
[2] Ovid, *Ars am.* 3, 723.
[3] Vergil, *Ekl.* 5, 40.
[4] Ovid, *Met.* 10, 533 f.

am heißen Mittag ein schattiges Tal aufzusuchen,
wo Jupiters mächtige Eiche vom alternden Stamm
riesige Äste ausstreckt oder ein dunkler Hain
von dichten Steineichen in heiligem Schatten ruht,

aus dem er selbst erquickt mit den Seinen zu einem neuen Licht voranschreiten mag. Das fünfte Buch der *Aeneis* ist aus diesem Grund als Schatten zwischen das vierte und sechste Buch eingeschoben.

§ 683 2) Je weniger weit der behutsame Nachahmer der Natur von dem hauptsächlichen Teil des Ganzen seiner Überlegung, das daher das höchste Licht fordert, entfernt ist, um so mehr *verkürzt er die Schatten*, gleichwie die Mittagssonne die kürzesten Schatten wirft. 3) Wenn er zu den Teilen gelangt sein wird, in denen entweder eine einzigartige Würde mit mehr Großmut oder eine ausgemachtere Überredung gründlicher oder eine heftigere Gemütsbewegung feuriger ausgedrückt werden muß, mag er wahrhaftig, wenn er dies ausmalt, keine Zeit damit verlieren, nur

den Boden mit blühenden Kräutern zu bestreuen oder den Quellen grünen Schatten
zu spenden.[1]

Bevor er aber zu diesen entscheidenderen Kampfplätzen gelangt ist, oder aber, sooft die schöne Ordnung derselben in den bedeutenderen Stimmen, gleichsam wie in musikalischen Zusammenklängen, das Schweigen einer Pause auferlegt, erinnert er sich der Venus,

die es sich gern im Schatten
wohlsein ließ und ihre Schönheit durch Aufschmuck noch erhöhte.

§ 684 Wer das Licht und den Schatten richtig einteilt, wird 4) schon auch um der Faßlichkeit willen dazu angehalten sein, keine Sache aufs Geratewohl, gleichsam ganz abgesondert und in geringster Weise bestimmt zu denken, die nicht allein innerlich im Gemüt bestimmter aufgefaßt, sondern auch mit einem gewissen Schatten begleitet werden kann. Wenn *Maecenas* auf schöne Weise darge-

Pulcre, *Maecenas* si sistendus est, *adducit* quasdam *umbras,* uti apud Horatium Serm. II 8, 21

cum Servilio Balatrone Vibidium.[1]

Pulcre *virtus* si pingitur, eam, *tanquam umbra, sequatur gloria, etsi haec nihil in se habet, cur expetatur,* § 212.[2] *Totus hic locus si contemnendus est in nobis, non est negligendus in nostris,* Cic., Tusc. quaest. I 15.[3] Ne turpis quidem Canidia Horatio est sine umbrarum

magna comitante caterva,[4] § 676.
Singula quid memorem? quo pacto alterna loquentes
Umbrae cum Sagana resonarint triste et acutum? Hor.,
Serm. I 8, 40.[5]

§ 685 Haec iusta lucis et umbrae dispensatio non est ex primis et facillimis artificium, sicuti nec fuit in pictura, nec esse quotidianis adhuc documentis comprobatur, §§ 666, 682. Prima *non* erat *pictura, nisi quae lineas modo extremas umbrae, quam corpora in sole fecissent, circumscriberet,* Quint. X 2.[6] *Secundum affirmant esse, singulis coloribus, et monochromaton dictam, postquam operosior inventa erat,* Plin., Hist. nat. XXXV 3.[7] *Tandem se ars ipsa distinxit, et invenit lumen atque umbras, differentia colorum alterna vice sese excitante. Deinde adiectus est splendor, alius hic, quam lumen, quem quia inter hoc et umbram esset, appellaverunt tonon,* c. 5.[8]

§ 686 Pars imaginis clarissima lumen, obscurissima umbra dicitur per eminentiam, inter has cauta dispensatione, quam hucusque commendavimus, nascitur splendor ille, qui TONUS dicitur, § 685. Sic *hoc idem, quod est in naturis rerum, transferri potest etiam ad artes,* e. g. *fingendi, picturae. Et, si hoc in his quasi mutis artibus est mirandum, et tamen verum, quantum admirabilius in oratione atque in lingua?* Cic.,

1 Horaz, *Serm.* 2, 8, 21 f.
2 Cic., *Tusc.* 1, 109.
3 Ebd. 1, 108.
4 Vergil, *Aen.* 1, 497.
5 Horaz, *Serm.* 1, 8, 40 f.
6 Quint. 10, 2, 7.
7 Plin., *Nat. hist.* 35, 15.
8 Ebd. 35, 28.

stellt werden soll, *bringt er* gewisse *Schatten* als Begleiter mit, wie bei Horaz

neben dem Servilius Balatro den Vibidius.[1]

Wenn *die Tugend* auf schöne Weise ausgemalt wird, mag ihr *wie ihr Schatten ihr Ruhm folgen, auch wenn er nichts an sich hat, weshalb man ihn erstreben sollte. Dieser Punkt muß, was uns selbst angeht, mit Verachtung behandelt werden; was unsere Angehörigen angeht, darf man ihn nicht vernachlässigen.* Nicht einmal die häßliche Canidia[2] ist bei Horaz ohne

eine große, sie begleitende Schar von Schatten:
Was soll ich einzeln berichten, wie wechselnde Rede die Schatten
pflogen mit Sagana und wie sie schrill und trübselig tönten.

§ 685 Diese rechte Einteilung des Lichtes und des Schattens ist keiner der anfänglichsten und einfachsten Kunstgriffe, wie sie es auch in der Malerei nicht war, und daß sie es nicht ist, wird bis heute durch tägliche Beweise dargetan. Zuerst gab es *keine Malerei außer der, die nur die Schattenrisse nachzeichnete, welche die Körper in der Sonne warfen. Die zweite Art der Malerei, sagt man, sei diejenige mit einzelnen Farben gewesen, die man die einfarbige nannte, nachdem später eine kunstvollere Malerei erfunden war. Endlich gelangte die Kunst zu feineren Unterscheidungen innerhalb ihrer selbst und erfand das Licht und den Schatten, mit den wechselnden, sich gegenseitig entfachenden Unterschieden der Farben. Danach fügte man dann den Glanz hinzu, der etwas anderes ist als das Licht, der, weil er sich zwischen diesem und dem Schatten befinden würde, Tonus genannt wurde.*

§ 686 Aufgrund ihres jeweiligen Hervortretens[1] wird der hellste Teil eines Bildes als Licht, der dunkelste als Schatten bezeichnet, und dazwischen erwächst in der behutsamen Einteilung beider, die wir bisher empfohlen haben, jener Glanz, der TÖNUNG genannt wird. So *kann dasselbe, was in der Natur der Dinge zu finden ist, auch auf die Künste übertragen werden*, z. B. *auf die Bildhauerkunst, auf die Malerei. Wenn das bei diesen gleichsam stummen Künsten erstaunlich ist und doch zutrifft, wieviel bewundernswerter wirkt es dann bei der Na-*

De or. III 26.[1] *Habet illa in dicendo summa laus ac admiratio umbram aliquam et recessum, quo magis id, quod illuminatum est, exstare atque eminere videatur.*[2]

§ 687 Hinc et artificium umbram et lucem bene dispensandi nec sine doctrina quadam solet obtineri, nec observari, ubi adhibitum est, nisi a peritis et disciplina eo pertinente satis imbutis, § 685. *Quam multa vident pictores in umbra et in eminentia, quae nos non videmus?* Cic., Quaest. ac. IV 20.[3] Plinius suum de laudibus Traiani librum mittens Voconio per brevissimam epistolam III 13 huius tantum regulae mentionem iniicit: *Ut in pictura lumen non alia res magis, quam umbra, commendat: ita orationem tam summittere, quam attollere decet.* Nec intuitu dignitatis tantum, sed etiam *varie figurando,* § 619. Hinc votum eius: *Utinam ordo saltim et transitus figurae simul spectarentur* a lectore! § 682. *Nam invenire praeclare, enunciare magnifice interdum etiam barbari solent: disponere apte, figurare varie, nisi eruditis, negatum est.*[4]

SECTIO XLI
COLORES AESTHETICI

§ 688 Quemadmodum in physicis *color* est modificatio visae lucis: ita modificationes lucis aestheticae, § 614, sunt COLORES AESTHETICI. Huc propius non spectat color de quo § 545, licet nonnunquam probando, simul illustrans, esse possit in coloribus nunc nostris, §§ 142, 143. Huc pertinet quidem tonus ille, de quo § 685, non tamen exhaurit colores omnes aestheticos, sicuti iam non amplius tentabit temere quisquam physicorum omnes colores derivare ex quadam miscela lucis et umbrae, albi et nigri, materiae et privationis.

1 Cic., *De or.* 3, 26.
2 Ebd. 3, 101.
3 Cic., *Ac.* 4, 20.
4 Plin., *Ep.* 3, 13.

tur und der Sprache! Auch das höchste Lob und die Bewunderung haben bei einer Rede einen gewissen Schatten und eine Tiefe, damit das, was im Licht steht, um so mehr hervorzutreten und hervorzuragen scheint.

§ 687 Daher pflegt man auch den Kunstgriff, das Licht und den Schatten wohl zu verteilen, nicht ohne eine gewisse Lehre zu erlangen, und beachten, wo er anzuwenden ist, können nur solche, die in der praktischen Ausübung bewandert und in die dazugehörige Lehre genügend eingeweiht sind. *Wie viel sehen die Maler im Schatten und in dem durch Licht Hervorgehobenen, was wir nicht sehen!* Plinius läßt, als er seinen *Panegyricus* auf Trajan[1] an Vocinius sendet, in einem ganz kurzen Brief die Erwähnung einzig dieser Regel einfließen: *Wie bei einem Gemälde nichts das Licht mehr hervortreten läßt als der Schatten, so gehört es sich, bei der Rede die Stimme ebenso zu senken wie zu heben.* Nicht nur in Anschauung der Würde, sondern auch *bei verschiedenen rednerischen Figuren.* Daher sein Wunsch: *Wenn* der Leser *doch wenigstens noch auf Anordnung und Übergänge der Redefigur sehen würde!*[2] *Denn schöne Einfälle und prächtige Ausdrücke pflegen bisweilen Ungebildete zu haben, geschickt einzuteilen und mannigfache Figuren anzuwenden, verstehen nur Gebildete.*

ABSCHNITT XLI
DIE ÄSTHETISCHEN FARBEN

§ 688 So wie bei den natürlichen Dingen die *Farbe* eine innere Veränderung des sichtbaren Lichts ist, so sind die inneren Veränderungen des ästhetischen Lichts die ÄSTHETISCHEN FARBEN. Hierauf bezieht sich näher nicht die Farbe, von der in § 545 die Rede war, mag es auch sein, daß sie beim Beweisen als zugleich erhellende zu den Farben gehören mag, von denen wir nun handeln. Hierher gehört aber gewiß jene Tönung, von der in § 685 die Rede war. Diese erschöpft jedoch nicht alle ästhetischen Farben, wie ja überdies niemand versuchen wird, alle Farben der natürlichen Dinge aus einer gewissen Mischung von Licht und Schatten, von Weiß und Schwarz, von Stoff und Mangel an Stoff abzuleiten. Am wenigsten von allem gehört hierher der ÄSTHETISCHE AUFPUTZ, die

Minime omnium huc pertinet FUCUS AESTHETICUS, affectata, § 110, vividitas, §§ 626, 627. Veneris nunc nostrae, § 665, est

Verus color, corpus solidum et succi plenum, §§ 619, 622, Ter., Eun. II 3.[1]

§ 689 Omnes hoc colores commune inter se habeant aesthetici, ut iis pingenda dilucide saltim cogitentur, §§ 648, 625.

Qualis enim caecis poterit color esse tenebris,
Lumine qui mutatur in ipso propterea, quod
Recta aut obliqua percussus luce refulget? Lucr. II 800.[2]

Obiter hic quaeritur, an non Lucretius iam viderit veram colorum genesin, diversum refractionis gradum. Quemadmodum modificationis omnes vel qualitatum sunt, vel quantitatum, vel utrarumque simul: sic et colores aesthetici primo qualitate differunt, deinde quodvis hac ratione discrepantium colorum genus habet denuo suam quantitatem, ut ita dicam, specificam, qua variata novus semper novusque partialiter color producatur, et ita videas totius alicuius

in quovis uno puroque nitore, § 619,
Dissimiles longe inter se variosque colores, § 688, Lucr. II 783,[3]

qua iucundam in unitate totius varietatem partium exhibentes

varii rerum impediunt prohibentque colores,
Quo minus esse uno possit res tota nitore, Lucr.,[4]

per aequalem monotoniam minus placituro, § 688.

§ 690 Quemadmodum autem pictura monochromatos *singulis coloribus* usa non obstante sua simplicitate, tum primum placuit, tum *durat etiam nunc*,[5] et in maiore saepe pretio est, quam coloribus satis

1 Ter., *Eun.* 317.
2 Lukr. 2, 798–800.
3 Lukr. 2, 782 f.
4 Lukr. 2, 786 f.
5 Plin., *Nat. hist.* 35, 15 f.

gekünstelte Lebhaftigkeit. Unsere Venus, von der wir nun reden, besitzt

eine wahre Farbe und einen festen Körper voller Lebenskraft.

§ 689 Alle ästhetischen Farben sollen unter sich dies gemeinsam haben, daß die Dinge, die mit ihnen gemalt werden sollen, wenigstens in klarer Weise gedacht werden.

Wie denn wird Farbe in blinder Finsternis bilden sich können?
Ändert sie sich doch gar durch eben das Licht und zwar darum,
weil sie von steilem und schrägem Lichte getroffen zurückstrahlt.

Nebenbei kann man sich hier fragen, ob nicht schon Lukrez die wahre Entstehung der Farben und die verschiedenen Grade der Lichtbrechung gesehen hat. Gleichwie alle inneren Veränderungen entweder solche der Beschaffenheit oder der Ausdehnung sind oder beider zugleich, so unterscheiden sich auch alle ästhetischen Farben zuerst durch ihre Beschaffenheit; danach hat jede der aus diesem Grund verschiedenen Farben wiederum eine, wenn ich so sagen darf, ihr eigene Ausdehnung, durch die, wenn sie abgeändert wird, eine immer neue und teilweise neue Farbe hervorgebracht werden mag. Und so wirst du

in jedem reinen, einfachen Glanze irgendeines Ganzen
weit unter sich verschiedene, mannigfaltige Farben

sehen, die, indem sie in der Einheit des Ganzen eine angenehme Vielfalt der Teile darstellen,

als *bunte Farben der Dinge es erschweren und vereiteln,*
daß im Ganzen ein Ding in einem Glanz erstrahlet,

der aufgrund seiner gleichartigen Einförmigkeit weniger gefallen wird.

§ 690 Gleichwie auch die monochrome Malerei, indem sie nur *einzelne Farben* benutzte, trotz ihrer Einfachheit anfangs schon gefiel, dann *auch heute noch besteht* und oft mehr geschätzt wird als die Malerei, die mehr als zuviel in bunten Farben schillert und deren einzi-

superque variegata, cuius sola laus sit colorum varietas: ita et colores aestheticos qualitate differentes in omni pulcra meditatione plures sectari, aut omnino numerosam eorundem semper aucupari multitudinem opus non est, § 685. Sit quibusdam pulcre cogitandis, praesertim brevioribus, unus tantum color respectu qualitatis, sed verus et naturalis, § 688, quantitate differens ex iusta lucis et umbrae dispensatione, § 666, aequabiliter ubique materiae temperatus, § 267, satis venusta potest esse cogitandi ratio per omnem cogitationis decursum una regnans, e. g. nunc aspera, nunc lenis, nunc submissa, nunc elata, nunc tristis, nunc ludicra, § 688.

§ 691 Sicuti *quatuor coloribus solis immortalia opera fecere Apelles, Echion, Melanthius, Nicomachus, clarissimi pictores, quum tabulae eorum singulae oppidorum veniret opibus:* Plinii autem, per aetatem, *purpuris in parietes migrantibus et India conferente fluminum suorum limum et draconum et elephantorum saniem, nulla nobilis pictura erat*, Hist. nat. XXXV 7:[1] sic nec in ea pulcra meditatione, quae quosdam colores, etaim qualitate differentes coniungit, horum tam quaeratur copia variationisque prodigium, quam ut, pauciores forte, tamen *alterna vice sese excitent*,[2] qui adhibentur, aptumque naturis pingendorum tonon servent, § 685, neque coactas habeant *colorum commissuras ac transitus*,[3] nec affectatam ἁρμογήν, § 688, Plin., Hist. nat. XXXV, c. 5.

§ 692 Uti physicorum colorum, non eorum primitivorum solum, sed etiam derivativorum, non simplicium solum, sed etiam compositorum, et decompositorum praesertim si primitivorum et cognominum, e. g. rubri, silacei, viridis, caerulei gradus simul attendas, classes sunt indefinitae, in omnibus tamen maior nunc extensive, nunc in-

[1] Ebd. 35, 50.
[2] Ebd. 35, 28.
[3] Ebd. 35, 29.

ges Verdienst die Vielfalt der Farben sein mag: So ist es auch nicht nötig, in jeder schönen Überlegung nach mehreren Farben, die sich in ihrer Beschaffenheit unterscheiden, zu streben oder überhaupt immer einer mannigfachen Vielheit von ihnen nachzustellen. Einiges schön zu Denkende, insbesondere wenn es kürzer ist, mag nur eine Farbe im Hinblick auf deren Beschaffenheit haben, aber eine wahre und natürliche, die sich gemäß der rechten Einteilung des Lichtes und des Schattens in ihrer Ausdehnung unterscheidet und überall in gleichmäßiger Weise auf den Stoff abgestimmt ist. Genügend anmutig kann eine Art und Weise des Denkens sein, die im ganzen Verlauf der Überlegung vorherrscht und dennoch z. B. einmal spröde ist, einmal verträglich, einmal bescheiden, einmal stolz, einmal traurig und einmal kurzweilig.

§ 691 Gleichwie *nur mit vier Farben Apelles, Echion,*[1] *Melanthios und Nikomachos, die berühmtesten Maler, ihre unsterbliche Werke schufen, wobei jedes einzelne ihrer Bilder mit den Schätzen ganzer Städte bezahlt wurde,*[2] während der Zeit des Plinius aber, *wo der Purpur seinen Weg auch auf die Wände gefunden hatte und Indien den Schlamm seiner Flüsse, das Blut der Drachen und Elefanten zur Verfügung stellte, die edle Malerei verschwunden war*: So mag auch in derjenigen schönen Überlegung, die gewisse Farben, auch von unterschiedlicher Beschaffenheit, verbindet, weniger deren Menge und eine Ungeheuerlichkeit der Veränderung gefordert sein, als vielmehr, daß die Farben, die angewendet werden – und die vielleicht weniger sind – *sich* dennoch *gegenseitig entfachen*[3] und die gehörige Tönung der Natur der zu malenden Dinge bewahren und weder *Mischungen der Farben und Übergänge* aufweisen, die erzwungen sind, noch eine gekünstelte Übereinstimmung.

§ 692 So wie du zugleich verschiedene Grade der natürlichen Farben – nicht allein der ursprünglichen, sondern auch der abgeleiteten, nicht allein der einfachen, sondern auch der zusammengesetzten, und der weiter unterteilten Farben, besonders, wenn sie ursprünglich und mit einem Beinamen belegt sind, z. B. Purpurrot, Ockergelb, Meergrün, Dunkelblau – beobachten kannst, und es unendlich viele Klassen gibt, in allen aber, einmal in Rücksicht auf die Ausdeh-

tensive, qua robur et celeritatem, lucis quantitas genericam specificamque differentiam vel constituit, vel saltim ingreditur, § 689: sic et aestheticorum colorum tum qualitate differentium, § 690, tum gradu lucis et toni diversorum tot ordines paene sunt, quot rerum naturae, ac modi in rebus ac fines, quos ultra citraque nequeat vera lux subsistere, nec verus color. Modificationum tamen harum omnium differentias etiam certa lucis aestheticae quantitas ingreditur, § 688.

§ 693 Quoniam itaque completam colorum enumerationem nemo temere suscipiat: subsistamus in divisione Pliniana, Hist. nat. XXXV 6: *Sunt autem colores aut austeri, aut floridi.*[1] Concipiamus scalam toni a nigerrimis umbris, quas admittat lux aesthetica absoluta, § 617, per diversos colorum aestheticorum gradus et ordines ad candidissimum usque nitorem aestheticum, § 619. In hac scala erit quidam tonus medius. COLORES infra medium tonum subsistentes AUSTERI sunt, eum transcendentes FLORIDI.

§ 694 Quanquam itaque reiicimus genus cogitandi plane horridum, § 634, tamen potest in ipsis venustis meditationibus locum suum tenere hinc recte conceptum GENUS COGITANDI HORRIDULUM ac austerum, in quo color vel colores austeri regnant, §§ 690, 693, comparandum illi *picturae horridae, incultae, abditae ac opacae, in suo tamen genere praestanti,*[2] § 624, opponitur isti GENUS COGITANDI FLORIDUM, in quo color vel colores floridi regnant, s. potiores sunt, aut unici, comparandum illi *picturae nitidae, laetae atque collustratae,* non minus *praestanti in suo genere,*[3] § 624.

1 Ebd. 35, 30.
2 Vgl. Cic., *Or.* 36.
3 Vgl. ebd.

nung, einmal in Rücksicht auf die Stärke, eine größere Verbreitung von Licht aufgrund von dessen Kraft und Geschwindigkeit den Unterschied der Gattung und der Art entweder ausmacht oder wenigstens in diesen miteingeht: So gibt es auch beinahe ebenso viele Ordnungen der ästhetischen Farben, die sich einmal durch ihre Beschaffenheit unterscheiden, einmal durch den Grad des Lichts und der Tönung verschieden sind, wie Ordnungen der Naturdinge, und Zufälligkeiten in den Dingen und Grenzen, über die hinaus und jenseits derer kein wahres Licht und keine wahre Farbe bestehen kann. Eine gewisse Ausdehnung des ästhetischen Lichts geht jedoch auch in die Unterschiede zwischen all diesen inneren Veränderungen ein.

§ 693 Weil daher niemand unüberlegt eine vollständige Aufzählung der Farben unternähme, so laßt uns bei der Einteilung des Plinius bleiben: *Es gibt aber entweder düstere oder blühende Farben.* Stellen wir uns eine Stufenleiter vor von den schwärzesten Schatten, die das absolute ästhetische Licht erlauben mag, über verschiedene Grade und Ordnungen der Farben bis hin zu einem blendendweißen ästhetischen Schimmern. Auf dieser Stufenleiter wird es eine gewisse mittlere Tönung geben. Die Farben, die sich unterhalb dieser mittleren Tönung befinden, sind DÜSTERE FARBEN, die sie übersteigen, sind BLUMIG.[1]

§ 694 Wiewohl wir also die geradewegs grause Denkungsart zurückweisen, kann daher selbst in anmutigen Überlegungen eine wohlverstandene ETWAS GRAUSIGE und düstere Denkungsart ihren Platz behalten, in der eine oder mehrere Farben des Düsteren vorherrschen. Mit ihr ist die *schaurige, grobe, verborgene und finstere Malerei* zu vergleichen, *die dennoch in ihrer Art vortrefflich ist.* Dieser wird die BLUMIGE DENKUNGSART entgegengesetzt, in der eine oder mehrere Farben des Blumigen vorherrschen und entweder mächtiger oder die einzigen sind. Mit ihr wiederum ist die *schimmernde, heitere und leuchtende Malerei* zu vergleichen, die *in ihrer Art* nicht weniger *vortrefflich ist.*

§ 695 Horridulum cogitandi genus non excludit aut horret lucem aestheticam et perspicuitatem sensitivam, immo ne nitorem quidem omnem, sed tantum maiorem, §§ 694, 693. Potest esse, quod Antonius ait de Crassi oratione rhetorica, Cic., De or. III 51, *de horridis rebus nitidum, de ieiunis plenum, de pervulgatis novum.*[1] Horridarum interim rerum verus ac naturalis color non est, nisi austerus, et fucum faceret florida rerum horridarum cogitatio, § 688. Crassi nitet oratio, sed quantum nitere potest genus cogitandi aestheticodogmaticum, quod comparatum aestheticohistoricis, aut omnino poeticis, horridulum semper est ac austerum, §§ 671, 566.

§ 696 Austeram habes apud Virgilium Aen. IV 247 descriptionem

Atlantis duri, caelum qui vertice fulcit,
Atlantis, cinctum assidue cui nubibus atris
Piniferum caput, et vento pulsator et imbri,
Nix humeros infusa tegit, tum flumina mento
Praecipitant senis, et glacie riget horrida barba.[2]

Mox autem Aeneae floridam, § 694, v. 261,

Atque illi stellatus iaspide fulva
Ensis erat, tyrioque ardebat murice laena
Demissa ex humeris, dives quae munera Dido
Fecerat, et tenui telas discreverat auro.[3]

Ut hic colores iuxta se proxime positarum imaginum sese alterna vice excitant ? In commissuris eorum ac transitu quam naturalis est ἁρμογή? § 691.

§ 697 Austeram iungamus ex Ovidio descriptionem Boreae sibi coniugem rapientis, Met. VI 702,

Excussit pennas, quarum iactatibus omnis
Afflata est tellus, latumque perhorruit aequor,
Pulvereamque trahens per summa cacumina pallam

1 Cic., *De or.* 3, 51.
2 Vergil, *Aen.* 4, 247–251. 3 Ebd. 4, 261–264.

§ 695 Die etwas grausige Denkungsart schließt das ästhetische Licht und die sinnliche Faßlichkeit weder aus noch schreckt sie vor ihnen zurück, ja sie schreckt nicht einmal vor allem Schimmern zurück, nur vor einem zu großen. Sie kann, was Antonius über die rhetorische Redeweise des Crassus sagt, *über undankbare Dinge schimmernd, über magere Dinge ergiebig und über altbekannte Dinge überraschend* sein. Den widrigen Dingen hingegen ist außer einer düsteren keine wahre und natürliche Farbe zu eigen und ein blumiges Denken über widrige Dinge würde nur etwas Aufgeputztes hervorbringen. Die Redeweise des Crassus schimmert, jedoch nur, insoweit die ästhetikodogmatische Denkungsart schimmern kann, die, verglichen mit der ästhetikohistorischen oder gar mit der poetischen Denkungsart, immer etwas grausig und düster ist.

§ 696 Bei Vergil hast du eine düstere Beschreibung des

unbeugsamen Atlas, wie er mit dem Scheitel den Himmel emporhält,
des Atlas immer und ewig von dunklen Wolken umzogenenem,
fichtenbewachsenem Hauptes, gepeitscht von Winden und Regen.
Schnee umhüllt ihm die Schultern, es stürzen vom Kinne des Greises
Ströme herab, ihm starrt von Eis das schreckliche Barthaar.

Bald darauf aber eine blumige des Aeneas:

Ihm an der Seite hing das Schwert mit grünlichem Jaspis
rings besetzt, und es gleißte um seine Schultern ein Mantel
purpurgefärbt, ein Geschenk der reichen Dido, die selber
es gewebt und durchwirkt mit feinen, goldenen Fäden.

Wie hier die Farben der dicht nebeneinanderliegenden Bilder sich gegenseitig entfachen! Und wie natürlich ist die Übereinstimmung in ihren Verbindungen und in ihrem Übergang!

§ 697 Laßt uns die düstere Beschreibung des Boreas, der sich eine Ehegattin raubt, aus Ovid anfügen:

Er breitete die Schwingen aus. Es wird durch ihr Schlagen
alles Land überweht, und die Weite des Meeres erzittert.
Über die Gipfel der Berge hinschleifend von Staub eine Schleppe,

Verrit humum, pavidamque metu, caligine tectus,
Orithyian amans furvis amplectitur alis.[1]

Floridam Aeneae descriptionem aliam v. § 662. Utrumque coloris genus quasi e longinquo, qua solet, brevitate Tacitus ostendit, quando narrat *Pharasmanem simul horridam suorum aciem, picta auro Medorum agmina, hinc viros, inde praedam, ostendere,* Ann. VI 34.[2]

§ 698 Utrumque colorum aestheticorum genus vel pingitur in rebus naturalibus, quatenus a moralibus distinguuntur, vel in moralibus deprehenditur. Horum verus ac naturalis color dabit tertiam ἤθους speciem, §§ 195, 495, qua moratum cogitandi genus, § 226, moribus characteribusque personarum, nationum, e.c. moralibus non dilucide solum exprimendis sufficiat, sed cuilibet etiam ex his eum locum, eum tonum, id lucis et umbrae temperamentum, eum colorem tribuere noverit, qui decet, § 193. Ita primum apparenti cuiusdam virtutis personae convenient austeri colores et genus cogitandi horridulum, omnis virtutis decor verus ac naturalis, at interior colores et genus cogitandi floridum admittit. Primum apparenti vitiorum quorundam larvae colores floridi laetumque cogitandi genus ac collustratum conveniunt; omnium vitiorum internae turpitudini colores austeri genusque cogitandi subobscurum, §§ 676, 694.

§ 699 Videamus insigne exemplum in Horatii III, Oda 24, ubi 1) luxuriam, uti primum apparet, genere cogitandi florido describens:

Intactis opulentior
Thesauris Arabum et divitis Indiae
Caementis licet occupes
Tyrrhenum omne tuis et mare Apulicum:[3]

1 Ovid, *Met.* 6, 703–707.
2 Tac., *Ann.* 6, 40, 5.
3 Horaz, *Carm.* 3, 24, 1–4.

streifte den Grund und umfaßte, in Dunkel gehüllt, mit den fahlen Flügeln der Liebende jetzt Orithyia, die schreckenerbleichte.[1]

Und für eine weitere blumige Beschreibung des Aeneas siehe § 662. Beide Arten der Farben zeigt gleichsam aus der Ferne und, wie es bei ihm üblich ist, in Kürze Tacitus, wenn er erzählt, daß *Pharasman auf der einen Seite die grausige Schlachtlinie der Seinen zeigte, während auf der anderen Seite die Truppen der Meder waren, ausgeziert mit Gold: hier Männer, dort die Beute.*

§ 698 Mit beiden Arten der ästhetischen Farben wird entweder bei natürlichen Dingen gemalt, insofern diese von sittlichen unterschieden werden, oder sie werden bei sittlichen Dingen angetroffen. Deren wahre und natürliche Farbe wird die dritte Unterart des Ethos verschaffen, durch welche die gesittete Denkungsart nicht allein imstande sein mag, die Sitten und die sittlichen Charaktere von Personen, Völkern usw. in klarer Weise auszudrücken, sondern es auch versteht, jedwedem von diesen den Ort, die Tönung, die gehörige Mischung von Licht und Schatten und die Farbe zuzuteilen, die sich jeweils ziemt. So mögen sich zu einer gewissen zuerst ersichtlichen Tugend einer Person düstere Farben und eine etwas grausige Denkungsart schicken, die wahre und natürliche Zierde jeder Tugend, während ihr Inneres hingegen blumige Farben und eine ebensolche Denkungsart zuläßt. Für die zuerst ersichtliche Maske über gewissen Lastern ziemen sich blumige Farben und eine heitere und leuchtende Denkungsart, der inneren Häßlichkeit aller Laster hingegen düstere Farben und eine etwas dunkle Denkungsart.

§ 699 Laßt uns ein auffallendes Beispiel bei Horaz betrachten, wo er 1) die Schwelgerei, so wie sie zuerst erscheint, in der blumigen Denkungsart beschreibt:

Reicher als die unberührten
Schätze der Araber und die Güter Indiens
magst mit Gebäuden du bedecken
alles Erdreich – das dein eigen ist – und das allen offene Meer.

statim subausterus verum huius vitii statum interiorem pingit:

Si figit adamantinos
Summis verticibus dira Necessitas
Clavos: non animum metu,
Non mortis laqueis expedias caput.[1]

Pergit eadem austeritate morum magis innocentium externum habitum primo apparentem horridius describere, v. 8–28 redit adhuc horridulus ad interiorem luxuriae deformitatem sistendam ob oculos, v. 29–44.

§ 700 Iam autem temperantiam suasurus ex vera huius virtutis natura, licet plerosque latente, divitiis renunciare iubet, subito floridus:

Vel nos in Capitolium,
Quo clamor vocat et turba faventium,
Vel nos in mare proximum
Gemmas et lapides, aurum et inutile,
Summi materiem mali,
Mittamus.[2]

Probe praevidet, quam absonum hoc, quicquid erat consilii, debeat apparere potentiorum civium plurimis. Hinc sua se denuo virtute involvens illud probat austerus:

Scelerum si bene poenitet,
Eradenda cupidinis
Pravi sunt elementa, et tenerae nimis
Mentes asperioribus
Firmandae studiis.[3]

Quoniam autem desperare videtur de consiliorum suorum fructu in severa austeraque vitiorum intus et in cute male sanorum imagine conquiescit, § 698.

1 Ebd. 3, 24, 5–8.
2 Horaz, *Carm.* 3, 24, 45–50.
3 Ebd. 3, 24, 50–54.

Dann malt er sogleich ein wenig düster den wahren inneren Zustand dieses Lasters:

Wenn aber heftet eisenhart
in die höchsten Giebel die grause Notwendigkeit
ihre Nägel, nicht wirst du dann deinen Sinn von Furcht,
nicht von des Todes Schlingen befreien das Haupt.

Er fährt fort, in derselben düsteren Art das zuerst ersichtliche äußere Wesen der Sitten unschuldigerer Menschen auf grausere Weise zu beschreiben, und kehrt dann dazu zurück, die innere Häßlichkeit der Schwelgerei in etwas grausiger Weise vor Augen zu stellen.

§ 700 Als er aber die Mäßigkeit gemäß der Natur dieser Tugend, die vielen verborgen sein mag, anraten will, und auf Reichtümer Verzicht zu tun heißt, wird er plötzlich blumig:

Laßt entweder uns aufs Kapitol,
wohin Beifall uns ruft und der Bürger Zustimmung,
oder laßt uns ins nächstgelegene Meer
Perlen und Edelsteine, auch das Gold, das nutzlose,
schlimmsten Übels Nahrung,
werfen.

Er sieht richtig voraus, wie ungereimt, was auch immer an diesem Rat war, er den meisten der mächtigeren Bürger erscheinen mag. Daher macht er, indem er die Tugend, auf die es ihm ankommt, erneut verhüllt, dies glaubhaft:

Wenn wir wirklich die Frevel bereuen –
ausgerottet seien der Gier,
der bösen, Keime! Die allzuzarten
Geister gilt es in härteren
Anstrengungen zu stählen.

Weil er aber zu verzweifeln scheint über die Früchte seiner Ratschläge, kommt er schließlich zur Ruhe in einem ernsten und düsteren Bild der innerlich und auch äußerlich so erscheinenden unzuträglichen Laster.

§ 701 Coniungit Ovidius naturalium moraliumque colores in enarrandis quatuor orbis, quas fingit, aetatibus, Met. I. Aetatis aureae statum florido quam maxime cogitandi genere prosequutus moralem, v. 90–100, § 594, transit ad naturalem iisdem floribus conspergendum:

Per se dabat omnia tellus.

– – –

Ver erat aeternum, placidique tepentibus auris
Mulcebant Zephyri natos sine semine flores.

– – –

Flumina iam lactis, iam flumina nectaris ibant,
Flavaque de viridi stillabant ilice mella, v. 112.[1]

§ 702 Iam tonum remittit in argentea aetate pingenda, v. 112–124, magis adhuc in aeneae brevi commemoratione sensim cum aetatis illius hominibus

ad horrida promtior arma, v. 126.[2]

In ferrea autem aetate describenda ut totus inhorrescit? § 594.

Vivitur ex rapto. Non hospes ab hospite tutus,
Non socer a genero. Fratrum quoque gratia rara est.
Imminet exitio vir coniugis, illa mariti.
Lurida terribiles miscent aconita novercae.
Filius ante diem patrios inquirit in annos.
Victa iacet Pietas, et virgo caede madentes
Ultima caelestum terras Astraea reliquit.
Neve foret terris securior arduus aether,
Affectasse ferunt regnum caeleste Gigantas,
Altaque congestos struxisse ad sidera montes, 153.[3]

1 Ovid, *Met.* 1, 103, 108 f., 112 f.
2 Ebd. 1, 127.
3 Ebd. 1, 145–154.

§ 701 Ovid verbindet die Farben des Natürlichen und des Sittlichen, wenn er von den vier von ihm erfundenen Zeitaltern der Erde erzählt. Nachdem er den sittlichen Zustand des goldenen Zeitalters in einer höchstmöglich blumigen Denkungsart geschildert hat, geht er dazu über, dessen natürlichen Zustand mit denselben Blumen zu bestreuen:

Von sich aus gab alles die Erde,
– – –
ewiger Frühling herrschte, und linder Westwind
fächelte mit lauen Lüften die Blumen, die niemand gepflanzt hatte.
– – –
Schon flossen Ströme von Milch, schon Ströme von Nektar dahin,
und von den grünen Steineichen träufelte goldener Honig.

§ 702 Schon in der Ausmalung des silbernen Zeitalters läßt er die Tönung sinken und mehr noch in der kurzen Darlegung des ehernen Zeitalters, kaum merklich durch die Schilderung der Menschen jener Zeit,

die *leichter bereit* waren, *nach den gräßlichen Waffen zu greifen.*

Aber wie grausig wird alles in der Beschreibung des eisernen Zeitalters!

Man lebt von Raub. Nicht ist der Freund sicher vor dem Freund,
nicht der Schwiegervater vor dem Schwiegersohn, selbst unter Brüdern ist Eintracht selten.
Der Gattin trachtet der Mann nach dem Leben und diese dem Gatten.
Tödliche Gifte mischen abscheuliche Stiefmütter
und vor der Zeit macht der Sohn sich Gedanken, wie lange sein Vater noch zu leben hat.
Überwältigt liegt die Nächstenliebe am Boden und die Göttin der Gerechtigkeit,
die Jungfrau Astraea, verläßt als letzte der Himmlischen die bluttriefende Erde.
Doch damit der hohe Himmel nicht weniger bedroht sei als die Erde,
strebten, so geht die Sage, die Giganten danach, ihn zu beherrschen,
und türmten Berge auf Berge bis zu den fernen Gestirnen.

§ 703 Pauci sunt, vel nemo, quem deceat, sicut

Omnis Aristippum decuit status, et color, et res, Hor., Ep. I 17, 23,[1]

nisi Horatius in hoc etiam splendide mentitus est. Nihil magis principia negatae totalis similitudinis ac aequalitatis confirmat experientiae, quam characterum et personarum, morum et modorum agendi diversitas. In quibus tamen ita exprimendis, ut distingui possint, naturam cuiusvis propriam ac suam imitari tanti est, ut, vel hoc unum qui nesciat, eum poetae neget nomine dignum Horatius, quando Artis Poet. v. 86

Descriptas, ait, *servare vices, operumque colores*
Cur ego, si nequeo ignoroque poeta salutor?
Cur nescire, pudens prave, quam discere, malo?
Versibus exponi tragicis res comica non vult.
Indignatur item privatis ac prope socco
Dignis carminibus narrari caena Thyestae, § 690.
Singula quaeque locum teneant sortita decentem,[2]

in naturalibus etiam et mechanicis, quod facilius, praesertim autem in moralibus, quod difficilius, §§ 666, 691.

SECTIO XLII
FUCUS AESTHETICUS

§ 704 Fuci aesthetici tum definitionem iam vidimus § 688, tum quaedam genera, §§ 626, 627. Sed eius a veris coloribus discernendi difficultas simul, ac necessitas separatam de eodem tractationem videtur requirere, §§ 628, 625. Sicut autem veri colores sunt vel auste-

1 Horaz, *Ep.* 1, 17, 23.
2 Horaz, *A. p.* 86–92.

§ 703 Wenige gibt es oder niemand, dem alles so ziemen mag,

wie dem Aristipp jeder Zustand, jedes Äußere und jeder Besitz gut zu Gesicht stand,[1]

wenn nicht Horaz auch hier glänzend gelogen hat.[2] Nichts bestätigt mehr die Sätze der Erfahrung der verneinten völligen Ähnlichkeit und Gleichheit[3] als die Verschiedenheit der Charaktere und der Personen, der Sitten und der Handlungsweisen. Doch daran, sie so auszudrücken, daß sie unterschieden werden können, und die jeweils eigene und ihm zugehörige Natur eines jeden nachzuahmen, liegt so viel, daß Horaz einem jeden, der sich nicht darauf versteht, abspricht, des Namens eines Dichters würdig zu sein, wenn er in seiner *Ars poetica* sagt:

Wenn ich die festgelegten Unterschiede und die Tönung einer Gattung nicht zu beachten vermag und nicht kenne, was laß ich als Dichter mich grüßen?
Warum will ich, auf schlechte Art mich bescheidend, lieber unwissend sein als lernen?
Ein Komödienstoff mag nicht in Tragödienversen dargestellt sein.
Genauso empört sich das Gastmahl des Thyestes dagegen, in private und fast des Soccus würdiger Dichtung erzählt zu werden.
Jedes Einzelne behaupte den ihm gemäßen, ihm zugefallenen Platz,

sowohl bei den natürlichen und mechanischen Dingen, was einfacher, als auch und vor allem im Bereich des Sittlichen, was schwieriger ist.

ABSCHNITT XLII
DER ÄSTHETISCHE AUFPUTZ

§ 704 Wir haben zum einen schon die Erklärung des ästhetischen Aufputzes gesehen, zum anderen auch gewisse Gattungen desselben. Aber die Schwierigkeit und zugleich die Notwendigkeit, ihn von den wahren Farben zu unterscheiden, scheint eine gesonderte Abhandlung über denselben zu erfordern. So wie aber die wahren Farben entweder düster oder blumig sind, so wird auch der Aufputz

ri vel floridi, § 693: ita et fucus erit vel nimis austerus, non horridulus, sed horridus, § 634, vel nimis floridus et Iridis instar,

Mille trahens varios adverso sole colores.[1]

Horridulum iam aliquid sonat illud Virgilii,

Arma virumque cano.[2]

Austerius illud est circa medium totius carminis:

Bella, horrida bella,
Et Tyberim multo spumantem sanguine cerno.[3]

Interim rem, de qua agebatur, secundum naturam exprimit verus color, et austeritatis gradus diversus descriptas vices servat, locumque decentem sortitus est, § 703.

§ 705 Huic horridulo colori compara fucum horridum Lucani:

Bella per Emathios plus quam civilia campos,
Iusque datum sceleri canimus, populumque potentem,
In sua victrici conversum viscera dextra,
Cognatasque acies, et rupto foedere regni
Certatum totis concussi viribus orbis
In commune nefas, infectisque obvia signis
Signa, pares aquilas, et pila minantia pilis.
Quis furor? o! vates! *quae tanta licentio* ab ovo? [4]

Sic *incipiat scriptor* aliquis *cyclicus.*[5] Color, non *suum decenter locum* nactus,[6] iustoque saturatior, fucus est, §§ 703, 688.

1 Vergil, *Aen.* 5, 89.
2 Vergil, *Aen.* 1, 1.
3 Ebd. 6, 86 f.
4 Lukan, *Pharsalia* 1, 1–8.
5 Vgl. Horaz, *A. p.* 136.
6 Ebd. 92.

entweder allzu düster sein und nicht nur etwas grausig, sondern graus, oder allzu blumig, ganz wie ein Regenbogen,

tausend Farben entgegenspiegelnd der Sonne.

Schon etwas grausig klingt jenes

Kampf und Helden besing ich

des Vergil. Noch ernster sind jene Verse etwa in der Mitte der Dichtung:

Kriege, ja grausame
Kriege schau ich und rot von schäumendem Blute den Tiber.

Unterdessen drückt hier eine wahre Farbe die Sache, um die es geht, ihrer Natur gemäß aus; der je verschiedene Grad der Düsterkeit bewahrt die beschriebenen Wechsel der Farben und erhält den ihm jeweils gemäßen Ort.[1]

§ 705 Vergleiche mit dieser etwas grausigen Farbe den grausen Aufputz des Lukan:

Dem Bürgerkrieg im Gefilde von Emathia, der mehr war als nur ein Bürgerkrieg,
gilt mein Gedicht. Es schildert, wie ein Herrenvolk
seine siegreiche Hand gegen das eigene Herz kehrte,
wie Verwandte miteinander fochten, wie man nach dem Bruch des Despotenbundes
mit allen Streitkräften einer erschütterten Welt im Wettkampf stand,
um gemeinsame Schuld zu schaffen; wie unter gleichen Legionsadlern
Heerbann feindselig auf Heerbann stieß und Römerspeer sich drohend gegen Römerspeer erhob.
Warum der Wahnwitz, o Dichter! *Wozu der gewaltige Tanz* vom Zwillingsei an?[1]

So *mag* irgendein *Autor des Kyklos anheben.*[2] Eine Farbe, die nicht *den ihr gemäßen Ort* gefunden hat und reichhaltiger ist als recht ist, ist Aufputz.

§ 706 Silius Italicus iam auspicatur austerius Virgilio, § 704,

Ordiar arma, quibus caelo se gloria tollit
Aeneadum, patiturque ferox oenotria iura
Carthago.[1]

Initium, cui forte satur Horatius iam occlamet: Ohe! ampullas! Huic tamen satis naturalem colorem dixeris comparato cum principiis Claudiani De bello Gethico, quibus in ipso limine *furtivae aurum pelliculae*,[2] tritus ille fucus, § 626, illitus est:

Intacti quum claustra freti coeuntibus aequor
Armatum scopulis audax irrumperet Argo
Oeteam Colchosque petens, propiore periclo,
Omnibus attonitis solus post numina Typhis
Incolumem tenui damno servasse carinam
Fertur et ancipitem montis vitasse ruinam
Deceptoque vagae concursu rupis in altum
Victricem duxisse ratem[3] e. c. usque ad v. 35.

§ 707 Horridus eiusmodi fucus, § 704, non sola singularia potest deturpare, §§ 708, 706, et genus cogitandi aestheticohistoricum, § 566, pari ratione cavendus est aestheticodogmaticis, et utriusque tum naturalia, quatenus moralibus opponuntur, exhibentibus, tum moralia, § 698. Potest in eum delabi genus cogitandi aestheticodogmaticum theoreticum, potest et practicum, nunc paraeneticum, nunc elencticum, § 576. In his versatus eo magis esse debet sollicitus, ne descriptas migret vices, colorisque naturalis et fucorum limites, quoniam et omne iam dogmaticum meditandi genus habere videtur nonnihil horriduli, § 695, et in moralium coloribus facilior lapsus

1 Silius Italicus, *Punica* 1, 1–3.
2 Juv. 1, 10–11.
3 Claud., *De bello Gethico* 26, 1–8.

§ 706 Silius Italicus beginnt vollends noch düsterer als Vergil:

Waffentat, wie sich der Ruhm der Aeneassöhne zum Himmel
hob und das wilde Karthago oenotrischem Recht unterworfen,[1]
will ich besingen.

Ein Anfang, dem Horaz, davon schon gesättigt, vielleicht laut entgegenriefe: ›Halt! Hohldröhnender Redeschwulst!‹[2] Und dennoch würdest du diesem eine genügend natürliche Farbe zusprechen, verglichen mit den ersten Versen von Claudians *De bello Gethico*, bei denen an eben diesem Anfang jener abgedroschene Aufputz *mit einem stibitzten Goldenen Vlieslein* überzogen ist:

Als zur Enge des Meers, das noch mit gegeneinander
fahrenden Klippen sich Schiffen verschloß, nach Colchischem Strande
Argo kühn vordrang, und hier nun näher und näher
kam die Gefahr: War jeder betäubt und Tiphys, allein er,[3]
der nächst Göttern das Schiff mit wenigem Schaden bewahrte,
glücklich vor des Gebirgs obschwebendem Sturz es entführte
und, mit Geschick ausweichend der irrenden Felsen Begegnung
siegreich trieb zur Höhe der See usw.

§ 707 Ein solcherart grauser Aufputz kann nicht allein einzelne Dinge[1] und die ästhetikohistorische Denkungsart verunstalten. Gleichermaßen müssen sich die Ästhetikodogmatiker vor ihm hüten, innerhalb beider Denkungsarten aber diejenigen, die einmal natürliche Dinge, insoweit sie sittlichen Angelegenheiten entgegengesetzt werden, und einmal sittliche Dinge darstellen. In ihn kann die theoretische ästhetikodogmatische Denkungsart verfallen, aber auch die praktische, einmal die paränetische, einmal die elenktische. Wer sich in diesen Denkungsarten bewegt, muß um so mehr darum besorgt sein, daß er die beschriebenen Wechsel der Farben und die Grenzen zwischen den natürlichen Farben und dem Aufputz nicht überschreitet, sowohl deshalb, weil jede dogmatische Art der Überlegung schon ein wenig des etwas Grausigen an sich zu haben scheint, als auch deshalb, weil in den Farben des Sittlichen leichter ein Fehltritt geschieht, solange man über sie ein zweifaches Urteil, einmal eines in mehr äußerlicher und übereilter Weise, einmal eines

est, dum duplex de iisdem, nunc exterius, et praecipitanter, nunc interius et penitius perspectis, solet iudicium ferri, §§ 698, 703.

§ 708 Fucum aestheticopracticum, § 707, non eum crassiorem nunc dissuadebimus, in quem invehitur Iuvenalis, Sat. II, quando

Ultra Sauromatas fugere huic libet, et glacialem
Oceanum, quoties aliquid de moribus audent,
Qui Curios simulant, et Bacchanalia vivunt,[1] § 362.

Subtilior hic culpandus in cogitationibus fucus etiam eorum est, quorum forte nec mala mens, nec malus animus est, licet verioris beatitudinis non satis conscius. Quaeratur e. g. de vero felicitatis colore, quem naturalem et non fucatum explanet aestheticodogmaticus. Sequuntur tunc sui sapientis archetypum, et inde derivatas cogitandi loquendive formulas, Stoici quae *dum mordicus tenent, neque sibi evelli ex ore* vel animo *volunt: horridiores evadunt, asperiores, duriores et oratione, et moribus,* et ipsa cogitandi ratione, Cic., De fin. IV 78.[2] Hinc in eorum picturas boni, mali, virtutis, beatitudinis, felicitatis fucus inducitur nimis austerus, § 704.

§ 709 Sub eadem hypothesi, § 708, sequetur Epicureus aliquis unicam voluptatem, quam si formaverit animo, sicuti facilis est, et in vulgus pervulgata, neque totum caelestis nostrae Veneris systema, sed eius aliquam modo particulam, mente comprehenderit, § 646, temere mollescet in eam levitatem, ut mites forsan aliquos Felicitatis ductus satis feliciter imitetur, quos autem graviores et austeros simul exprimere

iubet horrida Virtus,
Armatumque Fide pectus, Rectique cupido,
Audita asperitate, Sil. XI 205,[3]

nolit laetioribus innectere, vel certe leviculo penicillo per male loca-

1 Juv. 2, 1–3.
2 Vgl. Cic., *De fin.* 4, 78.
3 Vgl. Silius Italicus, *Punica* 11, 205 f., 202.

in mehr innerlicher Weise und indem man sie tiefer einsieht, zu fällen pflegt.

§ 708 Wir werden jetzt nicht von dem gröberen ästhetikopraktischen Aufputz abraten, gegen den Juvenal loszieht, wenn er sagt:

Nach Sarmatien möchte man fliehen und dem
Eismeer, wenn sich Menschen über Moral zu äußern wagen,
welche die Curier mimen, aber bacchische Orgien leben.[1]

Hier muß auch der feinere Aufputz im Denken derjenigen getadelt werden, deren Gesinnung vielleicht nicht schlecht und deren Gemüt nicht schlecht ist, wenngleich es sich der wahreren Seligkeit nicht genügend bewußt ist. Es mag z. B. nach der wahren Farbe der Glückseligkeit gefragt werden, die der Ästhetikodogmatiker als natürliche und nicht aufgeputzte darlegen soll. Die Stoiker folgen dann ihrem Urbild des Weisen und den davon hergeleiteten Normen des Denkens und des Redens, *an denen sie dann verbissen festhalten und nicht aus ihrem Mund*[2] oder aus ihrem Gemüt *herausgerissen sehen wollen: So werden sie am Ende in ihrer Sprache und ihren Sitten* und selbst in ihrer Denkungsart *rauher, härter und abstoßender.* Daher ist in ihre Bilder des Guten, des Bösen, der Tugend, der Seligkeit und der Glückseligkeit ein allzu düsterer Aufputz eingebracht.

§ 709 Unter derselben Bedingung folgt ein Epikureer allein der Lust. Wenn er sich diese als eine gleichsam leichte und allgemein bekannte Sache vorstellt[1] und in seinem Geist nicht das ganze System unserer himmlischen Venus, sondern nur einen gewissen kleinen Teil davon erfaßt, wird er unbesonnen in eine solche schlaffe Leichtigkeit verfallen, daß er vielleicht erfolgreich einige gelinde Züge der Glückseligkeit nachahmen mag; die Züge aber, die zugleich ernster und düsterer auszudrücken

die grause Tugend befiehlt,
das mit Wahrhaftigkeit gerüstete Herz und das Verlangen nach Recht
mit billiger Strenge,

will er nicht mit den heitereren verknüpfen oder aber er überzöge sie gewiß mit leichtem Pinselchen mit einem unangebrachten Schim-

tum spuriae lucis nitorem obducet, et hinc ponere totum nesciet sine fuco nimis florido, § 704. Peripateticorum in his theoriam denique sequutus a vero Felicitatis colore propius aberit, § 688.

§ 710 *Catholica, id est (ut dicamus, quomodo possumus) universalia, vel perpetualia*, Quint. II 14,[1] de moribus, virtutibus et vitiis, ex veritate coloris aesthetici satis exacta, § 552, sibi familiaria reddere pulcre cogitaturus non tantum tenetur, si quando practica dogmatice tangere mens sit, § 707, sed etiam ideo, quia moratum de singularibus, quoque tum strictissime veris, tum heterocosmicis, cogitandi genus illis catholicis et generalibus, veluti notionibus directricibus, utitur in informandis singularium ideis, §§ 653, 547. Si quis Cynicorum ex disciplina virtutem ac mores generatim fucis vero austerioribus adsperserit, virtutem etiam singularem certae personae, quam narrabit, vel finget, eam circumscribet, quae

Sardois videatur amarior herbis,
Horridior rusco, proiecta vilior alga, Virg., Ecl. VII.[2]

§ 711 Si quis in Aristippi praecepta delapsus est, proptereaque virtutem et morum institutionem omnem fucis nimium floridis exprimit, § 704, ex huius officina

Virtutis verae custos rigidusque satelles,[3]

in concreto etiam, et individuo singulari spectandus, § 710, prodibit comtulus, venustulus, delicatulus, purpuram indutus, rosis coronatus, pastillos olens, uti *bibit Hymetia mella Falerno diluta*,[4]

inter lances mensasque nitentes,
Dum stupet insanis acies fulgoribus, et quum
Acclinis falsis animus meliora recusat, Hor., Serm. II 2, 4.[5]

1 Vgl. Quint. 2, 13, 14.
2 Vergil, *Ekl.* 7, 41 f.
3 Horaz, *Ep.* 1, 1, 17.
4 Horaz, *Serm.* 2, 2, 15 f.
5 Ebd. 2, 2, 4–6.

mern unechten Lichtes und wäre daher nicht imstande, das Ganze ohne einen allzu blumigen Aufputz darzulegen. Wer schließlich in diesen Dingen der Theorie der Peripatetiker folgt, wird von der wahren Farbe der Glückseligkeit weniger weit entfernt sein.

§ 710 Wer schön denken will, ist nicht nur dann gehalten, sich die *καθολικά genannten, d. h. (in unserer Sprache, so gut wir es können, ausgedrückt) die allgemeinen und ewigen Vorschriften*[1] bezüglich der Sitten, Tugenden und Laster gemäß der Wahrheit der ästhetischen Farbe genügend genau vertraut zu machen, wenn er sich vornimmt, praktische Angelegenheiten in dogmatischer Form zu berühren, sondern er ist es überhaupt auch deswegen, weil die gesittete Denkungsart über einzelne Dinge – auch wenn diese einmal im strengsten Sinne wahr, einmal heterokosmisch sind – jene grundsätzlichen und allgemeinen Vorschriften gleichsam als Leitbegriffe bei der Bildung von Vorstellungen von Einzeldingen gebraucht. Wenn jemand gemäß der Lehre der Kyniker die Tugend und die Sitten im allgemeinen mit einem in Wahrheit zu düsteren Aufputz versieht, wird er auch eine einzelne Tugend einer Person, von der er erzählt oder die er sich ausdenkt, als eine solche umschreiben, die

bitterer erscheint als sardonische Kräuter,
stacheliger als Mäusedorn, wertloser als Algen am Strand.

§ 711 Wenn jemand den Vorschriften des Aristipp verfallen ist und deswegen die Tugend und jede sittliche Unterweisung mit einem allzu blumigen Aufputz ausdrückt, wird er aus dieser Werkstatt,

als der wahren Tugend Wächter und deren strenger Verfechter,

auch im Unabgesonderten und wenn er das einzelne Individuum betrachten muß, herausgeputzt, gar reizend, verzärtelt, purpurgekleidet, rosenbekränzt und nach Duftpastillen riechend[1] hervorgehen, so wie er *Honig vom Hymettos gemischt im Falerner trinken wird,*[2]

mitten im Glanz der schimmernden Schüsseln und Tafeln,
wenn vom tollen Gefunkel das Auge gebannt ist und wenn sich,
hin zum Falschen geneigt, unser Geist dem Besseren verweigert.

§ 712 Quemadmodum omnis quidem eruditio, tum practica, tum theoretica, verior ad veriores rebus ad eam pertinentibus, et singularibus, quae sub se continet, inducendos colores multum facit, §§ 63–67; tamen nulla facilius fucum vitare dabit ingenio, quod natura mediocriter felix hanc solam imitabitur, quam corrupta praeconceptis opinionibus omnia falso colore tingentibus, §§ 707–711: sic praesertim artis aesthetice tum verioris magnum adiumentum est ad veros in rebus colores quaerendos, fugiendos fucos, §§ 68, 69, tum falsae praecepta plus nocent, quam si prorsus artem eiusmodi nescires, § 73, quoniam dum ea sequeris, ut tibi videtur, omnino securus, deliberato consilio naturam deseris fucos et pigmenta captans, §§ 688, 110, in quae forsan impetu mere naturali non incidisses, § 52.

§ 713 In deceptricibus artium aestheticarum, e. g. rhetoricarum, poeticarum, regulis non tanto cum periculo a veris coloribus ad fucos avocabunt omnino falsae, et adeo falsae, etiam aesthetice, ut ne pulcellam quidem aliquam veri speciem habeant, qua se tueantur: quam illae, quae tum magnis auctoritatibus defenduntur, tum in aliquibus locis exercentur commode, peccant autem in quantitate, quod logici dicunt, et catholicae cogitantur, quae tamen particulariter tantum verae sunt, § 73. Hinc aestheticis tantopere distinguendae paucae venustatum *leges immutabili necessitate constrictae*,[1] a consiliis aliquando bonis, *quae, velut si aliter fas non sit, quidam, tanquam iussi, sequuntur*,[2] non raro praepostere. Nam *mutantur pleraque* praeceptorum *caussis, temporibus, necessitate, occasione. Nulla rogationibus plebisve scitis sancta sunt. Decet, ut in picturis atque statuis videmus, variari habi-*

1 Quint., 2, 13, 1.
2 Ebd.

§ 712 Gleichwie gewiß jede wahrere – einmal praktische, einmal theoretische – Gelehrsamkeit viel dazu beiträgt, die Dinge, die zu ihr gehören, und die Einzeldinge, die sie in sich begreift, mit wahreren Farben zu überziehen, und gleichwohl gar keine Gelehrsamkeit es einem von der Natur mittelmäßig begabten Geist, der nur dieser Natur folgt, leichter machen wird, den Aufputz zu vermeiden, als eine verderbte Gelehrsamkeit mit Vorurteilen, die alles mit einer falschen Farbe anstreichen: So ist besonders die ästhetische Kunst dann, wenn sie wahrer ist, eine große Hilfe, um die wahren Farben der Dinge zu erforschen und den Aufputz zu vermeiden, dann aber, wenn sie falsch ist, schaden ihre Vorschriften mehr, als wenn du eine solche Kunst ganz und gar nicht kenntest, weil du ja, während du ihr folgst und du dich gänzlich sicher fühlst, aus bedachtem Entschluß von der Natur abgehst, indem du nach Aufputz und Schminke haschst, in die du vielleicht mit einer bloß natürlichen Begeisterung nicht verfallen wärest.

§ 713 Von den trügerischen Richtschnüren der ästhetischen Künste, z. B. der Rhetorik und der Poetik, werden weniger die gänzlich falschen Vorgaben – die so falsch sind, auch in ästhetischer Hinsicht, daß sie nicht einmal irgendeinen gar hübschen Anschein des Wahren haben, mit dem sie sich bedecken könnten – in gefahrvoller Weise von den wahren Farben zum Aufputz hin ablenken, als vielmehr jene Richtschnüre, die bald von großen Autoritäten verteidigt werden, bald an irgendwelchen Orten bequem angewendet werden und die auch hinsichtlich ihres Umfangs (wie die Logiker sagen) schaden und für allgemein gehalten werden, aber nur im besonderen angewandt wahr sind. Daher müssen die Ästhetiker so genau die wenigen *durch unveränderliche Notwendigkeit verbindlichen Gesetze* des Anmutigen unterscheiden von bisweilen guten Ratschlägen, *die von manchem, als wäre es ein Vergehen, es anders zu machen, wie Befehle befolgt werden*, nicht selten in verkehrter Weise. Denn *es ändern sich fast alle* von den Vorschriften, *je nach dem Fall, den Zeitumständen, der Gelegenheit und dem Zwang der Verhältnisse. Keine ist durch Gesetzesantrag oder Volksentschluß geheiligt. Es ist schicklich, wie wir bei Statuen und bei Bildern sehen, daß bei ihnen Haltung, Miene und Stellung abwechseln. Denn selten findet sich etwas von der Art der allgemei-*

tus, vultus, status. Raro reperitur genus praeceptorum catholicorum, ut non labefactari parte aliqua et subrui possit, Quint. II 14.[1]

§ 714 Quos regulae nimis laxae nondum satis a vero rerum colore deflectunt in fucos, horum multos eo contorquet caeca imitatio. Sentiunt amari probarique, licet *horridulas, Catonis* alicuius *orationes*, Cic., De Or. 152,[2] et ecce! quoties placere volunt, ut subito horrescant! § 704.

> *Quid? si quis vultu torvo ferus, et pede nudo,*
> *Exiguaeque togae simulet textore Catonem,*
> *Virtutemne repraesentet moresque Catonis?*
> *Decipit exemplar vitiis imitabile*, Hor. I, Ep. 19, 12.[3]

Sentiunt alii delectari non paucos floribus poetarum et Curtii. Hinc tunc demum se disertos putant, quando quibuscunque datis occasionibus efflorescendo lasciviunt, § 254.

> *O! imitatores, servum pecus! ut mihi saepe*
> *Bilem, saepe iocum vestri movere tumultus!*[4]

§ 715 Laudabuntur olim Atticorum venusta ingenia. *Quorum genera plura sunt, hi,* caeci imitatores, § 714, *unum modo, quale sit, suspicabantur. Putabant enim, qui horride inculteque dicat, modo id eleganter enucleateque faciat, eum solum attice dicere. Errabant, quod solum,* § 713, *quod attice, non fallebantur*, § 694, Cic., Or. 28.[5] Interim, quantus eorum cunque fuerit error, non tamen potuit, quin iisdem aliquando fucos nimis horridos pro veris rerum floridarum coloribus commendaret, §§ 704, 248, 260. Nunc laudantur ex graecis et romanis auctores suo iure classici, iam austeris, iam floridis usi commodissime coloribus. In quorum imitatione quoniam inprimis *considerandum est, ne quid perturbate, ne quid contorte* cogitetur, Cic., De inv.

[1] Quint. 2, 13, 2; 6; 8; 14.
[2] Vgl. Cic., *Or.* 152.
[3] Horaz, *Ep.* 1, 19, 12–14 und 17.
[4] Horaz, *Ep.* 1, 19, 19 f.
[5] Vgl. Cic., *Or.* 28.

nen Vorschriften,[1] *ohne daß es an einer Stelle erschüttert oder umgestürzt werden könnte.*

§ 714 Von denjenigen, die allzu weitgefaßte Richtschnüre noch nicht genügend von der wahren Farbe der Dinge zum Aufputz hin ablenken, verdreht viele die blinde Nachahmung dorthin. Sie hören, daß *die Reden* eines *Cato*, mögen sie auch *etwas grausig* sein, geliebt und geschätzt werden – und siehe da: Wie sie, sooft sie gefallen wollen, plötzlich schauerlich werden!

Ja, wie denn? Wenn jemand da mit düsterer Miene, barfuß,
mit seiner schmalen Toga durch des Schneiders Hilfe den Cato spielen will,
repräsentiert er dann auch schon Catos Tugenden und Sittenstrenge?
Ein Vorbild, dessen Fehler leicht nachahmbar sind, bringt zu Fall.

Andere hören, daß nicht wenige durch die Blumen der Dichter und des Curtius[1] ergötzt werden. Daher glauben sie, erst dann beredt zu sein, wenn sie zu jedweder gegebenen Gelegenheit sich mutwillig in blühenden Ersprießungen auslassen.

O ihr Nachahmer, ihr Sklavenherde! Wie oft hat schon
euer tolles Treiben mir die Galle, wie oft auch Lachen schon erregt!

§ 715 Einst wurden die anmutigen Geister der attischen Redner gelobt.[1] *Unter ihnen gibt es mehrere Gattungen, aber die hier*, die blinden Nachahmer, *konnten sich nur eine einzige in ihrer Eigenart vorstellen. Sie glaubten nämlich, wer rauh und ohne Verfeinerung redet, wenn er das nur mit hinreichender Genauigkeit und Klarheit tut, der allein spreche attisch. Was das ›allein‹ anbetrifft, so irrten sie, was das ›attisch‹ anbelangt, so täuschten sie sich nicht*. Unterdessen, wie groß auch ihr Irrtum war, konnte er doch nicht anders als ihnen bisweilen zu einem allzu grausen Aufputz anstelle der wahren Farben blumiger Dinge raten. Heute werden unter den Griechen und Römern Autoren, die mit Fug und Recht klassisch sind, gelobt, die sich in höchst zuträglicher Weise einmal der düsteren, einmal der blumigen Farben bedienten. Da ja bei ihrer Nachahmung an erster Stelle *darauf zu sehen ist, daß nichts verworren, nichts verdreht* gedacht wird. Wie

I 29,[1] caeci imitatores, qui simile quantulumcumque suis deprehendisse per scripta classica satagunt, qui possent aliter, quam colores confundere, sicuti iura coqui, contortisque bellisimis ex Ciceronis alicuius aut omnino Demosthenis cogitandi rationibus ad alienissima fucum facere? § 688.

§ 716 Colores floridi *maxime sensus nostros impellunt voluptate, et specie prima acerrime commovent.* Saepe tamen *ab iisdem celerrime fastidio quodam et satietate abalienamur,* § 693. *Quanto colorum pulcritudine et varietate floridiora sunt in picturis novis pleraque, quam in veteribus? Quae tamen, etaimsi primo adspectu nos ceperunt, diutius non delectant, quum iidem nos in antiquis tabulis illo ipso horrido obsoletoque teneamur. Quanto molliores sunt et delicatiores in cantu flexiones et falsae voculae, quam certae et severae? quibus tamen non modo austeri, sed si saepius fiunt, multitudo ipsa reclamat,* Cic., De or. III 98,[2] cf. 99–103, et habebis praeclarum in fucos nimis floridos antidoton, § 704.

§ 717 Interim pluribus fucus nimis floridus est suspectus, quam nimis austerus. Minium his, cinnabaris, indicum et purpurissum, facilius fuci iudicantur, quam fucati etiam

peruncti faecibus ora.[3]

Austeram accusationem[4] qui parat, si vel omnes humanitatis terminos transiliat, veritatem odium parientem se pingere, non fucum, sibi videbitur, *austeram curationem*[5] propinare, non nigrae loliginis succum et meram aeruginem. Austeritatem ut nimis tristem effugiat, vel removendo floridorum mentionem iniicit Ovidius, Trist. l. I,

Nec te purpureo velent vaccinia fuco,
Non est conveniens luctibus ille color.
Nec titulus minio, neque cedro charta notetur,

[1] Cic., *De inv.* 1, 29.
[2] Cic., *De or.* 3, 98.
[3] Horaz, *A. p.* 277.
[4] Angelehnt an Quint. 9, 4, 128.
[5] Plin., *Nat. hist.* 24, 43.

könnten die blinden Nachahmer, die genug damit zu tun haben, im Durchgang durch die klassischen Schriften ein ihnen auch noch so geringes Ähnliches zu finden, anders, als die Farben gleichsam wie in einer Suppe zu vermischen[2] und mit den verdrehten, schönsten Farben aus der Denkungsart eines Cicero oder gar eines Demosthenes einen diesen ganz fremden Aufputz hervorzubringen?

§ 716 Die blumigen Farben *verschaffen unseren Sinnen am meisten Lust und beeindrucken uns bei ihrem ersten Anblick.* Oft aber *werden wir ihrer am schnellsten satt und überdrüssig. Um wieviel frischer als auf alten Bildern wirkt auf den neuen doch das meiste durch die Schönheit und die Frische der Farben! Doch wenn sie uns beim ersten Anblick auch für sich einnehmen, gefallen sie uns doch nicht länger; dagegen fesselt uns an altertümlichen Gemälden gerade das Schmucklose, Unscheinbare. Wieviel reizvoller und verlockender als klare, strenge Töne sind doch beim Singen Koloraturen und Falsett!*[1] *Und doch erhebt sich nicht nur bei gestrengen Herren, sondern, wenn es öfter vorkommt, selbst bei der Menge Widerspruch dagegen* – und hier wirst du ein vortreffliches Gegenmittel gegen den allzu blumigen Aufputz erhalten.

§ 717 Bisweilen ist der allzu blumige Aufputz vielen ebenso verdächtig wie der allzu düstere. Von diesen werden Bergzinnober, Zinnoberrot, Indigoblau, Purpurrot leichter als Aufputz beurteilt als die ebenfalls aufgeputzten

mit Weinhefe beschmierten Gesichter.[1]

Wer sich anschickt, eine *düstere Anklage zu erheben*, selbst wenn sie alle Grenzen der Menschlichkeit überschreiten mag, wird von sich meinen, eine Wahrheit, die Haß hervorruft, zu schildern, keinen Aufputz, und eine *düstere Sorge* öffentlich zu machen, nicht den schwarzen Saft eines Tintenfisches und bloßen Kupferrost. Damit er einer allzu traurigen Düsterkeit entfliehe, streut Ovid, indem er es zugleich zurücknimmt, eine Erwähnung von Blumigem ein:

Saft der Hyazinthe soll dich mit purpurnem Glanz nicht umgeben,
da diese Farbe ja doch sich für die Trauer nicht schickt.
Ziere Zinnober den Titel dir nicht, das Papier nicht die Zeder!

Candida nec nigra cornua fronte geras.
Felices ornent haec instrumenta libellos,
Fortunae memorem te decet esse meae.[1]

§ 718 Pari artificio Apelles excelluit, quod *unum imitari nemo potuit. Absoluta opera atramento illinebat ita tenui, ut id ipsum repercussu claritates colorum excitaret, custodiretque a pulvere et sordibus, ad manum intuenti demum appareret. Sed et tum ratione magna, ne colorum claritas oculorum aciem offenderet, veluti per lapidem specularem intuentibus e longinquo, et eadem res nimis floridis coloribus austeritatem occulte daret*, Plin., Hist. nat. XXXV 10.[2] Tantae molis est poetae fucum nimis austerum et tristem, pictori nimis floridum sollicite vitare, § 717. Vereor tamen, ne festivum illud, quod aiunt, apud Ovidium Trist. l. III 10 habeat aliquid fucosi lenocinii:

Clauda quod alterno subsidunt carmina versu,
Vel pedis hoc ratio, vel via longa facit.
– – –
Adpiscis exsangui chartam pallere colore?[3]

Immo vero, quia non erubescunt epistolae.

§ 719 Vitiosum et corruptum cogitandi genus, quod huc usque fucum appellavimus, § 688, Quintilianus dicit *casuris, si leviter excutiantur, flosculis nitens*,[4] *evanescens ac moriens*, ut reliqua vitiosa cogitandi genera, *comparatione meliorum, quemadmodum lana tincta fuco citra purpuras placet, ac, si contuleris etiam lacernae, conspectu melioris obruitur. Si vero iudicium his corruptis acrius adhibeas, ut fucinis sulphura, iam illud, quod fefellerat, exuat mentitum colorem, et quadam vix enarribili foeditate pallescat. Luceat igitur haec citra solem, et ut quaedam exigua animalia igniculi videntur in tenebris*, XII 10.[5] Si pro-

1 Ovid, *Trist.* 1, 1, 5–10.
2 Plin., *Nat. hist.* 35, 97.
3 Ovid, *Trist.* 3, 1, 11 f. und 55.
4 Vgl. Quint. 12, 10, 73.
5 Vgl. ebd. 12, 10, 75 f.

Trag nicht an schwarzer Stirn strahlende Hörner zur Schau!
All diese Mittel mögen die glücklichen Bücher verschönen:
Dir aber ziemt es, gedenk meines Geschickes zu sein.

§ 718 In dem gleichen Kunstgriff war Apelles so hervorragend, daß ihn *niemand in dem einen nachahmen konnte: Er überzog die vollendeten Werke mit einer so dünnen Lasur, daß diese im Zurückstrahlen eine Klarheit der Farben hervorrief, die sie vor Staub und Schmutz schützte, aber erst, wenn man sie in die Hand nahm, sichtbar war. Mit großer Berechnung aber bewirkte er auch, daß die Klarheit der Farben das Auge nicht schmerzen würde, indem man sie wie durch einen Spiegelstein sah, und aus der Ferne der gleiche Kunstgriff den allzu leuchtenden Farben einen mehr düsteren Ton verlieh.* Von soviel Gewicht ist es für den Dichter, den allzu düsteren und traurigen Aufputz, und für den Maler, den allzu blumigen Aufputz wachsam zu vermeiden. Dennoch befürchte ich, daß jene, wie man sagt, heitere Stelle bei Ovid etwas von einer aufgeputzten Schmeichelei hat:

Daß diese Dichtungen hinkend mit zweierlei Versen einhergehn,
kommt von des Versmaßes Art oder der Weite des Wegs.[1]
– – –
Siehst du die ganze Rolle zu blutloser Farbe erblassen?

Nein, bestimmt nicht, weil seine Briefe auch keine lebendige Röte annehmen.

§ 719 Quintilian sagt von der fehlerhaften und verderbten Denkungsart, die wir bis jetzt Aufputz genannt haben, daß sie *mit Blümchen glänzt, die gleich abfallen, wenn man nur leicht daran rührt* und, wie die übrigen fehlerhaften Denkungsarten, *verblaßt und verschwindet durch den Vergleich mit Besserem, gleichwie ›Wolle mit roter Farbe getränkt‹ ohne den Vergleich mit echtem Purpur gefällt;*[1] *doch wenn du sie vergleichst mit der Lacaena,*[2] *wird sie durch den Glanz des Besseren gleich zunichte. Wenn man jedoch mit noch schärferem Urteilsvermögen diesen verderbten Künsten zu Leibe geht wie den rotgefärbten Stoffen mit Schwefel,*[3] *dann muß das, was*[4] *uns vorher hatte täuschen können, seine erlogene unechte Farbe verlieren und in fast unbeschreiblicher Häßlichkeit verbleichen. Solche Kunst mag ihre Leuchtkraft also nur*

traxeris fucatam eiusmodi Venerem ex angulis et umbra in solem et maioris theatri celebritatem, *nec illi*

iam manet humida creta, colorque
Stercore fucatus crocodili, Hor., Epod. XII.[1]

§ 720 Pulcre cogitandis *insidere quidam venustatis, non fuco illitus, sed sanguine diffusus debet color*,[2] i. e. per ipsam materiae, cogitantis et obiectorum in personalibus praecipuorum naturam determinata lucis aestheticae modificatio, §§ 688, 622, 623, Cic., De or. III 199. *Ipsa formae dignitas coloris bonitate tuenda est*, § 188, Cic., De off. l. I 130.[3] Hic autem *est quidam sine ullo fuco veritatis color*, § 423, Cic., De cl. orator. 162,[4] cuius *lineamentis flos pigmentorum* recentium *desit* potius, quam adsit nimius, 298,[5] § 691. Neque tamen desit naturam sequens variatio, § 689, quia naturalis color ultra terminos a natura constitutos protractus et uno tenore continuatus tandem non nisi fucus est. Hinc intelligo Quintilianum, qui *Cassio Severo* tribuit *ingenii plurimum, acerbitatem miram, summam urbanitatem*,[6] tamen in eodem non *gravitatem* solum, sed etiam *colorem orationis* desiderat,[7] quoniam *stomacho et amaris salibus plus, quam consilio, dederit*, X 1.[8]

§ 721 Veniamus ad aliquas colorum oppositique coloribus fuci species, exempli gratia. 1) A Cicerone desideratur *in externis oratoribus urbanitate quadam colorata oratio.* Quaesitusque: *Quis est ille tandem urbanitatis color? Nescio*, inquit, *tantum esse quendam scio. Id tu, Brute, intelliges, quum in Galliam veneris. In vocibus nostrorum oratorum recinit quoddam et resonat urbanius. Nec hoc in oratoribus modo apparet, sed*

1 Horaz, *Epod.* 12, 9–11.
2 Cic., *De or.* 3, 199.
3 Cic., *De off.* 1, 130.
4 Cic., *Brutus* 162.
5 Vgl. ebd. 298.
6 Quint. 10, 1, 117.
7 Ebd. 10, 1, 116.
8 Ebd. 10, 1, 117.

entfalten, wo das Licht der Sonne fehlt, so wie manche Tierchen als Fünkchen im Dunklen erscheinen. Wenn du eine solche aufgeputzte Venus aus den Winkeln und Schatten in die Sonne und Festlichkeit eines größeren Theaters hervorzerrst,

> *will ihr nicht mehr*
> *die feucht gewordene Schminke haften, nicht die Farbe,*
> *mit Krokodilsmist angemacht.*

§ 720 Über den schön zu denkenden Dingen *sollte ein gewisser Hauch von Anmut liegen, der nicht geschminkt, sondern durchblutet wirkt*, d. h. eine durch die je eigene Natur des Stoffes, des Denkenden und seiner vornehmlichen persönlichen Objekte bestimmte innere Veränderung des ästhetischen Lichts. *Die Würde selbst der äußeren Erscheinung muß durch das Gesunde der Farbe gewahrt werden.* Dies aber ist *gewissermaßen die natürliche, ungeschminkte Farbe der Wahrheit*, deren *Zeichnung die Blüte der* neueren *Farben*[1] eher fehlen, als allzusehr anhaften mag. Es möge ihr aber dennoch nicht die der Natur folgende Veränderlichkeit fehlen, weil eine natürliche Farbe, die über die von der Natur gesetzten Schranken hinausgezogen und ununterbrochen durchgehalten wird, am Ende nichts anderes als Aufputz ist. Von daher verstehe ich Quintilian, der *dem Cassius Severus sehr viel Geist, eine erstaunlich beißende Schärfe und höchste Weltläufigkeit* zuspricht, bei demselben aber dennoch nicht allein *die Würde des Ausdrucks*, sondern auch *die richtige Färbung* vermißt, weil *er mehr seinem Ärger und bitterem Witz nachgab als der Besinnung.*[2]

§ 721 Kommen wir nun zu einigen Unterarten der Farben und des den Farben entgegengesetzten Aufputzes, beispielsweise: I) Cicero fehlt *bei den auswärtigen Rednern eine gewisse hauptstädtische Färbung.* Als er aber gefragt wird: *Was ist also diese hauptstädtische Färbung?*, sagt er: *Das weiß ich nicht. Nur daß es sie gibt, das weiß ich. Du wirst das schon verstehen, mein Brutus, wenn Du nach Gallien kommst. In den Stimmen unserer hiesigen Redner klingt und tönt ein bestimmtes hauptstädtisches Etwas. Auch zeigt sich das nicht nur bei den Rednern, sondern auch bei den übrigen Menschen.* Ob diese Farbe dasselbe – ich

etiam in caeteris, De cl. orat. 170.[1] An hic est color idem illlud, nescio quid, quod nunc Galli suis solis quidam tribuunt, externis denegant? Fucum illius similem ostendit Catulli *Suffenus*,[2]

Homo venustus, et dicax, et urbanus, qui modo scurra,
Aut si quid hac re tritius, videbatur.[3]

Idem miram fucorum et apertae foeditatis miscelam exhibet, in poematibus quando

bellus ille et urbanus
Suffenus, unus caprimulgus ac fossor
Rursus videtur. Tantum abhorret ac mutat.[4]

§ 722 II) Coniungam, uti coniunctum in Rutilii dicendi genere fuisse apud Ciceronem est De cl. or. 113 colorem tristem et severum, acrem atque vehementem. Primus est color luctibus conveniens, non ita reliqui, nisi quibusdam tragicis. Est tamen verus quidam *severitatis* color, *non modo non invidiosus, sed etiam popularis. Severitatem* enim lego apud Ciceronem Fam. IX, Ep. 14 non *veritatem animadversionis tum bonis omnibus, tum infimo cuique gratissimam.*[5] Est verus quidam color ex pudore relucentis acrimoniae, cuius *totum genus excellet*, e. g. *in caussis, in quibus potest inflammari animus iudicis acri et vehementi quadam incitatione*, Cic., De or. II 183.[6] Quanquam *dubium non est, quin exordium dicendi vehemens et pugnax non saepe esse debeat,* 317:[7] Cicero tamen, operum colores qui satis norat, *vehementer se agere fatetur, iracunde, negat*, Philipp. VIII 16.[8]

§ 723 Hos colores mentiuntur fuci e. g. eorum *qui fronte gravi et tristi supercilio utilitatibus fisci contumaciter adsunt, quos nunquam principibus defuisse* putat Plinius Pan. 41[9] et omnis non iocis tantum ac hi-

1 Cic., *Brutus* 170 f.
2 Catull 22, 1.
3 Ebd. 22, 2 und 12 f.
4 Ebd. 22, 9–11.
5 Cic., *Fam.* 9, 14.
6 Cic., *De or.* 2, 183.
7 Ebd. 2, 317.
8 Cic., *Philipp.* 8, 16.
9 Plin., *Pan.* 41, 3.

weiß nicht, was für ein – Etwas ist, das heute die Franzosen gewissermaßen nur den Ihren zuschreiben, Auswärtigen aber gänzlich absprechen? Einen dieser Farbe ähnlichen Aufputz zeigt der *Suffenus* des Catull,[1]

ein Mensch von Anmut, treffendem Witz und städtischer Art,
der eben noch als Witzbold
oder als etwas noch Abgeschmackteres erschien.[2]

Der Dichter führt eine erstaunliche Mischung von Aufputz und unverstellter Scheußlichkeit in seinen Gedichten vor, wenn nämlich

jener feine und städtische
Suffenus dir plötzlich wie irgendein Ziegenmelker oder Umgräber
erscheint. So wenig gleicht er sich selbst, so sehr verändert er sich.

§ 722 II) Ich werde, wie es bei Cicero heißt, daß es in der Redeweise des Rutilius verbunden war, die traurige und strenge Farbe mit der hitzigen und heftigen verbinden.[1] Die erste ist eine Farbe, die dem Trauern zukommt, nicht so die übrigen, außer im Falle gewisser Tragiker. Es gibt aber dennoch eine gewisse Farbe der *Strenge, die nicht nur nicht verhaßt, sondern auch beim Volke beliebt ist.* Ich lese nämlich bei Cicero von *der Strenge*, nicht *von der Wahrheit der Bestrafung, die nicht nur bei allen ehrenhaften Bürgern, sondern auch beim niederen Volk überaus willkommen ist.* Es gibt eine gewisse wahre Farbe einer widerscheinenden Hitzigkeit aus Ehrgefühl, deren *ganze Art überlegen ist*, zum Beispiel *in Fällen, bei denen sich die Leidenschaft des Richters durch eine ungestüme und heftige Erregung entzünden kann.*[2] Gleichwohl *gibt es keinen Zweifel, daß ein heftiger und kämpferischer Eingangsteil der Rede nicht oft geboten ist*: Doch auch Cicero, der sich in den Farben seiner Werke wohl genügend auskennt, *räumt ein, heftig aufzutreten, nicht aber zorneseifrig.*

§ 723 Diese Farben spiegelt der Aufputz zum Beispiel derer vor, die *mit ernster Stirn und zusammengezogenen Augenbrauen unbeugsam die Interessen der Staatskasse vertreten* und von denen Plinius meint, *daß sie niemals den Regenten gefehlt haben.* Sie werden vorgespiegelt von all der Strenge im Denken und im Urteilen, die nicht allein den

laritati, sed etiam humanitati contraria severitas in cogitando iudicandoque. Acerbam eiusmodi severitatem amet una

Eumenidem intento turba severa foro, Prop. IV 11.[1]

Veram et fucatam acrimoniam pingit una Cicero, mores pulcre cogitaturi formans De or. I 182, quando: *Haec*, ait, *adiuvant in oratore: lenitas vocis, vultus, pudoris significatio, verborum comitas. Si quid persequare acrius* (hic habes verum colorem, § 722), *ut invitus et coactus facere videare. – – – Ea omnia, quae proborum, demissorum, non acrium, non pertinacium, non litigiosorum, non acerborum sunt* (habes fucum pertinacis et acerbi litigiatoris), *valde benevolentiam conciliant.*[2] Quemadmodum *vehemens* proprie et recte Macrobio VI 8 *nimio impetu ac vi mentis instructum* significat,[3] M. § 699: ita *genus* cogitandi *vehemens et atrox* fucum potius, quam verum ac laudabilem colorem, prae se feret, nisi admisceatur eidem *genus lenitatis atque mansuetudinis*, Cic., De or. II 200.[4]

§ 724 Hinc *mollienda est in plerisque alio colore asperitas orationis*, Quint. XI 1.[5] Unde colligas et asperum cogitandi genus colorem esse, et genus illud lenitatis atque mansuetudinis, § 723, quo gnarus aliquis *animorum tractandorum artifex assequatur, ut aliquid eorum quoque caussa videatur facere, contra quos* armatus est.[6] Iungamus luctibus convenienti colori, § 722, *necessarium periclitanti sollicitudinis colorem*,[7] eumque, quem *sola habet poenitentia, si nulla contingit* iis, qui peccaverant, *excusatio*, l. c.[8]

Adspice, quot submittat humus formosa colores! Prop.[9]

At cave, ne in fucum degenerent vel nimium *trucis atque violenti*,[10] vel effaeminati, cogitandi generis, ne in foedam desperantium trepi-

[1] Prop., *Eleg.* 4, 11, 22.
[2] Cic., *De or.* 2, 182.
[3] Makr., *Saturn.* 6, 8, 18.
[4] Vgl. Cic., *De or.* 2, 200.
[5] Quint. 11, 1, 85.
[6] Vgl. ebd.
[7] Quint. 11, 1, 49.
[8] Ebd. 11, 1, 81.
[9] Prop., *Eleg.* 1, 2, 9.
[10] Quint. 11, 1, 3.

Scherzen und dem Frohsein, sondern auch der Menschlichkeit entgegengesetzt ist. Eine solche grämliche Strenge mag nur

die gestrenge Schar der Eumeniden vor dem gespannten Gerichtshof
lieben.[1]

Cicero malt zugleich das Bild einer wahren und einer aufgeputzten Hitzigkeit, wenn er, indem er die Sitten desjenigen, der schön denken will, entwirft, sagt: *Diese Dinge unterstützen den Redner: Eine sanfte Stimme, ein schüchterner Gesichtsausdruck und eine liebenswürdige Ausdrucksweise. Wenn man ein Anliegen hitziger verfolgt* (hier hast du die wahre Farbe), *soll der Eindruck entstehen, daß man es nur gegen seinen Willen und gezwungen tut. – – – Alles, was rechtschaffenen und schlichten Charakteren ohne Hitzigkeit, Hartnäckigkeit, Streitsucht und Grämlichkeit eigen ist* (hier hast du den Aufputz des hartnäckigen und grämlichen Prozeßkrämers), *gewinnt die Gewogenheit in hohem Maße.* Gleichwie für Makrobius *heftig* wesentlich und richtig *mit zuviel Ungestüm und Kraft des Gemüts ausgestattet* bedeutet, so legt die *heftige und erbitterte Art* des Denkens eher einen Aufputz als eine wahre und lobenswerte Farbe an den Tag, wenn derselben nicht *eine Art der Milde und Sanftheit* beigemischt wird.

§ 724 Daher *muß man in vielen Fällen die Rauheit, welche die Rede enthält, mit einer anderen Farbe mildern.* Woraus du schließen magst, daß sowohl die rauhe Denkungsart eine Farbe ist als auch jene Art der Verträglichkeit und der Sanftmut, durch die mancher kundige *Meister in der Behandlung von Angelegenheiten der menschlichen Seele es erreichen mag, daß er auch die Lage derjenigen mitzuberücksichtigen scheint, gegen die* er sich gerüstet hat. Fügen wir an die Farbe, die der Trauer zukommt, *die Farbe der bangen Sorge, die für den, der in Gefahr schwebt, erforderlich ist,* an, sowie diejenige Farbe, die *nur die Reue hat, wenn sich* für die, welche gefehlt haben, *keine Entschuldigung finden läßt.*

Schau, welche Farbenpracht die schöne Erde in die Höhe schießen läßt!

Aber gib acht, daß die Farben nicht in den Aufputz entweder einer allzu *trotzigen und gewaltsamen* oder einer allzu weibischen Denkungsart ausarten und nicht in eine schmähliche Ängstlichkeit der

dationem, aut vilem ac humilem ante factorum exsecrationem ac palinodian.

§ 725 III) Est SUBMISSUM COGITANDI GENUS, animi viribus ac impetui parcentis propter reverentiam. Quod quamdiu tantum sibi temperat ab affectanda ubertate, dignitate, exacto veri studio, nitore, ac ornatu, argumentationibus et contentione vehementioribus, quantum vel debita cogitanti, si qua debetur ipsi, reverentia, vel ea, quam ipse debeat nunc rebus ac personis, de quibus aut contra quas meditatur, nunc futuris suae meditationis spectatoribus praecipuis, κατ' ἤθη, § 698, postulaverit: verum et naturalem colorem servat, §§ 622, 623. Neque negliget moratum hoc, §§ 226, 227, et aequabile, § 267, et strictius etiam temperatum cogitandi genus, § 270, regulam illam apud Ciceronem, De off. I 90: *Recte videntur praecipere, qui monent, ut, quanto superiores simus, tanto nos submissius geramus.*[1]

§ 726 Quam primum autem submissum cogitandi genus eo deprimitur, ut vel obliviscatur pulcre cogitaturus suae dignitatis, vel falsam et superstitiosam reverentiam, nescio quibus, nunc rebus, nunc personis exhibens rependove simulans eadem retrahi se patiatur ab illa copia, dignitate, professione veritatis, ornatu, reprehensione, contentione tandem et impetu animi, quae prae se ferre decenter eleganterque potuisset: tunc idem *humile, submissum, molle, effaeminatum, fractum atque abiectum* cogitando genus,[2] uti βάθος, § 217, ita fucus est, §§ 688, 725.

§ 727 Hinc Quintilianus, XI 1, in vitiis numerat *summissum* cogitandi *genus concitatis in caussis*,[3] i. e. quas salva decori verioris reverentia tamen omni animi impetu diligentiaeque nervis, omni cum copia, dignitate, ornatu ac ardore agi non oporteat solum, sed etiam

1 Cic., *De off.* 1, 90.
2 Cic., *Tusc.* 4, 64.
3 Vgl. Quint. 11, 1, 3.

Verzweifelnden oder in geringschätzige und niedrige Verwünschungen und Widerrufungen[1] angesichts vorhandener Tatsachen.

§ 725 III) Eine DEMÜTIGE DENKUNGSART ist diejenige dessen, der aus Gründen der Ehrfurcht mit den Kräften seines Gemüts und seiner Begeisterung sparsam umgeht. Solange er sich in dem Maße von der Erkünstelung von Reichtum, Würde, einem genauen Streben nach Wahrem, nach Schimmern und Schmuck, heftigeren Argumenten und Eifer zurückhält, in welchem es entweder die gebotene Ehrfurcht vor dem Denkenden, wenn sie etwa ihm selbst geschuldet wird, fordert, oder in welchem es die Ehrfurcht, die er selbst einmal den Dingen und Personen, über die oder gegen die er seine Überlegungen anstellt, einmal den zukünftigen vornehmlichen Betrachtern seiner Überlegung gemäß den Sitten schulden mag, fordert: Solange bewahrt er die wahre und natürliche Farbe. Auch wird diese gesittete, gleichförmige und auch im engeren Sinne gemässigte Denkungsart jenes Gesetz bei Cicero nicht vernachlässigen: *Die richtigen Vorschriften scheinen die zu geben, die mahnen, daß wir, je überlegener wir sind, uns um so bescheidener benehmen sollen.*[1]

§ 726 Sobald aber die demütige Denkungsart so weit niedergedrückt wird, daß entweder derjenige, der schön denken will, seine Würde vergißt oder, indem er eine falsche und abergläubische Ehrfurcht gegenüber – was weiß ich für welchen – Dingen oder Personen zeigt oder kriechend vortäuscht, es zuläßt, sich von eben der Fülle, Würde, dem Bekenntnis zur Wahrheit, dem Schmuck, dem Tadel und schließlich dem Eifer und der Begeisterung des Gemüts abhalten zu lassen, die er in wohlanständiger und geschmackvoller Weise hätte vorzeigen können: Dann ist dieselbe eine *niedrige, unterwürfige, weichliche, weibische, gebrochene und verworfene* Denkungsart, wie das Kriechende, und also Aufputz.

§ 727 Daher zählt Quintilian die *demütige Art* des Denkens *in erregten Situationen* zu den Fehlern, zum Beispiel in Fällen, in denen es – ohne Verletzung der Ehrfurcht gegenüber einer wahreren Wohlanständigkeit – dennoch nicht nur günstig, sondern auch notwendig sein mag, mit aller Begeisterung des Gemüts und Kraft der

necesse sit. Ibidem in aliis huc admodum facientibus exemplum adfert *Socratis*, cuius *ad absolutionem profuturum fuisset, si conciliasset oratione submissa*, § 726, iudicum animos sibi, qui tamen, quoniam *id eum minime decuisset, sic egerit, ut, qui poenam suam honoribus summis esset aestimaturus*. Hic addit: *Quando ab hominibus sui temporis parum intelligebatur, posterorum se iudiciis reservavit, brevi detrimento iam ultimae senectutis aevum omnium saeculorum consequutus.*[1]

§ 728 Pergit Quintilianus l. c. Scipionem *Africanum* commemorare, qui *patria cedere, quam cum Tribuno plebis, humillimo homine, de innocentia contendere, maluit.*[2] Tanti putavit heros genus cogitandi male submissum cavere, § 726. Fontes eius, auctore Quintiliano sunt, *humiliora illa vitia, submissa adulatio, vilis pudor, in omnis negotio neglecta auctoritas, quae fere accidunt his, qui nimium blandi esse volunt.*[3] Adeo gravis submissi cogitandi generis adversarius, quando fucus est, quaerit tamen: *Quis vero nesciat, quin nonnunquam submittenda sit et contrahenda oratio, ne iudex eam vel intelligere, vel capere non possit?*[4] § 725. Idem in *Cicerone* laudat, qui ne *in caussa Cluentii* quidem, etsi *mater* huius *palam caput filii impugnabat, oblitus est reverentiae, quae parentibus debetur*,[5] iubetque *in re minore ac minus infesta orationem* adhuc *leniorem et submissiorem.*[6]

§ 729 IV) Est ERECTUM ET AUDAX COGITANDI GENUS animi vim ac impetum intendentis propter dignitatem, quo elate cogitatur et dicitur, licet non semper sublimiter, § 287. In hoc cavendus est fucus arrogantiae. V) Est ludicrum et iocosum, in quo vitetur *affectata*

1 Ebd. 11, 1, 9 f.
2 Ebd. 11, 1, 12.
3 Ebd. 11, 1, 30.
4 Ebd. 11, 1, 45.
5 Ebd. 11, 1, 62.
6 Ebd. 11, 1, 64.

Umsichtigkeit, mit aller Fülle, Würde, mit allem Schmuck und Feuereifer vorzugehen. Derselbe führt unter anderen, in vollstem Maße hierzu gehörenden Beispielen, dasjenige *des Sokrates* an, dem *es zu seiner Freisprechung dienlich gewesen wäre, wenn er mit einer demütigen Redeweise* sich die Herzen der Richter *gewonnen hätte*, der aber, weil *sich das für ihn am allerwenigsten geziemt hätte, seine Sache so führte, als habe er den Wunsch, seine Straftat der höchsten Anerkennung und Ehrung für wert zu befinden*. Hier fügt er hinzu: *Da er sich von seinen Zeitgenossen nun einmal nicht genügend verstanden fühlte, bewahrte er für sich das Urteil der Nachwelt und gewann so für die kleine Einbuße an Jahren seines schon hohen Alters ein Leben durch alle Jahrhunderte.*[1]

§ 728 Quintilian fährt fort, indem er an Scipio *Africanus* erinnert, der *lieber seine Heimat verlassen als sich mit einem Volkstribun, einem Mann von niedrigstem Stand, auf einen Prozeß um seine makellose Lebensführung einlassen wollte*.[1] Für so wichtig hielt es der Held, sich vor einer in schlechter Weise demütigen Denkungsart zu hüten. Die Quellen derselben sind nach Quintilian *folgende Fehler von gemeinerer Art: untertänige Schmeichelei, geringes Schamgefühl sowie bei jeder Betätigung der Mangel an Achtung; Fehler, die gewöhnlich den Rednern unterlaufen, die zu sehr einschmeichelnd sein wollen*. Doch als ein so überaus starker Gegner der demütigen Denkungsart, wenn sie ein Aufputz ist, fragt er dennoch: *Wer aber wüßte nicht, daß man bisweilen seine Rede bescheiden und knapp halten muß, damit es nicht geschehen kann, daß der Richter sie nicht versteht oder nicht ganz erfaßt?* Dasselbe lobt er bei *Cicero*, der nicht einmal *im Falle des Cluentius*, obgleich *die Mutter* desselben *offen das Leben des Sohnes angriff, die Achtung vergaß, die man den Eltern schuldet*,[2] und er schreibt *bei einer harmloseren und weniger bedrohlichen Angelegenheit* eine noch *sanftere und ergebenere Rede* vor.

§ 729 IV) Eine EDLE UND KÜHNE DENKUNGSART ist diejenige dessen, der die Kraft und Begeisterung seines Gemüts um der Würde willen anstrengt. Durch sie wird in stolz erhobener Weise gedacht und gesprochen, wenn auch nicht immer erhaben. In ihr muß man sich vor dem Aufputz des Übermuts hüten. V) Eine kurzweili-

scurrilitas, praesertim in parum modestis ac pudicis, et generatim, *ne nimium ridiculus esse velis.*[1] VI) Est grave, in quo ne qua senilis auctoritas immatura deprehendatur. VII) Est dulce, cuius *decoctam* aversatur *dulcedinem* Cicero.[2] Sed satis de his, § 692.

SECTIO XLIII
ARGUMENTA ILLUSTRANTIA

§ 730 ARGUMENTA, quorum (vel unica, vel potior, vel nunc maxime consideranda) vis est, lucem datae perceptioni affundere, sunt DECLARANTIA (explicantia). Dabunt itaque perspicuitatem vel intellectualem, RESOLVENTIA (analytica) quale est *definitio, propriam cuiusvis rei vim declarans,* Cic., De or. I 190,[3] vel sensitivam, §§ 614, 618, nunc absolutam certe, §§ 617, 625, nunc omnino nitorem aliquem exhibent, et a potiori dicuntur ILLUSTRANTIA (pingentia). Cicero, Fam. V, Ep. 13, *saepius dicendum, et non significandum modo,* quod fieri potest obscurius, *sed etiam declarandum* iudicat,[4] quod optat Lucceium clare perspicere.

§ 731 Iustissima vitandi fuci cautio, S. XLII, suadebit in argumentis et figuris pingentibus ac illustrantibus §§ 730, 26, praesertim ea tantum ornamenta sectari, quae praeter illustrationem simul ubertati, dignitati, verisimilitudini, reliquisque cogitandorum gratiis, vel singulis serviant, vel saltim aliquibus, § 142, quae vero tantum pinxerint, praetereaque nihil ad totius pulcritudinem conferre videantur, parca manu adspergere, vel ambitiosa recidere, § 164.

[1] Ebd. 11, 1, 30.
[2] Vgl. Cic., *De or.* 3, 103.
[3] Vgl. ebd. 1, 190.
[4] Cic., *Fam.* 5, 13.

ge und scherzende Denkungsart ist die, in der *die gesuchte Possenhaftigkeit, vor allem in wenig sittsamen und wenig keuschen Dingen* vermieden wird, und im allgemeinen, wenn *man nicht allzu witzig sein will.* VI) Eine ernste Denkungsart ist diejenige, in der man keine zu frühzeitige greisenhafte Autorität bemerken soll. VII) Eine süße Denkungsart ist diejenige, von deren *abgeschmackter Süßigkeit* sich Cicero abwendet. Doch genug von diesen Dingen.

ABSCHNITT XLIII
AUFHELLENDE ARGUMENTE

§ 730 ARGUMENTE, deren (entweder einzige oder vorzüglichere oder jetzt gerade am meisten zu beachtende) Kraft es ist, Licht über eine gegebene Vorstellung zu ergießen, sind AUFKLÄREND (erhellend). Sie werden also entweder, wie die AUSEINANDERSETZENDEN (zergliedernden) Argumente, eine verstandesmäßige Faßlichkeit verschaffen, gleichwie *eine Definition die spezifische Bedeutung einer jeden Sache klärt*, oder eine sinnliche Faßlichkeit. Letztere werden einmal sicherlich eine absolute sinnliche Faßlichkeit, einmal überhaupt irgendein Schimmern darbieten und werden dann besser AUFHELLENDE (malende) Argumente genannt.[1] Cicero hält dafür, daß *man nicht allein wiederholt sagen und bezeichnen soll*, was sonst dunkler werden kann, *sondern auch*, daß man *aufklären muß*, nämlich das, von dem er wünscht, daß es Lucceius auf klare Weise erkennt.

§ 731 Die überaus rechte Vorschrift, den Aufputz zu vermeiden, wird raten, bei den malenden und aufhellenden Argumenten und Figuren vor allem nur nach den Ausschmückungen zu streben, die außer der Aufhellung zugleich dem Reichtum, der Würde, der Wahrscheinlichkeit und den übrigen Anmutigkeiten des zu Denkenden – entweder jeder einzelnen oder wenigstens einigen von ihnen – dienen mögen, und diejenigen, die in Wahrheit nur malen und darüber hinaus wohl kaum zur Schönheit des Ganzen beizutragen scheinen, mit sparsamer Hand auszustreuen oder sie, verstanden als ehrgeizige Ausschmückungen, zusammenzustutzen.

§ 732 Perceptiones praegnantes, M. § 517, et complexae, M. § 530, et ipsae, caetera si fuerint paria, magis splendent, quam minus complexae, et totius, quam ingrediuntur, meditationis possunt argumenta fieri illustrantia, § 730. Hinc minus praegnantibus, minus complexis pulcre praeferuntur, praesertim quando ipsae adhaerentes perceptiones tamen aliquid simul probant, vel movent, § 731. Hinc magnum epithetorum bene lectorum artificium. Exemplis abundant pulcra omnia. Virgilii sumamus eclogam in primis eius poematibus primam. Ibi non dicit: Amaryllida *cantas,* sed:

Formosam resonare doces Amaryllida silvas, v. 5,[1]

non dicit: *Haec* urbs multum *alias inter caput extulit urbes,* sed *tantum,*

Quantum lenta solent inter viburna cupressi.[2]

Non dicit libertatem sibi venisse *seni,* sed:

Candidior postquam tondenti barba cadebat.[3]

Non scribit: Nunquam illius obliviscemur, sed:

Ante leves pascentur in aethere cervi,
Et freta destituent nudos in littore pisces:
Ante pererratis amborum finibus exsul
Aut Ararim Parthus bibet, aut Germania Tygrim,
Quam nostro illius labatur pectore vultus.[4]

Tandem non ait: iam vesper adest, sed:

Iam summa procul villarum culmina fumant
Maioresque cadunt altis de montibus umbrae.[5]

§ 733 Quoniam HYPOTYPOSIS, vivida alicuius descriptio, non illustrat solum, § 618, sed etiam probat, §§ 550, 551, inter meliora

1 Vergil, *Ekl.* 1, 5.
2 Ebd. 1, 25.
3 Ebd. 1, 28.
4 Ebd. 1, 59–63. 5 Ebd. 1, 82 f.

§ 732 Die vielsagenden und gehäuften Vorstellungen glänzen zum einen selbst, wenn die übrigen Umstände die gleichen sind, mehr als die weniger gehäuften, zum anderen können sie im Hinblick auf das Ganze der Überlegung, in die sie eingehen, zu aufhellenden Argumenten werden. Sie werden daher den weniger vielsagenden, weniger gehäuften Vorstellungen auf schöne Weise vorgezogen, vor allem, wenn die ihnen anhängenden Vorstellungen selbst bei alledem zugleich irgend etwas beweisen oder wenn sie bewegen. Von daher kommt der große Kunstgriff der wohlausgewählten Beiwörter.[1] Alle schönen Werke sind voll von Beispielen davon. Wir wollen die erste Ekloge Vergils aus seinen ersten Dichtungen hernehmen. Dort sagt er nicht: Amaryllis,[2] *du singst*, sondern

du lehrst die Wälder, ›Schöne Amaryllis‹ zu antworten.

Er sagt nicht: *Diese* Stadt *hat ihr Haupt* weit *über andere Städte erhoben*, sondern: Sie hat es *so hoch* erhoben

wie Zypressen über biegsame Wandelröschensträucher.[3]

Er sagt nicht, daß die Freiheit ihm zuteil wurde, als er *alt* war, sondern:

Nachdem ihm *der Bart beim Scheren schon weißer herabfiel.*

Er schreibt nicht: ›Ich werde ihn nie vergessen‹, sondern:

Eher werden leichtfüßige Hirsche im Äther weiden,
eher läßt die Flut ihre Fische schutzlos an der Küste liegen,
eher trinkt als Verbannter nach langer Irrfahrt durch Ost und West
der Parther vom Wasser der Saône und der Germane vom Tigris,
als daß je sein Antlitz aus meinem Herzen entschwindet.

Und endlich sagt er nicht: Es ist schon Abend, sondern:

Schon steigt in der Ferne von den Dächern der Gehöfte Rauch auf,
und länger fallen von den hohen Bergen die Schatten.

§ 733 Weil ja die HYPOTYPOSE,[1] die lebhafte Beschreibung von etwas, nicht allein aufhellt, sondern auch etwas beweist, wird sie

pingentium argumenta merito refertur, § 731. DIATYPOSIS est hypotyposis ardentior. Hinc diatyposis est in argumentis illustrantium optimis, § 731, cuius species est CHARACTERISMUS, diatyposis moratior, § 226. Exempla dabit Lucianus, et Theophrastus, et huius imitator in Gallis princeps.

§ 734 Una perceptionum connexarum et coniunctarum, s. sociarum alteram potest declarare, imo etiam illustrare, § 730, si simul cum hac attendatur vivide, M. § 516, i.e. comparetur, M. § 626. Hinc substitutio illius pro hac pulcre cogitanda, vel coniunctio illius cum hac, non sine vividitate, dabit ARGUMENTUM illustrans A COMPARATIS, quod aliqui dicunt A MEDITATIONE, § 730, nos dicamus figuram, § 26, COMPARATIONEM et collationem LATIUS, quae complectitur assimilationem, sed in multa etiam alia argumentorum genera diffunditur, quam quae petantur a simili, e. g.

Tantaene animis caelestibus irae? Aen. I 15,1[1]

et Catharginis statim sequens illustratio 1) ab aetate 2) ab incolis 3) a situ 4) a divitiis 5) a studiis belli 6) a favore Iunonis, v. 16–22. Hinc odium in Aeneam, comparatis caussis aliis, v. 23–36. Tandem meditationis epiphonema:

Tantae molis erat Romanam condere gentem.[2]

§ 735 Sicut in argumentis augentibus augmentum, § 330, in probantibus aetiologiam, § 545, figuram vidimus ita principem, ut reliquas ad augendum probandumve pertinentes sinu suo comprehendere videantur singulas: ita comparationem latius dictam in figuris illustrantibus generalem habeamus et principem, § 734, sine qua ne

1 Vergil, *Aen.* 1, 11.
2 Ebd. 1, 33.

zu Recht zu den besseren malenden Argumenten gezählt. Die DIATYPOSE ist eine feurigere Hypotypose.[2] Daher gehört die Diatypose zu den besten aufhellenden Argumenten. Eine Unterart von ihr ist der CHARAKTERISMUS, eine Diatypose, die sich mehr auf die Sitten bezieht. Beispiele davon werden Lukian, Theophrast und dessen vornehmlichster Nachahmer in Frankreich[3] geben.

§ 734 Eine von zwei zusammenhängenden und verbundenen oder vergesellschafteten Vorstellungen kann die andere aufklären und sogar aufhellen, wenn man auf jene zugleich mit dieser in lebhafter Weise aufmerksam wird, d. h., wenn jene mit dieser verglichen wird. Daher wird die Ersetzung jener durch diese schön zu denkende Vorstellung oder die Verbindung jener mit dieser, nicht ohne Lebhaftigkeit, ein aufhellendes ARGUMENT DURCH VERGLICHENES darbieten, das manche ein Argument DURCH ÜBERLEGUNG nennen. Wir aber wollen sie eine Figur, eine VERGLEICHUNG und eine Verhältnisbestimmung IM WEITEREN SINNE nennen, welche die Verähnlichung einschließt, sich aber auch auf viele andere Gattungen von Argumenten erstreckt als nur auf diejenigen, die von Ähnlichem hergeholt werden mögen, z. B.:

Glüht denn Zorn so heiß in himmlischen Seelen?,

und die sogleich folgende aufhellende Beschreibung Karthagos durch 1) das Alter der Stadt, 2) die Einwohner, 3) die Lage, 4) die Reichtümer, 5) die Kriegsbestrebungen, 6) die Gunst der Juno. Von daher, in der Vergleichung mit anderen Gründen, der Haß der Juno gegen Aeneas. Und schließlich der die Überlegung abschließende Ausruf:[1]

So vieler Mühsal bedurfte die Gründung des römischen Volkes.

§ 735 Wie wir bei den die Größe vermehrenden Argumenten die Steigerung[1] und bei den beweisenden Argumenten die Ätiologie[2] als Figuren von so hohem Rang gesehen haben, daß sie die übrigen einzelnen zur Vermehrung der Größe und zum Beweisen gehörenden Figuren in sich zu umfassen scheinen: So wollen wir bei den aufhellenden Figuren die Vergleichung im weiteren Sinne als eine

hypotyposis quidem esse potest, § 733, et ad quam, veluti fontem, reliquae tandem altius consideratae concurrunt. Nam quoniam ex uno simili, aequali, congruens, generatim, notabilius eodem, cognosci, hinc et vividius cognosci, illustrarique potest, § 730, alterum simile, aequale, congruente, et notabilius idem, M. §§ 70, 572: comparatio latius dicta sub se comprehendet argumentum illustrans 1) a simili, aequali, congruente, notabilius eodem, quod figura dicitur a potiori ASSIMILATIO, § 734, si similia, aequalia, congruentia, notabilius eadem coniungantur. Potest et eorundem unum cogitando substitui pro altero.

§ 736 Assimilatio quo similiora, quo minus inaequalia, quo magis congruentia, et proportionata, secundum analogi rationis trutinam, inter se comparabit, hoc erit illa pulcrior, § 735. Praedicata assimilatis l. comparatis communia TERTIUM COMPARATIONIS dicuntur. In diiudicando tertio comparationis quantitatis etiam est quaedam dimensio, §§ 314, 315. Argumentum illustrans a simili non potest a sanae mentis homine ideo proferri, ut unum in comparatis habeatur pro totaliter eodem cum altero, M. § 269, hinc iter haec detecta quadam differentia perperam omne simile claudicare dicitur. Si in cogitatione A velis illustrare C, hinc assumas B simile τῷ A, in quo idem C belle possis et nitide contemplari, A SUBIECTUM ASSIMILATIONIS per B, TERMINUM ASSIMILATIONIS, simile non claudicans, illustratur, qua tertium comparationis C, etiamsi B possit habere D praedicatum quoddam, quod non est in A. Si vero C illud ipsum tertium comparationis constitutum, cuius gratia omnis peragitur assimilatio, longe se tamen aliter habeat, vel qualitate, vel

allgemeine Figur von höchster Bedeutung ansehen, ohne die es nicht einmal eine Hypotypose geben kann und in der, gleichsam als ihrer Quelle, endlich, wenn sie in tiefergehender Weise betrachtet werden, alle übrigen aufhellenden Figuren zusammenkommen. Denn weil ja aus einem Ähnlichen, Gleichen, Gleichartigen und in bemerkbarerer Weise Selben im allgemeinen ein anderes Ähnliches, Gleiches, Gleichartiges und in bemerkbarerer Weise Selbes erkannt und daher auch lebhafter erkannt und aufgehellt werden kann,[3] mag die Vergleichung im weiteren Sinne unter sich ein aufhellendes Argument 1) aus Ähnlichem, Gleichem, Gleichartigen und einem in bemerkbarerer Weise Selben begreifen, was als Figur besser eine VERÄHNLICHUNG genannt wird, wenn Ähnliche, Gleiche, Gleichartige und in bemerkbarerer Weise Selbe verbunden werden. Es kann auch im Denken derselben das eine durch das andere ersetzt werden.

§ 736 Je Ähnlicheres, je weniger Ungleiches, je Gleichartigeres und einander Angemessenes die Verähnlichung gemäß der Maßgabe des Analogons der Vernunft untereinander vergleichen wird, desto schöner wird sie sein. Die gemeinsamen Eigenschaften des Verähnlichten, oder man kann auch sagen, des Verglichenen, werden MITTELBEGRIFF DER VERGLEICHUNG (*tertium comparationis*) genannt. In der Beurteilung eines Mittelbegriffs der Vergleichung gibt es auch eine gewisse Ausmessung seines Umfangs. Ein aufhellendes Argument aus Ähnlichem kann von einem Mensch mit gesundem Verstand nicht zu dem Zweck vorgebracht werden, daß das eine der beiden Verglichenen für vollständig dasselbe wie das andere gehalten wird, daher sagt man, wenn man zwischen beiden einen gewissen Unterschied entdeckt hat, zu Unrecht, daß jeder Vergleich hinkt. Wenn du im Denken von A also C aufhellen willst, nimmst du daher ein zu A ähnliches B an, in dem du dasselbe C schön und glänzend betrachten kannst. Dann wird A, das SUBJEKT DER VERÄHNLICHUNG, mittels B, dem HAUPTBEGRIFF DER VERÄHNLICHUNG, einem nicht hinkenden Vergleich, aufgehellt, durch den Mittelbegriff der Vergleichung C, auch wenn B eine gewisse Eigenschaft D haben kann, die sich nicht in A findet. Wenn allerdings jenes als Mittelbegriff der Vergleichung aufgestellte C

quantitate, vel utraque, secundum ipsam analogi rationis trutinam, in B, quam in A, tunc laborare pulcritudinem assimilationis non negaverim, § 315.

§ 737 Assimilatorum in tertiis comparationis detecta quantitatis differentia saltim excusationi locum dabit, § 736, qualis est:

si magna licet componere parvis,[1]

et Ovidii Trist. I 6 pietatem uxoris suae comparantis cum pietate Liviae matronali:

Grandia si parvis assimilare licet.[2]

Assimilationis exemplum dabit Ciceronis Hortensius: *Ut ii, qui combibi purpuram volunt, sufficiunt prius lanam medicamentis quibusdam: sic litteris talibusque doctrinis ante excoli animus et ad sapientiam concipiendam imbui et praeparari debet.*[3] Idem pro Roscio: *Ut ignis,* inquit, *in aquam coniectus continuo restinguitur et refrigeratur: sic refervens falsum crimen, in purissimam et castissimam vitam collatum, statim concidit et exstinguitur.*[4] Item: *Ut non frugem, neque arborem in omni agro reperire possis: sic non omne facinus in omni vita nascitur.*[5]

§ 738 Regulam, quae iubet argumentis tantum illustrantibus praeferre simul aliam utilitatem exhibentia, § 731, sic illustrat assimilando Quintilianus VIII 3: *An ego fundum cultiorem putem, in quo mihi quis ostenderit lilia et violas et amoenos fontes scaturientes, quam ubi plena messis aut graves fructu vites erunt? Sterilem platanum, et tonsas myrtos, quam maritam ulmum, ut uberes oleas, praeoptaverim? Habeant illi divites, licet, quid essent, si aliud nihil haberent? – – – Et ego in ordinem et certa intervalla meas arbores redigam. Quid enim, quaeso, illo*

1 Vergil, *Georg.* 4, 176.
2 Ovid, *Trist.* 1, 6, 28.
3 Cic., *Fragm. libr. de philos.* 5, 23.
4 Cic., *Pro Rosc. Com.* 6, 17.
5 Cic., *Pro Sexto Rosc. Am.* 27, 75.

selbst, um dessen willen die ganze Verähnlichung durchgeführt wird, dennoch, gemäß der Maßgabe des Analogons der Vernunft, in B entweder gemäß der Beschaffenheit oder gemäß des Umfangs oder gemäß beiden etwas ganz anderes hat als in A, dann leugne ich nicht, daß die Schönheit der Verähnlichung leidet.

§ 737 Ein entdeckter Unterschied im Umfang der in den Mittelbegriffen der Vergleichung verähnlichten Dinge wird wenigstens die Gelegenheit einer Entschuldigung geben; solch eine ist:

Wenn man Kleines mit Großem vergleichen darf,[1]

und diejenige des Ovid, wenn er die Frömmigkeit seiner Frau mit der ehrwürdigen Gottseligkeit einer Livia vergleicht:

Wenn es erlaubt ist, Großes dem Kleinen ähnlich zu machen.[2]

Ein Beispiel der Verähnlichung wird der *Hortensius* des Cicero geben: *So wie diejenigen, die mit Purpur färben wollen, die Wolle zuerst mit gewissen Mitteln grundieren: So muß der Geist zuerst in den Wissenschaften und ähnlichen Lehren gebildet, in sie eingetaucht und vorbereitet werden, um Weisheit in sich aufnehmen zu können.* Derselbe sagt in seiner Rede *Pro Roscio*: *Bricht nicht, wie Feuer, ins Wasser geworfen, alsbald erlischt und erkaltet, so auch aufbrausend die falsche Beschuldigung zusammen und erlischt, sobald man sie mit der lautersten und anständigsten Lebensweise in Berührung bringt?* Und ebenso: *Wie es unmöglich ist, auf jedem Acker jede Art von Früchten oder Bäumen anzutreffen, so erzeugt nicht jede Lebensweise jede Art von Untaten.*

§ 738 Das Gesetz, das gebietet, Argumenten, die nur aufhellen, solche vorzuziehen, die zugleich auch eine andere Nutzbarkeit darbieten, erläutert Quintilian dergestalt in einer Verähnlichung: *Sollte ich etwa ein Gut für gepflegter halten, auf dem mir jemand Lilien, Veilchen, Anemonen und sprudelnde*[1] *Quellen zeigt als eines, wo sich volle Ernte und von Trauben schwere Reben befinden? Soll ich die unergiebige Platane und gestutzte Myrtensträucher der mit Wein vermählten Ulme und den ertragreichen Ölbäumen vorziehen? Mögen dergleichen die Reichen immerhin haben. Was aber wären sie, wenn sie sonst nichts hätten? – – – Ich will ja auch meine Bäume in Reih und Glied und festen Abstand*

quincunque speciosius? quid, in quamcumque partem spectaveris, rectius? Sed protenus in id quoque prodest, ut terrae succum aequaliter trahat. Oleae cacumina in altum exsurgentia ferro coercebo, in orbem formosius fundet, et protenus fructum ramis pluribus feret. Decentior equus, cui adstricta ilia, si idem velocior. Pulcer adspectu si athleta est, cuius lacertos exercitatio expressit, idem est certamini paratior. Nunquam vera species ab utilitate dividitur.[1]

§ 739 Assimilationis hoc, § 735, *in genere id est praecipue custodiendum ne id, quod similitudinis gratia adscivimus, aut obscurum sit, aut ignotum. Debet enim, quod illustrandae alterius rei gratia assumitur, ipsum esse clarius, eo, quod illuminat. Quare poetis quidem permittamus sane huiusmodi exempla:*

Qualis ubi hibernam Lyciam Xanthique fluenta
Deserit, aut Delon maternam invisit Apollo.

Non idem decebit oratorem, ut occultis aperta demonstret, Quint. l.c.[2] Efferamus legem generalius: Terminus comparationis et illustrationis omnis, hinc et assimilationis, spectatoribus nostris, quos praecipue debemus attendere, sit notior ac vividior subiecto comparationis, illustrationis, et hinc etiam assimilationis, § 736. Hinc poeta, qualis Virgilius, lectores suos potissimum attendendos per mundum graecae mythologiae poeticum versatissimos qui potuit supponere, recte potest assimilationem instituere, quam habet Quintilianus, sicut et illam Didus in templum venientis, Aen. I 502:

Qualis in Eurotae ripis, aut per iuga Cynthi
Exercet Diana choros, quam mille sequutae
Hinc atque hinc glomerantur Oreades. Illa pharetram

1 Quint. 8, 3, 8–11.
2 Ebd. 8, 3, 73 f.; Vergil, *Aen.* 4, 143 f.

bringen. Was also, bitte ich, ist schöner als die Fünferreihe?[2] *Was, nach welcher Seite du auch blickst, zeigt die Ordnung regelmäßiger? Aber gleich erweist diese sich auch darin nützlich, daß sie die Bodenfeuchtigkeit gleichmäßig aufnimmt. Die in die Höhe wuchernden Gipfel des Ölbaumes werde ich mit dem Eisen bändigen. Schöner wird er sich so zum Kreise wölben, und gleich wird er seine Früchte dabei an noch zahlreicheren Zweigen treiben. Zierlicher ist ein Pferd anzuschauen, dessen Flanken schlank sind, aber zugleich ist es auch schneller. Schön mag im Anblick ein Ringer sein, dessen Muskeln die Ertüchtigung ausgeprägt hat, zugleich ist er dadurch besser zum Wettkampf gerüstet. Niemals läßt sich, was wirklich schön aussieht, trennen von der Zweckmäßigkeit.*

§ 739 *Bei* dieser *Art* von Verähnlichung *muß man sich vor allem davor hüten, daß das, was wir um der Ähnlichkeit willen herangezogen haben, nicht unklar sei oder unbekannt. Denn es muß, was zur Erklärung einer anderen Erscheinung dienen soll, selbst klarer sein als das, was es erhellt. Deshalb wollen wir zwar den Dichtern gewiß Beispiele der folgenden Art überlassen:*

So wie Lykiens winterlich Land und des Xanthos Strömen
hinter sich läßt oder aufsucht sein mütterlich' Delos Apollo,

– dem Redner aber wird ebendies nicht anstehen, mit Verborgenem Offenbares zu verdeutlichen. Entnehmen wir daraus in allgemeinerer Weise das Gesetz: Der Hauptbegriff jeder Vergleichung und Aufhellung, und daher auch der Verähnlichung, soll für unsere Betrachter, auf die wir vornehmlich achthaben müssen, bekannter und lebhafter sein als das Subjekt der Vergleichung, der Aufhellung und also auch der Verähnlichung. Daher kann ein Dichter wie Vergil, der davon ausgehen konnte, daß seine Leser, auf die er am meisten achtgeben mußte, sich in der dichterischen Welt der griechischen Mythologie hervorragend auskannten, recht wohl eine Vergleichung im Sinne Quintilians anstellen, wie auch jene der Dido, als sie zum Tempel kommt:

Wie an Eurotas' Gestaden und auf den Höhen des Kynthus[1]
sich Diana im Reigen ergötzt, und hüben und drüben
drängen sich Oreaden an tausend um sie; die Göttin[2]

Fert humero, gradiensque deas supereminet omnes.
Latonae tacitum pertentant gaudia pectus.
Talis erat Dido talem se laeta ferebat
Per medios instans operi regnisque futuris.[1]

§ 740 Orator, populum praesertim auditorem qui tenetur animadvertere, neque mythologum, neque geographum affatim, his assimilationibus abstinet, cum poeta Christianis scribente, § 600. In bucolicis assimilatio pulcra est:

Alba ligustra cadunt, vaccinia nigra leguntur,[2]

licet possit esse lectori, neque ruris, neque botanices perito subobscurus assimilationis terminus, quoniam eiusmodi lectorem non habent obiectum suum personale primarium bucolica.

§ 741 *Illud, de quo dixi, similitudinis genus ornat orationem, facitque sublimem,* § 336, *floridam,* § 693, *iucundam, mirabilem. Nam quo quaque longius petita est, hoc plus affert novitatis atque inexspectata magis est,* Quint. l. c.[3] *Longius petitam* opponit *vulgaribus.*[4] Nihil profecto magis absonum, quam illustrationes tritas ac vulgares propinare pulcra exspectantibus. Quoniam enim, quam primum coeperis, nauseam movent, et audiendi spectandive, generatim attendendi fastidium, qui possint intendere claritatem illustraturae, quam tamen exstinguunt et opprimunt? His autem decantatis et tritis a Phoebo, ab Alexandro M. a sole comparationibus novas potius et inusitatas opponerem, quam longius petitas. LONGIUS PETITUM est ARGUMENTUM, in quo committitur saltus aesthetice illegitimus, cuius elegans scilicet combinatio cum re praesertim cogitanda difficulter est aut prorsus non est observabilis analogo rationis praecipuorum, quos attendere debes, spectatorum, ob perceptionum intermediarum, sed omissarum, multitudinem. Argumenta, hinc figurae, illustrationes, comparationes, et similitudines longius petitae, quia circa

1 Vergil, *Aen.* 1, 498–504.
2 Vergil, *Ekl.* 2, 18.
3 Vgl. Quint. 8, 3, 74.
4 Vgl. ebd. 8, 3, 75.

trägt um die Schultern den Köcher und schreitet schöner als alle
Göttinnen hin; da freut sich Latona schweigend im Herzen:
So war Dido zu schaun, so schritt sie mit heiterem Antlitz
mitten hindurch, die Werke der künftigen Herrschaft befeuernd.

§ 740 Der Redner, der gehalten ist, auf das einfache Volk als Hörer achtzugeben, das weder der Mythologie noch der Geographie hinlänglich kundig ist, hält sich von diesen Verähnlichungen zurück, ebenso wie der Dichter, der für Christen schreibt. In den *Bucolica* ist diese Verähnlichung schön:

Weißer Liguster fällt ab, dunkle Hyazinthen aber pflückt man gerne,[1]

wenn auch der Hauptbegriff der Verähnlichung für einen Leser, der weder im Landwesen noch in der Pflanzenkunde bewandert ist, ein wenig dunkel sein kann, weil ja die *Bucolica* einen solchen Leser nicht zu ihrem vornehmlichen persönlichen Objekt haben.

§ 741 *Jene Art der Ähnlichkeit, von der ich gesprochen habe, schmückt die Rede und macht sie erhaben, blühend, lieblich und staunenswert. Denn je weiter das betreffende Bild hergeholt ist, desto stärker ist die Wirkung des Neuen, das es dem Gedanken liefert, und desto überaschender ist es.* Das *weiter hergeholt* setzt Quintilian den *allgemein geläufigen* Ähnlichkeiten entgegen. Nichts ist wahrhaftig ungereimter, als vor denen abgeschmackte und gewöhnliche Aufhellungen zum besten zu geben, die Schönes erwarten. Weil so etwas nämlich, sobald du damit anfängst, Übelkeit und einen Ekel davor erregen, zuzuhören oder hinzuschauen oder überhaupt aufmerksam zu sein – wie könnten solche Dinge, die aufhellen sollen, die Klarheit steigern, die sie doch auslöschen und ersticken? Doch diesen abgedroschenen und abgeschmackten, von Phoebus, Alexander dem Großen und der Sonne hergeholten Vergleichungen würde ich lieber neue und ungewöhnliche entgegensetzen als weit hergeholte. Ein WEITER HERGEHOLTES ARGUMENT ist eines, in dem ein ästhetisch unerlaubter Sprung vollführt wird, dessen freilich anmutige Verbindung mit der hauptsächlich zu denkenden Sache für das Analogon der Vernunft der vornehmlichsten Betrachter, auf die du achthaben mußt, aufgrund der Vielheit der dazwischenliegenden,

patulum orbem morantur, § 138, rotunditati inimicae, dum hiatum pandunt, § 166, contra unitatem aestheticam, § 439, quoniam terminus et subiectum comparationis adeo distant, ut nulla possit eleganter in iisdem deprehendi inseparabilitas, hinc attentionem distrahunt potius, quam aequabiliter diffundunt, haerere potius et desperare iubent, quam ad ἀκμήν usque continuare, quamcunque novitatis speciem mentiantur, cavendae potius et recidendae sunt, quam admirationis gratia captandae.

SECTIO XLIV
COMPARATIO MAIORIS ET MINORIS

§ 742 Comparatio latius dicta, figura princeps illustrantium, § 735, comprehendit sub se 2) comparationem partis cum toto, totius cum partibus, superioris, generum, specierum cum inferioribus generibus, speciebus et individuis, inferioris, individui, speciei, generis cum superiore, specie, vel genere, sub quibus contineatur. Quis enim nescit ex toto partem, ex ungue leonem, ex generibus species et individua, ex Sinone Pelasgos, ex Graecis homines cognosci, vividius etiam, hinc illustrare posse? § 730. Quoniam autem totum maius suis partibus, et conceptus superior maior ac latior est, et plura sub se comprehendens, quam inferior, sub eodem cum aliis comprehensus, descriptam hanc comparationem eiusmodi conceptuum liceat dicere COMPARATIONEM MAIORIS AC MINORIS, si subiectum comparationis fuerit minus, pars, vel inferior quidam conceptus, ADSCEN-

aber ausgelassenen Vorstellungen schwer oder geradezu gar nicht zu beobachten ist. Die Argumente, und daher Figuren, Aufhellungen, Vergleichungen und weiter hergeholten Ähnlichkeiten sind, weil sie sich in einem zu weiten Kreise aufhalten,[1] der Abgerundetheit feindlich, indem sie eine Kluft aufreißen, die gegen die ästhetische Einheit ist, weil der Hauptbegriff und das Subjekt der Vergleichung so weit voneinander entfernt sind, daß in geschmackvoller Weise keine Unzertrennlichkeit bei ihnen erkannt werden kann, und die daher die Aufmerksamkeit eher zerstreuen als sie in gleichförmiger Weise verteilen, eher zu stocken und zu verzweifeln gebieten als bis zum Höhepunkt voranzuschreiten, und die, was auch immer für eine Art der Neuheit sie vorgeben mögen, eher zu vermeiden und zu beschränken als um der Bewunderung willen zu erstreben sind.

ABSCHNITT XLIV
DIE VERGLEICHUNG DES GRÖSSEREN UND DES KLEINEREN

§ 742 Die Vergleichung im weiteren Sinne, die bedeutendste von den aufhellenden Figuren, begreift unter sich 2) die Vergleichung eines Teiles mit dem Ganzen, des Ganzen mit den Teilen, des Höheren, der Gattungen, der Arten mit den niedrigeren Gattungen, Arten und Individuen sowie des Niedrigeren, des Individuums, der Art, der Gattung mit dem Höheren, der Art oder der Gattung, unter denen es enthalten sein mag. Wer nämlich weiß nicht, daß aus dem Ganzen ein Teil, aus der Kralle ein Löwe, aus den Gattungen die Arten und Individuen, aus Sinon die Pelasger,[1] aus den Griechen die Menschen erkannt, und auch lebhafter erkannt und daher aufgehellt werden können? Weil aber das Ganze größer als seine Teile ist und ein höherer Begriff größer und weiter ist und mehr unter sich begreift als ein niedrigerer, der mit anderen unter demselben miteinbegriffen ist, mag es erlaubt sein, die beschriebene Vergleichung solcher Begriffe als VERGLEICHUNG DES GRÖSSEREN UND DES KLEINEREN zu bezeichnen; wenn das Subjekt der Vergleichung kleiner, ein Teil oder ein niedrigerer Begriff ist, als AUFSTEIGENDE, und wenn das Subjekt der Vergleichung größer, das

DENTEM, si subiectum comparationis fuerit maius, totum vel superior quidam conceptus, DESCENDENTEM.

§ 743 Comparatio adscendens est a) si partem et varium aliquod certi totius ex eiusdem toto reddamus illustrius. Virgilius Georg. I in primis coloni regulis legit, *praediscere*

patrios cultusque habitusque locorum,
Et quid quaeque ferat regio, quid quaeque recuset, 53.[1]

Quoniam de cultu et habitu unius loci loquitur, quem unus aliquis *avarus agricola,* v. 46,[2] possideat, minutulam telluris partem habet subiectum comparationis, quid per huius patrios cultus et habitus praediscendos intelligat, illustraturus terminum comparationis sibi sumit, huius agri totum, omnem tellurem; per quam ubique

Hic segetes, illic veniunt felicius uvae,
Arborei foetus alibi, atque iniussa virescunt
Gramina, 56.
– – –
Continuo has leges aeternaque foedera certis
Imposuit natura locis, quo tempore primum
Deucalion vacuum lapides iactavit in orbem, 62.[3]

§ 744 Comparatio adscendens est b) si perceptionem aliquam inferius, et magis determinatum sistentem illustremus per perceptionem, quae dicti inferioris superius, ac minus determinatum exhibeat. Erit hinc comparatio adscendens huius indolis illustratio α) individui per suam speciem vel genus aliquod, sub quo datum individuum contineatur. Mercurius ipse Didonem metuendam Aeneae persuasurus: comparat cum eadem eius sexum, veluti genus:

1 Vergil, *Georg.* 1, 51–53.
2 Ebd. 1, 47 f.
3 Ebd. 1, 54–56 und 60–62.

Ganze oder ein höherer Begriff ist, als ABSTEIGENDE Vergleichung.[2]

§ 743 Eine aufsteigende Vergleichung ist, a) wenn wir einen Teil und irgendeine veränderliche Einzelheit eines gewissen Ganzen aus demselben Ganzen erhellter machen. Vergil zählt zu den ersten Richtschnüren eines Landpächters,

die heimische Art der Feldbestellung, die Beschaffenheit des Geländes,
auch, was jede Gegend hervorbringt und was sie verweigert,

vorher zu erkunden. Weil er von der Bestellung und der Beschaffenheit nur eines einzigen Ortes spricht, den nur irgendein einziger *geiziger Bauer* besitzen mag, hat er einen winzigen Teil des Erdbodens als Subjekt der Vergleichung. Was er unter der von den heimischen Vorfahren zu erlernenden Bestellung und der Beschaffenheit des Bodens verstehen mag, will er aufhellen, indem er sich als Hauptbegriff der Vergleichung das Ganze dieses Landes, den ganzen Erdboden nimmt, auf dem überall

hier Feldfrüchte, dort Trauben üppiger fortkommen,
anderswo Baumfrüchte gedeihen und Wiesengras
von selbst.
– – –
Gleich zu Beginn erlegte die Natur diese Gesetze und ewigen Regeln
bestimmten Orten auf, damals, als zuerst
Deukalion Steine über die öde Welt warf.

§ 744 Eine aufsteigende Vergleichung ist, b) wenn wir irgendeine Vorstellung von etwas Niedrigerem und von etwas, das mehr bestimmt ist, durch eine Vorstellung, die etwas gegenüber dem besagten Niedrigeren Höheres und weniger Bestimmtes darbieten mag, aufhellen. Eine aufsteigende Vergleichung von solcher Beschaffenheit wird daher α) die Aufhellung eines Individuums durch seine ihm zugehörige Art oder durch irgendeine Gattung sein, unter der das gegebene Individuum enthalten sein mag. Merkur selbst, der den Aeneas überzeugen will, die Dido zu fürchten, vergleicht sie mit ihrem eigenen Geschlecht, gleichsam wie mit einer Gattung:

Varium, inquiens, *et mutabile semper*
Foemina, Aen. IV 569,[1]

β) speciei per suum quoddam genus. Species oeconomiae rusticae, agricultura

curis acuens mortalia corda, Georg. I 123,[2]

illustratur a suis generibus:

labor omnia vincit
Improbus et duris urgens in rebus egestas, 146,[3]

γ) genus per genus suum superius. Genus feminum degenerantium post aliquot annos ibidem illustratur a genere suo tantum non supremo:

Sic omnia fatis
In peius ruere ac retro sublapsa referri? 199.[4]

§ 745 Hanc comparationem adscendentem in speciem vel genus aliquando dicunt illustrationem a loco communi, nunc a sententia, § 526, nunc per praedicamentorum 10 loculos quaerere suadent, et spondent inventum iri, §§ 133, 134. Nobis naturali ratione si quid argumentorum eiusmodi se pulcre cogitaturis offerat, eo faciemus idem maioris, quia sic illustrat, ut 1) semper simul probet, §§ 547–549, quod elegans est, § 723, 2) medium heuristicum elegantioris comparationis esse possit, quoties cogitato A individuo, specie, vel genere quodam primo venerit in mentem B, sub quo A contineatur, velut τοῦ A superior species, vel genus subalternans. Hoc ipsum autem B deinde secundum associationem idearum notionumve naturalem reproducat perceptiones alias, praeter A, sub se contentas, C, D, E e. c. vel individuorum sub eadem specie, vel conspecierum cum A sub

1 Vergil, *Aen.* 4, 569 f.
2 Vergil, *Georg.* 1, 123.
3 Ebd. 1, 145 f.
4 Ebd. 1, 199 f.

Denn immer schwankend, sagt er, *und wechselnd ist ja das Weib.*

Eine so beschaffene aufsteigende Vergleichung wird β) die Aufhellung einer Art durch eine gewisse ihr zugehörige Gattung sein. Eine Art der bäuerlichen Haushaltung, der Ackerbau, der

durch Sorgen den menschlichen Geist schärft,

wird durch ihre Gattungen aufgehellt:

Maßlose Mühsal meistert alles
und die harte Not des drückenden Mangels.

Und eine so beschaffene aufsteigende Vergleichung wird γ) die Aufhellung einer Gattung durch eine ihr zugehörige höhere Gattung sein. Die Gattung der Samen, die nach etlichen Jahren verderben, wird ebenda durch die ihr zugehörige beinahe höchste Gattung aufgehellt:

So stürzt alles durch das Schicksal ins Schlimmere,
verkommt und geht zurück.

§ 745 Diese aufsteigende Vergleichung zur Art oder zur Gattung nennen manche bisweilen eine Aufhellung durch einen Gemeinplatz oder durch einen Sinnspruch, dann empfehlen sie, diese mittels der Schubkästchen der zehn Prädikamente zu suchen, und versprechen, daß sie dort gefunden wird. Wenn sich uns, die wir schön denken wollen, aus einem natürlichen Grund eines solcher Argumente darbietet, schätzen wir dasselbe als ein Höheres, weil es so aufhellt, daß es 1) immer zugleich beweist, was geschmackvoll ist, und daß es 2) ein Mittel der Erfindung einer noch geschmackvolleren Vergleichung sein kann, sooft uns bei einem gewissen gedachten A, einem Individuum, einer Art oder einer Gattung zuerst B in den Sinn kommt, unter dem A miteinbegriffen sein mag, gleichsam als in einer in Hinsicht auf A höheren Art oder einer Gattung, der es untergeordnet ist. Dieses B selbst mag aber alsdann, gemäß der natürlichen Vergesellschaftung der Ideen oder Begriffe, außer A noch andere Vorstellungen C, D, E usw., die es unter sich enthält, wieder hervorbringen, entweder von Individuen unter derselben Art oder von Mitarten von A unter derselben Gattung oder von

eodem genere, vel congenerum cum A sub eodem genere superiore contentorum, nunc unius, nunc plurium. Tunc enim illustratio τοῦ A per B erit comparatio adscendens, unde nascatur illustratio τοῦ A per C, vel D, vel E, unum per plura, assimilatio, § 735.

§ 746 Comparatio descendens, § 742, erit a) si totum aliquod illustretur α) vel aliqua eiusdem ex parte, β) vel enumeratione plurium in eodem toto contentarum partium et notarum, quam PARTITIONEM logici vocant. Aeneas illustraturus

Instar montis, equum,[1]

ut ex partis data magnitudine metiantur secum auditores partium reliquarum molem et totius amplitudinem, comparatione descendente in unam partem addit:

sectaque intexunt abiete costas, Aen. II 16.[2]

§ 747 Partitio, § 746, vel occultior latet in omni definitione, descriptione, et hypotyposi, cum suis speciebus, § 733, quoniam definiendum describendumve totum omne quarundam notatum et partium illustratur inter definiendum et describendum recensione, qua simul argumentum probans nanciscimur, § 550, 731, vel apertior et elegantius elaborata peculiaris figurae nomen strictius retinet, donec communi mox indicanda denominatione cum alia comparatione descendente, quae sequetur, comprehendatur. Poterit involvi praeteritionibus et synathroismi quadam congerie, copiae documentum, § 148. Poterit illi, quod partimur, quaesitam magnitudinem et dignitatem conciliare satis gravium partium ἀπαρίθμησις, §§ 298, 348, praeter illustrationem, § 731. Quantum analogo rationis decedit intensivae lucis et distinctionis in singulis notis, et partibus, tanto magis numero partium notarumque gaudet extensiva claritate, § 730.

1 VERGIL, *Aen.* 2, 15.
2 Ebd. 2, 16.

Mitgattungen von A, die unter derselben höheren Gattung enthalten sind, einmal von nur jeweils einer, einmal von mehreren. Dann nämlich wird die Aufhellung in bezug auf A durch B eine aufsteigende Vergleichung sein, woher dann die Aufhellung in bezug auf A durch C oder D oder E, durch eines oder mehrere von ihnen, im Sinne einer Verähnlichung erwachsen mag.

§ 746 Eine absteigende Vergleichung wird es sein, α) wenn irgendein Ganzes aufgehellt wird, entweder α) aus irgendeinem Teil desselben, oder β) aus der Aufzählung mehrerer in demselben Ganzen enthaltenen Teile und Merkmale, welche die Logiker eine ZERFÄLLUNG nennen.[1] Aeneas, der

das Roß, hoch wie ein Berg,[2]

aufhellen will, fügt, damit seine Zuhörer aus der gegebenen Größe eines Teils die Masse der übrigen Teile und den Umfang des Ganzen für sich ermessen mögen, eine absteigende Vergleichung zu einem Teil des beschriebenen Pferdes hinzu:

Und seine Rippen verbanden sie rings mit gefällten Fichten.

§ 747 Die Zerfällung liegt teils als verborgenere versteckt in jeder Erklärung, Beschreibung und Hypotypose mit deren Unterarten, weil ja jedes zu erklärende oder zu beschreibende Ganze durch eine Musterung gewisser Merkmale und Teile des zu Erklärenden und zu Beschreibenden aufgehellt wird, wodurch wir zugleich ein beweisendes Argument erlangen, teils erhält sie im engeren Sinne als offener und geschmackvoller ausgearbeitete den Namen einer ganz besonderen Figur, solange sie nicht in der alsbald anzugebenden gemeinsamen Bezeichnung mit einer anderen absteigenden Vergleichung, die hier noch folgen wird, miteinbegriffen werden mag. Sie wird eingehüllt sein können in Praeteritionen[1] und in eine gewisse Häufung von Synathroismen,[2] als Beweis einer reichen Menge. Sie wird dem, was wir zerfällen, über die Aufhellung hinaus, die geforderte Größe und Würde verschaffen können, als hinlängliche Aufzählung der wichtigsten Teile. Soviel dem Analogon der Vernunft an intensivem Licht und Deutlichkeit bei den einzelnen Merkmalen

Unde primarium pulcrae meditationis obiectum totum aliquod, non temere, si belle cogitare volueris, sine quadam illius partium declaratione dimittatur. Hanc tamen completam explicite ponere ob oculos vix suaserim. Praestat inchoatam nonnihil continuare, neque tamen ante absolvere, quam quasdam eius partes ita in umbram conieceris, ut videatur spectator adhuc habere, quae sibi ipse tradat, quae latent, forte meliora putaturus et plura, quam si totum partiundo videaris exhausisse, § 654.

§ 748 Virgilium euntem per partes clipei, quem Aeneae mater donabat, iam vidimus, § 459. Catullum c. 63, ubi partitur

Vestem, quae *priscis hominum variata figuris*
Heroum mira virtutes indicat arte, 50,[1]

sequatur, qui volet, a v. 52–265, ubi tamen *Talibus* pergens, non *his*[2] indicat se partitionem nondum absolvisse, § 747. Suppartitionem aliquam, ut cum schola barbare loquar, excerpamus:

At parte ex alia florens volitabat Iacchus, v. 251,
Cum thiaso Satyrorum et Nisigenis Silenis,
Te quaerens, Ariadna, tuoque incensus amore.
Qui tum alacres passim limphata mente furebant,
Euoe bacchantes, euoe capita inflectentes. (En totum!)
Harum pars tecta quatiebant cuspide thyrsos,
Pars e divulso iactabant membra iuvenco,
Pars sese tortis serpentibus incingebant,
Pars obscura cavis celebrabant orgia cistis,

1 Catull 64, 50 f.
2 Vgl. ebd. 64, 265.

und Teilen abgeht, um so mehr erfreut es sich an der extensiven Klarheit in der Zahl der Teile oder Merkmale. Daher soll ein vornehmlicher Gegenstand der schönen Überlegung, der irgendein Ganzes ist, wenn du ihn nicht planlos, sondern schön denken willst, ohne eine gewisse Aufklärung seiner Teile lieber fahrengelassen werden. Ich möchte aber dennoch kaum geraten haben, diese vollständig in ausdrücklicher Weise vor Augen zu stellen. Es ist besser, mit einer begonnenen Aufklärung ein wenig fortzufahren, sie aber nicht vorher zu vollenden, bevor du nicht gewisse Teile derselben so in den Schatten gestellt hast, daß der Betrachter noch weitere Teile anzunehmen scheint, die er sich selbst hersagt, die versteckt sind und die er vielleicht für bessere und mehr halten halten wird, als wenn du das Ganze im Zerfällen schon ausgeschöpft zu haben scheinst.

§ 748 Wir haben schon Vergil die Teile des Schildes, den die Mutter dem Aeneas schenkte, durchgehen sehen. Wer will, mag dem Catull[1] folgen, wo er das Gewebe zerfällt, das

bunt geschmückt mit Menschengestalten aus alter Zeit
mit wundersamer Kunstfertigkeit kündet von den Taten der Heroen,

wo er aber, indem er fortfährt, *mit solchen*, nicht *mit diesen* Gestalten, anzeigt, daß er die Zerfällung noch nicht vollendet hat. Laßt uns, um in barbarischer Weise[2] mit der Schule zu sprechen, irgendeine Unterzerfällung herausnehmen:

Aber von der anderen Seite flog der blühende Iacchus
herbei mit seiner Satyrnschar und den aus Nysa stammenden Silenen.
Dich suchte er, Ariadne, von Liebe zu dir war er entflammt.
Da schwärmten heitere Maenaden verzückt umher
in bacchischem Taumel, riefen ›euhoe‹ und warfen das Haupt zurück.
(Siehe, das Ganze!)
Manche von ihnen schüttelten Thyrsusstäbe mit laubumwundender Spitze,
manche warfen Glieder eines zerissenen Stieres,
manche gürteten sich mit gewundenen Schlangen,
manche feierten mit hohlen Kästchen geheime Orgien,

Orgia, quae frustra cupiunt audire profani.
Plangebant alii proceris tympana palmis,
Aut tereti tenues tinnitus aere ciebant.
Multi raucisonis efflabant cornua bombis[1] e. c.

Confer Ovidii descriptionem regiae solis, Met. II 5–18, et Corynnae cum suo:

Singula quid referam?[2]

inchoatam potius, quam omnibus partibus absolutam explicite.

§ 749 Comparatio descendens, § 742, erit b) si superius quoddam, vel genus, vel species, illustretur per inferiora, quae sub se continet, vel unum, vel plura. In priori casu erit exemplum, § 526, in posteriori divisio, quam ad completionem saltim ultra dimidium processisse si aesthetice verisimile est, INDUCTIO AESTHETICA. DIVISIO s. enumeratio perceptionum sub aliqua data contentarum, aesthetica cum partitione, vel completae vel incompletae, si cogitentur elegantius, ut figurae, nomine DISTRIBUTIONIS insigniuntur, § 747. Huius igitur indolis comparatio descendens illustrabit α) genus quoddam superius per inferius, quod sub se contineat, genus, vel speciem, vel individuum, nunc unum, nunc plura, β) genus infimum per suam speciem et individuum, et perceptionem sub eo contentam vel unam, vel plures, γ) speciem per individuum, quod illa sub se continet, vel unum, vel plura.

§ 750 Exemplorum exempla maiora sint omnes primo fabulae, § 526. Aeneis splendide declarat:

1 Ebd. 64, 251–264.
2 Ovid, *Am.* 1, 5, 23.

Orgien, von denen Uneingeweihte vergeblich zu hören wünschen,
andere schlugen mit ausgestreckten Händen Tamburine
oder ließen dünnes Geklingel aus feinem Erz ertönen,
viele bliesen in Hörner mit rauhem Gebrumm usw.[3]

Vergleiche damit Ovids Beschreibung des Palastes des Sonnengottes sowie seine Beschreibung der Corinna, mit seinem Ausspruch

Wozu Einzelnes aufzählen?,

die eher eine begonnene Zerfällung ist als eine in allen Teilen auf ausdrückliche Weise vollständige.

§ 749 Eine absteigende Vergleichung wird es sein, b) wenn ein gewisses Höheres, entweder eine Gattung oder eine Art, durch Niedrigeres, das es unter sich enthält, aufgehellt wird, entweder durch eines oder durch mehrere. Im ersten Fall wird es ein Beispiel sein, im letzteren eine Einteilung,[1] die, wenn es ästhetisch wahrscheinlich ist, daß sie wenigstens über die Hälfte hinaus bis zur Vollständigkeit vorangeschritten ist, ein ÄSTHETISCHER ZERGLIEDERUNGSSCHLUSS ist.[2] Die EINTEILUNG oder die Aufzählung von unter irgendwelchen Gegebenen enthaltenen Vorstellungen, verbunden mit einer ästhetischen Zerfällung, seien sie vollständig oder unvollständig, werden, wenn sie auf geschmackvollere Weise gedacht werden, als Figuren mit dem Namen der ZERTEILUNG bezeichnet. Eine absteigende Vergleichung von solcher Beschaffenheit wird folglich α) eine gewisse höhere Gattung durch eine niedrigere Gattung, die sie unter sich enthalten mag, oder durch eine Art oder ein Individuum, bald durch eines, bald durch mehrere, aufhellen, oder β) eine niedrigste Gattung durch ihre Art oder ein ihr zugehörendes Individuum und durch Vorstellungen, die unter derselben enthalten sind, entweder durch eine oder durch mehrere, oder γ) eine Art durch ein Individuum, das sie unter sich enthält, entweder durch eines oder durch mehrere.

§ 750 Alle bedeutenderen Beispiele von Beispielen mögen an erster Stelle diejenigen der Fabel sein. Die *Aeneis* klärt auf glänzende Weise auf, wie

tot volvere casus
Insignem pietate virum, tot adire labores.[1]

Pluribus Ilias exemplis illustrat illud:

Si quid delirant reges, plectuntur Achivi.[2]

Lucretius Veneris imperium declarat exemplis primo satis generalibus:

Per te quoniam genus omne animantum,
Concipitur, visitque exortum lumina solis, I 5.
– – –
Aeriae primum volucres te, diva, tuumque
Significant initum perculsae corda tua vi.
Inde ferae pecudes persultant pabula laeta,
Et rapidos tranant amnes. Ita capta lepore
Illecebrisque tuis omnis natura animantum
Te sequitur cupide, quo quamque inducere pergis.[3]

Neque tamen acquiescere prius potuisse videatur, quam donec exemplis imperium Veneris illustrando descendit usque ad singularem personam, et suppositum Mavortis,

in gremium qui saepe tuum se
Reiicit aeterno devinctus vulnere amoris,
Atque ita suspiciens tereti cervice reposta
Pasci amore avidos inhians in te, dea, visus e.c., v. 38.[4]

§ 751 Idem generalibus suis assertis:

saepius olim
Religio peperit scelerosa atque impia facta, v. 84,[5]

Tantum religio potuit suadere malorum, 103,[6]

1 Vergil, *Aen.* 1, 9 f.
2 Horaz, *Ep.* 1, 2, 14.
3 Lukr. 1, 4 f. und 12–16.
4 Ebd. 1, 33–36.
5 Ebd. 1, 82 f.
6 Ebd. 1, 101.

so vieles Unheil
dem frommen Mann aufgewälzt wurde, so manche Mühsal.

Mit noch mehr Beispielen hellt die *Ilias* jenen Satz auf:

Was auch immer in ihrem Wahn die Könige tun, das müssen die Achiver aushalten.[1]

Lukrez klärt die Herrschaft der Venus zuerst mit genügend allgemeinen Beispielen auf:

Durch dich wird doch alles Belebte
empfangen und schaut, erstanden, das Leuchten der Sonne.
– – –
Die Vögel zeigen zuerst in der Luft dich, Göttin, und deine
Ankunft an, das Herz erschüttert von deinen Gewalten.
Dann durchtobt das Wild und das Vieh die üppigen Weiden,
schwimmt durch reißenden Strom: Von deinem Liebreiz gefangen
und deinen Anlockungen folgt alle Natur des Belebten,[2]
ein jedes dir nach voll Begier, wohin du es leitest.

Und dennoch scheint es, daß er nicht eher zur Ruhe kommen konnte, bis er endlich in der Aufhellung der Herrschaft der Venus durch Beispiele bis zu der einzelnen, für sich bestehenden Person[3] des Mars herabgestiegen war,

der sich oft in deinen Schoß
zurücklehnt, besiegt von ewiger Wunde der Liebe,
und so aufwärtsblickt, den runden Nacken zurückbiegt,
gierige Blicke in Liebe weidet, nach dir, Göttin, lechzend usw.

§ 751 Ebenfalls Lukrez schließt bei seinen allgemeinen Behauptungen, wie:

Öfters hat einst
die Furcht vor den Göttern verursacht Frevles und Böses,[1]

und:

Soviel hat Furcht vor den Göttern raten können Verbrechen!,

non species superstitionum innumeras includit exempli gratia, sed unum aliquod atrox factum,

Aulide quo pacto Triviai virginis aram
Iphianassai turparunt sanguine foede
Ductores Danaum dilecti[1] e.c.

Nec Homerus subsistit in enarrandis navium Troiam petentium aliquibus speciebus singularum in enumerationem descendens. Virgilius sibi non satisfacit generali quadam distributione per Italiam bellum Aeneae parantium:

Ardet inexcita Ausonia atque immobilis ante.
Pars pedes ire parat campis, pars arduus altis
Pulverulentus equis furit, omnes arma requirunt.
Pars laeves clipeos et spicula lucida tergent
Arvina pingui, subiguntque in cote secures,
Signaque ferre iuvat sonitusque audire tubarum, VII 628.[2]

Sed progreditur descendendo ad singularia, v. 630–817.

§ 752 Cuius altius rimati sumus rationem, §§ 556–565, ex qua deduximus §§ 569, 575, quam genus cogitandi tum simpliciter dilucidum in aestheticis, tum splendidum inprimis postulat, § 625, regulam illam heic, suo maxime loco, liceat denuo commendare, generatim et terminis in schola receptis expressam: Si genus cogitandi logicum et scientificum obiecta sua primaria, ne exceptis ipsis quidem individuis, ubi caetera paria sint, lubentius in abstracto considerat: pulcre cogitaturus analogo rationis suas materias praecipuas non in concreto solum, sed etiam in determinatissimis, in quibus potest, hinc in singularibus, suppositis, personis, factis, quoties datur, lubentissime contempletur, M. § 149.

1 Ebd. 1, 84–86.
2 Vergil, *Aen.* 7, 623–628.

nicht unzählige Arten des Aberglaubens um der Beispiele willen ein, sondern nur eine einzige schreckliche Tat:

So wie in Aulis einst der Trivia Altar befleckten
schmählich mit dem Blute der Jungfrau, der Iphianassa,
sie, die erlesenen Führer der Danaer usw.[2]

Auch Homer bleibt bei der Beschreibung der Schiffe, die Troja bedrohen, nicht bei irgendwelchen Arten derselben stehen, wenn er in die Aufzählung der einzelnen Schiffe herabsteigt.[3] Vergil gibt sich nicht mit einer gewissen allgemeinen Zerteilung der Vorbereitungen über ganz Italien zum Krieg gegen Aeneas zufrieden,

Ganz Ausonien flammt, das erst so friedlich und ruhig;
einige ziehen zu Fuß zu Felde, und andere rasen
hoch zu Roß im Staube dahin, nach Waffen verlangen
alle. Einige reiben die Schilde und funkelnden Lanzen
ein mit Fett, es schärfen sich andre die Beile am Schleifstein;
freudig erhebt man die Zeichen und lauscht dem Schalle der Tuba,

sondern er schreitet fort im Herabsteigen zu den Einzelheiten.[4]

§ 752 Es sei erlaubt, jenes Gesetz, dessen Grund wir weiter oben durchforscht haben und aus dem wir die §§ 569, 575 abgeleitet haben, das im Ästhetischen bald eine auf einfache Weise aufgeklärte, bald eine vor allem glänzende Denkungsart fordert, hier an seinem besten Ort noch einmal zu empfehlen, im allgemeinen und in Begriffen aus der Schultradition ausgedrückt: Wenn die logische und wissenschaftliche Denkungsart ihre vornehmlichen Gegenstände – sogar nicht einmal Individuen ausgeschlossen, wenn die übrigen Umstände die gleichen sind – lieber abgesondert, nur in gewisser Bestimmung, erwägt: So betrachtet derjenige, der schön denken will, mit dem Analogon der Vernunft seine vornehmlichen Stoffe am liebsten nicht allein unabgesondert, in mehrerer Bestimmung, sondern auch in den allerbestimmtesten Gegenständen, in denen dies möglich ist, also in Einzeldingen, in für sich bestehenden Dingen, in Personen und Ereignissen, sooft dies gegeben ist.

§ 753 Hinc comparatio adscendens non temere penetrabit sese in tota maxima, et summa rerum genera, quando subiectum comparationis aeque bene non illustrari solum, sed etiam probari potest comparato toto quodam propiori, specie, vel genere minus remotis, §§ 575, 752, quoniam haec sine ratione transiliendo produceres argumentum longius petitum, § 741, et primariis tuis spectatoribus forte minus cognitum eligeres terminum comparationis, ac huius subiectum est, §§ 736, 739, quoniam superiorum generum, totorumque maximorum notitia plerumque scientiis in abstracto res considerantibus solum acquiritur, § 567. Sic in comparatione adscendente, quam § 743 exhibet, Virgilius non provocat ad necessariam rerum omnium diversitatem, M. §§ 269–272, quae ne tunc quidem erat incognita, sed in tellure subsistit, eiusque diversitate fructuum.

§ 754 Hinc comparatio adscendens commemorato toto vel superiori lubentissime suam facit occasionem ex hoc toto vel universali descendendi denuo in quasdam compartes subiecti comparationis et alia congenera, vel conspecies, § 745, quoniam sic totum et genus magis in concreto sistitur, § 752. Abstractis suis quantuliscunque l. c. Virgilius statim subnectit determinatiora, quibuscum, ut ita dicam, possint intra mentem in vividius quoddam concrescere:

Nonne vides, croceos ut Tmolus odores,
India mittat ebur, molles sua thura Sabaei,
At Chalybes nudi ferrum, virosaque Pontus
Castorea, Eliadum palmas Epiros equarum?[1]

§ 755 Hinc, § 752, comparatio descendens partibus in abstracto tantum distinguendis, e. g. per limites mensoria ratione constitutos, notis et characteribus mente sola per intellectum concipiendis, diffe-

[1] Vergil, *Georg.* 1, 56–59.

§ 753 Daher wird die aufsteigende Vergleichung nicht unüberlegt gleich zu den größten Ganzen und höchsten Gattungen der Dinge vordringen, wenn das Subjekt der Vergleichung durch ein mit ihm verglichenes gewisses näheres Ganzes, eine Art oder eine nicht weit entfernte Gattung nicht allein gleichermaßen wohl aufgehellt, sondern auch bewiesen werden kann, weil du ja im grundlosen Überspringen derselben ein weiter hergeholtes Argument und einen deinen vornehmlichen Betrachtern vielleicht weniger bekannten Hauptbegriff der Vergleichung beibrächtest als es dessen Subjekt ist, und weil ja die Kenntnis der höchsten Gattungen und der größten Ganzen gewöhnlich nur in den Wissenschaften, welche die Dinge nur in gewisser Bestimmung betrachtet in Erwägung ziehen, erlangt wird. So beruft sich Vergil in der aufsteigenden Vergleichung, die in § 743 dargelegt ist, nicht auf die notwendige Verschiedenheit aller Dinge, die nicht einmal damals unbekannt war, sondern er bleibt auf dem Erdboden und bei der Verschiedenheit von dessen Früchten.

§ 754 Daher ergreift die aufsteigende Vergleichung, nachdem das Ganze oder das Höhere erinnert wurde, überaus gerne die Gelegenheit, von diesem Ganzen oder Allgemeinen wiederum zu gewissen mitbestehenden Teilen, zu anderen näher mitbestehenden Gattungen oder Arten des Subjekts der Vergleichung hinabzusteigen, weil ja so das Ganze und die Gattung mehr unabgesondert, in mehrerer Bestimmung betrachtet, festgehalten wird. Vergil fügt am zitierten Ort seinen wenigen abgesonderten sogleich bestimmtere Dinge hinzu, mit denen sich jene, wenn ich so sagen darf, im Geiste in etwas Lebhafteres verdichten können mögen:

Siehst du nicht? Der Tmolus sendet duftenden Safran,
Indien Elfenbein, die schlaffen Sabaeer ihren Weihrauch,
nackte Chalyber aber Eisen; Pintus liefert stinkendes
Bibergeil und Epirus die Siegespalmen olympischer Stuten.[1]

§ 755 Daher wird die absteigende Vergleichung den Teilen, die nur abgesondert zu unterscheiden sind, zum Beispiel durch mit Hilfe der Meßkunst bestimmte Grenzen, den Merkmalen und Charakteren, die dem Geist nur durch den Verstand begreifbar sind, den gat-

rentiis genericis, vel etiam specificis, quae semper aliquid relinquunt indeterminati, caetera si fuerint paria, praeferet partes in concreto sensibus ipsis observabiles, quales in agris arcifiniis, notas et characteres sentiendo imaginandoque simul probe assequendos, differentias generis inferioris, prae differentiis superioris, speciei s. specificas prae differentiis genericis, et his omnibus numericas praeferet, si pulcre cogitari volet, ut barbare loquar, haecceitatis apprime studiosa, M. § 517.

§ 756 Exempla, inductiones, divisiones et distributiones, § 749, genus superius illustrantes per inferius, sunt bonae, per species, sunt meliores, per individua, sunt optimae, § 755. Apud Ovidium habes Metam. III 206:

Dum dubitat, videre canes.[1]

Horum sunt genera, sunt species, sed genera negliguntur, species determinatissimae, neque tamen nisi propriis innexae nominibus recensentur:

primusque Melampus
Ichnobatesque sagax latratu signa dedere,
Gnossius Ichnobates, Spartana gente Melampus.[2]

Ad hos postquam 35 nominaverat, non sine differentiis quibusdam numericis, tamen addit:

Quosque referre mora est, 225,[3] § 747.

§ 757 Utinam tot antiquorum exemplis, quae sane non inadvertentibus excidisse difficultas idem ausum satis docebit, excitari possint pulcra ingenia, ut in hac potissimum arte quaerant excellere, si rationibus minus moveantur, § 752. Nobis ad alias exemplorum distribu-

1 Ovid, *Met.* 3, 206.
2 Ebd. 3, 206–208.
3 Ebd. 3, 225.

tungs- und arteigenen genaueren Bestimmungen, die immer etwas Unbestimmtes übriglassen, wenn die übrigen Umstände die gleichen sind, die Teile vorziehen, die unabgesondert den Sinnen selbst, gleichwie innerhalb ihrer ureigenen Grenzen, bemerkbar sind, die Merkmale und Charaktere, die mit den Sinnen und der Einbildung zugleich wohl erfaßt werden können. Sie wird die Unterschiede einer niedereren Gattung denen einer höheren, die einer Art oder arteigenen den gattungseigenen Unterschieden vorziehen – und diesen allen die numerische Differenz, wenn diese schön gedacht werden soll, und vor allem, wenn sie, um barbarisch zu sprechen,[1] um die Diesheit eines Dinges[2] bemüht ist.

§ 756 Die Beispiele, Zergliederungsschlüsse, Einteilungen und Zerteilungen, die eine höhere Gattung durch eine niedrigere aufhellen, sind gut, die es durch eine Art tun, sind besser, die es durch Individuen tun, sind die besten. Bei Ovid findest du:

Während er noch schwankte, erblickten ihn seine Hunde.

Von Hunden gibt es Gattungen, gibt es Arten, doch die Gattungen werden vernachlässigt, und es werden deren überaus bestimmte Arten, nicht ohne die mit ihnen verbundenen Namen, durchgegangen:

Als erster gab bellend Schwarzfuß Laut
und Spürnase mit der feinen Witterung.
Spürnase stammte aus Kreta, Schwarzfuß war von spartanischer Rasse.

Und diesen, nachdem er noch weitere 35 Hunde, nicht ohne gewisse numerische Differenzen, benannt hat, fügt er bei alledem noch weitere hinzu,

deren Erwähnung nur aufhält.

§ 757 Daß doch wenigstens durch so viele Beispiele der Alten – die ihnen durchaus nicht aus Versehen entschlüpft sind, wie die dabei anzutreffende Schwierigkeit denjenigen, der Gleiches wagt, lehren wird – die schönen Geister aufgeweckt werden könnten, daß sie vornehmlich danach trachteten, sich in dieser Kunst auszuzeichnen,

tionumque regulas festinandum est. Exempla, divisiones, inductiones et distributiones si recte notiora postulantur, ac illustrandum per easdem superius, § 739, relative ad obiectum pulcre cogitaturo personalium primarium legem intellectam tantum admittimus, § 740. Ovidius bene suo voto, Trist., l. I 2, 3:

Neve, precor, magni subscribite Caesaris irae,[1]

primo comparationem adscendentem, quae simul color sit, §§ 745, 545, adiungit:

Saepe premente deo fert deus alter opem.[2]

Nunc dictum suum illustrat exemplorum inductione, quae voti fiunt similia:

Mulciber in Troiam, pro Troia stabat Apollo.
Aequa Venus Teucris, Pallas iniqua fuit.
Oderat Aenean propior Saturnia Turno,
Ille tamen Veneris numine tutus erat.
Saepe ferox cautum petiit Neptunus Ulyssem,
Eripuit patruo saepe Minerva suo.
Et nobis aliquod, quamvis distamus ab illis, § 737,
Quid vetat irato numen adesse deo? 12.[3]

Suis enim primariis spectatoribus quid rebus Troianis notius erat, et deorum per easdem ministeriis? § 740.

§ 758 Quoniam nova antiquis, loco propiora remotioribus notiora exemplis supponi generatim possunt, M. § 512, caetera si sint paria, praeferantur antiquis recentia, peregrinis patria, et spectatori, quem inprimis optas, domestica, § 757. Dialogus de oratoribus, quem alii Tacito, Quintiliano quidam tribuunt, 8, *Lubentius,* ait, *novis et recen-*

[1] Ovid, *Trist.* 1, 2, 3.
[2] Ebd. 1, 2, 4.
[3] Ebd. 1, 2, 5–12.

wenn sie schon durch Gründe weniger dazu bewegt werden! Doch wir müssen zu weiteren Gesetzen der Beispiele und der Zerteilungen eilen. Wenn richtig gefordert wird, daß die Beispiele, Einteilungen, Zergliederungsschlüsse und Zerteilungen bekannter sein müssen als das Höhere, das durch dieselben aufgehellt werden soll, lassen wir dieses Gesetz bei demjenigen, der schön denken will, nur verstanden in Beziehung auf sein vornehmliches persönliches Objekt, zu. Ovid fügt in wohlgeratener Weise seinem Gebet

Leistet, ich flehe, dem Zorn des mächtigen Kaisers nicht Vorschub,

zunächst eine aufsteigende Vergleichung hinzu, die zugleich eine Farbe sein mag:

Oft, wenn ein Gott uns bedrängt, bringt uns ein anderer Gott Hilfe.

Nun aber erhellt er seinen Ausspruch mit einem Zerliederungsschluß von Beispielen, die einem Gebet ähnlich werden:

Mulciber stand gegen Troja, für Troja kämpfte Apollo;
Freund war Venus und Feind Pallas dem teukrischen Volk.
Gnädig dem Turnus, haßte Saturnus' Tochter Aeneas;
Venus' göttliche Macht nahm aber diesen in Schutz.
Oft hat der wilde Neptun den schlauen Odysseus getroffen,
doch ihrem Oheim entriß schützend Minerva ihn oft:
Was wird verbieten, daß mir, wie fern ich auch stehe von jenen,[1]
beisteht ein Gott, wenn eine Gottheit mir zürnt?[2]

Was nämlich war seinen vornehmlichen Betrachtern bekannter als die Geschehnisse um Troja und die Beihilfen der Götter während derselben?

§ 758 Weil ja allgemein unterstellt werden kann, daß neue Beispiele bekannter als alte, räumlich nähere bekannter als weiter entfernte sind, wenn die übrigen Umstände die gleichen sind, mögen den alten neuere und den ausländischen Beispielen solche aus dem eigenen Land und solche, die für den Betrachter, den du dir vor allem wählst, einheimisch sind, vorgezogen werden. Der Dialog über den Redner, den einige dem Tacitus, manche dem Quintilian zuschreiben, sagt: *Lieber verwende ich neue und gegenwärtige als der Vergan-*

tibus, quam remotis ac oblitteratis exemplis utor.[1] Quae ita sunt antiqua, simul ut obsoleta, oblitterata, vel usu longo trita et antiquata videri possint, pulcre postponuntur ita novis, ut simul habeant, quo iustum novitatis studium excitare queant, ac alere, § 741. Virgilius laudes vitae rusticae illustraturus exemplis non graeca petit, nec Asiam, nec Aegyptum, sed romanis potissimum scribens patrias antiquitates consulit, Georg., l. II 532:

Hanc olim veteres vitam coluere Sabini.
Hanc Remus et frater. Sic fortis Hetruria crevit,
Scilicet, et rerum facta est pulcerrima Roma,
Septemque una sibi muro circumdedit arces,
– – –
Aureus hanc vitam in terris Saturnus agebat.[2]

§ 759 In hac lege probe notandum est, adiectum illi: caetera si sint paria, § 758. In recentibus enim exemplis multae possunt esse rationes non raro, cur postponenda sint auctori prudenti vetustioribus, e. g. 1) si recentia vel vere non habeant eximium illud, quod per eadem illustrandum est, in tanta luce, in quanta vetustas habuerat, vel saltim ob invidiam nondum intermortuam et solitas acti temporis laudationes aequare prisca statueretur contra verisimilitudinem, saltim eam, de qua § 486. Hinc est apud Virgilium loco citato satis altum silentium de agricultura italica sui temporis, simul autem consilium, ut in tali casu domestica tamen, licet olim facta, praeferantur, si potest fieri, vetustis et peregrinis simul. Tempore praesentia beatae vitae rusticae exempla prolaturus, in ecstasi philosophicopoetica,

1 Tac., *De oratoribus* 8.
2 Vergil, *Georg.* 2, 532–535 und 538.

genheit angehörige und der Vergessenheit anheimgefallene Beispiele. Beispiele, die so alt sind, daß sie zugleich altväterisch, in Vergessenheit geraten oder durch langen Gebrauch abgeschmackt und veraltet scheinen mögen, werden auf schöne Weise solchen hintangestellt, die so neu sind, daß man von ihnen meint, daß sie das rechte und billige Streben nach Neuheiten wecken und nähren können. Vergil greift, wenn er das Lob des Landlebens aufhellen will, nicht nach griechischen Beispielen, nicht nach Asien, nicht nach Ägypten, sondern zieht, indem er hauptsächlich für die Römer schreibt, Altertümer aus dem eigenen Land heran:

So lebten vor Zeiten die alten Sabiner,
so Remus und sein Bruder; so wuchs das tapfere Etrurien heran
und so, wahrhaftig, wurde Rom zur Krone der Welt
und umschloß sieben Burgen für sich allein mit einer Mauer.
– – –
Solch ein Leben führte der goldene Saturnus auf Erden.[1]

§ 759 Bei diesem Gesetz muß jene Hinzufügung wohl bemerkt werden: Wenn die übrigen Umstände die gleichen sind. Bei den neueren Beispielen kann es nämlich nicht selten viele Gründe geben, weshalb sie von einem klugen Autor den altertümlicheren etwa hintangestellt werden müssen, z. B.: 1) Wenn neuere Beispiele entweder in Wahrheit nicht jenes Herausragende besitzen, was durch sie aufgehellt werden soll, in dem Maße an Licht, in dem man dies von den alten Beispielen angenommen hatte, oder wenn zum wenigsten, aufgrund eines noch nicht abgestorbenen Neides und aufgrund des üblichen Lobes der vergangenen Zeit, angenommen würde, daß die altehrwürdigen Beispiele den neueren gleichkommen – auch entgegen der Wahrscheinlichkeit, wenigstens derjenigen, von der in § 486 die Rede war. Daher gibt es bei Vergil an der zitierten Stelle ein genügend tiefes Schweigen über den italischen Ackerbau seiner Zeit, zugleich aber den Rat, daß in diesem Fall gleichwohl, wenn es möglich ist, einheimische Beispiele, mögen sie auch auf einstige Zeiten bezogen sein, solchen vorgezogen werden mögen, die zugleich altertümlich und ausländisch sind. Wenn er, in einer philosophisch-poetischen Entzückung, gegenwärtige Beispiele des

v. 475–485, quoniam aulae proxima non potest optare, tamen optat minus remota:

Rura mihi et rigui placeant in vallibus amnes
Flumina amem silvasque inglorius. O! ubi campi,
Sperchiusque et virginibus bacchata Lacaenis
Taygeta! o! qui me gelidis in montibus Haemi,
Sistat, et ingenti ramorum protegat umbra! 489.[1]

§ 760 Exempla recentia sunt aliquando 2) periculosa, quorum veritas odium parit, et calumnia potius et conspurcatio nominum illustrissimorum falsissima diceretur, quam illustratio.

Cervius iratus leges minitatur et urnam,
Canidia Albuci, quibus est inimica, venenum,
Grande malum Turius, si quid se iudice certes, Hor., Sat. l. II 1, 49.[2]

Nec hic semper licet ad artificium Virgilii recurrere, § 759, et in mortuos quidem, sed cives tamen et loco propiores scribere vel acriter, at venustius, irasci,

maiorum ne quis amicus
Frigore te feriat.[3]

Hanc ob caussam in legendis exemplis suis aliquando satyricos ultra Sauromatas fugere libet, in mundum poeticum, § 513, in quo tamen fictiones prorsus ignotas denuo, § 518, analogicis postponunt, § 516.

§ 761 Exempla recentia et domestica sunt 3) satis nonnunquam incognita, etiam relative, § 757, quoties scilicet, vel eius sunt indolis, quam non nisi longa dies plurium ob oculos ponere soleat, e. g. praesentia principum consilia, vel ipsa spectatorum nostrorum primarii

1 Ebd. 2, 485–489.
2 Horaz, *Serm.* 2, 1, 47–49.
3 Vgl. ebd. 2, 1, 61 f.

seligen Landlebens seiner Zeit vorbringen will, wählt er, weil er solche, die dem Hof[1] sehr nahe sind, nicht wählen kann, gleichwohl solche, die nicht so weit entfernt sind:

Die Fluren und rieselnde Bäche in den Tälern sollen mich erfreuen,
dann will ich ohne Ruhm Flüsse und Wälder lieben.
O wo seid ihr, Auen am Spercheusfluß, und Taygetus, den
Spartanische Jungfrauen
durchschwärmen? Wer versetzt mich in die kühlen Täler des Haemus
und wölbt über mir den Schatten riesiger Äste?[2]

§ 760 Neuere Beispiele sind 2) bisweilen gefährlich: Deren Wahrheit Haß erzeugt und die eher als gänzlich falsche Lästerung und Bespeiung angesehenster Namen bezeichnet würden, denn als Aufhellung.

Cervius droht, ist er zornig, Gesetz an und Urne der Richter,
wem sie feind ist, dagegen Canidia Gift des Albucius,
Turius haushohes Pech, wenn vor seinem Podest du Prozeß führst.[1]

Hier ist es nicht immer erlaubt, auf den Kunstgriff des Vergil zurückzugreifen, und gegen Menschen, die zwar tot, aber dennoch Bürger und dem Orte nach näher sind, zu schreiben oder sich heftig, wenn auch in anmutigerer Weise, zu erzürnen,

damit nicht einer der Freunde von den Großen
dich mit Kühle bestraft.

Aus diesem Grund ist es bei den Satirikern in der Auswahl ihrer Beispiele bisweilen beliebt, über Sarmatien hinaus zu flüchen,[2] und in eine Welt der Dichtung, in der sie aber dennoch wiederum die gänzlich unbekannten Erdichtungen den analogischen hintansetzten.

§ 761 Neuere und einheimische Beispiele sind 3) zuweilen einigermaßen unbekannt, auch in relativer Weise, sooft sie nämlich so beschaffen sind, daß sie den meisten erst nach langer Zeit vor Augen gestellt zu werden pflegen, wie z. B. die gegenwärtigen Ratschlüsse der Regenten, oder wenn die vornehmlichsten unserer Be-

domestica negligere solent exterorum avidissimi, vel recentia et ante pedes posita fastidire, toti in eruendis quibusvis antiquissimis. Quanquam enim hic mos non est optimi saporis, tamen obiectum suum personale debet attendere pulcre cogitaturus, uti est, non uti debeat esse, hinc anticipationibus destitutum est cognoscendi studio, si domestica protuleris et

Antiquis non exaudita Cethegis,[1] § 484.

§ 762 Exempla, divisiones, inductiones, distributionesque sic satis notae sint, neque tritae ac usitatae illustrationes, § 741, nec e contrario adeo vividae, ut fortiori luce perceptionem suam superiorem obscurent potius, quam illustrent, contra pulcram lucis et umbrae dispensationem, § 682. In ultima lege praesertim cavendum est, ne differentia, et id in conceptu inferiori, quod non est determinatum in superiori, tantum lucis accipiat, ut tertia comparationis, et ea, quae superiora convenientia vividius in concreto inferioris pingere laborabas, obumbrentur, adeoque minus exemplum quadrare videatur, ac discrepare ab eo, cuius declarandi gratia proferebatur, § 670. Non dissuadeo differentiam tangere, sed umbra sit exempli, § 684, non lumen, § 686. Ne seducente sub eruditionis specie transcendant horizontem aestheticum exempla, multo minus inductiones et distributiones, § 121, ne illustrando vel βάθος, vel tumorem concilient, §§ 329, 331, sint potius, quantum eius fieri potest, ex quibus simul exemplum ratiocinans et inductio persuasoria formari possit, et

1 Horaz, *A. p.* 50.

trachter selbst, ganz begierig nach Auswärtigem, das Einheimische zu vernachlässigen oder wenn sie vor dem Neueren und vor ihren Füßen Liegenden einen Widerwillen zu empfinden pflegen, ganz ergeben dem Ausgraben irgendwelcher uralten Sachen. Wiewohl freilich diese Sitte nicht von bestem Geschmack ist, muß doch derjenige, der schön denken will, auf sein persönliches Objekt achthaben, nicht wie es sein sollte, sondern so wie es ist, also der Vorkenntnisse und des Strebens nach Kenntnis entbehrend, wenn du Einheimisches vorbringst und Dinge,

die nie die geschürzten Cetheger vernahmen.[1]

§ 762 Beispiele, Einteilungen, Zergliederungsschlüsse und Zerteilungen mögen also genügend bekannt, aber keine abgeschmackten und abgenutzten Aufhellungen sein, noch auch im Gegenteil in einem solchen Maße lebhaft, daß sie mit einem zu starken Licht die Vorstellung, die höher als sie ist, eher verdunkeln als aufhellen, was der schönen Einteilung des Lichtes und des Schattens entgegen ist. Bei dem letztgenannten Gesetz muß man sich vor allem davor hüten, daß nicht die genauere Bestimmung und dasjenige in dem niedrigeren Begriff, was in dem höheren Begriff nicht bestimmt ist, so viel Licht erhält, daß die Mittelbegriffe der Vergleichung und diejenigen Dinge, die du dich bemüht hast, in Übereinstimmung mit dem Höheren im Unabgesonderten des Niedrigeren auszumalen, in den Schatten gestellt werden, und das Beispiel weniger zu passen als vielmehr mit demjenigen nicht übereinzustimmen scheint, um dessen Aufklärung willen es hervorgebracht wurde. Ich rate nicht davon ab, eine genauere Bestimmung anzurühren, doch sie soll dem Beispiel ein Schatten sein, kein Licht. Auch mögen die Beispiele, unter dem verführerischen Anschein von Gelehrsamkeit, nicht den ästhetischen Horizont übersteigen, und noch viel weniger mögen dies die Zergliederungsschlüsse und Zerteilungen tun, damit sie nicht im Aufhellen entweder ein Kriechendes oder Schwulst erwirken. Sie mögen lieber solche sein, soviel dies möglich ist, aus denen zugleich ein auf einem Vernunftschluß gründendes Beispiel und ein auch praktischer oder pragmatischer Zergliederungsschluß auf Überzeugenderes gebildet werden kann, ergiebig an Dingen, die aus

practica s. pragmatica, foecunda deducendis inde porismatibus ad agendum impellentibus, § 731.

SECTIO XLV
ANTITHESIS

§ 763 Comparatio latius dicta, § 735, sub se continet 3) comparationem oppositorum, M. § 549, quae figura, § 26, sit ANTITHESIS. In antithesibus numero primam dissimilitudinem, illustrandum cum dissimili comparantem, ut illius ab hoc differentia magis elucescat, Cat. 5,

Soles occidere et redire possunt,
Nobis quem semel occidit brevis lux,
Nox est perpetuo una dormienda.[1]

Hac collatione totam suam odam l. I 1 Horatius illustravit, et eiusdem libri frontem odae 7,

Laudabunt alii claram Rhodon, aut Mitylenen,
Aut Ephesum bimarisque Corinthi
Moenia, vel Baccho Thebas, vel Apolline Delphos
Insignes, aut Thessala Tempe, 4–10.[2]

§ 764 Deinde huc pertinet antisagoge, quam compensationem dicunt, confessionis species, quae collustrandi quaedam praedicata, quae primario videantur contraria, sic in umbram locat, iuxta hoc primarium, ut eorum perceptiones heterogenae, sed debiliores, praegressae subito sequens heterogeneum, sed maius ac illustrius, splendide pingant, et novitatis luce veluti circumfundant, §§ 659, 683, M. § 549. Iarbas apud Virgilium, Aen. IV, furtivos Didonis et Aeneae

1 Catull 5, 4–6.
2 Horaz, *Carm.* 1, 7, 1–4.

ihnen abzuleiten sind und daher an Folgerungen, die zum Handeln antreiben.

ABSCHNITT XLV
DIE ENTGEGENSETZUNG

§ 763 Die Vergleichung im weiteren Sinne enthält unter sich 3) die Vergleichung von Gegensätzlichem, die als Figur die ENTGEGENSETZUNG sein mag.[1] Zu den Entgegensetzungen zähle ich als erste die Unähnlichkeit, die das, was aufgehellt werden soll, mit einem Unähnlichen vergleicht, damit der Unterschied von jenem zu diesem stärker hervorleuchtet.

Sonnen können untergehn und wiederkehren;
wir aber müssen, ist einmal unser kurzes Lebenslicht erloschen,
eine einzige Nacht ohne Ende schlafen.

Mit dieser Verhältnisbestimmung hat Horaz seine ganze erste Ode im ersten Buch und die ersten Zeilen der siebten Ode desselben Buches aufgehellt:

Preisen werden wohl andere das herrliche Rhodos oder Mytilene
oder Ephesos, vielleicht des zwei Meeren benachbarten Korinthos
Mauern, oder Theben, das durch Bakchos, oder Delphi, das durch Apollon
voll Ruhm, oder das thessalische Tempe.[2]

§ 764 Weiterhin gehört hierzu die Antisagoge, die man eine Ausgleichung nennt, eine Art von Eingeständnis, die gewisse Prädikate dessen, was erhellt werden soll, die seiner vornehmlichsten Eigenschaft wohl entgegengesetzt zu sein scheinen, so in den Schatten dicht neben diese vornehmlichste Eigenschaft setzt, daß die ungleichartigen, aber schwächeren Vorstellungen, die der sogleich folgenden ungleichartigen, aber bedeutenderen und strahlenderen vorausgegangen sind, diese in glänzender Weise ausmalen und gleichsam mit dem Licht der Neuigkeit umgeben. Jarbas bei Vergil scheint zuerst die heimliche Liebschaft zwischen Dido und Aeneas

amores primum satis honorifice videtur describere, tegens honestatis umbra, quicquid in iis indignum et turpe iudicabat: *Dido*

dominum Aenean in regna recepit, 214,[1]

ut non ita multa post hoc acerbius in eundem Aenean, collectis quasi viribus, invehatur:

Et nunc ille Paris, cum semiviro comitatu,
Moeonia mentum mitra, crinemque madentem,
Suffultus, rapto potitur, 217.[2]

§ 765 Antisagogen si continuaveris, pulcrum inde nascetur CRAMA, quod mistam vituperio laudem dicunt, vere est congeries praedicatorum, apparenter saltim contrariorum, quorum una classis, mala, bona censeatur altera, sic tamen dispositorum, per artificium lucem et umbram bene dispensans, S. XL, ut secundum intentionem callide bona malis miscentium, vel haec ex oppositorum foeditate pulcritudinis incrementa nanciscantur, magnaque veracitatis, moralis veritatis, similitudo simul obtineatur, §§ 731, 435. Quantum materia permisit, laborat in effingenda hac figura Nasonis Trist. II omnis paene prima elegia, culpam auctoris concedens ad illustriorem Caesaris veniam eo efficacius sollicitandam, e. g.

Cur modo damnatas repeto, mea crimina, Musas?
An semel est poenam commeruisse parum? 4.
– – –
Deme mihi studium, vitae quoque crimina demes.
Acceptum refero versibus, esse nocens, 10.
Ira *quidem iusta est, nec me meruisse negabo.*

1 Vergil, *Aen.* 4, 214.
2 Ebd. 4, 215–217.

in genügend ehrenvoller Weise zu beschreiben, indem er alles, was er bei ihnen als unwürdig und häßlich beurteilt, mit dem Schatten der Ehrbarkeit bedeckt: *Dido*

empfängt den Aeneas als Herrscher im Reich,

um nicht viel später, gleichsam mit gesammelten Kräften, gegen denselben Aeneas desto heftiger loszuziehen:

Dieser ›Paris‹ nun mit seinen weibischen Mannen,
der mit maeonischer Mitra sich schmückt, die Haare von Salböl
triefend, freut sich des Raubs.

§ 765 Wenn man die Antisagoge fortsetzt, erwächst daher das schöne KRAMA, das ein mit Schmähung gemischtes Lob genannt wird. In Wahrheit ist es eine Häufung von wenigstens anscheinend entgegengesetzten Eigenschaften, von denen die eine Klasse für gut, die andere für schlecht gehalten werden mag, die jedoch durch den Kunstgriff der rechten Einteilung des Lichtes und des Schattens so angeordnet wurden, daß gemäß der Absicht derjenigen, welche die guten mit den schlechten Eigenschaften auf fein ausgedachte Weise mischen, entweder diese aus der Schönheit der entgegengesetzten Eigenschaften eine Steigerung an Häßlichkeit, oder jene aus der Garstigkeit der entgegengesetzten Eigenschaften eine Steigerung an Schönheit erfahren, und zugleich eine große Ähnlichkeit mit der Wahrhaftigkeit und der sittlichen Wahrheit erlangt wird. Soviel es der Stoff erlaubt hat, bemüht sich beinahe die ganze erste Elegie im zweiten Buch der *Tristia* des Naso, diese Figur nachzubilden, indem sie die Schuld des Autors eingesteht, um in um so wirkungsvollerer Weise eine glänzendere Vergebung seitens des Caesar hervorzurufen, z. B.:

Ach, was ruf ich euch noch, meine Frevel, ihr Musen, verfemte?
Ist es zu wenig, daß schon einmal ich Strafe verdient?
– – –
Nimm mir mein Schaffen, so nimmst du aus meinem Leben die Fehler:
Versen verdank ich es ja, daß ich mit Schuld mich belud.
Der Zorn *ist freilich gerecht, und ich leugne das nicht: ich verdient ihn;*

Non adeo nostro fugit ab ore pudor, 30.

– – –

Sed tamen, ut fuso taurorum sanguine centum,
Sic capitur minimo thuris honore deus.
Et pia thura dedi pro te, cumque omnibus unus
Ipse quoque adiuvi publica vota meis.[1]

§ 766 Non est, cur antithesin et antitheton, vel antitheta distinguere velimus, quoties antitheta comparantur elegantius, quod tunc plerumque sit, si fiat *sine industria,* naturalique quadam *necessitate,* sic fieri debere videatur, Cic., Or. 166.[2] Alias si studiosus quaesita lucernam oleant, fucus erunt, inanius argutantium, § 688, M. § 576, in quem vere Persius et graviter:

Nonne pudet capiti non posse pericula cano
Pellere, quin lepidum hoc optes audire: decenter?
Fur es, ais Pedio. Pedius quid? crimina rasis
Librat in antithesis. Doctas posuisse figuras
Laudatur, bellum hoc! Hoc bellum? I 83,[3] § 677.

Hoc genere antiqui iam ante Isocratem delectabantur, et maxime Gorgias, Cic., Or. 167.[4] Antithesis delectabantur, sed non male locatis, non anxie corrasis, non recoctis sexcenties, quorum cautus imitator esto, non simia, § 714.

§ 767 *Quod si quis parce et quum res poscet, utetur, velut adsperso quodam condimento, iucundior erit. At, qui nimium affectaverit, ipsam illam gratiam varietatis amittet.*[5] Quemadmodum illustrantes omnes figurae, sic antitheses *secretae et extra vulgarem usum positae, ideoque magis nobiles, ut novitate aurem excitant, ita copia satiant, nec se obvias fuisse dicenti, sed conquisitas, et ex omnibus latebris extractas congestas-*

1 Ovid, *Trist.* 2, 3 f., 9 f., 29 f., 75 f., 59 f.
2 Cic., *Or.* 166.
3 Pers. 1, 83–87.
4 Cic., *Or.* 167.
5 Quint., 9, 3, 4.

sind meine Lippen doch nicht völlig verlassen von Scham.
– – –
Dennoch gewinnt, wie das Blut von hundert geschlachteten Stieren,
wohl auch ein Weihrauchdampf, sei er auch schwach, einen Gott.
Weihrauch hab ich gespendet für dich mit den anderen allen;
zu den Gebeten des Volks hab ich auch meine gefügt.

§ 766 Es gibt keinen Grund, weshalb wir die Entgegensetzung und die Erläuterung vom Gegenteil[1] oder von Gegenteilen unterscheiden wollen sollten, sooft die Gegenteile auf anmutigere Weise miteinander verglichen werden, was dann gewöhnlich der Fall sein mag, wenn dies *ohne eigentliche Absicht* und durch eine gewisse natürliche *Notwendigkeit* geschieht und es scheint, als hätte dies so geschehen müssen. Andere Entgegensetzungen, wenn sie zu eifrig gesucht werden, mögen nach Öllampe riechen[2] und werden ein Aufputz von allzu eitlen Grübeleien sein, gegen den sich Persius wahrhaft und heftig wendet:

Ist's keine Schmach, das ergrauende Haupt aus Gefahr nicht zu lösen,
außer man warte bedacht, ein lauliches ›reizend‹ zu hören?
Pedius gilt als Dieb. Und Pedius? Schleift Antithesen,
wäget die Klagen darin, und weil er kunstreich geredet,
erntet er Lob: ›Wie nett!‹ Das nett?

Die Alten schätzten diese stilistischen Züge schon vor Isokrates – Gorgias am meisten. Sie haben sich an Gegensätzen ergötzt, aber nicht an schlecht angebrachten, nicht an ängstlich zusammengerafften, nicht an tausendmal wieder aufgekochten. Ihr behutsamer Nachahmer sollst du sein, nicht ihr Nachäffer.

§ 767 *Wenn man diese Redeweise aber sparsam und nur, wenn die Sache es erfordert, verwendet, wie man ein Gewürz beigibt, ist sie ein größerer Genuß; wer dagegen allzusehr auf sie versessen ist, büßt damit auch den Reiz noch ein, der in der Abwechslung liegt.* Gleichwie alle aufhellenden Figuren, so sind es *die entlegenen und dem gewöhnlichen Gebrauch fernliegenden und deshalb auffälligen* Entgegensetzungen, *die so, wie sie durch das Neue ihrer Wirkung das Ohr kitzeln, so auch durch die Fülle übersättigen und bekunden, sie seien dem Redenden nicht*

que declarant, Quint. IX 3.[1] Fabius hoc ipso capite mentionem etiam antitheti iniicit, quod *contrapositum* dicit, et ab aliis nominari *contentionem*.[2] De quo praesertim verum est eius, quod iam legimus, iudicium, et tunc maxime, quando simul idem figura quaedam dictionis comitatur vocabulorum vel similitudine, vel repetitione, vel transpositione, § 26.

§ 768 Nam et hic locum habet, quod iam § 145 monuimus, schema vocabulorum et habitum vel situm extraordinarium, si figuris utaris mascule, nonnunquam accessorium tantum esse, ac veluti fortuitum in figuris, quae non ideo contemnendae sunt, quia sint figurae dictionis, sed ideo, quia cogitationibus ipsis et praecipuam quidem elegantiam conciliant, non fuissent in figuris dictionis habendae. Sic non pauci totam ad figuras dictionis referunt antithesin, quasi vero vocabulorum esset praecipua, non significatuum oppositio. Aliis quaedam saltim antitheseos species in meris dictionum figuris collocantur a non minus iniquis elegantiarum arbitris, § 13. Proferam exempla.

§ 769 Antitheton cum aliqua perceptionum occurrentium in utroque oppositorum conversione, s. ANTIMETABOLE, sane ideo non potest excludi ex figuris sententiae, § 763, quoniam inter eloquendum potest contingere, ut vocabula, quibus utrumque membrum oppositionis exprimitur, aliquam etiam conversionem subeant. In figuris autem dictionis ipse Quintilianus habet *illam figuram, qua verba declinata repetuntur: Non, ut edam, vivo, sed, ut vivam, edo*.[3] Bella, profecto, non tam dictio, quam sententia Epicuri est, quam vere dicas philosophicam: Esse sapienter infortunatum satius est, quam

[1] Ebd. 9, 3, 5.
[2] Ebd. 9, 3, 81.
[3] Ebd. 9, 3, 85.

geläufig gewesen, sondern erlesenen Ursprungs und aus allen Verstecken hervorgezogen und zusammengetragen worden. Fabius[1] läßt in demselben Kapitel auch eine Erwähnung der Erläuterung vom Gegenteil einfließen, die er eine *Entgegenstellung* nennt und die von anderen als *Gegeneinanderstellung* bezeichnet wird.[2] Bezüglich dieser ist sein Urteil, das wir gerade gelesen haben, vor allem wahr, und dann am meisten, wenn zugleich eine gewisse Figur des Ausdrucks sie begleitet, von Wörtern, die entweder ähnlich sind oder wiederholt oder umgestellt werden.[3]

§ 768 Es hat nämlich auch hier seinen Ort, was wir schon in § 145 zu bedenken gegeben haben, daß, wenn du die Figuren mannhaft gebrauchst, die Anordnung der Wörter und ihre Eigentümlichkeit oder ihre außergewöhnliche Lage bisweilen nur ein Hinzukommendes und gleichsam Zufälliges bei den Figuren ist, die nicht deswegen verachtet werden müssen, weil sie Figuren des Ausdrucks sind. Sondern deswegen, weil sie den Gedanken selbst eine gewisse vorzügliche geschmackvolle Feinheit verschaffen, hätten sie gar nicht für bloße Figuren des Ausdrucks gehalten werden dürfen. So zählen nicht wenige die ganze Entgegensetzung zu den Figuren des Ausdrucks, als ob sie wahrhaftig vornehmlich eine Entgegensetzung von Wörtern und nicht von Bedeutungen wäre. Von anderen, nicht weniger unbilligen Schiedsrichtern über geschmackvolle Feinheiten wird zumindest eine gewisse Art der Entgegensetzung bei den bloßen Figuren des Ausdrucks angesiedelt. Ich werde Beispiele anführen.

§ 769 Die Erläuterung vom Gegenteil mit irgendeiner Umkehrung der jeweils in den beiden Gegensätzen begegnenden Vorstellungen, oder die ANTIMETABOLE,[1] kann fürwahr nicht deswegen von den Denkfiguren ausgeschlossen werden, weil es während des Sprechens passieren kann, daß die Wörter, mit denen jeweils die beiden Glieder des Gegensatzes ausgedrückt werden, ebenfalls einer gewissen Umkehrung unterliegen. Doch für eine Figur des Ausdrucks hält selbst Quintilian *jene Figur, die in der Wiederholung der flektierten Wörter besteht: ›Nicht um zu essen, lebe ich, sondern um zu leben, esse ich‹*. Schön ist wahrhaftig, weniger als Redeweise, sondern als Sinn-

fortunatum insipienter esse. Huc, qua materiam etiam dictum Simonidis, quod est apud Plutarchum: Poesis est pictura loquens, et pictura est tacita poesis. Hic illud Salviani de Bagoardis: *Malunt sub specie captivitatis esse liberi, quam sub specie libertatis esse captivi.*[1] Huc tandem dictum Catonis et post eum Musonii: *Si quid per laborem recte feceris, laborabit, recte factum tecum permanet, si quid turpiter feceris cum voluptate, turpe manet, voluptas perit*, Gell. XVI 1.[2]

§ 770 Collatio pulcre cogitandi cum diversis ab eodem, quibuscum facile confundi posset, ad illustrandum eius differentiam, s. PARADIASTOLE, et contradistinctio, est antithesis non vocabulorum tantum perperam habitorum in synonymis, sed etiam, et maxime quidem, significatuum, vere differentium, quorum tamen attendi plerumque non solet, hinc eleganter indicatur aliquando, si momentum habet, diversitas, § 768. *Contentioni*, § 767, *commodissime subiicitur et illa species, quam distinctionem diximus*, Quint. l. c.[3] Ovidius de edicto, quo Tomos adire iubebatur:

> *Quippe relegatus, non exsul, dicor in illo,*
> *Parcaque fortunae sunt data verba meae,* Trist. II. 1, 137.[4]

Nec semper, quod adversam est, contraponitur, Quint. l. c.[5] Non opus est ad antithesin, ut vera adsit oppositio, quam logici contradictionem vere talem dicimus, sufficit, ut apparens contradictio, ut contrarietas, subcontrarietas adsit, et quicquid, vel aesthetice, primo saltim obtutu pugnare frontibus adversis sit verisimile. In dictis: Homo potuit non mori, potuit mori, nunc non potest non mori naturaliter, sed

1 Salvianus, *De gubern. Dei* 5, 22.
2 Vgl. Gellius, *Noct. att.* 16, 1.
3 Vgl. Quint. 9, 3, 82.
4 Ovid, *Trist.* 2, 137 f.
5 Quint. 9, 3, 84.

spruch, dasjenige des Epikur, das du wahrhaft philosophisch nennen magst: Besser ist es, als Weiser vom Glück verlassen, denn als Tor glücklich zu sein.[2] Hierzu gehört der Sache nach auch der Ausspruch des Simonides, der sich bei Plutarch findet: Dichtung ist sprechende Malerei, Malerei schweigende Dichtung.[3] Hierzu gehört jener Ausspruch des Salvianus über die Bagoarden: *Sie möchten lieber unter dem Schein der Gefangenschaft frei, als unter dem Schein der Freiheit gefangen sein.*[4] Hierzu gehört schließlich der Ausspruch des Cato und nach ihm des Musonius: *Wenn du unter Mühen etwas Gutes tust, vergeht die Mühe, das getane Gute bleibt. Wenn du etwas Schimpfliches mit Lust tust, bleibt das Schimpfliche, die Lust vergeht.*

§ 770 Die Vergleichung eines schön zu Denkenden mit von ihm Verschiedenem, mit dem es leicht verwirrt werden könnte, um seinen Unterschied davon aufzuhellen, oder die PARADIASTOLE und Gegenunterscheidung,[1] ist nicht nur eine Entgegensetzung von Wörtern, die irrtümlich für Synonyme gehalten werden, sondern auch und gewiß am meisten eine Entgegensetzung von wahrhaft unterschiedlichen Bedeutungen, auf die man jedoch gewöhnlich nicht zu achten pflegt. Daher wird durch sie, wenn sie von Gewicht ist, auf geschmackvolle Weise eine Verschiedenheit angezeigt. *An die Gegeneinanderstellung läßt sich am passendsten auch die Form anschließen, die wir Unterscheidung genannt haben.* Ovid sagt über das Edikt, durch das ihm befohlen wurde, nach Tomi in die Verbannung zu gehen:

Freilich werde ich darin ein Verwiesener, nicht ein Verbannter genannt,
und wenige Worte werden auf mein Schicksal verwendet.[2]

Auch wird nicht immer das, was den Gegensatz bildet, wirklich entgegengesetzt. Es ist für die Entgegensetzung nicht nötig, daß ein wahrer Gegensatz besteht, den wir als Logiker als einen Widerspruch, der wahrhaft ein solcher ist, bezeichnen, es genügt, daß ein scheinbarer Widerspruch, eine Widerläufigkeit oder eine Widerläufigkeit nur niederer Ordnung besteht und etwas, von dem es, auch nur ästhetisch, wenigstens dem ersten Anschein nach, ästhetisch wahrscheinlich ist, daß es sich geradewegs widerspricht. In den Sätzen: Der Mensch konnte nicht sterben, er konnte sterben, nun kann er

instat tempus, quo non poterit mori, contradictionis nihil est, elegantius tamen exornata dare possent antithesin, § 763.

§ 771 Quo vero iam nomine commendem oxymoron? Ennii: *mentes dementes*,[1] Terentii: *cum ratione insanire*,[2] et: *id aliquid nihil est*,[3] Ciceronis: *dum tacent, clamant*,[4] Virgilii:

Num capti potuere capi?[5]

Horatii, sed et heic iocati:

Insanientis dum sapientiae
Consultus erro.[6]

Ovidii *iniusta iusta*[7] et:

His, ut quaeque pia est, hortatibus impia prima est,
Et, ne sit scelerata, facit scelus,[8]

quod miserrimum est fatum errantis conscientiae,

Impietate pia est,[9]

illud multorum: *male olent, qui semper bene olent*,[10] haec, inquam omnia, quantis auctoritatibus bellam figuram, si taceo, clamant? Interim ingenue fateor, in omnibus figuris sententiae quae mihi minime placeat, hanc esse. Caussam puto frigidissimum abusum eiusdem, et trita exempla, tristissimorumque parodias magis inficetas, quibus circumsonant, qui nesciunt acumen aliud, quam paradoxis huius furfuris foecundum.

§ 772 Simpliciorem ad antithesin liceat relabi, quam sub dissimilitudine, § 763, complecti solent, vere tamen inaequalitatem potius di-

1 Ennius, *Ann.* 6, 202 f.
2 Ter., *Eun.* 63.
3 Ter., *Andria* 314.
4 Cic., *In Cat.* 1, 21.
5 Vergil, *Aen.* 7, 295.
6 Horaz, *Carm.* 1, 34, 2 f.
7 Ovid, *Met.* 2, 627.
8 Ebd. 7, 339 f.
9 Ebd. 8, 477.
10 Mart. 2, 12 und öfter.

nicht anders als auf natürliche Weise sterben, doch es steht die Zeit bevor, in der er nicht sterben können wird,[3] ist nichts von einem Widerspruch, doch geschmackvoller ausgeschmückt könnten sie eine Entgegensetzung darbieten.

§ 771 Unter Nennung welcher Namen könnte ich nun vollends das Oxymoron[1] empfehlen? Unter dem Namen des Ennius: *Gesinnungen, die von Sinnen sind*, des Terenz: *Mit Verstand verrückt werden* und: *Dieses Etwas ist ein Nichts*, des Cicero: *Sie schreien es hinaus, indem sie schweigen*, des Vergil:

Konnten sie, bereits gefangen, gefangen werden?,

des Horaz, der jedoch auch hier scherzt:

Solang ich als des Weisheitswahnes
Anhänger irrte,

des Ovid: *Gerechtes Ungerechtes* und:

Von diesen Ermunterungen ist die, die fromm ist, als erste unfromm
und begeht, um nicht verbrecherisch zu sein, ein Verbrechen,

und, was ein überaus unglückliches Schicksal eines irrenden Gewissens ist:

Durch Unfrömmigkeit fromm zu sein,

oder unter dem Namen von vielen: *Es stinken die, die immer gut duften* – diese Beispiele, all diese, sage ich, mit wie vielen Autoritäten bezeugen sie es laut, wenn ich schweige, daß es eine schöne Figur ist? Unterdessen bekenne ich freimütig, daß es von allen Denkfiguren diese ist, die mir am wenigsten gefällt. Der Grund dafür ist für mich der überaus frostige Mißbrauch[2] derselben und die läppischen Beispiele und die noch abgeschmackteren Parodien der allerläppischsten Beispiele, mit denen die herumtönen, die keine andere Scharfsinnigkeit kennen, als eine, die ergiebig solche spelzigen Paradoxa hervorbringt.

§ 772 Es möge gestattet sein, auf eine einfachere Entgegensetzung zurückzukommen, die man gewöhnlich unter dem Begriff der Unähnlichkeit faßt, die wir jedoch in Wahrheit lieber eine Ungleichheit

cere deberemus, quando convenientia inter se in aliqou tertio, ideo comparantur, ut eorum illustretur inaequalitas, aut, hac concessa, declaretur illud minus esse, quod obiecto meo personali videbatur maius, vel vice versa. Talem antithesin Romuli et Augusti Ovidius habet, ad hunc illi praeferendum, Fast. l. II,

Romule, concedas. Facit hic tua magna tuendo
Moenia, tu dederas transilienda Remo.
Te Tatius, parvique Cures, Caeninaque sensit.
Hoc duce romanum est solis utrumque latus,
Te breve, nescio quid, victae telluris habebas.
Quodcunque est alto sub Iove, Caesar habet.
Tu rapis, hic castas duce se iubet esse maritas;
Tu recipis luco, submovet ille nefas.
Vis tibi grata fuit, florent sub Caesare leges.
Tu domini nomen, principis ille tenet.
Te Remus incusat, veniam dedit hostibus ille.
Caelestem fecit te pater, ille patrem, 144.[1]

Sic Cicero iuris et armorum peritum inter se comparat, ut huius illustret excellentiam.

SECTIO XLVI
COMPARATIO STRICTIUS DICTA

§ 773 Comparatio latius dicta, § 734, cum illustrando conferens, ideam quamcunque sociam, coniunctam et connexam, quae neque simile, § 735, nec pars, nec totum, nec illius superius, nec inferius, S. XLIV, nec oppositum sit, S. XLV, quoniam peculiare nomen non accepit, generale retineat 4) COMPARATIO STRICTIUS DICTA. Iam hinc patet iniri numerum huc pertinentium illustrationum non posse, nec diversis insigniri quamlibet denominationibus. Satius est

[1] Ovid, *Fasti* 2, 133–144.

nennen sollten, wenn zwei Dinge, die in irgendeinem Dritten übereinstimmen, in der Weise verglichen werden, daß ihre Ungleichheit aufgehellt wird oder wenn – diese zugegeben – das, was meinem persönlichen Objekt als das Größere erschien, als das Kleinere klar aufgezeigt wird und umgekehrt. Eine solche Entgegensetzung stellt Ovid von Romulus und Augustus auf, um diesem vor jenem den Vorzug zu geben.

Weichen mußt, Romulus, du! Groß macht sein Walten die Mauern,
über die Remus bei dir einst voll Übermut sprang!
Tatius beugte sich dir, Cures und das kleine Caenina –
ihm heißt römisch jedoch, was nur die Sonne bescheint.
Klein nur war das Gebiet, das besiegt du zu deinen Füßen erblicktest –
jetzt herrscht Caesar, so weit irgend der Himmel nur blaut.
Du raubst die Frauen, doch er heißt keusch mit dem Gatten sie leben;
du gibst dem Frevel Asyl, er hält die Stadt davon frei;
du griffst gern zur Gewalt – unter Caesar blühn die Gesetze;
du wurdest ›Herr‹ genannt, ›Erster des Volkes‹ heißt er;
dich klagt Remus noch an, doch er verzieh seinen Feinden;
so wie der Vater einst dich, macht er den Vater zum Gott!

So vergleicht Cicero den Rechts- und den Waffenkundigen untereinander, um die Vortrefflichkeit des ersteren aufzuhellen.[1]

ABSCHNITT XLVI
DIE VERGLEICHUNG IM ENGEREN SINNE

§ 773 Die Vergleichung im weiteren Sinne, die mit dem, was aufgehellt werden soll, eine wie auch immer beschaffene vergesellschaftete, verbundene und verknüpfte Idee zusammenbringt, die jenem gegenüber weder ähnlich, noch ein Teil, noch ein Ganzes, noch ein Höheres oder Niedrigeres, noch ein Gegensatz sein mag, soll, weil sie ja keinen besonderen Namen erhalten hat, den allgemeinen Namen einer 4) VERGLEICHUNG IM ENGEREN SINNE behalten. Es ist schon von daher offenbar, daß man nicht auf die ganze Zahl der hierzu gehörenden Aufhellungen eingehen, noch auch sie nach Belieben mit verschiedenen Benennungen bezeichnen kann. Dienli-

apertos servari quosdam carceres, quibus includi queant promotura rem venustae meditationis, in occlusos iam et limitibus suis circumscriptos locos non intromittenda. Huc ergo refer exempli gratia comparationem a) caussatorum cum caussis, quas schola dicit externas, efficientibus et finalibus. Internas enim materiam et formam comparatio maioris ac minoris sibi vindicaverit, § 742.

§ 774 Habes hinc illustrationem α) effectus a caussa efficiente:

Pocula, caelatum divini opus Alcimedontis, Virg., Ecl. III 37,[1]

β) caussae efficientis ab effectu:

Conon, et quis fuit alter,
Descripsit radio totum qui gentibus orbem,
Tempora quae messor, quae curvus arator haberet? v. 42,[2]

γ) medii a fine:

Daphnidis arcum
Fregisti et calamos, quae tu, perverse Menalca,
Et, quum vidisti puero donata, dolebas,
Et, si non aliqua nocuisses, mortuus esses, v. 15,[3]

δ) finis a medio:

Parta meae Veneri sunt munera. Namque notavi
Ipse locum, aeriae quo congessere palumbes.
M. Quod potui, puero silvestri ex arbore lecta
Aurea mala decem misi, cras altera mittam, 71.[4]

1 Vergil, *Ekl.* 3, 37.
2 Ebd. 3, 40–42.
3 Ebd. 3, 12–15.
4 Ebd. 3, 68–71.

cher ist es, gewisse Schranken offenzuhalten, durch die Dinge, die dazu angetan sind, die Sache der anmutigen Überlegung zu fördern, eingeschlossen werden können, die aber nicht in einen bereits verschlossenen und durch ihre eigenen Grenzen umschriebenen Bereich hineingesteckt werden dürfen. Zähle hierzu also – um Beispiele zu geben – die Vergleichung a) des Verursachten mit den – von der Schule äußerlich genannten – Wirk- und Zweckursachen. Die inneren Ursachen nämlich, Stoff und Form, wird bereits die Vergleichung des Größeren und des Kleineren für sich in Anspruch genommen haben.

§ 774 Von daher hast du eine Aufhellung: α) einer Wirkung durch die wirkende Ursache:

Becher – eigenhändige Schnitzarbeit des göttlichen Alcimedon,

β) einer wirkenden Ursache durch die Wirkung:

Conon und – wer war noch der andere,
der mit dem Zeichenstab die ganze Welt für alle Völker dargestellt hat
samt den rechten Zeiten für den Schnitter und den gebückten Pflüger?,[1]

γ) eines Mittels durch den Zweck:

Dem Daphnis zerbrachst du Bogen
und Pfeile; denn es gab dir einen Stich, mißgünstiger Menalcas,
als du sahst, daß man sie einem Knaben geschenkt hatte,
und du wärest gestorben, hättest du ihm nicht irgendeinen Schaden zufügen können,

δ) eines Zwecks durch das Mittel:

Damoetas: *Für meine Venus stehen Geschenke bereit, denn ich habe mir genau gemerkt,*
wo in der Höhe die Ringeltauben nisten.
Menalcas: *Von einem wilden Apfelbaum pflückte ich – soviel ich eben konnte –*
zehn goldene Früchte und schickte sie meinem Knaben; morgen schicke ich nochmals zehn.

En! tibi pastores, qui

Felices poterant *rerum cognoscere caussas!* [1]

§ 775 Comparatio strictius dicta est b) signi et signati, § 773. Unde illustratio α) signi ex signato. Signa mortem Caesaris portendentia descripserat Virgilius Georg. I 464–488 et illustrat ex signato, secundum verisimilitudinem aestheticam,

Ergo inter sese paribus concurrere telis
Romanas acies iterum videre Philippi,
Nec fuit indignum superis, bis sanguine nostro
Emathiam et latos Aemi pinguescere campos e. c., 492.[2]

Addit statim illustrationem poeta huius β) signati ex signo iam rememorativo s. mnemonico, tunc futuro:

Scilicet et tempus veniet, quum finibus illis
Agricola, incurvo terram molitus aratro,
Exesa inveniet scabra rubigine pila,
Aut gravibus rastris galeas pulsabit inanes
Grandiaque effossis mirabitur ossa sepulcris, 497.[3]

§ 776 Comparatio strictius dicta e. g. c) animarum affectiones vel mutationes illustraturis suggerit ideas socias membrorum corporis, quae quoniam affectionibus datis, inter mutationes eiusmodi praesertim affici propiusque tangi verisimile est, veluti sedes horum in anima variorum considerantur. Sic ingenium illustratur capite et cerebro, sensationes externae organis sensoriis, appetitiones corde, inferiores iecinore, pudor fronte ac ore e.c. illustrantur, §§ 773, 752.

1 Vergil, *Georg.* 2, 490.
2 Ebd. 1, 489–492.
3 Ebd. 1, 493–497.

Siehe! Da hast du die Hirten, die

so glücklich waren, *die Gründe allen Geschehens* kennen zu können!

§ 775 Eine Vergleichung im engeren Sinne ist b) die eines Zeichens und des Bezeichneten, von daher die Aufhellung α) eines Zeichens aus dem Bezeichneten. Vergil hatte die Zeichen, die den Tod des Caesar ankündigten, beschrieben und erhellt sie dann, gemäß der ästhetischen Wahrscheinlichkeit, aus dem Bezeichneten:

So sah Philippi abermals römische Heere
mit gleichen Waffen aufeinander einstürmen,
und die Himmlischen fanden es nicht schmachvoll, daß unser Blut zweimal
Emathien und die weiten Felder des Haemus düngte usw.[1]

Sogleich fügt der Dichter eine Aufhellung dieses β) Bezeichneten aus einem schon der Erinnerung dienenden oder mnemotechnischen, dann zukünftigen Zeichen hinzu:

So wird wohl auch die Zeit kommen, da auf jenen Fluren
der Landmann, der die Erde mit dem krummen Pflug aufwirft,
auf Speere stößt, zernagt vom fressenden Rost,
oder mit seinem wuchtigen Karst an hohlklingende Helme schlägt
und Riesengebeine in aufgehackten Gräbern anstaunt.

§ 776 Die Vergleichung im engeren Sinne gibt z. B. c) denen, die Affektionen oder Veränderungen der Seele aufhellen wollen, die vergesellschafteten Ideen der Gliedmaßen des Leibes an die Hand, die – weil es, wenn bestimmte Affektionen gegeben sind, wahrscheinlich ist, daß sie während solcher Veränderungen besonders affiziert und näher berührt werden – gleichsam jeweils als Sitz dieser in der Seele stattfindenden inneren Veränderungen betrachtet werden. So wird der Verstand durch den Kopf und das Gehirn aufgehellt, äußere Empfindungen werden durch die Sinnesorgane aufgehellt, Begierden durch das Herz, niedrigere Begierden durch die Leber, die Scham durch die Stirn und das Antlitz usw.

Istis, qui linguam avium intelligunt,
Plusque ex alieno iecore sapiunt, quam suo,
Magis audiendum, quam auscultandum, censeo.

Pac. ap. Cic., De div. I[1] e. c.

Pudorem
Ferreo canis exprimamus ore, Cat.[2]

vides, quae maxima credis
Esse mala, exiguum censum, turpemque repulsam
Quanto devites animi capitesque labore? Hor., Ep. I, 44.[3]

§ 777 Porro comparatio stricte dicta d) eventum factumque, singulare quodvis, illustrat a loco et tempore, per ideas socias eodem loco, eodem tempore perceptorum, §§ 773, 752.

O! cives! cives! quaerenda pecunia primum est,
Virtus post nummos: haec Ianus summus ab imo
Prodocet: haec recinunt iuvenes dictata, senesque,
Laevo suspensi loculos tabulas lacerto, 55.[4]

Solvitur acris hiems grata vice veris et Favoni,
Trahuntque siccas machinae carinas.
Ac neque iam stabulis gaudet pecus, aut arator igni,
Nec prata canis albicant pruinis.
Iam Cytherea choros ducit Venus, imminante luna,
Iunctaeque Nymphis Gratiae decentes
Alterno terram quatiunt pede, dum gravis Cyclopum
Vulcanus ardens urget (visit) officinas.
Nunc decet aut viridi nitidum caput impedire myrto,
Aut flore, terrae quem ferunt solutae, Od. I 4.[5]

1 Cic., *De div.* 1, 131.
2 Catull 42, 16 f.
3 Horaz, *Ep.* 1, 1, 42–44.
4 Ebd. 1, 1, 53–56.
5 Horaz, *Carm.* 1, 4, 1–10.

Diese da, die sich auf die Sprache der Vögel verstehen
und ihre Weisheit mehr aus einer fremden Leber als der eigenen
beziehen,
sie sollten, nach meiner Ansicht, eher auf sich selbst als auf die Vögel
hören usw.[1]

Wir wollen der eisernen Miene der Hündin Schamröte entlocken.

Du siehst doch,
mit welchem Einsatz von Leib und Leben du zu meiden trachtest,
was du für die beiden größten Übel hältst:
schmales Vermögen und eine schändliche Wahlniederlage!

§ 777 Ferner hellt die Vergleichung im engeren Sinne d) irgendeine einzelne Begebenheit und ein einzelnes Geschehen an einem bestimmten Ort und zu einer bestimmten Zeit durch vergesellschaftete Ideen des am selben Ort, zur selben Zeit Wahrgenommenen auf.

›O Bürger, Bürger, Geld muß man als erstes erstreben,
Tugend erst nach dem Geld!‹ Diese Regel lehrt laut des Janus Arkade
von oben bis unten, Junge wie Alte beten sie nach,
am linken Arme haben sie hängen Rechensteine und Schreibtafel.[1]

Hin schmilzt gestrenger Winter im willkommenen Wechsel des
Frühlings und des Westwinds,
fort ziehen Rollen die trockenen Kiele,
schon findet nicht mehr an den Ställen Gefallen das Vieh noch der
Pflüger am Feuer,
nicht mehr die Wiesen leuchten weiß im Reif:
Schon führt Kytheras Venus an die Chöre, darüber schwebt Luna,
es reihen sich ein den Nymphen die Grazien, die holden,
wechselnd den Grund berührt ihr Fuß, während die dunklen
Kyklopen-
Werkstätten bedrängt (aufsucht) gluterfüllt Gott Vulkan.[2]
Jetzt ist es Zeit, grün das glänzende Haupt zu kränzen mit Myrte
oder mit Blumen, wie sie trägt die gelockerte Erde.

§ 778 Comparatio stricte dicta e) rem et personam, quae in alicuius potestate est, eumque confert, qui illius dominus, dux, imperans est, vel possessor. Unde illustratio α) rei a possessore, domino, deo, qua ratione describit Virgilius Aeoliam,

Hic vasto rex Aeolus antro
Luctantes ventos tempestatesque sonoras
Imperio premit, ac vinclis et carcere fraenat, Aen. I 58,[1]

β) personae a superiore, duce, principe, rege, cui subiicitur. Ventos in personas mutarat Virgilius, hinc illustrantur per suum regem:

celsa sedet Aeolus arce
Sceptra tenens, mollitque animos et temperat iras,[2]

a Iove datus,

qui foedere certo
Et premere et laxas sciret dare iussus habenas, 67.[3]

§ 779 Comparatio possessoris et possessi dat illustrationem γ) possessoris a re possessa:

Non illi imperium pelagi, saevumque tridentem
Sed mihi sorte datum. Tenet ille immania saxa,
Vestras, Eure, domos. Illa se iactet in aula
Aeolus, et clauso ventorum carcere regnet, 145,[4]

δ) ducis, principis, imperantis, dei a subditis et personis, in illius potestate constitutis, § 778. Horatius ad Augustum:

Praesenti tibi maturos largimur honores,
Iurandasque tuum per numen ponimus aras,
Nil oriturum alias, nil ortum tale fatentes.
Sed tuus hoc populus sapiens et iustus in uno,

1 Vergil, *Aen.* 1, 52–54.
2 Ebd. 1, 56 f.
3 Ebd. 1, 62 f.
4 Vergil, *Aen.* 1, 138–141.

§ 778 Die Vergleichung im engeren Sinne bringt e) eine Sache und eine Person, die sich unter jemandes Herrschaft befinden, mit demjenigen zusammen, der ihr Herr, Führer, Befehlshaber oder Besitzer ist. Von daher gibt es die Aufhellung α) einer Sache durch den Besitzer, den Herr, den Gott, mit der Vergil Aeolien beschreibt:

Wo in geräumiger Höhle der König Aeolus
kämpfende Winde und brausende Wetter mit starkem
Machtgebot bedrückt und mit Kerker und Fesseln sie bändigt,

β) einer Person durch einen Höherstehenden, Führer, Regenten, König, dem sie unterworfen ist. Vergil verwandelte die Winde in Personen, dadurch werden sie durch ihren König aufgehellt:

Aeolus thront mit dem Zepter
hoch auf der Burg und dämpft die Geister und sänftigt ihr Zürnen,

Aeolus, der ihnen von Jupiter gegeben wurde,

der nun nach festem Vertrage
bald sie knebelte, bald ihre Zügel zu lockern erlaubte.

§ 779 Die Vergleichung des Besitzers und des Besitzes gibt eine Aufhellung γ) des Besitzers durch die Sache, die er besitzt:

Ihm nicht gab des Meeres Gewalt und den schrecklichen Dreizack,
sondern mir das Los. Sein sind die grausigen Klüfte,
eure Behausungen, Winde, da spreiz sich in seinem Palaste
Aeolus und regiere die kerkerverschlossenen Winde,

δ) des Führers, Herrschenden, Befehlshabers, Gottes durch die ihnen jeweils Untergebenen und durch Personen, die sich unter ihrer Herrschaft befinden. Horaz sagt zu Augustus:

Du weilst hier bei uns, und wir weihen dir rechtzeitig Ehren,
errichten Altäre und schwören an ihnen bei deiner Gottheit. Ja, wir sprechen es aus:
Nichts wird jemals entstehen, nichts ist je entstanden, was ihr gleichkommt.
Dieses dein Volk aber, so weise doch und so gerecht,

Te nostris ducibus, te Graiis anteferendo,
Caetera nequaquam simili ratione modoque
Aestumat, Ep. II 1, 20.[1]

SECTIO XLVII
TROPI

§ 780 TROPUM hic non attendo tantum, quatenus *est verbi vel sermonis a propria significatione in aliam cum virtute mutatio,* Quint. VIII 6,[2] multo minus, quem necessitas et linguae paupertas necessarium facit, quoties significandum est, cuius non est in data lingua proprium vocabulum, minime, quem ignorantia proprietatis in loquendo procudit: sed omnem elegantem perceptionis unius pro altera substitionem, sive vocabulis translatis significetur, quod notissimum, sive sonis sibi invicem substitutis a musico, sive coloribus a pictore, sive per aliud quodcunque signorum genus eleganter te pro uno aliud cogitasse exprimas.

§ 781 Venustam intueamur troporum genesin, et pulveris exigui iactu componi potest *inexplicabilis,* quam Fabius praefatur l.c. nisi *grammaticorum inter ipsos, philosophorum* certe *pugna circa tropum, quae sint genera, quae species, qui numerus, quis cuique subiiciatur?*[3] An sit figura e.c. In certo pulcrae tuae meditationis loco vividitas postulet comparationem aliquam, § 734, quam tamen ibidem diductam, amplam et copiosam, explicite cogitantis 1) subiectum 2) terminum comparationis, § 736, non admittat rotunda brevitas, § 166: habebas locum excipiendi, § 24. Exceptio, qua sic satisfiat vividitati, ne quid detrimenti capiat rotunda brevitas, erit possibilium minima, § 24, sane non inelegans, § 25. Quod si iam omittas, nec explicite cogites,

1 Horaz, *Ep*. 2, 1, 15–21.
2 Quint. 8, 6, 1.
3 Ebd.

daß es allein dich unsern Führern, dich auch den Griechen voranstellt – weit ist es davon entfernt, auch alles andere auf gleiche Weise und Art zu bewerten.

ABSCHNITT XLVII
DIE TROPEN[1]

§ 780 Auf den Tropus gebe ich hier nicht so sehr acht, insofern er *die kunstvolle Vertauschung der eigentlichen Bedeutung eines Wortes oder Ausdrucks mit einer anderen ist*, noch viel weniger auf den Tropus, den die Notwendigkeit und die Armut der Sprache unabdingbar macht,[2] sooft etwas bezeichnet werden soll, für das es in einer gegebenen Sprache kein eigenes Wort gibt, und am wenigsten auf denjenigen, den die Unwissenheit bezüglich der Eigentümlichkeit einer Sprache beim Sprechen hervorbringt: Sondern ich gebe acht auf jede geschmackvolle Ersetzung einer Vorstellung durch eine andere, sei es, daß sie durch übertragene Worte bezeichnet wird, was am bekanntesten ist, sei es durch sich wechselseitig ersetzende Töne seitens des Musikers, sei es durch Farben seitens des Malers oder sei es, daß man es durch was auch immer für eine andere Art von Zeichen auf geschmackvolle Weise ausdrückt, anstelle des einen ein anderes gedacht zu haben.

§ 781 Laßt uns die anmutige Entstehung der Tropen genau betrachten, und mit einem einzigen Wurf von ein wenig Staub kann das *unentwirrbare Ringen* zur Ruhe gebracht werden,[1] das Fabius eingangs erwähnt, wenn nicht *der Grammatiker unter sich*, so doch sicherlich *der Philosophen über den Tropus, welche seine Gattungen, welche seine Arten sind, wie groß die Anzahl der Tropen sei und was unter die einzelnen Gruppen gestellt werden soll*, ob er eine Figur sei usw. An einer bestimmten Stelle deiner schönen Überlegung mag die Lebhaftigkeit irgendeine Vergleichung fordern, welche jedoch eben daselbst die abgerundete Kürze als eine entfaltete, ausgebreitete und reichhaltige Vergleichung seitens desjenigen, der 1) das Subjekt und 2) den Hauptbegriff der Vergleichung in deren ganzer Ausfaltung denkt, nicht erlauben mag: Dann wirst du hier eine Stelle haben, wo

nec peculiari termino significes, subiectum comparationis, sed eidem substituas, eiusdemque loco solum explicite cogites, solum significes terminum comparationis, auditori spectatorive relinquens, ut inde tacitus ille secum evolvat subiectum comparationis, ita satisfecisti vividitati comparationem poscenti, ne quid inde detrimenti ceperit rotunda brevitas, quoniam seriem explicite cogitatorum ne uno quidem auxisti signo vel verbulo. Unde nascitur substitutio termini comparationis pro subiecto eiusdem non inelegans, tropus, § 780.

§ 782 Quae sunt ergo troporum genera? quae species? Eaedem, quae comparationis latius dictae, §§ 734–779. Qui numerus? innumerabilis. Quis cuique subiicitur? Qui non est METAPHORA, contracta assimilatio, §§ 735–741, nec SYNECDOCHE, contracta comparatio maioris et minoris, S. XLIV, nec IRONIA, contracta antithesis, S. XLV, erit ille sane METONYMIA, contracta comparatio strictius dicta, S. XLVI, quemadmodum eruditus, qui nec theologus, nec iureconsultus, nec medicus nominatur, eo ipso philosophicum in ordinem amandatur per academias.

§ 783 An figurae tropi sunt, an tropi figurae? *Plerique has tropos esse existimaverunt – – – Usus est idem. Nam et vim rebus adiiciunt,* M. § 515, *et gratiam praestant,* §§ 780, 26. *Nec desunt, qui tropis figurae nomen imponant, quorum est C. Artorius Proculus. Quin adeo similitudo manifesta, ut eam discernere non sit in promtu – – – Haec scio, quam multiplicem habeant, quamque scrupulosam disputationem. – – – Haec de quibus loquimur, sive tropi, sive figurae dicuntur, idem efficient. – – – Il-*

eine Ausnahme gemacht werden muß. Diese Ausnahme, durch die so der Lebhaftigkeit Genüge getan werden mag, ohne daß von daher die abgerundete Kürze Schaden erleidet, wird so geringfügig wie möglich sein und in der Tat nicht ungeschmackvoll. Wenn du nun das Subjekt der Vergleichung ausläßt, es nicht ausdrücklich denkst, es nicht mit einem besonderen Begriff bezeichnest, sondern dasselbe ersetzt und an der Stelle desselben nur den Hauptbegriff der Vergleichung ausdrücklich denkst und bezeichnest, indem du es dem Hörer oder dem Betrachter überläßt, daß er von daher sich selbst im Stillen das Subjekt der Vergleichung klarmacht, wirst du so der Lebhaftigkeit, welche eine Vergleichung fordert, Genüge geleistet haben, ohne daß daher die abgerundete Kürze Schaden nimmt, weil du ja die Reihe des ausdrücklich Gedachten nicht um ein einziges Zeichen oder Wörtchen vermehrt hast. Von daher erwächst die nicht ungeschmackvolle Einsetzung des Hauptbegriffs der Vergleichung anstelle des Subjekts, der Tropus.

§ 782 Welches sind also die Gattungen der Tropen? Welches ihre Arten? Dieselben wie diejenigen der Vergleichung im weiteren Sinne. Und ihre Anzahl? Es sind unzählige. Und was wird ihnen beigeordnet? Ein Tropus, der weder eine METAPHER, eine verkürzte Verähnlichung ist, noch eine SYNEKDOCHE,[1] eine verkürzte Vergleichung des Größeren und des Kleineren, noch IRONIE, eine verkürzte Entgegensetzung, wird in der Tat eine METONYMIE sein,[2] eine verkürzte Vergleichung im engeren Sinne, gleichwie ein Gelehrter, der weder ein Theologe noch ein Jurist noch ein Mediziner genannt wird, innerhalb der Akademien selbstredend in die Klasse der Philosophen verwiesen wird.

§ 783 Ob die Figuren Tropen sind, die Tropen Figuren? *Sehr viele haben die Figuren für Tropen gehalten. – – – Ihre Verwendung ist die gleiche. Denn sie geben den Sachverhalten zusätzliche Ausdruckskraft und verleihen ihnen Gefälligkeit. Andererseits fehlt es nicht an solchen, die den Tropen den Namen Figuren geben, so C. Artorius Proculus.*[1] *Fürwahr ist die Ähnlichkeit so handgreiflich, daß sie auseinanderzuhalten gar nicht einfach ist. – – – Ich weiß, wie vielfältig und wie knifflig die Erörterung ist, die hier ansetzt. – – – Die Erscheinungen, von denen*

lud tamen notandum, coire frequenter in easdem sententias, et tropon, et figuram. Tam enim translatis, quam propriis figuratur oratio. Est autem non mediocris inter auctores dissensio, et quae vis nominis eius, et quot genera, et quam multae sint species, Quint. IX 1.[1]

Grammatici certant, et adhuc sub iudice lis est, Hor.[2]

§ 784 Philosopho nodus in scirpo quaeri videatur, § 781. Non omnes figurae tropi sunt, §§ 26, 780. Rectius autem bonus ille Proculus, si tropon ex notione Quintiliani paullisper extensa sumas, § 780, nec eo necessarias quascunque, multo minus inficetas ignorantium linguam, quam loquuntur, translationes referas. Omnis tropus, quem definivi, est FIGURA, sed CRYPTICA, cuius genuina forma non statim apparet, quoniam est figura contracta per substitutionem, § 782.

§ 785 Logici scholasticorum docent PROPOSITIONEM EXPONIBILEM, ex affirmanti et negante cryptice compositam, quales exclusivae, exceptivae, restrictivae e. c. Nisi vererer latinis incommodus esse auribus, tropos figuras dicerem exponibiles. Quemadmodum enim barbaram propositionibus denominationem dedit schola, quoniam expositione indigent, ut appareat genuina utriusque partis forma, ex quibus coaluerunt; sic tropus, ut grammaticis etiam, qui non sunt philosophi, figura appareat, expositione indiget. Si ex termino comparationis, qui solus in tropo cogitatur explicite, significatus proprius, eruas omissum subiectum comparationis, significatum im-

1 Ebd. 9, 1, 1–3; 7, 8, 9 f.
2 Horaz, *A. p.* 78.

wir sprechen, ob man sie nun Tropen oder Figuren nennt, leisten das Gleiche. – – – Jedoch verdient die Tatsache Beachtung, daß häufig bei den gleichen Gedanken Tropus[2] *und Figur gleichzeitig auftreten; denn die Rede läßt sich ebenso mit Worten im übertragenen wie im eigentlichen Sinn*[3] *zur Figur gestalten. Nicht unbeträchtlich ist aber die Meinungsverschiedenheit der Sachkenner über die Frage, was der Name ›Figur‹ eigentlich bedeutet, wie viele Gattungen es gibt*[4] *und wie viele Arten.*

Darüber streitet man unter Grammatikern, der Fall verlangt noch den Richter.

§ 784 Dem Philosophen möchte es scheinen, daß hier Schwierigkeiten gesucht werden, wo keine sind.[1] Nicht alle Figuren sind Tropen. Mehr Recht hat jedoch jener gute Proculus, wenn man den Tropus nach dem Begriff Quintilians in einem ein wenig ausgedehnten Sinne annimmt, und man sich mit ihm nicht auf irgendwelche notwendigen, und noch weniger irgendwelche geschmacklosen Übertragungen von solchen, die der Sprache unkundig sind, die sie sprechen, bezieht. Jeder Tropus, den ich als solchen definiert habe, ist eine FIGUR, aber eine VERBORGENE, deren echte Form nicht sogleich in Erscheinung tritt, weil sie ja eine durch die Ersetzung verkürzte Figur ist.

§ 785 Die scholastischen Logiker lehren, daß EIN ZU ENTWIKKELNDER SATZ aus einer bejahenden und einer verneinenden Aussage in verborgener Weise zusammengesetzt ist,[1] dergleichen es ausschließende, ausnehmende, einschränkende[2] usw. Sätze gibt. Wenn ich nicht fürchtete, Ohren, die gutes Latein gewöhnt sind, unbequem zu sein, würde ich die Tropen zu entwickelnde Figuren nennen. Gleichwie nämlich die Schultradition solchen Sätzen diese barbarische Bezeichnung gab, weil sie einer Aufklärung bedürfen, damit die echte Form der beiden Teile, aus denen sie vereinigt wurden, in Erscheinung tritt, so erfordert auch der Tropus, damit er auch den Grammatikern, die keine Philosophen sind, als Figur erscheint, eine Aufklärung. Wenn du aus dem Hauptbegriff der Vergleichung, der allein in einem Tropus, als eigentliche Bedeutung, ausdrücklich gedacht wird, das ausgelassene Subjekt der Verglei-

proprium, et hoc, neglecto brevitatis amore, explicite manifestoque penes terminum comparationis cogites, et utrumque te cogitare peculiaribus cuivis terminis et signis declares, TROPUS EXPONITUR.

§ 786 Metaphoram exponens habebis manifestam assimilationem, § 735. Synecdochen exponens videbis comparationem maioris et minoris. Est ergo vel ADSCENDENS SYNECDOCHE, vel DESCENDENS, § 742. Expone ironiam: habebis antithesin, § 763. Metonymia denique resolvetur in aliquam comparationem strictius dictam, §§ 773, 782. Quicquid itaque de figuris commemoratis huc usque dictum est, §§ 730–779, illud ut de tropis, earum crypsesi, repetamus, non est necesse.

§ 787 *In totum metaphora brevior est similitudine* (assimilatione manifesta et explicita, § 735), §§ 781, 782, *quod illa comparatur* (explicite) *rei, quam volumus exprimere* (subiecto comparationis), *haec pro ipsa re dicitur. Comparatio est* (et quidem manifesta assimilatio) *fecisse quid hominem, ut leonem. Translatio est, quum dico de homine leo est* (et quidem metaphora), Quint. VIII 6.[1] Sed est etiam audacior metaphora, quam comparatio, hinc ausi hominem cum leone comparare, saporis eruditi homines non audent temere leonem eundem dicere, § 313. Non tango species metaphorae, quoniam *iam non pueris praecipimus, ut, accepto genere, species intelligere non possint*, ib.[2] Caveantur 1) quarum *frequens usus et obscurat, et taedio complet*,[3] § 731, 2) *humiles, sordidae, deformes*,[4] §§ 736, 762, 3) *nimio maiores aut, quod saepius accidit, minores*,[5] § 737, unde tumor vel βάθος, 4) *dissimiles*,[6] quarum ipsum comparationis tertium notabiliter differt in termino et subiecto assimilationis, § 736, 5) *durae, i. e. a longinqua similitudine*

1 Quint. 8, 6, 8 f.
2 Ebd. 8, 6, 13.
3 Ebd. 8, 6, 14.
4 Vgl. ebd. 8, 6, 14 f.
5 Vgl. ebd. 8, 6, 16.
6 Ebd.

chung, die uneigentliche Bedeutung, ermittelst und dieses, unter Vernachlässigung der Liebe zur Kürze, ausdrücklich und als Offenbares bei dem Hauptbegriff der Vergleichung mitdenkst und erklärst, daß du beide mit ihren jeweils eigenen Begriffen und Zeichen denkst, dann WIRD DER TROPUS AUFGEKLÄRT.

§ 786 Wenn du eine Metapher aufklärst, wirst du eine offenbare Verähnlichung haben. Wenn du eine Synekdoche aufklärst, wirst du eine Vergleichung des Größeren und des Kleineren erblicken. Sie ist dann also entweder eine AUFSTEIGENDE oder eine ABSTEIGENDE SYNEKDOCHE. Kläre die Ironie auf und du wirst eine Entgegensetzung haben. Die Metonymie schließlich wird in irgendeine Vergleichung im engeren Sinne aufgelöst werden. Was also über die bisher angeführten Figuren gesagt worden ist, von dem ist nicht notwendig, daß wir es nun in bezug auf die Tropen und die Verborgenheit der Figuren in ihnen wiederholen.

§ 787 *Im ganzen ist die Metapher kürzer als das Gleichnis*[1] (die offenbare und ausdrückliche Verähnlichung), *weil dieses* (in ausdrücklicher Weise) *einen Vergleich mit der Sache bietet, die wir darstellen wollen* (mit dem Subjekt der Vergleichung), *während jene für die Sache selbst steht. Eine Vergleichung* (und gewiß eine offenbare Verähnlichung) *ist es, wenn ich sage, ein Mann habe etwas getan ›wie ein Löwe‹. Eine Übertragung ist es* (und gewiß eine offenbare Verähnlichung), *wenn ich sage: ›Er ist ein Löwe‹.* Doch die Metapher ist auch kühner als die Vergleichung, daher wagen es Menschen von gelehrtem Geschmack, die es gewagt haben, einen Mann mit einem Löwen zu vergleichen, nicht ohne weiteres, denselben einen Löwen zu nennen. Ich berühre hier nicht die verschiedenen Arten der Metapher, weil *wir ja jetzt keine Anweisungen für Knaben geben, die nicht imstande wären, wenn sie die Gattung haben, die einzelnen Arten zu erkennen.* Man möge sich in acht nehmen vor Metaphern, 1) deren *häufiger Gebrauch sie dunkel macht und uns mit Überdruß erfüllt*, 2) die *niedrig, unanständig und häßlich* sind, 3) die *allzu groß oder, was öfter vorkommt, allzu klein* sind, woher der Schwulst oder das Kriechende erwächst, 4) die *unähnlich* sind, deren Mittelbegriff der Vergleichung selbst im Hauptbegriff einerseits und im Subjekt der Verähnlichung

ductae,[1] § 741. *Metaphora,* sicut omnis tropus, § 781, *si in alienum locum venit, debet plus valere,* § 26, *eo, quod expellit*, Quint., ib.[2]

§ 788 Expositionis § 786 et diiudicationis § 787 ad exercitium haec exempla sunto:

Homo homini deus est, si suum officium sciat, Caecil.[3]

Egomet credidi
Homini docto mandare, id lapidi mando maximo, Plaut.[4]

Te quia rugae
Turpant, et capitis nives, Hor.[5]

Aut porcus Umber, aut obesus Etruscus.[6]

Nec ullius natantis impetum trabis.
Nequisse praeterire, sine palmulis
Opus foret volare, sine linteo.
Ille, post phaselus, antea fuit
Comata silva. Nam Cytherio in iugo
Loquente saepe sibilum edidit coma, Cat.[7]

§ 789 Synecdoche adscendens, § 786, erit elegans substitutio 1) totius pro parte, §§ 780, 743. Plautus *ulmorum Acheronta*[8] per iocum dicit servum ulmeis saepe virgis vapulantem.

Serviet aeternum, qui parvo nesciet uti, Hor.[9]

Vel ipsa scilicet aeviternitas pars tantum aeternitatis est. Virgilius aliquando *elephantum* pro ebore, dente elephanti, ponit, § 753, 2) superioris pro inferiori, § 744. Huc εὐφημίσμοι, quibus ad mortem

1 Ebd. 8, 6, 17.
2 Vgl. ebd. 8, 6, 18.
3 Caecilius Statius, *Fragm.* 16, 264 (Ribbek).
4 Plaut., *Mercator* 631 f.
5 Horaz, *Carm.* 4, 13, 11 f.
6 Catull 39, 11.
7 Ebd. 4, 3–5, 10–12.
8 Plaut., *Amphitruo* 1029.
9 Horaz, *Ep.* 1, 10, 41.

andererseits in bemerkbarer Weise ein verschiedener ist, oder 5) die *hart sind, d. h. solche Metaphern, die aus einer zu weitläufigen Ähnlichkeit gewonnen sind. Die Metapher muß*, gleichwie jeder Tropus, *wenn sie auf einen Platz kommt, der einem anderen gehört, mehr leisten als das, was sie verdrängen will.*

§ 788 Dies sollen, zur Übung, Beispiele der Erhellung und der Beurteilung von Metaphern sein:

Der Mensch ist dem Menschen ein Gott, der um seine Pflicht weiß.

Ich glaubte mich
einem gebildeten Mann anzuvertrauen, doch ich überlasse mich einem Klotz.

Denn Runzeln entstellen dich und des Hauptes Schnee.

Ein Umbrer gleich einem Schwein oder ein feister Etrusker.[1]

Der Schwung keines anderen schwimmenden Holzes
konnte mich überflügeln, ob es nun galt mit Rudern
oder mit Segeln dahinzusausen.
Jene spätere Jacht war ehemals
ein belaubter Wald; ja auf dem Kamm des Cytorus[2]
hat er oft mit seinem flüsternden Kopfschmuck gerauscht.

§ 789 Eine aufsteigende Synekdoche wird die anmutige Einsetzung 1) eines Ganzen für einen Teil sein. Plautus nennt scherzhaft einen Sklaven, der oft mit Ulmenzweigen geschlagen wird, *Acheron der Ulmen.*[1]

Auf ewig wird Sklavendienste leisten, wer[2] *nicht von Wenigem zu leben weiß.*

Und freilich ist das Nur-ohne-Ende-Sein nur ein Teil der Ewigkeit.[3] Vergil setzt bisweilen *Elefant* für Elfenbein, den Zahn des Elefanten.[4] Eine aufsteigende Synekdoche wird 2) die Einsetzung eines Höheren für ein Niedrigeres sein. Hierzu gehören die Euphe-

pertinentia circumscribebant huius non lubenter memores; *si quid illi gravius acciderit* etc. pro consolatione lugentium,

Paullum quidlibet alloquutionis
Moestius lacrumis Simonideis, Cat.,[1]

quibus Venerea solebant obumbrare.

Tibi ultro supplicatum advenio ob stultitiam meam, Plaut.[2]

(stuprum illatum filiae).

§ 790 Synecdoche descendens, § 786, est venusta substitio 1) partis pro toto, § 746:

Plotius et Varius Sinuessae, Virgiliusque
Occurrunt, animae, quales neque candidiores
Terra tulit, neque queis me sit devinctior alter, Hor. I, Sat. 5.[3]

Sic forsan tener ausus est Catullus
Magno mittere passerem Maroni, Mart. IV, Ep. 14[4]

(poema de passere pro toto libro, quo continetur), 2) inferioris pro superiori perceptione, § 749,

Nullo fata loco possis excludere, quum mors
Venerit, in medio Tibure Sardinia est, Mart. 60.[5]

Illud pro saluberrimo, haec pro loco, qui pestilens habebatur, est posita.

§ 791 Ironicam Ciceronis illusionem habet *C. Verres, praetor urbanus, homo sanctus et diligens*,[6] et illud in Clodium: *Integritas tua te purgavit, mihi crede, pudor eripuit, vita ante acta servavit.*[7] Nec irrisio-

1 Catull 38, 7 f.
2 Plaut., *Aulularia* 752, 8.
3 Horaz, *Serm.* 1, 5, 40–43.
4 Mart. 4, 14, 13 f.
5 Ebd. 4, 60, 5 f.
6 Cic., *Pro Cluentio* 91. 7 Cic., *Frgm. libr. de philos.* B 13, 7, 1.

mismen, mit denen diejenigen den Tod betreffende Dinge umschrieben haben, die dessen nicht gern gedachten, z. B.: *Wenn ihm etwas Schlimmes passiert sein sollte*[5] usw., zur Tröstung der Trauernden,

Gib mir irgendeinen kleinen Zuspruch,
sei er auch trauriger als Simonides' Tränen,[6]

und die Euphemismen, mit denen sie Unzüchtigkeiten in Schatten zu hüllen pflegten:

Aus freien Stücken komme ich, um dich um Vergebung für meine Torheit zu bitten

(die der Tochter zugefügte Schändung).

§ 790 Eine absteigende Synekdoche ist die anmutige Einsetzung 1) eines Teiles für das Ganze:

Zusammen treffen ein Plotius, Varius und Vergilius in Sinuessa,
Geister, wie lauterer sie noch niemals die Erde getragen
und denen nicht ein zweiter stärker als ich ist verbunden,[1]

So wagte es vielleicht der zärtliche Catull,
dem großen Maron seinen Sperling zu schicken,[2]

(das Gedicht über den Sperling für das ganze Buch, in dem es enthalten ist). 2) Die anmutige Einsetzung einer niedrigeren für eine höhere Vorstellung:

An keinem Ort kannst du das Schicksal verhindern – wenn der Tod kommt, ist Sardinien mitten in Tibur.

Dieses wird für einen überaus gesunden Ort, jenes für einen Ort, der als pestilenzialisch galt, gesetzt.

§ 791 Cicero äußert eine ironische Verspottung: *Verres, Prätor der Stadt, eine heiliger und gewissenhafter Mann*, und jenen Ausspruch gegen Clodius: *Glaube mir, deine Unbescholtenheit hat dich entlastet, dein Schamgefühl herausgerissen, dein Vorleben gerettet.* Auch entbehrt, wie Fabius richtig bemerkt, der Anfang seiner Rede für Ligarius

ne caret, uti Fabius recte notat, initium orationis pro Ligario: *Novum crimen, C. Caesar, et ante hunc diem inauditum.*[1]

Insere nunc, Meliboee, pyros, pone ordine vites! [2]
– – –
Scilicet is superis labor est, ea cura quietos
Exagitat! Virg.[3]

§ 792 Metonymia erit venusta substitutio, § 782, 1) efficientis caussae pro effectu:

Rarae sine Mentore mensae, Iuv. VIII,[4]

2) effectus pro caussa:

Pallentes habitant morbi, tristisque senectus, Virg.,[5]

Donec virenti canities abest, Hor. I 9.[6]

Senectutis effectus est canities. 3) Medii pro fine:

Phyllida mitte mihi, meus est natalis, Iola! Virg.,[7]

4) finis pro medio, § 774:

Meritos aris mactavit honores, Virg.[8]

§ 793 5) Signi pro signato:

Dum pueris omnis pater et matercula pallet, Hor.[9]

Pallor signum timoris est. 6) Signati pro signo, § 775:

Nunc te marmoreum pro tempore fecimus, at tunc,
Quum foetura gregem suppleverit, aureus esto, Virg.[10]

7) Phaenomenorum in corpore pro simultaneis eorum in anima contingere solitis, § 776:

[1] Cic., *Pro Lig.* 1.
[2] Vergil, *Ekl.* 1, 73.
[3] Vergil, *Aen.* 4, 379 f.
[4] Juv. 8, 104.
[5] Vergil, *Aen.* 6, 275.
[6] Horaz, *Carm.* 1, 9, 17.
[7] Vergil, *Ekl.* 3, 76.
[8] Vergil, *Aen* 3, 118.
[9] Horaz, *Ep.* 1, 7, 7.
[10] Vergil, *Ekl.* 7, 35 f.

nicht der Spötterei: *Ein neues Verbrechen, Caius Caesar, und bis zu diesem Tag unerhört.*[1]

Pfropfe nun Birnbäume, Meliboeus, pflanze Reben in Reihen!

Damit mühen sich also die Himmlischen. Das ist der Götter Sorge?

§ 792 Die Metonymie wird die anmutige Einsetzung sein, 1) der bewirkenden Ursache für die Wirkung:

Kaum ein Tisch war ohne Mentor,[1]

2) der Wirkung für die Ursache:

Bleiche Krankheiten wohnen daselbst und das grämliche Alter,

Solang deiner grünenden Blüte das Grauhaar noch fern ist

– die Wirkung des hohen Alters ist das graue Haar. 3) Die Einsetzung des Mittels für den Zweck:

Schicke Phyllis zu mir; ich habe Geburtstag, Iollas!,

4) des Zwecks für das Mittel:

Und weihte die schuldige Pflicht den Altären.

§ 793 5) Die Einsetzung des Zeichens für das Bezeichnete:

Während jeder Vater und auch die zärtliche Mutter erbleicht wegen der Kinder

– das Bleichsein ist ein Zeichen der Furcht. 6) Die Einsetzung des Bezeichneten für das Zeichen:

Vorerst haben wir dich, unseren Mitteln entsprechend, aus Marmor gebildet; wenn aber dann
die Herde durch einen neuen Wurf Zuwachs erhält, sollst du vergoldet werden.[1]

7) Die Einsetzung der Erscheinungen im Leibe für die ihnen

O! te, Bollane, cerebri
Felicem![1]

O! ego laevus,
Qui purgor bilem sub verni temporis horam! Hor.,[2]

8) affectionum animae pro correspondente cum iisdem corporis statu:

Si mihi non animo fixum immotumque sederet,
Ne cui me vinclo vellem sociare iugali,
Postquam primus amor deceptam morte fefellit,
– – –
Huic uni forsan potui succumbere culpae, Aen. IV 19.[3]

§ 794 9) Loci vel aetatis, temporis, horae, continentis pro re vel persona isto loco, vel tempore contenta, § 777,

Quinque adeo magnae, positis incudibus, urbes
Tela novant, Atina potens, Tiburque superbum,
Ardea Crusiumerique et turrigerae Antennae, Aen. VII 630.[4]

Adspice venturo laetentur ut omnia saeclo! Ecl. IV 52.[5]

10) Contenti in tempore locove pro tempore et loco:

Nunc etiam pecudes umbras et frigora captant,
Nunc virides etiam occultant spineta lacertos,
Thestylis et rapido fessis messoribus aestu
Allia serpillumque herbas contundit olentes, Ecl. II 10.[6]

Te campo quaesivimus in minore
Te in circo, te in omnibus libellis, Cat.[7]

(pro tabernis librariis).

1 Horaz, *Serm.* 1, 9, 11 f.
2 Horaz, *A. p.* 301 f.
3 Vergil, *Aen.* 4, 15–17 und 19.
4 Ebd. 7, 629–631.
5 Vergil, *Ekl.* 4, 52.
6 Vergil, *Ekl.* 2, 8–11.
7 Catull 55, 3 f.

gleichzeitigen Regungen der Seele, mit denen sie gewöhnlich in Beziehung stehen:

O Bolanus, mit deinem hitzigen Kopf
gesegnet![2]

O ich Dummkopf,
der ich mir die Galle an Frühlingstagen purgiere!,[3]

8) der Affektionen der Seele für den diesen entsprechenden Zustand des Körpers:

Wäre mein Herz nicht fest und unerschüttert mein Wille,
keinem Manne mich mehr durch eheliche Bande zu einen,
seit meine erste Liebe durch den Tod mich Betrogene unerfüllt ließ,
– – –
Ja, diesen einen zu lieben vermöchte ich schuldig zu werden.[4]

§ 794 9) Die Einsetzung des Ortes, des Zeitalters, der Zeit oder der Stunde, in denen etwas ist, für die Sache oder die Person, die an diesem Ort oder in dieser Zeit ist:

Ja, fünf mächtige Städte errichten den Amboß und schmieden
neu ihre Wehr, das starke Atina, Ardea, Tibur,
Crustumerium und das turmumkränzte Antemna.

Siehe, wie sich alles über den kommenden Äon freut!

10) Die Einsetzung dessen, was in einer Zeit oder an einem Ort ist, für den Ort und die Zeit:

Auch Tiere suchen jetzt schattige Kühle;
Dornhecken bieten jetzt grünen Eidechsen Unterschlupf,
und für die von der Hitze ermatteten Schnitter zerreibt Thestylis
Knoblauch und Quendel, duftende Kräuter.

Dich hab ich auf dem kleineren Sportplatz gesucht,
dich im Circus, dich in allen Büchlein

(für die Läden der Buchhändler).

§ 795 11) Dei, domini, ducis, imperantis pro re possessa vel persona, quae in eius est potestate: *Sine Cerere et Baccho friget Venus.*[1]

Iam proximus ardet
Ucalegon, Virg.[2]

Ubi is homo est?
Iam devorandum censes, si conspexeris?[3]
Dum datur, dum calet, devorari decet, Plaut.[4]

Confer, § 141, sis, Catulli locum citatum. 12) Rei, vel personae, quae alicui, tanquam possessori, vel imperanti, competunt, pro hoc homine, possessore vel imperante, § 778,

Cedant arma togae, Cic.[5]

Flerunt Rhodopeiae arces.
Altaque Pangaea, et Rhesi Mavortia tellus, Georg. IV 461.[6]

Ille seu Parthos Latio imminentes
Egerit iusto domitos triumpho, Hor. I, Od. 12.[7]

§ 796 Quam metalepsin antecedentis pro consequente dicunt, et consequentis pro antecedente, quamque suo iure ac merito comitatur metalepsis concomitantium, quando simultaneorum unum ponitur pro altero: est ea metonymia, §§ 782, 773, quoniam substituit perceptiones sibi mutuo socias, quarum vel utraque dato tempore fuerant sensationes, vel altera imaginatio, altera sensatio, vel altera sensatio, altera praevisio, M. § 576. Sic antecedens ponitur pro consequente in euphemismo Catulli de pomo Atalantae,

Quod zonam soluit diu ligatam, 2,[8]

1 Ter., *Eun.* 4, 4, 8.
2 Vergil, *Aen.* 2, 311 f.
3 Plaut., *Asinaria* 338.
4 Plaut., *Pseudolus* 1127.
5 Cic., *De off.* 1, 77.
6 Vergil, *Georg.* 4, 461 f.
7 Horaz, *Carm.* 1, 12, 53 f.
8 Catull 2a, 3.

§ 795 11) Die Einsetzung des Gottes, Herren, Führers oder Befehlshabers für die Sache, die er besitzt, oder für die Person, die sich unter seiner Herrschaft befindet: *Ohne Ceres und Bacchus friert Venus*,

Daneben sieht man Ukalegon
brennen,[1]

Wo ist dieser Mann?
Willst du ihn verschlingen, sobald du ihn siehst?
Man muß ihn verschlingen, solange er einem zufällt, solange er noch warm ist.

Vergleiche doch damit die in § 141 aus Catull zitierte Stelle. 12) Die Einsetzung der Sache oder der Person, die jemandem gleichsam als Besitzer oder als Befehlshaber zukommen, für diesen Menschen, Besitzer oder Befehlshaber:

Weichen mögen die Waffen der Toga,[2]

Es klagten die Gipfel des Rhodopegebirges,
die hohen Pangaeaberge und das Marsland des Rhesus,

Er mag die Parther, die Latium drohen,
führen gezähmt im verdienten Triumphe.

§ 796 Was man eine Metalepse[1] des Vorhergehenden für das Nachfolgende nennt, und des Nachfolgenden für das Vorhergehende, und zu der sich mit Fug und Recht noch die Metalepse der Begleiterscheinungen gesellt, wenn von Gleichzeitigem das eine für das andere gesetzt wird: Dies ist eine Metonymie, weil sie miteinander vergesellschaftete Vorstellungen wechselseitig ersetzt, von denen zu einer gegebenen Zeit entweder jede von beiden eine Empfindung gewesen war, oder die eine eine Einbildung eines vergangenen Zustands, die andere eine Empfindung, oder die eine eine Empfindung, die andere eine Vorhersehung eines zukünftigen Zustands.[2] So wird das Vorhergehende für das Nachfolgende gesetzt in dem Euphemismus des Catull bezüglich des Apfels der Atlanta,

der ihr den lange verschlossenen Gürtel löste,

et apud Virgilium, quando Silenum antiquissima cantantem narrat, Ecl. VI:

Tum Phaetontiadas musco circumdat amarae
Corticis, atque solo proceras erigit alnos.[1]

Consequens pro antecedente:

Caeduntur tumidae, medico ridente, mariscae, Iuv. II 13,[2]

unum concomitantium pro altero:

Vos lanam trahitis, calathisque peracta refertis
Vellera, vos tenui praegnantem stamine fusum
Penelope melius, levius torquetis Arachne, 55.[3]

§ 797 ANTONOMASIA, qua pro idea, conceptu singularium et individuorum, et famosiori vel usitatiori, eiusdem signo, quod in oratione solet esse nomen, nunc proprium dici solitum, substituitur conceptus alius, vel plures conceptus in periphrasin et circumscriptionem combinati, nunc cum priore reciproci, nunc latiores eodem, aut vice versa, est synecdoche, nunc adscendens speciei, vel generis pro individuo, § 789, nunc descendens, individui pro specie vel genere, §§ 790, 786, nunc tandem descriptio propria, quae scilicet describendo non sit latior, manifesta potius est figura, §§ 550, 733, quam tropus, § 780. *Magnanimus Anchisiades* apud Virgilium V[4] est antinomia adscendens. Patronymicum enim, etiamsi unicus sit tantum filius, aut unica filia, tamen horum individuis latius patet in regno possibilium heterocosmice, quia plures esse potuissent filii filiaeve, immo in hoc etiam mundo, quoniam non solis filiis filiabusve convenit, sed posteris etiam

Natorum natis, et qui nascentur ab illis.[5]

1 Vergil, *Ekl.* 6, 62 f.
2 Juv. 2, 13.
3 Juv. 2, 54–56.
4 Vergil: *Aen.* 5, 407.
5 Ebd. 3, 98.

und bei Vergil, wenn er vom Silen erzählt, der von uralten Zeiten singt:

Danach umgibt er Phaetons Schwestern mit Moos auf bitterer
Rinde und läßt sie als schlanke Erlen vom Boden emporstreben.

Das Nachfolgende für das Vorhergehende:

Es werden dir, und der Arzt lacht dabei, geschwollene Feigwarzen herausgeschnitten,

eine der Begleiterscheinungen für eine andere:

Ihr spinnt Wolle, ihr tragt sie in Körbchen fort,
wenn sie gekrempt ist; ihr dreht die vom Faden schwellende Spindel
besser als Penelope und geschickter als Arachne.[3]

§ 797 Die ANTONOMASIE,[1] in der eine Idee, ein berühmterer oder gebräuchlicherer Begriff von etwas Einzelnem oder eines Individuums und dessen Zeichen, das in der Rede ein Name zu sein pflegt, den man gerade gewöhnlich als den ihm eigenen nennt, durch einen anderen Begriff oder durch mehrere in einer Periphrase oder Umschreibung verbundene Begriffe ersetzt wird, die bald mit ersterem in einer Wechselbeziehung stehen, bald weiter sind, oder umgekehrt, ist eine Synekdoche, bald eine aufsteigende, als Einsetzung der Art oder der Gattung für das Individuum, bald eine absteigende, als Einsetzung eines Individuums für die Art oder die Gattung, bald ist sie schließlich eine eigentliche Beschreibung, die freilich nicht weiter als das zu Beschreibende sein mag und eher eine offenbare Figur ist als ein Tropus. Der *hochgemute Anchisiade* bei Vergil ist eine aufsteigende Antonomasie. Denn das Patronymikum,[2] auch wenn es nur ein einziger Sohn oder eine einzige Tochter innehat, steht heterokosmisch im Reich des Möglichen dennoch weiter offen als nur für deren Individuen, weil es ja mehr Söhne oder Töchter hätte geben können, und es steht sogar in dieser Welt weiter offen, weil es nicht allein den unmittelbaren Söhnen und Töchtern zukommt, sondern auch weiteren Nachkommen,

und auch den Söhnen der Söhne und die von ihnen entsprießen.

Antonomasia descendens est apud Plautum:

I hac mecum, ut videas simul
Tuam Alcumenam pellicem, Iuno mea.[1]

ebetur magnus patinae subitusque Prometheus, Iuv. 4[2]

(pro sigulo).

Nec surdum, nec Tiresiam quemquam esse deorum, 14.[3]

§ 798 Haec antonomasia descendens praecipue placuit multis venustatum amatoribus, §§ 797, 755. Clodium in sorores etiam ardentem Cicero *Romanum Iovem* dicit, §§ 756, 754. *Quae autem hic insidiae sunt? aut quis nobis Hannibal navigat?* Petr.[4]

Consulit ictericae lento de funere matris,
Ante tamen de te, Tanaquil tua, Iuv. 2.[5]

Hac ratione totam periodi platonicae fabulam explicari debere reor, et locum Virgilii :

Alter erit tum Tiphys, et altera, quae vehat, Argo,
Dilectos heroas, erunt etiam altera bella,
Atque iterum ad Troiam magnus mittetur Achilles, Ecl. VI.[6]

§ 799 Antonomasian, quae figura potius, quam tropus sit, habes in circumscriptione Socratis ipsi tamen propria, § 797:

Aethereusque Platon, et qui fabricaverat illum,
Damnatusque suas melius damnavit Athenas, Man,[7]

barbatum hoc crede magistrum
Dicere, sorbitio tollit quem dira cicutae, Pers.[8]

Ad antonomasian adscendentem refero sermonis illam communica-

[1] Plaut., *Mercator* 690. [2] Juv. 4, 133. [3] Juv. 13, 249.
[4] Petr., *Satyricon* 101, 4. [5] Juv. 6, 565 f. [6] Vergil, *Ekl.* 4, 34–36.
[7] Manilius, *Astronomica* 1, 774. [8] Pers. 4, 1.

Eine absteigende Antonomasie findet sich bei Plautus:

Komm mit mir, damit du mit mir,
meine Juno, deine Rivalin Alkmene sehen kannst.

Solcher Schüssel gebührt alsbald ein großer Prometheus

(für einen Töpfer).

Keiner der Götter ist taub oder blind wie Teiresias.[3]

§ 798 Diese absteigende Antonomasie gefiel vielen Liebhabern des Anmutigen in besonderem Maße. Cicero nennt den auch für seine Schwestern entflammten Clodius einen *römischen Zeus.*[1] *Doch was sind hier für Fallstricke? Und welcher Hannibal fährt mit uns?*

Sie befragt ihn (den Astrologen) *über das allzu langsame Hinsterben*
ihrer gelbsüchtigen Mutter,
vor allem aber erkundigt sich diese Tanaquil nach deinem Ableben.[2]

In dieser Weise muß, glaube ich, die ganze Fabel des platonischen Zeitenlaufs[3] und diese Stelle bei Vergil erklärt werden:

Dann wird es einen zweiten Tiphys geben und eine zweite Argo,
die auserwählte Helden trägt; auch kommt dann ein zweiter Krieg.
Wiederum wird ein großer Achilles gegen Troja entsandt.[4]

§ 799 Eine Antonomasie, die eher eine Figur als ein Tropus sein mag, hast du in der Umschreibung des Sokrates, die ihn selbst dennoch eigentlich beschreibt:

Der himmlische Platon und der, der sein Lehrer gewesen,
und dessen Verurteilung seinem Athen mehr Verurteilung brachte.

Nimm an, dies sage der bärtige
Meister, welchen der grausige Trank des Schierlings hinwegnahm.

Zur aufsteigenden Antonomasie zähle ich jene Mitteilungsform der Rede, in der derjenige, der schön denken will, Einnehmendes, das vielleicht nur ihm allein zukommt, zugleich seinen Betrachtern und

tionem, qua pulcre cogitaturus favorabilia, sibi soli forsan convenientia, suis simul spectatoribus auditoribusve simul tribuit, et odiosa, his forte solis propria, sibi tamen simul adscribit, in persona, quam vocant pluralis numeri primam, ponit enim speciem praesentium pro certis individuis.

§ 800 Εὐφημίσμοι, quaeque κατὰ λιτότητα belle cogitantur cum aliqua extenuatione, § 329, non tam tropi sunt peculiares, quam casus aliqui, quorum obventu moratum cogitandi genus, § 227, ad aliquam potius figurarum e. g. periphrasin, vel tropum ex allatis quemcunque suaserit confugere, quam rem nude et explicite, qualis cogitanti primum in mentem forte venerit, minus eleganter vel concipere, vel efferre, §§ 789, 796. Sic extenuat synecdoche partis pro toto, nisi loqui velis de rebus ad te pertinentibus, instar gloriosi militis, extenuat laudabilis illius, quod tibi tuisve velles adscribere, negare potius oppositum, quam illud ipsum affirmare.

Nec sum adeo informis, nuper me in littore vidi.[1]

Si quid mihi humanitus acciderit, est synecdoche adscendens,[2] § 789, *vixisse* est metalepsis antecedentis pro consequente, § 796, uti et illa loquendi formula, quae vivere iubentur et valere, quae missa facimus, quibus nuncium mittimus, in posterum aspernaturi.

Omnia vel medium fiant mare. Vivite, silvae![3]

§ 801 Tropus, uti humana omnia, gradus etiam admittit, et maius ac minus, dum potest crescere 1) extensive, continuando tropum dati generis per plures cogitationes explicite pingendas aut significandas, et haec cuiuscunque tropi continuatio dabit ALLEGORIAN, 2) intensive, quando non unicum solum et immediatum subiectum com-

1 Vergil, *Ekl.* 2, 25.
2 Cic., *Philipp.* 1, 10.
3 Vergil, *Ekl.* 8, 58.

Zuhörern einräumt, und Hassenswertes, das vielleicht allein jenen eigen ist, dennoch zugleich auch sich selbst zuschreibt, in der sogenannten ersten Person Plural. Hier wird nämlich die Art der Anwesenden für bestimmte Individuen gesetzt.

§ 800 Die Euphemismen, die nach Art der Litotes[1] mit irgendeiner Verkleinerung schön gedacht werden, sind weniger besondere Tropen, als vielmehr Fälle, bei deren Vorkommnis die gesittete Denkungsart anrät, lieber bei irgendeiner Figur, z. B. bei einer Periphrase oder irgendeinem der angeführten Tropen seine Zuflucht zu nehmen, als die Sache weniger geschmackvoll in der unverhüllten und ausdrücklichen Weise, als welche sie dem Denkenden vielleicht zuerst in den Sinn kommt, aufzufassen oder auszudrücken. So verkleinert die Synekdoche,[2] die einen Teil für das Ganze setzt, wenn du über Dinge, die sich auf dich beziehen, nicht nach Art des ›glorreichen Hauptmanns‹[3] sprechen willst. Sie verkleinert jenes Lobenswerte, das du dir oder den Deinen zuschreiben, aber lieber das Gegenteil verneinen, als jenes selbst bejahen willst.

Und ich sehe gar nicht so übel aus: Neulich habe ich am Strand mein Spiegelbild gesehen.

Wenn mir etwas Menschliches zustoßen sollte ist eine aufsteigende Synekdoche, *gelebt zu haben* ist eine Metalepse, die das Vorhergehende für das Nachfolgende setzt, wie auch jene Redewendung, die Dingen ein ›Lebewohl‹ heißt, denen wir den Abschied, den Scheidebrief geben[4] und mit denen wir in Zukunft nichts mehr zu tun haben wollen.

Mag doch meinetwegen alles ein tiefes Meer werden! Lebt wohl, ihr Wälder!

§ 801 Der Tropus erlaubt, wie alle menschlichen Dinge, auch verschiedene Grade und ein Mehr und ein Weniger, indem er 1) der Ausdehnung nach wachsen kann, in der Fortführung eines Tropus einer gegebenen Art über mehrere Gedanken, die ausdrücklich ausgemalt oder bezeichnet werden müssen, und diese Fortführung eines welchen Tropus auch immer wird eine ALLEGORIE ergeben;

parationis omittitur et occultatur, substituto per tropum termino comparationis, sed ille ponitur comparationis terminus, ex quo debeas, exponendo tropum, eruere primo certum aliquod subiectum comparationis, quod dein, quam primum erutum ac inventum est, subito transit in novum et tacitum etaim terminum relationis, nunc demum expositione repetita pandentem subiectum illud comparationis, quod primario nunc cogitandum, et extra tropum explicite ponendum proprieque significandum fuisset. Haec troporum intensio, tropus, ut ita dicam, interne duplicatus, vel omnino multiplicatus, METALEPSIS est, si metalepsin, de qua § 796, metonymian potius, uti est, denominemus.

§ 802 Allegorian latius non omni solum troporum generi tribuimus, ironiae etiam, § 801, uniformiter decurrenti, qualis esset congeries metaphorarum, quarum et inter terminos comparationis est nexus quidam arctior analogo rationis observandus, congeries metonymiarium eiusmodi e. c., sed etiam crama quoddam et miscelam troporum diversi generis serie continua sese excipientium, ita, ut allegorumena sint, quibuscunque subest sensus mysticus. Iam clarus est, quanta hic pateat ianua in caliginem aestheticam, quanta sit opus cura, ne longius petitum videatur obscuritatis potius, quam illustrationis, argumentum, §§ 634, 741. Hinc umbram qui malunt, quam noctem, ALLEGORIIS PURIS, quarum subiecta comparationis omittuntur omnia, saepe praeferunt MIXTAS, quibus saltim aliquando, clavium instar, subiecta comparationis, explicite etiam cogitata, interferuntur.

2) indem er der Stärke nach wachsen kann, wenn nicht nur ein einziges und unmittelbares Subjekt der Vergleichung ausgelassen und verborgen wird – mittels des Tropus ersetzt durch den Begriff der Vergleichung –, sondern ein Begriff der Vergleichung gesetzt wird, aus dem du, in der Offenlegung des Tropus, wohl zuerst irgendein bestimmtes Subjekt der Vergleichung herausbringen mußt, das dann aber, sobald es herausgebracht und gefunden ist, sogleich übergeht in einen neuen und wieder stillschweigenden Grund des Verhältnisses, der nun erst, in einer wiederholten Offenlegung, jenes Subjekt der Vergleichung offenbart, das nun an erster Stelle zu denken ist und außerhalb des Tropus hätte ausdrücklich gesetzt und in eigentlicher Weise bezeichnet werden müssen. Diese Verstärkung von Tropen, ein – wenn ich so sagen darf – innerlich verdoppelter oder im ganzen vervielfältigter Tropus ist eine METALEPSE, wenn wir die Metalepse, von der in § 796 die Rede war, lieber als eine Metonymie, wie es ja eine ist, bezeichnen.

§ 802 Die Allegorie im weiteren Sinne sprechen wir nicht allein jeder Art von Tropen, auch der Ironie, zu, die in gleichförmiger Weise verlaufen, dergleichen eine Häufung von Metaphern sein mag, deren engerer Zusammenhang auch zwischen den Begriffen der Vergleichung vom Analogon der Vernunft wahrgenommen werden soll, oder eine ebensolche Häufung von Metonymien usw. Sondern wir sprechen sie auch einem gewissen Krama[1] und einer Mischung von Tropen verschiedener Art zu, die in einer ununterbrochenen Reihe aufeinanderfolgen, so, daß sie Allegorismen sind, hinter denen, wie auch immer sie beschaffen sind, ein geheimnisvoller Sinn steckt. Es ist schon klar, wie weit hier das Tor zur ästhetischen Finsternis offenstehen mag, wieviel Sorge man wohl dafür tragen muß, daß ein weit hergeholtes Argument nicht eher als eines, das Dunkelheit, denn als eines, das Aufhellung verschafft, erscheint. Daher ziehen diejenigen, die lieber Schatten als Nacht wollen, oftmals den REINEN ALLEGORIEN, deren Subjekte der Vergleichung gänzlich ausgelassen werden, die GEMISCHTEN Allegorien vor, bei denen zumindest bisweilen, wie Schlüssel, die Subjekte der Vergleichung, auch ausdrücklich gedacht, miteingebracht werden.

§ 803 Allegoria pura Ciceronis est, pro Quinctio: *Ita fit, ut ego, qui tela depellere, ut vulneribus mederi debeam, tum id facere cogar, quum etiam telum adversarius nullum iecerit: illis autem id tempus impugnandi detur, quum et vitandi istorum impetus potestas ademta nobis erit, et, si qua in re, quod parati sunt facere, venenatum aliquod telum iecerint, medicinae faciendae locus non erit.*[1] Mistam habet pro Milone: *Equidem caeteras tempestates et procellas in illis duntaxat fluctibus concionum semper putavi Miloni esse subeundas.*[2] Huc fabulae, § 526, apologi, § 537, et AENIGMATA, complexus praedicatorum non bene convenientium, et vix in una sede, uno subiecto, morantium, quorum subiectum, clavis, vel reticetur, vel occulitur. Iustus lucis et umbrae dispensator Virgilius, imitatus oracula, § 671, non abhorruit ab allegoria descendentis antonomasiae, §§ 798, 801:

Non Simois tibi, nec Xanthus, nec Dorica castra
Defuerint. Alius Latio iam partus Achilles
Natus et ipse dea.[3]

§ 804 Quem protendit tropum allegoria, nisi serio caveas, in turpem obscuritatem, intendit metalepsis, § 801. Sed videamus bonas. In primo § 789 exemplo habes synecdochen duplicatam 1) adscendentem totius pro parte, ulmorum pro virgis, et 2) descendentem inferioris pro superiori ulmearum virgarum pro quibusvis ligneis. In passere Catulli est, § 790, 1) metonymia signati pro signo, vel contenti pro continente, et deinde 2) synecdoche partis pro toto. In illo: *Integritas tua te purgavit,* § 791, est metaphora et ironia complicatae. In primo § 794 exemplo est metalepsis primo metonymiam continentis pro contento, et dein synecdochen totius pro parte sistens, nisi omnes earum urbium cives fabros ferrarios, instar Cyclopum, iudicaveris. Quando pro: nunc meridies est, dicitur: *Nunc pecudes frigora*

1 Cic., *Pro Quinctio* 8.
2 Cic., *Pro Milone* 5.
3 Vergil, *Aen.* 6, 88–90.

§ 803 Eine reine Allegorie ist die von Cicero in seiner Rede für Quinctius: *So soll ich Geschosse abwehren und Wunden heilen und bin gezwungen, es schon in einem Augenblick zu tun, da der Feind noch gar kein Geschoß geworfen hat. Den Gegnern aber wird für den Angriff die Zeit zugewiesen, zu der uns die Möglichkeit genommen ist, ihrem Ansturm auszuweichen, und wenn sie irgendwo eine falsche Anschuldigung einem Geschoß gleich abschleudern (und sie sind gerüstet, das zu tun), dann wird keine Gelegenheit mehr sein, Heilkunst zu üben.* Eine gemischte Allegorie enthält seine Rede für Milo: *Denn ich war gewiß stets der Meinung, Milo müsse alle übrigen Stürme und Unwetter – wie sie im Wogengebraus der Volksversammlungen auftreten – ertragen.* Hierzu gehören die Fabeln, die allegorischen Erzählungen und die RÄTSEL, die ein Gesamt an Bestimmungen sind, die nicht wohl zusammenpassen und sich kaum an einer Stelle, an einem Subjekt befinden, und deren Subjekt, als Schlüssel, entweder verschwiegen oder verborgen wird. Vergil, der das Licht und den Schatten recht einteilt, schreckte, als er die Orakel nachahmte, nicht von der Allegorie einer absteigenden Antonomasie zurück:

Simois nicht, noch Xanthus und nicht ein dorisches Lager
fehlen dir da, schon lebt in Latium auch ein Achilles,
auch einer Göttin Sohn.

§ 804 Den Tropus, den die Allegorie, wenn du nicht ernsthaft auf der Hut bist, in eine häßliche Dunkelheit hinauszieht, verstärkt die Metalepse. Doch laßt uns gelungene Fälle betrachten. Im ersten Beispiel von § 789 hast du eine verdoppelte Synekdoche, 1) aufsteigend, indem sie das Ganze für einen Teil, die Ulmen für die Zweige, und 2) absteigend, indem sie ein Niedrigeres für ein Höheres, Ulmenzweige für was auch immer welche Hölzer setzt. Bei dem *Sperling des Catull* in § 790 gibt es erstens eine Metonymie, die das Bezeichnete für das Zeichen, oder des Enthaltene für das, worin es enthalten ist, und daher 2) eine Synekdoche, die einen Teil für das Ganze setzt. In jenem *Deine Unbescholtenheit hat dich entlastet* in § 791 finden sich ineinandergefaltet eine Metapher und Ironie. Im ersten Beispiel von § 794 gibt es zuerst eine Metalepse, die eine Metonymie dessen, worin etwas enthalten ist, für das Erhaltene und

captant, [1] habes metalepsin metonymiae, qua 1) contentum, phaenomenon rusticum, pro continente tempore et 2) contentum frigus pro continente aura ventove dicitur, nisi malis ultimum tropum synecdochen partis pro toto, dicere, quo pertinet tropus abstracti pro concreto, § 794, *Iove frigido.*[2]

§ 805 Durat adhuc allegoria, § 801, metonymiae contentorum phaenomenorum rusticorum pro continente tempore, § 794, et tamen accedit per metalepsin antonomasia descendens, quando *Thestylis* pro quavis muliere rustica ponitur, § 798. Quum *homo, dum calet, devorandus* censetur, § 795, metonymiae possessoris pro re, quam habet, per metalepsin additur altera, qua phaenomena corporis in anima simultaneis solent substitui, Iupiter § 141 pro vento est metalepsis ex metonymia dei pro re, cui praeest, et ex synecdoche generis superioris pro inferiori, concrescens. Praesit enim aeri iam Iupiter, non Iuno, non tamen aerem generatim, sed aerem vehementius commotum indicare poeta voluit. Pari ratione *pes* in hoc Catulli loco dictus est per metalepsin metaphoram et synecdochen partis pro toto comprehendentem.

§ 806 Ad metalepsin referri poterunt pleraeque syllepses, uti vocant casus, in quibus unum signum duos significatus, utrumque primarium, sustinere videatur, § 801.

Nerine Galatea, thymo mihi dulcior Hyblae, Ecl. VII.[3]

[1] Vergil, *Ekl.* 2, 8.
[2] Horaz, *Carm.* 1, 1, 25.
[3] Vergil, *Ekl.* 7, 37.

dann eine Synekdoche des Ganzen für einen Teil aufstellt, wenn du nicht alle Bürger dieser Städte, Zyklopen gleich, für Eisenschmiede halten willst. Wenn statt ›Nun ist es Mittag‹ gesagt wird: *Auch Tiere suchen jetzt schattige Kühle*,[1] hast du eine Metalepse einer Metonymie, durch die 1) das Enthaltene, eine Erscheinung des Landlebens, für die Zeit, in der sie enthalten ist, und 2) der Inhalt, die Kühle, für den Hauch oder den Wind, in dem sie enthalten ist, genannt wird, wenn du nicht lieber den letzten Tropus eine Synekdoche des Ganzen für einen Teil nennen willst, wohin ein Tropus, der ein Abgesondertes für ein Unabgesondertes setzt, gehört, wie *Der frostige Jupiter*.

§ 805 Die Allegorie der Metonymie, welche die Erscheinungen des Landlebens für die Zeit, in denen sie enthalten sind, setzt, dauert an, und gleichwohl kommt zu ihr durch eine Metalepse eine absteigende Antononmasie hinzu, wenn *Thestylis* für jedwede Bauersfrau gesetzt wird.[1] Wenn man von einem *Menschen* meint, daß *er verschlungen werden muß, solange er noch warm ist*, § 795, wird der Metonymie des Besitzers für die Sache, die er besitzt, durch eine Metalepse eine weitere Metonymie hinzugefügt, mittels derer Erscheinungen des Leibes an die Stelle von gleichzeitigen Zuständen der Seele gesetzt zu werden pflegen. Jupiter in § 141 für den Wind ist eine Metalepse aus einer Metonymie des Gottes für die Sache, die er befehligt, welche aus einer Synekdoche, die eine höhere Gattung für ein Niedrigeres setzt, erwächst. Die Luft nämlich befehligt ja schon Jupiter, nicht Juno, doch der Dichter wollte nicht die Luft im Allgemeinen, sondern eine heftiger bewegte Luft anzeigen. In der gleichen Weise wird an dieser Stelle bei Catull *Schoten* gesagt mittels einer Metalepse, die eine Metapher und eine Synekdoche, die einen Teil für das Ganze setzt, umfaßt.

§ 806 Auf die Metalepse werden die meisten Syllepsen zurückgeführt werden können,[1] wie Fälle genannt werden, in denen ein Zeichen Träger von zwei Bedeutungen, die beide gleichermaßen vorherrschend sind, zu sein scheint:

Nereustochter, Galatea, süßer für mich als Thymian von Hybla.

Hic in: *dulcior* syllepsin deprehendunt, quae concrescens ex metaphora et synecdoche speciei pro genere metalepsis est. Si tropum durum et longius petitum CATACHRESIN et abusionem dicamus, fallor, an eius, quid tropus sit, non satis meminimus? § 780. Est dura, est longius petita perceptionis pro perceptione, signi improprii pro proprio, vocabuli translati in locum proprii substitutio, sed eo ipso, quia dura, quia longius est petita, quamquam excusari non nunquam ipsa necessitate potest, tamen tropus nunquam est, saepe tropis opposita cogitationum deformatio. De tropis etiam valent observata de figuris, § 339, quoniam sunt figurae crypticae, § 783.

§ 807 Potest etiam hyperbole, si lateat in substitutione perceptionis minoris pro maiore, vel maioris pro minore, tropus esse, §§ 339, 780. Neque tamen omnis hyperbole tropus est, neque peculiare troporum genus constituit, ad synecdochen, comparationem maioris et minoris, totius et partis, crypticam, §§ 742, 782, referenda. Multo minus omnem emphasin possum tropum dicere, M. § 517, minime peculiarem troporum classem fingere. Sane tropus omnis, sed etiam omnis figura, bene locata, pulcre significata, suam habet comitem emphasin, §§ 26, 783.

SECTIO XLVIII
THAUMATURGIA AESTHETICA

§ 808 Lux novitatis perceptionis illustrat egregie, M. §§ 549, 550. Novitais intuitus, ADMIRATIO curiositatem excitat, M. § 688, curiositas attentionem, M. §§ 625, 529, attentio ad rem vivide sibi pingendam novam lucem affert, M. §§ 628, 531. Pulcre hinc cogitanda,

Hier findet sich in *süßer* eine Syllepse, die eine aus einer Metapher und einer Synekdoche der Art für die Gattung erwachsende Metalepse ist. Wenn wir einen harten und weit hergeholten Tropus eine KATACHRESE und den Mißbrauch eines Bildes nennen[2] – täusche ich mich dann oder erinnern wir uns nicht genügend daran, was ein Tropus sein soll? Es ist eine harte, weit hergeholte Einsetzung einer Vorstellung für eine andere Vorstellung, eines uneigentlichen Zeichens für das eigentliche, eines übertragenen Wortes an die Stelle des eigentlichen, doch gerade deswegen, weil sie hart, weil sie weit hergeholt ist, ist sie – gleichwohl sie bisweilen durch die Notwendigkeit selbst entschuldigt werden kann – niemals ein Tropus, sondern vielmehr oft eine den Tropen entgegengesetzte Verunstaltung der Gedanken. Auch für die Tropen gilt das im Hinblick auf die Figuren Gesagte, weil sie ja verborgene Figuren sind.

§ 807 Auch die Hyperbel kann, wenn sie sich in einer Einsetzung einer geringeren für eine bedeutendere, oder einer bedeutenderen für eine geringere Vorstellung verbirgt, ein Tropus sein. Weder ist jedoch jede Hyperbel ein Tropus, noch bildet sie eine besondere Gattung von Tropen, sondern muß vielmehr auf eine versteckte Synekdoche, eine versteckte Vergleichung eines Bedeutenden und eines Geringeren, des Ganzen und eines Teils, zurückbezogen werden. Noch viel weniger kann ich jede Emphase einen Tropus nennen,[1] und am wenigsten kann ich mir einbilden, daß sie eine besondere Klasse von Tropen darstellt. Allerdings wird jeder Tropus und auch jede Figur, die wohlgesetzt und schön bezeichnet ist, von einer Emphase begleitet.

ABSCHNITT XLVIII
DIE ÄSTHETISCHE THAUMATURGIE[1]

§ 808 Das Licht der Neuheit erhellt die Vorstellungen ungemein. Die anschauende Erkenntnis einer Neuheit, die VERWUNDERUNG, erregt die Neugier, die Neugier die Aufmerksamkeit, und die Aufmerksamkeit verschafft der Sache, die sie sich in lebhafter Weise ausmalen soll, ein neues Licht. Daher werden Dinge, die

quando illustranda sunt, § 730, bene sistuntur admirationem novitate, clarius cognoscendi studium admiratione, tandem attentionem studio clarius rem cognoscendi conciliantia. Conciliantio novitatis, per hanc admirationis, per hanc curiositatis, per hanc attentionis AESTHETICA, brevitatis caussa, dicatur a nobis THAUMATURGIA.

§ 809 Crassus apud Ciceronem De or. I 137, quando statim a limine suae dissertationis excusatione dignum iudicat, se nova non dicturum, hoc ipso tacite concedit, quam scripsimus, regulam, § 808. *Quum audieris*, inquiens, *non tam arbitror te haec admiraturum, quam existimaturum tum, cum ea audire cupiebas, caussam, cur cuperes, non fuisse. Nihil enim dicam reconditum, nihil exspectatione vestra dignum, nihil aut inauditum vobis, aut cuiquam novum.*[1] Pastores ipsi laudavere, quando

Pollio et ipse facit nova carmina, Ecl. III, 86.[2]

Novitates si spem afferunt, ut tanquam in herbis non fallacibus fructus appareat, § 731, *non sunt illae repudiandae*, Cic., De am. 70.[3] Quid aliud Quintilianus, quando dissuadet non multum ab initio orationis *omnem in reliquum novitatis gratiam praecerpere?* IV 5.[4] Assentitur Horatius l. c., § 294. Novas res boni cives, novos homines contemnant, qui *nil, nisi Cecropidae*:[5] nos recte novam pulcre cogitandi materiem, et gratam in ipsis cogitationum elegantiis novitatem amabimus, § 808.

§ 810 *Qui libenter audiunt, et magis attendunt, et facilius credunt, plerumque ipsa delectatione capiuntur, nonnunquam admiratione auferuntur. – – – Recte Cicero his ipsis ad Brutum verbis quadam in epistola scribit: Nam eloquentiam, quae admirationem non habet, nullam iudico. Aristoteles quoque eandem petendam maxime putat*, Quint. VIII 3.[6] Sed quae potest esse, nisi novitatis, admiratio? § 808. Obiecerit forsan

[1] Cic., *De or.* 1, 137.
[2] Vergil, *Ekl.* 3, 86.
[3] Cic., *De amicitia* 68.
[4] Quint. 4, 5, 4.
[5] Juv. 8, 53.
[6] Quint. 8, 3, 5 f.

schön zu denken sind, wenn sie aufgehellt werden sollen, recht wohl als solche hingestellt, die durch ihre Neuheit Verwunderung, durch die Verwunderung das Streben, klarer zu erkennen, und schließlich durch das Streben, die Sache klarer zu erkennen, Aufmerksamkeit erwirken. Das Erwirken von Neuheit, durch diese von Verwunderung, durch diese von Neugier und durch diese von Aufmerksamkeit, mögen wir, aus Gründen der Kürze, die ÄSTHETISCHE THAUMATURGIE nennen.

§ 809 Crassus bei Cicero pflichtet, wenn er es gleich zu Beginn seiner Erörterung einer Entschuldigung wert hält, daß er nichts Neues berichten wird, eben dadurch dem Gesetz, daß wir niedergeschrieben haben, bei. *Wenn du meine Worte gehört hast*, sagt er, *glaube ich nicht so sehr, daß du sie bewundern, als vielmehr, daß du meinen wirst, daß es damals, als du sie zu hören wünschtest, keinen Grund für diesen Wunsch gegeben hat. Ich werde nämlich nichts Verborgenes vorbringen, nichts, was Erwartung eurerseits verdient, nichts für euch Unerhörtes oder für jemanden Neues*. Selbst die Hirten lobten es, wenn

selbst Pollio neue Gedichte macht.

Wenn die Neuigkeiten eine Hoffnung mit sich bringen, die wie eine Frucht eines nicht betrügerischen Krauts erscheint, sind sie nicht zu verwerfen. Was anderes sagt Quintilian, wenn er davon abrät, gleich nach Beginn der Rede *allen Reiz der Neuheit für das weitere zum voraus auszuschalten*? Dem pflichtet Horaz an der in § 294 genannten Stelle bei. Die guten Bürger, die *nichts als Kekropssprosse sind*,[1] mögen neue Sachen, neue Menschen verachten, wir aber werden billig einen neuen Stoff des schönen Denkens und eine willkommene Neuheit der Gedanken auch in geschmackvollen Dingen lieben.

§ 810 *Denn Hörer, die gern zuhören, passen auch besser auf und sind leichter bereit zu glauben, werden meist schon durch den Genuß gewonnen, ja manchmal durch Verwunderung hingerissen. – – – Zu Recht schreibt Cicero in einem Brief an Brutus die folgenden Worte: ›Denn eine Beredsamkeit, die keine Verwunderung weckt, ist meines Erachtens gar keine.‹ Auch Aristoteles ist der Meinung, auf sie müsse es der Redner vor allem absehen*.[1] Doch was für eine Verwunderung kann es geben,

aliquis: *esse praestantem illam et divinam sapientiam: nil admirari*, Cic., Tusc. III 30.[1]

Nil admirari, prope res est una, Numici,
Solaque quae possit facere ac servare beatum, Hor. I, Ep. 6.[2]

Unde colligas admirationis studium ad fucos potius, § 688, et mendacia vere non splendida, § 625, relegandum esse, quam naturali accensendum ornatui, §§ 622, 623.

§ 811 Verum salva res est. Qui fuit veterum sive mos, sive morbus, etiam tunc, quum distinctissime rationem instruere docendo debuissent philosophi, captare tropis paradoxa, et apophthegmatibus in ipsa saepius aenigmata, praecipitare liberum spiritum, § 803, aut hic etiam iubentes *nil admirari* per hyperbolen volunt a vehementiori tantum quotidianarum curarum, ignoranti ac stupida, admiratione revocare, aut metonymia consequentis pro antecedente, § 796, rerum humanarum obliti, caecitatisque mortalibus inevitabilis divinam sapientiam ab omni ignorantia, matre admirationis, cecinerunt immunem; aut tandem fallacem potius, et fucatam, quam veram et homini naturalem professi sunt sapientiam, cui summi numinis in admiratione sapientissima transigetur, si sapit, aeternitas.

§ 812 Licet itaque non fucatae, sed Gratiis litanti, sapientiae, neque *rudes* tantum *et agrestes*, sed hominum, *animos admiratione mulcere*,[3] § 808. Ne tamen novitatis studio nimium abripiamur, hae cautelae sunto. 1) Novitatem obiecti et materiae cum novitate rerum et cogitationum ne temere confundas, § 18. Haec in primis quaeritur, non

1 Cic., *Tusc.* 3, 30.
2 Horaz, *Ep.* 1, 6, 1 f.
3 Vgl. Quint. 1, 10, 9.

wenn nicht die über eine Neuheit? Vielleicht wirft jemand ein, *daß* doch dies *jene hervorragende und göttliche Weisheit ist: sich über nichts zu wundern.*

Nichts zu bestaunen – das ist vielleicht die eine und einzige Sache, Numicius,
die den Menschen glücklich machen und auch erhalten kann.

Daraus magst du vielleicht schließen, daß das Streben, Verwunderung zu erwecken, eher zum Aufputz und zu den wahrhaft nicht glänzenden Lügen zu verbannen als einem natürlichen Schmuck zuzurechnen ist.

§ 811 Doch es steht gut um die Sache. Denn so, wie es eine Sitte – oder eine Krankheit – der Alten war, auch dann, wenn die Philosophen in ihrer Lehre den Verstand auf die deutlichste Weise hätten unterrichten müssen, mit Tropen nach Paradoxa zu haschen und mit Sinnsprüchen den freien Geist geradezu in Rätsel zu stürzen, so wollen sie, indem sie auch hier das *Sich über nichts zu wundern* gebieten, ihre Hörer mittels Hyperbeln[1] von einer zu heftigen, unwissenden und dummen Verwunderung in bezug auf nur alltägliche Sorgen abhalten; so sangen sie, mittels einer Metonymie des Nachfolgenden für das Vorhergehende, der menschlichen Angelegenheiten und der unvermeindlichen Blindheit der Sterblichen vergessend, von der von jeder Unwissenheit, der Mutter der Verwunderung, freien göttlichen Weisheit; und so bekannten sie sich endlich lieber zu einer betrüglichen und aufgesetzten als zu der wahren und dem Menschen natürlichen Weisheit – des Menschen, der, wenn er Wissen besitzt, die Ewigkeit im weisesten Staunen über die wirkende und waltende Gottheit verbringen wird.

§ 812 Es kann also die Weisheit, die nicht aufgesetzt ist, aber den Musen ein günstiges Opfer bringt, nicht nur *rauhe* und *ungebildete*, sondern überhaupt *die Gemüter* der Menschen *mit Verwunderung ergötzen*. Damit wir jedoch nicht zu sehr vom Streben nach Neuheit fortgerissen werden, sind diese Vorsichtsmaßnahmen zu ergreifen: 1) Du sollst nicht unüberlegt die Neuheit des Gegenstandes und des Stoffes mit der Neuheit der gedachten Sachen und der Gedanken

illa, § 808. De novis nova meditari non nego facilius, neque gratiam novitati materiarum denego, nec lucem. Interim de antiquissimis non solum, sed etiam de dudum cognitis, animo tamen volvere potest

carmina non prius
Audita Musarum sacerdos,[1]

non usitata nec tenui latus penna per aetherem,[2] potest de recentissimis negotiis, dum calent, *indoctus in triviis*

Stridenti miserum stipula disperdere carmen.[3]

§ 813 2) Neque materias, neque cogitationes captare velis absolute novas, nondum unquam cogitata, quibus non abripiaris solum a strictissime veris, § 441, sed etiam ficitionibus poeticis prorsus ignotis, § 518, certissime tandem deferaris in turpem utopiam, §§ 514, 469, verisimilitudine destitutam omni, § 483, meram caliginem, § 638, M. § 889. Memento Phaetontis, quem absolutae novitatis et admirationis studiosum, licet relativa iam

rerum novitate paventem,[4]

pater admonet, venustorum ingeniorum communis pater, § 82:

Sors tua mortalis, non est mortale, quod optas.
Plus etiam, quam quod superis contingere fas sit,
Nescius affectas.
Nate, cave, dum resque sinit, tua corrige vota, § 812.
– – –
Denique quicquid habet dives circumspice mundus, § 513,
Eque tot ac tantis caeli, terraeque, marisque, § 509,

1 Horaz, *Carm.* 3, 1, 2 f.
2 Vgl. ebd. 2, 20, 1 f.
3 Vergil, *Ekl.* 3, 26 f.
4 Ovid, *Met.* 2, 31.

verwirren. Diese ist vor allem gefordert, nicht jene. Ich leugne nicht, daß es einfacher ist, sich zu neuen Dingen Neues zu überlegen, noch spreche ich der Neuheit von Stoffen Anmut oder Licht ab. Indessen kann nicht allein zu sehr alten, sondern auch zu schon lange bekannten Dingen

Gesänge, die nie zuvor
gehört wurden, der Musenpriester

in seinem Geiste bewegen, *auf einer nicht gewöhnlichen, nicht schwachen Schwinge* emporschwebend *durch den Äther,*[1] während über die allerjüngsten Angelegenheiten, solange sie noch ganz neu sind, ein *Stümper an Kreuzwegen* nur

ein bedauernswertes Lied auf quietschendem Strohhalm verhunzen
kann.

§ 813 2) Du sollst weder Stoffe noch Gedanken, die ganz und völlig neu sind, ergreifen wollen oder noch niemals gedachte Dinge, durch die du nicht allein von den im strengsten Sinne wahren, sondern auch von den geradezu unbekannten poetischen Erdichtungen fortgerissen und endlich ganz gewiß in eine häßliche Utopie, die jeder Wahrscheinlichkeit entbehrt, und in schiere Finsternis abstürzen würdest. Erinnere dich des Phaeton, den, als er nach völliger Neuheit und Verwunderung strebt, ungeachtet ihn schon eine relative

Ungewohntheit der Dinge erbeben läßt,

der Vater – der den anmutigen Geistern gemeinsame Vater – ermahnt:

Sterblichkeit ist dein Geschick, Unsterblichkeit heischt, was du forderst.
Ja, sogar noch mehr als selbst Himmlischen zusteht,
trachtest du mit deinem Unverstand.
Hüte dich, mein Sohn, und ändere – noch ist es Zeit – deinen Wunsch!
– – –
Ja, sieh dich nur um nach allem, was die reiche Welt in sich faßt
und aus so vielen herrlichen Gütern von Himmel, Erde und Meer

Posce bonis aliquid. Nullam patiere repulsam.
Deprecor hoc unum, quod vero nomine poena,
Non honor est, § 810. *Poenam, Phaeton, pro munere poscis,* § 808.[1]

§ 814 3) In relative novis primario tuo obiecto personali, quae tibi novitas sufficiat, § 813, ne satis tibi denuo sit, partim materiam eligendam, partim significanda de eadem fuisse huc usque, partialiter saltim, incognita, maxima sit in hoc cura, num ea sint hactenus incognita, quae a te nota reddita nunc demum lucem et gratiam novitatis per te sint acceptura, et admirationem motura, quando vix antea subobscure percepta nunc intueamur, § 808. Inventor non est incognitorum venditor, sed olim incognita nota reddens. Neque venustum cognoscendi studium movebit, multo minus explebit, aut admirationem merebitur ultra plebem sapientium, multus in incognitis, quorum ipse suam tantum prodit ignorantiam, novam ipsis potius inducens caliginem, quam ut ea novam in lucem noverit protrahere, § 627. Vix quisquam incognita crepando, quae nesciat tandem illustrare, spectatorem, ut

corvum, deludet, hiantem,[2]

impune, quin occinatur miserabili thaumaturgo:

Num furis, an prudens ludis me obscura canendo? Hor. II, Sat. 5, 58.[3]

§ 815 4) Ne relative novorum ea tibi legas cogitanda, quae cognitu vel indigna vere sunt, vel saltim primariis tuis spectatoribus videantur attentionem suam adeo non mereri, prudens ut praevidere possis dotium tuarum aestumator opis tuae non fore, curiositatem tuorum

[1] Ebd. 2, 56–58, 89, 95–99.
[2] Horaz, *Serm.* 2, 5, 56.
[3] Ebd. 2, 5, 58.

fordere irgendeines: Kein Nein sollst du hören!
Nimm nur das eine, ich bitte dich, aus, das in Wahrheit Strafe
und keine Ehre ist. Strafe, mein Phaeton, verlangst du statt eines
Geschenks.

§ 814 3) Bei Dingen, die für dein persönliches Objekt relativ neu sind, auch wenn dir die Neuheit ausreichen mag, soll es dir wiederum nicht genug sein, daß zum Teil der Stoff, der ausgewählt, zum Teil das, was von ihm bezeichnet werden soll, bis jetzt, wenigstens zum Teil, unbekannt gewesen ist. Hierbei möge die größte Sorge dem gelten, daß nicht die Dinge, die von dir bekannt gemacht werden, die nun erst durch dich das Licht und die Anmut der Neuheit annehmen und Verwunderung erregen, nicht unbekannt bleiben, wenn sie, während sie wenig vorher einigermaßen dunkel vorgestellt wurden, nun betrachtet werden. Ein Erfinder ist kein Verkäufer von Unbekanntem, sondern er macht das ehemals Unbekannte bekannt. Noch wird derjenige das anmutige Streben nach Erkennen erregen und noch viel weniger erfüllen, oder die Bewunderung derer, die weiser sind als das gemeine Volk, erlangen, der sich weitläufig in unbekannten Dingen ergeht, hinsichtlich derer er selbst nur seine Unwissenheit zeigt, indem er sie eher in eine neue Finsternis bringt, als daß er verstünde, sie in ein neues Licht herauszuziehen. Kaum einer, der mit Unbekanntem herumtönt, das er dann nicht erklären können mag, *foppt* ungestraft den Betrachter wie

einen schnappenden Raben.

Warum ruft man einem solchen elenden Thaumaturgen nicht entgegen:

Bist du toll, oder täuschst du bewußt mich, so Dunkles kündend?

§ 815 4) Von relativ neuen Dingen wähle dir nicht diejenigen als Gegenstand deiner Überlegung, die entweder der Bekanntschaft wahrhaft unwürdig sind, oder bei denen es zumindest deinen vornehmlichen Betrachtern scheint, daß sie ihre Aufmerksamkeit nicht eben verdienen, so daß du als jemand, der seine Gaben klug einschätzt, voraussehen kannst, daß es nicht in deinem Vermögen ste-

in haec dirigere, § 808. Sint spectatores tibi, qui videantur etiam primarii, male feriati minutiarum amatores, quorum aures vili venustae cogitationis lenocinio lubentissime titillarentur, quales § 184 tanguntur, primaria tamen lex dignitatis aesthetica, quam absoluta iam poscit et involvit magnitudo, §§ 185, 178, turpiter cederet inferiori curiositatem observandi regulae, § 808, quae subordinatur demum legi lucis aestheticae, § 614, nec id quidem necessario, §§ 617, 625. Maius erit, et, quo rarius, hoc eo ipso recentius, curiosius, admirabilius et attentione dignum, si possis spectatorem alia omnia, et levissima quaevis exspectantem initiare maioribus deviamque mentem sensim in graviorum nobiliorumque contemplationem allicere, ducere, defigere. Tentat artificium Horatius I, Od. 27,

Natis in usum laetitiae scyphis
Pugnare Thracum est. Tollite barbarum
Morem
ah! miser,
Quanta laboras in Charybdi,
Digne puer meliore flamma![1]

§ 816 In absolute dignis, etiamsi spectatores habeas in primariis etiam, qui satis amarent, vel in graviorum tractatione relativae te dignitatis minus anxium observatorem, vel iisdem omnino praeferri levicula, comparative saltim, §§ 197–201: ne nimium des placentiae, quoniam relativa demum, non absoluta catholica, *dignitas* est *admirabilis* illa,[2] § 187, quam sectari iubent, §§ 808–810. An in solis piorum sedibus contingeret, quod narrat Horatius II, Od. 13?

[1] Horaz, *Carm.* 1, 27, 1–3 und 18–20.
[2] Cic., *Pro Mur.* 23.

hen wird, die Aufmerksamkeit der Deinen auf diese Dinge zu lenken. Es mag Betrachter von dir geben, die wohl auch zu deinen vornehmlichen Betrachtern zu gehören scheinen, die allzu müßige Liebhaber von Kleinigkeiten sind, deren Ohren zu deren größtem Vergnügen mit einer geringschätzigen Schmeichelei eines anmutigen Gedankens gekitzelt werden, wie das in § 184 Erwähnte – doch dann würde das erstrangige ästhetische Gesetz der Würde, das schon durch die absolute Größe gefordert und eingeschlossen wird, auf häßliche Weise der weniger bedeutenden Richtschnur, auf die Neugier zu achten, weichen, die wiederum dem Gesetz des ästhetischen Lichts untergeordnet wird, jedoch nicht notwendigerweise. Größer und, um so seltener, eben dadurch desto neuer, mehr Neugier erweckend, bewundernswerter und der Aufmerksamkeit würdig wird es sein, wenn du es vermagst, den Betrachter, der alles andere und die unerheblichsten Dinge, was auch immer diese seien, erwartet, in größere Dinge einzuweihen und sein unstetes Gemüt allmählich zur Betrachtung von wichtigeren und edleren Dingen hinzulocken, hinzuführen, festzubannen. Diesen Kunstgriff versucht Horaz:

Geschaffen sind sie nur zu fröhlichem Tun – mit Bechern
kämpfen, das ist Thrakerart! Fort mit so barabarischem Brauch!
Ach Unglücklicher!
Wie gewaltig, an der du leidest,[1] *die Charybdis!*
Wert wärest du, Jüngling, einer besseren Flamme!

§ 816 Für den Fall, daß du bei absolut würdigen Dingen auch unter deinen vornehmlichen Betrachtern solche haben magst, die es recht gern hätten, daß du in der Behandlung wichtigerer Dinge weniger besorgt auf die relative Würde acht hättest, oder die solchen Dingen überhaupt gern Leichteres, wenigstens vergleichungsweise genommen, vorziehen würden: Dann gib nicht zuviel auf das Gefallen, weil es ja wiederum die relative, nicht die absolute und allgemeine Würde ist, die jene *bewundernswerte Würde* ist, nach der sie dich zu trachten heißen. Oder möchte wohl nur in den fernen Bezirken der Frommen[1] geschehen, was Horaz erzählt?

Aeoliis fidibus querentem
Sappho puellis de popularibus,
Et te sonantem plenius aureo,
Alcaee, plectro dura navis
Dura fugae mala, dura belli,
Utrumque sacro digna silentio
Mirantur umbrae dicere. Sed magis
Pugnas et exactos tyrannos
Densum humeris bibit aure vulgus.[1]

§ 817 Verum a) possunt quaedam, attentione mortalium dignissima, tamen aliquibus, qui forte tui sint spectatores primarii, certis in locis, temporibus, et occasionibus, minus opportuna, minus tempestiva vere esse, quibus nunc advertant animum, pro gravitate rei, b) possunt aliis, quorum caussa potissimum cogitas talia videri, per errorem, largior, sed per errorem tamen, datis tuis viribus, dato tempore, non vincibilem. In utroque casu proferres tuis inaudita forsitan, immerito forsan incognita, neque tamen admirationem moveres, sed taedium. Nova dare cogitares, sed gratia novitatis excideres, § 815. Quo graviora sunt, quae cogitare parabas, hoc maiori opus erit sollicitudine, ne iis ea, qui fruge inventa, quicquid egeris, glandibus vesci malunt, contemtim proculcanda temere proiicias.

§ 818 5) Ne in eo in gradu inaudita quaeras, ut non sapientium solum fidem transcendant, § 424, non solum logica, et aesthetica, quam requirunt, §§ 431–439, nunc generali, § 440, nunc strictissima, nunc heterocosmica, § 441, verisimilitudine destituta tuis obiectis personalibus praecipuis videri debeant, § 483, sed etiam dynamo-

1 Horaz, *Carm.* 2, 13, 24–32.

Auf aeolischen Saiten klagend sah ich
Sappho über die Mädchen ihrer Heimat,
dich auch, besingend in vollerem Tone mit dem goldenen
Plektron, Alkaios, die Härten zu Schiff,
die schlimmen Härten der Flucht, die Härten des Krieges:
Wie sie beide Lieder, wert heiligen Schweigens
singen, bewundern die Schatten – doch lieber
Kämpfe und Sturz der Tyrannen
dicht Schulter an Schulter gereiht trinkt mit dem Ohre die Menge.

§ 817 Allerdings können a) gewisse Dinge, die der Aufmerksamkeit der Sterblichen am würdigsten sind, dennoch manchen Menschen, die vielleicht deine vornehmlichen Betrachter sind, an gewissen Orten, zu gewissen Zeiten und bei gewissen Gelegenheiten wahrhaftig weniger angelegen und für sie weniger an der rechten Zeit sein, als diejenigen Dinge, auf die sie gerade, gemäß der Wichtigkeit der Sache, ihren Sinn richten, oder sie können b) anderen Menschen, um derentwillen du hauptsächlich denkst, als solche erscheinen – aufgrund eines Irrtums, räume ich ein, aber dennoch eines mit den dir gegebenen Kräften und zur gegebenen Zeit nicht besiegbaren Irrtums. In beiden Fällen würdest du den Deinen vielleicht unerhörte, vielleicht unverdienterweise unbekannte Dinge vortragen und würdest dennoch keine Verwunderung, sondern Mißvergnügen erregen. Du würdest denken, Neues darzubieten, doch du würdest der Anmut der Neuheit verlustig gehen. Je wichtiger die Dinge sind, die du dich angeschickt hast zu denken, von um so größerer Notwendigkeit wird die Sorgfalt sein müssen, daß du sie nicht unüberlegt als etwas mit Füßen zu Tretendes vor die hinwirfst, die, gleichwohl man Früchte gefunden hat und was auch immer du vorbringst, es vorziehen, sich von Eicheln zu nähren.

§ 818 5) Suche nicht Dinge, die in dem Grade unerhört sind, daß sie nicht allein den Glauben der Weisen übersteigen und deinen vorzüglichen persönlichen Objekten nicht allein der logischen, sondern auch der ästhetischen Wahrscheinlichkeit, die sie fordern – einmal der allgemeinen, einmal derjenigen im strengsten Sinne, einmal der heterokosmischen – zu entbehren scheinen müssen, sondern

metria praevidere possis aesthetica, § 60, non fore tuarum virium, dato tempore, datis capitibus, seu spectatoribus, ea reddere vel aesthetice, quantum necesse sit, verisimilia, § 555. Alias, nova quidem profari videberis, sed nuces cassas, vitra fracta, somniorum interpretamenta, portenta Thessala, fabulas aniles, absurda, recens aliquis nugivendulus, neque curiositatem tuis concilians, nec admirationem, nisi quam irrisio comitem habet, et quae nunc sane non quaerebatur, §§ 808–810. Pone spectatores tuos praecipuos, qualis erat Iuvenalis, pone tibi neque vires, neque tempus esse legis hebraeae maximam illis ob oculos ponendi verisimilitudinem, ne quid nunc certius dicam: pone te tamen iisdem exponere,

Tradidit arcano quodcunque volumine Moses, XIV 102,[1]

loqueris illis nova, inaudita multa romanis legibus, sed *metuentem sabbata, nil praeter nubes et caeli numen adorantem, cui suilla ac humana caro nil distet, cui septima quaeque lux ignava sit, praeputia ponentem*,[2] ea, quam optaras, nec curiositate prosequentur, nec admiratione.

§ 819 6) Ne facile cogitanda venustius speres spectatorum gratia, quibus tractandorum et totum et partes, immo vero partium etiam partes forsitan, ita nova sint, ut non nisi longe petitis aliquantulum illustranda possis praevidere, § 741. Saltim enim dura videbitur spectatoris tractatio, § 787, nisi omnino non satis protensionis et simul intensionis in attendendo secum ferentes de te capiendo desperent, et sic omnis simul et curiositas concidat, et admiratio lucem et

[1] Juv. 14, 102.
[2] Vgl. ebd. 14, 96–106.

bei denen du auch mittels der ästhetischen Kräftemessung vorhersehen kannst, daß es nicht in deinen Kräften stehen wird, sie zu einer gegebenen Zeit, für gegebene Köpfe oder Betrachter auch nur in ästhetischer Weise in dem Maße wahrscheinlich zu machen, wie es nötig wäre. Sonst wirst du gewiß Neues vorzubringen scheinen, aber hohle Nüsse, Glassplitter, Traumdeutungen,[1] thessalische Wundermärchen, Altweiberfabeln, offenbar Falsches, wie irgendein neuerer Marketender wertlosen Tands, indem du weder Neugier bei den Deinen erwirkst noch Verwunderung, außer derjenigen, die von Spott begleitet wird und die hier freilich nicht gesucht wurde. Nimm an, daß deine vorzüglichen Betrachter solche, wie es diejenigen des Juvenal waren, sind, nimm an, daß du weder die Kräfte noch die Zeit hast, ihnen die überaus große Wahrscheinlichkeit des hebräischen Gesetzes vor Augen zu stellen, von dem ich sagen möchte, daß es nichts Gewisseres gibt: Nimm an, daß du ihnen dennoch darlegst, was

Moses in geheimem Buche weitergab,

und du würdest ihnen Neues, für die römischen Gesetze viel Unerhörtes erzählen, doch sie würden dem, *der den Sabbat verehrt, der nichts anbetet außer den Wolken und einer Himmelsgottheit, für den sich Schweinefleisch nicht von Menschenfleisch unterscheidet, der jeden siebten Tag untätig ist und sich beschneiden läßt*, weder mit der Neugier, die du dir gewünscht haben magst, noch mit Verwunderung folgen.

§ 819 6) Hoffe nicht, daß es ohne Mühe ist, um der Betrachter willen Dinge anmutiger zu denken, bei denen von dem, was behandelt werden soll, sowohl das Ganze als auch die Teile, ja vielleicht wahrlich sogar auch die Teile der Teile so neu sein mögen, daß du vorhersehen kannst, daß sie nur mit Weithergeholtem ein wenig aufzuhellen sind. Wenigstens nämlich wird den Betrachtern die Behandlung hart erscheinen, wenn sie nicht, indem sie nicht zugleich eine genügende Anstrengung und ein genügendes Anhalten ihrer Aufmerksamkeit mitbringen, gänzlich darüber verzweifeln mögen, dich zu verstehen, und so mag zugleich sowohl jede Neugier schwinden als auch jede Verwunderung, welche die schönen Überle-

gratiam pulcris meditationibus circumfundens, § 808. Belle cogitans nec omnem paraenesin a Paradiso,

Nec gemino bellum Troianum orditur ab ovo,[1]

sed ut possit

in medias res
Non secus, ac notas, auditorem rapere,[2]

res eligit, quarum, totum ubi novum fuerit, sint tamen partium apud auditores anticipationes quaedam, quarum partes si novae creantur, totius tamen iam adsit praeconcepta quaedam animis imago, § 484.

§ 820 MATERIAS ABSOLUTE EXHAUSTAS, de quibus nemo mortalium cuiquam aliquid venuste novi propinare possit amplius, alias ad horizontem aestheticum pertinentes, § 119, vix reor ullas esse, RESPECTIVE autem exhaustae videri possint, de quibus datum ingenium datis obiectis personalium primariis vix aliquid venuste novi possit exponere. Hinc dissuaserim, si tecum est materiarum optio 7) ne temere thema tibi constituas, quod respectu tui tuorumque spectatorum ipsi tibi iusto te pede metienti possit exhaustum videri. Quoniam illud nihilominus agressus aut pulcrum novitatis studium desperabundus abiicies contra § 808, trita quaevis et dicta sexcenties repetere satagens, aut illius tenax in magno periculo versaberis novi quidem, sed non naturalis, §§ 622, 623, non coloris, sed fuci, § 688, rebus tuis inducendi, §§ 706, 324.

§ 821 8) Ne tantum novitatis et inopinati tuam in meditationem congeras, ut ipsa novarum rerum et cogitationum frequentia, ac con-

1 Horaz, *A. p.* 147.
2 Ebd. 148 f.

gungen mit Licht und Anmut umgibt. Wer schön denkt, *beginnt* nicht jede Ermahnungsschrift mit dem Paradies,

nicht mit dem Zwillingsei den Krieg um Troja,[1]

sondern um, soweit er es vermag,

mitten hinein ins Geschehen,
als sei es bekannt, den Hörer zu entführen,[2]

wählt er Sachen aus, von denen, wo das Ganze ein Neues ist, bei den Hörern doch gewisse Vorbegriffe der Teile vorhanden sind, und von denen, wenn Teile neu geschaffen werden, doch schon ein gewisses vorgefaßtes Bild des Ganzen in den Gemütern besteht.

§ 820 Ich glaube kaum, daß es irgendwelche SCHLECHTERDINGS AUSGESCHÖPFTEN STOFFE gibt, über die keiner der Sterblichen irgend jemandem irgend etwas Neues in anmutiger Weise mehr zum besten geben kann und die ansonsten dem ästhetischen Horizont angehören. IN GEWISSER ABSICHT aber mögen Stoffe ausgeschöpft erscheinen können, über die ein gegebener Geist seinen gegebenen vornehmlichen persönlichen Objekten kaum irgend etwas Neues in anmutiger Weise darlegen kann. Daher möchte ich, wenn du die freie Wahl der Stoffe hast, davon abgeraten haben, 7) daß du dir unüberlegt ein Thema vornimmst, das im Hinblick auf dich und deine Betrachter dir selbst, wenn du dich nach dem richtigen Maße mißt, ausgeschöpft erscheinen könnte. Weil du ja, wenn du ein solches Thema nichtsdestotrotz angegangen hast, entweder, entgegen § 808, ohne Hoffnung das schöne Streben nach Neuheit hinwerfen wirst, indem du genug damit zu tun hast, irgendwelche abgedroschenen und schon unzähligemal[1] gesagten Dinge zu wiederholen, und weil du, wenn du hingegen beharrlich daran festhältst, dich in der großen Gefahr befinden wirst, deine Sachen mit einem Neuen, das zwar gewiß neu ist, aber nicht natürlich, und nicht mit Farbe, sondern mit Aufputz zu überziehen.

§ 821 8) Häufe nicht so viel an Neuheit und Unvermutetem in deiner Überlegung zusammen, daß gerade durch die große Anzahl der neuen Sachen und Gedanken und durch die Zusammendrängung

stipatione tollatur omnis ille iucundus eleganter cogitatorum color, quo subito potius fusa, naturalique facilitate fluentia videantur nunc demum, quo ponuntur, tempore, quam multo cum sudore iam ante excussa per artem et longos labores ingenio, velut Minerva Iovis capiti. Tunc enim nimia novitate suspecta redditur novitas, et acute dictum unum vel alterum si placuit, ut novum, decem uno halitu effusa vetera credimus et praeparata, § 788. *Pleraque gratiora sunt, si inventa subito, nec domo allata, sed inter dicendum ex ipsa re nata videantur. Unde illa non iniucunda schemata: paene excidit mihi, et: fugerat me, et: recte admones*, Quint. IV 5.[1] Hinc diiudica morem verba honoris coram loquentium et gratiarum actiones pro praesenti beneficio tamen domi praeparatas afferentium non solum, sed etiam palam legentium, ne quis nesciat, se iam gratias egisse voti nondum compotes.

§ 822 In primis autem amabilem suis novitatem conciliaturus omni ope caveat, 9) ne facile nova omnia et inaudita se prolaturum spondeat, qualia promissa plerumque relinquenda sunt circumforaneae circulatorum eloquentiae. Quum enim propter εἰκός necessarium sit nota miscere incognitis, § 819, periculosum est, non sine specie saltim arrogantiae totalem utilium rerum ignorantiam, in qua huc usque versati sint, non ita tecte suis exprobrare primariis spectatoribus, et simul offensos erigere in tot sui iudices criticosque severiores, qui primo secum:

Quid dignum tanto feret hic promissor hiatu?[2]

1 Quint. 4, 5, 4.
2 Horaz, *A. p.* 138.

all jene angenehme Farbe des Gedachten getilgt werden mag, durch die es auf geschmackvolle Weise eher hingegossen und mit natürlicher Leichtigkeit, just in dem Moment, in dem es geäußert wird, zu fließen scheinen mag als wie schon vorher mit viel Schweiß durch die Kunst und lange Mühen dem Geiste abgerrungen, gleichwie die Minerva dem Kopf des Zeus. Dann nämlich wird die Neuheit durch ein Zuviel an Neuheit verdächtig gemacht, und wenn die eine oder andere scharfsinnig gemachte Äußerung als eine neue gefallen hat, halten wir zehn davon, die in einem Atemzug vorgebracht werden, für althergebracht und vorbereitet. *In vielen Fällen ist es willkommener, wenn Gedanken plötzlich gefunden und nicht schon von zu Hause mitgebracht, sondern während des Sprechens aus der Situation selbst herausgewachsen zu sein scheinen, eine Tatsache, der jene Wendungen ihre Beliebtheit verdanken: ›Fast wäre mir entfallen‹, ›Es war mir entgangen‹ und ›Zu Recht erinnerst du mich‹*. Beurteile von daher die Sitte derjenigen, die Ehrenbezeugungen öffentlich vortragen und Danksagungen für eine gegenwärtig empfangene Auszeichnung vorbringen, die sie gleichwohl schon zu Hause vorbereitet haben und nun auch unverhohlen vortragen, damit niemand es nicht erfahre, daß sie schon vor Erreichen ihres Wunsches ihren Dank abgefaßt haben.

§ 822 An erster Stelle aber soll, wer seinen Werken eine liebenswürdige Neuheit verschaffen will, sich mit aller Kraft davor hüten, 9) einfach zu verkünden, daß man allenthalben Neues und Unerhörtes vorbringen werde – Versprechungen, wie sie gewöhnlich der auf den Märkten herumziehenden Beredsamkeit von Marktschreiern zu überlassen sind. Da es nämlich um des Wahrscheinlichen wegen notwendig sein mag, Bekanntes mit Unbekanntem zu vermischen, ist es gefährlich, seinen vornehmlichen Betrachtern – nicht ohne zumindest einen Anschein von Eigendünkel – nicht gerade verblümt eine völlige Unkenntnis nützlicher Sachen, in der sie sich bis jetzt befunden hätten, vorzuwerfen und zugleich in so vielem gekränkte Richter und strengere Kritiker auf sich gespannt zu machen, die sich zuerst sagen werden:

Wer solches verspricht, was wird er verkünden, das wert ist, so weit
den Mund aufzumachen?,

et dein, nisi vere εἰκός neglexeris, magna cum verisimilitudine queant reprehendere non stetisse promissis, qui novis suis multa ante cognita intexuerit. Quid autem, si quis inter eos minus tibi forte cognitus adsit, qui, vel ex veritate rei, vel saltim in poenam visae arrogantiae, non sine verisimilitudine, queat omnino, plausus loco, tibi regerere, se iam ista dudum novisse melius omnia, quam a te prolata sint?

Quanto rectius hic, qui nil molitur inepte,[1]

Crassus, § 809, qui nihil inauditi promittit, et eo ipso, quum dudum cognita tantum revocaturus in animum videri vult, tecte studio novitatis arrepit, impetraturus, ut quae forte iam noveris, ea audias lubenter, quoniam promissa sint, quae minus noveris, eaque ratione, qua proferuntur, nunquam antea conceperas, eo percipias nunc lubentius, quoniam nova deprehendis oblata inopinato, simulque vere tibi nova tibi recludens modeste dissimulat auditoris ignorantiam.

§ 823 Thaumaturgia aesthetica, sed sobria, consentit cum illo:

Non satis est dixisse: Ego mira poemata pango,[2] § 822.

Hinc nec ubique laborat in eum admirationis gradum coniicere, quo vel

Obstupui, steteruntque comae, vox faucibus haesit,[3]

vel blandior animum extra se rapit ecstasis, qualem ex Catullo vidimus, § 87. Ad quantamcunque suis novitatem, et huius proportionatum intuitum, aliquantulum saltim admirationis, quodque sollicitationem ad mirandum malis forte dicere, quam ipsum mirari,

[1] Ebd. 140.
[2] Ebd. 416.
[3] Vergil, *Aen.* 2, 77.

und die nachher, wenn du das Wahrscheinliche tatsächlich nicht vernachlässigst, mit großer Wahrscheinlichkeit den tadeln mögen, seinen Versprechungen nicht nachgekommen zu sein, der in seine Neuheiten viel schon vorher Bekanntes hineinwebt. Was also, wenn unter ihnen einer wäre, der dir vielleicht weniger bekannt ist und der, entweder, weil es sich wirklich so verhält, oder wenigstens zur Strafe für den gewärtigten Eigendünkel, dir nicht ohne Wahrscheinlichkeit anstelle von Beifall überhaupt erwiderte, schon vorher und besser all das gewußt zu haben, was von dir vorgebracht wurde?

Wieviel richtiger geht derjenige vor, der nichts ungeschickt anfaßt,

wie Crassus, der nichts Unerhörtes verspricht und gerade dadurch, daß er als jemand scheinen will, der nur schon vorher Bekanntes in den Sinn zurückrufen will, sich heimlich an das Streben nach Neuheit heranmacht und erreichen will, daß du die Dinge, die du vielleicht schon gewußt hast, mit Vergnügen hörst, weil sie ja versprochen sind, und die Dinge, die du weniger gewußt hast und in der Weise, in der sie nun vorgebracht werden, niemals vorher aufgefaßt haben magst, nun um so lieber wahrnimmst, weil du ja unvermutet Neues als nur Vergessenes begreifst, und, indem er dir zugleich wahrhaft Neues erschließt, läßt er besonnenerweise nichts von der Unkenntnis des Hörers merken.

§ 823 Die ästhetische Thaumaturgie, die gleichwohl nüchtern ist, stimmt mit jenem Ausspruch überein:

Es genügt nicht, gesagt zu haben:[1] *›Ich dichte ganz herrliche Dichtungen‹.*

Daher bemüht sie sich nicht, einen überall in den Grad der Verwunderung zu stürzen, durch den *ich* entweder

staunend stehe, mir sich das Haar sträubt, die Stimme stockt,

oder durch den eine eher angenehme Entzückung den Geist außer sich bringt, wie wir sie aus Catull in § 87 ersehen haben. Um den Ihren eine auch noch so unbedeutende Neuheit und eine dieser angemessene anschauende Erkenntnis und zumindest ein wenig an Verwunderung – was du vielleicht auch lieber eine Reizung zum

procurandum iuvabit, 1) antiquissima nonnunquam animo recolere, quae tamen immerito paene deperdita doceas. Ferunt ipsi archaismi bene recteque locati suam secum novitatem, et dudum cognita, quae quotidie menti recurrere debeant, si clarius aliquando, veluti iure postliminii revocantur ad animum, iterata sua ad eundem novitate percellunt, id ipsum mirantem, qui potuerit eorum tantum non oblivisci, 2) non novis, uti non diffitearis, novam lucem si dare cogites, derelicta materiarum et obiectorum novitate, § 812, immo expresse negata, id unice intendas, ut ista, quae videantur obsoleta, tamen ea ratione nunc deducas, tuisque spectatoribus ob oculos sistas, ut hoc ipsum illis aliquantulum mirum videatur, rem et materiem toties a se cogitatam hac tamen ratione modo ac via, hac serie et iunctura, sibi nunquam observatam esse huc usque. Quo tunc nova tua de satis cognitis cogitandi ratio magis ad naturam accedet, quo pronior, facilior, et cuivis parabilior videatur, hoc spondere tibi maiorem admirationem poteris.

§ 824 3) Circa materias dudum cognitas occupatus prudenter ab initio statim venustae meditationis subindicabit, novam easdem lucem utique mereri, forsan et ipse mirabitur, qui fiat, ut in adeo notis tam infrequens tamen, tam inusitata sit ea res eiusmodi declarandi ratio, quae nisi sit optima, negligi tamen et omnino contemni, profecto, non mereatur, ea scilicet, quam dein ipse meditatur ingredi, § 823. 4) Quae minus videantur verisimilia, largiri saepe decet, ea non videri, addere etiam rationes dubitandi, si vacat, et sic sensim auditorem in istam spem inducere, videnda sibi forte post hanc

Wundern, als wundern selbst nennen willst – zu verschaffen, wird sie helfen, 1) sich zuweilen ganz alte Dinge wieder ins Gedächtnis zu rufen, von denen du gleichwohl lehren magst, daß sie zu Unrecht beinahe vergessen wurden. Selbst Altertümeleien bringen, wenn sie gut und richtig verortet werden, eine ihnen eigene Neuheit mit sich, und vorher schon bekannte Dinge, die einem tagtäglich in den Sinn kommen müßten, erschüttern, wenn sie bisweilen klarer und gleichsam wie durch ein Rückkehrrecht in ihn zurückgerufen werden, mit ihrer abermaligen Neuheit den Geist, der sich selbst wundert, wie er sie – und nicht nur sie – vergessen haben konnte. 2) Wenn du vorhast, Dingen, die, wie du nicht in Abrede stellen magst, nicht neu sind, ein neues Licht zu geben, unter gänzlicher Hintansetzung der Neuheit der Stoffe und der Gegenstände, ja sogar mit ausdrücklicher Verneinung derselben, dann habe allein dies zur Absicht, daß du dieselben Dinge, die veraltet scheinen mögen, nun gleichwohl in der Weise herleitest und deinen Betrachtern vor Augen stellst, daß dies selbst ihnen ein wenig verwunderlich erscheint, die Sache und den Stoff, die sie so oft gedacht haben, jedoch gerade in dieser Weise und auf diesem Weg, in dieser Reihenfolge und dieser Verknüpfung bis zu diesem Zeitpunkt noch niemals für sich betrachtet zu haben. Je mehr sich dann deine neue Denkungsart über genugsam Bekanntes der Natur annähern wird, je handhabbarer, leichter und je müheloser von jedwedem anzueignen sie erscheinen mag, um so größere Verwunderung wirst du dir versprechen können.

§ 824 3) Wer sich mit vorher schon bekannten Stoffen beschäftigt, wird klugerweise sogleich von Beginn der anmutigen Überlegung an andeuten, daß dieselben durchaus ein neues Licht verdienen, und er wird sich vielleicht selbst wundern, wie es geschehen könne, daß bei dermaßen Bekanntem eine solche Art und Weise, die Sachen aufzuklären, so wenig häufig und so sehr ungebräuchlich ist, die, wenn sie auch nicht die beste sein mag, dennoch vernachlässigt und gänzlich verdammt zu werden nicht verdienen mag – die Art und Weise freilich, auf die er sich selbst dann einzulassen gedenkt. 4) Bei Dingen, die weniger wahrscheinlich erscheinen mögen, schickt es sich oft, einzuräumen, daß sie es nicht scheinen, aber auch – wenn man die Muße hat – Gründe, daran zu zweifeln, hinzuzufügen und so all-

ipsam tractationem, quae nunc non videantur, non veri solum similia, sed etiam omnino vera, liberandum eius noviter animum esse iam inveteratis contra datam materiem dubiis e. c.

§ 825
5) Sint etiam perceptiones tuae partiales notae, tu modo novum inde totum apte compone, nec laude novitatis excides. Quid coloribus, quid floribus plerisque notius? quot inde tamen novi Venerum nostrarum habitus, quot nova ferta puellarum

Sectis in iuvenes unguibus acrium?[1]

6) Sit totum iam cognitum, tu vero tecum illud circumspice, si qua sit eius pars, si qua facies aut latus aliquod minus aliis observatum, spectandum tamen, § 815, lustranti oculis omnia se tandem offerat. Hanc notissimae rei partem, faciem, vel latus ex comparativis tenebris protrahe, hoc potissimum in punctum visus spectatoribus tuis loca et reliqua sic superadde, uti cum hoc arctius connectuntur, vel remotius. Quam urbem sexcenties vidi e longinquo nonnihil a plaga septentrionali, si mihi eam primus ex plaga meridionali prospiciendam exhiberis, specula non inepte locata, novum exhibuisse mihi spectaculum grato videberis, § 823. Agnoscere tunc veteres, quas dudum novi, turres, palatia, vicos, sed aliud oculis latus obvertentes, aliam iuncturam, augebit voluptatem potius, quam minuet.

§ 826 7) Utile est, si fieri potest, in tractandis ostendere, sed sine iactantia, multa superesse nondum culta novalia, prae se ferentem pius sollicitudinis, quid ex tot novis potissimum eligat, quam unde

1 Horaz, *Carm.* 1, 6, 18.

mählich den Hörer zu eben der Hoffnung zu veranlassen, daß vielleicht gerade nach dieser Behandlung die Dinge, die es nun nicht zu sein scheinen, ihm nicht nur als der Wahrheit ähnlich, sondern als gänzlich wahr erscheinen werden, daß sein Geist letztlich von schon eingewurzelten Zweifeln gegenüber einem gegebenen Stoff befreit werde, und so fort.

§ 825 5) Mögen deine Vorstellungen von Teilen auch bekannt sein, setze daraus nur ein neues Ganzes füglich zusammen und du wirst des Lobes der Neuheit nicht verlustig gehen. Was ist bekannter als die Farben, als die meisten Blumen? Und doch, wie viele neue Erscheinungsformen unserer anmutigen Schönheiten, wie viele Kränze der Mädchen entstehen daraus,

die nur mit geschnittenen Nägeln gegen die Jünglinge kämpfen?

6) Mag das Ganze schon bekannt sein, betrachte es in der Tat für dich ringsum, ob es einen Teil von ihm gibt, eine Ansicht oder irgendeine Seite, die weniger als andere beachtet worden ist, aber dennoch betrachtet werden muß, die sich schließlich dem alles prüfenden Auge zeigen. Ziehe diesen Teil, diese Ansicht oder diese Seite der ganz bekannten Sache aus der verhältnismäßigen Finsternis hervor, stelle dies am meisten in den Blickpunkt deiner Betrachter und füge das übrige so hinzu, daß es mit ihm in engerer oder entfernterer Weise verbunden wird. Wenn ich eine Stadt tausendmal etwas aus der Ferne aus nördlicher Richtung gesehen habe und du sie mir als erster, von einer nicht unpassend gelegenen Warte aus, als eine darstellst, auf die man von Süden aus hinschauen muß, wirst du mir – und ich bin dir dankbar dafür – ein neues Schauspiel vorgeführt zu haben scheinen. Dann die alten Türme, die ich schon vorher kannte, die Gebäude und Gassen wiederzuerkennen, aber indem sie dem Auge eine andere Seite, eine andere Zusammenstellung darbieten, wird das Vergnügen eher erhöhen als vermindern.[1]

§ 826 7) Nützlich ist es, wenn es möglich ist, bei dem zu Behandelnden, aber ohne Prahlerei, zu zeigen, daß viele noch nicht bearbeitete Brachfelder übrig sind, und daß man sich als jemanden zeigt, der mehr darum besorgt ist, was er wohl aus all diesem Neuen aus-

nonnihil novi possit corradere. Hinc denuo colligas, quam necessaria venustis ingeniis pulcra sit eruditio, § 63, qua noverint terras in republica litteraria cognitas et incognitas, ac harum et terminos inter se, et incognitarum sensim colenda latifundia. 8) Aut vere tractata a paucis sibi obiecta legere, saltim non temere post Homerum Iliada, Aeneida post Virgilium scribere, aut consilii erit mox audituris declarare, cur ea, quae videantur exhausta, pro nunc et sic, et his circumstantibus, in quibus nunc versemur, vere non sit, § 820, sed largum et novum nonnihil post messem promittant spicilegium e. c.

§ 827 Optimum tandem novitatis impetrandae consilium erit iis, qui uti eodem poterunt: 9) Quae dives vena de cogitando, sibi iam probe perspecto, § 639, didicit olim et ipsa secum est meditata, veluti provisionaliter, nunc potius ipsa secundum naturales pulcritudinis regulas cogitet, disponat, exprimat, quam ut caecus imitator sequatur archetypon, §§ 714, 715. Tunc enim, non inepta, quae fiat aliquibus minorum gentium ingeniis exemplar et originale, naturalem suum, sibi proprium, genium sequens, solis aeternis venustatum legibus restrictum, caetera liberum, non *desiliet*

> *imitator in arctum*
> *Unde referre pedem vetet aut pudor, aut operis lex,*[1]

naturae potius in omnibus et subiectis et obiectis nonnihil diversae non coacto, non affectato, ingenio novitatem, velut aliud agendo, sine anxia sollicitudine, quantum satis est, impetrabit, § 823. Non vitae humanae picturas iam arte factas, non exempla saeculi cuiusdam

[1] Horaz, *A. p.* 134 f.

wählen soll, als darum, von woher er etwas Neues zusammenkratzen kann. Von daher magst du wiederum schließen, wie wichtig den anmutigen Geistern wohl die schöne Bildung ist, durch die sie die bekannten und die unbekannten Ländereien in der Gelehrtenrepublik kennen sowie von den bekannten deren Grenzen unter sich und von den unbekannten die nach und nach urbar zu machenden Güter. 8) Es wird ratsam sein, sich wahrhaft von wenigen behandelte Dinge zum Gegenstand zu wählen – wenigstens nicht unüberlegt nach Homer eine *Ilias*, eine *Aeneis* nach Vergil zu schreiben – oder alsbald denen, die zuhören werden, zu erklären, warum die Dinge, die ausgeschöpft scheinen mögen, es nun aber und in dieser Weise und unter den Umständen, in denen wir uns jetzt befinden, nicht wirklich sind, sondern auch geraumer Zeit nach der Ernte eine reichliche und neue Nachlese versprechen usw.

§ 827 Der beste Rat für ein Erreichen von Neuheit wird schließlich für diejenigen, die ihn gebrauchen werden können, der sein: 9) Was ein reich angelegtes Gemüt über etwas, das gedacht werden soll und das es selbst schon wohl in Augenschein genommen hat, einst gelernt und selbst bei sich, gleichsam vorausschauend, selbst überlegt hat, soll es nun lieber selbst gemäß den natürlichen Regeln der Schönheit denken, anordnen und ausdrücken als wie ein blinder Nachahmer seinem Urbild nachfolgen. Dann nämlich wird ein solches Gemüt nicht unschicklich – das für irgendwelche Geister niedrigeren Stammes ein Vorbild und Urbild werden kann –, indem es seinem natürlichen, ihm eigenen Genius folgt, der nur durch die ewigen Gesetze des Anmutigen gebunden, sonst aber frei ist, nicht

als Nachahmer in die Klemme geraten,
aus der sich herauszuwagen Kleinmut oder das Gesetz des Werkes verbieten,

sondern eher die Neuheit der Natur, die in allen Subjekten und Objekten einigermaßen verschieden ist, mit nicht gezwungenem, nicht gekünsteltem Geist, der gleichsam mit anderem beschäftigt scheint, ohne ängstliche Besorgnis in ausreichendem Maße erreichen. Nicht vor allem auf schon durch die Kunst hervorgebrachte Abbilder des menschlichen Lebens, nicht auf Beispiele irgendeines vorigen Jahr-

pristini iam expressa nescio cuius penicillo potissimum, sed ipsam rerum naturam, suique, quod vivit, saeculi

Respicere exemplar vitae morumque iubebo
Doctum imitatorem, ac veras hinc ducere voces,[1] § 613,

quae non esse simul non poterunt novae, quoniam scena saeculi mutatur assidue, dum

Nil sub sole novi est,[2] § 813.

§ 828 Novitatis post procurationem altera thaumaturgiae cura sit spectatorum vel auditorum curiositas, § 808, quam obtinebunt argumenta ad eandem moventia, de quibus infra, §§ 22, 26. Quibus duobus positis orietur admiratio, quam primum antiqua forsan in tuis meditationibus occurrant, neque tamen obsoleta videantur, et nova non tantum symbolice cognoscantur audianturve talia, sed etiam obiecta tua personalia intueantur illa, ut talia, M. § 620. Hinc denuo colligas, quam utilis ad naturalem pulcritudinem sit penitior cognitio sui obiecti personalis primarii, quoniam, quae sunt uni hominum admirabilia maxime, non possunt eadem alterius etiam semper et certo ferre secum admirationem, §§ 679–681.

SECTIO XLIX
PERSUASIO AESTHETICA

§ 829 Pulcritudinem cogitationum in primariis, §§ 113, 177, 423, 614, quintam numeramus, § 22, certitudinem sensitivam, analogo rationis etiam obtinendam veritatis et verisimilitudinis conscientiam et lucem, PERSUASIONEM, sed AESTHETICAM, § 22, M. § 531.

1 Ebd. 317 f.
2 *Eccl. Sirach* 1, 10.

hunderts, die bereits durch den Pinsel ich weiß nicht wessen dargestellt wurden, sondern auf die Natur der Dinge selbst und des Jahrhunderts, in dem er lebt,

auf ein vorbildliches Leben und einen vorbildlichen Charakter heiße ich den kundigen Nachahmer blicken, von dorther lebendige Worte gewinnen,

die dann nicht zugleich nicht neu sein werden können, weil sich ja fortwährend der Schauplatz des Jahrhunderts ändert, während es gleichwohl

nichts Neues unter der Sonne gibt.

§ 828 Nach dem Bereitstellen von Neuheit soll die zweite Sorge der Thaumaturgie der Neugier der Betrachter oder der Zuhörer gelten, die durch solche Argumente erlangt werden wird, die zu ihr hinbewegen, von denen weiter unten die Rede sein wird. Diese beiden gesetzt, wird Verwunderung entstehen, sobald in deinen Überlegungen vielleicht Altes, aber nicht veraltet Erscheinendes vorkommen, und Neues nicht nur symbolisch als solches kennengelernt und gehört, sondern auch von deinen persönlichen Objekten in einer anschauenden Erkenntnis als solches erfaßt werden mag. Von daher magst du wiederum schließen, wie wichtig wohl für eine natürliche Schönheit die genauere Kenntnis der jeweiligen persönlichen Objekte ist, weil ja Dinge, die für einen Menschen in höchstem Maße verwunderlich sind, nicht immer und nicht sicher dieselbe Verwunderung eines anderen Menschen mit sich bringen.

ABSCHNITT XLIX
DIE ÄSTHETISCHE ÜBERREDUNG

§ 829 Wir wollen von den vornehmlichen Schönheiten der Gedanken die fünfte Schönheit anführen, die sinnliche Gewißheit, das Wissen um Wahrheit und Wahrscheinlichkeit und das Licht derselben, die auch vom Analogon der Vernunft zu erlangen sind, die ÜBERREDUNG, die aber eine ÄSTHETISCHE ist.[1] Auch wenn

Haec enim etiamsi nonnunquam simul impulsionem ad agendum et incitationem involvat: habet tamen et in theoreticis locum, et singula probe perpensuris cum fructu distinguetur a vita cognitionis in sequentibus animadvertenda, cuius est conditio antecedens persuasio, quae nonnunquam pro consequente ponitur, § 796.

§ 830 *Plato tantum apud Dionysium auctoritate potuit, valuitque eloquentia, ut persuaserit tyrannidis finem facere, libertatemque reddere Syracusanis.* Persuasio aderat, § 829, quanquam Dionysius, *ab hac voluntate deterritus Philisti consilio, aliquanto crudelior esse coepit*, Corn. in Dione.[1] Persuasionem aliqui nunc logici dicunt erroneam certitudinis opinionem, eum animi statum, quo nos certos per errorem putamus. Ex qua vocabulorum ambiguitate, sunt, qui sibi fenestram aperiunt, orationem ad persuadendum idoneam omnem lenociniis potius et fuco, § 688, quam veris accensendi venustatibus. Neque negandum est errore descripto laborantes persuasos non raro dici. Sic apud Ciceronem De nat. deorum I 61 Cotta, *ipse pontifex, qui cerimonias religionesque publicas sanctissime tuendas arbitratur, is hoc, quod primum est, esse deos, persuaderi sibi, non opinione solum, sed etiam ad veritatem plane velit.*[2] Pari ratione Virg.,

Nec tibi iam prudens quisquam persuadeat auctor
Tellurem Borea rigidam spirante movere, Georg. II 316.[3]

§ 831 *Si in anteacta vita aliquae turpiditudines erunt: aut falso venisse in eam existimationem dicentur, aut ex aliquorum invidia, aut obtrectatione, aut falsa opinione, aut imprudentiae, necessitudini, persuasioni adolescentiae, aut alicui non malitiosae animi affectioni tribuentur*, Cic., De inv. II 37.[4] Heic etiam persuasioni sinistrum esse significatum

1 Corn. Nepos, *De viri illustr.*, *Dion.* 3, 3.
2 Cic., *De nat. deor.* 1, 61.
3 Vergil, *Georg.* 2, 315 f.
4 Cic., *De inv.* 2, 37.

diese nämlich zugleich bisweilen einen Antrieb zum Handeln und eine Erregung mit sich bringt: So hat sie doch auch im Theoretischen ihren Ort und wird von demjenigen, der das Einzelne richtig erwägen will, von dem Leben der Erkenntnis – das im Folgenden betrachtet werden soll und dessen vorhergehende Bedingung die Überedung ist, die aber bisweilen als das Nachfolgende gesetzt wird – mit Vorteil unterschieden werden.

§ 830 *Platon vermochte viel bei Dionysius und galt viel mit seiner Beredsamkeit, so daß er ihn überzeugte, der Tyrannei ein Ende zu machen und den Syrakusanern die Freiheit wiederzugeben.* Die Überredung hatte sich eingestellt, obgleich Dionysius, *von diesem Willen durch den Rat des Philistus abgebracht, danach begann, noch um einiges grausamer zu werden.* Heute nennen gewisse Logiker die irrige Meinung, eine Gewißheit zu haben, ›Überredung‹, also denjenigen Zustand des Gemüts, in dem wir uns aufgrund eines Irrtums gewiß zu sein glauben.[1] Aufgrund dieser Zweideutigkeit der Wörter gibt es Leute, die sich von daher ein Türchen öffnen, jede zur Überredung geeignete Rede lieber mit Schmeicheleien und Aufputz als mit wahren Anmutigkeiten auszustatten. Und es ist nicht zu leugnen, daß nicht selten diejenigen, die von dem beschriebenen Irrtum betroffen sind, ›überredet‹ zu nennen sind. So *möchte* bei Cicero Cotta, *selbst Pontifex, der meint, daß die religiösen Bräuche und die öffentliche Götterverehrung äußerst gewissenhaft einzuhalten sind, davon, was das erste ist – daß es Götter gibt – überzeugt werden, nicht nur aufgrund einer Vermutung, sondern auch völlig gemäß der Wahrheit.*[2] In gleicher Weise äußert sich Vergil:

Auch überrede dich kein Ratgeber, so klug er auch sein mag,
die starre Erde zu lockern, solange noch Nordwind weht.

§ 831 *Wenn es aber im vorhergehenden Leben irgendwelche Schimpflichkeiten gibt, sagt man etwa, er sei fälschlicherweise in diesen Ruf geraten entweder durch den Neid oder die Mißgunst oder die falsche Meinung irgendwelcher Menschen; oder man schreibt sie seinem Unwissen, einer Unvermeidlichkeit, der Überredung der Jugend*[1] *oder irgendeiner nicht bösartigen Gemütserregung zu.* Wer wird geleugnet haben, daß die

quis negaverit? § 830. Idem tamen Cicero I 6 officium oratoriae facultatis dicit, dicere apposite ad persuasionem, finem, dictione persuadere,[1] illius nempe facultatis oratoriae, cui moderatrix omnium rerum praesto sit sapientia, 4,[2] sane non ferens scopum alterius errorem. Quis autem non videt hic Ciceronem in ultimo loco persuasionem veram intendere, qualis illa de qua Horatius Serm. I 6, 8,

persuades hoc tibi vere,
Ante potestatem Tulli, atque ignobile regnum,
Multos saepe viros nullis maioribus ortos
Et vixisse probos, amplis et honoribus auctos.[3]

§ 832 Quam autem in primo § 831 citato loco *persuasionem adolescentiae* vocaverat Cicero, huius exemplum Quintilianus habet II 4 ex *extemporali garrulitate* derivans *parentum imperitorum inane gaudium,* adolescentibus *autem contemtum operis, inverecundam frontem, consuetudinem pessime dicendi, malorum exercitationem, et, quae magnos quoque profectus frequenter perdiderit, arrogantem de se persuasionem.*[4] Neque melior est persuasio, de qua I 1 *Nihil,* inquit, *peius est iis, qui paullum aliquid ultra primas litteras progressi falsam sibi scientiae persuasionem induerunt.*[5] Habemus itaque facilem viam ambiguitatis tollendae. Conscientia veritatis distincta, convictio est, indistincta et sensitiva, persuasio. Haec indistincta veritatis conscientia est, quemadmodum omnis cognitio, vel vera, vera persuasio, § 831, vel falsa, falsa persuasio.

§ 833 Persuasio generatim est phaenomenon animae, quo se veritatem appercipere putat, sicuti viator novam

Aut videt, aut vidisse putat per nubila lunam.[6]

De hac Quintilianus I 2 quando negat *esse dissimulandum, nonnullos*

[1] Vgl. ebd. 1, 5.
[2] Ebd. 1, 4.
[3] Horaz, *Serm.* 1, 6, 9–11.
[4] Quint. 2, 4, 15 f.
[5] Ebd. 1, 1, 8.
[6] Vergil, *Aen.* 6, 454.

Bedeutung der Überredung hier eine üble ist? Dennoch nennt ebenfalls Cicero es *eine Aufgabe der rednerischen Fähigkeit, geeignet zu sprechen um zu überreden,* und *ein Ziel* derselben, *durch den Vortrag zu überreden*, allerdings derjenigen rednerischen Fähigkeit, *der die Weisheit als Beherrscherin aller Dinge gegenwärtig ist*, und fürwahr nicht den Irrtum eines anderen zum Ziel hat. Wer sieht nicht, daß Cicero hier die wahre Überredung meint, wie diejenige es ist, über die Horaz sagt:

So leitet dich die richtige Überredung,
daß vor Tullius' Macht und unansehnlichem Throne
häufig zahlreiche Männer, die keinen Ahnen entsprossen,
rechtschaffen lebten und hoch in größten Ehren gehalten wurden.

§ 832 Von derjenigen Überredung aber, die Cicero an der ersten in § 831 zitierten Stelle die *Überredung der Jugend* genannt hatte, gibt Quintilian ein Beispiel, indem er aus der *Geschwätzigkeit aus dem Stegreif* eine *eitle Freude für ungebildete Eltern* ableitet, für die Jugend *aber Geringschätzung gegenüber der Aufgabe, anmaßendes Auftreten, die Gewöhnung an ganz schlechte Sprache, die Übung in schlechten Wendungen und, was häufig auch große Fortschritte zunichte gemacht haben wird, eine überhebliche Überzeugung von sich selbst.* Nicht besser ist die Überredung, über die er sagt: *Nichts ist schädlicher, als wenn sie, selbst kaum über die Anfänge hinausgekommen, sich eine falsche Überzeugung, im Besitz von Wissen zu sein, anlegen.* Es gibt für uns also einen leichten Weg, die Zweideutigkeit auszuräumen. Das deutliche Wissen um die Wahrheit ist die Überzeugung, das undeutliche und sinnliche die Überredung. Das undeutliche Wissen um die Wahrheit ist, gleichwie jede Erkenntnis, entweder wahr und ist dann eine wahre Überredung, oder es ist falsch und eine falsche Überredung.[1]

§ 833 Die Überredung im allgemeinen ist eine Erscheinung der Seele, durch die sie glaubt, die Wahrheit bewußt zu erkennen, gleichwie der Wanderer

wolkenumnebelt den neuen *Mond gewahrt oder glaubt zu gewahren.*

Über diese spricht Quintilian, wenn er verneint, *daß es zu verbergen*

esse, qui ab hoc prope publico more, praeceptores publicos adeundi, *privata persuasione dissentiant.*[1] Nunc enim ponit hanc persuasionem tantum, ut constantem usu et experientia. Dein demum examinaturus, an vera sit, an falsa, § 832. Quando vero per hoc examen scholas publicas vitantium *secretis aut languescere mentem, aut quendam velut in opaco situm ducere, aut contra tumescere inani persuasione* asserit,[2] non persuasionis simpliciter, sed definite et accuratius inanis i. e. falsae persuasionis meminit, § 832.

§ 834 Perlegenti Quintiliani II 15 apparebit, quot controversias evitemus et ictus per latus rhetorices aestheticam etiam vel vim, vel scientiam, vel usum, vel artem petentes, exigua corporis declinatione, quando non generatim persuasionem, § 833, sed aestheticam a pulcre cogitaturis postulamus, § 829, nec hanc solam solius rhetorices finem, sed in finibus primariis omnium venustis cogitandorum constituimus, § 5. Nec rhetorica, nec eius mater, aesthetica *pravitas quaedam artis* est,[3] i. e. κακοτεχνία, dum utraque fit *opifex persuadendi,* πειθοῦς δημιουργός, ac, si liceat cum Ennio canere,

Suadae medulla.[4]

§ 835 Aesthetica, quam minus inadaequate, ac *Plato rhetoricen,* describas, nec, ut Plato, *non artem, sed peritiam,* verum et peritiam, et artem *quandam gratiae ac voluptatis,*[5] § 1, non qualemcunque persuasionem fabricatur, sed, quae se deceat, bonam, et vere elegantem, quam *Athenaeus rhetoricen dicit, ars fallendi,*[6] § 830. Nec enim est, nec esse rhetoricam iubet, 1) *vim dicendi* cogitandive, *quid in quaque re possit esse persuasibile,* si per hunc titulum *omnia oratori subiecisse videtur Aristoteles,*[7] S. IX. Aversatur potius inanem quorundam sophi-

1 Quint. 1, 2, 2.
2 Vgl. ebd. 1, 2, 18.
3 Quint. 2, 15, 2.
4 Ennius, *Ann.* 9, 308; Quint. 2, 15, 4.
5 Vgl. Quint. 2, 15, 24.
6 Vgl. ebd. 2, 15, 23.
7 Vgl. ebd. 2, 15, 16.

ist, daß es einige gibt, die von dem fast allgemeinen Brauch, Lehrer in öffentlichen Schulen aufzusuchen, *aus einer persönlichen Überzeugung heraus abweichen*. Hier nämlich stellt er diese Art der Überredung nur als eine solche hin, wie sie auf dem Gebrauch und der Erfahrung beruht. Wenn er allerdings im Verlauf dieser Untersuchung derjenigen, welche die öffentlichen Schulen meiden, behauptet, *daß der Geist in der Abgeschiedenheit entweder erlahmt oder wie im Schatten vermodert oder sich in eitler Überzeugung von sich aufbläht*, denkt er nicht einfach an die Überredung im allgemeinen, sondern bestimmter und genauer an die eitle, d. h. an die falsche Überredung.

§ 834 Demjenigen, der Quintilian genau durchliest, wird sich zeigen, wie vielen Streitigkeiten und Seitenhieben gegen die Rhetorik wir – die wir auch für sie einfordern, daß sie ästhetische Kraft habe, oder daß sie eine Wissenschaft oder ein Erfahrungswissen oder eine Kunst sei[1] – wohl mit einem leichten Ducken ausweichen können, wenn wir von demjenigen, der schön denken will, nicht die Überredung im allgemeinen, sondern die ästhetische Überredung fordern, und diese nicht einzig als Zweck der Rhetorik ansetzen, sondern sie zu den vornehmlichen Zwecken von allem, was anmutiger gedacht werden soll, zählen. Weder die Rhetorik noch ihre Mutter, die Ästhetik, sind *eine gewisse Verunstaltung der Kunst*, d. h. böse Künste, während jede von beiden eine *Meisterin der Überredung* sein mag und, wenn es erlaubt sei, dies mit Ennius zu künden,

das Mark der Überredung.

§ 835 Die Ästhetik, die du weniger unangemessen als *Platon die Rhetorik* nicht wie er als *keine Kunst, sondern praktisches Wissen*, sondern sowohl als praktisches Wissen als auch als Kunst *auf dem Gebiet des Reiz- und Lustvollen* beschreiben magst,[1] bringt weder eine beliebige Überredung hervor, sondern eine, die ihr ziemen mag, eine gute und wahrhaft anmutige, noch ist sie das, als was *Athenaeus die Rhetorik bezeichnet, eine Täuschungskunst*. Sie ist nämlich nicht – noch gebietet sie der Rhetorik, es zu sein – 1) *eine Kraft zu sagen* oder zu denken, *was in jeder Sache überzeugend sein könne*,[2] auch wenn *Aristoteles* mit dieser Benennung *alles dem Redner unterworfen*

starum iactantiam, qui non solum de rebus omnibus, sed etiam de unaquaque re partem in utramque contrariarum aequali cum auditorum persuasione se mentem suam expositurος circulatorie promittunt, § 818.

§ 836 Nec ipsa persuadet, nec persuadere patitur rhetoricen, matris consiliorum tenacem, § 835, 2) uti *persuadent, vel ducunt in id, quod volunt, meretrices, adulatores, corruptores,*[1] S. XV, XVI, XXIII. Nec est tantum, nec esse suam tantum patitur rhetoricen, 3) quam *Ariston, Critolai peripatetici discipulus,* esse affirmat, *scientiam videndi et agendi in quaestionibus civilibus per orationem popularis persuasionis,* si *popularem persuasionem contumeliosius* interpreteris *in artem, quam nihil putes doctis persuasuram.*[2] Surgit altius, suamque post se trahit rhetoricen, ultra quaestiones civiles in magis sublimia, S. XXI, et transcendentem aurae popularis arbitrium, § 397, caetusque vulgares, § 396, in persuadendo magnanimitatem, S. XXVI.

§ 837 Aesthetica nec ipsa sectatur, neque suam concedit rhetoricen ita sectari persuasibilia, ut 4) *veris credibilia praeferat,*[3] S. XXVII, XXXIV, licet nonnunquam veris aliquibus, §§ 429, 439, praeferat alia, etiam vera, et simul εἰκός illud, § 484, prae se ferentia, quo facilius inveniant fidem. Nec enim persuasurus aestheticus, nec ex huius academia profectus, *orator,* uti *sunt Corn. Celsi verba: simile tantum veri petit,*[4] sed veritatem ipsam, saepius etiam strictissimam, § 566, S. XXXV, licet modestus inventa sua malit a potiori verisimilia nuncupare, § 483, quam vera mortalibus, quorum norunt paucissimi, quae sit et quotuplex veritas semper una, S. XXIX, 5) *uti mangones, qui colorem fuco, et verum robur inani sagina mentiantur,*[5] S. XLI, XLII.

1 Ebd. 2, 15, 11.
2 Ebd. 2, 15, 19.
3 Ebd. 2, 15, 31.
4 Vgl. ebd. 2, 15, 32.
5 Vgl. ebd. 2, 15, 25.

zu haben scheint.[3] Sie weist vielmehr die eitle Prahlerei gewisser Sophisten von sich, die marktschreierisch versprechen, daß sie nicht allein bezüglich aller Dinge, sondern auch bei jeder einzelnen Sache bezüglich je beider Seiten von Gegensätzlichem mit gleicher Überredung ihrer Zuhörer ihre Meinung darlegen werden.

§ 836 Weder überredet die Ästhetik selbst noch leidet sie, daß die Rhetorik, wenn sie an den Ratschlägen ihrer Mutter festhält,[1] so überredet, 2) wie *andere überreden oder zu dem führen, was sie wollen – Dirnen, Schmeichler, Verführer.* Weder ist sie selbst nur noch leidet sie, daß ihre Rhetorik nur dies sei, 3) was *Ariston, der Schüler des Peripatetikers Critolaus*, ihr bescheinigt zu sein: *Die Wissenschaft theoretischer Besinnung und praktischer Behandlung öffentlicher Fragen mittels der Rede, die das Volk überredet*, wenn du *das Volk überreden verächtlicher* als Argument *gegen die Kunst* auslegtest, *die nach deiner Auffassung gebildete Leute nicht überreden wird.* Die Ästhetik steigt höher hinauf und zieht ihre Rhetorik hinter sich her, über öffentliche Fragen hinaus zu erhabeneren Dingen und zu einer Großmut in der Überredung, welche die Willkür der unzuverlässigen Gunst der Menge und den gemeinen Haufen[2] übersteigt.

§ 837 Weder trachtet die Ästhetik selbst danach noch gestattet sie es ihrer Rhetorik, so nach Überredendem zu trachten, daß sie 4) *dem Wahren das Glaubhafte vorzieht*, wenngleich sie bisweilen manchen wahren Dingen andere, ebenfalls wahre Dinge vorziehen mag, die zugleich jenes Wahrscheinliche mit sich bringen, durch das sie leichter Glauben finden mögen. Denn weder der Ästhetiker, der überreden will, noch *der Redner*, der aus dessen Schule kommt, *sucht*, wie *Cornelius Celsus sagt*, *nur, was der Wahrheit ähnlich ist*, sondern er sucht die Wahrheit selbst, oft auch diejenige im strengsten Sinne, wenngleich er es bescheiden vorzieht, die von ihm gefundenen Dinge eher als wahrscheinliche, denn als wahre Dinge zu verkünden – unter Sterblichen, von denen die wenigsten wissen, was und wie vielfältig die Wahrheit sein mag, die doch zugleich immer eine ist. Beide verhalten sich nicht 5) *wie die Sklavenhändler, die echte Farbe mit Schminke und echte Kraft mit Feistigkeit vortäuschen mögen.*

§ 838 Recte itaque reiiciant logici persuasionem falsam et falsi, seu de falso, § 830. Recte tamen amabit bellum ingenium veram persuasionem, § 831, et veri vel verisimilis, § 837, aestheticam, §§ 834–837, eiusque habitum, suadam et SUADELAM, non illam volgivagam, §§ 831–837, sed aestheticam, § 829. Nec enim eam,

Quae bene numatum decorat Suadela Venusque, Hor., Ep. 16, 36,[1]

sed, *quam in Periclis labris scripsit Eupolis sessitavisse*, Cic., De cl. or. 59,[2]

Te facimus, Suadela, *deam, caeloque locamus.*[3]

§ 839 Aesthetice persuasurus dare noverit suis 1) verisimilitudinem secundum §§ 423–613, et huic lucem necessariam, §§ 624–824. His enim datis dabitur quaesita persuasio, § 829. Verisimilitudo, quantam studium veritatis absolutum ubique postulat, § 555, absoluta saltim luce, § 617, simpliciter dilucida, § 625, PERSUASIONEM in aestheticis ABSOLUTAM, quantam autem verisimilitudinem studium veritatis comparativum in data meditatione requisiverit, S. XXXV, proportionate nitens, § 625, persuasionem COMPARATIVAM exhibebit. Utramque, quantam pulcritudo totius desiderat, accurate praestans est AESTHETICE SOLIDUS, vel hanc negligens, vel illius omnino contemtae reus est AESTHETICE SUPERFICIARIUS.

§ 840 Est pygmaeorum, § 359, quaedam natio, quae se nunc philosopham putat, nunc mathematicam, cuique sua sunt omnia, sed sua sola, sicut inferorum porta Virgilio, VI,

solido ex adamante columnae,

1 Horaz, *Ep.* 1, 6, 38.
2 Cic., *Brutus* 59.
3 Vgl. Juv., *Sat.* 10, 366.

§ 838 Zu Recht mögen daher die Logiker die falsche Überredung von Falschem oder in bezug auf Falsches zurückweisen. Zu Recht jedoch wird der schöne Geist die wahre Überredung von Wahrem und von Wahrscheinlichem lieben, die ästhetische Überredung und deren Gestalt, die Göttin der Überredung und SUADELA,[1] nicht jene herumstreunende, sondern die ästhetische. Freilich nicht die

Suadela und Venus, die denjenigen, der mit Geld wohlausgestattet ist ziert,

sondern diejenige, *die, wie Eupolis schrieb, auf den Lippen des Perikles thronte.*

Dich erheben wir, Suadela, *zur Göttin und in den Himmel.*[2]

§ 839 Wer ästhetisch überreden will, weiß,[1] seinen Werken Wahrscheinlichkeit gemäß §§ 423–613 zu verleihen und dieser, gemäß §§ 614–828,[2] das notwendige Licht. Wenn diese nämlich gegeben sind, wird auch die Überredung, die wir suchen, gegeben sein. Die Wahrscheinlichkeit wird in dem Maße, in dem sie von dem absoluten Streben nach Wahrheit überall gefordert wird, mit zumindest absolutem Licht und als schlechthin klare eine ABSOLUTE ÜBERREDUNG im Ästhetischen herbeibringen, in dem Maße aber, in dem auch das Streben nach Wahrheit im Verhältnis betrachtet in einer gegebenen Überlegung Wahrscheinlichkeit verlangt, als verhältnismäßig schimmernde Wahrscheinlichkeit, eine ÜBERREDUNG IM VERHÄLTNIS BETRACHTET. Wer für beide in dem Maße, in dem es die Schönheit des Ganzen verlangt, in sorgfältiger Weise Gewähr leistet, ist ÄSTHETISCH GRÜNDLICH, wer sie aber vernachlässigt oder sich gänzlich ihrer Verachtung schuldig macht, ist ÄSTHETISCH SEICHT.

§ 840 Es gibt ein gewisses Volk von Zwergen, das sich einmal philosophisch, einmal mathematisch dünkt, und für das alle seine Hervorbringungen, doch nur die seinen, gleichsam wie das Tor der Unterwelt bei Vergil sind:

Säulen aus hartem Stahl,

Vis ut nulla virum, non ipsi exscindere ferro
Caelicolae valeant. Stat ferrea turris ad auras.[1]

Illi suo vivant abundantes ingenio, nobis autem, logicam soliditatem suo loco plurimi facientibus, nunc

Florescant *solido Paphiae de robore myrthus.*[2]

ACCURATUM est leges suas exactius sequens, et accurate probans SOLIDUS est. Veritatem itaque, quam debeat secundum regulas verisimilitudinis exactius exponens luci secundum huius regulas accurate, prout aestheticum decet, cur ille non sit solidus in suo genere, in sua sphaera, ac horizonte?

§ 841 Nolim vere venustos tela retorquere in philosophos illos vel quasi, aut mathematicos, quibus sola sua solida videntur, uti Epicureus ille apud Ciceronem De fin. I 61 qui se *melius* et *verius* ait perspicere, *neque stultorum quemquam beatum, neque sapientium non esse beatum, ac Stoici, qui negent quicquam esse bonum, nisi nescio quam illam umbram, quod appellant honestum, non tam solido, quam splendido, nomine.*[3] Idem Torquatus, quam soliditatem negarat Stoicis, eandem poetis denegat, et mathematicis, 71. *An ille tempus in evolvendis poetis, uti ego et Triarius, te hortatore, fecimus, consumeret, in quibus nulla solida utilitas, omnisque puerilis delectatio? aut, sicut Plato, se in musicis, geometria, numeris, astris contereret? quae a falsis profecta initiis, vera esse nequeunt, et, si vera essent, nihil afferent, quo iucundius, id est, quo melius viveremus?*[4]

§ 842 Quid enim? dum eruditi cavillatores sibi vicissim obiiciunt, rebus illius, quem adversarium aliuis sibi legit, nihil subesse solidi,

1 Vergil, *Aen.* 6, 552–554.
2 Vergil, *Georg.* 2, 64.
3 Vgl. Cic., *De fin.* 1, 61.
4 Ebd. 1, 72.

die keine Menschenkraft, auch nicht der Unsterblichen Anlauf sprengen könnte. Ein eiserner Turm ragt in die Lüfte.

Mögen jene reichlich von ihrem Geiste versehen leben, uns aber, die wir an seiner statt die logische Gründlichkeit in höchstem Maße schätzen, sollen nun hingegen

Myrten von Paphus aus festem Wurzelstocke wachsen.[1]

SORGFÄLTIG ist, was seinen Gesetzen genauer folgt, und wer auf sorgfältige Weise einen Beweis erbringt, ist GRÜNDLICH. Wer also die Wahrheit, wie er gemäß den Regeln der Wahrscheinlichkeit sollte, genauer gemäß eben diesen Regeln in sorgfältiger Weise ans Licht bringt, so wie es dem Ästhetiker geziemt – warum sollte der nicht gründlich sein in seiner Art, in seinem Kreis und innerhalb seines Horizontes?

§ 841 Ich möchte nicht wirklich den Spieß gegen jene Philosophen oder diejenigen, die gleichsam solche sein wollen, oder gegen jene Mathematiker zurückwenden, denen allein das ihrige gründlich erscheint, wie es bei jenem Epikureer bei Cicero ist, der von sich sagt, *besser* und *richtiger* einzusehen, *daß von den Dummen keiner glücklich und von den Weisen keiner unglücklich sei, als die Stoiker, die sagen, es gebe kein anderes Gut als jenes Schemenhafte, das sie mit einem weniger gediegenen als blendenden Begriff das sittlich Gute nennen.* Derselbe Torquatus spricht eben die Gründlichkeit, die er den Stoikern abgesprochen hatte, auch den Dichtern und Mathematikern ab: *Hätte er* – Epikur – *etwa seine Zeit darauf verwenden sollen, Dichter zu erklären, so wie ich und Triarius es unter deinem Einfluß tun? Darin steckt kein wirklicher Nutzen, sondern nur kindisches Vergnügen. Oder hätte er sich wie Platon mit Musik oder Geometrie, mit Algebra oder Astronomie abmühen sollen? Diese Wissenschaften gehen von falschen Voraussetzungen aus, können also nicht die Wahrheit treffen, und wenn sie sie träfen, würden sie nichts leisten, was zu einem angenehmen, das heißt zu einem besseren Leben beiträgt.*

§ 842 Was also? Während die gelehrten Stichler sich gegenseitig vorwerfen, daß bei den Dingen desjenigen, den sich irgendeiner von

patitur interim veritas, et distrahuntur spectatores neutrarum partium in vere molestam circa vera tantum non omnia fluctuationem, sicut aegrotus inter medicorum rixas exspirans. Est sua philosophis, est mathematicis soliditas, sed est etiam, alius quidem generis, § 829, sicuti veritas proponenda, historicis, oratoribus, poetis, §§ 423, 424, sicuti lux huic veritati circumfundenda, §§ 614, 617, sic etiam ex his resultans certitudo, quae convictionem pariens logicam et intellectualem soliditatem, persuasionem producens aestheticam soliditatem auctoris demonstrabit, § 839.

§ 843 Aesthetica persuasio 1) occupatur circa ea, de quibus completa datur et scientifica certitudo, de quibus auctor forsan habeat, et utiliter, intellectualem etiam convictionem, immo et circa argumenta materiarum eiusmodi rigide ac severe demonstrantia, quae et quatenus sunt simul persuasibilia, §§ 425, 617, 829, horizonti logico et aesthetico communia, § 125, quatenus supra hunc non adscendunt, §§ 121, 485. Hinc optime diiudicatur toties agitata quaestio, num philosophica, et probationes, ex natura rerum petitae, deceant oratorem, e. g. sacrum, nec rotunde neganda, nec affirmanda, quoniam quaedam satis facilem admittentia persuasionem in philosophicis occurrunt et quaestionibus et argumentationibus: quaedam autem vix idoneis ad persuadendum includi rationibus poterunt, et omnia pari ratione modoque, ac ad convictionem scientificam propinantur, nequicquam turbis auditorum promiscuis occinerentur.

ihnen als Gegner wählt, nichts Gründliches dahinterstecke, leidet unterdessen die Wahrheit und werden die Betrachter, die auf keiner von beiden Seiten stehen, in eine wahrhaft beschwerliche Wankelmütigkeit in bezug auf fast alles Wahre hinweggerissen, gleichwie ein Kranker, der unter dem Zank der Ärzte seinen Geist aushaucht. Es gibt eine den Philosophen, es gibt eine den Mathematikern eigene Gründlichkeit, doch es gibt auch, freilich von einer anderen Art, gleichsam eine Wahrheit, die zur Darstellung gebracht werden muß, bei den Geschichtsschreibern, Rednern und Dichtern, gleichsam ein Licht, mit dem diese Wahrheit umgeben werden muß, und so auch eine aus all diesem folgende Gewißheit, die, indem sie Überzeugung verursacht, die logische und verstandesmäßige Gründlichkeit, und, indem sie Überredung hervorbringt, die ästhetische Gründlichkeit des Autors erweisen wird.

§ 843 Die ästhetische Überredung ist 1) mit solchen Dingen befaßt, bezüglich derer es eine vollständige und wissenschaftliche Gewißheit gibt, bezüglich derer vielleicht der Autor, durchaus nützlicherweise, auch eine verstandesmäßige Überzeugung haben mag, und sie befaßt sich sogar auch mit Argumenten in solcherart Stoffen, die in strenger und ernster Weise beweisend sind, wenn sie und insofern sie zugleich überredend und dem logischen und ästhetischen Horizont gemeinsam sind, insofern sie letzteren nicht übersteigen. Von daher läßt sich bestens die so oft verhandelte Frage beurteilen, ob wohl Philosophisches oder aus der Natur der Dinge genommene Beweise dem Redner, z. B. demjenigen in einem heiligen Amt, ziemen mögen – eine Frage, die weder rundweg zu bejahen noch zu verneinen ist, weil ja sowohl in philosophischen Fragen als auch in philosophischen Argumenten gewisse Dinge vorkommen, die eine genügend leichte Überredung zulassen. Gewisse andere Dinge aber werden kaum dazu geeignet sein können, auf Begründungen, die überreden sollen, eingeschränkt zu werden, und sie alle würden, wenn aus den gleichen Gründen und in derselben Weise wie zur Erlangung einer wissenschaftlichen Überzeugung zum besten gegeben, einer gemischten Schar von Zuhörern vergeblich zu Ohren gebracht werden.

§ 844 Persuasio aesthetica 2) dum directo sensitivam tractandorum certitudinem intendit, nonnunquam persuadendo de partibus per indirectum intellectui pulcro rationisque sagacitati totum obiiciet, non sine convictione simul, certum, §§ 428, 617, erit eiusmodi tunc convictio extensive nonnunquam maior, et poterit numero notarum fortior esse, ac alia intensive distinctior, et scientiis aptior, M. § 532. Neque tamen ab aesthetico primario intenditur, quatenus est convictio, sed quatenus ad eam persuasionibus partium apprime necessariis deducebamur. Horatio *Troiani belli scriptor*

Quid sit pulcrum, quid turpe, quid utile, quid non,
Planius ac melius Chrysippo et Crantore dicit.[1]

Non haerebimus in comparationibus, § 842. Sufficit exemplum obiecta demonstrationum moralium esse etiam obiecta poetae; qui persuadeat de iisdem, de quibus illae convincant, imo convincat intellectum tandem pulcrum et rationis sagacitatem de iisdem, de quibus illae convicerant intellectum purum et rationis soliditatem, M. §§ 637, 645.

§ 845 Persuasio aesthetica 3) occupatur circa aesthetice probabilia, sive logice simul sint probabilia, sive minus, § 485, modo tanta non sit improbabilitas logica, nunc etiam animis tuorum praesens, ut omnem destruens probabilitatem aestheticam persuasionem simul omnem auserat, § 486. Huc argumenta Horatii persuasibilia ad navem, I, Od. 3,

Sic te diva potens Cypri,
Sic fratres Helenae, lucida sidera,
Ventorumque regat pater
Obstrictis aliis, praeter Iapyga.[2]

[1] Vgl. Horaz, *Ep.* 1, 2, 1 und 3 f.
[2] Horaz, *Carm.* 1, 3, 1–4.

§ 844 Die ästhetische Überredung wird 2), während sie sich unmittelbar auf die sinnliche Gewißheit des zu Behandelnden richtet, bisweilen im Überreden bezüglich einiger Teile auf mittelbare Weise dem schönen Verstand und der scharfsichtigen Entdeckungskraft der Vernunft, nicht ohne zugleich zu überzeugen, ein Ganzes als gewiß darstellen. Eine solche Überzeugung wird dann bisweilen der Ausdehnung nach größer sein und in der Anzahl der Merkmale stärker sein können als eine andere, in der Deutlichkeit stärkere und für die Wissenschaften geeignetere Überzeugung. Dennoch wird sie vom Ästhetiker, insofern sie Überzeugung ist, nicht vornehmlich beabsichtigt, sondern wir werden zu ihr aufgrund der überaus notwendigen Überredung bezüglich der Teile hingeführt werden. Für Horaz *erklärt der Dichter des Trojanischen Krieges*

was schön, was schlecht, was nützlich ist und was nicht,
genauer und besser noch als Chrysippus und Krantor.

Wir werden uns nicht mit Vergleichen aufhalten. Es genügt das Beispiel, daß Gegenstände sittlicher Erweise auch Gegenstände des Dichters sind, der bezüglich derselben Dinge überreden mag, bezüglich derer jene überzeugen mögen; er mag sogar schließlich den schönen Verstand und die scharfsichtige Entdeckungskraft der Vernunft bezüglich derselben Dinge überzeugen, bezüglich derer jene den reinen Verstand und die Gründlichkeit der Vernunft überzeugt haben.

§ 845 Die ästhetische Überedung ist 3) befaßt mit ästhetisch glaubhaften Dingen, sei es nun, daß sie zugleich auch logisch glaubhaft, sei es, daß sie es weniger sind, gesetzt nur, daß die logische Unglaubhaftigkeit, die dann auch deinem Publikum gewärtig wird, nicht so groß ist, daß sie, indem sie jede ästhetische Glaubhaftigkeit zerstört, zugleich auch jede Überredung hinwegnimmt. Hierher gehören die überredenden Argumente des Horaz, die er an ein Schiff richtet:

So möge dich die göttliche Herrin von Cypern,
so die Brüder der Helena, das helle Gestirn,
und der Winde Vater lenken
– gefesselt seien sie alle außer dem West![1]

Logice improbabile est, et navim bonis votis verbisque moveri, et tutelam navis navim regere, et gemellos illos ignes, qui boni sunt instar ominis apud nautas, fratres esse Helenae, et esse lucida sidera, et esse ventorum patrem. Neque tamen erant aesthetice improbabilia Virgilio, poetae adeo mythologiae gnaro, ut ex navibus etiam nymphas fabricaverit, in quas utique cadit persuasio passiva et activa, § 836.

§ 846 Persuasio aesthetica lubentissime propter thaumaturgiam, § 824, occupatur 4) in iis, quae fuerant tuis etiam aesthetice dubia et improbabilia, si vires tibi noveris ad tuos de iisdem nihilo minus aesthetice certos reddendos, § 818. Hanc hypothesin quia negligunt plerique declamatores suasoriarum, morem eorum paradoxa sectandi ridet in se ipso Iuvenalis, Sat. I,

et nos
Consilium Sullae dedimus, privatus ut altum
Dormiret.[1]

Nunc autem eadem Satyra felicius persuadet de morum corruptione, ne iudiciis quidem et poenis coercenda, aesthetice improbabili:

Quum populum gregibus comitum premat hic spoliator
Pupilli prostantis, et hic damnatus inani
Iudicio. Quid enim salvis infamia numis?
Exsul ab octava Marius bibit, et fruitur Diis
Iratis. At tu, victrix provincia, ploras.[2]

1 Juv., *Sat.* 1, 15–17.
2 Ebd. 1, 46–50.

Es ist logisch unglaubhaft, sowohl, daß ein Schiff mit guten Wünschen und Worten bewegt wird, als auch, daß die Schutzgottheit eines Schiffes das Schiff lenkt, als auch, daß jene Zwillingsfeuer, die bei den Seeleuten als gute Zeichen gelten, Brüder der Helena und leuchtende Sterne sind, als auch, daß es einen Vater der Winde gibt. Dennoch waren sie für Vergil nicht ästhetisch unglaubhaft, für einen Dichter, der der Mythologie so kundig war, daß er aus Schiffen sogar Nymphen erschafft,[2] bei denen dann aber doch die gewirkte und die tätige Überredung abnimmt.

§ 846 Die ästhetische Überredung ist gemäß der Thaumaturgie mit größtem Vergnügen 4) mit Dingen befaßt, die für dein Publikum auch ästhetisch zweifelhaft und unglaubhaft waren – vorausgesetzt, du hast dir die Kräfte bekannt gemacht, die nötig sind, um die Deinen nichtsdestoweniger bezüglich derselben gewiß zu machen. Weil die meisten schulmäßigen Verfasser von Empfehlungsreden diese Bedingung vernachlässigen, verlacht Juvenal insgeheim deren Sitte, Widersprüchlichem nachzulaufen:

Auch ich
gab Sulla guten Rat, wie er als Privatmann
ruhiger schlafen könne.

Dann aber überredet uns dieselbe Satire, von mehr Glück begleitet, bezüglich des ästhetisch unglaubhaften, nicht einmal durch Urteile und Strafen in Zaum zu haltenden Verderbens der Sitten:

Wenn der, von einer Horde seiner Schranzen umgeben, durch die Menge drängt, Ausbeuter
seines Mündels, das sich jetzt prostituieren muß, und wenn dieser Marius, durch einen inhaltslosen
Spruch verurteilt – denn was macht die Schande, ist das Geld in Sicherheit? –
in der Verbannung ab zwei Uhr mittags säuft, genüßlich, wenn auch die Götter
zürnen und während du arme Provinz, die du obsiegtest, weinst.

SECTIO L
EVIDENTIA AESTHETICA

§ 847 Verisimilibus eiusmodi, §§ 843–846, dum aesthetica suada, § 838, circumfundit perspicuitatem sensitivam, § 618, nascitur inde evidentia, M. § 531, sensitiva, quam alii demonstrationem ad oculum, ad sensus, et palpabilem dixerint, demonstrationis intellectualiter convincentis analogon. Hanc evidentiam, quoniam immediatam, intuitivam et per se patentem plurimi iudicant, non raro praeferunt argumentando demum eliciendae, si vel ille maxime tandem intellectum convincat. Plurimorum sententiam Cotta profert apud Ciceronem De nat. deor. III 9, *Ego neque in caussis, si quid est evidens* (sensitive) *de quo inter omnes convenit* (nec enim de evidentibus intellectui omnibus inter omnes convenit, neque sunt omnia de quibus inter omnes convenire dicitur, intellectualiter evidentia) *argumentari soleo. Perspicuitas enim* (sensitiva) *argumentatione elevatur* (quum intellectualis potius intendatur), *nec si id facerem in caussis forensibus, idem facerem in hac subtilitate sermonis – – – Sed quia non confidebas, tam esse id perspicuum, quam tu velis, propterea multis argumentis deos esse docere voluisti. Mihi enim unum satis erat, ita nobis maiores nostros tradidisse. Sed tu auctoritates omnes contemnis, ratione pugnas. Patere igitur, rationem meam cum tua ratione contendere. Affers haec omnia argumenta, cur dii sint, remque mea sententia minime dubiam, argumentando dubiam facis.*[1]

§ 848 Eandem in sententiam exorsus erat orationem suam Lucilius II 4, *Quid potest,* inquiens, *esse tam apertum, tamque perspicuum, quum caelum suspeximus, caelestiaque contemplati sumus, quam esse aliquod numen praestantissimae mentis? – – – Quod qui dubitat, haud sane in-*

1 Cic., *De nat. deor.* 3, 9 f.

ABSCHNITT L
DIE ÄSTHETISCHE AUSGEMACHTHEIT

§ 847 Aus solcherart Wahrscheinlichem, wenn es die ästhetische Göttin der Überredung mit sinnlicher Faßlichkeit umgibt, erwächst dann die sinnliche Ausgemachtheit, die andere einen Erweis für das Auge, für den Sinn und einen handgreiflichen Erweis nennen, das Analogon des verstandesmäßig überzeugenden Erweises. Daher ziehen die meisten, weil sie sie als unmittelbar, anschaulich und durch sich selbst offenbar beurteilen, im Schließen diese Ausgemachtheit einer erst herbeizunötigenden vor, besonders, wenn sie schließlich auch den Verstand am meisten überzeugt. Cotta bei Cicero spricht die Meinung der meisten aus: *In Fällen, in denen etwas so* (sinnlich) *augenscheinlich ist, daß darüber allgemeines Einverständnis herrscht* (es gibt nämlich weder über alle für den Verstand ausgemachten Dinge ein allgemeines Einverständnis, noch sind alle Dinge, von denen man sagt, daß über sie ein allgemeines Einverständnis herrscht, verstandesmäßig ausgemacht), *pflege ich keine Beweise anzuführen. Die* (sinnliche) *Klarheit wird ja durch die Argumentation nur getrübt* (weil da eher die verstandesmäßige Faßlichkeit beabsichtigt wird) *und selbst wenn ich dies bei Gerichtsverhandlungen täte, würde ich bei unserer so viel Scharfsinn erfordernden Unterhaltung hier nicht so verfahren. – – – Doch da du dich nicht darauf verlassen konntest, daß es so einleuchtend ist, wie du gern hättest, hast du deswegen mit vielen Beweisgründen die Existenz der Götter belegen wollen. Mir freilich hätte ein einziges Argument genügt: die Überlieferung unserer Vorfahren. Du allerdings verachtest Autoritäten, du kämpfst mit dem Verstand. Gestatte denn also, daß sich mein Verstand mit deinem Verstand auseinandersetzt. Du führst alle diese Gründe für die Existenz der Götter an, und meines Erachtens ziehst du damit einen völlig zweifelsfreien Tatbestand in Zweifel.*[1]

§ 848 In ebenderselben Meinung hatte Lucilius seine Rede begonnen: *Denn was kann, wenn wir zum Himmel aufschauen und die Erscheinungen dort betrachten, so offensichtlich und so einleuchtend sein wie die Existenz einer mit herausragenden Geisteskräften begabten Macht? – – – Bei jemandem, der daran zweifeln mag, verstehe ich freilich gar*

telligo, cur non idem sol sit, an nullus sit, dubitare possit. Quid enim est hoc illo evidentius?[1] Consentiunt in hoc, numinis exsistentiam esse hominibus, sensitive etiam, evidentem, in hoc dissentiunt, quod hanc evidentiam cum intellectuali coniungere non male laborat Lucilius, argumentorum autem evidentiam minus bene Cotta reiicit, §§ 841, 847.

§ 849 Quemadmodum autem vel mathematice convicti sibi videntur aliqui per evidentiam intellectualem, falsa tamen aliquando persuasione: sic et sensitivam evidentiam veram a falsa distinguere necesse est, § 832. Ilam sequitur aesthetica, §§ 835, 838, licet nonnunquam per humanum errorem in evidentiam possit deducere, cui non parum admixtum sit falsae persuasionis, § 830. Ἀδεισιδαίμων Livius VIII 9 bellum huius rei exemplum exhibet narrans *Decium se pro legionibus devoventem, incinctumque cinctu Gabino se in medios hostes inmittentem.* Postquam enim quaedam ex persuasione spectatorum falsa retulit: *Evidentissimum,* pergit, *id fuit, quod, quacunque equo invectus est, ibi haud secus, quam pestifero sidere icti, pavebant: ubi vero corruit obrutus telis, inde iam haud dubie consternatae cohortes Latinorum fugam ac vastitatem late fecerunt.*[2]

§ 850 Hanc ob caussam Cicero Top. 97 postulat, *narrationes ut ad suos fines spectent, i.e. ut planae sint, ut breves,* § 170, *ut evidentes, ut credibiles, ut moderatae, ut cum dignitate. Quae quanquam in tota oratione* (omni venusta meditatione) *esse debent, tamen magis sunt propria narrandi.*[3] Plana heic credibilitas multos evidentiae numeros absolvet, § 847. Idem De am. 27, quando ait *amicitiam oriri magis applicatione quadam animi cum quodam sensu amandi, quam cogitatione, quantum illa utilitatis sit habitura, quod quidem, quale sit, in bestiis*

1 Ebd. 2, 4 f.
2 Liv. 8, 9.
3 Cic., *Top.* 97.

nicht, wieso er nicht ebenso an der Existenz der Sonne zweifen sollte. Denn wieso ist das eine augenscheinlicher als das andere? Beide stimmen darin überein, daß die Wirklichkeit der Götter für die Menschen auch in sinnlicher Weise ausgemacht ist, doch sie stimmen insofern nicht miteinander überein, als Lucilius sich in gar nicht verkehrter Weise darum bemüht, diese Ausgemachtheit mit einer verstandesmäßigen zu verbinden, während Cotta in weniger gelungener Weise die Ausgemachtheit von Argumenten zurückweist.

§ 849 Gleichwie aber manche sich sogar in mathematischer Weise durch eine verstandesgemäße Ausgemachtheit für überzeugt halten, es aber gleichwohl bisweilen aufgrund einer falschen Überredung sind, so ist es auch notwendig, die wahre sinnliche Ausgemachtheit von einer falschen zu unterscheiden. Die Ästhetik folgt der ersteren, mag es auch sein, daß sie durch menschlichen Irrtum zuweilen zu einer Ausgemachtheit führen können mag, der nicht wenig von einer falschen Überredung beigemischt sein mag. Livius, der nicht abergläubisch ist, gibt davon ein schönes Beispiel, wenn er von *Decius* erzählt, *der sich für die Legionen zum Opfer weihte und sich, auf Gabinische Art gegürtet, mitten unter die Feinde stürzte.* Nachdem er nämlich gewisse, aus der falschen Überredung der Zuschauenden herrührende Umstände mitgeteilt hat, fährt er fort: *Es war überaus augenscheinlich, daß die Leute überall, wo er mit seinem Pferd heransprengte, in Panik gerieten, als wären sie von einem unheilbringenden Gestirn getroffen. Als er aber, von Geschossen bedeckt, zusammenbrach, da gerieten die Kohorten der Latiner unzweifelhaft außer Fassung, sie ergriffen die Flucht und ließen eine weite Leere zurück.*[1]

§ 850 Aus diesem Grund fordert Cicero, *daß die Erzählungen auf ihre Ziele ausgerichtet, d. h. daß sie verständlich und kurz sein sollen, einleuchtend, glaubhaft, maßhaltend und mit Würde vorgebracht. Und obschon diese Dinge in der gesamten Rede* (in jeder anmutigen Überlegung) *gegeben sein müssen, sind sie doch in noch höherem Maße der Erzählung eigen.* Diese einfache Glaublichkeit löst viel von dem Anspruch der Ausgemachtheit ein. Eben dasselbe ist es, wenn Cicero sagt, *daß die Freundschaft mehr aus einer gewissen Zuneigung des Herzens, im Bund mit einem gewissen Gefühl der Liebe, erwächst als aus*

etiam quibusdam deprehendi posse, multo tamen evidentius in homine:[1] multo verius, et clarius, hinc etiam ipso sensu certius evidentioris nomine complectitur.

§ 851 Conciliabimus itaque venustis meditationibus pulcram illam evidentiam, de qua huiusque, 1) vero nostro, §§ 423–613, suam lucem dando §§ 614–828, 2) oppositis huic vero falsis et erroribus fucum veritatis detrahendo, § 763. *Quum duae caussae perspicuis et evidentibus rebus adversentur, auxilia totidem sunt contra comparanda. Adversatur enim primum, quod parum defigunt animum atque intendunt in ea, quae perspicua sunt, ut, quanta ea luce circumfusa sint, possint agnoscere. Alterum est, quod fallacibus et captiosis interrogationibus circumscripti, atque decepti quidam, quum eas dissolvere non possunt, desciscunt a veritate. Oportet igitur et ea, quae pro perspicuitate responderi possunt, in promtu habere, et esse armatos, ut occurrere possimus interrogationibus, et captationes discutere*, Cic., Quaest. ac. IV 46.[2]

§ 852 Perspicuum et evidens saepe Ciceroni sunt in synonymis. Ita enim sub aliena persona latens 17, ἐνάργειαν, inquit, *graecorum perspicuitatem aut evidentiam nos, si placet, nominemus, fabricemurque, si opus erit, verba*.[3] Quoniam autem philosophis non opus est synonimis, veri demum perspicuitatem evidentiam dicimus ita, ut omnia quidem evidentia simul concedamus esse perspicua, *propterea, quod nihil est clarius* ἐνάργεια,[4] neque tamen omnia perspicua iam hoc ipso largiamur esse simul evidentia, § 614. Ἐνάργεια *a Cicerone illustratio et evidentia nominatur, quae non tam dicere videtur, quam ostendere*, Quint. VI 2.[5] Nos quidem evidentiam omnem illustrare non negabimus, § 730, quoniam et nos *putamus orationem nullam illustriorem ipsa evidentia reperiri posse*,[6] neque tamen omni illustrationi

1 Cic., *Laelius* 27.
2 Cic., *Ac. Lucullus* 2, 46.
3 Cic., *Ac. Lucullus* 2, 17.
4 Ebd.
5 Quint. 6, 2, 32.
6 vgl. Cic., *Ac. Lucullus* 2, 17.

der Berechnung, wieviel Nutzen diese Sache bringen möchte. Dies aber, und was es damit auf sich hat, läßt sich auch an einigen Tieren beobachten, beim Menschen aber ist das noch viel augenscheinlicher: Unter der Bezeichnung ›viel augenscheinlicher‹ wird hier ›viel wahrer‹, ›viel klarer‹ und daher in demselben Sinn auch ›viel gewisser‹ miteingeschlossen.

§ 851 Wir werden deshalb jene schöne Ausgemachtheit, von der bis jetzt die Rede war, erwirken, indem wir 1) unserem Wahren sein ihm gemäßes Licht geben und 2) den zu diesem Wahren in Gegensatz stehenden Falschheiten und Irrtümern den Aufputz des Wahren wegreißen. *Da zwei Ursachen eine klare und augenscheinliche Erkenntnis verhindern, müssen ebenso viele Gegengründe bereitgestellt werden. Der erste Hinderungsgrund ist, daß man gewöhnlich die Aufmerksamkeit zu wenig auf das, was klar ist, richtet, als daß man erkennen könnte, mit wieviel Helligkeit es umstrahlt ist. Zweitens gibt es Leute, die, durch trügerische Fragen umgarnt und getäuscht, von der Wahrheit abfallen, wenn sie diese Fragen nicht lösen können. Deshalb müssen wir das, was zugunsten der Augenscheinlichkeit geantwortet werden kann, ständig zur Hand haben und gewappnet sein, den Fragen dieser Leute begegnen und ihre Fallstricke zerreißen zu können.*

§ 852 ›Faßlich‹ und ›augenscheinlich‹ gelten Cicero oft als Synonyme. So nämlich sagt er, verborgen hinter der Rolle einer anderen Person: *Die ἐνάργεια der Griechen mögen wir, wenn es beliebt, Faßlichkeit oder Augenscheinlichkeit nennen und wir werden, wenn es nötig ist, auch noch andere Begriffe dafür bilden.* Weil aber die Philosophen keine Synonyme nötig haben, nennen wir nurmehr die Faßlichkeit des Wahren eine Ausgemachtheit, so, daß wir einräumen, daß alles, was ausgemacht ist, gewiß zugleich auch faßlich ist, *deswegen, weil nichts einleuchtender ist als die ἐνάργεια (Augenscheinlichkeit) selbst*, nicht aber verstatten wir, daß alles, was faßlich ist, schon eben dadurch zugleich auch ausgemacht ist. *Die ἐνάργεια (Verdeutlichung) wird von Cicero ein Ins-Licht-Rücken und eine Veranschaulichung genannt, die nicht mehr in erster Linie zu reden, sondern vielmehr das Geschehen anschaulich vorzuführen scheint.* Wir werden gewiß nicht leugnen, daß jede Ausgemachtheit erhellt, weil auch wir *meinen, daß nichts eine*

suam evidentiam inesse concedimus, § 731. *Plus est evidentia, vel, ut alii dicunt* ἐνάργειαν, *repraesentatio, quam perspicuitas* et illustratio.[1] *Magna virtus est res, de quibus loquimur, clare, atque ut cerni videantur,* cum experientiae consueta certitudine, *enunciare*, Quint. VIII 3.[2]

§ 853 Quo clarius, sensitive tamen, § 614, hinc quo vividius, § 619, quo plures, quo maiores veritates persuadendo sistuntur obiectis tuis personalibus ob oculos mentis: hoc maior erit persuasio, hoc maior eam comitabitur evidentia, M. § 880. Hinc ob persuasionem, quam praestare possis, maximam nova nascitur ingeniis venustis obligatio legendi sibi, quae possint, verissima themata, quoniam, caetera si fuerint paria, quo quid est verius, hoc idem erit persuasibilius est ostendi poterit evidentius, § 555.

§ 854 Persuasio aesthetica etiam, sicut logica, vel erit directa et ostensiva, qua verum esse, quod ponimus, vel admodum verisimile declaremus evidenter, ad oppositum illi falsum minus attendentes, vel apagogica et per indirectum procedens, deducens ad aesthetice falsum et falso simile, vel incongruum, qua circumdamus nostris, quae ponimus, veritatis verisimilitudinisque lucem, detecta falsitate his repugnantium, § 851.

SECTIO LI
CONFIRMATIO

§ 855 Persuasio directa et ostensiva CONFIRMATIO est, sicut apagogica, persuadens falsitatem oppositi, logicae refutationis analogon,

[1] Vgl. Quint. 8, 3, 61.
[2] Vgl. ebd. 8, 3, 62.

Rede mehr erhellen kann als die Augenscheinlichkeit selbst, wir räumen aber nicht ein, daß jeder Aufhellung eine ihr eigene Ausgemachtheit innewohne. *Die Veranschaulichung oder, wie andere sagen, die ἐνάργεια, die Vergegenwärtigung, ist mehr als die Faßlichkeit* und mehr als eine Aufhellung. *Eine große Leistung ist es, die Dinge, von denen wir reden, klar und* – mit der vertrauten Gewißheit der Erfahrung – *so darzustellen, als sähe man sie deutlich vor sich.*

§ 853 Je mehr und je größere Wahrheiten je klarer und dennoch sinnlich, und daher je lebhafter, beim Überreden deinen persönlichen Objekten vor das geistige Auge[1] gebracht werden, um so größer wird die Überredung sein und um so größer die Ausgemachtheit, die sie begleiten wird. Daher erwächst aus der Forderung der größtmöglichen Überredung für den anmutigen Geist eine neue Verpflichtung, nämlich diejenige, sich, soweit dies möglich ist, die allerwahrsten Themen auszuwählen, weil ja, wenn die übrigen Umstände die gleichen sind, etwas, je wahrer es ist, selbst um so überredender sein und in ausgemachterer Weise aufgezeigt werden können wird.

§ 854 Auch die ästhetische Überredung wird, wie die logische Überzeugung, entweder direkt und offenbar sein, durch die wir das, was wir darlegen, in ausgemachter Weise als wahr oder überaus wahrscheinlich erklären und uns um das zu diesem in Gegensatz stehende Falsche weniger kümmern, oder sie wird eine apagogische[1] und indirekt vorgehende Überredung sein, die zu einem ästhetisch Falschen und dem Falschen Ähnlichen oder zu einem Ungereimten hinführt, durch die wir aber die von uns dargelegten Dinge mit dem Licht des Wahren und des Wahrscheinlichen umgeben, nachdem die Falschheit dessen, was ihnen widerstreitet, aufgedeckt wurde.

ABSCHNITT LI
DIE BESTÄRKUNG

§ 855 Die direkte und ausdrückliche Überredung ist die BESTÄRKUNG, gleichwie die apagogische Überredung, die von der Falsch-

REPREHENSIO, quam et infirmationem contrarii dixeris. Ita coniungit hanc duplicem persuadendi viam Cicero De div. II 38, *Tu quidem*, inquiens, *non hostiarum casum confirmas sortium similitudine, sed infirmas sortes collatione hostiarum.*[1] Immo iam citra artem ipsa natura facultatem utramque coniunctam iudicat, quoniam *ita nati sumus, ut ea, quae intenderemus, confirmare, et id, quod contra diceretur, refellere possemus*, De or. I 90.[2] Rhetores idem narrat *iubere* ut, inter alia, *nostra confirmare argumentis ac rationibus, deinde contraria refutare*, II 80.[3]

§ 856 Poetarum non minus est, ac oratorum, persuadere, § 829. Hinc persuasurus, licet infeliciter, Lucretius, et reprehendit, II 174, *generis humani*

> *omnia caussa*
> *Constituisse deos dum fingunt, omnibu' rebus*
> *Magnopere a vera lapsi ratione videntur,*[4]

et confirmat, 177,

> *Nam quamvis rerum ignorem primordia quae sint,*
> *Hoc tamen ex ipsis caeli rationibus ausim*
> *Confirmare, aliisque ex rebus reddere multis,*
> *Nequaquam nobis divinitus esse creatam*
> *Naturam mundi, quae tanta est praedita culpa.*
> *Quae tibi posterius, Memmi, faciemus aperta.*
> – – –
> *Nunc locus est, ut opinor, in his illud quoque rebus*
> *Confirmare tibi, nullam rem posse sua vi*
> *Corpoream sursum ferri, sursumque meare.*
> *Nec tibi dent in eo flammarum corpora fraudem,*[5]

et ita pergit refellendo.

1 Cic., *De div.* 2, 38.
2 Cic., *De or.* 1, 90.
3 Ebd. 2, 80.
4 Lukr. 2, 174–176.
5 Ebd. 2, 177–182, 184–187.

heit des Gegenteils überzeugt, Analogon der logischen Widerlegung, der TADEL ist, den man auch eine Schwächung des Gegenteils nennt. Cicero verbindet diesen doppelten Weg des Überredens so, indem er sagt: *Du bekräftigst freilich nicht die Sache der Opfertiere mit deren Ähnlichkeit mit den Losen, sondern du entkräftest die Lose, indem du sie mit den Opfertieren vergleichst.* Er meint sogar, daß, abgesehen von der Kunst, beide Vermögen durch die Natur selbst verbunden sind, weil *wir so geboren sind, daß wir das, worauf wir hinauswollen, bekräftigen, wie auch die Einwände, die dagegen vorgebracht werden mögen, widerlegen können.* Von den Rhetoren erzählt er, daß sie uns, unter anderem, *auffordern, unseren Standpunkt mit Argumenten und Beweisen zu bestärken, dann aber die Gegenposition abzuweisen.*

§ 856 Den Dichtern ist es nicht weniger als den Rednern eigen zu überreden. Daher spricht Lukrez, wenn er, sei es auch glücklos, überreden will, sowohl einen Tadel aus, wenn er sagt, daß, *wenn um der Menschen Geschlecht willen*

> *alles sie die Götter festgesetzt haben lassen, sie in allem*
> *sich sehr von dem wahren Gedanken zu entfernen scheinen,*

als auch eine Bestärkung,

> *Wüßt' ich gleich auch nichts von den Ursprungskörpern der Dinge,*
> *möchte doch dies ich gerade aus des Himmels Plan zu behaupten*
> *wagen und den Beweis dafür aus vielem andrem zu geben:*
> *Keineswegs ist für uns auf göttliche Weise geschaffen*
> *worden das Wesen der Welt: So mit Schuld steht sie da beladen.*
> *Das werden später wir dir, o Memmius, offenbar machen.*
> – – –
> *Jetzt ist, mein ich, der Ort, auch jenes auf diesem Gebiete*
> *dir zu erhärten, daß nichts, was Körper, aus eigenen Kräften*
> *aufwärts zu stürzen vermöchte und aufwärts sich zu bewegen,*
> *daß dir hierbei nicht Trug der Flammen Körper bereiten,*

und so fährt er fort im Widerlegen.

§ 857 Primum heic postulatum est, si quid intendis, ut illud *sine dubitatione confirmes,* etiamsi non semper omnis tolli possit incertitudo, licet aliquando deesse non nihil plenae persuasioni, vel analogo rationis patere possit, ille tamen status, quo rationes in utramque contrariorum partem compares videantur et aequales, animo prius tuo, dein tuorum animus evellendus omnino est, nisi irritum persuadendi conatum in te rideri velis. Certitudo quaedam cum quadam incertitudine potest consistere, sed nulla certitudo, hinc nullo persuasio, nulla evidentia, confirmatio nulla cum incertitudine totali dubitantium. Hinc ipsi dubitationis catholicae patroni quam primum belle volunt aliquem in hanc aleam inducere, consiliorum suorum eo usque solent oblivisci, ut de nulla re minus dubitare videantur, ac de eo, dubitandum esse de omnibus.

§ 858 Deinde ne rationibus et argumentis unquam aggrediaris confirmare, de quibus se iam satis immediate certos esse tui sibi persuaserunt, § 847. Persuasorie *negat* Epicurus *opus esse ratione, neque disputatione, quamobrem voluptas appetenda, fugiendus dolor sit. Sentiri hoc putat, ut calere ignem, nivem esse albam, dulce mel, quorum nil aporteret exquisitis rationibus confirmare, tantum satis esse admonere. Interesse enim inter argumentum conclusionemque rationis et inter mediocrem animadversionem atque admonitionem. Altera occulta quaedam et quasi involuta aperiri, altera promta et aperta indicari*, § 851, Cic., De fin. I 30.[1] Quemadmodum demonstrator identicas indemonstrabiles ex nullis amplius argumentis efficit, ita persuasionem confirmaturus in iudiciis, quae suorum sensibus aut analogo rationis per se satis evidentia videantur, ulterioris probationis incurius, acquiescit.

[1] Cic., *De fin.* 1, 30.

§ 857 Die erste Forderung ist dabei: Wenn du beabsichtigst, etwas *ohne Anzweiflung zu bestärken* – wenn auch nicht immer jede Ungewißheit beseitigt werden kann, mag es sein, daß bisweilen ein wenig zur völligen Überredung fehlen oder für das Analogon der Vernunft noch offen sein mag – muß dennoch jener Zustand, in dem die Gründe für beide Seiten des Entgegengesetzten ebenbürtig und gleich zu sein scheinen, zuerst aus deinem Gemüt und dann aus den Gemütern deiner Zuhörer gänzlich verbannt werden, wenn du nicht willst, daß man deine vergebliche Bemühung zu überreden verlacht. Eine Art von Gewißheit kann mit einer Art von Ungewißheit zusammen bestehen, aber keine Gewißheit und daher keine Überredung, keine Ausgemachtheit, keine Bestärkung mit einer völligen Ungewißheit der Zweifelnden. Daher pflegen selbst die Freunde des allgemeinen Zweifels, sobald sie jemanden auf schöne Weise zu diesem Wagnis verleiten wollen, ihre eigenen Ratschläge so weit zu vergessen, daß sie an keiner Sache weniger zu zweifeln scheinen als an der, daß an allem gezweifelt werden muß.

§ 858 Ferner mögest du dich niemals daranmachen, Dinge mit Gründen und Argumenten zu bekräftigen, hinsichtlich derer deine Zuhörer sich schon genügend überzeugt haben, ihrer gewiß zu sein. Epikur *verneint, daß man einen* überredenden *Grund oder eine Erörterung brauche, weswegen die Lust zu erstreben und der Schmerz zu vermeiden sei. Das fühle man, meint er, so wie man spüre, daß das Feuer heiß, der Schnee weiß und der Honig süß sei. Davon brauche man ja nichts mit ausgeklügelten Methoden zu beweisen, es genüge, nur daran zu erinnern. Denn zwischen einer Argumentation im Sinne einer logischen Schlußfolgerung und einer schlichten Beobachtung oder Erinnerung bestehe ein Unterschied. Die erstere eröffne den Zugang zu gewissen verborgenen und gleichsam eingehüllten Dingen, die letztere urteile über Offenkundiges, unmittelbar Zugängliches.* Gleichwie jemand, der beweist, einerlei Aussagendes, keinen Erweis Brauchendes nicht umfassender aus Argumenten folgert,[1] so beruhigt sich derjenige, der die Überredung bekräftigen will, in Urteilen, die den Sinnen seiner Zuhörer oder dem Analogon der Vernunft als für sich genügend ausgemacht erscheinen mögen, ohne sich um entferntere Beweise zu kümmern.

§ 859 Porro, si rationibus evincenda sunt, quae confirmare lubet, argumentis a priori petitis, vel praeferas eleganter persuasurus, vel saltim adiungas, quoties illud fieri potest, rationes a posteriori. Po-test a priori confirmari divinatio, tamen, modo ad persuadendum magis idoneo, *ex ipsis exemplis verarum vaticinationum et somniorum Cratippus solet rationem concludere hoc modo: Si sine oculis non potest exstare officium et munus oculorum, possunt autem aliquando oculi non fungi suo munere: qui vel semel ita est usus oculis, ut vera cerneret, is habet sensum oculorum vera cernentium. Item igitur, si sine divinatione non potest et officium et munus divinationis exstare, potest autem quis, quum divinationem habeat, aliquando errare, nec vera cernere, satis est ad confirmandam divinationem semel ita esse aliquid divinatum, ut nihil fortuito cecidisse videatur. Sunt autem eius generis innumerabilia. Esse igitur divinationem confitendum est*, Cic., De div. I 71.[1]

§ 860 Si tuis in meditationibus admittant aliquam argumentorum etaim confirmationem 1) generaliora quaedam et abstractiora 2) magis determinata, individua, et singularia, utraque tamen confirmare tempus et locus non permittant: illa lemmatum instar ex disciplinis intellectualibus quasi nota sumas potius, et in horum probationem operam impendas, quam vice versa, §§ 677, 752. Plinius l. XXXVII in prooemio sumens *gemmas in arctum coactam rerum naturae maiestatem, Ismeniae aetate scalpi smaragdos solitos confirmat edicto Alexandri M. quo vetuit in gemma se ab alio scalpi, quam a Pyrgotele, non dubie,* § 857, *clarissimo artis eius*, c. I.[2]

1 Cic., *De div.* 1, 71.
2 Plin., *Nat. hist.* 37, 1 und 8.

§ 859 Ferner, wenn das, was man bestärken will, mit Gründen unumstößlich dargetan werden muß, mögest du als jemand, der auf geschmackvolle Weise überreden will, Argumenten, die *a priori* erbracht werden, entweder Gründe *a posteriori* vorziehen oder, wann immer dies möglich ist, wenigstens hinzufügen. Die Wahrsagung kann *a priori* bestärkt werden, gleichwohl *pflegt Kratipp* in einer zum Überreden tauglicheren Weise, *nachdem er Belege für Orakel und Träume angeführt hat, die in Erfüllung gegangen sind, seine Begründung folgendermaßen zu beschließen: ›Ohne Augen kann es das Geschäft und die Aufgabe der Augen nicht geben, doch ist es möglich, daß zuweilen die Augen ihrer Aufgabe nicht genügen; wer indes auch nur einmal seine Augen so gebraucht hat, daß er die Wirklichkeit wahrnahm, der weiß etwas von Augen, die die Wirklichkeit wahrnehmen. Ebenso kann es nun ohne Wahrsagevermögen das Geschäft und die Aufgabe des Wahrsagevermögens nicht geben, doch es ist möglich, daß einer, obwohl er das Wahrsagevermögen besitzt, zuweilen irrt und nicht die Wirklichkeit wahrnimmt; indes darf die Existenz des Wahrsagevermögens als hinlänglich bewiesen gelten, wenn ein einziges Mal etwas so wahrgesagt worden ist, daß eine zufällige Erfüllung allem Anschein nach nicht in Frage kommt. Es gibt aber unzählige Prophezeiungen von dieser Art; folglich muß man anerkennen, daß es ein Wahrsagevermögen gibt‹.*

§ 860 Wenn in deinen Überlegungen 1) gewisse allgemeinere und abgesondertere Dinge, 2) Bestimmteres, Individuen und Einzeldinge auch irgendeine Bestärkung durch Argumente zulassen, beides zu tun aber die Zeit und der Ort nicht erlauben mögen, dann mögest du eher jene wie Annahmen aus den Lehren des Verstandes gleichsam als schon bekannt annehmen und auf diese die Arbeit und den Beweis verwenden, als umgekehrt. Plinius, der im Prooemium annimmt, daß *die Edelsteine die auf knappem Raum zusammengedrängte Herrlichkeit der Welt enthalten, bestärkt* seine Aussage, daß *man zur Zeit des Ismenias gewöhnlich Smaragde geschnitten zu haben scheint, durch die Verordnung Alexanders des Großen, durch welche dieser verbot, daß irgendein anderer als Pyrgoteles, zweifellos der berühmteste in dieser Kunst, sein Bild in einen solchen Edelstein graviere.*[1]

§ 861 ARGUMENTATIO completam certitudinem exhibens est NECESSARIA, incompletam, in aliquantulum incertis, quae praestet, sola est probabilis. Dubias enim et multo magis improbabiles nullam certitudinem, nullam persuasionem secum ferre, confirmationem nullam iam vidimus, §§ 857, 485. Hinc recte Cic. De inv. I 44 *Omnis argumentatio aut probabilis aut necessaria debebit esse.* Nisi fallitur in describenda necessaria: *necessarie,* pergens, *demonstrantur ea, quae aliter, ac dicuntur, nec fieri, nec probari possunt,* labitur saltim in adiuncto exemplo: *Si peperit, cum viro concubuit.*[1]

§ 862 Si confirmaturus eleganter tibi permiseris aliquando necessariam aliquam etiam argumentationem tangere, quae scilicet ad logices formulam exacta formae simul completam certitudinem intellectui approbaret: ab huius tamen, formae scilicet legitimae, venustis occultationibus nunc minus abstinere tuum est, quoniam tibi sufficere potest argumenti scientifici satis evidentem analogo rationis propinare verisimilitudinem, §§ 483, 829. Ad hanc autem completa formae convictio non requiritur. Hinc Cicero *genus* etiam *argumentandi, quod in necessaria,* § 861, *demonstratione,* § 847, *versatur,* suadet *tractare maxime aut per complexionem,* dilemma enthymematico-crypticum, *aut per enumerationem,* syllogismum disiunctivum tollendo ponentem, sed denuo satis crypticum, *aut per simplicem conclusionem,*[2] cuius exemplum ponit syllogismum hypotheticum modi ponentis enthymematicum, 45.

§ 863 Addit quidem Cicero: *Atque hoc diligenter videre oportebit, ne quo pacto genus hoc refelli possit, ut ne confirmatio modum in se argumentationis habeat et quandam similitudinem necessariae conclusionis, verum ipsa argumentatio ex necessaria ratione consistat.*[3] Verum aequus

[1] Cic., *De inv.* 1, 44.
[2] Ebd.
[3] Ebd. 1, 45.

§ 861 Eine BEWEISFÜHRUNG, die eine vollständige Gewißheit liefert, ist NOTWENDIG, eine solche, die eine unvollständige Gewißheit in Dingen, die ein wenig ungewiß sind, leistet, ist eine nur glaubhafte. Daß allerdings zweifelhafte und noch mehr unglaubhafte Beweisführungen keine Gewißheit, keine Überredung und keine Bestärkung mit sich bringen, haben wir schon gesehen. Daher sagt Cicero richtig: *Jede Beweisführung muß glaubwürdig oder zwingend sein.* Wenn er sich aber auch in seiner Beschreibung der notwendigen Beweisführung nicht irrt, indem er fortfährt, *zwingend legt man das dar, was anders, als gesagt wird, weder geschehen noch bewiesen werden kann*, so fehlt er doch zumindest in dem angefügten Beispiel: *Wenn sie geboren hat, hat sie mit einem Mann das Lager geteilt.*[1]

§ 862 Wenn du dir als jemand, der auf geschmackvolle Weise bekräftigen will, bisweilen erlaubst, auch irgendeine notwendige Beweisführung zu berühren, die – indem sie freilich gemäß den Regeln der Logik ihrer Form genau ist – zugleich dem Verstand eine vollständige Gewißheit darbieten mag, ist es dennoch weniger passend, wenn du dich dann eines geschmackvollen Verbergens dieser freilich rechtmäßigen Form enthältst, da es dir ja genügen kann, dem Analogon der Vernunft nur eine genügend ausgemachte Wahrscheinlichkeit eines wissenschaftlichen Arguments preiszugeben. Für diese hingegen ist eine vollständige Überzeugung hinsichtlich der Form nicht verlangt. Daher rät Cicero, auch *die Art der Beweisführung, die sich in einem zwingenden Erweisen bewegt, vor allem durch eine Zusammenfassung durchzuführen*, die eine verborgen enthymematische[1] Doppelannahme darstellt, *oder durch eine Aufzählung*, einen Trennungsschluß in Form des *modus tollendo ponens*,[2] der aber wiederum genügend verborgen ist, *oder durch eine einfache Schlußfolgerung*, von welcher der hypothetische, enthymematische Syllogismus des *modus ponens* ein Beispiel gibt.[3]

§ 863 Gewiß fügt Cicero hinzu: *Und dabei soll man sorgfältig darauf achten, daß diese Art der Beweisführung nicht auf irgendeine Weise widerlegt werden kann, daß die Bekräftigung nicht nur die Art einer Beweisführung in sich birgt und gewisse Ähnlichkeit mit einer zwingenden Schlußfolgerung, sondern daß die Beweisführung selbst aus einer zwin-*

interpres animadvertet 1) diligentiam in foro aesthetico debitam postulari, non accurationem logicorum mathematicam, 2) sicuti confirmatio tantum intenditur persuasoria, ita nec cavendum esse, ut ne logicis quidem subtilitatibus et purioris rationis intensissima vi tua possit argumentatio refelli, sed ut ne possit reprehendi, § 855, ut ne vel ad sensum et coram analogi rationis tribunali falsitatem in eadem aliquam aestheticam, S. XXVIII, detegere sit in promtu, 3) paralogismos utique et mera sophismata reiici, quibus nihil insit virium ad persuadendum, sed inanis tantum certitudinis species, § 837, sufficere tamen Ciceroni, ut argumentatio ex necessaria ratione consistat, nec eum requirere, ut omnis haec et sufficiens inter argumentandum ratio, qua pote, manifestissime rationis ipsius perspicientiae subiiciatur, §§ 862, 843.

§ 864 Incidas elganter meditaturus in iudicium, quale logici demonstrativum dicimus, quodque hinc utique per scientias indiget demonstratione, sit tamen idem, quantum noveris, apud tuos in confesso, de quo constet inter omnes, sit etiam in promtu necessaria quaedam argumentatio, cuius tamen praevideas vel omnem ambitum, vel aliquam partem, quam resecare nequeas, tuis minus perspicuam ac evidentem futuram, ac ipsa iam est conclusio. Hoc in casu totam illam tuam argumentationem necessariam lubens omitte iudiciique tui demonstrativi, sed simul per se satis nunc evidentis animadversione mediocri contentus acquiesce, §§ 858, 847. Eadem regula modum et fines praescribet, quousque in analysi argumentorum per prosyllogismos adscendere e re sit eleganter confirmaturi.

genden Begründung besteht. Doch ein billiger[1] Ausleger wird beachten, 1) daß vor dem ästhetischen Forum eine geschuldete Achtsamkeit, nicht aber die mathematische Genauigkeit der Logiker erfordert wird, 2) daß man, gleichwie nur eine überzeugende Bestärkung beabsichtigt ist, sich also nicht in acht nehmen muß, daß die Beweisführung nicht durch logische Feinheiten und die stärkste Kraft der reineren Vernunft widerlegt werden könnte, sondern vielmehr, daß sie nicht getadelt werde und daß in ihr nicht leicht sogar irgendeine für die Sinne und das Analogon der Vernunft ästhetische Falschheit entdeckt werden kann, 3) daß unter allen Umständen Fehlschlüsse und bloße Trugschlüsse zurückgewiesen werden,[2] in denen nichts an überzeugender Kraft ist, sondern nur eine eitle Art von Gewißheit, und schließlich, daß es Cicero genügt, daß die Beweisführung auf einem notwendigen Grund beruht, daß er nicht verlangt, daß all dies und der zureichende Grund innerhalb der Beweisführung, soweit möglich, in offenbarster Weise der vollständigen Einsicht der Vernunft selbst unterworfen wird.

§ 864 Du magst als jemand, der auf geschmackvolle Weise bekräftigen will, an ein Urteil geraten, das wir als Logiker ein demonstratives Urteil nennen,[1] und das daher unter allen Umständen eines wissenschaftlichen Beweises bedarf; es sei aber dieses Urteil, in dem Maße, in dem du davon Kenntnis hast, bei deinen Zuhörern zugestanden und allgemein bekannt; es sei auch eine notwendige Beweisführung bei der Hand, hinsichtlich derer du aber voraussehen magst, daß entweder ihr ganzer Verlauf oder irgendein Teil von ihr, den du nicht weglassen magst, deinen Zuhörern weniger faßlich und offenbar sein wird als es der Schlußsatz selbst schon ist. In diesem Fall lasse willig deine ganze notwendige Beweisführung und dein demonstratives Urteil weg, beruhige dich aber zugleich zufrieden in der mittelmäßigen Aufmerksamkeit auf das, was für sich selbst nun schon genügend ausgemacht ist. Dasselbe Gesetz mag die Art und Weise und die Grenzen vorschreiben, inwieweit es demjenigen, der auf geschmackvolle Weise bestärken will, zukommen mag, sich in der Zergliederung von Argumenten durch Vorschlüsse[2] über die Sache zu erheben.

§ 865 Incidas in meditationibus aestheticis in propositionem demonstrativam, quam indigere confirmationibus argumentorum probe praevideas, habeas autem argumentationem necessariam in promtu, sed simul aliam aliquam probabilem tantum. Interim in illa praesagiat animus haesuros tuos, obiectum tuum personale primarium, in ipso probationis cardine, velut oblato quodam nodo Gordio, defuturam illi necessario tuo argumento relativam vel omni, vel magna ex parte, sensitivam evidentiam, intellectualem autem horizontem tuorum, nunc certe, transcendere. Hanc autem, probabilem scilicet, alteram probationem planam sperare possis et perspicuam fore tuis et oppido evidentem vel ipsi rationis analogo. Hic praefer argumentationem probabilem necessariae. Incertum certo? certo veris credibilia? § 837. Utique. Verum non ideo, quia praeferendum incertum est, sed quia tuis est sensitive certius intellectualiter certis, quae nunc certe, non intelligunt. Non ideo, quia credibile non est certo verum, sed quia tuis tamen hoc probabile est credibilius, ac illo certo vera, quorum ipsos, nunc certe, transcendit evidentia, § 839.

§ 866 *Probabile,* quando Cicero dicit, 46, *quod fieri solet,*[1] § 484, exhibet occasionem observandi quartam ἤθους speciem, §§ 195, 495, 698, qua moratum cogitandi genus, § 226, 1) velut aliud agendo, tacite suos de probatis auctoris moribus intimius semper intimiusque persuadeat, § 227, ita, ut illi suo sibi marte tandem personam cogitantis et characterem moralem, ut amabilem absolute, sic nunc simpliciter honestum, nunc nobilem, nunc omnino grandem, prouti materiis, obiectis et dynamometriae suae naturali proportionate se pingere voluerit, § 462, evidenter deprehendisse videantur, § 213.

[1] Ebd. 1, 46.

§ 865 Du magst in ästhetischen Überlegungen an einen Satz, der einen Erweis braucht, geraten, hinsichtlich dessen du richtig voraussehen magst, daß er der Bestärkung durch Argumente bedarf; du magst auch eine notwendige Beweisführung zur Hand haben, gleichzeitig aber auch irgendeine nur wahrscheinliche. Unterdessen hast du eine Vorahnung, daß deine Zuhörer, dein vornehmliches persönliches Objekt, gerade bei dem Angelpunkt des Beweises, gleichsam wie bei einem gegen sie gewendeten Gordischen Knoten festhängen bleiben werden und daß deinem notwendigen Argument eine relative sinnliche Ausgemachtheit entweder zur Gänze oder zu einem großen Teil fehlen wird, es aber vollends gewiß den verstandesmäßigen Horizont deiner Zuhörer übersteigt. Du magst aber hoffen, daß dein anderer, freilich nur glaubhafte, verständliche Beweis sowohl deinen Zuhörer faßlich als auch für das Analogon der Vernunft ungemein ausgemacht sein wird. Hier mußt du die glaubhafte Beweisführung der notwendigen vorziehen. Das Ungewisse dem Gewissen? Das Glaubliche der Gewißheit des Wahren? Durchaus! Wahrlich nicht deswegen, weil das Ungewisse vorzuziehen ist, sondern weil es deinen Zuhörern sinnlich gewisser erscheint als ein verstandesmäßig Gewisses, das sie gewiß nicht verstehen. Nicht deshalb, weil das Wahre nicht gewiß glaublich ist, sondern weil deinen Zuhörern dennoch dieses Glaubhafte glaublicher ist als das gewiß Wahre, dessen Ausgemachtheit ihre Fassungskraft vollends gewiß übersteigt.

§ 866 Wenn Cicero sagt: *Glaubwürdig ist, was vorzukommen pflegt*, verschafft uns dies die Möglichkeit, die vierte Art des Ethos, nämlich als gesittete Denkungsart, zu betrachten. Dieses möge 1) gleichsam nebenbei und stillschweigend seine Zuhörer bezüglich der trefflichen Sitten des Autors inniger und immer inniger überreden, so, daß jene schließlich von sich meinen, die Person und den sittlichen Charakter des Denkenden als ebenso schlechterdings liebenswürdigen, wie einmal als einfach ehrbaren, einmal als edlen, einmal als gänzlich großen selbständig und in ausgemachter Weise erkannt zu haben, je nachdem, wie dieser sich im Verhältnis zu den Stoffen, den Objekten und seinem natürlichen Kräftemaß wohl selbst gemalt haben wollen wird.

§ 867 Ἦθος persuasorium, § 866, 2) memor illorum, *qui nihil rectum, nisi quod ipsorum moribus conveniat, putabunt,* Corn., pr.,[1] quos noveris non esse paucissimos, si qua cum iisdem congruant, quae velit persuadere, ea more maiorum et institutis sacrosanctis ritibus, ipsis gentium consuetudinibus, diuturnoque moratiorum usu commendando triumphabit; si qua persuadenda dissentire videantur ab iisdem, ea sibi non sumit tractanda, nisi sub hypothesi § 846, 3) de morum optimorum verissima pulcritudine, de vera vitiorum turpitudine per naturales maxime colores utrorumque laborat intime suos persuadere, § 574, 4) in moribus strictissime veris scapham scapham non dicit solum, sed etiam confirmat, quando pulcre potest et vitiis pulcella, et foeda virtutibus larva detrahi, § 580.

§ 868 Ἦθος persuasorium 5) mores et facta, de quibus dubitari potest, nunc in bonam, nunc in malam partem interpretatur, non sine probabilitate, saltim aesthetica, secundum regulas veritatis moralis, de qua §§ 435, 467, secundum easdem 6) historice fingendis moribus et factis eam probabilitatem circumdabit, ut, licet, quomodo acta res sit, ignoremus, ius tamen iurandum credulitatis vix perhorresceremus persuasi non aliter agi potuisse, § 509, 7) in ipsis fictionibus moralium poeticis observabit certitudinem ex analogia cum mundo poetico, §§ 511, 513, et earundem interna verisimilitudine resultantem, § 589, ut spectator tuus persuadetur, non quidem, quae facta sunt, tamen verissime narrari, qualia fieri debent, heterocosmica, § 586, 8) ubique lucem et umbram in nuda veritate moralium pingenda sic temperabit, § 666, ut haec aliquando plena in luce refulgeat, § 625, nunc subindicetur tantum pluribus ad cogitandum spectatori relictis, §§ 654–662, nunc strictissime vera pateant analogo

1 Corn. Nepos, *De viri illustr.*, Prooem. 2.

§ 867 Das Ethos der Überredenden, das 2) auch an diejenigen denkt, *die nichts für recht halten werden, als das, was mit ihren eigenen Sitten übereinstimmt* – von denen es, wie du wissen wirst, nicht gerade wenige gibt –, wird, wenn dieselben mit demjenigen, bezüglich dessen es überreden wollen mag, zusammenpassen, indem es diese Sitten unter Rückgriff auf die Sitten der Alten und eingeführte sakrosankte Gebräuche, auf die Angewohnheiten des Volkes und den täglichen Gebrauch der Gesitteteren empfiehlt, den Sieg davontragen; wenn aber etwa die Dinge, bezüglich derer es überreden will, von denselben abzuweichen scheinen, maßt es sich nicht an, sie zu behandeln, außer unter der Bedingung von § 846. 3) Es arbeitet darauf hin, sein Publikum bezüglich der wahrsten Schönheit der besten Sitten und der wahren Häßlichkeit der Laster, am meisten unter Verwendung der natürlichen Farben beider, innig zu überreden. 4) Bei im strengsten Sinne wahren Sitten nennt es diese nicht nur beim Namen,[1] sondern bestärkt sie auch dann, wenn auf schöne Weise sowohl den Lastern eine gar hübsche und den Tugenden eine garstige Maske abgenommen werden kann.

§ 868 Das Ethos der Überredenden legt 5) die Sitten und Tatsachen, an denen gezweifelt werden kann, einmal zum Guten, einmal zum Schlechten hin aus, nicht ohne wenigstens ästhetische Glaubhaftigkeit, gemäß den Gesetzen der sittlichen Wahrheit, von denen in §§ 435, 467 die Rede war. Gemäß denselben Gesetzen wird es 6) dieser Glaubhaftigkeit auf historische Art und Weise zu erdichtende Sitten und Tatsachen zugesellen, so daß, mag es auch sein, daß wir nicht wissen, wie sich die Sache verhalten hat, wir dennoch nicht davor zurückschrecken würden, einen leichtgläubigen Eid abzulegen, überredet, daß sie sich nicht anders hat verhalten können. 7) Auch in den poetischen Erdichtungen von sittlichen Dingen wird es auf die Gewißheit achten, die aus der Analogie mit der dichterischen Welt und aus der inneren Wahrscheinlichkeit dieser Erdichtungen entspringt, so, daß dein Betrachter überredet wird, gewiß nicht, daß diese Dinge geschehen, aber doch, daß sie auf die wahrste Weise erzählt sind, wie sie als heterokosmische Begebenheiten geschehen müßten. 8) Es wird überall im Ausmalen der nackten Wahrheit des Sittlichen das Licht und den Schatten so mäßigen,

rationis et fidei historicae, § 441, nunc in ipsis fabulis dominari veritatem, § 556, vivide sentiens in admirationem simul splendidorum mendaciorum, § 477, rapiatur spectator bene locata thaumaturgia, § 808.

§ 869 *Probabile* porro Ciceroni est, *quod est in opinione positum*, De inv. I 46. Nos illud concessimus verisimile, § 484, neque tamen eidem generatim probabilitatem tribuere possumus, ne aestheticam quidem semper, § 485. Exempla Ciceronis sunt: *Impiis apud inferos poenas esse praeparatas, eos, qui philosophiae dent operam, non arbitrari deos esse.*[1] Primum est adhuc plurimorum opinio, neque tamen probabilitatem vel aestheticam apud aliquos auditorum nanciscerer argumentis ex inferno petitis, apud eos scilicet, qui futura post hanc vitam omnia negare magnum aliquid perperam opinantur. Nec apud alios nunc in confirmando plus proficerem, Sisyphi lapidem et aquas Tantali fugientes minatus, quoniam has inferorum poenas non amplius in suis habent opinionibus. Secundum est opinio verissima, si de diis et exactius philosophantibus loquaris, sin atheismum imputes philosophis, multos nunc invenies auditores, quibus eiusmodi criminationes non amplius imponant.

§ 870 Assensus noster nobis incerto datus est OPINIO NOSTRA. Opiniones suas frustra persuadendis obtruderet aliquis confirmandi gratia, nisi sint eaedem simul opiniones eorum, quibus potissimum cogitat. Hinc ante omnia videndum in opinionum usu, an sint opiniones obiecti tui personalis primarii, an forsan aliorum tantum.

1 Cic., *De inv.* 1, 46.

daß diese Wahrheit bisweilen in vollem Licht erstrahlt, bisweilen nur angedeutet wird und vieles dem Betrachter selbst zum Nachdenken überlassen bleibt, daß einmal das im strengsten Sinne Wahre dem Analogon der Vernunft und dem historischen Glauben offen vor Augen liegt, und einmal, mittels einer wohlverorteten Thaumaturgie, der Betrachter, indem er lebhaft fühlt, daß selbst in den Fabeln die Wahrheit herrscht, zugleich in Verwunderung angesichts dieser herrlichen Täuschungen[1] hingerissen wird.

§ 869 Ferner ist für Cicero *glaubwürdig* das, *was auf einer allgemeinen Meinung beruht.* Wir haben dem zugesprochen, wahrscheinlich zu sein, wir können ihm aber nicht im allgemeinen eine Glaubhaftigkeit zusprechen, nicht einmal immer eine ästhetische. Ciceros Beispiele sind: *Daß für die Gottlosen in der Unterwelt Strafen vorbereitet seien; daß diejenigen, welche sich mit Philosophie beschäftigen, nicht an die Existenz von Göttern glaubten.* Das erste Beispiel entspricht noch jetzt der Meinung der meisten, dennoch würde ich bei manchen Zuhörern mit aus der Hölle herbeigeholten Argumenten keine auch nur ästhetische Glaubhaftigkeit erzielen, bei den Zuhörern freilich, die jede Zukunft nach diesem Leben zu leugnen irrtümlich für etwas Großes halten. Noch würde ich bei anderen hinsichtlich einer Bestärkung heute mehr ausrichten, wenn ich mit dem Felsen des Sisyphos und den Wassern, die dem Tantalos entschwinden, drohte, weil ja an diese Strafen der Unterwelt nicht mehr weiter geglaubt wird. Das zweite Beispiel entspricht einer überaus wahren Meinung, wenn du von Göttern und – um genauer zu sein – von solchen, die sich in der Philosophie versuchen, sprichst; wenn du hingegen den Philosophen Gottlosigkeit zuschreibst, wirst du heute auf viele Zuhörer treffen, die von solchen Anschuldigungen nicht weiter hinters Licht geführt werden mögen.

§ 870 Unsere Zustimmung, die wir etwas uns Ungewissem geben, ist UNSERE MEINUNG.[1] Vergeblich würde jemand um der Bestärkung willen in Dingen, bezüglich derer er überreden will, seine Meinungen aufdrängen, wenn sie nicht zugleich die Meinungen derjenigen sind, für die er am meisten seine Überlegungen anstellt. Daher muß im Gebrauch von Meinungen vor allem danach ge-

Opinamur vel non ponderatis ad assensum rationibus OPINIONE PRAEIUDICATA, vel opinione nunc logice, nunc saltim aesthetice probabili, vel nobis etiam dubiae, vel omnino improbabili opinioni assentimur, quoniam id vel licere, vel omnino moraliter necessarium putamus, vel ponimus verosimilem nobis, donec an probabilis sit, nec ne magis liqueat, ut ita dicam, interimistice et provisionaliter. Ad quam classem quaedam opinio intra mentem tuorum pertineat quum vix et raro certus esse poteris, post id, an in opinione eorum positum sit, quod ad confirmandum afferri possit, potior cura tuum erit, an opinio tuorum ex animi tui sententia sit error, an minus, ut agere possis ex § 574.

§ 871 Si tandem Ciceroni *probabilia* dicuntur omnia, *quae habent* ad mores et opiniones *aliquam similitudinem contraria, paria, quaeque cadant sub eandem rationem*, De inv. I 46,[1] vereor, ne verisimile et probabile, perspicuum et evidens, si sequaris, saepenumero confuderis, § 852. In ipsis exquisitis ab eloquentissimo viro exemplis fallor, an parva satis vis ad persuadendum analogo rationis deprehendetur, splendidum et oculos primo obtutu praestringens ab evidenti si doctum est distinguere? Interim qui semper non dabunt, aliquando saltim probabilem confirmationem suggerent loculi, § 132.

§ 872 Pari sunt in pretio, qui sequuntur, 48, probabilium loci, *signum, credibile, iudicatum, comparabile. Signum* esse dicit, *quod quiddam significat* e.c. Hactenus quis neget? Quando vero de signis gene-

1 Ebd.

schaut werden, ob sie auch Meinungen deines vornehmlichen persönlichen Objekts sind, oder vielleicht nur die Meinungen anderer. Wir meinen etwas entweder aus Gründen, die wir für unsere Zustimmung nicht erwogen haben, aufgrund einer VORURTEILENDEN MEINUNG, oder aufgrund einer einmal in logischem, einmal wenigstens in ästhetischem Sinne glaubhaften Meinung, oder wir stimmen auch einer uns zweifelhaften oder gänzlich unglaubhaften Meinung zu, wenn wir glauben, daß dieses sich entweder zieme oder sittlich notwendig sei, oder wir meinen ein für uns der Wahrheit Ähnliches, solange es nicht offenbarer ist, ob es glaubhaft sei, wenn ich so sagen darf, zwischenzeitlich und vorläufig. Weil du kaum und selten sicher sein können wirst, zu welcher dieser Klassen eine gewisse Meinung im Gemüt deiner Zuhörer gehören mag, wird es nach der Frage, ob das, was zur Bestärkung beigebracht werden kann, wohl im Sinne ihrer Meinung ist, dein vornehmlicheres Besorgnis sein, ob die Meinung deiner Zuhörer nach deinem Urteil wohl ein Irrtum, oder ob sie es weniger ist, damit du gemäß § 574 handeln kannst.

§ 871 Wenn schließlich nach Cicero alle Dinge *glaubwürdig* genannt werden, *die eine gewisse Ähnlichkeit* mit den Sitten und Meinungen *haben – Gegensätzliches, Gleiches oder Dinge, die unter denselben Gesichtspunkt fallen*, fürchte ich, daß du, wenn du ihm folgen wolltest, was wahrscheinlich ist und was glaubhaft, was faßlich ist und was ausgemacht, oftmals verwirren würdest. Täusche ich mich, oder ist in den gesuchten Beispielen dieses überaus beredsamen Mannes nicht recht wenig Kraft der Überredung für das Analogon der Vernunft enthalten, wenn man gelernt hat, das Glänzende und die Augen auf den ersten Blick Blendende vom Ausgemachten zu unterscheiden? Unterdessen mögen die in § 132 gegebenen kleinen *loci*, wenn sie dieselbe auch nicht immer leisten werden, bisweilen wenigstens eine glaubhafte Bestärkung an die Hand geben.

§ 872 Den gleichen Wert haben die *loci* des Glaubhaften, die folgen: *Ein Indiz oder etwas Glaubhaftes oder etwas, das beurteilt wurde, oder etwas Vergleichbares. Ein Indiz* sagt er, sei *das, was etwas bezeichnet* usw. Wer möchte ihm bis dahin widersprechen? Wenn er aller-

ratim addit, *indigere ea testimonii, et gravioris confirmationis*,[1] de signis illud omnibus eo minus concesserim, quo minus, 1) omnia signa tantum probabilia sunt, quoniam ex aliquibus persuasio completa, e. g. ex putrefactione totius corporis certitudo mortis, 2) probabilia etiam, si vere sint, quae dicuntur, semper gravioris comfirmationis indigent, §§ 861, 865. Miseros medicorum filios, qui in sua prognosi probabili collatis signis morborum omnibus, tamen indigent ubique testimonii aut gravioris confirmationis!

§ 873 *Credibile* non tam *sine ullo teste auditoris opinione firmatur*, §§ 869, 870, quam ob internam suam probabilitatem etiam tunc persuadet, quando testium etiam auctoritatem minus perspectam habeamus. *Iudicatum* est Ciceroni *res assensione, aut auctoritate, aut iudicio, alicuius aut aliquorum comprobata*, idque *vel religiosum, vel commune, vel approbatum*.[2] *Comparabile* dividit idem in *imaginem, collationem et exemplum*,[3] § 871.

§ 874 Haec, §§ 861–873, atque his similia postquam enarravit Cicero, 49, ita concludit: *At fons quidem confirmationis, ut facultas tulit, apertus est, nec minus dilucide, quam rei natura ferebat, demonstratus est*, § 639. Neque tamen ipse sibi satisfecisse videtur, quando statim addit: *In praesentia tantum modo numeros, et modos et partes argumentandi confuse et permiste dispersimus*.[4] Dicamus enim, quod res est. Fontem confirmationis cuiuslibet non generalia quaedam aperient topica, sed natura thematis penitius cognita, confirmandorumque veritas, quam fieri potest, clarissime perspecta. Ipsa scientifica pulcre meditaturi convictio, rigorosoque demonstrandi habitus multum ipsi proderit, si vim rationis temperare, vim argumenta splendide collustrandi noverit excitare. Neque demonstrabit nos tam varios fontes

1 Cic., *De inv.* 1, 48.
2 Ebd.
3 Ebd. 1, 49.
4 Ebd.

dings über die Zeichen im allgemeinen hinzufügt, daß *sie einen Beleg benötigen und eine gewichtigere Bekräftigung*, würde ich dies hinsichtlich aller Zeichen um so weniger einräumen, 1) je weniger alle Zeichen nur glaubhaft sind, da ja aus manchen eine völlige Überredung folgt, z. B. aus der Verwesung von allem die Gewißheit des Todes des Leibes, 2) je weniger auch glaubhafte Zeichen, wenn sie wahrhaft das sind, als was sie benannt werden, immer einer gewichtigeren Bekräftigung bedürfen. Arme Söhne der Arzneikunst, die bei ihrer glaubhaften Prognose, nachdem alle Zeichen der Krankheiten zusammengetragen sind, dennoch überall eines Beleges und einer gewichtigeren Bekräftigung bedürfen!

§ 873 *Glaubwürdig* ist weniger das, was *ohne irgendeinen Zeugen durch die bloße Meinung des Zuhörers bestärkt wird*, als vielmehr das, was aufgrund seiner inneren Glaubhaftigkeit auch dann überredet, wenn wir eine weniger geprüfte Gewähr durch Zeugen vorliegen haben mögen. *Etwas, das beurteilt wurde*, ist für Cicero *eine Sache, die durch die Zustimmung oder die Empfehlung oder den Urteilsspruch irgend jemandes oder mehrerer gebilligt worden ist*, und was *religiös verpflichtend, gemeinsam oder anerkannt* ist. Das *Vergleichbare* unterteilt er in *das Bild, das Gleichnis und das Beispiel.*

§ 874 Nachdem Cicero diese und diesen ähnliche Dinge aufgezählt hat, schließt er wie folgt: *Und die Quelle der Bekräftigung ist nunmehr, soweit es möglich war, erschlossen und nicht weniger deutlich, als es die Natur der Sache mit sich brachte, aufgezeigt.* Dennoch scheint er sich selbst nicht Genüge getan zu haben, wenn er sogleich hinzufügt: *Im Augenblick habe ich nur die Anzahl, die Arten und die Teile der Beweisführung durcheinander und vermischt*[1] *ausgestreut.* Laßt uns also sagen, wie es sich mit der Sache verhält. Die Quelle jedweder Bestärkung wird nicht irgendeine allgemeine Topik auftun, sondern die genauer durchdachte Natur des Themas und die Wahrheit der Dinge, die bestärkt werden sollen, die, soweit möglich, auf klarste Weise durchdrungen wurde. Selbst eine wissenschaftliche Gewißheit desjenigen, der auf schöne Weise Überlegungen anstellen will, und eine Fertigkeit, in genauer Weise Erweise zu erbringen, wird nützlich sein, wenn er es versteht, die Kraft der Vernunft zu mäßigen und die

rhetor ullus, ullus aestheticus, sed pulcra potius eruditio, § 63, et experientia, quae in rebus facti signis existentiam maxime probabilibus exponendi suppeditabit usum. Hausturis ex fontibus iam descriptis quaedam forte topica nonnumquam ansam aliquam dabunt, alias confirmationum aesthetice solidarum erunt arena pro fundamento, § 839.

§ 875 Post *inventionem argumenti absolutionem argumentandi* praecipit Cicero, 50, eamque *vel inductione, vel ratiocinatione* fieri putat.[1] Nunc semestres etiam logici norunt inductionem esse ratiocinationis speciem. Idem evinci potest, si sumamus ipsam Ciceronis de *ratiocinatione* descriptionem, 57. *Est oratio ex ipsa re probabile aliquod eliciens, quod expositum et per se cognitum sua se vi et ratione confirmat.*[2] Sed longaevus error est inductionem a ratiocinatione, tanquam opposito aliquo ac plane diverso seiungendi, quoniam ratiocinatio et eius genus ad ordinarios syllogismos propius accedens paene ad haec usque tempora confusum est. Nos nunc de forma pulcrarum argumentationum multi non erimus, quoniam est aptior in aestheticis locus de eadem exponendi.

§ 876 Ad locum aesthetices de pulcris ratiocinationibus rite formandis ablegemus excutienda, quae Cicero habet de inductionibus n. 51–56 et tractationem de ratiocinationibus venustis tam simplicibus, quam concatenatis, qua patebit illas esse posse ac solere tripertitas, neque tamen semper vel tot constare partibus necessario: has vel trium tantum partium esse posse, solere tamen quatuor, vel quinque

1 Vgl. ebd. 1, 50.
2 Ebd. 1, 57.

Kraft, seine Argumente in glänzender Weise zu erhellen, zu erwecken. Jedoch wird kein Rhetor, kein Ästhetiker diese verschiedenen Quellen aufzeigen, sondern vielmehr wird dies die schöne Gelehrsamkeit tun und die Erfahrung, welche die praktische Übung an die Hand geben wird, bei den Dingen die Wirklichkeit des Geschehenen mit überaus glaubhaften Zeichen darzustellen. Vielleicht werden demjenigen, der aus diesen schon beschriebenen Quellen schöpfen will, gewisse Topiken bisweilen irgendeinen Anhalt geben, andere aber werden Sand statt Fundament für ästhetisch gründliche Bestärkungen sein.

§ 875 Nach der *Auffindung des Arguments* belehrt Cicero über *die Vollendung der Beweisführung* und meint, daß diese *entweder durch Induktion oder durch Schlußfolgerung* geschieht. Nun wissen auch diejenigen, die erst ein Semester Logik studiert haben, daß die Induktion eine Art der Schlußfolgerung ist.[1] Ebendies kann unumstößlich dargetan werden, wenn wir uns Ciceros Beschreibung der *Schlußfolgerung* selbst vornehmen: Sie *ist die Art der Rede, die aus sich selbst etwas Glaubwürdiges herauslockt, was vorgetragen und an sich erkannt, sich durch die eigene Kraft und Vernunftmäßigkeit bekräftigt.* Doch es ist ein uralter Fehler, die Induktion von der Schlußfolgerung wie irgend etwas Gegensätzliches und geradezu Verschiedenes zu unterscheiden, weil ja die Schlußfolgerung und die Gattung der Induktion, die dem ordentlichen Schluß näher kommt, bis in die heutige Zeit verwirrt werden. Wir werden uns über die Form der schönen Beweisführungen nun nicht des längeren ergehen, weil es ja in der Ästhetik einen füglicheren Ort gibt, dieselbe abzuhandeln.

§ 876 Laßt uns an den Ort der Ästhetik, an dem über die Frage, wie schöne Schlußfolgerungen gehörig geformt werden, gehandelt werden wird, auch die Dinge zur Prüfung verweisen, die Cicero über die Induktionen und sowohl über die einfachen wie auch über die verketteten Schlußfolgerungen sagt, woraus klarwerden wird, daß jene dreiteilig sein können und gewöhnlich auch sind, daß sie aber nicht immer oder notwendigerweise aus so vielen Teilen bestehen. Daß sie aus nur drei Teilen bestehen können, aber auch aus vier Teilen zu sein pflegen oder in fünf Teilen vollendet werden, wiewohl sie sich auch

partibus absolvi, quanquam plures etiam articulos non omnino reformident. Unde diiudicari poterit controversia, de qua Cicero l.c. 57–76. Nunc solum notemus eiusdem iudicium, quo *abhorrere* censet *ab uso oratorio* (hinc multo magis a poetico, generatim aesthetico) *multa et obscura* (κατ' αἴσθησιν, § 631) *de quibus certum est artificium constitutum* (logicum), *quibus* scilicet *rationibus tractentur argumentationes in philosophia.*[1]

§ 877 Praebet enim occasionem concessae §§ 862, 863 libertati nunc adiungendi consilium expresse dissuasorium, in venustis confirmationibus ne adhibeas ratiocinationes, quarum forma secundum logices artificium legitima logicorum gnaris sine ulla crypsi, sine ullo saltu, sine ullis additamentis variationibusve retenta statim appareat, quasque formales logici dicunt. Logices imperitis formales eiusmodi syllogismos qualemcunque, maiorem tamen, certitudinem, ac alios, dare, nunquam expertus sum, nec a priori convictus, si cum vere persuasoriis, uti fas est, comparentur. Periti logices aut operae pretium iudicabunt aliquam tuarum ratiocinationum etiam in formali rationis certitudine maiori contemplari, et tunc ipsi formam tuis logicam induere poterunt: aut certitudinem eiusmodi, nunc certe, non desiderant, hinc nec his proderis, vel placebis singulariter. Interim horizontem nunc tuum transcendens, § 121, manca, § 159, ἦθος aestheticum negligens, §§ 193, 194, male tenuia, § 232, sicca, exilia, arida, exsanguia, ieiuna, § 246, studium veri male locatum, nunc tuo, verisimilitudinis aestheticae studio praeferens, §§ 555, 561, probans non persuadens, § 541, aesthetice obscura, §§ 633, 636, cogitare, neque tamen aesthetice solidus iudicaberis, §§ 840, 842.

1 Vgl. ebd. 1, 77.

noch mehr Gliedern nicht gänzlich verschließen. Von daher wird auch die Streitigkeit beurteilt werden können, von der Cicero ebendort berichtet. Laßt uns nun allein sein Urteil anführen, mit dem er sich dahingehend ausspricht, daß *Vieles und Umständliches* (κατ' αἴσθησιν) *zur Praxis des Redners nicht paßt* (und daher noch weniger zur poetischen und allgemein ästhetischen), *für das sich eine gewisse* (logische) *Kunstlehre* durchgesetzt hat, und *in dessen Art*, versteht sich, *Beweisführungen in der Philosophie gehandhabt werden mögen.*

§ 877 Dies bietet nämlich die Gelegenheit, der in §§ 862, 863 zugestandenen Freiheit noch eine ausdrücklich abratende Überlegung hinzuzufügen: In anmutigen Bestärkungen mögest du keine Beweisführungen anwenden, deren Form gemäß der Kunstlehre der Logik denen, die der Logik kundig sind, sogleich als rechtmäßige, als eine, die ohne irgendeine Versteckung, ohne irgendeinen Sprung, ohne irgendwelche Zusätze oder Veränderungen beibehalten wurde, erscheinen mag, Beweisführungen, welche die Logiker formal nennen. Daß solcherart formale Schlüsse denen, die in der Logik unbewandert sind, eine wie auch immer beschaffene, aber größere Gewißheit als andere Beweisführungen geben, habe ich niemals erfahren, noch bin ich davon *a priori* überzeugt, wenn man sie, wie es gestattet ist, mit wahrhaft überredenden Beweisführungen vergleichen mag. Diejenigen, die in der Logik bewandert sind, werden es entweder der Mühe wert erachten, eine deiner Beweisführungen auch im Lichte einer größeren formalen Gewißheit zu betrachten, und dann werden sie selbst dem deinigen eine logische Form anziehen können, oder sie wünschen vollends eine solcherart Gewißheit gar nicht, daher wirst du ihnen weder nützen noch außerordentlich gefallen. Unterdessen wird man von dir urteilen, daß du, indem du nun deinen Horizont überschreitest, Mangelhaftes, und, indem du das ästhetische Ethos vernachlässigst, auf schlechte Weise Schlichtes, Trockenes, Dürftiges, Fades, Lebloses und Nüchternes denkst und daß du, indem du dann ein schlecht angebrachtes Streben nach dem Wahren deinem eigentlichen Streben nach der ästhetischen Wahrscheinlichkeit vorziehst, indem du Erweise erbringst ohne zu überreden, ästhetisch Dunkles denkst, nicht aber wird man urteilen, daß du ästhetisch gründlich bist.

§ 878 Confirmaturus potius materiam suarum probationum curans, secundum S. XII poterit hylen quandam et quasi silvam rationum aliquando detegere 1) coordinatarum plurium, quaeque singulae connectantur quidem satis belle cum confirmando, videantur tamen a se invicem satis independentes, 2) subordinatarum inter se, sic, ut totae quidem et integrae series ad confirmandum usque diductae non ita multae sint, ad harum autem singulas multae tanquam ulteriores probationes concurrant, et in bene longam plurium membrorum probantium concatenationem possint concrescere. Si brevitas quasdam relinquere iusserit, posteriores venustius, ac primo loco descriptae, recidentur. Numerus enim et quasi synathroismus quidam novorum semper novorumque argumentorum plus gratiae, plus vividitatis habebit, ac unius argumenti transcendens forte patientiam analogi rationis protensio. Haec intensivam veri conscientiam, certitudinem rationis amabilem sagacitati, maiorem exhiberet, fateor, sed illa copiosus probare visa rationis analogo nunc quaerendam maiorem extensivam veri conscientiam pollicetur, sensitivam evidentiam, § 847.

§ 879 Neque tamen argumenta confirmaturus numeret solum, § 878, sed etiam ponderet, § 177, quantum ex quovis veritas et verisimilitudo confirmandi patere possit, iudicans, M. § 697, ut digna relatu possit adhibere secundum iustam lucis et umbrae dispensationem singula collocando, § 666, reiectis omnino FRIVOLIS, quorum vis dilucide probandi vel nulla, vel infinite parva, §§ 839, 191. Nec ea temere speres, saltim ut umbras, graviora comitari posse, § 661. Quid enim? si vel unius eiusmodi probationis ex umbra protrahatur admirabilis imbecillitas, et evidenter ponatur ob oculos, quam inep-

§ 878 Wer bestärken will, wird, wenn er lieber für den Stoff seiner Erweise gemäß Abschnitt XII Sorge trägt, bisweilen eine Menge und einen Wald entdecken 1) an vielen einander bei- und nebengeordneten Gründen, die auch als einzelne gewiß auf genugsam schöne Weise mit dem, was bestärkt werden soll, verknüpft werden, dennoch aber unter sich gegenseitig genügend unabhängig scheinen mögen, 2) an einander untergeordneten Gründen, so, daß gewiß ihre sämtlichen und ganzen, zum Bestärken in einem fort entfalteten Reihen zwar nicht viele sein, in den einzelnen dieser Reihen aber viele Gründe gleich wie entferntere Erweise zusammenlaufen und sich recht wohl in einer langen Schlußkette vieler erweisender Glieder verdichten können mögen. Wenn die Kürze befiehlt, einige der genannten Gründe unbeachtet zu lassen, ist es anmutiger, wenn die letzteren statt der zuerst beschriebenen vermindert werden. Die Anzahl nämlich und gleichsam eine gewisse Häufung von neuen und immer neuen Argumenten wird mehr Gefälligkeit, mehr Lebhaftigkeit haben als ein vielleicht die Geduld des Analogon der Vernunft übersteigendes Fortdauern nur eines Arguments. Dieses würde, das räume ich ein, ein der Stärke nach größeres Wissen um das Wahre, eine größere für die scharfsichtige Entdeckungskraft der Vernunft liebenswürdige Gewißheit darbieten, aber jene Gewißheit, die dem Analogon der Vernunft reichhaltiger Beweise darzubringen scheint, verspricht ein der Ausdehnung nach größeres Wissen um das Wahre und eine größere sinnliche Ausgemachtheit.

§ 879 Dennoch möge, wer bestärken will, Argumente nicht allein aufzählen, sondern sie auch erwägen, indem er beurteilt, wieviel Wahrheit und Wahrscheinlichkeit des zu Bestärkenden aus jedem von ihnen zutage treten mag, damit er im Zurechtlegen der einzelnen Argumente die der Erwähnung würdigen gemäß der rechten Aufteilung des Lichtes und des Schattens anwenden kann, nachdem gänzlich KINDISCHE Argumente, die etwas klar zu erweisen entweder gar keine oder nur eine unendlich geringe Kraft haben, verworfen wurden. Du mögest nicht hoffen, daß diese, wenigstens als Schatten, Wichtigeres begleiten könnten. Denn wie? Wenn auch nur aus dem Schatten eines einzigen Erweises von solcher Art eine verwundernswerte Schwächlichkeit hervorgezogen und in ausge-

tum sit ad persuadendum? Tunc sane vel optimis aliis meras contemtus et oblivionis tenebras poterit adspergere, § 665. *Satius est, omni ante actae vitae se abstinere convicio, quam levibus, aut frivolis, aut manifesto falsis reum incessere, quia fides caeteris detrahitur, et qui nihil obiicit, omisisse credi potest maledicta, tanquam supervacua, qui vana congerit, confitetur vanum in anteactis argumentum, in quibus vinci, quam tacere, maluerit*, Quintilianus, Inst. or., c. 2 *de coniectura.*[1]

§ 880 Confirmaturus si solam verisimilitudinem, § 483, illustrantibus, § 730, in argumentis eligendis acquieverit; me quidem arbitro, satisfecit officio nunc suo, § 839, 855, eam tamen verisimilitudinis speciem vel gradum, quem promiserat, vel res, vel obiectum ipsius personale praesertim attendendum rite postulaverit, illustrare quum per naturam ipsam iubeatur, § 104, argumenta tantum heterogeneam a quaesita verisimilitudinem, vel eodem gradu minorem illustratura, vel omittet omnino, vel in umbras saltim coniiciet, luci his unice reservatis, quae talem et tantam verisimilitudinem exhibent, qualis et quanta poscebatur, S. XXXV. Exempla legem generalem declarabunt, § 730, determinatiores regulae.

§ 881 Si de possibilitate naturali cuiusdam obiecti quaeritur, § 432, aut de morali latius dicta, § 433, argumentis absolutam tantum confirmaturis, vel nullus, vel in umbra tantum locus est, §§ 431, 880. Si de veritate morali cuiusdam obiecti quaeritur, § 435, argumentis possibilitatem eiusdem moralem latius dictam, § 433, tantum confirmaturis vel nullus, vel in umbris unice locus est, § 880. Si quaeritur unitas actionis, loci, temporis hypothetica, § 439, argumentis unita-

1 Quint. 7, 2, 34.

machter Weise vor Augen gestellt werden kann, wie ungeeignet mag dieses Argument dann zum Überreden sein! Dann wird es allerdings sogar die besten anderen Argumente mit der bloßen Finsternis der Verachtung und des Vergessenwerdens beschmutzen. *Es ist besser, sich jeder tadelnden Bemerkung über das Vorleben zu enthalten als mit leichtfertigen, kümmerlichen oder oft sichtlich falschen Behauptungen den Angeklagten anzugreifen, weil dadurch dem Restlichen der Glauben entzogen wird. Und wenn kein Vorwurf erfolgt, so kann man glauben, die Schmähungen seien als überflüssig beiseite gelassen worden. Wer aber Nichtiges zusammenkratzt, gibt dadurch zu, er hielte einen Beweis aus dem Vorleben für nichtig*[1] *– Nichtiges, in dem er lieber besiegt wird als es schweigend zu übergehen.*[2]

§ 880 Wenn, wer bestärken will, bei den auszuwählenden Argumenten in denen, die allein die Wahrscheinlichkeit aufhellen, seine Ruhe findet, hat er – wenigstens nach meinem Dafürhalten – bereits seiner Pflicht Genüge getan. Da ihm aber durch die Natur selbst befohlen ist, gleichwohl diejenige Art oder denjenigen Grad von Wahrscheinlichkeit aufzuhellen, den er versprochen hatte oder den die Sache oder sein eigenes persönliches Objekt, auf das er vor allem achten muß, mit Recht gefordert haben wird, wird er Argumente, die nur eine der geforderten ungleichartige oder eine in eben demselben Maße geringere Wahrscheinlichkeit aufhellen werden, entweder gänzlich auslassen oder wenigstens in den Schatten stellen, nachdem er dem Licht einzig die Argumente vorbehalten hat, die eine solche und so viel Wahrscheinlichkeit darbieten werden, wie und in welchem Maße sie gefordert wurde. Beispiele werden, als bestimmtere Maßgaben, diese allgemeine Richtschnur klarer machen.

§ 881 Wenn nach der natürlichen oder der im weiteren Sinne sittlichen Möglichkeit eines gewissen Gegenstands gefragt wird, ist für Argumente, die jeweils nur die absolute Möglichkeit bekräftigen werden, entweder gar kein Platz oder nur im Schatten. Wenn nach der sittlichen Wahrheit eines gewissen Gegenstands gefragt wird, ist für Argumente, die nur seine sittliche Möglichkeit im weiteren Sinne bekräftigen werden, entweder gar kein Platz oder einzig unter den Schatten. Wenn nach der bedingten Einheit der Handlung, des

tem generalium absolutam confirmaturis nullus, nisi forsan in umbris, locus est, § 880. Si de veritate obiecti singulari, s. existentia quaeritur, argumentis veritatem generalium, sub quibus obiectum contineatur, unice confirmaturis, aut nullus, aut unicus in umbris locus est, §§ 440, 880. Si quaeritur, an aliquid sit strictissime verum, argumentis quamcunque possibilitatem eiusdem tantum, vel veritatem heterocosmicam declaraturis, aut nullus, aut umbra sola, locus est, §§ 441, 880.

§ 882 Confirmaturus fictiones strictissime veras, § 506, si meras strictius historicas, § 509, vel omnino poeticas, § 511, ad persuadendum afferet, etiamsi vel nostro illae, vel poetarum mundo hae non viderentur contradicere, § 513, nec utopiam saperent, § 514, analogicae, § 576, nec prorsus ignotae, § 518, nec anomala figmenta, § 520, immo si fictis huiusmodi lucem potissimam affuderit, iure censebitur mendacium mendacio tegere, ne perpluat, § 881.

§ 883 Si de verisimilitudine strictissime dicta dati obiecti quaeritur, § 530, confirmaturus omittat fabulas, § 526, historicas etiam, multo magis poeticas, § 527, saltim ne multum in iis haerat, § 881, nisi forsan aliquando in strictius probabilius, § 532, aut narrationibus eiusmodi, quae strictissime vera continere, fabulosis immixta, §§ 526, 527, potest aesthetice saltim probabile reddere, § 533. In ultimo casu confirmaturus provocans ad ea, quae in narrationibus, quae fabulae dicuntur, strictissime vera esse satis ostendit, §§ 485, 847, non habet, generatim caussam, cur haec argumenta vel taceat, vel obumbret, § 880.

Ortes und der Zeit gefragt wird, ist für Argumente, die eine absolute Einheit allgemeiner Dinge bekräftigen werden, kein Platz, außer vielleicht unter den Schatten. Wenn nach der Wahrheit eines einzelnen Gegenstands oder nach seiner Wirklichkeit gefragt wird, ist für Argumente, die einzig die Wahrheit von allgemeinen Begriffen, unter denen der Gegenstand enthalten sein mag, entweder gar kein Platz, oder ihr einziger Platz ist unter den Schatten. Wenn gefragt wird, ob irgend etwas im strengsten Sinne wahr sei, ist für Argumente, die nur dessen wie auch immer beschaffene Möglichkeit oder seine heterokosmische Wahrheit aufklären werden, entweder gar kein Platz oder nur im Schatten.

§ 882 Wenn jemand, der im strengsten Sinne wahre Erdichtungen bestärken will, zum Überreden bloße im strengeren Sinne historische oder gänzlich poetische Erdichtungen beibringt, auch wenn jene unserer Welt, diese der Welt der Dichter nicht zu widersprechen scheinen, wenn sie nicht nach Utopie schmecken, analogisch,[1] nicht geradezu unbekannt und keine regelwidrigen Erdichtungen sind, dann wird er, sogar wenn er solcherart Erdichtungen das vorzüglichste Licht beigegeben hat, zu Recht als jemand eingeschätzt werden, der eine Täuschung mit Täuschungen bemäntelt, auf daß sie Bestand habe.[2]

§ 883 Wenn nach der im strengsten Sinne so genannten Wahrscheinlichkeit eines gegebenen Gegenstands gefragt wird, möge derjenige, der bestärken will, Fabeln, auch historische und noch mehr poetische Fabeln, auslassen, wenigstens möge er sich nicht lange bei ihnen aufhalten, außer vielleicht bei in engerem Sinne glaubhaften oder solcherart Erzählungen, die im strengsten Sinne Wahres enthalten und bei denen er, was an Fabelhaftem miteingemischt ist, wenigstens ästhetisch glaubhaft machen kann. In letzterem Fall hat er, wenn er sich in den Erzählungen, die man Fabeln nennt, auf diejenigen Dinge beruft, die er als im strengsten Sinne wahr erweist, im allgemeinen keinen Grund, weshalb er diese Argumente entweder verschweigen oder in Schatten hüllen sollte.

§ 884 Aestheticodogmatica confirmaturus quum satisfaciat officio, nunc suo, licet non adscendat ultra verisimilitudinem dogmaticam, § 577, dilucide propinandam, § 839, non est generatim, cur abstineat a commemorandis, vel etiam in aliquo nitore sistendis argumentis persuasoriis logice forsan dubiis aut improbabilibus, probabilibus tamen aesthetice, vel ab ipso commode ad hanc probabilitatem evehendis, § 486. Genus cogitandi strictius aesthetico-historicum studiosum veri ac solidi nec patietur sua confirmaturum vel intra possibilitatum quarumcunque rationes, § 881, vel intra nitide pingendam aliquam poeticam verisimilitudinem subsistere, § 880, nec ad rationales credibilitatis, auctoritatis testium, interpretationis locorum ambiguorum, diiudicationis contradictionum apparentium, geographiae, chronologiae, genealogiae e.c. calculos et discussiones assurgere, §§ 580, 583. Hinc historicorum, venustae simul soliditati, § 839, ac logicae criticorum accurationi litare volentium, tot prodromi, notae, marginalia, appendices e. c., §§ 584, 847.

§ 885 Confirmaturus habeat argumenta persuasionis satis multa: non sufficit inde frivola, nec quaesitam verisimilitudinem promittentia reiicere: cogitandorum explicite cuivis satis etiam pro dignitate lucis, vividitatis, et claritatis affundendum est extensivae, § 618, quo collustrentur ipsae res, quae ad persuadendum adhibentur, ea potissimum parte sui, latere, vel facie, quae NERVUM PROBANDI contineat, necessitatem positis his admittendi simul veritatem confirmandi, §§ 855, 839. Hinc coordinatarum etiam rationum, § 878, nec ineptarum ob §§ 879–884, si plures in hyle persuasurorum argumentorum adhuc supersint, quam ut quaevis per brevitatem rotundam

§ 884 Für denjenigen, der Ästhetikodogmatisches bestärken will, gibt es, solange er seine Pflicht erfüllt und freilich dabei nicht über die dogmatische Wahrscheinlichkeit, die auf klare Weise zum besten gegeben werden muß, hinausschreitet, im allgemeinen keinen Grund, weshalb er sich enthalten sollte, Argumente anzuführen oder auch in einem gewissen Schimmern hinzustellen, die logisch vielleicht zweifelhaft oder unglaubhaft, ästhetisch aber glaubhaft sind oder von ihm bequem bis zur ästhetischen Glaubhaftigkeit emporgehoben werden können. Die im engeren Sinne ästhetikohistorische Denkungsart, die nach dem Wahren und Gründlichen strebt, wird weder dulden, daß derjenige, der ihre Gegenstände bekräftigen will, entweder unterhalb der Berücksichtigung wie auch immer beschaffener Möglichkeiten oder unterhalb einer gewissen schimmernd auszumalenden poetischen Wahrscheinlichkeit zurückbleibt, noch wird sie dulden, daß er zu vernunftmäßigen Berechnungen und Auseinandersetzungen bezüglich der Glaublichkeit und Autorität von Zeugen, der Auslegung zweideutiger *loci*, der Beurteilung anscheinender Widersprüche sowie bezüglich der Geographie, Chronologie, Genealogie usw. aufsteigt. Von daher kommen all die Vorankündigungen, Anmerkungen, Randnotizen, Beilagen usw. der Geschichtsschreiber, die zugleich der anmutigen Gründlichkeit und der logischen Genauigkeit der Kritiker ein wohlgefälliges Genüge tun wollen.

§ 885 Wer bestärken will, möge genügend viele Argumente zur Überredung haben. Von daher genügt es nicht, die kindischen Argumente, die nicht die geforderte Wahrscheinlichkeit versprechen, abzuwehren, sondern es muß auch jedwedem von dem, was gedacht werden muß, gemäß seiner Würde genügend Licht, Lebhaftigkeit und extensive Klarheit hinzugegossen werden, damit dadurch die Dinge selbst erleuchtet werden, die zum Überreden angewendet werden, und diese vor allem in dem Teil, von der Seite oder der Ansicht, welche jeweils die BEWEISKRAFT enthalten mögen, nämlich die Notwendigkeit, daß bei dem, was gesetzt wurde, zugleich die Wahrheit des zu Bestärkenden zugegeben werden muß. Wenn daher in der Menge der überredenden Argumente immer noch mehr von bei- und nebengeordneten, im Sinne von §§ 879–884 nicht un-

satis luci suae possit exponi: praestat aliquas earundem aesthetice firmiores in omni suo naturali nitore proferre, §§ 625, 622, ne neglectis quidem veris coloribus, § 688, vel floridissimis, § 693, ad non mediocrem usque, si fieri potest, thaumaturgiam, § 808, quam omnibus nimium cumulatis, singulis punctim et concisim, aut tamen iusto brevius, expositis obruere forsan et obtundere lectores e. c. primarios, non vere persuadere, §§ 839, 634.

SECTIO LII
REPREHENSIO

§ 886 Quanquam reprehensio nonnunquam tantum animo confirmandi thesin per indirectam probationem tentari potest, § 845: nos tamen eam heic considerabimus in gravioribus illis casibus, ubi contrarium a nobis confirmando, huic oppositum, et theseos nostrae antithesis obiecto nostro primario posset aliquid veritatis in se continens videri, vel multum, § 855. Dissentientes enim aesthetice refutare, vel reprehendere pulcre cogitaturis magis est necessarium, ac demonstratori logico refutare conclusionibus suis rigide demonstratis contradicentes, quia 1) est in opinione multorum, licet praeiudicata, positum, contra quae multa possint obiici (quomodocunque, quantulacunque), certa non videri, § 870.

§ 887 2) Vere etiam probabilitas omnis, tam logica, quam aesthetica, non tantum auctis rationibus pro tua sententia pugnantibus, sed etiam imminutis et dilutis rationibus, contra eandem quae fecissent, crescit et intenditur, § 485. Hinc et probabilitatibus logicis magis ne-

passenden Gründen übrigbleiben sollten als daß, wegen der abgerundeten Kürze, jeder von ihnen in seinem ihm zukommenden Licht dargestellt werden könnte: Dann ist es besser, einige von ihnen, die ästhetisch zuverlässiger sind, in ihrem ganzen natürlichen Glanz darzustellen, ohne ihre wahren oder blumigsten Farben zu vernachlässigen, und schließlich, wenn möglich, eine nicht mittelmäßige Erweckung von Verwunderung zu erreichen, als daß man, indem man alle Argumente zu sehr anhäuft und die einzelnen zwar auf den Punkt kurzgefaßt, aber in der Darstellung kürzer als recht ist, die vornehmlichen Leser usw. womöglich begräbt und betäubt, nicht aber wirklich überredet.

ABSCHNITT LII
DER TADEL

§ 886 Gleichwohl man den Tadel zuweilen nur mit der Absicht, einen Satz durch einen indirekten Erweis zu bestärken,[1] wagen kann: So werden wir ihn hier dennoch in jenen schwereren Fällen in Erwägung ziehen, in denen unser vornehmliches Objekt meinen könnte, das Entgegengesetzte von dem, was von uns zu bestärken ist, das Gegenteil, der Gegensatz zu unserem Satz enthalte in sich irgend etwas oder viel an Wahrheit. Diejenigen, die anderer Meinung sind, ästhetisch zu widerlegen oder zu tadeln, ist nämlich für den, der schön denken will, notwendiger als es für den, der logische Erweise bringt, ist, diejenigen, die seinen in strenger Form erwiesenen Schlußsätzen widersprechen, zu widerlegen: 1) Weil viele der Meinung sind – mag diese auch eine im voraus urteilende sein – daß das, wogegen man viel (in welcher Art und was für Kleinigkeiten auch immer) einwerfen können mag, auch nicht als gewiß erscheinen kann.

§ 887 2) Wahrhaftig wächst und steigert sich auch jede, logische wie ästhetische, Glaubhaftigkeit nicht nur durch die Vermehrung der Gründe, die für deine Meinung sprechen, sondern auch durch die Verminderung und Entkräftung derjenigen Gründe, die gegen dieselbe stehen könnten. Daher ist es auch für die logische Glaub-

cessarium est rationes dubitandi infirmare, vel intellectui falsitatem contra dicendorum exponere, quam demonstrationibus, quas completas et mathematicas dixeris. 3) Non adeo levi momento tuas in partes probabilitatis aestheticae pertrahetur trutina, ac logicae, nec adeo acutum cernimus sensitive, ac intellectualiter, quae pars rationum superponderet. Hinc persuasioni aestheticae consulitur, non addendo solum pondera parti, quae subsidere, sed et demendo parti, quae debeat notabilius allevari, quo haec videbitur falsis, hoc illa videbitur sensitive veris similior, §§ 483, 489.

§ 888 Vere Columella dixerit: *Reprehendisse peccantem non satis est, si non et recti viam doceas*,[1] et recte iungat utrumque belle cogitaturus, §§ 854, 855, tamen §§ 886, 887 rationes nobis dedisse videmur, ex quibus ex parte possit intelligi, qui fiat, ut in sensitivae cognitionis sphaera paedagogos facilius invenias, quam patres; qui tentent, an

ab exitio possint reprehendere euntes,[2]

quam qui nondum in devia lapsos directe ducant in amorem optimi, satyricos tandem facilius, quam paraeneticos. Optimum est, quod Cicero virtuti tribuit, si sensibus nostris Aristippi voluptas blandiatur, Qu. ac. I 139, sic similibus in casibus, ut practicis, ita etiam theoreticis, viri bona suada, *revocat, vel potius reprehendit manu. Pecudum illos esse motus dicit. Hominem iungit deo*,[3] §§ 829, 838.

§ 889 Reprehensioni fontes aperire hoc minus necessarium est, si vere Salustius ad Caesarem: *Ad reprehendenda aliena facta, aut dicta,*

1 Colum., *De re rustica* 11, 1, 9.
2 Vgl. Lukr. 6, 569.
3 Cic., *Ac.* 2, 139.

haftigkeit notwendiger, Gründe des Zweifelns zu schwächen oder dem Verstand die Falschheit dessen, was dagegenspricht, aufzuzeigen, als es dies für Erweise ist, die man vollständig und mathematisch nennt. 3) Weder wird durch einen ganz leichten Stoß die Waage der ästhetischen, wie auch der logischen, Glaubhaftigkeit auf deine Seite hin gesenkt, noch erkennen wir auf sinnliche oder verstandesmäßige Weise das Scherflein ganz genau, welche Seite der Gründe wohl überwogen haben mag. Daher wird für die ästhetische Überredung nicht nur Sorge getragen, indem man auf der Seite Gewicht hinzufügt, die sich senken, sondern auch, indem man auf der Seite das Gewicht verringert, die sich auf merkliche Weise heben soll. Je mehr diese dem Falschen ähnlich scheinen wird, um so mehr wird jene auf sinnliche Weise dem Wahren ähnlich scheinen.

§ 888 In der Tat sagt Columella: *Einen, der gefehlt hat, getadelt zu haben, ist nicht genug, wenn du ihm nicht auch den Weg des Rechten zeigst*, und richtig möge derjenige, der schön denken will, beides verbinden. Dennoch glauben wir, daß uns die §§ 886, 887 Gründe gegeben haben, aus denen man zum Teil verstehen können mag, wie es wohl kommt, daß du innerhalb des Kreises der sinnlichen Erkenntnis leichter Erzieher als Väter finden magst; leichter solche, die versuchen, ob

sie diejenigen, die fortgehen, von ihrem Verderben zurückhalten können,

als solche, die diejenigen, die noch nicht vom rechten Wege abgekommen sind, direkt zur Liebe des Besten hinführen: leichter Satiriker als Paränetiker.[1] Ausgezeichnet ist, was Cicero der Tugend zuspricht: Wenn die Wollust des Aristipp unseren Sinnen schmeichelt, so *ruft* in ähnlichen Fällen, in praktischen, so aber auch in theoretischen, die Tugend, als Göttin der Überredung des rechtschaffenen Mannes, ihn *zurück, oder besser, sie hält ihn an der Hand zurück. Das, sagt sie, sind Triebe von Tieren. Den Menschen verbindet sie mit Gott.*

§ 889 Es ist um so weniger notwendig, die Quellen des Tadels offenzulegen, wenn ernstlich Sallust zu Cicero sagt: *Darauf, das, was andere gesagt oder getan haben, zu tadeln, ist jeder begierig. Doch kaum*

ardet omnibus animus. Vix satis apertum os, aut lingua promta videtur, quae meditata pectore evolvat.[1] Vix tamen eandem definiverat Cicero De inv. I 61 *per quam argumentando adversariorum confirmatio*, §§ 886, 855, *diluitur aut infirmatur, aut allevatur*,[2] §§ 887, 854, quum eundem huic fontem tribuit, quo utitur confirmatio, 62, de quo §§ 861–873 et praesertim § 874, ubi dicta verissime simul omni reprehensionum fonti conveniunt, § 65.

§ 890 Sint interim haec reprehensuris consilia: 1) non argumentorum solum, et praemissarum, sed conclusionis etiam primario impugnandae pingatur falsitas, § 839. Quod in ipsis logicis refutationibus est utile: heic magis iudico necessarium, § 887, quoniam multi sic comparati sumus, ut tacite nobiscum statuamus, etiamsi vel perperam, vel ex minus idoneis praemissis, hucusque probata sit quaedam conclusio; nondum tamen eandem iam ideo falsam esse, posse satis veram, et nobis adhuc ignota ratione vel iam probatam esse rite, vel a nobis doctiore probandam propediem. Huic non ita falsae multorum opinioni succus in dato reprehensionis exemplo subducitur, si non subsistamus in subruendis antitheseos argumentis, sed et ipsam hanc conclusionem ita declaremus esse falsam aesthetice, S. XXVIII, ut obiectum nostrum primarium, non datis solum, sed et forsan inveniendis quibuscunque fulcris, tamen eandem sustineri posse desperet, § 455.

§ 891 Huic consilio, § 890, satisfacit partim iam ipsa confirmatio, partim artificium nostrae directae probationi, et antitheseos praemissarum, vel formae probandi, vel utrarumque subversioni iungendi ex ipsa sumta eadem conclusione et antithesi deducta, magnam tamen analogo rationis falsitatem et incongruentiam eiusdem tan-

1 Sallust, *Epist. a Caes.* 2, 8.
2 Cic., *De inv.* 1, 78.

scheint es einen Mund zu geben, der offen genug ist, oder eine schlagfertige Zunge, die das im Herzen Überlegte herausströmen ließe. Mit Mühe hatte Cicero den Tadel als das bestimmt, *wodurch mittels einer Beweisführung die Bekräftigung der Gegner unhaltbar gemacht, entkräftet oder abgeschwächt wird,*[1] als er ihm dieselbe Quelle zuschrieb, von der auch die Bestärkung Gebrauch macht,[2] und von der die §§ 861–873 handeln, sowie vor allem § 874, wo das Gesagte in wahrhaftester Weise zugleich auch auf jede Quelle des Tadels zutrifft.[3]

§ 890 Unterdessen möge es für den, der tadeln will, folgende Ratschläge geben: 1) Es möge nicht allein die Falschheit der Argumente und der Vordersätze, sondern auch die des Schlußsatzes, der an erster Stelle zu bekämpfen ist, ausgemalt werden. Was selbst in logischen Widerlegungen nützlich ist, ist hier, nach meinem Urteil, noch notwendiger, weil ja viele von uns so beschaffen sind, daß wir im stillen bei uns glauben, daß ein gewisser Schlußsatz, auch wenn er bisher entweder auf irrtümliche Weise oder aufgrund von weniger tauglichen Vordersätzen erwiesen worden sein mag, deswegen noch nicht falsch ist, daß er genügend wahr sein kann, daß er mit einem uns bislang nicht bekannten Grund schon auf gehörige Weise erwiesen werden kann oder demnächst von einem, der gebildeter ist als wir, zu erweisen ist. Im gegebenen Beispiel wird hier der nicht gerade falschen Meinung von vielen der Saft entzogen, wenn wir nicht dabei stehenbleiben, die Argumente der Gegensätze zu untergraben, sondern auch den Schlußsatz selbst so für ästhetisch falsch erklären, daß unser vornehmliches Objekt alle Hoffnung fahrenläßt, daß derselbe dennoch mit den gegebenen oder vielleicht auch mit noch aufzufindenden Stützen aufrechterhalten werden könne.

§ 891 Diesem Rat wird teilweise schon durch die Bestärkung selbst Genüge getan, teilweise durch den Kunstgriff, unserer direkten Beweisführung und der Untergrabung der Vordersätze des Gegensatzes oder der Untergrabung von dessen Beweisform oder beider Dinge hinzuzufügen, die aus demselben Schlußsatz genommen und aus demselben Gegensatz auf klare oder auch auf glänzende Weise abgeleitet sind, die aber dennoch dem Analogon der Vernunft die

dem et velut ex improviso ob oculos ponentia, §§ 853, 884. Cicero De inv. I 63 *omnis argumentatio reprehenditur, si aut ex iis, quae sumta sunt, non conceditur unum, plurave* (negando praemissas), *aut his concessis complexio confici ex his negatur: aut si genus ipsum argumentationis vitiosum esse ostenditur* (negando formam vel legitimam omnino), *aut si contra firmam argumentationem alia aeque firma, aut firmior, ponitur.*[1]

§ 892 In eadem reprehensione possunt plura membra disiunctionis a Cicerone positae post se invicem tentari, § 891, modo 2) armis adversarii semper parentur contraria arma, quae plus verae lucis fundere videantur, ut nostrorum lumen maius obscurent illa, S. XL. Non aeque firma placent tantum, quantum firmiora, § 891. Huc praeiudicia in reprehendendis latentia detegere, § 870, eadem cum praemissis aliis falsis per instantias evidentiores infringere, S. L, comparationibus paralogismos reprehendendorum eludere, quorum evidentes praemissae tamen aperte falsam dent conclusionem, S. XXVIII, saltus illegitimos et supplendi impossibilitatem ob oculos ponere e.c., quae logici docent, eleganter et ad analogi rationis modulos exsequi, § 844.

§ 893 In primis 3) utiliter, ad hominem quae dicuntur argumenta, quem reprehendis, armis propriis aggrediendo adhibebuntur, quoniam hominem ipsi sibi contradicentem tanquam auctorem veritatis sequi, vix est, qui sibi persuadere possit, hinc labefactatur hoc modo certe praeiudicium auctoritatis, quod pro patronis antitheseos pugnare potuisset, tanquam aesthetice saltim solidis, § 839. *Artificis est invenire in actione adversarii, quae in semet ipsa pugnent, aut pugnare videantur*, Quint., Inst. V 13,[2] quod totum caput heic legi meretur.

[1] Ebd. 1, 79.
[2] Quint. 5, 13, 30.

große Falschheit und Unfüglichkeit derselben endlich und gleichsam überraschend vor Augen stellen:[1] *Jede Beweisführung wird widerlegt, wenn man von dem, was angenommen wird, einen*[2] *oder mehrere Punkte nicht zugibt* (indem man die Vordersätze verneint) *oder wenn man, falls diese zugegeben sind, behauptet, daraus ergebe sich keine Zusammenfassung* (indem man gänzlich verneint, daß die Form gewiß oder rechtmäßig sei), *oder wenn man einer starken Beweisführung eine ebenso starke oder noch stärkere entgegenstellt.*

§ 892 Innerhalb desselben Tadels können mehrere Glieder des Trennungsschlusses, die Cicero aufstellt, wechselweise nacheinander versucht werden, vorausgesetzt nur, daß 2) immer Truppen aufgebracht werden, die den Truppen des Gegners entgegenstehen und mehr wahres Licht zu verbreiten scheinen, so daß das Licht der unseren jene verdunkelt. Das Gründliche gefällt nicht gleichermaßen wie das noch Gründlichere. Zu diesem Zweck möge man die verborgenen im voraus urteilenden Meinungen in dem zu Tadelnden entdecken, diese zusammen mit den anderen falschen Vordersätzen durch ausgemachteres, unmittelbar Naheliegendes entkräften, in Vergleichen seinen Spott mit den Fehlschlüssen des zu Tadelnden treiben, dessen ausgemachte Vordersätze dennoch offenbar einen falschen Schlußsatz ergäben, unrechtmäßige Sprünge und die Unmöglichkeit von deren Ergänzung vor Augen legen, usw. – kurz, man möge das, was die Logiker lehren, auf geschmackvolle Weise nach dem Maß des Analogons der Vernunft durchführen.

§ 893 Vor allem werden 3) auf nützliche Weise die Argumente, die man *argumenta ad hominem* nennt, angewendet werden, indem gegen denjenigen, den du tadelst, seine eigenen Waffen eingesetzt werden, weil sich ja kaum jemand überreden können mag, einem Menschen, der sich selbst widerspricht, wie einem Autor der Wahrheit zu folgen. Daher wird auf diese Weise zuverlässig das Vorurteil des Ansehens ins Wanken gebracht,[1] das für die Vertreter des Gegenteils sprechen könnte, als ob diese wenigstens ästhetisch gründlich wären. *Ein Meister aber gehört dazu, in der Rede des Gegners das herauszufinden, was miteinander in Widerspruch steht oder zu stehen*

4) In reprehendendo hoc magis sollicitus esto de genere cogitando satis digno, § 223, quo minus aestheticus cum logico suadere potest abstinentiam ab omnibus affectiones animi moventibus, § 22, quo difficilius est aliquando vehementer, neque tamen iracunde agere, §§ 722–725.

§ 894 Ultimum dignitatis consilium, § 182, heic etiam, tanquam ex ipsis eleganter cogitandi fontibus, § 866, fluens considerari velim, non tantum, quatenus idem virtus et pietas postulant, § 183. Quod in obscoenis sibi permiserunt antiquorum non pauci, § 184, in reprehendendo paene plures similem eidem licentiam sumserunt, ut adeo rationibus impugnare veterem, sed malum, morem eo magis necessarium videatur, quo pluribus eum, alioquin satis insignibus, exemplis hodierni imitatores eiusdem facile tueantur. Quomodo reprehendat apud Homerum heros heroa, quis nescit? Sed quanto iam in hoc Aeneis Virgilii moratior est? *In hoc ipso* (Demosthene) *diligenter examinante verborum omnium pondera reprehendit Aeschines quaedam et exagitat, illudensque dura, odiosa, intolerabilia esse dicit. Quin etiam quaerit ab ipso, quum quidem eum belluam appellet, utrum illa verba, an portenta sint: ut Aeschini ne Demosthenes quidem videatur Attice dicere*, Cic., Or. 26.[1] Ad reprehensionem hanc *belluae* cuius est erubescere? Demosthenis, an potius Aeschinis?

§ 895 *Quanto rectius hic, qui nil molitur*[2] inique Cassius contra Plancium et huius patronum, Ciceronem, cui tamen iam *graviora atque magna* videntur, quod Ciceronis *discessum, quem saepe deflerat* Cassius, *nunc quasi reprehendere et subaccusare voluit, dicens non* Ciceroni *auxilium, sed* Ciceronem *auxilio defuisse?* Cic. pro Plancio 86.[3] Quis nescit eundem discessum non *reprehendi*, sed etiam *exagitari* potuisse *duris, odiosis*, quaeque Ciceroni visa essent *intolerabilia*, verbis *illu-*

[1] Cic., *Or.* 26.
[2] Vgl. Horaz, *A. p.* 140.
[3] Cic., *Pro Plancio* 86.

scheint, sagt Quintilian im dreizehnten Kapiel des fünften Buches seiner *Institutio oratoriae* – ein Kapitel, das hier ganz gelesen zu werden verdiente.[2] 4) Sei im Tadeln um so besorgter um die genügend würdige Denkungsart, je weniger der Ästhetiker mit dem Logiker mit Bezug auf die Enthaltsamkeit von allen bewegenden Affektionen des Gemüts überreden kann und je schwieriger es bisweilen ist, heftig, aber dennoch nicht jähzornig vorzugehen.

§ 894 Ich möchte wollen, daß der letzte Ratschlag betreffend die Würde hier auch als einer in Überlegung gezogen wird, der aus den Quellen des geschmackvollen Denkens selbst fließt, nicht nur, insofern ihn Tugend und Frömmigkeit fordern. Was sich nicht wenige der Alten in Unzüchtigem erlaubten, dazu haben sich beinahe noch mehrere im Tadeln eine ähnliche Frechheit herausgenommen, so daß es um so notwendiger erscheint, diese alte, aber üble Sitte zu bekämpfen, mit je mehr, im übrigen genügend auffallenden, Beispielen die heutigen Nachahmer derselben sie verteidigen mögen. Wer weiß nicht, wie bei Homer ein Heros den anderen tadelt? Doch um wieviel gesitteter ist darin schon die *Aeneis* des Vergil! *Selbst bei ihm* (bei Demosthenes), *der doch so sorgfältig das Gewicht jedes einzelnen Wortes abwog, selbst bei ihm fand Aischines einiges zu tadeln! Er kritisiert das und nennt es spöttisch hart, abstoßend, unerträglich; ja er heißt ihn sogar ein Untier und fragt, ob das wohl Worte seien oder Mißgeburten. Für Aischines scheint also nicht einmal Demosthenes attisch reden zu können!* Angesichts dieses Tadels: *Untier* – wem steht es da an zu erröten? Dem Demosthenes oder eher dem Aischines?

§ 895 *Wieviel richtiger handelt derjenige, der nichts* auf gehässige Weise *anfaßt*:[1] So Cassius gegen Plancius und dessen Verteidiger Cicero, dem es aber schon als etwas *Schwerwiegenderes und Großes* erscheint, daß Cassius *den Abgang* des Cicero, *den er oft schmerzlich bedauert hatte, nun gleichsam tadeln und heimlich anschuldigen wollte, indem er sagt, daß nicht* dem Cicero *Hilfe, sondern der Hilfe* Cicero *fehlte*. Wer weiß nicht, daß er den Abgang des Cicero nicht nur *tadeln*, sondern auch hätte *angreifen* können, *mit harten, abstoßenden* Worten, die dem Cicero *unerträglich* erschienen wären, ebenso das

dendo[1] tam facta, quam non facta, nisi belle, § 893, praetulisset accusator Plancii submissum dicendi genus in illius patronum? § 725. Utinam ipse Cicero in Pisonem, virum censorium, in ipsum Antonium, eleganti modestia vehementiam ubique temperasset, §§ 722–724.

§ 896 Non iambus Archilochi, non hendecasyllabos Catulli, non Nasonis Ibin, aut alia, caeteroquin venusta, sed ob neglectum bene moratum cogitandi genus turpiter reprehendentium

Tincta Lycambeo sanguine tela moror,[2] §§ 893, 186.

Si non itur, qua eundum est, nec eundum est gravitati aestheticae, qua itur, §189. Nondum audeo praecipere generatim pulcre reprehensuris, ut abstineant omnino ab omnibus, quae personalia vel magis barbare personalitates dicunt, ab omnibus, quae singularem illum hominem, cui contradixeris, proxime tangunt, eiusque patriam, genus, ingenium, mores, vitam, adolescentiam, et si qua sunt alia, §§ 752–757, fidenter tamen procul esse iubeo, si quis gratiis litare voluerit, vel in adversariis ipsis rimari obiecta humillima et abiecta, § 195, quoniam omnino non possunt exponi, §§ 224, 225, strictius morato cogitandi genere § 227, vel absolute tantum tali, § 228.

§ 897 Ne peccem ipse praestans, quod dissuadeo, non abiecta vel obtutu primo iuvat exempla proferre. Sufficiat una Senecae apocolocyntosis in Claudium, qua Stoicus ille minus decantatam, forte tamen minus eluendam laudi virtutis suae maculam inussit, quam avaritia. Quis crederet? Philosophus, quantus Seneca videtur, exsul in Sardinia descenderat ad lacrumas et supplicationes in Polybium

1 Vgl. Cic., *Or.* 26.
2 Vgl. Ovid, *Ibis* 54.

Getane wie das nicht Getane *verhöhnend*, wenn er als Ankläger des Plancius nicht auf schöne Weise die demütige Denkungsart in seiner Rede gegen dessen Verteidiger vorgezogen hätte? Daß doch Cicero selbst in seinen Reden gegen Piso, einem sittenstrengen Mann,[2] und gegen Antonius selbst,[3] überall seine Heftigkeit mit geschmackvoller Bescheidenheit gemäßigt hätte!

§ 896 Bei den Jamben des Archilochos,[1] den Elfsilblern des Catull,[2] der *Ibis* des Naso oder anderen, ansonsten anmutigen Dichtungen derer, die wegen der Vernachlässigung der wohlgesitteten Denkungsart auf häßliche Weise tadeln, bei den

mit dem Blut von Lykambes getränkten Waffen verweile ich nicht.

Wenn man nicht da hingeht, wohin man gehen soll,[3] darf auch die ästhetische Wichtigkeit nicht dahin gehen, wohin man geht. Noch unterstehe ich mich nicht, denen, die auf schöne Weise tadeln wollen, vorzuschreiben, sich all dessen, was man Persönliches – oder, barbarischer gesprochen, Dinge, welche die ›Persönlichkeit‹ betreffen – nennt, zu enthalten, all dessen, was den einzelnen Menschen, dem du widersprichst – sein Vaterland, seinen Geist, seine Sitten, sein Leben, seine Jugend und was es noch anderes gibt – am nächsten betrifft; beherzt aber heiße ich jemanden, der den Grazien Genüge tun will, davon fernzubleiben, bei seinen Gegnern selbst nach allerniedrigsten und gemeinen Dingen zu wühlen, weil ja solche Dinge ganz und gar nicht dargestellt werden können, nicht in der im engeren Sinne gesitteten und auch nicht in der nur absolut gesitteten Denkungsart.

§ 897 Damit ich mich nicht vergehe, indem ich selbst dartue, wovon ich abrate, soll es mir nicht angelegen sein, Beispiele, die sogar schon auf den ersten Blick gemein sind, vorzubringen. Es soll die eine *Apocolocyntosis* des Seneca gegen Claudius genügen,[1] mit der dieser Stoiker einen weniger abgedroschenen, aber dennoch vielleicht schwieriger zu tilgenden Makel in das Lob seiner Tugend einbrannte als mit seinem Geiz. Wer hätte das gedacht? Als so großer Philosoph, als der Seneca schien, hatte er sich als Verbannter in Sardinien zu hingegossenen Tränen und Demütigungen vor Polybius,

Claudii libertum profusas, in quibus sapientiae Claudii plus, quam satis est, adulator, revocatus ab eodem Claudio, non tam malo, quam simplici, multisque beneficiis cumulatus, quantum ab eodem aliquid proficisci poterat, quod eius nomine fiebat, eundem imperatorem suum post eius mortem ore Neronis laudat propter sapientiam adeo, ut risum moverit audientibus, et idem sub tempus, urgente nulla ratione politica, tamen tam acerbe ridet, veneno exstinctum, ut nec ab hoc sibi temperare ioco posset, quem nunquam sine indignatione legi: *Ultima vox eius haec inter homines audita est, quum maiorem sonitum emisset illa parte, qua facilius loquebatur: Vae mi! puto, concacavi me.*[1] Paene pudet haec scripsisse post Senecam.

§ 898 Iniuriae verbales, quae vel simplicem honorem laedunt, turpissimae quidem in reprehensionibus sunt, quae maiestatem sublimium tueri debeant, § 317, turpiores in medio cogitandi genere, quod civilitatem et mores intensi iam honoris postulat, § 278, neque tamen in ipso tenui cogitandi genere carent turpitudine, § 262. Prius impetitus eiusmodi luto si fueris, nec a retorsionibus abstinere debeas aggressori, debes tibi, debes spectatoribus, et ipsi magnanimitati aestheticae, §§ 189, 275, S. XXIV–XXVI. Ad hunc lapidem Lydium argumentum ab invidia, consequentiarum synathroismos, immeritas vel immodicas irrisiones examinemus, memores nationis et saeculi, § 867, quorum huic ferenda quae videantur, illi tamen ἦθος omnino iam laedere iudicabuntur, §§ 213, 212.

§ 899 Et bonis moribus facilius obedies, et inanem operam insumere saepius supersedebis, si tibi dictum putes 5) neutiquam reprehen-

1 Sen., *Apocol.* 4, 2, 3.

einem Freigelassenen des Claudius, erniedrigt, in denen er der Weisheit des Claudius mehr schmeichelte als recht ist – zurückgerufen von demselben Claudius, der weniger schlecht als einfältig war, und überhäuft mit vielen Wohltaten (in dem Maße, in dem von Claudius etwas hergekommen sein konnte, was unter seinem Namen geschah), lobt er, mit der dreisten Stirn eines Nero, seinen Herrscher nach dessen Tod wegen seiner Weisheit so sehr, daß er Lachen bei den Zuhörern erregt, und in derselben Zeit, ohne dringenden politischen Grund, verlacht er gleichwohl den durch Gift Ermordeten in so bitterer Weise, daß er sich nicht von dem Spaß zurückhalten kann, den ich niemals ohne Entrüstung gelesen habe: *Dies waren seine letzten Worte, die unter Menschen gehört wurden, nachdem er ein lauteres Geräusch aus jenem Teil herausgelassen hatte, mit dem er öfter zu sprechen pflegte: ›Weh mir, ich glaube, ich habe mich beschissen!‹* Beinahe schäme ich mich, dies nach den Worten Senecas niedergeschrieben zu haben.

§ 898 Verbalinjurien,[1] die auch nur die einfache Ehre verletzen, sind gewiß am häßlichsten in den Tadeln, welche die Großartigkeit erhabener Dinge ins Auge fassen müssen, ziemlich häßlich sind sie in der mittleren Denkungsart, die Höflichkeit und schon ehrhaftere Sitten fordert, doch auch selbst in der schlichten Denkungsart ermangeln sie nicht der Häßlichkeit. Wenn du als erster mit solchem Dreck angegriffen wirst und nicht wegen des Angreifers von Widervergeltungen abstehen müssen magst, so mußt du dies dennoch tun – wegen dir, wegen der Betrachter, und wegen der ästhetischen Großmut selbst. Nach diesem Prüfstein[2] wollen wir, eingedenk der jeweiligen Nation und des jeweiligen Jahrhunderts, das aus Neid geborene Argument, die Synathroismen[3] von Folgerungen, die unverdienten oder unmäßigen Verhöhnungen untersuchen, von denen solche, die dem einen tragbar scheinen, von anderen gleichwohl als solche eingeschätzt werden, die das Ethos schon gänzlich verletzen.

§ 899 Du wirst sowohl leichter den guten Sitten gehorchen als auch dir häufiger ersparen, dich auf eine eitle Arbeit zu verwenden, wenn du dir gesagt sein läßt, 5) daß du keineswegs alles tadeln

denda tibi esse omnia, qua contra tuas sententias, vel dicta sint, vel dici possint, sed ea tantum, quae suspicaris obiecto tuo personali primario verisimilia, nisi reprehendas, quaeque speraveris post reprehensionem tuam ab eodem in aesthetice falsis habenda, § 887. Par ratio responsionum ad reprehensiones aliorum in nos nostraque directarum, §§ 886, 898. Quemadmodum *illud stultissime praecipitur, quod defendi non possit, silentio dissimulandum, siquidem est id, de quo iudex pronunciaturus est:* ita *alii, diligentia lapsi, verbis etiam, vel sententiolis omnibus respondendum putant,* quae contra dici posse autumant, *quod est et infinitum et supervacuum,*[1] § 171. *Sit, cui respondeas.*[2] Cave *vitium nimium solliciti, et circa omnia momenta luctantis*, Quint., Inst. V 13.[3] Quot scriptis galeatus ille prologus aptari potuisset minus eleganter, quem belle praemisit Cicero l. I De finibus bonorum et malorum?

SECTIO LIII
ARGUMENTA PERSUASORIA

§ 900 ARGUMENTA, quorum (vel unica, vel potior, vel nunc maxime consideranda) vis est sensitivam datae perceptioni certitudinem conciliare, sunt PERSUASORIA § 829. Ergo omnia argumenta, omnes figurae vivide probantes, S. XXXIII, verisimilitudinem que pulcram illustrantes, S. XXXIII, erunt persuasoriae, § 26. Habes ansam intendendi tuorum argumentorum efficaciam eleganter, § 142, si probantia potissimum illustres, et pingentia veritati consecres aestheticae, quoniam tunc illa non probabunt solum, haec non splendorum solum afferent, sed utraque simul persuadebunt, § 143. Sic pleonasmus apparens, cuius otiose positum ad dandam alterius hypothesin et determinationem, vel omnino medium terminum, nego-

1 Quint. 5, 13, 9 und 37.
2 Vgl. ebd. 5, 13, 50.
3 Ebd. 5, 13, 51.

mußt, was gegen deine Meinungen entweder schon gesagt worden sein mag oder gesagt werden könnte, sondern nur das, von dem du den Verdacht haben magst, daß es deinem vornehmlichen Objekt als wahrscheinlich erscheinen könnte, wenn du es nicht tadelst, und von dem du hoffst, daß es nach deinem Tadel von eben deinem persönlichen Objekt zu den ästhetisch falschen Dingen gerechnet werden muß. Gleiches gilt für Antworten auf den Tadel anderer, der gegen uns und das von uns Gesagte gerichtet ist. Gleichwie *die Vorschrift äußerst töricht ist, was man nicht verteidigen kann, müsse man mit Schweigen überdecken, wenn es freilich gerade das ist, worüber der Richter sein Urteil sprechen wird*, so *werden andere das Opfer ihrer Gewissenhaftigkeit und glauben, man müßte auf alle Worte oder Sätzchen entgegnen*, von denen sie meinen, daß sie gegen sie gesagt werden könnten, *was ebenso endlos wie überflüssig ist. Es soll auch jemand da sein, dem du antworten kannst.* Hüte dich vor *dem Fehler, allzu besorgt um jeden Punkt zu ringen.* Wie vielen Schriften könnte man auf weniger geschmackvolle Weise den einem Schutzhelm gleichen[1] Prolog anpassen, den Cicero auf schöne Weise dem ersten Buch von *De finibus bonorum et malorum* vorangestellt hat?

ABSCHNITT LIII
ÜBERREDENDE ARGUMENTE

§ 900 ARGUMENTE, deren (entweder einzige oder vorzüglichere oder nun am meisten in Betracht zu ziehende) Kraft es ist, einer gegebenen Vorstellung sinnliche Gewißheit zu verschaffen, sind ÜBERREDEND. Also werden alle Argumente, alle Figuren, die auf lebhafte Weise etwas erweisen und die schöne Wahrscheinlichkeit aufhellen,[1] überredend sein. Du hast einen Ansatzpunkt, die Wirksamkeit deiner Argumente auf geschmackvolle Weise zu verstärken, wenn du die erweisenden am meisten aufhellst und die ausmalenden der ästhetischen Wahrheit weihst, weil dann jene nicht allein erweisen, diese nicht allein Glanz beibringen, sondern beide zugleich überreden werden. So wird ein anscheinender Pleonasmus,[2] dessen müßige Setzung zu einer Annahme und zu einer Bestimmung von etwas anderem, die gegeben werden soll, oder gar zu einem Mittel-

tiosum est, confirmabit, §§ 145, 855, e. g. *Hisce meis oculis vidi.*[1] Contra id:

Vidimus? an qui amant ipsi sibi somnia fingunt?[2]

§ 901 Pari artificio, quae videantur synonomiae, vel exergasiae, coniungi possunt, tanquam aequipollentes, quarum tamen acutior lector vel auditor, unam videat rationem, in elegantibus, sufficientem alterius, §§ 900, 146. Confirmaturus, §§ 878–885 satisfacturus et reprehendens § 899 memor, probantia quaedam vel refellentia in umbras coniecturus, venuste nonnunquam recurret ad praeteritionem, § 148. Nec poenitet huc INTERROGATIONEM retulisse, § 332, seu crypticam declarationem nos optare, ut aliquis conscientiam suam de veritate alicuius rei dicat, vel cogitet. Prudens enim si caveris modo, ne interroges, ubi personale tuum obiectum primarium vel haesurum, vel omnino dissensurum, praevideri poterat, sine ulteriori addita persuasione: una apta interrogatione multum obtinebis, ut auditor e.c. ipse sibi tradat, et in mentem denuo revocet, quicquid rationum de re, quam afferis, iam noverat, et simul tibi concilietur non raro, quem suae iam scientiae non parum confidere non invitus animadvertit, § 840, aliquando sensibilius moveatur, quem invites intra se descendere sensus animi scrutaturum intimos, et ea certa sibi iam dudum deprehendere, quae nunc bona vel mala dicuntur, § 142.

§ 902 Repetitio, cum multis suis speciebus heic etiam repetatur, vel ob id ipsum, quod non solum persuadet, § 333, sed tamen magnam persuadendi vim habet, non inepta quaevis, et tautologica, sed aetiologiarum praecipuarum in rotundam aliquam brevitatem contracta-

1 Vgl. Ter., *Adelph.* 329.
2 Vergil, *Ekl.* 8, 108.

begriff mühselig ist, bestärkend wirken, z. B.: *Mit diesen meinen Augen habe ich es gesehen* gegen dies:

> *Haben wir es wirklich gesehen? Oder erfinden sich Liebende ihre Träume selbst?*[3]

§ 901 Mit dem gleichen Kunstgriff können anscheinende Synonymien oder Exergasien[1] verbunden werden, wie wenn sie gleichgeltend wären, von denen aber, bei den geschmackvolleren, der scharfsinnigere Leser das eine als zureichenden Grund für das andere betrachten kann. Wer bestärken und den §§ 878-885 Genüge tun will, indem er eingedenk § 899 tadelt, und wer gewisse erweisende oder widerlegende Argumente in den Schatten stellen will, mag bisweilen auf anmutige Weise auf die Praeteritio zurückgreifen. Wir sind auch nicht abgeneigt, sich hier der INTERROGATIO zu erinnern oder eine verborgene Behauptung zu wählen, damit jemand sein Wissen um irgendeine Sache sagen oder an den Tag legen möge. Wenn du dich nur davor hütest, eine Interrogatio anzustellen, wo vorausgesehen werden kann, daß ohne Hinzufügung einer weiteren, darüber hinausgehenden Überredung dein vornehmliches persönliches Objekt entweder stocken oder gänzlich anderer Meinung sein wird: Dann wirst du mit einer füglichen Frage viel erreichen, daß nämlich der Zuhörer sich selbst sagt und sich erneut in den Sinn ruft, was auch immer er an Gründen bezüglich der Sache, die du behauptest, selbst schon gewußt hatte, und daß dir nicht selten geneigt gemacht werden mag, wer nicht ungern bemerkt, daß du in sein bereits vorhandenes Wissen nicht wenig vertraust. Bisweilen mag sinnlicher bewegt werden, wen du dazu einlädst, in sich zu gehen, die inneren Sinne seines Gemüts[2] zu durchforsten und die Dinge als für ihn selbst schon lange gewiß zu begreifen, die nun als gut oder als schlecht bezeichnet werden.

§ 902 Auch die Wiederholung mit ihren vielen Arten soll hier wiederangeführt werden, zumal deswegen, weil sie nicht nur überredet, sondern eine große überredende Kraft hat, nicht irgendeine untaugliche und tautologische, sondern diejenige von vorzüglichen, in abgerundeter Kürze zusammengetragenen Ätiologien. Weil nämlich

rum, § 545. Omnis enim aetiologia vivide cogitata quum sit argumentum persuasorium, § 839, illarum eam, sine qua non posse videatur absolvi persuasio posse, dicamus cum veteribus RATIONEM per eminentiam, et aetiologiarum rationumve potissimam, FIRMAMENTUM, cf. Cicero, De inv. I 18, 19. Rationem et firmamentum vel iisdem, vel paullulum inflexis cogitandi modis breviter, sed iterato cogitandam sistere, vel hoc habet efficaciae ad persuadendum, ut firmius haereat animis obiecti tui personalis, cui potissimum argumento confidis, §§ 342–345. Non sine persuadendi lenocinio *pervigilium Veneris* toties repetit:

Nunc amet, qui nunquam amavit. Quique amavit, non amet.[1]

§ 903 In his argumentis commendetur probationum climax et ea gradatio, § 334, qua totum certissima sua parte certius esse redditum, non aurificis statera, sed quadam populari trutina examinatum videatur, §§ 250, 879. Cauturus vel umbram anticlimacis in probando, ne facile persuadearis eorum consiliis, qui debilius argumentum fortioribus interserere suadent, quod praemittere non audeas, § 879. An unquam venustus a certioribus in incertiora decursus, nisi forsan in iocis pyrrhonicis ? In hyperbolis confirmantium e. g. *sole meridiano clarius est,* et reprehendentium e. g. *contra solem loquutos* praeferantur crypticae, quae sic limites certitudinis improbabilitatisque assignandae transgrediantur, ut id ipsum factum esse vix ac ne vix quidem appareat, § 339.

§ 904 Non nego Quintiliani regulam, § 903, *Fiduciam orator* (pulcre persuasurus omnis) *prae se ferat, semperque ita dicat* (significanda cogitet) *tanquam de casu optime cogitet* (de persuadendis suis obiectis personalibus probe persuasus), Inst. V 13.[2] Moneo tantum, ne ni-

[1] *Perv. Veneris.*

[2] Quint. 5, 13, 51.

jede lebhaft gedachte Ätiologie ein überredendes Argument ist, wollen wir diejenige von ihnen, ohne die man keine Überredung vollenden zu können scheint, mit den Alten den GRUND schlechthin nennen, und diejenige, die von den Ätiologien oder den Gründen die vorzüglichste ist, den BEWEISGRUND. Den Grund oder Beweisgrund entweder in denselben oder in ein wenig abgeänderten Denkweisen kurz, aber wiederholt als einen hinzustellen, an den man denken muß, hat sogar die überredende Wirksamkeit, daß er fester im Gemüt deines persönlichen Objekts, für das du am meisten das Argument vertiefst, hängenbleibt. Nicht ohne das Lockmittel der Überredung wiederholt das *Pervigilium Veneris* so oft:

Wer niemals liebte, liebe nun – es liebe, wer da liebte![1]

§ 903 Bei diesen Argumenten soll auch die Klimax und die Gradation der Erweise empfohlen werden, durch welche das Ganze in seinem gewissesten Teil – wenn es nicht mit der Goldwaage, sondern einer gewöhnlichen Marktwaage gewogen wird[1] – noch gewisser gemacht zu sein scheint. Als jemand, der sich auch nur vor dem Schatten einer Antiklimax[2] hüten wird, wirst du nicht leicht von den Ratschlägen derer überredet werden, die raten, zwischen stärkere Argumente ein schwächeres einzuschieben, das du nicht einmal voranzuschicken wagen würdest. War wohl jemals ein Absturz von Gewisserem in Ungewisseres anmutig, außer vielleicht in pyrrhonischen Tändeleien?[3] Bei bestärkenden Hyperbeln, z. B. *Dies ist klarer als das Licht der Mittagssonne* sowie bei den tadelnden, z. B. *Sie behaupteten es gegen das Licht der Sonne*, mögen jene verborgenen vorgezogen werden, welche die Schranken der Gewißheit und der Unglaubhaftigkeit, die man zuteilen muß, in einer solchen Weise überschreiten, daß ebendies kaum oder vielmehr nicht einmal kaum geschehen zu sein scheint.

§ 904 Ich leugne nicht das Gesetz Quintilians: *Selbstvertrauen muß der Redner* (und jeder, der auf schöne Weise überreden will) *ausstrahlen, und immer so sprechen* (die zu bezeichnenden Dinge denken), *als hätte er von der Sache den besten Eindruck* (als wäre er von der Überredung seiner persönlichen Objekte rechtens überzeugt). Ich

miae certitudinis ostentator de fide periclitetur: Hinc agnosco casus, in quibus belle ad confirmandum reprehendendumve possit adhiberi DUBITATIO, narratio vel simulatio status animi, cui rationes pro quadam sententia pugnantes et contra eandem connumerati censentur aequales, praesertim si venuste transeas ab hac ad bellam evidentiae parrhesian, § 349, S. L.

gebe nur zu bedenken, daß man nicht als jemand, der allzuviel Gewißheit zeigt, den Glauben aufs Spiel setzen darf. Daher lasse ich Fälle gelten, in denen zum Bestärken oder zum Tadeln das ZWEIFELN[1] angewendet werden können mag, das Erzählen oder das Vorspiegeln von einem Gemütszustand, in dem diejenigen Gründe, die für eine Sache, und diejenigen, die gegen sie sprechen, von jemandem, der sie jeweils zusammenrechnet, für gleich gehalten werden, insbesondere, wenn du von hier aus auf anmutige Weise zu einer schönen Parresie bezüglich völlig ausgemachter Dinge übergehst.

ERRATA

Die Liste der Errata wurde erstellt auf der Grundlage folgender Exemplare von Baumgartens *Aesthetica*:

AESTHETICA / SCRIPSIT / ALEXAND. GOTTLIEB / BAVMGARTEN / PROF. PHILOSOPHIAE. / TRAIECTI CIS VIADRUM / IMPENS. IOANNIS CHRISTIANI KLEYB / [1750].

Standort: Universitätsbibliothek Tübingen, Sign.: Ad 12–1 (Teil 1 bis § 613).

AESTHETICORUM / PARS ALTERA. / SCRIPSIT / ALEXANDER GOTTLIEB / BAVMGARTEN / PROFESSOR PHILOSOPHIAE. / FRANKOFVRTI CIS VIADRUM, / IMPENSIS IOANNIS CHRISTIANI KLEYB, / [1758].

Standort: Universitätsbibliothek Freiburg, Sign. B 764 (Teil 1 bis § 613, Teil 2 bis § 904).

Herangezogen wurden zusätzlich die lat. Ausgabe der *Aesthetica* von Fiore/Casati 1936 sowie die jeweils teilweise Wiedergabe des lat. Textes in Schweizer 1973 und Schweizer (2., durchges. Aufl.) 1988. Offenbar falsche Stellenverweise auf vorangegangene Paragraphen innerhalb der *Aesthetica* sowie auf Paragraphen der *Metaphysica* und *Ethica philosophica* wurden im lat. Text beibehalten und sind daher nicht in der Liste der Errata vermerkt. Zu diesen Fällen findet sich jeweils eine Notiz in den Anmerkungen.

§ 21
numeravimus] numeranimus
§ 24
sensitivae] sensituiae
§ 46
dicitur] dieitur
§ 84
quando] qnando
§ 103
allinat atrum] *allinatatrum*
§ 112
languorem] langnorem
in cogitando] incogitando
§ 124
intelligere] inteliigere
§ 138
de quibus] dequibus
§ 159
gnarum] guarum

§ 160
breve, et irreparabile] *breve, at irreparabile*
§ 175
lacessendum] *lacesseudum*
§ 245
ΒΑΘΟΥΣ] ΒΑΘΟΥΞ
§ 249
contradistingui] contra distingui
§ 259
a quibusdam] a quibusdum
§ 263
succus pecori] *succus pecari*
§ 281
μεγαλοπρεπής] μεγαλοπρεπες
§ 291
magnanimitatis] maganimitatis
§ 316
Xenophontem] *Xenephontem*
§ 322
acessit] *aecessit*
§ 330
significatum] significatnm
§ 336
de quibus] dequibus
§ 338
augentia, § 336] augentia 336
§ 358
delectari] *delectori*
§ 371
ἤθους] ηδους
§ 373
maius] mains
§ 377
inhumanum] iuhumanum
§ 379
3) *philosophi*] 2) *philosophi*
§ 380
undique] undiqne
§ 382
ardet] arder
§ 383
Lucilii] Lncilii
§ 393
minus] minns
§ 404
consortio] confortio
§ 405
concidit] *concivit*
§ 406
Cingarorum] Cigarorum
§ 407
fratrisque] fratisque
§ 417
Nulla] Nolla
§ 420
Φιληδονία] Φιληθονια
§ 425
strictius] sttictius
§ 426
cum] cnm
§ 433
dictam] dictum
§ 440
§ 440] § 404
§ 442
abstracta), uti] abstracta, uti
delectant, (vel] delectant, vel
§ 462
novam] uovam
§ 478
fastigia] festigia
§ 501
affectare] *affectore*

§ 521
illud] iilud
§ 525
veritatem] veritatrm
§ 528
caussis] *cuussis*
§ 541
enthymemata] euthymemata
§ 543
Ov. ex Ponto] Ov. de Ponto
§ 546
Haeremus] *Haeremns*
§ 549
quandam] qnandam
§ 553
Sermo oritur] *Sermo critur*
§ 561
determinatarum] determinarum
§ 562
Intellectus] Irtellectus
§ 580
aestheticohistorico] aesthetica historico
§ 583
sollicitudine] solicitudine
3) a logica et rationali providentia] 2) a logica et rationali providentia
§ 593
Ione iuvenca] Ioneiuvenca
§ 599
ad aulaea] ad aulea
Praefatio 1758
orationibus] orationibns
§ 622
comentibus] *comantibus*
§ 624
nitens] *nitent*
§ 627
incultum] *iucultum*
§ 629
Quid habent] *Qui habent*
§ 646
latitudine] latidudino
§ 651
ut e. g.] v. g.
§ 671
aestheticodogmaticum] aesthetica dogmaticum
§ 673
tenentur] tenetur
§ 677
sollicitus] solicitus
§ 678
Iuv.] Inu.
§ 682
Ingentes] *Iugentes*
§ 713
immutabili] *imnutabili*
§ 717
nimis] minis
§ 719
§ 719] § 717
fuccinis] succinis
Hor., *Epod.*] Hor. ep. od.
§ 720
Cic., *De off.* 1, 130]
Cic. off. l. I30
§ 732
Amaryllida] *Anmaryllida*
scribit] scrlbit
§ 738
trahat] *trahant*
§ 745
inventum iri] inventumiri

§ 746
totum] totuw
§ 748
Harum] *Horum*
§ 749
s.] 5.
§ 752
maxime] mamaxime
§ 753
abstracto res] abstractores
§ 760
Hor., Sat. l. II 1, 49.] Hor. Sat. l. I. 49
§ 761
nonnunquam] nonunquam
§ 768
cogitationibus] cogitationibns
§ 769
philosophicam] philosopham
§ 771
et] *et*
§ 782
numerus] munerus
§ 785
philosophi] philosephi
§ 789
etc.] *etc.*
§ 793
non] *nan*
§ 818
romanis legibus] romanis logibus
§ 834
δημιουργός] ϑημιουργος
§ 839
AESTHETICE] AESTHAETICE
§ 846
§ 846] § 864
§ 849
admixtum] ad mixtum
Ἀδεισιδαίμων] Αδεισιδαιμυν
§ 851
meditationibus] meditacionibus
§ 854
apagogica] apogogica
§ 855
apagogica] apogogica
§ 860
artum] *arctum*
§ 861
necessarie] *necessario*
§ 877
quasque formales] quosque formales
§ 881
§ 881] § 887
§ 888
sic similibus in casibus] si similibus in casibus
§ 891
iungendi] inugendi
§ 899
post reprehensionem tuam] post reprensionem tuam
§ 902
praecipuarum] praeeipuarum

ANMERKUNGEN

Zu relevanten Stellen aus Baumgartens *Metaphysica* und *Ethica philosophica* ist auf den Anhang (S. 1051–1116) zu verweisen. Hinweise auf die Forschungsliteratur bleiben – außer Referenzen auf die deutschen Teilübersetzungen der *Aesthetica* SCHWEIZER 1973 und SCHWEIZER (2., durchges. Aufl.) 1988 sowie die italienischen Übersetzungen PISELLI 1992 und TEDESCO [ET AL.] 2000 – im Sinne einer textnahen Ausrichtung der Anmerkungen unter Verweis auf die Bibliographie (S. 1253–1305) ausgespart. Abkürzungen von Textausgaben mit Namen des/der Herausgebenden und Jahreszahl sind ebenfalls in der Bibliographie zu verifizieren. Bei Zitaten aus der Vorlesungsnachschrift POPPE 1907 wurde die Rechtschreibung beibehalten, lat. Ausdrücke wurden kursiv gesetzt. Einfügungen in eckigen Klammern in Zitaten sind von der Herausgeberin. Nicht weiter gekennzeichnete Angaben von Paragraphen beziehen sich auf die *Aesthetica*.

Vorrede 1750

1 B. bezieht sich auf die *Anfangsgründe aller schönen Wissenschaften* (3 Bde.), Halle 1748–50 (2. Aufl. 1754–59) seines Schülers und (seit 1748 ordentlichen) Professors in Halle Georg Friedrich Meier (1718–1777).

2 Gemeint ist v. a.: Samuel Werenfels (ref. Theologe, 1657–1740), *Dissertatio de meteoris orationis* (EA 1716), in: [DERS.]: *Opuscula theologica, philosophica et philologica*, Bd. 2, Lausanne/Genf (2. Aufl.) 1739.

3 Von besonderer Bedeutung sind für B.: Gerardus Johannes Voss[IUS] (niederl. Polyhistor, 1577–1649), *De rhetorices natura et constitutione* (1617, auch 1657), *De artis poeticae natura* (1647), *De artium et scientiarum natura ac constitutione* (Amsterdam 1696), sowie aus den sechsbändigen *Opera*, Amsterdam 1695–1701, in Bd. 2: *Aristarchus*, in Bd. 3: *Poeticarum institutionum libri*; *Institutionum oratoriarum libri*.

4 Gemeint ist: Johann Matthias GESSNER (1691–1761), *Novus linguae et eruditionis romanae Thesaurus post Ro. Stephani et aliorum nuper etiam in Anglia eruditissimorum hominum curas digestus, locupletatus, emendatus etc.*, Leipzig 1759.

§ 1 1 Vgl. B.s Grundlegung des Begriffs der ›Ästhetik‹ in seinen *Meditationes*, §§ CXVf. In der Vorlesungsnachschrift, § 1, wird der Begriff ausführlich erklärt: Abgeleitet aus griech. αἰσθάνομαι (lat. *sentio*), beziehe sich ›Ästhetik‹ auf alle (äußerlichen, die Sinneswahrnehmungen, und innerlichen, nur die Seele betreffenden) ›klaren‹ Empfindungen und mithin, in Übereinstimmung von Platons Unterscheidung undeutlicher (αἰσθητά) und deutlicher Vorstellungen (νοητά, vgl. PLATON, *Timaios* 28a) sowie Aristoteles' Differenzierung von αἰσθητά und ἀναίσθητα (B. bezieht sich vermutlich auf ARIST., *De anima*, vgl. dort Buch III, 427b) alle (vgl. *Met.* § 521: durch das untere Erkenntnisvermögen hervorgebrachten) ›sinnlichen‹ Vorstellungen. Als Kompendium der Darstellung der antiken Psychologie verweist die Nachschrift auf David BUCHANAN[US], *Historia animae humanae*, Paris 1636. So, wie der Begriff der ›Logik‹ (griech. λογική, abgeleitet aus λογικός) die »Wissenschaft des Deutlichen« anzeige, bezeichne ›Ästhetik‹ (als αἰσθητική, abgeleitet aus αἰσθητός) nun »die Wissenschaft von allem, was sinnlich ist« (POPPE, S. 66). Am Schluß des Paragraphen fordert auch die Vorlesungsnachschrift – im Anschluß an Georg Bernhard Bilfinger (vgl. § 11, Anm. 3), der jedoch nicht explizit genannt wird – die Ästhetik als notwendigen Bestandteil einer obere und untere Erkenntnisvermögen, deutliche und sinnliche Vorstellungen umfassenden ›organischen‹ Instrumentalphilosophie (vgl. hierzu die Einführung zu dieser Ausgabe, S. XXII–XXII).

§ 3 1 Die Vorlesungsnachschrift, § 3, nennt als Beispiel einer poetischen Beschreibung der gegenseitigen Ergänzung deutlicher und sinnlicher Erkenntnis Franciscus Georgius Venetus (1466–1540, Vertreter der christlichen Kabbala in der italienischen Renaissance), der in seinem Gedicht *De harmonia mundi* beides als Eigenschaft »eines großen Geistes« gezeigt habe, indem er sage, »ein großer Geist schwinget sich bis in das Himmlische, er lässet sich aber auch wieder auf das Sinnliche so herunter, daß es scheinet, daß er hier zu Hause sei und er eine doppelte Natur habe« – man muß »die Sprache des Verstandes und der Sinnlichkeit reden können« (POPPE, S. 74).

§ 5 1 *acroasis* (griech. ἀκρόασις): wörtl. ›Hören, Zuhören‹, daher die Bedeutungen: ›Vortrag, Vorlesung, Lehre‹. – B. meint hier ›Vorlesung‹, die Vorlesungsnachschrift, § 5, spricht von einem Zeitraum eines halben Jahres, also eines Semesters (vgl. POPPE, S. 75).

§ 6 1 Der Philosoph bleibt ›Mensch unter Menschen‹: Vgl. das Gedicht von ›Musophilus‹ in den *Philosophische[n] Briefe[n] von Aletheophilus*, 30. Schreiben, S. 89–92. Die Vorlesungsnachschrift, § 6, beschreibt die Vorstellung eines Philosophen, der sich über alles Sinnliche erhaben dünkt, mit dem Bild eines Felsens, der bis über die Hälfte in die Wolken hineinragt und die Überschrift trägt: *non perturbatur in alto*, wobei schon die Stoiker sich mit dieser Vorstellung eines Weisen lächerlich gemacht hätten (vgl. Poppe, S. 76) Vgl. zur Kritik an einem solchen ›weisen Stoiker‹ auch § 403 sowie Gottfried Wilhelm Leibniz, *Principes de la nature et de la grâce, fondés en raison* [*Die Vernunftprinzipien der Natur und der Gnade*] (1714), § 18 (in: Cassirer 1996, Bd. 2, S. 601).

§ 7 1 Das Prinzip ›Die Natur macht keine Sprünge‹ (*natura non facit saltum*) ist begründet in Leibniz' Metaphysik; vgl. u.a. Gottfried Wilhelm Leibniz, *Monadologie* (1714), § 10 (in: Cassirer 1996, Bd. 2, S. 604) und die Abhandlung *Systéme nouveau de la nature et de la communication des substances, aussi bien que de l'union, qu'il y a entre l'âme et les corps* [*Neues System der Natur und der Verbindung der Substanzen sowie der Vereinigung zwischen Seele und Körper*] (1695, in: Cassirer 1996, Bd. 2, S. 447–458).
2 Vgl. die Umschreibung dieser berühmten Formulierung in der Vorlesungsnachschrift, § 7: »In der Natur ist nicht jetzt Nacht, und dann folgt gleich heller Mittag, sondern es ist eine Dämmerung dazwischen. So haben wir nicht gleich hellen Mittag der Kenntnis, sondern die Verwirrung als Dämmerung dazwischen« (Poppe, S. 76 f.). Vgl. hierzu auch Schweizer 1988, S. 209, Anm. 9.
3 Die Vorlesungsnachschrift, § 7, erläutert, daß die klar-verworrene Vorstellung nicht deswegen, weil sie verworren und nicht deutlich ist, einen eigenen Wert besitzt, sondern weil sie ›lebhaft‹ ist (vgl. Poppe, S. 77) – das ›Leben‹ oder die Lebhaftigkeit (*vita*) wäre (nach *ubertas, magnitudo, veritas, lux, certitudo/ persuasio*) das sechste, von B. in der *Aesthetica* nicht mehr behandelte Kriterium der sinnlichen Vorstellung gewesen.

10 1 ›Kunst‹ (i. S. v. τέχνη, als Oberbegriff auch der Einzelkünste) versteht B. als einen aus aus der Erfahrung, nicht aber aus notwendig gewissen Gründen hergeleiteten Regelkanon, wie etwas »vollkommener zu machen ist« (Poppe, § 10, S. 77). Eine ›Wissenschaft‹ ist hingegen, gemäß der Definition in *Acr. log.* § 2, eine »Erkenntnis, die, aus Gewissem gewonnen, gewiß ist« (»SCIENTIA est cognitio ex certis certa«). Beides schließt sich jedoch nicht aus, sondern eine Kunst kann, läßt sie sich

mit gewissen Gründen fundieren, in eine Wissenschaft überführt werden.

2 Adler 1990 hat erhellend darauf hingewiesen, daß das nach der Psychologie angeführte »e.c.« auf »philosophisch damals Selbstverständliches« verweist, »nämlich auf die […] Fundierungsrelationen zwischen Psychologie, Kosmologie und Ontologie« – zu ergänzen ist: sowie natürlicher Theologie –, »so daß auch hier der Ort der Ästhetik in bezug auf die Metaphysik« – die als Wissenschaft seit Wolff, und so auch B.s *Metaphysica*, die vier Teile *Ontologia*, *Cosmologia*, *Psychologia* und *Theologia naturalis* umfaßt – »gesichert ist« (S. 35).

§ 11 1 Vgl. Horaz, *A. p.*, 408–410: »Ob durch Naturtalent eine Dichtung Beifall erringt oder durch Kunstverstand, hat man gefragt. Ich kann nicht erkennen, was ein Bemühen ohne fündige Ader oder was eine unausgebildete Begabung nützt« (dt. Übers. zitiert nach Schäfer 1972, S. 31).

2 Der Text verweist auf Cic., *De or.* 2, 60, vermutlich ein Druckfehler. In *De or.* 2, 69f. führt Cicero aus, daß in der Rhetorik (wie in allen anderen Disziplinen), wenn deren hauptsächliche Schwierigkeiten (theoretisch) dargestellt seien, Einzelheiten der (praktischen) Ausführung nicht mehr gesondert behandelt werden müßten: »Es gibt auch gar kein Fach, in dem ein Lehrer alles lehrt, was man in diesem Fach zustande bringen kann, vielmehr erreichen die, die sich die wichtigsten, feststehenden Grundformen angeeeignet haben, alles übrige von selbst« (dt. Übers. zitiert nach Merklin, 2., durchges. und bibl. erg. Aufl. 1976, S. 249/251).

3 Georg Bernhard Bilfinger, *Dilucidationes philosophicae de Deo, anima humana, mundo et generalibus rerum affectionibus*, Tübingen 1725, § 268.

4 Johann Jacob Breitinger, *Critische Abhandlung von der Natur, den Absichten und dem Gebrauche der Gleichnisse*, Zürich 1740, S. 6.

§ 12 1 Sinnlichkeit (qua sinnliche Erkenntnis) und Glaube, Ästhetik und Religion widersprechen sich nicht nur nicht, sondern ergänzen sich wechselseitig (vgl. das Verhältnis von Kunst und Wissenschaft, § 10 und dort Anm. 1). Wie die Ästhetik notwendig auch an die Grundsätze der natürlichen Theologie zurückgebunden bleibt (vgl. § 10, Anm. 2), so kann und soll umgekehrt erstere zur Erhellung letzterer beitragen. Die Vorlesungsnachschrift, § 12, formuliert explizit die irrige Verwechslung des ›Sinnlichen‹ mit dem ›Sündlichen‹. Dem entgegen gilt es zu verstehen, daß auch in der Sinnlichkeit des Menschen »noch Überbleibsel des

göttlichen Ebenbildes« enthalten sind, die durch die Ästhetik als Wissenschaft ›deutlicher auseinandergesetzt‹ und ›näher erkannt‹ werden können (POPPE, S. 79).

13 1 Die Vorlesungsnachschrift, § 13, erläutert, daß die Logik ›die ältere Schwester‹ der Ästhetik nur »in Ansehung der Theorie« sei, »in Ansehung der Ausübung« würde die »Ästhetik die ältere sein« (POPPE, S. 79). Vgl. von daher Herders nicht ganz gerechtfertigte Kritik an Baumgartens metaphorischer Verhältnisbestimmung von Logik und Ästhetik in dem Entwurf *Von Baumgartens Denkart in seinen Schriften* (1767), in: Johann Gottfried HERDER, *Frühe Schriften* 1764–1772, hg. von Ulrich GAIER (*Johann Gottfried Herders Werke in zehn Bänden*, Bd. 1), Frankfurt a. M. 1985, S. 653–676, dort S. 666f.

2 Vgl. die fast wörtliche Entsprechung (außer der Setzung von *dictio* statt *signa*) in einer Fußnote zum 11. Schreiben der *Philosophische[n] Briefe*, S. 29: »Res sit prima tibi, sit lucidus ordo secunda,/ Dictio postremo tertia cura loco« – im Text heißt es dort: Auch bei einer »beredten Rede«, »sie mag ausgesprochen, oder geschrieben werden, so wird das dabei zu bemerkende auf die Sachen, die vorgetragen werden sollen, die Ordnung, und den Ausdruck ankommen«. Zur Gliederung der Ästhetik vgl. die Einführung zu dieser Ausgabe, S. XXVII f. und LVI f.

14 1 SCHWEIZER 1988, S. 11, übersetzt – wohl im Hinblick auf *Met.* § 662: »Das Ziel der Ästhetik ist die Vollkommenheit (Vervollkommnung) der sinnlichen Erkenntnis als solcher.« Zum Verhältnis der beiden Definitionen der Schönheit in § 14 und *Met.* § 662 vgl. die Einführung zu dieser Ausgabe, S. LIII–LIX.

18 1 Der in §§ 18–20 dargelegten Dreigliederung der allgemeinen Definition der Schönheit entspricht die Dreigliederung der theoretischen Ästhetik in Heuristik, Methodologie und Semiotik; vgl. § 13 und dort Anm. 2.

2 Vgl. SCHWEIZER 1988, S. 210, Anm. 15: Die Begriffe ›vorstellen‹ und ›denken‹, ›Vorstellungen‹ und ›Gedanken‹ stimmen, so BÄUMLER 1923, S. 201, schon bei Thomasius und Wolff weitgehend überein. Von B. werden *cogitationes* ausdrücklich als *repraesentationes* definiert, vgl. *Met.* § 506: »Cogitationes sunt repraesentationes. Ergo anima mea est vis repraesentativa […].« – »Gedanken sind Vorstellungen. Also ist meine Seele eine vorstellende Kraft […].«

3 Häßliche Dinge können schön gedacht werden: Vgl. ARIST., *Poetik* 1448b.

§ 20 1 Im 11. Schreiben der *Philosophische[n] Briefe*, S. 29, setzt B. *dictio* und *eloquutio* synonym und übersetzt beides mit ›Ausdruck‹: »Identitas in eloquutione seu dictione = stilus«, in der Übersetzung durch B.: »Die Aenligkeit und Gleichheit im Ausdruck ist die Schreib-Art.« – Sowohl *oratio* (*Philos. Briefe*, 11. Schreiben, S. 31) als auch *sermo* (*Eth.* § 343) werden von B. mit ›Rede‹ übersetzt.

§ 22 1 Die Vorlesungsnachschrift, § 22, verweist explizit auf die Grundlegung der Bestimmung der Vollkommenheit jeder Erkenntnis durch die genannten sechs Kriterien – *ubertas*, *magnitudo*, *veritas*, *claritas*, *certitudo/ persuasio*, *vita* (die den Aufbau der unvollendet gebliebenen Heuristik der *Aesthetica* gliedern) – in der Metaphysik: Vgl. hierzu die von B. in §§ 22, 23 angegebenen Paragraphen *Met.* §§ 94, 515 (vgl. § 23, Anm. 1), 531, 669. Als mnemotechnisches Hilfsmittel zur Erinnerung dieser Kriterien führt die Vorlesungsnachschrift als ›Gedächtnisverse‹ an: »Reichtum, Adel, Wahrheit, Licht, Gründlichkeit und Leben,/ Wer das meiner Einsicht gibt, hat mir viel gegeben« (Poppe, S. 83).

§ 23 1 Im lat. Text erfolgt ein Verweis auf *Met.* § 551. Offensichtlich ein Druckfehler. Vgl. *Met.* § 515.

2 Die Vorlesungsnachschrift, § 23, gibt analog zu § 22 als ›Gedächtnisvers‹ an: »Eng, garstig, falsch und ohne Licht, zweifelhaft und Tod« (Poppe, S. 83).

§ 24 1 Die Vorlesungsnachschrift, § 24, leitet ab: Da die Dichtung besonders viele Vollkommenheiten der sinnlichen Erkenntnis zur Darstellung bringen soll, müssen in der Dichtkunst auch besonders viele Ausnahmen gemacht werden können, woraus sich der Begriff der *licentia poetica*, der dichterischen Freiheit, ergibt – im Unterschied zur Rhetorik, die nicht so viele Vollkommenheiten besitze (daher auch nicht so viele Ausnahmen machen darf), weshalb man auch noch nichts von einer *licentia rhetorica* gehört habe (vgl. Poppe, S. 83 f.).

§ 25 1 Die Vorlesungsnachschrift, § 25, erläutert: Die Mißachtung einer bestimmten Regel kann als solche als Mangel (*defectus*) erscheinen, erweist sich aber vor dem Hintergrund, daß dies aufgrund einer stärkeren Regel um einer größeren Vollkommenheit willen geschehen ist, als nicht ungeschmackvolle Ausnahme (*exceptio non inelegans*, vgl. Poppe, S. 84).

§ 26 1 Vgl. §§ 132, 142 sowie § 540, in dem B. diese Definition des Arguments im Anschluß an Quint. 5, 10, 9 wiederaufnimmt; vgl. hierzu auch Schweizer 1988, S. 15 und S. 210 f., Anm. 24. Zu Bs. ›Theorie des Arguments‹ vgl. insb. Salvatore Tedesco: *L'estetica di Baumgarten*, Paler-

mo 2000. – Die Vorlesungsnachschrift § 26 führt zur Semantik von *argumentum* treffend an: »Wir finden von den Alten, daß sie gewisse Statuen« – gemeint sind Basreliefs – »*argumenta* nannten, wir sehen aber auch warum, weil sie nämlich den Grund enthalten, daß wir das Original, was sie abbilden, erkennen können« (Poppe, S. 84).

2 Die sechs Arten von Argumenten entsprechen den sechs Kriterien der Vollkommenheit der Erkenntnis, vgl. § 22.

3 Die Aufteilung der Figuren entspricht der klassischen rhetorischen Dreigliederung Heuristik, Methodologie, Semiotik, vgl. § 13. – Schweizer 1973, S. 121, und Schweizer 1988, S. 17, übersetzt *sententiae* mit ›Lehrsätze‹. Mit *sententiae* als *figurae rerum et cogitationum* sind aber sowohl in der klassischen Rhetorik und Poetik als auch bei B. im Sinne von § 13 ›Figuren der Gedanken‹ bzw. ›Figuren der gedachten Sachen‹ – ›Gedankenfiguren‹ gemeint (vgl. Piselli 1992, § 26, S. 23, § 142, S. 63; vgl. Tedesco [et al.] 2000, § 26, S. 31, § 142, S. 59: ›figure di pensiero‹). Die Vorlesungsnachschrift, § 26, bestätigt diese Übersetzung: »Wann ich eine besondere Schönheit in den Gedanken anbringe, so habe ich *figuram sententiae*. Bringe ich sie in der Ordnung an, [...] so ist es *figura ordinis*. Wann man eine besondere Schönheit im Ausdruck anbringt, so hat man *figuram dictionis*« (Poppe, S. 85).

§ 27 1 Aus der Vorlesungsnachschrift, § 27, geht hervor, daß B. sich mit seiner Behandlung der notwendigen Eigenschaften des *felix aestheticus* vor der dieselben erst als Bedingung voraussetzenden schönen Erkenntnis methodologisch dezidiert von Georg Friedrich Meiers *Anfangsgründe[n] aller schönen Wissenschaften*, deren ersten beide Bände ihm 1750 vorlagen (vgl. die ›Vorrede‹ und dort Anm. 1), abgrenzt (vgl. Poppe, S. 85).

§ 28 1 Zum Charakter des glücklichen Ästhetikers gehören grundsätzlich zum einen eine entsprechende Anlage seiner Erkenntnisvermögen (*facultates cognoscitivae*), zum anderen aber auch eine entsprechende Disposition seiner Begehrungsvermögen (*facultates appetitivae*), ein ›guter Kopf‹ und ein ›gutes Herz‹ (vgl. Poppe, § 28, S. 86). Im vorliegenden Abschnitt zur ›natürlichen Ästhetik‹ werden in §§ 29–43 erstere als Anforderungen an den ›angeborenen anmutigen und geschmackvollen Geist‹ behandelt, in §§ 44–46 letztere als Anforderungen an das ›angeborene ästhetische Temperament‹. Die psychologisch begründete Verbindung von Erkenntnislehre und Ethik (sowie, weitergehend, natürlicher Theologie) ist für Bs. gesamte Ästhetik zentral. Sie bestimmt auch den Aufbau und die Komplementarität der ersten beiden großen Kapi-

tel der *Aesthetica* zur *ubertas aesthetica* und zur *magnitudo aesthetica*, vgl. die Einführung zu dieser Ausgabe S. LXV–LXXX.

§ 30 1 Der ›innere Sinn‹ vergegenwärtigt, gemäß *Met.* § 535, im Gegensatz zum ›äußeren Sinn‹ nicht den Zustand des Körpers, sondern den inneren Zustand der Seele (wobei ›innerer und ›äußerer‹ Sinn demselben ›Gesetz der Empfindung‹ folgen, vgl. *Met.* § 541) und unterscheidet uns, so die Vorlesungsnachschrift, § 29, »von den Tieren« (Poppe, S. 86).

§ 31 1 Quint. 6, 2, 29. – Der griech. Ausdruck wird bei Vossius, *Inst. or.* 6, 3, 1 wie folgt bestimmt: »Felix in concipiendis eo modo imaginibus, quo optime res repraesentantur« (vgl. Piselli 1992, S. 24, Anm. 26). – Zur Einbildungskraft (*facultas imaginandi seu phantasia*) vgl. *Met.* §§ 557–571.

§ 33 1 Das Gedächtnis (*memoria*, als Vermögen, eine vergangene Vorstellung wiederzuerkennen, vgl. *Met.* § 579) nimmt in B.s *Psychologia empirica* unter den unteren Erkenntnisvermögen die Stellung einer verbindenen Instanz zwischen der Einbildungskraft (*phantasia*, als Vermögen, einen vergangenen Zustand zu vergegenwärtigen, vgl. *Met.* § 557) und dem Dichtungsvermögen (*facultas fingendi*, als Vermögen, Einbildungen, d. h. Vorstellungen einmal gehabter Zustände, zu verbinden und zu trennen, vgl. *Met.* § 589) ein. Diesen Zusammenhang setzt B. bei der Erwähnung des antiken Mythos von Mnemosyne (Tochter des Uranos und der Gaia) als Mutter der drei Musen voraus. Vgl. Mirbach 2006a.

§ 34 1 Im lat. Text erfolgt offenbar irrtümlich ein Rückverweis auf § 31. Gemeint ist wohl § 32.

§ 35 1 Im lat. Text erfolgt wiederum ein Rückverweis auf § 31. Doch gemeint muß auch hier § 32 sein.

2 Als Beispiel eines solchen feinen Geschmacks, der als sinnliches Urteilsvermögen die Vollkommenheiten der Dinge erfaßt, nennt die Vorlesungsnachschrift, § 35, Petrus Abaelard (1079–1142) und seinen Briefwechsel mit Héloise (vgl. Poppe, § 89).

§ 36 1 In B.s *Psychologia empirica* entspricht der Einbildungskraft (*phantasia*, vgl. § 33, Anm. 1) analog die Voraussicht (*praevisio*, als Vermögen, einen zukünftigen Zustand zu vergegenwärtigen, vgl. *Met.* § 595). Dem Gedächtnis (*memoria*, vgl. § 33, Anm. 1) entspricht analog das Erwartungsvermögen (*praesagitio* resp. *expectatio sensitiva casuum similium*, vgl. *Met.* § 612) als Vermögen, eine zukünftige Vorstellung zu vergegenwärtigen, vgl. *Met.* § 610). Bilden aufgrund dieses Entsprechungsverhältnisses, unabhängig von der Reihenfolge ihrer Behandlung in der *Psycho-*

logia empirica, daher auch Voraussicht und Erwartungsvermögen Voraussetzungen für das Dichtungsvermögen (*facultas fingendi*), so kann B. auch (vgl. § 33, Anm. 1 zu Mnemosyne) der antiken Vorstellung der seherischen Veranlagung des Dichters (als *poeta vates*) – die allerdings keineswegs auf übernatürliche Einwirkungen zurückzuführen, sondern psychologisch begründet ist – zustimmen. Vgl. MIRBACH 2006 a.
2 In der Vorlesungsnachschrift, § 36, wird die Bedeutung der Veranlagung des Vorhersehens für das Leben (*vita*) der sinnlichen Erkenntnis und die in diesem Zusammenhang durch den Rückverweis auf *Met.* § 665 hergestellte Verbindung zum Begehrungsvermögen deutlicher expliziert: Die Vorstellung eines Gegenstands kann nur rühren (lebhaft sein), wenn sie Begierden erregt, und sie kann nur Begierden erregen, wenn der Gegenstand der Vorstellung zukünftig bzw. in Zukunft möglich ist (vgl. POPPE, S. 89 f.).

§ 37 1 Das Bezeichnungsvermögen (*facultas characteristica*) ist die Fähigkeit, Zeichen (*signa*) mit den bezeichneten Dingen (*signatis*) in der Vorstellung zu verbinden. Da aber in dieser Welt ein Zusammenhang der Zeichen (*nexus significativus*) besteht (vgl. *Met.* §§ 347, 619), bedeutet sie als Anforderung an den *felix aestheticus* nicht nur, daß er die Gegenstände seiner Vorstellung in adäquaten (nicht nur sprachlichen, vgl. POPPE, § 37, S. 90) Zeichen auszudrücken, sondern auch, daß er die Zeichen (Ausdrucksformen) der äußerlich gegebenen Dinge in seiner Vorstellung adäquat zu erfassen vermag. Zur *characteristica* als *ars signandi et ex signis cognoscendi* vgl. *Philos. gen.* § 147.

§ 38 1 Der von B. letztgenannte Punkt wird in der Vorlesungsnachschrift, § 38, verständlicher: Ein ›schöner Verstand‹ und eine ›schöne Vernunft‹ sind dadurch ausgezeichnet, daß sie einen Gegenstand deutlich (nach seiner wissenschaftlichen Definition) erfassen, diese Deutlichkeit aber durch lebhafte sinnliche Vorstellungen zu ›unterfüttern‹ vermögen, wodurch ein größerer Zusammenhang der Vorstellung und somit eine ›der Ausdehnung nach‹ deutlichere Erkenntnis entsteht. Das Beispiel in der Nachschrift ist ein Wissenschaftler, der seine deutliche Erkenntnis des Planetensystems durch die Lektüre von Fontenelles *Entretiens sur la pluralité des mondes* (1686) ›der Ausdehnung nach‹ noch erweitern kann (vgl. POPPE, S. 90 f.). Fontenelle wird als philosophischer und zugleich anmutiger Schriftsteller, der seine *Entretiens* in salonfähigem Ton an die Marquise de la Mesangere richtete, mehrfach in den *Philosophische[n] Briefen*, dort im 9. (S. 24), 20. (S. 56) und 21. Schreiben (S. 60), erwähnt.

§ 40 1 Vgl. Horaz, *A. p.* 295–299.

2 Antikyra: griech. Küstenstadt am Fuß des Parnaß, steht hier für ihre berühmte Nieswurz, die als Heilmittel bei Wahnsinn und Schwermut galt (vgl. Schäfer 1972, S. 49, Anm. 51).

3 ›Wunderliche Gebärden‹, so führt die Vorlesungsnachschrift, § 40, aus, wie die eines in seine Gedanken versunkenen Melancholikers, können Anzeichen eines ›schönen Geistes‹ sein, lassen aber umgekehrt nicht notwendig auf einen solchen schließen (vgl. Poppe, S. 91 f.).

§ 45 1 Vgl. § 211, Anm. 3.

2 Vgl. hierzu die Einführung zu dieser Ausgabe, S. LXV–LXVII.

§ 46 1 Den zweiten Vers »scheint«, so Schweizer 1988, S. 212, Anm. 39, B. selbst »ergänzend angefügt zu haben«.

§ 47 1 In der Vorlesungsnachschrift, § 47, ist von einer »wirklich täglich[en]« Wiederholung (Poppe, S. 98) die Rede.

2 Orbilius (L. Orbilius Pupillus), 110–14 v. Chr., »schlägereicher« (*plagosus*) Lehrer (der Grammatik) des Horaz, der diesem in dessen Jugend die Lieder (die *Odusia*) des Livius Andronicus im Diktat eintrichterte, vgl. Horaz, *Ep.* 2, 1, 69–71.

§ 49 1 *palaria*: Vgl. griech. παλαίω: ringen, sich im Ringkampf üben. – Nach Schweizer 1988, S. 212, Anm. 42 bedeutet *palaria* ursprünglich »Pfähle«, von *palus*: der Pfahl. In der Vorlesungsnachschrift, § 49, findet sich folgende Erläuterung: »Die römischen Soldaten mußten, um sich zu üben, Hiebe und Stöße in ihren Übungen auf einen Pfahl tun, dazu erforderte man nun noch keinen Soldaten, der schon die Übungen alle inne hätte« (Poppe, S. 98 f.).

2 Indirektes Zitat von Horaz, *Carm.* 2, 10, 17 f.; vgl. Schweizer 1988, S. 30, Anm. 6. – Die Vorlesungsnachschrift, § 49, erläutert den pädagogischen Hintergrund des Paragraphen: Anfänglich sind bei den ästhetischen Übungen auch Fehler zuzulassen, die nur allmählich aufgezeigt und verbessert werden sollen, damit ein ›angehender schöner Geist‹ nicht sogleich bei seinen ersten Übungen schon den Mut verliert (vgl. Poppe, S. 98 f.).

§ 52 1 αὐτοσχεδίασμα (vgl. αὐτοσχεδιάζω: unvorbereitet handeln): Stegreif, Improvisation.

2 Das saturnische Versmaß, der sog. ›Saturnier‹, ist nach Crusius der älteste und zugleich einzige echt römische Vers der lateinischen Literatur, der schon für Ennius den »Beigeschmack des Veralteten und Rückständigen« hatte (vgl. Crusius 1997, S. 42–48, Zitat S. 42).

§ 53 1 Ein Gelehrter (*eruditus*), der im Hinblick auf die sinnliche Erkenntnis und die Schönheit dennoch rauh (*rudis*) bleibt, wie ihn B. in der Scholastik exemplifiziert sieht, ist ›barbarisch‹; vgl. die Vorlesungsnachschrift, § 53: »Man [kann] ein Gelehrter heißen, nur dennoch vom Schönen nichts verstehen. Den Scholastikern wird man die Gelehrsamkeit nicht absprechen, sie verbesserten ihren Verstand gewiß allein, weil alles *per disciplinam* ging, so blieben sie gewissermaßen doch rauh. Da die Exempel im Schönen anfingen beliebt zu werden, und die jungen Leute wieder auf Muster des Schönen geführt wurden, und die Alten lasen, da fiel die Barbarei auch wieder« (Poppe, S. 101).

§ 54 1 Vgl. Leibniz, *Epist. 2 ad Goldbachium* (vgl. Piselli 1992, S. 32, Anm. 68), in: Gottfried Wilhelm Leibniz, *Opera omnia*, hg. von L. Dutens, Bd. 3, Genf 1768, S. 437 (vgl. Tedesco [et al.] 2000, S. 313, Anm. 84).

2 Vgl. *Met.* § 612.

3 »os tenerum pueri figurat, ac balbum«: Von B. nicht ausgewiesenes, freies Zitat von Horaz, *Ep.* 2, 1, 126, woran sich die nachfolgend zitierten Verse anschließen.

§ 56 1 Die Vorlesungsnachschrift, § 56, erläutert: Schon das Betrachten schöner Gemälde und das Lesen klassischer Werke der Literatur, welche ›die Welt schon allgemein für schön erkläret‹ hat, ist eine erste Form der Übung. Zur Lektüre empfohlen werden die klassischen Werke der griechischen und römischen, aber auch – da Horaz (in den im Paragraphen zitierten Versen *A. p.* 323 f.) den Römern die Griechen empfohlen habe und sich die Römer zu den Griechen wie nun die Deutschen zu den Franzosen verhielten – der neueren französischen Literatur (vgl. Poppe, S. 102 f.).

57 1 ›Heuristisch‹ sind Übungen, bei denen man selbst anfängt, »schön […] zu erfinden« (Poppe, § 57, S. 103).

2 *natare sine cortice*: vgl. Horaz, *Serm.* 1, 4, 120; eigentl. ›ohne Schwimmhilfe (aus Kork) schwimmen‹, sprichwörtlich für ›keiner Aufsicht mehr bedürfen‹.

58 1 Vergil, *Aen.* 6, 270–272: Wird erneut zitiert in § 647.

60 1 Unter ›Dynamik‹ versteht B. die Kräftelehre, vgl. *Met.* § 204: »Scientia virium est DYNAMICA tam philosophica, quam mathematica, DYNAMEOMETRIA.« – »Die Wissenschaft von den Kräften ist die DYNAMIK, sowohl als philosophische wie auch als mathematische, die DYNAMEOMETRIE« (vgl. hierzu auch *Philos. gen.* § 148: Die dynamische Ontologie ist die Monadologie). Wie es eine logische Kräftelehre

gibt (vgl. *Acr. log.* §§ 404–410), so gibt es auch eine Kräftelehre innerhalb der Ästhetik. In der Vorlesungsnachschrift wird die ›Dynamik der Ästhetik‹ ausführlicher erklärt: Man muß die eigenen Kräfte zum schönen Denken 1) in ihrem Verhältnis gegenüber den Kräften anderer Menschen, 2) in Beziehung auf das zu denkende Objekt und das Thema abwägen, und 3) keinesfalls verallgemeinernd, sondern situativ nach Ort, Zeit und äußeren Umständen bestimmen (vgl. Poppe, § 60, S. 104f.).

§ 62 1 Unter der μάθησις (Lehre, Unterricht) oder *disciplina aesthetica* versteht B. »den Inbegriff aller Theorien vom Schönen, die mir die Art und Weise zeigen, […] wie ich reicher, edler, wahrer« etc. »denken kann« (Poppe, § 62, S. 106).

2 Vermutlich indirektes Zitat von Horaz, *A. p.* 265f., zitiert in § 154. Vgl. auch § 555.

§ 63 1 *incoctum pectus*: vgl. Pers. 2, 74. ›Ungekocht‹ ist hier gemeint i.S.v. ›unreif‹, ›nicht erfahren‹.

2 Das zweifache Argument für den Nutzen der Gelehrsamkeit kommt im Paragraphen nur kryptisch zum Ausdruck: Sie fördert nicht nur die Ausbildung der Erkenntnisvermögen (im Text: *cognitio*), sondern auch der Begehrungsvermögen (im Text: *pectus*), entsprechend der in der *aesthetica naturalis* (§§ 28–46) schon an die natürlichen Anlagen des *felix aestheticus* gestellten Forderung nicht nur eines anmutigen und feinen Geistes, sondern auch eines entsprechenden Temperaments (vgl. § 28, Anm. 1). Die Vorlesungsnachschrift, § 63, unterstreicht deutlicher den zweiten, ethischen Aspekt des Nutzens der Gelehrsamkeit: Sie bessere das Herz und mache es leichter zu »unterscheiden, wo die Grenzen der Tugend aufhören und wo die Grenzen des Lasters anfangen« (Poppe, S. 107).

§ 64 1 Diese hierarchisch absteigende Reihung ist für B.s Ästhetik insgesamt ebenso selbstverständlich wie bedeutend: Der höchste Gegenstand (auch) der sinnlichen Erkenntnis und des schönen Denkens ist Gott. Die Kenntnis von Gott und seinen Eigenschaften steht daher an der Spitze der geforderten Gelehrsamkeit. Ihr folgen als weitere Gebiete Kosmologie, Anthropologie, Psychologie, Geschichte, insbesondere die Kenntnis der Antike, und schließlich die Zeichenkunde (vgl. hierzu ausführlich Poppe, § 64, S. 107–109).

§ 65 1 Vermutlich ein Bezug auf Longin 33, 4 (vgl. Tedesco [et al.] 2000, S. 313, Anm. 98).

§ 70 1 Das ›Regelwerk‹ der Ästhetik als *ars* (vgl. § 68), das zugleich sämtli-

che Regeln der ihr untergeordneten Einzelkünste umfaßt (vgl. §§ 71f.), entspricht den sechs Kriterien der Vollkommenheit der Erkenntnis, die den heuristischen Teil der *Aesthetica* insgesamt gliedern.

§ 71 1 Vgl. hierzu *Met.* § 10.

§ 72 1 Die Ästhetik als durch gewisse Gründe fundierte *scientia* erweist die Verbindlichkeit ihrer Regeln als (allen Einzelkünsten übergeordnete) *ars* (vgl. §§ 1, 10, 68).

§ 73 1 Vgl. hierzu *Met.* §§ 27f. Ein entfernter oder mittelbarer Grund (*ratio ulterior*, *remota*, *mediata*) wird hier unterschieden von einem nächsten oder unmittelbaren Grund (*ratio proxima*, *immediata*). In der Verknüpfung von Gründen kann der entfernte oder mittelbare Grund die Stellung eines ersten bzw. letzten Grundes einnehmen, der nächste oder unmittelbare Grund stellt hingegen nur einen Mittelgrund (*ratio intermedia*) dar: »Ratio A alicuius B, a quo dependet C, est huius C RATIO MEDIATA […]« – In der Übersetzung von Meier, *Baumgartens Metaphysik* (2. Aufl. 1783), § 24: »Wenn A der Grund von B ist, und in dem letzten das C gegründet ist: so ist A der mittelbare oder entfernte und weitere Grund von C […].«

§ 75 1 *Acta eruditorum*, Leipzig 1694. Es handelt sich um die ersten Sätze der Schrift: *De prima philosophiae emendatione, et de notione substantiae* [*Über die Verbesserung der ersten Philosophie und den Begriff der Substanz*], in der dt. Übers. zitiert nach Herring 1966, S. 18.

2 Vgl. Arist., *Nik. Ethik*, 1137b (vgl. Piselli 1992, S. 38, Anm. 88). Bei der lesbischen Bauart kam ein unbestimmtes, bleiernes Richtmaß zur Anwendung, das sich der Gestalt der Steine anglich.

§ 77 1 Vgl. Plinius, *Nat. hist.* 35, 84, durch den *nulla dies sine linea* zum Sprichwort wurde.

§ 78 1 In der Vorlesungsnachschrift, § 78, wird deutlicher, daß ὁρμή, *ecstasis*, *furor* und ἐνθουσιασμός (πνεῦμα θεοῦ) nicht nur verschiedene Benennungen (*denominationes*), sondern auch verschiedene Grade (*gradus*) der ästhetischen Begeisterung bezeichnen. Ὁρμή steht für den niedersten Grad der Begeisterung, zu finden in strengen ›Beweisen‹ sowie in ›Briefen‹, aus der gleichwohl durch Steigerung die anderen Grade der Begeisterung erwachsen. Die *ecstasis* ist ein höherer Grad der gesteigerten ὁρμή, bei dem die inneren Empfindungen durch die Konzentration auf ein Thema so stark werden, daß sie die äußere Sinneswahrnehmung überdecken, wie sie ›begeisterten Dichtern‹ eigen ist. Ein noch höherer Grad der Begeisterung, der dem Erscheinungsbild eines Rasenden

gleicht, aber nicht damit verwechselt werden darf, ist der *furor*, der, neben dem innerlichen Aufruhr der Seele, zuweilen auch von ›seltsamen‹ körperlichen Bewegungen begleitet sein kann. Der Enthusiasmus schließlich ist eine ›neue‹ (und die höchste) Art der ästhetischen Begeisterung und bezeichne, so die Nachschrift, hier nicht eine Verfassung, in der man glaube, göttliche Eingebungen zuhaben, sondern leite sich ›nur der Benennung nach‹ aus der ›Götterlehre der alten Heiden‹ ab (vgl. Poppe, S. 113–115). – Zur Abgrenzung eines erhabenen, überragenden Gemütern eigenen ›edlen Enthusiasmus‹ vom ›Enthusiasmus‹ als religiösem Fanatismus vgl. Anthony Ashley Cooper, Third Earl of Shaftesbury (1661–1713), *A Letter Concerning Enthusiasm* (EA 1708), 7. Abschnitt und *The Moralists, A Philosophical Rhapsody* (EA 1705), 3. Teil, 2. Abschnitt. B.s offenbar gute Kenntnis von Shaftesbury (vgl. § 556) macht einen Rückbezug seiner Verwendung des Ausdrucks für die höchste Form der ›ästhetischen Begeisterung‹ auf Shaftesburys epochemachende positive Umwertung des Enthusiasmus-Begriffs wahrscheinlich.

2 Vgl. zu B.s Verweis auf *Met.* § 512 als Voraussetzung *Met.* § 509 sowie ergänzend *Met.* § 513; zu *Met.* § 596 vgl. Leibniz, *Monadologie*, § 22 (in: Cassirer 1996, Bd. 2, S. 607).

3 Maßgeblich für das Entstehen der ästhetischen Begeisterung ist der günstige Augenblick (i. S. des καιρός), vgl. in § 81: »*aut nunc, aut nunquam*«.

§ 79 1 Die Vorlesungsnachschrift, § 79, erläutert den ersten Punkt: Wenn man seine Arbeiten nach einiger Zeit wieder ansieht und »bei nochmaliger Durchseelung« spürt, daß »man es damals so gut gemachet«, kann man retrospektiv darauf schließen, bei deren Hervorbringen in einem Zustand der Begeisterung gewesen zu sein (Poppe, S. 115).

§ 80 1 Vgl. zu B.s Begriff des *fundus animae* vor dem Hintergrund von Leibniz' substanzmetaphysisch begründeter Erkenntnistheorie die Einführung zu dieser Ausgabe, S. XXXII–XLIV.

§ 81 1 Der Brunnen Hippokrene wenig unterhalb des Gipfels des Helikon über dem Musental ist nach späterer antiker Vorstellung durch den Hufschlag des Pegasos entstanden und wurde als Quelle dichterischer Begeisterung gefeiert (vgl. *Der Kleine Pauly*, Bd. 2, München 1979, Sp. 1172).

§ 82 1 Die Vorlesungsnachschrift, § 82, erläutert: »Da Apollo ein Gott der Ärzte, der Zukunft und der Anführer der Musen ist, so nennt man ei-

nen solchen Begeisterten φοιβόληπτο[ς], einen, der von Phöbus begeistert ist« (Poppe, S. 117).

§ 83 1 B. bezieht sich hier auf die Musen, deren Zahl (neun statt ursprünglich drei, vgl. § 33, B. nennt nur acht) und Namen seit Hesiod (*Theog.* 77–79) kanonisch sind. Ihre Individualisierung und Zuordnung zu den einzelnen Künsten erfolgte in späthellinistischer Zeit: Klio (Epos), Urania (Astronomie), Kalliope (herorischer Gesang, Elegie), Melpomene (Tragödie), Euterpe (Aulodie), Erato (Hymnen, Liebeslied, Tanz), Terpsichore (Chorische Lyrik), Thalia (Komödie), Polyhymnia (Pantomime, Tanz); vgl. *Lexikon der alten Welt*, Bd. 2, Sp. 2005.

§ 84 1 Die Vorlesungsnachschrift, § 84, ergänzt den Paragraphen mit einer gesellschaftskritischen Stellungnahme: Wer aufgrund staatlicher Vorgaben um sein tägliches Brot zu kämpfen hat, besitzt notwendig nicht genügend Muße für geistige Betätigungen. Dies müsse in Betracht gezogen werden, wann man den Deutschen vorwerfe, daß unter ihnen ›die Anzahl der schönen Geister‹ geringer sei als etwa unter den Franzosen (vgl. Poppe, S. 118f.).

§ 85 1 Zu der von B. häufig gebrauchten Metapher der Quelle und des Brunnens (insb. als Brunnen der Wahrheit), resp. deren Wasser vgl. die *Philosophische[n] Briefe*, [10].–14. Schreiben, S. 37–40; vgl. die erste Vorrede zur *Metaphysica* (1739), in: Niggli 1999, S. 9. Zum damit verbundenen, durchaus ambivalenten Thema des ›Gesundtrinkens‹ vgl. das 31. Schreiben der *Philosophische[n] Briefe*, S. 93–96.

2 Aganippe: Den Musen geweihte Quellle am Helikon bei Thespiai in Böotien, die den Trinkenden dichterische Begeisterung spendete, vgl. Verg., *Ekl.* 10, 12 (*Der kleine Pauly*, Bd. 1, 1975, Sp. 113.)

§ 87 1 In der Vorlesungsnachschrift, § 87, heißt es: »Die Alten sahen die Venus oft als eine Gottheit der Dichtkunst an, weil sie glaubten, was die ganze Welt beleben können, könne wohl auch einen Dichter rege machen« (Poppe, S. 120). Vgl. z. B. den Eingang bei Lukr. 1–61, aus dem B. in § 750 zitiert.

§ 89 1 Archilochos von Paros (Mitte 7. Jh. v. Chr.) galt in der Antike neben Homer als ›Urvater‹ der Lyrik, mit ihm beginnt die sog. ›subjektive‹ Poesie. Er setzte statt des daktylischen Hexameters (des *versus heroicus*) das der Alltagssprache näherstehende jambische Maß (vgl. Kytzler 1997, S. 47–49).

2 Vgl. Horaz, *Serm.* 2, 1, 39–60.

3 Eine Anspielung auf Horaz. Außerdem bezeichnet die ›Leuchte Ve-

nusias‹ wohl auch das sorgfältige Ausfeilen des Werks bei Nacht (*lucubratio*; vgl. SCHNUR 1969, S. 166, Anm. 7).

§ 92 1 Gemäß der Vorlesungsnachschrift, § 89, ist das 35. bis 40. Lebensjahr der Höhepunkt eines schönen Geistes (vgl. POPPE, S. 121).

2 Indirektes Zitat von HORAZ, *Ep.* 1, 1, 2.

§ 97 1 B. reformuliert hier das berühmte Horazische *ut pictura, poesis* (*A. p.* 361). Die Vorlesungsnachschrift verweist außerdem auf die – an Horaz' Diktum anknüpfende – Verhältnisbestimmung von Malerei und Dichtung bei Jean-Baptiste DU BOS (1670–1742), *Réflexions critiques sur la poésie et sur la peinture*, Paris 1719.

2 HORAZ, *A. p.* 363: Wird erneut zitiert in § 667.

§ 101 1 Vgl. OVID, *Ex Ponto* 1, 5, 17 und 2, 4, 15–18.

§ 103 1 Vgl. PHAEDR. 4, 10 (vgl. VON ALBRECHT 1995, S. 175, Anm. 3): »De vitiis hominum [Über die Fehler des Menschen]«: »Zwei Säcke legte Jupiter uns allen auf:/ Den mit eignen Fehlern legt' er auf den Rücken/ Und mit unsers Nächsten Fehlern vor die Brust./ Auf diese Weise können wir nicht unsre sehen;/ Sobald die Nächsten fehlen, sind wir Sittenrichter« (dt. Übers. zitiert nach SCHÖNBERGER, 3., durchg. und bibl. ergänzte Aufl. 1982, S. 87).

2 Gemeint ist der mündliche Vortrag einer Arbeit vor deren schriftlicher Publikation (vgl. TEDESCO [ET AL.] 2000, S. 316, Anm. 167).

3 Vgl. CATULL 95, 1 f. Catull berichtet, daß ein kleines Epos des Helvius Cinna über Myrrha erst nach insgesamt ›neun Ernten und neun Wintern‹ fertiggestellt wurde. Diese neunjährige Arbeit des Dichters wurde zu einem geflügelten Wort (vgl. VON ALBRECHT, S. 191, Anm. 1), vgl. HORAZ, *A. p.* 387–389, worauf sich B. hier – was die Verbindung mit dem Urteil eines Kunstrichters (bei HORAZ, *A. p.* 387, Maecius Tarpa, vgl. SCHÄFER 1972, S. 51, Anm. 67) und der wenig später in § 105 zitierte Vers HORAZ, *A. p.* 385 nahelegen – vermutlich bezieht.

4 Vgl. SCHÄFER 1972, S. 53, Anm. 76: Aristarchos von Samothrake, alexandrinischer Grammatiker, etwa 217–145 v. Chr. Seine Klassiker-Ausgaben erlangten kanonische Geltung. Cicero und Horaz bezeugen, daß sein Name sprichwörtlich für einen ernsten und lauteren Kritiker galt.

5 »Der ›Querstrich in schwarzer Tinte‹ enthält eine doppelte Anspielung: 1. Die hellinistischen Philologen in Alexandria führten in ihren kritischen Ausgaben griechischer Klassiker Markierungszeichen an Textstellen ein, deren Echtheit oder Stellung zweifelhaft waren, und fügten ihren Kommentar an. Das erste kritische Zeichen erfand Zeno-

dot von Ephesos (seit etwa 284 v. Chr. erster Leiter der Bibliothek von Alexandria): den Obelos (–), ein Querstrich, der links neben den für unecht gehaltenen Vers gesetzt wurde. [...] 2. Man markierte auf Namenslisten mit einem ϑ (Anfangsbuchstabe für ϑάνατος: Tod) in schwarzer Tinte die Namen von Verstorbenen« (Schäfer 1972, S. 52f., Anm. 75). Vgl. Schweizer 1988, S. 216, Anm. 84. Schweizer meint, daß das Theta auch in Verzeichnissen zur Kennzeichnung von Menschen, die hingerichtet werden sollten, verwendet wurde. Zum Theta als Kennzeichnung eines bloßen Fehlers verweist er auf Pers. 4, 3.

104 1 Die Vorlesungsnachschrift, § 104, referiert darauf, daß Aristoteles die Dichtkunst als Kunst, »die Natur im Silbenmaß nachzuzeichnen« (Poppe, S. 126), erklärt habe (vgl. Arist., *Poetik* 1447a). Wenn aber ›Nachahmung der Natur‹ nichts anderes heißt als ›natürlich denken‹, dann muß, so die Nachschrift, in der dies deutlicher wird als im vorliegenden Paragraphen, genauer differenziert werden zwischen 1) den natürlichen Kräften des denkenden Subjekts, 2) der Natur des zu denkenden Objekts und 3) der Natur der Rezipienten, um derenwillen schön gedacht werden soll (vgl. Poppe, S. 125f.). Nicht aus einem einfachen ›ahme die Natur nach‹, sondern erst unter Berücksichtigung dieser drei Faktoren ergibt sich die ›natürliche Denkungsart‹.

105 1 Minerva (Pallas Athene) galt als die Schutzgöttin der Handwerker und Künstler. – Vgl. Cic., *De off.* 1, 110: »So nämlich ist zu handeln, daß wir gegen die allgemeine Natur nicht ankämpfen, aber doch bei ihrer Berücksichtigung unserer eigenen folgen, so daß wir, wenn auch anderes bedeutender und besser ist, doch unsere Zielsetzungen an unserer Natur als Richtlinie messen. Denn es ist nicht sinnvoll, der Natur zu widerstreiten und ein Ziel zu verfolgen, das du nicht erreichen kannst. Von daher tritt deutlicher zutage, welcher Art [das] Schickliche sei, deswegen, weil nichts schicklich ist ›gegen den Willen der Minerva‹ [quia nihil decet invita Minerva], wie man sagt, d. h. gegen den Widerstand und Widerstreit der Natur [id est adversante et repugnante natura]« (dt. Übers. zitiert nach Gunermann 1976, S. 97/99).

106 1 ›Eine Wolke statt der Juno umfassen‹: Vgl. §§ 318, 624.

109 1 Die Vorlesungsnachschrift, § 109, bezeichnet dies als die »pedantische Denkungsart« (Poppe, S. 127).

113 1 Was als ›unvollkommen‹ und was als ›ausgefeilt‹ gilt, ist, so geht aus der Vorlesungsnachschrift, § 113, hervor, allerdings auch abhängig von dem jeweiligen Gescmack der verschiedenen Zeiten. Was zu Zeiten

Martin Opitz' und in Andreas Gryphius' *Horribilicribifax* (1663) »*polit*« – ›ausgefeilt‹ i. S. v. ›artig‹ – »war, das ist es jetzt nicht mehr« (Poppe, S. 129).

§ 115 1 Die 2) der Aufzählung erfolgt erst, mit dem Zitat des unmittelbar anschließenden Verses Horaz, *A. p.* 208, in § 182.

2 Zur *ubertas* (und *brevitas*) *aesthetica* in ihrem Zusammenhang mit der *magnitudo aesthetica* vgl. die Einführung zu dieser Ausgabe S. LXXVIII f.

§ 118 1 Die Vorlesungsnachschrift, § 118, gibt als Beispiel ein Zeitzeugnis, das als *terminus post quem* auch für die Datierung der Nachschrift relevant ist: »Man nehme z. B. einmal das Jahr, darinnen der König von Preußen den ihm ewig rühmlichen Frieden schloß« – gemeint ist der Friede von Dresden nach dem zweiten Schlesischen Krieg im Jahr 1745 – »und das Jahr 1749 dagegen. Das erste ist an und vor sich selbst leichter und gibt *ubertatem obiectivam*, da das letzte nur *subiectivam ubertatem* gibet« (Poppe, S. 132).

§ 120 1 *inopia, exilitas*: Vgl. Sen., *Ad Lucilium* 4, 40 (vgl. Piselli 1992, S. 54, Anm. 181).

2 Möglicherweise eine Anspielung auf Vergil, *Georg*. 4, 3.

§ 121 1 Die Vorlesungsnachschrift, § 121, erläutert mit zwei Beispielen, die für B. besondere Bedeutung besitzen: Sowohl über Leibniz' Monadenlehre, z. B. über Gott als die höchste Monade, als auch über die Geheimnisse der christlichen Religion, z. B. über die Menschwerdung Christi, könne bestimmt viel Schönes gedacht werden, doch allein streng philosophisch (*in abstracto*) resp. allein streng dogmatisch betrachtet, liegen sie über dem ästhetischen Horizont (vgl. Poppe, S. 133 f.). Vgl. hierzu hingegen § 126 und dort Anm. 1.

§ 122 1 Zu B.s Auffassung seiner eigenen akroamatischen (als Vorlage für Vorlesungen bestimmten) Schreibart in seinen Lehrbüchern vgl. die erste Vorrede zur *Metaphysica* (1739; in: Niggli 1999, S. 4 f.) sowie ausführlich die Vorrede zur zweiten Auflage der *Ethica philosophica* (1751).

§ 125 1 Horaz, *Serm.* 1, 10, 99: »discipularum«. – Gemeint ist mit der ironischen Einsetzung des Zitats von Horaz offenbar, daß jemand, der meint, von allem weitläufig reden zu können, allenfalls dazu taugt, seine vermeintlichen Kenntnisse vor unwissenden Schülern in aller Breite, aber unverständlicher Weise herunterzuleiern.

2 Vgl. Cic., *De or.* 1, 61: »Und wenn ich euch auch schwerlich davon überzeugen werde, ich zögere doch nicht zu sagen, was ich denke: Selbst die Physik und das, was du soeben als mathematische und sonstige Spe-

zialgebiete angenommen hast, fällt zwar als Wissenschaft in die Zuständigkeit der Leute, die dies für sich in Anspruch nehmen; wünscht jemand aber, diese Disziplinen selbst sprachlich ins rechte Licht zu setzen, so muß er seine Zuflucht zu der Fähigkeit des Redners nehmen« (dt. Übers. zitiert nach Merklin 1976, S. 77).

126 1 Die Theologie, so erläutert die Vorlesungsnachschrift, § 126, unter Bezug auf die etymologische Herkunft des Wortes (griech. θεός und λόγος), gehört als erste in das Feld, das dem logischen (philosophischen) und ästhetischen Gesichtskreis gemeinsam ist: »[D]as Wort Theologie bezeichnet[e] ehemals sonst nichts mehr, als von Gott und göttlichen Dingen auf eine schöne Art denken. Deshalb heißt in der Offenbarung Johannes besonders Theologus, weil er besonders schön von seinen Offenbarungen gedacht hat. [...] Man kann das Dasein Gottes philosophisch beweisen, man kann es aber auch schön tun«, und dadurch auch »dem großen Haufen sinnlich bekannt machen« (Poppe, S. 136).

2 Cic., *De or.* 2, 36: »lux veritatis«.

128 1 Vgl. § 60 und dort Anm. 1.

130 1 Topik (griech. τοπικά): Innerhalb der rhetorischen *inventio* (Heuristik) Lehre von der Zusammenstellung passender Gesichtspunkte (vgl.) zur Erörterung eines Themas. Griech. τόπος, lat. *locus* (Ort) ist hierbei als ›Gedächtnisort‹ zu verstehen (vgl. Cic., *De fin.* 5, 2). Die Topik ist somit Teil des antiken Systems der Mnemotechnik (griech. μνημονικόν τέχνημα, lat. *ars memoria*; vgl. *Lexikon der alten Welt*, Bd. 3, Sp. 3100).

2 Vgl. Cic., *Top.* 2, 6.

3 Die mit einem einzelnen Gegenstand verbundenen ›Begriffe‹ (*notiones*) bezeichnen die kognitive Erfassung der mannigfaltigen Einzelmerkmale (*praedicata* oder *notae*) des jeweiligen Gegenstands in ihrer Gleichheit und Verschiedenheit mit den Merkmalen anderer Gegenstände. Die *notiones* eines Erkenntnisgegenstands können auf- oder absteigend (in einer *partitio* oder *divisio*) in nach oben immer allgemeiner, umfangreicher und inhaltsärmer und nach unten in immer individueller, umfangsärmer und inhaltsreicher werdende *notiones* klassifiziert werden. Dies bildet die Grundlage für die von B. dann in §§ 132–135 vorgeführten Klassifikationsschemata von den allgemeinsten *loci universalia* bis hin zu der jeweils nur einem Individuum eigenen *differentia numerica.*

132 1 Vgl. § 26 und dort Anm. 1 und 2. ›Beweisende‹ und ›überzeugende‹

Argumente sind Argumente im ›engeren Sinne‹, d.h. im Sinne ihrer klassischen Funktion in der forensischen Rede.

2 B. legt bei seiner Unterscheidung von ›allgemeinen‹ und ›besonderen‹ *loci* offenbar die Auslegung von Aristoteles' Differenz-Begriff (vgl. Arist., *Met.* 1018a12) durch Thomas von Aquin (*In V. Met.* 1, 12, n. 916f.) zugrunde. Thomas führt, absteigend von allgemeinen bis zu innerhalb des einzelnen Individuums auszumachenden Unterschieden, folgende *differentiae* an: 1) Die *diversitas*, der Unterschied von Gattungen, die nicht in einem univoken, sondern nur in einem analogen Begriff übereinkommen (z.B. *quantitas* und *qualitas*); 2) die *differentia specifica* (*differentia propriissima*, *differentia essentialis*) als Unterschied des Wesens von Arten innerhalb derselben Gattung; 3) die *differentia numerica* (oder *differentia accidentalis propria*), der Unterschied zwischen individuellen Exemplaren einer Art in Akzidentien, die dauernd mit dem jeweiligen Individuum verbunden sind, die nicht zu seinem Wesen gehören, sich aber aus diesem ergeben; 4) die *differentia accidentalis communis*, der Unterschied veränderlicher Zustände eines Individuums (z.B. Alter, räumlicher Standort; vgl. O. Muck, Art. »Differenz«, in: *Historisches Wörterbuch der Philosophie*, Bd. 2, 1972, Sp. 235f.). – Für B. sind in seiner Lehre von den *loci* die ersten drei der genannten *differentiae* relevant. Den ›allgemeinen‹ *loci* entspricht, wie der folgende § 133 zeigt, die *diversitas* (allgemeinste Unterschiede von Gattungen oder Kategorien, nach denen ein Gegenstand untersucht werden kann), den ›besonderen‹ *loci*, die in § 135 wiederaufgegriffen werden, entspricht die *differentia specifica* (wesenseigene Unterschiede eines Gegenstandes einer Art innerhalb derselben Gattung), die ebenfalls in § 135 noch weitergehend von der *differentia numerica* unterschieden wird, vgl. § 135, Anm. 1–4.

§ 133 1 Ähnlich zu finden in Quint. 5, 10, 32 (vgl. Piselli 1992, S. 59, Anm. 206). Eine mögliche Quelle B.s ist Petrus von Poitiers (Petrus Pictaviensis, 1130–1205), *Summa de confessione* 40, V. 45 (vgl. Tedesco [et al.] 2000, S. 317, Anm. 217).

2 Vgl. Arist., *Von den Kategorien*, 1b25ff. und *Topik*, 103b20ff. Aristoteles unterscheidet folgende zehn Kategorien: 1) Substanz (τί εστιν, οὐσία), 2) Quantität (ποσόν), 3) Qualität (ποιόν), 4) Relation (πρός τι), 5) Wo (ποῦ), 6) Wann (ποτέ), 7) Lage (κεῖσθαι), 8) Haben (ἔχειν), 9) Wirken (ποιεῖν), 10) Leiden (πάσχειν). Sie stellen für B. ein universell einsetzbares, auf alle Gegenstände anwendbares Klassifika-

tionsschema ›allgemeiner *loci*‹ dar. Die Vorlesungsnachschrift, § 133, führt neun der zehn aristotelischen Kategorien an (die Lage, *situs*, fehlt): *subiectum*, *quantitas*, *qualitas*, *relatio*, *ubi*, *quando*, *habitus*, *actio*, *passio*. Wenn auch unvollkommen, so könne mit ihnen doch ›etwas‹ über die Merkmale (*praedicata*) der Dinge ausgesagt werden (vgl. POPPE, S. 138).

3 Raimundus LULLUS (um 1235–1315), *Ars generalis ultima* (entstanden 1303–08, EA Venedig 1480). Die *Ars generalis* gliedert, ausgehend von Gott und neun göttlichen Eigenschaften, den Kosmos hierarchisch in neun Stufen und das Handeln des Menschen in jeweils neun Tugenden und Laster. In Buchstaben und Zeichen chiffriert und in einem System der Kombinatorik miteinander korreliert, sollen so alle Bereiche des Seienden erfaßt und dem Denken erschließbar gemacht werden. In der Vorlesungsnachschrift, § 133, wird die Lullische *Ars* als »Kunststück, das der Vernünftige bald widerlegt« bewertet, die »verworfen« ist und es nicht verdient, angepriesen zu werden« (POPPE, S. 138).

4 Johann Jacob BRUCKER (1696–1770), *Historia critica philosophiae, a mundi incunabilis ad nostram usque aetatem deducta* (5 Bde.), EA Leipzig 1742–44. Bruckers vernichtendes Urteil über die *Ars* des Lullus, *Hist. Crit.*, Bd. 4, T. 1 (2. Aufl. 1766), S. 30 lautet: »spisso volumine insuperabili laborat obscuritate, et sine taedio legi non potest« (PISELLI 1992, S. 59, Anm. 207).

5 Petrus RAMUS (1515–72), *Dialecticae institutiones*, Paris 1543. Im 16. Jahrhundert waren sie das wohl wichtigste Lehrbuch der Logik, dessen Ziel es ist, alle logischen Regeln in einer *dialectica naturalis* metaphysisch zu begründen.

134 1 Das zweite Klassifikationsschema gründet auf B.s Untergliederung der ontologischen Bestimmungen eines Möglichen (*possibile*) in Kap. I (*praedicata entis interna universalia*), Abschnitt III (zum *ens*) seiner *Metaphysica* (§§ 34–71). *Essentialia* eines Möglichen sind seine ›ersten oder wesentlichen Bestimmungen‹ (vgl. *Met.* § 39); *affectiones* sind ›innere folgende Bestimmungen‹ (vgl. *Met.* § 41), bei denen es sich entweder, wenn sie zureichend in den *essentialia* des Möglichen begründet sind, um *attributa* (›Eigenschaften‹, vgl. *Met.* § 50) oder, wenn sie nur zum Teil in dessen *essentialia*, zum Teil aber in anderen Möglichen begründet sind, um *modi* (›Zufälligkeiten‹, vgl. *Met.* § 50) handelt; *relationes* (›Verhältnisse‹) schließlich sind Bestimmungen eines Möglichen, die nur im Zusammenhang mit anderen Möglichen bestehen (vgl. *Met.* § 37). Ein *possibile*, das (aufgrund der Kompossibilität aller seiner Bestimmungen)

auch durch die Existenz bestimmbar ist, ist ein *ens* (›ein Ding‹, vgl. *Met.* §§ 55, 61).

2 In der Vorlesungsnachschrift, § 134, heißt es: »Wollte man sich auch eine andere allgemeine Topik denken, so laufe man die Hauptschriften der Ontologie durch, man fange vom *possibile* an und gehe immer fort auf *unum*, *bonum*, *verum*, *perfectum*, so wird man eine Art einer allgemeinen Topik haben, wo sich immer etwas wird zu sagen finden« (Poppe, S. 139). Wie das im Paragraphen der *Aesthetica* genannte zweite Klassifikationsschema *essentia*/ *essentialia*, *attributa*, *modi*, *respectus* und *relationes* der Untergliederung der Bestimmungen eines *possibile* in Kap. I, Abschnitt III der *Metaphysica* folgt, so verweist die in der Nachschrift genannte Klassifikation auf die Gliederung des Kap. I der *Metaphysica* insgesamt, mit den Abschnitten: I) *possibile* (§§ 7–18), II) *connexum* (§ 19–33), III) *ens* (§§ 34–71), IV) *unum* (§§ 72–77), V) *ordo* (§§ 78–88) VI) *verum* (§§ 89–93) VII) *perfectum* (§§ 94–100, und hier eingegliedert: *bonum*).

§ 135 1 Bei den ›besonderen‹ *loci* handelt es sich – im Unterschied zu den aus ontologischen Klassifikationen zu gewinnenden ›allgemeinen‹ *loci* (§§ 133f.) – um Prädikationen im Sinne der *differentia specifica*, d. h. um arteigene Bestimmungen (vgl. § 132, Anm. 2), woraus sich der Hinweis auf die Einzelwissenschaften erklärt.

2 B. setzt bei seiner Verwendung des Terminus *idea* den substanzmetaphysisch begründeten Begriff der Idee bei Leibniz voraus. Vgl. Leibniz, *Discours de métaphysique* [*Metaphysische Abhandlung*] (1686), § 14: »[A]lles, was einer Substanz begegnet, [ist] einzig und allein Folge ihrer Idee oder ihres vollständigen Begriffes, […] da diese Idee ja schon alle Prädikate oder Ereignisse in sich schließt und das ganze Universum ausdrückt« (in: Cassirer 1996, Bd. 2, S. 359).

3 Den Ausdruck »Bücher-Bretter« zur Bezeichnung von Bücherregalen in einer Bibliothek verwendet B. in den *Philosophische[n] Briefen*, 1. Schreiben, S. 3.

4 Die *differentia numerica* (vgl. § 132, Anm. 2) bezeichnet nach Thomas von Aquin (*Summa theol.* I, qu. 62) die Verschiedenheit von individuellen Exemplaren innerhalb einer Art, die sich nicht durch ihre *differentia specifica*, aber durch ihre akzidentellen *notae individuantes* unterscheiden. Entsprechend bestimmt auch Christian Wolff, *Philosophia prima sive Ontologia* (EA 1730), 2. Aufl. Frankfurt/ Leipzig 1736, § 239, die *differentia numerica* als *determinationes individui propriae*. Die

Menge der *notae individuantes* geht bei einem Individuum als *ens omnimode determinatum* gegen Unendlich, sie können daher der begrenzten menschlichen (im Unterschied zur göttlichen) Erkenntnis nie vollständig, sondern bestenfalls, wie es im Paragraphen heißt, »großteils« bekannt sein. Als individuelle Bestimmungen eines Gegenstands sind sie, sofern bekannt, vom Ästhetiker den artspezifischen ›besonderen‹ *loci* vorzuziehen, vgl. die Vorlesungsnachschrift, § 135: »Soll man von einzelnen Dingen reden, so muß man die *praedicata propria* wissen, sonst wird man niemals schön davon denken können« (Poppe, S. 139). Je mehr individuelle Bestimmungen eines Gegenstands erfaßt werden, um so mehr wird das erste Kriterium der Vollkommenheit der sinnlichen Erkenntnis, die *ubertas*, auf die B. mit der Nennung von § 115 abschließend verweist, erfüllt.

136 1 Vgl. § 78 und dort Anm. 3.

2 Vgl. § 49.

138 1 Horaz, *A. p.* 195: Wird erneut zitiert in § 468.

139 1 Die sechs Kriterien der Vollkommenheit der sinnlichen Erkenntnis – *ubertas*, *magnitudo*, *veritas*, *lux*, *certitudo/ persuasio* und *vita* – bilden somit die von B. so genannte ›ästhetische Topik‹ (vgl. § 130).

140 1 Die ›ästhetische Topik‹ (vgl. § 139) wird hier, entsprechend der Begründung der Ästhetik in der empirischen Psychologie, in eine ›psychologische Topik‹ überführt.

2 Die genannten Abschnitte in der *Metaphysica* behandeln innerhalb der *Psychologia empirica* das untere und obere Erkenntnisvermögen (Abschnitt II–XI, §§ 519–623, und Abschnitt XII–XIII, §§ 624–650), das Begehrungsvermögen allgemein (Abschnitt XIV–XVI, §§ 651–675) und das untere Begehrungsvermögen (Abschnitt XVII, §§ 676–688).

141 1 Indirektes Zitat von Horaz, *A. p.* 148 f., wird ausgewiesen zitiert in § 819.

142 1 Vgl. § 26 und dort Anm. 1 und 2.

2 In allen ausgeführten Hauptabschnitten der *Aesthetica* findet sich (nach den beiden ersten, grundlegenden Abschnitten zur *pulchritudo cognitionis* und zum *character aesthetici*) zu den sechs Vollkommenheiten der Erkenntnis jeweils ein Abschnitt zu den entsprechenden *argumenta* (vgl. § 26): Zur *ubertas aesthetica*: *argumenta locupletantia* (§§ 142–148); zur *magnitudo aesthetica*: *argumenta augentia* (§§ 329–351); zur *veritas aesthetica*: *argumenta probantia* (§§ 539–554); zur *lux aesthetica*: *argumenta illustrantia* (§§ 730–807); zur *certitudo aesthetica*: *argumenta per-*

suadentia (oder *persuasoria*, §§ 899–904). Zu dem in der *Aesthetica* nicht mehr behandelten Kriterium der *vita cognitionis aesthetica* hätten die in § 26 ebenfalls genannten *argumenta moventia* gehört.

§ 144 1 Gemeint ist die ›ästhetische‹ (§139) bzw. ›psychologische‹ Topik (§ 140).

2 Nämlich, außer der *ubertas*, auch die übrigen Kriterien der Vollkommenheit der Erkenntnis.

3 Da die ›ästhetische‹ oder ›psychologische‹ Topik nicht auf durch deutliche Verstandeserkenntnis gewonnene ontologische oder den Einzelwissenschaften zugehörende Klassifikationsschemata, sondern auf die klar-verworrenen Vorstellungen des sinnlichen Erkenntnisvermögens rekurriert (vgl. § 140), die ihrerseits auf den dunklen Vorstellungen im *fundus animae* beruhen, in dem die Ideen der Dinge in der Mannigfaltigkeit ihrer Bestimmungen immer schon, wenn auch dunkel, enthalten sind (vgl. die Einführung zu dieser Ausgabe, S. XXXII–XXXVII) kann sie tatsächlich – durchaus auch im Sinne der platonischen ἀνάμνησις – als Kunst der Erinnerung (vgl. § 130 und dort Anm. 1) bzw. der *inventio* (i. S. des Wieder-Findens) verstanden werden.

§ 145 1 Im Gegensatz zu den ›kindlichen Übungen‹, vgl. § 136.

2 Pleonasmus (griech. πλεονασμός, vgl. πλεονάζω: mehr sein, überflüssig sein): Ein Mehrfachausdruck oder eine Anhäufung von Synonymen: Das Gemeinte wird zwei- oder mehrmals gesagt, wobei oft im Attribut eine im Satzsubjekt bereits enthaltene Bestimmung ausgedrückt wird, z. B. ›weißer Schimmel‹. Tautologien sind pleonastische Sätze (vgl. Baumgarten 1998, S. 24).

§ 146 1 Synonymie (griech. συνωνυμία, vgl. συνώνυμος: gleichbenannt, gleichnamig, gleichbedeutend): Eine Aneinanderreihung von Wörtern, deren Bedeutung gleich oder fast gleich ist. Ersteres bezeichnet B. als ›völlige‹, letzteres als ›teilweise‹ Synonymie.

2 Vgl. *Acr. log.* § 16: »CONCEPTUS est repr[a]esentatio unius in cogitante.« – »Ein BEGRIFF ist die Vorstellung von einem Gegenstand im Denkenden.«

3 Die Vorlesungsnachschrift, § 146, erläutert: Wenn man sich z. B. bei einem Wort einen Gegenstand mit vier Kennzeichen vorstellt, bei einem teilweisen Synonym des Wortes aber mit noch zwei weiteren, neuen Kennzeichen, dann ist dies eine schöne (da bereichernde) Figur. Als Beispiel nennt die Nachschrift ›das Rote überhaupt‹ und die ›Purpurfarbe‹ (vgl. Poppe, S. 143–145).

4 Exergasie (griech. ἐξεργασία: Bearbeitung, Ausführung): Eine ›erweiterte‹ teilweise Synonymie, bezogen auf Redensarten. Als Beispiel für eine gelungene Exergasie nennt die Vorlesungsnachschrift, § 146, aus Albrecht von Hallers (1708–77) *Morgengedanken* die Wendungen »Der Himmel färbet sich« und »die Morgenröte lacht«: »[D]as zweite bringt mit noch die ganze Fabellehre ins Gedächtnis und führet mich gleichsam in die Welt der Dichter ein« (POPPE, S. 144). – Zum ›Punkt‹ als poetologischem Ausdruck vgl. die *Philosophische[n] Briefe*, 11. Schreiben, S. 29f.: »Ein Theil der Rede, der nicht wieder ein Theil eines andern Satzes in ihr ist, wird ein Punct genannt [...]. In einem ieden Punct sind entweder nur die Haupt-Begriffe seines Satzes oder auch noch einige Neben-Begriffe bezeichnet. Die letzteren sind des Puncts Erweiterungen [*amplificationes*]. Was übrig bleibt, wenn diese weggelaßen werden, heist der logische Satz [*propositio logica = punctum amplificatum – amplificationibus*]. Ein erweitert und wohl abgetheiltes Punct ist ein Period [*periodus = punctum concinne amplificatum*]«. – Der ›Hauptbegriff‹ oder ›logische Satz‹, der beiden Wendungen in Hallers *Morgenstunden* zugrundeliegt, wäre: ›Die Sonne geht auf‹. In beiden teilweise synonymen Wendungen wird die eigentliche, zugrundeliegende Aussage aber mit verschiedenen ›Nebenbegriffen‹ verbunden, die unterschiedliche Vorstellungen erwecken.

5 Synthesis (griech. σύνθεσις: Zusammensetzung, -stellung, -fügung, übertr. auch: Erfindung, lat. *compositio*): Im rhetorischen Kontext die Zusammensetzung der Wörter und Redeglieder im Satz, erweitert auch die Satzperiodenbildung (vgl. UEDING/STEINBRINK, 3., überarb. und erw. Aufl. 1994, S. 323–327). B. verbindet den Begriff der Synthesis mit dem der Synesis (griech. σύνεσις: Zusammentreffen, Vereinigung, Zusammenfluß, übertr. auch: Verstand, Einsicht, Klugheit) und meint damit, wenn man der Vorlesungsnachschrift folgt, »eine Figur«, in der »ich mich mehr nach dem »Verstande meiner Rede als nach den Worten und der Grammatik richte« (vgl. POPPE, S. 144).

6 Ellipse (griech. ἔλλειπσις): Weglassung eines Wortes oder Satzglieds.

147 1 Hypallage (vgl. griech. ὑπαλλάττω: heimlich verstauschen, verändern) resp. Enallage (vgl. griech. ἐναλάσσω: vertauschen, verändern): Eine Veränderung der Beziehungen von Wörtern untereinander oder eine Vertauschung von Satzteilen, oft die bedeutungswidrige Zuordnung eines Adjektivs zu einem Beziehungswort und dessen Genitivattribut, z. B. VERGIL, *Aen.* 1, 7: ›altae moenia Romae‹: ›die Mauern des

hohen Roms‹ (vgl. Baumgarten 1998, S. 12). Die Vorlesungsnachschrift erläutert die Hypallage als ›absichtlichen Versprecher‹ (vgl. Poppe, § 147, S. 145).

2 Homoioteleuton (griech. ὁμοιοτέλευτον, vgl. ὁμοῖος: gleich, ähnlich): Ein Mittel der Klangwirkung, wenn zwei oder mehr Silben gleichlautende Endsilben haben und so einen Reim ergeben (vgl. Baumgarten 1998, S. 15). Die Vorlesungsnachschrift erläutert das Homoioteleuton als Zusammenstellung einiger (End)reime, bei der man erst nachträglich versucht, die Verse durch Füllung in einen inhaltlichen Zusammenhang zu bringen (vgl. Poppe, § 147, S. 145).

3 Periphrase (griech. περίφρασις): Umschreibung.

§ 148 1 Praeteritio, wörtl. ›das Übergehen‹: Erwähnung eines Gedankens, der angeblich unausgesprochen bleiben soll (vgl. Baumgarten 1998, S. 25 f.). Die Vorlesungsnachschrift, § 148, erläutert: Eine Praeteritio ist, »wo ich, wenn ich viele Beweise habe und die Zeit zu kurz ist, sie auszuführen, sie doch so anführe, daß ein jeder das Hauptgewicht derselben siehet« (Poppe, S. 145).

2 Synathroismus (vgl. griech. συναθροίζω: zugleich sammeln, versammeln, zusammenbringen), lat. *congeries*: Häufung von synonymen Worten zur Vervielfältigung der *res* durch *verba* (vgl. Quint. 8, 4, 26 f.; vgl. Ueding / Steinbrink 1994, S. 273). Im Gegensatz zur Praeteritio (vgl. Anm. 1) unterbleibt auch die explizite Erwähnung der Gedanken, die unausgesprochen bleiben sollen – sie werden nur implizit angedeutet. In der Vorlesungsnachschrift, § 148, wird daher der Synathroismus als »praeteritio cryptica« bezeichnet: »Dort« – bei der Praeteritio – »*sagt* man, ich will dieses oder jenes nicht sagen, hier« – beim Synathroismus – »braucht man diese Formel nicht, sondern man drängt alles zusammen, ohne sie herauszusagen« (Poppe, S. 145, Hervorhebung D. M.).

3 Der Rückverweis auf § 117 und die abschließende, in Parenthese eingefügte Bezugnahme auf ›jedwede wahrhaft schöne Sache, die uns die Natur zugestanden hat‹, ergänzen sich hier: So wie beim Synathroismus der Gegenstand der Rede, neben dem explizit ausgeführten Gedanken, noch einen ›ansehnlichen Vorrat‹ nicht ausgesprochener, vom Zuhörer selbst zu ergänzenden Vorstellungen enthält, so besitzt auch jeder Gegenstand der Natur neben seinen deutlich erkennbaren Merkmalen noch eine unendliche Fülle (*copia vere affluens*, vgl. § 117) weiterer, der deutlichen Erkenntnis verborgen bleibender Bestimmungen. Der Synathroismus gleicht als Rede- und Gedankenfigur der Art und

Weise, in der sich uns die Natur zeigt: Sie ›spricht‹ zu uns ›synathroistisch‹.

149 1 Von B. auch zitiert in der zweiten Vorrede (1742) zur *Metaphysica* (in: Niggli 1999, S. 38/39).

152 1 Vgl. § 273, Anm. 2.

155 1 B. übersetzt *extensio* verschieden mit ›Ausdehnung‹ (*Met.* § 628; *Acr. log.* § 51), ›Erweiterung‹ (ebd.), ›Verbreitung‹ (*Met.* § 628), ›Reichtum‹ (*Acr. log.* § 51) und ›Weitläufigkeit‹ (*Eth.* § 414; *Philos. gen.* § 33). Alle Ausdrücke bezeichnen die quantitative Größe der Ausdehnung. *Intensio* wird von B. in *Eth.* § 414 mit ›Stärke‹ übersetzt. Sie bezeichnet die qualitative Größe der Kraft. *Protensio* wird in *Met.* § 628 mit ›das Anhalten‹ übersetzt und bezeichnet die Größe der zeitlichen Dauer sowohl der quantitativen Größe der Ausdehnung wie der qualitativen Größe der Kraft. 2 Gemeint ist das elegische Distichon.

156 1 Die Vorlesungsnachschrift, § 156, bemerkt, daß diese Regel nur in Fällen gelte, in denen man etwas ›Vollkommenes‹ und ›Vollendetes‹ zu liefern gedenke (vgl. Poppe, S. 148 f.). Vgl. dagegen § 92, auf den B. verweist, sowie § 52.

157 1 Daidalos (Dädalus), erfindungsreicher Handwerker und Bildhauer, Vater des Ikarus, flieht mit diesem vor Minos auf aus Federn und Wachs hergestellten Schwingen. Ikarus kommt der Sonne zu nahe und stürzt ins Meer, das nach ihm benannt wird (vgl. Ovid, *Met.* 8, 244 ff.; vgl. *Lexikon der alten Welt*, Bd. 1, Sp. 684).

158 1 Die Vorlesungsnachschrift, § 158, erläutert den Unterschied zwischen logischer (und mathematischer) und ästhetischer Vollständigkeit mit einem anschaulichen Beispiel: »Man kann eine Bibliothek vollständig nennen, wo alle Schränke voll sind und wo man mit den Sinnen keine Lücke wahrnimmt. Vielleicht fehlet zu einem Werke, das aus 19 Teilen bestehet, der 19. Teil, allein ich werde es mit den Sinnen nicht gewahr. Eine solche Vollständigkeit muß in einem schönen Werke beobachtet werden«. I. d. S. kann *Der Messias* von Friedrich Gottlieb Klopstock (1724–1803) – dessen erste drei Gesänge 1747 f. erschienen waren – durchaus, wenn auch in anderem Sinne als der Fürstenspiegel *Marco Aurelio con el Relox de príncipes* (dt. 1529; vgl. Tedesco 1998, S. 180, Anm. 121) von Antonio de Guevara (um 1480–1545) – als ›vollständig‹ bezeichnet werden (vgl. Poppe, S. 149 f., Zitat S. 150).

160 1 Die Vorlesungsnachschrift, § 160, formuliert dies pointiert: »Ein Werk ist« (in absoluter Weise) »kurz, wann es« (ästhetisch) »vollständig

ist; wann alle Teile das ihrige zur Schönheit des Ganzen beitragen, so ist es kurz, wenn es auch ei[n] Foliante wäre« (Poppe, S. 151).

§ 163 1 Aufidus: Fluß in Apulien, der Heimat von Horaz.

§ 164 1 Im lat. Text erfolgt ein Verweis auf *Met.* § 551 – offenbar ein Druckfehler. Es muß *Met.* § 515 heißen.

§ 166 1 Die ›abgerundete Kürze‹ (*rotunda brevitas*) ist – als Einheit in Mannigfaltigkeit, die der Definition des *perfectum* als *consensus plurimum in uno* in *Met.* § 94 entspricht – ein zentraler Begriff in der *Aesthetica*. B. greift sie u.a. an zwei entscheidenden Stellen im Abschnitt zur *veritas aesthetica* wieder auf: Zum einen in § 439, in dem die Einheit (*unitas*), die in der ›abgerundeten Kürze‹ gewährt ist, mit Augustin als ›Form jeder Schönheit‹ (*omnis pulchritudinis forma*) ausgewiesen wird, zum anderen, nach der Diskussion des Problems der ›formalen‹ und ›materialen‹ Vollkommenheit der ästhetikologischen Wahrheit am berühmten Beispiel des ›Marmorblocks‹ (vgl. die Einführung zu dieser Ausgabe, S. LIX–LXIV), in § 565 als vom Ästhetiker anzustrebende ›mit Fülle ausgestattete Abgerundetheit‹ (*plena rotunditas*). Vgl. zum Thema der *unitas* bei Baumgarten auch Mirbach 2004.

§ 167 1 Die relative Kürze bestimmt sich, so geht aus der Vorlesungsnachschrift, § 167, hervor, nach dem Verhältnis zwischen Gegenstand/Thema und Darstellungsform, Denkungsart/Verfassung des denkenden Subjekts und Denkungsart/Verfassung der Rezipienten, um derentwillen gedacht wird, wobei auch äußere Umstände (zeitliche und räumliche Bedingungen) berücksichtigt werden müssen (vgl. Poppe, S. 153f.).

§ 169 1 Vgl. *Acr. log.* §§ 297f., 450 (vgl. Piselli 1992, S. 73, Anm. 277).
2 Gemeint ist: In forensischen Reden.

§ 170 1 *narratio*: Erzählung: Hier gemeint als Teil der rhetorischen Rede.
2 Isokrates (436–338 v. Chr.) Pädagoge und Verfasser von ›Flugblättern‹ und ›Pamphleten‹ und damit der erste Publizist Europas (vgl. Kytzler 1997, S. 187f.). – Theodoros aus Gadara, berühmter Redner des 1. Jhds. v. Chr. (vgl. *Der kleine Pauly*, Bd. 5, Sp. 694).

§ 172 1 *utramque*, »beides«: Bezieht sich auf die *commoratio* (»das Verweilen«) und die *praecisio* (»die Abgemessenheit«).

§ 174 1 Philistus von Syrakus (gest. 356 v. Chr.): Verfasser einer Geschichte Siziliens. – Thukydides (ca. 460–400 v. Chr.): Der berühmte Verfasser der unvollendeten Geschichte des Peloponnesischen Krieges. – Theopompos von Chios (geb. ca. 378/76 v. Chr.): Verfasser einer überaus umfangreichen Geschichte der griechischen Welt, der wegen seines rheto-

risch übersteigerten Stils verrufen war (vgl. KYTZLER, 5. Aufl. 2000, S. 343f., 355f.).

177 1 Zu Begriff und Bedeutung der *magnitudo aesthetica* vgl. die Einführung zu dieser Ausgabe, S. LXV–LXXX, zu den von B. für *magnitudo* auch verwendeten (teilweisen) Synonymen vgl. ebd. Anm. 99.

2 Zur ›Fruchtbarkeit‹ der ästhetischen Größe gehört, daß sie Rührung erweckt (vgl. POPPE, § 177, S. 154). Sie ist demnach innerhalb der Struktur der Kriterien der Vollkommenheit der sinnlichen Erkenntnis auch ein relevantes Moment für deren Leben (*vita*), dessen Behandlung B. in der *Aesthetica* nicht mehr ausgeführt hat.

178 1 Vgl. § 167.

180 1 Tamarisken: Immergrüne, bodendeckende Sträucher.

183 1 Die Vorlesungsnachschrift erläutert: Keineswegs muß eine schöne Dichtung, die notwendig die sittliche Größe ihres Autors voraussetzt, deswegen, weil sittliche Größe allererst die ›Ehre Gottes‹ einschließt, notwendig eine christliche Dichtung »zum Lobe der Gottheit« sein, es genügt, wenn sie »niemals der Ehre Gottes zuwider« ist und, unabhängig vom Glaubensbekenntnis ihres Verfassers, dem christlichen Glaubensverständnis nicht widerspricht: »Wann Voltaire in seiner *Henriade* nichts wider die Religion sagt, wann er vielmehr zu ihrem Vorteil spricht, so kann ich von ihm als schönem Geist nichts mehr verlangen, er mag im übrigen das Christentum leugnen oder nicht« (POPPE, S. 157); gemeint ist im Zitat von VOLTAIRE, eigentl. François Marie AROUET (1694–1778), *La ligue ou Henry le Grand*, Genf 1723.

184 1 Pers. 1, 19: Beginnt mit »Nunc«.

188 1 Vgl. § 576, Anm. 1.

193 1 Die Vorlesungsnachschrift, § 193, bestimmt das Ethos oder ›die Sitten‹ gemäß *Met.* § 723 (vgl. dort das *moraliter possibile latius*) als »moralische Möglichkeit, daß man sogleich siehet, daß nach der Freiheit« – eines bestimmten – »Subjekts dieser oder jener Umstand möglich ist« (POPPE, S. 158).

194 1 Vgl. §§ 18–20.

2 Während das negative ästhetische Ethos i. S. eines Ausschlußverfahrens bedeutet, daß nichts den Sitten Widersprechendes dargestellt wird, meint das positive ästhetische Ethos, daß, was dargestellt wird, sich konkludent aus den jeweiligen Sitten ergibt. Wenn man, so das Beispiel in der Vorlesungsnachschrift, § 194, in einer Darstellung einen Bauer nicht wie einen Staatsminister über das Gemeinwohl reden läßt, dann

entspricht dies dem negativen ästhetischen Ethos. Läßt man aber einen Bauer über den Ackerbau reden, wie jemand, der kein Bauer ist, nicht darüber reden könnte, so wird das positive ästhetische Ethos befolgt (vgl. Poppe, S. 158 f.).

§ 195 1 Im lat. Text wird auf § 178 verwiesen. Gemeint ist jedoch sicher § 180.

§ 196 1 Bei Horaz Umschreibung für die Gesellschaftklasse der Ritter, in die nur aufsteigen konnte, wer ein gewisses Vermögen hatte und dessen Vater ein Freigeborener war (vgl. Schäfer 1972, S. 46 f., Anm. 40).

2 Da »[d]er Hauptzweck des Schönen doch allemal [ist], daß man, und zwar den Besten und Edelsten, gefallen will«, sind, so auch die Vorlesungsnachschrift, § 196, »*obscoena*« und »niederträchtig[e] Schmeicheleien«, da sie gegen die Sitten verstoßen, und »das Schimpfen«, weil es von schlechter und niedriger Erziehung zeugt, unbedingt zu vermeiden (Poppe, S. 160).

§ 197 1 Epameinondas: Bedeutendster Feldherr und Politiker Thebens, u.a. von Cicero als ›erster aller Griechen‹ gepriesen, der in Musik, Gesang und Tanz sorgfältig erzogen war (vgl. *Der kleine Pauly*, Bd. 2, Sp. 280–282).

2 Die Vorlesungsnachschrift entwickelt folgende Argumentation: Einerseits umfaßt ›das Reich des Schönen‹, wie dies von manchen vertreten würde, durchaus nicht nur »die Religion und was sehr nahe zum Christentum gehört« (vgl. § 183, Anm. 1). Andererseits wäre es absurd, aus dem Grund, daß es Leute gibt, »denen selbst die Religion und das Christentum klein vorkommt«, nicht auch von religiösen Gegenständen – die im Paragraphen der *Aesthetica* mit den Dingen, die nicht nur eine beträchtliche, sondern auch eine »vorzüglichste Größe« haben, offensichtlich gemeint sind – schön denken zu dürfen.

§ 198 1 Die Vorlesungsnachschrift, § 198, gibt als Beispiel eines solchen Gegenstands, dem zwar die relative, aber nicht die absolute Größe fehlt, die Erfahrung einer persönlichen Lebensgefahr an: Sie kann zwar Gegenstand eines Briefes, nicht aber eines heroischen Gedichts sein: »Die Welt ist zu groß, als daß sie mein Wohl rühren sollte« (Poppe, S. 161).

§ 200 1 Horaz, *Serm.* 2, 1, 73–74: »nugari cum illo et discincti ludere donec decoqueretur olus«. Das »discincti« ist hier Adv. zu »ludere«. B. setzt in seinem Zitat »discincti« vor »et« und macht es damit so zum Adv. von »nugari«.

2 Die Vorlesungsnachschift, § 200, bemerkt hierzu, daß ›würdige‹ Gegenstände nicht nur im eingeschränkten Sinne christlicher Mahnschriften (vgl. §§ 183, 197) verstanden werden dürfen: »Es gehört nicht eben zu[m] ἦθος, daß man immer fromm zu werden ermahne. Dies zeigt oft ein[en] Mangel der Vernunft an« (Poppe, S. 162).

201 1 Vgl. § 197, Anm. 1.

202 1 Vgl. § 180.

203 1 Gegen Senecas erste Behauptung ist, so B. im Paragraphen, nicht zu streiten, wenn er allein die Tugend zum Großen zählt. In der Vorlesungsnachschrift, § 203, wird dies jedoch weiter reflektiert. In der Auseinandersetzung mit Werenfels, der in seiner *Dissertatio De meteoris orationis* (vgl. Vorrede 1750, Anm. 2) auch das Böse und die Laster unter das Große setze (bei Werenfels S. 392: »Magna vero sunt non tantum bona, sed etiam mala, quoniam et haec in suo genere excellentia admiratione pariunt«, s. Tedesco 1998, S. 181, Anm. 139), wird geschlossen: »So viel können wir gewiß bestimmen, Bosheit als Bosheit kann nie groß sein und die Laster bleiben allezeit klein, wann man auf ihre innere Beschaffenheit siehet; allein betrachten wir das Böse aus einem anderen Gesichtspunkte, nämlich insofern es Gelegenheit geben kann[,] groß zu denken, die Tugend als das Gegenteil groß zu schildern und vom Laster keine Begeisterung zu geben, insofern gehören Laster und Bosheiten auch mit zum Großen« (Poppe, S. 163). Zum Zweifel an Senecas zweiter Behauptung vgl. § 6, Anm. 1.

204 1 Vgl. *Met.* § 914; vgl. hierzu Gottfried Wilhelm Leibniz, *Essais de theodicée sur la bonté de Dieu, la liberté de l'homme er l'origine du mal* [*Versuche der Theodizee über die Güte Gottes, die Freiheit des Menschen und den Ursprung des Übels*] (EA 1710), Teil 1, Abschnitt 20 (in: Stockhammer, 2., erg. Aufl. 1968, S. 110).

2 Vgl. § 203, Anm. 1. Die Vorlesungsnachschrift, § 204, fügt (unter Rückbezug auf § 18) hinzu, daß auch das Laster auf angenehme Weise beschrieben werden könne (vgl. Poppe, S. 163f.).

205 1 Lukr. 1, 722: »vasta Charybdis«: »die grause Charybdis«.

208 1 Vgl. § 180.

2 Wie überhaupt die Komödie von B. zu den mittleren Stoffen gerechnet wird (vgl. Poppe, § 208, S. 164f.).

210 1 Vgl. Longin, 33, 1f.

2 Die Vorlesungsnachschrift, § 210, erläutert anschaulich: »Gesetzt, ich dächte in der niedrigen Denkungsart = 10° vollkommen gut, in der mitt-

leren = 100°, in der Erhabenen sollte ich 1000° erlangen, ich erlangte sie aber nur -100° und -10°, so hätte ich nur 89[0]° Vollkommenheiten, die aber bei allen ihren Fehlern doch noch größer wären als jene 100 und als jene 10 Vollkommenheiten, die ich ohne Fehler in den anderen Denkungsarten erlanget hätte« (Poppe, S. 166).

§ 211 1 Zu *mores* (›Sitten‹) *ritus* (›Gebräuche‹), *ceremoniae* (›etwas bedeutende Gebräuche‹) vgl. *Eth.* § 140.

2 Vgl. §§ 193, 194.

3 In den Paragraphen im ersten, ›allgemeinen Teil‹ der *Ethica philosophica*, auf die B. verweist, werden, in Kap. I (§§ 110–149) der *cultus dei externus* (der ›äußerliche Gottesdienst‹), in Kap. II (§§ 150–300) die *officia erga te ipsum* (die ›Pflichten gegen sich selbst‹) und in Kap. III (§§ 301–399) die *officia erga alia* (die ›Pflichten gegen anderes‹, bis § 390 gegenüber anderen Menschen) behandelt. Bei der Angabe ›bis‹ *Eth.* § 383 scheint es sich um einen Druckfehler zu handeln – § 383 bildet keinen Abschluß eines Abschnitts, sondern findet sich in Kap. II, Abschnitt XI (§§ 378–386) zur Pflege der *consuetudo* (der Gewohnheit) und der *conversatio* (des Umgangs). Richtig muß der Verweis sich auf *Eth.* §§ 110–303 beziehen, da § 303 den Abschluß von Abschnitt I zu den *officia erga alia generatim* (den ›Pflichten gegen anderes im allgemeinen‹) bildet. – Die Tugend und die guten Sitten werden, so die Vorlesungsnachschrift, § 211, von der Ästhetik nur betrachtet, insofern sie in Sinne fallen. »Schatten der Tugenden«, wie es im Text des Paragraphen der *Aesthetica* heißt, sind mithin – positiv konnotiert – deren sinnliche und daher ›liebenswürdige‹ Ausdrucksformen. Die Ethik erweist verstandesgemäß, was unter Tugenden und guten Sitten zu verstehen ist, Ziel der Ästhetik ist es, dieselben in ihren mannigfaltigen Ausdrucksformen zur Darstellung zu bringen (vgl. Poppe, S. 166f.). Vgl. § 45.

§ 212 1 Im zweiten, ›speziellen‹ Teil II (§§ 400–500) der *Ethica philosophica*, auf den B. verweist, werden nicht allen gemeinsame, besondere Zustände des Menschen (hinsichtlich Seele, Körper und äußerlicher Güter) und damit verbundene Pflichten innerhalb des Naturzustands behandelt.

2 Vgl. *Met.* §§ 509, 512.

§ 213 1 Die hier aufgestellte Dreigliederung einer ›einfach ehrbaren‹, einer ›edlen‹ und einer ›mit erhabener Größe verbundenen‹ Lebensweise ist für das *magnitudo*-Kapitel der *Aesthetica* insgesamt zentral. Sie gliedert sowohl die Abschnitte zur ›einfachen‹, ›mittleren‹ und ›erhabenen‹ Den-

kungsart (§§ 230–309) als auch die Abschnitte zur relativen, schlichten, edlen oder erhabenen Seelengröße des denkenden Subjekts (§§ 364–422).

215 1 Vgl. Epiktet, Handbuch 43: *ansa* (Griff, Henkel): Zwei entgegengesetzte Seiten (vgl. Piselli 1992, S. 93, Anm. 389).

216 1 Lolch: Schwindelhafer.

2 Vgl. Vossius, *Aristarchus* 3, 38; vgl. *Inst. or.* 6, 5, 1 (vgl. Piselli 1992, S. 93, Anm. 392).

3 Aurelius Prudentius Clemens (348–405) behandelt in seiner *Harmatigenia* (dem *Sündenquell*) den Ursprung der Sünde.

217 1 Die Vorlesungsnachschrift, § 217, verweist hier auf »Swift[s] *Antilongin oder Kunst in der Poesie zu kriechen*«: Jonathan Swift (1667–1745), *Peri bathus: seu Anti-Longin* (dt. Übers. Leipzig 1733; vgl. Poppe, S. 169).

221 1 Die zugrundeliegende Systematik, mit der die drei Denkungsarten (schlichte, mittlere und erhabene) sowohl jeweils in sich gegliedert als auch miteinander verbunden werden und die sich hier beginnend mit § 221 bis abschließend § 318 durchhält, ist nicht auf den ersten Blick durchschaubar. Jede Denkungsart kann in zwei Fehler verfallen, nämlich in bezug auf ihre Gegenstände entweder 1) ›zu niedrig‹ oder 2) ›zu hoch‹ zu sein (vgl. Poppe, § 245, S. 176). Das zu Niedrige in einer Denkungsart ist das Kriechende (βάθος), das zu Hohe ist der Schwulst (tumor). Insgesamt bestimmt B. jeweils 4 Arten des Kriechenden und des Schwulstes. In der schlichten Denkungsart findet sich die erste des Kriechenden (über ›wahrhafte Lappalien‹ so niedrig, ›läppisch‹ zu denken, daß dies nicht einmal schlichten Gegenständen angemessen wäre, § 221), die zweite Art des Kriechenden (über schlichte Dinge zu niedrig zu denken, § 222), die erste Art des Schwulstes (über ›Lappalien‹ zu hoch zu denken, § 222) und die zweite Art des Schwulstes (über schlichte Dinge zu hoch zu denken, § 263). In der mittleren Denkungsart findet sich analog die dritte Art des Kriechenden (über mittlere Dinge zu niedrig zu denken, § 276) und die dritte Art des Schwulstes (über mittlere Dinge zu hoch zu denken, § 279). In der erhabenen Denkungsart schließlich kann man in den Fehler der vierten Art des Kriechenden (über erhabene Dinge zu niedrig zu denken, § 310), aber auch in den der vierten Art des Schwulstes fallen (über erhabene Dinge allzu hoch denken zu wollen und damit ›nebulös‹ zu werden, § 318).

2 *laureolam in mustaceo quaerere*: Sprichwort.

22 1 Martial verspottet in diesem Epigramm den wortgewandten Advoka-

ten, der sein historisches Wissen ausbreitet, statt zur Sache zu kommen. – Cannae: Schlacht bei Cannae 216 v. Chr., in der die Römer eine Niederlage gegen Hannibal erlitten. – Mithridates: König von Pontos (gest. 63 v. Chr.). – Der Gegenspieler von Sulla (138–78 v. Chr.) war Marius, der in Rom die Herschaft an sich riß, während Sulla gegen Mithridates zu Felde zog. – Mucius: C. Mucius Scaevola, der, um dem Etruskerkönig Porsenna seine Standhaftigkeit zu beweisen, seine rechte Hand in einem Kohlebecken verbrennen ließ (vgl. Barié/ Schindler 1999, S. 1269).

§ 224 1 Der im lat. Text genannte, von Niedergeschlagenheit und Selbstmitleid berichtene Brief von Horaz, *Ep.* 1, 8, zeigt offenbar eine zu wenig würdige Denkungsart; der genannten Satire von Horaz, *Serm.* 1, 8, und den Gedichten von Catull, 15, 16, sind provokante oder groteske Unflätigkeiten und Obszönitäten gemeinsam.

§ 225 1 Trimalchio: Der vulgäre Emporkömmling und Veranstalter des Gastmals in Petrons *Cena Trimalchionis* (fragmentarisch überliefert). F. Nodot brachte 1692/ 1693 eine scheinbar ›vollständige Fassung heraus‹, die aber bald als Fälschung entlarvt wurde. Die *Cena Trimalchionis* war in der ersten Hälfte des 18. Jahrhunderts beliebt bei höfischen Feierlichkeiten. So berichtet Leibniz von einem Hoffest in Hannover 1702, an dem die *Cena* nachgeahmt wurde (vgl. Kytzler 1997, S. 262 f.).

§ 226 1 Helenius Acro (lat. Grammatiker z. Zt. des Marcus Aurelius), Verfasser von Kommentaren zu Horaz und zu Lustspielen des Terenz. Unter seinem Namen war eine Gruppe von Horazscholien in Umlauf, sein Name findet sich jedoch nur in jüngeren Handschriften des 15. Jahrhunderts. Diese scheinen zum Teil auf Acro, zum Teil auf Porphyrius zurückzugehen (vgl. *Der kleine Pauly*, Bd. 2, Sp. 992). Tedesco [et al.] 2000, S. 320, Anm. 395, gibt an: Acro, *In Horatii ars poetica*, 319 f. – Es geht B. hier um die doppelte Bedeutung von *moratus*: 1) i. S. v. ›gesittet‹, 2) i. S. v. Horaz, *A. p.* 312–322, als richtige Zeichnung der Charaktere, die Sitte (der verschiedenen Stände) richtig wiedergebend; vgl. § 194.

§ 231 1 B. bezieht sich hier vermutlich auf Demetrios (3. Jh. v. Chr.), Περὶ ἑρμηνείας (*De elocutione*), eine Schrift, die lange Demetrios von Phaleron (um 350–280 v. Chr.) zugeschrieben wurde (vgl. *Lexikon der alten Welt*, Bd. 1, Sp. 712–714), in der ἰσχνόν eine von vier verschiedenen Stilformen bezeichnet (vgl. Tedesco [et al.] 2000, S. 320, Anm. 400).

2 Die in der Klammer genannten Teilsynonyme zu *tenue* werden im Folgenden in dieser Reihenfolge wieder aufgegriffen und diskutiert: *subtile* in § 237, *attenuatum* und *deductum* in § 239, *gracile* und *atticum* in

§ 240. Ab § 246 wird dann *siccum* (dem griech. ἰσχνόν zuzuordnen ist), wiederum anhand seiner teilweise synonymen Bezeichnungen, behandelt (bis § 261).

232 1 Cic., *De or.* 1, 56: »de magnitudine animi«.

2 Cic., *De or.* 1, 56: »de omni virtutis genere«.

3 Der Philosoph, so bemerkt die Vorlesungsnachschrift, § 232, ist, solange er nur nach den Regeln der Logik verfährt, nicht beredt, er kann aber, wenn er die Gegenstände der deutlichen Erkenntnis schön denkt, d. h. sie sinnlich darstellt, auch beredt sein – was ihm in einer Welt, in der er auch mit Menschen zu tun hat, die nicht der logischen Abstraktion fähig sind, auch notwendig ist, vgl. § 3. In diesem Fall denkt er nicht ästhetisch schlicht, sondern er bringt philosophische Gegenstände in eine ästhetisch schlichte Form (vgl. Poppe, S. 170f.).

233 1 Quint. 2, 1, 4 erläutert: Die Grammatik, die man ins Lateinische als *litteratura* übertragen hat (verstanden als ›Buchstabierkunst‹; vgl. hier das nachfolgende Zitat von Horaz).

2 Vgl. Cic., *Or.* 102.

234 1 Cic., *Brutus* 64 bezieht sich auf die Reden des Lysias.

2 Die Vorlesungsnachschrift, § 234, bemerkt: »[D]er schöne Geist [muß] die niedrige [i. S. v. schlichte – D.M.] Denkungsart nicht versäumen. Dadurch übt er sich und die Flügel wachsen ihm, etwas Größeres zu wagen« (Poppe, S. 171).

236 1 Chremes: Name einer der Vaterfiguren in den Komödien des Terenz. – Telephos: Sagenhafter König der Myser in Kleinasien, der, von Achill verwundet, nur durch eine erneute Berührung mit dessen Speer geheilt werden konnte. Telephos als ›Bettler‹ war Gegenstand von Tragödien von Aischylos, Sophokles, Euripides, Ennius und Accius. – Peleus: Mythischer Held, Vater des Achilleus. Gegenstand von Tragödien von Sophokles, Euripides und Pacuvius (vgl. Schäfer 1972, S. 40, Anm. 14f.) – Die »sechs Fuß langen Wörter« (*sesquipedalia*, übertragen auch: hochtrabend) charakterisieren den hochpathetischen Stil der Tragödie, vgl. *Meditationes*, § LXXI, wo B. ebenfalls Horaz, *A. p.* 97 zitiert.

240 1 Vgl. hierzu die Vorlesungsnachschrift, § 240: »Es gibt eine gewisse Feinigkeit, die nicht alle schön Denkende[n] erreichen können, und die die Franzosen, wenigstens wie sie es sagen, vor den Deutschen voraus haben, so wie die Römer nach Quintilians Geständnis nicht so fein dachten als die Griechen« (Poppe, S. 173).

242 1 Vgl. § 780, Anm. 1.

2 Der lat. Text verweist auf § 247. Offenbar ein Druckfehler. Es muß § 237 heißen, da sich zu diesem Paragraphen ein klarer Bezug herstellen läßt und B. in der *Aesthetica* gewöhnlich keine Vorverweise auf noch folgende Paragraphen gibt.

3 In Cic., *Or.* 76–90, worauf B. im lat. Text verweist, wird der ›attische‹, schlichte Redner und dessen weitgehender Verzicht auf Gedanken- und Redefiguren charakterisiert. Tragisches ist zu vermeiden, erlaubt sind gebräuchliche metaphorische Wendungen und ein gewisser Humor, solange dieser im Scherz nicht lächerlich und im Spott nicht zu derb wird. Die Vorlesungsnachschrift, § 242, bezieht sich etwas näher auf die Stelle bei Cicero: Bei der niedrigen (schlichten) Denkungsart muß das Tragische möglichst vermieden werden, da es »nicht immer am eigentlichsten und am faßlichsten« ist. Tropen (vgl. § 780 und dort Anm. 1) sind nur dort einzusetzen, wo sie einen dargestellten Gegenstand dem Publikum »deutlicher und faßlicher machen« (Poppe, S. 174).

§ 244 1 Als Beispiel für die zweite Art der hier geforderten Kürze gibt die Vorlesungsnachschrift, § 244, außerdem erneut (vgl. § 38, Anm. 1) die *Entretiens sur la pluralité des mondes* an, in denen Fontenelle »der Marquisin nichts aus der Astronomie [sagt], wovon er versichert ist, daß sie es nicht verstehen würde« (Poppe, S. 175).

§ 245 1 Vgl. § 221, Anm. 1.

§ 246 1 Das ›Trockene‹ in der schlichten Denkungsart ist nicht mit der zweiten Art des Kriechenden (vgl. § 245 und § 221, Anm. 1) zu verwechseln. Die trockene Denkungsart kann ein Mangel sein, nicht weil der Gegenstand ›zu niedrig‹, sondern ›zu arm‹ gedacht wird, was nicht gegen das Kriterium der Größe, sondern gegen das des Reichtums verstößt (vgl. Poppe, § 245, S. 176; vgl. § 247, aber dann auch § 255). Die hier genannten Teilsynonyme zu *siccum* (*exile*, *aridum*, *exsangue*, *ieiunum*, *frivolum*) werden in dieser Reihenfolge dann in §§ 249–261 diskutiert.

2 Nämlich die zweite Art des Schwulstes, vgl. § 263 (und § 221, Anm. 1).

§ 247 1 Der lat. Text gibt hier einen Verweis auf Abschnitt VIII. Es muß jedoch Abschnitt III gemeint sein.

2 Vgl. § 155, Anm. 1.

§ 248 1 Cic., *De optime genere oratorum* 12: »sin autem«.

2 Cic., *De optime genere oratorum* 12: »grande«.

§ 256 1 Quint. 2, 4, 9: »putant«.

258 1 Die Vorlesungsnachschrift, § 258, erklärt: Die Bezeichnung des ›Leblosen‹ (*exsangue*) als Synonym für das Trockene »ist von einem jungen Menschen hergenommen, der keine Farbe und kein rechtes wirksames Leben mehr hat, wo in seiner Kraft nicht mehr so viel Grund ist, daß er schön wird« (Poppe, S. 177).

259 1 Vgl. Horaz, *Carm.* 2, 10, 5–8. – Vgl. die Vorlesungsnachschrift, § 259: Die nüchterne Denkungsart bedeutet im guten Sinne, daß sie »auf einen gemäßen Reichtum eines Gedanken gehet, den man in allen drei Denkungsarten beobachten muß« (Poppe, S. 177).

2 Nemesis (griech. νέμεσις, vgl. νέμω: zuteilen): Im Griech. ursprünglich Begriff für das, was einem jeden zukommt, insb. auch für eine gerechte Strafe. Personifiziert bei Hesiod, *Theog.* 223; *Erga* 197–201, die wachsam ordnende Gerechtigkeit, aber auch die Mißgunst. Bei Pindar, *Pyth.* 10, 44, die Macht, die unter den Menschen für die Vollstreckung des Rechtes sorgt (vgl. *Lexikon der alten Welt*, Bd. 2, Sp. 2074).

260 1 Cicero wendet sich hier gegen Kritiker, die gegen ihn das Ideal attischer Schlichtheit (Lysias) auszuspielen suchten (vgl. Gigon, 5., durchges. Aufl. 1984, S. 487 f.).

261 1 Man kann, so die Vorlesungsnachschrift, § 261, von allem kindische Gedanken haben (vgl. Poppe, S. 177). Kindische Gedanken von schlichten Dingen, die eine absolute Größe besitzen und diese in ›Kindereien‹ verwandeln, gehören zur zweiten Art des Kriechenden (vgl. § 245). Kindische Gedanken von ›bloßen Lappalien‹ sind hingegen einfach ›läppisch‹ und mit der ›Possenreißerei‹ (der ersten Art des Kriechenden, vgl. § 221) gleichzusetzen.

263 1 Vgl. § 221, Anm. 1.

266 1 Von den in der Klammer genannten weiteren Bezeichnungen werden, nach der an Cicero anknüpfenden Differenzierung von *medium* und *aequabile*, die Teilsynonyme *mediocre* und *temperatum* in §§ 269–271 diskutiert.

267 1 Eine Denkungsart, die hingegen in dem Sinne ›gleichförmig‹ (*aequabile*) wäre, daß sie ohne Rücksicht auf die innere Dynamik ihrer Gegenstände immer ›in einem Tone fortgeht‹, wäre, so die Vorlesungsnachschrift, § 267, ›einschläfernd‹ (vgl. Poppe, S. 177).

269 1 Hier, wie auch in der zitierten Stelle aus Cicero, ist *mediocritas* i. S. v. griech. μεσότης (das rechte Maß, Mittelmaß, vgl. Arist., *Nik. Ethik* 1108b–1109b) zu verstehen, im Gegensatz zu *mediocritas*, wie sie im

anschließenden Zitat aus Horaz gemeint ist, negativ konnotiert als ›Mittelmäßigkeit‹ i. S. v. ›Durchschnittlichkeit‹, die nicht genügend leistet (vgl. auch Poppe, § 269, S. 180).

§ 270 1 Das Gemäßigte in weiterer Bedeutung ist jeder der drei Denkungsarten nötig. Als Beispiele, wo eine im engeren Sinne gemäßigte Denkungsart erfordert wird, nennt die Vorlesungsnachschrift, § 271, etwa »einen Brief an einen guten Freund« oder »eine Rede über die Grammatik« (Poppe, S. 271).

§ 272 1 Die Vorlesungsnachschrift, § 272, erläutert: »Diese mittlere Denkungsart hat wieder eben die Einteilung, die wir oben bei der niedrigen machten. Einige Gegenstände grenzen nahe an das Erhabene, andere an das Niedrige, andere stehen in der Mitte. Die ersten kann man wieder erhaben, die letzten mittelmäßig und die an das Niedrige grenze[n] niedrig benennen« (Poppe, S. 181).

2 Julius Caesar Scaliger (Philologe, Dichter, Arzt und Humanist, 1484–1558), *Poetices libri septem* (1561). B. bezieht sich hier auf *Poetices* 4, 1 (vgl. Piselli 1992, S. 116, Anm. 532).

3 In den *Bucolica* Vergils ist Moeris (außer auch der Name eines Zauberers aus Pontus) der Name eines Hirten. – Cornelius Gallus ist der Name des ersten Elegikers von Rom (69–26 v. Chr.), Statthalter Ägyptens, der, nachdem er bei Augustus in Ungnade gefallen war, durch Selbstmord aus dem Leben schied. – Silenus, der Satyr, ist Lehrer und Begleiter des Bacchus (vgl. mit Stellennachweisen in den *Bucolica* von Albrecht 2001, S. 231, 233, 235).

4 Vergils Beschreibung der Pest (der Norischen Viehseuche) findet sich in *Georg.* 3, 478–566. Die Erzählung von Aristeus (Aristaios: Sohn Apollons und der Nymphe Kyrene, galt als Begründer der Bienenzucht), verbunden mit dem Mythos von Orpheus und Eurydike, ist Inhalt des zweiten Hauptteils von *Georg.* 4, 281–558.

§ 274 1 Nach Cic., *Or.* 91, worauf B. abschließend verweist, ist der gemäßigte und ausgeglichene Stil (*genus orationis modicum ac temperatum*) besonders durch Anmut (*suavitas*) ausgezeichnet.

2 So auch die Vorlesungsnachschrift, § 274: Die ›Leichtigkeit‹ resp. die ›Anmut‹ der mittleren Denkungsart besteht darin, »daß ein Edelgesinnter bald merkt, daß dies eben seine Gesinnung sei, und daß er bei gleicher Gelegenheit eben so denken würde« (Poppe, S. 182). Vgl. als Voraussetzung § 213 und die strukturelle Analogie zu § 244.

§ 275 1 Vgl. § 896 und dort Anm. 3.

276 1 Vgl. § 221, Anm. 1.

2 Die Vorlesungsnachschrift, § 276, führt aus: »Man verfällt in die dritte Art des Kriechenden, wann man wider die Grundsätze edel denkender Leute anstößt, wann man zu klein für ihre Gesinnungen denkt und sich bis in das Niedrige, ja wohl gar bis in das Niederträchtige herunterläßt. Man könnte dies auch das Schwatzhafte und Kindische in der mittlern Denkungsart nennen« (Poppe, S. 183).

277 1 Horaz, *Ep.* 2, 1, 168: »accersit«.

2 *non astrictus soccus*: Zugleich metaphorisch für eine nachlässige Schreibart: Das Bild des schlurfenden Vaters ist zugleich ein Bild für Plautus' Dichtung selbst, für eine nachlässige Schreibart, die nicht einmal fest auf dem *soccus* der Komödie steht.

278 1 Catull 25 ist in der Tat ein nicht von Obszönitäten freies Spottgedicht auf Thallus, einen Freigelassenen, den Horaz des Diebstahls beschuldigt. – *epithalamium* (griech. ἐπιθαλάμιον): Brautlied.

279 1 Vgl. § 221, Anm. 1.

2 Parenthyrsus (vgl. griech. θύρσος, lat. thyrsus: Mit Efeu oder Weinlaub umwundener Stab der Bacchantinnen): übermäßige Verzückung oder Erregung, Raserei.

3 *seraphicus*, seraphisch: In der Art eines Seraphs (ein sechsflügliger Engel, nach späterer Spekulation bildeten die Seraphim den höchsten der Engelschöre), engelsgleich, erhaben; hier ironisch verwendet.

4 Mit den Namen Dama, ein typischer Sklavenname, und Dionysius spielt Horaz auf Söhne von Freigelassenen an, die als Beamte (als Volkstribun oder als Magistrat mit *imperium*) römische Bürger strafen lassen durften (vgl. Büchner 1972, S. 189, Anm. 38).

280 1 Vgl. dagegen das positive Gegenbild der gleichförmigen (*aequabile*) Denkungsart im weiteren Sinne, § 267.

281 1 Die Gliederung des Abschnitts (vgl. schon §§ 231, 246, 266) folgt bis § 297 weitgehend den in Klammer angegebenen Teilsynonymen zu *sublime*. Es werden diskutiert: *magnificum* in § 283–285, *magnum* in § 286, *altum* in § 287, *plenum* und *copiosum* in §§ 288–295, *grave* und *ornatum* in § 296 und *validum* in § 297. Im Anschluß wird in §§ 298–308, gekennzeichnet durch die Numerierung 1) – 6), die erhabene Denkungsart gemäß den sechs Kriterien der Vollkommenheit der sinnlichen Erkenntnis, abschließend unter Bezug auf das Kriterium der *vita* (§§ 308 f.) behandelt.

283 1 Auch die Vorlesungsnachschrift, § 283, warnt: »Man hat einen nicht

allzu vorteilhaften *conceptum adhaerentem*, wenn man das Erhabene *magnificum* nennt. Nach dem gemeinen Redegebrauch bedeutet es bei den besten Schriftstellern prahlerisch« (Poppe, S. 185).

§ 284 1 *simplicitas* (Einfalt) impliziert im positiven Sinne Aufrichtigkeit.

2 Cic., *De off.* 1, 92: »vere hominum amice«.

3 Die Vorlesungsnachschrift, § 284, erläutert, daß das *puerile magnificum* darin bestehe, nur zu sehen, ob etwas als schön in die Augen fällt (vgl. Poppe, S. 186). Es sei an dieser Stelle angemerkt, daß nach dem Erscheinen von Edmund Burkes *[P]ilosophical Enquiry into the Origin of our Ideas of the Sublime and the Beautiful* (London 1757) die Dichotomie des Schönen und Erhabenen die ästhetische Diskussion bestimmen wird.

§ 285 1 Vgl. Cic., *De or.* 2, 89: Cicero fordert den jungen Sulpicius auf, sich L. Crassus als Lehrer auszuwählen. Sulpicius »griff den Rat begierig auf, versicherte, es so zu halten, und fügt noch hinzu, natürlich nur aus Liebenswürdigkeit, auch ich würde ein Lehrer für ihn sein« (dt. Übers. zitiert nach Merklin 1976, S. 263). Damit gibt Cicero – im Bescheidenheitsgestus – zu verstehen, selbst auch, wie Crassus, ein Vorbild des *genus magnificum atque praeclarum* – des großartigen und glanzvollen Stils – zu sein.

2 Vgl. Cic., *De or.* 2, 90: »Darum sei das die erste unter meinen Regeln, ein Vorbild zur Nachahmung aufzuzeigen, und zwar so, daß man sich die wichtigen Vorzüge dessen, den man nachahmt, mit besonderer Sorgfalt zu eigen macht« (dt. Übers. zitiert nach Merklin 1976, S. 263 f.).

§ 286 1 Im lat. Text erfolgt ein Verweis auf § 291. Ein Druckfehler, da es sich um einen Rückbezug auf die Anführung der Benennungen in § 281 handelt.

2 Niobe rühmte sich, Latona zu übertreffen, da diese nur zwei, Niobe aber zwei mal sieben Kinder geboren hatte. Apoll und Artemis bestraften ihren Hochmut mit der Tötung aller ihrer 14 Nachkommen. – Tityos, Sohn der Gaia, wurde zur Strafe wegen seines Vergehens an Leto von deren (von Zeus gezeugten) Kindern Apollon und Artemis gefesselt und in die Unterwelt gebunden, wo ihm Geier die Leber zerfleischten (vgl. Kytzler, 6. Aufl. 1978, S. 308 f.).

3 Im Text § 291. Es handelt sich aber vermutlich auch hier um einen Rückbezug auf § 281.

4 Die Vorlesungsnachschrift, § 286, gibt zur Veranschaulichung der Feststellung, daß nur ›wahrhaft groß‹ ist, was gewissen Leuten (nicht nur dem ›ästhetischen Pöbel‹ und ›schlecht und recht‹, sondern zuweilen auch ›edler‹ Denkenden) unglaublich vorkommen mag, ein schönes zeitgenössi-

sches Beispiel: »So kommt es vielen unglaublich vor, daß der spanische Ambassadeur am kaiserl. Hofe Graf von Montijo, als er seinem Hofe Ehre zu bringen sehr hoch spielte und 1000 Dukaten gewann, dieselben zweien hinter ihm stehenden maskierten Personen, welche sagten, daß ihnen durch diese Summe aus aller Not geholfen sein würde, mit dem einzigen Worte *voila!* gegeben; man sagt, dies sei nicht möglich, er werde sich gewiß weiter erkundiget haben, wer sie gewesen pp., aber wer den Montijo kennet, der weiß, daß es seinem Charakter zuwiderlaufen würde, dies zu tun« (Poppe, S. 187) – Christoph Portocarrero Conde de Montijo, span. Gesandter in England, Mitglied des Ordens vom Goldenen Vlies (gest. 1763) war zur Zeit der Abfassung der *Aesthetica* offenbar eine anerkannte Persönlichkeit. Abbildungen von ihm gibt es u.a. auf Stichen der Leipziger Kupferstecher Johann Martin Bernigeroth (1713–1767) und Johann Christoph Sysang (1703–1757). Tedesco 1998, S. 184, Anm. 186, gibt als Quelle für die in der Nachschrift geschilderte Episode an: *Bina scripta ab hispano oratore comite Montijo*, Frankfurt 1741.

287 1 Im lat. Text erfolgt ein Verweis auf § 291. Wiederum ein Druckfehler. Vgl. § 286, Anm. 1 und 3.

2 Gemeint ist M. Lollius, Konsul 21. v. Chr., 16. v. Chr. von den Sygambrern geschlagen, den Horaz in dem Gedicht u.a. als aufrechten und unbestechlichen Richter preist (vgl. Kytzler 1978, S. 310).

288 1 Vgl. auch hier als Voraussetzung § 213 und die strukturelle Analogie zu §§ 244, 274. – Die Vorlesungsnachschrift, § 288, stellt die ›rotunde Kürze‹ korrigierend dem irrtümlich Wortreichtum und Größe verwechselnden Sprichwort *quot verba tot pondera* (›Je mehr Worte, desto mehr Gewicht‹) entgegen (vgl. Poppe, S. 187f.).

289 1 Die Vorlesungsnachschrift, § 289, erklärt, daß die »Redensart im Paragraphen *templum sibi designare*« darauf ziele, daß, »gleichwie sich die alten *vates* eine abgezeichnete Gegend wählten, worauf sie ihr Augenmerk hatten, wir uns auch nur aus den Menschen die großen Geister auslesen müssen, die zur Erhabenheit aufsteigen können« (Poppe, S. 188). – Der ›Lakonismus‹ ist, positiv konnotiert, wie B. im folgenden Paragraphen zeigt, ein Ausdruck des Erhabenen in wenigen, nur wahrhaft ›großen Geistern‹ begreifbaren Worten (vgl. § 288).

290 1 Vergil, *Aen.* 4, 288: »Mnesthea Sergestumque vocat fortemque Serestum«.

2 B. bezieht sich hier, wie aus der Vorlesungsnachschrift, § 290, S. 189 hervorgeht, auf die äußerst knapp geschildete, anschließende Rede des

Aeneas an seine Gefährten in *Aen.* 4, 289–294, von der im Paragraphen V. 289–291 zitiert wird (vgl. Poppe, S. 188f.).

§ 294 1 Im lat. Text erfolgt ein Verweis auf §§ 297–293. Bei der Angabe des ersten Paragraphen handelt es sich um einen Druckfehler. Es muß §§ 291–293 heißen.

2 Horaz, *Ep.* 2, 1, 188: »oculos incertos«.

§ 295 1 Zum negativ konnotierten, ›überladenen‹ ›Asiatischen‹ resp. ›persischen Prunk‹ vgl. §§ 165, 254, 257, 259.

§ 296 1 Vermutlich wiederum ein Rückbezug auf Demetrios (vgl. § 231, Anm. 1; vgl. Tedesco [et al.] 2000, S. 322, Anm. 523).

2 Genannt werden bei Cic., *De or.* 1, 42 »alle Jünger des Pythagoras und Demokrit« und »die anderen Vetreter der Naturphilosophie« (dt. Übers. zitiert nach Merklin 1976, S. 65).

3 Aus dem Kontext der zitierten Stelle bei Cicero und der Vorlesungsnachschrift, § 296, geht hervor: Während *gravis* und *ornatum* (als Redeweise der Philosophen im Wissen um die ›praktische Wahrheit‹, vgl. Poppe, S. 191, betreffend Gut und Böse, die Gemütsregungen, den menschlichen Charakter, die rechte Lebensführung, vgl. Cic., *De or.* 1, 42) zusammenbestehen können, sind beide dem *copiosissimum* (vertreten durch Crassus, der trotz Unkenntnis bezüglich aller Dinge ›höchst beredsam‹ sein zu können meint) entgegengesetzt.

§ 297 1 Vgl. § 281, Anm. 1.

§ 298 1 Synathroismus: Vgl. § 148, Anm. 2. – Die Vorlesungsnachschrift, § 298, erläutert: Höchst erhaben ist es, die ›Schätze‹ erhabener Gedanken gleichsam in einem ›Brennpunkt‹ zu zeigen, ohne sie ausführlich zu entwickeln. Bisweilen ist es jedoch aufgrund der Verfassung des Publikums, für das gesprochen wird, nötig, sich genauer zu explizieren, wobei unnötige Umschreibungen zu vermeiden sind, vgl. § 288. Als Beispiel nennt die Nachschrift das *sursum corda* (›Empor die Herzen‹) im Eingangsteil der Messe: Hier müsse der Prediger ausführlicher sein, wenn er die Herzen der Gemeinde tatsächlich ›aufmuntern‹ (erheben) wolle (vgl. Poppe, S. 191).

2 Vgl. Aristophanes, *Ekklesiazusai* (*Die Weibervolksversammlung*) 1169–74 (vgl. Piselli 1992, S. 128, Anm. 596).

3 Im Zitat aus Plautus ist das *postea* gegenüber dem Original hinzugefügt. – Beide Beispiele aus Aristophanes und Plautus finden sich auch bei Vossius, *Inst. or.*, 6, 4, 1 (vgl. Piselli 1992, S. 128, Anm. 597).

299 1 Vgl. die Erläuterung in der Vorlesungsnachschrift, § 299: »Gesetzt, das ganze Erhabene hätte 1000° und ein gewisses erhabenes Thema, darüber ich denke, sei 600°, so sind die Thema[ta] unter 600° zwar *magna sed minora*, hingegen die über 600° sind *specifice maiora sc. themate meo*. Das Kleinere wird vom Größeren verdunkelt; bringe ich nun in der Ausführung lauter solche Sätze an, die über 600° sind, so wird man mein Thema davor nicht erblicken können (Poppe, S. 192).

300 1 Vgl. Cic., *Or.* 102 (vgl. Piselli 1992, S. 129, Anm. 599): Hier unterscheidet Cicero – nach der Feststellung, daß derjenige »beredt« sei, »der das Geringe einfach, das Gemäßigte ausgeglichen, das Bedeutsame großartig formuliert« (100) – zur Illustration drei seiner Reden, die im Stil ganz unterschiedlich sind, an: Die einfache, lobende Rede *Pro Caecina*, in der das Bürgerrecht erklärt wird, die in ausgeglichenem Stil, doch die Fülle der Schmuckmöglichkeitenen ausschöpfende Rede *De lege Manilia* (*De imperio Cn. Pompei*) zur Glorifizierung des Pompeius, und die jede Art von rhetorischer Überhöhung nutzende Rede *Pro Rabirio Postumo*, in der das ganze Hoheitsrechts des Volkes auf dem Spiel stand: »Also ließ ich die Flammen jeglicher Art von rhetorischer Überhöhung auflodern« (102; dt. Übers. zitiert nach Kytzler, 4., durchges. Aufl. 1998, S. 81/83).

2 Vgl. B. zu Ciceros Rede *In Pisonem* in § 895.

3 Scaliger, *Poetices libri septem* 4, 1 (vgl. Piselli 1992, S. 129, Anm. 601).

4 Das *Sit lux et fuit* aus dem 1. Buch Mose ist, so die Vorlesungsnachschrift, § 300, groß (und war für Longin als Heide das Erhabenste), das letzte Wort Christi Τετέλεσται ist für die Christen jedoch noch größer, das *Sit deus omnia in omnium* aus Paulus' 1. Brief an die Korinther aber ist das größte, denn »es gehet auf die Ewigkeit« (Poppe, S. 192).

301 1 ἀναθεώρησις (genaue Betrachtung, Tiefsinn): Vgl. § 177, worauf B. verweist, und dort das Zitat aus Longin 7, 3.

302 1 Vgl. Plut., *Vita Pompeii*, 50.

2 Gemeint ist Jean-Louis Guez de Balzac (1597–1654; vgl. Poppe, § 302, S. 193). Piselli 1992, S. 130, Anm. 607, gibt als wahrscheinlich von B. benutzte Quelle an: Dominique Bohours, *La manière de bien penser dans les ouvrages d'esprit*, Lyon 1691, Bd. 1, S. 68f.

303 1 Die Anlehnung an das platonische Höhlengleichnis, *Politeia* 514a–518b, ist offensichtlich.

304 1 Die in Vergil, *Aen.* 6, 83–97 von der Sibylle von Cumae gegebenen, dem Aeneas noch dunkel bleibenden Weissagungen erfüllen sich im

weiteren Verlauf des Epos und werden so durch das weitere Geschehen verständlich (vgl. Poppe, § 304, S. 193).

§ 306 1 Caesars übertriebene Beschreibung der Größe der feindlichen Truppen hatte die (geplante) paradoxe Wirkung auf die eigenen Soldaten, ihnen Mut einzuflößen und ihren Kampfgeist zu erhöhen.

§ 307 1 Es handelt sich um die beiden berühmten Kommentare von C. Julius Caesar, *Commentarii de bello Gallico* und *De bello civili*.

§ 308 1 Die Vorlesungsnachschrift, § 308, verweist auf Longins »πάϑος *enthousiasticon*« (vgl. Poppe, S. 194; vgl. Longin 8, 1; vgl. §§ 412, 416; vgl. die Einführung zu dieser Ausgabe, S. LXIII). Das Erhabene bewegt, es erweckt Rührung und entspricht damit auch dem sechsten Kriterium der Vollkommenheit der sinnlichen Erkenntnis, der *vita*. Als Beispiel nennt die Nachschrift die Schilderung des erstochenen Darius in Curtius' (Quintus Curtius Rufus, vermutl. 1. Jh. n. Chr.) *Historia Alexandri Magni* (vgl. Poppe, S. 194 f.).

2 Zur *tranquillitas*, nach B.s Übersetzung der ›Zustand der Beruhigung‹, als die eigentliche Gemütsverfassung erhabener Geister, zu der sie auch nach leidenschaftlicher Begeisterung zurückkehren, vgl. *Eth.* § 445, vgl. § 416 und dort Anm. 1.

§ 309 1 Gemeint ist der *deus ex machina*, vgl. Horaz, *A. p.* 191. Von B. wiederaufgegriffen in §§ 458, 498.

§ 310 1 Vgl. § 221, Anm. 1.

2 Vgl. § 180.

§ 311 1 Richard Bentley, *Q. Horatius Flaccus ex recensione et cum notis Richardi Bentleii*, Amsterdam 1713, liest in Horaz, *A. p.* 114 *divus* statt *Davos*, entgegen (vgl. Schäfer 1992, S. 40, Anm. 17) einer anderen antiken Lesart, gemäß der *Davos*, ein Sklavenname aus den Komödien des Menander und Terenz, in der Gegenüberstellung zum *heros* einen sozialen Unterschied im Gebrauch der Sprache bezeichnen würde (vgl. Piselli 1992, S.134, Anm. 630; Tedesco [et al.] 2000, S. 323, Anm. 554).

§ 312 1 Maron: Priester Apollons im tharakischen Ismaros, Sohn des Euanthes (Homer, *Odyss.* 9, 197 ff.), bei Euripides, *Kyklops* 139 ff. Sohn des Dionysos und Pflegling des Silen, schenkte Odysseus den Wein, mit dem er den Kyklopen berauschte. Bei Properz 2, 32, 14 als im Rausch eingeschlafende Brunnenfigur dargestellt, aus deren Weinschlauch Wasser fließt (vgl. *Der kleine Pauly*, Bd. 3, Sp. 1044; Mojsisch 1993, S. 364, Anm. 10).

2 Die Vorlesungsnachschrift, § 312, nennt, neben den »Schmausereien beim Homer«, die »Beschreibung des Feueranschlagens beim Virgil« als

Beispiel besonderer Umstände, die bei der Beschreibung von Erhabenem weggelassen werden müssen (Poppe, S. 196).

313 1 »blasonieren« (frz. *blasonner*): Wappen ausmalen bzw. erklären (vgl. frz. *blason*: Wappen).

2 Zur Position B.s in dieser von René Descartes neu entfachten Debatte vgl. erhellend das 26. Schreiben der *Philosophische[n] Briefe*, S. 73–76 (vgl. auch § 605 und dort Anm. 1). – Die Vorlesungsnachschrift, § 313, lehnt im Erhabenen aus der Tierwelt genommene Gleichnisse grundsätzlich ab, hier sei eine Nachahmung der antiken Autoren, die »die Staffeln der Dinge noch nicht gehörig unterschieden« hätten, nicht zu empfehlen (Poppe, S. 196).

3 Bei Homer, *Ilias* 10, 360, werden Odysseus und Diomedes mit zwei scharfzahnigen Hunden verglichen.

4 »inter arma virosque«: Anspielung auf Vergil, *Aen.* 1, 1.

5 Tityrus ist, ebenso wie Damoetas, der den zitierten Vers formuliert, einer der Hirten in Vergils *Eklogen*.

314 1 Drusus: Nero Claudius Drusus, Sohn der Livia und des Tiberius Claudius Nero und Stiefsohn des Augustus, besiegte im Alter von 23 Jahren den Stamm der Vindeliker in den Rätischen Alpen (vgl. Kytzler 1978, S. 308).

315 1 Bentley (vgl. § 311, Anm. 1) liest *patres* (Senatoren) statt *pedites* (Fußvolk; vgl. Piselli 1992, S. 136, Anm. 648).

316 1 Vgl. zu Quint. 8, 6, 17 auch Horaz, *Serm.* 2, 5, 41: »Furius hibernas cana nive conspuet Alpis [Furius prall die Alpen bespeit mit schimmerndem Neuschnee]« (zitiert nach Büchner 1972, S. 142/143).

2 Es handelt sich hier um ein Spiel mit der wörtlichen Bedeutung von *homo emunctae naris*, was in übertragener Bedeutung verwendet einen ›feinen, witzigen Kopf‹ oder einen ›aufgeräumten Verstand‹ bezeichnet.

3 Vgl. Longin 9, 5. Unter den Werken Hesiods ist auch eine Beschreibung des Schildes von Herakles (von zweifelhafter Echtheit) überliefert, in der auch das Dunkel, die Düsternis (griech. ἀχλύς) – im Lat. eine der Bedeutungen von *tristitia* – geschildert wird (vgl. Schönberger 1988, S. 118).

4 Vgl. Longin 4, 4 mit Bezug auf Xenophon, *Lakedaimonion Politeia* (*Staat der Spartaner*) 3, 5. Griech. κώρα bedeutet sowohl ›Mädchen‹ als auch übertr. ›Augenstern‹, vgl. lat. *pupilla* (urspr.: ›verwaistes Mädchen‹). Im wörtlichen Sinne hat man also ›Mädchen‹ oder ›Jungfrauen‹ in den Augen (vgl. Schönberger 1988, S. 116).

§ 317 1 Horaz, *A. p.* 229: Schon einmal zitiert in § 196.

§ 318 1 Im lat. Text »hos«. Da aber nicht klar ist, worauf sich dieses beziehen sollte, wird, ohne Emendation des Originaltextes, hier von einem Druckfehler und von ›nos‹ statt »hos« ausgegangen.

2 Vgl. § 221, Anm. 1.

3 *meteorum* (vgl. griech. μετέωρον): Carl Günther Ludovici, *Ausführlicher Entwurf einer vollständigen Historie der Wolffischen Philosophie* (3 Bde.), Leipzig 1737f., § 99, übersetzt *meteoron* mit »Lufft-Erscheinung«, Lufft-Zeichen«. In der Vorlesungsnachschrift heißt es: »Schatten, Rauch, Nebel« (Poppe, § 318, S. 197).

4 ›Eine Wolke statt Juno umfassen‹: Vgl. auch §§ 106, 624.

§ 319 1 In der Vorlesungsnachschrift, § 319, bezeichnet der Ausdruck ›beblümt‹ (von *flosculum*) alles, was ›gekünstelt voller Blumen und voller Zieraten ist‹ (nicht zu verwechseln mit *floridus*, nach dem Grimmschen Wörterbuch mit ›blumig‹ übersetzbar, vgl. §§ 693ff.). Als Beispiele dieses ›beblümten‹, nur ›Kindern‹ gefallenden »Flittergold[s]« nennt die Nachschrift John Barclay (1582–1621), *Argenis* (dt. durch Martin Opitz 1644) und Daniel Casper von Lohenstein (1635–1683), *Großmütiger Feldherr Arminius oder Herrmann [...]*, Leipzig 1689f. (vgl. Poppe, S. 197).

2 Im lat. Text wird auf »§§ 165–307« verwiesen, dies ist als ›§§ 165, 307‹ zu lesen. Vgl. auch § 284, Anm. 3.

§ 320 1 In §§ 320 bis 328 werden, gekennzeichnet mit der Numerierung II) – VII), auch die dem Erhabenen entgegengesetzten Fehler gemäß den sechs Kriterien der Vollkommenheit der sinnlichen Erkenntnis behandelt (vgl. § 281 und dort Anm. 1).

2 Bei der zweiten »2)« im lat. Text muß es sich um eine 1) handeln, in § 321 folgt dann 2) statt »3)«. Es paßt nur dann die Zuordnung zu dem vorher genannten »1) quo brevior, 2) quo diffusior« (vgl. Fiore/Casati 1936, S. 202f.).

§ 321 1 Vgl. § 320, Anm. 2.

2 Bei Vossius, *Inst. or.* 6, 4, 3 unter dem Titel »*De stylo tumido, sive frigido*« (vgl. Piselli 1992, S. 139, Anm. 665).

§ 323 1 Die Vorlesungsnachschrift, § 323, nennt als weitere Beispiele ›alle alten Ritterbücher‹, so *Amadis* (Ritterroman des 16. Jhds., erste erhaltene Bearbeitung von Garci Rodríguez de Montalvo, Salamanca 1518) und das *Rolandslied* (älteste erhaltene Fassung, *Chanson de Roland*, entstanden um 1100 in Nordfrankreich), die Cervantes (Miguel de Cervantes

Saavedra, 1547–1616) schon in seinem *Don Quijote* (*El ingenioso hidalgo Don Quijote de la Mancha*, 1605/15) lächerlich gemacht habe (vgl. Poppe, S. 199).

325 1 Vgl. §§ 257, 259, 295.

326 1 Die Vorlesungsnachschrift, § 326, schränkt ein: Nicht alle erhabenen Gegenstände überreden notwendig. Die Wahrheiten des Christentums sind zweifellos erhaben, »allein die Erfahrung lehret, daß sie nur allzu oft keine Überredung bewirken« (Poppe, S. 200).

2 *syrma* (vgl. griech. συρμός): Sturm, Andrang, Gewühl.

3 Enthymem (griech. ἐνθύμημα, lat. *commentum*, *commentatio*, *syllogismus imperfectus*): Verkürzter Syllogismus, bei dem die Prämisse oder Konklusion in Gedanken ergänzt werden muß (vgl. Ueding / Steinbrink 1994, S. 266f.).

4 Vgl. Longin 3, 1.

5 Kambyses: Gemeint ist entweder Kambyses, Vater des Kyros (Herodot 1, 46), oder der persische Großkönig Kambyses (529–522), Sohn des Kyros (vgl. *Der kleine Pauly*, Bd. 3, Sp. 98–100). – Epameinondas: Nach mehreren antiken Quellen der ›erste aller Griechen‹, dem aufgrund seines Heldentods und des darauf folgenden allgemeinen Friedens (362/61 v. Chr.), mit dem die Hegemonie Thebens zusammenbrach, ›ganz Griechenland die Freiheit‹ (Paus. 9, 15, 6) verdankt haben soll (vgl. *Der kleine Pauly*, Bd. 2, Sp. 280–282).

6 Gemeint ist Aristoteles.

7 Gemeint ist Pythagoras.

8 Der Venusinische Schwan: Venusia ist der Geburtsort von Horaz. – Der Bilbilische Prophet: Bilbilis (Stadt im tarrakon. Hispanien) war die Heimat Martials. – Der Mantovanische Schwan: Die Heimat Vergils gehörte zu Mantua.

327 1 Parenthyrsus (vgl. griech: θύρσος, lat. *thyrsus*: Mit Efeu oder Weinlaub umwundener Stab der Bacchantinnen): Übermäßige Verzückung oder Erregung, Raserei.

328 1 B.s Quelle der Anlehnungen an Quintilian ist vermutlich Werenfels, *Dissertatio de meteoris orationis* (vgl. Vorrede 1750, Anm. 2), S. 304.

329 1 In *Met.* § 162 übersetzt B. *augeri* mit ›vermehrt werden‹. I.d.S. sind die *argumenta augentia* bezüglich der *magnitudo* als ›die Größe vermehrende Argumente‹ zu verstehen. Daher wird (obgleich in der Vorlesungsnachschrift die 23. Abteilung mit ›Erweiternde Argumente‹ überschrieben ist, was einen – vielleicht auch intendierten – semantischen

Bezug zum Begriff *ubertas* herstellt, vgl. Poppe § 329, S. 200) im Folgenden *augens* mit ›die Größe vermehrend‹ übersetzt.
2 Vgl. § 318, Anm. 3.
3 Vgl. §§ 245, 276, 310.

§ 330 1 Klimax (griech. κλῖμαξ, wörtl. ›Leiter‹, ›Treppe‹; lat. *gradatio*): In strengem Sinn eine fortgesetzte Anadiplose (bei der das zuletzt gebrauchte Wort oder Wortpaar an den Anfang eines neuen Satzes, Verses oder Abschnitts gestellt wird), »bei der eine stufenweise Steigerung stattfindet« (Ueding / Steinbrink 1994, S. 302).
2 Vgl. Longin 11.
3 Gemeint ist die als zweite, von Longin den Lehrbüchern zugeschriebene Erklärung der Steigerung (αὔξησις) als ›Darstellung, die dem Gegenstand Größe verleiht‹; vgl. auch § 347.

§ 331 1 Gemeint ist Swift, *Antilongin*, vgl. § 217, Anm. 1.
2 Der Rückverweis auf § 202 macht keinen Sinn. Vermutlich bezieht sich der Verweis auf § 322.

§ 332 1 Hypotypose (griech. ὑποτύπωσις, lat. *evidentia*): Eine in Worten so ausgeprägte, ausmalende Darstellung von Vorgängen, »daß man eher glaubt, sie zu sehen als zu hören« (Quint. 9, 2, 40, dt. Übers. zitiert nach Rahn, 3., gegenüber der 2. unveränderte Aufl. 1995, T. 2, S. 287; vgl. Ueding / Steinbrink 1994, S. 284), sie also ›unmittelbar vor sich sieht‹.
2 Vgl. Longin 17, 2.
3 Interrogatio: Rhetorische Frage, »auf die der Redner keine Antwort erwartet und in die er eine Aufforderung oder Aussage kleidet, wenn er besonders eindringlich und emotional wirken will« (Ueding / Steinbrink 1994, S. 310; vgl. Quint. 9, 2, 6–8).
4 Vgl. Longin 18, 2.
5 Asyndeton (griech. ἀσύνδετον, lat. *dissolutio*, *solutum*): Häufung von bedeutungsähnlichen oder bedeutungsgleichen Wörter oder Sinnabschnitten ohne Verbindung durch Konjunktionen zur Verstärkung der Eindringlichkeit (vgl. Ueding / Steinbrink 1994, S. 304 f.), vgl. Longin 19.
6 Vgl. § 148, Anm. 2.

§ 333 1 Vgl. Longin, 20 f.
2 Die *repetitio* (Wiederholung) kann in einer *geminatio* (Wortverdoppelung), einer *commoratio* (Wiederholung eines Gedankens) oder in einer Anapher (vgl. § 343, Anm. 1) bestehen (vgl. Ueding / Steinbrink 1994, S. 302 f., 315).

3 Im lat. Text wird (irrtümlich oder gemäß einer anderen Zählung) auf Vergil, *Ekl.* 4 verwiesen.

334 1 Hyperbaton (vgl. griech. ὑπερβατός: umgestellt, versetzt; lat. *transgessio*): Figur, die »durch die Versetzung eines Wortes« entsteht, so daß zusammenhängende Wörter entgegen der syntaktischen Ordnung getrennt werden« (Ueding/Steinbrink 1994, S. 307).

2 Vgl. § 330, Anm. 1.

335 1 Vgl. § 217 und dort Anm. 1 sowie § 331.

2 Vgl. Longin 43, 2–4. – Theopompos von Chios (3. Jh. v. Chr.): Rhetoriker und Historiker.

338 1 Von B. zitiert nach Platon, *Timaios* 70b. Longin 32, 5 zitiert (vgl. Schönberger 1988, S. 124, Anm. zu Longin 32, 5) nach Xenophon, *Memorabilien* 1, 4, 5.

339 1 Hyperbel (griech. ὑπερβολή, lat. *superlatio*): Eine »bewußte Übertreibung, die besonders durch vergleichende oder metaphorische Erhöhung oder Erniedrigung zustande kommt« (Ueding/Steinbrink 1994, S. 293). Nach Quint. 8, 6, 67 liegt ihre Leistung in gleichem Maße sowohl im Steigern als auch im Verkleinern.

2 *diasyrmus* (griech. διασυρμός): Spott, Verhöhnung.

3 *tapinosis* (vgl. griech. ταπεινότης): Unbedeutendheit, Erniedrigung, Demütigung.

340 1 Die von Quintilian Cicero zugeschriebene Stelle dient in Quint. 8, 6, 73 als Beispiel für eine verkleinernde Hyperbel. Sie beruht auf dem Wortspiel mit *fundus* (Landgut) – *funda* (Schleuder; vgl. Rahn 1995, T. 2, S. 249, Anm. 238). Bei Quintilian: »Vetto« statt »Varro«.

342 1 Polyptoton (griech. πολύπτωτον): Wiederholung eines Wortes mit Kasusveränderung, die in allen Formen der rhetorischen Wiederholung vorkommen kann (vgl. Ueding/Steinbrink 1994, S. 302).

2 Vgl. Longin 23, 1.

3 B. bezieht sich auf Vossius, *Inst. or.* 5, 3, 11 (vgl. Piselli 1992, S. 150, Anm. 741)

4 Von B. ebenfalls aus Vossius übernommen (vgl. Anm. 2).

343 1 Anapher (vgl. griech. ἀναφορά: Erhebung, das Aufsteigen): Wiederholung eines Wortes oder einer Wortgruppe jeweils am Anfang eines Satzes oder eines Gedankenabschnitts (vgl. Ueding/Steinbrink 1994, S. 303).

2 Vgl. § 301, Anm. 1.

3 Vgl. 5. Mose 27, 15–26.

4 Vgl. Matth. 5, 3–10.

§ 344 1 Epistrophe (vgl. griech. ἐπιστροφή: Beachtung, Hinwendung, auch: Umkehr), Epipher (vgl. griech. ἐπιφορά: Hinzufügung, Zulage): Wiederholung desselben Wortes oder Wortpaares am Ende eines Satzes oder Bedeutungsabschnitts (vgl. UEDING / STEINBRINK 1994, S. 303).

2 Julius Verus Maximinus Thrax, röm. Kaiser 235–38.

§ 345 1 Symploke (griech. συμπλοκή: Verflechtung, Verknüpfung, lat. *complexio*): Kombination von Anapher und Epipher: Wiederholung eines Wortes oder einer Wortgruppe am Anfang und am Ende eines Satzes oder Bedeutungsabschnitts (vgl. UEDING / STEINBRINK 1994, S. 303).

2 Epanalepse (griech. ἐπανάληψις, vgl. ἐπαναλαμβάνω: wiederaufnehmen, wiederholen; lat. *geminatio*): Doppelsetzung eines Wortes am Anfang, Ende oder in der Mitte eines Satzes (vgl. UEDING / STEINBRINK 1994, S. 302).

3 Anadiplose (griech. ἀναδίπλωσις, vgl. ἀναδιπλόω: verdoppeln; lat. *reduplicatio*): Das »zuletzt gebrauchte Wort oder Wortpaar wird an den Anfang des neuen Satzes, Bedeutungsabschnitts oder Verses gestellt« (UEDING / STEINBRINK 1994, S. 302).

4 Ploke (griech. πλοκή): Verwicklung, Verflechtung, Verstrickung.

5 Epizeuxis (griech. ἐπίζευξις): Eine Form der Epanalepse (vgl. Anm. 2).

6 *hendecasyllabus* (vgl. griech. ἕνδεκα: elf, συλλαβή: Silbe): Elfsilbler. Bei Catull finden sich die meisten Elfsilbler in der römischen Dichtung (vgl. CRUSIUS 1997, S. 103 f.).

§ 346 1 Vgl. § 330.

§ 347 1 B. bezieht sich auf VOSSIUS, *Inst. or.* 5, 6, 1 (vgl. PISELLI 1992, S. 152, Anm. 754).

2 Vgl. § 330 und dort Anm. 3.

3 Synekdoche: Vgl. § 513, Anm. 1.

4 Vgl. griech. μείωσις: Verkleinerung, Verkürzung, Abnahme.

5 Katachrese: Vgl. § 806, Anm. 2.

§ 348 1 Vgl. § 148, Anm. 2.

2 Epitrochasmus (griech. ἐπιτροχασμός): Vgl. ἐπίτροχος: geläufig, schnell. – Der lat. Text verweist auf VERGIL, *Aen.* 4; es muß jedoch ein Verweis auf *Aen.* 2 sein.

§ 349 1 Parresie (griech. παρρησία, lat. *parresia*, *licentia*): Redefreiheit, Freimütigkeit; als rhetorisches Stilmittel: die freimütige Rede.

2 Die Vorlesungsnachschrift, § 349, verweist hier zurück auf die Defi-

nition in § 26, gemäß der die Parresie, als ›besondere Schönheit‹ innerhalb der ›Periode einer Rede‹ zweifelsohne als Figur bezeichnet werden kann (vgl. Poppe, S. 201).

351 1 *exclamatio*: »Ausruf, der die Rede unterbricht« (Baumgarten 1998, S. 13).

352 1 Vgl. §§ 189, § 45, auf die B. verweist, sowie die Einführung zu dieser Ausgabe S. LXV–LXX.

2 *appetitio*: ›Begierde‹ in Leibniz' Sinne der ›appetition‹ (vgl. *Monadologie*, § 15 [in: Cassirer 1996, Bd. 2, S. 605]) zu verstehen als ›Streben‹, gemäß der Verfassung und Ausrichtung der *facultates appetiviae*, vgl. *Met.* § 663.

353 1 Bei Cic., *Tusc.* 4, 61: »spermentem«.

2 Die Vorlesungsnachschrift, § 353, ordnet die ›zu übertriebene‹ Vorstellung der *gravitas*, wie sie im Paragraphen der *Aesthetica* mit dem Zitat aus Cicero wiedergegeben wird, dem zweifelhaften, von B. mehrfach kritisierten ›Ideal‹ des ›weisen Stoikers‹ zu, der »kein Mensch mehr bleibt« (Poppe, S. 202), vgl. §§ 6, 403.

356 1 *leptologus*: Vgl. griech. λεπτολόγος: mit feinsinniger Rede begabt.

2 *elevare*: Hier in der negativen Bedeutung von ›mindern‹ (‚geringer machen‹, ›leichter machen‹) gemeint.

3 Die Vorlesungsnachschrift, § 356, gibt Aufschluß über B.s hier formulierte Kritik an Lukrez: Er ›spotte‹ im dritten Buch von *De natura deorum* ›über die Unsterblichkeit der Seele und den Tod‹, kenntlich schon an den ersten beiden zitierten Versen, in denen er die menschliche Seele (*anima*) unterschiedslos zu allem übrigen Belebten (bezeichnet als *animans*) rechne und sie damit zu einer ›Kleinigkeit‹ mache. Damit fällt er in den Fehler des unangebrachten ›feinen Scherzes‹, den B. im Paragraphen der *Aesthetica* kritisiert (vgl. Poppe, S. 203f.).

357 1 Das in den zitierten Versen mit *gens* gemeinte Bienenvolk dient Vergil in den *Georgica* als Gleichnis für den geordneten Kosmos wie auch für den Staat, ebenso als ein Beispiel höchster Kunstfertigkeit. Die dem Zitat vorangehenden, ersten beiden Verse des in V. 8–280 die Bienen und die Gewinnung von Honig (der als göttliche Speise galt) behandelnden vierten Buches der *Georgica* lauten: »Nun besinge ich die Himmelsgabe des aus der Luft tauenden Honigs;/ gönne, Maecenas, auch diesem Gebiet freundlich dein Augenmerk« (Vergil, *Georg.* 4, 1f., dt. Übers. zitiert nach Schönberger 1994, S. 109). In der Vorlesungsnachschrift, § 357, wird auf den Zusammenhang dieser Verse mit der Wid-

mung der *Georgica* an Maecenas sowie auf die zeitgenössische Mode, ›scherzhafte‹ Widmungen zu schreiben, Bezug genommen: Nur wenn man einen Gönner gut kenne, seien Scherze oder das Reden von leichten Dingen (*levia dicere*) zulässig, bei hochstehenden, dem Autor nicht genau bekannten Persönlichkeiten sei dies füglich zu vermeiden, »weil sonst der Vorwurf mit Recht gemacht werden kann, daß wir von wichtigen Dingen unanständig klein denken« (Poppe, S. 204).

§ 358 1 Es ist, so die Vorlesungsnachschrift, § 358, nicht zu verachten, wenn ›schlechte‹ (einfache) Menschen über einen berühmten Mann gut urteilen, »aber es bleibt doch immer eine Kleinigkeit« (Poppe, S. 204).

§ 359 1 Zu letztgenannten rechnet die Vorlesungsnachschrift, § 359, z. B. Hrabanus Maurus (780–856, 847–56 Erzbischof von Mainz), der hochgebildet und ›sehr rechtschaffen‹ gewesen sei, jedoch seine ›guten Gedanken‹ in Verse in der graphischen Form etwa eines Engels oder eines Kreuzes umsetzte (vgl. Poppe, S. 205; vgl. Maurus, *Carmina figurata*, abgedruckt in einem Anhang zu Johann Valentinus Merbitzius, *De varietate faciei humanae, discursus physicus*, Dresden 1676; vgl. Tedesco 1998, S. 185, Anm. 227).

§ 360 1 Schon die ›alten Dichter und Redner‹ waren sich, so die Vorlesungsnachschrift, § 360, darin einig, »Gelehrsamkeit und Tugend müsse ein schöner Geist durchaus besitzen. Horaz sagt, wer das wahre Weise im Schönen erhalten wolle, müsse die sokratische Philosophie verstehen, und hierzu gehöret besonders die Moral« (Poppe, S. 205; vgl. Horaz, *A. p.* 310–18; die Verse 310–15 wurden in § 126 der *Aesthetica* zitiert).

§ 361 1 Der Vers geht der Stelle in Horaz, *A. p.* 310–18, auf die in Poppe, § 360, S. 205 (vgl. § 360, Anm. 1) angespielt wurde, unmittelbar voraus.

§ 362 1 *supinus*: rücklings, rückwärts; hier ›rückwärtig‹ bildlich i. S. v. ›am Rücken befindlich‹, von vorn zunächst nicht sichtbar.

2 Zu dem von B. hier angesprochenen Problem einer möglichen Diskrepanz zwischen der ethisch-moralischen Verfaßtheit des Subjekts und deren Anschein in der ästhetischen Darstellung vgl. die Erörterung in Schweizer 1973, S. 29–32.

§ 364 1 So die Überschrift zum 25. Abschnitt in der Vorlesungsnachschrift (Poppe, S. 206).

§ 365 1 Im lat. Text erfolgt ein Verweis auf § 369. Da ein Vorverweis in der *Aesthetica* jedoch ungewöhnlich wäre und der Rückverweis auf § 363 inhaltlich sinnvoll ist, muß es sich um einen Druckfehler handeln.

2 Vgl. hierzu auch § 38 und dort Anm. 1.

367 1 François VAVASSEUR (1605–1681), *De ludicra dictione liber. In quo tota iocandi ratio ex veterum scriptis aestimatur*, Paris 1658. Im *Catalogus librorum*, S. 129, Nr. 172, findet sich VAVASSOR, *De ludicra dictione eidem antibarbarus*, Lipsiae 1722 (vgl. PISELLI 1992, S. 160, Anm. 789; vgl. TEDESCO 1998, S. 185, Anm. 230).

2 Die Vorlesungsnachschrift, § 366, führt aus: Das Scherzen ist, wie allzustrenge Sittenrichter (»runzliche Stirnen«) meinen, keineswegs ›liederlich‹, bleibt aber auf die niedrige, schlichte Denkungsart beschränkt. In der mittleren Denkungsart besteht die Gefahr, daß es ›unanständig‹ oder zumindest ›sehr gezwungen scheint‹: »Die buntgemischte Schreibart, welche zu den Zeiten des Vavassors in Italien einriß, und dawider er schrieb, sinkt sehr in das Unanständige« (POPPE, S. 207).

369 1 Es handelt sich bei den zitierten Versen aus THEOKRITS *Bucolica* bei V. 76 und 78 um zwei Verse aus dem 8. Gedicht »Daphnis und Menalka«, bei dem (als V. 77) dazwischengeschobenen Vers um V. 7 des ebenso betitelten, aber unechten 9. Gedichts (vgl. FRITZ 1970).

370 1 Vgl. Arist., *Rhetorik* 1395a7 (vgl. PISELLI 1992, S. 161, Anm. 796).

2 Vgl. § 323, Anm. 1.

372 1 Dircaeisch: thebanisch. – Amphion: Sohn von Jupiter und Antiope, Ehemann der Niobe, gilt als Begründer Thebens. – Actaeus: alte Bezeichnung für Attika. – Aracynthus: Waldgebirge, dessen Lage umstritten ist, zwischen Attica und Boöthien (vgl. VON ALBRECHT 2001, S. 227–36).

2 Skythien: Land der Skythen, nördlich des Schwarzen Meeres und weiter östlich. – Oaxes: wahrscheinlich der Oxus (heute Amu Darja), der in den Aralsee mündet (vgl. VON ALBRECHT 2001, S. 227–36).

373 1 Vgl. LONGIN 44, 5; vgl. die Diskussion dieser Stelle dann in §§ 413f.

2 *Buch der Richter* 9, 7–15.

375 1 Vgl. ARIST., *Nik. Ethik* 1108a23–26, in der alle drei von B. genannten Begriffe in ihrer Abgrenzung benannt und bestimmt werden: »Bei jener Annehmlichkeit, die der Scherz zu bereiten pflegt, heiße, wer die Mitte hält, artig, die Eigenschaft Artigkeit [εὐτραπελία], das Übermaß Possenreißerei [βωμολογία] und die Person Possenreißer; wer endlich hier zu wenig hat, steif, und die Art Steifheit [ἀγροικία]« (dt. Übers. zitiert nach BIEN, 4., durchges. Aufl. 1985, S. 39).

376 1 *morologia* (griech. μωρολογία): In Abgrenzung zu εὐτραπελία (pos. konnotiert: Gewandtheit, Humor, Witz, vgl. § 375, Anm. 1) die ›törich-

te Rede‹ (vgl. griech. μωρία: Torheit, Dummheit), das ›Scherzen‹ in neg. Sinne.

2 Vgl. die Auslegung von Paulus, *Eph.* 5, 3f. in der Vorlesungsnachschrift, § 376: Die Stelle dürfe nicht so ausgelegt werden, daß das »Christentum alle Scherze verwerfe«, sondern nur in dem Sinne, daß Scherze zu vermeiden seien, »welche Christen nicht anständig sind«: »[D]ies ist gleichsam die Erklärung, die Paulus von dem Worte μωρολογία gibt, er sagt vielmehr, suchet εὐχαριστία« – auch: ›Liebenswürdigkeit‹, im bibl. Kontext aber v.a. ›Dankbarkeit‹ –, »ein liebreiches Wesen, und dieser Satz stimmet sehr wohl mit einer gereinigten Vernunft überein« (Poppe, S. 207, das Griech. ist im Zitat emendiert).

§ 377 1 Vgl. Quint. 6, 3, 28 und 33 und zum ganzen Paragraphen ebd. 28–35.

§ 378 1 Die Vorlesungsnachschrift, § 378, bemerkt: »[D]er gute Scherz wird immer zur rechten Zeit angebracht.« Allerdings sei es schwer, den richtigen Zeitpunkt, der für die Unterscheidung eines ›guten‹ (*liberalis*) von einem unanständigen (*illiberalis*) Scherz (vgl. § 379, Anm. 1) entscheidend ist, zu bestimmen, zumal die meisten Scherze im erregten Zustand der Begeisterung vorgetragen würden (vgl. Poppe, S. 208f., Zitat S. 208).

§ 379 1 B. folgt weiterhin Cic., *De off.* 1, 104. Dort werden eingangs zwei Arten von Scherzen unterschieden. Die eine ist »eines freien Mannes unwürdig, herausfordernd, widerlich, schmierig« (*inliberale*, *petulans*, *flagitiosum*, *obscenum*), die andere »fein, vornehm, geistrich, witzig« (*elegans*, *urbanum*, *ingeniosum*, *facetum*). Als Beispiele der letztgenannten Art nennt Cicero Plautus, die »alte Komödie der Attiker« und »die Bücher der sokratischen Philosophen« (dt. zitiert nach Gunermann 1992, S. 91/93) – deren Tauglichkeit als Beispiele anmutigen Scherzens (*iocus elegans*) von B. im Paragraphen in Frage gestellt wird.

2 Horaz, *A. p.* 273: »seponere«. – Für Horaz ist Plautus ein Beispiel für geschmacklose Komik (vgl. das gegebene Zitat *A. p.* 270–73), nachlässige Metrik und oberflächliche Personengestaltung (vgl. *Ep.* 2, 1, 170–76, vgl. hierzu § 277 und dort Anm. 2; vgl. Schäfer 1972, S. 38, Anm. 5).

3 Zur Alten (athenischen) Komödie des 5. Jhds. v. Chr. zählen Eupolis, Kratinos und als deren Hauptvertreter Aristophanes (vgl. Schäfer 1972, S. 48, Anm. 47; vgl. Gunermann 1992, S. 354, Anm. 189).

4 Die »besondere Funktion« der Alten Komödie »bestand in der Diskussion und Kritik der die Stadt interessierenden Dinge, von Personen,

Institutionen, Zeiterscheinungen, ohne Trennung von öffentlicher und privater Sphäre. Der Chor nimmt das Recht zur Rüge und Unterrichtung vor allem in dem ›Parabase‹ [griech. παράβασις] genannten Teil bei unterbrochener Handlung und direkter Ansprache an das Publikum wahr. Das Recht der freien Polemik wurde nachweislich nur 439 bis 437 v. Chr. (Samischer Aufstand) und um 415 (im Peloponnesischen Krieg) vorübergehend eingeschränkt.« Gleichwohl erklärten spätere Grammatiker »damit den Bedeutungsverlust des Chors in der Mittleren und Neuen Komödie« (Schäfer 1972, S. 48, Anm. 47).

5 Vgl. außer Cic., *De off.* 1, 104 (vgl. Anm. 1) auch *Brutus* 392 (vgl. Gunermann 1992, S. 354, Anm. 190).

6 Die Stelle konnte in den Fragmenten der Reden Catos nicht nachgewiesen werden. Es handelt sich um ein Wortspiel mit der ambivalenten Bedeutung von *ridiculus*: Zum einen i. S. v. ›lächerlich‹, ›verlachenswert‹, zum anderen aber auch i. S. v. ›scherzhaft‹, ›voll von Witz‹.

380 1 Vgl. § 376 und dort Anm. 1 und 2.

2 Vgl. §§ 375–77.

381 1 Gemeint sind die Franzosen, vgl. § 240 und dort Anm. 1.

2 Zur Konstruktion des lat. Satzes: Zu »ingenia« (bez. auf das Erkenntnisvermögen) gehört als Prädikat »valent«, zu »praecordium ingentes impetus« (bez. auf das Begehrungsvermögen) gehört »desiderant«.

382 1 Ter., *Heaut.* 225 (vgl. Piselli 1992, S. 166, Anm. 831).

383 1 Horaz spielt offenbar darauf an, daß sich Lucilius in seinen späten Satiren auf den Hexameter als Versmaß konzentrierte (vgl. Kytzler 1997, S. 208).

2 Neben dem Rückbezug auf die Diskussion der ›trockenen Denkungsart‹ (§§ 246–60) ist die Grundlage der Argumentation die Forderung nach der ›abgerundeten Kurze‹ (vgl. § 166 und dort Anm. 1).

384 1 Vgl. als Voraussetzung § 213.

385 1 Die Vorlesungsnachschrift, § 385, erläutert den von B. hier thematisierten, in der Ambiguität von *nobilitas* begründeten Zusammenhang von *nobilitas animi* (Adel des Gemüts) und *nobilitas generi* (ständischem Adel): Der Adel hat aufgrund seines Vermögens und seiner sozialen Stellung leichter Zugang zu einer guten Erziehung und ist deshalb (und nur mittelbar aufgrund seiner Herkunft) eher als der einfache Bürgerstand in der Lage, eine ›edle Gemütsart‹ auszubilden (vgl. dann § 386). Dies aber »gereicht dem Bürgerstande nicht zur Verkleinerung, er verdient vielmehr desto größeres Lob, wann er sich aus der Niedrig-

keit emporhebt und es öfters wohl dem Adelstande zuvortut« (Poppe, S. 210).

§ 386 1 Der Nachteil einer nicht edlen Geburt kann, so auch die Vorlesungsnachschrift, § 386, im Hinblick auf die Ausbildung des Adels der Seele (›noblesse d'âme‹) durchaus ›durch Übung und Fleiß‹, durch Ausrichtung und Annäherung an ›edle Vorbilder‹ kompensiert werden, wenn man bemüht ist, nie nur »artig scheinen zu wollen« oder gar durch Niederträchtigkeit versuchen wollte, den äußeren Anschein des ›Adligen‹ zu erlangen (vgl. Poppe, S. 210f.).

§ 387 1 ›Negative Würde‹ i. S. des Ausschlusses all dessen, was der edlen Denk- und Lebensart widerspricht, vgl. § 194 und dort Anm. 2, vgl. § 389.

§ 388 1 Gemeint ist bei Juvenal der Beruf des Advokaten, der jungen Männern aus dem Bürgerstand ziemlich die einzige Möglichkeit zum Emporkommen bot (vgl. Schnur 1969, S. 195, Anm. 7).

2 Der Angriff Juvenals richtet sich gegen Rubellius Blandus, Sohn oder Bruder des Rubellius Plautus, Thronanwärter, der auf Betreiben Neros verbannt und ermordet wurde (vgl. Schnur 1969, S. 195, Anm. 7 und S. 246f.). – Kekrops: Mythischer autochthoner, erdgeborener und schlangenfüßiger ältester attischer König, Schutzgeist der alten Königsburg (Kekropia) auf der athenischen Akropolis, Schöpfer einer Dodekapolis und Kulturschöpfer. Die besonders in der Dichtung beliebten Bezeichnungen ›Kekropiden‹ und ›kekropisch‹ behielten den Glanz des Autochthonen und Altadligen (vgl. *Der kleine Pauly*, Bd. 3, Sp. 175f.).

3 »maiorum institutis iudicantur«: Vgl. § 212, Zitat aus Corn. Nepos, *Prooem.* 3.

§ 389 1 Vgl. hierzu die Erläuterung in der Vorlesungsnachschrift, § 389, S. 212: »Es ist nicht genug, daß ich dieses oder jenes vermeide, ich muß auch eine Wissenschaft von den edlen Gegenständen haben. [...] Ich muß [...] die Moral, Ökonomie und Politik durchgegangen sein und von diesen allgemeinen auf die besonderen Fälle schließen. Ich muß die Pflichten und ihre Grade kennen, ferner die Sitten und den Wohlstand, der in einer gewissen Zeit gebräuchlich ist, welcher in eine eigentliche Wissenschaft gar nicht gebracht werden kann. Ich muß hier nicht sowohl auf Demonstrationen, als vielmehr auf die allerletzten Sätze sehen, die aus ihnen fließen, die Maximen bemerken, darnach die Menschen handeln, und darnach den Charakter schildern« (Poppe, S. 212; vgl. §§ 211f., worauf B. in § 388 und § 390 verweist).

390 1 Adressat Juvenals ist hier, wie die ganze achte Satire, die B. in §§ 388–91 aufgrund ihres Themas, daß wahrer Adel in der *nobilitas animi* und in eigener Leistung besteht, heranzieht, der junge Adlige Ponticus. – Die Vorlesungsnachschrift, § 390, faßt zusammen: Schlägt jemand aufgrund der besten Kenntnis einer Sache um dieser Kenntnis willen einen eigenen Vorteil aus, »so erblickt man eine edle Seele« (Poppe, S. 212).

391 1 Volesus Valesius: Ahnherr des patrizischen Geschlechts der Valerii (vgl. Schnur 1969, S. 251).

2 Laureolus – den der genannte Lentulus auf der Bühne nachahmte – war ein Räuber, der ans Kreuz geschlagen wurde (vgl. Schnur 1969, S. 196, Anm. 27).

392 1 Zugrundegelegt ist der Argumentation auch hier, wie schon innerhalb der Behandlung des schlichten Gemüts (vgl. § 383 und dort Anm. 2), die Forderung nach der ›abgerundeten Kürze‹ (vgl. § 383 und dort Anm. 2).

393 1 Im lat. Text erfolgt ein Verweis auf § 317. Es muß § 217 heißen.

394 1 So die Überschrift des 26. Abschnitts in der Vorlesungsnachschrift (Poppe, S. 213). – Zur *magnanimitas in aestheticis genere maxima* und zur Gliederung des Abschnitts vgl. die Einführung zu dieser Ausgabe, S. LXX–LXXVIII.

2 In der Vorlesungsnachschrift, § 394, heißt es: Wenn jemand in der Lage ist, »immer von den wichtigsten Dingen so zu denken, daß sie in seinen Gedanken nichts von ihrer Würde und Anmut verlieren«, dann besitzt er die »höchste ästhetische Großmut, und so ein Geist wird bis zu himmlischen Dingen aufsteigen«, ohne daß dieselben »in seinen Gedanken etwas von ihrer Würde verlieren« (Poppe, S. 213).

395 1 Als literarische Beispiele nennt die Vorlesungsnachschrift, § 395, Klopstocks *Messias* (vgl. § 158, Anm. 1) im Vergleich zu einer anakreontischen Ode (vgl. Poppe, S. 213 f.).

396 1 Die ersten beiden Strophen der mit großem Pathos geschriebenen Horazischen Ode 2, 20, aus der B. hier zitiert, lauten: »Non usitata nec tenui ferar / pinna biformis per liquidum aethera / vates neque in terris morabor / longius invidiaque maior // urbis reliquam, non ego, pauperum / sanguis parentum, non ego, quem vocas, / dilecte Maecenas, obibo / nec Stygia cohibebor unda.« – »Nicht gewöhnlicher Art, nicht schwach ist, auf der ich emporschwebe, / die Schwinge, zwiefachen Wesens hin durch den klarflüssigen Äther, / der Sänger. Nicht will auf Erden ich

weilen / länger, über den Neid erhaben // will ich die Städte hinter mir lassen. Nicht werde ich, armer / Eltern Sproß, nicht werde ich, dem dein Ruf gilt, / geliebter Maecen, vergehen, / nimmer gefangen sein von stygischer Woge« (zitiert nach KYTZLER 1978, S. 110/111).

§ 397 1 HORAZ, *Carm.* 3, 2, 19: »securis«.

2 HORAZ, *Carm.* 3, 6, 20: »in patriam populumque«.

§ 399 1 Polyphemos: Einäugiger, menschenfressender Kyklop, Sohn des Poseidon; vgl. HOMER, *Odyssee* 9, 106 ff. (vgl. *Der kleine Pauly*, Bd. 4, Sp. 1009 f.). – Enkleados: Der stärkste der Giganten, der gegen Zeus, Dionysos und Athene kämpft (vgl. *Der kleine Pauly*, Bd. 2, Sp. 269). – Mezentius: König von Caere, der dem Turnus gegen Aeneas zu Hilfe kam (vgl. *Der kleine Pauly*, Bd. 3, Sp. 1286).

§ 401 1 Vgl. LONGIN 9, 2.

§ 402 1 Die Argumentation im Paragraphen enthält eine zweifache Steigerung: 1) Wer schon keine kleineren und mittleren Dinge schön denken und darstellen kann, vermag dies noch weniger bei großen Dingen. 2) Der schön Denkende soll sich an großen Dingen versuchen, denen äußerlich (»extrinsecus«) Größe zukommt. Ziel ist aber, von da aus zum wahrhaft geistigen (»intra mentem«), dem ethisch-religiösen Größten aufzusteigen.

§ 403 1 Vgl. § 6, Anm. 1.

2 Ein Sprichwort zur Bezeichnung von etwas gänzlich Unbedeutendem. Bei GESSNER, *Thesaurus*, angeführt unter dem Eintrag ›faba‹ (vgl. PISELLI 1992, S. 174, Anm. 868).

§ 404 1 Das Lied der Kalliope, der Muse des heroischen Gesangs und der Elegie (vgl. § 83, Anm. 1).

§ 405 1 Decimus Magnus Ausonios (um 310–393/94 n. Chr.; vgl. KYTZLER 1997, S. 67 f.) Epigramm nicht nachweisbar.

§ 407 1 Im lat. Text erfolgt ein Verweis auf § 408. Offenbar ein Druckfehler. Es muß § 405 heißen.

§ 408 1 *gelasimus* (*gelasinus*): wörtl. ›Grübchen‹ (vgl. griech. γελάω: spotten, belachen, verlachen).

2 B. bezieht sich auf ein 1649 in Paris erschienenes, skandalöses burleskes Werk *La Passion de Nostre-Seigneur en vers burlesques* (vgl. PISELLI 1992, S. 176, Anm. 878 und TEDESCO [ET AL.] 2000, S. 326, Anm. 743).

§ 409 1 Martianus (Felix) Capella (2. Hälfte des 4. Jhds.) verfaßte ein Handbuch zu den sieben *artes liberales* mit dem Titel *De nuptiis Mercurii et Philologiae* in 9 Büchern (vgl. *Lexikon der alten Welt*, Bd. 2, Sp. 1859). –

Tertullian: B. bezieht sich vermutlich auf die Sophismen im Werk des als Schöpfer des Kirchenlateins und durch seinen Ausspruch *credo quia absurdum* bekannten Quintus Septimus Florens Tertullian[us] (ca. 160–220; vgl. Kytzler 1997, S. 356f.). – Sedulius (ca. 425–50), Kleriker, verfaßte nach Abkehr von der Profanliteratur u. a. ein typologisch geprägtes Epos *Carmen Pasquale*, eine die Ereignisse des Alten und Neuen Testaments parallelisierende Elegie und einen abecedarischen Christushymnus (vgl. *Lexikon der alten Welt*, Bd. 3, Sp. 2745).

410 1 Vgl. *Met.* §§ 612, 640; vgl. auch § 36, Anm. 1.

2 Horaz, *A. p.* 269: Schon einmal zitiert in § 56.

411 1 Feigbohnen wurden als ›Spielgeld‹ von Kindern und im Theater gebraucht. Hier wörtl. übersetzt, übertragen bedeutet *aera lupinis distinguere*: ›Wahres von Falschem unterscheiden‹.

2 »dignum cedris ad impetum«: Anspielung auf Horaz, *A. p.* 331f.: »carmina linenda cedro et levi servanda cupresso [Dichtungen, die wert sind, mit Zedernöl bestrichen und im Zypressenschrein aufgehoben zu werden]« (zitiert nach Schäfer 1972, S. 24/25; vgl. Piselli 1992, S. 177, Anm. 882). »Wertvolle Buchrollen wurden« in der Antike »zum Schutz gegen Schaben mit Zedernöl getränkt und in Kästen aus Zypressenholz aufbewahrt« (Schäfer 1972, S. 49, Anm. 55). *Carmina linenda cedro* steht daher im übertragenen Sinne auch für ›der Unsterblichkeit wert‹. Die Stelle aus Horaz wird von B. explizit zitiert in § 419.

3 Horaz, *Carm.* 4, 9: Hymnus an Lollius, den – wie andere Helden – die Dichtung unsterblich machen soll.

413 1 Es beginnt hier (bis § 421) die Diskussion der *magnanimitas in aestheticis genere maxima* in der Auseinandersetzung mit Longin, Abschnitt 44; vgl. die Einführung zu dieser Ausgabe, S. LXXIII–LXXVI. Kenntlich gemacht ist die Orientierung am Text Longins auch durch die Aufzählung (ab § 415) 2) – 6) der aus Longin entnommenen Argumente zur Frage nach möglichen Gründen der Verhinderung einer Ausbildung von erhabener Seelengröße. Die in der Aufzählung fehlende 1) wäre im vorliegenden Paragraphen zu ergänzen.

414 1 Vgl. § 416, Anm. 1.

415 1 Die fehlende 1) in der Aufzählung wäre in § 413 einzufügen.

2 Vgl. Longin 44, 2–6.

3 Der Ausdruck *pater patriae* geht auf Cicero zurück. Als Titel wurde er vom römischen Senat dem Augustus zugeschrieben, später wurde er von den meisten Kaisern geführt.

§ 416 1 Vgl. zur Verbindung der Bestimmung der höchsten ästhetischen Großmut als ›innere, psychologische‹, durch die ›innigste Überredung‹ hinsichtlich des ›reichen Systems der größten Begebenheiten‹ verwirklichte Freiheit und der Bestimmung des ›natürlichen Zustands‹ dieser erhabenen Großmut als ›Zustand der Beruhigung‹ (im vorliegenden Paragraphen, mit dem Verweis auf *Eth.* § 445) die Einführung zu dieser Ausgabe, S. LXXVI f.

§ 417 1 Africus: Ein aus der Gegend von Lybien wehender, stürmischer Südwind (*Der kleine Pauly*, Bd. 1, Sp. 110). – Euros, der Südostwind, und Notos, der Südwind, sind beide Söhne des Titanen Astraios und der Eos (vgl. *Lexikon der alten Welt*, Bd. 1, Sp. 926; Bd. 2, Sp. 2101).

2 »auri sacra fame«: Indirektes Zitat aus Vergil, *Aen.* 3, 57, zitiert in § 549.

3 Vgl. Longin 44, 6.

§ 419 1 Vgl. § 411, Anm. 2.

2 In den im lat. Text im anschließenden Verweis genannten *Carmina* von Horaz werden die tugendhafte Geringschätzung von Reichtum und privatem Besitztum gepriesen.

§ 420 1 Horaz entwickelt in dieser Satire eine diätetische Theorie, auf die B. anspielt (vgl. Piselli 1992, S. 181, Anm. 905).

2 So Meiers Übersetzung von *empirica* in den *Anfangsgründen aller schönen Wissenschaften*, § 344 (vgl. Aso [et al.], *Onomasticon philosophicum* 1989, S. 117).

§ 421 1 Vgl. Longin 44, 11.

§ 422 1 Keos: Heimatinsel des Lyrikers Simonides (556–468 v. Chr.), dessen Klagegesänge klassische Geltung hatten (vgl. Kytzler 1978, S. 295). – Alkaios (um 600 v. Chr.), dessen Dichtungen nur in Fragmenten erhalten sind, gehörte in der Antike zum Kanon der neun exemplarischen Lyriker (vgl. Kytzler 1997, S. 26 f.). – Stesichoros aus Sizilien (640–555 v. Chr.), ein Dichter chorischer Lyrik, gehörte ebenfalls zum klassischen Kanon (vgl. Kytzler 1997, S. 341).

§ 423 1 Vgl. zur *veritas aesthetica* die Einführung zu dieser Ausgabe, S. XLIV–LII.

2 Die von B. zusammenfassend wiedergegebene Stelle findet sich in einem Anhang zu Leibniz' *Theodizee*, »Bemerkungen über das vor kurzem in England veröffentlichte Buch über den Ursprung des Übels« (dt. Übers. des Titels nach Buchenau, 2., erg. Aufl. 1968, S. 458).

3 Auch die Vorlesungsnachschrift, § 423, unterscheidet nach der

grundsätzlichen Feststellung, daß eine Sache je wahrer ist, je mehr in ihr »Grund, hinreichender Grund usw. ist« (vgl. in der *Aesthetica* § 426), zunächst die metaphysische Wahrheit, die man »die Wahrheit in den Sachen selbst nennen könnte«, von der logischen Wahrheit als »Vorstellung dieser wahren Gegenstände«, die »man auch die Wahrheit des Denkenden nennen (*veritatem subj.*)« könnte (Poppe, S. 214f.; vgl. in der *Aesthetica* § 424).

424 1 Die Vorlesungsnachschrift, § 424, erläutert mit einem erhellenden Schema: »Wann mir meine Vorstellungen wahre Gegenstände zeigen, so sind sie wahre Vorstellungen, entweder streng deutlich, und diese sind in genauerem und engerem Verstande logisch wahr oder mit vieler Sinnlichkeit untermischt und gar nicht streng deutlich, und diese sind ästhetisch wahr, so kommen wir auf die ästhetische Wahrheit« (Poppe, S. 215):

»*Veritas*

Metaphys. obiectiva — *subiectiva*

subiectiva: *logica* — *aesthetica*

veritas aestheticologica«

425 1 In den vorangegangenen Versen bei Terenz hatte Chremens dem Menedemus geraten, den Sohn in besonnener Weise finanziell zu unterstützen (vgl. Piselli 1992, S. 183, Anm. 912). B. wählt das Zitat wegen der Verbindung *videre verum – uti res est* zur Explikation der ästhetischen Wahrheit als sinnliches, nicht logisch demonstrierbares (vgl. auch Poppe, § 423, S. 214) Erscheinen der metaphysischen Wahrheit (als der Wahrheit der Sachen selbst).

2 Horaz, *Serm.* 1, 1, 25: »quid vetat?«.

426 1 Das *principium rationati* (vgl. *Met.* § 23) ist B.s eigenständige Ergänzung von Leibniz' *principium rationis* und *principium rationis sufficientis*; vgl. die *Philosophische[n] Briefe*, 25. Schreiben, S. 69–72; vgl. [Johann Christian Förster:] *Johann Christian Försters der Weltweisheit öffentlichen Lehrers auf der Friedrichs-Universität zu Halle Charaktere dreyer berühmter Weltweisen nämlich Leibnitzens, Wolfs und Baumgartens*, Halle, 2. Aufl. 1765, S. 44; vgl. die anonyme Rezension von B.s *Metaphysica* in den *Nova Acta Eruditorum Supplementa* 1742, Tom. IV, Sect.

VI, S. 266–273 (abgedruckt und übers. in Niggli 1998, S. 142–69, dort S.144f.)

§ 427 1 Die Vorlesungsnachschrift, § 427, erläutert mit der aus Leibniz bekannten Theater-Metapher (vgl. Leibniz, *Metaphysische Abhandlung*, § 14 [in: Cassirer 1996, Bd. 2, S. 357–359, dort S. 359], vgl. *Monadologie*, § 57 [ebd. S. 613]): »Die Vorstellungen von der Wahrheit sind unterschieden, aber nicht Wahrheiten selbst. Es bleibt nur eine Wahrheit und eine Vorstellung, aber wer darüber denkt, kann sie sich aus verschiedenen Gesichtspunkten vorstellen. Ein Theater sieht einer gerade in der Mitte, ein anderer von der Seite, und beide haben doch nur ein Theater gesehen.« Man kann sich eine Sache sowohl deutlich als auch sinnlich vorstellen, »sie kann im ersten Falle wahr sein« und gleichermaßen »auch ästhetisch wahr bleiben« (Poppe, S. 215f.).

§ 428 1 B. spielt hier auf Leibniz' Begriff der adäquaten Vorstellung (*cognitio adaequata*) an (vgl. Leibniz, *Meditationes de cognitione, veritate et ideis* [*Betrachtungen über die Erkenntnis, die Wahrheit und die Ideen*], 1684, dt. Übers. in: Herring 1966, dort S. 11; vgl. die Einführung zu dieser Ausgabe, S. XXXII–XXXVII), in der sich, so B.s Argumentation, die durch die deutliche Erkenntnis erfaßbare logische und die durch die sinnliche Erkenntnis erfaßbare ästhetische Wahrheit eines Gegenstands in einer (*per se* nicht erreichbaren) vollständigen Erfassung seiner metaphysischen Wahrheit entsprechen würden.

2 Die Vorlesungsnachschrift, § 428, erläutert i. S. von *Aesthetica* §§ 7f.: [D]enke ich lebhaft und sinnlich, so kann ich oft dadurch eine deutliche Vorstellung erhalten« (Poppe, S. 216) – die Deutlichkeit der Erkenntnis der logischen Wahrheit eines Gegenstands ist jedoch nicht das Ziel der sinnlichen Erkenntnis resp. der Darstellung seiner ästhetischen Wahrheit.

§ 429 1 Es kann, wie Francesco Piselli nachgewiesen hat, astronomisch belegt davon ausgegangen werden, daß es am 25. Juli 1748 eine ringförmige (vollständige) Sonnenfinsternis gab, die auch von Teilen Deutschlands aus beobachtet werden konnte. Es ist demnach davon auszugehen, daß B. diese Zeilen im Jahr 1749 verfaßt hat (vgl. Piselli 1992, S. 185, Anm. 924).

2 Neaira: Die in Horaz, *Epod.* 15, 11 angesprochene Geliebte (vgl. Tedesco [et al.] 2000, S. 327, Anm. 782).

3 Die Vorlesungsnachschrift, § 429, bringt als weiteres Beispiel dafür, daß, soll »ein Satz nur sinnlich ausgeführt werden«, man »sich niemals gänzlich in das Deutliche einlassen« soll, wiederum Fontenelles *Entriens*

(vgl. § 38, Anm. 1, § 244, Anm. 1): »Fontenelle kann bei seiner Marquise schon etwas weitergehen, aber er kann niemals ganz strenge deutlich werden« (Poppe, S. 216).

430 1 Die Vorlesungsnachschrift, § 430, bemerkt hierzu: Schon der »Geschichtsschreiber« muß »die Wahrheiten abwägen und Kleinigkeiten weglassen«, denn dadurch unterscheiden sich die Erzählungen des Einfältigen und des Kunstverständigen. Wieviel mehr muß es der Dichter tun« (Poppe, S. 216).

431 1 Punkt II) erfolgt in § 437. – Vgl. zu B.s Begriff der Möglichkeit auch § 439 und dort Anm. 2.

2 Die Vorlesungsnachschrift definiert gemäß *Met.* §§ 7–15 ›möglich‹ als das, was keinen Widerspruch enthält und einen zureichenden Grund besitzt. Bei einem ästhetisch Möglichen muß beides nicht verstandesgemäß begreifbar, aber sinnlich wahrnehmbar sein. Als Beispiele führt die Nachschrift u.a. an: Die Planeten Mars und Venus als beseelte Körper darzustellen, stelle für die sinnliche Erkenntnis (im Gegensatz zum Verstand) keinen Widerspruch dar, dagegen sei die (im Paragraphen der *Aesthetica* mit dem Zitat aus Horaz formulierte) Annahme (*placet* i. S. v. ›der Meinung sein‹) einer Gleichheit der Sünden (*paria esse peccata*) schon sinnlich widersprüchlich (womit das *placet* im Zitat nun i. S. v. ›gefällig‹, ›sinnlich ansprechend sein‹ sich selbst widerspricht) und daher der ästhetischen Wahrheit zuwider.

433 1 Die Vorlesungsnachschrift, § 433, grenzt gemäß *Met.* § 723 das ›sittlich Mögliche in weiterer Bedeutung‹ als das, was in der Freiheit des handelnden Subjekts zureichend begründet ist, explizit vom ›sittlich Möglichen in engerer Bedeutung‹ als das, was durch das Sittengesetz erlaubt ist, ab. Die Kenntnis des sittlich Möglichen in weiterer Bedeutung erfordere nicht nur ›Schulgelehrsamkeit‹, die uns nur sage, wie die Menschen sein sollen, sondern auch den ›Umgang‹, die praktische Erfahrung (vgl. im Paragraphen der *Aesthetica* das folgende Zitat aus Cicero: »ad veritatem vitae propius accedere«) die zeigt, wie die Menschen sind (vgl. Poppe, S. 217 f.).

2 Nach dem antiken Kommentar *Pseudo-Acros* sollte ein Kolcher als wild, ein Assyrer als verschlagen, ein Mann aus Theben als einfältig, einer aus Argos als mutig charakterisiert werden (vgl. Schäfer, S. 40, Anm. 18).

434 1 Horaz, *A. p.* 154: »plausoris«.

2 Zu Horaz, *A. p.* 157 bemerkt die Vorlesungsnachschrift, § 434, S. 218: »Diese Lesart hat Bentley verbessern wollen, indem er statt *natu-*

ris maturis gesetzet; aber unser Begriff ist reicher und tiefer« (Poppe, S. 218). Gemeint ist [Richard Bentley]: *Q. Horatius Flaccus ex recensione et cum notis Richardi Bentleii*, Amsterdam 1713.

3 Vgl. Arist., *Rhetorik* 1388b–1390b (vgl. Schäfer, S. 43, Anm. 27).

4 Theophrastos von Eresos (371–287 v. Chr.), bedeutendster unmittelbarer Schüler des Aristoteles und später berühmter Lehrer an der Akademie, der über 200 Schriften verfaßt haben soll. In seinen *Ethikoi characteres* (entstanden nach 319 v. Chr.) schildert er die Sitten, vor allem aber die Schwächen und Fehlverhalten seiner Mitmenschen in Athen (vgl. Kytzler 1997, S. 362f.).

5 Gemeint ist Jean de La Bruyère (1645–96). Sein Hauptwerk *Les Charactères de Théophraste, traduits du grec, avec les charactères ou les mœrs de ce siècle* (EA 1688, in zahlreichen Auflagen erschienen, 9., endgültige Fassung 1696) bildet einen Höhepunkt der französischen Moralistik.

§ 435 1 Der Acheron steht hier sinnbildlich für niedrige, v. a. aber für sittlich verwerfliche Dinge.

2 Die Vorlesungsnachschrift, § 435, präzisiert die Bestimmung der ›sittlichen Wahrheit in engerem Sinne‹: Die Gedanken »des schönen Geistes müssen nie lasterhaft werden«, sie dürfen, »selbst, wann er von Lastern redet«, »den Sitten« (i. S. des Sittengesetzes, vgl. § 433, Anm. 1) »niemals widersprechen«. Als positive Beispiele nennt die Nachschrift Xenophon, Thukydides und Livius (Poppe, S. 218).

§ 436 1 Ein *nomenclator*, ein ›Namennenner‹, war ein Sklave, der seinem Herrn, wenn dieser ausging, die Namen der Begegnenden nennen mußte, insb. zum Behuf einer Amtsbewerbung.

§ 437 1 Vgl. § 426, Anm. 1.

2 Cn. Marcius Coriolan[us]: Eine der großen Gestalten der römischen historischen Legende. Nach dieser (bes. nach Livius) war er Sohn der Veturia und Gatte der Volumnia, eroberte 493 v. Chr. die Volskerstadt Corioli, geriet 491 als Vertreter des Patriaziats mit der Plebs in Konflikt und wurde verbannt, kämpfte 489 und 488 v. Chr. mit den Volskern gegen seine Heimatstadt Rom. Auf Bitten einer Frauengesandtschaft unter Führung seiner Mutter und seiner Gattin ging er ins Exil zurück, wo er von seinem volskischen Gastfreund Attius Tullius ermordet wurde (vgl. *Der kleine Pauly*, Bd. 1, Sp. 1306; vgl. auch § 438).

3 Vgl. zum Folgenden, auch zu § 438, Liv. 2, 33–37, 39f.

§ 439 1 Im lat. Text erfolgt ein Verweis auf § 73. Ein Rückverweis auf § 73 der *Aesthetica* macht keinen Sinn. Es ist davon auszugehen, daß hier, wie

bereits oben im Paragraphen, erneut auf § 73 der *Metaphysica* verwiesen wird.

2 Augustinus, *Epistulae* 18, 2: »omnis porro pulchritudinis forma unitas« (zitiert nach Alimonti/Carrozi 1969, S. 88). – Vgl. zu B.s Begriff der Einheit (*unitas*) in der hier hergestellten Verbindung zum Begriff der Möglichkeit (*possibilitas*) Mirbach 2004.

440 1 Vgl. zu §§ 440, 441 die Einführung zu dieser Ausgabe S. L–LII. – B. setzt bei seiner Gleichsetzung von *singulare* (resp. *individuum*, vgl. *Met.* § 148) und *idea* Leibniz' Begriff der Idee voraus, die ein individuelles Einzelwesen in allen seinen notwendigen und kontingenten Merkmalen umfaßt (vgl. § 135 und dort Anm. 2).

2 B. bezieht sich hier auf den Differenz-Begriff zurück, den er ausführlich in Abschnitt X zur Topik erarbeitet hat, vgl. ebd., insb. § 134.

441 1 Zu Leibniz' Begriff von Gottes ›mittlerem Wissen‹, auf den B. sich hier bezieht, vgl. die *Theodizee*, Teil 1, Abschnitt 39–42 (dt. Übers. in: Buchenau 1968, S. 121–123).

2 Vgl. zum Paragraphen die Vorlesungsnachschrift, § 441: »Der schöne Geist gehet in der ästhetischen Wahrheit immer herunter bis auf die *singularia*, welches in den Gegenständen der Wissenschaften nicht geschieht.« Denkt er »nur Gegenstände dieser Welt«, so sind diese »im eigentlichen Verstande wahr«, denkt er aber »Gegenstände einer anderen möglichen Welt«, so nennt sie »der Pöbel« zwar falsch, der schöne Geist aber *veritatem heterocosmicam*, und bekümmert sich nicht, ob sie in dieser Welt wirklich« oder »wann sie nur in einem gewissen Zusammenhang möglich sind« (Poppe, S. 218).

443 1 Enthymem: Vgl. § 326, Anm. 3.

445 1 Der Abschnitt zur *falsitas aesthetica* entspricht in seiner Struktur genau dem vorangegangenen, durch die dortige Numerierung übersichtlicher gegliederten Abschnitt zur *veritas aesthetica*: Nach der ersten grundsätzlichen Bestimmung des ästhetisch Falschen im Hinblick auf die subjektive, ästhetikologische, logische und ästhetische Wahrheit (§§ 445–54: vgl. zur *veritas* §§ 423–30) dessen seine Untersuchung zuerst in bezug auf die absolute Möglichkeit (§§ 455f.: vgl. § 431) und, einsetzend mit der Wiederaufnahme des Begriffs der ›Kräftemessung‹, die hypothetische Möglichkeit, wobei hier wiederum die natürliche Möglichkeit (§§ 457–62: vgl. § 432), die sittliche Möglichkeit im weiteren Sinne (§ 463: vgl. §§ 433f.) und die sittliche Möglichkeit im

engeren Sinne (§§ 464–67: vgl. §§ 435f.) unterschieden wird. Anschließend wird das ästhetisch Falsche unter dem Aspekt des Zusammenhangs (§ 468: vgl. §§ 437f.) und der damit verbundenen Frage nach der Einheit (§ 469: vgl. § 439) diskutiert, abschließend dann im Hinblick auf die Wahrheit allgemeiner Begriffe und die Wahrheit der Einzeldinge, unter besonderer Berücksichtigung der heterokosmischen Wahrheit (§§ 471–77: vgl. §§ 440–44).

2 Das von Cicero in *De inv.* 1, 90 gegebene Beispiel einer falschen Beweisführung lautet in seiner vollständigen Form: »Falsch ist die Beweisführung, in welcher offensichtlich eine Lüge steckt, z. B. auf folgende Art: ›Nicht weise kann sein, wer auf Geld keinen Wert legt. Sokrates aber legte auf Geld keinen Wert: Also war er nicht weise« (dt. Übers. zitiert nach Nüsslein 1998, S. 139).

§ 446 1 Sidon in Phönizien galt als Synonym für feinste Purpurverarbeitung, in Aquinum hingegen wurde eine einfache Rotfärbung hergestellt und verkauft (vgl. Kytzler, 2. Aufl. 1998, S. 127).

2 Die Vorlesungsnachschrift, § 446, fügt hinzu: Der Dichter soll seine ›dichterischen Freiheit‹ nicht dazu verwenden, ›fehlerhafte Unwahrheiten‹ zu setzen, doch er kann Gegenstände beschreiben, die nicht fehlerhaft, sondern nicht ›in dieser Welt wirklich‹, d. h. heterokosmisch wahr sind (vgl. Poppe, S. 219f.; vgl. § 441, Anm. 2).

§ 447 1 *ab ovo orditur*: Anspielung auf Horaz, *A. p.* 147 (Vgl. Schweizer 1988, S. 215, Anm. 78): »[N]ec gemino bellum Troianum orditur ab ovo [Nicht mit dem Zwillingsei läßt er den Krieg um Troja beginnen]« – Horaz meint damit Homer. Dem Zwillingsei, hervorgeangen aus der Begegnung Ledas mit dem in einen Schwan verwandelten Zeus, entstammen die Dioskuren und Helena, deren Raub durch Paris Anlaß des Krieges gegen Troja war (vgl. Schäfer 1972, S. 43, Anm. 25). Das sprichwörtlich gewordene *ab ovo* wird von B. wiederaufgegriffen in § 705, Horaz, *A. p.* 147, wird zitiert § 819.

§ 448 1 Der lat. Text verweist irrtümlich auf Cic., *Ac.* 4, 33.

§ 449 1 Der lat. Text verweist auf Lukr. 3, 477. Offenbar ist die Buchangabe »III« ein Druckfehler für »IIII« (= IV).

§ 450 1 Julius Paulus, spätklassischer Jurist, in den *Digesten* (dem *Corpus iuris civilis*, 528–534) neben Ulpian am reichsten vertreten, älter als Ulpian, lebte bis unter Alexander Severus (vgl. *Der kleine Pauly*, Bd. 2, Sp. 1550; Kytzler 1997, S. 105f.).

§ 452 1 Die Vorlesungsnachschrift, § 452, führt als Beispiel an: Will man von

einer Sonnenfinsternis schön denken (vgl. § 429 und dort Anm. 1), so kann man dies auch »nach dem Ptolemäischen Weltgebäude tun«. Wer gar keine Kenntnis der Astronomie hat, wird gleich sagen, es ist wahr, und ein anderer wird sich vielleicht an den Bildern vergnügen« (POPPE, S. 220).

453 1 Als Beispiel nennt die Vorlesungsnachschrift, § 453, antike Göttermythen: Innerhalb des aufgeklärten Christentums »muß ein neuerer Dichter große Behutsamkeit brauchen, wann er Jupiter und Juno noch im Ernst als Gott und Göttin beschreiben will«, nur »in allegorischer Bedeutung« verwendet sind sie hingegen schön (POPPE, S. 220f.).

454 1 Daß, so erläutert die Vorlesungsnachschrift, § 454, Vergils Beschreibung der Nacht, in der »das Vieh, die Vögel und die Menschen« schlafen, widersprechen mag, daß »vielleicht einige Menschen oder einige Vögel diese Nacht gewacht haben«, darum »bekümmert sich der schöne Geist nicht, er gehet auf den mehreren Teil« (POPPE, S. 221).

456 1 Vgl. § 103, Anm. 4.

2 Vgl. B.s spätere Anspielung auf HORAZ, *A. p.* 13, in § 515.

457 1 Vgl. § 60 und dort Anm. 1.

2 »Altlas, der das Himmelsgewölbe trug«, steht bildlich für ein natürlicherweise Unmögliches (ein Mißverhältnis zwischen ursächlicher Kraft und deren Wirkung), das dennoch in der antiken Vorstellung von Atlas, »zumal, da er in einen Berg verwandelt war«, keinen sinnlichen Widerspruch enthielt (POPPE, § 457, S. 221).

458 1 »deus intersit«, »nodus [...] vindice dignus«: Vgl. HORAZ, *A. p.* 191; von B. bereits zitiert in § 308, wird wiederaufgegriffen in § 498. Gemäß der natürlichen Kräftemessung wäre es falsch, einen *deus ex machina* zu bemühen, wo natürliche Kräfte ausreichen, den Knoten der Handlung zu lösen (vgl. POPPE, § 549, S. 222).

2 Lamia: Tochter des Belos und der Lybie, grausiges Gespenst, jeder Verwandlung fähig, das Kinder raubt und frißt; Gestalt der griech. Vampyrsage (vgl. *Lexikon der alten Welt*, Bd. 2, Sp. 1669).

459 1 Vgl. HOMER, *Ilias* 18, 478–608. Homer schildert dort den von Hephaistos geschmiedeten Schild des Achill. Homers Schildbeschreibung war Vorlage für die von B. aufgegriffene Beschreibung Vergils des Schilds von Aeneas in *Aen.* 8, 626–728 (vgl. *Lexikon der alten Welt*, Bd. 3, Sp. 2715).

460 1 Gemeint sind Achills geflügelte Rosse Xanthos und Balios, vgl. HOMER, *Ilias* 19, 400–24.

§ 461 1 Vgl. zu §§ 460, 461 die humorvolle Wiedergabe dieser Episode aus Statius' *Thebais* in der Vorlesungsnachschrift, § 460: »Ein gleiches und noch lustigeres Beispiel finden wir im Statius: Tydeus war ganz unbewaffnet; er weiß, daß ihm fünfzig bewaffnete Leute nach dem Leben stehen, dennoch gehet er unbewaffnet auf sie los, fordert sie auf, flieht auf einen Berg, sie stehen alle ruhig und sehen ihn heraufklettern, darauf nimmt er einen Stamm, den er auf sie wirft und dadurch sogleich viere zerquetscht, deren einer ein königliches Herz und einen gleichen Mut hat. Welche Fehler wider das sinnliche Kräftemaß! Er schlägt auf die übrigen 46 noch los und tötet sie alle bis auf einen und sie alle verwunden ihn nur leicht. Damit er auch nicht ganz allein nach Theben geht und einnimmt, so muß Minerva erscheinen, und nach einer solchen Arbeit und bei allen seinen Wunden behält er noch so viel Kräfte übrig, daß er sich ein Trophäum von einem Eichbaum aufrichten und ziemlich stark reden und schreien kann« (Poppe, S. 222f.).

§ 462 1 Davus: Name eines Sklaven aus Komödien des Menander und Terenz. – Pythia: Name einer Sklavin in der Komödie, z. B. bei Terenz. – Simo: Name eines Hausherrn in der Komödie, z. B. bei Plautus. – Silenus: Der Sage nach greiser Erzieher und Diener des Gottes Dionysos, als solcher eine der Hauptpersonen in Euripides' Satyrspiel *Kyklops* (vgl. Schäfer 1972, S. 40, 46, Anm. 17, 38f.).

§ 463 1 Die Vorlesungsnachschrift, § 463, bemerkt mit Bezug auf Platons *Phaidon* hierzu: Es ist nicht ästhetisch falsch, Sokrates in seinen letzten Lebensmomenten freudig vom ewigen Leben reden zu lassen, »obschon vielleicht nach der strengen Vernunft hier nicht alles wahr ist, weil diese Freudigkeit nur durch die Lehren des Christentums hervorgebracht werden kann« (Poppe, S. 223).

§ 464 1 *lapis lydium*: Die Lyder prägten die ersten Münzen im abendländischen Kulturkreis. Bei dem ›Stein der Lydier‹ handelt es sich um den sogenannten Lydit, einen schwarzen Kieselschiefer, der von den Lydern zur Silbergehaltsprüfung von (Münz-) Legierungen gebraucht wurde. Daher die metaphorische, als Redensart gebräuchliche Verwendung des Ausdrucks i. S. v. ›Prüfstein‹ (so auch in Gessner, *Thesaurus*, vgl. Piselli 1992, S. 383, Anm. 1740). Das Motiv des ›Prüfesteins‹ verwendet B. insbesondere in den *Philosophische[n] Briefe[n]*, dort in der Vorrede (S. IV) sowie im 5. (S. 14), 21. (S. 58) und 30. Schreiben (S. 89).

§ 466 1 *animi sub vulpe latentes*: Vgl. Horaz, *A. p.* 437; steht sinnbildlich für Verschlagenheit.

467 1 *Fides*: Personifizierte Gottheit der Treue.

468 1 Horaz, *A. p.* 195: Von B. bereits zitiert in § 138. In der Vorlesungsnachschrift wird der fehlende Zusammenhang in einer ästhetischen Darstellung (in der für etwas viele Gründe, aber wenig Gegründetes, d. h. wenig daraus resultierende Folgen ersichtlich sind) mit einer Anspielung auf das sprichwörtlich gewordene ›Der Berg kreist und gebiert eine Maus‹ (vgl. Horaz, *A.p.* 137–39; vgl. Phaedr. 4, 24) illustriert (vgl. Poppe, S. 224 f.).

469 1 Vgl. Poppe, § 469, S. 225: »Wann wider einige Arten der Einheit gefehlt wird, so nimmt es die Sinnlichkeit sogleich wahr. Dies muß der schöne Geist vermeiden. [...] Horaz merket dies deswegen an, weil man oft aus Liebe zum Wunderbaren hingerissen werden kann, daß man unzertrennliche Umstände trennt.«

470 1 *Laverna*: Röm. Schutzgöttin des (gerechten und ungerechten) Gewinns, daher auch der Diebe und Betrüger (vgl. *Der kleine Pauly*, Bd. 3, Sp. 523).

2 Zu diesen allgemeinen Wahrheiten werden in der Vorlesungsnachschrift, § 470, auch ›die Sätze des Christentums‹ gezählt, denen in der ästhetischen Darstellung nichts ihnen sinnlich Widersprechendes entgegengesetzt werden darf (vgl. Poppe, S. 225).

471 1 Das Falsche ›im weitesten Sinne‹ ist, so geht aus der Vorlesungsnachschrift, § 471, deutlicher hervor, nicht, wie gemeinhin angenommen wird (vgl. im Paragraphen in der *Aesthetica* »in populari sermone«, »ex vulgari loquendi formula«), schlechthin falsch, sondern schließt heterokosmische Wahrheiten ein: »Wann ich einzelne Dinge erzähle, welche weder jetzt geschehen, noch geschehen sind, noch geschehen werden, so ist dies im weitläufigen Verstande falsch (*latissime falsum*), und hierher gehöret alles, was nicht ein Teil dieser Welt ist« (Poppe, S. 225 f.). Falsches im weitesten Sinne, das dem Wahren im strengsten Sinne (vgl. § 441 und dort Anm. 2) entgegensteht, doch gleichwohl heterokosmisch wahr ist, wird dem schönen Geist zugestanden, sofern dafür, wie in den folgenden Paragraphen ausgeführt wird, eine ästhetische Notwendigkeit besteht.

472 1 Vgl. § 430.

473 1 Die Frage der Keuschheit der Dido und der Chronologie wird auch diskutiert in Vossius, *Inst. poet.* 1, 2, 7 und *Inst. or.* 1, 6, 8 (vgl. Piselli 1992, S. 221, Anm. 1078). Vgl. auch § 522 und dort Anm. 1.

474 1 In dem in Vergil, *Aen.* 5, 104–285, beschriebenen Wettkampf der

Schiffe ist der Name des von Gyas geführten dardanischen Schiffes ›Chimaera‹.

2 Bei der von B. genannten (Tragi-)Komödie *Amphitruo*, eines der erfolgreichsten Stücke des Plautus, handelt es sich um eine Mythentravestie (vgl. *Der kleine Pauly*, Bd. 4, Sp. 913).

3 Herakles (Herkules) ist in der griech. Mythologie Sohn des Zeus und der Argiverin Alkmene, der Gattin des Amphitryon (vgl. *Lexikon der alten Welt*, Bd. 2, Sp. 1258–62). Die *iustae nuptiae* sind ein *terminus technicus* in den *Digaestae* des Iustinian (vgl. *Dig.* 2, 4, 5: »pater vero is est, quem nuptiae demonstrant«). Gemäß den *Digestae* ist damit Amphitryon, Gatte der Alkmene, der rechtmäßige Vater des Herkules, woraus sich, wenn er im *Amphitruo* ›beim Herkules‹ schwört, die chronologische Falschheit ergibt.

§ 475 1 Nach Ovid, *Met.* 1, 752, brüstet sich Phaeton mit seiner Abkunft von Phoibos Apollon.

§ 478 1 Die Vorlesungsnachschrift, § 478, gibt eine konzise Definition des ästhetisch Wahrscheinlichen: »Das *verisimile* ist noch nicht *probabile*; in jenem sind einige Gründe und kein merklicher Widerspruch, in diesem ist genaue Wahrheit ohne Zweifel.« Wahrscheinliches denken heißt demnach, Dinge zu setzen, »darin ein gewisser Grad der Wahrheit ist, welche aber doch nicht gewiß wahr sind, sondern ohne merklichen Widerspruch wahr scheinen« (Poppe, S. 227). Doch noch unterschlägt diese Definition sowohl die Differenzierung von *certum* und *probabile* als auch die weitere Differenzierung des *probabile* (des Glaubhaften), die wenig später in der *Aesthetica* gemacht wird: Wahres ist logisch und ästhetisch gewiß (*certum*). Logisch (überzeugend gewiß, i. S. der *convictio*) und glaubhaft (*logice probabile*) ist, was deutlich erkannt und aus sicheren Gründen als wahr erwiesen werden kann, ästhetisch (überredend gewiß, i. S. der *persuasio*) und glaubhaft (*aesthetice probabile*) ist, was nicht logisch als wahr erwiesen werden, aber sinnlich als wahr (und insofern als wahrscheinlich) erfaßt werden kann.

§ 479 1 Vgl. Cic., *Ac.* 2, 32: »naturam accusa, quae in profundo veritatem, ut ait Democritus, abstruserit«, sowie Sen., *Quaest. nat.* 7, 32, 4: «vis ad fundum veniretur, in quo veritas posita est« (zitiert nach Schweizer 1988, S. 216 f., Anm. 88).

§ 481 1 Vgl. § 326, Anm. 3.

§ 482 1 Zum *vitium subreptionis*, dem Erschleichungsfehler, vgl. *Met.* § 545, *Acr. log.* § 319.

484 1 Ebenfalls zu diesem von B. selbst ergänzten Konglomerat aus Cic., *De inv.* 1, 46 und *De or.* 1, 83 als Quelle heranzuziehen ist Arist., *Rhetorik* 1428a25 (vgl. Schweizer 1988, S. 217, Anm. 91).

2 Griech. εἰκός bedeutet sowohl das ›Natürliche‹, vor allem aber auch das ›Wahrscheinliche‹. Daß B. das Wahrscheinliche auch i. S. v. εἰκων als ›Abbild‹ des Wahren versteht, geht aus einem Halbsatz in der Vorlesungsnachschrift, § 484, hervor: »Die Alten hießen die schöne« – die sinnlich erscheinende – Wahrheit εἰκός« (Poppe, S. 227).

3 Vgl. Arist., *Rhethorik* 1357a34, 1403a1; *Zweite Analytik* 70a5ff; *Poetik* 1454a33, 1460a26f., 1461b15 (vgl. Piselli 1992, S. 208, Anm. 1028).

485 1 Die Vorlesungsnachschrift, § 478, nennt als Beispiel eines Gegenstands, der logisch und ästhetisch glaubhaft ist: »Das *Systema copernicanum* ist vernünftig gewiß, und Fontenelle hat uns gezeiget, daß es auch sinnlich gewiß sei« (Poppe, S. 227, zu Fontenelle vgl. § 38, Anm. 1; § 244, Anm. 1; § 429, Anm. 3).

487 1 Gemeint ist die Abkürzung *k.* oder *kal.*, die für *calumnia* (Schikane, trügerische Anklage) stand oder für *calendae* (Kalenden), dem jeweils ersten Tag des Monats, an dem Schuldner ihre Zinsen begleichen mußten.

488 1 Cicero bezieht sich hier, wie das nachfolgende Zitat zeigt, auf Demokrit und Leukipp.

2 Daß es metaphysisch nichts gibt, was leer oder leblos (*inane*) wäre, ist für B. nicht im Sinne der von Cicero angeführten ›schandbaren‹ (da materialistischen) atomistischen Theorien, sondern auf der Grundlage von Leibniz' Lehre von den einfachen Substanzen »logisch vollständig gewiß« (vgl. Leibniz, *Vernunftprinzipien*, § 1, in: Cassirer 1996, Bd. 2, S. 592; vgl. *Monadologie*, § 66, ebd., S. 616).

492 1 Vergil, *Ekl.* 8, 108 wird wieder zitiert in § 900.

2 Die Vorlesungsnachschrift, § 492, nimmt insbesondere Bezug auf eine Notwendigkeit, einem entsprechenden Publikum (beweisbare) Wahrheiten sinnlich (ohne Beweisführung) als ›der Wahrheit Ähnliches‹ nahezubringen: Im Schönen müssen zuweilen »die demonstrierten Arbeiten heruntergesetzet und die Hauptschlußsätze in Fabeln und Sinnlichkeit eingekleidet werden«, der »schöne Geist muß das Beste von der Wahrheit in Wahrscheinlichkeit bringen«. Er bleibt »immer beim Wahren, aber er geht nur von dem demonstrierten Wahren ab. Der Gottesgelehrte muß dies in einer jeden Predigt vor einer schlechten Gemeinde tun« (Poppe, S. 228).

§ 494 1 Die Vorlesungsnachschrift, § 493, nennt für den sechsten Fall zwei weitere Beispiele: Zum einen die Mythologie und die Schilderung von Sylphen (Luftgeistern) in Alexander Pope (1688–1744), *The Rape of the Lock* (1712–14; vgl. Tedesco 1998, S. 188, Anm. 259), bei denen »freilich die Vernunft [...] nichts Gegründetes, allein die Sinnlichkeit [...] nichts Unmögliches« findet, zum anderen »die Lehre von den Engeln und Teufeln«, die auch »der Sinnlichkeit eines Naturalisten, der nur ordentlich denken will, nicht ohnmöglich vorkommen« wird, weshalb »ich, wann ich auch für Naturalisten denke, dieses Lehrgebäude brauchen« kann, »welches auch sonst meine christliche Vernunft als wahr erkennet« (Poppe, S. 228 f.).

2 Nisos und Eurylaos, zwei Gefährten des Aeneas, die nach der Ankunft in Latium im Kampf mit den Rutulern getötet werden. Die in *Aen.* 9, 176–445 geschilderten Kampfeshandlungen entsprechen, so die Vorlesungsnachschrift, den natürlichen Kräften der beiden Helden, im Gegensatz zur Schilderung des Tydeus bei Statius (vgl. §§ 460 f., vgl. Poppe, S. 229).

§ 495 1 Vgl. Vergil, *Aen.* 2, 314–17. Dort greift Aeneas angesichts des brennenden Hauses von Ukalegon (vgl. § 795, Anm. 1) zwar betäubt und planlos, doch voller Erbitterung und bereit ›zum herrlichen Tod‹, nach den Waffen.

§ 497 1 Es können, so die Vorlesungsnachschrift, § 497, in einer wahren Geschichte gewisse Umstände sein, die man eigentlich »nicht schön denken kann und die sich für die Sinnlichkeit des Hauptteiles der Leser nicht schicken«, die aber dennoch, »um der Lebhaftigkeit willen und um das Ganze vollständiger zu machen«, gesetzt werden sollen (Poppe, S. 230).

§ 498 1 »deus [...] nodus [...] vindice dignus«: Vgl. Horaz, *A. p.* 191. Vgl. §§ 309, 458.

2 Die Vorlesungsnachschrift, § 498, erklärt deutlicher: Vergil macht die Allianz der Trojaner mit dem Arkadier Euander zum einen durch das Erscheinen des Flußgottes Tiburinus, der Aeneas zu diesem Bündnis rät, zum anderen durch die gemeinsame Feindschaft der Trojaner und Griechen gegen die Latiner ästhetisch wahrscheinlich (vgl. Poppe, S. 231).

§ 499 1 Vergil, *Aen.* 11, 362 (und 399): Wird wieder aufgegriffen in § 546.

§ 501 1 Die Stellen aus Livius werden von B. sehr frei zitiert und teilweise abgewandelt (vgl. Schweizer 1988, S. 217 f., Anm. 94).

502 1 Die Vorlesungsnachschrift, § 502, erläutert: Wenn z. B. ein »besonderes edles Gemüt« geschildert werden soll »und seine Taten sind nicht bekannt«, so muß man sie erfinden, wenn man dasselbe ästhetisch wahrscheinlich darstellen will. In diesem Verstande kann man den Dichter einen Schöpfer nennen, der unter diesen Umständen in eine andere mögliche Welt eingehen muß« (Poppe, S. 232; vgl. *Meditationes*, § LXVIII). Zum heterokosmisch Wahren als Teil des ›im weitesten Sinne Falschen‹ – das, so die Nachschrift, ›der große Haufen‹ Lügen und unwahr nennen wird (vgl. Poppe, S. 233) – vgl. § 471 und dort Anm. 1.

503 1 Vgl. §§ 423–27.

505 1 Vgl. *Met.* §§ 557, 589; vgl. § 33, Anm. 1.

506 1 So hat Goethe nach eigenem Zeugnis den Turm des Straßburger Münsters mit seinem ›inneren Auge‹ bereits vor seiner Fertigstellung gesehen; vgl. Goethe, *Dichtung und Wahrheit*, Buch 11; vgl. Irmscher in: Herder/Goethe/Frisi/Möser: *Von deutscher Art und Kunst*, hg. von Hans Dietrich Irmscher, Stuttgart 1968 (bibl. ergänzte Aufl. 1999), S. 156, Anm. 18 (vgl. zu dieser Thematik auch Mirbach 2004.

2 Vgl. *Meditationes*, § LI.

507 1 Zur *cognitio intuitiva* vgl. *Met.* § 620.

508 1 Vgl. Vergil, *Aen.* 1, 1–3.

2 Vgl. ebd. 3, 13–18.

3 Vgl. Liv. 1, 1, 4.

4 Vgl. Vergil, *Aen.* 1, 267 f.

510 1 Vgl. Vergil, *Aen.* 10, 907 f.

511 1 Zur ›mittleren Erkenntnis‹ vgl. *Met.* § 876; vgl. § 441, Anm. 1.

2 Vgl. *Meditationes*, § LII.

3 Dichtungen von Dingen, die in dieser Welt hätten geschehen können oder geschehen könnten, sind historische Erdichtungen, auch wenn sie von einem Dichter dargestellt werden (vgl. § 509). Dichtungen von Dingen, die in dieser Welt (aufgrund einer hier unmöglichen Bedingung) nicht möglich sein konnten oder könnten, sind poetische Erdichtungen, auch wenn sie von einem Geschichtsschreiber vorgetragen werden.

512 1 Vgl. Vergil, *Aen.* 1, 180–93.

2 B. folgt hier durchgehend einer nicht üblichen Verszählung.

513 1 Synekdoche (griech. συνεκδοχή): Etwas Unausgesprochenes wird mitverstanden, eine Andeutung i. S. v. *pars pro toto* und umgekehrt, bei

der in einer quantitativen Metonymie (vgl. § 782, Anm. 2) der gesetzte Ausdruck entweder enger oder weiter als das ersetze Gemeinte ist (z. B. *carina*: ›Kiel‹ für ›Schiff‹; *moenia*: ›Mauern‹ für ›Stadt‹; vgl. BAUMGARTEN 1998, S. 20f., 29f.).

2 Nach der Vorlesungsnachschrift, § 513, ist »[d]er ganze Inbegriff aller Vorstellungen von anderen Zusammenhängen, die Dichter und witzige Köpfe schon ausgedacht haben, [...] die Welt der Dichter«. Dazu gehören, so auch die Nachschrift, nicht nur die griechische und römische Mythologie, sondern die »Kosmogonien der Alten«, die »ältesten Nachrichten der Chaldäer und Ägypter«, die »Fabeln der Gottheiten« und nicht mit der Geschichte übereinstimmende Traditionen »aller Nationen«, sowie auch die »neueren Meinungen des Cartesius und Leibniz« (POPPE, S. 233f.).

§ 514 1 Vgl. *Meditationes*, § LII; vgl. die Vorlesungsnachschrift, § 514: »Ein großer Teil [der] Möglichkeiten kann auch bloß nach der metaphysischen Möglichkeit betrachtet nicht bestehen, sondern fällt in sein voriges Nichts zurück, und diesen Inbegriff widersprechender Vorstellungen nennen wir Utopia.« Ein Beispiel einer ›utopischen Ungereimtheit‹ wäre auch, wenn »ein christlicher Dichter Engeln eine Vermischung beider Geschlechter beilegen wollte«, da dies auch dem sinnlichen Empfinden von Nichtchristen widerspräche. Ein die Sinnlichkeit nicht verletzender ›Streif nach Utopia‹ (z. B. ein Musenanruf in einer Dichtung) ist jedoch erlaubt (POPPE, S. 234).

§ 515 1 Vgl. HORAZ, *A. p.* 13, zitiert in § 456.

2 Vgl. POPPE, § 514, S. 234f.: »Wir müssen aber ja nicht blind die alten Erdichtungen der alten Poeten wählen. Zu ihren Zeiten z. B. hatte man Gedanken von der Gottheit, die zu unseren Zeiten und noch mehr bei uns als Christen gänzlich wegfallen. [...] Nehme ich einmal in einem Gedichte die Engel an, so muß ich nicht in eben diesem Gedichte die Venus und den Kupido annehmen; ich habe den Leser schon zu tief in die christliche Geisterlehre eingeführt, als daß seine Sinnlichkeit schweigen könnte.«

3 VERGIL, *Georg.* 1, 22: Im Text offenbar eine andere Lesart oder ein Druckfehler: Es muß nicht »nonnullo« (›mit manchem‹), sondern »non ullo« (›mit keinem‹) heißen (so auch bei SCHÖNBERGER 1994, S. 6).

4 Die Vorlesungsnachschrift, § 514, nennt die ›Gottheiten, die im Garten wachsen‹: »Da Horaz einmal seine orthodoxe römische Mythologie, wann ich so sagen darf, annimmt, so führt er nun nicht mit Ägyptern

Knoblauch und Zwiebeln als Gottheiten an« (Poppe, S. 234). Vgl. hierzu Juv. 15, 9 vor der von B. zitierten Stelle: »Sündhaft ist es« – in Ägypten – »Lauch oder Zwiebeln zu pflücken oder anzubeißen« (dt. Übers. zitiert nach Schnur 1969, S. 152).

516 1 Vgl. § 129.

2 Gegenüber einer gänzlich neuen, ›unbekannten‹ Erdichtung (vgl. § 518) hat eine ›analogische‹ Erdichtung, die sich an eine schon bestehende dichterische Welt anschließt, den Vorteil, so die Vorlesungsnachschrift, § 516, daß der Leser »nur einige Kennzeichen« derselben »neu denken« muß, denn viele sind schon gedacht, und es kostet ihm nicht soviel Mühe, sie aufs neue durchzuarbeiten« (Poppe, S. 235).

517 1 Die Homerische Schilderung Achills galt, so erläutert die Vorlesungsnachschrift, § 517, Horaz und Vergil als kanonisch (vgl. Poppe, S. 235).

518 1 Vgl. die Vorlesungsnachschrift, § 518: »Was den Menschen unbekannt ist, scheint ihnen gemeiniglich unwahrscheinlich, und sie stecken in dem Vorurteil, es ist falsch. Wird der schöne Geist auch seine neue Welt seinen Lesern wahrscheinlich machen können, und wird er alsdann immer genug Wunderbares beibehalten?« (vgl. Poppe, S. 235 f., Zitat S. 236). Zur Diskussion des Wunderbaren bei Gottsched und den Schweizern, die B. voraussetzt, vgl. insb. Johann Christian Gottsched, *Versuch einer critischen Dichtkunst […]*, Leipzig 1730 (4. Aufl. 1751), T. 1, V. Hauptstück; Johann Jacob Bodmer, *Critische Abhandlung von dem Wunderbaren in der Poesie und dessen Verbindung mit dem Wahrscheinlichen […]*, Zürich 1740; Johann Jacob Breitinger, *Critische Dichtkunst*, Zürich/ Leipzig 1740, 6. Abschnitt.

520 1 Die Vorlesungsnachschrift, § 521, beläßt den Ausdruck *figmentum anomalon* und definiert dieses bündig als (nach der ›analogischen‹ und ›unbekannten‹, vgl. §§ 516, 518) dritte Art der poetischen Erdichtung, »wo man nicht nur von dieser Welt ab und in andere poetische Welten eingehet, sondern auch in diese[n] etwas setzet, was ihnen gerade widerspricht« (Poppe, S. 236).

521 1 Die Vorlesungsnachschrift, § 521, erläutert die zitierte Stelle aus Livius wie folgt: »Es war eine gemeine Sage, Äneas wäre ein Gott geworden; Livius wollte es auch seiner Religion zuwider nicht leugnen; er stößt es also nicht um, sondern er sagt nur, er mag sein, was er will, er liegt da begraben, und man nennt ihn *Jovem indigitem*, und soviel war historisch wahr« (Poppe, S. 236).

522 1 In der Vorlesungsnachschrift, § 521, wird dies erläutert: Daß in der

Aeneis die Zusammenkunft von Aeneas und Dido der historischen Chronologie widerspricht, spielt innerhalb der dichterischen (heterokosmischen) Welt keine Rolle. »Hätte es aber z. B. Homer schon gesagt, daß Äneas 300 Jahre vor der Dido gelebt, so hätte Virgil behutsamer gehen müssen« (Poppe, S. 236 f.).

2 Zu finden ist die Bemerkung »Acteius philologius librum aedidit scriptum, An amaverit Didun Aeneas« in: Flavius Sosipater Charisius (4. Jh.), *Artis grammaticae libri V*, unter dem Stichwort ›Didun‹ (vgl. Piselli 1992, S. 221, Anm. 1078; vgl. Tedesco [et al]. 2000, S. 331, Anm. 939).

3 Marcus Iunian[i]us Iustinus, *Historiae Philippicae* (*Epitoma Historiarum Philippicarum* des Pompeius Trogus, entstanden wahrscheinlich im 3. Jh.).

4 Vgl. § 405, Anm. 1.

5 Tiberius Catius Asconius Silius Italicus (26–101 n. Chr.; vgl. Kytzler 1997, S. 328 f.).

6 Im lat. Text: § 408. Offenbar ein Druckfehler. Das Epigramm von Ausonius wird in § 405 zitiert.

§ 523 1 Vgl. §§ 405–07.

2 Im lat. Text: § 520. Offenbar ein Druckfehler. Es muß § 522 heißen.

§ 524 1 Vgl. Homer, *Ilias* 11, 786; vgl. Platon, *Symposion* 180a (vgl. Piselli 1992, S. 222, Anm. 1081).

2 Vgl. Mart. 11, 43 [nicht 44], 10: »Aeacidae [dem Achilles] propior levis amicus [Patroklos] erat«.

3 Vgl. Vossius, *Inst. poet.* 1, 2, 8 (vgl. Piselli 1992, S. 222, Anm. 1084). – Die Vorlesungsnachschrift, § 521, bemerkt zur (kleinlichen und letztlich unentscheidbaren) Frage des Altersverhältnisses von Achilles und Patroklos knapp: »[S]o haben alle« genannten Dichter »nicht unrecht« (Poppe, S. 237).

§ 525 1 Die Vorlesungsnachschrift Poppe, § 525, enthält hierzu eine für B.s Ästhetik insgesamt bedeutsame Überlegung zum Verhältnis zwischen poetischen (heterokosmischen) Erdichtungen und Erzählungen historisch nachgewiesener Begebenheiten innerhalb dieser von Gott als beste eingerichteten Welt: Wenn etwas geschildert wird, was »doch nicht so in dieser Welt geschehen ist, so ist die Begebenheit, wie ich sie erzähle, aus einer anderen Welt. Ist sie deshalb nicht wahr? Wollte man noch den Einwurf machen, daß, da einmal erwiesen sei, dieser Zusammenhang der Dinge ist der beste, so würden Begebenheiten aus allen anderen

möglichen Welten nicht so gut sein als aus dieser, so antworten wir, daß nur erwiesen ist, daß das Ganze das beste sei, und daß wir deshalb nicht leugnen können, daß nicht ein gewisser Teil einer anderen Welt besser sein könne als ein gewisser Teil dieser wirklichen Welt. Das, was wir schön erdichten, ist immer nur ein kleiner Teil aus einem anderen Zusammenhange der Dinge, und dieser klein[e] Teil kann besser sein als ein kleiner Teil dieser Welt.« Eine heterokosmische Erdichtung ist, solange sie begründet ist und keinen Widerspruch in sich enthält, mit Augustinus zu sprechen, »eine Figur der Wahrheit, weil es dieselbe« – gegebenenfalls entgegen oder als nur mögliche Erweiterung der faktischen Wirklichkeit – »in ein viel schöneres Licht setzet« (Poppe, S. 237f.).

526 1 Eine Fabel (i. S. der Gattung) ist, so erläutert die Vorlesungsnachschrift, § 526, eine heterokosmische Erdichtung mit dem Zweck, einen ›praktischen Lehrsatz‹ sinnlich anschaulich zu machen. Dies unterscheidet sie zum einen – so muß die Nachschrift ergänzt werden – von der Fabel i. S. der einer epischen oder dramatischen Dichtung unterliegenden Handlung, vgl. § 528, Anm. 1, vgl. § 536, sowie, so die Nachschrift, von einer ›Fabel‹ in ›landläufigem‹ Sinn als Erzählung einer bloßen Kleinigkeit, als bloße ›Hinzudichtung‹ von nicht Geschehenem zu faktischen Begebenheiten oder als bloßes ›Gerücht‹ (vgl. Poppe, S. 238f.).

527 1 Vgl. §§ 507, 509, 511. Zu den historischen Fabeln werden in der Vorlesungsnachschrift, § 527, die Gleichnisse Jesu, z. B. das Gleichnis vom Sähmann (vgl. Matth. 13, 3–23; Mark. 4, 3–20; Luk. 8, 5–15; vgl. Tedesco 1998, S. 190, Anm. 270) gezählt, bei dem es wohl möglich ist, »daß ein Landmann ein solches Land gehabt« habe (Poppe, S. 239).

528 1 Nach der Vorlesungsnachschrift bezeichnete in der Antike *fabula* (i. S. einer historischen Fabel) eine ›größere Fabel‹, »z. E. epischer Gedichte«, *fabella* hingegen »niedrig[e] Gattungen poetischer Erdichtungen nach Art des Phädrus« (Poppe, S. 239).

530 1 Vgl. § 441, Anm. 1; vgl. § 511.

534 1 Phaedr. 1, 1: Die bekannte Fabel »Der Wolf und das Lamm [Lupus et agnus]«.

2 Vgl. Baruch de Spinoza, *Ethica* 4, ›Axioma‹ sowie ›Propositio 37‹, ›Scholium 2‹ (vgl. Piselli 1992, S. 226, Anm. 1095).

3 Phaedr. 3, 10: Die Fabel »Der Dichter über Glauben und Nicht-Glauben [Poeta de credere et non credere]«. Die Fabel, deren Lehr-

spruch B. im Text zitiert – und dem vorangeht: »Hippolytos starb, weil man seiner Stiefmutter glaubte;/ weil man Kassandra nicht glaubte, fiel Troja« (dt. Übers. zitiert nach SCHÖNBERGER 1982, S. 59) – illustriert diesen mit der Erzählung über einen Mann, der, da er den Verleumdungen seines freigelassenen Sklaven glaubte, irrtümlich den eigenen Sohn tötete und nach Entdeckung seines Irrtums sich selbst.

§ 536 1 Da, so die Vorlesungsnachschrift, § 535, das »Schönste in einem schönen Stücke« das Ende (mit der Auflösung, der λύσις) ist, muß in einer mit schlichten Charakteren besetzten Komödie der Ausgang glücklich sein, da »[n]iedrige Leute« im Unglück »niederträchtig und schwach« werden würden. In einer Tragödie ist hingegen ein unglückliches Ende angebracht, da sich hier erst die »Seele des Helden« zeigt, die Größe seiner Person und seiner Sitten (POPPE, S. 240).

2 *in scirpo nodum quaerere*: Vgl. TER., *Andria* 941 (vgl. PISELLI 1992, S. 227, Anm. 1101). Der Ausdruck wird eigentlich metaphorisch gebraucht i. S. v. ›Schwierigkeiten suchen, wo keine sind‹, wird von B. hier aber im Zusammenhang des *terminus technicus* des ›Knotens‹ (*nodus*) einer erzählten Handlung wörtlich eingesetzt. Als Metapher wird der Ausdruck wiederaufgegriffen in § 784.

§ 537 1 *apologus* (vgl. griech ἀπόλογος): Erzählung, Erdichtung, Fabel.

2 *aenus* (vgl. griech. αἶνος): Sinnreiche Rede, Gleichnisrede, insb. aber auch Tierfabel oder Sprichwort. Vossius definiert αἶνος als Fabel für Erwachsene, die vergnügt und belehrt (vgl. VOSSIUS, *Inst. or.* 4, 11, 4; vgl. PISELLI 1992, S. 227, Anm. 1102).

3 Fabeln, in denen geistbegabte Wesen, Menschen oder Engel, sprechen, sind *fabulae rationales*, reine Tierfabeln sind *fabulae moratae*, Fabeln, in denen Menschen (oder Engel) und Tiere vorkommen, sind *fabulae mixtae* (vgl. POPPE, § 537, S. 240 f.). – Vgl. zur umfangreichen Diskussion der verschiedenen Arten der Fabel, die B. voraussetzt, u. a. Johann Christoph GOTTSCHED, *Versuch einer Critischen Dichtkunst [...]* (1730, 4. Aufl. 1751), T. 1, II. und IV. Hauptstück; Johann Jacob BREITINGER, *Critische Dichtkunst [...] Bod[m]er* (2 Bde.), Zürich 1740, darin: »Von der Esopischen Fabel«, Teil 1, Abschnitt 7; Johann Jacob BODMER: »Critische Vorrede« in: *Ein halbes Hundert Neuer Fabeln. Durch L. M. v. K.* [Ludwig MEYER VON KNONAU]. *Mit einer Critischen Vorrede des Verfassers der Betrachtungen über die Poetischen Gemählde* (1744); Christian Fürchtegott GELLERT, *De poesi apologorum eorumque scriptoribus/ Von denen Fabeln und deren Verfassern*, Leipzig 1744 (dt. 1772).

538 1 Die Vorlesungsnachschrift nennt als Beispiel einer theologischen Fabel Gellerts ›Das Schicksal‹ (in: Christian Fürchtegott Gellert, *Fabeln und Erzählungen*, T. 1, Leipzig 1746, S. 116; vgl. Tedesco 1998, S. 190, Anm. 272).

540 1 Vgl. § 26 und dort Anm. 1; vgl. auch § 132 und dort Anm. 1.

541 1 Bei Quint. 5, 10, 1: ἐνθυμήματα: Vgl. § 326, Anm. 3. – ἐπιχείρημα: Im rhet. Kontext: Schlußfolgerung, Beweisgrund. – ἀπόδειξις: Darstellung, Darlegung, Beweis, Beweisführung. Alle Stilmittel entsprechen zur *probatio* (vgl. griech. πίστις), dem Nachweis.

542 1 Vgl. § 484 und dort Anm. 1.

543 1 Paregmenon (griech. παρηγμένον, vgl. παράγω: wegführen, ableiten, verändern): Eine *figura etymologica* (*derivatio*; vgl. Ueding/Steinbrink 1994, S. 304), nach Lausberg eine Figur der ›Stammwiederholung‹ (vgl. Lausberg, 5., erw. und durchges. Aufl. 1976, S. 328).

2 Quint. 5, 10, 85 führt aus Cic., *Top*. 3, 12, folgende Beispiele an: »[E]os, qui rem iustam faciunt, iuste facere [Daß diejenigen, die eine gerechte Sache zustande bringen, gerecht handeln]«. Und: »[Q]uod compascuum est, compascere licere [Wo gemeinsames Weideland ist, darf man gemeinsam weiden]« (dt. Übers. zitiert nach Rahn 1995, T. 1, S. 581).

544 1 συμπόσιον: Wörtl. ›das Zusammentrinken‹: Trinkgelage, Gastmahl.

2 Vgl. *Met*. § 787.

3 Vgl. hierzu die Vorlesungsnachschrift, § 544: »Wann ich sage: [E]s kann keine Glückseligkeit ohne Glück sein, so ist dies eine Art von Wortspiel, worin aber ein Beweis liegt, wie weislich unsere Vorfahren Wörter gewählet haben, und dies streitet wider die Meinung der alten Philosophen, die ohne Glück glückselig sein wollten« (Poppe, S. 242). Vgl. *Met*. §§ 787, 912.

545 1 Ätiologie (vgl. griech. αἰτία: Ursache, Grund): Lehre von den Ursachen.

2 Vgl. Abschnitt XLI zu den *colores aesthetici* (§§ 688–703).

546 1 Die Vorlesungsnachschrift, § 545, erläutert als Farbe im hier gemeinten Sinne, wenn einer Sache durch den Ausdruck ein anderer ›Anstrich‹ und damit eine andere Bedeutung gegeben wird, wie bei der Umwandlung des Ausspruchs des Drances (vgl. Vergil, *Aen*. 11, 362; bereits zitiert in § 499) *nulla salus bello* in eine von Turnus gegen ihn gerichtete Frage (Vergil, *Aen*. 11, 399; vgl. Poppe, S. 242f.).

547 1 Im lat. Text erfolgt ein Verweis auf § 525. Offenbar ein Druckfehler. Es muß § 526 heißen.

§ 548 1 Im lat. Text erfolgt ein Verweis auf § 546. Offenbar ein Druckfehler statt § 545. – Mit einem Sinnspruch, der eine Farbe ist, meint B. offenbar einen allgemeinen Satz, der durch die Verwendung durch eine bestimmte Person oder durch die Ausrichtung an ein bestimmtes Publikum (im Sinne eines Enthymems, vgl. § 326, Anm. 3) eine eigene, subjektive Bedeutung oder Bedeutungskomponente erhält (vgl. § 546, Anm. 1). I.d.S. ist es gemeint, wenn es in der Vorlesungsnachschrift, § 547, heißt, die ›neueren Kunstrichter‹ hätten nicht ohne Grund die Regel gegeben, man müsse Sentenzen in ›sentiments‹ verwandeln (vgl. Poppe, S. 243).

2 Vgl. Euripides, *Phoenissen*, 524f. (vgl. Gunermann 1992, S. 398, Anm. 161).

3 Die Vorlesungsnachschrift erklärt näher: Die ›Sentenz‹ (i.S. einer Farbe) eines dargestellten »Bösewichts« muß »die Handlung dieses Bösewichts zu rechtfertigen suchen und ihr einen Schein der Rechtmäßigkeit geben und Gründe zum Beweise darlegen« – ohne daß dabei auf den Autor der Verdacht fällt, selbst ein »Prediger des Lasters« zu sein (Poppe, S. 243).

§ 549 1 Es erscheint inhaltlich angemessen, die *termini technici de facto* und *de iure* hier ins Dt. zu übersetzen.

2 Im lat. Text erfolgt ein Verweis auf § 547. Es muß § 548 heißen.

§ 550 1 Vgl. *Acr. log.* § 81: Eine *definitio genetica* ist eine Realdefinition (in Abgrenzung zu einer Nominaldefinition; vgl. Leibniz, *Meditationes de cognitione, veritate et ideis* [dt. Übers. in: Herring 1966, dort S. 13f.], vgl. *Metaphysische Abhandlung*, § 24 [dt. Übers. in: Cassirer 1996, Bd. 2, dort S. 370–372]).

§ 551 1 Gemeint ist vermutlich ein Ort innerhalb des in der *Aesthetica* nicht mehr ausgeführten dritten Kapitels zur heuristischen Ästhetik, der Semiotik.

§ 552 1 Epanorthose (griech. ἐπανόρθωσις): die Verbesserung, im rhet. Kontext die (Selbst-)Korrektur (vgl. Ueding/Steinbrink 1994, S. 314). Die Vorlesungsnachschrift, §§ 553, 554, erklärt: »Man kann die Wahrheit auf verschiedene Art vortragen: 1. Da man offenbar und sogleich das Falsche und Unrichtige tadelt, 2. so daß man auf eine typische Weise das Wahre sagt, indem man die falschen Sätze ziemlich übertrieben anführt. Dies ist eine Figur, die man Epanorthosis nennt« (Poppe, S. 244).

2 Vgl. § 464, Anm. 1.

554 1 Vgl. § 339, Anm. 1.

555 1 Vermutlich ein indirektes Zitat von Horaz, *A. p.* 265f., zitiert in § 154. Vgl. schon § 62.

2 *studium* wird von B. im umfassenden Sinne (von *appetitio*, vgl. § 352, Anm. 2) als entsprechende Ausrichtung der Begehrungsvermögen (vgl. § 28, Anm. 1, vgl. §§ 44f.) verstanden. Ein »aufrichtiger Freund der Wahrheit« muß, so die Vorlesungsnachschrift § 555 mit deutlicherem Rückverweis auf § 45 der *Aesthetica*, ein »gutes Herz« und eine »Neigung« zur Wahrheit haben, und zwar »der Theologe wie der Dichter«, wenn der eine »schön reden und der andere ein wahrhaftig schönes Gedicht verfertigen will« (Poppe, S. 244f.)

556 1 Im lat. Text: »S. XXIII«, offenbar ein Druckfehler: Der Abschnitt zur *gravitas aesthetica absoluta* ist Abschnitt XXIIII (= XXIV).

2 Die Vorlesungsnachschrift verweist auf »Philaret, ein[en] Spinozist[en]«, in dessen Ethik der Grundsatz sei: »Liebe die Tugend« – und »wer die Tugend liebet, muß auch die Wahrheit lieben, folglich den Grund von allem Schönen in die Wahrheit setzen« (vgl. Poppe, S. 245; gemeint ist Johann Rudolph Rodolph, *Ethica duobus libris comprehensa*, 3. Aufl. Amsterdam 1708, vgl. Tedesco 1998, S. 1991, Anm. 278).

3 B. bezieht sich Shaftesbury (1661–1713), *Sensus Communis; An Essay on the Freedom of Wit and Humour*, Part 4, Sect. 3: »For all beauty is Truth. […] In poetry, which is all fable, truth still is the perfection« (zitiert nach: Anthony Ashley Cooper, 3rd Earl of Shaftesbury, *Characteristics of Men, Manners, Opinion, Times* [EA 1711], *with a Collection of Letters. By the Right Honourable Antony Earl of Shaftesbury* [Bd. 1–3], Bd. 1, Basel 1790, S. 122).

4 Die Vorlesungsnachschrift, § 556, führt zunächst an, daß eine Erkenntnis um so mehr Wahrheit enthält, je klarer und deutlicher sie ist, gibt aber (an einer Stelle, die verderbt, jedoch im Argumentationsgang eindeutig ist) zu bedenken, daß damit keine ›bloß spekulativische‹ gelehrte Kenntnis‹ gemeint ist: »Man disputierte ehemals in der Theologie, ob ein unwiedergeborener Orthodoxe mehr Erkenntnis haben könne, als ein wahrer, aber unstudierter Christ. Man kann nach der Ästhetik diese Frage entscheiden: Der unstudierte Christ hat zwar weniger Wissenschaft, aber er lebt nach den Regeln des Christentums, und da diese[s] viel mehr Folgen haben kann, so wird seine Kenntnis auch weit wahrer sein als jenes unwiedergeborenen Gelehrten« (Poppe,

S. 245 f.) – Vgl. zu §§ 556–565 die Einführung zu dieser Ausgabe, S. LIX–LXIV.

§ 563 1 In der Vorlesungsnachschrift findet sich zu § 562 eine kryptische Notiz, welche die hier gemachte Aussage nicht relativieren, aber doch abwägend ergänzen würde: »Ein Freund der Wahrheit suchet immer den höchsten Grad derselben, aber verachtet die übrigen nicht. Er hat z. E. eine Wahrheit *formaliter* und *materialiter*, die letzte hat zwar sonst immer den Vorzug, allein als ein schöner Geist wird er öfters auch die erste wählen müssen und sie nehmen, wie er sie findet« (Poppe, S. 246).

§ 564 1 Dem lat. Text folgend erscheint hier auch in der Übersetzung der ›ästhetische Horizont‹ personifiziert.

2 Der Rückverweis im lat. Text muß ergänzt werden: §§ 119–29.

§ 566 1 So die Überschrift des Abschnitts in Poppe, S. 247.

2 Vgl. § 513, Anm. 1.

3 Die Vorlesungsnachschrift, § 566, gibt folgende Beispiele für die (jeweils auch von ›gewissen Zeiten‹ und ›gewissen Umständen‹ abhängigen) Notwendigkeit der drei verschiedenen Denkungsarten: Voltaires *Henriade* (vgl. § 183, Anm. 1) – nicht explizit – für die ästhetikodogmatische, Thuanus (Jacques August de Thou [Thuanus, 1609–77], *Histoire universelle*, La Haye 1740, vgl. Tedesco 1998, S. 191, Anm. 280) für die ästhetikohistorische und Ovids Erzählung von Phaeton für die poetische Denkungsart. – Die ästhetikodogmatische und die ästhetikohistorische Denkungsart werden im vorliegenden Abschnitt behandelt (§§ 567–79, 580–84) und haben ihre Entsprechung in den in Abschnitt XXX behandelten im strengsten Sinne wahren und den historischen Erdichtungen (§§ 505–11). Die poetische Denkungsart ist Thema des nachfolgenden Abschnitts zum *studium veri poeticum* (§§ 585–612). Ihre Diskussion erfolgt gemäß den Kriterien der in Abschnitt XXXI behandelten poetischen Erdichtungen und den in Abschnitt XXXII behandelten Fabeln (im weiteren Sinne einer erzählten Handlung und im engeren Sinne der Gattung) und wird daher sukzessiv unter den Gesichtspunkten der Hervorbringung heterokosmischer, analogischer, unbekannter und regelwidriger Erdichtungen sowie im Hinblick auf Fabeln untersucht.

§ 568 1 Die Vorlesungsnachschhrift, § 567, gibt drei Gründe für die Verwechslung der logikodogmatischen und der ästhetikodogmatischen Denkungsart an: 1) Beide heißen ›dogmatisch‹, 2) viele Dinge kann

man logiko- oder ästhetikodogmatisch denken, 3) beide Denkungsarten wurden schon früh miteinander vermischt. Der Paragraph schließt in der Nachschrift mit der Feststellung: »Wir sind Geister, wir müssen Deutlichkeit haben, aber wir sind endliche Geister und müssen also auch Sinnlichkeit haben. Es ist gut, beides zu verbinden, wann es nur nicht verwechselt wird« (Poppe, S. 248).

569 1 Vgl. *Met.* § 307.

2 Die Vorlesungsnachschrift, § 569, gibt als Beispiel die Aufgabe, »das Lob Gottes aus seinen Vollkommenheiten« in einer philosophischen Abhandlung oder in einer Ode zu erweisen. »Der Philosoph beweiset die Vollkommenheiten Gottes, allein sein eigentlicher Hauptsatz kommt erst zuletzt«, den er mit *quod erat demonstrandum* (›was zu beweisen war‹) »besiegelt«. Der Dichter verfährt anders: »Er setzt seinen Satz vorher und führet ihn durch viele Exempel durch und ziehet Folgen daraus« (Poppe, S. 248).

570 1 Die ästhetikodogmatische Denkungsart muß sich in der ›Zwischenwelt‹ zwischen Allgemeinem und Besonderem, zwischen Gattungsbegriffen, Artbegriffen und den spezifischen Bestimmungen eines Individuums bewegen (vgl. Poppe, § 570, S. 248f., vgl. Abschnitt X zur Topik, §§ 131–40).

571 1 Die Vorlesungsnachschrift, § 571, unterstreicht, daß die logische und deutliche Erkenntnis dem ›Wahrheitsfreund‹ »allezeit zu einem Faden« dient, wodurch er sich in den Dämmerungen des ästhetischen Lichts zurechte helfen kann«, indem deren »lenkende Begriffe« ihn »nie auf Abwege und Irrtümer leiten werden«: Wenn z. B. »ein Dichter oder ein Redner den Satz ausführen wollte: ›Man müsse Gott lieben, gesetzt, daß er uns auch ohne allen Grund in die unterste Hölle würfe[‹], so würde dies gleich den ewigen Wahrheiten der Vernunft widersprechen« (Poppe, S. 249).

575 1 Vgl. § 135, Anm. 2 und § 440, Anm. 2.

576 1 paränetisch: (vgl. griech. παραίνεσις: Zuspruch, Ermunterung, Warnung, Ermahnung, Rat): Nach Art einer Paränese, einer Ermahnungsschrift oder -rede bzw. der Nutzanwendung einer Predigt.

2 Elenktisch (vgl. griech. ἔλεγχος: Beweis, Überführung, insb. und hier gemeint:) Widerlegung.

3 Vgl. zu der hier gemachten Untergliederung das erhellende Schema in der Vorlesungsnachschrift, § 576:

»Genus cogitandi
aesthet. dogm. / \ historor. dogm. poeticum

theoret. — practicum (aesthet. dogm.)
paraenet. — elenchticum (practicum)
Was ich tun soll. — Satiren.«

Das Verfassen einer Satire wird in der Nachschrift als besonders schwer bezeichnet. Sie rücke nahe an die Form eines Pasquills (einer Schmäh- oder Spottschrift), das im Ästhetischen nicht mehr erlaubt sei (Poppe, S. 250).

4 An den von Juvenal genannten Ausfallstraßen Roms lagen die Gräber der vornehmsten römischen Familien (vgl. Schnur 1969, S. 168, Anm. 31).

§ 578 1 Vgl. § 326, Anm. 3.

2 Vgl. *Acr. log.* § 169: »Propositio indemonstrabilis theoretica est AXIOMA, practica POSTULATUM.« – »Ein keinen Erweis brauchender theoretischer Satz ist ein GRUNDSATZ, ein praktischer ist ein HEISCHESATZ.«

3 Vgl. *Acr. log.* § 177: »Propositio longioris demonstrationis theoretica est THEOREMA, practica, PROBLEMA.« – »Ein theoretischer Satz von längerem Beweis ist ein LEHRSATZ, ein praktischer ist eine AUFGABE.«

§ 580 1 Im lat. Text erfolgt ein Verweis auf § 466. Offenbar ein Druckfehler. Es muß § 566 heißen.

2 Die Vorlesungsnachschrift betont i. S. v. B.s Psychologie, daß bei der »Einsicht in das Zukünftige« nicht »das Prophetische, Außerordentliche und Sib[y]llinische« gemeint sei (Poppe, S. 251). Die sinnliche Vergegenwärtigung von Zukünftigen ist vielmehr gewährleistet durch die unteren Erkenntnisvermögen der *praevisio* (vgl. *Met.* §§ 595–605) und der *praesagitio* (vgl. *Met.* §§ 610–18; vgl. zu beidem § 36, Anm. 1).

3 Die ›Mantik‹ (*mantica*, griech. μαντική τέχνη) wird von B. in *Met.* § 349 als »die Kunst der Vorbedeutungen« bestimmt. Vgl. auch *Met.* §§ 604, 610; vgl. die ausführliche Gliederung der Mantik als Teil der Ästhetik innerhalb der ›organischen Philosophie‹ (vgl. § 1, Anm. 1) in der *Philos. gen.*, § 147.

§ 582 1 Vgl. § 580, Anm. 2.

§ 583 1 Vgl. § 482, Anm. 1.

2 Zu den oberen Erkenntnisvermögen gehört (analog zur *praesagitio sensitiva*, vgl. § 36, Anm. 1) die *praesagitio intellectualis seu providentia* (*prospicientia*), von B. mit ›Vorsicht‹ übersetzt (vgl. *Met.* § 641).

584 1 Die Vorlesungsnachschrift, § 584, faßt in aller Kürze zusammen: Der schöne Geist muß, da er – sowohl bezogen auf Gegenwärtiges, als auch auf Vergangenes und Zukünftiges – vom wenigsten eine vollständige Gewißheit erlangen kann, »sehr selten die strenge Wahrheit wählen« und sich »mehrenteils im Reiche des Wahrscheinlichen aufhalten«: »[D]as Wahrscheinliche ist das Feld der Schöndenkenden« (Poppe, S. 251).

585 1 Die nachfolgende Aufzählung der Argumente für die poetische Denkungsart (vgl. § 566) folgt wieder den sechs Kriterien der Vollkommenheit der sinnlichen Erkenntnis.

2 Aristeides (von Milet, um 100 v. Chr.), verfaßte die *Milesiaka*, eine Sammlung erotischer Novellen, berühmtestes Werk der erotischen Literatur in alexandrinischer Zeit. Sie wurde von L. Corn. Sisenna ins Lateinische übersetzt. Übernahmen finden sich bei Apuleius und Petronius (vgl. *Der kleine Pauly*, Bd. 1, Sp. 557).

3 Nach Vossius, *Inst. or.* 1, 9, 11, eine sprichwörtliche Wendung (vgl. Piselli 1992, S. 244, Anm. 1147).

586 1 Zu εἰκός vgl. § 484, Anm. 2.

2 Vgl. hierzu die Erläuterung in der Vorlesungsnachschrift, § 586: »Die Alten kannten unsere mittlere Wissenschaft oder *scientiam mediam* gar nicht« (vgl. § 441, Anm. 1). »Deshalb wußten sie nicht, wo sie Wahrheiten der Poeten hinsetzen sollten. Weil es« – als heterokosmische Wahrheiten – »nicht Wahrheiten dieser Welt und auch nicht eigentliche Erdichtungen sind, so rechnet sie Aristoteles zu den *Dogmaticis* oder Lehrsätzen« (Poppe, S. 253).

588 1 Catull 17, 3: »crura ponticuli stantis in redivivis«.

591 1 Da, so die Vorlesungsnachschrift, § 591, S. 253f., die »Wahrscheinlichkeiten« verschieden sind je »nach den Gegenständen, von denen ich denke«, haben der »Heldendichter und Fabeldichter« beide »eine besondere Art der Wahrscheinlichkeit zu beobachten« (Poppe, S. 253).

592 1 »Die gegenwärtige Welt«, so die Vorlesungsnachschrift, § 592, »ist die beste, die Gott hat erschaffen können, wie aus der Metaphysik bekannt ist. Soll ein anderer Zusammenhang der Dinge noch gut sein, so muß er nicht in allem von dem gegenwärtigen abgehen, sondern in vielen Stücken demselben gleich sein« (Poppe, S. 254) – wie es im Text der

Aesthetica am Beispiel der zitierten, mit der Schöpfungsgeschichte vergleichbaren Passagen im ersten Buch von Ovids *Metamorphosen* aufgezeigt wird.

§ 593 1 Vgl. Ovid, *Met.* 1, 398–415.

2 Vgl. Ovid, *Met.* 1, 452–565. Daphne, Tochter des Flußes Ladon (oder Peneios) und der Ge oder des Lakedaimon und der Sparte (vgl. *Lexikon der alten Welt*, Bd. 1, Sp. 690), Geliebte des Apoll, bat, von Apoll verfolgt, Zeus um Rettung und wurde in einen Lorbeerbaum verwandelt.

3 Vgl. Ovid, *Met.* 1, 567–687, 723–49. Io, Tochter des Inachos und der Melia (oder Argia; vgl. *Lexikon der alten Welt*, Bd. 2, Sp. 1389), Geliebte des Zeus, wird zu ihrem Schutz vor der eifersüchtigen Hera von Zeus in eine Kuh verwandelt. Nach Besänftigung der Hera erhält die nach Ägypten geflohene Io ihre menschliche Gestalt zurück.

§ 595 1 Eine Notation von § 594 fehlt.

2 Auch in der Vorlesungsnachschrift, § 595, wird bemerkt, daß der schöne Geist »nicht ganz neue Erdichtungen machen muß«, sondern daß es »viel ratsamer ist, wann sein Gebäude mit andern *in aestheticis* schon bewährten Welten viel übereinstimmt« (Poppe, S. 254). – Anschließend wird in der Nachschrift auch die (besser § 592 zuzuordnende) Frage untersucht, ob »eine Tragödie auch bloß erdichtet sein könne«, was Aristoteles verneine, indem er glaube, einer Tragödie müsse immer »eine Begebenheit dieser Welt zum Grunde liegen, die mit vielen Zwischenfabeln vermischet werden müsse« (vgl. Arist., *Poetik* 1449b23, vgl. Tedesco 1998, S. 192, Anm. 284), in welcher Ansicht ihm die meisten Neueren folgten. Voltaire hingegen bejahe die Möglichkeit einer vollständig erdichteten Tragödie. Es liegt jedoch, so die Konklusion in der Nachschrift, dabei nur ein »Wortstreit« vor, da man nicht erklärt hat, »was *bloß erdichtet* heißen soll«: Nimmt man in einer Tragödie nur Charaktere an, die den Charakteren in dieser Welt entgegengesetzt sind, »so kann eine Tragödie nicht bloß erdichtet sein«, nimmt man aber eine Begebenheit an, die niemals geschehen ist und denkt sie »dieser Welt gemäß«, »so geht es sehr wohl an« (Poppe, S. 254). Auf die Fragestellung von § 595 (in der es nicht mehr, wie in § 592, um den Zusammenhang einer heterokosmischen Erdichtung mit dieser Welt, sondern um den Zusammenhang einer analogischen Dichtung mit der Welt der Dichter geht) könnte dies analog übertragen werden: Eine Tragödie, die Charaktere annähme, die bestimmten, im *mundus poe-*

tarum schon festgelegten Charakterbeschreibungen widersprächen, würde gegen die poetische Wahrscheinlichkeit verstoßen (vgl. § 517), möglich wäre es jedoch, in einer Tragödie eine neue Begebenheit nach den Gesetzmäßigkeiten des bereits bestehenden *mundus poetarum* zu erdichten.

596 1 Kabbala: Hier von B. offenbar im weiteren Sinne von neuhebräisch *qabbala*: mündliche ›Überlieferung‹, gemeint (während Kabbala im engeren Sinne die mystische jüdische Geheimlehre und deren Schriften bezeichnet).

2 Der Rückverweis im lat. Text auf § 594 ist, da eine Notation von § 594 fehlt, auf § 593 zu beziehen.

597 1 *bidental*: Ein vom Blitz getroffener Ort. Die Stellen wurden nach etruskischem Brauch für heilig gehalten, durch ein Opfertier (*bidens*) gesühnt und mit einem Steinring eingefaßt. Wer solche ›Blitzmale‹ entfernte, versündigte sich (vgl. *Der kleine Pauly*, Bd. 1, Sp. 897f.; vgl. Schäfer 1972, S. 54, Anm. 80). Hier eine Anspielung auf Horaz, *A. p.* 471 (vgl. Schweizer 1988, S. 219, Anm. 110).

2 Eine Anspielung auf Petr., *Satyricon* 10, 1 (vgl. Schweizer 1988, S. 186, Anm. 136; vgl. Piselli 1992, S. 249, Anm. 1160).

3 Vgl. Voltaire, *La ligue ou Henry le Grand* (vgl. § 183, Anm. 1).

4 Als *gentes maiorae* galten die Generationen von Adam bis Platon, als *gentes minorae* diejenigen von Aristoteles bis zu den Epikureern (vgl. Theophilus Galeus, *Philosophia generalis in duas partes disterminata [...]*, London 1676, Bd. 1, S. 695; vgl. Piselli 1992, S. 249, Anm. 1162).

598 1 Vgl. § 520 und dort Anm. 1 sowie § 522 und dort Anm. 1.

599 1 *usque aulaea*: ›bis zum Ende des Stücks‹: *aulaeum* ist der Theatervorhang, der zu Beginn eines Stücks oder Akts herabgelassen (*aulaeum premitur* oder *mittitur*) und am Ende des Stücks hinaufgezogen wurde (*aulaeum tollitur*). Vgl. Horaz, *A. p.* 154f., zitiert in § 434.

2 Vgl. Arist., *Poetik* 1451b: »Hieraus ergibt sich, daß sich die Tätigkeit des Dichters mehr auf die Fabeln erstreckt als auf die Verse: Er ist ja im Hinblick auf die Nachahmung Dichter, und das, was er nachahmt, sind Handlungen. Er ist also, auch wenn er Geschehenes dichterisch behandelt, um nichts weniger Dichter. Denn nichts hindert, daß von dem wirklich Geschehenen manches so beschaffen ist, daß es nach der Wahrscheinlichkeit [εἰκός] geschehen könnte, und im Hinblick auf diese Beschaffenheit ist er Dichter derartiger Geschehnisse« (dt. Übers. zitiert nach Fuhrmann 1982, S. 29).

§ 600 1 *fama*: Anspielung auf Vergil, *Aen.* 4, 173–177, die Verse, die dem im Paragraphen zitierten halben Vers vorangehen.

2 Gemeint ist: John Milton (1608–74), *Paradise Lost* (1667).

§ 601 1 Die *termini technici de facto* und *de iure* werden hier und im Folgenden ins Dt. übersetzt.

2 Vgl., auch zum folgenden § 602, die Vorlesungsnachschrift, § 601: »Die Wahrheit und Wahrscheinlichkeit des dogmatischen Satzes ist das Vornehmste in der Fabel. [...] Aus dem Ausgange der Fabel muß sich zeigen, daß uns der Dichter habe unterrichten wollen, und er muß uns sagen, was wir tun oder lassen sollen; dies ist unser moralischer Nutzen oder Schaden. Es folget deshalb nicht, daß der Lehrsatz in zwei oder vier Versen unter oder über der Fabel stehen muß. Man nennt diejenigen, wo gesagt wird, wie es sein soll, *fabulas de jure*, und die, wo gesagt wird, wie es ist, *fabulas de facto*. Im Phädrus finden wir beide Exempel« (Poppe, S. 255 f.)

§ 602 1 Phaedr. 2, 1: »Iuvencus, leo et praedator [Die Kuh, der Löwe und der Räuber]«: Der Löwe verweigert einem vorbeiziehenden Räuber einen Beuteanteil an einer toten Kuh, einem ungefährlichen, bescheidenen Wanderer aber tritt er freiwillig einen Teil ab.

2 Phaedr. 2, 2: »Anus diligens iuvenem, item puella [Das alte und junge Mädchen, beide in einen Mann von mittleren Jahren verliebt]: Eine junge und alte Frau versuchen denselben Mann für sich zu gewinnen. Während er glaubt, sie kämmten ihm, rauft ihm die Älteren die schwarzen, die Jüngere die grauen Haare aus. So wird er zum Kahlkopf.

3 Phaedr. 3, 5: »Aesopus et petrulans [Aesop und der Mutwillige]: »Ein günstiger Erfolg ruft viele zum Verderben. / Ein Wicht hatt' auf Aesop einst einen Stein geworfen. / ›Brav!‹ sagte dieser ihm und gab ihm eine As. / Drauf rief er ihm noch nach: ›Fürwahr, ich hab nicht mehr, / Doch werde ich dir zeigen, wo du mehr erhältst. / Sieh dort den reichen, mächt'gen Mann. Wenn du auch diesen / Mit einem Steine wirfst, bekommst du großen Lohn.‹ / Und jener, überzeugt, befolgte diese Worte; / Doch ward er in der Hoffnung auf Gewinn betrogen; / Ergriffen nämlich mußte er am Kreuze hängen« (dt. Übers. zitiert nach Schönberger 1982, S. 53–55).

§ 603 1 Flavius Philostratos (um 170–245 n. Chr.), griech. Redner, Redelehrer und Schriftsteller, ab 202 in Rom tätig. Wahrscheinlich u.a. Verfasser einer Lebensbeschreibung des Apollonius von Tyana (vgl. Kytzler 1997, S. 267–69).

604 1 Vgl. LONGIN 9, 7 (erwähnt in § 311) sowie bes. auch 9, 10–15. – Vgl. zum Paragraphen die Vorlesungsnachschrift, § 604: »Sowohl die *Ilias* als die *Odyssee* sind Fabeln, die die poetische Wahrscheinlichkeit haben. Doch wird man finden, daß die letzte etwas unwahrscheinlicher ist als die erste, weil Homer den Ulysses ohne Not in die größte Gefährlichkeit bringt« (POPPE, S. 256).

605 1 Vgl. *Met.* § 792. Vgl. B.s Behandlung der Frage, ob die Tiere einen Verstand haben, im 26. Schreiben der *Philosophische[n] Briefe*, S. 73–76; dort heißt es u. a. S. 73f.: »Weil die Philosophen einen ieden beseelten Körper ein Thier nennen, so unterscheidet man die Worte *Thier* und *Vieh* gern, als ein Geschlecht und eine darunter begriffene Art von einander. Die Seele eines Thieres ist entweder ein Geist, oder nicht. Thiere der letztern Gattung sind das Vieh« (vgl. auch § 313 und dort Anm. 2).

607 1 Zur verflochtenen Fabel (vgl. § 535, auf den B. verweist), heißt es in der Vorlesungsnachschrift, § 607: »Hier kann ein Psychologus die Nachahmung der Natur am besten einsehen«, denn »es heißt *praesens impraegnatum cum praeterito dat futurum*« (»die mit der Vergangenheit schwangere Gegenwart gebiert die Zukunft«, vgl. *Met.* § 596, vgl. LEIBNIZ, *Monadologie*, § 22 [in: CASSIRER 1996, Bd. 2, S. 607]). »Wer der Natur gemäß denkt, wird leicht finden, daß es nötig ist, daß das Vergangene mit dem Gegenwärtigen so verbunden werde, daß man schon anfänglich ob zwar *cryptice* die Entwicklung an die Hand gibt. Man muß zuletzt wissen können, warum der ganze Knoten so und nicht anders gemacht ist« (POPPE, S. 257).

2 Der im lat. Text gegebene Rückverweis auf § 594 muß wiederum als Verweis auf § 593 gelesen werden (vgl. § 595, Anm. 1).

3 Gemeint ist die Einhaltung der Konsistenz eines Charakters oder einer Rolle im Hinblick auf ihre Zugehörigkeit zu einem bestimmten gesellschaftlichen Stand (vgl. POPPE, § 607, S. 257).

608 1 PHAEDR. 3, 17: »Arbores in deorum tutela [Die Bäume unter dem Schutz der Götter]«.

609 1 Vgl. § 545 und dort Anm. 1.

2 Vgl. § 546 und dort Anm. 1.

3 Die Vorlesungsnachschrift, § 609, macht das Argument deutlicher, das im Paragraphen mit »Sed hoc mittiamus« ausgelassen wird: In der herangezogenen Fabel von Phaedrus findet sich ein nicht zu vereinbarender Widerspruch zwischen Jupiters erster Aussage »Honore fructum

ne videamur vendere« – die, so die Nachschrift, »wahrhaft erhaben« ist – und seiner nach Minervas Wahl des Olivenbaums offenbar dahingehend geänderten – keineswegs erhabenen, im Lehrsatz der Fabel wieder aufgenommenen und in der Nachschrift als ›plump‹ bezeichneten – Meinung, daß bei einem Tun, das keine ›Früchte‹ (nun i. S. v. keinen Nutzen) bringt, die damit verbundene Ehre (der Ruhm) wertlos sei. Die Fabel vermischt damit – gerade in ihrem Spiel mit der wörtl. und übertragenen Bedeutung von *fructus* – in unzulässiger Weise göttliche mit niedrigen menschlichen, auf bloßen Nutzen ausgerichteten Handlungsmotiven.

§ 610 1 Vgl. § 585, Anm. 2.

§ 611 1 Das Zitat stammt aus dem *Pervigilium Veneris*, die *Nachtfeier der Venus* (*Anthologia Latina*, 200) einer Dichtung in 93 trochäischen Tetrametern. Die Zeit seiner Entstehung ist umstritten, möglicherwiese im 2. oder 4. Jh. n. Chr. (vgl. Kytzler 1997, S. 260). – Das Zitat wird in § 902 noch einmal angeführt.

2 Offenbar von B. selbst eingefügt.

§ 612 1 Vergil, *Aen.* 12, 440 beginnt mit »Et«. – Vgl. zum Paragraphen die letzte Notiz in der Vorlesungsnachschrift, § 612, 613: »Man muß den Helden groß vorstellen, doch *cum quadam remissione*. Dies finden wir bei dem Äneas und Achilles und andern epischen Gedichten. Am Ende wird er wieder in seiner vollen Größe erscheinen« (Poppe, S. 258). Hiermit endet die Vorlesungsnachschrift. Bernhard Poppe (S. 62 f.) geht u. a. aufgrund des § 118 der Handschrift (vgl. § 118, Anm.1) davon aus, daß die Vorlesung wahrscheinlich im Sommersemester 1750 oder im Wintersemester 1750/51 zum ersten Teil der *Aesthetica* gehalten wurde. Der zweite, unvollendete Teil der *Aesthetica* erschien dann erst 1758. Zu diesem ist keine Nachschrift einer Vorlesung bekannt.

Vorrede 1758

1 Die Angabe des Datums ist offenbar zu lesen als ›ante dies II. calendae April‹, also zwei Tage vor den Kalenden (dem ersten Tag) des Monats April, womit der 30. März gemeint ist (vgl. Piselli 1992, S. 258, Tedesco [et al.] 2000, S. 209).

§ 616 1 *pedanei*: Wahrscheinlich eine Anspielung auf das Amt des *senator pedarius*, der nur eine sehr eingeschränkte richterliche Verfügungsgewalt innehatte (vgl. Tedesco [et al.] 2000, S. 333, Anm. 1047).

618 1 Bezüglich des erwähnten Spurinna wird bei Tacitus, genauer als von B. wiedergegeben, allerdings von einer Vielzahl verschiedener Beschäftigungen innerhalb einer wenig ›lebhaften‹, sehr streng geregelten Lebensweise berichtet (vgl. Tac., *Ann.* 3, 1, 3).

620 1 L. Coelius Antipater, jur. gebildeter Lehrer der Beredsamkeit (berühmtester Schüler: L. Crassus) und Historiker (um 180–170 bis nach 121 v. Chr; vgl. *Der Kleine Pauly*, Bd. 1, Sp. 1239).

621 1 Diese sehr schöne Übersetzung von »aversa fronte pugnantes« verdankt sich Schweizer 1973, S. 303.

623 1 Anspielung auf Horaz, *A. p.* 333.

624 1 Bei Cic., *Or.* 36 lautet das letzte Wort »iudicari«, im lat. Text bei B. »indicari«. Es ist schwer zu entscheiden, ob es sich bei letzterem um einen Druckfehler oder um eine bewußte Änderung handelt. Ein Hinweis, daß es auch im Text der *Aesthetica* »iudicari« heißen müßte, kann das »iudicentur« am Ende des Paragraphen geben.

2 ›Eine Wolke statt der Juno umfassen‹: Vgl. §§ 106, 318.

625 1 Bei Quint. 8, 3, 6: »repetam enim«.

626 1 Horaz, *A. p.* 14–16 wird von B. auch in den *Meditationes*, § XXIX, zitiert.

2 *ciconia* in der eigentl. Bedeutung: Storch.

3 »caecum imitatorum pecus«: Indirektes, etwas abgewandeltes Zitat aus Horaz, *Ep.* 1, 19, 19 (vgl. Schweizer 1973, S. 308, Anm. 4).

4 Juvenal kritisiert hier den von Asinius Pollio unter Augustus eingeführten Brauch der öffentlichen oder halböffentlichen Poesievorträge im Hause reicher Privatleute. Inhalt der Vorträge waren meist abgedroschene mythologische Inhalte (vgl. Schnur 1969, S. 165, Anm. 1). – Aeacus: Sohn des Zeus und der Aigina, Richter in der Unterwelt. – Monychus: Ein Kentaur (vgl. Ovid, *Met.* 12, 510). – Fronto: Vielleicht T. Catius Fronto, Konsul im Jahre 96 n. Chr. (vgl. Martial 1, 55; zu den hier gegebenen Nachweisen vgl. Schnur 1969, Namensregister).

527 1 Vgl. Phaedr. 1, 3; eine Anspielung auf diese Fabel findet sich auch bei Horaz, *Ep.* 1, 3, 18–20.

528 1 ›Zwerg des Helikon‹: Vgl. §§ 359, 366.

531 1 Um der begrifflichen Klarheit und Lesbarkeit willen werden hier und im Folgenden die griechischen Ausdrücke κατ' αἴσθησιν und κατὰ νόησιν im Text der dt. Übersetzung beibehalten.

532 1 Die genau parallele Konstruktion dieses Paragraphen zur zweiten Hälfte von § 631 zeigt auch eine sehr überlegte Wortwahl. Hieß es in

§ 631 *res et cogitatio sensitive percipienda*, so heißt es nun in § 632 *res et cogitatio per intellectum et rationis concipienda.*

§ 634 1 Vgl. Horaz, *A. p.* 450. Aristarchos von Samothrake (um 216–144 v. Chr.): Bedeutendster alexandrinischer Philologe, dessen Namen sprichwörtlich für einen ernsten lauteren Kritiker stand (vgl. Schäfer 1972, S. 53, Anm. 76).

§ 635 1 Vgl. § 7 und dort Anm. 2.

§ 636 1 Zu den Begriffen *intensio*, *extensio* und *protensio* vgl. § 155, Anm. 1.

§ 638 1 Antiphon der Sophist (spätes 5. Jh. v. Chr., bez. dessen schon in der Antike Unklarheit bestand, ob er mit Antiphon aus Rhamnus, um 480–411 v. Chr., ältester der zehn zum Kanon zählenden attischen Redner und mutmaßlicher Lehrer des Thukydides, identisch ist) verfaßte u. a. eine fragmentarisch erhaltene Schrift über die Traumdeutung (vgl. *Lexikon der alten Welt*, Bd. 1, Sp. 187f.).

§ 640 1 Cotta kritisiert in seiner Rede im dritten Buch von Ciceros *De divinatione* vor allem die ›dunkel‹ bleibende Götterlehre der Stoiker.

2 Bei Cic., *De nat. deor.* 3, 94: »ratio Stoicorum«.

§ 641 1 Johann Leonhard Frisch, *Teutsch-Lateinisches Lexikon*, Berlin 1741, übersetzt chymia mit »Distillir-Kunst« (vgl. Aso [et al.], *Onomasticon philosophicum* 1989, S. 49).

§ 644 1 »composita oratio et ornata [...] expolitione distincta«: Indirektes Zitat aus Cic., *De or.* 1, 50; vgl. § 251.

§ 646 1 *plurima scripta*: Hier i. S. v. ›weitläufige Schriften‹ zu übersetzen, unter Beachtung der im Paragraphen vorhergehenden Charakterisierung Epikurs als »paullo verbosior« und des Rückverweises auf § 636, in dem als Grund der Dunkelheit auch die wortreiche Weitläufigkeit angegeben wurde.

§ 647 1 Vergil, *Aen.* 6, 270–272: Schon einmal zitiert in § 58.

§ 649 1 Zum objektiven, an und für sich Unverständlichen (*inconceptibile in se*, *absolute*) und subjektiven, von der jeweiligen Person abhängigen Unverständlichen (*inconceptibile relative*) vgl. *Met.* §§ 632f.

§ 651 1 »plures ad clepsydras«: Der Ausdruck bezieht sich auf die Praxis an griechischen und römischen Gerichtshöfen, die Sprechzeit der Vortragenden mit der Wasseruhr (*clepsydra*, griech: κλεψύδρα) zu messen (vgl. Tedesco [et al.] 2000, S. 334, Anm. 1102).

2 Im Text: »Fusii« (statt ›Fufii‹, vgl. Anm. 3), ein Druckfehler oder ein Wortspiel mit *fusus*.

3 L. Fufius: Kläger im Prozeß des Jahres 98 v. Chr. gegen den Konsul

M. Aquilius. – Cn. Pomponius: Volkstribun 90 v. Chr. (vgl. Merklin 1976, S. 632, 643).

652 1 Die *Noctes Atticae* des Aulus Gellius (um 130 bis um 180 n. Chr.) sind eine nicht vollständig überlieferte Exzerptensammlung, in der in rund 400 Kapiteln Informationen aus etwa 275 Autoren zu den unterschiedlichsten Wissensgebieten zusammengestellt sind, teilweise in Form von Dialogen oder Lehrvorträgen bestimmter Gelehrter (vgl. Kytzler 1997, S. 141).

2 Das Zwölftafelgesetz (*lex duodecim tabularum*) ist das älteste bekannte römische Gesetzgebungswerk. Es wurde um 451/50 v. Chr. von einer Kommission aus zehn Männern (*decemviri*) erstellt und blieb bis in die frühe Kaiserzeit Grundlage des römischen Rechtslebens.

3 *pulvis* (grüner Glasstaub) und *radium* (Stäbchen) waren Instrumente, mit denen die Mathematiker in der Antike ihre Figuren zeichneten. Sie stehen daher metonymisch für ›Mathematik‹.

653 1 Die »tres partes« meinen bei Cicero die Platon zugeschriebene Einteilung der Philosophie in Physik, Dialektik und Ethik (vgl. Merklin 1976, S. 601, Anm. 17).

2 B. bezieht sich hier auf Cic., *De or.* 2, 61 (vgl. den Rückverweis auf § 121).

654 1 Die genannten Einschränkungen folgen den sechs Kriterien der Vollkommenheit der sinnlichen Erkenntnis. Dem entspricht dann die in §§ 657–62 durch die Numerierung I) –VI) gekennzeichnete Aufzählung der Fälle, in denen ›verhüllende Schatten‹ gesetzt werden müssen, betreffend *ubertas* (§ 657), *magnitudo* (§ 658), *veritas* (§ 659), *lux* (§ 660), *certitudo/ persuasio* (§ 661) und *vita* (§ 662). – Der ästhetische Schatten (*umbra*) entspricht in seiner Trias mit dem ästhetischen Licht (*lux*) und der ästhetischen Finsternis (*calligo*, *obscuritas* κατ' αἴσθησιν) – nicht nur in der Position seiner Behandlung innerhalb der Struktur des Textes, sondern auch lichtmetaphysisch fundiert – der ästhetischen Wahrscheinlichkeit in deren Trias mit der ästhetischen Wahrheit und Falschheit. Das Licht der Wahrheit zeigt sich der Erkenntnis nicht in seinem vollen Umfang, notwendig sind daher auch Schatten, Abschattierungen (daher die Notwendigkeit der *iusta lucis et umbrae dispensatio*, Abschnitt XL), aus denen sich gleichwohl erst das sinnlich wahrnehmbare vielfältige Spektrum der Farben (der *colores aesthetici*, Abschnitt XLI) ergibt (vgl. die Einführung zu dieser Ausgabe, S. LXIV).

655 1 *exta*: (Edlere) Eingeweide der Opfertiere (Herz, Lunge, Leber), aus

denen geweissagt wurde. Daher auch der Begriff *extispex* (= *hauruspex*): der Eingeweideschauer, Zeichendeuter.

2 »quae terrae fremitus, mugitus, motus gravia ac vera civitatibus praedixerint«: Indirektes Zitat ebenfalls aus Cic., *De div.* 1, 35.

§ 657 1 B. unterscheidet im gesamten Abschnitt genau zwischen *obumbrare* (›in Schatten hüllen‹) im Gegensatz zu *obscurare* (›verdunkeln‹).

§ 658 1 Das Adj. *tantus* wird hier und im Folgenden öfter i. S. v. ›bedeutend‹ gebraucht.

2 Im Text bei Cic., *De fin.* 3, 45: »stilla mellis«: ›ein Tropfen Honig‹. B. ersetzt *mel* durch *muria* (Salzlake), was in das Bild des sich Verlierens im (salzigen) Meerwasser auch besser paßt.

3 Bei Cic., *De fin.* 3, 45: »rerum corporearum aestimatio«.

§ 659 1 *transenna*: wörtl. ›Gitterfenster‹ (auch ›Vogelnetz‹). Das Bild entspricht vermutlich einer Butzenscheibe, einem Fenster aus mit Blei eingefaßten, in der Mitte verdickten, meist runden Glasstücken, durch welches die im Blickfeld befindlichen Dinge nur verschwommen und abgedunkelt wahrgenommen werden können.

§ 660 1 Der im lat. Text gegebene Rückverweis auf § 222 zeigt den Bezug auf Mart. 6, 19.

2 Von Luna (Selene, oft mit Trivia = Hekate gleichgesetzt) heißt es, daß sie ihren Geliebten Endymion, dem Zeus ewige Jugend und ewigen Schlaf schenkte, in einer Höhle auf dem Latmus in Carien besuchte. Bei Catull, *Carm.* 66, aus dem B. die Verse zitiert, dient der Mythos zur Umschreibung einer Mondfinsternis (vgl. von Albrecht 1995, S. 185, Anm. 4; vgl. *Lexikon der alten Welt*, Bd. 1, Sp. 811).

§ 661 1 Vgl. § 170, Anm. 2.

§ 663 1 Vgl. Quint. 8, 2, 18, wird zitiert im folgenden § 664.

2 Der zitierte Passus Quint. 8, 2, 17, an den sich die von B. am Schluß von § 664 zitierte Stelle 8, 2, 18 unmittelbar anschließt, entbehrt nicht der Ironie: Um ›glänzen‹ zu können, ›verdunkeln‹ manche Redner und Schriftsteller ihr Werk, indem sie den gängigen Sprachgebrauch durch einen letztlich unverständlichen Wortschwall ersetzen.

§ 666 1 Die Gliederung des Abschnitts entspricht insgesamt den von B. hier eingangs genannten beiden Aufgaben der rechten Verteilung des Lichtes und des Schattens I) bezogen auf die ästhetische Darstellung als ganze, II) bezogen auf das Verhältnis des Ganzen zu seinen Teilen. Die Binnengliederung ist dabei folgende: I) Die Verteilung von Licht und Schatten in der Darstellung als ganzer (§§ 667–81), untergliedert –

gemäß den Prinzipien der ästhetischen Kräftemessung – 1) in bezug auf die Natur des Themas (§§ 667–677), 2) in bezug auf die Natur des Autors (§ 678), 3) in bezug auf die Natur des Publikums (§§ 679–681), wobei sich die Erwägung der Natur des Themas (1) wieder, wenn auch nicht immer klar abgegrenzt, an den sechs bekannten Kriterien orientiert: *ubertas* (§ 667), *magnitudo* (§ 668), *veritas* und *lux* (§§ 671–676), *certitudo* und *vita* (§ 677). II) Die Verteilung von Licht und Schatten im Verhältnis des Ganzen und seiner Teile (§§ 682–687).

2 Die von B. aufgestellte Verhältnisbestimmung von Licht und Schatten der aufeinanderfolgender Teile der Darstellung könnte paradox erscheinen: Ein vorangehender Teil soll durch einen nachfolgenden nicht verdunkelt, sondern erhellt, ein nachfolgender aber durch den vorangegangenen nicht erhellt, sondern in Schatten gehüllt werden. Die Paradoxie löst sich auf, wenn man sich das (von B. bevorzugte, vgl. § 7 und dort Anm. 2, vgl. § 635) Bild des Verlaufs der Sonne innerhalb eines Tages vor Augen hält: Der Mittag erhellt den Morgen und hüllt dann, verglichen mit seinem Licht, den Abend in Schatten. Das Werk eines *felix aestheticus* soll den Betrachter nicht durch einen immer mehr sich steigernden Glanz (in einer stetigen Klimax) blenden (vgl. § 682; vgl. Schweizer 1973, S. 335 f.), sondern sich wie das Licht im Laufe eines Tages ›natürlich‹ (in einer zu einem Zenit sich hin- und von diesem wieder fortbewegenden Richtungnahme) verteilen. Zu beachten ist auch hier (vgl. § 657, Anm. 1) die Wortwahl: Ein vorangehender Teil soll nicht durch den nachfolgenden verdunkelt (*obscuratur*), ein nachfolgender aber durch den vorangehenden in Schatten gehüllt werden (*obumbratur*), letzteres ist hier – vgl. auch den vorangegangenen Abschnitt zur *umbra aesthetica* (vgl. § 657, Anm. 1) – positiv konnotiert.

667 1 Horaz, *A. p.* 363: Bereits zitiert in § 97.

672 1 Cic., *De fin.* 2, 15: »quia«.

675 1 Vgl. § 672.

2 Die Zitation von Horaz, *A. p.* 11, enthält ganz offensichtlich auch einen Selbstbezug von B. im Hinblick auf seine eigenen akroamatischen (für Vorlesungen bestimmten, mündlich zu erläuternden) Schriften.

3 Das Zitat wird von B. Horaz zugeschrieben, läßt sich in seinem Werk allerdings nicht nachweisen.

676 1 Vgl. Arist., *Poetik.* 1448b; vgl. § 18.

677 1 *florens*: ›blühend‹, kann auch ›glänzend‹ bedeuten, daher entspricht

die Koppelung von »florentibus herbis« – »umbra« im Zitat dem von B. im Paragraphen Gemeinten.

2 Vergil, *Ekl.* 5, 40, wird erneut zitiert in § 683.

§ 678 1 Zu Juv. 7, 173 vgl. Petr., *Satyricon* 2, 4 (vgl. Schnur 1969, S. 193, Anm. 40).

2 *chria* (vgl. griech. χρεία: Gebrauch, Anwendung, Benutzung, Ausübung, Übung), als dt. Lehnwort ›Chrie‹: Von den griech. Rednerschulen entstammende schematische Disposition für Schulaufsätze (vgl. hierzu Vossius, *Inst. or.* 5, 7, 8; vgl. Piselli 1992, S. 289, Anm. 289).

3 *battologia*: Vgl. griech. βαττολογέω: plappern, schwatzen.

§ 680 1 »pondere ac arte destituerentur«: Eine Anspielung auf Horaz, *A. p.* 320, zitiert in § 226.

§ 683 1 Vgl. § 677.

§ 684 1 Maecenas, der bei dem in Horaz, *Serm.* 2, 8 geschilderten Gelage den Ehrenplatz innehat, ist umgeben von zwei Unterhaltern, *scurrae* oder *umbrae* (Schatten) genannt, dem Servilius Balatro und Vibidius (vgl. Büchner 1972, S. 213 f., Anm. 20).

2 Canidia: Eine Frau von schlechtem Leumund, die Horaz wegen ihrer Zauberkünste und Giftmischerei mehrfach angreift (vgl. mit Stellennachweisen *Der kleine Pauly*, Bd. 1, Sp. 1037).

§ 686 1 *eminentia*: Bezeichnet hier einen Fachterminus der Theorie der Malerei: Das Hervortreten lichtvoller Partien innerhalb eines Gemäldes.

§ 687 1 Der *Panegyricus* von Gaius Plinius Caecilius Secundus (61/62–112 n. Chr.) ist die erweiterte Fassung seiner am 1. September 100 bei seinem Amtsantritt als Konsul gehaltenen Preisrede auf Kaiser Trajan (vgl. Kytzler 1997, S. 285).

2 »ordo saltim et transitus figurae«, bei Plin., *Ep.* 3, 13: »ordo saltim et transitus et figurae«.

§ 691 1 Bei Plin., *Nat. hist.* 35, 50: »Aetion«.

2 Plin., *Nat. hist.* 35, 50 nennt als die vier Farben: Das Weiß der Melos-Erde, das Gelb des attischen Ockers, das Rot der pontischen Sinope-Erde und das Schwarz des *atramentum* (eine kohlenstoffhaltige Verbindung, die zur Herstellung von Tinte bzw. Tusche benutzt wurde; vgl. hierzu ausführlich König, 2., überarb. Aufl. 1997, S.198–200). – Apelles: Zeitgenosse Alexanders des Großen (356–323 v. Chr.), galt in der Antike als der größte Maler. – Aëtion: Maler, der nach Plin., *Nat. hist.* 35, 78 seine Blütezeit um 352 v. Chr. hatte (vgl. *Der kleine Pauly*, Bd. 1, Sp. 105). – Melanthios: Zeitgenosse des Apelles, gehörte zur sikyon.

Malerschule (vgl. *Der kleine Pauly*, Bd. 3, Sp. 1165). – Nikomachos: Wirkte als Maler in der 2. Hälfte des 4. Jhds. v. Chr. (vgl. *Der kleine Pauly*, Bd. 4, Sp. 113).

3 Plin., *Nat. hist.* 28: Vgl. das ausführlichere Zitat in § 685.

693 1 Vgl. § 319, Anm. 1.

697 1 Boreas, in Thrakien hausender Gott des Nordwindes, ein Titan, Sohn des Astraios und der Eos, raubte aus Athen die Erechtheustochter Oreithyia (vgl. *Lexikon der alten Welt*, Bd. 1, Sp. 487).

703 1 *color*: Kann im Lat. homonym für ›Farbe‹ und ›Äußeres‹ verwendet werden.

2 »Horatius […] splendite mentitus«: Eine Anspielung auf »splendide mendax« in Horaz, *Carm.* 3, 12, 35 (vgl. Tedesco [et al.] 2000, S. 336, Anm. 1196).

3 Zu den auf dem Prinzip der verneinten völligen Identität (*principium negatae totalis identitatis*, dem *principium identitatis indiscernibilium*) und dem Prinzip der verneinten völligen Gleichartigkeit (*principium negatae totalis congruentiae*) beruhenden Prinzpien der verneinten völligen Ähnlichkeit (*principium negatae totalis similitudinis*) und der verneinten völligen Gleichheit (*principium negatae totalis aequalitatis*) vgl. *Met.* §§ 269–72. Gemäß letztgenannten beiden Prinzipien gibt es keine zwei Gegenstände, die (bezüglich ihrer Qualitäten) vollkommen ähnlich (*simile*) oder (bezüglich ihrer Quantität) vollkommen gleich (*aequalis*) wären; vgl. zu *congruens, similis, aequalis Met.* § 70.

704 1 »locum decentem«: Vgl. Horaz, *A. p.* 92, von B. als Zitat gekennzeichnet im folgenden § 705.

705 1 Bei Lukan, *Pharsalia* 1, 8: »quis furor, o cives, quae tanta licentia ferri«. – Zu einer Erzählung »ab ovo« vgl. Horaz, *A. p.* 147; vgl. § 447 und dort Anm. 1, vgl. § 819.

2 »Als epischer ›Kyklos‹ (›Kreis‹) wurden von den griechischen Grammatikern die frühgriechischen Epen – außer der *Ilias* und *Odyssee* – bezeichnet, die zusammen eine fortlaufende Darstellung der mythischen Sagen von der Erschaffung der Welt bis zum Tode des Odysseus, speziell vor und nach der *Ilias*, bildeten. In hellenistischer Zeit wurde ›kyklisch‹ zu einem literarischen negativen Wertbegriff« (Schäfer 1972, S. 42, Anm. 21). Auch Horaz kritisiert an der Stelle, aus der B. zitiert (*A. p.* 136–39), ironisch den »scriptor cyclicus«: »›Priams Geschick will ich singen, den Krieg auch der Edlen‹./ Wer solches verspricht, was wird er verkünden, das wert ist, so weit den Mund aufzumachen?/Gebirge

gebären, heraus kommt ein komisches Mäuschen« (dt. Übers. zitiert nach Schäfer 1972, S. 13; vgl. auch § 468, Anm. 1).

§ 706 1 *oenotria iura*: Bezieht sich auf die sogenannten *oenotri*, ein vorgeschichtlicher Stamm, der unter seinem König Italus wohl den südwestlichen Halbinselvorsprung Italiens bewohnte, benannt nach dem arkadischen Lykaonsohn Oenotrus (Oinotros), der 17 Generationen vor dem Trojanischen Krieg die erste griechische Kolonie nach Italien geführt haben soll. Dichterisch wurde der Name *oenotri* auf ganz Italien übertragen (vgl. Vergil, *Aen.* 1, 532; 3, 165; 7, 85; vgl. *Der kleine Pauly*, Bd. 4, Sp. 246f.; vgl. Vezin, 6. Aufl. 2000, S. 647).

2 Vgl. Horaz, *A. p.* 97.

3 Tiphys: Steuermann auf der Argo, dem Schiff der von Jason geführten Argonauten.

§ 707 1 Im lat. Text erfolgt der Verweis »§ 708, 706«. Statt § 708 muß es § 705 heißen.

§ 708 1 Der Name der Curier leitet sich ab von Manius Curius Dentatus, Konsul 290, 275, 274 v. Chr., Censor 272, der die Samniter, Sabiner und Pyrrhus besiegte und als Vorbild für altrömische Bescheidenheit und Sittenstrenge galt, vgl. Mart. 1, 25 und 9, 28 (vgl. Schnur 1969, S. 237.)

2 Bei Cic., *De fin.* 4, 78: »ex ordine«.

§ 709 1 Vgl. § 646.

§ 710 1 Bei Quint. 2, 13, 14: »praecepta [...] καθολικά [...] universalia vel perpetualia«.

§ 711 1 Vgl. Horaz, *Serm.* 1, 2, 27: »pastillos Rufillus olet«.

2 Honig vom Hymettos in Attika galt zur Zeit des Horaz als der beste, Falerner aus Kampanien als der beste Wein (vgl. Büchner 1972, S. 200, Anm. 15).

§ 713 1 »genus praeceptorum catholicorum«: Einfügung von B. statt Quint. 2, 13, 14 »hoc genus«, womit sich Quintilian jedoch auch auf die *praecepta καθολικά universalia vel perpetualia* (vgl. § 710, Anm. 1) zurückbezieht.

§ 714 1 Gemeint ist wahrscheinlich Q. Curtius Rufus, Verfasser der einzigen erhaltenen, sehr farbenprächtigen und romanhaften, lateinischen Alexandermonographie (vgl. Piselli 1992, S. 303, Anm. 1361; vgl. *Der kleine Pauly*, Bd. 1, Sp. 1349f.).

§ 715 1 Vgl. §§ 240f.

2 Vgl. § 328.

§ 716 1 *flexio*, Koloratur: Modulation der Stimme, Verzierung des Gesangs

(in hohen Lagen) durch Triller, Läufe etc. – *vocula falsa*, Falsett: männliche Kopfstimme.

717 1 Horaz bezieht sich in *A. p.* 275–77 auf die der Überlieferung nach von Thespis als erstem (um 536–532 v. Chr.) eingeführte Tragödie. Allerdings soll nicht Thespis (der vermutlich Bleiweiß benutzte), sondern den ältesten Chören der Komödie die Weinhefe als Schminke gedient haben (vgl. Schäfer 1972, S. 47f., Anm. 45).

718 1 Elegische Distichen ›hinken‹, weil ein Vers (der Hexameter) länger ist als der andere (der Pentameter; vgl. Holzberg 1995, S. 161).

719 1 Vgl. Horaz, *Ep.* 1, 10, 26f.; vgl. § 446.

2 *Lacaena*: echt gefärbtes spartanisches (lakedämonisches) Tuch (vgl. Rahn 1995, T. 2, S. 787, Anm. 127).

3 Vgl. Plin., *Nat. hist.* 35, 198: »Eine unechte Färbung nämlich kann man erkennen: Sie wird schwarz, und durch den Schwefel verläuft sie« (dt. Übers. zitiert nach König 1997, S. 147; vgl. Rahn 1995, T. 2, S. 787, Anm. 128).

4 Quint. 12, 10, 76: »quo«.

720 1 »pigmentorum recentium«: Kann als ›neuere‹ oder ›frischere‹ Farben ausgelegt werden.

2 Cassius Severus: Der in der Verbannung auf der Felseninsel Seriphos 34 n. Chr. verstorbene ›letzte Redner‹ der klassischen römischen Beredsamkeit (vgl. Rahn 1995, T. 2, S. 479, Anm. 80).

721 1 Bei Catull, 22 handelt es sich Spottgedicht in Hinkjamben.

2 B. liest »tritius« (so in der Mehrzahl der Ausgaben der Gedichte Catulls), andere Lesarten sind *scitius*: ›etwas noch Geistreicheres‹ (Lucian), *tristius*: ›etwas noch Traurigeres‹ (Veroneser Handschrift; vgl. von Albrecht 1995, S. 175, Anm. 2).

722 1 Vgl. Cic., *Brutus* 113: »Rutilius aber hatte sich eine strenge, ernste [tristi et severo] Redeweise zu eigen gemacht. Beide waren von Natur aus heftig und leidenschaftlich [vehemens et acer]« (dt. Übers. zitiert nach Kytzler 2000, S. 85). P. Rutilius Rufus, Konsul 105 v. Chr., bedeutender Jurist, wurde wegen seiner ungerechten Verurteilung, die ihn der Ausbeutung bezichtigte, und seiner untadeligen Lebensführung von der Rhetorik zum ›römischen Sokrates‹ stilisiert (vgl. Kytzler 2000, S. 348f.)

2 Bei Cic., *De or.* 2, 183: »in quibus minus potest inflammari animus iudicis«. B. hebt die Verneinung bewußt auf: »Hitzigkeit aus Ehrgefühl« ist – in Maßen – angebracht, gerade wenn der Richter dadurch (positiv) beeinflußt werden kann.

§ 723 1 Eumeniden (griech. Εὐμενίδες: die Gnädigen; vgl. Erinyen, griech. Ἐρινύες, lat. *furiae*: Furien): Rachegöttinnen, die unerbittlich und ohne Mitleid einschreiten, wenn die Untat menschliches Maß übersteigt oder kein Rächer unter den Menschen zu finden ist (vgl. *Lexikon der alten Welt*, Bd. 1, Sp. 857 f.).

§ 724 1 *palinodia*: Vgl. griech. παλινῳδία: Widerruf.

§ 725 1 Vgl. zu Cic., *De off.* 1, 90 ebd. 2, 70 sowie Arist., *Nik. Ethik* 1159b20–24, 1163a8–16 (vgl. Gunermann 1992, S. 351, Anm. 158).

§ 727 1 Der Kontext bei Quint. 11, 1, 8–15 ist die Frage nach der Vereinbarkeit dessen, was sich in einer Rede ziemt (*decet*), und dessen, was in ihr nützt (*prodest*): Vgl. im Text der *Aesthetica*: »salva decori verioris reverentia« – »non opporteat solum, sed etiam necesse sit«. Vgl. auch den folgenden § 728.

§ 728 1 Scipio Africanus: Erhielt 211 v. Chr. als Prokonsul den Oberbefehl in Spanien, setzte den Übergang nach Afrika durch und siegte 202 bei Zama entscheidend über Hannibal. Seine letzten Lebensjahre waren erfüllt von politischen Auseinandersetzungen, die 187/184 in Prozessen wegen des Vorwurfs der Bestechlichkeit gipfelten. Scipio verließ daraufhin Rom und starb 183 in Kampanien. Die röm. Geschichtsschreibung ließ ihn aufgrund seiner Persönlichkeit und seiner Taten zu einem von den Göttern geliebten, sagenumwobenen Helden werden (so bei Livius und Cic., *De re publ.* 6, 9 ff.; vgl. *Der kleine Pauly*, Bd. 5, Sp. 48 f.). – Bei Quint. 11, 1, 12: »cum tribuno plebis humillimo«.

2 Cluentius Habitus: Im Jahr 66 v. Chr. von seiner Mutter wegen vermeintlichen Giftmordes an seinem Stiefvater Oppianicus angeklagt, von Cicero (mit der Rede *Pro Cluentio*) offenbar erfolgreich verteidigt (vgl. *Der kleine Pauly*, Bd. 1, Sp. 1232).

§ 730 1 Hier und im Folgenden wird unter Bezug auf B.s eigene Übersetzungen *illustrare* konsequent mit ›aufhellen‹, *declarare* mit ›aufklären‹ und *explicare* mit ›erhellen‹ übersetzt.

§ 732 1 *Epitheton* (griech. ἐπίθετον) (*ornans*): (Schmückendes) Beiwort: Hinzufügung von Adjektiven zu einem Substantiv als Attribut, Prädikativum oder Prädikatsnomen. Als Tropus (vgl. § 780, Anm. 1) von rhetorischer Bedeutung, wenn das Beiwort eine dem Substantiv implizite Bedeutung ausdrücklich macht und der Bezug zwischen beiden metaphorisch ist (vgl. Ueding/Steinbrink 1994, S. 291 f.).

2 Amaryllis: In Vergils *Eklogen* der Name einer Hirtin.

3 »viburna«: Vermutl. *Viburnum Lantana L.* (Wandelröschen), ein am

Boden entlang ausschlagender, in die Breite wachsender, reich blühender Busch (vgl. von Albrecht 2001, S. 9, Anm. 2).

733 1 Vgl. § 332, Anm. 1.

2 Diatypose: Vgl. griech. διατύπωσις: Ausprägung, Ausbildung, Darstellung, Gestaltung.

3 Gemeint ist Jean de La Bruyère (vgl. § 434 und dort Anm. 5; vgl. Piselli 1992, S. 311, Anm. 1420; vgl. Tedesco et al. 2000, S. 337, Anm. 1267 und S. 328, Anm. 796).

734 1 Epiphonema (griech. ἐπιφώνημα): Eine Form der Sentenz als abschließender Ausruf nach einer *narratio* oder *argumentatio* (vgl. Ueding/Steinbrink 1994, S. 269).

735 1 *augmentum* i. S. v. griech. αὔξησις: Vgl. § 330, Anm. 3.

2 Ätiologie: Vgl. § 545, Anm. 1.

3 Vgl. außer *Met.* §§ 70, 572, worauf B. verweist, auch *Met.* §§ 269–272 (vgl. § 703, Anm. 3).

737 1 Bei Vergil, *Georg.* 4, 169–178 handelt es sich um einen Vergleich der Bienen mit den Kyklopen.

2 Gemeint ist wohl Livia Drusilla (58 v. Chr. – 29. n. Chr.), Mutter des späteren Kaisers Tiberius, von Augustus hochgeschätzt und im Osten schon zu Lebzeiten vergöttlicht (vgl. *Lexikon der alten Welt*, Bd. 2, Sp. 1752 f.)

738 1 Quint. 8, 3, 8: »surgentes«.

2 Baumreihen, bei denen die folgende jeweils in den Zwischenräumen der vorhergehenden steht (vgl. Rahn 1995, T. 2, S. 153, Anm. 34).

739 1 Eurotas' Gestade: Lakonike (Lakonien = spartanisches Staatsgebiet; vgl. *Der kleine Pauly*, Bd. 3, Sp. 459–61) – Kynthos: Berg auf Delos (vgl. *Der kleine Pauly*, Bd. 3, Sp. 402). Gemeint sind bei Vergil Kultorte der Artemis Diana (vgl. Vezin 2000, S. 647).

2 Oreaden: Bergnymphen (vgl. *Der kleine Pauly*, Bd. 4, Sp. 209).

740 1 Von B. ebenfalls zitiert in der Vorrede zur Erstausgabe seiner *Ethica philosophica* (1740).

741 1 »circa patulum orbem«: Indirektes Zitat von Horaz, *A. p.* 132, zitiert in § 138.

742 1 Sinon, Vetter (und Werkzeug) des Odysseus, bewirkt, daß die Troer das hölzerne Pferd in die Stadt führen; vgl. Vergil, *Aen.* 2, 57 ff. (vgl. *Lexikon der alten Welt*, Bd. 3, Sp. 2804). – Mit Pelasger sind die Griechen gemeint.

2 Zu den Begriffen der *comparatio adscendens* und *descendens* vgl. die Einführung zu dieser Ausgabe, S. LIII f.

§ 746 1 Vgl. *Acr. log.* § 96: »Enumeratio conceptuum in alterum contentorum est huius PARTITIO; sub altero contentorum est huius DIVISIO« – »Die Aufzählung von Begriffen, die in einem anderen Begriff enthalten sind, ist dessen THEILUNG, ZERFÄLLEN, die Aufzählung von Begriffen, die unter einem anderen Begriff enthalten sind, ist dessen EINTEILUNG.«

2 Gemeint ist das Trojanische Pferd.

§ 747 1 Vgl. § 148 und dort Anm. 1.

2 Vgl. § 148 und dort Anm. 2.

§ 748 1 Im lat. Text: »c. 63«. Offenbar ein Versehen, da B. in den *Meditationes*, § XX, wo CATULL 64, 256 zitiert wird, richtig »c. 64« angibt.

2 Zür Übersetzung von *barbaricus*, *barbare* mit ›barbarisch‹ vgl. § 53, Anm. 1.

3 Nysa: Stadt und Berg in Indien, Erziehungsort des Bacchus (vgl. von Albrecht 1995, S. 184, Anm. 39). – *thyrsus*: Vgl. § 327, Anm. 1. – »tereti tenues tinnitus aere ciebant«: Gemeint ist der Klang von Zimbeln (vgl. VON ALBRECHT 1995, S. 184, Anm. 41).

§ 749 1 Vgl. § 746, Anm. 1.

2 *inductio aesthetica*: Ein »Zergliederungsschluß«: So übersetzt von Georg Friedrich MEIER, *Auszug aus der Vernunftlehre* (1752), § 401 (vgl. ASO [ET AL.], *Onomasticon philosophicum* 1989, S. 181).

§ 750 1 Achiver: Die Griechen vor Troja (vgl. KYTZLER, 2. Aufl. 1998, S. 123).

2 »Illecebrisque tuis omnis natura animantum«: Bei Lukrez nicht nachweisbar.

3 Vgl. *Met.* § 200.

§ 751 1 LUKR. 1, 82 f.: »illa religio«.

2 Trivia: Name der Artemis als Göttin der ›Dreiwege‹, der Straßenkreuzungen. – Iphianassa: In der *Ilias* (9, 145) hat Agamemnon drei Töchter: Chrysothemis, Laodike (bei den Tragikern: Elektra) und Iphianassa. Im *Orest* (22) des Euripides werden Chrysothemis, Elektra und Iphigenie genannt. Gegen die von Euripides standardisierte ›Iphigenie von Aulis‹ wählt Lukrez – aufgrund einer Verwechselung oder als Archaisierung – Iphianassa als Opfer (vgl. BÜCHNER 1973, S. 562).

3 Die Aufzählung der Schiffe in HOMERS *Ilias* (2, 493 ff.): Von B. auch herangezogen in den *Meditationes*, § XIX, zur Illustration des Satzes: »Individua sunt omnimode determinata, ergo *repraesentationes singulares sunt admodum poeticae*« – »Individuen sind durchgängig bestimmt. *Folg-*

lich sind Einzelvorstellungen besonders poetisch« (dt. Übers. zitiert nach PAETZOLD 1983, S. 19).

4 Das siebte Buch von Vergils *Aeneis* wird von B. ebenfalls in den *Meditationes*, § XIX, genannt.

754 1 Tmolus: Berg in Lydien, dessen Safran als Parfum bleibt war. – Sabaeer: Einwohner von Saba in Jemen, das durch Weihrauch berühmt war. – Chalyber: Volk an der östlichen Schwarzmeerküste, bekannt durch seine Schmiede. – Bibergeil: Drüsensekret des Bibers, wurde gegen Krämpfe verordnet. – Elis: In der Peloponnes, dort liegt Olympia. – Epirus: Nordgriechenland, durch seine Pferdezucht berühmt (vgl. SCHÖNBERGER 1994, S. 147).

755 1 Vgl. § 53, Anm. 1.

2 Vgl. *Met.* § 151.

757 1 OVID, *Trist.* 1, 2, 12: Beginnt mit »quis«.

2 OVID, *Trist.* 1, 2, 4–5: Wird von B. auch zitiert in den *Meditationes*, § XXII.

758 1 Saturns Zeit galt als bäuerlich-friedlich, vor dem kriegerischen, ehernen Zeitalter Jupiters (vgl. SCHÖNBERGER 1994, S. 164).

759 1 Gemeint ist der Hof des Augustus.

2 Spercheus: Fluß, der nordwestlich der Thermopylen mündete. – Taygetus: Gebirge in Lakonien bei Sparta. – Haemus: Thrakisches Gebirge, Heimat des Orpheus (vgl. SCHÖNBERGER 1994, S. 163).

760 1 Cervius: Ein nicht weiter bekannter Ankläger. – Canidia, die aus HORAZ, *Epod.* 5 und 17 sowie aus *Serm.* 1, 8 bekannte Hexe und eines ihrer Opfer. – Turius: Ein Geschworener, der persönliche Rachsucht übt. Alle Genannten drohen mit den ihnen eigenen Machtmitteln (vgl. BÜCHNER 1972, S. 198).

2 Anspielung auf JUV. 2, 1, zitiert in § 708.

761 1 Im Kontext bei HORAZ, *A. p.* 47–53, geht es um neue Wortbildungen: Was ›nie die geschürzten Cetheger vernahmen‹ (*cethegi cincuncti* – von *cinctus*, ein leinener Lendenschurz, der in ältester Zeit von den Römern unter der Toga getragen wurde, vgl. SCHÄFER 1972, S. 37, Anm. 4), sind neu erfundene, aber aus Bestehendem abgeleitete Wortschöpfungen.

763 1 *antithesis* (griech. ἀντίθεσις, ἀντίθετον, lat. *contentio*): »Gegenüberstellung zweier gegensätzlicher Wörter oder Wortgruppen, wodurch der Antagonismus der Gegenstände besonders scharf herausgestellt wird« (UEDING / STEINBRINK 1994, S. 308).

2 Tempe: Thessalisches Tal, wo Apoll nach Tötung der Pythonschlange

entsühnt wurde, vgl. HORAZ, *Carm.* 1, 21, 9, zugleich Bezeichnung lieblicher Täler, vgl. *Carm.* 3, 1, 24 (vgl. KYTZLER 1978, S. 287).

§ 766 1 *antitheton* (vgl. § 763, Anm. 1): »Erleuterung vom Gegentheile«: So übersetzt von Georg Friedrich MEIER, *Anfangsgründe aller schönen Wissenschaften*, § 134 (vgl. ASO [ET AL.], *Onomasticon philosophicum* 1989, S. 23).

2 Vgl. § 114.

§ 767 1 Fabius: Quintilian.

2 Vgl. QUINT., 9, 3, 81: »contrapositum«: »Entgegenstellung« – »contentio (ἀντίθετον)«: »Gegeneinanderstellung«, »Antithese« (dt. Übers. zitiert nach RAHN 1995, T. 2, S. 355).

3 Vgl. die Erläuterungen und Beispielsammlung in QUINT. 9, 3, 81–86.

§ 769 1 Antimetabole (griech. ἀντιμεταβολή): Veränderung, Verkehrung ins Gegenteil: Form einer Antithese, durch Hinzufügung der Figur, »die in der Wiederholung der flektierten Wörter besteht« (vgl. QUINT. 9, 3, 85, dt. Übers. zitiert nach RAHN 1995, T. 2, S. 357; vgl. UEDING/STEINBRINK 1994, S. 308).

2 Bei EPIKUR, *Ep. ad Menoeceum* 135 lautet der Satz: »κρεῖττον εἶναι νομίζει εὐλογίστως ἀτυχεῖν ἢ ἀλογίστως εὐτυχεῖν.«

3 Bei PLUTARCH, *De glor. ath.* 346F, mit Bezug auf Simonides (vgl. § 422, Anm. 1): »Πλὴν ὁ Σιμονίδες τὴν μὲν ζωγραφίαν ποίησιν σιωπῶσαν προσαγορεύει, τὴν δὲ ποίησιν ζωγραφίαν λαλοῦσαν.«

4 Salvianus bezieht sich hier auf die Bagauden (*Bacaudae*, namentlich so verzeichnet seit 283/84 n. Chr.), aufrührerische Bauern in Gallien und Spanien.

§ 770 1 Paradiastole (griech. παραδιαστολή, lat. *distinctio*): Unterscheidung: »[D]asselbe Wort wird mehrmals in einer anderen Bedeutung wiederholt. Sie »dient auch der gedanklichen Unterscheidung von verschiedenen Bedeutungen eines Wortes und besitzt daher auch in der Dialektik eine wichtige Funktion bei der Eliminierung von Ambiguitäten« (UEDING/STEINBRINK 1994, S. 304). Vgl. QUINT. 9, 3, 65: Eine »Form der Unterscheidung, die man παραδιαστολή (Gegeneinander-Absetzen) nennt«, ist »die Figur, in der Ähnliches deutlich voneinander abgesetzt wird: ›Da du dich statt schlau weise nennst, statt dreist tapfer, statt kleinlich gewissenhaft‹. Das hängt aber ganz vom Definieren ab, und deshalb zweifle ich, ob es eine Figur ist« (dt. Übers. zitiert nach RAHN 1995, T. 2, S. 347).

2 OVID, *Trist.* 2, 138: »privaque«.

3 Eine mögliche Quelle, auf die sich B. hier beziehen könnte, ist Augustinus, *De correptione et gratia liber unus* XII (33): »Quapropter, bina ista quid inter se differant, diligenter et vigilanter intuendum est: posse non peccare, et non posse peccare, posse non mori, et non posse mori, bonum posse non deserere, et bonum non posse deserere. Potuit enim non peccare primus homo, potuit non mori, potuit bonum non deserere. Numquid dicturi sumus: Non potuit peccare, qui tale habebat liberum arbitrium? aut: Non potuit mori, cui dictum est: Si peccaveris, morte morieris (*Gen.* 2, 17)? aut: Non potuit bonum deserere, cum hoc peccando deseruerit, et ideo mortuus sit? Prima ergo libertas voluntatis erat, posse non peccare; novissima erit multo maior, non posse peccare. Prima immortalitas erat, posse non mori; novissima erit multo maior, non posse mori. Prima erat perseverantiae potestas, bonum non posse deserere; novissima erit felicitas perseverantiae, bonum non posse deserere. Numquid, quia erunt bona novissima potiora atque meliora, ideo fuerunt illa prima vel nulla vel parva?« (in: Migne, J. P.: *Patrologiae cursus completus, series Latina*, Bde. 32–47, Paris 1841–49, Bd. 44 [o. J.], Sp. 936).

771 1 Oxymoron (griech. ὀξύμωρον): Extremer Grenzfall der Antithese, wenn zwei einander widersprechende oder sich sogar auschließende Begriffe zusammengeschlossen werden, in einem Kompositum, einer *contradictio in adiecto* oder in einer einfachen Addition (vgl. Ueding / Steinbrink 1994, S. 313; vgl. Baumgarten 1998, S. 21).

2 ›frostig‹ i. S. v. ›schwülstig‹: vgl. § 217.

772 1 Vgl. Cic., *De off.* 1, 77: »Cedant arma togae«, zitiert in § 795.

774 1 Umstritten ist, ob Archimedes, Aratos oder Eudoxos gemeint ist. Archimedes war mit Conon bekannt und stellte eine *sphaera* aus Glas her (vgl. von Albrecht 2001, S. 27, Anm. 2).

775 1 Vergil beschreibt in *Georg.* 1, 461–67, Störungen in der Natur als Vorzeichen der Ermordung Caesars und der römischen Bürgerkriege. – Das thrakische Philippi (Ort des Sieges des Oktavian und des Antonius über Brutus und Cassius, 42 v. Chr.) und das thessalische Pharsalus (Ort des Sieges Caesars über Pompeius, 48. v. Chr.), die als ortsgleich verstanden werden konnten, lagen in der Provinz Makedonien (Emathia). – Haemus: Die Balkanhalbinsel, Vergil möchte hier αἷμα (Blut) anklingen lassen (vgl. Schönberger 1994, S. 154 f.).

776 1 Cicero bezieht sich im Zitat auf den Tragödiendichter Pacuvius (220 – um 130 v. Chr.) und dessen *Chryses*.

777 1 Am Janusbogen befand sich in Rom die Stelle, an dem Geldwechsler

und Händler ihren Geschäften nachgingen (vgl. Kytzler, 2. Aufl. 1998, S. 121).

2 Das im lat. Text stehende »urget (visit)« bezeichnet eine Textvariante (vgl. Piselli 1992, S. 332, Anm. 1515). – Kythera: Insel im lakonischen Golf, wo Aphrodite aus dem Schaum des Meeres entstiegen sein soll. – Kyklopen: Oft als Helfer des Hephaistos und Schmiede gekennzeichnet (vgl. Kytzler 1978, S. 286 f.).

§ 780 1 Tropen: Übertragene, uneigentliche Ausdrücke, die an die Stelle der direkten, eigentlichen Formulierung gesetzt werden, in Form eines semantisch nicht identischen Wortes oder mehrerer Wörter. Vgl. Cic., *De or.* 3, 155: Die »Möglichkeit, ein Wort in übertragener Bedeutung zu gebrauchen, ist weitverbreitet. Sie hat der Zwang des Mangels und der Enge hervorgebracht, dann aber das Vergnügen und der Reiz vermehrt« (dt. Übers. zitiert nach Merklin 1976, S. 543). Quint. 8, 6, 1 definiert den Tropus als »kunstvolle Vertauschung der eigentlichen Bedeutung eines Wortes oder Ausdrucks mit einer anderen« (dt. Übers. zitiert nach Rahn 1995, T. 2, S. 217). Zum Problem der Unterscheidung von Figuren und Tropen vgl. Quint. 9, 1 ff. Arist., *Poetik* 1457a–1458a, nennt vier Arten des Tropus (griech. μεταφορά: im weiteren Sinne: Übertragung): 1) Übertragung von der Gattung auf die Art, 2) Übertragung von der Art auf die Gattung (beides umfaßt der Begriff der Synekdoche; vgl. § 513, Anm. 1), 3) Übertragung von einer Art auf eine andere (die Metapher im eigentlichen Sinne), 4) Übertragung nach den Regeln der Analogie (vgl. Ueding / Steinbrink 1994, S. 287–99).

2 Vgl. Cic., *De or.* 3, 155, vgl. Anm. 1.

§ 781 1 »pulveris exigui iactu componi potest«: Ungekennzeichnes, etwas abgewandeltes Zitat aus Vergil, *Georg.* 4, 87 (vgl. Piselli 1992, S. 334, Anm. 1522): Mit einem einzigen Wurf Staub kann die Aufregung eines ausschwärmenden Bienenvolks zur Ruhe gebracht werden.

§ 782 1 Vgl. § 513, Anm. 1.

2 Metonymie (griech. μετωνυμία): Im Gegensatz zur Metapher die Ersetzung eines Ausdrucks durch einen anderen, der aus demselben Sachbereich stammt, d. h. mit ersterem in einer sachlichen Beziehung steht (vgl. Baumgarten 1998, S. 20 f.; vgl. Ueding / Steinbrink 1994, S. 294).

§ 783 1 Artorius Proculus: Ein Lehrer der Rhetorik.

2 Bei Quint. 9, 1, 9: »τρόπον«.

3 Bei Quint., ebd.: »translatis verbis quam propriis«.

4 Bei Quint. 9, 1, 10: »quot generas et quae«.

784 1 *in scirpo nodum quaerere*: Vgl. § 536 und dort Anm. 2.

785 1 Vgl. *Acr. log.* § 162: »PROPOSITIO ex affirmante et negante cryptice composita, EXPONIBILIS dicitur, in easque resoluta, EXPONITUR. Ex. gr. Exclusivae, exceptivae, restrichtivae, quo quaedam reduplicativae. Comparativas addunt. – »Ein Satz, der aus einer bejahenden und einer verneinenden Aussage in verborgener Weise zusammengesetzt ist, wird ein ZU ENTWICKELNDER SATZ genannt, ein Satz, der in dieselben aufgelöst wird, wird AUSEINANDERGESETZT. Z. B.: Auschließende, ausnehmende, einschränkende, und daher gewisse wiederholende Sätze. Vergleichende Sätze kommen hinzu.«

2 Georg Friedrich Meier, *Anfangsgründe aller schönen Wissenschaften*, § 621, gibt diese Definition einer *propositio restrictiva*: Ein »Satz, welcher das Prädicat von dem Subjecte nur in gewisser Absicht bejahet oder verneinet« (vgl. Aso [et al.], *Onomasticon philosophicum* 1989, S. 305).

787 1 Quint. 8, 6, 8: »metaphora brevior est similitudo«.

788 1 Bei Catull 39, 11 »parcus« (kärglich) statt »porcus«.

2 Cytorus: »Ein Berg in Paphlagonien, reich an Buchsbaum« (von Albrecht 1995, S. 172).

789 1 Vgl. Vossius, *Inst. or.* 4, 8, 6 (vgl. Piselli 1992, S. 337, Anm. 1533).

2 Horaz, *Ep.* 1, 10, 41: »quia«.

3 Vgl. *Met.* § 302.

4 Vgl. Vergil, *Georg.* 3, 26; *Aen.* 3, 464 und 6, 895 (vgl. Piselli 1992, S. 337, Anm. 1536).

5 Vgl. Vossius, *Inst. or.* 4, 10, 9 (vgl. Piselli 1992, S. 337, Anm. 1538).

6 Simonides: Vgl. § 422, Anm. 1.

790 1 Varius, Vergil, Plotius Tucca: Dichterfreunde von Horaz (vgl. Büchner 1972, S. 187).

2 Vgl. § 201.

791 1 Fabius: Quintilian. – Zu den beiden zuerst angeführten Beispielen aus Cicero (Verres, Clodius) vgl. Quint. 8, 6, 55 f. Zum dritten Beispiel (Ligarius) vgl. Quint. 4, 1, 38 f.

792 1 Der Name Mentor steht metonymisch für das von demselben geschaffene wertvolle Silbergeschirr. In den *Meditationes*, § LXXXIV, nennt B. u.a. Mentor (der dort für einen Ackergerät herstellenden Handwerker steht) als Beispiel einer Synekdoche (vgl. § 513, Anm. 1), die ein Individuum für eine Art einsetzt.

793 1 Der Vers Vergil, *Ekl.* 7, 35 endet mit »at tu«. – Der Bezeichnete ist

Priapos, das Zeichen sind seine Standbilder (vgl. Piselli 1992, S. 339, Anm. 1556).

2 Übertragen steht *cerebrum* (Gehirn, Verstand) für Hitzköpfigkeit, Jähzornigkeit.

3 *bilis* (Galle) steht für Schwarzgalligkeit, d. h. für Melancholie.

4 Das Zitat gibt einen Teil der Rede Didos am Beginn des vierten Buches der *Aeneis* wieder.

§ 795 1 Gemeint ist das Haus des Ukalegon, Mitglied des Rates des Weisenrates von Troja.

2 Vgl. § 772.

§ 796 1 Metalepse (griech. μετάλεψις: Vertauschung, Tausch, Wechsel): Stilfigur, die das Nachfolgende meint, wenn sie das Vorhergehende nennt und beides miteinander vertauscht.

2 Vgl. *Met.* §§ 557, 595 (vgl. § 33, Anm. 1 und § 36, Anm. 1) – Im lat. Text erfolgt ein Verweis auf *Met.* § 576, offenbar ein Druckfehler. Es muß sich um *Met.* § 516 handeln, wo B. den Begriff der *perceptiones sociae* einführt.

3 Die genannten Verrichtungen werden von Juvenal als Bild für unmännliches Gebaren gebraucht.

§ 797 1 Die Antonomasie (vgl. griech. ἀντονομασία, vgl. ἀντνομάζω: anders benennen, einen neuen Namen geben, lat. *pronominatio*) setzt statt des Eigennamens einen charakteristischen Gattungsnamen, ein bezeichnendes Epitheton (griech. ἐπίθετον: Beiwort) oder eine kennzeichnende Beschreibung – resp. umgekehrt für die drei letztgenannten einen berühmten Eigennamen (vgl. Ueding / Steinbrink 1994, S. 290; vgl. Quint. 8, 6, 29 f.).

2 Patronymikum (vgl. griech. πατρονυμικός: nach dem Vater oder Ahnherr benannt, lat. *patronymicum*): Vom Namen des Vaters abgeleiteter Eigenname.

3 Zu Juv. 13, 249 vgl. Mart. 9, 25 (vgl. Schnur 1969, S. 212, Anm. 43).

§ 798 1 Vgl. Vossius, *Inst. or.* 4, 9, 4 (vgl. Piselli 1992, S. 341, Anm. 1581).

2 Tanaquil: Etruskische Prinzessin, Vogelflugdeuterin, Frau des Tarquinius Priscus (vgl. Schnur 1969, S. 249).

3 B. bezieht sich vermutlich auf Platon, *Timaios* 22c–23d (vgl. Tedesco 2000, S. 340, Anm. 1417).

4 Vgl. Vossius' Interpretation der zitierten Stelle aus dem ›Heroenpassus‹ in Vergil, *Ekl.* 4 unter Bezug auf Platon: Vossius, *Inst. or.* 4, 11, 1 (vgl. Piselli 1992, S. 342, Anm. 1585).

800 1 Litotes (griech. λιτότης): Doppelverneinung: Ein Ausdruck wird durch sein verneintes Gegenteil umschrieben (vgl. Baumgarten 1998, S. 20).

2 Vgl. § 513, Anm. 1.

3 D.h. prahlerisch, großsprecherisch.

4 Der lat. Ausdruck heißt eigentlich: *nuntium remittere.*

802 1 Vgl. § 765.

804 1 Vergil, *Ekl.* 2, 8: Bereits zitiert in § 294.

805 1 Vgl. Vergil, *Ekl.* 2, 10, zitiert in § 794.

806 1 Syllepse (griech. σύλληψις: das Erfassen, Festnehmen) Zusammenfassung, bei der ein Wort nicht ausgesprochen wird, aber in einer anderen Form oder Bedeutung im Satz vorkommt; eine schwache Ellipse (vgl. Baumgarten 1998, S. 28).

2 Katachrese (griech. κατάχρησις: mißbräuchliche Anwendung): Die Katachrese, »wofür wir richtig ›abusio‹ (Mißbrauch) sagen«, ist die Einsetzung eines »Tropus, der die Bezeichnung für Dinge, die keine eigene Benennung haben, dem anpaßt, was dem Gemeinten am nächsten liegt« (Quint. 8, 6, 34, dt. Übers. zitiert nach Rahn 1995, T. 2, S. 231), d. h. die metaphorische oder metonymische Anwendung eines geläufigen Ausdrucks auf einen bisher unbezeichneten Sachverhalt. Zu einem ironisch oder komisch wirkenden ›Bildersprung‹ oder ›Bildbruch‹ kommt es, wenn der uneigentliche Ausdruck nicht auf den zu bezeichnenden Sachverhalt paßt oder wenn nicht zusammenpassende metaphorische Ausdrücke miteinander kombiniert werden (vgl. Ueding/Steinbrink 1994, S. 290f.; vgl. Baumgarten 1998, S. 19).

807 1 Emphase (griech. ἔμφασις): Nachdruck, Nachdrücklichkeit. Die Emphase entsteht dadurch, daß »aus einer Bemerkung ein versteckter Sinn zutage gefördert wird« (Quint. 9, 2, 64, dt. Übers. zitiert nach Rahn 1995, T. 2, S. 297). Der Zuhörer soll erraten, was nicht ausdrücklich gesagt wird, zu dem Ausgesprochenen aber in synekdochischer oder metony-mischer Beziehung steht. Ähnlich der Ironie ist die Emphase gekennzeichnet durch Zweideutigkeit (vgl. Ueding/Steinbrink 1994, S. 292f.; vgl. Baumgarten 1998, S. 11).

808 1 Vgl. *Philos. gen.* § 147: Hier wird die Thaumaturgie als Teil der Wissenschaft der Beredsamkeit (»scientia eloquentiae, ORATORIA«) und im besonderen der beredsamen Darstellung (»eloquenter exponendi«), in bezug auf die gewählten Themen (»qua themata«) als Kunst, Verwunderung zu erregen (»admirationem moventia«), definiert.

§ 809 1 Juv. 8, 53: Auch zitiert in § 388 (vgl. dort Anm. 2).

§ 810 1 Vgl. Arist., *Rhetorik* 1404b11 (vgl. Rahn 1995, T. 2, S. 153, Anm. 31).

§ 811 1 Vgl. § 339, Anm. 1.

§ 812 1 Vgl. § 396 und dort Anm. 1.

§ 815 1 Horaz, *Carm.* 1, 27, 19: »laborabas«.

§ 816 1 »piorum sedibus«: Indirektes Zitat von Horaz, *Carm.* 2, 13, 23, dem Vers, der dem dann zitierten Passus aus dem Gedicht vorangeht.

§ 818 1 Wieder eine Anspielung auf Petr., *Satyrikon* 10, 1, vgl. § 597.

§ 819 1 Vgl. § 447 und dort Anm. 1, vgl. § 705.
2 Vgl. § 141.

§ 820 1 *sexcenties*: wörtl. ›sechshundertmal‹, steht metonymisch für ›tausendmal‹ oder ›unzähligemal‹, vgl. B. in der ›Vorrede‹ der 2. Auflage (1743) der *Metaphysica* (in: Niggli 1998, S. 45).

§ 823 1 Horaz, *A. p.* 416: »nunc satis est dixisse«.

§ 825 1 Das Bild des je nach Position des Betrachters perspektivisch veränderten Blickes auf ein und dieselbe Stadt (resp. dieselbe Theaterbühne) ist aus Leibniz bekannt: Vgl. § 427, Anm. 1.

§ 829 1 B. unterscheidet in *Met.* § 531 dezidiert die (sinnliche) ›Überredung‹ (*persuasio*) von der (verstandesmäßigen) ›Überzeugung‹ (*convictio*); vgl. § 832.

§ 830 1 Vgl. Wolff, Christian: *Vernünftige Gedanken von den Kräfften des menschlichen Verstandes und ihrem richtigen Gebrauche in der Erkenntnis der Wahrheit* (EA 1713), 14. Aufl. Halle 1754, Kap. 13, § 13, S. 235 f. (vgl. Tedesco [et al.] 2000, S. 341, Anm. 1476).
2 Cicero verbindet in *De nat. deor.* in der Gestalt des Cotta den vom Göttlichen überzeugten Pontifex einerseits und den philosophischen Akademiker andererseits, dem die (stoischen) Beweise dafür, daß es Götter gebe, ungenügend erscheinen (vgl. Sangmeister 1995, S. 385, Anm. 121); vgl. auch § 640.

§ 831 1 B. liest hier (vgl. auch § 832) »persuasioni adolescentiae« (*adolescentiae* als Genitivattribut zu *persuasio;* vgl. dagegen die Ausgabe Cic., *De inv.* von Nüsslein 1998, S. 196, dort erscheint »persuasioni, adolescentiae« in der Reihung der Dative als Objekt zu »attribuentur« [im Zitat in der *Aesthetica* »tribuentur«]), wörtl. ›die Überredung der Jugend‹, und legt Cicero dahingehend aus, daß dieser darunter eine ›jugendliche‹, nicht fundierte ›Überzeugung‹ versteht. Auf dieser Grundlage schließt sich B. im folgenden § 832 an Cicero an, korrigiert ihn aber präzisie-

rend: Eine sinnliche Überredung (*persuasio*) ist keine verstandesmäßige Überzeugung (*convictio*), und könnte i.d.S. dem ›Unverstand‹ der Jugend zugeschrieben werden. Eine »unverständige« (i.S.v. ›nicht verstandesgemäße‹, sinnliche) Überredung ist aber nicht notwendig falsch, sondern sie kann auch wahr sein – und ist als wahre Überredung, nämlich als sinnliche Gewißheit (*certitudo sensitiva*) für B. von höchster Bedeutung (vgl. § 414, vgl. die Einführung zu dieser Ausgabe S. LXXIV–LXXVI, LXXIXf.).

832 1 Vgl. § 829 und dort Anm. 1; vgl. § 831 und dort Anm. 1.

834 1 Die Formulierungen sind angelehnt an Quint. 2, 15, 2.

835 1 Quint. 2, 15, 24: »peritiam quandam in gratiae ac voluptatis«: Indirektes Zitat aus Platon, *Gorgias* 462c (vgl. Rahn 1995, T. 1, S. 239, Anm. 35).

2 »ars dicendi«: Bei Quint. 2, 15, 16: »ars inveniendi«.

3 Vgl. Arist., *Rhetorik*. 1355b (vgl. Rahn 1995, T. 1, S. 235, Anm. 33).

836 1 Der im lat. Text gegebene Verweis auf § 835 ist eher als Verweis auf § 834 zu verstehen.

2 »caetusque vulgares«: Vgl. Horaz, *Carm.* 3, 2, 23: »coetusque vulgaris«, zitiert in § 396, worauf B. verweist.

838 1 Suadela: Beiname der Venus als Göttin der Überredung und der Beredsamkeit, der Πειθώ nachgebildet (vgl. *Der kleine Pauly*, Bd. 4, Sp. 591f.).

2 B. ersetzt hier »Fortuna« in Juv. 10, 366 durch »Suadela«.

839 1 Im lat. Text findet sich hier die »1)« einer Aufzählung. Eine Nr. 2 ist nicht zu finden, wäre jedoch vielleicht vor dem folgenden »et huic lucem necessariam« einzufügen. Bereits in § 843 beginnt eine neue Aufzählung mit »1)«, die dann bis »4)« in § 846, dem letzten Paragraphen dieses Abschnitts, durchgehalten wird.

2 Der im lat. Text gegebene Stellenverweis macht keinen Sinn. Es muß sich um die ganze Abhandlung zur *lux aesthetica* (§§ 614–828) handeln.

840 1 B. arbeitet hier mit den verschiedenen sematischen Konnotationen von *solidus* (›gründlich‹, ›hart‹, ›fest‹): Zwergenhafte Himmelsstürmer (in der Unterwelt), die aus hartem Stahl (*solidus adamas*) himmelhohe Türme erbauen, gegen bodenständige Gründlichkeit, der aus festem Holz (*solidum robur*) das Schöne erwächst. – Die der Venus (bei B. nun: Suadela, vgl. § 838) heilige Myrte wurde insbesondere in Paphus auf Zypern verehrt (vgl. Schönberger 1994, S. 157, Anm. 64).

845 1 Herrin von Zypern: Venus. – Die Brüder der Helena, mit ihrem Dop-

pelgestirn Helfer der Seefahrer, sind die Dioskuren Castor und Pollux. – Iapyaga: Der Äolus oder Westwind (vgl. Kytzler 1978, S. 286).
2 Vgl. § 596.

§ 847 1 Vgl. §§ 640, 830. – Der Gesprächspartner Cottas ist hier der Stoiker Lucilius Balbus, dem Cotta seine unmittelbare Gewißheit von der Existenz der Götter nicht abnimmt, da Balbus ebendiese Existenz zugleich rational begründend nachzuweisen versucht (vgl. Blank-Sangmeister 1995, S. 402f., Anm. 427). Vgl. § 848. Für B. ist das hier angesprochene Problem hochrelevant: Bezüglich der Wirklichkeit Gottes gibt es letztlich keinen logischen Beweis, aber eine unerschütterliche und wahre sinnliche Gewißheit, vgl. § 414, vgl. § 831 und dort Anm. 1.

§ 849 1 P. Decius Mus: 340 v. Chr. römischer Konsul, sicherte nach Livius' Erzählung den römischen Sieg über die Latiner im Kampf bei Veseris in Kampanien durch seine freiwillige Selbstaufopferung (vgl. *Der kleine Pauly*, Bd. 1, Sp. 1410f.).

§ 853 1 *oculi mentis*: Indirektes Zitat aus Quint. 8, 3, 62, dem Passus, der vorangehend in § 852 zitiert wurde.

§ 854 1 apagogisch (von griech. ἀπάγω: wegführen, abführen, fortführen): indirekt beweisend. Ein apagogischer Beweis ist das Aufzeigen der Unrichtigkeit des Gegenteils.

§ 858 1 Vgl. *Acr. log.* § 168: »PROPOSITIO, quae nobis complete certa sit intellectis tantum terminis, est INDEMONSTRABILIS; de qua ut complete certi reddamur, adhuc plura requiruntur, est DEMONSTRATIVA.« – »Ein Satz, der für uns nur aufgrund verstandener Begriffen vollständig gewiß ist, ist ein KEINEN ERWEIS brauchender Satz; ein Satz, bei dem noch mehr verlangt wird, daß wir bezüglich seiner vollständig gewiß gemacht werden, ist ein EINEN ERWEIS BRAUCHENDER SATZ.« Vgl. auch Quint. 5, 10, 11: Ein Argument (*argumentum*) dient der Beweisführung (*probatio*), es muß daher etwas geben, das keinen Erweis nötig hat (vgl. Tedesco [et al.] 2000, S. 343, Anm. 1538).

§ 860 1 Ismenias: Sohn des Thebaners Ismenias, als Flötenspieler und Gemmensammler bekannt. – Pyrgoteles: Nach Plin., *Nat. hist.* 7, 125 verordnete Alexander, daß kein anderer als Apelles ihn malen, kein anderer als Pyrgoteles sein Bild in Stein schneiden und kein anderer als Lysippos es in Erz gießen sollte (vgl. König/Hopp 1994, S. 142).

§ 861 1 Der Irrtum Ciceros besteht nach B. darin, daß er die Möglichkeit einer unbefleckten Empfängnis verneint.

§ 862 1 Vgl. § 326, Anm. 3.

2 Syllogismus (griech. συλλογισμός): deduktiver Schluß, Schlußverfahren. Zum *syllogismus disiunctivus tollendo ponens* vgl. *Acr. log.* § 274, vgl. hier Anm. 3 zur *enumeratio*.

3 Für eine Zusammenfassung (*complexio*), in der sich eine Doppelannahme verbirgt, gibt Cicero, *De inv.* 1, 45, das Beispiel: »Wenn er schlecht ist, warum hast du Umgang mit ihm? Wenn er rechtschaffen ist, warum klagst du ihn an?«. – Eine Aufzählung (*enumeratio*) ist bei Cicero (ebd.) eine Anführung von auszuschließenden Gründen, die nur eine Schlußfolgerung zulassen. – Für eine einfache Schlußfolgerung (*conclusio simplex*) gibt Cicero (ebd.) das Beispiel: »Wenn ihr sagt, ich hätte dies zu dem Zeitpunkt getan, ich aber gerade zu diesem Zeitpunkt mich jenseits des Meeres aufhielt, dann bleibt nur übrig, daß ich das, was ihr behauptet, nicht nur nicht getan habe, sondern nicht einmal habe tun können« (Zitate aus Cicero in dt. Übers. nach Nüsslein 1998, S. 87/89). Die *conclusio simplex* entspricht dem *syllogismus hypotheticus modi ponentis*, vgl. *Acr. log.* § 271.

863 1 Zur Billigkeit (*aequitas*) des Auslegers (*interpres*) vgl. *Acr. log.* § 464: »AEQUITAS (reverentia) INTERPRETIS est propensio ad eam repraesentationum seriem pro sensu habendam, quae, cum perfectionibus auctoris optime convenit, donec constet contrarium.« – »DIE BILLIGKEIT (oder Ehrfurcht) DES AUSLEGERS ist die Neigung, diejenige Folge der Vorstellungen für den Sinn der Rede zu halten, die mit den Vollkommenheiten ihres Autors am besten übereinstimmt, bis das Gegenteil erwiesen ist« (zur *aequitas* als grundlegendem Begriff der philosophischen Hermeneutik des 18. Jhds. vgl. Tedesco [et al.] 2000, S. 343, Anm. 1546).

2 Vgl. *Acr. log.* § 385: »Syllogismus peccans in forma, PARALOGISMUS est, et paralogismus crypticus est SOPHISMA (captio, fallacia).« – »Eine Schlußrede, die in der Form einen Fehler begeht, ist ein FEHLSCHLUSS, und ein verborgener Fehlschluß ist ein TRUGSCHLUSS (eine Täuschung, ein Betrug).«

864 1 Vgl. *Acr. log.* § 168 (vgl. § 858, Anm. 1).

2 Vorschluß (Prosyllogismus): Teil eines zusammengesetzten Schlusses, der die Prämisse für den nachfolgenden Schluß bildet, vgl. *Acr. log.* § 282.

867 1 *scapham scapham dicere*: Sprichwort (vgl. Piselli 1992, S. 371, Anm. 1709 unter Hinweis auf Gessner, *Thesaurus*).

868 1 »splendidorum mendaciorum«: Anspielung auf Horaz, *Carm.* 3, 11, 35, vgl. § 703 (vgl. Tedesco [et al.] 2000, 343, Anm. 1550).

§ 870 1 Vgl. die fast gleichlautende Definition in *Acr. log.* § 397: »Assensus nobis incerto datus est OPINIO.« – »Die Zustimmung zu einem uns Ungewissen ist eine MEINUNG.«

§ 874 1 CIC., *De inv.* 1, 49: »permixtim«.

§ 875 1 Baumgarten selbst übersetzt *inductio* mit ›die Einleitung in das Allgemeine‹ (als Schluß vom Besonderen auf das Allgemeine) und definiert sie in *Acr. log.*, § 267, wie folgt: »INDUCTIO est enthymema, hanc maiorem omittens: Quicquic de singulis conceptibus inferioribus vere affirmatur vel negatur, de conceptu eorum superiori vere etiam affirmatur vel negatur universaliter. Hinc inductio est syllogismus [...], licet non ordinarius, [...] cuius minores si ultra dimidium sub superiori contentorum processerint, tunc demum aliquam [...], si COMPLETA fuerit, i. e. minoribus suis conceptum superiorem exhauriens, [...] tunc demum completam dat formae certitudinem [...].« – »DIE EINLEITUNG IN DAS ALLGEMEINE ist ein Enthymem, welches das Höhere ausläßt: Was immer von einzelnen niedrigeren Begriffen wahrhaft bejaht oder verneint werden kann, kann auch von deren höherem Begriff wahrhaft allgemein bejaht oder verneint werden. Daher ist die Einleitung in das Allgemeine ein Schluß, wenn auch kein ordentlicher, dessen niedrigere Begriffe erst dann, wenn sie über die Hälfte des unter dem höheren Begriff Enthaltenen hinausgehen, eine gewisse Gewißheit der Form, und erst dann, wenn die Einleitung in das Allgemeine vollständig ist, d. h. wenn sie mit ihren niedrigeren Begriffen den höheren Begriff erschöpft, eine vollständige Gewißheit der Form gibt.«

§ 879 1 B. liest QUINT. 7, 2, 34: »validum [...] argumentum«, eine andere Lesart ist »validum [...] argumentum« (vgl. RAHN 1995, T. 2, S. 48).

2 B. fügt im lat. Text die Überschrift von QUINT. 7, 2 hinzu: ›De coniectura‹ (›Über die Mutmaßung‹).

§ 882 1 Im lat. Text erfolgt ein Verweis auf § 576. Offensichtlich ein Druckfehler. Es muß sich um § 516 handeln.

2 *ne perpluat*: Redewendung, in der wörtl. Bedeutung: ›damit es nicht hereinregnet‹.

§ 886 1 Vgl. § 854 und dort Anm. 1.

§ 888 1 Es handelt sich hier, in Verbindung mit dem Zitat aus Lukrez (und dem am Schluß des Paragraphen eingefügten Zitat aus Cicero), um ein Wortspiel mit *reprehendere*, wörtl. ›zurückhalten, festhalten, hemmen‹, in übertragenem Sinne: ›tadeln, zurechtweisen‹. Der Paränetiker (vgl. § 576, Anm. 1) ermahnt ›väterlich‹ zum Guten, der Satyriker hingegen will

sein Publikum durch den Tadel des zu Mißbilligenden von demselben abhalten.

889 1 Der lat. Text gibt die Stelle CIC., *De inv.* 1, 61 [statt 78] an. Vermutlich folgt B. hier einer nicht üblichen Zählung.

2 Im lat. Text wird CIC., *De inv.* 62 [statt 78] genannt. Vgl. jedoch auch hier CIC., *De inv.* 1, 78, und den auf das von B. gegebene Zitat folgenden Satz: »[Die Widerlegung] bedient sich der nämlichen Quelle der Erfindung wie die Bekräftigung, deswegen weil eine Sache von denselben Gesichtspunkten aus, von denen aus sie bekräftigt werden kann, auch entkräftet werden kann« (dt. Übers. zitiert nach NÜSSLEIN 1998, S. 123).

3 Im lat. Text erfolgt ein Verweis auf § 65. Es ist davon auszugehen, daß hier nicht auf § 65 der *Aesthetica*, sondern, entsprechend der von B. zugrundegelegten Zählung, CIC., *De inv.* 1, 65 [d. h. 81] gemeint ist.

891 1 Der lat. Text gibt die Stelle CIC., *De inv.* 1, 63 [statt 79] an.

2 CIC., *De inv.* 1, 79: »aliquid unum«.

893 1 Das *praeiudicium auctoritatis*, terminus technicus für ein Vorurteil, das auf (nicht hinterfragten) Meinungen anerkannter Autoritäten gründet, wird von B. mit ›Vorurteil des Ansehens‹ übersetzt, vgl. *Acr. log.* § 504: »Quicquid in [...] honore iudicii erronei per praecipitantiam fertur affirmative, est PRAEIUDICIUM AUCTORITATIS [...].« – »Was immer wegen des Ansehens eines irrigen Urteils übereilig bestätigt wird, ist ein VORURTEIL DES ANSEHENS.«

2 Quint. 5, 13 behandelt die *refutatio* (die ›Widerlegung‹).

895 1 HORAZ, *A. p.* 140: Schon einmal zitiert in § 822, hier von B. durch »inique« (statt »inepte«) abgewandelt.

2 Gemeint ist C. Piso Caesonius (Konsul 58, Zensor 50 v. Chr.), gegen den Cicero seine Rede *In Pisonem* hielt (vgl. PISELLI 1992, S. 382, Anm. 1735 mit Hinweis auf GESSNER, *Thesaurus*: «Censorius vir, qui censuram gessit.«).

3 Gemeint sind Ciceros *Philippicae*.

896 1 Vgl. § 89 und dort Anm. 1.

2 Vgl. § 345 und dort Anm. 6.

3 Vgl. hierzu die ausführliche Erläuterung in *Acr. log.* § 504 zum *praeiudicium auctoritatis* (vgl. § 893, Anm. 1); vgl. als Quelle SENECA, *De vita beata* 1, 3 (vgl. PISELLI 1992, S. 382, Anm. 1738).

897 1 Die *Apocolocyntosis* (wörtl. ›Verkürbissung‹ – eine Parodie auf eine Apotheose, griech. ἀποθέωσις, ›Vergöttlichung‹ – also eine ›Veräppe-

lung‹) von Seneca ist eine giftige Satire auf Kaiser Claudius, gemischt aus Prosa und eingelegten Verspartien (gemäß der Menippeischen Satire), in der die Himmel- und Höllenfahrt des verstorbenen Herrschers bissig portraitiert wird. Sie entstand, wie B. im Folgenden berichtet, wohl in der Tat in der gleichen Zeit wie Senecas offizielle, lobpreisende Leichenrede auf Claudius (vgl. Kytzler 1997, S. 320).

§ 898 1 *iniuria verbalis*: Verbal-Injurie: So übersetzt von Christian Wolff: *Grundsätze des Natur- und Völkerrechts*, Halle 1754, § 143 (vgl. Aso [et al.], *Onomasticon philosophicum* 1989, S. 186).

2 Vgl. § 464, Anm. 1.

3 Vgl. § 148, Anm. 2.

§ 899 1 Vgl. Vossius, *Inst. or.* 3, 2, 11 (vgl. Piselli 1992, S. 383 f., Anm. 1743).

§ 900 1 Im lat. Text erfolgt der Verweis: »Sect. XXXIII«, ein Druckfehler. Es muß sich um einen Verweis auf Abschnitt XXXXIII (=XLIII) handeln.

2 Vgl. § 145, Anm. 2.

3 Horaz, *Ekl.* 8, 108: »Credimus?«, hier zu »Vidimus?« abgewandelt. Horaz, *Ekl.* 8, 105–108 wurde (ohne Abwandlung) bereits in § 492 zitiert.

§ 901 1 Vgl. § 146, Anm. 4.

2 *sensus intimus*: Vgl. *sensus internus*, vgl. *Met.* § 535 (vgl. § 30, Anm. 1). Vgl. hierzu auch B.s ›psychologische Topik‹, § 140.

§ 902 1 Vgl. § 611, wo die Stelle aus dem *Pervigilium Veneris* schon einmal zitiert wurde, und dort Anm. 1.

§ 903 1 Vgl. zu B.s Verwendung der Redeweise auch §§ 250, 358.

2 Vgl. § 335.

3 *pyrrhonicus* (Phyrron von Elis, um 360–270 v. Chr., galt als Begründer der skeptischen Schule) steht hier für ›skeptisch‹.

§ 904 1 Zur *dubitatio*, dem Zweifeln, vgl. Quint. 9, 2, 19 und 9, 3, 88 sowie Cic., *De or.* 3, 203 und 207 (vgl. Ueding / Steinbrink 1994, S. 312).

ANHANG
REFERENZSTELLEN AUS BAUMGARTENS *METAPHYSICA* UND *ETHICA PHILOSOPHICA*

In diesem Anhang sind nach ihrer Reihenfolge die Paragraphen aus Baumgartens *Metaphysica* (EA 1739) und der *Ethica philosophica* (EA 1740) – zumeist vollständig, nur in Einzelfällen gekürzt – mit deutscher Übersetzung zusammengestellt, auf die sich Baumgarten im Text der *Aesthetica* explizit bezieht, sowie diejenigen, die im Kontext bedeutungserschließende Relevanz besitzen. Die wenigen Paragraphen aus der *Acroasis logica* (1761), die für die *Aesthetica* Bedeutung besitzen, sind in die Anmerkungen aufgenommen.

Textgrundlage ist die 7. Auflage der *Metaphysica* (1779, im reprograph. Nachdruck Hildesheim/New York 1982) und die 3. Auflage der *Ethica philosophica* (1763, im reprograph. Nachdruck Hildesheim/Zürich/New York 2000). Die Interpunktion wurde weitestgehend übernommen.

Alle Paragraphen wurden eng orientiert an Baumgartens eigenen, in den zugrundegelegten Ausgaben enthaltenen Übersetzungen lateinischer Termini übersetzt.

1. Metaphysica

Prolegomena metaphysicorum

Met. § 3
»METAPHYSICA NATURALIS est cognitio rerum in metaphysica occurrentium solo usu acquistata, cui accedere artificialem [...] utile est: 1) ob evolutionem conceptuum. 2) Ob determinationem conceptionemque primarum propositionum. 3) Ob continuationem certitudinemque probationum e. c.« – »Die NATÜRLICHE METAPHYSIK ist die Erkenntnis der in der Metaphysik vorkommenden Sachen, die nur durch den Gebrauch derselben erlangt wird, zu der das Hinzukommen der künstlichen Metaphysik nützlich ist: 1) Wegen der Entwicklung der Begriffe. 2) Wegen der Bestimmung und dem Verständnis der ersten Sätze. 3) Wegen der Fortsetzung und Gewißheit der Beweise usw.«

Ontologia

Met. § 8
»Nonnihil est ALIQUID: repraesentabile, quicquid non involvit contradictionem, quicquid non est A et non-A, est POSSIBILE […].« – »Was nicht nichts ist, ist ETWAS: Es ist vorstellbar. Alles was keinen Widerspruch in sich schließt, alles was nicht A und zugleich nicht-A ist, ist MÖGLICH.«

Met. § 10
»Omne possibile aut est A, aut non-A, aut neutrum, […] iam neutrum est nihilum, quia esset utrumque […]. Ergo *omne possibile aut est A, aut non-A*, seu, omni subiecto ex omnibus praedicatis contradictoriis alterutrum convenit. *Haec propositio* dicitur *principium exclusi tertii, seu medii, inter duo contradictoria.* « – »Jedes Mögliche ist entweder A oder nicht-A oder keines von beiden. Nun ist keines von beiden nichts, weil es beides sein mag. Also *ist jedes Mögliche entweder A oder nicht-A*, oder: Jedem Subjekt kommt aus allen sich widersprechenden Eigenschaften jeweils eine von beiden zu. *Dieser Satz* wird *das Prinzip vom ausgeschlossenen Dritten oder ausgeschlossenen Mittleren zwischen zwei sich Widersprechenden genannt.*«

Met. § 11
»Omne possibile A est A, seu, *quicquid est, illud est*, seu, omne subiectum est praedicatum sui. Si negas: quoddam possibile A est non-A, […] hinc A et non-A, seu nihil, quod impossibile. *Haec propositio* dicitur *principio positionis, seu, identitatis.*« – »Jedes mögliche A ist A oder, *was immer ist, ist dieses*, oder jedes Subjekt ist Eigenschaft seiner selbst. Wenn du dies verneinst: Dann ist ein gewisses mögliches A zugleich auch nicht-A, folglich A und nicht-A, oder nichts, was unmöglich ist. *Dieser Satz* wird *der Satz des Gesetztseins oder der Identität* genannt.«

Met. § 15
»Quod spectatur, sed non in nexu cum iis, quae extra illud ponuntur, SPECTATUR IN SE. Quod nec in se quidem spectandum repraesentabile est, est IMPOSSIBILE IN SE (intrinsecus, simpliciter, absolute, per se). Quod in se spectatum est possibile, est POSSIBILE IN SE (intrinsecus, absolute, per se, simpliciter.)« – »Was betrachtet wird, aber nicht in dem

Zusammenhang dessen, was außerhalb seiner gesetzt ist, WIRD AN UND FÜR SICH BETRACHTET. Was nicht einmal, wenn es an und für sich betrachtet werden soll, vorstellbar ist, ist AN UND FÜR SICH (innerlich, schlechterdings, absolut, durch sich) UNMÖGLICH. Was an und für sich betrachtet möglich ist, ist AN UND FÜR SICH (innerlich, absolut, durch sich, schlechterdings) MÖGLICH.«

Met. § 16
»Quod in nexu etiam cum aliquibus, quae extra illud ponuntur, tamen est possibile, est POSSIBILE HYPOTHETICE (respective, relative, extrinsecus, per aliud, et secundum quid).« – »Was auch im Zusammenhang mit dem, was außerhalb seiner gesetzt ist, dennoch möglich ist, ist BEDINGT (gewissermaßen, im Verhältnis betrachtet, äußerlich, durch ein anderes, in gewisser Rücksicht) MÖGLICH.«

Met. § 20
»Omne possibile aut habet rationem, aut minus [...]. Si habet rationem, aliquid est eius ratio [...]. Si non habet, nihil est eius ratio [...]. Ergo omnis possibilis ratio aut nihil est, aut aliquid [...]. Si nihil foret ratio alicuius possibilis, foret ex nihilo cognoscibile, cur illud sit, [...] hinc ipsum nihilum repraesentabile et aliquid [...] nihil aliquid. Hinc quoddam possibile impossibile [...]. Ergo omnis possibilis aliquid est ratio, s. omne possibile est rationatum, s. *nihil est sine ratione*, seu, posito aliquo, ponitur aliquid eius ratio. *Haec propositio* dicitur *principium rationis* [...].« – »Jedes Mögliche hat einen Grund oder nicht. Wenn es einen Grund hat, ist etwas sein Grund, wenn es keinen hat, ist nichts sein Grund. Also ist der Grund jedes Möglichen entweder nichts oder etwas. Wenn nichts der Grund von irgendeinem Möglichen wäre, wäre aus nichts erkennbar, warum jenes sei, daher wäre dieses Nichts selbst vorstellbar und etwas, ein etwas, das nichts ist. Daher ein mögliches Unmögliches. Also gibt es einen Grund jedes Möglichen, oder: Jedes Mögliche ist gegründet, oder: *Nichts ist ohne Grund*, oder: Wenn etwas gesetzt wird, wird etwas als sein Grund gesetzt. *Dieser Satz* wird der *Satz des Grundes* genannt.«

Met. § 22
»*Nihil est sine ratione sufficiente*, seu, posito aliquo, ponitur aliquid eius ratio sufficiens. Singula in omni possibili habent rationem, [...] hinc

omne possibile rationem sufficientem [...]. *Haec propositio* dicitur *principium rationis sufficientis* [...] (convenientiae [...]).« – »*Nichts ist ohne hinreichenden Grund*, oder: Wenn etwas gesetzt wird, wird etwas als sein hinreichender Grund gesetzt. Alles Einzelne in jedem Möglichen hat einen Grund, also hat jedes Mögliche einen hinreichenden Grund. *Dieser Satz* wird der *Satz des hinreichenden Grundes* (der Übereinstimmung) genannt.«

Met. § 23
»Omne possibile est ratio, seu *nihil est sine rationato*, nihil sine corollario et auctoramento, nihil omnino sterile, otiosum, et infoecundum, seu posito aliquo ponitur aliquid rationatum eius. Nam omne possibile aut habet rationatum, aut minus [...]. Si habet, est aliquid rationatum eius, [...] si non habet, nihil est eius rationatum. Ergo omnis possibilis rationatum aut nihil est, aut aliquid [...]. Si nihil esset rationatum possibilis alicuius, posset ex hoc cognosci [...], hinc esset aliquid, [...] adeoque quoddam possibile impossibile [...]. *Haec propositio* dicatur *principium rationati*.« – »Jedes Mögliche ist ein Grund, oder: *Nichts ist ohne ein in ihm Gegründetes*, nichts ist ohne Folge und ohne Lohn, nichts ist gänzlich erfolglos, müßig und unfruchtbar, oder: Wenn etwas gesetzt wird, wird etwas in ihm Gegründetes gesetzt. Denn jedes Mögliche hat ein in ihm Gegründetes oder nicht. Hat es dies, dann ist etwas in ihm gegründet, hat es dies nicht, dann ist nichts in ihm gegründet. Also ist das in jedem Möglichen Gegründete entweder nichts oder es ist etwas. Wenn nichts das in irgendeinem Möglichen Gegründete wäre, dann könnte es aus diesem erkannt werden, also wäre es etwas, oder vielmehr, es wäre ein mögliches Unmögliches. *Dieser Satz* wird der *Satz des Gegründeten* genannt.«

Met. § 24
»*Omne possibile est ratio et rationatum*, [...] hinc nexu duplici [...] connexum et rationale, [...] tam a priori, quam a posteriori cognoscibile. *Haec propositio* dicatur *principium utrinque connexorum* (a parte ante, et a parte post).« – »*Jedes Mögliche ist ein Grund und ein Gegründetes* und steht folglich in einem doppelten Zusammenhang der Verknüpfung, der ebenso aus gemeinen Gründen wie aus der Erfahrung erkennbar ist. *Dieser Satz* soll der *Satz des beidseitig Verknüpften* (teils vorherig, teils nachherig) genannt werden.«

Met. § 27

»Ratio A alicuius B, a quo dependet C, est C RATIO MEDIATA (ulterior, remota), RATIO non mediata est IMMEDIATA (proxima).« – »Der Grund A eines B, von dem C abhängt, ist der MITTELBARE (entfernere, ferne) GRUND von C, ein nicht mittelbarer Grund ist UNMITTELBAR (ein nächster) GRUND.«

Met. § 37

»DETERMINATIONES possibilis aut sunt in eo repraesentabiles, etiamsi nondum spectetur in nexu, ABSOLUTAE, aut tunc demum, quando spectatur in nexu, [...] RESPECTIVAE (assumtivae). Determinationes possibilium respectivae sunt RESPECTUS, (habitudines τὰ πρός, relationes latius dictae, vel ad extra, vel ad intra). Respectus possibilium in iisdem in se spectatis non repraesentabiles sunt RELATIONES (strictius dictae, ad extra). Relationes possibilium sunt eorundem DETERMINATIONES EXTERNAE (relativae, ad extra, extrinsecae), reliquae omnes, INTERNAE.« – »Die BESTIMMUNGEN eines Möglichen sind entweder in demselben vorstellbar, auch wenn dieses niemals in seinem Zusammenhang mit anderen betrachtet wird, als Bestimmungen, DIE DEM MÖGLICHEN AN UND FÜR SICH BETRACHTET ZUKOMMEN, oder sie sind dann erst vorstellbar, wenn es im Zusammenhang mit anderen betrachtet wird, als ihm BEZIEHUNGSWEISE ZUKOMMENDE (uneigentliche) BESTIMMUNGEN. Die einem Möglichen beziehungsweise zukommenden Bestimmungen sind seine BEZIEHUNGEN (Beschaffenheiten in bezug auf etwas, Verhältnisse im weiteren Sinne, entweder nach außen oder nach innen). Beziehungen der Möglichen, die in denselben an sich betrachtet nicht vorstellbar sind, sind seine Verhältnisse (im strengeren Sinne, nach außen). Die Verhältnisse der Möglichen sind ihre (auf anderes bezogenen, nach außen gerichteten) ÄUSSEREN BESTIMMUNGEN, alle übrigen sind ihre INNEREN Bestimmungen.«

Met. § 57

»*Omne actuale est interne possibile*, [...] seu posita existentia ponitur interna possibilitas, [...] ab esse ad posse V. C.« – »*Alles, was wirklich ist, ist innerlich möglich*, oder: Wenn die Wirklichkeit gesetzt ist, ist die innere Möglichkeit gesetzt. Vom Sein kann auf das Möglichsein geschlossen werden.«

Met. § 60

»*Quoddam non actuale est possibile*, sublata actualitate non omnis tollitur possibilitas, seu a non esse ad omnino non posse N. V. C.« – »*Einiges nicht Wirkliche ist möglich*, wenn die Wirklichkeit aufgehoben ist, wird nicht jede Möglichkeit aufgehoben, oder: Vom Nichtsein kann nicht auf ein völliges Nichtmöglichsein geschlossen werden.«

Met. § 70

»Qua qualitatem eadem sunt SIMILIA ~, qua quantitatem, AEQUALIA =, qua utramque, CONGRUENTIA ≃. Qua qualitatem diversa, DISSIMILIA ≁, qua quantitatem, INAEQUALIA ≠, qua utramque diversa, DISCONGRUENTIA ≄.« – »Dinge, die ihrer Beschaffenheit nach dieselben sind, sind ÄHNLICH, die es der Ausdehnung nach sind, sind GLEICH, die es nach beidem sind, sind GLEICHARTIG. Dinge, die ihrer Beschaffenheit nach verschieden sind, sind UNÄHNLICH, die es der Ausdehnung nach sind, sind UNGLEICH, die nach beidem verschieden sind, sind UNGLEICHARTIG.«

Met. § 73

»Posito ente ponitur essentia, [...] ergo complexus essentialium, [...] hinc posito ente simul ponuntur essentialia omnia, et ita quidem, ut nullum possit tolli [...]. Ergo essentialia entis sunt per se inseparabilia [...]. UNUM est, cuius determinationes sunt inseparabiles, et TRANSCENDENTALITER, cuius determinationes sunt per se inseparabiles. *Ergo omne ens est unum* transcendentale.« – »Wenn ein Ding gesetzt wird, wird sein Wesen gesetzt, folglich werden mit der Setzung eines Dinges alle seine wesentlichen Bestimmungen gesetzt und zwar gewiß so, daß nichts davon aufgehoben werden kann. Also sind die wesentlichen Bestimmungen eines Dinges an und für sich unzertrennlich. EINES ist, dessen Bestimmungen unzertrennlich sind, und WESENTLICH EINES ist, dessen Bestimmungen an und für sich unzertrennlich sind. *Also ist jedes Ding* wesentlich *eines*.«

Met. § 76

»Inseparabilitas determinationum quum sit impossibilitas separationis, [...] est vel absoluta, vel hypothetica [...]. Hinc unitas est vel absoluta, vel hypothetica [...].« – »Die Unzertrennlichkeit der Bestimmungen ist, weil sie die Unmöglichkeit der Trennung ist, entweder unbedingt

oder bedingt. Folglich ist die Einheit entweder bedingt oder unbedingt.«

Met. § 90
»Quum omnis entis determinationes coniungantur, essentiales secundum principium contradictionis, [...] et accidentales, attributa secundum principium contradictionis [...] et rationis [...] et sufficientis, [...] modi secundum principium contradictionis [...] et rationis, [...] essentialia et affectiones secundum principium rationati, [...] hinc regulas communes, [...] *omne ens est verum* transcendentaliter [...].« – »Da die Bestimmungen jedes Dinges miteinander verbunden sind, die wesentlichen Bestimmungen nach dem Satz des Widerspruchs, die zufälligen Bestimmungen, die Attribute nach dem Satz des Widerspruchs, des Grundes und des hinreichenden Grundes, die Modi nach dem Satz des Widerspruchs und des Grundes, die wesentlichen Bestimmungen und die Affektionen nach dem Satz des Gegründeten, folglich nach gemeinsamen Gesetzen, *ist jedes Ding* wesentlich *wahr.*«

Met. § 91
»Confusio veritati transcendentali opposita esset SOMNIUM OBIECTIVE SUMTUM [...]. Somniorum aggregatum esset MUNDUS FABULOSUS [...].« – »Eine Vermengung, die im Gegensatz zur wesentlichen Wahrheit steht, wäre ein TRAUM, das GETRÄUMTE (in objektivem Sinne). Eine Anhäufung von Träumen wäre das LAND DER WÜNSCHE.«

Met. § 92
»PRINCIPIA [...] CATHOLICA (universalia) sunt singulis entibus communia. Metaphysice vera determinantur principiis catholicis, [...] convenienter, [...] et, quae determinantur his principiis conformiter, sunt metaphysice vera [...]. Hinc VERITAS METAPHYSICA potest definiri per convenientiam entis cum principiis catholicis.« – »Die ALLGEMEINGÜLTIGEN GRUNDSÄTZE sind allen einzelnen Dingen gemeinsam. Metaphysisch wahre Dinge werden übereinstimmend durch die allgemeingültigen Grundsätze bestimmt und die Dinge, die übereinstimmend durch diese Grundsätze bestimmt werden, sind metaphysisch wahr. Folglich kann die METAPHYSISCHE WAHRHEIT als Übereinstimmung eines Dinges mit den allgemeingültigen Grundsätzen bestimmt werden.«

Met. § 94
»Si plura simul sumta unius rationem sufficientem constituunt, CONSENTIUNT, consensus ipse est PERFECTIO, et unum, in quod consentitur, RATIO PERFECTIONIS DETERMINANS (focus perfectionis).« – »Wenn mehrere zugleich Gesetzte den zureichenden Grund von Einem ausmachen, STIMMEN SIE ÜBEREIN. Die Übereinstimmung selbst ist die VOLLKOMMENHEIT, und das Eine, zu dem sie übereinstimmen ist der BESTIMMENDE GRUND DER VOLLKOMMENHEIT (der Brennpunkt der Vollkommenheit).«

Met. § 95
»In perfectione plura eidem rationi conformiter determinantur, […] ergo est in perfectione ordo, […] et communes perfectionis regulae […]«. – »In der Vollkommenheit ist Mehreres aus ein und demselben Grund übereinstimmend bestimmt, also ist in der Vollkommenheit eine Ordnung, und es gibt in ihr gemeinsame Regeln der Vollkommenheit.«

Met. § 96
»Ratio perfectionis determinans si fuerit unica, SIMPLEX, si plures, COMPOSITA tunc est PERFECTIO […]. Ergo plurimae regulae perfectionis communes […].« – »Wenn der bestimmende Grund der Vollkommenheit ein einziger ist, ist die VOLLKOMMENHEIT eine EINFACHE, wenn es mehrere sind, ist sie ZUSAMMENGESETZT […]. Also gibt es auch mehrere gemeinsame Gesetze der Vollkommenheit […].«

Met. § 121
»Perfectionis oppositum est IMPERFECTIO, et quidem 1) non consensus simplex, si in plurimus simul sumtis quaedam non sunt rationes unius: haec est IMPERFECTIO PRIVATIVE DICTA; 2) dissensus, si in plurimus simul sumtis quaedam consentiunt ad unum, quaedam ad oppositum eius: haec est IMPERFECTIO CONTRARIE DICTA […]«. – »Der Gegensatz der Vollkommenheiten ist die UNVOLLKOMMENHEIT, und zwar 1) eine einfache Nichtübereinstimmung, wenn bei mehreren zugleich gesetzten Dingen einige keine Gründe von Einem darstellen: Dies ist eine UNVOLLKOMMENHEIT AUFGRUND EINES MANGELS; 2) eine Widersinnigkeit, wenn bei mehreren zugleich gesetzten Dingen einige zu Einem zusammenstimmen, einige aber zu des-

sen Gegensatz: Dies ist eine UNVOLLKOMMENHEIT AUFGRUND EINER ENTGEGENSETZUNG.«

Met. § 139
»Ens negativum, qua tale, non est positivum, [...] at, si consentiret, qua negatio, ad unam realitatem, esset realitas [...], hinc ens negativum, qua tale, non consentit in ente reali, cui inest, [...] ad unam realitatem.« – »Ein verneinendes Ding ist als solches nicht bejahend, wenn es dagegen, als Verneinung, zu einer Realität zusammenstimmen würde, wäre es eine Realität. Daher stimmt ein verneinendes Ding als solches nicht in dem realen Ding, in dem es enthalten ist, zu einer Realität zusammen.«

Met. § 148
»Complexus omnium determinationum in ente compossibilium est OMNIMODA eius DETERMINATIO. Hinc ens aut est omnimode determinatum, aut minus [...]. Illud est SINGULARE (individuum), hoc UNIVERSALE. Utrumque respectu omnium minus determinatorum, quae in se continet, INFERIUS dicitur, illa respectus huius SUPERIORA.« – »Das Gesamt aller Bestimmungen, die in einem Ding zusammen möglich sind, ist seine DURCHGÄNGIGE (völlige, vollständige) BESTIMMUNG. Folglich ist ein Ding entweder durchgängig bestimmt oder nicht. Jenes ist das EINZELNE (das Individuum), dieses das ALLGEMEINE. Beide werden im Hinblick auf alles weniger Bestimmte, das sie in sich enthalten, das UNTERE (Niedrigere, Tiefere, Bestimmtere), jenes im Hinblick auf dieses das OBERE (Höhere, Allgemeinere, Unbestimmtere) genannt.«

Met. § 149
»ENS universale spectatum in suo inferiori, et singulare spectatum qua alia etiam sua praedicata, praeter certum universale, SPECTATUR IN CONCRETO et tunc CONCRETUM dicitur. ENS universale, quod attenditur quidem, non tamen in inferiori suo, et singulare, in quo tamen certum tantum eius superius attenditur, SPECTATUR IN ABSTRACTO, et tunc ABSTRACTUM dicitur. Universale in concreto est UNIVERSALE PHYSICUM (in multis, in re), universale in abstracto est LOGICUM (post multa, post rem).« – »Ein allgemeines DING, das in einem ihm zugehörigen niedereren Ding, und ein einzelnes Ding, das auch in seinen anderen Bestimmungen, außer hinsichtlich eines gewissen Allge-

meinen, betrachtet wird, wird IN MEHRERER BESTIMMUNG BETRACHTET und dann UNABGESONDERT genannt. Ein allgemeines DING, auf das acht gegeben wird, aber nicht in einem ihm zugehörigen niedereren Ding, und ein einzelnes Ding, bei dem gleichwohl nur auf ein ihm zugehörendes Höheres achtgegeben wird, WIRD NUR IN GEWISSER BESTIMMUNG BETRACHTET und dann ABGESONDERT genannt. Ein Allgemeines im Unabgesonderten ist das ALLGEMEINE IM BESTIMMTEREN (in vielem, in den Sachen), ein Allgemeines im Abgesonderten ist das ALLGEMEINE IM DENKENDEN (dem vielen, den Sachen nachfolgend).«

Met. § 150
»Universale in solis individuis in concreto repraesentabile, seu, quod sola individua sub se continet, est SPECIES, quod etiam in universalibus in concreto repraesentabile est, seu, quod universalia etiam sub se continet, est GENUS, et horum INFIMUM, quod in nullo genere est, s. quod nullum genus sub se continet, SUMMUM, in quo nullum genus s. quod sub nullo genere continetur, SUBALTERNA denique vocantur, quae non sunt summa.« – »Ein Allgemeines, das nur in Individuen unabgesondert vorstellbar ist, oder was nur Individuen unter sich enthält, ist eine ART, was auch in allgemeineren Dingen unabgesondert vorstellbar ist, oder was auch allgemeine Dinge unter sich enthält, ist eine GATTUNG. Deren UNTERSTE Gattung ist, die in keiner [weiteren unteren] Gattung ist, oder die keine Gattung unter sich enthält, deren OBERSTE Gattung ist, in der keine [weitere obere] Gattung ist oder die unter keiner Gattung enthalten ist, UNTERGEORDNETE Gattungen oder Untergeschlechte werden schließlich diejenigen genannt, die keine höchsten sind.«

Met. § 151
»Determinationes inferioris entis, indeterminatae in eius superiore sunt illius DIFFERENTIA. Hinc DIFFERENTIA GENERICA est complexus determinationum in genere determinatarum, indeterminatarum in eius superiori; DIFFERENTIA SPECIFICA est complexus determinationum speciei, indeterminatarum in genere eius infimo. DIFFERENTIA NUMERICA (haecceitas, principium individuationis) est complexus determinationum individui indeterminatarum in specie […].« – »Die Bestimmungen eines niedereren Dinges, die in dem, was höher als es ist,

unbestimmt sind, sind seine GENAUERE BESTIMMUNG. Folglich ist die GENAUERE BESTIMMUNG EINER GATTUNG das Gesamt der Bestimmungen, die in einer Gattung bestimmt und in einer höheren Gattung unbestimmt sind. Die GENAUERE BESTIMMUNG EINER ART ist das Gesamt der Bestimmungen einer Art, die in deren niederster Gattung unbestimmt sind. Die GENAUERE BESTIMMUNG EINES JEDEN EINZELNEN (seine Diesheit, der Grund seiner Besonderheit) ist das Gesamt der Bestimmungen eines Individuums, die in der Art unbestimmt sind.«

Met. § 162
»Mutari in minus est MINUI; mutari in maius, AUGERI. Quicquid ergo potest augeri vel minui, est mutabile, [...] et quidem, qua quantitatem, [...] hinc interne [...].« – »Was in ein Kleineres verändert wird, wird VERMINDERT; was in ein Größeres verändert wird, wird VERMEHRT. Was auch immer also vermehrt oder vermindert werden kann, ist veränderlich, und zwar seiner Ausdehnung nach, also innerlich.«

Met. § 166
»Ratio minima est, quae unicum minimum rationatum habet [...]. Quo ergo plura, quo maiora rationata habet, hoc maior est, [...] donec maxima fiat maxima plurima rationata habens [...]. Magnitudo rationis ex numero rationatum est FOECUNDITAS, ex magnitudine eorum PONDUS (gravitas, dignitas, nobilitas).« – »Der kleinste Grund ist, der ein einziges kleinstes Begründetes nach sich zieht. Je mehr, je größere in ihm Begründete er hat, umso größer ist er, bis dahin, daß der größte Grund die größten und meisten Begründeten nach sich zieht. Die Größe des Grundes, die sich aus der Zahl des in ihm Gegründeten ergibt, ist seine Fruchtbarkeit, die sich aus der Größe des in ihm Gegründeten ergibt, ist seine Wichtigkeit (sein Gewicht, seine Würde, sein Adel).«

Met. § 180
»Magnitudo conformitatis cum ratione in determinatione, quam lex enunciat, est ROBUR LEGIS. LEX enuncians determinationem cum ratione comparative magnae est FORTIS, parvae DEBILIS est. Hinc lex maxime debilis seu minimi roboris est, quae enunciat determinationem minimae conformitatis cum ratione [...]. Quo maior conformitas cum

ratione determinationi a lege enunciatae, hoc lex est fortior, […] donec fortissima sit enuncians determinationem, in qua maxima conformitas […].« – »Die Größe der Übereinstimmung mit dem Bestimmungsgrund, die durch ein Gesetz ausgesagt wird, ist die STÄRKE DER RICHTSCHNUR. Ein Gesetz, das eine Bestimmung einer vergleichsweise großen Übereinstimmung mit dem Grund aussagt, ist ein STARKES GESETZ, eines, das eine vergleichsweise kleine aussagt, ist ein SCHWACHES GESETZ. Daher ist das schwächste Gesetz oder das, welches die wenigste Stärke besitzt, eines, das die Bestimmung einer kleinsten Übereinstimmung mit dem Grund aussagt. Je größer die von einem Gesetz ausgesagte Übereinstimmung mit dem Bestimmungsgrund ist, umso stärker ist das Gesetz, bis schließlich das stärkste Gesetz dasjenige sein mag, das diejenige Bestimmung aussagt, in der sich die größte Übereinstimmung findet.«

Met. § 184
»Veritas metaphysica minima est ordo plurium in uno minimus, […] seu minima cum principiis catholicis conformitas […]. Quo ergo plura in ente, quo maiora, secundum quo plures, quo fortiores regulas coniuncta sunt, hoc maior est in illo veritas, […] donec sit maxima, ubi plurima maxima, fortissimis (principiorum catholicorum […]) regulis convenientissima deprehenduntur […].« – »Die kleinste metaphysische Wahrheit ist die kleinste Ordnung von Mehrerem in Einem oder die kleinste Übereinstimmung mit den allgemeingültigen Grundsätzen. Je mehr also, je Größeres gemäß je mehr, je stärkeren Gesetzen in einem Ding verbunden ist, je größer ist in ihm die Wahrheit, bis endlich die größte Wahrheit dort ist, wo das Meiste und Größte als am übereinstimmendsten mit den stärksten Gesetzen (der allgemeingültigen Grundsätze) angetroffen wird.«

Met. § 185
»Perfectio minima est consensus paucissimorum minimorum ad unum minimum unicus minimus, […] hinc quo plura, quo maiora, in quo plura, in quo maiora, quo pluries, quo magis consentiunt, hoc maior est perfectio, […] donec sit maxima plurimorum maximorum maximus consensus ad unum […]. At summa perfectio quum adeo sit maxime composita, […] simplex perfectio quantacunque sit, non tamen est maxima […].« – »Die kleinste Vollkommenheit ist die einzige kleinste

Übereinstimmung der wenigsten kleinsten Dinge zu einem einzigen kleinsten Einen, folglich ist, je mehr, je größere Dinge in je mehr, in je Größerem, je mehrfach und je mehr zusammenstimmen, die Vollkommenheit umso größer, bis hin zur größten Vollkommenheit, die in der größten Übereinstimmung der meisten und größten Dinge zu Einem besteht. Weil aber die höchste Vollkommenheit in höchstem Maße zusammengesetzt ist, mag es eine einfache Vollkommenheit geben, die aber dennoch nicht die größte ist.«

Met. § 200
»Substantiae si videntur accidentia, sint SUBSTANTIAE PRAEDICATAE, singulares sunt SUPPOSITA .« – »Nur in anderen bestehende Dinge, die für sich zu bestehen scheinen, sind SCHEINBAR FÜR SICH BESTEHENDE DINGE, Einzeldinge sind FÜR SICH BESTEHENDE DINGE.«

Met. § 204
»Scientia virium est DYNAMICA tam philosophica, quam mathematica, DYNAMEOMETRIA.« – »Die Wissenschaft von den Kräften ist die DYNAMIK, ebenso die philosophische wie die mathematische, die MESSKUNST DER KRÄFTE.« – Vgl. auch *Philos. gen.* § 148: Hier nennt B. als einen Teil der Metaphysik die »Ontologia [...] de viribus DYNAMICA, praesertim de monadibus, MONADOLOGIA«. – »Die DYNAMISCHE Ontologie von den Kräften, vor allem der Monaden, die MONADOLOGIE«.

Met. § 220
»Posita facultate & receptivitate quum non ponatur actio vel passio, [...] ponatur tamen posita vi strictius dicta, [...] haec erit complementum facultatis ad actum, i. e. quod accedit ad facultatem, ut existat actio. Hinc data certa VIS STRICTIUS DICTA ad datam certam actionem vel sufficit, vel minus, [...] prior VIVA, posterior MORTUA solicitatio dicitur.« – »Wenngleich mit einem gesetzten Vermögen und einer gesetzten Empfänglichkeit eine Handlung oder ein Leiden nicht gegeben ist, so doch, wenn eine Kraft im strengeren Sinne gesetzt ist. Diese ist die Ergänzung eines Vermögens zum Tun, das heißt: was zu einem Vermögen hinzukommt, damit eine Handlung entsteht. Daher reicht eine gewisse gegebene Kraft in strengerer Bedeutung zu einer bestimmten gegebenen

Handlung entweder aus, oder nicht. Erstere wird eine LEBENDIGE, letztere eine TOTE KRAFT, eine Reizung, genannt.«

Met. § 247
»Gradus infimus seu minimus est, quo minor impossibilis; quo maior impossibilis, maximus est [...]. Gradus maiores sunt plurium minimorum tota [...]. Hinc *ab affirmato gradu maiore ad affirmandum minorem, a negato gradu minore ad negandum gradum maiorem valet consequentia* [...]. In quovis gradu maiore est multitudo graduum, quae INTENSIO dicitur [...]. Haec si augetur, QUALITAS, cuius gradus est, INTENDITUR, si minuitur, qualitas, cuius gradus est, REMITTITUR.« – »Der unterste oder kleinste Grad ist, wo ein kleinerer unmöglich ist; wo ein größerer unmöglich ist, ist der Grad der größte. Größere Grade sind das Gesamt vieler kleinster Grade. Daher *gilt der Schluß von einem bejahten größeren Grad auf die Bejahung des kleineren, von einem verneinten kleineren Grad auf die Verneinung des größeren.* In jedwedem größeren Grad gibt es eine Vielheit an Graden, die sein jeweils HÖHERES genannt werden. Wenn diese Vielheit vermehrt wird, wird die BESCHAFFENHEIT, von welcher sie der Grad ist, ZUNEHMEN, wenn sie vermindert wird, wird die Beschaffenheit, von welcher sie der Grad ist, ABNEHMEN.«

Met. § 265
»Similitudo minima est in duobus, in quibus unica minima qualitas est communis [...]. Iam vero in omnibus entibus quaedam qualitates communes sunt, [...]. Ergo omnia entia sibi sunt in aliquo gradu similia [...]. Est hinc in entibus similitudo quaedam adeoque identitas universalis [...]. Quo plures, quo maiores qualitates, quo pluribus sunt communes, hoc maior est similitudo [...]. Aequalitas minima est in duobus, in quibus unica minima quantitas est communis, quo ergo plures, in quo pluribus, quo maiores quantitates communes sunt, hoc maior est aequalitas.« – »Die geringste Ähnlichkeit ist in zwei Dingen, die nur eine einzige, geringste qualitative Beschaffenheit gemeinsam haben. Allerdings aber haben alle Dinge gewisse gemeinsame qualitative Beschaffenheiten. Also sind sich alle Dinge in einem gewissen Grade ähnlich. Es gibt daher in den Dingen eine gewisse Ähnlichkeit und sogar eine allgemeine Gleichheit. Je mehr, je größer die qualitativen Beschaffenheiten sind, je mehreren Dingen sie gemeinsam sind, desto größer ist die Ähnlichkeit. Die geringste Gleichheit ist in zwei Dingen, die nur einen

einzigen, kleinsten quantitativen Umfang gemeinsam haben, je mehr also, in je mehr Dingen, je größer der gemeinsame quantitative Umfang, desto größer ist die Gleichheit.«

Met. § 269
»IDENTITAS totalis singularium est NUMERICA […]. *Impossibilia sunt duo extra se singularia prorsus seu totaliter eadem.* Quum enim ponantur duo, ponuntur multa, hinc partim eadem, partim diversa […]. Ergo non sunt totaliter eadem […]. Quae sunt totaliter eadem singularia, sunt eadem numero, nec partim eadem, nec partim diversa […]. Hinc non sunt multa, nec duo […]. *Haec propositio* dicitur *principium* (identitatis) *indiscernibilium late sumtum, aut negatae totalis identitatis.*« – »Die völlige EINERLEIHEIT von einzelnen Dingen ist NUMERISCH. *Zwei außereinander bestehende Dinge, die ganz und gar oder völlig dieselben sind, sind unmöglich.* Weil nämlich, wenn zwei gesetzt werden, viele gesetzt werden, die daher teilweise dieselben, teilweise verschieden sind. Folglich sind sie nicht völlig dieselben. Einzelne Dinge, die völlig dieselben sind, sind dies numerisch, nicht teilweise dieselben und nicht teilweise verschieden. Also sind sie weder viele, noch zwei. *Dieser Satz* wird *das Prinzip* der Identität *des Ununterscheidbaren in weitem Verstande genannt,* oder das Prinzip *der verneinten völligen Identität.*«

Met. § 270
»*Impossibilia sunt plura extra se totaliter congruentia.* Dum enim extra se invicem exsisterent, sua & propria cuilibet existentia conveniret […] ab existentia alterius diversa, […] hinc autem attributum, aut modus, saltim unicus, […] in altero esset, qui non esset in altero, […] adeoque aut qualitas, aut quantitas, […] nec essent hinc ambo totaliter congruentia […]. Totaliter congruentia, qua omnia discrimina interna, sunt eadem, […] hinc exsistentia unius non est diversa ab existentia alterius, […] ergo non exsistunt extra se invicem. *Haec propositio* sit *principium negatae totalis congruentiae.*« – »*Außereinander bestehende Dinge, die völlig gleichartig wären, sind unmöglich.* Indem sie nämlich wechselseitig außereinander wirklich wären, würde jedwedem von ihnen eine ihm eigene Wirklichkeit zukommen, die von der Wirklichkeit des anderen verschieden wäre, also wäre in dem einen eine Eigenschaft, oder wenigstens eine einzige Zufälligkeit, die in dem anderen nicht wäre, und so wäre entweder die Beschaffenheit oder die Größe in beiden nicht völlig gleichartig. Nach

ihren inneren Unterscheidungsmerkmalen völlig gleichartige Dinge sind dieselben, folglich ist die Wirklichkeit des einen nicht verschieden von der Wirklichkeit des anderen, also sind sie wechselseitig nicht außereinander wirklich. *Dieser Satz* sei *das Prinzip der verneinten völligen Gleichartigkeit.*«

Met. § 271
»*Impossibilia sunt plura extra se invicem actualia totaliter similia.* Aut enim essent etiam totaliter aequalia, aut minus. Si prius, essent totaliter congruentia [...]. Si non essent totaliter aequalia, esset in uno quantitas, quae non esset in altero [...]. Haec haberet rationem sufficientem [...]. Hinc esset in totaliter similium uno qualitas, quae non esset in altero [...]. *Haec propositio est principium* (identitatis) *indiscernibilium stricte sumtum*, aut *negatae totalis similitudinis.*« – »*Außereinander wechselseitig bestehende wirkliche Dinge, die sich völlig ähnlich wären, sind unmöglich.* Denn entweder wären sie völlig gleich oder nicht. Im ersteren Fall wären sie völlig gleichartig. Wenn sie nicht völlig gleich wären, wäre in dem einen eine Größe, die nicht in dem anderen wäre. Diese würde einen zureichenden Grund haben. Also in völlig Ähnlichem in einem eine Beschaffenheit, die in dem anderen nicht wäre. *Dieser Satz ist das Prinzip* (der Identität) *des Ununterscheidbaren in strengem Verstande*, oder *das Prinzip der verneinten völligen Ähnlichkeit.*«

Met. § 272:
»*Impossibilia sunt plura extra se invicem actualia totaliter aequalia.* Aut enim erunt simul totaliter similia, aut partialiter tantum [...]. Si prius, essent totaliter congruentia [...]. Si partialiter tantum essent similia, esset qualitas in uno, quae non esset in altero, [...] hinc in utroque non esset idem totaliter realitatis gradus, [...] adeoque quaedam quantitas unius non esset quantitas alterius, [...] ergo non essent totaliter aequalia [...]. *Haec propositio* sit *principium negatae totalis aequalitatis.*« – »*Mehrere wechselseitig außereinander bestehende wirkliche, einander völlig gleiche Dinge sind unmöglich.* Denn entweder werden sie zugleich völlig ähnlich sein oder nur teilweise. Wenn das erste der Fall wäre, wären sie völlig gleichartig. Wenn sie nur teilweise ähnlich wären, gäbe es in einem eine Beschaffenheit, die es in dem anderen nicht gäbe, folglich wäre in beiden nicht derselbe Grad an Realität, und so wäre eine gewisse Größe des einen nicht die Größe des anderen, folglich wären sie nicht

völlig gleich. *Dieser Satz* soll der *Satz der verneinten völligen Gleichheit* sein.«

Met. § 273
»Omnia se invicem actualia sunt partialiter diversa, [...] discongruentia, [...] dissimilia, [...] inaequalia [...].« – »Alle wechselseitig außereinander bestehenden wirklichen Dinge sind teilweise verschieden, ungleichartig, unähnlich, ungleich.«

Met. § 274
»Eadem A & C eidem tertio B, sunt eadem inter se. Quae enim sunt in B, sunt in A [...]. Quae sunt in C, sunt in B [...]. Ergo quae sunt in C, sunt in A. Hinc A & C sunt eadem [...].« – »Dieselben A und C, die in demselben B sind, sind unter sich dieselben. Was nämlich in B ist, ist in A. Was in C ist, ist in B. Also ist, was in C ist, in A. Folglich sind A und C dieselben.«

Met. § 281
»Positus simultanei extra alia actualis eius LOCUS est, successivi positus est AETAS.« – »Die Stellung eines Wirklichen, das gleichzeitig mit außerhalb seiner gelegenen anderen ist, ist sein ORT, die Stellung, die es aufeinanderfolgend hat, ist sein ALTER.«

Met. § 302
»AETERNITAS (rigorose dicta [...]) est duratio sine initio & fine. Duratio sine fine tantum est AEVITERNITAS, & omni tempori simultanea SEMPITERNITAS.« – »Die Ewigkeit (streng gesprochen) ist eine Dauer ohne Anfang noch Ende. Eine Dauer, die nur ohne Ende ist, ist das NUR-OHNE-ENDE-SEIN, und eine Dauer, die für alle Zeit zugleich ist, ist das ZU-ALLER-ZEIT-SEIN.«

Met. § 307
»Quod continet rationem alterius, eius est PRINCIPIUM. Dependens a principio PRINCIPIATUM est [...].« – »Dasjenige, was den Grund eines anderen enthält, ist dessen Quelle. Dasjenige, was von der Quelle abhängt, ist das Abgeleitete.«

Met. § 323

»Actio singularis cum effectu suo EVENTUS dicitur. Relatio eventus est CIRCUMSTANTIA. Complexus relationum ad eventum concurrentium OCCASIO, eiusque caussa CAUSSA OCCASIONALIS est. Paucissimarum minimarum circumstantiarum minimus ad eventum datum consensus est occasio minima [...]. Quo plures, quo maiores circumstantiae, quo magis ad eum consentiunt, hoc maior est occasio, [...] donec sit maxima plurimarum maximarum circumstantiarum ad datum eventum consensus maximus [...]. Occasio maior respectu loci OPPORTUNITAS, eius oppositum INOPPORTUNITAS, respectu temporis TEMPESTIVITAS, eiusque oppositum INTEMPESTIVITAS est.« – »Eine einzelne Handlung mit ihrer Wirkung wird ein VORFALL, eine BEGEBENHEIT genannt. Das Verhältnis einer Begebenheit ist ein UMSTAND. Das Gesamt der Verhältnisse, die zu einer Begebenheit zusammenlaufen, ist die GELEGENHEIT, deren Ursache ist eine GELEGENTLICHE URSACHE. Die kleinste Übereinstimmung der wenigsten, kleinsten Umstände zu einer gegebenen Begebenheit ist die kleinste Gelegenheit. Je mehr, je größere Umstände je mehr zu derselben zusammenstimmen, desto größer ist die Gelegenheit, bis hin zur größten Gelegenheit, welche die größte Übereinstimmung der meisten und größten Umstände zu einer gegebenen Begebenheit ist. Eine größere Gelegenheit in Beziehung auf den Ort ist ein BEQUEMERER ORT, deren Gegenteil ist ein UNBEQUEMERER ORT, in Beziehung auf die Zeit ist es eine BEQUEMERE ZEIT, deren Gegenteil ist eine UNBEQUEMERE ZEIT.«

Met. § 325

»Sint eventus A & B interne in aliquo gradu iidem, & spectentur in diversissimis circumstantiis, diversitas independens non est, nisi in relationibus, [...] hinc externa [...]. Ergo interna eventuum identitas diversitate circumstantiarum, loci, aetatis [...] e.c. nec augetur, nec minuitur, [...] i.e. *Locus & tempus non variant rem interne.*« – »Es mögen zwei Begebenheiten A und B innerlich in gewissem Grade dieselben sein und sie mögen unter überaus verschiedenen Umständen betrachtet werden. Dann besteht die unabhängige Verschiedenheit derselben nur in den Umständen, und ist folglich äußerlich. Also wird die innerliche Gleichheit der Begebenheiten durch die Verschiedenheit der Umstände, des Ortes, des Alters usw. weder vermehrt noch vermindert, d.h.: *Der Ort und das Alter verändern eine Sache nicht innerlich.*«

Met. § 331

»Effectus plenus tantus est, quanta actio, per quam actuatur, […] hinc actioni aequalis est […]. Iam actio tanta, quanta vis viva, per quam actuatur, […] hinc actio viribus vivis, a quibus actuatur, aequalis est […]. Ergo actio caussae efficientis aequalis est viribus eius vivis […]. Hinc *effectus plenus aequalis* (proportionatus) *est viribus caussae efficientis vivis* […].« – »Eine vollständige Wirkung ist so groß wie die Handlung, von der sie bewirkt wird, daher ist sie der Handlung gleich. Und da nun jede Handlung so groß ist wie die lebendige Kraft, durch die sie bewirkt wird, ist die Handlung den lebendigen Kräften, durch die sie bewirkt wird, gleich. Also ist die Handlung einer wirkenden Ursache ihren lebendigen Kräften gleich. Daher *ist die vollständige Wirkung den lebendigen Kräften der wirkenden Ursache gleich* (ihnen angemessen).«

Met. § 332

»Nobilitas seu dignitas alicuius effectus caussae alicui efficienti essentialiter subordinandi ad huius effectum plenum pertinet […]. *Ergo effectus non est nobilior sua caussa efficiente, cui essentialiter subordinatur* […].« – »Der Adel oder die Würde einer Wirkung, die einer bewirkenden Ursache wesentlich unterzuordnen ist, gehört zu der vollständiger Wirkung letzterer. Also *ist die Wirkung nicht edler als ihre bewirkende Ursache, der sie wesentlich untergeordnet wird.*«

Cosmologia

Met. § 377

»Finita, quae non absolute solum, nec hypothetice tantum in qualicunque nexu, sed etiam in universali nexu ALICUIUS MUNDI possibilia sunt, POSSIBILIA illius mundi vocantur. Hinc possibilia huius mundi sunt, quae in universali eius nexu spectata tamen sunt hypothetice possibilia, hinc maiorem possibilitatis gradum habent […].« – »Endliche Dinge, die nicht nur unbedingt und nicht nur bedingt in einem wie auch immer beschaffenen Zusammenhang, sondern auch im allgemeinen Zusammenhang irgeneiner Welt möglich sind, werden das MÖGLICHE EINER GEWISSEN GANZEN WELT genannt. Daher sind die möglichen Dinge dieser Welt diejenigen, die in deren allgemeinem Zusam-

menhang gleichwohl bedingt möglich sind, und sie haben daher einen höheren Grad an Möglichkeit.«

Met. § 444
»In omni perfectione est ordo [...]. Hinc in mundo perfectissimo maximus est ordo, qui in mundo possibilis [...].« – »In jeder Vollkommenheit ist eine Ordnung. Daher ist in der vollkommensten Welt die größte Ordnung, die in einer Welt möglich ist.«

Met. § 445
»In mundo perfectissimo quum plurimae sint perfectionis regulae, [...] possunt etiam esse exceptiones admodum multae, [...] modo maximum non tollant consensum, [...] hinc sint, quae possunt, caeteris paribus, paucissimae, [...] minmimae [...].« – »Weil es in der vollkommensten Welt mehrere Gesetze der Vollkommenheit gibt, kann es auch so viele Ausnahmen geben, wenn sie nur die größte Übereinstimmung nicht aufheben. Daher sind die möglichen Ausnahmen, wenn die übrigen Umstände die gleichen sind, überaus wenige und überaus klein.«

Met. § 446
»Si in mundo perfectissimo collidantur ratio perfectionis sufficiens & insufficiens, fit exceptio ab insufficienti: si collidantur foecundior & minus foecunda, fit exceptio a minus foecunda; si gravior & minus gravis, fit exceptio a minus gravi; si ulterior & propior ulteriori subordinata, fit exceptio a propiori; si secundum quid sufficiens & simpliciter talis, fit exceptio a sufficiente secundum quid; si inferior & superior, fit exceptio ab inferiori. Quaecunque tandem regula perfectionis in mundo perfectissimo collidatur cum summa, ab ea excipitur [...].« – »Wenn in der vollkommensten Welt ein zureichender Grund der Vollkommenheit und ein unzureichender zusammenstoßen, wird von dem unzureichenden eine Ausnahme gemacht; bei einem fruchtbaren und einem weniger fruchtbaren Grund von dem weniger fruchtbaren; bei einem wichtigeren und einem weniger wichtigen von dem weniger wichtigen; bei einem entfernteren und einem näheren, welcher dem entfernteren untergeordnet ist, von dem näheren; bei einem zureichenden Grund in gewisser Rücksicht und einem einfach zureichenden Grund von dem zureichenden Grund in gewisser Rücksicht; bei einem höheren und einem niedereren von dem niedereren. Endlich wird von welchem Gesetz der Voll-

kommenheit auch immer, das in der vollkommensten Welt mit dessen höchstem Gesetz zusammenstößt, eine Ausnahme gemacht.«

Met. § 469
»EVENTUS ab ullius entis contingentis natura actuandus est NATURALIS SUPERNATURALI CONTRADISTINCTUS [...]. At eventus a determinata determinati entis contingentis natura actuandus est NATURALIS PRAETERNATURALI [...] CONTRADISTINCTUS. Quicquid ab alicuius natura actuari potest, est ipsi PHYSICE POSSIBILE, quicquid non potest, est ipsi PHYSICE IMPOSSIBILE. Quaedam in se possibilia non tamen a quavis natura actuari possunt, [...] ergo multis possunt esse physice impossibilia. Non omne physice nonnullis impossibile est & absolute tale. Physice alicui contingenti impossibilia aut sunt talia aut in quocunque eius natura spectetur statu NATURALITER IMPOSSIBILIA SIMPLICITER (mere, omnino, prorsus), aut tunc demum, si in certo statu spectetur eius natura, NATURALITER IMPOSSIBILIA SECUNDUM QUID (pro nunc & sic). Impossibilitas naturalis simpliciter talis realitatum est IMPOTENTIA MERE NATURALIS. Non omnis impossibilitas naturalis est impotentia mere naturalis aut absoluta impossibilitas [...]. Oppositum physice impossibilis est PHYSICE NECESSARIUM, physice possibilis PHYSICE CONTINGENS. Non omne physice necessarium est absolute necessarium [...]. Quaedam in se contingentia possunt multis esse physice necessaria [...]. Physice necessaria vel sunt simpliciter, vel secundum quid talia.« – »Eine Begebenheit, die von der Natur irgendeines zufälligen Dinges zu erwirken ist, ist ALS NATÜRLICH VOM ÜBERNATÜRLICHEN UNTERSCHIEDEN. Dagegen ist eine Begebenheit, die von der bestimmten Natur eines bestimmten zufälligen Dinges zu erwirken ist, ALS NATÜRLICH VOM UNNATÜRLICHEN UNTERSCHIEDEN. Alles, was von irgendeiner Natur bewirkt werden kann, ist dieser selbst NATÜRLICH MÖGLICH, WAS NICHT, IST DIESER SELBST NATÜRLICH UNMÖGLICH. Gewisse an und für sich mögliche Dinge können nicht von jedweder Natur bewirkt werden, daher können sie für viele natürlich unmöglich sein. Nicht alles, was einigen natürlich unmöglich ist, ist auch unbedingt unmöglich. Für etwas Zufälliges natürlich unmögliche Dinge sind entweder unmöglich, wenn dieses in jedwedem Zustand seiner Natur betrachtet wird, dann sind sie AN UND FÜR SICH (schlechterdings, gänzlich, völlig) UNMÖGLICH, oder sie sind dann erst unmöglich, wenn dieses in einem bestimmten Zustand betrachtet wird,

dann sind sie IN GEWISSER RÜCKSICHT (hier und so) UNMÖGLICH. Die Unmöglichkeit von Realitäten, die an und für sich eine solche ist, ist das SCHLECHTERDINGS NATÜRLICHE UNVERMÖGEN. Nicht jede natürliche Unmöglichkeit ist ein schlechterdings natürliches Unvermögen oder eine unbedingte Unmöglichkeit. Der Gegensatz des natürlich Unmöglichen ist das NATÜRLICH NOTWENDIGE, der des natürlich Möglichen ist das NATÜRLICH ZUFÄLLIGE. Nicht jedes natürlich Notwendige ist unbedingt notwendig. Gewisse in sich zufällige Dinge können für viele natürlich notwendig sein. Natürlich notwendige Dinge sind dies entweder an und für sich oder in gewisser Rücksicht.«

Psychologia

a) Psychologia empirica

Met. § 506
»Cogitationes sunt repraesentationes. Ergo anima mea est vis repraesentativa […].« – »Gedanken sind Vorstellungen. Also ist meine Seele eine vorstellende Kraft.«

Met. § 509
»Corpus meum habet determinatum in hoc mundo positum, [...] locum, aetatem, […] situm […].« – »Mein Leib hat in dieser Welt eine bestimmte Stelle […], einen bestimmten Ort, ein bestimmtes Alter und eine bestimmte Lage.«

Met. § 510
»[…] [C]onfuse quid cogitans quaedam obscure repraesentat.« – »Wer etwas verworren denkt, stellt sich einiges dunkel vor.«

Met. § 511
»Sunt in anima perceptiones obscurae [...]. Harum complexus FUNDUS ANIMAE dicitur.« – »Es gibt in der Seele dunkle Vorstellungen. Deren Gesamt wird der GRUND DER SEELE genannt.«

Met. § 512
»Ex positu corporis mei in hoc universu cognosci potest, cur haec obscu-

rius, illa clarius, illa distinctius percipiam, [...] i. e. REPRAESENTO PRO POSITU CORPORIS mei in hoc universo.« - »Aus der Stelle meines Leibes in dieser Welt kann erkannt werden, warum ich mir diese Dinge dunkler, jene klarer, andere deutlicher vorstelle, das heißt: Meine Vorstellungen richten sich nach der Stelle meines Leibes in dieser Welt.«

Met. § 513
»Anima mea est vis [...] representativa [...] universi [...] pro positu corporis sui [...].« - »Meine Seele ist eine Kraft, welche die Welt entsprechend der Stelle ihres Leibes vergegenwärtigt.«

Met. § 515
»Cognitio vera est realitas, [...] cuius oppositum, cognitio nulla s. defectus cognitionis, IGNORANTIA, et cognitio apparens s. ERROR, sunt negationes [...]. Cognitio minima est unici minimi minime vera [...]. Ergo quo plurium, quo maiorum, quo verior est, hoc maior est, [...] donec sit maxima plurimorum maximorum verissima. Gradus COGNITIONIS, quo plura cognoscit, est eius UBERTAS (copia, extensio, divitiae, vastitas), quo pauciora, ANGUSTIA, quo maiora, est DIGNITAS (nobilitas, magnitudo, gravitas, maiestas), quo minora, VILITAS (exilitas, levitas). Quo veriora, quo maiori ordine coniungit cognitio, hoc verior, [...] hinc maior est [...]. Quo veriora, quo maiori ordine coniungit cognitio, hoc verior [...] hinc maior est; COGNITIO veriora sistens EXACTA (exasciata) est, minus vera exhibens, CRASSA. Maior in cognitione ordo, s. METHODUS, est COGNITIONIS METHODICUM (acroamaticum, disciplinale), minor TUMULTARIUM. Cognitio eiusque repraesentationes in anima mea sunt vel minores vel maiores, [...] iisque, qua rationes sunt, ARGUMENTA LATIUS DICTA, vis & efficacia tribuitur [...]. Nulla cognitio est totaliter sterilis, [...] cognitio tamen maioris efficaciae, s. ROBORIS, est FORTIOR, minoris, quae IMBECILLITAS, DEBILIOR (imbellis, iners). Repraesentationes debiliores ortae statum animae minus, fortiores magis mutant.« – »Die wahre Erkenntnis ist eine Realität, deren Gegensatz, keine Erkenntnis oder ein Mangel an Erkenntnis, die UNWISSENHEIT, und die scheinbare Erkenntnis oder der IRRTUM, sind Verneinungen. Die kleinste Erkenntnis ist diejenige eines einzigen kleinsten Dinges die am wenigsten wahr ist. Daher ist eine Erkenntnis, von je mehr und von je größeren Dingen und je wahrer sie ist, umso größer, bis sie schließlich die größte und wahrste Erkenntnis von meh-

reren größten Dingen sein mag. Die Stufe der ERKENNTNIS, auf der mehreres erkannt wird, ist ihr REICHTUM (ihre Fülle, ihre Weitläufigkeit, ihr Vorrat, ihre Ausdehnung), die Stufe, auf der weniger erkannt wird, ist ihre enge Einschränkung. Die Stufe, auf der größere Dinge erkannt werden, ist ihre WÜRDE (ihr Adel, ihre Größe, ihre Wichtigkeit, ihre Ehrwürdigkeit), die Stufe, auf der kleinere Dinge erkannt werden, ist ihre GERINGSCHÄTZIGKEIT (Dürftigkeit, Leichtigkeit). Je wahrere Dinge in einer je größeren Ordnung eine Erkenntnis verbindet, desto wahrer und daher desto größer ist sie. Je wahrere Dinge in je größerer Ordnung eine Erkenntnis verbindet, desto wahrer und also desto größer ist sie; eine Erkenntnis, die wahrere Dinge hinstellt, ist genau (fein durchdacht), eine Erkenntnis, die weniger wahre Dinge vorstellt, ist grob. Eine größere Ordnung in der Erkenntnis, oder die METHODE, ist das METHODISCHE der ERKENNTNIS (das Akroamatische, Dogmatische), eine kleinere Ordnung ist ein GEMENGE. Die Erkenntnis und deren Vorstellungen in meiner Seele sind entweder größer oder kleiner, und ihnen wird, insofern sie Gründe, ARGUMENTE IM WEITEREN SINNE sind, Kraft und Wirksamkeit zugeschrieben. Keine Erkenntnis ist völlig unfruchtbar, aber eine Erkenntnis von größerer Wirksamkeit oder KRAFT ist STÄRKER, eine von geringerer Wirksamkeit, was eine SCHWÄCHLICHKEIT ist, ist SCHWÄCHER (matt, träge). Der Entstehung nach schwächere Vorstellungen verändern den Zustand der Seele weniger, stärkere mehr.«

Met. § 516
»PERCEPTIONES cum partiali aliqua partes eiusdem totalis SOCIAE vocantur, sociarum perceptionum fortissima REGNAT (dominatur in anima).« – »Vorstellungen, die mit anderen teilweisen Vorstellungen Teile desselben Ganzen sind, werden VERGESELLSCHAFTETE VORSTELLUNGEN genannt. Die stärkste der vergesellschafteten Vorstellungen ist DIE HERRSCHENDE (sie herrscht in der Seele vor).«

Met. § 517
»Quo plures notas perceptio complectitur, hoc est fortior [...]. Hinc obscura perceptio plures notas comprehendens quam clara, est eadem fortior, confusa plures notas comprehendens quam distincta, est eadem fortior. PERCEPTIONES plures in se continentes PRAEGNANTES vocantur. Ergo perceptiones praegnantes fortiores sunt. Hinc ideae habent ma-

gnum robur […]. Termini significatus praegnantis sunt EMPHATICI (emphases). Horum scientia EMPHASEOLOGIA est. Nominum propriorum non parva vis est.« – »Je mehr Merkmale eine Vorstellung in sich enthält, desto stärker ist sie. Daher ist eine dunkle Vorstellung, die mehr Merkmale enthält als eine klare, stärker als diese, und eine verworrene, die mehr Merkmale enthält als eine deutliche, stärker als diese. Vorstellungen, die mehr Merkmale in sich enthalten, werden VIELSAGENDE VORSTELLUNGEN genannt. Vielsagende Vorstellungen sind also stärker. Daher haben Begriffe von einzelnen Dingen eine große Stärke. Begriffe von vielsagender Bedeutung sind NACHDRÜCKLICH. Deren Wissenschaft ist die EMPHASEOLOGIE. Eigennamen haben keine geringe Kraft.«

Met. § 521
»REPRAESENTATIO non distincta SENSITIVA vocatur. Ergo vis animae meae repraesentat per facultatem inferiorem perceptiones sensitivas […]«. – »Eine nicht deutliche Vorstellung wird eine SINNLICHE VORSTELLUNG genannt. Also vergegenwärtigt sich die Kraft meiner Seele durch das untere Vermögen sinnliche Vorstellungen.«

Met. § 527
»FACILE est, ad quod actuandum paucae vires necessariae sunt; ad quod maiores requiruntur vires, est DIFFICILE. Hinc FACILE CERTO SUBIECTO est, ad quod actuandum exigua pars virium, quibus illud pollet, necassaria est: CERTO SUBIECTO DIFFICILE, ad quod actuandum magna pars virium, quibus substantia ista pollet, reqiritur. Ergo facilitas & difficultas admittunt gradus […].« – »LEICHT ist, zu dessen Verwirklichung wenige Kräfte nötig sind, wozu größere Kräfte nötig sind, das ist SCHWER. Also ist dasjenige DIESEM ODER JENEM LEICHT, zu dessen Verwirklichung ein kleiner Teil der Kräfte, derer er vermögend ist, notwendig ist: DIESEM ODER JENEM SCHWER ist dasjenige, zu dessen Verwirklichung ein großer Teil der Kräfte, derer das jeweilige Wesen vermögend ist, erfordert wird. Folglich lassen die Leichtigkeit und die Schwierigkeit verschiedene Stufen zu.«

Met. § 529
»Quod aliis clarius percipio ATTENDO; quod aliis obscurius, ABSTRAHO AB EO. Ergo habeo facultatem attendendi & abstrahendi

[…].« – »Was ich mir klarer als anderes vorstelle, DARAUF GEBE ICH ACHT; was ich mir dunkler als anderes vorstelle, DAVON ZIEHE ICH MEINE GEDANKEN AB. Also habe ich das Vermögen, auf etwas achtzugeben und etwas außer acht zu lassen.«

Met. § 530
»PERCEPTIO praeter notas, quas maxime in eius notis attendo, alias etiam minus claras continens, est COMPLEXA; COGITATIONIS COMPLEXAE notarum ille complexus, quem in notis maxime attendo, PERCEPTIO PRIMARIA, complexus notarum minus clararum PERCEPTIO (secundaria) ADHAERENS dicitur. Hinc perceptio complexa est totum perceptionis primarie & adhaerentis […].« – »Eine Vorstellung, die außer den Merkmalen, auf die ich unter ihren Merkmalen am meisten achthabe, auch noch andere, weniger klare Merkmale enthält, ist eine GEHÄUFTE VORSTELLUNG. Jenes Gesamt an Merkmalen der GEHÄUFTEN VORSTELLUNG, auf das ich unter den Merkmalen am meisten achthabe, wird die HAUPTVORSTELLUNG, das Gesamt der weniger klaren Merkmale wird eine NEBENVORSTELLUNG (zweiten Ranges) genannt. Daher ist die gehäufte Vorstellung das Gesamt der Haupt- und Nebenvorstellung.«

Met. § 531
»Pone duas cogitationes trium notarum, sed sint in una clarae, quae in altera obscurae sint, prior erit clarior […]. Ergo claritas perceptionis augetur claritate notarum per distinctionem, adaequationem e. c. Pone duas cogitationes claras notarum aequaliter clararum, quarum tres sint in una, sex sint in altera; posterior erit clarior […]. Ergo multitudine notarum augetur claritas, […] CLARITAS claritate notarum maior, INTENSIVE, multitudine notarum, EXTENSIVE MAIOR dici potest. Extensive clarior PERCEPTIO est VIVIDA. Vividitas COGITATIONUM & ORATIONIS NITOR (splendor) est, cuius oppositum est SICCITAS (spinosum cogitandi dicendique genus). Utraque claritas est PERSPICUITAS. Hinc perspicuitas vel est vivida, vel intellectualis, vel utraque. PERCEPTIO, cuius vis se exserit in veritate alterius perceptionis cognoscenda, & VIS EIUS, est PROBANS, cuius vis alteram claram reddit, & VIS EIUS, est EXPLICANS (declarans), cuius vis alteram claram reddit, & VIS EIUS, est ILLUSTRANS (pingens), quae alteram distinctam, & VIS EIUS, est RESOLVENS (evolvens). Conscientia veritatis est CERTITU-

DO (subiective spectata [...]). Certitudo sensitiva est PERSUASIO, intellectualis CONVICTIO. Cogitans rem & veritatem eius, caeteris paribus plura cogitat, quam cogitans rem tantum. Hinc COGITATIO & COGNITIO certa, caeteris paribus, maior est INCERTA, quae non est certa [...]. COGNITIO iusto incertior est SUPERFICARIA, adeo certa, ac requiritur, est SOLIDA. Quo clarior, quo vividior, quo distinctior, quo certior cognitio est, hoc maior est. PERCEPTIO certitudinem alterius habens pro corollario, & VIS EIUS, est vel PERSUASORIA, vel CONVINCENS. Certa pespicuitas est EVIDENTIA.« – »Setze zwei klare Gedanken von drei Merkmalen, aber in dem einen seien dieselben klar, die in dem anderen dunkel sind, dann wird der erstere klarer sein. Also wird die Klarheit einer Vorstellung aufgrund der Klarheit der Merkmale erhöht, durch Deutlichkeit, Vollständigkeit usw. Setze zwei klare Gedanken von gleichermaßen klaren Merkmalen, von denen drei in dem einen, sechs in dem anderen enthalten seien, dann wird der letztere klarer sein. Also wird die Klarheit durch die Menge der Merkmale erhöht. Die größere KLARHEIT, die auf der Klarheit der Merkmale beruht, kann INTENSIV GRÖSSER (ein schärferes Licht), diejenige, die auf der Menge der Merkmale beruht, EXTENSIV GRÖSSER (ein verbreiteteres Licht) genannt werden. Eine extensiv klarere VORSTELLUNG ist eine LEBHAFTE Vorstellung. Die Lebhaftigkeit DER ERKENNTNIS UND DER REDE IST DAS SCHIMMERNDE (der Glanz), dessen Gegenteil ist das TROCKENE (die spitzfindige Art zu denken und zu reden). Beide Arten der Klarheit bedeuten FASSLICHKEIT. Daher ist die Fasslichkeit entweder lebhaft oder verstandesgemäß oder beides. Eine VORSTELLUNG, deren Kraft sich darin äußert, daß durch sie die Wahrheit einer anderen Vorstellung erkannt wird, und diese IHRE KRAFT ist BEWEISEND, eine VORSTELLUNG, deren Kraft eine andere Vorstellung klar macht, und diese IHRE KRAFT ist ENTDECKEND (aufklärend), eine VORSTELLUNG, deren Kraft eine andere Vorstellung lebhaft macht, und diese IHRE KRAFT ist AUFHELLEND (ausmalend), eine VORSTELLUNG, die eine andere Vorstellung deutlich macht, und diese IHRE KRAFT ist AUFSCHLIESSEND (entwickelnd). Das Gewissen um die Wahrheit ist die GEWISSHEIT (subjektiv betrachtet). Die sinnliche Gewißheit ist die ÜBERREDUNG, die verstandesmäßige Gewißheit ist die ÜBERZEUGUNG. Wer eine Sache und ihre Wahrheit denkt, denkt, wenn die übrigen Umstände die gleichen sind, mehr als wer nur die Sache denkt. Daher sind ein GEDANKE und eine ERKENNTNIS, die ge-

wiß sind, wenn die übrigen Umstände die gleichen sind, bedeutender als UNGEWISSE Gedanken und Erkenntnisse, die nicht gewiß sind. Eine ERKENNTNIS, die ungewisser als recht ist, ist eine SEICHTE, eine, die so gewiß ist, wie es erfordert wird, ist eine GRÜNDLICHE Erkenntnis. Je klarer, je lebhafter, je deutlicher, je gewisser eine Erkenntnis ist, desto größer ist sie. Eine VORSTELLUNG, die als ihre Folge die Gewißheit einer anderen Vorstellung hat, und diese IHRE KRAFT ist entweder VON ÜBERREDENDER oder VON ÜBERZEUGENDER KRAFT UND WIRKSAMKEIT. Eine Faßlichkeit, die gewiß ist, ist DAS VÖLLIG AUSGEMACHTE.«

Met. § 532
»Tam extensive, quam intensive clarior possunt esse sensitivae, [...] & tunc vividior est perfectior, quam minus vivida [...]. Potest vividior intensive clariore ipsaque distincta percetione fortior esse [...].« – »Ebenso eine der Ausdehnung nach klarere wie eine der Stärke nach klarere Vorstellung können sinnlich sein, und dann ist die lebhaftere vollkommener als die weniger lebhafte. Eine lebhaftere Vorstellung kann stärker sein als eine der Stärke nach klarere, selbst wenn diese eine deutliche Vorstellung ist.«

Met. § 535
»Habeo facultatem sentiendi, [...] i. e. SENSUM. SENSUS repraesentat vel statum animae meae, INTERNUS, vel status corporis mei, EXTERNUS. Hinc SENSATIO est vel INTERNA per sensum internum (conscientia strictius dicta), vel EXTERNA, sensu externo actuata [...].« – »Ich habe das Vermögen zu empfinden, d. h. den SINN. Der Sinn vergegenwärtigt entweder den Zustand meiner Seele, als INNERER SINN, oder den Zustand meines Körpers, als ÄUSSERER SINN. Daher ist eine EMPFINDUNG entweder eine INNERE durch den inneren Sinn (das Gewissen in engerer Bedeutung) oder eine ÄUSSERE, die durch den äußeren Sinn verwirklicht wird.«

Met. § 540
»Sensus maior ACUTUS, minor HEBES dicitur. Quo aptiora ad motum convenientem organa sensuum aut sunt, aut redduntur, hoc aut est acutior, aut magis acuitur sensus externus. Quo ineptiora aut sunt, aut redduntur organa sensoria, hoc hebetior aut est, aut magis hebescit sensus

externus […].« – »Ein größerer Sinn wird SCHARF, ein kleinerer STUMPF genannt. Je geschicker die Sinnesorgane zur gehörigen Art ihrer Bewegung entweder sind oder gemacht werden, desto mehr wird der äußere Sinn geschärft. Je ungeschickter die sinnlichen Organe entweder sind oder gemacht werden, desto schwächer ist der äußere Sinn oder desto schwächer wird er gemacht.«

Met. § 549
»Quam ob caussam debiliorem obscurat fortior perceptio diversa, […] ob eandem debiliores diversae fortiorem illustrant […]. Hinc debiliori alicuius obiecti perceptioni succedens clara fortior diversa, eo ipso, quod nova est, in campo clararum perceptionum, magis appercipitur […]. Ergo clara sensatio fortior succedens diversae debiliori per ipsam novitatem illustratur […]. Hinc opposita debiliora rem illustrant […]. *Opposita iuxta se posita magis elucescunt.*« – »Aus demselben Grund, daß eine stärkere, verschiedene Vorstellung eine schwächere verdunkelt, erhellen verschiedene schwächere Vorstellungen die stärkere. Dadurch wird eine klare, stärkere, verschiedene Vorstellung, die auf eine schwächere Vorstellung irgendeines Gegenstands folgt, dadurch, daß sie neu ist, im Feld der klaren Vorstellungen stärker wahrgenommen. Also wird eine klare, stärkere Empfindung, die auf eine verschiedene schwächere folgt, durch die Neuigkeit selbst erhellt. Also erhellen gegensätzliche schwächere Vorstellungen eine Sache. *Dicht nebeneinander gesetztes Gegensätzliches erhellt noch mehr.*«

Met. § 550
»Si sensatio, quantum observatur, prorsus eadem contineatur in pluribus perceptionibus totalibus immediate se excipientibus, in prima habet lucem novitatis […]. Haec ipsi deest in sequenti ex parte, magis in tertia, & sic porro. Hinc, nisi aliunde illustretur, minus clara fiet in secunda perceptione totali, adhuc minus clara in tertia, semper succedens, tali quae eam magis obscuret […]. Ergo sensationes diu, quantum observari potest, eaedem, obscurantur ipso tempore […].« – »Wenn eine Empfindung, soweit man beobachten kann, als ganz und gar dieselbe in mehreren ganzen Vorstellungen, die unmittelbar aufeinander folgen, enthalten ist, so hat sie in der ersten das Licht der Neuheit. Dieses fehlt ihr in der nachfolgenden ganzen Vorstellung zum Teil, noch mehr in der dritten und so fort. Wenn sie also nicht von anderswoher aufgehellt wird, wird

sie daher in der zweiten ganzen Vorstellung weniger klar werden, in der dritten noch weniger klar, indem sie immer auf eine vorhergehende ganze Vorstellung folgt, die sie noch mehr verdunkelt. Also werden die Empfindungen, die, soweit man beobachten kann, längere Zeit dieselben bleiben, durch die Zeit selbst verdunkelt.«

Met. § 554
»Si claritatis gradus in sensationibus vigilantis notabiliter remittitur ob vapores in cerebrum adscendentes ex potu, INEBRIATUR seu sit ebrius; si ex morbo fiat idem, status ille VERTIGO dicitur, vel simplex, vel tenebrosa, seu scotomia.« – »Wenn die Klarheit der Empfindungen eines Wachenden wegen Dämpfen, die aus einem Getränk ins Gehirn aufsteigen, in merklicher Weise geschwächt wird, mag er BERAUSCHT oder trunken sein, wenn dies aufgrund einer Krankheit geschieht, wird jener Zustand ein SCHWINDEL, entweder ein einfacher oder ein finsterer, genannt oder Umnachtung.«

Met. § 557
»Conscius sum status mei, hinc status mundi praeteriti [...]. Repraesentatio status mundi praeteriti, hinc status mei praeteriti, [...] est PHANTASMA (imaginatio, visum, visio).« – »Ich bin mir meines Zustands bewußt, und daher der Welt in der Vergangenheit. Die Vorstellung des Zustands der Welt in der Vergangenheit, daher des Zustands von mir in der Vergangenheit, ist eine EINBILDUNG (ein Gesicht, eine Vision).«

Met. § 572
»Identitates diversitatesque rerum percipio. Ergo habeo facultatem identitates diversitatesque rerum percipiendi [...]. Prior facultas esset minima, si ad duorum tantum fortissime perceptorum, maxime eorundem, unicam minimam identitatem, inter maxime debiles socias & antecedentes perceptiones heterogeneas, debilissime repraesentandas sufficeret. Ergo quo plurimum, quo minus notorum, quo magis diversorum, quo plures, quo maiores identitates, hinc congruentias, aequalitates, ergo & aequalitates rationum s. PROPORTIONES, similitudines, quo fortiores inter socias & antecedentes perceptiones heterogeneas, quo clarius percipit, hoc maior est [...]. Habitus identitates rerum observandi est INGENIUM STRICTIUS DICTUM.« – »Ich erkenne die Gleichheiten und die Verschiedenheiten der Dinge. Also habe ich das Vermögen, die

Gleichheiten und Verschiedenheiten der Dinge zu erkennen. Das erste dieser Vermögen wäre am kleinsten, wenn es dazu genügen würde, von nur zwei, überaus stark vorgestellten und in höchstem Maße gleichen Dingen eine einzige kleinste Gleichheit unter überaus schwachen vergesellschafteten und vorausgehenden andersartigen Vorstellungen überaus schwach zu vergegenwärtigen. Von je mehr also, von je weniger bekannten, von je verschiedeneren Dingen es je mehr, je größere Gleichheiten und daher Übereinstimmungen, Gleichartigkeiten, also auch Gleichartigkeiten der Gründe oder VERGLEICHUNGEN DER GRÖSSEN, Ähnlichkeiten unter je stärkeren vergesellschafteten und vorausgehenden andersartigen Vorstellungen je klarer erkennt, desto größer ist es. Die Fertigkeit, die Gleichheiten der Dinge zu beobachten, ist der WITZ IN ENGERER BEDEUTUNG.«

Met. § 573
»Facultas diversitates rerum perspiciendi minima esset, quae duorum tantum, fortissime perceptorum, maxime diversorum, unicam minimam diversitatem, inter maxime debiles antecedentes & socias perceptiones heterogeneas, remississime perciperet. Ergo quo plurimum, quo minus notorum, quo magis eorundem, quo plures, quo maiores diversitates, hinc discongruentias, inaequalitates, ergo & inaequalitates rationum s. DISPROPORTIONES, dissimilitudines, quo fortiores inter antecedentes & socias heterogeneas perceptiones, quo fortius repraesentat, hoc maior est [...]. Habitus diversitates rerum observandi ACUMEN est. Acutum ingenium est PERSPICACIA.« – »Das Vermögen, die Verschiedenheiten der Dinge zu erfassen, wäre am kleinsten, das von nur zweien, überaus stark vorgestellten und in höchstem Maße verschiedenen Dingen eine einzige kleinste Verschiedenheit unter überaus schwachen vorausgehenden und vergesellschafteten andersartigen Vorstellungen überaus schwach vorstellen würde. Von je mehr also, von je weniger bekannten, von je gleicheren Dingen es je mehr, je größere Verschiedenheiten und daher Nichtübereinstimmungen, Ungleichartigkeiten, also auch Ungleichartigkeiten der Gründe oder UNGLEICHHEITEN DER VERHÄLTNISSE, Unähnlichkeiten unter je stärkeren vorausgehenden und vergesellschafteten andersartigen Vorstellungen je stärker vergegenwärtigt, desto größer ist es. Die Fertigkeit, die Verschiedenheiten der Dinge zu beobachten, ist die SCHARFSINNIGKEIT. Ein scharfsinniger Witz ist eine ARTIGE ODER FEINE EINSICHT.«

Met. § 576

»Quum omnia in hoc mundo sint partim eadem, partim diversa, […] repraesentationes identitatum diversitatumque in iisdem, hinc & INGENII (foetus) LUSUS, i. e. cogitationes ab ingenio dependentes, & SUBTILITATES, cogitationes ab acumine dependentes, actuantur per vim animae repraesentativam universi […]. Lusus INGENII falsi eius sunt ILLUSIONES, & falsae subtilitates INANES ARGUTATIONES vocantur.« – »Weil alle Dinge in dieser Welt zum Teil einerlei, zum Teil verschieden sind, werden die Vorstellungen der Einerleiheit und der Verschiedenheiten in ihnen und daher die SPIELE DES WITZES (der Erzeugungskraft), d. h. die Gedanken, die vom Witz abhängen, und die SCHARFSINNIGEN GEDANKEN, die Gedanken, die vom Scharfsinn abhängen, durch die Kraft der Seele, sich die Welt zu vergegenwärtigen, hervorgebracht. Falsche Spiele des Witzes sind ein BETRUG DES WITZES und falsche scharfsinnige Gedanken sind SPITZFINDIGKEITEN, LEERE GRÜBELEIEN.«

Met. § 577

»Facultatum animae maiores gradus quum sit habitus, […] & crebra repetitio actionum homogenearum, seu qua differentiam specificam similium, sit EXERCITIUM: exercitio augentur animae habitus […]. HABITUS animae non dependentes ab exercitio, naturales tamen CONNATI (dispositiones naturales): dependentes ab exercitio, ACQUISITI, supernaturales, INFUSI, facultatum cognoscitivarum habitus, THEORETICI vocantur.« – »Weil die höheren Grade der Vermögen der Seele Fertigkeiten sind und die häufige Wiederholung gleichartiger oder durch den spezifischen Unterschied ähnlicher Handlungen die ÜBUNG ist: So werden durch die Übung die Fertigkeiten der Seele vermehrt. Diejenigen FERTIGKEITEN der Seele, die nicht von der Übung abhängen, dennoch aber natürlich sind, werden ANGEBORENE (natürliche Anlagen), diejenigen, die von der Übung abhängen, werden ERWORBENE, die übernatürlichen werden GÖTTLICH EINGEGEBENE und die Fertigkeiten der Erkenntnisvermögen werden THEORETISCHE Fertigkeiten genannt.«

Met. § 579

»Reproductam repraesentationem percipio eandem, quam olim produxeram, […] i. e. RECOGNOSCO (recordor). Ergo habeo facultatem re-

productas perceptiones recognoscendi seu MEMORIAM, [...] eamque vel sensitivam, vel intellectualem [...].« – »Eine wiederhervorgebrachte Vorstellung erkenne ich als dieselbe wieder, die ich einst hervorgebracht hatte, d. h. ICH ERKENNE ETWAS WIEDER (ich erinnere mich). Also habe ich das Vermögen, wiederhervorgebrachte Vorstellungen wiederzuerkennen, oder das GEDÄCHTNIS, und dieses ist entweder sinnlich oder dem Verstande gemäß.«

Met. § 589
»Combinando phantasmata & PRAESCINDENDO i. e. attendendo ad partem perceptionis tantum, FINGO. Ergo habeo facultatem fingendi [...] POETICAM. Combinatio quum sit repraesentatio plurium, ut unius, hinc facultate identitates rerum percipiendi actuetur, [...] facultas fingendi per vim animae repraesentativam universi actuatur [...].« – »Durch die Verbindung und das TRENNEN UND ABSONDERN von Einbildungen, das ist durch das Achthaben auf nur einen Teil irgendeiner Vorstellung, DICHTE ich. Also besitze ich die Gabe zu dichten, das DICHTERISCHE Vermögen. Weil die Verbindung die Vorstellung vieler Dinge als ein einziges Ding ist, wird sie durch das Vermögen, die Gleichheiten der Dinge zu erkennen, in Tätigkeit gesetzt, die Gabe zu Dichten wird durch die Kraft der Seele, sich die Welt zu vergegenwärtigen, in Tätigkeit gesetzt.«

Met. § 590
»Facultatis fingendi haec est regula: *Phantasmatum partes percipiuntur ut unum totum* [...]. Perceptiones hinc ortae FICTIONES (figmenta), eaeque falsae CHIMERAE dicuntur, vana phantasmata [...].« – »Das Gesetz des Dichtungsvermögens ist dieses: *Die Teile der Einbildungen werden als ein Ganzes vorgestellt.* Die daraus erwachsenen Vorstellungen werden ERDICHTUNGEN (etwas Erdichtetes), die falschen werden CHIMÄREN (eitle Erdichtungen) genannt.«

Met. § 594
»Dormientis phantasia magis effraenis [...] facultas fingendi exorbitantior, quam vigilantis [...] non obscuratas fortioribus sensationibus vividiores imaginationes & fictiones producunt [...]. Quorum somnia comitari solent observabiliores motus corporis externi sensationum similium in vigilantibus comites, sunt NOCTAMBULI. Qui ergo vigilan-

tes quasdam imaginationes pro sensationibus habere solent, PHANTASTAE (visionarii, fanatici), qui eas prorsus cum sensationibus confundunt, sunt DELIRI, ut adeo DELIRIUM sit status vigilantis imaginationes pro sensationibus, sensationes pro imaginationibus habitualiter habentis.« – »Die Einbildungskraft eines Schlafenden ist zügelloser und seine Gabe zu dichten unbändiger als die eines Wachenden. Sie bringen lebhaftere, nicht durch stärkere Empfindungen verdunkelte Einbildungen und Erdichtungen hervor. Menschen, deren Träume von den merklicheren Bewegungen des Leibes begleitet zu werden pflegen, wie sie ähnliche Empfindungen bei Wachenden begleiten, sind NACHTWANDLER. Diejenigen also, die im Wachen gewisse Einbildungen für Empfindungen zu halten pflegen, sind SCHWÄRMER (Visionäre, Phantasten), diejenigen, die sie gänzlich mit Empfindungen verwirren, sind VERRÜCKTE LEUTE, und so ist die VERRÜCKTHEIT der Zustand eines Wachenden, der gewohnheitmäßig Einbildungen für Empfindungen und Empfindungen für Einbildungen hält.«

Met. § 595
»Conscius sum status mei, hinc status mundi futuri [...]. Repraesentatio status mundi, hinc status mei, futuri est PRAEVISIO. Praevideo, hinc habeo facultatem praevidendi, [...] actuandam per vim animae repraesentativam universi pro positu coporis mei [...].« – «Ich bin mir meines zukünftigen Zustands bewußt, folglich auch des zukünftigen Zustands der Welt. Die Vergegenwärtigung des zukünftigen Zustands der Welt als auch meines zukünftigen Zustands ist die VORHERSEHUNG, das VORHERSEHEN, das VORAUSBEMERKEN. Ich sehe vorher, also habe ich das Vermögen vorherzusehen, das durch die Kraft der Seele, sich die Welt gemäß der Stelle meines Leibes zu vergegenwärigen, in Tätigkeit gesetzt werden muß.«

Met. § 596
»Lex praevisionis est: *Percepta sensatione & imaginatione communem partialem perceptionem habentibus prodit perceptio totalis futuri status, in quo partes sensationis imaginationisque diversae coniungentur:* i. e. *Ex praesenti impraegnato per praeteritum nascitur futurum.*« – »Das Gesetz der Vorhersehung lautet: *Wenn eine Empfindung und eine Einbildung vorgestellt werden, die eine Teilvorstellung miteinander gemeinsam haben, so geht daraus die ganze Vorstellung des zukünftigen Zustandes hervor, in dem sich die*

verschiedenen Teile der Empfindung und der Einbildung miteinander verbinden. Das heißt: *Aus der von der Vergangenheit schwangeren Gegenwart wird die Zukunft geboren.*«

Met. § 597
»Quum repraesentem, hinc & praevideam [...] pro positu corporis mei, [...] ea vero, quae externe sentio, propiora sint corpori, quam quae praevideo, olim demum sensurus, [...] patet, cur his illa possint clariora & fortiora esse [...]. Quia hinc sensationes praevisionibus coexistentes eas adhuc obscurant, [...] nihil tam clare praevideo, quam sensurus sum, sed ita tamen, ut gradus claritatis in praevisione a gradu claritatis in futura sensatione dependat [...].« – »Weil ich gemäß der Stelle meines Leibes vorstelle und daher voraussehe, diejenigen Dinge aber, die ich äußerlich empfinde, dem Leibe näher sind als diejenigen, die ich voraussehe und die ich einst erst empfinden werde, ist offenbar, warum jene klarer und stärker sein können als diese. Weil daher die Empfindungen, die zusammen mit Vorhersehungen auftreten, diese noch immer verdunkeln, sehe ich nichts in so klarer Weise vorher, wie ich es empfinden werde, jedoch so, daß der Grad der Klarheit in der Vorhersehung von dem Grad der Klarheit in der zukünftigen Empfindung abhängt.«

Met. § 602
»Facilitatur praevisio, [...] si praevidendum 1) clarius sentiendum est, [...] 2) magna ex parte iam sensum 3) & reproductum est imaginando, [...] 4) praevisum iam saepius, [...] idque 5) per intervalla debiliorum perceptionum, ut semper habuerit lucem novitatis, [...] 6) non ita multo post sentiendum, [...] 7) debiliores praevias & socias perceptiones habeat heterogeneas, hinc tales aut nullas, aut non admodum claras sensationes & imaginationes, [...] 8) at fortiores sequatur & comitetur tam imaginationes, quam sensationes, quae cum praevidendo partiales perceptiones communes habent [...].« – »Das Vorhersehen wird erleichtert, wenn das Vorherzusehende 1) klarer zu empfinden ist, 2) zu einem großen Teil schon empfunden und 3) in der Einbildung erneuert worden ist, 4) wenn es schon öfter vorhergesehen worden ist, und dies 5) unterbrochen von schwächeren Vorstellungen, so daß es stets das Licht der Neuheit gehabt haben wird, 6) wenn es nicht viel später zu empfinden ist, 7) wenn es schwächere vorhergehende und vergesellschaftete Vorstellungen, die ungleichartig sind, enthält und daher ent-

weder keinen solchen oder nicht sehr klaren Empfindungen und Einbildungen folgt oder sie begleitet, 8) wohl aber stärkeren Einbildungen und Empfindungen folgt und diese begleitet, die mit dem Vorherzusehenden Teilvorstellungen gemeinsam haben.«

Met. § 607
»Lex facultatis diiudicandi est: *perceptis rei variis aut consentientibus, aut differentientibus, eius aut perfectio, aut imperfectio percipitur* […]. Quod quum fiat vel distincte, vel indistincte; facultas diiudicandi, hinc & iudicium, […] erunt vel sensitiva, vel intellectualia […]. Iudicium sensitivum est GUSTUS SIGNIFICATU LATIORI (sapor, palatum, nasus). CRITICA LATISSIME DICTA est ars diiuducandi. Hinc ars formandi gustum, s. de sensitive diiudicando & iudicium suum proponendo est AESTHETICA CRITICA […]. Iudicio intellectuali gaudens est CRITICUS SIGNIFICATU LATIORI, unde CRITICA SIGNIFICATU GENERALI est scientia regularum de perfectione vel imperfectione distincte iudicandi.« – »Das Gesetz des Vermögens des Beurteilens ist: *Wenn das Mannigfaltige einer Sache entweder als zusammenstimmend oder als nicht zusammenstimmend erkannt wird, wird entweder ihre Vollkommenheit oder ihre Unvollkommenheit erkannt.* Da dies entweder auf deutliche oder auf undeutliche Weise geschieht, wird das Vermögen zu beurteilen, und also auch das Urteil, entweder sinnlich oder verstandesgemäß sein. Das sinnliche Urteil ist der GESCHMACK IN WEITERER BEDEUTUNG (Geschmack, Gaumen, Nase). Die KRITIK IM WEITESTEN SINNE ist die Kunst des Beurteilens. Daher ist die Kunst, den Geschmack zu bilden, oder die Kunst, sinnlich zu urteilen und ein Urteil darüber darzulegen, die KRITISCHE ÄSTHETIK. Wer sich eines verstandesgemäßen Urteils erfreut, ist ein KRITIKER IN WEITERER BEDEUTUNG, daher ist die KRITIK IN ALLGEMEINER BEDEUTUNG die Wissenschaft der Regeln hinsichtlich der Vollkommenheit oder Unvollkommenheit des deutlichen Urteilens.«

Met. § 608
»Gustus significatu latiori de SENSUALIBUS, i. e. quae sentiuntur, est IUDICIUM SENSUUM; & illi organo sensorio tribuitur, per quod diiudicandum sentitur. Hinc datur iudicium oculorum, aurium etc. Tam hoc, quam omnis facultas diiudicandi actuatur per vim animae repraesentativam universi, […] quum omnia in hoc mundo sint partim perfecta, par-

tim imperfecta […]. Diiudicationes falsae sunt IUDICII ECLIPSES. Facultas diiudicandi ad eclipses prona IUDICIUM PRAECEPS dicitur. Talis GUSTUS CORRUPTUS est. Habitus ab eclipsibus IUDICII cavendi est eius MATURITAS. Talis gustus est SAPOR NON PUBLICUS (purior, eruditus); minoribus etiam conngruentiis discongruentiisque detegendis in diiudicando perspicax, DELICATUS. Eclipses iudicii sensuum sunt eorundem fallaciae […].« – »Der Geschmack in weiterer Bedeutung bezüglich dessen, was man empfindet, d.h. der Dinge, die empfunden werden, ist das URTEIL DER SINNE und wird jeweils dem Sinnesorgan zugeschrieben, durch welches das zu Beurteilende empfunden wird. Daher gibt es das Urteil der Augen, der Ohren usw. Dann gilt: Jedes Vermögen zu beurteilen wird durch die Kraft der Seele, sich die Welt zu vergegenwärtigen, in Tätigkeit gesetzt, weil alles in dieser Welt zum Teil vollkommen, zum Teil unvollkommen ist. Falsche Beurteilungen sind FEHLTRITTE DER BEURTEILUNGKRAFT. Ein Vermögen zu beurteilen, das zu Fehltritten neigt, wird eine VORSCHNELLE, ÜBEREILIGE, ALLZU GESCHWINDE BEURTEILUNGSKRAFT genannt. Ein solcher Geschmack ist ein VERDERBTER GESCHMACK. Die Fertigkeit, sich vor Fehltritten des Urteils zu hüten, ist die REIFE DER BEURTEILUNGSKRAFT. Ein solcher Gescmack ist ein UNGEMEINER (reinerer, gebildeter) GESCHMACK; derjenige Geschmack, der im Beurteilen auch kleinere Übereinstimmungen und Nichtübereinstimmungen scharfsichtig erfaßt, ist ein FEINER, ZARTER GESCHMACK. Die Fehltritte der Urteile der Sinne sind deren Trugschlüsse.«

Met. § 610
»Qui praevisam perceptionem repraesentat ut eandem, quam olim percipiet, PRAESAGIT, ergo habet facultatem praesagiendi, seu SIGNIFICATU LATIORI PRAESAGITIONEM. Perceptiones per praesagitionem eiusmodi actuatae sunt PRAESAGIA LATIUS DICTA, vel sensitiva, vel intellectualia […]. PRAESAGIA STRICTIUS DICTA & PRAESAGITIO sunt sensitiva tantum. Sensitiva praesagia sunt obiectum mantices aestheticae […].« – »Wer eine vorhergesehene Vorstellung als dieselbe vergegenwärtigt, die er einst haben wird, der ERWARTET ETWAS, er hat also das Vermögen des Erwartens oder das VERMÖGEN ZU ERWARTEN IN WEITERER BEDEUTUNG. Vorstellungen, die durch das Vermögen zu erwarten solcher Art hervorgebracht werden, sind AHNDUNGEN ÜBERHAUPT IN WEITEREM SINNE, die entweder sinnlich

oder verstandesgemäß sind. AHNDUNGEN IM STRENGEREN SINNE und das VERMÖGEN, SICH ETWAS AHNDEN ZU LASSEN, sind nur sinnlich. Sinnliche Ahndungen sind Gegenstand der ästhetischen Kunst der Vorbedeutungen.«

Met. § 612
»Praesagitio sensitiva est EXSPECTATIO CASUUM SIMILIUM, cuius haec est regula: *Aut sentio, aut imaginor, aut praevideo A, quod cum alio praevisio B multa habet communia, hinc B repraesento ut idem futurum cum A* […].« – »Das sinnliche Vermögen, etwas zu erwarten, ist die ERWARTUNG ÄHNLICHER FÄLLE, deren Gesetz lautet: *Ich empfinde oder ich bilde mir ein oder ich sehe ein A vorher, das mit einem anderen vorhergesehenen B vieles gemein hat, folglich vergegenwärtige ich mir B als zukünftig dasselbe wie A.*«

Met. § 616
»Notabilis praesagiendi habitus est FACULTAS DIVINATRIX, vel naturalis, aut connata, aut acquisita, vel infusa […]. Postrema est DONUM PROPHETICUM. Praesagium ex facultate divinatrice est DIVINATIO, haec ex dono prophetico est VATICINIUM (prophetia).« – »Eine besondere Fertigkeit, etwas zu erwarten, ist das VERMÖGEN WAHRZUSAGEN, dieses ist entweder natürlich oder angeboren oder erlangt oder göttlich eingegeben. Das letztere ist die GABE DER WEISSAGUNG. Die Ahndung, die aus dem Vermögen wahrzusagen hervorgeht, ist das WAHRSAGEN, was aus der Gabe der Weissagung hervorgeht, ist die WEISSAGUNG (Prophetie).«

Met. § 619
»Signa cum signatis una percipio; ergo habeo facultatem signa cum signatis repraesentando coniugendi, quae FACULTAS CHARACTERISTICA dici potest […]. Quumque sit in hoc mundo nexus significativus, […] facultatis characteristicae perceptiones actuantur per vim animae repraesentativam universi […]. Nexus significativus vel distincte, vel indistincte cognoscitur, hinc facultas characteristica vel sensitiva erit, […] vel intellectualis […].« – »Ich stelle mir Zeichen und bezeichnete Dinge zugleich vor, also habe ich ein Vermögen, Zeichen mit den bezeichneten Dingen in der Vorstellung zu verbinden, welches man das VERMÖGEN DER ZEICHENKUNDE nennen kann. Und weil es in dieser Welt einen

Zusammenhang der Zeichen gibt, werden die Vorstellungen des Vermögens der Zeichenkunde durch das Vermögen der Seele, sich die Welt vorzustellen, gewirkt. Der Zusammenhang der Zeichen wird entweder deutlich oder undeutlich erkannt, daher wird das Vermögen der Zeichenkunde entweder sinnlich oder verstandesmäßig sein.«

Met. § 620
»Si signum & signatum percipiendo coniungitur, & maior est signi, quam signati perceptio, COGNITIO talis SYMBOLICA dicitur, si maior signati repraesentatio, quam signi, COGNITIO erit INTUITIVA (intuitus). In utraque cognitione facultatis characteristicae haec est lex: *Perceptionum sociarum una sit medium cognoscendae existentiae alterius* [...].« – »Wenn das Zeichen und das Bezeichnete im Vorstellen verbunden werden und die Vorstellung des Zeichens bedeutender ist als diejenige des Bezeichneten, wird eine solche ERKENNTNIS eine SYMBOLISCHE genannt. Wenn die Vorstellung des Bezeichneten bedeutender ist als die des Zeichens, wird es eine ANSCHAUENDE ERKENNTNIS sein. In jeder von beiden Vorstellungen ist das Gesetz des Vermögens der Zeichenkunde: *Von zwei vergesellschafteten Vorstellungen sei eine das Mittel, die Wirklichkeit der anderen zu erkennen.*«

Met. § 624
»Anima mea cognoscit quaedam distincte, [...] facultas distincte quid cognoscendi est FACULTAS COGNOSCITIVA SUPERIOR (mens), intellectus, [...] mihi conveniens [...].« – »Meine Seele erkennt gewisse Dinge deutlich, das Vermögen, etwas deutlich zu erkennen ist das OBERE ERKENNTNISVERMÖGEN (das Gemüt), der Verstand, der mir zukommt.«

Met. § 625
»[...] [Habeo] facultatem attendendi, ATTENTIONEM, abstrahendi, ABSTRACTIONEM, [...] & praescindendi seu abstrahendi partem a toto [...].« – »Ich habe das Vermögen, auf etwas zu achten, das VERMÖGEN DER AUFMERKSAMKEIT, und das VERMÖGEN DER ABSONDERUNG, MIR ETWAS AUS DEN GEDANKEN ZU SCHLAGEN und einen Teil von einem Ganzen zu trennen oder abzusondern.«

Met. § 626

»Attentio in totius perceptionis partes successive directa est REFLEXIO. Attentio ad totam perceptionem post reflexionem est COMPARATIO. Reflecto. Comparo. Ergo habeo facultatem reflectendi comparandique, [...] actuandas per vim animae repraesentativam universi pro positu corporis [...].« – »Die Aufmerksamkeit, die nacheinander auf die Teile einer ganzen Vorstellung gerichtet wird, ist die ÜBERLEGUNG. Die Aufmerksamkeit auf die ganze Vorstellung nach der Überlegung ist die VERGLEICHUNG, das ZUSAMMENHALTEN. Ich überlege. Ich vergleiche. Folglich habe ich das Vermögen zu überlegen und zu vergleichen, das durch die Kraft meiner Seele, die Welt gemäß der Stelle meines Leibes zu vergegenwärtigen, in Tätigkeit gesetzt werden muß.«

Met. § 628

»Attentio minima esset, quae unicam minimam perceptionem obscurissimis reliquis unico tantum gradu clariorem redderet. Hinc quo plures, quo maiores perceptiones, quo clarioribus, quo clariores reddit, hoc maior est attentio [...]. Habitus plura appercipiendi est ATTENTIONIS EXTENSIO, admodum clarius clarioribus etiam quaedam appercipiendi habitus est ATTENTIONIS INTENSIO. Habitus per longius tempus eidem attendendi est ATTENTIONIS PROTENSIO.« – »Die kleinste Aufmerksamkeit ist wohl diejenige, die eine einzige, ganz kleine Vorstellung unter übrigen ganz dunklen nur um einen Grad klarer macht. Daher ist die Aufmerksamkeit umso größer, je mehr, je größere aus je klareren Vorstellungen sie je klarer macht. Die Fertigkeit, sich mehrerer Dinge bewußt zu sein, ist die ERWEITERUNG, VERBREITUNG ODER AUSDEHNUNG DER AUFMERKSAMKEIT; die Fertigkeit, sich von gewissen klareren Dingen in hohem Grade klarer bewußt zu sein, ist die ANSTRENGUNG DER AUFMERKSAMKEIT. Die Fertigkeit, über eine längere Zeit sich desselben bewußt zu sein, ist das ANHALTEN DER AUFMERKSAMKEIT.«

Met. § 634

»Quum distinctio sit rei notarumque rei claritas, potest per multitudinem & claritatem notarum tam intensivam, quam extensivam augeri [...]. Quae plures vividioresque notas habet, quam aliae distinctae, erit PERCEPTIO EXTENSIVE DISTINCTIOR; quae intensive clariores notas habet, quam aliae distinctae, erit (intensive distinctior) PURIOR.« –

»Weil die Deutlichkeit einer Sache die Klarheit der Sache und ihrer Merkmale ist, kann sie ebenso durch die intensive wie durch die extensive Vielheit und Klarheit der Merkmale gesteigert werden. Eine Vorstellung, die mehr und lebhaftere Merkmale enthält als andere deutliche Vorstellungen, wird EINE VORSTELLUNG VON VERBREITETER DEUTLICHKEIT sein, eine Vorstellung, die intensiv klarere Merkmale enthält, als andere deutliche Vorstellungen, wird eine (intensiv deutlichere) REINERE VORSTELLUNG sein.«

Met. § 637
»Intellectus minimus esset, qui non nisi unici minimi paucissimas notas minime claras, maxime debiles inter perceptiones praevias & socias heterogeneas, distingueret. Quo ergo plurium, quo maiorum, quo clariores notas, quo fortiores inter praevias & socias heterogeneas distinguit intellectus, hoc maior est [...]. Perfectio intellectus notas intensive distinctas formandi est PROFUNDITAS, & maior profunditas PURITAS. Perfectio eiusdem notas extensive distinctas formandi est INTELLECTUS PULCHRITUDO.« – »Der kleinste Verstand wäre derjenige, der bei einem einzigen, überaus kleinen Ding überaus wenige am wenigsten klare Merkmale unter in höchstem Maße schwachen andersartigen vorausgehenden und vergesellschafteten Vorstellungen unterscheiden würde. Je mehr, je klarere Merkmale von je mehr und je größeren Dingen also der Verstand unter je stärkeren andersartigen vorausgehenden und vergesellschafteten Vorstellungen unterscheidet, desto größer ist er. Die Vollkommenheit des Verstandes, intensiv deutliche Merkmale zu bilden, ist seine TIEFE, und eine größere Tiefe ist seine REINHEIT. Die Vollkommenheit desselben, extensiv deutliche Merkmale zu bilden, ist die SCHÖNHEIT DES VERSTANDES.«

Met. § 638
»Si attentio ad certum obiectum minuitur, dum perceptionibus sociis pluribus heterogeneis attendo, DISTRAHOR. Hinc ipsae sensationes distractione obscurantur, [...] & omnis attentio ad certum obiectum distractione impeditur [...]. Abstractio animi distracti a perceptionibus heterogeneis pluribus, qua attentio ad certum obiectum augetur, est ANIMI COLLECTIO. Hinc animi collectio adeoque abstractio est impedimentum distractionis [...]. Iam impedimentum impedimenti est medium ad finem [...]. Hinc animi collectio, adeoque abstractio promove-

bit attentionem, quod patet etiam ex § 549. Attentio promovebit abstractionem, hinc & collectionem animi […].« – »Wenn die Aufmerksamkeit auf einen bestimmten Gegenstand vermindert wird, während ich auf mehrere mit ihm vergesellschaftete, ungleichartige Vorstellungen achthabe, WERDE ICH ZERSTREUT. Daher werden selbst Empfindungen durch Zerstreuung verdunkelt, und jede Aufmerksamkeit auf einen bestimmten Gegenstand wird aufgrund von Zerstreuung verhindert. Die Absonderung eines zerstreuten Gemüts von mehreren ungleichartigen Vorstellungen, mittels derer die Aufmerksamkeit auf einen bestimmten Gegenstand erhöht wird, ist die SAMMLUNG DES GEMÜTS. Daher ist die Sammlung des Gemüts und allzumal die Absonderung eine Verhinderung der Zerstreuung. Schon die Verhinderung des Verhindernden ist ein Mittel zum Zweck. Daher wird die Sammlung des Gemüts und allzumal die Absonderung die Aufmerksamkeit befördern, was schon aus § 549 offenbar ist. Die Aufmerksamkeit wird die Absonderung befördern und daher auch die Sammlung des Gemüts.«

Met. § 639
»Per intellectum distinctas perceptiones actuans eodem utitur […]. Habitus utendi intellectu, USUS INTELLECTUS dicitur, qui in me habitus acquisitus […]. Cui usus intellectus nondum acquisitus est, quantus ad loquendum requiritur, est INFANS, cui nondum tantus, quantus ad negotia vitae communis graviora plerumque requiritur, NATURALITER MINORENNIS ut NATURALITER MAIORENNIS est, cui tantus intellectus usus acquisitus est, quantus ad negotia vitae communis graviora plerumque requiritur. Cui notabiliter minor intellectus usus est, quam plerisque aetate aequalibus, SIMPLEX SIGNIFICATU MALO. In quibus nullus aut fere nullus intellectus usus observatur in ea aetate, in qua solet esse probe observabilis, sunt MENTE CAPTI.« – »Wer durch den Verstand deutliche Vorstellungen erwirkt, gebraucht denselben. Die Fertigkeit, den Verstand zu gebrauchen, wird der GEBRAUCH DES VERSTANDES genannt, der in mir eine erlangte Fertigkeit ist. Wer den Gebrauch des Verstandes noch nicht in dem Maße erlangt hat, in dem er zum Sprechen erfordert wird, ist ein KIND, wer ihn noch nicht in dem Maße erlangt hat, in dem er zu den wichtigeren Geschäften des gemeinen Lebens gewöhnlich erfordert wird, ist NATÜRLICHERWEISE UNMÜNDIG, wie derjenige NATÜRLICHERWEISE MÜNDIG ist, der den Gebrauch des Verstandes in dem Maße erlangt hat, in dem er zu

den wichtigeren Geschäften des gemeinen Lebens gewöhnlich erfordert wird. Wer in merklicher Weise weniger Gebrauch des Verstandes erlangt hat als die meisten, die ihm an Alter gleich sind, ist EINFÄLTIG IN SCHLECHTER BEDEUTUNG. Diejenigen, bei denen kein oder beinahe kein Gebrauch des Verstandes in einem Alter zu beobachten ist, in dem er wohl beobachtbar zu sein pflegt, sind diejenigen, DIE NIE ZU ODER VON SINNEN UND VERSTAND GEKOMMEN sind.«

Met. § 640
»Nexum quorundam confuse, quorundam distincte percipio. Ergo habeo intellectum nexum rerum perspicientem, [...] i. e. RATIONEM, & facultates nexum confusius cognoscentes, quales 1) inferior facultas identitates rerum cognoscendi, [...] quo ingenium sensitivum, [...] 2) inferior facultas diversitates rerum cognoscendi, [...] quo acumen sensitivum pertinet, [...] 3) memoria sensitiva, [...] 4) facultas fingendi, [...] 5) facultas diiudicandi, [...] quo iudicium sensitivum, [...] & sensuum, [...] 6) expectatio casuum similium, [...] 7) facultas characteristica sensitiva [...]. Hae omnes, quatenus in repraesentando rerum nexu rationi similes sunt, constituunt ANALOGON RATIONIS, [...] complexum facultatum animae nexum confuse repraesentatium.« – »Den Zusammenhang einiger Dinge erkenne ich verworren, denjenigen einiger Dinge deutlich. Also habe ich einen Verstand, den Zusammenhang der Dinge einzusehen, das ist die VERNUNFT, und Vermögen, die den Zusammenhang der Dinge verworrener erkennen, dergleichen sind: 1) Das untere Vermögen, die Gleichheiten der Dinge zu erkennen, wohin der sinnliche Verstand gehört, 2) das untere Vermögen, die Verschiedenheiten der Dinge zu erkennen, wohin die sinnliche Scharfsinnigkeit gehört, 3) das sinnliche Gedächtnis, 4) die Gabe zu dichten, 5) ein Vermögen zu beurteilen, wohin das sinnliche Urteil und dasjenige der Sinne gehört, 6) die Erwartung ähnlicher Fälle, 7) das sinnliche Vermögen der Zeichenkunde. All diese Vermögen, insofern sie in der Vergegenwärtigung des Zusammenhangs der Dinge der Vernunft ähnlich sind, machen DAS DER VERNUNFT ÄHNLICHE aus, das Gesamt der Vermögen der Seele, die den Zusammenhang der Dinge verworren vergegenwärtigen.«

Met. § 641
»Facultas distincte identitates diversitatesque rerum perspiciendi, [...] hinc ingenium & acumen intellectuale, [...] memoria intellectualis, seu

PERSONALITAS, […] facultas distincte diiudicandi, […] quo iudicium intellectuale pertinet, […] praesagitio intellectualis seu PROVIDENTIA (prospicientia), […] facultas characteristica intellectualis, […] est ratio […].« – »Das Vermögen, die Gleichheiten und Verschiedenheiten der Dinge zu erfassen, daher der verstandesmäßige Witz und die verstandesmäßige Scharfsinnigkeit, das verstandesmäßige Gedächtnis oder die PERSÖNLICHKEIT, das Vermögen, etwas deutlich zu beurteilen, wohin das verstandesmäßige Urteil gehört, das verstandesmäßige Vermögen, etwas zu erwarten, oder die VORSICHT (Voraussicht) und das verstandesmäßige Vermögen der Zeichenkunde sind die Vernunft.«

Met. § 645
»Ratio minima esset intellectus minimus unici minimum nexum perspiciens. Quo ergo maior intellectus, quo maiorem, quo plurium nexum perspicit, hoc maior est ratio […]. Habitus maiorem rerum nexum perspiciendi est SOLIDITAS, plurium rerum nexum perspiciendi habitus est SAGACITAS RATIONIS. Hinc & ratio est vel purior, vel impurior […].« – »Die kleinste Vernunft sei der kleinste Verstand, der den kleinsten Zusammenhang eines einzigen Dinges erfaßt. Je größer folglich der Verstand ist, einen je größeren Zusammenhang von je mehrerem er erfaßt, desto größer ist die Vernunft. Die Fertigkeit, einen größeren Zusammenhang der Dinge zu erfassen, ist eine GRÜNDLICHE VERNUNFT, die Fertigkeit, den Zusammenhang von mehreren Dingen zu erfassen, ist eine ERFINDSAME VERNUNFT. Also ist auch die Vernunft entweder reiner oder unreiner.«

Met. § 649
»Quia facultates cognoscitivae in certa proportione se ad se mutuo referentes ad certum cognoscendorum genus aptiores sunt aliis, […] illud ingenium latius dictum, quod ad certum cognoscendorum genus aptius aliis est, ab illo congnoscendorum genere nomen accipit. Hinc patet, quae sint INGENIA EMPIRICA, HISTORICA, POETICA, DIVINASORIA, CRITICA, PHILOSOPHICA, MATHEMATICA, MECHANICA, MUSICA, etc. Quae ad omnia cognoscendorum genera notabiliter aptiora sunt INGENIA latius sumta multis aliis UNIVERSALIA, & quatenus gradu plerarumque facultatum cognoscitivarum multum multa alia excedunt, SUPERIORA nuncupantur.« – »Weil die Erkenntnisvermögen, die miteinander in einem bestimmten wechselseitigen Verhältnis stehen, zur

Erkenntnis einer gewissen Gattung von Gegenständen geschickter sind als andere, erhält der Geist im weiteren Sinne, der zur Erkenntnis einer gewissen Gattung von Gegenständen geschickter ist als andere, von der Erkenntnis jener Gattung von Gegenständen seinen Namen. Daher erhellt, welches EMPIRISCHE, HISTORISCHE, DICHTERISCHE, WAHRSAGENDE, KRITISCHE, PHILOSOPHISCHE, MECHANISCHE, MUSIKALISCHE GEISTER usw. sind. Diejenigen, die zur Erkenntnis aller Gattungen von Gegenständen merklich geschickter sind als viele andere, sind ALLGEMEINE GEISTER oder GENIES im weiteren Sinne, und insofern sie im Grad der meisten Erkenntnisvermögen viele andere Geister um vieles übertreffen, werden sie HÖHERE GEISTER oder GENIES genannt.«

Met. § 650
»CONSUETUDO est habitus necessitatem attentionis in certis actionibus minuens. Iam omnis habitus acquisitus theoreticus mutat ingenium latius sumtum […]. Hinc exercitiis & consuetudine multum mutari, mutari saepius potest ingenium latius dictum, vel excitari vel torpescere […]. Hinc patet, qui possit quis ex ingenioso fieri, e. c. qui possit ex ingenio poetico fieri philosophicum, etc. […].« – »Die GEWOHNHEIT ist die Fertigkeit, welche die Notwendigkeit der Aufmerksamkeit bei einigen Handlungen vermindert. Nun verändert jede erworbene theoretische Fertigkeit den Geist in weiterer Bedeutung. Daher kann der Geist im weiteren Sinne viel und oft durch Übungen und die Gewohnheit verändert werden, er kann aufgeweckt oder stumpfgemacht werden. Daraus erhellt, wodurch jemand von witzigem Geist zu jemandem von guter Beurteilungskraft usw., wodurch jemand von einem dichterischen zu einem philosophischen Geist werden können mag usw.«

Met. § 662
»Perfectio phaenomenon, s. gustui latius dicto observabilis, est PULCRITUDO, imperfectio phaenomenon, seu gustui latius dicto observabilis, est DEFORMITAS. Hinc pulcrum, ut tale, intuentem delectat, […] deforme, ut tale, intuenti molestum est […]. Mutato intuito, mutatur voluptas & taedium […]. Iam omnis meus intuitus est in se mutabilis […]. Ergo omnis mea voluptas, omne taedium est in se mutabile. Quae tamen plerisque difficilius mutanda, (durabilia) CONSTANTIA dicuntur, quae constantibus facilius sunt VOLUPTATES & TAEDIA,

TRANSITORIA (brevia, fluxa) sunt.« – »Die Vollkommenheit der Erscheinung oder diejenige, die vom Geschmack im weiteren Sinne bemerkt werden kann, ist die SCHÖNHEIT; die Unvollkommenheit der Erscheinung oder diejenige, die vom Geschmack im weiteren Sinne bemerkt werden kann, ist die HÄSSLICHKEIT. Mithin ergötzt das Schöne als solches denjenigen, der eine anschauende Erkenntnis davon hat; das Häßliche als solches ist demjenigen, der eine anschauende Erkenntnis davon hat, beschwerlich. Bei einer veränderten anschauenden Erkenntnis werden auch Vergnügen und Mißvergnügen verändert. Bereits meine ganze anschauende Erkenntnis ist in sich veränderlich. Also ist all mein Vergnügen, all mein Mißvergnügen in sich veränderlich. Diejenigen VERGNÜGEN UND MISSVERGNÜGEN aber, die schwieriger als die meisten zu verändern sind, werden BESTÄNDIG, DAUERHAFT genannt; diejenigen, die leichter als die dauerhaften verändert werden können, sind FLÜCHTIG, VERGÄNGLICH (kurz, wandelbar).«

Met. § 665
»Lex facultatis appetitivae haec est: *Quae placentia praevidens existura nisu meo praesagio, nitor producere. Quae displacentia praevidens impediendo nisu meo praesagio, eorum opposito appeto* […]. Hinc multa bona & mala, sub ratione boni, possum appetere. Multa mala & bona, sub ratione mali, possum aversari […].« – »Das Gesetz des Vermögens zu begehren ist dieses: *Dinge, von denen ich erwarte, daß sie mir gefallen, wenn ich vorhersehe, daß sie durch mein Bestreben verwirklicht werden, bestrebe ich mich hervorzubringen. Dinge, von denen ich erwarte, daß sie nicht gefallen, wenn ich vorhersehe, daß sie durch mein Bestreben zu verhindern sind, deren Gegenteil begehre ich.* Also kann ich viele gute und schlechte Dinge aus Gründen des Guten begehren, vielen schlechten und guten Dingen kann ich aus Gründen des Schlechten abgeneigt sein.«

Met. § 666
»Multa bona possum non appetere, 1) ignota, 2) mihi plenarie indifferentia, 3) per errorem displicentia, 4) placentia etiam, sed prorsus non praevisa, 5) praevisa etiam, sed quae ullo nisu meo existura prorsus non praesagio. Multa mala possum non aversari, 1) ignota, 2) mihi plenarie indifferentia, 3) per errorem placentia, displicentia etiam, sed prorus non praevisa, 5) praevisa etiam, sed quae nullo nisu meo impedienda praesagio […].« – »Viele gute Dinge kann ich nicht begehren: Diejenigen,

1) die mir unbekannt sind, 2) die mir völlig gleichgültig sind, 3) die aufgrund eines Irrtums mißfallen, 4) die auch gefallen, aber ganz und gar nicht vorherzusehen sind, 5) die auch vorherzusehen sind, von denen ich aber nicht erwarten kann, daß sie durch irgendein Streben meinerseits wirklich werden. Viele üble Dinge kann ich nicht verabscheuen: Diejenigen, 1) die mir unbekannt sind, 2) die mir völlig gleichgültig sind, 3) die aufgrund eines Irrtums gefallen, 4) die auch mißfallen, aber ganz und gar nicht vorherzusehen sind, 5) die auch vorherzusehen sind, von denen ich aber erwarten kann, daß sie durch kein Streben meinerseits zu verhindern sind.«

Met. § 669
»[…] COGNITIO, quatenus elateres animi continet, MOVENS (afficiens, tangens, ardens, pragmatica, practica & viva latius), quatenus minus, INERS (theoretica & mortua latius) [dicitur]. […] [S]ola [cognitio] intuitiva [est] movens […]. Cognitio, quae vim motricem habet, caeteris paribus, maior est inerti, etiam speculatione […]. Ergo quo vastior, quo nobilior, quo verior, quo clarior, hinc vividior vel distinctior, quo certior, quo ardentior cognitio est, hoc maior est […].« – »Eine Erkenntnis, insofern sie Triebfedern des Gemüts enthält, ist BEWEGEND (wirkend, rührend, feurig, pragmatisch, praktisch und lebendig im weiteren Sinne), insofern sie diese weniger enthält, ist sie LEBLOS (theoretisch und tot im weiteren Sinne). Nur eine anschauende Erkenntnis bewegt. Eine Erkenntnis, die eine bewegende Kraft hat, ist, wenn die übrigen Umstände die gleichen sind, größer als eine leblose Kenntnis und auch größer als ein untaugliches Hirngebäude. Je umfassender daher, je edler, je wahrer, je klarer und daher je lebhafter oder je deutlicher, je gewisser und je feuriger eine Erkenntnis ist, umso größer ist sie.«

Met. § 684
»Gaudium ex honore GLORIA, […] ex alterius imperfectione, MALEVOLENTIA. Malevolentia alterius dedecus laetata est DERISIO. Gaudium ex alicuius perfectiones est AMOR. Amor benefactoris est GRATITUDO (gratus animus), miseri, MISERICORDIA, comparative perfecti, FAVOR, eiusque benevolo minus utilis, CLEMENTIA.« – »Die Freude über die Ehre ist die EHRLIEBE, die Freude über die Unvollkommenheit eines anderen ist die MISSGUNST, UNGUNST. Die Mißgunst, die sich an der Schande eines anderen freut, ist die VERSPOTTUNG. Die

Freude über die Vollkommenheit eines anderen ist die LIEBE. Die Liebe zu einem WOHLTÄTER ist die DANKBARKEIT (das dankbare Gemüt), die Liebe zu einem Elenden ist die BARMHERZIGKEIT, die Liebe zu einem, der vergleichungsweise vollkommenen ist, ist die GUNST, die Liebe zu einem, der niedriger ist, ist die GEWOGENHEIT, und wenn sie demjenigen, der gewogen ist, nicht zum Nutzen ist, ist es die GNADE.«

Met. § 688
»Intuitus alicuius ut non reproducti, est ADMIRATIO. Instinctus ad cognoscendum, quae nondum cognovimus, est CURIOSITAS, pro diversitate ingeniorum latius dictorum vel HISTORICA in cognitionem historica, vel PHILOSOPHICA in cognitionem philosophicam, vel MATHEMATICA in cognitionem mathematica lata.« – »Die anschauende Erkenntnis von etwas als einem, das nicht schon einmal hervorgebracht wurde, ist die VERWUNDERUNG. Der Trieb, Dinge zu erkennen, die wir bisher noch nicht kannten, ist die NEUBEGIERDE, die, aufgrund der Verschiedenheit der Geister im weiteren Sinne, entweder eine HISTORISCHE Neubegierde bezüglich der historischen Erkenntnis, eine PHILOSOPHISCHE bezüglich der philosophischen Erkenntnis oder eine in weiterem Sinne MATHEMATISCHE bezüglich der mathematischen Erkenntnis ist.«

Met. § 693
»Inter motiva, quibus ad nolendum volendumve determinor [...] semper sunt stimuli [...]. Quodsi quidam stimuli motivis sociis ad oppositum illi impellant, ad quod motiva determinant, oritur (dissensus) LUCTA FACULTATIS APPETITIVAE INFERIORIS ET SUPERIORIS (appetitus sensitivi & rationalis, carnis & rationis). Si contra nulli stimuli ad oppositum eius impellant, ad quod motiva determinant, oritur (consensus) HARMONIA FACULTATIS APPETITIVAE INFERIORIS & SUPERIORIS. Per quam facultatem appetitivam post luctam plene appeto aut aversor, illa VINCIT.« – »Unter den Bewegungsgründen, aufgrund derer ich zum Nichtwollen oder Wollen bestimmt werde, sind immer sinnliche Triebfedern. Wenn gewisse mit den Bewegungsgründen vergesellschaftete sinnliche Triebfedern zum Gegenteil dessen antreiben, zu dem man durch die Bewegungsgründe bestimmt wird, erwächst daraus (die Uneinigkeit) ein STREIT ZWISCHEN DEM OBEREN UND DEM UN-

TEREN VERMÖGEN ZU BEGEHREN (der sinnlichen und rationalen Begierde, des Fleisches und des Verstands). Wenn dagegen keine sinnlichen Triebfedern zum Gegenteil dessen antreiben, zu dem man durch die Bewegungsgründe bestimmt wird, erwächst daraus (die Übereinstimmung) die EINIGKEIT DES OBEREN UND UNTEREN VERMÖGENS ZU BEGEHREN. Dasjenige Begehrungsvermögen, durch welches ich nach dem Streit in vollem Maße begehre oder Abneigung empfinde, das SIEGT.«

Met. § 697
«DELIBERANS, quatenus mathematicam cognitionem intendit, RATIONES SUBDUCIT, (calculat), dum considerat, quot bona, quot mala utrinque speranda sint, CAUSSAS IMPULSIVAS NUMERAT, quas PONDERAT, dum quanta bona, quanta mala speranda sint, indicat, dum perpendit, quid sit melius, unum alteri PRAEFERT. Si praelatum decernat, ELIGIT. Si deliberans decernit aliquid, ut hoc experiatur, an vires suae, quantaeque ad illud actuandum sufficiant, TENTAT. Si singulas ponderanti maiores visas caussas impulsivas pro tot minimus habeat deliberans, quot magnitudinis singularum gradus cognoscit, & sic singulas comparet, caussas impulsivas CONNUMERAT.« – »Wer etwas ÜBERDENKT, insofern er eine mathematische Erkenntnis anstrebt, ÜBERSCHLÄGT (berechnet) die Gründe; wenn er in Betrachtung zieht, wie viele gute und wie viele schlechte auf beiden Seiten zu erwarten sind, ZÄHLT ER DIE BEWEGUNGSGRÜNDE und er ERWÄGT sie, wenn er bestimmt, wieviel Gutes und wieviel Schlechtes von ihnen zu erwarten ist; wenn er überlegt, welches das bessere ist, ZIEHT er eins dem anderen VOR. Wenn er das Vorgezogene beschließt, ERWÄHLT er es. Wenn er etwas überdenkend beschließt, damit er dadurch erfahren möge, ob seine Kräfte und in welchem Maße sie ausreichen mögen, jenes zu verwirklichen, macht er einen VERSUCH. Wenn er überdenkend die einzelnen Bewegungsgründe, die ihm beim Überlegen als größere erschienen, für genau so viele kleinere hält, wie er den Grad der Größe der einzelnen einschätzt, und so die einzelnen vergleicht, RECHNET er die Bewegungsgründe ZUSAMMEN.«

Met. § 698
»Elateribus animi insigniter destitutus SOCORS est, insigniter iis instructus est ACTIVUS. In quo praedominari solet voluptas, est SEMPER

HILARIS (laetaster). In quo praedominari solet taedium, est SEMPER TRISTIS. Cui facile ad oposita supperpondium, FLEXILIS, cui difficile, FIRMUS.« – »Wem es auffallend an Triebfedern des Gemüts ermangelt, ist eine SCHLAFFE SEELE, wer auffallend damit versehen ist, ist ein WIRKSAMES GEMÜT. In wem das Vergnügen vorzuherrschen pflegt, der ist ein FREUDIGES (fröhliches) GEMÜT. In wem das Mißvergnügen vorzuherrschen pflegt, der ist ein NIEDERGESCHLAGENES GEMÜT. Wer leicht ein Übergewicht zum Gegensätzlichen bekommt, ist ein BIEGSAMES GEMÜT, wer dieses schwer bekommt, hat einen FESTEN SINN.«

Met. § 699
»Qui pollet habitu deliberandi, est CIRCUMSPECTUS (consideratus); cui est habitus sine deliberatione appetendi vel aversandi, INCONSIDERATUS est. Circumspectus difficulter decernens est ANCEPS (indeterminatus), facile decernens est PROMTUS (determinatus), maiores suas propositiones syllogismorum practicorum s. MAXIMAS saepe mutans, est VARIABILIS (inconstans, varius), rarius mutans bonas, CONSTANS, malas, PERTINAX est. In tendando iustum virium gradum adhibens, est STRENUUS, peccans in excessu, VEHEMENS, in defectu, LANGUIDUS (nimis remissus).« – »Wer die Fertigkeit des Bedenkens besitzt, ist ein BEDACHTSAMES (überlegtes) GEMÜT. Wem es aneignet, ohne Bedenken etwas zu begehren oder gegen etwas eine Abneigung zu empfinden, ist ein UNBEDACHTSAMES GEMÜT. Ein bedachtsames Gemüt, das sich nur schwer entscheidet, ist ein MEHRENTEILS UNENTSCHLOSSENES GEMÜT, eines, das sich leicht entscheidet, ist ein MENSCH VON KURZEN ENTSCHLIESSUNGEN. Wer die Obersätze seiner praktischen Entschließungen oder seine GEWÖHNLICHEN GESINNUNGEN öfter ändert, ist ein VERÄNDERLICHES (unbeständiges, wechselhaftes), wer seine guten Gesinnungen seltener ändert, ist ein BESTÄNDIGES, STANDHAFTES, und wer seine schlechten Gesinnungen seltener ändert, ist ein HALSSTARRIGES GEMÜT. Wer im Handeln den rechten Grad an Kräften anwendet, ist BRAV und tut GENUG, wer im Übermaß fehlt, ist HEFTIG und tut ZUVIEL, wer im Mangel fehlt, ist MATT und tut ZU WENIG (ist zu schwach).«

Met. § 723
»Cum libertate propius connexum est MORALE LATE DICTM […].

Hinc DETERMINATIONES LIBERAE sunt MORALES, HABITUS actionum liberarum MORALES, LEGES determinationum moralium MORALES, PHILOSOPHIA & THEO[LO]GIA eas docens MORALIS, STATUS ex iis resultans MORALIS est. Hinc MORALITER POSSIBILE est 1) quod non, nisi per libertatem, s. in substantia libera, qua tali, fieri potest, LATIUS, 2) quod non, nisi per libertatem legibus moralibus conformiter determinatam, fieri potest, STRICTIUS S. LICITUM. MORALITER IMPOSSIBILE est 1) quod ob solam libertatem in substantia libera fieri non potest, LATIUS, 2) per libertatem legibus moralibus conformiter determinandam impossibile, STRICTIUS S. ILLICITUM. MORALITER NECESSARIUM est, cuius oppositum est moraliter impossibile, ergo 1) cuius oppositum non, nisi per libertatem, s. in substantia, quatenus est libera, est impossibile, LATIUS, 2) cuius oppositum est licitum, STRICTIUS. Necessitatio moralis est OBLIGATIO. Obligatio ad actionem invitam erit COACTIO MORALIS.« – »Was mit der Freiheit näher verbunden ist, ist SITTLICH IN WEITERER BEDEUTUNG. Daher sind FREIE BESTIMMUNGEN SITTLICHE Bestimmungen, FERTIGKEITEN zu freien Handlungen sind SITTLICHE Fertigkeiten, GESETZE der sittlichen Bestimmungen sind SITTLICHE Gesetze, die PHILOSOPHIE und THEOLOGIE, welche dieselben lehren, sind SITTLICH, der ZUSTAND, der aus denselben folgt, ist der SITTLICHE Zustand. Daher ist SITTLICH MÖGLICH, was nur durch die Freiheit, oder in einer freien Substanz als solcher geschehen kann, dies ist sittlich möglich IN WEITERER BEDEUTUNG, 2) was nur durch eine den sittlichen Gesetzen gemäß bestimmte Freiheit geschehen kann, ist sittlich möglich in ENGERER BEDEUTUNG oder ERLAUBT. SITTLICH UNMÖGLICH ist, was allein aufgrund der Freiheit in einer freien Substanz nicht geschehen kann, dies ist sittlich unmöglich IN WEITERER BEDEUTUNG, 2) was mittels einer gemäß den sittlichen Gesetzen zu bestimmenden Freiheit unmöglich ist, ist sittlich unmöglich, IN ENGERER BEDEUTUNG oder UNERLAUBT. SITTLICH NOTWENDIG ist, dessen Gegenteil sittlich unmöglich ist, also 1) dessen Gegenteil nur durch die Freiheit oder in einer Substanz, insofern sie frei ist, unmöglich ist, dies ist sittlich notwendig IN WEITERE BEDEUTUNG, 2) dessen Gegenteil UNERLAUBT ist, ist sittlich notwendig IN ENGERER BEDEUTUNG. Die sittliche Nötigung ist die VERBINDUNG, VERPFLICHTUNG. DIE NÖTIGUNG zu einer unfreiwilligen Handlung wird der SITTLICHE ZWANG sein.«

Met. § 730
»Volitiones nolitionesque meae liberae dicuntur ACTUS ANIMAE ELICITI, reliquarum facultatum actiones liberae, ACTUS IMPERATI, & quatenus a libertate animae pendent, ipsi in eas IMPERIUM adscribitur. Hinc ANIMAE IN SEMETIPSAM IMPERIUM est facultas pro distincto lubitu nunc huius, nunc illius facultatis actiones producendi, nunc earum producendi oppositum. Quo maior ergo libertas, hoc maius liberi in se est imperium […]. Insignis imperii in se ipsus defectus est SERVITUS MORALIS SIGNIFICATU LATO. Ad augendum in se imperium faciens est (ingenuum) LIBERALE, servitutem promovens moralem est SERVILE.« – »Mein freies Wollen und Nichtwollen bezeichnet man als ERWÄHLTE HANDLUNGEN MEINER SEELE, die freien Handlungen der übrigen Vermögen als BEFOHLENE HANDLUNGEN, und insofern sie von der Freiheit der Seele abhängen, wird dieser selbst die Herrschaft über dieselben zugeschrieben. Folglich ist die HERRSCHAFT DER SEELE ÜBER SICH SELBST das Vermögen, gemäß einem deutlichen Belieben einmal Handlungen dieses, einmal jenes Vermögens und einmal deren Gegenteil hervorzubringen. Umso größer also die Freiheit ist, umso größer ist die Herrschaft des Freien über sich selbst. Die Kennzeichen eines Mangels an Herrschaft über sich selbst ist die INNERE KNECHTSCHAFT DER SEELE ÜBERHAUPT. Was dazu beiträgt, die Herrschaft über sich selbst zu steigern, ist (freimütig) FREI, was die innere Knechtschaft befördert, ist KNECHTISCH.«

Met. § 732
»Determinata facultatum appetitivarum inter se in certo subiecto proportio, est eiusdem INDOLES, vel ERECTA, habitualiter dominantibus superioribus, vel ABIECTA, habitualiter dominantibus inferioribus, quarum maxima PASSIO DOMINANS vocatur. Quumque certa earum proportio ad certum genus appetibilium aversabiliumve genus facilius feratur, varia hinc TEMPERAMENTORUM ANIMAE genera constituuntur. Ergo temperamentum animae multum mutari potest ac saepius exercitiis & consuetudine […].« – »Ein bestimmtes Verhältnis der Begehrungsvermögen untereinander in einem gewissen Subjekt ist dessen GEMÜTSART, entweder eine EDLE, bei der gewöhnlicherweise die oberen Begehrungsvermögen, oder eine NIEDRIGE, bei der gewöhnlicherweise die unteren Begehrungsvermögen vorherrschen, deren größtes der HANG genannt wird. Und da die Seele durch ein gewisses Ver-

hältnis derselben leichter auf gewisse Gegenstände der Begierde oder der Abneigung gelenkt wird, entstehen daher die verschiedenen Gattungen der MISCHUNGEN DER GEMÜTSNEIGUNGEN. Also kann die Mischung der Gemütsneigung viel und oft durch Übungen und Gewohnheit verändert werden.«

b) Psychologia rationalis

Met. § 787
»[...] Complexus perfectionum spiritui convenientium est FELICITAS. Complementum beatitudinis ad felicitatem finiti spiritus est PROSPERITAS, & bona, quibus positis ponitur, sunt PROSPERA (physica stricte dicta). Felicitas spiritus finiti est complexus prosperitatis & beatitudinis.« – »Das Gesamt der Vollkommenheiten, die einem Geist zukommen, ist die GLÜCKSELIGKEIT. Die Ergänzung der Seligkeit zur Glückseligkeit eines endlichen Geistes ist das GUTE GLÜCK, die WOHLFAHRT, und die Güter, mit denen ein solcher Geist gesetzt ist, sind die GLÜCKSGÜTER (die natürlichen Glücksgüter im strengen Sinne). Die Glückseligkeit eines endlichen Geistes ist das Gesamt seiner Wohlfahrt und seiner Seligkeit.«

Met. § 792
»[...] Animal, quod animam habet mere sensitivam, BRUTUM est, cuius anima spiritus est, est ANIMAL RATIONALE. Ergo homo est animal rationale [...].« – »Ein Tier, das nur eine sinnliche Seele hat, ist ein Vieh, ein Tier, dessen Seele ein Geist ist, ist ein vernünftiges Tier. Also ist der Mensch ein vernünftiges Tier.«

Theologia naturalis

Met. § 876
»Deus scit omnis determinationes actualium [...] alterius mundi, quam hic, SCIENTIA MEDIA. Pro quovis eventus huius mundi existere posset alius [...]. Quivis autem haberet sua consectaria in indefinitum per omnes status mundi sequuturos partialiter diversa [...]. Ergo si vel pro uno tantum eventu huius mundi exs[is]tisset alius, mundus hic esset per om-

nes status illi eventui successivos, immo antecedens etiam, [...] partialiter alius, quam est. Ergo quicquic loco cuiusvis eventus in hoc mundus exsistere potuisset cum omnis suis consecariis, deus scit, scientia media [...].« – »Gott weiß alle Bestimmungen der Dinge, die in einer anderen Welt als dieser verwirklicht sind, aufgrund seiner MITTLEREN WISSENSCHAFT (seiner Einsicht bloß möglicher Welten). Anstelle jedweder Begebenheit in dieser Welt könnte eine andere Begebenheit wirklich sein. Jedwede Begebenheit würde aber unendlich viele Folgen für alle nachfolgenden Zustände der Welt haben, die teilweise verschieden wären. Wenn also anstelle nur einer Begebenheit dieser Welt eine andere wirklich gewesen wäre, wäre diese Welt aufgrund jener Begebenheit hinsichtlich aller ihrer nachfolgenden, ja sogar hinsichtlich ihrer vorausgehenden Zustände teilweise eine andere als sie ist. Also weiß Gott, aufgrund seiner mittleren Wissenschaft, was auch immer anstelle jedweder Begebenheit in dieser Welt mit allen seinen Folgen hätte wirklich sein können.«

Met. § 880
»Certitudo minima est minime clara unius minimae veritatis cognitio [...]. Quo clarius, quo plures, quo maiores veritates cognoscuntur, hoc maior erit certitudo [...]. Dum ergo deo summa tribuimus certitudinem subiectivam, [...] eum veneramur plurimas maximas veritates distinctissime cognoscentem. Idem deus est obiective certissimus, [...] dum summa eius veritas est, [...] & existentia per essentiam ipsius & exsistentiam cuiuslibet finiti demonstrabilis [...].« – »Die kleinste Gewißheit ist die in geringster Weise klare Erkenntnis einer kleinsten Wahrheit. Je mehr und je größere Wahrheiten je klarer erkannt werden, umso größer ist die Gewißheit. Indem wir also Gott die höchste subjektive Gewißheit zusprechen, verehren wir ihn als jemanden, der das höchste Maß an größten Wahrheiten auf deutlichste Weise erkennt. Gott ist auch objektiv am allergewissesten, indem ihm die höchste Wahrheit zukommt sowie die Wirklichkeit durch sein eigenes Wesen und durch die erweisbare Wirklichkeit alles Endlichen.«

Met. § 882
»SAPIENTIA nexus finalis GENERATIM est perspicientia, & quidem finium SAPIENTIA SPECIATIM, remediorum PRUDENTIA. Hinc deus est omnisapientissimus [...]. Dum omnisapientissimum dicimus, vene-

ramur 1) omnes fines, 2) omnia remedia, 3) omnes eorundem nexus possibiles, [...] 4) qua omnes qualitates, 5) omnes quantitates, 6) in maximo nexu possibili, 7) certissime ardentissimique perspicientem [...].« – »Die WEISHEIT ÜBERHAUPT ist die Einsicht des Zweckzusammenhangs und ist gewiß eine Einsicht in die Zwecke, als WEISHEIT INSONDERHEIT, und der Mittel, als KLUGHEIT. Daher ist Gott der allerweiseste. Wenn wir ihn den allerweisesten nennen, verehren wir ihn als denjenigen, der 1) alle Zwecke, 2) alle Mittel, 3) jeden möglichen Zusammenhang derselben, 4) nach allen Beschaffenheiten, 5) allen Größen, 6) im größtmöglichen Zusammenhang, 7) auf gewisseste und lebendigste Weise einsieht.«

Met. § 889
»OMNISCIENTIA est scientia omnium. Deus est omniscientissimus [...]. Quum eum talem dicimus, veneramur qualem §§ 863-888 exhibent.« – »Die ALLWISSENHEIT ist das Wissen von allem. Gott ist in höchstem Maße allwissend. Und weil wir ihn in höchstem Maße allwissend nennen, verehren wir ihn als denjenigen, wie ihn die §§ 863-888 darstellen.«

Met. § 914
»EVENTUS, quicquid in eo est realis & positivi, MATERIALE REMOTUM, omnimoda determinatio, MATERIALE PROXIMUM, & quicquid in finitis est eidem negativi, FORMALE eventus dicitur. Hinc mala, adeoque & ponae, [...] aut spectantur materialiter formaliter simul, & sunt, ut finita omnia, partim bona, partim mala praecise s. formaliter sumta, [...] amantur a deo, quatenus sunt bona, odit ea deus, quatenus sunt mala, infinite, [...] aut spectantur tantum materialiter, qua materiale remotum, & sunt positiva & realia, tantum obiectum amoris divini, [...] aut formaliter tantum, & non sunt, nisi aut negationes stricte dictae, aut privationes, [...] & sunt tantum obiectum odii divini, [...] aut qua materiale proximum & formale.« – »Was immer in einer Begebenheit real und bejahend ist, ist ihr ENTFERNTES MATERIALES, ihre durchgängige Bestimmung ist das NÄHERE MATERIALE, und was immer im Endlichen an Mangelhaftem ist, ist das FORMALE einer Begebenheit. Daher werden alle Übel und allzumal alle Strafen enweder zugleich in materialer und formaler Hinsicht betrachtet und sind, wie alles Endliche, teils gut, teils böse, genau und formal genommen, dann wer-

den sie von Gott geliebt, insoweit sie gut sind, und Gott haßt sie unendlich, insoweit sie böse sind; oder sie werden nur in materialer Hinsicht betrachtet, nach dem entfernten Materialen, dann sind sie bejahend und real und nur Gegenstand der Liebe Gottes; oder sie werden nur in formaler Hinsicht betrachtet, dann sind sie nicht, außer als Verneinungen im strengeren Sinne oder Beraubungen, und sie sind nur Gegenstand des göttlichen Hasses; oder sie werden nach ihrem näheren Materialen und ihrem Formalen betrachtet.«

2. Ethica philosophica

Eth. § 1
»ETHICA (disciplina pii, honesti, decori, scientia virtutis, moralis, practica, ascetica) est scientia obligationum hominis internarum in statu naturali.« – »Die SITTEN- UND TUGENDLEHRE (die Lehre des Frommen, Ehrbaren, Wohlanständigen, die sittliche, praktische, einübende Wissenschaft der Tugend) ist die Wissenschaft der innerlichen Verpflichtungen des Menschen im natürlichen Zustand.«

Eth. § 9
»Quum in statu homini naturalis plures iterum status speciales observari possint, [...] ethica philosophica docebit obligationes internas I) omnibus his statibus communes, Parte I generali, 1) erga deum ad religionem, C. I, a) internam, b) externam, 2) erga temet ipsum, C. II, respectu a) animae, b) corporis, c) status externi, 3) erga alia, C. III, a) homines, b) reliqua; II) quibusdam specialioribus in statu naturali observandis statibus peculiares, Parte II speciali.« – »Weil im natürlichen Zustand des Menschen wiederum mehrere besondere Zustände bemerkt werden können, wird die philosophische Sitten- und Tugendlehre die innerlichen Verpflichtungen lehren, I) die allen diesen Zuständen gemein sind, in einem allgemeinen Teil I, 1) Verpflichtungen gegenüber Gott, Kap. I, a) die zur inneren Gottseligkeit, b) zum äußeren Gottesdienst gehören, 2) Verpflichtungen, die man sich selbst gegenüber hat, Kap. II, in Beziehung auf a) die Seele, b) den Körper c) den äußerlichen Zustand, 3) Verpflichtungen gegenüber anderem, Kap. III, a) gegenüber Menschen, b) gegenüber übrigem; sie wird II) die eigentümlichen innerlichen Verpflichtungen lehren, die in gewissen mehr besonderen Zuständen im

natürlichen Zustand des Menschen zu bemerken sind, in einem besonderen Teil II.«

Eth. § 252
»Ad quaerendam hanc vitam quantum obligaris, tantum vitare teneris eius oppositum, mortem […]. Haec quasi transitus e domo in domum est […]. Sicut sapiens erga hunc nec totaliter est indifferens, nec in statu totalis aequilibrii, neque tamen eum nimis laetatur, praesertim gavisus sede sic satis commoda, nec nimis horret, praesertim ubi se melius habiturum certus est: ita mortem expecta, donec pulsaverit, interim, quantum potes, eam vitans, et AUTOCHIRIAM, actionem, qua fieres auctor mortis tuae, tam subtilem minus observabili tibi nexu mortem contrahentem, quam crassam, tam repentem, quam repentinam, tam culposam, quam dolosam […]. Morti semper paratus […] cave tamen, quantum potes, saltim deprecando, […] MORTEM IMMATURAM nondum fines huius vitae consequuti, da operam, ut mori queas, ubi moriendum est, VITAE SATUR, certus hanc vitam tibi non amplius necessariam […].« – »Dazu, dieses Leben zu begehren, mögest du in ebendem Maße verpflichtet sein, wie du angehalten sein mögest, dessen Gegenteil, den Tod, zu vermeiden. Dieser ist gleichsam ein Übergang von einem Haus in ein anderes. So wie der Weise demgegenüber weder völlig gleichgültig ist noch sich in einem Zustand des völligen Gleichgewichts befindet, und er sich dennoch nicht allzusehr freut, vor allem, wenn er sich einer genügend angenehmen Behausung erfreut, und sich nicht zu sehr fürchtet, vor allem, wenn er gewiß ist, sich noch besser befinden zu werden: So erwarte den Tod, bis er angeklopft haben wird, indem du ihn unterdessen, soweit du es vermagst, vermeidest, und den SELBSTMORD vermeidest, eine Handlung, durch die du zum Urheber deines Todes würdest, einen feinen Tod in einem dir weniger bemerkbaren Zusammenhang, ebenso wie einen groben Tod, einen unerwarteten ebenso wie einen plötzlichen, einen schuldhaften ebenso wie einen schmerzhaften. Auf den Tod immer vorbereitet, hüte dich dennoch, soweit du es vermagst, wenigstens indem du es erbittest, vor einem ZU FRÜHEN TOD, solange die Zwecke dieses Lebens noch nicht erreicht sind, arbeite daran, daß du sterben kannst, wenn es Zeit ist zu sterben, lebenssatt und gewiß, daß dir dieses Leben nicht weiter notwendig ist.«

Eth. § 254

»DIAETA est ratio sive mos sanitati convenienter vivendi, eiusque regulas complexa ars DIAETETICA. Sanitati convenienter autem vivit, qui in suis actionibus remedia conservandae augendaeque sanitatis eligit, vitat eius impedimenta […]. Ut ergo possis pro virili diaetam observare, […] da operam diaeteticae, non speculativae, sed vivae, […] sanam suadenti praesertim 1) mentem, 2) alimenta, 3) calorem, 4) motum, 5) excretionem […]. Sana mens hic praecipue ille status animae, qui sanitati maxime conducit, *Mens non ebria* […], *sed soluta curis*. Curae diaeteticae sunt ipsis primis diaeteticis regulis contrarie, […] quales 1) tormenta aegrotorum imaginariorum, non totaliter solum talium, quorum nullus morbus est, sed et partialiter talium, sensationes morbi imaginationibus mirifice supplentium, 2) semper inaudita et minutissima diaetae praecepta conquirentium anxiae calculationes et ponderationes, 3) terrores morbi possibilis praevisione iam lectis assigendorum, e. c. […]. His praestat cura corporis perpessitii, non quibusve molestiis statim cedentis […]« – »Eine GESUNDE LEBENSWEISE ist die Art und Weise oder die Vorgehensweise, der Gesundheit angemessen zu leben, und deren Regeln werden von der GESUNDHEITSKUNST umfaßt. Der Gesundheit angemessen lebt aber, wer bei seinen Handlungen die rechten Mittel zur Erhaltung und Steigerung der Gesundheit wählt und deren Hindernisse vermeidet. Damit du, so viel man kann und muß, auf eine gesunde Lebensweise achtgeben kannst, beschäftige dich fleißig nicht mit einer spekulativischen, sondern mit der lebendigen Gesundheitskunst, die Rat gibt vor allem zu 1) einem gesunden Geist, 2) zur Nahrung, 3) zur Leibeswärme, 4) zur Bewegung, 5) zur Ausscheidung. Ein gesunder Geist ist hier vornehmlich jener Zustand des Gemüts, der am meisten zur Gesundheit beiträgt, »*ein Geist, der nicht trunken ist, doch von Sorgen befreit*«. Diese Sorgen bezüglich der Gesundheitskunst laufen nämlich den ersten Regeln der Gesundheitskunst selbst zuwider. Solche Sorgen sind: 1) Die Foltern der eingebildeten Kranken, nicht nur derjenigen, die dies vollständig sind, bei denen nichts Krankes ist, außer vielleicht im Gehirn, sondern auch derjenigen, die dies teilweise sind, welche die Empfindungen des Krankseins in außerordentlicher Weise mit Einbildungen ergänzen, 2) die immer noch nie dagewesenen und überaus genauen Vorschriften einer gesunden Lebensführung derer, die ängstlichen Berechnungen und Erwägungen nachspüren, 3) die Schrecken derjenigen, die sich, voraussehend, eine mögliche Krankheit als eine zuschreiben,

die sie schon haben, usw. Für diese ist die Sorge für einen abgehärteteren Leib besser als die um einen Leib, der jeglichen Beschwerlichkeiten sogleich nachgibt.«

Eth. § 260
»Temperantia in victu, praesertim abstinens a potu fortiori est SOBRIETAS. Ad huius generalem obligationem [...] accedit specialis diaetetica, [...] quo corpus infirmius, hoc magis obligans ad abstinendum non a nimiis solum, sed iis etiam, quae qualitate peccant [...]. Intemperantia in cibo est VORACITAS, in potu, TEMULENTIA. Maior temulentiae gradus est EBRIOSITAS. Ad has vitandas, [...] invitabit consideratio indispositionis arbitrariae ad nobilissimas hominis actiones actualis, actualem, habitualis, habitualem eiusmodi excessum consequentis [...].« – »Die Mäßigkeit bei den Nahrungsmitteln, vor allem diejenige, die sich stärkerer Getränke enthält, ist die NÜCHTERNHEIT. Zur allgemeinen Verpflichtung zu derselben kommt eine besondere Gesundheitskunst hinzu, die, je schwächer ein Leib ist, umso mehr dazu verpflichtet, sich nicht nur von einem Zuviel, sondern auch von dem, was in der Beschaffenheit fehlerhaft ist, zu enthalten. Die Unmäßigkeit bei der Nahrung ist die GEFRÄSSIGKEIT, die Unmäßigkeit beim Trinken ist die TRUNKENHEIT. Der stärkere Grad der Trunkenheit ist die BESOFFENHEIT, der Zustand eines TRUNKENBOLDS. Dazu, diese zu vermeiden, wird das Bedenken der willkürlichen Unfähigkeit zu den edelsten menschlichen Handlungen einladen, einer gegenwärtigen Unfähigkeit, die aus einer gegenwärtigen, und einer gewohnheitsmäßigen, die aus einer gewohnheitsmäßigen Maßlosigkeit solcher Art folgt.«

Eth. § 267
»Quum animae, corpori, totique homini tam physice impossibilis sit, dum exsistit, [...] omnium actionum cessatio, quam moraliter, [...] ethicae deceptricis praeceptum est, nihil agendo, nihil cogitando, nihil appetendo beatitudinem aucupari, [...] unde denuo patet totalis indifferentiae moralis absurditas. Semper agens homo tum tamen OCCUPATUR demum, quando ad finem cuius sibi conscius est, actiones suas dirigit. Hinc OCCUPATIO hominis est actio ab ipso cogitante ad certum finem directa. Homo non occupatus OTIATUR, OTIUM est status homini non occupati. Occupationes hominis quaedam possunt esse ordinariae, quaedam extraordinariae, [...] quaedam molestae, quaedam iucundae [...].

Status hominis, in quo ad specialius occupationum ordinariarum genus obligatur, est VITA GENUS. Occupationes ordinariae et molestae, sunt NEGOTIA. Status hominis, non negotiis, occupati tamen, quum etiam OTIUM dicatur, vocabimus COMPARATIVUM.« – »Weil es der Seele, dem Leib, dem ganzen Menschen, während er lebt, ebenso physisch unmöglich ist, von allen Handlungen untätig abzulassen, wie es ihm sittlich unmöglich ist – was eine Vorschrift einer unrichtigen Sittenlehre ist – im Nichtstun, im nichts Denken, im nichts Begehren Glückseligkeit zu erhaschen, ist daraus erneut die Ungereimtheit einer völligen sittlichen Gleichgültigkeit offenbar. Der Mensch, der ständig handelt, ist gleichwohl dann BESCHÄFTIGT, wenn er seine Handlungen auf einen Zweck hin, dessen er sich bewußt ist, ausrichtet. Daher ist die BESCHÄFTIGUNG eines Menschen eine Handlung, die vom Denkenden selbst auf einen bestimmten Zweck gerichtet ist. Ein nicht beschäftigter Mensch HAT MUSSE, die MUSSE ist der Zustand eines Menschen, der nicht beschäftigt ist. Manche Beschäftigungen des Menschen können gewöhnlich, manche außergewöhnlich sein, manche beschwerlich, manche ergötzlich. Der Zustand des Menschen, in dem er zu einer besondereren Art der gewöhnlichen Beschäftigungen genötigt wird, ist die LEBENSART. Gewöhnliche und beschwerliche Beschäftigungen sind GESCHÄFTE. Den Zustand eines Menschen, der nicht mit Geschäften, gleichwohl aber beschäftigt ist, werden wir, weil man dazu auch MUSSE sagt, eine Muße VERGLEICHUNGSWEISE GENOMMEN nennen.«

Eth. § 289

»Temperantia in servandis opibus est PARSIMONIA, in iisdem insumendis FRUGALITAS. Intemperantia in insumendis opibus est PRODIGALITAS. Prodigalitas in victu et amictu est LUXURIA (luxus). Hae aut egestam paupertatemve augentes, aut opulentiam minuentes, aut ad ad avaritiam et partialem tenacitatem incitantes, vitandae [...]. Illae egestatem paupertatemve minuentes, aut opulentiam augentes, aut a multis curis corradendarum opum liberantes, quaerendae [...].« – »Die Mäßigkeit im Bewahren des Vermögens ist die SPARSAMKEIT, die Mäßigkeit in dessen Verwendung ist das HAUSWIRTLICHE WESEN. Die Unmäßigkeit in der Verwendung von Vermögen ist die VERSCHWENDUNG. Die Verschwendung bei Nahrungsmitteln und in der Kleidung ist die SCHWELGEREI (die Üppigkeit). Diese sind, weil sie die Dürftigkeit und die Armut vermehren oder die Wohlhabenheit vermindern

oder zum Geiz und zu einer teilweisen Knickrigkeit antreiben, zu meiden. Jene sind, weil sie die Dürftigkeit und die Armut vermindern oder die Wohlhabenheit vermehren oder von vielen Sorgen, Vermögen zusammenzukratzen, befreien, zu erstreben.«

Eth. § 336
»AFFECTATA sunt SIGNA, ubi natura per artem male suppletur. Hinc affectatio locum habet, 1) ubi naturalia signa ad finem suffecissent, accedunt tamen per artem adscititia, 2) ubi malae sunt artis regulae, 3) ubi bonae artis regulae male applicantur. NATURALE SIGNUM AFFECTATO OPPOSITUM aut est proprie naturale, aut artificiale naturalia bene supplens. Est adeo in signis naturalibus 1) nihil prorus artificii, ubi naturalia sufficiunt, 2) ubi minus, accedit ars, non nisi meliorum regularum, 3) felicius applicatarum.« – »Um GEZWUNGENE, GEKÜNSTELTE ZEICHEN handelt es sich dort, wo die Natur auf schlechte Weise durch die Kunst ersetzt wird. Daher hat das Gekünstelte seinen Ort, 1) wo natürliche Zeichen für den entsprechenden Zweck genügt hätten, gleichwohl aber durch die Kunst hergeholte Zeichen hinzukommen, 2) wo die Regeln der Kunst schlecht sind, 3) wo gute Regeln der Kunst schlecht angewendet werden. Ein NATÜRLICHES, UNGEZWUNGENES, UNGEKÜNSTELTES Zeichen ist entweder wesentlich natürlich oder es ersetzt als künstliches natürliche Zeichen auf rechte Weise. In diesem Maße ist in den natürlichen Zeichen 1) ganz und gar nichts an Künstlichem, wo Natürliches genügt, 2) kommt, wo es nicht genügt, die Kunst hinzu, doch nur eine von besseren Regeln, die 3) glücklicher angewendet werden.«

Eth. § 339
»Candor a te postulat erga alios homines sinceritatem […] et veracitatem […]. Habitu mentem suam aliis significandi praeditus est HOMO APERTUS. Sincerus est, ubi sapiens fuerit, temperanter apertus […]. Intemperanter apertus RIMOSUS est. Habitu mentem suam non significandi s. occultandi praeditus, est RESERVATUS s. retentus, qui defectu peccat […].« – »Das liebreiche Betragen verlangt von dir gegenüber anderen Menschen Aufrichtigkeit und Wahrhaftigkeit. Wer mit der Fertigkeit begabt ist, anderen seine Gesinnung zu bezeichnen, ist ein OFFENER, UNVERSTELLTER MENSCH. Ein aufrichtiger Mensch ist, wenn er weise ist, in mäßiger Weise offen. Jemand, der unmäßig offen

ist, ist ein GAR ZU OFFENER MENSCH. Wer mit der Fertigkeit begabt ist, seine Gesinnung nicht zu bezeichnen oder sie zu verbergen, ist ein HINTERHÄLTIGER oder ein zurückhaltender MENSCH, der im Mangel fehlgeht.«

Eth. § 390
»Habitualis irrisio quum iam magnopere vitanda sit, […] multo magis malignitas alteri dedecus contrahens, ut habeas sannarum materiem […]. Hinc MOMUS UNIVERSALIS, qui in omnibus ridiculi quid et irridendi aut videt, aut vidisse putat, et cum aliis non communicat sine ciconia, quam male agat, patebit uberius cogitanti 1) praesentes si pungat, spiritus eius causticum hoc magis abalienaturum eos ab ipso, […] quo difficilius se risu exponi fert philotimia modestiorum etiam, […] 2) absentes si rodat, eos aut resciscere, et idem inde incommodum, immo maius, quia se excusare non potuerunt, aut eos latere, quales se pinxerit, et praesentes tamen alienari vultu licet ridente […]. Lenis morum facilitas SOCIALITAS est. Socialis esto […]. Socialis in maiori gradu NOSCIT VIVERE. Nosce vivere.« – »Weil die gewohnheitsmäßige Verspottung mit ganzer Seele zu vermeiden ist, muß umso mehr die Boshaftigkeit, die einem anderen Schande beibringt, damit du einen Stoff zum Grimassenschneiden haben magst, vermieden werden. Daher wird ein ALLGEMEINER TADLER, der in allem etwas Lächerliches und etwas, das zu verspotten ist, sieht oder meint, gesehen zu haben, und der sich anderen nicht ohne Spott mitteilt, den er auf schlechte Weise ausführen mag, sich dem Bedächtigen in reicherem Maße bloßstellen, 1) wenn er Anwesende kränkt, so daß ihn seine beißende Art zu tadeln dieselben umso mehr abtrünnig machen wird, je schwerer es die Ehrliebe der auch Bescheidenen macht, sich dem Spott auszusetzen, 2) wenn er Abwesende herabsetzt, so daß diese es entweder in Erfahrung bringen und er ihnen ungemächlich sein wird, umso mehr, weil sie sich nicht rechtfertigen haben werden können, oder so, daß es ihnen verborgen bleibt, als was er sie ausgemalt haben wird, und die Anwesenden ihm, sei es auch mit lachendem Gesicht, entfremdet werden. Das gelinde verbindliche Betragen ist die GESELLIGKEIT. Sei gesellig! Wer in höherem Grade gesellig ist, WEISS ZU LEBEN. Wisse zu leben!«

Eth. § 403
»Emendatur ingenium per culturam s. intensionem habituum ipsius,

[...] hinc per exercitium [...]. INGENIUM exercitio minus cultum RUDE est, quod coluit exercitium, est POLITUM. Hinc ingenium naturaliter vegetum, rationabile eminentiori significatu, [...] immo universale et superius, [...] potest tamen esse rude, sicut tardum naturaliter, tamen politum.« – »Der Geist wird durch die Pflege oder die Verstärkung seiner eigenen Fertigkeiten verbessert, folglich durch Übung. Ein Geist, der in Übungen weniger gepflegt ist, ist ein ROHER KOPF, einer, der die Übung pflegt, ist ein VERBESSERTER, ANGEBAUETER KOPF. Daher kann ein von Natur aus munterer, in ausgezeichneterer Bedeutung mit Vernunft begabter, sogar ein allgemeiner und höherer Geist dennoch ein roher Kopf sein, gleichwie ein von Natur aus langsamer Geist dennoch ein verbesserter, angebaueter Kopf sein kann.«

Eth. § 405
»Homo rudis ingenii non potest eruditus esse, nisi forsan titularis [...]. Quum autem INERUDITUS vel sit, qui non coluit ingenium per disciplinas, vel quem vitae genus non obligavit ad eruditionem: nec primo quidem significatu, multo minus secundo, ineruditus omnis est rudis [...]. Possunt esse ineruditi admodum politi, admodum vegeti, rationalis et superioris ingenii, eruditi autem ingenii admodum tardi et angusti [...].« – »Ein Mensch von rohem Geist kann nicht gelehrt sein, außer dem Namen nach. Weil aber ein UNGELEHRTER entweder jemand ist, der seinen Geist nicht durch Lehren gepflegt hat, oder jemand, den seine Lebensart nicht der Gelehrsamkeit verpflichtet hat: Deshalb ist wahrlich weder in der ersten und noch viel weniger in der zweiten Bedeutung jeder Ungelehrte roh. Ungelehrte können von einem überaus verbesserten, überaus munteren, vernünftigen und höheren Geist sein, Gelehrte aber von einem langsamen und eingeschränkten Geist.«

Eth. § 434
»STATUS hominis, in quo facultatis appetitivae inferioris in superiorem, saepe nec reluctantem notabiliter, victoria est habitualis, est status BESTIALITATIS, brutalitatis, animalitatis, in quo facultatis superioris in inferiorem, saepe nec notabiliter reluctantem quidem, habitualis est victoria, est STATUS RATIONALITATIS, s. humanitatis. Status bestialitatis non est, nisi vitiosi [...]. Virtuosus est in status rationalitatis, [...] licet non omnis rationalis homo bestiali oppositus sit virtuosus [...].« – »Der Zustand des Menschen, in dem der Sieg des unteren Begehrungsvermö-

gens über das obere, ohne daß dieses merklich widerstrebt, Gewohnheit ist, ist der VIEHISCHE ZUSTAND, der grobe, tierische Zustand; der Zustand, in dem der Sieg des oberen Begehrungsvermögens über das untere, in dem dieses nicht einmal merklich wiederstrebt, ist der VERNÜNFTIGE, MENSCHLICHE ZUSTAND oder der Zustand der Menschlichkeit. Der viehische Zustand ist nur einem Lasterhaften zu eigen. Der Tugendhafte befindet sich im vernünftigen, menschlichen Zustand, mag es auch sein, daß nicht in allem Vernünftigen einem viehischen Menschen der Tugendhafte als Gegensatz gegenübersteht.«

Eth. § 443
»Quum omnis emendatio cognitionis dici possit illuminatio, erit illa moralis, emendatio cognitionis de rebus cum libertate propius connexis, bono, malo morali, virtute, vitio [...]. Huius praesertim symbolicae, licet plures gradus sint possibiles in vitioso, [...] in quo tamen est tanta, qua ubertatem, gravitatem, veritatem, claritatem, certitudinem et vitam, quantam status virtutis poscit, in eo praestat STATUM LUCIS, s. regnum lucis morale; in quo non est tanta, ille est in STATU TENEBRARUM, regno tenebrarum morali.« – »Weil jede Verbesserung der Erkenntnis eine Erleuchtung genannt werden kann, ist diejenige eine sittliche Erleuchtung, die eine Verbesserung der Erkenntnis von den Dingen ist, die näher mit der Freiheit verknüpft sind, des sittlich Guten und Schlechten, der Tugend und des Lasters. Es mögen von deren symbolischer Erkenntnis mehrere Stufen auch bei einem Lasterhaften möglich sein. In demjenigen aber, in dem – durch deren Reichtum, Wichtigkeit, Wahrheit, Klarheit, Gewißheit und Lebendigkeit – soviel Erkenntnis ist, wie sie der Zustand der Tugend erfordert, in dem herrscht der ZUSTAND DES LICHTS vor, oder das sittliche Reich des Lichts; in wem nicht soviel Erkenntnis ist, der befindet sich im ZUSTAND DER FINSTERNIS, im sittlichen Reich der Finsternis.«

Eth. § 444
»Homo vel maxime rationalis, [...] admodum copiosa, exacta, gravi, vivida immo distincta moralium cognitione gaudens, ad convictionem usque vel demonstrationem etiam, tamen esse potest in statu tenebrarum; solus virtuosus in statu lucis est [...]. Sed huius etiam officium est et in regni lucis pomoeria proferre [...] et luci ipsius proportionate agere, i. e. AMBULARE IN LUCE, quantum potest [...].« – »Ein Mensch, auch ein

höchst vernünftiger, der sich in vollem Maße der reichen, genauen, wichtigen, lebendigen und ja sogar der deutlichen Erkenntnis des Sittlichen erfreut, bis hin zur Überzeugung oder zum Erweis, kann dennoch im Zustand der Finsternis sein; nur der Tugendhafte ist im Zustand des Lichts. Doch dessen Pflicht ist es auch, den Maueranger des Reichs des Lichts zu erweitern und dem Licht selbst angemessen zu handeln, d. h. IM LICHTE WANDELN, soviel er kann.«

Eth. § 445
»STATUS virtuosi, in quo fortes ipsi stimuli et motiva ad vitium vincendi sunt, est status TENTATIONIS (explorationis), in quo non tentatur, est status TRANQUILLITATIS. Maior gradus tranquillitatis tentationibus succedens est status CONFIRMATIONIS. Status virtuosi bene se moraliter determinantis, at cum notabili incertitudine bonitatis, est STATUS ANXIETATIS, cum notabili certitudine, est STATUS convictionis s. PLEROPHORIAS. Hinc status anxietatis est status tentationis, et status tranquillitatis status convictionis.« – »Der Zustand des Tugendhaften, indem er selbst starke Triebfedern und Bewegungsgründe zum Laster besiegen muß, ist der ZUSTAND DER VERSUCHUNG (der Erprobung), der Zustand, in dem er nicht versucht wird, ist der ZUSTAND DER BERUHIGUNG. Ein höherer Grad an Beruhigung, der auf Versuchungen folgt, ist der ZUSTAND DER BESTÄRKUNG IM GUTEN. Der Zustand des Tugendhaften, der sich sittlich auf rechte Weise bestimmt, aber mit einer merklichen Ungewißheit hinsichtlich der Gutheit, ist der ZUSTAND DER ÄNGSTLICHKEIT, DER ANFECHTUNG, mit einer merklichen Gewißheit hingegen ist es der ZUSTAND der Überzeugung oder DER GEWISSHEIT. Also ist der Zustand der Ängstlichkeit der Zustand der Versuchung und der Zustand der Beruhigung ist der Zustand der Überzeugung.«

Eth. § 489
»In statu neglectionis, *gaudebis minus, et minus dolebis*, quam in statu honoris et contemtus, [...] neque ideo summum in eo bonum quaerendum est [...]. Si defectus honoris passivi extantioris in illo statu constitutum dolet, cogitet nec contemtum extantem esse, [...] qui vix cadit, nisi in eum, qui iam ex neglectis emerserat [...]. Cui temperanter videtur tentanda via, qua se quoque possit tollere humo, [...] caveat sectari minutias in honore, [...] in hoc etiam MAGNANIMIS, habitu magna proportio-

nate appetendi pollens, [...] *ex fumo dare lucem* cogitet, quas finibus suis consequendis informavit secum machinas non nisi iustissimo revelans tempore [...].« – »In einem Zustand, in dem du unbekannt bist, »*wirst du weniger Freude, aber auch weniger Betrübnis haben*« als im Ehrenstand und im Zustand der Verachtung, es ist in demselben aber deshalb auch nicht das höchste Gut zu erstreben. Wenn der in diesem Zustand vorhandene Mangel an auffälligerer Ehre denjenigen, der daran leidet, schmerzt, mag er daran denken, daß er sich nicht in einem Zustand auffälliger Verachtung befindet, in den er kaum fällt, außer in den, der schon aus dem Zustand der Unbekanntheit hervorgegangen war. Wem in maßvoller Weise ein gangbarer Weg erscheint, durch den er sich gleichwohl vom Boden erheben können mag, möge sich hüten, Kleinigkeiten in der Ehre nachzulaufen, auch darin wird er GROSSMÜTIG sein, mit einer Gesinnung, in der er verhältnismäßig Großes zu begehren vermögend ist, »*bedenke er, daß er aus Nebel ein Licht hervorbringt*«, wenn er die Vorkehrungen, die er für seine Zwecke bei sich ausgedacht hat, erst zum allerrichtigsten Zeitpunkt enthüllt.«

GLOSSAR

Das vorliegende Glossar umfaßt – bis auf wenige Ausnahmen – sämtliche in der *Aesthetica* vorkommenden, von Baumgarten in seinen übrigen Schriften ins Deutsche übersetzten lateinischen Begriffe und Wortwendungen mit einem Verzeichnis der Stellen ihrer Übersetzung:

Zugrundegelegt sind Baumgartens Übersetzungen lateinischer Ausdrücke und Wendungen in den *Philosophische[n] Briefe[n] von Aletheophilus* (1741), in der *Metaphysica* (4. Auflage 1757, herangezogen wurde die 7. Aufl. 1779, in der sämtliche Übersetzungen erhalten sind), der *Acroasis logica* (1761), der *Ethica philosophica* (3. Aufl. 1763, die nach dem Zeugnis von Meier, *Baumgartens Leben*, 1763, S. 42, bis § 192 Baumgartens eigene Übersetzungen enthält) sowie der *Philosophia generalis* (1779).

In einzelnen Fällen wurden (auf der Grundlage des von Ken Aso [et al.] herausgegebenen *Onomasticon philosophicum latinoteutonicum et teutonicolatinum*, 1989) zusätzlich von Georg Friedrich Meier herangezogen: *Theoretische Lehre von den Gemüthsbewegungen überhaupt* (1744), *Anfangsgründe aller schönen Wissenschaften* (1748–50, in der 2. Aufl. 1754–59), *Auszug aus der Vernunftlehre* (1752) und *Versuch einer allgemeinen Auslegungskunst* (1757). Konsultiert wurde auch Meiers *Baumgartens Metaphysik* (2. Aufl. 1783). In wenigen Fällen wurden (ebenfalls auf der Grundlage des *Onomasticon*) Übersetzungen lateinischer Termini bei Johann Leonhard Frisch, *Teutsch-Lateinisches Lexikon*, Register (1741), Johann Nikolaus Frobesius, *Christiani Wolfii Philosophia Rationalis sive Logica*, Index (1746), Christian Wolff, *Des weyland Reichs-Freiherrn von Wolff übrige Theils noch gefundene kleine Schriften* (1755) sowie in der Vorlesungsnachschrift Poppe angegeben. Grundsätzlich wurde bei den zusätzlich herangezogenen Schriften denjenigen vor 1750 erschienenen der Vorrang gegeben, insgesamt entsprechen sie (außer der 2. Auflage von Meiers *Anfangsgründen* und der 2. Auflage von Meiers *Baumgartens Metaphysik*) zumindest dem Zeitraum des Erscheinens der beiden Teile der *Aesthetica*.

Die jeweils erste Zeile enthält den Haupteintrag, d.h. den jeweils in der *Aesthetica* vorfindlichen von Baumgarten übersetzten Begriff und die

entsprechende Fundstelle seiner Übersetzung in den genannten Schriften. Hinzugenommen wurden hier von Baumgarten an der Fundstelle selbst angegebene Synonyme und Teilsynonyme (in runden Klammern vermerkt) sowie gegebenenfalls, wenn als Erläuterung erschlie-ßend, von Baumgarten an der Fundstelle gegebene Definitionen des übersetzten Begriffs oder von ihm genannte Gegenbegriffe (in eckigen Klammern vermerkt, entweder als wörtliche Zitate oder, bei nicht wörtlichen Zitaten, kursiv gesetzt). Adjektive werden in der maskulinen Form, an unterschiedlichen Fundstellen übersetzte Adjektive und Adverbien desselben Wortstamms jeweils zusammen angeführt. Bei gleichen und unterschiedlichen Übersetzungen desselben Begriffs an verschiedenen Fundstellen erfolgt deren Nennung chronologisch nach dem Erscheinungsdatum der herangezogenen Schriften, innerhalb derselben entsprechend der Numerierung der Paragraphen oder der Seitenzahl.

Unter dem Haupteintrag findet sich (kleiner gedruckt) gegebenenfalls die Angabe von Baumgartens Übersetzungen attributiver und adverbialer Erweiterungen des im Haupteintrag gegebenen Begriffs, ebenso die Angabe von zum gleichen Wortstamm gehörenden Begriffen, sofern diese nicht in der *Aesthetica* vorkommen. Die Nennung erfolgt hier in alphabetischer Reihenfolge.

Nicht in das Glossar aufgenommen wurden die Hilfs- und Modalverben *esse*, *posse*, *volere*, *nolere*, das Verb *dare* und Pronomen wie z. B. *idem*.

In der vorliegenden deutschen Übersetzung der *Aesthetica* wurden Baumgartens lateinische Begriffe und Wortwendungen weitestgehend, wo semantisch und kontextuell möglich, gemäß seinen eigenen Übertragungen ins Deutsche übersetzt. Dies konnte selbstverständlich nicht immer und nicht konsequent der Fall sein. Mit dem Glossar soll, gleichsam in Form eines erweiterten Begriffsregisters, dem Leser ein Instrumentarium an die Hand gegeben werden, mit dem ein möglichst genauer Überblick über denjenigen Teil von Baumgartens in der *Aesthetica* verwendetem lateinischen Vokabular, den er selbst in spezifischer Weise ins Deutsche übersetzt wissen wollte, gewonnen und das nicht zuletzt zur Überprüfung der vorliegenden deutschen Übersetzung genutzt werden kann. Die Rechtschreibung erfolgt jeweils gemäß des Originaltextes.

Eine erweiterte Fassung des Glossars mit einem Verzeichnis der Fundstellen der aufgeführten (sowie zum gleichen Wortstamm gehörender) Begriffe in der *Aesthetica* ist im Internet einzusehen unter: http://www.meiner.de und http://www.alexander-gottlieb-baumgarten.de.

a se (independens): selbststaendig: *Met.* § 307 [Gegenbegriff: *ab alio*].
ab alio (dependens): abhaengend: *Met.* § 307 [Gegenbegriff: *a se*].
abiectus: niedrig: *Met.* § 732 [Gegenbegriff: *erectus*].
abnegatio: Verleugnung: *Eth.* § 238.
abnegatio dei: Verleugnung Gottes: *Eth.* § 123 / abnegatio spuria: die Scheinverleugnung: *Eth.* § 241 / abnegatio tui ipsius: die Verleugnung seiner selbst, die Selbstverleugnung: *Eth.* § 239.
absens: abwesend: *Met.* § 223.
absolute: ganz und völlig: *Met.* § 384; schlechterdings: *Met.* § 654/ absolute et obiective: an und vor sich, schlechterdings: *Acr. log.* § 20/ absolutus: wesentlich: *Met.* § 710.
abstinentia: Enthaltsamkeit: *Eth.* § 249.
abstractio [als *facultas abstrahendi*]: das Vermögen der Absonderung, oder sich etwas aus den Gedanken zu schlagen: *Met.* § 625.
abstractus: abgesondert: *Met.* § 149.
spectatur in abstracto: nur in gewisser Bestimmung betrachtet: *Met.* § 149 / abstractum (Subst.): abgesondertes Ding: *Philos. Briefe*, S. 99.
abstrahere [ab aliquo]: [etwas] aus der Acht lassen, in Gedanken wegwerfen, sich verdunkeln, seinen Gedanken entziehen: *Met.* § 529 [Gegenbegriff: *attendere*].
absurdus (absonus): offenbar falsch: *Met.* § 13.
abusus: Missbrauch: *Met.* § 338.
acceptus: genommen: *Eth.* § 134.
alicui acceptum ferre (ex alicuius manu recipere) beneficium: einem etwas verdanken: *Eth.* § 79.
accidens (praedicamentale, s. physicum, cuius esse est inesse, συμβεβεκος): ein nur in andern bestehendes Ding: *Met.* § 191.
accidentalis: ausserwesentlich: *Met.* § 98.
accommodatio: blosse Anspielung: *Acr. log.* § 463.
acquiescere: sich beruhigen: *Eth.* § 75.
acquiescentia in se ipso: Beruhigung in sich selbst: *Met.* § 682.
acquisitus: erworben: *Met.* § 577.
actio (actus, operatio): Handlung: *Met.* § 210/ actio: ein Thun: *Met.* § 215; Handlung: *Eth.* § 22.
actio composita: ein zusammengesetztes Thun: *Met.* § 215 / actio gratiarum: Danksagung: *Eth.* § 137 / actio simplex: ein einfaches Thun: *Met.* § 215 / actio spontanea [»a sufficienti principio, quod agenti internum est, dependens«]: eine selbstthaetige Handlung: *Met.* § 704 / actiones arbitrariae: willkühr-

lich[e] [Handlungen]: *Met.* § 712 / actiones humanae externae: aeussre menschliche Handlungen: *Eth.* § 110 / actiones invitae per ignorantiam aut errorem: aus Unwissenheit oder Irrthum ungern vorgenommene Handlungen: *Met.* § 716 / actiones involuntariae: Handlungen, die ich ungern will: *Met.* § 722 / actiones liberae [»ad quas per libertatem se determinare est in potestate alicuius substantiae positum«]: freye Handlungen: *Met.* § 719 / actiones piae (religiosae latius dictae, officia ergo deum): fromme, gottseelige Handlungen, der Gottseeligkeit, Pflichten gegen Gott: *Eth.* § 22 / actiones religiosae strictius dictae: merckliche gottesdienstliche Handlungen: *Eth.* § 149 / actiones voluntariae: freywillige Handlungen: *Met.* § 722.

activus: thaetig: *Met.* § 336; wircksam: *Met.* § 698.

actualis: würklich: *Met.* §§ 54, 156.

actualitas [»Essentia + affectiones compossibiles«]: Wirkligkeit: *Philos. Briefe*, 23. Schreiben, S. 66.

actus (actio, operatio): Handlung: *Met.* § 210.

acumen: Scharfsinnigkeit: *Met.* § 573.

acutus: scharfsinnig: *Met.* § 648; scharf: *Met.* § 540.

adaequatus: hinlaenglich-eigen: *Met.* § 311; dem Zweck angemessen: *Acr. log.* § 418.

admiratio [mit der Bestimmung: »Intuitus alicuius ut non reproducti«]: Verwunderung: *Met.* § 688.

adolescentia: die Iugend: *Eth.* § 451.

adorare [»Summe aliquem honorare«]: anbethen: *Eth.* § 87.

adscensus (resipiscentia): Busse, Besserung: *Eth.* § 427 [Gegenbegriff: *descensus*].

adulator: Schmeichler: *Eth.* § 352.

aedificatio: Erbauung: *Eth.* § 69.

aegrotus: ein Krancker: *Eth.* § 463.

aemulatio: Nacheiferung: *Eth.* § 329.

aequabilis: gleichförmig: Meier: *Anfangsgründe*, § 704.

aequalis: gleich: *Met.* § 70.

aequalitas: Gleichheit: *Philos. Briefe*, 9. Schreiben, S. 24.

aequipollens: gleich geltend: *Acr. log.* § 180.

aequitas: Billigkeit: *Met.* § 918; *Eth.* § 318/ aequitas (reverentia): die Billigkeit oder Ehrfurcht: *Acr. log.* § 464 [Gegenbegriff: *iniquitas (aut irreverentia)*].

aequitas externa: aeusserliche Billigkeit: *Eth.* § 318 / aequitas interna: innerliche Billigkeit: *Eth.* 318 / aequitas (reverentia) interpretis: die Billigkeit oder

Ehrfurcht des Auslegers: *Acr. log.* § 464.

Aesthetica (Logica facultatis cognoscitivae inferioris, Philosophia gratiarum & musarum, gnoseologia inferior, ars pulcre cogitandi, ars analogi rationis): die Wissenschaft des Schönen: *Met.* § 533.

aestheteria (organa sensuum): Werkzeuge der Sinnen: *Met.* § 536 / [aesthetica] docens: lehrende [Ästhetik]: Poppe, § 2, S. 72 / aesthetica utens: ausübende Ästhetik: Poppe, § 2, S. 72.

aestimium iustum sui: gehörige Selbstachtung: *Eth.* § 168.

aetas: Alter: *Met.* § 281; *Eth.* § 451.

aetas virilis: das maennliche Alter: *Eth.* § 451.

aeternitas (rigorose dicta): die Ewigkeit: *Met.* § 302.

aeviternitas: das nur ohne Ende seyn: *Met.* § 302.

affabilitas: Gesprächigkeit: *Eth.* § 379.

affectatus: gezwungen, gekünstelt: *Eth.* § 336; gezwungen: *Eth.* § 337.

affectato oppositus [als Bestimmung von *naturalis*]: *Eth.* § 337.

affectio: innere folgende Bestimmung: *Met.* § 41.

affectio compossibile: außerwesentlige innere Bestimmung oder Affection: *Philos. Briefe*, 23. Schreiben, S. 66.

affectus: Gemüthsbewegung, Beunruhigung, Leidenschaft: *Met.* § 678; Leidenschaft: *Met.* § 679, *Eth.* § 245.

affectus gratus: nicht unangenehme Leidenschaft: *Met.* § 679 / affectus ingratus: unangenehme Leidenschaft: *Met.* § 679 / affectus iucundus: angenehme Leidenschaft: *Met.* § 679 / affectus mixtus: gemischte Leidenschaft: *Met.* § 679 / affectus molestus: beschwerliche Leidenschaft: *Met.* § 679.

agere: thun, handeln: *Met.* § 210.

agilitas: Behendigkeit: *Eth.* § 256.

agilitas corporis: die Behendigkeit des Körpers: *Eth.* § 256.

alacritas: Munterkeit: *Eth.* § 101.

alacritas pietatis: Munterkeit im Dienste Gottes: *Eth.* § 101.

albus: weiss: *Eth.* § 393.

amarus: bitter: *Met.* § 661.

ambages: Umschweif: Meier: *Anfangsgründe*, § 506.

ambiguitas: Zweideutigkeit: Meier: *Auszug aus der Vernunftlehre*, § 463.

ambiguus (amphibolicus): zweideutig: *Eth.* § 144.

ambitio: Ehrgeitz: *Eth.* § 296.

ambulare: wandeln: *Eth.* § 444.

ambulare in luce: im Lichte wandeln: *Eth.* § 444.

amicitia: Freundschaft: *Eth.* § 312.

amicitia externa: die aeusserliche Freundschaft: *Eth.* § 491 / amicitia generalis: allgemeine Freundschaft: *Eth.* § 313 / amicitia interna: die innerliche Freundschaft: *Eth.* § 491 / amicitia interna mutua: innerliche gegenseitige Freundschaft: *Eth.* § 313 / amicitia specialior: die gegenseitige gute Freundschaft: *Eth.* § 491 / amicitia specialis: gute Freundschaft, Freundschaft schlechthin genommen: *Eth.* § 491.

amictus: die Kleidung: *Eth.* § 266.

amicus (Subst.): Freund: *Eth.* § 312.

amice: liebreich: *Eth.* § 349 / amicus cordis: ein Hertzensfreund: *Eth.* § 492 / amicus externus: aeusserlicher Freund: *Eth.* § 315 / amicus internus: ein innerlicher Freund: *Eth.* § 312 / amicus perfectus specialis: ein vollkommen guter Freund: *Eth.* § 493.

amor [»Gaudium ex alicuius perfectione«]: Liebe: *Met.* § 684.

amor creaturae: Anhänglichkeit an das Geschöpf: *Eth.* § 81 / amor tener: zärtliche Liebe: *Eth.* § 80 / amore vacuum: lieblos: *Eth.* § 349.

amplificare: erweitern: *Philos. Briefe*, 11. Schreiben, S. 30.

amplificatio: Erweiterung: *Philos. Briefe*, 11. Schreiben, S. 30; *Acr. log.* § 118.

analogia: Analogie: Meier: *Anfangsgründe*, § 528.

analogicus: analogisch: Meier: *Anfangsgründe*, § 112.

analogon: aehnlich: *Met.* §§ 640, 827.

analogon rationis: das der Vernunft aehnlich[e]: *Met.* § 640.

analoga modorum: das den Zufaelligkeiten aehnliche: *Met.* § 827.

analysis (resolutio, evolutio, anatomia): Zergliederung, Entwickelung: *Acr. log.* § 29.

analysis iudicii intuitivi: Auflösung der Erfahrungs-Sätze: *Acr. log.* § 330 / analysis propositionis: die Zergliederung des Satzes: *Acr. log.* § 145.

anceps (indeterminatus): mehrentheils unentschlossen: *Met.* § 699.

angustia: enge Einschraenkung, Armuth, Dürftigkeit: *Met.* § 515.

angustus: eng: *Met.* § 280; *Eth.* § 183.

nimis angustus: zu eng: *Eth.* § 183.

anima [»quid in ente est, quod sibi alicuius potest esse conscium«]: eine Seele: *Met.* § 504/ anima: Seele: *Eth.* §§ 201f.

anima beata: eine selige Seele: *Met.* § 791 / anima damnata: eine verdammte Seele: *Met.* § 791 / anima humana [»anima, quae cum corpore humano in arctissimo est commercio«]: eine menschliche Seele: *Met.* § 740 / anima humana [»vis repraesentativa universu pro positu corporis humani in eodem«]: die menschliche Seele: *Met.* § 741 / anima mere sensitiva: eine bloss sinnliche Seele: *Met.* § 792.

animus: Gemüth: *Met.* § 669; *Eth.* § 35; Sinn: *Eth.* § 107.

animus delicatulus: verzaerteltes Gemüth: *Eth.* § 279 / animus deo non plenarie deditum: ein Gott nicht völlig ergebener Sinn: *Eth.* § 107 / animus discinctus: unleidliches Gemüth: *Eth.* § 279 / animus effeminatus: weibisches Gemüth: *Eth.* § 279 / animus frigidus: Kaltsinnigkeit: *Eth.* § 311 / animus frigidus erga alios: Kaltsinnigkeit gegen andere: *Eth.* § 311 / animus gratus: Dankbarkeit: *Eth.* § 86 / animus idololatrice gratus: abgöttische Dankbarkeit: *Eth.* § 86 / animus indifferens totaliter: ein gaentzlich gleichgülthig Gemüth: *Met.* § 653 / animus indifferens partialiter: ein zum Theil gleichgültig Gemüth: *Met.* § 653 / animus masculus: maennliches Gemüth: *Eth.* § 279 / animus mitis: Gelindigkeit: *Eth.* § 324 / animus sophisticus: ein sophistisches Gemüth, Lust an Trugschlüssen: *Eth.* § 35.

animal: ein Thier: *Met.* § 740.

animal rationale [»cuius anima spiritus est«]: ein vernünftiges Thier: *Met.* § 792.

animositas: Muth: *Met.* § 683.

annihilatio: Vernichtung: *Met.* § 228.

antecedens: vorhergehend: *Eth.* § 181.

antithesis: der Gegensatz: *Acr. log.* § 511.

anxietas: Aengstlichkeit, Anfechtung: *Eth.* § 445.

apertus: offen, unverstelt: *Eth.* § 339.

apologus: gesittete Fabel: Meier: *Anfangsgründe*, § 111.

apophthegma: Sentenz, die von einem sehr angesehenen Manne sehr nachdrücklich ausgedruckt worden: Meier: *Anfangsgründe*, § 176.

a posteriori: aus der Erfahrung: *Acr. log.* § 315.

apparens: nur scheinend: *Met.* § 12; scheinend: *Met.* § 655.

appetere: begehren: *Met.* § 712.

appetere pro lubitu: nach Blelieben begehren: *Met.* § 712.

appetitio (appetitus): Begierde: *Met.* § 663.

appetitio efficiens: wirkende Begierde: *Met.* § 671 / appetitio inefficiens: Begierde ohne Wirkung: *Met.* § 671 / appetitio minus plena: noch nicht völlige Begierde: *Met.* § 671 / appetitio plena: völlige Begierde: *Met.* § 671 / appetitio sensitiva: sinnliche Begierde: *Met.* § 676.

approbans: billigend: *Eth.* § 183.

a priori: aus gemeinen Gründen: *Acr. log.* § 315.

arbitrium: Willkühr: *Met.* §§ 712, 719.

arbitrarius: willkührlich: *Met.* § 712 / arbitrium sensitivum: das sinnliche Willkühr: *Met.* § 719.

archetypon (originale): das Urbild: *Met.* § 346.
architectonicus: wohlgeordnet: *Met.* § 592.
ardelio [»Homo affectate officiositas«]: ein gar zu dienstfertiger Mensch: *Eth.* § 366.
argumentum (ratiocinium, discursus): ein Schluss: *Acr. log.* § 204.
argumentum augens: erweiterndes Argument: Vgl. Poppe, Überschrift zur 23. Abteilung, S. 200 / argumentum locupletans: bereicherndes Argument: Vgl. Poppe, Überschrift zur 11. Abteilung, S. 141 / argumentum probans: beweisendes Argument: Vgl. Poppe, Überschrift zur 33. Abteilung, S. 241.
argutatio inanis: Spitzfindigkeit, leere Grübelei: *Met.* § 576.
arma: Waffen: *Acr. log.* § 37.
arma sensuum: Waffen der Sinne: *Acr. log.* § 37.
arrogantia [»Excessus in aestimio sui, s. tribuendis sibi perfectionibus«]: Uebermuth: *Eth.* § 171.
articulus (fidei) in theologia: eine Glaubenslehre: *Philos. gen.* § 176.
articulus mixtus: eine gemischte Glaubenslehre: *Philos. gen.* § 176 / articulus purus: eine reine Glaubenslehre: *Philos. gen.* § 176.
artificialis: künstlich: *Eth.* § 335.
artificialia: künstliche Zeichen: *Eth.* § 335.
atheismus: Gottlosigkeit: *Eth.* § 105.
atheismus practicus: die ausnehmende Gottlosigkeit: *Eth.* § 105.
attendere: [an etwas] gedenken, [auf etwas] Acht haben oder geben: *Met.* § 529 [Gegenbegriff: *abstrahere*].
attentio: das Vermögen der Aufmerksamkeit, oder auf etwas zu achten: *Met.* § 625; Aufmerksamkeit: *Met.* § 628 [Gegenbegriff: *abstractio*]
atticus: attisch: Vgl. Poppe, § 240, S. 173: »[d]ie attische, das ist die besonders feine Denkungsart der Griechen«.
attributum: Eigenschaft: *Met.* § 50.
attributum commune: gemeine Eigenschaft: *Met.* § 51 / attributum proprium: besondere Eigenschaft: *Met.* § 51.
auctor: Urheber: *Met.* § 940; Schrift-Steller: *Philos. Briefe*, 11. Schreiben, S. 29; Verfasser: *Acr. log.* § 469.
auctores classici: die bewerteste Schrift-Steller: *Philos. Briefe*, 11. Schreiben, S. 29 / auctoris circumstantiae: des Verfassers Umstände: *Acr. log.* § 469.
auctoritas [»honor, quo alter sequendus iudicatur«]: das Ansehn: *Acr. log.* § 504.
audacia: Kühnheit: *Met.* § 683.
auditus: Gehör: *Met.* § 536.

augere: vermehren: *Met.* § 162.
austeritas morum: rauhe Sitten, ein widerlicher Mensch: *Eth.* § 382.
auxilium: Hülfe: *Met.* § 321.
auxiliaris: helfend: *Met.* § 320.
avaritia [mit der Bestimmung: »Intemperantia in quaerendis opibus«]: der Geitz, der Geldgeitz: *Eth.* § 287.
avaritia [als *excessus in amore huius vitae*]: die gar zu grosse Liebe zum Leben: *Eth.* § 251.
aversari: abgeneigt seyn: *Met.* § 712.
aversari pro lubitu: nach Belieben abgeneigt seyn: *Met.* § 712 / aversatio: Abneigung: *Met.* § 663 / aversatio efficiens: wirkende [Abneigung]: *Met.* § 671 / aversatio inefficiens: [Abneigung] ohne Wirkung: *Met.* § 671 / aversatio minus plena: noch nicht völlig[e] Abneigung: *Met.* § 671 / aversatio plena: völlig[e] [Abneigung]: *Met.* § 671 / aversatio sensitiva: sinnliche Abneigung: *Met.* § 676.
axioma: ein Grundsatz [als *propositio indemonstrabilis theoretica* in Abgrenzung zu *postulatum* als *propositio indemonstrabilis practica*]: *Acr. log.* § 169.

beatitudo: Seligkeit: *Met.* § 787.
beatus: selig: *Met.* § 791.
beneficium: Wohlthat: *Met.* § 903.
benevolentia: Gewogenheit: *Met.* § 684.
blandiens: schmeichelnd: *Eth.* § 5.
blanditiae (placentia) morum: schmeichelhafte Sitte: *Eth.* § 382.
bonitas (benignitas): Gütigkeit: *Met.* § 903.
bonum: das Gute: *Met.* § 147/ bonus: gut: *Met.* §§ 660, 912; *Eth.* § 437.
bona (externa) adventi[c]ia: aeussre[s], fremde[s], von aussen kommende[s] [Gutes]: *Met.* § 660 / bona (interna) domestica: innre[s], einheimische[s] [Gutes]: *Met.* § 660 / bona stricte moralia: sittliche Güter in engerer Bedeutung: *Met.* § 787 / bonum contingens (physicum late dictum): das zufaellige Gute: *Met.* § 147 / bonum metaphysicum: das schlechterdings nothwendige Gute: *Met.* § 147 / bonum summum contingens (physicum late dictum): das zufaellige höchste Guth: *Met.* § 190 / bonum summum s. optimum metaphysicum: das nothwendige höchste Guth: *Met.* § 190.
brevis (fluxus, transitorius, inconstans): kurz: *Met.* § 299.
brutum [mit der Erklärung: *Tier, das keinen Geist besitzt*]: *Philos. Briefe*,

26. Schreiben, S. 74; [mit der Erklärung: *animal, quod animam habet mere sensitivam* im Gegensatz zu *animal rationale*]: das Vieh: *Met.* § 792.

caecus [coecus]: blind: *Eth.* § 194; unvernünftig und blind: *Philos. gen.* § 195.

caligo: Dunkelheit und Finsternis: Meier: *Anfangsgründe*, § 120.

caligo aesthetica: aesthetische Dunkelheit und Finsternis: Meier: *Anfangsgründe*, § 120.

calumnia: Lästerung: *Eth.* § 293.

campus: Feld: *Met.* § 514.

campi confusionis, distinctionis, adaequationis, etc.: die Felder der Verwirrung, der Deutlichkeit, u. s. w.: *Met.* § 514 / campus claritatis (lucis) das Feld des Lichtes: *Met.* § 514 / campus obscuritatis (tenebrarum): das Feld der Dunkelheit: *Met.* § 514.

candor [»Sincera humanitas«]: aufrichtiges liebreiches Betragen: *Eth.* § 310.

capax: faehig: *Met.* § 585.

caput: Kopf: *Met.* § 578.

caput obtusum: ein stumpfer Kopf: *Met.* § 578 / caput stupidum: ein dummer Kopf: *Met.* § 578.

carmen (oratio metrica): gebundene Rede [mit der Erklärung: »Eine Rede, darin ein Metrum beobachtet, ist gebunden«]: *Philos. Briefe*, 11. Schreiben, S. 31.

carmen congruens (poëma; oratio tam vividis repraesentationibus praegnans, ut congruentia stili metrum in eadem requirat [mit der Übersetzung: »Eine Rede nun, die so lebhaft, daß sie ein Metrum erfodert, ist ein Gedicht«]: *Philos. Briefe*, 11. Schreiben, S. 31 / carminifex (versifex, qui carminum pangendorum habitum habet): Lieder-Schmidt: *Philos. Briefe*, 11. Schreiben, S. 32.

caro: das Fleisch: *Met.* § 676; *Eth.* § 275.

carnalis: fleischlich: *Eth.* § 83.

castitas: die Keuschheit: *Eth.* § 273.

castitas externa: die aeusserliche Keuschheit: *Eth.* § 273 / castitas interna: die innerliche Keuschheit: *Eth.* § 273.

casus: Fall: *Met.* § 612; *Eth.* § 190; ein Zufall, ein Ungefehr: *Met.* § 383.

casus conscientiae: Gewissens-Fall: *Eth.* § 190 / casus purus: ein blinder Zufall: *Met.* § 383 / casus similis: aehnlicher Fall: *Met.* § 612.

categoricus: unbedingt: *Acr. log.* § 146.

catholicus: allgemein: *Met.* § 92; *Eth.* § 111.
caussa: die Ursach: *Met.* § 307.
caussa auxiliaris: eine helfende Ursach: *Met.* § 320 / caussa deficiens: fehlende Ursach: *Met.* § 319 / caussa efficiens: eine wirkende Ursach: *Met.* § 319 / caussa impulsiva: Trieb oder bewegende Ursach: *Met.* § 342; Bewegungsgrund: *Met.* § 697 / caussa instrumentalis (administra & ministerialis): ein Werkzeug: *Met.* § 322 / caussa moralis stricte dicta: ein sittlicher Urheber: *Met.* § 940 / caussa occasionalis: eine gelegentliche Ursach: *Met.* § 323 / caussa prima: die erste Ursach: *Met.* § 315 / caussa principalis (primaria): die Hauptursach: *Met.* § 314 / caussa secunda: Unterursach: *Met.* § 315 / caussa secundaria (minus principalis): Nebenursach: *Met.* § 314 / caussa socia: vergesellschaftete Ursach: *Met.* § 320 / caussa solitaria: die einzige Ursach: *Met.* § 314 / caussalitas: das Verursachen: *Met.* § 313 / caussas impulsivas numerare: die Bewegungsgründe zehlen: *Met.* § 697 / caussatum (Subst.): das verursachte: *Met.* § 307 / concaussa: Mitursach: *Met.* § 314 / concaussae coordinatae: bey und neben geordnete Ursachen: *Met.* § 315 / concaussae subordinatae: unter einander geordnete Ursachen: *Met.* § 315.
cautio: Behutsamkeit: *Eth.* § 290.
censura: Meistern und tadeln: *Eth.* § 81.
censura viarum domini: Meistern und tadeln der Wege Gottes: *Eth.* § 81.
cerimonia [*ritus officiorum signum*]: [ein] etwas bedeutende[r] Gebauch: *Eth.* § 140.
ceremoniae superstitiosae: Aberglauben verrathende Gebraeuche: *Eth.* § 142.
certitudo (subiective spectata): Gewissheit: *Met.* § 531/ certitudo [als *conscientia veritatis*]: Gewisheit: *Acr. log.* § 164.
certitudo formalis: die Gewisheit der richtigen Folge: *Acr. log.* § 288 / certitudo materialis: die Gewisheit der Wahrheits-Quellen: *Acr. log.* § 288 / certitudo obiectiva (mit der Bestimmung: »apperceptibilitas veritatis in ente«): *Met.* § 93 / certitudo strictius dicta (plena, geometrica, mathematica): strengre voellige Gewisheit: *Acr. log.* § 164.
certus: gewis: *Met.* § 885; *Acr. log.* § 164.
strictius certum nobis: uns streng gewiss: *Acr. log.* § 164.
character: Character: *Met.* § 350.
character nominalis: Wort-Character: *Met.* § 350 / character realis: Sach-Character: *Met.* § 350 / character strictius dictus: Zeichen: *Met.* § 350 / characteristica (scientia signorum, semiotica, semiologia philosophica, symbolice): die allgemeine Zeichenkunst: *Met.* § 349.
Christianismus: Christentum: *Philos. gen.* § 175.

Christianismus theoreticus: das theoretische Christentum: *Philos. gen.* § 175.

circumspectus (consideratus): bedachtsam: *Met.* § 669.

circumstantia [als *relatio eventum*]: ein Umstand: *Met.* § 323.

circumstantiae auctoris: des Verfassers Umstände: *Acr. log.* § 469.

civilis: bürgerlich: *Philos. gen.* § 233.

civilitas (urbanitas) [als *comitas ornatior*]: Höflichkeit: *Eth.* § 310.

claritas (lux): Licht: *Met.* § 514.

claritas extensive maior: ein verbreiteteres Licht: *Met.* § 531 / claritas intensive maior: ein schaerferes, strengeres Licht: *Met.* § 531.

coactio: Zwang: *Met.* § 714.

cogitare: denken: *Philos. gen.* § 287.

cogitare philosophice: philosophisch denken: *Philos. gen.* § 287.

cogitatio: Gedanken: *Met.* § 531; ein Gedanke (als *perceptio appercepta*): *Acr. log.* § 15.

cogitatio incerta: ungewisse Gedanken: *Met.* § 531.

cognatus: verwandt: *Philos. Briefe*, 19. Schreiben, S. 52.

cognitio: ein Erkenntniss: *Met.* § 620; [mit der Bestimmung: »complexus repraesentationum, seu perceptionum«] eine Erkenntniss: *Acr. log.* § 3; Erkentnis: *Acr. log.* § 51; Kenntniss: *Met.* § 531; *Eth.* § 70.

cognitio incerta: ungewisse Erkenntniss: *Met.* § 531 / cognitio iners (theoretica & mortua latius): eine kalte, leblose Kenntniss: *Met.* § 669 / cognitio intuitiva (intuitus): ein anschauendes Erkenntniss: *Met.* § 620 / cognitio movens (afficiens, tangens, ardens, pragmatica, practica & viva latius): eine rührende, bewegende, thaetige, wircksame Kenntniss: *Met.* § 669 / cognitio plena: völlige, gaentzliche Kenntniss: *Met.* § 862 / cognitio practica: Kenntniss, die auf Thun und Lassen geht, und in Leben und Wandel einen Einfluss hat: *Eth.* § 70 / cognitio solida: sichre, gründliche Kenntniss: *Met.* § 531 / cognitio superficaria: seichte, unsichre Kenntniss: *Met.* § 531.

cohaerentia: das genaue Folgern: *Philos. gen.* § 38.

cohaerere: an einander [hangen]: *Met.* § 414.

collectio: Sammlung: *Met.* § 638.

collectio animi: Sammlung des Gemüthes: *Met.* § 638.

combinatorius: verbindend: *Met.* § 349.

comitas [mit der Steigerung: *civilitas*]: Artigkeit: *Eth.* § 310.

commercium: Verbindung: *Met.* § 448.

commercium substantiarum mundanarum: die Verbindung des in einer ganzen Welt vor sich bestehenden: *Met.* § 448.

commoditas: Bequemlichkeit, Gemaechlichkeit: *Eth.* § 278.

commoditates vitae: die Beqemlichkeiten, Gemaechlichkeiten des Lebens: *Eth.* § 278.

commodus (iucundus): bequem, belustigend, angenehm: *Met.* § 658.
communis: gemein: *Met.* § 51 [Gegenbegriff: *proprius*].
comparatio: Vergleichung, das Zusammenhalten: *Met.* § 626.
comparativus: vergleichungsweise genommen: *Eth.* § 267.
complementum ad totum (supplementum): Ergaenzung: *Met.* § 155.
completus: vollstaendig: *Met.* § 158; *Eth.* § 169; hinlänglich: *Acr. log.* § 25; vollständig: *Acr. log.* § 418; *Eth.* § 191.
complexus: gehaeuft: *Met.* § 530.
componere: zusammensetzen: *Met.* § 226.
compos sui: bey sich selbst [seyn], seiner maechtig [seyn]: *Met.* § 552.
compositus: zusammengesetzt: *Met.* §§ 88, 656; *Acr. log.* § 150.
comprehensibilis: fasslich, ergründlich, erforschlich, erschöpflich: *Met.* § 862.
conceptio [mit der Bestimmung: »Repraesentatio rei per intellectum«]: das Verstehn oder Verstaendniss einer Sache: *Met.* § 632.

conceptibilis: verstaendlich, begreiflich: *Met.* § 632 / conceptibilis in se: verstaendlich, begreiflich in und zu sich selbst: *Met.* § 632 / conceptibilis relative: diesem oder jenem begreiflich und verstaendlich: *Met.* § 633.

conceptus: Begriff: *Acr. log.* § 21; *Philos. gen.* § 181.

conceptus biblicus: *Philos. gen.* § 183 / conceptus completus: ein hinlänglicher Begriff: *Acr. log.* § 25 / conceptus confusus: ein verworrner Begriff: *Acr. log.* § 21 / conceptus deceptor: ein Trugbegriff: *Acr. log.* § 107 / conceptus formaliter philosophicus: philosophisch geordneter Begriff: *Philos. gen.* § 181 / conceptus incompletus: ein unzulänglicher Begriff: *Acr. log.* § 25 / conceptus iuris: iuristischer Begriff: *Philos. gen.* § 199 / conceptus philosophicus: philosophischer Begriff: *Philos. gen.* §§ 180 / conceptus profundus: ein tiefer oder hoher Begriff: *Acr. log.* § 27 / conceptus stricte iuris: iuristischer Begriff in eigentlicher Bedeutung: *Philos. gen.* § 199 / conceptus theologicus: *Philos. gen.* § 180.

concipere [»et intelligere, i. e. distincte cognoscere«]: begreifen und verstehn: *Met.* § 69; begreifen, verstehn: *Acr. log.* § 149.
concludere (derivare, deducere, inferre, probare): schliessen, herleiten: *Acr. log.* § 207.
conclusio: der Schluss-Satz: *Acr. log.* § 206.
concomitans: begleitend: *Eth.* § 181.
concretus: unabgesondert: *Met.* § 149 [Gegenbegriff: *abstractus*].

spectatur in concreto: in mehrerer Bestimmung betrachtet: *Met.* § 149.

concubitus: der Beyschlaf: *Eth.* § 275.

concubitus extra matrimonium [»s. scortatio«]: der Beyschlaf ausser dem Ehestande: *Eth.* § 275.

concurrere: zusammenkommen: *Met.* § 314.

concursus: Mitwirkung: *Met.* § 958.

concursus dei generalis (universalis): die allgemeine Mitwirkung Gottes: *Met.* § 958 / concursus moralis: die sittliche Mitwirkung: *Met.* § 960 / concursus specialis: die besondre Mitwirkung: *Met.* § 960.

conditionalis (conditionatus, hypotheticus, connexus): bedingt: *Acr. log.* § 146.

confessio: Bekenntniss: *Eth.* § 119.

confessio dei: Bekenntniss Gottes: *Eth.* § 119 / confessio dei expressa: Bekenntniss Gottes in worten, das wörtliche Bekenntniss Gottes: *Eth.* § 119 / confessio dei tacita: Bekenntniss Gottes in der That, das stillschweigende Bekenntniss Gottes: *Eth.* § 119.

confirmatio: Bestaetigung: *Met.* § 964; Bestaerkung im guten: *Eth.* § 445.

confirmatio in bono: Bestaetigung im Guten: *Met.* § 964.

conformitas: die Uebereinstimmung: *Met.* § 176.

conformitas determinationis cum ratione: die Uebereinstimmung einer Bestimmung mit ihrem Grunde: *Met.* § 176.

confusio (inordinatio): Unordnung und Verwirrung: *Met.* § 79; Vermischung: *Acr. log.* § 317.

confusio rationis et experientiae: die Vermischung der Vernunft und Erfahrung: *Acr. log.* § 317.

confusus: verworren: *Acr. log.* § 21.

congruens: gleichartig: *Met.* § 70.

congruentia: Anständigkeit oder Schikligkeit: *Philos. Briefe*, 11. Schreiben, S. 30.

coniungere: verbinden: *Met.* § 78.

coniux: ein Ehegatte: *Eth.* § 272.

connatus: angebohrn: *Met.* § 577; *Acr. log.* § 11.

connexus: zusammenhaengend, verknüpft: *Met.* § 19.

connumerare: zusammenrechnen: *Met.* § 697.

conscientia: Gewissen: *Eth.* §§ 176, 180f., 193.

conscientia antecedens: das vorhergehende Gewissen: *Eth.* § 181 / conscientia approbans: das billigende Gewissen: *Eth.* § 183 / conscientia boni: ein gutes Gewissen: *Eth.* § 184 / conscientia brevis: ein leichtsinniges Gewissen: *Eth.* § 176 / conscientia completa: ein vollständiges Gewissen: *Eth.* § 191 / con-

scientia concomitans: das begleitende Gewissen: *Eth.* § 181 / conscientia consequens: das nachfolgende Gewissen: *Eth.* § 181 / conscientia dissuadens: ein abrathendes Gewissen: *Eth.* § 184 / conscientia erronea: ein irrendes Gewissen: *Eth.* § 177 / conscientia gravis (proportionalis, mascula): ein starkes Gewissen: *Eth.* § 176 / conscientia improbans: das misbilligende Gewissen. *Eth.* § 183 / conscientia incompleta: ein unvollständiges Gewissen: *Eth.* § 191 / conscientia instructior: ein unterrichteteres Gewissen: *Eth.* § 176 / conscientia latrans: ein nagendes Gewissen: *Eth.* § 184 / conscientia mali: ein böses Gewissen: *Eth.* § 184 / conscientia mascula (gravis, proportionalis): ein männliches Gewissen: *Eth.* § 176 / conscientia micrologica: das Gewissen eines Mücken-Seigers: *Eth.* § 176 / conscientia naturalis: das natürliche Gewissen: *Eth.* § 180 / conscientia nimis angusta: das zu enge Gewissen: *Eth.* § 183 / conscientia nimis laxa: das zu weite Gewissen: *Eth.* § 183 / conscientia proportionalis (gravis et mascula): ein reifes Gewissen: *Eth.* § 176 / conscientia recta: ein richtiges Gewissen: *Eth.* § 177 / conscientia rudior: ein roheres Gewissen: *Eth.* § 176 / conscientia suadens: ein anrathendes Gewissen: *Eth.* § 184 / conscientiositas: die Gewissenhaftigkeit: *Eth.* § 193 / sine conscientia: gewissenlos, ohne Gewissen: *Eth.* § 193.

conscius esse [alicuius]: sich [etwas] vorstellen, sich [etwas] bewust sein, [etwas] bemerken, [etwas] wahrnehmen: *Acr. log.* § 15.

consectarium: Zusatz: *Acr. log.* § 346.

consentire [»Si plura simul sumta unius rationem sufficientem constituunt«]: uebereinstimmen: *Met.* § 94.

consequens: nachfolgend: *Eth.* § 181; die Folge: *Acr. log.* § 206.

consequentia: eine Folgerung: *Acr. log.* § 306.

consequentia immediata: eine unmittelbahre Folgerung: *Acr. log.* § 306.

consequi: erreichen: *Met.* § 887.

conservatio [»Actuatio durationis«]: die Erhaltung: *Met.* § 950.

consideratus (circumspectus): bedachtsam: *Met.* § 699.

constans [mit dem Synonym *durabilis*]: bestaendig, dauerhaft: *Met.* § 662/ constans: bestaendig, standhaft: *Met.* § 699.

constantia: Beständigkeit: *Eth.* § 100.

consuetudo: Gewohnheit: *Met.* § 650.

contactus: Berührung: *Met.* § 223.

contemtus: Verachtung, Schande: *Eth.* § 293; Verachtung: *Eth.* § 481.

contemtus externus: äusserliche Verachtung, Schande: *Eth.* § 293 / contemtus internus: innerliche Verachtung, Schande: *Eth.* § 293.

contentus esse [eo]: [mit etwas] zufrieden seyn: *Eth.* § 75.

contextus: der Zusammenhang: *Acr. log.* § 476.
contingens: zufaellig: *Met.* §§ 109, 146.
continuus: stetig, ununterbrochen, in einem fortgehend: *Met.* § 285.
contra naturam: unnatürlich: *Eth.* § 275.
contradictio: Wiederspruch: *Met.* § 12; Widersprechung: *Eth.* § 386.
contradictio latens: ein versteckter Wiederspruch: *Met.* § 13 / contradictio patens: ein offenbahrer Wiederspruch: *Met.* § 13.
contradictorius: einander widersprechend: *Acr. log.* § 182.
contraponens: umwendend: *Acr. log.* § 201.
contraponitur: wird verneinend umgewandt: *Acr. log.* § 200 / contrapositus: verneinend umgewandt: *Acr. log.* § 201.
controversus: streitig: *Acr. log.* § 511.
convenire: [dem andern] zukommen: *Acr. log.* § 48.
conversio: die Umkehrung: *Acr. log.* § 192; die Bekehrung: *Eth.* § 433.
conversio per accidens: die ungleiche Umkehrung: *Acr. log.* § 192 / controversio simplex (reciprocatio): die gleiche Umkehrung: *Acr. log.* § 192.
convictio [als *certitudo intellectualis*]: Ueberzeugung, Ueberführung: *Met.* § 531/ convictio: Gewissheit: *Eth.* § 445.
convincens: von überzeugender Kraft und Wircksamkeit: *Met.* § 531.
coordinatio: zusammenordnen: *Met.* § 78.
coordinatus: bey und neben einander geordnet: *Met.* § 315.
cordatus [»Sapienter, hinc temperanter, apertus«]: offenhertzig: *Eth.* § 340.
corollarium: eine Zugabe: *Acr. log.* § 346.
corpus: Leib: *Met.* §§ 508, 733; Körper: *Eth.* § 256.
corruptio: das Verderben: *Met.* § 788; *Eth.* § 401.
corruptio moralis late dicta: das sittliche Verderben in weiter Bedeutung: *Met.* § 788 / corruptio moralis stricte dicta: das sittliche Verderben in engerer Bedeutung, oder Unseligkeit: *Met.* § 788 / corruptio physica: das Zergehn: *Met.* § 746.
corruptus: verderbt: *Met.* § 646
crassus: grob: *Eth.* §§ 290, 369.
creare [»Actuare quid ex nihilo«]: erschaffen: *Met.* § 926.
creatianus [»Qui animam humanam ponit actuatam ex nihilo«]: ein Freund der unmittelbaren Schöpfung: *Met.* § 772 / creatio per emanationem: die Schöpfung durch einen Ausfluss: *Met.* § 927 / creatura [»Ens, quod non potest existere, nisi per creationem«]: ein Geschöpf: *Met.* § 928 / creatura: Geschöpf: *Eth.* § 81.

credere: glauben: *Acr. log.* § 357.
credibilis [in se]: glaublich: *Acr. log.* § 379.
credulus: leichtglaubig: *Acr. log.* § 364.
crescens: wachsend: *Eth.* § 410.
crimen: Sünde: *Eth.* § 275.
crimen feloniae in deum: Treulosigkeit gegen Gott: *Eth.* § 109 / crimina carnis: Sünden des Fleisches: *Eth.* § 275 / crimina carnis contra naturam: die unnatürlichen [Sünden des Fleisches]: *Eth.* § 275 / crimina carnis naturalia: die natürlichen [Sünden des Fleisches]: *Eth.* § 275.
crudelitas [»Malignitas ex maiori gaudio de imperfectionibus alterius«]: Grausamkeit: *Eth.* § 334.
crypticus: verstekt: *Acr. log.* 304; verborgen: *Eth.* § 111.
cultura: die Bearbeitung: *Met.* § 646.
cultura rationis: die Bearbeitung der Vernunft: *Met.* § 646 / cultus Dei (illustratio gloriae divinae): Verherrlichung Gottes, Gottesdienst: *Met.* § 947 / cultus dei: Gottesdienst: *Eth.* § 110 / cultus dei crypticus: der verborgene geheime Gottesdienst: *Eth.* § 111 / cultus dei externus manifestus: der offenbahre Gottesdienst: *Eth.* § 111 / cultus dei vere catholicus: der auessre allgemeine Gottesdienst: *Eth.* § 111.
cupiditas: Verlangen: *Met.* § 683.
curare: besorgen, für etwas sorgen: *Eth.* § 197.
curiositas [als »Instinctus ad cognoscendum, quae nondum cognovimus«]: Neubegierde: *Met.* § 688/ curiositas: Neugier: *Eth.* § 36.
curiositas theologica: Neugier in göttlichen Dingen: *Eth.* § 36.
curvus: krumm: *Met.* § 287; gebogen: *Met.* § 289.
cynicismus practicus: die Unflaetigkeit der Sitten: *Eth.* § 383.

daemon: Geist: *Met.* § 796.
agathodaemones (calodaemones): gute Geister: *Met.* § 796 / cacodaemones: böse Geister: *Met.* § 796.
damnatus: verdammt: *Met.* § 791.
damnum: ein Schade: *Eth.* § 320.
damnum externum: ein aeusserlicher Schade: *Eth.* § 320 / damnum internum: ein innerlicher Schade: *Eth.* § 320 / damnum late dictum (malum physicum stricte dictum): Widerwaertigkeit, Leiden, ein schmerzendes Uebel: *Met.* § 788.
debilis: schwach: *Met.* § 180/ debilis (imbellis, iners): schw[ach]: *Met.* § 515.

decentia: die Wohlanstaendigkeit, ein guter und angenehmer Anstand: *Eth.* § 380.
deceptor (chimaericus): unrichtig, schwindelnd: *Eth.* § 7.
decipere (fallere alios): andere betrügen: *Eth.* § 342.
declaratio (dilucidatio, illustratio, explicatio, expositio): Aufklärung: *Acr. log.* § 28.
decorum strictius sumtum: das angenehme Wesen in dem äusserlichen Betragen: *Eth.* § 380.
decrescens: abnehmend: *Eth.* § 410.
decretum (propositum, praeresis late dicta): der Rathschluss, der Entschluss: *Met.* § 695.
decretum particulare dei: besondrer Rathschluss Gottes: *Met.* § 978.
deducere (concludere, derivare, inferre, probare): schliessen, herleiten: *Acr. log.* § 207.
defectus: Mangel: *Met.* § 82.
defendere: sich vertheidigen: *Eth.* § 324.
deficiens: fehlend: *Met.* § 319.
definitio: eine Erklärung, oder bestimter Begriff: *Acr. log.* § 61; Erklärung: *Acr. log.* § 174.
definitio applicans: eine Erklärung, die ein Satz wird: *Acr. log.* § 174 / definitio applicata: eine Erklärung, die ein Haupt-Begriff wird: *Acr. log.* § 174.
definitus: von bezeichneter Weite: *Acr. log.* § 144.
deformitas [als »imperfectio phaenomenon, seu gustui latius dicto oberservabilis«]: Haesslichkeit: *Met.* § 662.
delectare: ergötzen: *Met.* § 658.
deliberatio: das Bedencken: *Met.* § 696.
delicatulus: verzaertelt: *Eth.* § 279.
delicatus: fein, zart: *Met.* § 608.
deliciae externae (recreationes): Gemüthsergötzlichkeiten: *Eth.* § 290.
deliciae externae innocentes: unschuldige Gemüthsergötzlichkeiten: *Eth.* § 290.
deliri: verrückte Leute: *Met.* § 594.
demonstratio (materialiter sumta): das, was erweisen soll: *Acr. log.* § 176/ demonstratio: ein Erweiss: *Acr. log.* § 289.
demonstratio latius dicta: ein Erweiss in weiterer Bedeutung: *Acr. log.* § 289.
deprecatio [»Preces de avertendo malo«]: das Verbitten: *Eth.* § 94.
derisio [als »Malevolentia alterius dedecus laetata«]: Verspottung: *Met.* § 684.

derivare (concludere, deducere, inferre, probare): schliessen, herleiten: *Acr. log.* § 207.
derivativus: zusammengesetzt: *Met.* § 349.
descensus (lapsus): [das] Fallen, Abnehmen: *Eth.* § 427 [Gegenbegriff: *adscensus*].
descriptio: eine Beschreibung: *Acr. log.* § 63.
desiderium: Sehnsucht: *Met.* § 686.
desiderium intensius: Innigkeit und Inbrunst: *Eth.* § 99.
desperatio [»horror ex certo«]: Verzweifelung: *Met.* § 686.
determinatio: Bestimmung: *Met.* § 39; die Bestimmung: *Acr. log.* § 133.
determinatio externa (relativa, ad extra, extrinseca): aeussre Bestimmung: *Met.* § 37 / determinatio interna: innre Bestimmung: *Met.* § 39 / determinatio [libera] moralis: sittliche Bestimmung: *Met.* § 723 / determinatio omnimoda: durchgaengige, völlige, vollständige Bestimmung: *Met.* § 148 / determinatio primae (principes) sive essentialia: die ersten oder wesentlichen Bestimmungen: *Met.* § 39 / determinatio propositionis: die Bestimmung des Satzes: *Acr. log.* § 133.
determinare: Maas und Schranken setzen: *Met.* § 963.
determinare strictius: Maas und Schranken setzen in engerer Bedeutung: *Met.* § 963 / determinabile: bestimmlich: *Met.* § 34 / determinans: bestimmend: *Met.* § 35.
determinatus: bestimmt: *Acr. log.* § 134.
deturpantia: [das] Häßliche: Poppe § 58, S. 103.
Deus: Gott: *Met.* § 811.
dexteritas (habitus, promtitudo):Fertigkeit: *Met.* § 219 / dexteritas: Geschiklichkeit des Körpers und seiner Gliedmassen: *Eth.* § 253.
dictio (seu eloquutio): Ausdruck: *Philos. Briefe*, 11. Schreiben, S. 29.
dictum de nullo: der Satz von keinem: *Acr. log.* § 218.
differentia: die genauere Bestimmung: *Met.* § 151.
differentia generica: die genauere Bestimmung eines Geschlechts: *Met.* § 151 / differentia numerica: die genauere Bestimmung eines jeden einzeln: *Met.* § 151 / differentia specifica: die genauere Bestimmung einer Art: *Met.* § 151.
difficilis: schwer: *Met.* § 527.
diffidentia: Misstrauen: *Eth.* § 82.
diffidentia erga aliquem: Misstrauen gegen iemand: *Eth.* § 82.
diffusus (dives, vastus): weitlaeuftig: *Met.* § 585.
dignitas (pondus, gravitas, nobilitas): Wichtigkeit: *Met.* § 166.
diiudicare: beurtheilen: *Met.* § 606.

dilucidatio (declaratio, illustratio, explicatio, expositio): Aufklärung: *Acr. log.* § 28.
dimensio: Ausmessung: *Met.* § 291.
dirigere: lencken: *Met.* § 963.
dirigere strictius: lencken in engerer Bedeutung: *Met.* § 963.
discere [»Ab altero in cognoscendo iuvari«]: lernen: *Acr. log.* § 345.
discinctus [»Intemperans in appetendis vitae commoditatibus«]: unleidlich: *Eth.* § 279.
disciplina: Lehrverfassung, Wissenschaft: Frobesius: *Christiani Wolfii Philosophia sive Logica*, Index.
disciplina corporis: die Casteyung, die Creutzigung des Fleisches: *Eth.* § 262.
disciplinalis [»et dogmaticus«]: dogmatisch: *Philos. gen.* § 253.
dispensatio: die rechte Eintheilung: *Eth.* § 271.
dispensatio temporis nostri: die rechte Eintheilung der Zeit: *Eth.* § 271.
displicere: [mir] miss[fallen]: *Met.* § 651.
dispositio: Einrichtung: Meier: *Theoretische Lehre von den Gemüthsbewegungen überhaupt*, §§ 106, 162.
disproportio: Ungleichheit der Verhaeltnisse: *Met.* § 573.
disputatio: eine gelehrte mündliche Streitigkeit: *Acr. log.* § 525.
dissimilis: unaenlich: *Met.* § 70.
dissimilitudo: Unänligkeit: *Philos. Briefe*, 9. Schreiben, S. 24.
dissimulator: wer sich verbirgt: *Eth.* § 346.
dissuadens: abrathend: *Eth.* § 184.
dissuasio: Abrathung: *Met.* § 728.
distare: von einander abstehe[n]: *Met.* § 284.
distantia: Entfernung: *Met.* § 288.
distinctio: Unterscheidung: *Met.* § 67; Deutlichkeit: *Met.* § 514.
distrahi: Zerstreuung des Gemüthes: *Met.* § 638.
diuturnus (stabilis, constans, perpetuus, aeternus): dauerhaft: *Met.* § 299.
diversitas: Verschiedenheit: *Philos. Briefe*, 9. Schreiben, S. 24.
diversus (alius): verschieden: *Met.* § 38.
dives (diffusus, vastus): weitlaeufti[g]: *Met.* § 585; ein reicher Mensch: *Eth.* § 285.
divinatio: das Wahrsagen oder die Voranzeige: *Met.* § 616.
divinus: göttlich: *Eth.* § 391.
divisio: Eintheilung: *Eth.* § 96.
divisibile: theilbar: *Met.* § 244 / divisio physica: Zerlegung, Theilung: *Met.* § 244 / subdivisio: [U]untereintheilung: *Acr. log.* § 98.

docere [»proponere sibi cognita, ut alter eadem sibi hactenus incognita cognoscat«]: lehren: *Acr. log.* § 345.
doctrina: eine Lehre: *Acr. log.* § 355.
dogma [als *propositio communis*]: gemeiner Satz: *Acr. log.* § 355.
domesticus (internus): inner, einheimisch: *Met.* § 660.
dominus: Herr: *Met.* § 971.
dominium: Herrschaft: *Eth.* § 200 / dominium sui: Herrschaft über sich selbst: *Eth.* § 200 / dominus plenus [alicuius]: völlig Herr [von etwas]: *Met.* § 971.
donum: die Gabe: *Met.* § 616.
donum propheticum: die Gabe der Weissagung: *Met.* § 616.
dormire: schlafen: *Met.* § 556.
moraliter dormire: sittlich schlafen: *Eth.* § 159 / moraliter obdormire: sittlich einschlafen: *Eth.* § 159.
dormitare (obdormire): einschlafen: *Met.* § 555.
dubitare: zweifeln: *Acr. log.* § 352.
dubius: zweifelhaft: *Acr. log.* § 352.
dulcis: süß: *Met.* § 661.
durabilis (constans): dauerhaft: *Met.* § 662.
duratio [»Existentiae continuatio«]: die Dauer: *Met.* § 299 / perdurabilis: einer Dauer faehig: *Met.* § 299.
durities: Haerte: *Eth.* § 437.
induratio: Verhaertung: *Eth.* § 437.

ebrius: trunken: *Met.* § 554.
ebriositas: Besoffenheit, ein Trunckenbold: *Eth.* § 260.
eclipsis: Fehltritt: *Eth.* § 608.
eclipses iudicii: Fehltritte der Beurtheilungskraft: *Eth.* § 608.
ecstasis (visio, mota mens, mentis excessus): eine Entzückung: *Met.* § 552.
ectypon (exemplatum, copia): der Abdruck: Meier, *Baumgartens Metaphysik*, § 247 [Gegenbegriff: *archetypon exemplar*, *originale*: das Urbild].
educatio: die Erziehung: *Eth.* § 453.
effectus: Wirkung: *Met.* § 319.
effectus aequivocus: eine Wirkung von verschiedener Art: *Met.* § 329 / effectus immediatus (proximus & continuus): unmittelbare Wirkung: *Met.* § 330 / effectus mediatus (remotus): mittelbare Wirkung: *Met.* § 330 / effectus minus

plenus: Wirkung, die nicht völlig ist: *Met.* § 330 / effectus plenus: völlige Wirkung: *Met.* § 330 / effectus univocus: eine Wirkung von einerley Art: *Met.* § 329.

efficax: kraeftig: *Met.* § 547.

efficiens: wirkend: *Met.* § 671.

efflorescere: [auf]blühe[n]: *Eth.* § 452.

deflorescere: verblühe[n]: *Eth.* § 452.

effoeminatus: weibisch: *Eth.* § 279.

effraenis: ausschweifend: *Met.* § 571.

egenus [»Cuius facultates non sufficiunt, ad necessitates vitae«]: ein dürftiger Mensch: *Eth.* § 285.

elegans: aesthetisch und geistreich: Meier: *Anfangsgründe*, § 217.

elementa: allererste Grund-Theile: *Met.* § 420.

elenchus [»syllogismus ideo constructus, ut eius conclusio aliam tollat«]: ein Gegenschluss: *Acr. log.* § 390.

eligere: erwehlen: *Met.* § 697.

eloquentia: Beredsamkeit: *Met.* § 662.

eloquutio [seu dictio]: Ausdruck: *Philos. Briefe*, 11. Schreiben, S. 29.

emendare: ausbessern, verbessern: *Eth.* § 197.

emendans: ausbessernd: *Met.* § 497.

eminenter: schlechthin: Meier: *Auszug aus der Vernunftlehre*, § 226.

per eminentiam (excellentiam): in unendlich-ausnehmender Bedeutung: *Met.* § 826.

emphaticus (emphasis): ein Nachdruck: *Met.* § 517.

ens [»Possibile, qua existentiam, determinabile«]: ein Ding: *Met.* § 61/ ens: Ding: *Met.* § 158; Wesen: *Met.* § 388.

ens completum: ein vollstaendiges Ding: *Met.* § 158 / ens compositum (stricte & simpliciter dictum): ein zusammengesetztes Ding in engerer Bedeutung: *Met.* § 224 / ens contingens: [e]in zufaelliges Ding: *Met.* § 109 / ens extramundanum: das Wesen ausser der Welt: *Met.* § 388 / ens fictum: ein erdichtetes Ding: *Met.* § 62 / ens in potentia proxima: das sogleich werden soll: *Met.* § 304 / ens in potentia remota: das einmal werden soll: *Met.* § 304 / ens incompletum: ein unvollstaendiges Ding: *Met.* § 158 / ens necessarium: das nothwendige Ding: *Met.* § 109 / ens perfectissimum [»cui summa in entibus est perfectio«]: das Vollkommenste: *Met.* § 803 / [ens] superius: etwas höheres: *Met.* § 925 / ens supramundanum: etwas über die Welt erhabenes: *Met.* § 925 / entia negativa: etwas verneinendes: *Met.* § 135 / entia realia: etwas bejahendes: *Met.* § 135 / non ens (negativum): [e]in Unding: *Met.* § 62 / non

ens (nihil) privativum (mere possibile): das bloss mögliche, ein mögliches Nichts: *Met.* § 54.

erectus: edel: *Met.* § 732.

errare: irren: *Acr. log.* § 382.

erroneus: irrend: *Eth.* § 177.

error: Irrthum: *Met.* §§ 515, 716; *Acr. log.* § 382.

eruditio [»Cultura ingenii per cognitionem disciplinarum«]: Gelehrsamkeit: *Eth.* § 404.

eruditus (Adj.): gelehrt: *Philos. gen.* § 206.

eruditus (Subst.): Gelehrter: *Eth.* § 404.

eruditus crescens: ein wachsender Gelehrter: *Eth.* § 410 / eruditus decrescens: ein abnehmender Gelehrter: *Eth.* § 410 / eruditus solide: ein gründlicher Gelehrter: *Eth.* § 424 / eruditus subsistens: ein stillstehender Gelehrter: *Eth.* § 410 / eruditus superficarie: ein seichter Gelehrter: *Eth.* § 424 / eruditus titularis: ein Gelehrter dem Namen, oder der Lebensart nach, ein Gelehrter von Profession: *Eth.* § 404 / eruditus umbraticus: ein blosser Schulgelehrter: *Eth.* § 407 / eruditus vere talis: ein wahrer Gelehrter: *Eth.* § 404.

essentia: Wesen in dem Dinge: *Philos. Briefe*, 23. Schreiben, S. 66/ essentia (esse rei, ratio formalis, natura, quidditas, formale, formale totius, ὀυσία, τινοτις, substantia, conceptus entis primus): das Wesen: *Met.* § 40.

essentialis: wesentlich: *Met.* § 266.

essentialia [als *determinationes possibilis internae primae (principes)*]: die ersten oder wesentlichen Bestimmungen: *Met.* § 39.

ethica (disciplina pii, honesti, decori, scientia virtutis, moralis, practica, ascetica) [als *scientia obligationum hominis internarum in statu naturali*]: die Sitten-, die Tugendlehre: *Eth.* § 1.

ethica blandiens: eine schmeichelnde Sittenlehre: *Eth.* § 5 / ethica deceptrix (chimaerica): eine unrichtige, schwindelnde Sittenlehre: *Eth.* § 7 / ethica laxa: eine weite, schlaffe, nachgebende Sittenlehre: *Eth.* § 4 / ethica morosa: eine mürrische, rauhe Sittenlehre: *Eth.* § 6 / ethica philosophica: die Sittenlehre der Vernunft: *Eth.* § 2 / ethica rigida (severa): eine strenge, ernste Sittenlehre: *Eth.* § 4 / suum ethicum: das seinige eines Menschen nach der Sittenlehre: *Eth.* § 316.

evanescens: unmerklich werdend oder verschwindend: *Met.* § 417.

eventus [»Actio singularis cum effectu suo«]: ein Vorfall, eine Begebenheit: *Met.* § 323.

eventus extraordinarius: eine ausserordentliche Begebenheit: *Met.* § 384 / eventus extraordinarius absolute: eine ganz und völlig ausserordentliche Begebenheit: *Met.* § 384 / eventus extraordinarius relative: eine gewisser massen ausserordentliche Begebenheit: *Met.* § 384 / eventus inordinatus: eine unordentliche Begebenheit: *Met.* § 384 / eventus ordinarius: eine ordentliche Begebenheit: *Met.* § 384.

evidentia: das völlig [A]usgemachte: *Met.* § 531; das [A]usgemachte: *Philos. gen.* § 42.

evolvere (producere): hervorbringen: *Met.* § 559.

evolutio (analysis, resolutio, anatomia): Zergliederung, Entwickelung: *Acr. log.* § 29.

ex parte: zum Theil: *Acr. log.* § 171.

ex toto: ganz: *Acr. log.* § 171.

exauditio: Erhörung: *Eth.* § 95.

exauditio stricte dicta: Erhörung in engrer Bedeutung: *Eth.* § 95.

exceptio: Ausnahme: *Met.* § 97.

excitare: aufwecken: *Met.* § 648.

exemplar: das Muster: *Met.* § 346.

exemplatum (ectypon, copia): der Abdruck: *Met.* § 346.

exemplum [mit der Erklärung: »conceptus inferior, superiorem declaraturus«]: ein Beispiel: *Acr. log.* § 265.

exemplum in ratiociniis: ein schliessend Beispiel: *Acr. log.* § 266.

exercitium: Uebung: *Met.* § 577; *Eth.* § 256.

exercitium telesticum: Uebung die zur Vollkommenheit führt: *Eth.* § 262.

exilitas: Dürftigkeit und Mangel: MEIER: *Anfangsgründe*, § 45.

exsistentia [*seu actualitas*]: Wirkligkeit: *Philos. Briefe*, 23. Schreiben, S. 66 / existentia (actus, actualitas): Würkligkeit: *Met.* § 55.

experientia: Erfahrung: *Met.* § 544.

experientia latius dicta: so genannte Erfahrung: *Acr. log.* § 163 / experientia strictius dicta: genauere Erfahrung: *Acr. log.* § 163.

experimentum: Versuch: *Acr. log.* § 329.

explicare (declarare): entdecken, anzeigen, erhellen: *Met.* § 531.

explicatio (declaratio, dilucidatio, illustratio, expositio): Aufklärung: *Acr. log.* § 28.

exploratio (tentatio): Versuchung: *Eth.* § 445.

exploratio tui: Selbstuntersuchung, über sich selbst nachdenken: *Eth.* § 157.

exponere: aus einander setzen: *Acr. log.* § 162.

exponibilis: zu entwickelnd: *Acr. log.* § 162.

expositio (declaratio, dilucidatio, illustratio, explicatio): Aufklärung: *Acr. log.* § 28.

expositio (versio) nuda: Ubersetzung: *Acr. log.* § 484.

exsanguis: ohne Kraft und Leben: POPPE § 258, S. 176.

exspectatio: die Erwartung: *Met.* § 612.

exspectatio casuum similium: die Erwartung aehnlicher Faelle: *Met.* § 612.

extensio: die Erweiterung, Verbreitung oder Ausdehnung: *Met.* § 628; die Erweiterung, Verbreitung, Ausdehnung, der Reichthum: *Acr. log.* § 51; die Weitläuftigkeit: *Eth.* § 414; *Philos. gen.* § 70.

extensio attentionis: die Erweiterung, Verbreitung oder Ausdehnung der Aufmerksamkeit: *Met.* § 628 / extensio cognitionis: die Erweiterung, Verbreitung, Ausdehnung, der Reichthum der Erkenntniss: *Acr. log.* § 51 / extensio eruditionis: die Weitläuftigkeit der Gelehrsamkeit: *Eth.* § 414.

extensus: ausgedehnt: *Met.* § 241.

externus: aeuss[rer]: *Met.* § 535; *Eth.* § 110; äusserlich: *Eth.* §§ 293, 315; aeusserlich: *Eth.* §§ 315, 491.

extorsio: Erpressung: *Met.* § 728.

extra se rapi (sui oblivisci, non esse apud se): von sich [kommen], ausser sich gesetzt [werden]: *Met.* § 552.

extraordinarius [als »non ordinarius«]: ausserordentlich: *Met.* § 384.

extraordinarius absolute: ganz und völlig ausserordentlich: *Met.* § 384 / extraordinarius relative: gewisser massen ausserordentlich: *Met.* § 384.

facilis [»ad quod actuandum paucae vires necessariae sunt«]: leicht: *Met.* § 527.

facilis certo subiecto: diesem oder jenem leicht: *Met.* § 527.

facilitas: Leichtigkeit: POPPE, § 274, S. 182.

facilitas morum (popularitas): ein verbindliches Betragen: *Eth.* § 382.

facultas (potentia activa, vis): Vermögen: *Met.* § 216/ facultas: Gabe: *Met.* § 592; Vermögen: *Eth.* § 202; Geld: *Eth.* § 285.

facultas appetitiva: das Vermögen zu begehren: *Met.* § 663 / facultas appetitiva inferior: unteres Vermögen zu begehren: *Met.* § 693 / facultas appetitiva superior: oberes Vermögen zu begehren: *Met.* § 693 / facultas characteristica: das Vermögen der Zeichen-Kunde: *Met.* § 619 / facultas cognoscitiva (intellectus latius dictus): Vermögen zu erkennen: *Met.* § 519 / facultas cognoscitiva superior (mens, intellectus): das obere Erkenntniss-Vermögen: *Met.* § 624 / facultas composita: zusammengesetztes Vermögen: *Met.* § 217 / facultas concupiscibilis: das Vermögen sinnlicher Begierden: *Met.* § 676 / facultas divina-

trix: das Vermögen wahr zu sagen: *Met.* § 616 / facultas fingendi: Gabe zu dichten: *Met.* § 592; Dichtungsvermögen: MEIER: *Baumgartens Metaphysik*, § 441 / facultas fingendi architectonica: eine wohlgeordnete Gabe zu dichten: *Met.* § 592 / facultas fingendi exorbitans (extravagans, rhapsodica): eine unbaendige Gabe zu dichten: *Met.* § 592 / facultas fingendi fertilis (foecunda): eine fruchtbare Gabe zu dichten: *Met.* § 592 / facultas in anima: Vermögen der Seele: *Eth.* § 202 / facultas irascibilis: das Vermögen sinnlicher Abneigungen: *Met.* § 676 / facultas simplex: einfaches Vermögen: *Met.* § 217.

fallacia (captio, sophisma): ein Trug-Schluss: *Acr. log.* § 385.

fallax: betrüglich: *Met.* § 605; ein betrügerischer Mensch, auf dessen Worte man sich nicht verlassen kan: *Eth.* § 342.

fallere alios (decipere): andere betrügen: *Eth.* § 342.

tempus fallere: die Zeit vertreiben, verkürtzen: *Eth.* § 270.

falsiloquuium [als *sermo falsus*]: Unwahrheit: *Eth.* § 343.

falsiloquium logicum: eine logische falsche Rede: *Eth.* § 343 / falsiloquium morale: eine sittlich falsche Rede: *Eth.* § 343.

falsus: falsch: *Eth.* § 343; *Acr. log.* § 138.

fama: Ehre: *Eth.* § 485.

famae suae superstes: wer seine eigene Ehre überlebt: *Eth.* § 485.

familiaris: altbekannt: *Acr. log.* § 108.

familiaritas: vertraulichere gute Freundschaft: *Eth.* § 498.

fanaticismus: Geisttreiberey, Schwärmerey: *Eth.* § 39.

fastidium: Eckel: *Met.* § 686.

fastus: Stoltz, hochmüthiges Betragen: *Eth.* § 388.

fatum [mit der Bestimmung: »necessitas eventuum in mundo«]: Schiksal, Verhaengniss: *Met.* § 382.

favor: Gunst: *Met.* § 684.

felicitas [»Complexus perfectionum spiritui convenientium«]: Glükseligkeit: *Met.* § 787.

felix: glücklich: *Met.* § 585.

ferocia: Uebermüthigkeit: *Eth.* § 298.

festivitas [als Steigerung von *civilitas sive urbanitas*]: vollkommenere Höflichkeit: *Eth.* § 310.

fictio (figmentum): etwas Erdichtetes: *Met.* § 590.

fictio heuristica: Erdichtung durch welche etwas erfunden werden kann: *Eth.* § 214.

fictus: erdichtet: *Met.* § 62.

fidelitas: Treue: *Met.* § 905; *Eth.* § 104.

fides: der Glaube: *Acr. log.* § 357; Treu und Glauben: *Eth.* § 347.
fides externa: der aeusserliche Treu und Glauben: *Eth.* § 347 / fides interna: der innerliche Treu und Glauben: *Eth.* § 347.
fiducia: Zuversicht: *Met.* § 683; Vertrauen, Zuversicht: *Eth.* § 83.
fiducia carnalis: fleischliches Vertrauen, eine fleischliche Zuversicht: *Eth.* § 83 / fiducia idololatrica: abgöttisches Vertrauen, abgöttische Zuversicht: *Eth.* § 83 / fiducia pigra (λόγος ἀργός, raison paresseuse): das faule Vertrauen: *Eth.*§ 85.
fidus: treu: *Met.* § 586.
figere: festsetzen: vgl. figitur: wird vestgesetzt: *Acr. log.* § 113.
figura: Figur: Meier: *Anfangsgründe*, § 138.
figura dictionis: Figur im Ausdrucke: Poppe § 145, S. 143; Wortfigur: Meier: *Anfangsgründe*, § 139 / figura sententiae: Sachfigur: Meier: *Anfangsgründe*, § 139.
filialis: kindlich: *Eth.* § 88.
fingere: dichten: *Met.* § 589.
finis: Ende: *Met.* § 301; Zweck: *Met.* § 341.
finem ex asse consequi: den Zweck völlig erreichen: *Met.* § 887 / finis intermedia: Mittel-Zweck: *Met.* § 343 / finis ultimus (seu scopus): Endzweck: *Met.* § 343.
finitus (limitatus): endlich, eingeschraenkt: *Met.* § 248.
firmus: vest und zuverlaessig: *Met.* § 585; vest: *Met.* § 698.
flexilis: biegsam: *Met.* § 698.
florere: blühe[n], sich im blühenden Alter, in der Blüthe seiner Jahre [befinden]: *Eth.* § 452.
fluere (sequi): fliessen, folgen: *Acr. log.* § 208.
focus: Brennpunct: *Met.* § 94.
focus perfectionis (ratio perfectionis determinans): Grund oder Brennpunct der Vollkommenheit: *Met.* § 94.
foecunditas: Fruchtbarkeit: *Met.* § 166.
forma: Art und Weise: *Acr. log.* § 231; Gestalt: *Eth.* § 264.
forma corporis: die Leibesgstalt: *Eth.* § 264 / forma syllogismi: Art und Weise zu schliessen: *Acr. log.* § 231.
formalis: formell: *Eth.* § 202.
fortis: starck: *Met.* § 180.
fortior: stärker: *Met.* § 515.
fortitudo [»Mediocritas in aversando«]: Tapferkeit: *Met.* § 249.
fortuitum: Glücks-F[a]ll: *Met.* § 912.

fortuna: Glück: *Met.* § 912.
fortuna bona & mala: gutes und böses Glück: *Met.* § 912.
forum internum: inner[er] Richterstuhl: *Eth.* § 123.
fractus (fractio, minutia): ein Bruch: *Met.* § 159.
fraenum: Zaum: *Philos. gen.* § 288.
fraena philosophantium: Zäume der Weltweissen: *Philos. gen.* § 288.
frugalitas: das hauswirthliche Wesen, ein Mensch laest genung drauf gehen: *Eth.* § 289.
fuga (antipathia, odium): ein blinder Abscheu: *Met.* § 677.
fundus: Grund: *Met.* § 511.
fundus animae: Grund der Seele: *Met.* § 511.
furor: Wuth, Raserey oder Begeisterung: Meier: *Anfangsgründe*, § 240.
furiosus: rasend: *Met.* § 688.
futurus: zukünftig: *Met.* § 297.
futura contingentia: das Zufaellig-künftige: *Met.* § 709.

garrulitas: Waschhaftigkeit: *Eth.* § 341.
gaudium [»Affectus iucundus«]: Freude: *Met.* § 682.
generalis [»s. universalis«]: allgemein: *Eth.* § 313.
generatim: überhaupt: *Met.* § 882 [Gegenbegriff: *speciatim*].
generositas: grosmüthige Uneigennützigkeit: *Eth.* § 304.
genesis: Entstehung: *Acr. log.* § 93.
genus: Geschlecht: *Met.* § 150.
genus cogitandi exsangue: die Denkungsart ohne Kraft und Leben: Poppe, § 258, S. 176 / genus cogitandi incompositum: noch sehr unvollkommen[e] Art zu denken: Poppe, § 113, S. 129 / genus cogitandi mediocre: [d]as Mittelmäßige: Poppe, § 269, S. 180 / genus cogitandi temperatum: gemäßigt[e] Denkungsart: Poppe, § 270, S. 180 / genus vitae: die Lebensart: *Eth.* § 267.
gloria [als *gaudium ex honore*]: Ehrliebe: *Met.* § 684; [als *honor maior*]: Preis: *Met.* § 942; Ehre: *Eth.* § 25.
gloria divina: Ehre Gottes: *Eth.* § 25.
gnoseologia inferior: Logic der unteren Erkenntniskraft: Meier: *Anfangsgründe*, § 5.
gradus: Stuffe, Staffel: *Met.* § 246.
gratia: Dank: *Eth.* § 137.
gratiam habere: etwas mit Dank erkennen: *Eth.* § 79/ gratiarum actio: Danksagung: *Eth.* § 137/ gratias referre: thätlich Dank erweisen, erzeigen: *Eth.* § 137; die thaetige Dankbarkeit: *Eth.* § 331.

gratulari: glückwünschen: *Eth.* § 330.

gratus: erquickend, nicht unangenehm: *Met.* § 658.

gratitudo (gratus animus): Danckbarkeit: *Met.* § 684 / gratitudo idololatrica (animus idololatrice gratus): abgöttische Dankbarkeit: *Eth.* § 86.

gravis (proportionalis, masculus): stark: *Eth.* § 176.

gravitas (pondus, dignitas, nobilitas): Wichtigkeit: *Met.* § 166.

gubernatio [»actio, qua media successive plura ad ulteriorem aliquem finem actuantur«]: die Führung: *Met.* § 963.

gustus: Geschmack: *Met.* § 536.

gustus corruptus: ein verderbter Geschmack: *Met.* § 608 / gustus significatu latiori (sapor, palatum, nasus) [»iudicium sensitivum«]: der Geschmack in weiterer Bedeutung: *Met.* § 607.

habitus (promtitudo, dexteritas): Fertigkeit: *Met.* § 219/ habitus: Fertigkeit der Seele: *Met.* § 577; Wesen: *Eth.* § 337.

habitus acquisiti: erworbene Fertigkeiten der Seele: *Met.* § 577 / habitus affectatus: gezwungenes Wesen: *Eth.* § 337 / habitus connati (dispositiones naturales): angebohrne Fertigkeiten der Seele: *Met.* § 577 / habitus infusi: göttliche Fertigkeiten der Seele: *Met.* § 577 / habitus morales: sittliche Fertigkeiten: *Met.* § 723 / habitus naturalis affectato oppositus: ungezwungenes Wesen: *Eth.* § 337.

haecceitas [*seu singularitas*]: die Diesheit eines Dinges: *Philos. Briefe*, 23. Schreiben, S. 66.

hariolus male sanus futurorum: ein thörichter Liebhaber der Wahrsagereyen: *Eth.* § 215.

harmonia: Uebereinstimmung: *Met.* § 448/ harmonia (consensus) Einigkeit: *Met.* § 693.

harmonia (consensus) facultatis appetitivae inferioris & superioris. Einigkeit des obern und untern Vermögens zu begehren: *Met.* § 693 / harmonia praestabilita universalis: die allgemeine vorherbestimmte Uebereinstimmung: *Met.* § 448 / harmonicus: übereinstimmend: *Met.* § 448.

hebes: stumpf: *Met.* § 540.

hermeneuticus: deutend: *Met.* § 349.

hermeneutica [»de cognoscendis signorum signatis«]: die deutende [Zeichen-Kunst]: *Met.* § 349 / hermeneutica: Auslegungs-Kunst: *Met.* § 349; *Acr. log.* § 460 / hermeneutica universalis: die allgemeine Auslegungs-Kunst: *Met.* § 349.

heuristica [»de inveniendis signis«]: die erfindende [Zeichen-Kunst]: *Met.* § 349.

heuristica combinatoria: die verbindende [Zeichen-Kunst]: *Met.* § 349.

heuristicus: erfindend: *Met.* § 349.

hilaritas [als »Gaudium ex malo non amplius imminente«]: das Froh-seyn: *Met.* § 682.

semper hilaris (laetaster): freudig: *Met.* § 698.

historia: Geschichte: *Eth.* § 57.

historias sacras [»narrationes operum dei«]: Heilige Geschichte: *Eth.* § 57.

homo: Mensch: *Met.* § 578; *Eth.* 316.

homo apertus: ein offener Mensch, ein unverstelter: *Eth.* § 339 / homo bliteus: ein abgeschmackter Mensch: *Met.* § 578 / [homo] nasutus: ein naseweiser Mensch: *Eth.* § 350 / [homo] reservatus: ein hinterhaeltischer Mensch: *Eth.* § 339 / [homo] rimosus: ein gar zu offener Mensch: *Eth.* § 339 / homo semetipsum impediens: ein plumper, unbehendiger Mensch: *Eth.* § 256 / homo sensibilis (iracundus): ein empfindlicher Mensch, ein iachzorniger: *Eth.* § 321 / homo sine conscientia: ein gewissenloser Mensch, ein Mensch ohne Gewissen: *Eth.* § 193.

honestas [als »Virtus, quatenus honorem meretur«]: Ehrbarkeit, ehrliebendes Betragen: *Eth.* § 300.

honor [als »Agnitio perfectionis maioris in aliquo«]: Ehre: *Met.* § 942.

honor solidus: eine gegründete Ehre: *Eth.* § 486.

horror: das Grausen: *Met.* § 686.

humanitas: das liebreiche Betragen: *Eth.* § 309; Dienstleistung: *Eth.* § 365.

humanus: menschlich: *Met.* §§ 740, 745; *Eth.* § 110.

humilitas [als »Habitus de imperfectionibus suis recte iudicandi«]: Demuth: *Eth.* § 168.

humilitas completa (universalis): vollstaendige Demuth: *Eth.* § 169 / humilitas incompleta (particularis): unvollstaendige Demuth: *Eth.* § 169.

hymnus: Lob-Lie[d]: *Eth.* § 139.

hypocrisis: Heucheley: *Eth.* § 115.

hypothesis: eine willkürliche Wahrheit: *Acr. log.* § 398.

hypothesis philosophica: eine Grund-Meinung: *Acr. log.* § 398.

hypotheticus (respectivus, relativus, extrinsecus, per aliud, et secundum quid): bedingt, aeusserlich: *Met.* § 16; bedingt, auesserlich, in einem gewissen Zusammenhange: *Met.* § 17/ hypotheticus (conditionalis, conditionatus, connexus): bedingt: *Acr. log.* § 146.

ictus: Stoss: *Met.* § 301.

identicus: einerley aussagend: *Acr. log.* § 170.

identitas: Aenligkeit und Gleichheit: *Philos. Briefe*, 11. Schreiben, S. 29.

identitas in elocutione seu dictione [= stilus]: Die Aenligkeit und Gleichheit im Ausdruck: *Philos. Briefe*, 11. Schreiben, S. 29.

ieiunus: nüchtern: Meier: *Anfangsgründe*, § 45.

ieiunium: Fasten: *Eth.* § 263 / ieiunium totale: das gäntzliche Fasten: *Eth.* § 263 / ieiunium partiale: das Fasten zum Theil: *Eth.* § 263.

ignorantia [als »cognitio nulla s. defectus cognitionis«]: Unwissenheit: *Met.* §§ 515 / ignorantia: Unwissenheit: *Met.* § 716.

ignotus: unbekannt: *Met.* § 652.

ignotum mihi [»quod non repraesento«]: das mir unbekannte: *Met.* § 652.

illecebra: Reitzung, Lockung: *Met.* § 728.

illegitimus: unerlaubt: *Acr. log.* § 302.

illicitus [illicitum: »per libertatem legibus moralibus conformiter determinandam impossibile, strictius«]: unerlaubt: *Met.* § 723.

illusio: Betrug: *Met.* § 576.

illusiones ingenii: Betrug des Witzes: *Met.* § 576.

illustrare (pingere): erlauetern, aufhellen: *Met.* § 531.

illustratio (declaratio, dilucidatio, explicatio, expositio): Aufklärung: *Acr. log.* § 28.

illustratio gloriae divinae (cultus dei): Verherrlichung Gottes, Gottesdienst: *Met.* § 947.

imaginarius: scheinend: *Met.* § 248; Werk der Einbildungskraft: Meier: *Anfangsgründe*, § 499.

imaginatio (phantasma, visum, visio): eine Einbildung: *Met.* § 557.

imago: Bild, Gleichnis: *Met.* § 852; Ebenbild: *Eth.* § 92.

imago dei: Gottes Ebenbild: *Eth.* § 92.

imbecillitas: Schwaechlichkeit, Mattigkeit: *Eth.* § 255.

imbecillitas corporis: die Schwaechlichkeit, Mattigkeit des Körpers: *Eth.* § 255.

imitatio: Nachahmung: *Eth.* § 92.

imitator significatu malo (simia): ein Affe, Nachaeffung: *Eth.* § 386.

immaturus: frühzeitig, zu früh: *Eth.* § 252.

immediatus (proximus): unmittelbar und naechst: *Met.* § 27 / immediatus: unmittelbahr: *Acr. log.* § 306.

immensus [immensum: »Quod metiri non possumus«]: unermesslich: *Met.* § 861.

immortalis [immortale: »Quod non potest mori«]: unsterblich: *Met.* § 781.

immortalitas [»impossibilitas moriendi«]: Unsterblichkeit: *Met.* § 781.
immutabilis (fixus, invariabilis, constans): unveraenderlich: *Met.* § 125.
immutabilitas: Unveraenderlichkeit: *Met.* § 127.
impedimentum (obstaculum): Hinderniss: *Met.* § 221.
impeditio: Verhinderung: *Met.* § 967 / impeditio moralis: sittliche Verhinderung: *Met.* § 967.
imperfectio [»Perfectionis oppositum«]: Unvollkommenheit: *Met.* § 121 / imperfectio: Unvollkommenheit: *Eth.* § 202.
imperfectio facultatum in anima formalis: die formelle Unvollkommenheit der Vermögen der Seele: *Eth.* § 202 / imperfectio facultatum in anima materialis: die materielle Unvollkommenheit der Vermögen der Seele: *Eth.* § 202.
impetus mentis: Wuth, Raserey oder Begeisterung: Meier: *Anfangsgründe*, § 240.
impetus mentis aestheticus: aesthetische Wuth, Raserey oder Begeisterung: Meier: *Anfangsgründe*, § 240.
impietas: Gottlosigkeit: *Eth.* § 25.
impietas latius dicta: Gottlosigkeit in weiterer Bedeutung: *Eth.* § 25.
impius: gottlos: *Eth.* §§ 89, 108.
impleri: eintreffen, erfüllt werden: *Met.* § 605.
impossibilis: unmöglich: *Met.* § 15.
impossibilis hypothetice (respective, relative, extrinsecus, per aliud, et secundum quid): bedingt, aeusserlich, in einem gewissen Zusammenhange unmöglich: *Met.* § 17 / impossibilis in se (intrinsecus, simpliciter, absolute, per se): an und vor sich, innerlich, schlechterdings unmöglich: *Met.* § 15.
improbans: missbilligend: *Eth.* § 183.
impudicitia [*s. lascivia*]: Schamlosigkeit, Unzüchtigkeit: *Eth.* § 274.
impugnatio [»Tentamen, nisus, vel conatus ad refutandum«]: bestreiten: *Acr. log.* § 510.
impulsivus: bewegend: *Met.* § 342.
impuritas [als »Libidinis intemperantia«]: Unreinigkeit: *Eth.* § 274.
impuritas externa [»in motibus corporis«]: aeusserliche Unreinigkeit: *Eth.* § 274 / impuritas interna [»in repraesentationibus«]: innerliche Unreinigkeit: *Eth.* § 274.
in se: an und vor sich: *Met.* § 15; in und zu sich selbst: *Met.* § 632 / in se (absolute): an sich selbst: *Met.* § 633 / in se (intrinsecus, simpliciter, absolute, per se): an und vor sich, innerlich, schlechterdings: *Met.* § 15 / in se (intrinsecus absolute per se, simpliciter): an und vor sich, innerlich, unbeding[t]: *Met.* § 15.

in se ipso: in sich selbst: *Met.* § 682.
inaequalis: ungleich: *Met.* § 70.
inanis: leer: *Met.* § 576; *Acr. log.* § 107.
incertitudo: die Ungewisheit: *Acr. log.* § 351.
incertus: ungewiss: *Met.* § 531.
incerta nobis in tantum [»de quibuscumque non sumus complete certi«]: uns einiger maassen ungewiss: *Eth.* § 351 / incertum nobis in totum [»quod nobis ne latius quidem certum est«]: uns gäntzlich ungewiss: *Eth.* § 351.
incitatio mentis: Wuth, Raserey oder Begeisterung: MEIER: *Anfangsgründe*, § 240.
incitatio mentis aesthetica: aesthetische Wuth, Raserey oder Begeisterung: MEIER: *Anfangsgründe*, § 240.
incolumitas: ein unverstümmelter Körper: *Eth.* § 253.
incommodum: Unbequemlichkeit, Ungemaechlichkeit: *Eth.* § 278.
incommoda vitae: die Unbequemlichkeiten, Ungemaechlichkeiten des Lebens: *Eth.* § 278.
incommodus (ingratus): unangenehm: *Met.* § 658.
incompletus: unvollstaendig: *Met.* § 158, *Eth.* § 169; unzulänglich: *Acr. log.* § 25; unvollständig: *Eth.* § 191.
incompositus: unausgepuzt: MEIER: *Anfangsgründe*, § 250.
inconceptibilis: unverstaendlich und unbegreiflich: *Met.* § 633.
inconceptibilis in se (absolute): an sich selbst unverstaendlich und unbegreiflich: *Met.* § 633 / inconceptibilis relative (supra datum intellectum positus): diesem oder jenem unbegreiflich: *Met.* § 633.
inconsideratus: unbedachtsam: *Met.* § 699.
inconstantia: die Unbeständigkeit: *Eth.* § 107.
incorruptibilis physice: unzergaenglich, unauflöslich, unverweslich, unzerstörbar: *Met.* § 746.
incredibilis [in se]: unglaublich: *Acr. log.* § 379.
incredulus [mit der Erklärung: »testimoniis fide dignis non credens«]: unglaubig: *Acr. log.* § 363
incredulitas: Unglauben, Unglaubigkeit: *Eth.* § 65.
indefinitus (infinitus imaginarius, mathematice tale): mathematisch unendlich, unendlich scheinend: *Met.* § 248; von unbezeichneter Weite: *Acr. log.* § 144.
indemonstrabilis: keinen Erweiss brauchend: *Acr. log.* § 168.
independens (a se): selbststaendig: *Met.* § 307.
indeterminatus [indeterminatum: »Quod vero tantum ponitur esse aut

A, aut non A«]: unbestimmt: *Met.* § 34 / indeterminatus: unbestimmt: *Acr. log.* § 134.

indifferens: gleichgültig: *Met.* § 651.

[aliquid] mihi indifferens: es ist mir gleichgültig, ich bin dagegen gleichgültig: *Met.* § 651 / indifferentia: Gleichgültigkeit: *Met.* § 655; Kaltsinnigkeit: *Eth.* § 311 / indifferentia erga alios, animus frigidus: Kaltsinnigkeit gegen andere: *Eth.* § 311.

indoles: die Gemüths-Art: *Met.* § 732.

indoles abiecta: eine niedrige Gemüths-Art: *Eth.* § 732 / indoles erecta: eine edle Gemüths-Art: *Eth.* § 732.

inductio: die Einleitung in das allgemeine: *Acr. log.* § 267.

inducianus (infusianus, coëxsistentianus): ein Freund der augenblicklichen Schöpfung: *Met.* § 771.

ineptiae (quisquiliae): wahre Kleinigkeiten und Narrenspossen: Meier: *Anfangsgründe*, § 69.

iners: kalt, leblos: *Met.* § 669; ungeschaeftig: *Eth.* § 269.

inertia (antitypia, ignavia, vis insita): Traegheit: *Met.* § 294.

ineruditus [»qui non coluit ingenium per disciplinas, vel quem vitae genus non obligavit ad eruditionem«]: ein Ungelehrter: *Eth.* § 405.

infans [»Cui usus intellectus nondum acquisitus est, quantus ad loquendum requiritur«]: ein Kind: *Met.* § 639.

infelicitas [»Complexus imperfectionum spiritui convenientium«]: Unglückseligkeit: *Met.* § 788.

inferior: niedriger: *Met.* § 182.

inferre (concludere, derivare, deducere, probare): herleiten: *Acr. log.* § 207.

infidelitas: Untreue: *Eth.* § 109.

infidelitas in pietate: Untreue in der Gottseligkeit: *Met.* § 109.

infinitus (realis, illimitatus): uneingeschraenkt: *Met.* § 248 / infinitus: unendlich: *Met.* § 248 / infinitum (Subst.): das Unendliche: *Met.* § 380.

infinitus imaginarius, mathematice talis: mathematisch unendlich, unendlich scheinend: *Met.* § 248.

infirmitas (languor, et imbecillitas): Schwaechlichkeit, Mattigkeit: *Eth.* § 255.

infirmitas (languor, et imbecillitas) corporis: die Schwaechlichkeit, Mattigkeit des Körpers: *Eth.* § 255.

inflammatio: Wuth, Raserey oder Begeisterung: Meier: *Anfangsgründe*, § 240.

inflammatio aesthetica: aesthetische Wuth, Raserey oder Begeisterung: Meier: *Anfangsgründe*, § 240.

influxus (actio transiens) [»actio substantiae in substantiam extra se«]: Einfluss: *Met.* § 211.

infortunium: Unglücks-Fall: *Met.* § 912.

ingeniosus: witzig: *Met.* § 648.

ingenium: Witz: *Met.* § 576; Geist, Genie: *Met.* § 649; Naturel: *Philos. gen.* § 212.

ingenium latius dictum: Kopf, Gemüths-Faehigkeit: *Met.* § 648 / ingenium philosophicum: das philosophische Naturel: *Philos. gen.* § 212 / ingenium politum: ein verbesserter, angebaueter Kopf: *Eth.* § 403 / ingenium rude: ein roher Kopf: *Eth.* § 403 / ingenium strictius dictum: Witz in engrer Bedeutung: *Met.* § 572 / ingenium superius: höherer Geist, höheres Genie: *Met.* § 649 / ingenium universale: allgemeiner Geist, allgemeines Genie: *Met.* § 649.

ingratus: unangenehm: *Met.* § 679.

ingratitudo: Undankbarkeit: *Eth.* § 331 / ingratitudo qualificata externe: die aeusserlich beleidigende Undankbarkeit: *Eth.* § 331 / ingratitudo qualificata interne: die innerlich beleidigende Undankbarkeit: *Eth.* § 331.

inhaerentia: das nur in andern bestehn: *Met.* § 192 [Gegenbegriff: *subsistentia*].

inhumanitas: liebloses Betragen, unfreundliches Wesen: *Eth.* § 335.

inimicitia: Feindschaft: *Eth.* § 313.

inimicitia externa [»hostilitas et bellum«]: äusserliche Feindschaft: *Eth.* § 315 / inimicitia interna mutua [»status se mutuo odio prosequentium«]: innerliche gegenseitige Feindschaft: *Eth.* § 313.

inimicus (Subst.): Feind: *Eth.* § 313.

inimicus internus [»Qui alterum habitualiter odit«]: ein innerlicher Feind: *Eth.* § 313.

iniquitas (aut irreverentia): Unbilligkeit oder Frechheit: *Acr. log.* § 464 [Gegenbegriff: *aequitas* (*reverentia*)] / iniquitas: Unbilligkeit: *Eth.* § 318.

iniquitas externa: aeusserliche Unbilligkeit: *Eth.* § 318 / iniquitas interna: innerliche Unbilligkeit: *Eth.* § 318 / iniquitas (aut irreverentia) interpretis: die Unbilligkeit oder Frechheit des Auslegers: *Acr. log.* § 464.

initium: Anfang: *Met.* § 301.

iniuria: Unrecht: *Eth.* § 325.

innocens (Subst.): der Unschuldige: *Met.* § 909 / innocens (Adj.): unschuldig: *Eth.* § 290.

innocens latius dictus (insons): der Unschuldige in weiterer Bedeutung: *Met.* § 909.

innocentia: Unschuld: *Eth.* § 319.

innocentia externa latius sumta: aeusserliche Unschuld in der weitern Bedeutung: *Eth.* § 319 / innocentia externa strictius dicta: [aeusserliche] Unschuld in der der weitern Bedeutung: *Eth.* § 319 / innocentia interna: innerliche Unschuld: *Eth.* § 319.

inseparabilis: unzertrennlich: *Met.* § 72.

insigne: Siegel, Petschaft, Wapen: *Met.* § 350.

instinctus (sympathia, amor): ein blinder Trieb: *Met.* § 677.

instructus: unterrichtet: *Eth.* § 176.

insufficiens (incompletus, partialis): unzulaenglich: *Met.* § 21.

integer: ganz: *Met.* § 159.

integritas: Unschuld: *Eth.* § 401.

integritas pietatis: Rechtschaffenheit im Dienste Gottes: *Eth.* § 101.

intellectualis: mit Verstand begabt: *Met.* § 402.

intellectus (strictius dictus): Verstand: *Met.* § 402/ intellectus: Einsicht des Verstandes: *Met.* § 894.

intelligere [*et concipere*, mit dem Zusatz: »i. e. distincte cognoscere«]: begreifen und verstehn: *Met.* § 69.

intelligens: verstaendig: *Met.* § 648.

intemperantia [als *excessus in appetendo*]: Unmässigkeit: *Eth.* § 249.

intempestivitas: unbequemere Zeiten und Orte: *Met.* § 323 [Gegenbegriff: *tempestivitas*].

intendi: zunehmen, staerker angestrengt werden: *Met.* § 247.

intensio: das Höhere: *Met.* § 247; die Anstrengung: *Met.* § 628; die Stärcke: *Eth.* § 414.

intensio attentionis: die Anstrengung der Aufmerksamkeit: *Met.* § 628 / intensio eruditionis: die Stärcke der Gelehrsamkeit: *Eth.* § 414.

intensive maior: schaerfer, strenger: *Met.* § 531.

intentio: Absicht: *Met.* § 341.

internus: inn[rer]: *Met.* §§ 37, 710; innerlich: *Eth.* §§ 293, 312, 318, 491.

interpres: der Ausleger, Dollmetscher: *Acr. log.* § 460.

interpretari: auslegen: MEIER: *Auslegungskunst*, § 8.

interpretatio: Auslegung: MEIER: *Anfangsgründe*, § 367; *Auslegungskunst*, § 9.

interruptus: unterbrochen: *Met.* § 285.

intime: auf das genaueste: *Acr. log.* § 955.
intimus: innig: *Eth.* § 428.
intolerantismus (odium religiosum): Religionshass: *Eth.* § 368.
intrepiditas: Unerschrockenheit, Frechheit: *Eth.* § 89.

intrepiditas impia: gottlose Unerschrockenheit, Frechheit: *Eth.* § 89.

intuitivus: anschauend: *Met.* § 620.
intuitus (cognitio intuitiva): ein anschauendes Erkenntniss: *Met.* § 620.
inutilis [als *non bonus alteri*]: unnütz: *Met.* § 336.
invenire [»incognita cognoscere«]: erfinden: *Acr. log.* § 345.
invidia [»odium ex appetitu boni alieni«]: Neid: *Met.* § 687.
involvere: verdunckel[n]: *Met.* § 559.
ira [»terror ex iniuria«]: Zorn: *Met.* § 687.
iracundus: iachzornig: *Eth.* § 321.
irrationalis (inconnexus, incohaerens): ungereimt: *Met.* § 19.

irrationabilis (contra rationem): unvernünftig: *Met.* § 643.

iucundus (commodus): bequem, belustigend, angenehm: *Met.* § 658.
iudicare: richten: *Eth.* § 358.

iudicare alios significatu malo: andere richten im bösen Verstande: *Eth.* § 358 / iudicare amice de aliis: ein liebreiches Urtheil von andern Leuten: *Eth.* § 349.

iudicium: Vermögen zu beurtheilen: *Met.* § 606; Beurtheilungs-Kraft: *Met.* § 608; Urtheil: *Acr. log.* § 117; *Eth.* §§ 220, 349; Entscheidung: *Acr. log.* § 352.

iudicia sensuum: das Urtheil der Sinnen: *Acr. log.* § 331 / iudiciosum: von guter Beurtheilungskraft: *Met.* § 648 / iudicium amore vacuum de aliis: ein liebloses Urtheil von andern Leuten: *Eth.* § 349 / iudicium intuitivum: Erfahrungs-Satz: *Acr. log.* § 330 / iudicium odiosum: ein gehaessiges Urtheil von andern Leuten: *Eth.* § 349 / iudicium praeceps: eine vorschnelle, übereilige Beurtheilungs-Kraft: *Met.* § 608.

ius (latius dictum) ein Recht: *Met.* § 472 / ius: Recht: *Eth.* § 316 / ius (ut facultas seu disciplina superior spectatum) [als »complexus disciplinarum de legibus civitatum particularibus«]: *Philos. gen.* § 192.

iurisperitia: die Rechtsgelehrsamkeit: *Philos. gen.* § 192 / ius naturae: Recht der Natur: *Eth.* § 316 / ius philosophandi: das Recht zu philosophiren: *Philos. gen.* § 299 / ius philosophicum cogens civitatum: das natürlich bürgerliche Zwangsrecht: *Philos. gen.* § 196 / ius (pro qualitate personae sumtum) significatu latiori (als »facultas moralis«): Recht in weiter Bedeutung: *Met.* § 971 / suum iuris naturae: das seinige eines Menschen nach dem Rechte der Natur: *Eth.* § 316.

iustitia [als »Bonitas erga personas s. spiritus proportionalis«]: Gerechtigkeit: *Met.* § 906 / iustitia [als »Habitus suum cuique tribuendi« und als »virtus erga quemvis observandi officia ipsi debita«]: *Eth.* § 317.

iustitia externa: die aeusserliche Gerechtigkeit: *Eth.* § 317 / iustitia interna: die innerliche Gerechtigkeit: *Eth.* § 317 / iustitia particularis: die besondere Gerechtigkeit: *Eth.* § 317 / iustitia remuneratoria: Belohungs-Gerechtigkeit: *Met.* § 907 / iustitia universalis: die allgemeine Gerechtigkeit: *Eth.* § 317.

iuvare [als »Caussam auxiliarem esse«]: helfen: *Met.* § 321.

iuventus [als »Prima maiorennitas naturalis adolescentis, s. ultima pars adolescentiae et prima virilis aetatis«]: das Alter eines iungen Mannes: *Eth.* § 455.

labor [als »Complexus occupationum molestarum, quibus necessitates commoditatesque vitae parentur«]: die Arbeit: *Eth.* § 281.

laboriositas [als »Habitus lubenter laborandi«]: *Eth.* § 282.

laesio: Beleidigung: *Eth.* § 316.

laesio hominis: Beleidigungen eines Menschen: *Eth.* § 316 / laesiones internae: innerliche Beleidigungen: *Eth.* § 316.

laetitia [»Gaudium ex praesenti (ob futura consectaria)«]: Frölichkeit: *Met.* § 682.

languidus (nimis remissus): matt und zu wenig thuend: *Met.* § 699.

languor (infirmitas, imbecillitas): die Schwaechlichkeit, Mattigkeit: *Eth.* § 255.

languor (infirmitas, imbecillitas) corporis: die Schwaechlichkeit, Mattigkeit des Körpers: *Eth.* § 255.

lapsus: der Fall: *Met.* § 964; Fallen: *Eth.* § 427.

labilitas (potentia labendi): Möglichkeit [des Falls]: *Met.* § 964 / lapsus memoriae: ein Irrthum des Gedaechtnisses: *Met.* § 586.

lascivia [*s. impudicitia*]: Schamlosigkeit, Unzüchtigkeit: *Eth.* § 274.

latens (indirectus, crypticus, mediatus, implicitus): versteckt: *Met.* § 13.

latitudo: Breite: *Met.* § 290.

laus [»honoris symbolum«]: Lob: *Eth.* § 137.

laxus: weit, schlaff, nachgebend: *Eth.* § 4.

nimis laxus: zu weit: *Eth.* § 183.

legitimus: erlaubt: *Acr. log.* § 302.

lemma [als »Propositio in aliis veritatum seriebus, quam in quibus nunc versamur, demonstranda«]: ein Lehn-Satz: *Acr. log.* § 178.

lenitas: die Verträglichkeit: *Eth.* § 327.

lenitudo (insensibilitas): Unempfindlichkeit: *Eth.* § 323.

leptologi: Leute, die Kleinigkeiten denken: Meier: *Anfangsgründe*, § 242.

levis: leichtsinnig: *Eth.* § 176.

levitas animi: Leichtsinn, Leichtsinnigkeit: *Eth.* § 384.

lex (norma, regula): Richtschnur, Gesetz: *Met.* § 83 / lex: Gesetz: *Philos. gen.* § 195.

legem ferre: Gesetze geben: *Met.* § 973 / leges coecae: unvernünftige und blinde Gesetze: *Philos. gen.* § 195 / leges morales: sittliche Gesetze: *Met.* § 723 / leges motus: gemeine Gesetze der Bewegung: *Met.* § 432 / leges oculatae: vernünftige Gesetze: *Philos. gen.* § 195 / legislator: Gesetzgeber: *Met.* § 973; *Eth.* § 90 / lex debilis: ein schwaches Gesetz: *Met.* § 180 / lex fortis: ein starckes Gesetz: *Met.* § 180 / lex inferior: eine niedrigere Richtschnur: *Met.* § 182 / lex superior: eine höhere Richtschnur: *Met.* § 182.

liberalitas: Freygebigkeit: *Eth.* § 375.

libertas [als *facultas volendi nolendive pro lubitu suo (liberum arbitrium)*]: die Freyheit: *Met.* § 719; *Philos. gen.* § 287.

libertas philosophice cogitandi: die Freyheit philosophisch zu denken: *Philos. gen.* § 287 / libertas philosophice loquendi: die Freyheit philosophisch zu reden: *Philos. gen.* § 287.

liber: frey: *Met.* §§ 719, 875.

licentia: die Frechheit: *Philos. gen.* § 302.

licentia philosophandi: die philosophische Frechheit: *Philos. gen.* § 302.

licitus [*licitum*: »quod non, nisi per libertatem legibus moralibus conformiter determinatam, fieri potest, strictius«]: erlaubt: *Met.* § 723.

limes (terminus, finis): der Schranken: *Met.* § 248.

limes essentialis: der wesentliche Schranken: *Met.* § 249.

lingua: Sprache: *Met.* § 350; *Philos. gen.* § 206.

lingua erudita: die gelehrte Sprache: *Philos. gen.* § 206 / lingua particularis: besondre Sprache: *Met.* § 350 / lingua universalis: die allgemeine Sprache: *Met.* § 350.

littera: Buchstabe: *Acr. log.* § 467.

litteralis: buchstäblich: *Acr. log.* § 462.

livor [»Habitus invidiae«]: der Neid: *Eth.* § 328.

locuples: ein wohlhabender Mensch [mit der Steigerung: *dives*]: *Eth.* § 285.

locus: Ort: *Met.* § 281 [als rhetorischen *terminus technicus* beläßt Poppe § 132, S. 137: *locus*].

logica: die Vernunft-Lehre: *Acr. log.* § 7.

logica naturalis: des Mannes Mutterwitz: *Acr. log.* § 10 / logica naturalis connata: der angebohrne Mutter-Witz: *Acr. log.* § 11.

logicus: logisch: *Eth.* § 343.

longitudo: Laenge: *Met.* § 290.

longanimitas (patientia iudicis): Langmuth, und richterliche Geduld: *Met.* § 916.

loquacitas [*s. loquentia*, als »intemperantia in loquendo«]: Plauderhaftigkeit: *Eth.* § 341.

loqui: reden: *Philos. gen.* § 287.

loqui philosophice [aut loquendo philosophare]: philosophisch [reden]: *Philos. gen.* § 287.

lucta (dissensus): ein Streit: *Met.* § 693.

lucta facultatis appetitivae inferioris et superioris (appetitus sensitivi & rationalis, carnis & rationis): ein Streit des obern und untern Vermögens zu begehren: *Met.* § 693.

luctus: das Trauern, Traurigkeit: *Met.* § 685.

lusus: Spiel: *Met.* 576.

lusus (foetus) ingenii: Spiele des Witzes: *Met.* § 576.

lux: Licht: *Eth.* §§ 443f.

luxuria (luxus): Schwelgerey: *Eth.* § 289.

magia [als »scientia per minus cognita praestandi quid extraordinarii«]: die Zauberkunst: *Eth.* § 393.

magia alba (theosophia pneumatica): die weisse Kunst: *Eth.* § 393 / magia nigra [»quae per pactum cum cacodaemonibus praestare doceat extraordinaria«]: *Eth.* § 394.

magnanim[u]s [»habitu magna proportionate appetendi pollens«]: grossmüthig: *Eth.* § 489.

magnificentia: Pracht: *Eth.* § 297.

magnitudo (absoluta) [als *multitudo partium seu quantitas continua*]: die Grösse des Ganzen: *Met.* § 159 / magnitudo: Grösse: *Met.* § 243.

magnitudo comparativa: eine Grösse des Ganzen und der Zahl, auch in der Vergleichung: *Met.* § 161 / magnitudo quantitativa: ausgedehnte Grösse: *Met.* § 243.

maius: das grössere: *Met.* § 160.

maledicentia [»Malignitas per orationem«]: boshaftes Reden, giftige Zunge: *Eth.* § 333.

maleferiatus: ein Taugenichts: *Eth.* § 477.
malevolentia [als *gaudium ex alterius imperfectione*]: Misgunst, Ungunst: *Met.* § 684.
malignitas [»Studium nocendi ob malevolentiam«]: Boshaftigkeit: *Eth.* § 333.
malum: das Uebel, Böse: *Met.* § 146; das böse: *Met.* § 788 / [das Böse]: *Eth.* § 184.
mala late moralia: das sittlich böse in weitrer Bedeutung: *Met.* § 788 / mala mihi: mir böse: *Met.* § 660 / mala stricte moralia (mala culpae, peccata): das sittlich böse in engrer Bedeutung: *Met.* § 788 / malum contingens (physicum late dictum): das zuffaellige Uebel, Böse: *Met.* § 146 / malum metaphysicum: das schlechterdings nothwendige Uebel, Böse: *Met.* § 146.
malus: schlecht: *Met.* § 639; böse: *Met.* § 912; übel: *Acr. log.* § 402.
mancus: unvollständig: Frobesius: *Christiani Wolfii Philosophia sive Logica*, Index.
manifestus: offenbahr: *Eth.* § 111.
mansuetudo: Sanftmuth: *Eth.* § 323.
mantica [»Characteristica prognosticorum«]: die Kunst der Vorbedeutungen: *Met.* § 349.
masculus (proportionalis, gravis): männlich, stark, reif: *Eth.* § 176 / masculus: maennlich: *Eth.* § 279.
materia: Grund-Stoff: *Met.* § 423; Innhalt: *Acr. log.* § 231.
materia circa quam (obiectum, subiectum occupationis): der Gegenstand: *Met.* § 344 / materia ex qua: der Stoff, der Zeug: *Met.* § 344 / materia prima: ein allererster Grund-Stoff: *Met.* § 423.
materialis: materiell: *Eth.* § 202.
mathematicus (Adj.): mathematisch: *Met.* § 248.
mathematice infinitus: unendlich scheinend: *Met.* § 248 / mathesis intensorum: Wissenschaft unausgedehnter Grössen: *Met.* § 249.
maturitas: das Reife: *Met.* § 608.
maturitas iudicii: das Reife der Beurtheilungs-Kraft: *Met.* § 608.
maximum: das grösseste: *Met.* § 161.
medicinalis: heilsam, bessernd: *Eth.* § 464.
mediocritas: Mittelmaessigkeit: *Eth.* § 170.
mediocritas moralis: die goldne Mittelmaessigkeit: *Eth.* § 170.
meditatio [als »cogitatio rei methodica«]: etwas überdenken: *Acr. log.* § 294.
meditatio communis (vulgaris): das gewöhnliche oder gemeinere Ueber- oder Nachdenken: *Acr. log.* § 295.

mediatus (ulterior, remotus): mittelbar und entfernt: *Met.* § 27.

mediator: ein Mittler, Vermittler: *Eth.* § 315.

medium: Mittel: *Met.* § 341.

medius: mittlerer: *Met.* § 876.

melancholicus: schwermüthig: *Met.* § 688.

membrum: Glied: *Acr. log.* § 152.

membra disiuncta: Trennungs-Glieder: *Acr. log.* § 152.

memoria [als *facultas reproductas perceptiones recognoscendi*]: Gedaechtniss: *Met.* § 579 / memoria: Andenken: *Met.* § 582.

aliquid in memoriam revocare: das Andenken von etwas erneuern: *Met.* § 582 / memoria bona & felix: ein gutes und glückliches Gedaechtniss: *Met.* § 585 / memoria capax: ein faehiges Gedaechtniss: *Met.* § 585 / memoria diffusa (dives, vasta): ein weitlaeuftiges Gedaechtniss: *Met.* § 585 / memoria fida: treu[es Gedaechtniss]: *Met.* § 586 / memoria firma: ein vestes und zuverlaessiges Gedaechtniss: *Met.* § 585 / memoria prompta: ein fertiges Gedaechtniss: *Met.* § 585 / memoria tenax: ein dauerhaftes Gedaechtniss: *Met.* § 585 / memoria tenere: etwas noch im Gedaechtniss haben: *Met.* § 582 / memoria vegeta: ein frisches Gedaechtniss: *Met.* § 585 / memoriae mandare: in das Gedaechtniss fassen: *Met.* § 581 / memoriosus: von gutem Gedaechtniss: *Met.* § 648.

mendacium: Lüge: *Eth.* § 344.

mendacia iocosa: eine Lüge zum Spass: *Eth.* § 344 / mendacia necessitatis: eine Nothlüge: *Eth.* § 344 / mendacia o[f]ficiosa: eine dienstfertige Lüge: *Eth.* § 344 / mendacium externum: eine aeusserliche Lüge: *Eth.* § 344 / mendacium internum: eine innerliche Lüge: *Eth.* § 344.

mendax: ein Lügner, ein lügenhafter Mensch: *Eth.* § 344.

mens: Gesinnung: *Eth.* § 149; Gemüth: *Eth.* § 276.

mens introrsum versa: ein in sich selbst gekehrtes Gemüth[,] die Einkehr in sich selbst: *Eth.* § 276.

mensura: das Maass: *Met.* § 291.

mensuratum: das gemessene: *Met.* § 291.

mere: bloss: *Met.* § 54.

mere possibile [*non ens (nihil) privativum*]: das bloss mögliche, ein mögliches Nichts: *Met.* § 54.

metaphysicus: metaphysisch: *Met.* § 89; schlechterdings nothwendig: *Met.* § 146.

methodus: Methode: *Acr. log.* §§ 295 f., 298.

methodus ingenii: die Methode des Witzes: *Acr. log.* § 295 / methodus mathematica: die strengere Methode der Wissenschaften: *Acr. log.* § 298 / methodus

rationis [»qua cogitationes sibi succedunt sic, uti una ex altera deducitur«]: *Acr. log.* § 296.

metiri: messen: *Met.* § 291.

metricus: gebunden: *Philos. Briefe*, 11. Schreiben, S. 31.

metrum: Metrum: *Philos. Briefe*, 11. Schreiben, S. 31.

metus [als »Tristitia ex futuro incertiori«, mit den Steigerungen *timor* und *horror*]: Besorgniss, Kummer: *Met.* § 686.

micrologi: Leute, die Kleinigkeiten denken: MEIER: *Anfangsgründe*, § 242.

minae: Droungen: *Met.* § 728.

minimum: das kleinste: *Met.* § 161.

minuere: vermindern: *Met.* § 162.

minus: das kleinere: *Met.* § 160.

minutiae: Kleinigkeiten: *Eth.* § 196.

miraculum [als »Eventus supernaturalis, qua spectatur ut extraordinarius«]: ein Wunder, Wunderwerk: *Met.* § 474.

miracula emendantia: ausbessernde Wunder: *Met.* § 497 / miracula quoad nos: Wunder nach der Fassung des Wahrnehmenden: *Met.* § 478 / miracula supplentia: ergaentzende Wunder: *Met.* § 497.

miseria: Elend: *Met.* § 788.

misericordia: Barmherzigkeit, das Erbarmen: *Met.* § 684.

mitis: gelind: *Eth.* § 325.

mixtus: gemischt: *Met.* § 679.

modestia [als »Temperantia in appetendo honore«]: Bescheidenheit: *Eth.* § 296.

modificatio [als *mutatio modi*]: eine innre Veränderung: *Met.* § 209 [Gegenbegriff: *variatio* als *mutatio relationis*].

modus: Zufaelligkeit: *Met.* §§ 50, 827; Art: *Acr. log.* § 276.

modus ponendo tollens: die Art, so setzend aufhebt: *Acr. log.* § 275 / modus ponens: die setzende Art: *Acr. log.* § 271 / modus tollendo ponens: die Art, so aufhebend setzt: *Acr. log.* § 276 / modus tollens: die aufhebende Art: *Acr. log.* § 272.

moestitia (moeror) [*tristitia ex praesenti*]: der Harm, das Haermen: *Met.* § 685.

molestus: beschwerlich: *Met.* § 658.

mollities animi [»Excessus in aversandi«]: Weichlichkeit: *Eth.* § 249.

moralis: sittlich: *Met.* §§ 723, 787, 967; *Eth.* §§ 161, 345; moralisch: *Eth.* § 281.

moralis late dictum: sittlich in weiterer Bedeutung: *Met.* § 723 / moralis stricte: sittlich in engerer Bedeutung: *Met.* § 787 / moraliter: sittlich: *Eth.* §§ 159, 343 / moraliter dormire: sittlich schlafen: *Eth.* § 159 / moraliter evigilare: sittlich erwachen: *Eth.* § 159 / moraliter falsus: sittlich falsch: *Eth.* § 343 / moraliter necessarius latius: sittlich nothwendig in weiterer Bedeutung: *Met.* § 723 / moraliter necessarius strictius: sittlich nothwendig in engerer Bedeutung: *Met.* § 723 / moraliter obdormire: sittlich einschlafen: *Eth.* § 159.

morbus [als »Sanitatis oppositum in corpore vivo«]: Kranckheit: *Eth.* § 253.

morbus lethalis [»ex quo mortem sequi physice necessarium est«]: eine tödtliche Kranckheit: *Eth.* § 257.

mores: Sitte: *Eth.* § 382/ mos: eine Weise: *Eth.* § 140.

mores hominum arbitrarii: Sitten: *Eth.* § 140.

morosus (tetricus, acerbus, tristis, rigoristicus): mürrisch, rauh: *Eth.* § 6.

mors: Tod: *Met.* §§ 430, 556; *Eth.* §§ 252, 262; das Sterben: *Eth.* § 262.

mors immatura: frühzeitiger Tod, ein zu früher Tod: *Eth.* § 252 / mors philosophica: der philosophische Tod, das philosophische Sterben: *Eth.* § 262.

mortalis [*mortale*: »quod potest mori«]: sterblich: *Met.* § 781.

mortalitas [»possibilitas moriendi«]: Sterblichkeit: *Met.* § 781.

mortuus: todt: *Met.* § 220.

morsus: Biss: *Eth.* § 184.

morsus conscientiae: Gewissens-Bisse: *Eth.* § 184.

motus [als »mutatio loci«] Bewegung: *Met.* §§ 283/ motus: Bewegung: *Eth.* § 437.

motrix: bewegend: *Met.* § 294 / motus corporis arbitrarii: willkührliche Bewegungen des Leibes: *Met.* § 733 / motus corporis voluntarii: freywillige Bewegungen des Leibes: *Met.* § 733 / motus evanescens: eine unmerklich werdende, oder verschwindende Bewegung: *Met.* § 417 / motus particularis: eine besondre Bewegung: *Met.* § 417.

movens (afficiens, tangens, ardens, pragmaticus, practicus, vivus latius): rührend, bewegend, thaetig, wircksam: *Met.* § 669.

multiplicitas: Mannigfaltigkeit: *Eth.* § 108.

multiplicitas viarum impia: gottlose Mannigfaltigkeit der Wege: *Eth.* § 108.

multitudo (pluralitas): die Vielheit, Mehrheit: *Met.* § 74.

multitudo comparativa: eine Menge: *Met.* § 161.

multus: viel: *Met.* § 74.

mundus (universum, πᾶν): die ganze Welt: *Met.* § 354/ mundus: die Welt: *Met.* § 869.

mundus fabulosus (als »Somniorum aggregatum«): das Land der Wünsche: *Met.* § 91 / mundus fabulosus: die fabelhafte Welt: MEIER: *Baumgartens Metaphysik*, § 71 / mundus intelligibilis: die Welt, als ein Gegenstand des Verstandes: *Met.* § 869 / mundus sensibilis (adspectabilis): die Welt, als ein Schauspiel der Sinnlichkeit: *Met.* § 869.

murmuratio: Murren: *Eth.* § 81.

murmuratio contra deum: Murren gegen Gott: *Eth.* § 81.

mutabilis (variabilis): veraenderlich: *Met.* § 125.

mutabilitas: Veraenderlichkeit: *Met.* § 127.

mutare: veraendern: *Met.* § 125.

mutatio: Veraenderung: *Met.* §§ 125f.

mutatio externa: eine aeussre Veraenderung: *Met.* § 126 / mutatio interna: eine innre Veraenderung: *Met.* § 126 / mutationes harmonicae: übereinstimmende Veraenderungen: *Met.* § 448.

mutuus: gegenseitig: *Eth.* § 312.

nasus (gustus significatu latiori, sapor, palatum): der Geschmack in weiterer Bedeutung: *Met.* § 607.

nasutus: ein naseweiser Mensch: *Eth.* § 350.

natura: Natur: *Eth.* § 316.

naturalis: natürlich: *Eth.* §§ 180, 275 / naturalis: natürlich, ungezwungen, ungekünstelt: *Eth.* § 336.

necessarius: nothwendig: *Met.* § 266; *Eth.* § 381.

necessitas: die Nothwendigkeit, Nothdurft: *Eth.* § 277.

necessitates vitae: die Nothwendigkeiten, Nothdurft des Lebens: *Eth.* § 277 / necessitatio (coactio): die Nöthigung: *Met.* § 701 / necessitatio externa (coactio ab extra): die aeussre Nöthigung: *Met.* § 707 / necessitatio interna (coactio): die innre Nötigung: *Met.* § 710 / necessitatio interna absoluta: die innre wesentliche Nöthigung: *Met.* § 710 / necessitatio interna physica: inn[re] natürlich[e] Nöthigung: *Met.* § 710.

negatio: Verneinung: *Met.* § 137; *Acr. log.* § 123.

negatio stricte dicta (ens negativum stricte dictum): eine Verneinung in engerer Bedeutung: *Met.* § 137.

negativus: verneinend: *Met.* § 135.

negligentia: Vernachlaessigung: *Eth.* § 300.

neglectio: unbekant [sein]: *Eth.* § 481 / negligentia tui ipsius: Vernachlaessigung seiner selbst: *Eth.* § 300.

negotium: Geschaeft: *Eth.* § 267.

nexus: der Zusammenhang, die Verknüpfung: *Met.* § 14; Verbindung: *Met.* § 403.

nexus caussalis [»Inter caussam & caussatum«]: Zusammenhang der Ursachen: *Met.* § 313 / nexus effectivus [»inter caussam efficientem, deficientem & effectum«]: Zusammenhang der Ursachen und Wirkungen: *Met.* § 335 / nexus pneumaticus [»spirituum alicuius mundi inter se«]: Verbindung der Geister: *Met.* § 403 / nexus significativus [»inter signum & signatum«]: der Zusammenhang der Zeichen: *Met.* § 347 / nexus (harmonia) universalis: ein allgemeiner Zusammenhang: *Met.* § 48 / nexus usuum: Zusammenhang der Nutzen: *Met.* § 339 / nexus utilitatis: Zusammenhang der Nutzbarkeiten: *Met.* § 338.

niger: schwartz: *Eth.* § 394.

nitor (splendor): das schimmernde: *Met.* § 531; [d]ie grössere Klarheit: *Philos. gen.* § 40.

nitor (splendor) cogitationum & orationis: das schimmernde der Erkenntniss und Rede: *Met.* § 531.

nobilitas (pondus, gravitas, dignitas): Wichtigkeit: *Met.* § 166.

nodus: Knoten: MEIER: *Anfangsgründe*, § 110.

norma (regula, lex): Richtschnur, Gesetz: *Met.* § 83.

notio [als »conceptus communis«]: ein mehrern gemeiner Begriff: *Acr. log.* § 44.

notio obiective universalis: ein allgemeiner Begriff in Absicht auf den Inhalt: *Acr. log.* § 49 / notio particularis: ein besondrer Begriff in Absicht auf den Inhalt: *Acr. log.* § 49.

noxius: schaedlich: *Met.* § 336.

nugae vere tales: wahre Kleinigkeiten und Narrenspossen: MEIER: *Anfangsgründe*, § 69.

numerare: zehlen: *Met.* § 697.

numerus (absolutus) [als *multitudo totorum seu quantitas discreta*]: eine Zahl: *Met.* § 159.

numerus fractus (fractio, minutia): ein Bruch: *Met.* § 159 / numerus integer: eine ganze Zahl: *Met.* § 159 / numerus oratorius latius dictus: eine abgemeßne Mischung langer und kurtzer Sylben, das Sylben-Maaß: *Philos. Briefe*, 11. Schreiben, S. 30 / numerus oratorius stricte dictus: das ungebundne Sylben-Maaß, welches die Alten Rhythmus nannten: *Philos. Briefe*, 11. Schreiben, S. 30-31.

obedire: gehorchen: *Eth.* § 90.

inobedientia erga deum: Ungehorsam gegen Gott: *Eth.* § 91 / obedientia cum

honore superioris, s. submissione summa: allerunterthänigste[r] Gehorsam: *Eth.* § 90 / obedientia deditissima: ergebenste[r] Gehorsam: *Eth.* § 90 / obedientia universalis: allgemeine[r] Gehorsam: *Eth.* § 90 / obedire legislatori: (dem Gesetzgeber) gehorchen: *Eth.* § 90.

obiective: an sich selbst: *Met.* § 654 / [»absolute et«] obiective: an und vor sich, schlechterdings: *Acr. log.* § 20.

obiectum: Gegenstand: *Met.* § 894.

obligare alios sibi [strictissime]: andere sich verbinden, oder verbindlich machen: *Eth.* § 381.

obligatio [»Necessitatio moralis«]: Verbindung, Verpflichtung: *Met.* § 723.

oblivio [als »impotentia reproductam perceptionem recognoscendi«]: Vergessenheit: *Met.* § 582.

obliviositas [als »Insignis bonae memoriae defectus«]: Vergesslichkeit. *Met.* § 586.

oblivisci: vergessen: *Met.* § 582.

obscuratio: Verdunkelung, Beleidigung: *Eth.* § 25.

obscurationes gloriae divinae: Verdunkelungen der Ehre, Beleidigungen Gottes: *Eth.* § 25.

obscuritas (tenebrae): Dunkelheit: *Met.* § 514.

obscurus: [d]unckel: *Acr. log.* § 20.

obscurus absolute et obiective: an und vor sich, schlechterdings [d]unckel: *Acr. log.* § 20 / obscurus relative et subiective: diesem oder ienem Dunckel: *Acr. log.* § 20.

observabilia (phaenomena) [»quae per sensus possumus cognosere (confusius)«]: das wahrzunehmende: *Met.* § 425.

observatio: Beobachtung: *Acr. log.* § 329.

obtusus: stumpf: *Met.* § 578.

occasio: Gelegenheit: *Met.* § 323.

occasionalis: gelegentlich: *Met.* § 323.

occupatio [homo occupatur]: Beschäftigung, ein Mensch hat was zu thun: *Eth.* § 267.

oculatus: sehend: *Eth.* § 194.

odium: Hass: *Met.* § 687.

odium poenitentiale: der bereuende Hass der Sünde: *Eth.* § 430 / odium religiosum (intolerantismus): Religionshass: *Eth.* § 368.

odiosus: gehaessig: *Eth.* § 349.

oeconomica (chrematistica) [»s. ars aquirendarum conservandarumque opum«]: die Wirthschaftskunst: *Eth.* § 286.

officium: Pflich[t]: *Eth.* §§ 22, 301.

inofficiositas: Undienstfertigkeit: *Eth.* § 366 / officia erga alia: die Pflichten gegen andere Dinge: *Eth.* § 301 / officia erga animam: die Pflichten gegen die Seele: *Eth.* § 201 / officia erga deum: Pflichten gegen Gott: *Eth.* § 22 / officia erga te ipsum: Pflichten gegen dich selbst: *Eth.* § 150 / officia humanitatis: dienstleistende Pflichten: *Eth.* § 365 / officia vulgaris humanitatis: die Pflichten der gewöhnlichen Dienstleistungen: *Eth.* § 365 / officiositas: Dienstfertigkeit: *Eth.* § 366 / officiosus: dienstfertig: *Eth.* § 344.

omnimodus: durchgaengig, völlig, vollstaendig: *Met.* § 148.

omnipotentia [als »vis actuandis omnibus sufficiens«]: Allgewaltigkeit: *Met.* § 832.

omniscientia [»scientia omnium«]: Allwissenheit: *Met.* § 889.

ontologia (ontosophia, metaphysica, metaphysica universalis, architectonica, philosophia prima) [»scientia praedicatorum entis generaliorum«]: [d]ie Grund-Wissenschaft: *Met.* § 4 / ontologia: die Grundwissenschaft: *Acr. log.* § 7.

opinio [als »assensus nobis incerto datus«]: eine Meinung: *Acr. log.* § 397.

opinio praeconcepta (praeiudicium significatu malo): ein Vorurtheil: *Acr. log.* § 384.

opes: ein gutes oder grosses aeusserliches Vermögen: *Eth.* § 285.

opponens: der Opponente: Meier: *Auszug aus der Vernunftlehre*, § 514.

optare: wünschen: *Eth.* § 93.

optimum: [d]as Beste: *Met.* § 187.

opus operatum: die bloss aeussre Werkheiligkeit: *Eth.* § 115.

operativus: wirksam: *Met.* § 815.

oratio (latius dicta): Rede: *Met.* § 350 / oratio: Rede: *Philos. Briefe*, 11. Schreiben, S. 31.

oratio metrica: gebunden[e] Rede [»Eine Rede, darin ein Metrum beobachtet«]: *Philos. Briefe*, 11. Schreiben, S. 31 / oratio vividis repraesentationibus praegnans: [e]ine [lebhafte] Rede: *Philos. Briefe*, 11. Schreiben, S. 31 / oratoria: die Kunst wohl zu sprechen: *Met.* § 622.

ordinarius: ordentlich: *Met.* § 384.

ordo: Ordnung: *Met.* § 78.

inordinatio (confusio): Unordnung und Verwirrung: *Met.* § 78 / inordinatus: unordentli[ch]: *Met.* § 384; *Eth.* § 194 / ordinatus: wohlgeordnet: *Eth.* § 194 / ordo compositus: [e]ine zusammengesetzte Ordnung: *Met.* § 88 / ordo lucidus: Ordnung: *Philos. Briefe*, 11. Schreiben, S. 29 / ordo simplex: [e]ine einfache Ordnung: *Met.* § 88.

origo [»Initium naturae«]: Erzeugung: *Met.* § 430.
ortus [»mutatio ex non existente in existens«]: das Entstehn: *Met.* § 227.
ortus ex nihilo: das aus nichts entstehn: *Met.* § 228.
ostentatores pietatis: scheinheilige Prahler: *Eth.* § 121.
otiosus: ruhig: *Eth.* § 476.
otium [als »status homini non occupati«]: Musse: *Eth.* § 267.
homo otiatur: ein Mensch hat nichts zu thun: *Eth.* § 267 / otium comparativum: die Musse vergleichungsweise genommen: *Eth.* § 267.

palpabilis: handgreiflich: MEIER: *Anfangsgründe*, § 154.
paralogismus [als »Syllogismus peccans in forma«]: ein Fehl-Schluss: *Acr. log.* § 385.
paraphrasis: eine [U]mschreibung: *Acr. log.* § 484.
parenthyrsus: ausschweifende, ausgelassene und brausende Art zu denken: MEIER: *Anfangsgründe*, § 252.
pars: Theil: *Met.* § 155.
pars actualis: ein würklicher Theil: *Met.* § 155 / pars potentialis: ein möglicher Theil: *Met.* § 156.
parsimonia [als »Temperantia in servandis opibus«]: die Sparsamkeit: *Eth.* § 289.
partialis: zum Theil stattfindend: *Met.* § 267; zum Theil: *Eth.* § 263 /
partialiter: zum Theil: *Met.* § 525.
partialitas: Partheylichkeit: *Eth.* § 305.
particularis: besondre: *Met.* § 417; besondrer: *Acr. log.* §§ 49, 141; besondere: *Eth.* § 317.
partitio [als » Enumeratio conceptuum in altero contentorum«]: Theilung, Zerfällen: *Acr. log.* § 96.
parvitas: Kleinigkeit: *Met.* § 161.
passio [»mutatio status, & in genere actuatio accidentis in substantia, per vim alienam«]: Leiden: *Met.* § 210 / passio: ausschweifende Liebe: *Eth.* § 256.
passio athletica: die ausschweifende Liebe zur Stärke: *Eth.* § 256 / passio composita: ein zusammengesetztes Leiden: *Met.* § 215 / passio dominans: der Hang: *Met.* § 732 / passio histrionica: die ausschweifende Liebe zur Behendigkeit des Körpers: *Eth.* § 256 / passio simplex: ein einfaches Leiden: *Met.* § 215.
patens (directus, immediatus et explicitus): offenbahr: *Met.* § 13.
patientia: Geduld: *Met.* § 916; *Eth.* § 249; Erduldung: *Eth.* § 325.

patientia iudicis (longanimitas): richterliche Geduld, Langmuth: *Met.* § 916 / patientia mitis iniuriarum: die gelinde Erduldung des Unrechts: *Eth.* § 325.

patronus: Freund: *Met.* § 783.

patroni lethaei poculi: Freunde des Bechers der Vergessenheit: *Met.* § 783.

paucitas: Wenigkeit: *Met.* § 74.

pauper: ein armer Mensch: *Eth.* § 285.

Friede: *Eth.* § 315.

pacificum: friedfertig: *Eth.* § 315 / pax externa: aeusserlicher Friede: *Eth.* § 315.

peccatum: Sünde: *Eth.* § 151.

peccata contra animam: die Sünden wider die Seele: *Eth.* § 201 / peccata contra te ipsum: Sünden gegen dich selbst: *Eth.* § 151 / peccator: Sünder: *Met.* § 909.

pecunia: aeusserliches Vermögen: *Eth.* § 285.

penetrans: durchdringend: *Met.* § 606.

perceptio: Vorstellung: *Met.* § 514 / perceptio [seu repraesentatio:] Vorstellung: *Acr. log.* § 3.

perceptio (secundaria) adhaerens: die Neben-Vorstellung: *Met.* § 530 / perceptio complexa: eine gehaeufte Vorstellung: *Met.* § 530 / perceptio [& vis eius] convincens: [eine Vorstellung] von überzeugender Kraft und Wircksamkeit: *Met.* § 531 / perceptio [& vis eius] explicans (declarans): [eine Vorstellung,] die die entdeckt, anzeigt, woraus erhellt: *Met.* § 531 / perceptio extensive distinctior: eine Vorstellung von verbreiteter Deutlichkeit: *Met.* § 634 / perceptio [& vis eius] illustrans (pingens): [eine Vorstellung,] die erlaeutert, aufhellt: *Met.* § 531 / perceptio involvitur: eine Vorstellung wird verdunckelt: *Met.* § 599 / perceptio negativa: verneinende Vorstellung: *Met.* § 525 / perceptio [& vis eius] persuasoria: [eine Vorstellung] von überredender Kraft und Wircksamkeit: *Met.* § 531 / perceptio positiva: bejahende Vorstellung: *Met.* § 525 / perceptio primaria: die Haupt-Vorstellung: *Met.* § 530 / perceptio [& vis eius] probans: [eine Vorstellung,] die beweist, wahrmacht: *Met.* § 531 / perceptio producitur (evolvitur): eine Vorstellung wird hervorgebracht: *Met.* § 599 / perceptio (intensive distinctior) purior: eine reinere Vorstellung: *Met.* § 634 / perceptio reproducitur (recurrit): eine Vorstellung wird wieder hervorgebracht, erneuert: *Met.* § 599 / perceptio [& vis eius] resolvens (evolvens): [eine Vorstellung,] die aufschließt, aus einander setzt, entwickelt: *Met.* § 531 / perceptio totalis: die gantze Vorstellung: *Met.* § 514 / perceptio vivida: eine lebhafte Vorstellung: *Met.* § 531 / perceptiones partiales: [die Vorstellung] jener Theile [der gantzen Vorstellung]: *Met.* § 514 / perceptiones partialiter negativae: zum Theil verneinende Vorstellungen: *Met.* § 525 / perceptiones

praegnantes [»plures in se continentes«]: vielsagende Vorstellungen: *Met.* § 517 / perceptiones sociae: vergesellschaftete Vorstellungen: *Met.* § 516 / perceptiones totaliter negativae: völlig verneinende Vorstellungen: *Met.* § 525.

perfectio: Vollkommenheit: *Met.* § 94; *Eth.* § 202.

perfectio accidentalis: ausserwesentliche [Vollkommenheit]: *Met.* § 98 / perfectio composita: eine zusammengesetzte [Vollkommenheit]: *Met.* § 96 / perfectio externa: aeussre [Vollkommenheit]: *Met.* § 98 / perfectio facultatum in anima formalis: die formelle Vollkommenheit der Vermögen der Seele: *Eth.* § 202 / perfectio facultatum in anima materialis: die materielle Vollkommenheit der Vermögen der Seele: *Eth.* § 202 / perfectio interna: innre [Vollkommenheit]: *Met.* § 98 / perfectio simplex: eine einfache [Vollkommenheit]: *Met.* § 96 / perfectio transcendentalis: wesentliche [Vollkommenheit]: *Met.* § 98 / perfectiones operativae: wirksame Vollkommenheiten: *Met.* § 815 / perfectiones quiescentes: ruhende Vollkommenheiten: *Met.* § 815.

perfectus: vollkommen: *Eth.* § 493.

periculum [*occasio malorum*]: Gefahr: *Eth.* § 257.

pericula vitae: Lebensgefahren: *Eth.* § 251.

periodus [»punctum concinne amplificatum«]: Period: *Philos. Briefe*, 11. Schreiben, S. 30.

permissio [»Non impeditio«]: Zulassung: *Met.* § 969.

persecutio: Verfolgung: *Eth.* § 369; *Philos. gen.* § 330.

persona: *Eth.* § 275.

personae solutae: unverehelichte Personen: *Eth.* § 275.

perspicacia [»acutum ingenium«]: eine artige oder feine Einsicht: *Met.* § 573.

perspicuitas: die Fasslichkeit, Verstaendlichkeit: *Met.* § 531; [d]ie Deutlichkeit: *Philos. gen.* § 41.

persuasio [als *certitudo sensitiva*]: [U]eberredung: *Met.* § 531; *Acr. log.* § 402.

persuasio bona: Ueberredung: *Eth.* § 449 / persuasio mala: eine üble [U]eberredung: *Acr. log.* § 402.

persuasorius: von überredender Kraft und Wircksamkeit: *Met.* § 531.

pertinax: halsstarrig: *Met.* § 699.

petere aliquid ab aliquo: etwas von iemand bitten: *Eth.* § 93.

petitio quaesiti (principii): die Voraussetzung der Frage: *Acr. log.* § 392 / petitio strictius dicta: Bitte in engrer Bedeutung: *Eth.* § 94.

phaenomenon substantiatum: das vor sich zu bestehn scheinende: *Met.* § 193.

phantasia: Einbildungskraft: *Met.* § 571.

phantasia effraenis: eine ausschweifende Einbildungskraft: *Met.* § 571 / phantasia subacta: eine wohlgeordnete Einbildungskraft: *Met.* § 571.

phantasma (imaginatio, visum, visio): eine Einbildung: *Met.* § 557.

phantasmata vana: leere Einbildungen: *Met.* § 571.

philosophia: Weltweisheit: *Philos. gen.* § 175.

philosophemata externe innocentia: äusserlich unschuldige philosophische Gedanken: *Philos. gen.* § 305 / philosophemata omnino innocentia: ganz und gar unschuldige philosophische Gedanken: *Philos. gen.* § 305 / philosophia spiritualis: die geistliche Weltweisheit: *Philos. gen.* § 175.

philosophicus: philosophisch: *Eth.* § 262; *Philos. gen.* § 180.

philosophice cogitare (cogitando philosophari): *Philos. gen.* § 287 / philosophice loqui (loquendo philosophari): philosophisch reden: *Philos. gen.* § 287.

philotimia: Ehrliebe: *Eth.* § 293.

phlegma morale significatu bono: kaltes Blut: *Eth.* § 249 / phlegma morale significatu malo: Mangel der Begierden: *Eth.* § 249.

phrasis: Redens-Art: WOLFF: *Kleine Schriften*, S. 222.

physicus: natürlich: *Met.* § 710.

pietas [als »Habitus actionum piarum«]: Frömmigkeit: *Eth.* § 22 / pietas: Dienst Gottes: *Eth.* § 101; Gottseligkeit: *Eth.* § 109; Gottseeligkeit: *Eth.* § 121.

pietatis pudere: sich der Gottseeligkeit schämen: *Eth.* § 121.

piger: faul: *Eth.* § 85.

pigritia: [als »Habitus laborem debitum molliter aversandi«]: *Eth.* § 282.

pius (religiosus latius dictus): fromm, gottseelig: *Eth.* § 22 / pius: fromm: *Eth.* § 102; gottselig: *Eth.* § 103.

placabilitas: die Versöhnlichkeit: *Eth.* § 326.

placere: ge[fallen]: *Met.* § 651.

placentia (blanditiae) morum: schmeichelhafte Sitten: *Eth.* § 382.

planus: eben: *Met.* § 289.

plebeius: pöbelhaft: MEIER: *Auszug aus der Vernunftlehre*, § 74.

plenus: völlig: *Met.* §§ 330, 671, 971; völlig, gaentzlich: *Met.* § 862.

plenarie: völlig: *Eth.* § 107.

pluralitas (multitudo): Mehrheit, Vielheit: *Met.* § 74.

poculum: Becher: *Met.* § 783.

poema [»carmen congruens«]: ein Gedicht: *Philos. Briefe*, 11. Schreiben, S. 31.

poena [»malum contingens personae ob malum morale illatum«]: Strafe: *Met.* § 908 / poena: Strafe: *Eth.* § 464.

poena medicinalis: eine heilsame, bessernde Strafe: *Eth.* § 464.

poenitentia [»luctus ex facto lugentis«]: die Reue: *Met.* § 685.

poetica universalis: allgemein[e] Dichtkunst: *Met.* § 622.

politus: verbessert, angebauet: *Eth.* § 403 [Gegenbegriff: *rudis*].

pompa [als »Sumtuositas ambitiosa«]: übertriebener Pracht: *Eth.* § 298.

ponderare: erwegen: *Met.* § 697.

pondus (gravitas, dignitas, nobilitas): Wichtigkeit: *Met.* § 166.

ponere: setzen: *Acr. log.* § 151.

ponens: setzend: *Acr. log.* § 271.

popularitas (facilitas) morum: ein verbindliches Betragen: *Eth.* § 382.

positivus: bejahend: *Met.* § 525.

positus [als »Respectus entis ex coniunctione eius cum aliis determinatus«]: Stelle: *Met.* § 85.

pro positu corporis: nach der Stelle [des] Leibes: *Met.* § 512.

possibilis: möglich: *Met.* § 8.

possibilia alicuius mundi: das Mögliche einer gewissen ganzen Welt: *Met.* § 377 / possibilis hypothetice (respective, relative, extrinsecus, per aliud, et secundum quid): bedingt, aeusserlich möglich: *Met.* § 16 / possibilis in se (intrinsecus absolute per se, simpliciter): an und vor sich, innerlich, unbeding[t] möglich: *Met.* § 15.

posterius: das [S]paetere der Zeit nach: *Met.* § 300.

postremum: das [L]etzte der Zeit nach: *Met.* § 300.

postulatum: Heischesatz [als *propositio indemonstrabilis practica* in Abgrenzung zu *axioma* als *propositio indemonstrabilis theoretica*]: *Acr. log.* § 169.

potentia [als »Vis alicui actuando sufficiens«]: Gewalt: *Met.* § 832.

potentialis [in Abgrenzung zu *actualis*]: *Met.* § 156.

potestas: Gewalt: *Met.* § 708; Herrschaft: *Met.* § 971; Vermögen: *Philos. gen.* § 299.

potestas philosophandi naturalis: das natürliche Vermögen zu philosophiren: *Philos. gen.* § 299 / potestas philosophandi civilis s. politica: das bürgerliche und politische Vermögen zu philosophiren: *Philos. gen.* § 299 / potestas plena: völlige Herrschaft: *Met.* § 971.

practicus: practisch: *Philos. gen.* § 233.

praeceps: vorschnell, übereilig: *Met.* § 608.

praedicatum [als »Conceptus et terminus, qui subiecto convenire vel

repugnare iudicatur aut enunciatur«]: der Nachbegriff, das zweite Hauptglied: *Acr. log.* § 120.
praeexistentianus: ein Freund des Vorherdaseyns: *Met.* § 770.
praeferre [unum alteri]: [etwas] vorziehn: *Met.* § 697.
praegnans: vielsagend: *Met.* § 517.
praeiudicium: Vorurtheil: *Philos. gen.* § 283.
praeiudicia philosophica: philosophische Vorurtheile: *Philos. gen.* § 283 / praeiudicium significatu malo (praeconcepta opinio): ein Vorurtheil: *Acr. log.* § 384.
praemissa (datum, sumtio): Vorder-Satz: *Acr. log.* § 206.
praemissa maior: der Obersatz: *Acr. log.* § 221 / praemissa minor: der [U]ntersatz: *Acr. log.* § 221.
praemium (remuneratio) [als »bonum contingens personae ob bonum morale collatum«]: eine Belohnung, Lohn: *Met.* § 907.
praeoccupari: für und wider iemanden eingenommen seyn: *Eth.* § 351.
praesagire: etwas erwarten: *Met.* § 610.
praesagitio (significatu latiori) [als *facultas praesagiendi*]: das Vermögen etwas zu erwarten: *Met.* § 610 / praesagitio & praesagia latius dicta: Ahndungen und das Vermögen sich etwas ahnden zu lassen: *Met.* § 610.
praesagium: Erwartung und Ahndung: *Met.* § 617.
praesagia latius dicta: das Vermögen etwas zu erwarten überhaupt: *Met.* § 610 / praesagia strictius dicta & praesagitio: Ahndungen und das Vermögen sich etwas ahnden zu lassen: *Met.* § 610 / praesagia vana: leere Erwartungen und Ahndungen: *Met.* § 617.
praescindere: [t]rennen und [a]bsondern: *Met.* § 589.
praesens: gegenwaertig, zugegen: *Met.* § 223.
praesens intime: auf das genaueste gegenwaertig: *Met.* § 955.
praesentia: Gegenwart: *Met.* § 223.
praestigiae [»artificia fallendorum sensuum«]: Blendwerk der Sinne: *Met.* § 547.
praestigiae efficaces: kraeftig[es] Blendwerk der Sinne: *Met.* § 547 / praestigiae inefficaces: unkraeftig[es] Blendwerk der Sinne: *Met.* § 547.
praesumere: [v]orher vermuthen: *Met.* § 612.
praeteritus: vergangen: *Met.* § 297.
praevisio [als »Repraesentatio status mundi, hinc status mei, futuri«]: die Vorhersehung, das Vorhersehen, Vorausbemerken: *Met.* § 595 / praevisio: das Vorherbemerkte, die Vorhersehung: *Met.* § 605.
praevisio fallax: das betrügliche Vorhersehn: *Met.* § 605 / praevisio impletur: das Vorherbemerkte trift ein, die Vorhersehung wird erfüllt: *Met.* § 605.

precari: beten: *Eth.* § 95.

precari continuo: ununterbrochen [b]eten, das beständige Gebet: *Eth.* § 95 / precarius: erbettelt: *Acr. log.* § 354.

prex: Gebet: *Eth.* § 94.

preces battologicae: ein sinn- und fühlloses Wort-Gebet: *Eth.* § 96 / preces externae: das äussre Gebet (des Mundes): *Eth.* § 136 / preces internae (cordis): das innere Gebet (des Hertzens): *Eth.* § 94 / preces mentales: das unaussprechliche Gebet: *Eth.* § 96 / preces symbolicae: das wörtliche Gebet: *Eth.* § 96 / preces symbolicae formulariae: ein wörtliches Gebet [vor dem ietzigen Gebrauch aufgesetzt]: *Eth.* § 96 / preces symbolicae extemporaneae: ein wörtliches Gebet [nicht vor dem ietzigen Gebrauch schon aufgesetzt]: *Eth.* § 96.

pretiosa: Kostbarkeit: *Eth.* § 285.

pretium (aestimatio): Preiss, Achtung, Schaetzung, Würdigung: *Met.* § 337.

primitivus: einfach: *Met.* § 349.

primus: allererst: *Met.* § 423 / primum: das [E]rste der Zeit nach: *Met.* § 300.

principiatum [»Dependens a principio«]: das abgeleitete: *Met.* § 307.

principium: Grund-Satz: *Met.* § 92; Satz: *Philos. Briefe*, 9. Schreiben, S. 24 / principium [»Quod continet rationem alterius«]: die Quelle: *Met.* § 307.

principia catholica (universalia): allgemeine Grund-Saetze: *Met.* § 92 / principium cognoscendi: Erkenntniß-Quelle: *Met.* § 311 / principium essendi (compositionis): Quelle der Möglichkeit: *Met.* § 311 / principium fiendi (generationis): Quelle der Würklichkeit: *Met.* § 311 / principium negandae totalis aequalitatis: Satz der zu leugnenden gänzligen Gleichheit: *Philos. Briefe*, 9. Schreiben, S. 24 / principium negandae totalis dissimilitudinis et diversitatis: Satz der [zu] leugnenden gäntzligen Unänligkeit und Verschiedenheit: *Philos. Briefe*, 9. Schreiben, S. 24 / principium negandae totalis similitudinis: Satz des nicht zu unterscheidenden im engern Verstande: *Philos. Briefe*, 9. Schreiben, S. 24 / principium rationati: Satz des gegründeten: *Philos. Briefe*, 9. Schreiben, S. 22 / principium rationis: Satz des Grundes: *Philos. Briefe*, 9. Schreiben, S. 22 / principium rationis sufficientis: Satz des hinreichenden Grundes: *Philos. Briefe*, 9. Schreiben, S. 22.

prius: das [F]rühere der Zeit nach: *Met.* § 300.

privatio: eine Beraubung: *Met.* § 137.

probabilis: glaublich, wahrscheinlich: Frisch: *Teutsch-Lateinisches Lexi-*

con, Register; wahrscheinlich: Frobesius: *Christiani Wolfii Philosophia sive Logica*, Index; Meier: *Auszug aus der Vernunftlehre*, § 171.

probabilitas: Glaubhafftigkeit, wahrscheinlich: Frisch: *Teutsch-Lateinisches Lexicon*, Register; Wahrscheinlichkeit: Frobesius: *Christiani Wolfii Philosophia sive Logica*, Index.

probans: [was] beweist, wahrmacht: *Met.* § 531.

probare (concludere, derivare, deducere, inferre): beweisen, schliessen, herleiten: *Acr. log.* § 207.

probatio: Beweiss: *Acr. log.* § 280.

probatio composita: ein zusammengesetzter Beweiss: *Acr. log.* § 280 / probatio directa [im Gegensatz zur *probatio apogogica*]: ein geradezu geführter Beweis: *Acr. log.* § 515 / probatio insufficiens: ein unzulänglicher Beweiss: *Acr. log.* § 289 / probatio mixtim composita: ein verschieden zusammengesetzter Beweis: *Acr. log.* § 280 / probatio simplex: ein einfacher Beweiss: *Acr. log.* § 280 / probationes theologicae: theologische Beweise: *Philos. gen.* § 187.

problema [als *propositio longioris demonstrationis practica* in Abgrenzung zum *theorema*]: eine Aufgabe: *Acr. log.* § 177.

prodigalitas [als »Intemperantia in insumendis opibus«]: Verschwendung: *Eth.* § 289.

prodigalitas huius vitae: die gar zu kleine Liebe zum Leben: *Eth.* § 251.

prodigium (signum ostentum, portentum): ein geschehendes Zeichen: *Met.* § 478.

producere (evolvere): hervor[bringen]: *Met.* § 559.

profunditas: Dicke, Höhe, Tiefe: *Met.* § 290.

profunditas intellectus: ein tiefer Verstand: *Met.* § 637.

profundus: tief oder hoch: *Acr. log.* § 27.

progressus: Fortgang [oder Rückgang]: *Met.* § 380.

progressus curvilineus (circularis): [der] Fortgang im Kreise: *Met.* § 380 / progressus (regressus) in infinitum: der Fort- oder Rückgang in das Unendliche: *Met.* § 380 / progressus rectilineus: der grade Fort- oder Rückgang: *Met.* § 380.

propagatio: Fortpflanzung: *Met.* § 773.

propagatio animarum humanarum per traducem: die Fortpflanzung menschlicher Seelen durch den Uebergang: *Met.* § 773.

propior: naeher: *Met.* § 288.

proponere [»cogitationem in altero per vocabula producere«]: etwas vortragen: *Acr. log.* § 23 / proponere [»cognitionem in altero per orationem producere«] vortragen: *Philos. gen.* § 249.

proportio: Vergleichung der Grössen: *Met.* § 572.
proportionalis: angemessen: *Met.* § 894.
propositio: Satz: *Philos. Briefe*, 11. Schreiben, S. 30; *Philos. gen.* § 186/ propositio (enunciatio, thesis): ein Satz: *Acr. log.* § 118.
propositio categorica [als »Propositio non conditionalis«]: ein unbedingter Satz: *Acr. log.* § 146 / propositio communis [»cuius subiectum est notio«]: ein gemeiner Satz: *Acr. log.* § 135 / propositio composita [»pluribus principalibus constans«]: ein zusammengesetzter Satz: *Acr. log.* § 150 / propositio conditionalis (conditionata, hypothetica, connexa): ein bedingter Satz: *Acr. log.* § 146 / propositio contraponens: umwendende[r] [Satz]: *Acr. log.* § 201 / propositio contraposita: verneinend umgewandte[r] [Satz]: *Acr. log.* § 201 / propositio conversa: der umgekehrte Satz: *Acr. log.* § 191 / propositio convertens: der ienen umkehrende Satz: *Acr. log.* § 191 / propositio convertitur: der Satz wird umgekehrt: *Acr. log.* § 191 / propositio definita [»signum quantitatis habens«]: ein Satz von bezeichneter Weite: *Acr. log.* § 144 / propositio demonstrativa: ein einen Erweiss brauchender Satz: *Acr. log.* § 168 / propositio determinata: ein bestimmter Satz: *Acr. log.* § 134 / propositio discursiva: eine Folgerung: *Acr. log.* § 166 / propositio disiunctiva: ein Trennungs-Satz: *Acr. log.* § 152 / propositio exponibilis [»ex affirmante et negante cryptice composita«]: ein zu entwickelnder Satz: *Acr. log.* § 162 / propositio exponitur: [ein Satz] wird aus einander gesetzt: *Acr. log.* § 162 / propositio falsa [»convenientia negans, repugnantia affirmans«]: ein falscher Satz: *Acr. log.* § 138 / propositio identica ex parte: ein zum Theil einerley aussagender Satz: *Acr. log.* § 171 / propositio identica [»tautologica«] ex toto: ein ganz einerley aussagender Satz: *Acr. log.* § 171 / propositio indefinita [*signum quantitatis non habens*]: ein Satz von unbezeichneter Weite: *Acr. log.* § 144 / propositio indemonstrabilis: ein keinen Erweiss brauchender Satz: *Acr. log.* § 168 / propositio indeterminata: ein unbestimmter Satz: *Acr. log.* § 134 / propositio intuitiva [»per experientiam nobis complete certa«]: ein Erfahrungs-Satz: *Acr. log.* § 166 / propositio inversa [»cuius praedicatum subiecto praeponitur«]: ein versetzter Satz: *Acr. log.* § 128 / propositio [l]ogica: der logische Satz: *Philos. Briefe*, 11. Schreiben, S. 30 / propositio non logica (non enunciativa): sehrverstekte[r] [Satz]: *Acr. log.* § 129 / propositio particularis: ein besondrer Satz: *Acr. log.* § 141 / propositio simplex [»non composita«]: ein einfacher Satz: *Acr. log.* § 150 / propositio singularis [»cuius subiectum est idea«]: ein eintzler Satz: *Acr. log.* § 135 / propositio [universalis] subalternan[s]: der allgemeine [Satz]: *Acr. log.* § 186 / propositio [particularis] subalternat[a]: der besondre [Satz]: *Acr. log.* § 186 / propositio universalis: ein allgemeiner Satz: *Acr. log.* § 136 / propositio vera [»convenientia

affirmans, repugnantia negans«]: ein wahrer Satz: *Acr. log.* § 138 / propositiones aequipollentes: gleich geltende Sätze: *Acr. log.* § 180 / propositiones contradictoriae [»accurate idem negantes et affirmantes«]: einander widersprechende Sätze: *Acr. log.* § 182 / propositiones contrariae: ganz wider einander laufende Sätze: *Acr. log.* § 185 / propositiones philosophica[e]: philosophische Sätze: *Philos. gen.* § 186 / propositiones subalternae: [unter] einander geordnet[e] Sätz[e]: *Acr. log.* § 186 / propositiones subcontrariae: etwas wider einander laufende Sätze: *Acr. log.* § 189 / propositiones theologica[e]: theologische Sätze: *Philos. gen.* § 186.

proprius: [für etwas] besonder[s]: *Met.* § 51; [e]igen *Met.* § 86.

prospera (physica stricte dicta): Glücksgüter: *Met.* § 787.

prosperitas: gutes Glück, Wohlfahrt: *Met.* § 787.

prosyllogismus: der Vorschluss: *Acr. log.* § 282.

episyllogismus: der Nachschluss: *Acr. log.* § 282.

protensio: das Anhalten: *Met.* § 628.

protensio attentionis: das Anhalten der Aufmerksamkeit: *Met.* § 628.

providentia (prospicientia): Vorsicht: *Met.* § 641 / providentia: die Vorsehung: *Met.* § 975.

providentia dei: die Vorhersehung Gottes: *Met.* § 975 / providus: von guter Vorsicht: *Met.* § 648.

prudentia: Klugheit: *Met.* § 882; *Eth.* § 103.

prudentia pia: gottselige Klugheit: *Eth.* § 103.

pruritus: [S]ucht: *Eth.* § 59.

pruritus demonstrandi theologicus: Erweissucht in göttlichen Dingen: *Eth.* § 59.

publicus: gemein: *Met.* § 608 [dort in der Negation: »non publicus (purior, eruditus)«: »ungemein«].

pudere: sich schämen: *Eth.* § 121.

pudicitia (verecundia): die Schamhaftigkeit, Züchtigkeit: *Eth.* § 273.

pudor [als »Tristitia ex contemtu«]: Scham: *Met.* § 687.

pulcelli: Leute, die Keinigkeiten denken: Meier: *Anfangsgründe*, § 242.

pulcritudo [als »Perfectio phaenomenon, s. gustui latius dicto observabilis«]: Schönheit: *Met.* § 662.

pulcritudo intellectus: ein schöner Verstand: *Met.* § 637.

punctum: das Punct: *Philos. Briefe*, 11. Schreiben, S. 30.

punctum concinne amplificatum: [e]in erweitert und wohl abgetheiltes Punct [als Definition von »periodus«: »Period]: *Philos. Briefe*, 11. Schreiben, S. 30. / punctum sensationis: eines jeden Emfindungs-Punct: *Met.* § 537.

purgatorius (catharticus): reinigend: *Eth.* § 391.
puritas: Lauterkeit: *Eth.* § 100.
puritas intellectus: ein reiner Verstand: *Met.* § 637.
purus: rein: *Met.* § 634.
purista: ein sauberer, süsser Herr: *Eth.* § 383.
pusillanimitas [als »tristitia ex spei incertitudine«]: Kleinm[ü]thigkeit: *Met.* § 686.
pygmaei heliconis: Zwärge des Helicons: Meier: *Anfangsgründe*, § 242.

quaestio: die Frage: *Acr. log.* § 339.
quaesitum: Frage: *Acr. log.* § 392 / quaestio problematis: die Frage der Aufgabe: *Acr. log.* § 339.
qualitas: Beschaffenheit: *Met.* § 69.
qualitas propositionis: die Beschaffenheit des Satzes: *Acr. log.* § 127.
quantitas: die Ausdehnung, Verbreitung und Weite: *Acr. log.* § 142; Weite: *Acr. log.* § 143.
quantitas propositionis: die Ausdehnung, Verbreitung und Weite des Satzes: *Acr. log.* § 142 / quantitativus: ausgedehnt: *Met.* § 243.
quies [als »absentia motus«]: Ruhe: *Met.* § 283 / quies: Ruhe: *Eth.* § 281.
quies respectiva [als »absentia determinati alicuius motus«]: Ruhe von einer gewissen Bewegung, oder in Absicht auf eine gewisse Bewegung: *Met.* § 417 / quies significatu morali [als »Otium a labore«]: Ruhe im moralischen Verstande: *Eth.* § 281.
quiescere: ruhen: *Met.* § 283.
quisquiliae (ineptiae): wahre Kleinigkeiten und Narrenspossen: Meier: *Anfangsgründe*, § 69.

raritas: Seltenheit: *Met.* § 161.
ratio: Grund: *Philos. Briefe*, 9. Schreiben, S. 22 / ratio (conditio, hypothesis) [»id, ex quo cognoscibile est, cur aliquid sit«]: Grund: *Met.* § 14 / ratio [als *intellectus nexum rerum perspiciens*]: Vernunft: *Met.* § 640.
ratio corrupta: eine verderbte Vernunft: *Met.* § 646 / ratio immediata (proxima): unmittelbarer und naechster Grund: *Met.* § 27 / ratio insufficiens (incompleta, partialis): der unzulaengliche Grund: *Met.* § 21 / ratio mediata (ulterior, remota): mittelbarer und entferneter Grund: *Met.* § 27 / ratio obiective sumta: die Vernunft vor ihren wahren Gegenstand gesetzt: *Met.* § 646 / ratio perfectionis determinans (focus perfectionis): Grund oder Brennpunct der Vollkommenheit: *Met.* § 94 / ratio sana: eine gesunde Vernunft: *Met.* § 646 /

ratio secundum quid (intermedia): der Zwischen-Grund: *Met.* § 28 / ratio simpliciter talis (ultima): der letzte Grund: *Met.* § 28 / ratio sufficiens (completa, totalis): der zureichende Grund: *Met.* § 21 / ratio sufficiens: hinreichender Grund: *Philos. Briefe*, 9. Schreiben, S. 22 / rationes et rationata coordinata: neben einander stehende Gründe und Folgen: *Met.* § 28 / rationes et rationata subordinata: unter einander stehende Gründe und Folgen: *Met.* § 28 / rationes subducere (calculare): überschlagen: *Met.* § 697.

ratiocinium: Vernunftschluss, Beweis des Verstandes: *Met.* § 646 / ratiocinium (discursus, argumentum): ein Schluss: *Acr. log.* § 204.

rationalis: vernünftig: MEIER: *Anfangsgründe*, § 111; MEIER: *Auszug aus der Vernunftlehre*, § 17.

rationabilis [»Quod ulla ratione cognosci potest«]: vernünftig: *Met.* § 643.

rationatum: das [G]egründete: *Philos. Briefe*, 9. Schreiben, S. 22 / Folge [*eines Grundes*], das in ihm gegründete: *Met.* § 14; Folge: *Met.* § 28.

recognoscere (recordari): etwas wiedererkennen: *Met.* § 579.

receptivitas (capacitas): Faehigkeit, Empfaenglichkeit: *Met.* § 216.

recordatio: das Angedencken: *Met.* § 875.

recordatio divina: das Angedencken Gottes: *Met.* § 875.

recreatio (delicia externa): Gemüthsergötzlichkeit: *Eth.* § 290.

rectus: grade: *Met.* § 287; richtig: *Eth.* § 177.

rectilineus: grade: *Met.* § 380 / rectitudo actionis: Richtigkeit einer Handlung, oder Gesetzmaessigkeit: *Met.* § 901.

recurrere (reproducere): erneuert [werden], wieder hervor[bringen]: *Met.* § 559.

reddere te alteri necessarium: sich andern nothwendig machen: *Eth.* § 381.

reflexio [als »Attentio in totius perceptionis partes succesive directa«]: Ueberlegung: *Met.* § 626.

refutare: wiederlegen: *Acr. log.* § 507.

regimen: die Herrschaft: *Met.* § 733.

regimen animae in corpus: die Herrschaft der Seele über ihren Leib: *Met.* § 733.

regula (norma, lex) [als »Propositio enuncians determinationem rationi conformem«]: Richtschnur, Gesetz: *Met.* § 83.

regulae motus: besondre Gesetze der Bewegung: *Met.* § 432.

relapsus: Rückfa[ll]: *Eth.* § 427.

relatio: Verhältniß: *Philos. Briefe*, 23. Schreiben, S. 66 / Verhaeltni[s]: *Met.* §§ 37, 312.

relationes compossibiles: Verhältniße [eines Dinges]: *Philos. Briefe*, 23. Schreiben, S. 66.
relative: gewisser massen: *Met.* § 384.
religio: Gottesdienst: *Eth.* § 315.
religio exterior: der bloss aeussre Gottesdienst: *Eth.* § 115 / religio interna: die innere Gottseligkeit: *Eth.* § 22.
religiositas: Gottesdienstlichkeit: *Eth.* § 149.
religiositas significatu bono: Gottesdienstlichkeit in guter Bedeutung: *Eth.* § 149 / religiositas significatu malo: Gottesdienstlichkeit in schlechter Bedeutung: *Eth.* § 149.
remedium: Mittel: *Met.* § 885; *Eth.* § 324.
remedia mitiora: gelindere Mittel: *Eth.* § 324 / remedium certum: ein gewisses Mittel: *Met.* § 885.
remitti: schwaecher werden, nachlassen, abnehmen: *Met.* § 247.
remotior: entfernter: *Met.* § 288.
repraesentatio sensitiva [»non distincta«]: eine sinnliche Vorstellung: *Met.* § 521.
reproducere (recurrere): wieder hervor[bringen], erneuert [werden]: *Met.* § 559.
repugnare: mit dem andern streiten: *Acr. log.* § 48.
reputatio: [Z]urückdenken: *Eth.* § 160.
reputatio vitae anteactae: in sein bisheriges Leben zurückdenken: *Eth.* § 160.
res: Sache, die vorgetragen werden soll: *Philos. Briefe*, 11. Schreiben, S. 29.
res externae: ausser dem Menschen befindliche Dinge: *Eth.* § 276.
reservatio: [das] [Z]urück[halten]: *Eth.* § 345.
reservationes mentales: etwas im Gemüthe zurückbehalten: *Eth.* § 345 / reservatus: ein hinterhaeltischer Mensch: *Eth.* § 339.
resistentia [»impedimentum actionis«]: Widerstand: *Met.* § 222.
resolvere (evolvere): aufschliessen, aus einander setzen, entwickeln: *Met.* § 531.
respective: in gewisser Absicht: *Met.* § 654.
respectus: Beziehung: *Met.* § 37.
reverentia [»Timor honoratioris«]: Ehrfurcht: *Met.* § 88.
irreverentia externa erga deum: aeussre [U]nehrerbietigkeit gegen Gott: *Eth.* § 138 / irreverentia interpretis: Frechheit des Auslegers: *Acr. log.* § 464 / reverentia interpretis: Ehrfurcht des Auslegers: *Acr. log.* § 464.
revocare: [erneuern]: *Met.* § 582.

revocare aliquid in memoriam: das Andenken von etwas erneuern: *Met.* § 582.

rhetorica universalis: allgemein[e] Redekunst: *Met.* § 622.

ridiculum [»In levioribus observabilior absurditas«]: das Laecherliche: *Eth.* § 384.

rigidus (severus): streng, ernst: *Eth.* § 4.

rigor (severitas, methodicum, acroamaticum, systematicum): [d]ie Genauigkeit: *Philos. gen.* § 35.

rimosus [»intemperanter apertus«]: ein gar zu offener Mensch: *Eth.* § 339.

ritus: Gebraeuche: *Eth.* § 140.

robur: Staercke: *Met.* § 180.

robur legis: [als »Magnitudo conformitatis cum ratione in determinatione, quam lex enunciat«]: Staercke der Richtschnur: *Met.* § 180.

rudimentum: Anfang etwas zu lernen: Frisch: *Teutsch-Lateinisches Lexicon*, Register.

rudis: roh. *Eth.* § 176.

rumor sine capite: ein nur auf Hörensagen gegründetes Gerücht: *Acr. log.* § 368.

rusticitas [*s. incivilitas, habitualis civilitatis defectus*]: Grobheit, ein baeurisches Wesen: *Eth.* § 337.

sacrificium: eine geheiligte Gabe, ein Opfer: *Eth.* § 111.

sacrus: heilig: *Eth.* § 57.

sagacitas: scharfsichtige Entdeckungskraft: Meier: *Baumgartens Metaphysik*, § 470.

sagacitas ration[i]s: eine erfindsame Vernunft: *Met.* § 645; die scharfsichtige Entdeckungskraft der Vernunft: Meier: *Baumgartens Metaphysik*, § 470.

saltus: ein Sprung: *Acr. log.* § 302.

saltus in probando: ein Sprung im Beweisen: *Acr. log.* § 302.

sanctissimum: das Allerheiligste: *Met.* § 828.

sanctitas: Heiligkeit: *Met.* § 828.

sanguinolentia: Blutdurst, Unmenschlichkeit: *Eth.* § 335.

sanitas: Gesundheit: *Eth.* § 253.

sanus: gesund: *Met.* § 646.

sapientia: Weisheit: *Met.* § 882; *Eth.* § 103.

sapientia generatim: Weisheit überhaupt: *Met.* § 882 / sapientia pia: gottselige Weisheit: *Eth.* § 103 / sapientia speciatim: Weisheit insonderheit: *Met.* § 882.

sapor: Geschmack: *Met.* § 608.

sapor delicatus: ein feiner, zarter Geschmack: *Met.* § 608 / sapor non publicus (purior, eruditus): ein ungemeiner Geschmack: *Met.* § 608.

satisfactio: Zufriedenheit: *Met.* § 682.

satur vitae: lebenssat: *Eth.* § 252.

scandalum: Anstoss, Aergerniss: *Eth.* § 109.

scandalositas (vita scandalosa): ein ärgerliches, ein anstössiges Betragen: *Eth.* § 134 / scandalum acceptum: ein genommenes Ärgernis: *Eth.* § 134 / scandalum datum: ein gegebener Anstoß: *Eth.* § 134.

scepticus: ein Zweifler: *Eth.* § 61.

scepticismus theologicus (pyrrhonismus): Zweifelsucht in göttlichen Dingen: *Eth.* § 61.

scholia [»Propositiones, quarum finis primarius est demonstrationis illustratio«]: Anmerkungen: *Acr. log.* § 348.

scientia: Wissenschaft: *Met.* § 874; *Eth.* § 224 / scientia [»cognitio ex certis certa«]: Wissenschaft: *Acr. log.* § 2.

praescientia: Vorhersehung Gottes: *Met.* § 875 / scientia libera (visionis): die freye Wissenschaft Gottes: *Met.* § 875 / scientia media: die mittlere Wissenschaft Gottes, oder dessen Einsicht bloss möglicher Welten: *Met.* § 876 / scientia simplicis intelligentiae: die Wissenschaft des Möglichen: *Met.* § 874 / scientia subiective spectata: die Wissenschaft als eine Beschaffenheit der Vernunft betrachtet: *Eth.* § 224 / scientia visionis: das Sehn Gottes: *Met.* § 875.

scientificus: wissenschaftlich: *Philos. gen.* § 253.

scopus [*seu finis ultimus*]: Endzweck: *Met.* § 343.

scrutator cordium: Herzens-Prüfer: *Met.* § 869.

secretum: Heimlichkeit: *Eth.* § 340.

securitas: Sicherheit: *Eth.* § 437.

sedes: der Sitz: *Met.* § 745.

sedes animae humanae: der Sitz der menschlichen Seele: *Met.* § 745.

seductio: Verfürung: *Eth.* § 134.

senectus: das hohe Alter: *Eth.* § 451.

sensatio (apparitio): Empfindung: *Met.* § 534.

sensatio externa [»sensu externo actuata«]: eine aeusre Empfindung: *Met.* § 535 / sensatio interna (conscientia strictius dicta) [*per sensum internum actuata*]: eine innre Empfindung: *Met.* § 535.

sensibilis (iracundus): empfindlich, iachzornig: *Eth.* § 321.

insensibilitas (lenitudo): Unempfindlichkeit: *Eth.* § 323.

sensitivus: sinnlich: *Met.* §§ 521, 656, 719.

sensualis: [das, was] man empfindet: *Met.* § 608.

sensus: der Sinn: *Met.* § 535.

sensus acutus: scharfe Sinnen: *Met.* § 540 / sensus externus: die aeusre Sinnen: *Met.* § 535 / sensus hebes: stumpfe Sinnen: *Met.* § 540 / sensus internus: der innre Sin[n]: *Met.* § 535 / sensus literalis (logicus, realis): der buchstäbliche Sinn: *Acr. log.* § 462 / sensus litterae: der Sinn des Buchstabens: *Acr. log.* § 467 / sensus orationis (genuinus, innatus): der Sinn der Rede: *Acr. log.* § 459 / sensus spiritualis: der geistliche Sinn: *Acr. log.* § 461.

sentire [*repraesentare statum meum praesentem*]: empfinden: *Met.* § 534.

separari: getrennt werden: *Met.* § 72.

sequi (fluere): folgen, fliessen: *Acr. log.* § 208.

sermo: Rede: *Eth.* § 343.

sermo moraliter falsus: eine sittlich falsche Rede: *Eth.* § 343.

servilis: knechtisch: *Eth.* § 89.

servitus: Knechtschaft: *Eth.* § 437.

servus: ein Sclave: *Eth.* § 245.

servus affectuum: ein Sclave seiner Leidenschaften: *Eth.* § 245.

severus (rigidus): ernst, streng: *Eth.* § 4.

siccitas: das [T]rockne: *Met.* § 531 [Gegenbegriff: *nitor (splendor)*].

siccitas cogitationum & orationis: das [T]rockne der Erkenntniss und Rede: *Met.* § 531.

signatum [als »signia finis«]: das [B]ezeichnete: *Met.* § 347.

significatus (vis, potestas): Bedeutung: *Met.* § 347 / significatus: Bedeutung: *Acr. log.* § 70; *Eth.* § 149; Verstand: *Eth.* §§ 281, 358.

significato bono: in guter Bedeutung: *Eth.* § 149 / significatu malo: in schlechter Bedeutung: *Eth.* § 149; im bösen Verstande: *Eth.* § 358 / significatu morali: im moralischen Verstande: *Eth.* § 281.

signum: Zeichen: *Met.* § 347; *Acr. log.* § 143; *Eth.* § 144.

signa affectata: gezwungene, gekünstelte Zeichen: *Eth.* § 336 / signa derivativa: zusammengesetzte Zeichen: *Met.* § 349 / [signa] essentialia: wesentliche Zeichen: *Met.* § 349 / [signa] primitiva: einfache Zeichen: *Met.* § 349 / signum amphibolicum (ambiguum): ein zweideutiges Zeichen: *Eth.* § 144 / signum demonstrativum: ein Anzeigungs-Zeichen: *Met.* § 348 / signum mnemonicum (rememorativum, μνημοσύνον): ein Erinnerungs-Zeichen: *Met.* § 348 / signum naturale affectato oppositum: natürliche[s], ungezwungene[s], ungekünstelte[s] Zeichen: *Eth.* § 336 / signum prognosticon: ein Vorzeichen: *Met.* § 348 / signum quantitatis [propositionis]: das Zeichen der Weite des Satzes: *Acr. log.* § 143.

simia (imitator significatu malo): ein Affe, Nachaeffung: *Eth.* § 386.

similis: ähnlich: *Met.* § 70; aehnlich: *Met.* § 612.
simplex: einfach: *Met.* §§ 88, 215, 656; *Acr. log.* § 280; *Eth.* § 275; einfaeltig: *Met.* § 639.
simplex significatu malo: einfaeltig in schlechter Bedeutung: *Met.* § 639.
simplicitas: Einfalt, Einfachheit: *Eth.* § 102.
simplicitas pia: fromme Einfalt, oder Einfachheit: *Eth.* § 103.
simulator: wer sich verstelt: *Eth.* § 346.
simultaneus: neben einander seyend: *Met.* § 238.
sinceritas: Aufrichtigkeit: *Met.* § 919.
insinceritas: die Unlauterkeit: *Eth.* § 107.
singulare (individuum): einzeln: *Met.* § 148.
singularitas seu haecceitas: die Diesheit eines Dinges: *Philos. Briefe*, 23. Schreiben, S. 66.
situs [»Locus inter se distantium«]: Lage: *Met.* § 284.
sobrietas [als »Temperantia in victu, praesertim abstinens a potu fortiori«]: die Nüchternheit: *Eth.* § 260.
socialis: gesellschaftlich: *Philos. gen.* § 233.
socialitas [»Lenis morum facilitas«]: die Geselligkeit: *Eth.* § 390.
socius: vergesellschaftet: *Met.* §§ 320, 516.
solide: gründli[ch]: *Eth.* § 424 / solidus: sicher, gründlich: *Met.* § 531; gründlich: *Acr. log.* § 446 [Gegenbegriff *superficarius*]; gegründet: *Eth.* § 486.
solidum mathematice (corpus mathematicum): das der dreyfachen Ausmessung faehige: *Met.* § 289.
soliditas: die Gründlichkeit: *Philos. gen.* § 46.
soliditas ration[i]s: eine gründliche Vernunft: *Met.* § 645.
solitarius: einzig: *Met.* § 314.
sollicitatio: [blosse] Reitzung, Rührung: *Met.* § 671.
solutio: die Auflösung: *Acr. log.* § 339.
somniare: traeumen: *Met.* § 593.
somnium: Traum: *Met.* § 593; Traeumerei: *Eth.* § 161.
somnia moralia: sittliche Traeumereien: *Eth.* § 161 / somnia subiective sumta: ein Traum in der Seele: *Met.* § 593 / somnium obiective sumtum: ein Traum, das Getraeumte: *Met.* § 91.
somnus: Schlaf: *Met.* § 556.
sonoritas: der Wohlklang oder Euphonie: *Philos. Briefe*, 11. Schreiben, S. 30.
sophisma (captio, fallacia): Trug-Schluß: *Acr. log.* § 385.

sophisma ambiguitatis [»seu amphiboliae«]: eine triegliche Zweideutigkeit: *Acr. log.* § 386 / sophisma heterozeteseos: eine erbettelte Gleichgültigkeit: *Acr. log.* § 389 / sophisma polyzeteseos: Mengerey der Fragen: *Acr. log.* § 388 / sophisma sensus compositi et divisi: die Verfälschung des Zusammenhanges: *Acr. log.* § 387 / sophisticationes theologicae: theologische Schein- oder Trug-Beweise: *Eth.* § 37 / sophisticus: sophistisch: *Eth.* § 35.

sordities [als Steigerung von *tenacitas*]: die Filtzigkeit: *Eth.* § 288.

spatium [als »Ordo simulaneorum extra se invicem positorum«]: Raum: *Met.* § 239.

spatiosum: raeumlich: *Met.* § 280.

specialis: besond[er]: *Met.* § 960.

speciatim: insonderheit: *Met.* § 882 [Gegenbegriff: *generatim*].

species [»quod sola individua sub se continet«]: Art, Gattung: *Met.* § 150.

spectare: betrachten: *Met.* § 15.

spectatur in se [»Quod spectatur, sed non in nexu cum iis, quae extra illud ponuntur«]: wird an und vor sich betrachtet: *Met.* § 15.

spectator: ein Zuschauer, [B]eschauer: *Eth.* § 396.

spectator universi: ein Zuschauer der Welt, ein Weltbeschauer: *Eth.* § 396.

speculatio ([cognitio] speculativa, vana, cassa): ein untaugliches Hirngebaeude: *Met.* § 669.

spes [»Gaudium ex futuro incertiori«]: Hoffnung: *Met.* § 683.

sphaera: Kreis: *Met.* § 537.

sphaera sensationis: eines jeden Empfindungs-Kreis: *Met.* § 537.

spiritus (»intelligentia, persona«): ein Geist: *Met.* § 402 / spiritus: [G]eist: *Eth.* § 386.

spiritualis: geistlich: *Acr. log.* § 461; *Philos. gen.* § 175 / spiritus causticus [»Habitus alteri imperfectiones ipsius ob oculos sistendi, sed non lenissima, qua fieri potest, ratione«]: die Gabe andere auf eine beissende Art zu tadeln: *Eth.* § 363 / spiritus contradictionis (antilegophilia) [»appetitus habitualis ab aliis in oratione dissentiendi«]: der Widersprechungsgeist: *Eth.* § 386 / spiritus destructorius [»habitualis delectatio ex rerum interitu«]: Geist der Verwüstung: *Eth.* § 398 / spiritus inferiores: niedrigere Geister: *Met.* § 796 / spiritus persequutionis crassior [»Appetitus habitualis laedendi dissentientes a te circa religionem«, *latus in laesiones externas*]: der gröbere Verfolgungsgeist: *Eth.* § 369 / spiritus persequutionis subtilior [*in internas latus*]: der feinere [Verfolgungsgeist]: *Eth.* § 369 / spiritus superiores: höhere Geister: *Met.* § 796.

spontaneus: selbstthaetig: *Met.* § 704.

status: Zustand: *Met.* § 205; *Eth.* § 401; Stand: *Met.* § 655; *Eth.* § 123.

status anxietatis: der Zustand der Aengstlichkeit, der Anfechtung: *Eth.* § 445 / status bestialitatis [*status hominis*, »in quo facultatis appetitivae inferioris in superiorem, saepe nec reluctantem notabiliter, victoria est habitualis«]: der viehische Zustand: *Eth.* § 434 / status bonorum motuum: der Zustand der guten Bewegungen: *Eth.* § 437 / status confessionis deducimur: in den Stand der Bekenntniss gesetzt werden: *Eth.* § 123 / status confirmationis: der Zustand der Bestaerkung im guten: *Eth.* § 445 / status contemtus: der Zustand der Verachtung: *Eth.* § 481 / status convictionis s. plerophorias: der Zustand der Gewissheit: *Eth.* § 445 / status corruptionis: [»Status hominis malis contingentibus laborantis«]: der Zustand des Verderbens: *Eth.* § 401 / status duritiei: der Zustand der Haerte: *Eth.* § 437 / status honoris: ein Ehrenstand: *Eth.* § 481 / status indifferentiae: der Stand der Gleichgültigkeit: *Met.* § 655 / status indurationis [»Duritiei maior gradus statui bonorum motuum succedens«]: der Zustand der Verhaertung: *Eth.* § 437 / status integritatis [*status hominis ab malis contingentibus immunis*]: der Stand der Unschuld: *Eth.* § 401 / status lapsus, descensus [»deteriorationis«]: der Zustand des Fallens, des Abnehmens: *Eth.* § 427 / status lucis s. regnum lucis morale: der Zustand des Lichts: *Eth.* § 443 / status mundi [»totum omnium statuum in partibus eius simultaneorum«]: der Zustand einer ganzen Welt: *Met.* § 369 / status neglectionis: der Zustand eines Menschen, welcher unbekant ist: *Eth.* § 481 / status nihil agentis: faule Tage, ein Zustand in welchem man nichts thut: *Eth.* § 476 / status persuasionis bonae: der Zustand der Ueberredung: *Eth.* § 449 / status rationalitatis s. humanitatis: der vernünftige, menschliche Zustand: *Eth.* § 434 / status relapsus [»Status descensus statui resipiscentiae succedens«]: der Zustand des Rückfalls: *Eth.* § 427 / status resipiscentiae, adscensus [»meliorationis«]: der Zustand der Busse, der Besserung: *Eth.* § 427 / status securitatis [als »Status vitiosi sine notabili poenae metu«]: der Zustand der Sicherheit: *Eth.* § 437 / status servitutis [als *status vitiosi cum metu*]: der Zustand der Knechtschaft: *Eth.* § 437 / status superpondii: der Stand des Uebergewichts: *Met.* § 674 / status tenebrarum, regnum tenebrarum morale: der Zustand der Finsternis: *Eth.* § 443 / status tentationis (explorationis): der Zustand der Versuchung: *Eth.* § 445 / status totalis aequilibrii: Stand des gaentzlichen Gleichgewichts: *Met.* § 656 / status tranquillitatis: der Zustand der Beruhigung: *Eth.* § 445.

stimulus: sinnliche Triebfeder: *Met.* § 677.

stolidus: naerrisch: *Eth.* § 194.

stoliditas impia: gottloseThorheit: *Eth.* § 108.

strenuus [»In tentando iustum virium gradum adhibens«]: brav und genug thuend: *Met.* § 699.

strictus: streng: *Acr. log.* § 164.

strictius dictus: in engrer Bedeutung: *Eth.* § 94; in der engern Bedeutung: *Eth.* § 319; streng[er]: *Acr. log.* § 164.

studium: die Liebe zu, das Bestreben nach: *Eth.* § 196; [W]issenschaft: *Eth.* § 416.

studium minutiarum: die Liebe zu Kleinigkeiten, das Bestreben nach Kleinigkeiten: *Eth.* § 196 / studium placendi idololatricum: abgöttische Gefälligkeit: *Eth.* § 86 / studium alicuius primarium: jemandes Hauptwissenschaft: *Eth.* § 416.

stultitia: Narrheit: *Eth.* § 108.

stultitia impia: die Narrheit der Gottlosen: *Eth.* § 108.

stultus: thöricht: *Eth.* § 194.

stupidus (pingue ingenium) [»In quo notabilior ingenii defectus«]: dumm: *Met.* § 578.

stupiditas impia: gottlose Dummheit: *Eth.* § 108.

stuprum: die Schaendung oder Schwächung einer Person: *Eth.* § 275.

stuprum violentum: Nothzüchtigung: *Eth.* § 275 / stuprum voluntarium: die freywillige Schaendung oder Schwächung einer Person: *Eth.* § 275.

suadens: anrathend: *Eth.* § 184.

suasio: Anrathung: *Met.* § 728.

subiectum: Gegenstand: *Met.* § 312 / subiectum [als »Conceptus et terminus, cui alius vel convenire, vel repugnare iudicatur vel enunciatur«]: der Vorbegriff, das erste Hauptglied: *Acr. log.* § 119.

subiectum relationis: der Gegenstand der Verhaeltniss: *Met.* § 312.

sublimis: hoch: Meier: *Angangsgründe*, § 85; erhaben: Meier: *Anfangsgründe*, § 728.

subordinatus: unter einander stehend: *Met.* § 28; unter einander geordnet: *Met.* § 315.

subreptio: Erschleichung: *Acr. log.* § 319.

subsistens: stillstehend: *Eth.* § 410.

subsistentia [als »exsistentia substantiae, qua talis«]: das vor sich bestehn: *Met.* § 192.

subtilis: fein: *Eth.* § 369.

subtilitas: scharfsinniger Gedancke: *Met.* § 576.

succedere sibi (succesiva sibi sunt): [f]olgen auf einander: *Met.* § 124.

successio: die Folge: *Met.* § 124.

successivus: auf einander folgend: *Met.* § 238.

sufficiens: hinreichend: *Philos. Briefe*, 9. Schreiben, S. 22 / sufficiens (completus, totalis): zureichend: *Met.* § 21.

sumere: annehmen: *Acr. log.* § 354.

summus: höchst: *Met.* § 190.

sumtuositas: ehrliebender Aufwand: *Eth.* § 297.

superbia [»Arrogantia alios secum comparatos contemnens«]: Hochmuth: *Eth.* § 388.

superficarie: seicht: *Eth.* § 424 / superficiarius: seicht, unsich[er]: *Met.* § 531.

superficaria: obenhin [G]eschrieben[es]: *Acr. log.* § 446 / superficies: Flaeche: *Met.* § 289 / superficies curva: gebogene [Flaeche]: *Met.* § 289 / superficies plana: ebene [Flaeche]: *Met.* § 289.

superfluus (vanus): [e]it[el]: *Eth.* § 145.

superfluum (vanum) in signis: das Eitle der Zeichen: *Eth.* § 145.

superior: höher[er]: *Met.* §§ 182, 649; obere[r]: *Met.* § 624.

superpondium: Uebergewicht: *Met.* § 674.

superstes: [d]er überlebt: *Eth.* § 485.

superstitio: Aberglauben: *Eth.* § 105.

supplementum (complementum) ad totum: Ergaenzung: *Met.* § 155.

supplere: ergaentzen: *Met.* § 497.

suppositum: einzle[s] vor sich bestehende[s] Din[g]: *Met.* § 200.

suspectus: verdächtig: *Eth.* § 114.

suspensio: das Enthalten: *Acr. log.* § 352/ die Zurückhaltung: *Eth.* § 220.

suspensio iudicii: die Zurückhaltung des Urtheils: *Eth.* § 220; das Enthalten von der Entscheidung: *Acr. log.* § 352.

suspicax: argwöhnisch: *Eth.* § 360.

syllaba: Sylbe: *Philos. Briefe*, 11. Schreiben, S. 30.

syllaba simplex [»in qua post vocalem non notabiliter auditur consona«]: offne Sylbe: *Philos. Briefe*, 11. Schreiben, S. 30 / syllaba composita [»in qua post vocalem notabiliter auditur consona«]: geschloßne Sylbe: *Philos. Briefe*, 11. Schreiben, S. 30.

syllogismus [»Ratiocinium symbolicum s. terminis significatum«]: eine Schluss-Rede: *Acr. log.* § 205 / syllogismus: Schluss: *Acr. log.* § 268.

syllogismus compositus: ein zusammengesetzter Schluss: *Acr. log.* § 268 / syllogismus contractus: ein zusammengezogener Schluss: *Acr. log.* § 264 / syllogismus crypticus: ein verstekter Schluss: *Acr. log.* § 304 / syllogismus disiunctivus: ein Trennungs-Schluss: *Acr. log.* § 274 / syllogismus formalis: ein offenbahr richtiger Schluss: *Acr. log.* § 304 / syllogismus hypotheticus: ein be-

dingter Schluss: *Acr. log.* § 268 / syllogismus ordinarius: eine ordentliche Schluss-Rede: *Acr. log.* § 210 / syllogismus simplex: ein einfacher Schluss: *Acr. log.* § 268.

symbolicus: wörtlich: *Eth.* § 96.

syntheticus: synthetisch: MEIER: *Auszug aus der Vernunftlehre*, § 422.

systema: Meinung: *Met.* § 448; Lehrgebäude: MEIER: *Auszug aus der Vernunftlehre*, § 104; grosses Werk: MEIER: *Auszug aus der Vernunftlehre*, § 518.

systema caussarum occasionalium universale (Cartesianum s. Malebranchiarum assistentiae): die Meinung der allgemeinen sogenannten nur gelegentlichen [U]rsachen: *Met.* § 452 / systema harmoniae praestabiltae universalis: die Meinung der allgemeinen vorherbestimmten Uebereinstimmung: *Met.* § 448 / systemata explicandi commercii inter substantias mundi: Meinungen von der Art und Weise [der] Verbindung [des in einer ganzen Welt vor sich bestehenden]: *Met.* § 448.

tacere: [v]erschweigen: *Eth.* § 341.

taciturnitas: Verschwiegenheit: *Eth.* § 341.

tactus: Gefühl: *Met.* § 536.

taedium (displicentia): Unlust, Missfallen, Missvergnügen: *Met.* § 655 / taedium: Misvergnügen: *Met.* § 661.

taedium apparens: Schein-Lust, scheinende Unlust: *Met.* § 655 / taedium compositum: zusammengesetztes Missvergnügen: *Met.* § 656 / taedium dulce: ein süsses Missvergnügen: *Met.* § 661 / taedium rationale (intellectuale): ein Missvergnügen des Verstandes: *Met.* § 656 / taedium sensitivum: ein sinnliches Missvergnügen: *Met.* § 656 / taedium sensuum: ein Missvergnügen der Sinne: *Met.* § 656 / taedium simplex: ein einfaches Missvergnügen: *Met.* § 656 / taedium verum: wahre Unlust: *Met.* § 655.

tardus: langsam: *Met.* § 648.

temeritas [»Habitus intemperanter appetendi, quod in malis bonum videtur«]: Verwegenheit: *Met.* § 249.

temperamentum: Temperament: MEIER: *Anfangsgründe*, § 221; MEIER: *Auszug aus der Vernunftlehre*, § 531.

temperantia [»Mediocritas in appetendo«]: Mässigkeit, Mässigung: *Eth.* § 249.

tempestivitas: bequemere Zeiten und Orte: *Met.* § 323.

tempus [als *ordo successivorum extra se invicem positorum*]: Zeit: *Met.* § 239 / tempus: Zeit: *Eth.* § 270.

tempus fallere: die Zeit vertreiben, verkürtzen: *Eth.* § 270 / tempus futurum: die zukünftige Zeit: *Met.* § 297 / tempus nostrum significatu morali [als »Pars vitae nostrae, qua occupari possumus«]: unsere Zeit im moralischen Verstande: *Eth.* § 270 / tempus praesens: die gegenwaertige Zeit: *Met.* § 297 / tempus praeteritum: die vergangene Zeit: *Met.* § 297.

tenax: dauerhaft: *Met.* § 585.

tenacitas [als »Intemperantia in servandis opibus«]: die Knickrigkeit: *Eth.* § 288.

tenebrae: Finsterniss: *Eth.* § 443.

tener: zärtlich: *Eth.* § 80.

tentare: versuchen: *Met.* § 697.

tentatio: Versuchung: *Eth.* § 445 / tentatio dei: Gott versuchen: *Eth.* § 84 / tentationes practicae: Versuchungen zur Sünde: *Eth.* § 446 / tentationes theoreticae: Versuchungen zum Irrthum, Anfechtungen in der Lehre: *Eth.* § 446.

tenuis: nieder: Meier: *Anfangsgründe*, § 71; niedrig: Meier: *Anfangsgründe*, § 81.

tepor: die Lauligkeit: *Eth.* § 107.

terminus: Wort: *Acr. log.* § 107; Hauptbegriff: *Acr. log.* § 209.

terminus familiaris: ein altbekanntes Wort: *Acr. log.* § 108 / terminus inanis: ein leeres Wort: *Acr. log.* § 107 / terminus relationis: der Grund der Verhaeltniss: *Met.* § 312 / terminus vagus: ein schwankendes Wort: *Acr. log.* § 113.

territorium: Land: *Philos. gen.* § 152.

territorium eruditionis cultum: das gebauete Land der Gelehrsamkeit: *Philos. gen.* § 152 / territorium eruditionis incultum: das ungebauete Land der Gelehrsamkeit: *Philos. gen.* § 152.

terror: Schreck: *Met.* § 686.

testimonium [»assensus declaratus, ut alter idem ponat«]: ein Zeugniss: *Acr. log.* § 357.

thaumaturgia: Thaumaturgie: Meier: *Anfangsgründe*, § 147.

thaumaturgia aesthetica: ästhetische Thaumaturgie: Meier: *Anfangsgründe*, § 147.

thema: der Haupt-Begrif oder Haupt-Satz: *Acr. log.* § 426.

thema in oratione: der Hauptbegrif oder Haupt-Satz einer Rede: *Acr. log.* § 426.

theologia: Gottesgelartheit: *Acr. log.* § 7; Theologie: *Philos. gen.* § 173.

theologia naturalis: die Gottes-Gelartheit der Vernunft: *Acr. log.* § 7 / theologia revelata (s. per eminentiam dicta): die geoffenbarte Theologie: *Philos. gen.* § 173 / theologia revelata strictius dicta [*scientia scripturae credendorum*]: die geoffenbarrte Theologie in engerer Bedeutung: *Philos. gen.* § 174.

theologicus: in göttlichen Dingen: *Eth.* §§ 36, 59, 61; theologisch: *Eth.* §§ 36f.; *Philos. gen.* §§ 180, 186.
theorema [als *propositio longioris demonstrationis theoretica* in Abgrenzung zum *problema*]: ein Lehr-Satz: *Acr. log.* § 177.
theoreticus: theoretisch: *Philos. gen.* § 175.
thesis: Satz: *Acr. log.* § 511.
thesis controversa: der streitige Satz: *Acr. log.* § 511.
timiditas [»Habitus molliter aversandi, quod in bonis malum videtur« [»(animus humilis, infractus, demissus, confractus)«]: Furchtsamkeit: *Eth.* § 249.
timor: Furcht: *Met.* § 686; *Eth.* § 88.
timor alterius: Furcht gegen iemand tragen: *Eth.* § 88 / timor filialis: kindliche Furcht: *Eth.* § 88 / timor servilis: knechtische Furcht: *Eth.* § 89.
tolerantia [als« Lenitas erga dissentientes a te circa religionem«]: Religionsduldung: *Eth.* § 368.
tollens: aufhebend: *Acr. log.* § 272.
tollere: aufheben: *Acr. log.* § 151.
torpescere: stumpf, eingeschlaefert [werden]: *Met.* § 648.
totalis: gänzlig: *Philos. Briefe*, 9. Schreiben, S. 24; völlig, gaenzlich: *Met.* § 267; gantz: *Met.* § 514; gänzlich: *Eth.* § 80; gäntzlich: *Eth.* § 263 / totaliter: völlig: *Met.* § 525.
totum [»Unum prorsus idem cum multis simul sumtis«]: das Ganze: *Met.* § 155.
traducianus: ein Freund des Ursprungs durch den Uebergang: *Met.* § 771.
tranquillitas: Beruhigung: *Eth.* § 445.
transcendentalis: wesentlich: *Met.* § 98 / transcendentaliter: wesentlich: *Met.* § 73.
transitorius (brevis, fluxus): flüchtig, vergaenglich: *Met.* § 662.
tristitia [»Affectus molestus«]: Betrübniss: *Met.* § 685.
semper tristis: niedergeschlagen: *Met.* § 698.

ubertas [»et copia (vastitas)«]: der Reichthum: *Eth.* § 414.
ubertas (copia, extensio, divitiae, vastitas) cognitionis: Weite, Verbreitung, Ausdehnung, Vorrath, Reichthum der Erkenntnis: *Met.* § 515 / ubertas eruditionis: der Reichthum der Gelehrsamkeit: *Eth.* § 414.
ultimus: der letzte: *Met.* § 28.
ultio [»extorsio damni reparandi«]: Rache: *Eth.* § 322.

unicus [*unus exclusive talis*]: einzig: *Met.* § 77.
unitas categorica: die Einheit: *Met.* § 74.
universalis: allgemein: *Met.* § 148; *Eth.* § 90; *Acr. log.* § 49 / universale (Subst.): das allgemeine: *Met.* § 149.
universale logicum [»in abstracto«, »(post multa, post rem)«]: das allgemeine im denckenden: *Met.* § 149 / universale physicum [»in concreto«, »(in multis, in re)«]: das allgemeine im bestimmtern: *Met.* § 149.
universum: die Welt: *Eth.* § 396.
unum [»cuius determinationes sunt inseparabiles«]: Eins: *Met.* § 73.
unum transcendentaliter: wesentlich eins: *Met.* § 73.
usus [»utilitatis actuatio«]: der Gebrauch, Nutzen: *Met.* § 338.
usus apparens [*abusus*]: Missbrauch: *Met.* § 338 / usus intellectus [»Habitus utendi intellectu«, »qui in me habitus acquisitus«]: der Gebrauch des Verstandes: *Met.* § 639 / usus loquendi [»consensus plurimum in communi vita certo termino certum conceptum significandi«]: Sprachgebrauch: *Acr. log.* § 89 / usus, quo utile interit: Verbrauch: *Met.* § 338 / usus rationis [»habitus ratione utendi, qui in me acquisitus«]: der Gebrauch der Vernunft: *Met.* § 646.
utilis: nützlich, nutzbar: *Met.* § 336.
utilitas: Nutzbarkeit: *Met.* § 336.
utilitas activa: die thaetige Nutzbarkeit: *Met.* § 336 / utilitas passiva: Nutzbarkeit des, dem genutzt werden kann: *Met.* § 336.

vagus: schwankend: *Acr. log.* § 113.
validus: gültig: *Eth.* § 347.
valor [»Gradus utilitatis«]: Werth: *Met.* § 337.
vanus: leer: *Met.* § 571 / vanum (superfluum): das Eitle: *Eth.* § 145.
vanitas [als »realitas apparens«]: Eitelkeit: *Met.* § 36 / vanitas: Eitelkeit: *Eth.* § 296 / vanum (superfluum) in signis [»cui nullum signatum respondet«]: das Eitle der Zeichen: *Eth.* § 145.
variatio: eine auessre Veraenderung [in Abgrenzung zur *modificatio*]: *Met.* § 209.
variabilis (inconstans, varius): veraenderlich: *Met.* § 699.
vastitas [»et extensio«]: die Weitläuftigkeit: *Philos. gen.* § 33.
vastus (diffusus, dives): weitlaeuftig: *Met.* § 585.
vaticinium (prophetia): die Weissagung: *Met.* § 616.
vehemens: heftig und zu viel: *Met.* § 699.
venia: Vergebung: *Eth.* § 322.
ventri obediens: ein Bauchdiener: *Eth.* § 251.

veracitas [als »sinceritas in oratione«]: Wahrhaftigkeit: *Met.* § 920.
verecundia (pudicitia): die Schamhaftigkeit, Züchtigkeit: *Eth.* § 273.
verisimilis: wahrscheinlich: MEIER: *Auszug aus der Vernunftlehre*, § 171.
verisimilitudo: Wahrscheinlichkeit: MEIER: *Anfangsgründe*, § 95.
veritas: Wahrheit: *Met.* § 89; *Eth.* § 149.

veritas metaphysica (realis, obiectiva, materialis): die metaphysische Wahrheit: *Met.* § 89 / veritas moralis: sittliche Wahrheit: *Eth.* § 149 / veritas sub[iectiva]: die Wahrheit des Denkenden: POPPE, § 423, S. 215 / veritas transcendentalis: die nothwendige metaphysische Wahrheit: *Met.* § 89.

versifex [*s. carminifex*]: ein Lieder-Schmidt: *Philos. Briefe*, 11. Schreiben, S. 32.
versio [»et nuda expositio«]: [U]bersetzung: *Acr. log.* § 484.
vertigo: Schwindel: *Met.* § 554.

vertigo moralis: ein sittlicher Schwindel und uneigentlicher Rausch: *Eth.* § 158.

verus: [w]ahr: *Met.* § 12.
via: Weg: *Eth.* §§ 81, 108.
vigilare: wache[n]: *Met.* § 552.

evigilare: erwache[n]: *Met.* § 552 / evigilare moraliter: sittlich erwachen: *Eth.* § 159 / vigilantia moralis: die sittliche Wachsamkeit: *Eth.* § 159.

vigor: Munterkeit: *Eth.* § 255.

vigor corporis: die Munterkeit des Körpers: *Eth.* § 255.

vilitas (exilitas, levitas): Geringschätzigkeit: *Met.* § 515.
vincere: siegen: *Met.* § 693.

vincere te ipsum: sich selbst besiegen, überwinden, der Sieg über sich selbst: *Eth.* § 248.

vindicta [»gaudium ex malo eius, qui vere vel apparenter laeserat gaudentem«]: Rachsucht, Rachgierigkeit: *Eth.* § 322.
virilis: maennlich: *Eth.* § 451.
virtus: Tugend: *Eth.* § 378.

virtutes catharticae s. purgatoriae: reinigende Tugenden: *Eth.* § 391 / virtutes divinae: göttliche Tugenden: *Eth.* § 391 / virtutes homileticae: die Tugenden der Umgänglichkeit: *Eth.* § 378 / virtutes theurgicae: theurgische Tugenden: *Eth.* § 391.

vis: Kraft: *Met.* § 197.

vis inertiae (antitypia, ignavia, vis insita): Kraft der Traegheit, widerstehende Kraft: *Met.* § 294 / vis latius dicta (efficacia, energia, activitas): eine Kraft in weiterer Bedeutung: *Met.* § 197 / vis motrix: bewegende Kraft: *Met.* § 294 / vis strictius dicta (& brevitatis caussa nonnunquam simpliciter): eine Kraft in

engerer Bedeutung: *Met.* § 197 / vis s[t]rictius dicta mortua: eine todte Kraft: *Met.* § 220 / vis s[t]rictius dicta viva: eine lebendige Kraft: *Met.* § 220.

visio (phantasma, imaginatio, visum): eine Einbildung: *Met.* § 557.

visus: Gesicht: *Met.* § 536.

vita: Leben: *Met.* § 430; *Eth.* § 160; *Philos. gen.* § 233.

vita anteacta: sein bisheriges Leben: *Eth.* § 160 / vita civilis: das bürgerliche Leben: *Philos. gen.* § 233 / vita practica: das practische Leben: *Philos. gen.* § 233 / vita socialis: das gesellschaftliche Leben: *Philos. gen.* § 233 / vitae commodae species otiosa: eine ruhige Lebensart: *Eth.* § 476 / vitalia: die Lebenstheile des menschlichen Körpers: *Eth.* § 258.

vitium: Fehler: *Acr. log.* § 319.

vitium subreptionis [»si discursiva habentur pro intuitivis«]: der Erschleichungs-Fehler: *Acr. log.* § 319.

vituperium [»Contemtus externus per orationem«]: Schmähung: *Eth.* § 293.

vivere: leben: *Eth.* § 97.

in diem vivere: auf gerathewohl, in den Tag hinein, leben: *Eth.* § 97.

vividus: lebhaft: *Met.* § 531.

vivus: lebendig: *Met.* § 220.

vocabulum: Wort: *Met.* § 350.

voluntarius: freywillig: *Met.* § 722; *Eth.* § 275.

voluntas: Wille: *Met.* § 690, *Eth.* § 80; Wollen: *Met.* § 894.

nolitio: das Nicht-Wollen: *Met.* § 690 / noluntas: das Vermögen, den Willen von etwas abzuneigen: *Met.* § 690 / volitio: das Wollen, die Willens-Meinung: *Met.* § 690 / voluntas noluntasve proportionalis intellectui: Wollen und Nichtwollen, so der Einsicht des Verstandes angemessen: *Met.* § 894 / voluntas noluntasve proportionalis obiectis: Wollen und Nicht-Wollen, so den Gegenstaenden angemessen: *Met.* § 894 / voluntatem propriam sequi: seinem Eigenwillen folgen: *Eth.* § 86.

voluptas (complacentia) [»Status animae ex intuitu perfectionis«]: Lust, Gefallen, Vergnügen: *Met.* § 655 / voluptas: Vergnügen: *Eth.* § 290.

voluptas amara: eine bittre Lust: *Met.* § 661 / voluptas apparens: Schein-Lust: *Met.* § 655 / voluptas composita: ein zusammengesetztes Vergnügen: *Met.* § 656 / voluptas crassa: grobes Vergnügen: *Eth.* § 290 / voluptas rationalis (intellectualis): ein Vergnügen des Verstandes: *Met.* § 656 / voluptas sensitiva: ein sinnliches Vergnügen: *Met.* § 656 / voluptas sensuum: ein Vergnügen der Sinne: *Met.* § 656 / voluptas simplex: ein einfaches Vergnügen: *Met.* § 656 / voluptas vera: wahre Lust, wahre[s] Gefallen, wahre[s] Vergnügen:

Met. § 655 / voluptatis praedominium: Uebergewicht des Vergnügens: *Met.* § 656.
voracitas: Gefraessigkeit: *Eth.* § 260.
vulgaris: gewöhnlich: *Eth.* § 365.

PERSONENREGISTER

Das Personenregister bezieht sich auf den Text der deutschen Übersetzung und umfaßt alle Namen von genannten historischen, literarischen und mythologischen Personen. Bei Namen, die im Text der Übersetzung in unterschiedlicher (griechischer, lateinischer oder deutscher) Schreibweise erscheinen, werden im Register gemäß der üblichen deutschen Benennung (z. B. Achill, Apoll) aufgeführt.

SACHREGISTER

Das Sachregister folgt – im Bemühen, Baumgartens konsequente Verwendung der lateinischen Begriffe zu dokumentieren und deren Nachweis zu erleichtern – dem lateinischen Text. Es umfaßt sowohl poetologische, rhetorische und ästhetische Begriffe als auch solche, die im Gesamtkontext von Baumgartens Philosophie (insbesondere im Zusammenhang mit seiner *Metaphysica* und *Ethica philosophica*) besondere Bedeutung besitzen. Ausdrücke, die von Baumgarten selbst im lateinischen Text durch Großbuchstaben hervorgehoben wurden, sind mit dem Paragraphen ihrer Fundstelle jeweils halbfett gesetzt. Griechische Ausdrücke sind in Auswahl gemäß ihrer inhaltlichen Relevanz und jeweils auf den, wenn vorhanden, lateinischen Eintrag folgend angeführt.

BIBLIOGRAPHIE

1. Quellen

1. 1. Alexander Gottlieb Baumgarten

1. 1. 1. Werkausgaben, Teilausgaben, Übersetzungen

1. *Dissertatio chorographica, Notiones superi et inferi, indeque adscensus et descensus, in chorographiis sacris occurentes, evolvens.* Disp. chorograph. Präs. Christian Benedict Michaelis. Halle: Meyh [26. Feb.] 1735.

2. *Meditationes philosophicae de nonnullis ad poema pertinentibus.* Halle: Grunert 1735.

BAUMGARTEN, Alexander Gottlieb: *Meditationes philosophicae de nonnullis ad poema pertinentibus.* Ristampa dell'unica editione del 1735, a cura di Benedetto CROCE. Neapel 1900.

[Dt.] RIEMANN, Albert: *Die Ästhetik A. G. Baumgartens, unter besonderer Berücksichtigung der ›Meditationes de nonnullis ad poema pertinentibus‹ nebst einer Übersetzung dieser Schrift.* Halle 1928 (Nachdruck Walluf bei Wiesbaden 1973).

BAUMGARTEN, Alexander Gottlieb: *Aesthetica, iterum edita ad exemplar prioris Editionis annorum MDCCL–LVIII spatio impressae. Praepositae sunt Meditationes Philosophicae de nonnullis ad poema pertinentibus, ab eodem auctore editae anno MDCCXXXV* [Lat. Texte besorgt von Tommaso FIORE, Einführung von Alessandro CASATI]. Bari 1936 [Benedetto Croce zum 70. Geburtstag].

[Lat. / Engl.] *Reflections on Poetry, A. G. Baumgarten's Meditationes philosophicae de nonnullis ad poema pertinentibus.* Translated With the Original Text [Lat./Engl.], an Introduction and Notes by K. ASCHENBRENNER and W. B. HOLTHER. Berkeley / Los Angeles 1954.

[Dän.] BAUMGARTEN, Alexander Gottlieb: *Filosofiske betragtniger over digtet.* Oversat fra latin og forsynet med noter af Per Aage BRANDT i

samarbejde med Søren KJØRUP, og ledsaget af et essay: »Baumgarten og aestetikkens grundlæggelse« ved Søren KJØRUP. Kopenhagen [s. a., 1968].

[Span.] BAUMGARTEN, Alexander G.: *Reflexiones filosóficas acerca de la poesia.* Traducción del latín, prólogo y notas de José Antonio MIGUEZ. Buenos Aires 1975.

[Lat. / Dt.] BAUMGARTEN, Alexander Gottlieb: *Meditationes philosophicae de nonnullis ad poema pertinentibus. Philosophische Betrachtungen über einige Bedingungen des Gedichts.* Übers. und mit einer Einleitung hg. von Heinz PAETZOLD. Hamburg 1983.

DAMNJANOVIC, Milan: REZENSION der Ausgabe PAETZOLD 1983, in: *Zeitschrift für philosophische Forschung* 3 / 4 (1984), S. 687–690.

BRANDt, Reinhard: REZENSION der Ausgabe PAETZOLd 1983, in: *Aufklärung. Interdisziplinäre Halbjahresschrift zur Erforschung des 18. Jahrhunderts und seiner Wirkungsgeschichte* 1, Heft 1: *Eklektik, Selbstdenken, Mündigkeit*, hg. von Norbert HINSKE, Hamburg 1986, S. 107–109.

HENCKMANN, Wolfhart: REZENSION der Ausgabe PAETZOLD 1983 u. d. T.: »Neue Ausgaben von Baumgartens ästhetischen Schriften«, in: *Philosophisches Jahrbuch* 93 (1986), S. 420–423.

[Lat. / It.] BAUMGARTEN, Alexander Gottlieb: *Riflessioni sul testo poetico.* A cura di Francesco PISELLI. Palermo 1985 (2. Aufl. 1990).

[Frz.] BAUMGARTEN, Alexander Gottlieb: *Esthétique précédée des Méditations philosophiques sur quelques sujets se rapportant à l'essence du poème et de la Métaphysique (§§ 501–623).* Traduction, présentation et notes par Jean-Yves PRANCHÈRE. Paris 1988 (wiederaufgelegt 2001).

[It.] BAUMGARTEN, Alexander Gottlieb: *Meditazioni filosofiche su alcuni aspetti del poema.* Edizione italiana di Francesco PISELLI. Mailand 1992.

BAUMGARTEN, Alexander Gottlieb: *Meditationes philosophicae de nonnullis ad poema pertinentibus di A. G. Baumgarten. Testo, Indici, Concordanze.* A cura di Antonio LAMARRA e Pietro PIMPINELLA. Florenz 1993.

[Lat. / It.] §§ 115–117 in: BAUMGARTEN, A. G. / KANT, I.: *Il battesimo dell'estetica*, a cura di Leonardo AMOROSO, Pisa 1993 (2. Aufl. 1996), S. 40-45.

[Lat. / It.] BAUMGARTEN, Alexander Gottlieb: *Riflessioni sulla Poesia.* A cura di Pietro PIMPINELLA e Salvatore TEDESCO. Palermo [riedizione] 1999.

[Span.] BAUMGARTEN, Alexander Gottlieb: *Reflexiones filosóficas en torno*

al poema (1735), in: *Belleza y verdad. Sobre la estética entre la Ilustratión y el Romaticismo: A. G. Baumgarten, J. J. Winckelmann, M. Mendelssohn, J. G. Hamann*. Introducción de Mateu CABOT. Traducido del latín por Catalina Terrasa MONTANER y del alemán por Vicente Jarque SORIANO. Barcelona 1999.

3. *De ordine in audiendis philosophicis per triennium academicum quaedam praefatus acroases proximae aestati destinatas indicit Alexander Gottlieb Baumgarten*. Halle: Bauer, 1738.

4. *Metaphysica*. Halle: Hemmerde, 1739:

METAPHYSICA / PER / ALEXANDRVM GOTTLIEB / BAVMGARTEN / PROFESSOREM PHILOSOPHIAE. / HALAE MAGDEBVURGICAE / IMPENSIS C. H. HEMMERDE / 1739.
2. Aufl. ebd. 1743
3. Aufl. ebd. 1750
4. Aufl. ebd. 1757
5. Aufl. ebd. 1763
6. Aufl. ebd. 1768
7. Aufl. ebd., 1779:

METAPHYSICA / ALEXANDRI GOTTLIEB / BAVMGARTEN / PROFESSORIS PHILOSOPHIAE. / EDITIO VII. / HALAE MAGDEBVURGICAE, / IMPENSIS CAROL. HERMAN. HEMMERDE. / 1779.

[Dt. Bearbeitung:] *Alexander Gottlieb Baumgartens Professors der Philosophie Metaphysik* [übersetzt und bearbeitet von Georg Friedrich MEIER]. Halle: Hemmerde, 1766.

[Dt. Bearbeitung:] *Alexander Gottlieb Baumgartens, Professors der Philosophie, Metaphysik* [von Georg Friedrich MEIER]. Neue vermehrte Auflage [hg. von Johann August EBERHARD]. Halle: Hemmerde 1783.

[Dt. Bearbeitung:] *Alexander Gottlieb Baumgartens Metaphysik*. Ins Deutsche übersetzt von Georg Friedrich MEIER. Nach dem Text der zweiten, von Joh. Aug. Eberhard besorgten Ausgabe 1783. Mit einer Einführung, einer Konkordanz und einer Bibliographie der Werke A. G. Baumgartens von Dagmar MIRBACH. Jena 2004.

Pars III: »Psychologie«, Caput I: »Psychologia empirica«, §§ 504–699 der 4. Aufl. Halle 1757, in: [KANT, Immanuel:] *Kants gesammelte*

Schriften, hg. von der Königlich Preußischen Akademie der Wissenschaften, Bd. XV, 3. Abt.: *Handschriftlicher Nachlaß*, Bd. 2, erste Hälfte: *Anthropologie*, Berlin 1913, S. 5–54.

»Auditori Benevolo« [Vorwort zur 1. Auflage 1739], »Praefatio Editionis II«, »Praefatio Editionis III«, »Synopsis«, §§ 1–503, §§ 700–1000, »Index« der 4. Aufl. Halle 1757, in: [Kant, Immanuel:] *Kants gesammelte Schriften*, hg. von der Königlich Preußischen Akademie der Wissenschaften, Bd. XVII, 3. Abt.: *Handschriftlicher Nachlaß*, Bd. 4: *Metaphysik*, erster Theil, Berlin / Leipzig 1926, S. 5–130 und S. 130–226.

Reprograph. Nachdruck der 7. Aufl. Halle 1779, Hildesheim / New York 1969.

Reprograph. Nachdruck der 7. Aufl. Halle 1779 (2. Nachdruckaufl.), Hildesheim / New York 1982.

[Lat. / Dt.] Pars III: »Psychologie«, §§ 501–623, in: Baumgarten, Alexander Gottlieb: *Texte zur Grundlegung der Ästhetik*, übers. und hg. von Hans Rudolf Schweizer, Hamburg 1983, S. 1–65.

Brandt, Reinhard: Rezension der Ausgabe Schweizer 1983, in: *Aufklärung. Interdisziplinäre Halbjahresschrift zur Erforschung des 18. Jahrhunderts und seiner Wirkungsgeschichte* 1, Heft 1: *Eklektik, Selbstdenken, Mündigkeit*, hg. von Norbert Hinske, Hamburg 1986, S. 106.

Henckmann, Wolfhart: Rezension der Ausgabe Schweizer 1983 u. d. T.: »Neue Ausgaben von Baumgartens ästhetischen Schriften«, in: *Philosophisches Jahrbuch* 93 (1986), S. 420–423.

[Frz.] §§ 501–623 in: Baumgarten, A. G.: *Esthétique précédée des Méditations philosophiques sur quelques sujets se rapportant à l'essence du poème et de la Métaphysique (§§ 501–623)*, traduction, présentation et notes par Jean-Yves Pranchère, Paris 1988 (wiederaufgelegt 2001), S. 77–117.

[Dt.] §§ 510–515, 519–521, 525, 530, 531, 533, 589–592, 606–609, 648–650, 651–662 in: Kant, Immanuel: *Werke*, Bd. 3: *Schriften zur Ästhetik und Naturphilosophie*, hg. von Manfred Frank und Véronique Zanetti, Frankfurt a. M. 1996, S. 60–95.

[Lat. / Dt.] Vorreden zur *Metaphysica* (1. Aufl. 1739, 2. Aufl. 1742, 3. Aufl. 1749) in: Baumgarten, Alexander Gottlieb: *Die Vorreden zur Metaphysik*, hg., übers. und kommentiert von Ursula Niggli, Frankfurt a. M. 1998, S. 1–85.

5. *Ethica philosophica.* Halle: Hemmerde, 1740:

ETHICA / PHILOSOPHICA / PER / ALEXANDRVM GOTTLIEB / BAVMGARTEN / PROFESSOREM PHILOSOPHIAE. / HALAE MAGDEBVURGICAE. / IMPENSIS CARL H. HEMMERDE / 1740.
2. Aufl.: Halle: Hemmerde, 1751.
3. Aufl.:

ETHICA / PHILOSOPHICA / SCRIPSIT ACROMATICE / ALEXANDER GOTTLIEB / BAVMGARTEN / PROFESSOR PHILOSOPHIAE. / EDITIO TERTIA. / HALAE MAGDEBURGICAE. / IMPENSIS CARL. HERM. HEMMERDE. / 1763.
Reprograph. Nachdruck der 3. Aufl. Halle 1763, Hildesheim / New York 1969 (2. Nachdruckaufl. 2000).

6. *Alexander Gottlieb Baumgarten eröffnet Einige Gedancken vom vernünfftigen Beyfall auf Academien, und ladet zu seiner Antritts-Rede [...] ein.* Frankfurt a. O. 1740.

2., verm. Aufl. Halle: Hemmerde, 1741.

7. *Serenissimo potentissimo principi Friderico, Regi Borussorum marchioni brandenburgico S. R. J. archicamerario et electori, caetera, clementissimo dominio felicia regni felicis auspicia, a d. III. Non. Quinct. 1740. professoris viadrini munus agressus, gratulabatur Alexander Gottlieb Baumgarten* [s. l., Mai] 1740.

[Dt., übers. von Nathanael Baumgarten:] *Allerunterthänigster Glückwunsch bey dem erfreulichen Antritt der erfreulichen Regierung des Allerdurchlauchtigsten und Grossmächtigsten Königs und Herrn, Friedrich, König von Preussen.* Berlin 1740.

8. *Philosophische Brieffe von Aletheophilus.* Frankfurt / Leipzig 1741.

Alethophili philosophische Briefe. Halle: Hemmerde, 1741.
»Philosophischer Briefe zweites Schreiben«, in: Baumgarten, Alexander Gottlieb: *Texte zur Grundlegung der Ästhetik*, übers. und hg. von Hans Rudolf Schweizer, Hamburg 1983, S. 67–72.

Zweiter Brief [Frz.] in: Baumgarten, A. G.: *Esthétique précédée des Méditations philosophiques sur quelques sujets se rapportant à l'essence du poème et de la Métaphysique (§§ 501–623),* traduction, présentation et notes par Jean-Yves Pranchère, Paris 1988 (wiederaufgelegt 2001), S. 235–240.

Zweiter Brief [It. mit Kommentar] in: Tedesco, Salvatore: »Appendice«, in: [Russo, Luigi et al.:] *Baumgarten e gli orizzonti dell'estetica,* Palermo 1998, S. 81–86.

9. *Scriptis, quae moderator conflictus academici disputavit, praefatus rationes acroasium suarum Viadrinarum reddit Alexander Gottlieb Baumgarten.* Halle: Hemmerde, 1743.

10. *Aesthetica.* Frankfurt: Kleyb 1750/58:

AESTHETICA/SCRIPSIT/ALEXAND: GOTTLIEB BAVMGARTEN/PROF. PHILOSOPHIAE./TRAIECTI CIS VIADRVM/IMPENS. IOANNIS CHRISTIANI KLEYB/[1750].

AESTHETICORUM/PARS ALTERA./SCRIPSIT/ALEXANDER GOTTLIEB BAVMGARTEN/PROFESSOR PHILOSOPHIAE./FRANCOFVRTI CIS VIADRVM,/IMPENSIS IOANNIS CHRISTIANI KLEYB,/[1758].

Baumgarten, Alexander Gottlieb: *Aesthetica, iterum edita ad exemplar prioris Editionis annorum MDCCL–LVIII spatio impressae. Praepositae sunt Meditationes Philosophicae de nonnullis ad poema pertinentibus, ab eodem auctore editae anno MDCCXXXV* [Lat. Texte besorgt von Tommaso Fiore, Einführung von Alessandro Casati]. Bari 1936 [Benedetto Croce zum 70. Geburtstag].

Reprograph. Nachdruck der Ausgabe Frankfurt a. O. 1750, Hildesheim/New York 1961.

Reprograph. Nachdruck der Ausgabe Frankfurt 1750 (3. Nachdruckaufl.), Hildesheim/Zürich/New York 1986.

[Lat./Dt.] »Prolegomena«, §§ 1–13, 1. Teil: »Theoretische Ästhetik«, 1. Kap.: »Heuristik«, §§ 14–77, 423–504, 555–612, 614–630, in: Schweizer, Hans Rudolf: *Ästhetik als Philosophie der sinnlichen Erkenntnis. Eine Interpretation der ›Aesthetica‹ A. G. Baumgartens mit teilweiser Wiedergabe des lateinischen Textes und deutscher Übersetzung*, Basel/Stuttgart 1973, S. 106–315.

[Lat./Dt.] »Prolegomena«, §§ 1–13; 1. Teil: »Theoretische Ästhetik«, 1. Kap.: »Heuristik«, §§ 14–77, 423–504, 555–612, in: BAUMGARTEN, Alexander Gottlieb: *Theoretische Ästhetik. Die grundlegenden Abschnitte aus der ›Aesthetica‹ (1750/58).* Übers. und hg. von Hans Rudolf SCHWEIZER, Hamburg 1983 (2., durchges. Aufl. 1988).

BRANDT, Reinhard: REZENSION der Ausgabe SCHWEIZER 1983, in: *Aufklärung. Interdisziplinäre Halbjahresschrift zur Erforschung des 18. Jahrhunderts und seiner Wirkungsgeschichte* 1, in: *Eklektik, Selbstdenken, Mündigkeit,* hg. von Norbert HINSKE, Hamburg 1986, S. 106 f.

HENCKMANN, Wolfhart: REZENSION der Ausgabe SCHWEIZER 1983 u. d. T.: »Neue Ausgaben von Baumgartens ästhetischen Schriften«, in: *Philosophisches Jahrbuch* 93 (1986), S. 420–423.

[Frz.] »Prolegomena«, §§ 1–77, 423–504, 555–612 in: BAUMGARTEN, A. G.: *Esthétique précédée des Méditations philosophiques sur quelques sujets se rapportant à l'essence du poème et de la Métaphysique (§§ 501–623),* traduction, présentation et notes par Jean-Yves PRANCHÈRE, Paris 1988 (wiederaufgelegt 2001), S. 127–232.

[It.] BAUMGARTEN, Alexander Gottlieb: *Estetica.* Edizione italiana di Francesco PISELLI. Mailand 1992 (Nachdruck 1993).

[Lat./It.] »Prolegomena«, §§ 1–13, in: BAUMGARTEN, A. G./KANT, I.: *Il battesimo dell'estetica,* a cura di Leonardo AMOROSO, Pisa 1993 (2. Aufl. 1996), S. 48–59.

[It.] BAUMGARTEN, Alexander Gottlieb: *L'Estetica.* A cura di Salvatore TEDESCO. Traduzione di Francesco CAPARROTTA, Anna LI VIGNI, Salvatore TEDESCO. Consulenza scientifica di Elisa ROMANO. Palermo 2000.

11. *Initia philosophiae practicae primae acroamatice.*
Halle: Hemmerde, 1760.

12. *Acroasis logica. In Christianum L. B. de Wolff.*
Halle: Hemmerde 1761:

ACROASIS / LOGICA. / IN CHRISTIANVM L. B. DE WOLFF / DICTABAT / ALEXANDER GOTTLIEB BAVMGARTEN / PROFESS. PHILOSOPH. P. O. / HALAE MAGDEBVRGICAE, MDCCLXI. / IM[P]ENSIS CAROL. HERM. HEMMERDE.

Acroasis logica. In Christianum Wolffium dictabat A. G. Baumgartenio. Halle: Hemmerde 1762.

Acroasis logica, aucta, et in systema redacta a J. G. Toellnero, Halle: Hemmerde 1765 (2. Aufl. hg. von J. G. Toellner, 1773).

Reprograph. Nachdruck der Ausgabe Halle 1761: Wolff, Christian: *Gesammelte Werke.* Hg. von Jean. École, [et al.]. III. Abteilung: *Materialien und Dokumente*, Bd. 5. Hildesheim / New York 1973 (2. Nachdruckaufl. 1983).

13. *Ius naturae [Dictata iuris naturae ad Koeleri exercitationes iuris naturalis].* Halle: Hemmerde, 1763.

14. *Sciagraphia encyclopaediae philosophicae. Ed. et praefatus est Ioh. Christian Förster.* Halle: Hemmerde 1769.

15. *Philosophia generalis. Edidit cum dissertatione prooemiali de dubitatione et certitudine Ioh. Christian Foerster.* Halle: Hemmerde, 1770:

ALEXANDRI GOTTLIEB BAVMGARTEN / PHILOSOPHI OLIM IN ACADEMIA VIA- / DRINA CELEBERRIMI / PHILOSOPHIA / GENERALIS / EDIDIT CVM DISSERTATIONE PROOEMIALI / DE / DVBITATIONE ET CERTITVDINE / IOH. CHRISTIAN FOERSTER / PHILOS. PROF. ORDIN. / HALAE MAGDEBVRGICAE / IMPENSIS CARL HERMANN HEMMERDE / MDCCLXX.

Reprograph. Nachdruck der Ausgabe Halle 1770, Hildesheim / New York 1968 (2. Nachdruckaufl. 2002).

§ 147 I [Lat. / Dt.] in: Baumgarten, Alexander Gottlieb: *Texte zur Grundlegung der Ästhetik*, übers. und hg. von Hans Rudolf Schweizer, Hamburg 1983, S. 73–78.

§ 147 I [Frz.] in: Baumgarten, A. G.: *Esthétique précédée des Méditations philosophiques sur quelques sujets se rapportant à l'essence du poème et de la Métaphysique (§§ 501–623)*, traduction, présentation et notes par Jean-Yves Pranchère, Paris 1988 (wiederaufgelegt 2001), S. 241–244.

16. *Alex. Gottl. Baumgartenii Praelectiones theologiae dogmaticae. Praef. adiecit Ioh. Salomo Semler.* Halle: Hemmerde, 1773.

17. *Gedanken über die Reden Jesu nach dem Inhalt der evangelischen Geschichten.* Hg. von Friedrich Gottlob Scheltz und Anton Bernhard Thiele. Abt. 1, 2, Pförten: Brükner, 1796f.

1. 1. 2. Die Vorlesungsnachschrift zur *Aesthetica*

[Poppe, Bernhard]: *Alexander Gottlieb Baumgarten. Seine Bedeutung und Stellung in der Leibniz-Wolffischen Philosophie und seine Beziehungen zu Kant, nebst Veröffentlichung einer bisher unbekannten Handschrift der Ästhetik Baumgartens*, Inaugural-Dissertation zur Erlangung der Doktorwürde der Hohen Philosophischen und Naturwissenschaftlichen Fakultät der Universität Münster in Westfalen, vorgelegt von Bernhard Poppe aus Laer, Borna-Leipzig 1907, S. 59–258.

§ 1 in: Baumgarten, Alexander Gottlieb: *Texte zur Grundlegung der Ästhetik*, übersetzt und hg. von Hans Rudolf Schweizer, Hamburg 1983, S. 79–83.

§ 1 [Frz.] in: Baumgarten, A. G.: *Esthétique précédée des Méditations philosophiques sur quelques sujets se rapportant à l'essence du poème et de la Métaphysique (§§ 501–623)*, traduction, présentation et notes par Jean-Yves Pranchère, Paris 1988 (wiederaufgelegt 2001), S. 245–249.

[It.] Baumgarten, Alexander Gottlieb: *Lezioni di Estetica.* A cura di Salvatore Tedesco. Presentazione di Leonardo Amoroso. Palermo 1998.

1. 1. 3. Zeitgenössische Rezensionen von Baumgartens *Meditationes* (1735), *Aesthetica* (1750/58) und Meiers *Auszug aus den Anfangsgründen* (1757)

Rezension der *Meditationes* in: Baumgarten, Siegismund Jacob: *Opuscula quae latine scripsit*, Bd. 1–2, Halle 1740–46, Bd. 1, S. 300–303.

Anonyme dt. Rezension der *Meditationes* (1735) in: *Greifswalder Critische Versuche*, 1742/1, S. 573–604.

Rezension der *Meditationes* in: Quistorp, Theodor Johann: »Erweis, dass die Poesie schon für sich selbst ihre Liebhaber leichtlich unglückselig machen könne«, in: *Neuer Büchersaal der schönen Wissen-*

schaften und freien Künste, hg. von Johann Christian GOTTSCHED, Leipzig 1745, Bd. 1, S. 433–452.

Rezension des zweiten Teils der *Aesthetica* (1758) in: *Bibliothek der schönen Wissenschaften und freyen Künste*, hg. von Friedrich NICOLAI, Bd. 4 (1758), S. 438–456 [Rezensent: »S.« – vermutl. Johann Georg Sulzer].

Rezension von Georg Friedrich Meiers *Auszug aus den Anfangsgründen aller schönen Künste und Wissenschaften* (1757) in: *Bibliothek der schönen Wissenschaften und freyen Künste*, hg. von Friedrich NICOLAI, Bd. 3 (1758), S. 130–138 [Rezensent: »S.« – vermutl. Johann Georg Sulzer].

Bezug auf Baumgartens Definition eines Gedichts in: *Bibliothek der schönen Wissenschaften und freyen Künste*, hg. von Friedrich NICOLAI, Bd. 1 (1757), S. 83 f., S. 244; Bd. 2 (1757), S. 75 f.

1. 1. 4. Zur Bibliothek Baumgartens

CATALOGVS / LIBRORVM / A / VIRO / EXCELLENTISSIMO AMPLISSIMO / ALEXANDRO GOTTLIEB / BAVMGARTEN / PROF. PHILOS. CELEBERRIMO / SVOS ET AMICORVM IN VSVS COM- / PARATORVM / QVI / FRANCOFVRTI AD VIADRVM / IN / AEDIBUS ALBINIANIS, IN PLATEA / EPISCOPALI / (vulgo die Bischof-Strasse) / SITIS / MDCCLXII / A DIE XXIX NOVEMBRIS AB HORA / 9. AD 12. ET A 2. AD 5. / PER HASTAM PVBLICAM / PLVS LICITATVRIS / ADDICENTVR / FRANCOFVRTI AD VIADRVM, / TYPIS IOANNIS CHRISTIANI WINTERI.

1. 1. 5. Nekrologe

ABBT, Thomas: »Leben und Charakter Alexander Gottlieb Baumgartens«, in: *Rintelsche Intelligenzblätter* 1763.

ABBT, Thomas: *Leben und Charakter Alexander Gottlieb Baumgartens.* Halle 1765.

ABBT, Thomas: »Leben und Charakter Alexander Gottlieb Baumgartens«, in: *Thomas Abbts weil. Gräfl. Schaumburg-Lippischen Hof- und Regierungsraths vermischte Werke, vierter Theil welcher vermischte Auf-*

sätze enthäl, mit Königl. Preussisch. Churfürstl. Brandenburgischen und Chursächsischen Freyheiten, Berlin / Stettin 1780, S. 213–244.

ABBT, Thomas: »Leben und Charakter Alexander Gottlieb Baumgartens«, in: *Thomas Abbts weyl. Gräfl. Schaumburg-Lippischen Hof- und Regierungsraths vermischte Werke, vierter Theil welcher vermischte Aufsätze enthält*, Frankfurt / Leipzig 1783, S. 213–244.

[Briefe zu Baumgartens Nekrologen von Abbt und Meier in:] ABBT, Thomas: *Vermischte Werke* [6 Teile in 3 Bdn.], Berlin / Stettin 1772–1781 (Nachdruck Hildesheim 1978): Abbt an Nicolai, 18. 12. 1763: Bd. 2, S. 158f.; Abbt an Mendelssohn, 11. 1. 1764: Bd. 2, S. 161f.; Mendelssohn an Abbt, 9. 2. 1764: Bd. 2, S. 167–171; Abbt an Möser, Pfingsten 1764: Bd. 3, T. 6, S. 8f.; Abbt an Klotz, 9. 2. 1765: Bd. 3, T. 5, S. 151f.; Abbt an Nicolai, 10. 2. 1765: Bd. 2, S. 319f.

[FÖRSTER, Johann Christian]: *Johann Christian Försters der Weltweisheit öffentlichen Lehrers auf der Friedrichs-Universität zu Halle Charactere dreyer berühmter Weltweisen nämlich Leibnitzens, Wolfs und Baumgartens.* Halle (2., veränderte Aufl.) 1765.

HERDER, Johann Gottfried: »Entwurf zu einer Denkschrift auf A. G. Baumgarten, J. D. Heilmann und Th. Abbt«, »Von Baumgartens Denkart in seinen Schriften (1767)«, in DERS.: Sämtliche Werke, hg. von Bernhard Suphan, Berlin 1877–1913, Bd. 32, S. 175–192.

[MEIER, Georg Friedrich]: *Alexander Gottlieb Baumgartens Leben, beschrieben von Georg Friedrich Meier.* Halle im Magdeburgischen, verlegt von Carl Hermann Hemmerde, 1763.

1. 2. Zur *Aesthetica:* Antike und spätantike Autoren (herangezogene Ausgaben)

ARISTOTELES: *Poetik.* Griechisch / Deutsch. Übers. und hg. von Manfred FUHRMANN. Stuttgart 1982.

ARISTOTELES: *Rhetorik.* Übers., mit einer Bibliographie, Erläuterungen und einem Nachwort von Franz G. SIEVEKE. München (4., unveränderte Aufl.) 1993.

ARISTOTELES: *Nikomachische Ethik.* Übers. und Nachwort von Franz DIRLMEIER. Anmerkungen von Ernst A. SCHMIDT. (Bibl. ergänzte Aufl.) Stuttgart 1983.

[AUGUSTINUS: *Epistulae*:] SANT' AGOSTINO: *Le lettere* I [1–123], testo

latino dall'edizione Maurina confrontato con il *Corpus scriptorum Ecclesiasticorum Latinorum*, introduzione di Michelle PELLEGRINO, traduzione T. ALIMONTI e L. CARROZI, Rom 1969.

AUGUSTINUS, *De correptione et gratia liber unus*, in: [DERS.]: *Sancti Aurelii Augustini opera omnia*, in: MIGNE, J. P.: *Patrologiae cursus completus, series Latina*, Bde. 32–47, Paris 1841–49.

C. [Gaius] Valerius CATULLUS: *Sämtliche Gedichte*. Lateinisch / Deutsch. Übers. und hg. von Michael VON ALBRECHT. Stuttgart 1995.

Marcus Tullius CICERO: *Brutus*. Lateinisch / Deutsch. Hg. und übers. von Bernhard KYTZLER. Düsseldorf / Zürich (5. Aufl.) 2000.

Marcus Tullius CICERO: *De divinatione / Über die Wahrsagung*. Lateinisch / Deutsch. Hg., übers. und erläutert von Christoph SCHÄUBLIN. Düsseldorf / Zürich (2., verbess. Aufl.) 2002.

Marcus Tullius CICERO: *De finibus bonorum et malorum / Über das höchste Gut und das größte Übel*. Lateinisch / Deutsch. Übers. und hg. von Harald MERKLIN. Stuttgart 1989.

M[arcus] Tullius CICERO: *De inventione / Über die Auffindung des Stoffes. De optime genere oratorum / Über die beste Gattung von Rednern*. Lateinisch / Deutsch. Hg. und übers. von Theodor NÜSSLEIN. Düsseldorf / Zürich 1998.

M[arcus] Tullius CICERO: *De natura deorum / Über das Wesen der Götter*. Lateinisch / Deutsch. Übers. und hg. von Ursula BLANK-SANGMEISTER. Nachwort von Klaus THRAEDE. Stuttgart 1995.

Marcus Tullius CICERO: *De officiis / Vom pflichtgemäßen Handeln*. Lateinisch / Deutsch. Übers., kommentiert und hg. von Heinz GUNERMANN. Stuttgart 1976.

Marcus Tullius CICERO: *De oratore / Über den Redner*. Lateinisch / Deutsch. Übers. und hg. von Harald MERKLIN. Stuttgart (2., durchges. und bibl. ergänzte Aufl.) 1976.

Marcus Tullius CICERO: *De re publica / Vom Gemeinwesen*. Lateinisch / Deutsch. Übers. und hg. von Karl BÜCHNER. Stuttgart 1979.

Marcus Tullius CICERO: *Hortensius, Lucullus, Academici libri*. Lateinisch / Deutsch. Hg., übers. und kommentiert von Laila STRAUME-ZIMMERMANN, Ferdinand BROENSER und Olof GIGON. München / Zürich [Darmstadt] 1990.

Marcus Tullius CICERO: *Laelius / Über die Freundschaft*. Übers., Anm. und Nachwort von Robert FEGER. Stuttgart 1970.

Marcus Tullius CICERO: *Orator*. Lateinisch / Deutsch. Hg. und übers.

von Bernhard Kytzler. Düsseldorf/Zürich (4., durchges. Aufl.) 1998.

M[arcus] Tullius Cicero: *Partitiones oratoriae/Rhetorik in Frage und Antwort.* Lateinisch/Deutsch. Hg., übers. und erläutert von Karl und Gertrud Bayer. München/Zürich 1994.

Marcus Tullius Cicero: *Sämtliche Reden.* Eingeleitet, übers. und erläutert von Manfred Fuhrmann. Bd. 1–7. Bd. 1, Zürich/Stuttgart 1970; Bd. 6, Zürich/München 1980.

[Marcus Tullius] Cicero: *Staatsreden,* Teil 3: *Die Philippischen Reden.* Lateinisch und Deutsch von Helmut Kasten. Berlin (3., unveränderte Aufl.) 1981.

Marcus Tullius Cicero: *Tusculanae disputationes/Gespräche in Tusculum.* Lateinisch/Deutsch. Mit ausführlichen Anmerkungen neu hg. von Olof Gigon. München/Zürich (5., durchges. Aufl.) 1984.

Marcus Tullius Cicero: *Vier Reden gegen Catilina.* Lateinisch/Deutsch. Übers. und hg. von Dietrich Klose. Mit einem Nachwort von Karl Büchner. Stuttgart 1972.

[Claudius Claudianus:] *Dichtungen des Claudius Claudianus.* Übers. von Georg Freiherr von Wedekind. Darmstadt 1868.

Hesiod: *Theogonie/Werke und Tage.* Griechisch/Deutsch. Hg. und übers. von Albert von Schirnding, mit einer Einführung und einem Register von Ernst Günther Schmidt. München/Zürich [Darmstadt] 1991.

Homer: *Ilias/Odyssee.* In der Übertragung durch Johann Heinrich Voss. [Nach dem Text der Erstausgaben *Ilias* Hamburg 1793, *Odyssee* Hamburg 1781]. Mit einem Nachwort von Wolf Hartmut Friedrich. München 1976.

Quintus Horatius Flaccus: *Ars Poetica/Die Dichtkunst.* Lateinisch/Deutsch. Übers. und mit einem Nachwort hg. von Eckart Schäfer. Stuttgart 1972.

Quintus Horatius Flaccus: *Epistulae/Briefe.* Lateinisch/Deutsch. Übers. und hg. von Bernhard Kytzler. Stuttgart 1986 (2. Aufl.) 1998.

Quintus Horatius Flaccus: *Oden und Epoden [Carminum libri I–IV/Oden, Buch 1–4. Epodon liber/Das Buch der Epoden].* Lateinisch/Deutsch. Übers. und hg. von Bernhard Kytzler. Stuttgart 1978 (1981).

[Quintus] Horaz [Horatius Flaccus]: *Sermones/Satiren.* Latei-

nisch/Deutsch. Übertragen und hg. von Karl BÜCHNER. Stuttgart 1972.

[Decimus Iunius] JUVENAL [IUVENALIS]: *Satiren*. Übers., Einführung und Anhang von Harry C. SCHNUR. Stuttgart 1969.

[Titus] LIVIUS: *Ab urbe condita. Liber I/Römische Geschichte.* 1. Buch. Lateinisch/Deutsch. Übers. und hg. von Robert FEGER. Stuttgart 1981.

LONGINUS: *Vom Erhabenen*. Griechisch/Deutsch. Übers. und hg. von Otto SCHÖNBERGER, Stuttgart 1988.

[Marcus Annaeus] LUCANUS: *Bellum civile/Der Bürgerkrieg* [*Pharsalia*]. Hg. und übersetzt von Wilhelm EHLERS. München 1974.

[Gaius] LUCILIUS: *Satiren*. Lateinisch und Deutsch von Werner KRENKEL, Teil 2. Berlin 1970.

Titus LUCRETIUS Carus: *De rerum natura/Welt aus Atomen*. Lateinisch/Deutsch. Übers. und mit einem Nachwort hg. von Karl BÜCHNER. Stuttgart 1973.

Marcus MANILIUS: *Astronomica*. Lateinisch/Deutsch. Übers. und hg. von Wolfgang FELS. Stuttgart 1990.

Marcus Valerius MARTIALIS: *Epigramme*. Lateinisch/Deutsch. Hg. und übers. von Paul BARIÉ und Winfried SCHINDLER. Düsseldorf/Zürich 1999.

Cornelius NEPOS: *Atticus*. Lateinisch/Deutsch. Hg., übers. und kommentiert von Robert FEGER. Stuttgart 1976.

P[ublius] OVIDIUS Naso: *Amores/Liebesgedichte*. Lateinisch/Deutsch. Übers. und hg. von Michael VON ALBRECHT. Stuttgart 1997.

Publius OVIDIUS Naso: *Ars Amatoria/Liebeskunst*. Lateinisch/Deutsch. Übers. und hg. von Michael VON ALBRECHT, Stuttgart 1992.

Publius OVIDIUS Naso: *Festkalender Roms*. Lateinisch/Deutsch. Hg. von Wolfgang GERLACH. München 1960.

P[ublius] OVIDIUS Naso: *Gedichte aus der Verbannung. Eine Auswahl aus ›Tristia‹ und ›Epistulae ex Ponto‹*. Lateinisch/Deutsch. Übers. von Wilhelm WILLIGE. Hg., erläutert und mit einem Nachwort von Niklas HOLZBERG. Stuttgart 1995.

P[ublius] OVIDIUS Naso: *Heroides/Briefe der Heroinen*. Lateinisch/Deutsch. Übers. und hg. von Detlev HOFFMANN, Christoph SCHIEBLITZ und Hermann STOCKER. Stuttgart 2000.

Publius OVIDIUS Naso: *Metamorphosen*. In deutsche Hexameter übertragen und mit dem Text hg. von Erich RÖSCH. München 1964.

Publius OVIDIUS Naso: *Metamorphosen.* Auswahlausgabe. Lateinisch/Deutsch. Hg. und übers. von Gerhard FINK. Düsseldorf/Zürich 1999.

Publius OVIDIUS Naso: Briefe aus der Verbannung/*Tristia epistulae ex Ponto.* Übertragen von Wilhelm WILLIGE, eingeleitet und erläutert von Georg Luck. Stuttgart/Zürich 1963.

[Aulus PERSIUS Flaccus:] *Die Satiren des Persius.* Lateinisch/Deutsch. Hg. von Otto SEEL. München 1950.

[Gaius] PETRON[IUS Arbiter]: *Satyricon. Ein römischer Schelmenroman.* Übers. und erläutert von Harry C. SCHNUR. Stuttgart 1968.

[Gaius Iulius] PHAEDRUS: *Liber Fabularum/Fabelbuch.* Lateinisch/Deutsch. Übers. von Friedrich Fr. RÜCKERT und Otto SCHÖNBERGER. Hg. und erläutert von Otto SCHÖNBERGER. Stuttgart 1975.

[Titus Maccius PLAUTUS:] *Antike Komödien: Plautus/Terenz.* Hg. und mit einem Nachwort und Anm. versehen von Walther LUDWIG. Plautus in einer grundlegenden Neubearbeitung der Übersetzung von Wilhelm BINDER (Stuttgart 1864ff.) durch Walther Ludwig. Bd. 1–2. Darmstadt 1971.

T[itus] Maccius PLAUTUS: *Miles gloriosus/Der glorreiche Hauptmann.* Lateinisch/Deutsch. Übers. und hg. von Peter RAU. Stuttgart 1984.

C. Gaius PLINIUS Secundus [der Ältere]: *Naturalis Historiae libri XXXVII/Naturkunde.* Lateinisch/Deutsch; Liber XXXV/Buch XXXV: *Farben, Malerei, Plastik*, hg. und übers. von Roderich KÖNIG in Zusammenarbeit mit Gerhard WINKLER, Düsseldorf/Zürich (2., überarb. Aufl.) 1997; Liber XXXVII/Buch XXXVII: *Steine: Edelsteine, Gemmen, Bernstein.* Hg. und übers. von Roderich KÖNIG in Zusammenarbeit mit Joachim HOPP Zürich/München 1994.

C. [Gaius] PLINIUS [Caecilius] Secundus [der Jüngere]: *Epistuale.* Liber III/Briefe. Buch 3. Lateinisch/Deutsch. Übers. und hg. von Heribert PHILIPS. Stuttgart 1989.

C. [Gaius] PLINIUS Caecilius Secundus [der Jüngere]: *Sämtliche Briefe.* Eingeleitet, übers. und erläutert von André LAMBERT. Zürich/Stuttgart 1969.

Sextus PROPERTIUS: *Sämtliche Gedichte.* Lateinisch/Deutsch. Übers. und hg. von Burkhard MOJSISCH, Hans-Horst SCHWARZ, Isabel J. TAUTZ. Stuttgart 1993.

Marcus Fabius QUINTILIANUS: *Institutiones oratoriae. Libri XII/Ausbil-*

dung des Redners. Zwölf Bücher. Hg. und übers. von Helmut RAHN. Teil 1: Buch I–VI; Teil 2: Buch VII–XII. Darmstadt (3., gegenüber der 2. unveränderte Aufl.) 1995.

Gaius SALLUSTIUS Crispus: *De coniuratione Catilinae/Die Verschwörung des Catilina*. Lateinisch / Deutsch. Übers. und hg. von Karl BÜCHNER. Stuttgart 1972.

Lucius Annaeus SENECA: *Philosophische Schriften*, Bd. 3: *Ad Lucilium epistualae morales I–LXIX*. Lateinischer Text von François PRÉCHAC. Übers., eingeleitet und mit Anm. versehen von Manfred ROSENBACH. Darmstadt 1980.

Titus [Tiberius] Catius [Asconius] SILIUS ITALICUS: *Punica/Das Epos vom Zweiten Punischen Krieg*. Lateinischer Text mit Einleitung, Übers., kurzen Erläuterungen, Eigennamenverzeichnis und Nachwort von Hermann RUPPRECHT. Bd. 1–2. Mitterfels 1991.

Publius Papinius STATIUS: *Der Kampf um Theben* [*Thebais*]. Einleitung, Übers. und Anm. von Otto SCHÖNBERGER. Würzburg 1998.

Gaius SUETONIUS Tranquillus: *Cäsarenleben*. Übertragen und erläutert von Max HEINEMANN, mit einer Einleitung von Rudolf TILL. Stuttgart (7. Aufl.) 1986.

Publius Cornelius TACITUS: *Annalen*. Lateinisch / Deutsch. Hg. und übers. von Erich HELLER, mit einer Einführung von Manfred FUHRMANN. München (2. Aufl.) 1992.

Publius TERENTIUS Afer: *Die Komödien*. Deutsche Gesamtausgabe. Neu übertragen von Viktor VON MARNITZ mit Einführung von Karl BÜCHNER. Stuttgart 1960.

THEOKRIT: *Gedichte*. Griechisch / Deutsch. Hg. von F. P. FRITZ. München 1970.

[Albius TIBULLUS:] *Tibull und sein Kreis*. Lateinisch / Deutsch. Hg. von Wilhelm WILLIGE. München 1960.

[Publius] VERGIL[IUS Maro]: *Aeneis*. Verdeutscht von Thassilo VON SCHEFFER. Leipzig 1943.

[Publius] VERGIL[IUS Maro]: *Aeneis*. Lateinisch / Deutsch. Eingeleitet und übertragen von August VEZIN. Münster (6. Aufl.) 2000.

P[ublius] VERGILIUS Maro: *Bucolica/Hirtengedichte*. Studienausgabe. Lateinisch / Deutsch. Übers., Anm., interpretierender Kommentar und Nachwort von Michael VON ALBRECHT. Stuttgart 2001.

P[ublius] VERGILIUS Maro: *Georgica/Vom Landbau*. Lateinisch / Deutsch. Übers. und hg. von Otto SCHÖNBERGER. Stuttgart 1994.

XENOPHON: *Erinnerungen an Sokrates*. Übers. und Anm. von Rudolf PREISWERK. Nachwort von Walter BURKERT. Stuttgart 2002.

1. 3. Zur *Aesthetica*: Autoren des Mittelalters und der Neuzeit

[ANONYMUS:] *La Passion de Notre-Seigneur en vers burlesques*. Paris 1649.

AQUIN, Thomas VON: *Sententia libri Metaphysicae* [*In Met.*], in: DE AQUINO, Thomas: *Opera omnia, ut sunt in ind. thomistoco add. 61 scriptis ex aliis medii aevi auctoribus*. Hg. von Robertus BUSA. Bd. 1–7. Bd. 4: *Commentaria in Aristotelem et alios*. Stuttgart-Bad Cannstatt 1980.

BARCLAY, John: *Argenis*. [EA] Paris 1621 (engl. Übers. zuerst 1626, dt. Übers. durch Martin OPITZ 1644).

[BENTLEY, Richard:] *Q. Horatius Flaccus ex recensione et cum notis Richardi Bentleii*. Amsterdam 1713.

BILFINGER, Georg Bernhard: *Dilucidationes philosophicae de Deo, anima humana, mundo et generalibus rerum affectionibus*. Tübingen 1725 (3. Aufl. 1746).

BODMER, Johann Jacob: *Critische Abhandlung von dem Wunderbaren in der Poesie und dessen Verbindung mit dem Wahrscheinlichen in einer Vertheidigung des Gedichtes Joh. Miltons von dem verlohrnen Paradiese; der beygefügt ist Joseph Addisons Abhandlung von den Schönheiten in demselben Gedichte*. Zürich 1740.

BOHOURS, Dominique: *La manière de bien penser dans les ouvrages d'esprit*. Lyon 1691.

BREITINGER, Johann Jacob: *Critische Dichtkunst*. Faksimilenachdruck der Ausgabe von 1740. Mit einem Nachwort von Wolfgang BENDER, Bd. 1–2. Stuttgart1966.

BRUCKER, Jacob: *Historia critica philosophiae, a mundi incunabilis ad nostram usque aetatem deducta*. Bd. 1–5. Leipzig 1742–44 (2. Aufl. mit einem 6. Bd. 1766 f.).

BUCHANAN[US], David: *Historia animae humanae*. Paris 1636.

DE CERVANTES SAAVEDRA, Miguel: *El ingenioso hidalgo Don Quijote de la Mancha*. Madrid 1605 / 15.

DE GUEVARA, A.: *Relox des princips o Marco Aurelio*. Valladolid 1529.

DE LA BRUYÈRE (1645–1696), Jean: *Les Charactères de Théophraste, traduits du grec, avec les charactères ou les mœrs de ce siècle*. [EA] Paris 1688 (9., engültige Fassung Paris 1696).

De Montalvo, Don Garci Ordo ez (auch Rodriguez): *Amadis*. Salamanca 1519.

De Spinoza, Baruch: *Ethica ordine geometrico demonstrata [...]*. [EA anonym] Amsterdam 1677 (Dt. 1744).

De Thou (Thuanus), Jacques August: *Histoire universelle*. La Haye 1740.

Du Bos, Jean-Baptiste: *Réflexions critiques sur la poésie et sur la peinture*. Paris 1719.

Fontenelle, Bernhard Le Bovier de: *Entretiens sur la pluralité des mondes*. Paris 1686.

Frobesius, J. N.: *Christiani Wolfii Philosophia sive Logica*. Helmstedt 1746.

Galeus, Theophilus: *Philosophia generalis in duas partes disterminata [...]*. London 1676.

Gellert, Christian Fürchtegott: *Fabeln und Erzählungen*. Erster Theil. Leipzig 1746.

Gellert, Christian Fürchtegott: *De poesi apologorum eorumque Scriptoribus / Von denen Fabeln und deren Verfassern*. (1744, dt. 1772).

[Gesner, Johann Matthias]: *Novus linguae et eruditionis romanae Thesaurus post Ro. Stephani et aliorum nuper etiam in Anglia eruditissimorum hominum curas digestus, locupletatus, emendatus [...] a Io. Matthia Gesnero*. Leipzig 1759.

Gottsched, Johann Christoph: *Erste Gründe der gesammten Weltweisheit*. Bd. 1–2. Leipzig 1733f. (7. Aufl. 1762; Neudruck in: Wolff, Christian: *Gesammelte Werke*. Hg. von J. École, J. E. Hofmann, M. Thomann, H. W. Arndt. III. Abteilung: *Materialien und Dokumente*, Bd. 20. Hildesheim / New York 1983.

Gottsched, Johann Christoph: *Versuch einer critischen Dichtkunst* (1730, 4. Aufl. 1751). Unveränderter fotomech. Nachdruck der 4., vermehrten Aufl. Darmstadt (5., unveränderte Aufl.) 1962.

Gryphius, Andreas: *Horribilicribrifax*. Breslau 1663.

Haller, Albrecht von: *Versuch schweizerischer Gedichten*. Bern 1732.

Heineccius, Johann Gottlieb: *Elementa philosophiae rationalis et moralis ex principiis admodum evidentibus iusto ordine adornata*. Frankfurt / Leipzig 1728 (2. Aufl. 1738).

Herder, [Johann Gottfried] / Goethe, [Johann Wolfgang] / Frisi, [Paolo] / Möser, [Justus]: *Von deutscher Art und Kunst* [EA 1773]. Hg. von Hans Dietrich Irmscher, Stuttgart 1968 (bibl. erg. Aufl. 1999).

Klopstock, Friedrich Gottlieb: *Der Messias*. Bremen 1748 / Halle 1751–73.

Leibniz, Gottfried Wilhelm: *De prima philosophiae emendatione, et de notione substantiae* [*Über die Verbesserung der ersten Philosophie und den Begriff der Substanz*, 1694], in: Gerhardt, J. C. (Hg.): *Die philosophischen Schriften von G. W. Leibniz*, 1875–90, Bd. 4, S. 468f.; dt. Übers. in: Leibniz, Gottfried Wilhelm: *Fünf Schriften zur Logik und Metaphysik*, übers. und hg. von Herbert Herring, Stuttgart 1966, S. 18–22.

[Leibniz, Gottfried Wilhelm:] *Die philosophischen Schriften von G. W. Leibniz*. Hg. von C. I. Gerhardt. Bd. 1–7. Berlin 1875–90 (Nachdruck Hildesheim 1960–79).

Leibniz, Gottfried Wilhelm: *Discours de métaphysique* [*Metaphysische Abhandlung*, 1686], dt. Übers. in: Cassirer 1996, Bd. 2, S. 343–388.

Leibniz, Gottfried Wilhelm: *Essais de theodicée sur la bonté de Dieu, la liberté de l'homme et l'origine du mal* [*Versuche der Theodizee über die Güte Gottes, die Freiheit des Menschen und den Ursprung des Übels*, EA Amsterdam 1710], dt. Übers.: Leibniz, Gottfried Wilhelm: *Die Theodizee*. Übers. von Artur Buchenau. Einführender Essay von Morris Stockhammer. Hamburg (2., erg. Aufl.) 1968.

Leibniz, Gottfried Wilhelm: *Epistola tres ad Christian Goldbachium Ep. II*, in: [Ders.]: *Opera omnia*, hg. von L. Dutens, Bd. 3, Genf 1768, S. 437f.

Leibniz, Gottfried Wilhelm: *Meditationes de cognitione, veritate et ideis* [*Betrachtungen über die Erkenntnis, die Wahrheit und die Ideen*], in: Gerhardt, J. C. (Hg.): *Die philosophischen Schriften von G. W. Leibniz*, 1875–90, Bd. 4, S. 422–426; dt. Übers. in: Leibniz, Gottfried Wilhelm: *Fünf Schriften zur Logik und Metaphysik*, übers. und hg. von Herbert Herring, Stuttgart 1966, S. 9–17.

Leibniz, Gottfried Wilhelm: *Monadologie* [1714], dt. Übers. in: Cassirer 1996, Bd. 2, S. 603–621.

Leibniz, Gottfried Wilhelm: *Monadologie*. Neu übers., eingeleitet und erläutert von Hermann Glockner. Stuttgart 1954.

Leibniz, Gottfried Wilhelm: *Nouveaux essais sur l'entendement humain* [EA Amsterdam / Leipzig 1765], dt. Übers.: Leibniz, Gottfried Wilhelm: *Neue Abhandlungen über den menschlichen Verstand*. Übers., eingeleitet und erläutert von Ernst Cassirer. Hamburg (unveränderter Nachdruck der 3. Aufl. 1915) 1971.

Leibniz, Gottfried Wilhelm: *Philosophische Werke in vier Bänden*. In der

Zusammenstellung von Ernst CASSIRER; Bd. 1: *Hauptschriften zur Grundlegung der Philosophie*, Teil 1, übers. von Artur BUCHENAU, mit Einl. und Anm. hg. von Ernst CASSIRER, Hamburg 1996; Bd. 2: *Hauptschriften zur Grundlegung der Philosophie*, Teil 2, übers. von Artur BUCHENAU, mit Einl. und Anm. hg. von Ernst CASSIRER, Hamburg 1996 [= CASSIRER 1996].

LEIBNIZ, GOTTFRIED WILHELM: *Principes de la nature et de la grâce, fondés en raison* [*Die Vernunftprinzipien der Natur und der Gnade*, 1714], dt. Übers. in: CASSIRER 1996, Bd. 2, S. 592–602.

LEIBNIZ, Gottfried Wilhelm: *Systéme nouveau de la nature et de la communication des substances, aussi bien que de l'union, qu'il y a entre l'âme et les corps* [*Neues System der Natur und der Verbindung der Substanzen sowie der Vereinigung zwischen Seele und Körper*, Paris 1695], dt. Übers. in: CASSIRER 1996, Bd. 2, S. 447–458.

LEIBNIZ, Gottfried Wilhelm: *Quid sit idea*, in: GERHARDT, Bd. 7, S. 263f.

LOHENSTEIN, Daniel Casper VON: *Großmütiger Feldherr Arminius oder Herrmann [...]*. Leipzig 1689f.

LUDOVICI, Carl Günther: *Ausführlicher Entwurf einer vollständigen Historie der Wolffischen Philosophie*. Bd. 1–3. Leipzig 1737f.

LULLUS, Raimundus: *Ars generalis ultima*. [EA] Venedig 1480.

MEIER, Georg Friedrich: *Anfangsgründe aller schönen Wissenschaften*. Bd. 1–3. Halle 1748–50 (2., verbesserte Aufl. 1754–59; Nachdruck Hildesheim 1976).

MEIER, Georg Friedrich: *Auszug aus den Anfangsgründen aller schönen Künste und Wissenschaften*. Halle 1758 (Nachdruck in: *Bibliothek mitteldeutscher Denker*, Abt. 1, Bd. 1, hg. von Günter SCHENK, Halle 1992).

MEIER, Georg Friedrich: *Auszug aus der Vernunftlehre* [1752]. In: *Kant*, Immanuel: *Handschriftlicher Nachlaß*, Bd. 3, Akademie-Ausgabe, Bd. 16, Berlin / Leipzig 1914 (2. Auf.) 1924.

MEIER, Georg Friedrich: *Versuch einer allgemeinen Auslegungskunst* [1757]. Mit einer Einl. und Anm. hg. von Axel BÜHLER und Luigi CATALDI MADONNA. Hamburg 1996.

MEIER, Georg Friedrich: *Vertheidigung der Baumgartischen Erklärung eines Gedichts, wider das 5te Stück des neuen Bücher-Saals, Bd. 1*. Halle 1746.

MERBITZIUS, Johann Valentinus: *De varietate faciei humanae, discurus physicus*. Dresden 1676.

MILTON, John: *Paradise Lost*. London (2. Aufl.) 1667.

PETRUS VON POITIERS [PETRUS PICTAVIENSIS]: *Summa de confessione. Compilatio praesens.* Hg. von Jean LONGÈRE. Brepols 1980 (Corpus Christianorum, continuatio medievalis, 51).

POPE, Alexander: *The Rape of the Lock* [1712–14]. London 1722.

RAMUS, Petrus: *Dialecticae institutiones.* Paris 1543.

REUSCH, Johann Peter : *Systema metaphysicum antiquiorum atque recentiorum item propria dogmata et hypotheses exhibens.* Bd. 1–2. Jena 1735 (2. Aufl. 1743).

[SCALIGER, Julius Caesar]: *Iulii Caesaris Scaligeri viri clarissimi Poetices libri VII.* Lyon 1561.

SHAFTESBURY, Anthony Ashley Cooper, 3rd Earl of: *Characteristics of Men, Manners, Opinion, Times* [EA London 1711], *with a Collection of Letters. By the Right Honourable Antony Earl of Shaftesbury.* Bd. 1–3. Basel 1790.

SHAFTESBURY, Anthony Ashley Cooper, [3rd] Earl of: *A Letter Concerning Enthusiasm* [EA London 1708], dt. Übers. in: [DERS.]: *Ein Brief über den Enthusiasmus. Die Moralisten.* In der Übers. von Max FRISCHEISEN-KÖHLER mit einer Einleitung neu hg. von Wolfgang H. SCHRADER, Hamburg, (2. Aufl.) 1980, S. 1–36.

SHAFTESBURY, Anthony Ashley Cooper, [3rd] Earl of: *The Moralists, A Philosophical Rhapsody* [EA u.d.T.: *The Sociable Enthusiast, a Phylosophical Adventure Written to Palemon*, London 1705, Dt. 1777], dt. Übers. in: [DERS.]: *Ein Brief über den Enthusiasmus. Die Moralisten.* In der Übers. von Max FRISCHEISEN-KÖHLER mit einer Einleitung neu hg. von Wolfgang H. SCHRADER, Hamburg, (2. Aufl.) 1980, S. 37–210.

SWIFT, Jonathan: *Peri bathus, seu Anti-Longin.* Dt. Übers. Leipzig 1733.

THÜMMIG, Ludwig Philipp: *Institutiones philosophiae Wolffianae.* Bd. 1–2. Frankfurt / Leipzig 1725 f.

VAVASSEUR, François: *De ludicra dictione liber. In quo tota iocandi ratio ex veterum scriptis aestimatur.* Paris 1658.

VOLTAIRE [AROUET, François Marie]: *Alzire, ou les Americains.* Paris 1736.

VOLTAIRE [AROUET, François Marie]: *La ligue ou Henry le Grand.* Genf 1723.

VOSS[IUS], Gerardus Johannes: *De artis poeticae natura.* Amsterdam 1647.

VOSS[IUS], Gerardus Johannes: *De rhetorices natura ac constitutione, et antiquis rhetoribus, Sophistis, ac oratoribus, liber.* Leiden. 1621.

VOSS[IUS], Gerardus Johannes: *De artium et scientiarum natura ac constitutione*. Amsterdam 1696.

VOSS[IUS], Gerardus Johannes: *Opera*, Amsterdam 1695–1701 [Bd. 2: *Aristarchus*; Bd. 3: *Poeticarum institutionum libri; Institutionum oratoriarum libri*].

WERENFELS, Samuel: *Dissertatio de meteoris orationis* [EA Amsterdam 1716], in: [DERS.], *Opuscula theologica, philosophica et philologica*, Bd. 2, Lausanne / Genf (2. Aufl.) 1739.

WOLFF, Christian: *Des weyland Reichs-Freiherrn von Wolff übrige Theils noch gefundene kleine Schriften*. Halle 1755 (Nachdruck Hildesheim 1983).

WOLFF, Christian: *Grundsätze des Natur- und Völkerrechts, worin alle Verbindlichkeiten und alle Rechte aus der Natur des Menschen in einem beständigen Zusammenhange hergeleitet werden.* [Ins Deutsche übers. von G. S. Nicolai.] Halle 1754 (Nachdruck Meisenheim / Glan 1980).

WOLFF, Christian: *Philosophia prima sive Ontologia*. Frankfurt / Leipzig 1730 (2. Aufl. 1736).

WOLFF, Christian: *Philosophia rationalis sive logica*. 1728 (2., verbesserte Aufl. Frankfurt / Leipzig 1732, Nachdruck Hildesheim 1978).

WOLFF, Christian: *Psychologia empirica*. Frankfurt / Leipzig 1732 (2. Aufl. 1738).

WOLFF, Christian: *Vernünftige Gedanken von den Kräfften des menschlichen Verstandes [...]* [EA Halle 1713]. 14. Aufl. Halle 1754 (Nachdruck Hildesheim 1978).

2. Forschungsliteratur (Auswahl)

2. 1. Zu Alexander Gottlieb Baumgarten

ADELUNG, Johann Christoph: Artikel »Baumgarten«, in: *Fortsetzung und Ergänzung zu Jöchers Gelehrtenlexicon*, Bd. 1, Leipzig 1784, Sp. 1536 f.

AICHELE, Alexander: »Die Grundlegung einer Hermeneutik des Kunstwerks. Zum Verhältnis von metaphysischer und ästhetischer Wahrheit bei Alexander Gottlieb Baumgarten«, in: *Studia Leibnitiana* 31 (1999), S. 82–90.

AICHELE, Alexander: »Metaphysik und Praxis. Alexander Gottlieb Baumgartens Wissenschaftskonzept in Winckelmanns Bestimmung

des Schönen«, in: KAUFMANN, Matthias / KRAUSE, Andrej: *›Expressis verbis‹. Philosophische Betrachtungen. Festschrift für Günter Schenk*, Halle 2003, S. 159–176.

AICHELE, Alexander: »›Sive vox naturae sive vox rationis sive vox Dei?‹ Die metaphysische Begründung des Naturrechtsprinzips bei Heinrich Köhler, mit einer abschließenden Bemerkung zu Alexander Gottlieb Baumgarten«, in: *Jahrbuch für Recht und Ethik* 12 (2004), S. 115–135.

AICHELE, Alexander: »La préhistoire du concept de l'idée. Un recours du Kant à Alexander Gottlieb Baumgarten«, in: THEIS, Robert / SOSOE, Lukas K. (Hgg.): *Les Sources de la philosophie Kantienne aux 17ᵉ et 18ᵉ siècles*, Paris 2005, S. 71–78.

AICHELE, Alexander: »Die Ungewißheit des Gewissens. Alexander Gottlieb Baumgartens forensische Aufklärung der Aufklärungsethik«, in: *Jahrbuch für Recht und Ethik* 13 (2005, Festschrift für Joachim HRUSCHKA), S. 3–30.

AICHELE, Alexander / MIRBACH, Dagmar: *Sinnliche Erkenntnis in der Philosophie des Rationalismus. Akten der 1. internationalen Tagung zu Alexander Gottlieb Baumgarten, Halle (Saale), 23.–25. März 2007*, Hamburg: [erscheint 2008] (Reihe *Aufklärung*, hg. von Lothar KREIMENDAHL [ET AL.]).

AMOROSO, Leonardo: »La ›sorella minore‹ della logica«, in: [RUSSO, Luigi et al.]: *Baumgarten e gli orizzonti dell'estetica*, Palermo 1998, S. 9–22.

AMOROSO, Leonardo: »Presentazione«, in: BAUMGARTEN, Alexander Gottlieb: *Lezioni di Estetica*, a cura di Salvatore TEDESCO, presentatione di Leonardo Amoroso, Palermo 1998, S. 7–20.

ASCHENBRENNER, Karl: »Introduction«, in: *Reflections on Poetry, A. G. Baumgarten's Meditationes philosophicae de nonnullis ad poema pertinentibus*, Translated with the Original Text [Lat./Engl.], an Introduction and Notes by K. ASCHENBRENNER and W. B. HOLTHER, Berkeley / Los Angeles 1954, S. 1–32.

[ASSUNTO, Rosario et al.:] *Aesthetica bina. Baumgarten e Burke*. Palermo 1986.

ASSUNTO, Rosario: »La denominazione ›aesthetica‹ e il ›sensus communis‹«, in: [DERS. et al.]: *Aesthetica bina. Baumgarten e Burke*, Palermo 1986, S. 5–11.

BAHR, Petra: *Darstellung des Undarstellbaren. Religionstheoretische Studien zum Darstellungsbegriff bei A. G. Baumgarten und I. Kant*. Tübingen 2004.

BAUMGARTEN, A. G. / KANT, I.: *Il battesimo dell'estetica.* A cura di Leonardo AMOROSO. Pisa 1993 (2. Aufl. 1996).

BENDER, Wolfgang: »Rhetorische Tradition und Ästhetik im 18. Jahrhundert: Baumgarten, Meier und Breitinger«, in: *Zeitschrift für deutsche Philologie* 99 (1980), S. 481–506.

BERGMANN, Ernst: *Die Begründung der deutschen Ästhetik durch A. G. Baumgarten und G. F. Meier. Mit einem Anhang: G. F. Meiers ungedruckte Briefe.* Leipzig 1911.

BEZOLD, Raimund: Artikel »Aesthetica« in: VOLPI, Franco / NIDA-RÜMELIN, Julian: *Lexikon der philosophischen Werke,* Stuttgart 1988, S. 4f.

BEZOLD, Raimund: Artikel »Metaphysica« in: VOLPI, Franco / NIDA-RÜMELIN, Julian: *Lexikon der philosophischen Werke,* Stuttgart 1988, S. 444.

BEZOLD, Raimund: »Baumgartens Tod«, in: ALT, Peter Andreas / KOSERINA, Alexander / REINHARDT, Hartmut / RIEDEL, Wolfgang (Hgg.): Prägnanter Moment. Studien zur deutschen Literatur der Aufklärung und Klassik, Würzburg 2002, S. 19–28.

BOJANOWSKI, Martin: *Literarische Einflüsse bei der Entstehung von Baumgartens Ästhetik.* (Diss.) Breslau 1910.

BORNSCHEUER, Lothar: »›Toposforschung? Gewiß! aber im Lichte des zu Erforschenden: im Lichte der U-topie‹. Zum topikgeschichtlichen Paradigmenwechsel bei Vico und Baumgarten«, in: SCHIRREN, Thomas / UEDING, Gert (Hgg.): *Topik und Rhetorik. Ein interdisziplinäres Symposion,* Tübingen 2000, S. 275–306.

CAMPE, Rüdiger: »›Bella Evidentia‹. Begriff und Figur von Evidenz in Baumgartens Ästhetik«, in: *Deutsche Zeitschrift für Philosophie* 49 (2001), S. 243–256.

CASULA, Mario: *La metafisica di A. G. Baumgarten.* Mailand 1973.
TONELLI, Giorgio: REZENSION von CASULA 1973: »Casula on Baumgarten's Metaphysics«, in: *Kantstudien* 66 (1975), S. 242f.

CASULA, Mario: »Die Lehre von der prästabilierten Harmonie in ihrer Entwicklung von Leibniz bis A. G. Baumgarten«, in: HEINEKAMP, Albert (Hg.): *Akten des II. Internationalen Leibniz-Konresses, Hannover, 17. – 22. Juli 1972,* Bd. 3, 1975, S. 397–415.

CASULA, Mario: »A. G. Baumgarten entre G. W. Leibniz et Chr. Wolff«, in: *Archives de philosophie* 42 / 4 (1979), S. 547–574.

CROCE, Benedetto: »Rileggendo l'estetica del Baumgarten«, in: *La Critica* 31 (Napoli / Bari 1933), S. [1]–19.

Croce, Benedetto: *Rileggendo l'estetica del Baumgarten* [Auszug]. Trani 1933.

Croce, Benedetto: [»Rileggendo l'estetica del Baumgarten« u. d. T.]: »L'Aesthetica di Baumgarten«, in: Ders.: *Storia dell'estetica per saggi*, Bari 1942, S. 93–122.

Croce, Benedetto: »Iniziazione all'estetica del Settecento«, in: [Ders.]: *Storia dell'estetica per saggi*, Bari 1942.

Davey, Nicholas: »Baumgarten's Aesthetics: A Post-Gadamerian Reflection«, in: *British Journal of Aesthetics* 29 / 2 (1989), S. 101–115.

De Caro, Eugenio: »Regno della natura, regno della grazia. Le regole e l'estetico«, in: *La Natura tra Oriente e Occidente. Atti del Convegno Nazionale dell'Associazione Italiana Studi di Estetica (AISE)*, a cura di Renato Troncon, Mailand 1996, S. 129–143.

De Caro, Eugenio: Artikel »Baumgarten«, in: *Enciclopedia della filosofia e delle scienze umane*, Mailand 1996, S. 92f.

De Caro, Eugenio: »›Ex noto fictum carmen sequar‹. Estetica e antropologia in A. G. Baumgarten«, in: *Un nuovo corso per l'estetica nel dibattito internazionale, Annuario AISE 1998*, Turin 1998, S. 185–208.

De Caro, Eugenio: »Estetica come filosofia dell'esperienza. La ›cognitio sensitiva‹ a partire da A. G. Baumgarten«, in: *Vigilantia silentiosa et eloquens. Studi di filosofia in onore di Leonardo Verga*, a cura di Franco De Capitani, Franco Angeli, Mailand 2001, S. 115–127.

Ersch, J. S. / Gruber, J. G. (Hgg.): *Allgemeine Encyclopädie der Wissenschaften und Künste*, Leipzig 1818–89, Artikel »Baumgarten«: Bd. 8, S. 206f.

Fanizza, Franco: »Baumgarten e la modernità dell'Estetica (Conferme e revisioni)«, in: [Assunto, Rosario et al.:] *Aesthetica bina. Baumgarten e Burke*, Palermo 1986, S. 31–52.

Denina, Giacomo: Artikel »Alexandre Théophile Baumgarten«, in: *La Prusse littéraire sous Frédéric II*, Bd. 1, Berlin 1790, S. 234f.

Federlin, Wilhelm Ludwig: *Kirchliche Volksbildung und bürgerliche Gesellschaft. Studien zu Thomas Abbt, Alexander Gottlieb Baumgarten, Johann David Heilmann, Johann Gottfried Herder, Johann Georg Müller und Johannes von Müller*. (Habil.) Frankfurt a. M. 1993.

Ferraris, Maurizio: »Storia e contrastoria dell'estetica da Kant a Nietzsche«, in: [Russo, Luigi et al.]: *Baumgarten e gli orizzonti dell'estetica*, Palermo 1998, S. 41–51.

FRANKE, Ursula: Artikel »Analogon rationis«, in: RITTER, Joachim (Hg.): *Historisches Wörterbuch der Philosophie*, Bd. 1 (1971), Sp. 229f.

FRANKE, Ursula: *Kunst als Erkenntnis. Die Rolle der Sinnlichkeit in der Ästhetik des A. G. Baumgarten.* Wiesbaden 1972.

FRANKE, Ursula: »Ist Baumgartens Ästhetik aktualisierbar? Bemerkungen zur Interpretation von H. R. Schweizer«, in: *Studia Leibnitiana* 6/2 (1974), S. 272–278.

FRANKE, Ursula: »Von der Metaphysik zur Ästhetik. Der Schritt von Leibniz zu Baumgarten«, in: *Studia Leibnitiana Suppl.* 14/3 (1975), S. 229–240.

FRANKE, Ursula: »Die Semiotik als Absschluß der Ästhetik. A. G. Baumgartens Bestimmung der Semiotik als ästhetische Propädeutik«, in: *Zeitschrift für Semiotik* (1979), S. 345–359.

FRANKE, Ursula: Artikel »Baumgarten«, in: KILLY, Walther (Hg.): *Literatur-Lexikon*, Gütersloh 1988, S. 351–354.

FRANKE, Ursula: Artikel »Baumgarten«, in: NIDA-RÜMELIN, Julian / BETZLER, Monika (Hgg.): *Ästhetik und Kunstphilosophie. Von der Antike bis zur Gegenwart in Einzeldarstellungen*, Stuttgart 1998, S. 72–79.

FRANKE, Ursula: »Mit der Metaphysik im Rücken. Zu Baumgartens ›significatus hieroglyphicus‹«, in: WOLFF, Christian: *Gesammelte Werke* [...], Bd. 101–105, Bd. 4 (2007), S. 238–256.

FRANZINI, Elio: »Verità estetica e senso commune«, in: [RUSSO, Luigi et al.]: *Baumgarten e gli orizzonti dell'estetica*, Palermo 1998, S. 53–63.

GARRONI, Emilio: »Orizzonti dell'esperienza estetica«, in: [RUSSO, Luigi et al.]: *Baumgarten e gli orizzonti dell'estetica*, Palermo 1998, S. 65–76.

GREGOR, Mary J.: »Baumgarten's ›Aesthetica‹«, in: *Review of Metaphysics* 37 (1983), S. 357–386.

GROSS, Steffen W.: *Felix Aestheticus. Die Ästhetik als Lehre vom Menschen. Zum 250. Jahrestag des Erscheinens von Alexander Gottlieb Baumgartens ›Aesthetica‹.* Würzburg 2001.

GROSS, Steffen W.: »›Felix aestheticus‹ und ›animal symbolicum‹. Alexander G. Baumgarten – die ›vierte Quelle‹ der Philosophie Ernst Cassirers?«, in: *Deutsche Zeitschrift für Philosophie* 49 (2001), S. 275–298.

HAUSKELLER, Michael: »Alexander Gottlieb Baumgarten (1714–1762)«, in: MAJETSCHAK, Stefan (Hg.): *Klassiker der Kunstphilosophie*, München 2005, S. 117–130.

HAVERKAMP, Anselm: »Wie die Morgenröthe zwischen Nacht und Tag.

Alexander Gottlieb Baumgarten und die Begründung der Kulturwissenschaften in Frankfurt an der Oder«, in: *DVjs* 1 (2002), S. 3–26.

Hirsching, Friedrich Carl Gottlob (Hg.): *Historisch-literarisches Handbuch berühmter und denkwürdiger Personen, welche im 18. Jahrhundert gestorben sind*, Leipzig 1794–1815, Artikel »Baumgarten«: Bd. 1, S. 151–156.

Jäger, Michael: *Die Ästhetik als Antwort auf das Kopernikanische Weltbild: Die Beziehungen zwischen der Naturwissenschaft und der Ästhetik Alexander Gottlieb Baumgartens und Georg Friedrich Meiers*. Hildesheim / Zürich / New York 1984.

Jäger, Michael: *Kommentierende Einführung in Baumgartens ›Aesthetica‹*. Hildesheim 1980.

Jürgensen, Andreas: *Der ästhetische Horizont: Baumgartens Ästhetik und die Malerei um die Mitte des 18. Jahrhunderts*. (Diss.) Kiel 1993.

Kaehler, Klaus Erich: »Baumgartens ontologische Begründung der Monadenlehre und Leibniz' ›Vernunft‹«, in: *Studia Leibnitiana Suppl.* 26 (1986), S. 126–138.

Kjørup, Søren: »Baumgarten og æstetikkens grundlæggelse«, in: Baumgarten, Alexander Gottlieb: *Filosofiske betragtniger over digtet*, oversat fra latin og forsynet med noter af Per Aage Brandt i samarbejde med Søren Kjørup […] , Kopenhagen [1968], S. 7–84.

Knops, Sylvia: *Bestimmung und Ursprung literarisch-ästhetischer Erkenntnis im frühen und mittleren 18. Jahrhundert (Gottsched, Breitinger und Baumgarten)*. Herzogenrath 1999.

Kohlhäufl, Michael: Artikel »Baumgarten« in: *Biographisch-Bibliographisches Kirchenlexikon*, Bd. 15, Hamm 1999, Sp. 94–100.

Kreimendahl, Lothar: Artikel »Baumgarten, Alexander Gottlieb«, in: *Religion in Geschichte und Gegenwart*, hg. von Hans Dieter Betz, Don S. Browning, Bernd Janowski, Eberhard Jüngel, Bd. 1 (4., völlig neu bearb. Aufl.) Tübingen 1998, Sp. 1178 f.

Linn, Marie-Luise: »A. G. Baumgartens ›Aesthetica‹ und die antike Rhetorik«, in: *DVjs* 41, H. 3 (1967), S. 424–443 (Neudruck in: Schanze, Helmut [Hg.]: *Rhetorik. Beiträge zu ihrer Geschichte in Deutschland vom 16.–20. Jahrhundert*, Frankfurt 1974, S. 105–125; sowie in: Kopperschmidt, Josef [Hg.]: *Rhetorik*, Bd. 2: *Wirkungsgeschichte der Rhetorik*, Darmstadt 1991, S. 81–107).

Mahlow, Dietrich: *Die Kunst in der Ästhetik. Die Kunst bei G. W. Leibniz und in der Ästhetik A. G. Baumgartens*. (Diss.) Freiburg 1955.

MAKREEL, Rudolf: »The Confluence of Aesthetics and Hermeneutics in Baumgarten, Meier, and Kant«, in: *Journal of Aesthetics and Art Criticism* 54/1 (1996), S. 65–75.

MALTER, Rudolf: »Die letzte überlieferte Metaphysik-Vorlesung Kants. Zur Wiederauffindung der ›Bermerkungen über Metaphysik nach Baumgarthen, aus dem Vortrage des HE Prof. Kant pro 1794/95‹«, in: *Kant-Studien* 68 (1977), S. 464–467.

MATSUO, Hiroshi: »Der Begriff der ästhetischen Kategorie bei Baumgarten«, in: *Aesthetics* 5 (1992), S. 15–25.

MATSUO, Hiroshi: »Kants Kritik an Baumgartens Ästhetik«, in: *Aesthetics* 10 (2002), S. 1–14.

MENZEL M. S. F., Norbert: *Der anthropologische Charakter des Schönen bei Baumgarten.* (Diss.) Wanne-Eickel 1969.

MENZER, Paul: »Zur Entstehung von A. G. Baumgartens Ästhetik«, in: *Zeitschrift für deutsche Kulturphilosophie. Logos*, N. F. 4 (1938), S. 288–296.

MEUSEL, Johann Georg: *Lexikon der vom Jahr 1750 bis 1800 verstorbenen teutschen Schriftsteller*, Leipzig 1802–16, Artikel »Baumgarten«, Bd. 1, S. 242–244.

MEYER, Hans Georg: *Leibniz und Baumgarten als Begründer der deutschen Ästhetik.* (Diss.) Halle 1874.

MIGLIORINI, Ermanno: »Baumgarten: Pro positu corporis«, in: [ASSUNTO, Rosario et al.]: *Aesthetica bina. Baumgarten e Burke*, Palermo 1986, S. 21–30.

MIRBACH, Dagmar: »Neuere Beiträge der italienischen Forschung zu Alexander Gottlieb Baumgartens Ästhetik«, in: *Zeitschrift für philosophische Forschung* 56/4 (2002), S. 606–621.

MIRBACH, Dagmar: »Das Denken der Einheit in der Ästhetik Alexander Gottlieb Baumgartens«, in: NARBONNE, Jean-Marc/RECKERMANN, Alfons (Hgg.): *Pensées de l'›Un‹ dans l'histoire de la philosophie. Études en hommage au Professeur Werner Beierwaltes*, Paris/Saint-Nicolas (Québec) 2004, S. 376–402.

MIRBACH, Dagmar: Einführung: »Baumgartens ›Metaphysica‹ und ›Baumgartens Metaphysik‹«, in: [MEIER, Georg Friedrich:] *Alexander Gottlieb Baumgartens Metaphysik*, ins Deutsche übers. von Georg Friedrich MEIER, nach dem Text der zweiten, von Joh. Aug. Eberhard besorgten Ausgabe 1783, mit einer Einführung, einer Konkordanz und einer Bibliographie der Werke A. G. Baumgartens von Dagmar MIRBACH, Jena 2004, S. IX–XXIII.

Mirbach, Dagmar: Alexander Gottlieb Baumgarten – Phantasia, facultas fingendi og phantasmata / fictiones, ins Dän. übers. von Sune Liisberg, in: *Slagmark.* Tidsskrift for idéhistorie 46 (2006), S. 33–47 [= Mirbach 2006a].

Mirbach, Dagmar: »›[U]t recte Plotinus‹ – Der mundus sensibilis als repraesentatio mentis des mundus intelligibilis«, in: *Einheit in der Vielheit VIII. Internationaler Leibniz-Kongress*, Hannover, 24.–29. Juli 2006, hg. von Herbert Breger, Jürgen Herbst und Sven Erdner, Vorträge, 2. Teil, Hannover 2006, S. 615–622 [= Mirbach 2006b].

Mirbach, Dagmar: »Wolffs ›complementum possibilitatis‹ in der Rezeption durch Alexander Gottlieb Baumgarten«, in: Wolff, Christian: *Gesammelte Werke* [...], Bd. 101–105, Bd. 4 (2007), S. 257–274.

Mühlpfordt, Günter: »Alexander Gottlieb Baumgarten und die Europawirkung der Frankfurter Aufklärer«, in: Wojciechowski, Krzyszof (Hg.): *Die wissenschaftlichen Größen der Viadrina. Universitätsschriften der Europa-Universität Frankfurt/Oder*, Bd. 2, Frankfurt a. d. Oder 1992, S. 115–134.

Niehues-Pröbsting, Heinrich: »Rhetorische und idealistische Kategorien der Ästhetik«, in: Oelmüller, Willi (Hg.): *Kolloquium Kunst und Philosophie*, Bd. 1: *Ästhetische Erfahrung*, Paderborn 1981, S. 94–110.

Ortiz-Ibarz, Jose M.: »La justification del mal y el nacimiento de la estetica: Leibniz y Baumgarten«, in: *Anuario Filosofico* 21 / 1 (1988), S. 151–157.

Ortland, Eberhard: »Ästhetik als Wissenschaft von der sinnlichen Erkenntnis. Ansätze zur Wiedergewinnung von Baumgartens uneingelöstem Projekt«, in: *Deutsche Zeitschrift für Philosophie* 49 (2001), Heft 2, S. 257–274.

Paetzold, Heinz: *Ästhetik des deutschen Idealismus. Zur Idee ästhetischer Rationalität bei Baumgarten, Kant, Schelling, Hegel und Schopenhauer.* Wiesbaden 1983.

Paetzold, Heinz: Einleitung: »Alexander Gottlieb Baumgarten als Begründer der philosophischen Ästhetik«, in: Baumgarten, Alexander Gottlieb: *Meditationes philosophicae de nonnullis ad poema pertinentibus. Philosophische Betrachtungen über einige Bedingungen des Gedichts*, übers. und mit einer Einleitung hg. von Heinz Paetzold, Hamburg 1983, S. VII–LII.

PAETZOLD, Heinz: »Alexander Gottlieb Baumgarten als Begründer der Ästhetik in der Neuzeit«, in: Mc CORMICK, Peter (Hg.): *The Reasons of Art*, Ottawa (1985), S. 243–249.

PAETZOLD, Heinz: *Profile der Ästhetik*, Wien 1990, S. 36–41.

PAETZOLD, Heinz: »Rhetorik-Kritik und Theorie der Künste in der philosophischen Ästhetik von Baumgarten bis Kant«, in: RAULET, Gérard (Hg.): *Von der Rhetorik zur Ästhetik. Studien zur Entstehung der modernen Ästhetik im 18. Jahrhundert*, Rennes 1995, S. 7–37.

PAPPALARDO, Rosa: »L'arte e il bello nell'estetica di Alessandro G. Baumgarten«, in: *Siculorum Gymnasium* 6 (1953), S. 132–135.

PARRA, Lisimaco: »Estetica, retorica y conocimiento: A. G. Baumgarten«, in: *Ideas y Valores* 116 (2001), S. 5–28.

PARRET, Herman: »De Baumgarten a Kant«, in: *Revue Philosophique de Louvain* 90 (87) (1992), S. 317–343.

PERES, Constanze: »Cognitio sensitiva – Zum Verhältnis von Empfindung und Reflexion in A. G. Baumgartens Begründung der Ästhetiktheorie«, in: KÖRNER, Hans / PERES, Constanze / STEINER, Reinhard / TAVERNIER, Ludwig (Hgg.): *Empfindung und Reflexion. Ein Problem des 18. Jahrhunderts*. Hildesheim / Zürich / New York 1986, S. 5–48.

PETERS, Hans Georg: *Die Ästhetik Baumgartens und ihre Beziehungen zum Ethischen*. (Diss.) Berlin 1934.

PIMPINELLA, Pietro: »Imaginatio, phantasia e facultas fingendi in Chr. Wolff e A. G. Baumgarten«, in: *Phantasia – Imaginatio. Atti del V Colloquio Internazionale del Lessico Intellettuale Europeo, Roma, 9 – 11 gennaio 1986*, a cura di M. FATTORI e M. BIANCHI, Rom 1988, S. 379–414.

PIMPINELLA, Pietro: »L'›Aesthetica‹ di Baumgarten. Gnoseologia leibniziana e retorica antica«, in: *Lexicon Philosophicum. Quaderni di terminologia filosofica e storia delle idee* 4 (1989), a cura di Antonio LAMARRA e Lidia PROCESI, Rom 1989, S. 101–112.

PIMPINELLA, Pietro: »Truth and Persuasion in Baumgartens ›Aesthetica‹ in Relation to Croces Criticism«, in: *Lexicon Philosophicum. Quaderni di terminologia filosofica e storia delle idee* 6 (1993), a cura di Antonio LAMARRA e Lidia PROCESI, Florenz 1993, S. 21–49.

PIMPINELLA, Pietro: »La teoria delle passioni in Wolff e Baumgarten«, in: *La filosofia pratica tra metafisica e antropologia nell'età di Wolff e Vico / Praktische Philosophie im Spannungsfeld von Metaphysik und Anthropo-*

logie bei Wolff und Vico. Atti del Convegno Internazionale [del Centro di Studi Vichiani], Napoli, 2 – 5. aprile 1997, a cura di Giuseppe CACCIATORE, Vanna GESSA-KUROTSCHKA, Hans POSER e Manuela SANNA, Neapel 1999, S. 251–276.

PIMPINELLA, Pietro: »Rileggendo ancora Baumgarten«, in: [RUSSO, Luigi et al.]: *Baumgarten e gli orizzonti dell'estetica*, Palermo 1998, S. 23–40.

PIMPINELLA, Pietro: »Ragione e sensibilità nelle poetiche critiche di Gottsched e Breitinger e nell'estetica di Baumgarten«, in: *Lexicon philosophicum. Quaderni di terminologia filosofica e storia delle idee* 10 (1999), a cura di Antonio LAMARRA e Roberto PALAIA, Florenz 1999, S. 121–150.

PIMPINELLA, Pietro: »Hermeneutik und Ästhetik bei A. G. Baumgarten«, in: BEETZ, Manfred / CACCIATORE, Giuseppe (Hgg.): *Hermeneutik im Zeitalter der Aufklärung*, Köln / Weimar / Wien 2000, S. 265–283.

PIMPINELLA, Pietro: »›Cognitio intuitiva‹ bei Wolff und Baumgarten«, in: OBERHAUSEN, Michael (Hg.), unter Mitwirkung von Heinrich P. DELFOSSE und Riccardo POZZO: *Vernunftkritik und Aufklärung. Studien zur Philosophie Kants und seines Jahrhunderts*, Stuttgart-Bad Cannstatt 2001, S. 265–294.

PIMPINELLA, Pietro: »Experientia / Erfahrung in Chr. Wolff e A. G. Baumgarten«, in: *Experientia. Atti del X Colloquio Internazionale del Lessico Intellettuale Europeo, Roma, 4. – 6. gennaio 2001*, a cura di Marco VENEZIANI, Florenz 2002, S. 367–397.

PIMPINELLA, Pietro: »Ingegno e teoria dell'arte. L'›ingenium‹ in Christian Wolff e Alexander Gottlieb Baumgarten«, in: *Ingenium propria hominis natura. Atti del Convegno Internazionale di Studi, Napoli 22. – 24. maggio 1997*, a cura di Stefano GENSINI e Arturo MARTONE, Neapel 2002, S. 361–386.

PISELLI, Francesco: »Le ›Riflessioni sul testo poetico‹ di Alexander Gottlieb Baumgarten«, in: [ASSUNTO, Rosario et al.:] *Aesthetica bina. Baumgarten e Burke*, Palermo 1986, S. 13–20.

PISELLI, Francesco: *Perfectio phaenomenon. Estetica e metafisica nell'opera die A. G. Baumgarten*. Mailand 1988 (Überarb. Neuausgabe ohne Namens- und Begriffsregister u. d. T.: *Alle origini dell'estetica moderna*. Mailand 1991).

PISELLI, Francesco: »Il sublime cogitandi genus nell'›Aesthetica‹ di A.

G. Baumgarten«, in: *Forme del melodrammatico*, a cura di Bruno CALLO [et al.], Mailand 1988, S. 214–219.

PISELLI, Francesco: »Estetica e libertà secondo A. G. Baumgarten«, in: *L'idea di libertà nella cultura di aree linguistiche italiana e tedesca. [...] Atti del XXI Convegno Internazionale di Studi Italo-Tedeschi*, Meran 1989, S. 405–411.

PISELLI, Francesco: »Le ragioni dello stile della ragione e dell'analogo della ragione secondo A. G. Baumgarten«, in: *Atti del Congresso di Estetica organizzato dall'Associazione per gli Studi di Estetica e dall'Istituto Italiano per gli Studi Filosofici 1987*, Neapel 1990, S. 315–321.

PISELLI, Francesco: »L'amicizia filosofica nelle dissertazioni degli allievi di Baumgarten«, in: *Il concetto di amicizia nella storia della cultura europea. [...]. Atti del XXII Convegno Internazionale di Studi Italo-Tedeschi*, Merano 1994, S. 686–694.

PISELLI, Francesco: *Mundus poetarum nuovo*, Mailand 1996, S. 132–137, S. 146–151.

PISELLI, Francesco: »Il corpo degli angeli nel sistema di Baumgarten«, in: *Rivista di estetica* 9 (1998), S. 51–97 (überarb. in: *Vigilantia silentiosa et eloquens. Studi di filosofia in onore di Leonardo Verga*, a cura di Franco DE CAPITANI, Franco ANGELI, Mailand 2001, S. 101–113).

POPPE, Bernhard: *A. G. Baumgarten, seine Stellung und Bedeutung in der Leibniz-Wolffschen Philosophie und seine Beziehung zu Kant, nebst einer bisher unbekannten Handschrift der Ästhetik Baumgartens*, (Diss.) Borna-Leipzig 1907, S. 1–58.

PRIEGER, Erich: *Anregung und metaphysische Grundlagen der Ästhetik von A. G. Baumgarten.* (Diss.) Halle 1875.

RAABE, Karl: *A. G. Baumgarten aestheticae in disciplinae formam redactae parens et auctor.* Rostock 1873.

REISS, Hans: »Die Einbürgerung der Ästhetik in der deutschen Sprache des achtzehnten Jahrhunderts, oder Baumgarten und seine Wirkung«, in: *Jahrbuch der deutschen Schillergesellschaft* 37 (1993), S. 109–138.

RIEMANN, Albert: *Die Ästhetik A. G. Baumgartens, unter besonderer Berücksichtigung der ›Meditationes de nonnullis ad poema pertinentibus‹ nebst einer Übersetzung dieser Schrift.* Halle 1928.

[RUSSO, Luigi et al.:] *Baumgarten e gli orizzonti dell'estetica.* Palermo 1998.

RUSSO, Luigi: »Baumgarten, l'Estetica e il Duemila«, in: [DERS. et al.]: *Baumgarten e gli orizzonti dell'estetica*, Palermo 1998, S. 7f.

SCHEER, Birgit: »Baumgartens Ästhetik und die Krise des Ästhetischen«, in: *Philosophische Rundschau* 22 / 1–2 (1976), S. 108–119.

SCHENK, Günter: »Wesen und Funktion der Ästhetik als Universitätsdisziplin aus der Sicht ihrer Begründer A. G. Baumgarten und G. F. Meier«, in: DONNERT, Erich (Hg.): *Europa in der frühen Neuzeit. Festschrift für Günter Mühlpfordt*, Bd. 2: *Frühmoderne*, Weimar / Köln / Wien 1997, S. 109–124.

SCHMIDT, Johannes: *Leibniz und Baumgarten. Ein Beitrag zur Geschichte der deutschen Ästhetik*. Halle 1875.

SCHMITT, Arbogast: »Die Entgrenzung der Künste durch ihre Ästhetisierung bei Baumgarten«, in: MATTENKLOTT, Gert (Hg.): *Ästhetische Erfahrung im Zeichen der Entgrenzung der Künste. Epistemische, ästhetische und religiöse Formen von Erfahrung im Vergleich* (Sonderheft des Jahrgangs 2004 der *Zeitschrift für Ästhetik und Allgemeine Kunstwissenschaft*), Hamburg 2004, S. 55–71.

SCHWAIGER, Clemens: »Ein ›missing link‹ auf dem Weg der Ethik von Wolff zu Kant. Zur Wirkungsgeschichte der praktischen Philosophie von Alexander Gottlieb Baumgarten«, in: *Jahrbuch für Recht und Ethik* 8 (2000), S. 247–261.

SCHWAIGER, Clemens: »Zur Theorie des Glücks bei Christian Wolff und Alexander Gottlieb Baumgarten«, in: WOLFF, Christian: *Gesammelte Werke* […], Bd. 101–105, Bd. 5 (2007). S. 31–44.

SCHWEIZER, Hans Rudolf: *Ästhetik als Philosophie der sinnlichen Erkenntnis. Eine Interpretation der ›Aesthetica‹ A. G. Baumgartens mit teilweiser Wiedergabe des lateinischen Textes und deutscher Übersetzung*, Basel / Stuttgart 1973, S. 9–105, 317–358.

SCHWEIZER, Hans Rudolf: *Vom ursprünglichen Sinn der Ästhetik (A. G. Baumgarten)*. Oberwil-Zug 1976.

SCHWEIZER, Hans Rudolf: »Einführung: Begründung der Ästhetik als Wissenschaft der sinnlichen Erkenntnis«, in: BAUMGARTEN, Alexander Gottlieb: *Theoretische Ästhetik. Die grundlegenden Abschnitte aus der ›Aesthetica‹ (1750/58)*, übers. und hg. von Hans Rudolf SCHWEIZER, Hamburg 1983 (2., durchges. Aufl. 1988), S. VII–XVI.

SCHWEIZER, Hans Rudolf: »Einführung«, in: BAUMGARTEN, Alexander Gottlieb: *Texte zur Grundlegung der Ästhetik*, übers. und hg. von Hans Rudolf SCHWEIZER, Hamburg 1983, S. VII–XXII.

SOLMS, Friedhelm: *Disciplina Aesthetica. Zur Frühgeschichte der ästhetischen Theorie bei Baumgarten und Herder*. Stuttgart 1990.

SOMMER, H.: *Die poetische Lehre Alexander Gottlieb Baumgartens. Literarhistorisch dargestellt.* (Diss.) München 1911.

STRUBE, Werner: »Alexander Gottlieb Baumgartens Theorie des Gedichts«, in: VERWEYEN, Theodor (Hg., in Zusammenarbeit mit Hans-Joachim KERTSCHER): *Dichtungstheorien der deutschen Frühaufklärung*, Tübingen 1995, S. 1–25.

TEDESCO, Salvatore: »Appendice« [mit einer kommentierten ital. Übers. des zweiten der *Philosophische[n] Brieffe von Aletheophilus*], in: [RUSSO, Luigi et al.:] *Baumgarten e gli orizzonti dell'estetica*, Palermo 1998, S. 77–86.

TEDESCO, Salvatore: »Le Lezioni di Estetica di Baumgarten«, in: DERS.: *Studi sull'estetica dell'Illuminismo tedesco*, Palermo 1998, S. 9–42.

TEDESCO, Salvatore: »Il lessico della persuasione. Nota su ›Überzeugen – Überreden‹«, in: [DERS.]: *Studi sull'estetica dell'Illuminismo tedesco*, Palermo 1998, S. 43–51.

TEDESCO, Salvatore: »Presentazione«, in: BAUMGARTEN, Alexander Gottlieb: *L'Estetica*, a cura di Salvatore TEDESCO, traduzione di Francesco CAPARROTTA, Anna LI VIGNI, Salvatore TEDESCO, consulenza scientifica di Elisa ROMANO, Palermo 2000, S. 7–18.

TEDESCO, Salvatore: *L'estetica di Baumgarten*. Palermo 2000.

THÜMMIG, Philipp Ludwig: »Untersuchung des Baumgartenschen und Kantischen Begriffs der Schönheit«, in: *Neue Bibliothek der schönen Wissenschaften und freyen Künste* 46 (1792), S. 163–191.

TONELLI, Giorgio: »Zarabella Inspirateur de Baumgarten ou l'Origine de la Connexion entre Esthétique et Logique«, in: *Revue d'Esthétique* 1957, S. 182–192.

UTITZ, Emil: »Christian Wolff und A. G. Baumgarten«. [Ungedruckter] Vortrag an der Universität Halle 1949.

VERWEYEN, Theodor: »Emanzipation der Sinnlichkeit im Rokoko? Zur ästhetiktheoretischen Grundlegung und funktionsgeschichtlichen Rechtfertigung der deutschen Anakreontik«, in: *Germanisch-Romanische Monatsschrift* N. F. 25 (1975), S. 276–306.

VERWEYEN, Theodor: »›Halle, die Hochburg des Pietismus, die Wiege der Anakreontik‹. Über das Konfliktpotential der anakreontischen Poesie als Kunst der ›sinnlichen Erkenntnis‹«, in: HINSKE, Norbert (Hg.): *Zentren der Aufklärung*, Bd. 1: *Halle. Aufklärung und Pietismus*, Heidelberg 1989, S. 209–238.

VERWEYEN, Theodor / WITTING, Gunther: »Zur Rezeption Baumgar-

tens bei Uz, Gleim und Rudnick«, in: *ZfdPh* 113 (1994), S. 496–514 (auch in: Verweyen, Theodor [Hg., in Zusammenarbeit mit Hans-Joachim Kertscher]: *Dichtungstheorien der deutschen Frühaufklärung*, Tübingen 1995, S. 101–119).

Verweyen, Theodor / Witting, Gunther: »Zum philosophischen und ästhetisch-theoretischen Kontext der Rokoko-Anakreontik (mit einem unbekannten Brief A. G. Baumgartens an J. W. L. Gleim im Anhang)«, in: Rohmer, Ernst / Verweyen, Theodor (Hgg.): *Dichter und Bürger in der Provinz. Johann Peter Uz und die Aufklärung in Ansbach*, Tübingen 1998, S. 1–30.

Von Hertling: Artikel »Baumgarten«, in: *Allgemeine Deutsche Biographie*, Bd. 2 (1875; Nachdruck Berlin 1967), S. 158 f.

Wessel, Jr., Leonard P.: »Alexander Baumgarten's Contribution to the Development of Aesthetics«, in: *Journal of Aesthetics and Art Criticism* 30 (1972), S. 333–342.

Witte, Egbert: *Logik ohne Dornen. Die Rezeption von A. G. Baumgartens Ästhetik im Spannungsfeld von logischem Begriff und ästhetischer Anschauung*. Hildesheim / Zürich / New York 2000.

2. 2. Zur Ästhetik, Hermeneutik, Rhetorik und Poetik des 18. Jahrhunderts

Adler, Hans: »›Fundus animae‹ – der Grund der Seele. Zur Gnoseologie des Dunklen in der Aufklärung«, in: *DVjs* 62 (1988), S. 197–220.

Adler, Hans: »›Aisthesis‹, steinernes Herz und geschmeidige Sinne. Zur Bedeutung der Ästhetik-Diskussion in der zweiten Hälfte des 18. Jahrhunderts«, in: Schings, Hans-Jürgen (Hg.): *Der ganze Mensch. Anthropologie und Literatur im 18. Jahrhundert, DFG-Symposion 1992*, Stuttgart / Weimar 1994, S. 96–111.

Adler, Hans: *Die Prägnanz des Dunklen. Gnoseologie – Ästhetik – Geschichtsphilosophie bei Johann Gottfried Herder*, Hamburg 1990.

Adler, Hans: »Ästhetik und Aisthesis. Die Funktion von Kunst und Literatur im 18. und 20. Jahrhundert«, in: Iwasaki, Eijirô: *Begegnung mit dem ›Fremden‹. Grenzen – Traditionen – Vergleiche*, München 1991 (Akten des VIII. Internationalen Germanisten-Kongresses Tokyo 1990), Bd. 8 / 5, S. 280–286.

Alexander, Werner: *Hermeneutica generalis. Zur Konzeption und Ent-*

wicklung der allgemeinen Verstehenslehre im 17. und 18. Jahrhundert. Stuttgart 1993.

Allison, Henry E.: *Kant's Theory of Taste. A Reading of the ›Critique of Aesthetic Judgment‹.* Cambridge [et. al.] 2001.

Allison, Henry E.: *The ›Critique of Judgment‹ as a ›True Apology‹ for Leibniz.* Cambridge 2001.

Alt, Peter André (Hg.): *Prägnanter Moment. Studien zur Literatur der Aufklärung und Klassik. Festschrift für Hans Jürgen Schings.* Würzburg 2002.

Amoroso, Leonardo: *L'estetica come problema.* Pisa 1988.

Amoroso, Leonardo: *Ratio & aesthetica. La nascità dell'estetica e la filosofia moderna.* Pisa 2000.

Arndt, Hans Werner: »Die Hermeneutik des 18. Jahrhunderts im Verhältnis zur Sprach- und Erkenntnistheorie des Klassischen Rationalismus«, in: Bühler, Axel (Hg.): *Unzeitgemäße Hermeneutik. Verstehen und Interpretation im Denken der Aufklärung,* Frankfurt a. M. 1994, S. 12–25.

Bachmann-Medick, Doris: *Die ästhetische Ordnung des Handelns. Moralphilosophie und Ästhetik in der Popularphilosophie des 18. Jahrhunderts.* Stuttgart 1989.

Baeumler, Alfred: *Das Irrationalitätsproblem in der Ästhetik des 18. Jahrhunderts bis zur Kritik der Urteilskraft.* Halle 1923 (Nachdruck Tübingen [2., durchges. Aufl.] 1967; Darmstadt 1974).

Barth, Ulrich: »Hallische Hermeneutik im 18. Jahrhundert. Stationen des Übergangs zwischen Pietismus und Aufklärung«, in: Beetz, Manfred / Cacciatore, Giuseppe (Hgg.): *Hermeneutik im Zeitalter der Aufklärung,* Köln / Weimar / Wien 2000, S. 69–98.

Barthes, Roland: »L'ancienne rhétorique. Aide-mémoire«, in: *Communications* 16 (1970), S. 173–223.

Bartuschat, Wolfgang: *Zum systematischen Ort von Kants Kritik der Urteilskraft.* Frankfurt a. M. 1972.

Beetz, Manfred: *Rhetorische Logik. Prämissen der deutschen Lyrik im Übergang vom 17. zum 18. Jahrhundert.* Tübingen 1980.

Beetz, Manfred: »Nachgeholte Hermeneutik. Zum Verhältnis von Interpretations- und Logiklehren in Barock und Aufklärung«, in: *DVjs* 55 (1981), S. 591–628.

Beetz, Manfred: »Transparent gemachte Vorurteile. Zur Analyse der ›praeiudicia auctoritatis et praecipitantiae‹ in der Frühaufklärung«, in: *Rhetorik* 3 (1982), S. 7–33.

BEETZ, Manfred: »Der anständige Gelehrte«, in: NEUMEISTER, Sebastian / WIEDEMANN, Conrad (Hgg.): *Res publica litteraria. Die Institutionen der Gelehrsamkeit in der frühen Neuzeit*, Wiesbaden 1987, S. 155–173.

BEETZ, Manfred / CACCIATORE, Giuseppe (Hgg.): *Hermeneutik im Zeitalter der Aufklärung*. Köln / Weimar / Wien 2000.

BEETZ, Manfred: »Die Körpersprache im Wandel der deutschen Rhetorik vom 17. zum 18. Jahrhundert«, in: KOPPERSCHMIDT, Josef (Hg.): *Rhetorische Anthropologie. Studien zum ›homo rhetoricus‹*, München 2000, S. 39–66.

BEGEMANN, Christian: »Erhabene Natur. Zur Übertragung des Begriffs des Erhabenen auf Gegenstände der äußeren Natur in den deutschen Kunsttheorien des 18. Jahrhunderts, in: *DVjs* 58 (1984), S. 74–110.

BEHREND, Rudolf / GALLE, Roland (Hgg.): *Leib-Zeichen. Körperbilder, Rhetorik und Anthropologie im 18. Jahrhundert*. Würzburg 1993.

BERGER, Klaus / HENCKMANN, Wolfhart (Hgg.): *Die Bedeutung der Kunst*. München 1976.

BLUMENBERG, Hans: *Ästhetische und metaphorologische Schriften*. Auswahl und Nachwort von Anselm HAVERKAMP. Frankfurt a. M. 2001.

BOEHM, Gottfried: »Der Topos des Lebendigen. Bildgeschichte und ästhetische Erfahrung«, in: KÜPPER, Joachim / MENKE, Christoph (Hgg.): *Dimensionen ästhetischer Erfahrung*, Frankfurt a. M. 2003, S. 94–112.

BÖHME, Gernot: *Kants Kritik der Urteilskraft in neuer Sicht*. Frankfurt a. M. 1999.

BÖHME, Hartmut: »Der sprechende Leib. Die Semiotiken des Körpers am Ende des 18. Jahrhunderts und ihre hermetische Tradition, in: [DERS.]: *Natur und Subjekt*, Frankfurt a. M. 1988, S. 179–211.

BONFATTI, Emilio: »Vir Aulicus, Vir Eruditus«, in: NEUMEISTER, Sebastian / WIEDEMANN, Conrad (Hgg.): *Res publica litteraria. Die Institutionen der Gelehrsamkeit in der frühen Neuzeit*, Wiesbaden 1987, S. 175–191.

BONVILLE, William James: *Footnotes to a Fairytale: A Study of the Nature of Expression in the Arts*. St. Louis 1979.

BORINSKI, C.: *Die Poetik der Renaissance und die Anfänge der literarischen Kritik in Deutschland*. Berlin 1886.

BRAITMAIER, Friedrich: *Geschichte der poetischen Theorie und Kritik von*

den Diskursen der Maler bis auf Lessing. Frauenfeld 1888f. (Nachdruck Hildesheim 1972).

Bräutigam, Bernd: »Fabelhafte Poesie in der optimalen Welt. Gottscheds Literaturbegriff im Spiegel der Theodizee«, in: *Spiegelungen. Festschrift für Hans Schuhmacher*, Frankfurt a. M. 1982, S. 40–62.

Breuer, Dieter: »Rhetorische Figur. Eingrenzungsversuche und Erkenntniswert eines literaturwissenschaftlichen Begriffs«, in: Wagenknecht, Christian (Hg.): *Literaturwissenschaftliche Begriffssprache, Symposion der DFG in Würzburg*, Stuttgart 1988, S. 223–238.

Breymeier, Reinhard: »Pietistische Rhetorik als eloquentia nov-antiqua«, in: Kopperschmidt, Josef (Hg.): *Rhetorik*, Bd. 2: *Wirkungsgeschichte der Rhetorik*, Darmstadt 1991, S. 127–137.

Brown, Clifford: »Leibniz und die Ästhetik«, in: *Studia Leibnitiana Suppl.* 4, Wiesbaden 1969 (Akten des Internationalen Leibniz-Kongresses Hannover 1966), S. 121–133.

Bühler, Axel (Hg.): *Unzeitgemäße Hermeneutik. Verstehen und Interpretation im Denken der Aufklärung*, Frankfurt a. M. 1994.

Bühler, Axel / Cataldi Madonna, Luigi (Hgg.): *Hermeneutik der Aufklärung*. Hamburg 1994.

Bühler, Axel / Cataldi Madonna, Luigi: »Von Thomasius bis Semler. Entwicklungslinien der Hermeneutik in Halle«, in: *Aufklärung* 8 / 2 (1994), S. 49–70.

Bühler, Axel: »Begriffe des ›sensus‹ bezogen auf Rede und Text im 18. Jahrhundert«, in: *Sensus – significatio, Akten des 8. Internationalen Kolloquiums des Lessico Intellettuale Europeo*, Rom 1996.

[Cabot, Mateu:] *Belleza y verdad. Sobre la estética entre la Ilustratión y el Romaticismo: A. G. Baumgarten, J. J. Winckelmann, M. Mendelssohn, J. G. Hamann*. Introducción de Mateu Cabot. Traducido del latín por Catalina Terrasa Montaner y del alemán por Vicente Jarque Soriano. Barcelona 1999.

Campe, Rüdiger: *Affekt und Ausdruck. Zur Umwandlung der literarischen Rede im 17. und 18. Jahrhundert*. Tübingen 1990.

Campe, Rüdiger: »Improbable Probability. On Evidence in the 18. Century«, in: *German Review* 2 (2001), S. 143–161.

Campe, Rüdiger: »Zur Wendung der Gestalt. Einige Kontexte und Stellen der literarischen Körperdarstellung im späteren 18. Jahrhundert«, in: Behrend, Rudolf / Galle, Roland (Hgg.): *Leib-Zeichen.*

Körperbilder, Rhetorik und Anthropologie im 18. Jahrhundert, Würzburg 1993, S. 163–184.

Caramella, Santino: »La logique poetique dans la pensée de G. B. Vico et de se contemporains«, in: *Archives de Philosophie* 40 (1977), S. 251–266.

Cassirer, Ernst: *Freiheit und Form*. Berlin 1906 (Nachdrucke 1916, 1922; Darmstadt 1961).

Cataldi Madonna, Luigi: *La filosofia della probabilità nel pensiero moderno: Dalla Logique di Port-Royal a Kant*. Rom 1988.

Cataldi Madonna, Luigi: »Christian Wolff e l'ermeneutica filosofica dell'Illuminismo tedesco«, in: *Intersezioni* 14 (1994), S. 393–414.

Cataldi Madonna, Luigi: »L'ermeneutica filosofica dell'Iluminismo tedesco; due prospettive a confronto«, in: *Rivista di filosofia* 85 (1994), S. 185–212.

Caygill, Howard: *Art of Judgement*. Cambridge 1989.

Caygill, Howard: »Über Erfindung und Neuerfindungen der Ästhetik«, in: *Deutsche Zeitschrift für Philosophie* 49 (2001), H. 2, S. 233–242.

Chaignet, Antelme Édouard: *La rhétorique et son histoire*. Paris 1888 (Neudruck Frankfurt a.M. 1982).

Cohen, Hermann: *Kants Begründung der Ästhetik*. Berlin 1889.

Cohen, Ted / Guyer, Paul (Hgg.): *Essays in Kant's Aesthetics*. Chicago / London 1982.

Croce, Benedetto: *Estetica come scienza dell'espressione e linguistica generale*. Bari 1902 (8. Aufl. 1946); Dt.: *Ästhetik als Wissenschaft vom Ausdruck*, übers. von H. Feist, in: Croce, Benedetto: *Gesammelte philosophische Schriften*, Reihe 1, Bd. 1, Tübingen 1930.

Croce, Benedetto: »Le due scienze nuove, l'estetica e l'economia«, in: [ders.]: *Ultimi saggi*, Bari 1935.

Danneberg, Lutz: »›Probabilitas hermeneutica‹. Zu einem Aspekt der Interpretationsmethodologie in der ersten Hälfte des 18. Jahrhunderts«, in Bühler, Axel / Cataldi Madonna, Luigi (Hgg.): *Hermeneutik der Aufklärung*, Hamburg 1994, S. 27–48.

Danneberg, Lutz / Glaeser, Andreas / Petrus, Klaus (Hgg.): *Metapher und Innovation. Die Rolle der Metapher im Wandel von Sprache und Wissenschaft*. Bern / Stuttgart / Wien 1995.

D'Angelo, Paolo / Franzini, Elio / Scaramuzza, Gabriele: *Estetica*. Mailand 2002.

Danzel, Theodor Wilhelm: *Gottsched und seine Zeit. Auszüge aus seinem Briefwechsel.* Leipzig 1848.

De Caro, Eugenio: *Dalla ›conoscenza sensitiva‹ alla ›filosofia dell'arte‹. La fondazione settecentesca dell'estetica.* Mailand 2000.

De Caro, Eugenio: *Corpo e idea. Saggi di estetica.* Turin 2001.

De Rezende Martins, Estevao: »O caminho para a autonomia«, in: *Revista Latinoamericana de Filosofia* 6 (1980), S. 99–118.

Dilthey, Wilhelm: »Die drei Epochen der modernen Ästhetik und ihre heutige Aufgabe«, in: *Deutsche Rundschau* 72 (1892), S. 200–236.

Dilthey, Wilhelm: »Die Entstehung der Hermeneutik«, in: [Ders.]: *Gesammelte Schriften*, Bd. 5, Stuttgart / Göttingen 1957.

Dixon, Robert: *The Baumgarten Corruption. From Sense to Nonsense in Art and Philosophy.* London 1995.

Dockhorn, Klaus: »Die Rhetorik als Quelle des vorromantischen Idealismus in der Literatur- und Geistesgeschichte«, in: *Abhandlungen der Akademie der Wissenschaften in Göttingen, Phil.-hist. Klasse*, 1949, S. 109–150.

Dockhorn, Klaus: *Macht und Wirkung der Rhetorik. Vier Aufsätze zur Ideengeschichte der Vormoderne*, Bad Homburg v. d. H. / Berlin / Zürich 1968.

Dürbeck, Gabriele: »Einbildungskraft und Aufklärung. Zum wissenschaftsorganisierenden Konzept der ›Möglichkeitswissenschaft vom Menschen‹«, in: Schings, Hans-Jürgen (Hg.): *Der ganze Mensch. Anthropologie und Literatur im 18. Jahrhundert, DFG-Symposion 1992*, Stuttgart / Weimar 1994.

Dyck, Joachim: »Philosophisches Ideal und rhetorische Praxis in der Aufklärung: Eine Problemskizze«, in: Schanze, Helmut / Kopperschmidt, Josef (Hgg.): *Rhetorik und Philosophie*, München 1989, S. 191–200.

Dyck, Joachim: »Überlegungen zur Rhetorik des 18. Jahrhunderts und ihrer Quellenlage«, in: Ueding, Gert (Hg.): *Rhetorik zwischen den Wissenschaften. Geschichte, System, Praxis als Probleme des ›Historischen Wörterbuchs der Rhetorik‹*, Tübingen 1991, S. 99–101.

Emmer, Charles E.: »The Sense of the Sublime«, in: Gerhardt, Volker / Horstmann, Rolf-Peter / Schumacher, Ralph (Hgg.): *Kant und die Berliner Aufklärung. Akten des IX. Internationalen Kant-Kongresses,* Bd. 3, Berlin / New York 2001, S. 12–19.

Esser, Andrea Marleen: *Kunst als Symbol. Die Struktur ästhetischer Reflexion in Kants Theorie des Schönen.* München 1997.

FERRARIS, Maurizio: *Storia dell'ermeneutica*. Mailand 1988.

FISCHER, Bernhard: »Von der *ars* zur ästhetischen Evidenz. Überlegungen zur Poetologie von Gottsched bis Lessing«, in: *Zeitschrift für deutsche Philologie* 109 (1990), S. 481–502.

FLASCH, Kurt: »›Ars imitatur Naturam‹. Platonischer Naturbegriff und mittelalterliche Philosophie der Kunst«, in: [DERS.] (Hg.): *Parusia. Festgabe für Johannes Hirschberger*, Frankfurt a. M. 1965, S. 265–306.

FRACKOWIAK, Ute: *Der gute Geschmack. Studien zur Entwicklung des Geschmacksbegriffs*. München 1994.

FRANK, Manfred: »Die Aufhebung der Anschauung im Spiel der Metapher«, in: *Modern Language Review (Comparative Literature)* 93 (1978), S. 819–838.

FRANKE, Ursula: »Ein Komplement der Vernunft. Zur Bestimmung des Gefühls im 18. Jahrhundert«, in: CRAEMER-REUGENBERG, Ingrid (Hg.): *Pathos, Affekt, Gefühl*. Freiburg / München 1981, S. 131–148.

FRANKE, Ursula (Hg.): *Kants Schlüssel zur Kritik des Geschmacks. Ästhetische Erfahrung heute – Studien zur Aktualität von Kants ›Kritik der Urteilskraft‹*. Hamburg 2000 (*Zeitschrift für Ästhetik und Allgemeine Kunstwissenschaft*, Sonderheft).

FRICKE, Christa: *Kants Theorie des reinen Geschmacksurteils*. Berlin 1990.

GABRIEL, Gottfried: *Zwischen Logik und Literatur*. Stuttgart 1991.

GABRIEL, Gottfried: *Logik und Rhetorik der Erkenntnis. Zum Verhältnis von wissenschaftlicher und ästhetischer Weltauffassung*. Paderborn / München / Wien / Zürich 1997.

GADAMER, Hans Georg: Artikel »Hermeneutik«, in: RITTER, Joachim [et al., Hgg.]: *Historisches Wörterbuch der Philosophie*, Bd. 3, Basel / Stuttgart 1974, Sp. 1061–1073.

GADAMER, Hans Georg: *Wahrheit und Methode. Grundzüge einer philosophischen Hermeneutik*. Tübingen (4. Aufl.) 1975.

GAEDE, Friedrich: *Poetik und Logik. Zu den Grundlagen der literarischen Entwicklung im 17. und 18. Jahrhundert*. Bern / München 1978.

GALEFFI, Romano: »A propos de l'actualité de Leibniz en esthetique«, in: *Revue d'Esthetique* 27 (1974), S. 161–170.

GARRONI, Emilio: »Estetica e interrogazione«, in: *Revue Internationale de Philosophie* 1990, S. 394–418.

GATZ, Felix M.: »The Object of Aesthetics«, in: *Journal of Aesthetics and Art Criticism* 1 (1941 / 42), S. 33–57.

Gebauer, Gunter / Wulf, Christoph: *Mimesis. Kultur – Kunst – Gesellschaft.* Reinbek bei Hamburg 1992.

Geier, Ulrich: »Rhetorisierung des Denkens«, in: Metzger, Stefan / Rapp, Wolfgang (Hgg.): *›Homo inveniens‹. Heuristik und Anthropologie am Modell der Rhetorik*, Tübingen 2003, S. 19–32.

Geiger, Moritz: »Ästhetik«, in: Berger, Klaus / Henckmann, Wolfhart (Hgg.): *Die Bedeutung der Kunst*, München 1976, S. 88f.

Geitner, Ursula: *Die Sprache der Verstellung. Studien zum rhetorischen und anthropologischen Wissen im 17. und 18. Jahrhundert.* Tübingen 1992.

Gellhaus, Axel: *Enthusiasmos und Kalkül. Reflexionen über den Ursprung der Dichtung.* München 1995.

Gethmann-Siefert, Annemarie (Hg.): *Philosophie und Poesie. Otto Pöggeler zum 60. Geburtstag.* Bd. 7 und 8. Stuttgart–Bad Cannstatt 1988.

Gethmann-Siefert, Annemarie: *Einführung in die Ästhetik.* München 1995.

Gilbert, Katherine E. / Kuhn, Helmut: *A History of Esthetics.* Bloomington 1953 (London 1956).

Gleissner, Roman: *Die Entstehung der ästhetischen Humanitätsidee in Deutschland.* Stuttgart 1988.

Grassi, Ernesto: *Die Macht der Phantasie. Zur Geschichte des abendländischen Denkens.* Frankfurt a. M. 1984.

Grondin, Jean: *Einführung in die philosophische Hermeneutik.* Darmstadt 1991.

Gusdorf, Georges: *Le origines de l'ermeneutique.* Paris 1988.

Hafner, Bernhard Jonas: *Darstellung. Die Entwicklung des Darstellungsbegriffs von Leibniz bis Kant und seine Anfänge in der antiken mimesis und der mittelalterlichen repraesentatio.* Düsseldorf 1976.

Helfer, Martha B.: *The Retreat of Representation. The Concept of ›Darstellung‹ in German Critical Discourse.* New York 1996.

Henrich, Dieter: *Aesthetic Judgment and the Moral Image of the World.* Stanford 1992.

Henrich, Dieter: »Kunst und Natur in der idealistischen Ästhetik«, in: Jauss, Hans Robert (Hg.): *Nachahmung und Illusion. Poetik nd Hermeneutik I*, München (2. Aufl.) 1969, S. 128–134.

Henrich, Dieter: *Versuch über Kunst und Leben. Subjektivität – Weltverstehen – Kunst.* München / Wien 2001.

HERRMANN, Hans Peter: *Naturnachahmung und Einbildungskraft. Zur Entwicklung der deutschen Poetik von 1670 bis 1740.* Berlin / Zürich 1970.

HILDEBRANDT-GÜNTHER, Renate: *Antike Rhetorik und deutsche literarische Theorie im 17. Jahrhundert.* Marburg 1966.

HLOBIL, Thomas: »On the Historiography of Aesthetics: B. J. Koller and F. Palacky«, in: *British Journal of Aesthetics* 41 / 2 (2001), S. 178–191.

HOFFMANN, Hasso: *Repräsentation. Studien zur Wort- und Begriffsgeschichte von der Antike bis ins 19. Jahrhundert.* Berlin 1974.

HOGREBE, Wolfram: *Metaphysik und Mantik. Die Deutungsnatur des Menschen.* Frankfurt a. M. 1992.

HOHNER, Ulrich: *Zur Problematik der Naturnachahmung in der Ästhetik des 18. Jahrhunderts.* Erlangen 1976.

HORSTMANN, Rolf-Peter: *Die Grenzen der Vernunft. Eine Untersuchung zu Zielen und Motiven des Deutschen Idealismus.* Weinheim 1995.

IRMSCHER, Hans Dietrich: »Naturwissenschaftliches Denken und Poesie in der deutschen Literatur des 18. Jahrhunderts. Eine Skizze«, in ALT, Peter André (Hg.): *Prägnanter Moment. Studien zur Literatur der Aufklärung und Klassik. Festschrift für Hans Jürgen Schings*, Würzburg 2002, S. 167–189.

JAUSS, Hans Robert (Hg.): *Nachahmung und Illusion. Poetik und Hermeneutik I.* München (2. Aufl.) 1969.

JAUSS, Hans Robert: *Ästhetische Erfahrung und literarische Hermeneutik.* Frankfurt a. M. 1991.

JØRGENSEN, Dorthe: *Skønhedens metamorfose. De æstetiske idéers historie.* Odense 2001 (2. Aufl. 2003).

JØRGENSEN, Sven Aage / BOHNEN, Klaus / ØHRGAARD, Per: *Aufklärung, Sturm und Drang, Frühe Klassik. 1740–1789.* München 1990.

JUCHEM, Hans-Georg: *Die Entwicklung des Begriffs des Schönen bei Kant.* Bonn 1970.

KAPITZKA, Peter K.: *Ein bürgerlicher Krieg in der gelehrten Welt. Zur Geschichte der Querelle des Anciens et des Modernes in Deutschland.* München 1981.

KAULBACH, Friedrich: *Ästhetische Welterkenntnis bei Kant.* Würzburg 1984.

KIMPEL, Dieter: »Christian Wolff und das aufklärerische Programm der literarischen Bildung«, in: SCHNEIDERS, Werner (Hg.): *Christian Wolff*

(1679–1754). Interpretationen zu seiner Philosophie und deren Wirkung. Mit einer Bibliographie der Wolff-Literatur, Hamburg 1983 (2. Aufl. 1986), S. 203–236.

Klassen, Rainer: *Logik und Rhetorik der frühen deutschen Aufklärung.* Augsburg 1974.

Köhler, Peter: *Der Begriff der Repräsentation bei Leibniz.* Berlin 1913.

Koller, Benedikt Joseph: *Entwurf zur Geschichte und Literatur der Aesthetik, von Baumgarten bis auf die neuere Zeit.* Regensburg 1799.

Konersmann, Ralf: *Lebendige Spiegel. Die Metapher des Subjekts.* Frankfurt a. M. 1991.

Kopperschmidt, Josef (Hg.): *Rhetorik*, Bd. 2: *Wirkungsgeschichte der Rhetorik.* Darmstadt 1991.

Kopperschmidt, Josef (Hg.): *Rhetorische Anthropologie. Studien zum Homo rhetoricus.* München 2000.

Krämer, Sybille: »Symbolische Erkenntnis bei Leibniz«, in: *Zeitschrift für philosophische Forschung* 2 (1991), S. 224–237.

Krämer, Sybille: »Ist das Auge des Geistes blind? Über Visualität und Erkenntnis bei Leibniz«, in: Poser, Hans (Hg.): *Nihil sine ratione. Mensch, Natur und Technik im Wirken von G. W. Leibniz. Internationaler Leibniz-Kongreß Berlin 2001.* Berlin 2001.

Krochmalnik, Daniel: »Zeichen der Kunst, Zeichen der Moral, Zeichen der Religion. Zur Religionsästhetik und -semiotik der Aufklärung«, in: Stegmaier, Werner (Hg.): *Zeichen-Kunst. Zeichen und Interpretation V*, Frankfurt a. M. 1999, S. 68–112.

Krueger, Joachim: *Christian Wolff und die Ästhetik.* Berlin 1980.

Küpper, Joachim / Menke, Christoph (Hgg.): *Dimensionen ästhetischer Erfahrung.* Frankfurt a. M. 2003.

Lamacchia, Ada: »›Cognitio symbolica‹: Un problema de la hermeneutica Kantiana«, in: *Cuardernos de Filosofia* 13 (1973), S. 371–411.

Lausberg, Heinrich: *Handbuch der literarischen Rhetorik. Eine Grundlegung der Literaturwissenschaft.* Bd. 1–2. Stuttgart 1960 (3. Aufl. 1990).

Lazaroff, Allan: »The Kantian Sublime: Aesthetic Judgement and Religious Feeling«, in: *Kant-Studien* 71 (1980), S. 202–220.

Lehnerer, Thomas: »Die Freiheit der Kunst. Eine Künstlerästhetik in Kants Perspektive«, in: Franke, Ursula (Hg.): *Kants Schlüssel zur Kritik des Geschmacks. Ästhetische Erfahrung heute – Studien zur Aktualität von Kants ›Kritik der Urteilskraft‹.* Hamburg 2000 (*Zeitschrift für Ästhetik und Allgemeine Kunstwissenschaft*, Sonderheft), S. 169–176.

LEVENTHAL, Robert D.: »Semiotic Interpretation and Rhetoric in the German Enlightenment 1740–1760«, in: *DVjs* 60 (1986), S. 223–248.

LEYVA, Gustavo: *Die ›Analytik des Schönen‹ und die Idee des sensus communis in der Kritik der Urteilskraft*. Frankfurt a. M. [et al.] 1997.

LOTZE, H.: *Geschichte der Ästhetik in Deutschland*. München / Leipzig 1868.

MAKREEL, Rudolf: *Einbildungskraft und Interpretation. Die hermeneutische Tragweite von Kants Kritik der Urteilskraft*. Paderborn / München / Wien / Zürich 1997.

MAKREEL, Rudolf: »On Sublimity, Genius and the Explication of Aesthetic Ideas«, in: PARRET, Hermann (Hg.): *Kants Ästhetik. / Kant's Aesthetics. / L'esthétique de Kant*, Berlin / New York 1998, S. 615–629.

MARKWARDT, Bruno: *Geschichte der deutschen Poetik*. Bd. 1–5. Berlin 1964–67.

MARKWORTH, Tino: Unsterblichkeit und Identität beim frühen Herder. Paderborn / München / Wien / Zürich 2005.

MARQUARD, Odo: »Kant und die Wende zur Ästhetik«, in: *Zeitschrift für philosophische Forschung* 16 (1962), S. 231–241, 363–374.

MARTANO, Giuseppe: *La conoscenza sensibile nel razionalismo moderno (da Cartesio a Baumgarten)*. Neapel 1960 (2. Aufl. 1976).

MARTENS, Wolfgang: »Hallescher Pietismus und Rhetorik. Zu Hieronymus Freyers ›Oratoria‹«, in: *Internationales Archiv für Sozialgeschichte der deutschen Literatur* 9 (1984), S. 22–43.

MARTENS, Wolfgang: *Literatur und Frömmigkeit in der Zeit der frühen Aufklärung*. Tübingen 1989.

MARTENS, Wolfgang: »Hallscher Pietismus und Rhetorik«, in: [DERS.]: *Literatur und Frömmigkeit in der Zeit der frühen Aufklärung*, Tübingen 1989, S. 1–23.

MARTENS, Wolfgang: »Hallescher Pietismus und schöne Literatur«, in: [DERS.]: *Literatur und Frömmigkeit in der Zeit der frühen Aufklärung*, Tübingen 1989, S. 76–181.

MENKE, Christoph: »Wahrnehmung, Tätigkeit, Selbstreflexion: zu Genese und Dialektik der Ästhetik«, in: KERN, Andrea / SONDEREGGER, Ruth (Hgg.): *Falsche Gegensätze. Zeitgenössische Positionen zur philosophischen Ästhetik*, Frankfurt a. M. 2002, S. 19–48.

MENNINGHAUS, Winfried: »Zwischen Überwältigung und Widerstand. Macht und Gewalt in Longins und Kants Theorien des Erhabenen«, in: *Poetica* 1 (1991), S. 1–19.

Mirbach, Dagmar: »Den ›forherligede skabelses sideriske hus‹. Receptionen af middelalderen i den tidlige tyske romantik eksemplificeret ved æstetiske paradigmer for opfattelsen og fortolkningen af gotisk bygningskunst« (ins Dän. übers. von Sune Liisberg), in: *Passage. Tidsskrift for litteratur og kritik* 51 (2004), S. 67–80.

Möller, Uwe: *Rhetorische Überlieferung und Dichtungstheorie im frühen 18. Jahrhundert. Studien zu Gottsched, Breitinger und G. Fr. Meier.* München 1983.

Moravia, Sergio: »From ›homme machine‹ to ›homme sensible‹. Changing Eighteenth Century Models of Man's Image«, in: *Journal of the History of Ideas* 39 (1978), S. 45–60.

Mülder-Bach, Inken: *Im Zeichen Pygmalions. Das Modell der Statue und die Entdeckung der ›Darstellung‹ im 18. Jahrhundert.* München 1998.

Müller, Thomas: *Rhetorik und bürgerliche Identität. Studien zur Rolle der Psychologie in der Frühaufklärung.* Tübingen 1990.

Nieraad, Jürgen: *Standpunktbewußtsein und Weltzusammenhang. Das Bild vom lebendigen Spiegel bei Leibniz und seine Bedeutung für das Alterswerk Goethes.* Wiesbaden 1970.

Nivelle, Armand: *Les théories esthétiques en Allemagne de Baumgarten à Kant*, Paris 1955; Dt.: *Kunst- und Dichtungstheorien zwischen Aufklärung und Klassik*, 1960 (2., durchges. und ergänzte Aufl. Berlin / New York 1971).

Oesterreich, Peter: »Das Verhältnis von ästhetischer Theorie und Rhetorik in Kants Urteilskraft«, in: *Kant-Studien* 83 (1992), S. 324–335.

Ortland, Eberhard: »Kants Ästhetik-Konzeption vor dem Hintergrund seiner Auseinandersetzung mit der Physikotheologie«, in: Gerhard, Volker / Horstmann, Rolf-Peter / Schumacher, Ralph (Hgg.): *Kant und Berliner Aufklärung. Akten des IX. Internationalen Kant-Kongresses*, Bd. 3, Berlin / New York 2001, S. 604–614.

Ostermann, Eberhard: *Die Authentizität des Ästhetischen. Studien zur ästhetischen Transformation der Rhetorik.* München 2002.

Otabe, Tanehisa: »From ›Clothing‹ to ›Organ of Reason‹«, in: Radman, Zdravko (Hg.): *From a Metaphorical Point of View: A Multidisciplinary Approach to the Cognitive Context of Metaphor*, Berlin 1995.

Parret, Hermann (Hg.): *Kants Ästhetik. / Kant's Aesthetics. / L'esthétique de Kant.* Berlin / New York 1998.

Pepper, Stepen C.: »The Developement of Contextualistic Aesthetics«, in: *Antioch Review* 28 (1968), S. 169–185.

PETERSEN, Jürgen H.: *Mimesis – Imitatio – Nachahmung. Eine Geschichte der europäischen Poetik.* München 2000.

PETRUS, Klaus: »Die ›intentio auctoris‹ in den Hermeneutiken des 17. und frühen 18. Jahrhunderts«, in: *Philosophisches Jahrbuch* 103 (1996).

PETRUS, Klaus: *Genese und Analyse. Logik, Rhetorik und Hermeneutik im 17. und 18. Jahrhundert.* Berlin / New York 1997.

PIEPER, Hans-Joachim: *Geschmacksurteil und ästhetische Einstellung. Eine Untersuchung transzendentalphilosophischer Ästhetik und ein Entwurf zur Phänomenologie der ästhetischen Erfahrung.* Würzburg 2001.

PIEPER, Hans-Joachim: »Einbildungskraft, Phantasie und Protention – Zur Produktivität der Einbildungskraft in der ›Kritik der Urteilskraft‹«, in: GERHARD, Volker / HORSTMANN, Rolf-Peter / SCHUMACHER, Ralph (Hgg.): *Kant und Berliner Aufklärung. Akten des IX. Internationalen Kant-Kongresses*, Bd. 3, Berlin / New York 2001, S. 443–452.

PIMPINELLA, Pietro: »La théorie wolffienne des arts à l'origine de l'esthétique«, in: *Revue germanique internationale* 4 (2006, *Esthétiques de l'Aufklärung*), S. 9–22.

RASMUSSEN, Dennis: *Poetry and Truth.* The Hague 1974.

RAULET, Gérard (Hg.): *Von der Rhetorik zur Ästhetik. Studien zur Entstehung der modernen Ästhetik im 18. Jahrhundert.* Rennes 1995.

RECKI, Birgit: »Ästhetische Einstellung und moralische Haltung. Die Perspektiven der Vernunft im Gefühl des Erhabenen«, in: GERHARD, Volker (Hg.): *Perspektiven des Perspektivismus. Festschrift für Friedrich Kaulbach*, Würzburg 1992, S. 161–183.

RECKI, Birgit: »Das Schöne als Symbol der Freiheit. Zur Einheit der Vernunft in ästhetischem Selbstgefühl und praktischer Selbstbestimmung bei Kant«, in: PARRET, Hermann (Hg.): *Kants Ästhetik. / Kant's Aesthetics. / L'esthétique de Kant*, Berlin / New York 1998, S. 387–402.

RECKI, Birgit: *Ästhetik der Sitten. Die Affinität von ästhetischem Gefühl und praktischer Vernunft bei Kant.* Frankfurt a. M. 2001.

RITTER, Joachim: Artikel »Ästhetik, ästhetisch«, in: *Historisches Wörterbuch der Philosophie*, hg. von Joachim RITTER, Bd. 1, Basel 1971, Sp. 555–580.

[RUSSO, Luigi (Hg.):] *Guido Morpurgo-Tagliabue e l'estetica del Settecento.* A cura di Luigi Russo. Palermo 2003.

SAINT GIRONS, Baldine: *Fiat lux. Une philosophie du sublime.* Paris 1993 (Ital. Ausgabe u. d. T. : *Fiat lux. Una filosofia del sublime.* Trad. di Carmelo CALÌ e Rita MESSORI, consulenza scientifica Giovanni LOMBARDO. Palermo 2003).

SASSELIN, Remy G.: »Critical Reflections on the Origins of Modern Aesthetics«, in: *British Journal of Aesthetics* 4 (1964), S. 7–21.

SCHANZE, Helmut (Hg.): *Rhetorik. Beiträge zu ihrer Geschichte in Deutschland vom 16.–20. Jahrhundert.* Frankfurt a. M. 1974.

SCHANZE, Helmut / KOPPERSCHMIDT, Josef (Hgg.): *Rhetorik und Philosophie.* München 1989.

SCHASLER, Max: *Ästhetik als Philosophie des Schönen und der Kunst,* Teil. 1: *Kritische Geschichte der Ästhetik,* Berlin 1872 (Nachdruck Aalen 1971).

SCHEER, Birgit: *Einführung in die philosophische Ästhetik.* Darmstadt 1997.

SCHEIBLE, Hartmut: *Wahrheit und Subjekt. Ästhetik im bürgerlichen Zeitalter.* Bern / München 1984.

SCHENK, Günter: »Hermeneutik und Vernunftlehre aus pietistischer Sicht«, in: BEETZ, Manfred / CACCIATORE, Giuseppe (Hgg.): *Hermeneutik im Zeitalter der Aufklärung,* Köln / Weimar / Wien 2000, S. 31–47.

SCHERPE, Klaus Rüdiger: *Gattungspoetik im 18. Jahrhundert.* Stuttgart 1968.

SCHINGS, Hans-Jürgen (Hg.): *Der ganze Mensch. Anthropologie und Literatur im 18. Jahrhundert. DFG-Symposion 1992.* Stuttgart / Weimar 1994.

SCHIRREN, Thomas / UEDING, Gert (Hgg.): *Topik und Rhetorik. Ein interdisziplinäres Symposion.* Tübingen 2000.

SCHLAPP, Otto: *Kants Lehre vom Genie und die Entstehung der Kritik der Urteilskraft.* Göttingen 1901.

SCHMIDT, Horst-Michael: *Sinnlichkeit und Verstand. Zur philosophischen und poetologischen Begründung von Erfahrung und Urteil in der deutschen Aufklärung.* München 1982.

SCHMIDT, Jochen: *Die Geschichte des Genie-Gedankens in der deutschen Literatur, Philosophie und Politik 1750–1945,* Bd. 1: *Von der Aufklärung bis zum Idealismus,* Darmstadt 1985.

SCHMITT, Wolfgang: *Die pietistische Kritik der Künste. Untersuchungen über die Entstehung einer neuen Kunstauffassung im 18. Jahrhundert.* Köln 1958.

SCHOLZ, Oliver R.: »›Hermeneutische Billigkeit‹. Zur philosophischen

Auslegungskunst der Aufklärung«, in: NIEMEYER, Beate / SCHÜTZE, Dirk (Hgg.): *Philosophie der Endlichkeit. Christian Schröder zum 65. Geburtstag*, Würzburg 1992, S. 286–309.

SCHÜMMER, Franz: *Das Problem der Ästhetik in der Philosophie des 18. Jahrhunderts.* Würzburg 1941.

SCHÜMMER, Franz: »Die Entwicklung des Geschmacksbegriffs in der Philosophie des 17. und 18. Jahrhunderts«, in: *Archiv für Begriffsgeschichte* 1 (1955), S. 120–141.

SCHWITZKE, Heinz: *Die Beziehungen zwischen Ästhetik und Metaphysik in der deutschen Philosophie vor Kant.* (Diss.) Berlin 1930.

SEEL, Martin: *Eine Ästhetik der Natur.* Frankfurt a. M. 1996.

SEEL, Martin: *Ästhetik des Erscheinens.* München 2000.

SIMON, Josef: »Erhabene Schönheit. Das ästhetische Urteil als Destruktion des logischen«, in: PARRET, Hermann (Hg.): *Kants Ästhetik. / Kant's Aesthetics. / L'esthétique de Kant.* Berlin / New York 1998.

SIMON, Ralf: *Das Gedächtnis der Interpretation. Gedächtnistheorie als Fundament für Hermeneutik, Ästhetik und Interpretation bei Johann Gottfried Herder.* Hamburg 1998.

SEUBERT, H.: REZENSION von SIMON 1998 in: *Aurora. Jahrbuch der Eichendorff-Gesellschaft für die klassisch-romantische Zeit* 59 (1999), S. 325–331.

SINEMUS, Volker: *Poetik und Rhetorik im frühmodernen deutschen Staat. Sozialgeschichtliche Bedingungen des Normenwandels im 17. Jahrhundert.* Göttingen 1978.

SOLBACH, Andreas: *Evidentia und Erzähltheorie. Die Rhetorik anschaulichen Erzählens in der Frühmoderne und ihre antiken Quellen.* München 1990.

SOMMER, Robert: *Grundzüge einer Geschichte der deutschen Psychologie und Ästhetik von Wolff-Baumgarten bis Kant-Schiller.* Würzburg 1892 (Nachdrucke 1966, Hildesheim 1975).

SPARSHOTT, Francis: *The Structure of Aesthetics.* Toronto 1963.

SPARSHOTT, Francis: *The Future of Aesthetics.* Toronto 1998.

STAUFFER, Hermann: *Erfindung und Kritik. Rhetorik im Zeichen der Frühaufklärung bei Gottsched und seinen Zeitgenossen.* Frankfurt a. M. / Bern / New York / Paris / Wien 1997.

STEIN, Karl Heinrich von: *Die Entstehung der neueren Ästhetik.* Stuttgart 1886 (Nachdruck Hildesheim 1964).

Stötzer, Ursula: *Deutsche Redekunst im 17. und 18. Jahrhundert.* Halle 1962.

Strube, Werner: »Der Begriff des Erhabenen in der deutschsprachigen Ästhetik des 18. Jahrhunderts«, in: Kreimendahl, Lothar (Hg., in Verbindung mit Hans-Ulrich Hoche und Werner Strube): *Aufklärung und Skepsis. Studien zur Philosophie und Geistesgeschichte des 17. und 18. Jahrhunderts. Festschrift für Günter Gawlick*, Stuttgart – Bad Cannstatt 1995, S. 272–302.

Strube, Werner: *Ästhetische Illusion. Ein kritischer Beitrag zur Geschichte der Wirkungsästhetik des 18. Jahrhunderts.* Bochum 1971.

Strube, Werner: »Die Geschichte des Begriffs ›Schöne Wissenschaften‹«, in: *Archiv für Begriffsgeschichte* 33 (1990), S. 136–216.

Tatarkiewicz, Wladislaw: *Geschichte der Ästhetik*, Bd. 3. Basel / Stuttgart 1987.

Tedesco, Salvatore: *Studi sull'estetica dell'Illuminismo tedesco.* Palermo 1998.

Tedesco, Salvatore: »›Elocutio‹. Sprache, Stil und Übersetzung in der *Critische[n] Dichtkunst* J. J Breitigers«, in: *Beiträge zur Geschichte der Sprachwissenschaft* 8 (1998), S. 177–208.

Theis, Robert: »Aux sources de l'esthetique transcendentale«, in: *Kant-Studien* 80 (1989), S. 3–47.

Torra-Mattenklott, Caroline: *Metaphorologie der Rührung. Ästhetische Theorie und Mechanik im 18. Jahrhundert.* München 2002.

Tschurenev, Eva-Maria: *Kant und Burke. Ästhetik als Theorie des Gemeinsinns.* Würzburg 1992.

Tumarkin, Anna: »Die Überwindung der Mimesislehre in der Kunsttheorie des 18. Jahrhunderts. Zur Vorgeschichte der Romantik«, in: Maync, Harry (Hg.): *Festgabe Samuel Singer*, Tübingen 1930, S. 40–55.

Ueding, Gert (Hg.): *Einführung in die Rhetorik. Geschichte, Technik, Methode.* Stuttgart 1976. (Neuauflage: [ders.] / Steinbrink, Bernd [Hgg.]: *Grundriß der Rhetorik. Geschichte. Technik. Methode.* 3., überarb. und erw. Aufl. Stuttgart / Weimar 1994).

Ueding, Gert (Hg.): *Rhetorik zwischen den Wissenschaften. Geschichte, System, Praxis als Probleme des ›Historischen Wörterbuchs der Rhetorik‹.* Tübingen 1991.

Ueding, Gert (Hg.): *Historisches Wörterbuch der Rhetorik.* Bd. 1–7. Tübingen 1992–2005.

UEDING, Gert: *Aufklärung über Rhetorik. Versuche über Beredsamkeit, ihre Theorie und praktische Bewährung.* Tübingen 1992.

UEDING, Gert: Artikel »Aufklärung«, in: [DERS.] (Hg.): *Historisches Wörterbuch der Rhetorik*, Bd. 1, Tübingen 1992, Sp. 1188–1250.

UTITZ, Emil: *Geschichte der Ästhetik.* Berlin 1932.

VAN GERWEN, Rob: *Art and experience = Kunst and beleving.* (Diss.) Utrecht 1996.

VERWEYEN, Theodor (Hg., in Zusammenarbeit mit Hans-Joachim KERTSCHER): *Dichtungstheorien der deutschen Frühaufklärung.* Tübingen 1995.

VIETTA, Silvio: *Literarische Phantasie: Theorie und Geschichte. Barock und Aufklärung.* Stuttgart 1986.

VIETTA, Silvio / KEMPER, Dirk (Hgg.): *Ästhetische Moderne in Europa. Grundzüge und Problemzusammenhänge seit der Romantik.* München 1998.

SEUBERT, H.: REZENSION von VIETTA / KEMPER 1998 in: *Aurora. Jahrbuch der Eichendorff-Gesellschaft für die klassisch-romantische Zeit* 59 (1999), S. 323–325.

VOLLHARDT, Friedrich: »Zwischen pragmatischer Alltagsethik und ästhetischer Erziehung. Zur Anthropologie der moraltheoretischen und -praktischen Literatur der Aufklärung in Deutschland«, in: SCHINGS, Hans-Jürgen (Hg.): *Der ganze Mensch. Anthropologie und Literatur im 18. Jahrhundert. DFG-Symposion 1992*, Stuttgart / Weimar 1994, S. 112–129.

WEGMANN, Nikolaus: *Diskurse der Empfindsamkeit. Zur Geschichte des Gefühls in der Literatur des 18. Jahrhunderts.* Stuttgart 1988.

WEIMAR, Klaus: *Historische Einleitung zur literaturwissenschaftlichen Hermeneutik.* Tübingen 1975.

WELLBERY, David: *Lessing's Laocoon. Semiotics and Aesthetics in the Age of Reason.* Cambridge 1984.

WELSCH, Wolfgang: *Aisthesis. Grundzüge und Perspektiven der Aristotelischen Sinneslehre.* Stuttgart 1987.

WELSCH, Wolfgang: »Ästhet/ik. Ethische Implikationen und Konsequenzen der Ästhetik«, in: WULF, Christoph / KAMPER, Dietmar / GUMBRECHT, Hans Ulrich: *Ethik der Ästhetik*, Berlin 1994, S. 3–22.

WETTERER, Angelika: *Publikumsbezug und Wahrheitsanspruch. Der Widerspruch zwischen rhetorischem Ansatz und philosophischem Anspruch bei Gottsched und den Schweizern.* Tübingen 1981.

WIELAND, Wolfgang: *Urteil und Gefühl. Kants Theorie der Urteilskraft.* Göttingen 2001.

WOLFF, Christian: *Gesammelte Werke.* Hg. von Jean ECOLE [et al.]. 3. Abt.: *Materialien und Dokumente,* Bd. 101–105 (Bd. 1–5): *Christian Wolff und die Europäische Aufklärung. Akten des 1. Internationalen Christian-Wolff-Kongresses,* Halle (Saale), 4.–8. April 2004. Hg. von Jürgen STOLZENBERG und Oliver-Pierre RUDOLPH. Hildesheim / Berlin / New York 2007).

WULF, Christoph / KAMPER, Dietmar / GUMBRECHT, Hans Ulrich: *Ethik der Ästhetik.* Berlin 1994.

ZAMMITO, John H.: *The Genesis of Kant's Critique of Judgement.* Chicago 1992.

ZELLE, Carsten: *›Angenehmes Grauen‹. Literaturhistorische Beiträge zur Ästhetik des Schrecklichen im achtzehnten Jahrhundert.* Hamburg 1987.

ZELLE, Carsten: »Schönheit und Erhabenheit. Der Anfang doppelter Ästhetik bei Boileau, Dennis, Bodmer und Breitinger«, in: PRIES, Christine (Hg.): *Das Erhabene. Zwischen Grenzerfahrung und Größenwahn,* Weinheim 1989, S. 55–75.

ZIMMERMANN, Robert: *Geschichte der Ästhetik als philosophischer Wissenschaft.* Wien 1858.

3. Hilfsmittel

ABRAMS, M. H. [et al.]: *The Norton Anthology of English Literature.* Bd. 1–2. New York / London (4. Aufl.) 1979.

ANDRESEN, Carl / ERBSE, Hartmut / GIGON, Olof / SCHEFOLD, Karl / STROHEKER, Karl Friedrich / ZINN, Ernst (Hgg.): *Lexikon der alten Welt.* Redaktion Klaus BARTELS und Ludwig HUBER. Bd. 1–3. Zürich / München 1990 (1995; unveränd. Nachdruck der einbändigen Originalausgabe von 1965).

ASO, Ken / KUROSAKI, Masao / OTABE, Tanehisa / YAMAUCHI, Shiro (Hgg.): *Onomasticon philosophicum latinoteutonicum et teutonicolatinum.* Tokyo 1989.

BAUMGARTEN, Hans: *Compendium rhetoricum. Die wichtigsten Stilmittel. Eine Auswahl.* Göttingen 1998.

CRUSIUS, Friedrich: *Römische Metrik. Eine Einführung.* Neu bearb. von Hans RUBENBAUER. Hildesheim / Zürich / New York (5. Nachdruck der 8. Aufl. München 1967) 1997.

FRENZEL, Herbert A. und Elisabeth: *Daten deutscher Dichtung. Chronologischer Abriß der deutschen Literaturgeschichte.* Bd. 1–2. München (12. Aufl.) 1976.

KRINGS, Hermann / BAUMGARTNER, Hans Michael / WILD, Christoph: *Handbuch philosophischer Grundbegriffe. Studienausgabe.* Bd. 1–6. München 1973 f.

KYTZLER, Bernhard: *Reclams Lexikon der griechischen und römischen Autoren.* Stuttgart 1997.

NIDA-RÜMELIN, Julian / VOLPI, Francesco (Hgg.): *Lexikon der philosophischen Werke.* Stuttgart 1988.

RITTER, Joachim (Hg.): *Historisches Wörterbuch der Philosophie*, Bd. 1–13. Basel 1971–2007.

ZIEGLER, Konrat / SONTHEIMER, Walther (Hgg.): *Der kleine Pauly. Lexikon der Antike.* Auf der Grundlage von PAULY's *Realencyclopädie der classischen Altertumswissenschaft* unter Mitwirkung zahlreicher Fachgelehrter bearbeitet Bd. 1–5. München (1975).